Les mots allemands
ÉDITION COMPLÈTE

Deutsch – Französischer Wortschatz
nach Sachgruppen

Raymond-Fred NIEMANN

Historique du titre

1886 Publication à la Librairie Hachette des ***Mots allemands groupés d'après le sens*** par A. Bossert et Th. Beck.

1939 ***Les Mots allemands et les locutions allemandes groupés d'après le sens***. Modernisation de l'ouvrage de Bossert et Beck par J. Barnier et E. Delage.

1974 ***Les Mots allemands***. Modernisation du précédent ouvrage par R.-Fred Niemann.

1997 ***Les Mots allemands - Édition complète***. Extension de la précédente version, à laquelle l'Édition complète ne se substitue pas.

Couverture : Alain Vambacas
Maquette intérieure et fabrication : Insolencre, FB

I.S.B.N. : 2.01.016235.8

Avant-propos

Conception et objet de l'Édition complète des Mots allemands

Avec 42 000 mots et locutions groupés par chapitres thématiques, ce manuel de vocabulaire français-allemand recouvre les principaux domaines du monde moderne. Complément du dictionnaire monolingue ou bilingue, cet ouvrage offre à l'utilisateur la possibilité d'enrichir son vocabulaire en assimilant la terminologie de base nécessaire à l'étude d'une discipline. D'un format commode à compulser, il facilite également les révisions de vocabulaire.

Les mots sont groupés dans leur contexte sémantique avec leurs adjectifs et verbes. Des abréviations précisent, le cas échéant, le niveau de langue et l'emploi du vocable. Des locutions figurent sur fond grisé à la fin des chapitres ou des sous-chapitres.

L'orthographe adoptée pour le vocabulaire allemand est conforme à la réglementation nouvelle approuvée par les pays germanophones en juillet 1996.

La recherche des mots est facilitée
– par la table des matières des chapitres thématiques, comportant les titres des sous-chapitres et de leurs sous-parties,
– par la présence d'index détaillés français et allemand,
– par la présentation de listes de mots classés dans l'ordre alphabétique, lorsque l'ordre analogique ne s'impose pas (par exemple dans le chapitre Zoologie - Botanique).

Remerciements

J'exprime ma reconnaissance aux collègues et spécialistes qui m'ont apporté une aide précieuse dans la réalisation de cet ouvrage et remercie en particulier Daniel Baudot, auteur du sous-chapitre consacré à la linguistique.

J'adresse également mes remerciements au Centre d'Information et de Documentation de l'Ambassade de la République d'Allemagne à Paris, au Consulat général d'Allemagne à Bordeaux, au DAAD, à l'Institut Goethe de Paris, à l'Institut Goethe de Bordeaux et à sa bibliothécaire, Madame Bechstein, sans oublier la Bibliothèque de la Ville de Paris et les bibliothèques universitaires de Hambourg et de Bordeaux.

Je remercie d'avance les lecteurs qui voudront me faire part de leurs remarques.

Raymond-Fred Niemann

Signes et abréviations

Abréviations

A	**accusatif**	Akkusativ
(A)	**en Autriche**	in Österreich
(abus)	**abusivement**	mißbräuchlich
(adj)	**le nom se décline comme un adjectif épithète**	
(anc)	**anciennement**	früher
(arg)	**argot**	Argot
(CH)	**en Suisse**	in der Schweiz
(cour)	**langue courante**	Umgangssprache
D	**datif**	Dativ
(D)	**en Allemagne**	in Deutschland
etw	**quelque chose**	etwas
f	**féminin**	weiblich
fpl	**féminin pluriel**	weiblich Plural
(F)	**en France**	in Frankreich
(fam)	**familier**	familiär
(fig)	**figuré**	bildlich
G	**génitif**	Genitiv
(iron)	**ironique**	ironisch
itr	**intransitif**	intransitiv
jdm	**à quelqu'un**	jemandem
jdn	**quelqu'un**	jemanden
jds	**de quelqu'un**	jemandes
(lit)	**littéraire**	gehoben
m	**masculin**	männlich
(mil)	**militaire**	militärisch
mpl	**masculin pluriel**	männlich Plural
n	**neutre**	sächlich
npl	**neutre pluriel**	sächlich Plural
(péj)	**péjoratif**	herabsetzend
pl	**pluriel**	Plural
(poet)	**poétique**	poetisch
(pol)	**politique**	politisch
(pop)	**populaire**	volkstümlich
qc	**quelque chose**	etwas
qn	**quelqu'un**	jemand(en)
s.	**voir**	siehe
(sg)	**singulier**	Singular
(t gén)	**terme général**	allgemein
™	**marque commerciale (trade mark)**	Warenzeichen
tr	**transitif**	transitiv
v.	**voir**	siehe
(voc enf)	**vocabulaire enfantin**	Kindersprache
(vulg)	**vulgaire**	vulgär
(vx)	**vieux**	veraltet
m	**masculin**	männlich
(mil)	**militaire**	militärisch

(A) (CH) (D) (F) indique le pays dans lequel le terme est utilisé. Cette abréviation est en principe placée à côté de la traduction (explicative) :

la pré-inscription	die vorläufige Einschreibung *(F)*
(l'enseignement dit de la deuxième chance) (D)	der Zweite Bildungsweg

En cas d'équivalence, le pays est indiqué pour les deux entrées :

le baccalauréat *(F)*	das Abitur *(D)*

Dans la colonne concernant le vocabulaire français, le genre des substantifs précédés d'un article élidé a été systématiquement indiqué à l'intention des utilisateurs non francophones.

Signes

• **La puce noire** (dans la marge) signale une entrée importante. Les mots marqués d'une puce noire figurent dans l'index.

○ **La puce blanche** (dans la marge) sert de repère à l'intérieur du texte.

/ **La barre oblique** placée :

– entre deux articles indique que le substantif a deux genres :

le baroque	das/der Barock

– entre deux désinences de pluriels indique que les deux pluriels sont possibles :

l'atlas *m*	der Atlas, lanten/lasse

– entre deux mots indique qu'ils ont le même sens ou une signification très voisine :

la voyelle	der Vokal, e/der Selbstlaut, e

- **Le tiret** placé :

– à la marque du pluriel signifie que le pluriel est identique au singulier :

la fenêtre	das Fenster, -

– dans un mot composé après le déterminant indique que le déterminé est commun avec celui du mot composé suivant :

le chêne	die Eiche, n
le chêne pédonculé	die Stiel-/Sommereiche
	lire : die Stieleiche *et* die Sommereiche

* **L'astérisque** placé après un verbe indique que ce verbe se conjugue avec l'auxiliaire *sein* :

s'écarter du sujet	vom Thema ab~schweifen*

~ **Le tilde** indique que le préverbe (particule) est séparable :

passer un examen	eine Prüfung ab~legen

, **La virgule** placée entre deux termes indique qu'ils correspondent à la même entrée et ont un sens approchant :

le chagrin, la peine	der Kummer

; **Le point-virgule** placé dans les deux colonnes entre deux termes indique qu'il s'agit de deux entrées différentes (procédé utilisé pour gagner de la place) :

l'humidité ; humide	die Feuchtigkeit ; feucht

↓ **La flèche verticale** dans la marge indique une liste alphabétique.

_ La fin de la liste alphabétique est indiquée dans la marge par un **trait horizontal**.

( ) **Les parenthèses** utilisées dans une seule colonne :

la météo(rologie)	die Wetterkunde, der Wetterdienst
lire : la météo *ou* la météorologie	
le parapluie	der (Regen)schirm, e
	lire : der Schirm *ou* der Regenschirm, e

Les parenthèses utilisées à la fois dans les deux colonnes :

(se) peigner	(sich) kämmen
lire : se peigner *et* peigner	*lire* : sich kämmen *et* kämmen

Le texte **en italiques** placé entre parenthèses est explicatif et donne des précisions supplémentaires ou des exemples.

(étudiant qui a terminé ou qui termine ses études)	der Hochschulabsolvent, en, en

Remarques concernant la déclinaison et le pluriel des substantifs

– Un nom suivi de *(adj)* se décline comme un adjectif.

– Le génitif est indiqué lorsqu'il s'agit d'un masculin faible :

l'étudiant *m*	der Student, en, en

– Le pluriel des substantifs est indiqué, sauf lorsqu'il n'existe pas ou est inusité. Il n'est pas répété systématiquement à l'intérieur d'une même colonne.

– Le pluriel n'est pas indiqué pour l'adjectif précédant un nom. Il suit les règles de la déclinaison de l'adjectif épithète.

– Un nom suivi de *(sg)* ne s'emploie qu'au singulier.

Conjugaison des verbes forts

– Les verbes forts sont suivis de la voyelle du prétérit et de celle du participe passé. La troisième voyelle, s'il y en a une, est celle de la 2e ou 3e personne du présent de l'indicatif.

s'entretenir (avec)	sich unterhalten, ie, a, ä (mit+D)

La conjugaison n'est pas répétée pour le même verbe lorsqu'elle a été indiquée précédemment.

Table des matières

I. Les Lettres

1. LA LITTÉRATURE

la littérature

les études *f* **littéraires**	das Literaturstudium
les lettres, la science littéraire	die Literaturwissenschaft
la littérature comparée	die vergleichende Literaturwiss.
le littéraire	der Literaturwissenschaftler, -
le comparatiste	der Komparatist, en, en
la tradition écrite	die schriftliche Überlieferung
la tradition orale	die mündliche Überlieferung
la thématologie	die Motiv-/Stoffgeschichte
• **la littérature**	die Literatur
les lettres	die Belletristik, die Dichtung
les belles lettres *(vx)*	die schöngeistige Literatur
littéraire	literarisch
la littérature de bas-étage	die Schundliteratur
la litt. de consommation, la litt. de gare	die Trivialliteratur
la litt. contemporaine	die zeitgenössische Literatur
la litt. de divertissement	die Unterhaltungsliteratur
la litt. édifiante ; édifiant	die Erbauungsliteratur ; erbaulich
la litt. engagée	die Tendenzliteratur
la litt. féminine	die Frauenliteratur
la litt. pour la jeunesse	die Jugendliteratur
la litt. moralisante	die moralische Dichtung
la litt. pornographique	die pornographische Literatur
la litt. profane	die weltliche Dichtung
la litt. religieuse	die geistliche Dichtung
la litt. romanesque, le roman	die Romanliteratur, der Roman
la littérature universelle	die Weltliteratur
• **l'histoire** *f* **de la littérature**	die Literaturgeschichte
l'historien *m* **de la littérature**	der Literarhistoriker, -
la méthodologie de la litt.	die literarische Methodenlehre
le critique littéraire	der Literaturkritiker, -
l'appréciation *f* **; apprécier**	die Einschätzung, en ; ein~schätzen
la critique ; critiquer *(œuvre)*	die Rezension, en ; rezensieren
porter un jugement sur	urteilen über + A, beurteilen
la comparaison	der Vergleich, e
comparer (à)	vergleichen, i, i, (mit + D)
l'herméneutique *f*	die Hermeneutik
l'exégèse *f*	die Exegese, n
l'exégèse biblique	die Bibelauslegung, en
l'histoire des idées	die Geistesgeschichte
l'esprit *m* **du temps**	der Zeitgeist
la sociologie de la littérature	die Literatursoziologie
○ **l'accueil** *m* **de l'œuvre**	die Rezeption des Werkes
l'effet produit	die Wirkung
les théories *f* **de la réception**	die Rezeptionstheorien *fpl*
le goût du public	der Geschmack des Publikums
○ **l'école** *f* **littéraire**	die literarische Schule, n
le programme	das Programm, e
la doctrine	die Lehre, n
l'écrivain *m* *(v. Livre et édition : l'auteur, p. 261)*	der Schriftsteller, -
être considéré comme	gelten, a, o, i, als
le chef d'école	der führende Kopf
le mouvement, le courant	die Bewegung, en
rattacher à	zählen zu+D
faire partie de	gehören zu+D
classer parmi, dans	ein~ordnen in+A
le salon littéraire	der literarische Salon, s
le(s) milieu(x) littéraire(s)	die literarische Szene
le cénacle littéraire	der literarische Kreis, e
la coterie, la chapelle	die Clique, n *(péj)*
le précurseur	der Vorläufer, -/der Vorgänger, -
annoncer	an~kündigen
inaugurer	ein~leiten
apparaître	entstehen*, a, a
s'épanouir	sich entfalten
atteindre son point culminant	seinen Höhepunkt erreichen
l'apogée *f*, **l'âge** *m* **d'or**	die Blütezeit
influencer ; l'influence *f*	beeinflussen ; der Einfluss, ¨e
se rattacher à	sich an~schließen, o, o, an+A
prendre pour modèle	sich zum Vorbild nehmen, a, o, i
se réclamer de	sich berufen, ie, u, auf+A
continuer ; la continuation	fort~setzen ; die Fortsetzung, en
le partisan ; le disciple	der Anhänger, - ; der Jünger, -
l'épigone *m* **; l'imitateur** *m*	der Epigone, n, n ; der Nachahmer, -
imiter	nach~ahmen
être supplanté (par)	verdrängt werden (von)
être remplacé (par)	abgelöst werden (von)
le déclin	der Verfall
connaître son déclin	verfallen*, ie, a, ä
être périmé, être dépassé	überholt sein, überlebt sein
s'éteindre	im Erlöschen sein
• **l'époque** *f* **littéraire**	die Literaturepoche, n
la périodication	die Periodisierung
la période littéraire	die Literaturperiode, n
○ **littérature de langue française**	französischsprachige Literatur
l'ancien français	das Altfranzösisch
la langue d'oïl	das nördliche Altfranzösisch
la langue d'oc	das südliche Altfranzösisch
la langue romane	die romanische Sprache
le moyen français	das Mittelfranzösisch
le français moderne	das Neufranzösisch
la Renaissance	die Renaissance
l'Humanisme *m*	der Humanismus
la Pléiade	die Plejade
le classicisme	die Klassik
les règles *f*	die Regeln *fpl*
l'imitation *f* **des Anciens**	die Nachahmung der antiken Dichter
le jansénisme	der Jansenismus
le janséniste	der Jansenist, en, en
le maniérisme	der Manierismus
la préciosité	die Preziosität
la philosophie des Lumières	die Aufklärung
le siècle des Lumières	das Zeitalter der Aufklärung
les encyclopédistes *m*	die Enzyklopädisten *mpl*
la souveraineté de la raison	die Vorherrschaft der Vernunft
le romantisme	die Romantik
le romantique	der Romantiker
le mal du siècle	der Weltschmerz
le culte du moi	der Kult des Ichs
le héros romantique	der romantische Held, en, en
la fuite dans l'exotisme *m*	die Flucht in die Exotik
le réalisme	der Realismus
le naturalisme	der Naturalismus

le Parnasse	der Parnass
les Parnassiens *m*	die Parnassiens *mpl*
le symbolisme	der Symbolismus
le néo-classicisme	die Neuklassik
le surréalisme	der Surrealismus
le théâtre de l'absurde	das absurde Theater
la littérature existentialiste	die existentialistische Literatur
le Nouveau Roman	der Neue Roman
○ **littérature de langue allemande**	deutschsprachige Literatur
la littérature germanique	die altgermanische Dichtung
l'ancien haut allemand	das Althochdeutsch
la littérature sous les Carolingiens	die Literatur der Karolingerzeit
la littérature d'expression latine sous les Ottons	die lateinische Dichtung der Ottonenzeit
le moyen haut allemand	das Mittelhochdeutsch
le bas allemand	das Plattdeutsch
la littérature du Moyen Âge	die mittelalterliche Literatur
la mystique	die Mystik
les mystiques *m*	die Mystiker *mpl*
Henri Suso	Heinrich Seuse
la poésie des maîtres chanteurs	der Meister(ge)sang
le maître chanteur	der Meistersänger, -
l'ère *f* **de la Réforme**	die Reformationszeit
le haut allemand moderne	das Neuhochdeutsch
le baroque	das/der Barock
l'âge *m* **baroque**	die Barockzeit
les débuts du baroque	das Frühbarock
l'apogée *m* **du baroque**	das Hochbarock
le couchant du baroque	das Schwundbarock
le rococo	das Rokoko
l'anacréontisme *m*	die Anakreontik
l'anacréontique *m*	der Anakreontiker, -
le piétisme	der Pietismus
la sentimentalité	die Empfindsamkeit
le rationaliste	der Aufklärer, -
le temps des génies	der Sturm und Drang
le préromantisme	die Vorromantik
le classicisme de Weimar	die Weimarer Klassik
les classiques *m* **de Weimar**	die Weimarer Klassiker *mpl*
le caractère classique *(d'une œuvre : "noble simplicité et calme grandeur")*	der Klassizismus (*„edle Einfalt und stille Größe", Winckelmann)*
la nostalgie	die Sehnsucht
la personnification de la nature	die Naturbeseelung
le goût de l'évasion	die Wanderlust
l'évasion *f* **dans le rêve**	die Flucht in die Traumwelt
le premier romantisme	die Frühromantik
le romantisme d'Iéna	die Jenaer Romantik
le second romantisme	die Spätromantik
le romantisme de Heidelberg	die Heidelberger R./Hochromantik
le romantisme de Berlin	die Berliner Romantik
l'école *f* **souabe**	die schwäbische Schule
la Jeune Allemagne	das Junge Deutschland
le Biedermeier *(1815-1848)*	das Biedermeier
(période précédant mars 1848)	der Vormärz
le réalisme poétique	der poetische Realismus
le naturalisme conséquent	der konsequente Naturalismus
le néo-romantisme	die Neuromantik
la littérature du terroir	die Heimatkunstbewegung
l'expressionnisme *m*	der Expressionismus
la Nouvelle Objectivité	die Neue Sachlichkeit
la révolution conservatrice	die konservative Revolution
la littérature nationaliste	die völkisch-vaterländische Literatur
la litt. sous le Troisième Reich	die Literatur im Dritten Reich
la litt. du sang et du sol	die Blut-und-Boden-Literatur
l'émigration *f* **intérieure**	die innere Emigration
la littérature de l'exil	die Exilliteratur
la littérature de l'après-guerre	die Nachkriegsliteratur
la littérature des ruines	die Trümmerliteratur
la litt. de l'Allemagne fédérale	die Literatur der Bundesrepublik
la littérature de la RDA	die Literatur der DDR
la littérature contemporaine	die Literatur der Gegenwart

la prose

• **la prose**	die Prosa
le prosateur	der Prosaschriftsteller, -
l'œuvre *f* **en prose**	das Prosawerk, e
en prose *(non versifié)*	ungebunden
○ **la prose oratoire**	die rhetorische Prosa
la rhétorique	die Rhetorik
l'éloquence *f*	die Beredsamkeit, die Redekunst
éloquent	redegewandt, beredt, beredsam
persuader ; persuasif	überzeugen ; überzeugend
la tribune	die Rednertribüne, n
monter à la tribune	ans Podium treten*, a, e, i
le discours	die Rede, n
faire un discours	eine Rede halten, ie, a, ä
l'exercice *m* **oratoire**	die Redeübung, en
faire un laïus *(fam)*	eine Rede schwingen, a, u *(fam)*
le speech *(fam)*	die kurze Rede
l'allocution *f*	die Ansprache, n
la conférence	der Vortrag, ¨e
l'orateur *m*, **le conférencier**	der Redner, -, der Vortragende *(adj)*
le plaidoyer	die Verteidigungsrede, das Plädoyer
le duel, la joute oratoire	das Rededuell, e
le temps de parole	die Redezeit
le sermon, le prêche	die Predigt, en
l'homélie *f*	die Homilie, n
l'oraison *f* **funèbre**	die Grabrede, n
○ **le ton**	der Ton
chaleureux	warm(herzig)
cynique	zynisch
déclamatoire	pathetisch
dithyrambique	überschwenglich
élégiaque	elegisch
émouvant, saisissant	ergreifend
emphatique	schwülstig, emphatisch
froid, distant	kühl
glacial	eiskalt
grandiloquent	hochtrabend
impassible	unbeteiligt
incisif	prägnant, scharf
lyrique	lyrisch
malicieux	schelmisch
mélancolique	schwermütig
nostalgique	wehmütig
passionné	leidenschaftlich
pédant	schulmeisterlich
péremptoire	peremptorisch
polémique	polemisch
provocateur	provozierend
railleur	höhnisch

satirique	satirisch
sarcastique	sarkastisch
serein	erhaben-ruhig
sincère	aufrichtig
véhément	heftig
○ **la prose didactique**	die didaktische Prosa
didactique	didaktisch, lehrhaft
l'essai *m*	der/das Essay, s
l'essayiste *m*	der Essayist, en, en
le livre d'enseignement	das Lehrbuch, ¨er
le manifeste ; le pamphlet	das Manifest, e ; die Flugschrift, en
la revue littéraire	die Literaturzeitschrift, en

le genre narratif

• **le genre narratif**	die Epik
la prose narrative	die erzählende Prosa
le narrateur	der Erzähler, -
raconter, relater	erzählen
la narration, le récit	die Erzählung, en
l'histoire *f*	die Geschichte, n
○ **la technique narrative**	die Erzähltechnik, en
la narration linéaire	die lineare Erzählweise
la narration récurrente, le retour en arrière	die Rückblende, n
revenir en arrière	zurück~blenden
le regard en arrière	der Rückblick, e
anticiper	vorweg~nehmen, a, o, i
l'anticipation *f*	die Vorwegnahme, n ; der Vorgriff, e
la narration continue	die durchgehende Erzählung
la narration discontinue	die unterbrochene Erzählung
le monologue intérieur	der innere Monolog, e
l'insertion *f* **de dialogues**	die eingeschobenen Dialoge *mpl*
insérer ; intercaler	ein~schieben, o, o ; ein~fügen
le style indirect	die indirekte Rede
le style indirect libre	die erlebte Rede
la situation narrative	die Erzählsituation
le narrateur omniscient	der allwissende Erzähler
le point de vue du narrateur, la perspective narrative	die Erzählperspektive
du point de vue du narrateur	aus der Sicht des Erzählers
la perspective subjective	die subjektive Sicht
la perspective à ras de terre	die Froschperspektive
la variation de perspective	der Perspektivenwechsel
le récit à la première personne	die Ich-Erzählung/Icherzählung
le récit à la troisième pers.	die Er-Erzählung
le temps vécu *(temps réel)*	die erlebte Zeit
○ **le vécu temporel**	das Zeiterlebnis
la présentification	die Vergegenwärtigung
le temps de narration	die Erzählzeit
le temps raconté	die erzählte Zeit
le resserrement de l'action dans le temps	die Zeitraffung

la représentation de la réalité

la représentation	die Darstellung, en
représenter	dar~stellen
l'anecdote *f*	die Anekdote, n
l'autobiographie *f*	die Autobiographie, n
la biographie ; le biographe	die Biographie, n ; der Biograph, en, en
la chronique ; le chroniqueur	die Chronik, en ; der Chronist, en, en
la confession	das Bekenntnis, se
la correspondance	der Briefwechsel, -
l'historiographie *f*	die Geschichtsschreibung
• **le journal**	das Tagebuch, ¨er
les lettres *f*	die Briefe *mpl*
les Mémoires *m*	die Memoiren *pl*
le rapport	der Bericht, e
rapporter, relater	berichten
le récit historique	die historische Erzählung, en
le récit de voyage	der Reisebericht, e
les souvenirs *m*	die Lebenserinnerungen *fpl*
le témoignage	das Zeugnis, se
le témoin	der Zeuge, n, n
la déclaration d'un témoin oculaire	der Augenzeugenbericht
○ **la réalité**	die Wirklichkeit
les faits réels	die Tatsachen *fpl*, die Fakten *npl*
reposer sur des faits réels	auf Tatsachen beruhen
les sources utilisées	die benutzten Quellen *fpl*
servir de modèle	als Vorlage dienen
partir de	an~knüpfen an+A
remonter à	zurück~gehen* auf+A
être influencé par	beeinflusst sein von+D
être marqué par	geprägt sein von+D
le fait vécu, l'expérience vécue	das persönliche Erlebnis
être lié à	sich beziehen, o, o, auf+A
contenir des éléments autobiographiques	autobiographische Züge enthalten, ie, a, ä
la vérité historique	die historische Wahrheit
la couleur locale	das Lokalkolorit
l'authenticité *f*	die Echtheit, die Zuverlässigkeit
authentique	echt, authentisch
la vraisemblance, la crédibilité	die Glaubwürdigkeit
vraisemblable, crédible	glaubwürdig
faire un portrait fidèle de qn	jdn lebensgetreu dar~stellen
dénaturer les faits	die Tatsachen entstellen/falsch dar~stellen
déformer les faits	die Tatsachen verdrehen
travestir la réalité	die Tatsachen frisieren *(fam)*
peindre *(fig)*, **restituer**	wieder~geben, a, e, i
brosser un tableau de qc	etw in groben Zügen schildern
le tableau, la peinture	das Bild, er, das Gemälde, -
pris sur le vif	aus dem Leben gegriffen
sonner juste	echt klingen, a, u
sonner faux	falsch, gekünstelt klingen
véridique ; vrai	wahrheitsgetreu ; wahr
exact, fidèle	genau, treu
infidèle, imprécis	ungenau
mensonger	erlogen, unwahr
déguiser la vérité	die Wahrheit entstellen
idéaliser ; enjoliver	idealisieren ; verbrämen
taire, passer sous silence	verschweigen, ie, ie
garder secret, cacher	geheim halten, ie, a, ä
révéler, dévoiler	enthüllen, auf~decken
démasquer ; la révélation	entlarven ; die Enthüllung, en
○ **la description**	die Beschreibung, en
plastique ; réaliste	anschaulich ; realistisch
précis ; exact	genau ; wirklichkeitsgetreu
détaillé, circonstancié	ausführlich, eingehend
esquissé ; suggéré	skizzenhaft ; angedeutet
mentionner	erwähnen
décrire ; dépeindre, retracer	beschreiben, ie, ie ; schildern
détailler	eingehend beschreiben, ie, ie

développer	dar~legen
expliquer	erklären
exposer	dar~legen, dar~stellen
montrer	zeigen

la fiction

• **l'imaginaire** *m*	die Phantasiewelt
imaginaire	erdacht, erdichtet
des faits *m* **imaginaires**	fiktive Begebenheiten *fpl*
l'imagination *f*	die Phantasie/Fantasie
être imaginatif	einfallsreich sein
imaginer	sich vor~stellen
○ **la fiction**	die Fiktion, en
inventer	erfinden, a, u, erdichten
inventé de toutes pièces	rein erfunden, völlig aus der Luft gegriffen
l'apologue *m*	die Lehrfabel, n
le conte (de fées)	das Märchen, -
le conte populaire	das Volksmärchen
le conte littéraire	das Kunstmärchen
le conteur	der Märchenerzähler, -
la fable	die Fabel, n
l'hagiographie *f*	das Heiligenleben
la légende	die Sage, n
le mythe	der Mythos/Mythus, Mythen
la nouvelle ; la n. villageoise	die Novelle, n ; die Dorfnovelle
le nouvelliste	der Novellist, en, en
la parabole	die Parabel, n
le récit, la short story	die Kurzgeschichte, n
le récit encadré *(le récit dans le récit)*	die Rahmenerzählung
• **le roman**	der Roman, e
romanesque ; romancé	romanhaft ; in Romanform
le romancier	der Romanschriftsteller, -
la romancière	die Romanschriftstellerin, nen
↓ **le roman d'actualité**	der Gegenwartsroman
le roman d'amour	der Liebesroman
le roman d'anticipation	der Zukunftsroman
le roman d'aventures	der Abenteuerroman
le roman biographique	der biographische Roman
le roman de cape et d'épée	der Mantel- und Degenroman
le roman à clé	der Schlüsselroman
le roman-confession	der Bekenntnisroman
le roman courtois	der höfische Roman
le roman-document	der Tatsachenroman
le roman d'(une) éducation	der Erziehungsroman
le roman érotique	der Sexroman
le roman d'espionnage	der Spionageroman
le roman-feuilleton	der Fortsetzungsroman
le roman-fleuve	der Romanzyklus, len
le roman d'une formation intellectuelle et morale	der Bildungsroman
le roman épistolaire	der Briefroman
le roman d'épouvante	der Gruselroman
le roman historique	der historische Roman
le journal (intime)	das Tagebuch, ¨er
le roman-journal	der Tagebuchroman
le roman de mœurs	der Sittenroman
le roman noir	der Schauerroman
le roman picaresque	der Schelmenroman
le roman policier	der Kriminalroman
le polar *(fam)*	der Krimi, s *(fam)*
le roman psychologique	der psychologische Roman
le roman à quatre sous	der Drei-Groschen-Roman
le roman régionaliste	der Heimatroman
le roman de science-fiction	der Sciencefictionroman
le roman social	der zeitkritische Roman
le roman du terroir	der Heimatroman
le roman à thèse	der Tendenzroman
le roman à tiroirs	der Schubladenroman
le roman utopique	der utopische Roman

le genre dramatique

• **le théâtre** *(pièces)*	die Bühnendichtung
les œuvres *f* **dramatiques**	die dramatische Dichtung
○ **la pièce de théâtre** *(v. Arts : le théâtre, p. 41)*	das Theaterstück, e
le spectacle, la pièce	das Schauspiel, e
l'auteur *m* **dramatique**	der Bühnenautor, en
l'auteur tragique	der Tragiker, -
l'auteur comique	der Komödiendichter, -
adapter pour le théâtre	für die Bühne bearbeiten
l'adaptation *f* **d'une pièce pour la télévision, pour l'écran**	die Fernseh-, Filmbearbeitung eines Stückes
la pièce radiophonique	das Hörspiel, e
la pièce télévisée	das Fernsehspiel, e
la théâtralité	die Bühnenwirksamkeit
○ **le (genre) tragique**	das Tragische/die Tragik
les tragiques grecs	die griechischen Tragiker
la tragédie	die Tragödie, n/das Trauerspiel, e
la tragi-comédie	die Tragikomödie, n
tragique ; tragi-comique	tragisch ; tragikomisch
○ **le mystère**	das Mysterienspiel, e
le Mystère de la Passion	das Passionsspiel
le miracle	das Mirakelspiel
la moralité	die Moralität, en
○ **le drame**	das Drama, men
le drame de la fatalité	das Schicksalsdrama
le mélodrame	das Melodrama
dramatique	dramatisch
mélodramatique	melodramatisch
pathétique	pathetisch
la comédie larmoyante	das Rührstück, e
larmoyant	rührselig
le drame écrit pour être lu *(et non joué)*	das Lesedrama, Buchdrama
○ **la comédie, le genre comique**	die Komödie
la comédie (pièce)	das Lustspiel, e, die Komödie, n
la comédie d'intrigue	die Intrigenkomödie
la comédie de mœurs	die Sittenkomödie
la comédie de caractères	die Charakterkomödie
la pièce de boulevard	das Boulevardstück, e
le vaudeville	das Vaudeville, s
le comique de situation	die Situationskomik
la méprise, le quiproquo	die Verwechslung, en
le comique de mots	die Wortkomik
la pièce burlesque	die Posse, n
la farce de carnaval	das Fastnachtspiel, e
la farce	der Schwank, ¨e, die Farce, n
grossier, vulgaire	derb
la pantalonnade	die Hanswurstiade, n
le bouffon, le polichinelle	der Hanswurst, e
la sot(t)ie	das Narrenspiel, e
le sketch	der Sketch, e(s)/s, Sketsch, e

la pièce

• **l'acte** *m*	der Akt, e, der Aufzug, ¨
la pièce en un acte	der Einakter, -
diviser en actes	in Akte ein~teilen
le prologue	das Vorspiel, e
la scène	die Szene, n
le changement de décor	der Szenenwechsel, -
le tableau	das Bild, er
les indications *f* **scéniques**	die szenischen Anweisungen *fpl*
au premier plan	im Vordergrund
à l'arrière-plan	im Hintergrund
la scène, l'entrée *f* **en scène**	der Auftritt, e
la sortie (de scène)	der Abgang, ¨e
la première scène	die Eingangsszene
la scène principale	die Hauptszene
la scène finale	die Schlussszene
la scène d'amour	die Liebesszene
la scène d'adieu	die Abschiedsszene
la scène de reconnaissance	die Wiedererkennungsszene
la scène de foule	die Massenszene
• **le personnage**	die Person, en, die Figur, en
le rôle *(v. Arts : théâtre, acteur, p. 43)*	die Rolle, n
le protagoniste	der Protagonist, en, en
le personnage principal	die Hauptperson
le personnage secondaire	die Nebenperson, die Randfigur
les caractères *m*	die Charaktere *mpl*
la psychologie des personnages	die Charakterzeichnung
individualisé ; différencié	profiliert ; abgegrenzt
la stylisation	die Stilisierung, en, die Typisierung, en
styliser, typer	stilisieren, typisieren
la charge	die Übertreibung, en
charger	übertreiben, ie, ie
le manichéisme des personnages	die Schwarzweißdarstellung der Figuren
les rapports entre les pers.	die Figurenkonstellation, en
l'entretien *m*	das Gespräch, e, die Unterhaltung, en
s'entretenir (avec), dialoguer	sich unterhalten, ie, a, ä (mit+D)
le dialogue	der Dialog, e, das Zwiegespräch
un tête à tête	ein Gespräch unter vier Augen
mener un dialogue de sourds	aneinander vorbei~reden
l'aparté *m*	das Beiseitesprechen
parler en aparté	beiseite sprechen, a, o, i
passer qc sous silence	etwas verschweigen, ie, ie
la réplique	die Erwiderung, en
les répliques	die Wechselreden *fpl*
la tirade	die Passage, n *(längere Stelle)*
le monologue, le soliloque	der Monolog, e, das (hörbare) Selbstgespräch, e
monologuer	einen Monolog halten, ie, a, ä

l'action

• **l'action** *f*, **l'intrigue** *f*	die Handlung, en
l'action principale	die Haupthandlung
l'action secondaire	die Nebenhandlung
la règle des trois unités	das Gesetz der drei Einheiten
observer l'unité d'action	die Einheit der Handlung beachten
transgresser	verletzen
l'unité *f* **de temps et de lieu**	die Einheit der Zeit und des Ortes
le lieu (de l'action)	der Schauplatz, ¨e
se passer *(+date/lieu)*	spielen *itr (+Zeit/Ort)*
se dérouler *(+date/lieu : en 1940 / à Paris)*	sich ab~spielen *(+Zeit/Ort : 1940 / in Paris)*
l'exposition *f*	die Exposition, en
le conflit	der Konflikt, e
le conflit de l'honneur et de l'amour	der Konflikt zwischen Ehre und Liebe
l'affrontement *m*	der offene Konflikt
la dispute, la querelle	der Streit, e
le ménage à trois, le trio	das Dreiecksverhältnis
une intrigue compliquée	eine verwickelte/verzwickte Handlung
les imbrications *f* **de l'action**	die Verstrickungen *fpl* der Handlung
le début de l'action	der Handlungsbeginn
le cours de l'action	der Handlungsverlauf
le déroulement de l'action	der Handlungsablauf, ¨e
la conduite de l'action	die Szenenführung
la progression de l'action	das Fortschreiten der Handlung
l'épisode *m*	die Episode, n, die Nebenhandlung, en
au cours de la scène	im Verlauf der Szene
traîner	sich hin~schleppen
languir	sich in die Länge ziehen, o, o
s'accélèrer	sich beschleunigen
se précipiter	sich überstürzen
ralentir	verlangsamen
l'élément *m* **retardateur**	das retardierende Moment, e
introduire un élément retardateur	ein retardierendes Moment ein~legen
la fatalité, le destin	das Verhängnis, das Schicksal
le fatalisme	der Schicksalsglaube
le nœud	der Knoten, -
nouer, dénouer l'intrigue	den Knoten schürzen, lösen
la péripétie, le renversement de la situation	der Umschwung, ¨e
l'intérêt *m*	das Interesse, n
rebondir	wieder auf~leben
le coup de théâtre	die (überraschende) Wendung, en
le tournant, le revirement	die Wende, n
la catastrophe	die Katastrophe, n
le dénouement	die Lösung, en (des Konfliktes)
un dénouement heureux	eine glückliche Lösung
le deus ex machina	der Deus ex machina
l'issue *f* **; finir** *itr*	der Ausgang ; aus~gehen*, i, a *itr*
la situation initiale	die Anfangslage
une situation sans issue	eine ausweglose Situation
la fin ouverte	das offene Ende
○ **la mission du théâtre**	die Aufgabe des Theaters
le théâtre didactique	das didaktische Theater
le miroir déformant	der Zerrspiegel
l'illusion *f*	die Illusion
enseigner, éduquer	belehren
la catharsis	die Katharsis
la purgation des passions	die Reinigung der Leidenschaften
susciter la terreur et la pitié	Furcht und Mitleid erregen
la purification des mœurs	die Läuterung der Sitten
le théâtre épique *(Brecht)*	das epische Theater
l'effet *m* **de distanciation**	der Verfremdungseffekt, e
le théâtre engagé	das engagierte Theater
la pièce à thèse	das Tendenzstück, e
le porte-parole de l'auteur	das Sprachrohr des Autors
le message	die Botschaft, en

le divertissement	die Unterhaltung, das Vergnügen
rire ; pleurer	lachen ; weinen

la poésie

le genre lyrique	die lyrische Gattung
• **la poésie, l'œuvre** *f* **poétique**	die Dichtung, en
poétique	poetisch, dichterisch
écrire, composer, imaginer	dichten *tr*
faire des vers	dichten *itr*
en vers	in gebundener Form
le récit en vers/versifié	die Verserzählung, en
la chronique en vers	die Reimchronik, en
le poème en prose	das Prosagedicht, e
• **le lyrisme**	die Lyrik
le poète lyrique	der Lyriker, -, der lyrische Dichter, -
la poésie lyrique	die lyrische Dichtung
(œuvre reposant sur une expérience vécue)	die Erlebnisdichtung
la poésie de circonstance	die Gelegenheitsdichtung
le poésie de confession	die Bekenntnisdichtung
la poésie courtoise	der Minnesang
le poète courtois	der Minnesänger, -
le troubadour	der provenzalische Minnesänger
le trouvère	der nordfranzösische Minnesänger
la poésie gnomique	die Spruchdichtung
la poésie héraldique	die Wappendichtung
la poésie de la nature	die Naturlyrik
la poésie pastorale	die Schäferdichtung
la poésie personnelle	die Ich-Dichtung/Ichdichtung
la poésie philosophique	die Gedankenlyrik
la poésie populaire	die Volksdichtung
la poésie de réflexion	die Gedankenlyrik
la poésie savante	die Kunstdichtung
la poésie sentimentale	die Gefühlslyrik
• **la poésie, le poème**	das Gedicht, e
le poème d'amour	das Liebesgedicht
le poème didactique	das Lehrgedicht
le poème sur la nature	das Naturgedicht
le poème social et satirique	das Zeitgedicht
la ballade	die Ballade, n
la chanson, le chant	das Lied, er
la comptine	der Abzählreim, e
l'élégie *f*	die Elegie, n
l'épigramme *f*	das Sinngedicht, e/das Epigramm, e
l'épître *f*	die Epistel, n/das Briefgedicht, e
la fable ; le fabuliste	die Fabel, n ; der Fabeldichter, -
le fablier	das Fabelbuch, ¨er
le fabliau	das Fabliau, x
l'ode *f*	die Ode, n
la romance	die Romanze, n
la ronde	der Reigen, -
le rondeau	das Rondeau, s
○ **l'épopée** *f*	das Epos, pen
l'épopée courtoise	das höfische Epos
l'épopée populaire	das Volksepos
le poème épique	das Heldenlied
la chanson de geste	das Heldenepos
la Chanson de Roland	das Rolandslied
les études arthuriennes	die Graalforschung
la cour du roi Arthur, la Table ronde	König Artus' Tafelrunde

la métrique allemande

• **la métrique**	die Verslehre/die Metrik
• **le vers**	der Vers, e
le vers parlé	der Sprechvers
le vers chanté	der gesungene Vers
le rythme	der Rhythmus, men
la forme rythmique	die rhythmische Form
une prose rythmée	eine rhythmische Prosa
les vers libres	die freien Rhythmen
la prosodie	die Prosodie
l'articulation *f* **; s'articuler**	die Gliederung ; sich gliedern
l'enjambement *m*, **le rejet**	das Enjambement, s / der Zeilensprung, ¨e
l'enjambement de strophe	der Strophensprung
enjamber sur	über~greifen, i, i, auf+A
le premier vers	der Eingangsvers
scander	skandieren
la scansion	das Skandieren
la mesure	der Takt, e
la finale	der Schluss, ¨e, die Schlusskadenz, en
le temps fort	die Hebung, en
le temps faible	die Senkung, en
la syllabe accentuée	die betonte Silbe, n
de quatre mesures	vierhebig
l'accentuation *f* **à contre-temps**	die Tonbeugung, en
le décompte des syllabes	die Silbenzählung *(F)*
une syllabe de trop	eine überzählige Silbe
l'élision *f*	die Elision, en
○ **le pied**	der Versfuß, ¨e
l'iambe *m* **; iambique**	der Jambus, ben ; jambisch
le trochée ; trochaïque	der Trochäus, äen ; trochäisch
le dactyle	der Daktylus, len
le spondée	der Spondeus, een
l'anapeste *m*	der Anapäst, e
○ **la rime ; rimer (avec)**	der Reim, e ; reimen (auf+A)
le vers rimé	der Reimvers, e
faire des rimes	Reime machen
la rime masculine, féminine	der männliche, weibliche Reim
la rime riche	der rührende Reim
la rime élargie	der erweiterte Reim
l'allitération *f*	der Stabreim / die Alliteration, en
l'assonance *f*	der Halbreim
la rime impure	der unreine Reim
l'identité *f* **du son**	der Gleichklang
la rime souabe	der schwäbische Reim
le désarrondissement	die Entrundung, en
la disposition des rimes	die Reimstellung, en
la rime plate	der Paarreim *(aa)*
les rimes croisées	die Kreuzreime *(abab)*
les rimes embrassées	die umschließenden Reime *(abba)*
les rimes couées	die Schweifreime *(aab, ccb)*
les rimes entrelacées	die verschränkten Reime *(abc, abc)*
la rime intérieure	der Binnenreim
la contrepèterie	der Schüttelreim
l'orphelin *m (vers isolé)*	die Waise, n
○ **la strophe**	die Strophe, n
le début de la strophe	der Strophenanfang, ¨e
la première strophe	die Anfangsstrophe/die erste Strophe
la dernière strophe	die Schlussstrophe/die letzte Strophe

le poème strophique	das Strophengedicht, e
le poème non strophique	das stichische Gedicht
le distique	das Distichon, chen
le tercet	das Terzett, e, der Dreizeiler, -
le quatrain	der Vierzeiler, -
une strophe de six vers	eine sechszeilige Strophe
le sonnet	das Sonett, e
revenir comme un refrain	refrainartig sein
la stance	die Stanze, n
la strophe asclépiade	die asklepiadische Strophe
la strophe alcaïque	die alkäische Strophe
la strophe saphique	die sapphische Strophe
○ **le mètre**	das Versmaß, e
un rythme ascendant	ein steigender Rhythmus
l'alexandrin *m*	der Alexandriner, -
le vers iambique à quatre pieds	der jambische Vierfüßler
un rythme descendant	ein fallender Rhythmus
le tétramètre trochaïque	der trochäische Vierfüßler
l'hexamètre *m*	der Hexameter, -
le pentamètre	der Pentameter, -
la césure, la coupe	die Zäsur, en, der Einschnitt, e
l'hémistiche *m*	der Halbvers, e
l'octosyllabe *m*	der achtsilbige Vers/der Achtsilber, -
le décasyllabe	der Zehnsilber, -

l'explication de texte

• **l'explication de texte**	die Texterläuterung, en
l'interprétation *f*	die Interpretation, en, die Deutung, en
interpréter	interpretieren, aus~legen, deuten
l'analyse immanente	die werkimmanente Interpretation
le commentaire	der Kommentar, e

(pour le commentaire grammatical, v. Linguistique, p. 17)

le commentaire dirigé	Fragen zum Text
commenter	kommentieren
la compréhension du texte	das Textverständnis
élucider, éclaircir	klären
l'élucidation *f*	die Klärung
le résumé	die Inhaltsangabe, n, das Resümee, s
résumer	zusammen~fassen
examiner, étudier	untersuchen
expliquer	erklären
discuter	erörtern
analyser	zergliedern, analysieren
clarifier, tirer au clair	klar~stellen
expliciter	verdeutlichen
suggérer	an~deuten
la paraphrase	die Umschreibung, en
paraphraser	umschreiben, ie, ie
la prise de position	die Stellungnahme, n
prendre position à l'égard de qc	zu etwas Stellung nehmen, a, o, i
○ **la genèse de l'œuvre**	die Entstehung(sgeschichte) des Werkes
l'œuvre *f* **de jeunesse**	das Jugendwerk
l'œuvre de vieillesse	das Alterswerk
concevoir une œuvre	ein Werk konzipieren
l'idée première, l'inspiration *f*	die Anregung, en
inspiré par	inspiriert von+D
le point de départ	der Anlass, ¨e
être à l'origine de	den Anstoß geben zu+D
• **le texte**	der Text, e
le fond, le contenu	der Inhalt, e
la forme	die Form, en
○ **le thème, le sujet**	das Motiv, e, das Thema, men
l'histoire *f*	die Geschichte, n
la thématique	die Thematik
le thème, la matière	der Stoff, e
un sujet éternel	ein zeitloses Thema
original, rebattu	ausgefallen, abgedroschen
aborder un sujet	ein Thema an~schneiden, i, i
traiter un sujet	ein Thema behandeln
renouveler un sujet	ein Thema erneuern, ab~wandeln
effleurer le sujet	das Thema oberflächlich behandeln
s'éloigner/s'écarter du sujet	vom Thema ab~schweifen*
ramener au sujet	in die Thematik zurück~versetzen
○ **le titre**	der Titel, -
intitulé	betitelt
l'extrait *m*	der Auszug, ¨e
le contexte	der Zusammenhang, ¨e/der Kontext
se reporter au contexte	sich in den Kontext hinein~versetzen
isoler de son contexte	aus dem Zusammenhang reißen, i, i
l'arrière-plan *m*	der Hintergrund, ¨e
le cadre	der Rahmen
l'atmosphère *f*	die Stimmung, en
○ **le plan, la structure**	der Aufbau
le plan, la composition	die Gliederung, en
la composition	die Komposition, en
la structure	die Struktur, en
comprendre	bestehen, a, a, aus+D
(se) diviser en	(sich) gliedern in+A
peut être divisé en trois parties	lässt sich in drei Teile unterteilen
former un tout	ein Ganzes bilden
la division	die Einteilung, en
une division approximative	eine grobe Einteilung
en gros	in groben Linien
dans les grandes lignes	in großen Zügen
la partie	der Teil, e
aller de ... à	reichen von ... bis (zu)
la première, deuxième partie	der erste, zweite Teil
le pendant	das Gegenstück, e
symétrique	symmetrisch
deux parties inégales	zwei ungleiche Teile
de longueur différente	ungleich lang
des parties nettement distinctes	deutlich abgegrenzte Teile
la partie constitutive	der Bestandteil, e
○ **l'introduction** *f*	die Einleitung, en
introduire (dans)	ein~leiten, ein~führen (in+A)
la partie principale	der Hauptteil
la partie centrale	der mittlere Teil
la conclusion	der Schlussteil
le passage	der Abschnitt, e ; die Stelle, n
le paragraphe	der Absatz, ¨e
dans le deuxième paragraphe	im zweiten Absatz
la transition vers	der Übergang, ¨e, zu+D
constituer une transition (à)	einen Übergang bilden (zu)
la phrase de transition	der Übergangssatz
passer à	über~gehen*, i, a, zu+D
○ **l'idée** *f* **directrice**	der Leitgedanke, ns, n
l'idée centrale	der Grundgedanke
le fil conducteur	der Leitfaden, ¨, der rote Faden
reprendre	wieder auf~nehmen, a, o, i

l'originalité *f*	die Originalität
le lieu commun	der Gemeinplatz, ¨e
le topique	der Topos, poi
le poncif	die Schablone, n
l'argumentation *f*	die Argumentation
argumenter	argumentieren
la démarche	das Vorgehen
développer une idée	eine Idee dar~legen
s'étendre sur un sujet	ein Thema aus~führen
en détail	ausführlich
simplifier ; schématiser	vereinfachen ; schematisieren
déformer ; défigurer	verzerren ; entstellen
la ressemblance	die Ähnlichkeit
se ressembler	sich ähneln
la répétition	die Wiederholung, en
se répéter	sich wiederholen
○ **la variation ; varier**	die Abwandlung, en ; ab~wandeln
le changement ; changer	die Änderung, en ; ändern
rester identique	identisch bleiben*, ie, ie
la monotonie ; monotone	die Eintönigkeit ; eintönig
la différence	der Unterschied, e
différer de	sich unterscheiden, ie, ie, von+D
être différent de	verschieden sein von+D
à la différence de	im Unterschied zu+D
le contraste	der Kontrast, e
contraster avec	einen Gegensatz bilden zu+D
s'opposer à	im Gegensatz stehen, a, a, zu+D
renvoyer à	hin~weisen, ie, ie, auf+A
être confronté, être opposé	gegenübergestellt werden*
se contredire	sich widersprechen, a, o, i
la contradiction	der Widerspruch, ¨e
être en contradiction avec	im Widerspruch stehen, a, a, zu+D
l'intensification *f*	die Steigerung, en
le point culminant	der Höhepunkt, e
au cours du texte	im Verlauf des Textes
dans la suite du texte	im weiteren Verlauf des Textes
se terminer par	enden mit+D
en conclusion	abschließend
la conclusion	die Schlussfolgerung, en
la remarque finale	die Schlussbemerkung, en

> Das sind alles nur Phrasen.
> *Tout cela n'est que littérature.*

2. LA LINGUISTIQUE

la linguistique - généralités

• **la linguistique**	die Linguistik/ die Sprachwissenschaft
le linguiste	der Linguist, en , en/ der Sprachwissenschaftler, -
la grammaire	die Grammatik, en/ die Sprachlehre, en
grammatical	grammatisch
la langue	die Sprache, n
la langue vernaculaire	die Regional-, Eingeborenensprache
le dialecte	die Mundart, en/der Dialekt, e
le signifiant	der Signifikant, en, en/ das Bezeichnende, n
signifier	bedeuten
le signifié (de langue)	die Bedeutung, en
le désigné	die Bezeichnung, en/ das Bezeichnete *(adj)*
désigner	bezeichnen
le référent	der Referent, en, en
la sémantique	die Semantik/die Bedeutungslehre
la sigmatique	die Sigmatik
la sémiologie	die Semiologie
la sémiotique	die Semiotik/die allgemeine Zeichenlehre
la pragmalinguistique	die Pragmalinguistik
l'onomasiologie *f*	die Onomasiologie
la sémasiologie	die Semasiologie
l'analyse *f*	die Analyse, n
la fonction	die Funktion, en
le paradigme	das Paradigma, men/ta
la paradigmatique	die Paradigmatik
exprimer	aus~drücken
se rapporter à	sich beziehen, o, o, auf+A
À quoi se rapporte ce mot ?	Worauf bezieht sich dieses Wort ?
s'accorder avec	über~einstimmen mit+D, sich richten nach+D
correspondre à	entsprechen, a, o, i, +D
appliquer, employer	an~wenden, wandte, gewandt/ wendete, gewendet
employer	verwenden
appliquer une règle	eine Regel anwenden
l'exception *f*	die Ausnahme, n
L'exception confirme la règle.	Ausnahmen bestätigen die Regel.
imité du latin	dem Lateinischen nachgebildet
○ **le test de permutation**	die Verschiebeprobe, n/ die Umstellprobe
le test de commutation	die Ersatzprobe
le test de transformation	die Umformungsprobe
le test de suppression	die Weglassprobe/die Abstrichprobe
le test d'augmentation	die Erweiterungsprobe

phonétique et phonologie

• **la phonétique**	die Phonetik/die Lautlehre
le phonéticien	der Phonetiker, -
phonétique	phonetisch
la phonologie	die Phonologie
le phonologue	der Phonologe, n, n
l'écriture *f* **phonétique**	die Lautschrift, en
le son	der Laut, e
le phonème	das Phonem, e
• **la voyelle**	der Vokal, e/der Selbstlaut, e
(non) arrondi	(nicht) gerundet
tendu ; relâché	gespannt ; ungespannt
ouvert ; fermé	offen ; geschlossen
bref, brève ; long, longue	kurz ; lang
nasaliser	nasalieren
la nasalisation	die Nasalierung, en
le schwa *(le ou e muet)*	der Schwa-Laut
la voyelle radicale	der Stammvokal
l'inflexion *f*	der Umlaut
la métaphonie par i	der i-Umlaut
prendre l'inflexion	den Umlaut an~nehmen, a, o, i
l'élévation *f* **tonique**	die Tonerhöhung, en
la métaphonie par a	die Brechung, en/der a-Umlaut
l'allongement *m* **compensatoire**	die Ersatzdehnung, en
l'apophonie *f*	der Ablaut, e/der Stufenwechsel, -

le degré	die Stufe, n
le degré normal	die Vollstufe
le degré fléchi	die o-Stufe
le degré allongé	die Dehnstufe
le degré réduit	die Tiefstufe
le degré zéro	die Schwundstufe
la série apophonique	die Ablautreihe, n
l'affaiblissement *m* **de la voyelle**	die Vokalabschwächung, en/ die Vokalverdumpfung, en
la diphtongue	der Diphthong, e
la diphtongaison	die Diphthongierung, en
la monophtongaison	die Monophthongierung
le triangle vocalique/ le triangle des voyelles	das Vokaldreieck
l'attaque dure	der Knacklaut, e
la quantité vocalique	die Vokallänge
l'ouverture *f*, **l'aperture** *f* *(chenal buccal)*	die Öffnung
• **la consonne**	der Konsonant, en, en/der Mitlaut, e
la consonne douce	die Lenis, nes
la consonne forte	die Fortis, tes
la consonne sonore	der stimmhafte Konsonant
la consonne sourde	der stimmlose Konsonant
le voisement	die Stimmhaftigkeit
la consonne géminée	der Doppelkonsonant, en
la gémination	die Gemination, en/ die Konsonantendehnung, en
le redoublement de la cons.	die Konsonantenverdoppelung
l'assimilation *f*	die Assimilation, en/ die Angleichung, en
la dissimilation	die Dissimilation, en
le rhotacisme	der Rhotazismus, men
• **le mode d'articulation**	die Artikulationsart, en/ der Artikulationsmodus, di
la consonne occlusive	der Verschlusslaut, e
la consonne nasale	der Nasenlaut, e/ der Nasalkonsonant
l'affriquée *f*	die Affrikata, ten/die Affrikate, ten
la constrictive	der Engelaut, e
la fricative	der Frikativ(laut), e
la spirante	der Spirant, en, en
la latérale	der Seitenlaut/der Lateral(laut), e
la vibrante	der Schwinglaut/der Vibrant, en, en/ der Zitterlaut, e
• **le point d'articulation**	die Artikulationsstelle, n/ der Artikulationsort, e
la consonne labiale	der Labial(laut), e/der Lippenlaut, e
la consonne bilabiale	der Bilabial, e/der Labiolabial, e
la consonne labio-dentale	der Labiodental, e/der Dentilabial, e/ der Lippenzahnlaut, e
la consonne dentale	der Zahnlaut, e/der Dental, e
la consonne alvéolaire	der Zahndammlaut, e
la chuintante	der Zischlaut, e
la palatale	der Gaumenlaut, e/ der Vordergaumenlaut, e
la vélaire	der Hintergaumenlaut, e/der Velar, e
la laryngale	der Laryngal, e/ der Stimmenritzenlaut, e
l'aspiration *f*	die Behauchung, en/ die Aspiration, en
aspiré	behaucht
la consonne finale	der Auslautkonsonant, en
l'assourdissement *m* **de la consonne finale**	die Auslautverhärtung
se terminer par une consonne	auf einen Konsonanten enden

○ **l'alternance grammaticale**	der grammatische Wechsel
la loi de Verner	das vernersche Gesetz
la première mutation consonantique	die erste/germanische Lautverschiebung
la deuxième mutation consonantique	die zweite/hochdeutsche Lautverschiebung
la gémination du westique	die westgermanische Konsonantengemination
○ **l'accent** *m*	der Akzent, e
l'accent de mot/d'unité lexicale	der Wortakzent
l'accent de groupe syntaxique	der Wortgruppenakzent
l'accent d'énoncé/de phrase	der Satzakzent
la syllabe atone/non accentuée	die unbetonte Silbe, n
la syllabe accentuée	die betonte Silbe, n
la syllabe tonique	die Tonsilbe, n
la syllabe (tonique) principale	die Haupttonsilbe, n
la syllabe tonique secondaire	die Nebentonsilbe, n
la prononciation	die Aussprache, n
prononcer	aus~sprechen, a, o, i
épeler	buchstabieren
la lettre	der Buchstabe, ns, n
○ **l'origine** *f*	die Herkunft
le dictionnaire étymologique	das Herkunftswörterbuch, ¨er
l'analogie *f*	die Analogie, n
initial, final	Anfangs-, End-
homonyme	gleichlautend/homonym
homophone	gleichklingend/homophon

le groupe verbal - les formes verbales

le groupe verbal (GV)	die Verbalgruppe, n/ die Verbalphrase, n
• **le verbe**	das Verb, en/das Zeitwort, ¨er
l'auxiliaire *m* **(de temps)**	das Hilfsverb/das Hilfszeitwort
le verbe de modalité	das Modalverb
le prédicat	das Prädikat, e
le verbe plein	das Vollverb
le verbe copule	das Kopulaverb
la forme verbale	die Verbform, en
la forme personnelle/la forme verbale conjuguée	die finite Verbform
la forme impersonnelle	die infinite Verbform/die Nominalform
l'infinitif *m*	der Infinitiv, e/die Nennform, en
l'infinitif présent	der Infinitiv I/ der Infinitiv des Präsens *(anc.)*
l'infinitif passé	der Infinitiv II/ der Infinitiv des Perfekts *(anc.)*
le participe	das Partizip, ien
le participe *(anc. présent)*	das Partizip I/das Partizip des Präsens
le participe *(anc. passé)*	das Partizip II/das Partizip des Perfekts
le gérondif	das Gerundium, ien
(im)personnel	(un)persönlich
la conjugaison	die Konjugation, en
conjuguer	konjugieren
la personne	die Person, en
l'accord *m*	die Kongruenz
le singulier	der Singular, e
le pluriel	der Plural, e
○ **le temps (grammatical)**	das Tempus, pora/die Zeitform, en
le présent	das Präsens, sentia/senzien

le présent historique/ le présent de narration	das historische Präsens
le prétérit	das Präteritum, ta
l'imparfait *m*	das Imperfekt, e
le parfait/le passé composé	das Perfekt
le plus-que-parfait	das Plusquamperfekt
le futur	das Futur, e
le futur simple	das Futur I
le futur antérieur	das Futur II/das Futur Perfekt
la concordance des temps	die Zeitenfolge
respecter la conc. des temps	die Zeitenfolge beachten
le temps du procès	die Aktzeit
le temps de référence	die Bezugszeit/die Betrachtzeit
le temps de l'énonciation	die Sprechzeit
le verbe prétérito-présent	das Präteritopräsens
le verbe fort	das starke Verb
le verbe faible	das schwache Verb
défectif	unvollständig
(in)variable	(un)veränderlich
la particule	die Partikel
(in)séparable	(un)trennbar
le radical	die Stammform, en
les temps primitifs d'un verbe	die Stammformen eines Verbs
○ **le mode**	der Modus, di/die Aussageweise, n
l'indicatif *m*	der Indikativ, e
le subjonctif I	der Konjunktiv I
le subjonctif II	der Konjunktiv II
le discours direct/le style direct	die direkte Rede/die wörtliche Rede
le discours indirect/rapporté	die indirekte Rede
le discours indirect libre	die erlebte Rede
le monologue intérieur	der innere Monolog, e
l'impératif *m*	der Imperativ, e/die Befehlsform, en
○ **l'aspect-phase** *m*/**l'aspect syntaxique**	der Aspekt, e
(im)perfectif	(im)perfektiv
processuel	prozessual
résultatif	resultativ
l'aspect des formes verbales	der Verbformaspekt
l'aspect interne/lexical	die Aktionsart, en/die Handlungsart
duratif	durativ
ponctuel	punktuell
ingressif/inchoatif	ingressiv/inchoativ
égressif/terminatif	egressiv/terminativ
mutatif	mutativ
transformatif	transformativ
statique/résultatif	statisch/resultativ
itératif/fréquentatif	iterativ
intensif	intensiv

les compléments dans la phrase

le verbe personnel	das persönliche Verb, en
le verbe impersonnel	das unpersönliche Verb
le verbe pronominal/réfléchi	das reflexive Verb
le sujet	das Subjekt, e
s'accorder avec le sujet	sich nach dem Subjekt richten
le sujet grammatical	das grammatische Subjekt
le sujet logique	das logische Subjekt
le sujet apparent	das Scheinsubjekt
explétif	expletiv
le verbe transitif	das transitive/zielende Verb
le verbe intransitif	das intransitive/nichtzielende Verb
la valence	die Valenz, en/die Wertigkeit, en/ die Fügungspotenz, en
monovalent	einstellig
divalent	zweistellig
trivalent	dreistellig
la réduction de valence	die Valenzreduktion, en
l'actant *m*	der Aktant, en, en/ das Ergänzungsglied, er
le complément	die Ergänzung, en
le compl. circonstantiel	die Umstandsbestimmung, en
compléter	ergänzen
la rection	die Rektion, en
gouverner	regieren
le modèle de phrase	der Satzbauplan, ¨e/der Satzplan/ das Satzmuster, -/das Satzmodell, e
la structure de surface	die Oberflächenstruktur
la structure profonde	die Tiefenstruktur
le cas profond	der Tiefenkasus/die semantische Rolle
l'agent *m*	das Agens, Agenzien
• **le cas**	der Fall, ¨e/der Kasus, -
la déclinaison	die Deklination, en
la terminaison	die Endung, en
la désinence, la marque casuelle	die Deklinationsendung
le nominatif	der Nominativ, e
l'accusatif *m*	der Akkusativ, e
le datif	der Dativ, e
le génitif	der Genitiv, e
le génitif saxon	der sächsische Genitiv
Ce mot est au nominatif.	Dieses Wort steht im Nominativ.
l'accusatif libre	der freie Akkusativ
l'accusatif de durée	der temporale Akkusativ *(exemple : Er blieb den ganzen Tag zu Hause.)*
l'accusatif de mesure	der Akkusativ des Maßes *(Sie fuhren einen Kilometer.)*
l'accusatif d'objet interne	der innere Akkusativ *(Er schlief den Schlaf des Gerechten.)*
l'objet interne	das innere Objekt
le datif libre	der freie Dativ
le datif d'appartenance	der Pertinenzdativ *(Er hielt ihr die Hand.)*
le datif éthique	der ethische Dativ *(Dass du mir nicht zu spät kommst !)*
le dativus commodi	der Dativus commodi/ der Nutznießerdativ *(Ich trage ihr den Koffer.)*
le dativus incommodi	der Dativus incommodi *(Er hat ihr den Wagen kaputtgefahren.)*
le sujet	das Subjekt, e
l'objet *m*	das Objekt, e
l'attribut *m* **du sujet**	der Prädikatsnominativ
l'attribut de l'objet	der Prädikatsakkusativ
○ **la conjonction**	die Konjunktion, en/ das Bindewort, ¨er
la conjonction de coordination	die koordinierende/beiordnende Konjunktion
la coordination/la parataxe	die Nebenordnung, en/ die Parataxe, en
la conjonction de subordination	die subordinierende Konjunktion/ die unterordnende Konjunktion
la subordination	die Unterordnung
l'hypotaxe *f*	die Hypotaxe, n
la proposition principale/ la proposition d'accueil	der Hauptsatz, ¨e
la proposition dépendante/ subordonnée	der Nebensatz, ¨e

la proposition indépendante	der unabhängige Satz
final/de but	final
causal/de cause	kausal
de lieu	lokal
de manière	modal
temporel/de temps	temporal
concessif	konzessiv
consécutif	konsekutiv
la préposition	die Präposition, en/ das Verhältniswort, ¨er
le groupe prépositionnel	die Präpositionalgruppe, n
le gr. conjonctionnel	die Konjunktionalgruppe
le gr. infinitif/infinitival	die Infinitivgruppe
le gr. participe/participial	die Partizipialgruppe
le membre de phrase	das Satzglied, er
la locution verbale à verbe support	das Funktionsverbgefüge *(Anwendung finden; unter Verdacht stehen)*
la locution idiomatique de type prépositionnel	die präpositionale idiomatische Verbindung *(auf der Hand liegen)*
la locution idiomatique de type accusatif	die akkusativische idiomatische Verbindung *(offene Türen ein~rennen)*
locatif	lokativ/positional
directif	direktional
perlatif	perlativ
ablatif	ablativ
○ **l'adverbe** *m*	das Adverb, ien
l'adverbe de lieu	das Lokaladverb
l'adverbe de temps	das Temporaladverb
l'adverbe de manière	das Modaladverb
le relatif adverbial	das Relativadverb
le démonstratif adverbial	das Demonstrativadverb

le groupe nominal

le groupe nominal (GN)	die Nominalgruppe, n/ die Nominalphrase
• **le substantif**	das Substantiv, e
le nom	das Nomen, mina/das Hauptwort, ¨er
le genre	das Genus , nera (des Substantivs)
le genre (grammatical) *(Mädchen=neutre)*	das (grammatische) Geschlecht, er
le genre logique *(Mädchen=féminin)*	das logische Geschlecht
le masculin	das Maskulinum, na
le féminin	das Femininum, na
le neutre	das Neutrum, tra/tren
masculin	männlich
féminin	weiblich
neutre	sächlich
○ **le nombre**	der Numerus, -/ri
le singulier	der Singular, e
le pluriel	der Plural, e/die Mehrzahl
mettre au pluriel	in den Plural/in die Mehrzahl setzen
Quel est le pluriel de ... ?	Wie lautet die Mehrzahl von ... ?
Les substantifs en „*-al*" forment leur pluriel en „*-aux*".	Die Substantive auf „*-al*" bilden ihre Mehrzahl auf „*-aux*".
s'accorder en genre et en nombre avec	in Geschlecht/Genus und Numerus über~einstimmen mit
○ **l'article** *m*	der Artikel, -
l'article (in)défini	der (un)bestimmte Artikel
l'absence *f* **d'article**	die Artikellosigkeit
l'article zéro	der Nullartikel
le déterminatif	das Determinativ, e
• **l'adjectif** *m*	das Adjektiv, e/ das Eigenschaftswort, ¨er
le groupe adjectival	die Adjektivgruppe, n
l'adjectif épithète	das attributive Adjektiv, e
l'adjectif attribut	das prädikative Adjektiv
la comparaison	die Komparation, en
le degré de comparaison	die Vergleichsstufe, n
le positif/le degré zéro de l'adjectif	der Positiv, e/die Grundstufe, n
le comparatif/le degré I de l'adjectif	der Komparativ, e/die Höherstufe, n
le superlatif/le degré II de l'adjectif	der Superlativ, e/die Höchststufe, n
le superlatif absolu	der Elativ, e/der absolute Superlativ
graduer un adjectif	ein Adjektiv steigern
l'adjectif substantivé	das Nominaladjektiv, e/ das substantivierte Adjektiv
l'adjectif numéral	das Zahladjektiv, e
l'adjectif cardinal	die Kardinalzahl, en/ die Grundzahl, en
l'adjectif ordinal	die Ordinalzahl, en/ die Ordnungszahl, en
décliner	deklinieren
(in)déclinable	(un)deklinierbar/(un)beugbar
suivre la déclinaison faible	schwach dekliniert werden
le complément de nom *(le GN au génitif, expansion à droite de la base nominale)*	das Genitivattribut, e
l'expansion à gauche/ antérieure	die Linkserweiterung, en
l'exp. à droite/postérieure	die Rechtserweiterung, en
l'apposition *f*	die Apposition, en
le groupe verbal relatif/la proposition relative	der Relativsatz, ¨e
l'antécédent *m*	das Antezedens, denzien
l'anaphore *f*	die Anapher, n /das Rückverweisen
la cataphore	die Katapher, n/das Vorverweisen
anaphorique	anaphorisch
cataphorique	kataphorisch
exophorique	exophorisch
○ **le pronom**	das Pronomen, -/mina/ das Fürwort, ¨er
le pronom relatif	das Relativpronomen/ das bezügliche Pronomen
le pronom personnel	das Personalpronomen/ das personenanzeigende Pronomen/das persönliche Fürwort
la forme de politesse	die Höflichkeitsform, en
le pronom réfléchi	das Reflexivpronomen/ das rückbezügliche Fürwort
l'adjectif possessif	das attributive Possessivadjektiv *(également appelé „Possessivpronomen" par les grammairiens allemands)*/ das attributive Possessivum, va/ das possessive Determinativ, e/ der Possessivartikel, -
le pronom possessif	das Possessivpronomen/ das besitzanzeigende Pronomen
l'adjectif indéfini	das attributive Indefinitadjektiv/ das attributive Indefinitum, ta/ das indefinite Determinativ, e
le pronom indéfini	das Indefinitpronomen
l'adjectif interrogatif	das attributive Frageadjektiv
le pronom interrogatif	das Fragepronomen/ das Interrogativpronomen
l'adjectif démonstratif	das attributive Demonstrativadjektiv
le pronom démonstratif	das Demonstrativpronomen

la phrase en situation

la phrase en situation	der Satz im Kontext
l'acte *m* **de parole**	der Sprechakt, e
• **la phrase/l'énoncé** *m* **/la proposition**	der Satz, ¨e
la proposition principale/ le groupe d'accueil	der Hauptsatz, ¨e
la proposition dépendante/ subordonnée	der Nebensatz, ¨e
la proposition dépendante conjonctive	der Konjunktionalsatz, ¨e
le groupe verbal relatif/la proposition relative	der Relativsatz, ¨e
la proposition infinitive	der Infinitivsatz, ¨e
l'énonciative *f* **/ la proposition énonciative/assertive**	der Aussagesatz, ¨e
l'interrogative *f* **/ la proposition interrogative**	der Fragesatz, ¨e
l'exclamative *f* **/ la proposition exclamative**	der Ausrufesatz, ¨e
la proposition injonctive/ l'énoncé injonctif	der Aufforderungssatz, ¨e
la proposition optative	der Wunschsatz, ¨e
la proposition conditionnelle	der Konditionalsatz, ¨e
• **la syntaxe**	die Syntax/die Satzlehre
la construction de la phrase	der Satzbau
l'agencement *m*	die Wortstellung
la sérialisation	die Serialisierung
l'ordre *m* **des membres de la phrase/de la proposition**	die Satzgliedfolge
la place/la position	die Stellung
la 1re position	das Vorfeld/die Erststellung
le champ du milieu	das Mittelfeld
la 2e position en énoncé déclaratif/assertif	die Zweitstellung im Aussagesatz
la 3e position	die Drittstellung
le champ hors construction	das Nachfeld
le thème	das Thema, men/ta
le rhème	das Rhema, ta
thématique	thematisch
rhématique	rhematisch
la thématisation	die Thematisierung, en
la rhématisation	die Rhematisierung, en
le sujet thématique	das thematische Subjekt, e
la topicalisation	die Topikalisierung, en
l'enchaînement *m*	die Verkettung, en
l'enchaînement thématique	die Themaverknüpfung, en
l'affirmation *f*	die Bejahung, en
la négation	die Verneinung, en/die Negation, en
la négation globale	die Satznegation
la négation partielle	die Satzgliedsnegation
• **la voix** *(sens général)*	das Genus verbi, nera verbi
la voix *(souvent structure syntaxique)*	die Diathese, n
l'actif *m*	das Aktiv
le passif	das Passiv
la voix moyenne/le moyen	das Medium
le passif processuel (d'action)	das Vorgangspassiv
le passif résultatif/le bilan *(passif d'état)*	das Zustandspassiv
la capacité à être mis au passif	die Passivfähigkeit
qui peut être mis au passif	passivfähig
le passif injonctif	das Aufforderungspassiv
le p. sans sujet grammatical/ le passif impersonnel	das unpersönliche Passiv
la voix du récipiendaire	das Adressatenpassiv *(Sie bekommt eine Puppe geschenkt.)*
l'absence *f* **d'agent**	die Agenslosigkeit
l'omissibilité *f* **de l'agent**	die Weglassbarkeit des Agens
l'ellipse *f* **anaphorique**	die anaphorische Ellipse (des Agens)
l'ellipse cataphorique	die kataphorische Ellipse
la modalisation	die Modalisierung/ die subjektive Einschätzung
l'illocution *f*	die Illokution, en
illocutoire	illokutiv
perlocutoire	perlocutiv
la particule illocutoire/modale	die Abtönungspartikel, n/ die Modalpartikel *(Der ist **ja** verrückt !)*
le modalisateur	der Modalisator, en *(zweifellos)*
l'appréciatif *m*	das Einschätzungswort, ¨er *(leider)*
l'interjection *f*	die Interjektion, en/das Ausrufewort/ das Empfindungswort
la particule scalaire/le modulateur de mise en relief	die Gradpartikel, n/ die Rangierpartikel, n *(sogar)*

la lexicologie

• **la lexicologie**	die Lexikologie/die Wortkunde
la formation des mots	die Wortbildung, en
le mot/le terme	das Wort, ¨er
la parole	das Wort, e
les propos *m*	die Worte *npl*
le vocabulaire	der Wortschatz
le mot/le vocable	die Vokabel, n
le terme technique/spécialisé	das Fachwort, ¨er
la morphologie	die Morphologie/die Formenlehre
le marquage morphologique	die morphologische Markierung, en
l'étymologie *f*	die Etymologie
le dictionnaire étymologique	das Herkunftswörterbuch, ¨er/ das etymologische Wörterbuch
le paradigme	das Paradigma, men
venir de/dériver de	her~kommen*, a, o , von/ ab~stammen von
le morphème	das Morphem, e
le lexème	das Lexem, e
le monème	das Monem, e
le sémantème	das Semantem, e/ der Bedeutungsträger, -
le sémantème principal	der Hauptbedeutungsträger
○ **le substantif composé**	das zusammengesetzte Substantiv, e/ die Substantivzusammensetzung, en, das Kompositum, ta
la composition à structure parataxique	die Kopulativzusammensetzung *(Strumpfhose)*
la composition à structure hypotaxique	die Determinativzusammensetzung *(Mädchenschule)*
le déterminé	das Grundwort, ¨er
le déterminant	das Bestimmungswort
composé	zusammengesetzt
l'intension *f* **/la compréhension**	die Intension, en
l'extension *f*	die Extension, en
○ **la dérivation**	die Ableitung, en
faire dériver/dériver	ab~leiten
dérivé	abgeleitet
la dérivation nominale	die Substantivableitung
la racine	die Wurzel, n
le radical	der Stamm, ¨e
l'affixe *m*	das Affix, e
le préfixe	das Präfix, e

l'infixe *m*	das Infix, e
le suffixe	das Suffix, e
le préfixoïde	das Präfixoid, e/das Halbpräfix, e
le suffixoïde	das Suffixoid, e/Halbsuffix, e
la particule	die Partikel, n
l'épenthèse *f*	der Einschub, ¨e
la consonne épenthétique	der Einschublaut, e
commencer (par)	beginnen, a, o (mit)
se terminer par	enden auf+A
former avec	bilden aus
former en	bilden auf
fléchir *(décliner, conjuguer)*	beugen
ajouter une désinence à	eine Endung an~hängen +D
le diminutif	das Diminutiv, e/ das Verkleinerungswort, ¨er
l'abréviation *f*	die Abkürzung, en
l'emprunt *m*	die Entlehnung, en
le mot d'emprunt	das Lehnwort, ¨er
le mot étranger	das Fremdwort
le nom commun, le terme générique	der Gattungsname, ns, n/ das Appellativum, va/ven
le nom propre	der Eigenname, ns, n
le (substantif) collectif	der Sammelname/ das Kollektivum, va/ven
la nominalisation	die Nominalisierung, en
le verbe de perception	das Wahrnehmungsverb, en/ das Verbum, ba sentiendi
le verbe de dire	das Verb des Sagens/ das Verbum dicendi
le verbe météorologique	das Witterungsverb, en
la famille des mots	die Wortgruppe, n
la géographie linguistique	die Wortgeographie
l'atlas *m* **linguistique**	der Sprachatlas, lasse/lanten
la communauté linguistique	die Sprachgemeinschaft, en
la terminologie	die Terminologie, n/ der Fachwortschatz, ¨e
la langue de spécialité	die Fachsprache, n
le jargon/l'argot *m*	der Jargon, s
l'argot *m*, **la langue verte**	das Rotwelsch

la ponctuation

• **la ponctuation**	die Interpunktion, en/ die Zeichensetzung, en
le signe de ponctuation	das Satzzeichen, -
mettre la ponctuation	die Satzzeichen setzen
l'initiale *f*	der Anfangsbuchstabe, ns, n
la majuscule	der große (Anfangs)buchstabe
la minuscule	der kleine Buchstabe
écrire avec une majuscule	groß~schreiben, ie, ie
l'écriture *f* **en majuscules**	die Großschreibung
En allemand, les substantifs prennent une majuscule.	Im Deutschen werden die Substantive großgeschrieben.
écrire en minuscules, écrire avec une minuscule	klein~schreiben
l'écriture en minuscules	die Kleinschreibung
le point	der Punkt, e
la virgule	das Komma, s/ta/der Beistrich, e
le point-virgule	das Semikolon, s/la/der Strichpunkt
les deux points	der Doppelpunkt
les points de suspension	die Auslassungspunkte *mpl*
l'apostrophe *f*	der Apostroph, e/ das Auslassungszeichen, -
le point d'interrogation	das Fragezeichen, -
le point d'exclamation	das Ausrufezeichen, -
les guillemets *m*	die Anführungszeichen *npl*
les guillemets (du type „ ")	die Anführungsstriche *mpl*
Ouvrez les guillemets.	Anführungszeichen unten !
Fermez les guillemets.	Anführungszeichen oben !
le tiret	der Gedankenstrich, e
la parenthèse	die Klammer, n
Ouvrez la parenthèse.	Klammer auf !
Fermez la parenthèse.	Klammer zu !
le mot entre parenthèses	das eingeklammerte Wort/das in Klammern stehende Wort
le crochet	die eckige Klammer, n
le trait d'union	der Bindestrich, e
l'astérisque *m*	das Sternchen, -
le tréma	das Trema, s/ta
la cédille	die Cedille, n

le style

• **le style**	der Stil, e
la stylistique	die Stilistik/die Stilkunde
stylistique	stilistisch
○ **le niveau de langue**	die Stilebene, n
la langue (de la conversation) courante	die Umgangssprache
la langue écrite	die Schriftsprache
l'allemand *m* **littéraire**	das Schriftdeutsch
la langue administrative	die Amtssprache
la langue scientifique/savante	die Wissenschaftssprache
le baragouin, le charabia	das Kauderwelsch
baragouiner *tr (fam)*	kauderwelschen *itr*
↓ **abstrait**	abstrakt
affirmatif	bejahend
aisé	flüssig
archaïque	veraltet
brillant	glänzend
clair, limpide	klar
concret	konkret
élevé/noble	gehoben
évocateur	anschaulich
familier	umgangssprachlich/familiär
figuré	übertragen/bildlich
au sens figuré	im übertragenen Sinn
imagé	bilderreich
maniéré, mièvre	geziert/gekünstelt
négatif	verneinend
négligé, relâché	salopp
original	eigenwillig
pittoresque	malerisch
poétique	dichterisch
pompeux, ampoulé	geschwollen
pompier, prétentieux	gespreizt/gestelzt/geschraubt
au sens propre	im eigentlichen Sinn
recherché	gesucht
surchargé	überladen
usité	gebräuchlich
usuel	üblich
vigoureux	markig
vulgaire	vulgär
○ **le synonyme**	das Synonym, e
la synonymie	die Gleichbedeutung
l'antonyme *m*	das Antonym, e/das Gegenwort, ¨er
l'antonymie *f*	der Bedeutungsgegensatz, ¨e
l'homonyme *m*	das Homonym, e

l'hyperonyme *m*	der Oberbegriff, e
l'hyponyme *m*	der Unterbegriff, e
l'expression *f*	der Ausdruck, ¨e
la tournure	die Wendung, en
la locution	die Redensart, en
la tournure de style	die Redewendung, en
le cliché	das Klischee, s/die Schablone, n
la fleur de rhétorique	die Floskel, n
la formule à la mode/le slogan	das Schlagwort, ¨er
le néologisme	der Neologismus, men/die Neubildung, en
l'archaïsme *m*	der Archaismus, men
l'anachronisme *m*	der Anachronismus, men
la répétition	die Wiederholung, en
la paraphrase	die Paraphrase, n
l'exagération *f*/**l'outrance** *f*	die Übertreibung, en
la litote	die Litotes, -/die Untertreibung, en
l'euphémisme *m*	der Euphemismus, men
l'image *f*	das Bild, er
la comparaison	der Vergleich, e
le trope/la figure	die Trope, n
la métaphore	die Metapher, n
l'allégorie *f*	die Allegorie, n
le symbole	das Symbol, e/das Sinnbild, er
symboliser	symbolisieren/versinnbildlichen
la personnification	die Personifikation, en
la métonymie	die Metonymie, n
la synecdoque	die Synekdoche, n
la figure de rhétorique	die Redefigur, en
la périphrase	die Umschreibung, en
l'oxymoron *m*	das Oxymoron, ra *(süßer Schmerz)*
l'ellipse *f*	die Auslassung, en/die Ellipse, n
le pléonasme	der Pleonasmus, men
l'allusion *f*	die Anspielung, en/die Allusion, en
l'hyperbole *f*	die Hyperbel, n
la parabole	die Parabel, n
l'antithèse *f*	die Antithese, n
la tautologie	die Tautologie, n
le jeu de mots	das Wortspiel, e
le calembour	der Kalauer, -
la contrepèterie	die Silbenvertauschung, en/der Schüttelreim, e
l'harmonie imitative	die Lautmalerei
l'onomatopée *f*	das Schallwort, ¨er
le hiatus	der Hiatus, -
le rythme	der Rhythmus, men
la période	die Periode, n
introduire	ein~leiten
ajouter	hinzu~fügen
signifier ; la signification	bedeuten ; die Bedeutung, en
le sens	der Sinn, e
l'ambiguïté f	die Zweideutigkeit
ambigu	zweideutig
sans ambiguïté, net	eindeutig
évident	sinnfällig
vide de sens	sinnlos
renforcer	verstärken
remplacer un mot par un autre	ein Wort durch ein anderes ersetzen
❍ **l'orthographe** *f*	die Rechtschreibung, en/die Orthographie/Orthografie, n
la réforme de l'orthographe	die Rechtschreibreform, en
les rectifications *f* **de l'orthographe**	die orthographischen Richtigstellungen *fpl*

3. LES LANGUES

les langues vivantes

• **les langues vivantes**	die lebenden Sprachen *fpl*
(v. adjectifs du tableau Pays - habitants, p. 340)	
la langue étrangère	die Fremdsprache, n
l'étude *f* **des langues étrangères**	das Fremdsprachenstudium
l'étude des civilisations étrangères	die kulturwissenschaftlichen Auslandsstudien *npl*
la civilisation	die Kulturwissenschaft, en/die Landeskunde *(sg)*
la civilisation allemande	die Deutschlandkunde/die deutsche Landeskunde
l'histoire de la civilisation	die Kulturgeschichte
le civilisationniste	der Kulturhistoriker, -
les langues étrangères appliquées	die angewandten Fremdsprachen
la linguistique appliquée	die angewandte Sprachwissenschaft
la recherche terminologique	die terminologische Forschung
le langage technique	die Fachsprache, n
le cours pour débutants	der Anfängerkurs, e
le cours pour étudiants avancés	der Fortgeschrittenenkurs, e
l'allemand langue étrangère	Deutsch als Fremdsprache
le français fondamental	die französische Grundsprache
❍ **langues, littératures et civilisations germaniques**	die Germanistik
la germanistique	die Germanistik
le germaniste	der Germanist, en, en
l'allemand *m*	Deutsch *n*
le bas-allemand	Plattdeutsch *n*
le néerlandais	Niederländisch *n*
les études scandinaves	die Skandinavistik
le danois	Dänisch *n*
le norvégien	Norwegisch *n*
le suédois	Schwedisch *n*
❍ **les études d'anglais**	die Anglistik
l'angliciste *m*	der Anglist, en, en
l'anglais *m*	Englisch *n*
langues, littératures et civilisations américaines	die Amerikanistik
les études canadiennes	die Kanadistik
❍ **les études celtes**	die Keltologie
le gaélique	Gälisch *n*
l'irlandais *m*	Irisch *n*
le breton	Bretonisch *n*
le gallois	Welsch *n*
❍ **les études romanes**	die Romanistik
les langues romanes	die romanischen Sprachen
les peuples latins	die romanischen Völker
le romaniste	der Romanist, en, en
le français	Französisch *n*
l'occitan *m*	Okzitanisch *n*
l'hispanisant/l'hispaniste *m*	der Hispanist, en, en
l'espagnol *m*	Spanisch *n*
le catalan	Katalanisch *n*
les études portugaises	die Lusitanistik
le portugais	Portugiesisch *n*
langues, littératures et civilisation de l'Amérique latine	die Lateinamerikanistik
l'italien *m*	Italienisch *n*
le roumain	Rumänisch *n*

○ **les études slaves**	die Slawistik
le slavisant/slaviste	der Slawist, en, en
le russe	Russisch *n*
le bulgare	Bulgarisch *n*
le polonais	Polnisch *n*
le tchèque	Tschechisch *n*
le serbo-croate	Serbokroatisch *n*
○ **langues et civilisations orientales**	die Orientalistik
les études arabes	die Arabistik
l'arabisant *m*	der Arabist, en, en
l'arabe *m*	Arabisch *n*
les études hébraïques	die Hebraistik
l'hébraïsant/l'hébraïste *m*	der Hebraist, en, en
l'hébreu *m*	Hebräisch *n*
le sanskrit	Sanskrit n
le sinologue	der Sinologe, n, n
le chinois	Chinesisch n
le japonisant	der Japanologe, n, n
le japonais	Japanisch *n*

la traduction

• **la traduction**	die Übersetzung, en
le traducteur	der Übersetzer, -
la traductrice	die Übersetzerin, nen
assermenté	vereidigt
traduire	übersetzen
traduire de l'allemand en français	aus dem Deutschen ins Französische übersetzen
Dites-le en français.	Sagen Sie es auf Französisch!
traduire à livre ouvert	vom Blatt übersetzen
la traduction orale sans préparation	die Stegreifübersetzung
la langue de départ	die Ausgangssprache
la langue d'arrivée	die Zielsprache
la version	die Übersetzung aus der Fremdsprache, die Herübersetzung
le thème	die Übersetzung in die Fremdsprache, die Hinübersetzung
une traduction fidèle	eine textgetreue Übersetzung
traduire fidèlement	sinngetreu übersetzen
intraduisible	unübersetzbar
traduire le sens et non les mots	den Sinn und nicht die Wörter übersetzen
traduire librement	frei übersetzen
la traduction littérale	die wörtliche Übersetzung
la traduction automatique	die automatische Übersetzung
l'interprète *m, f*	der Dolmetscher, -, die Dolmetscherin, nen
l'interprétariat *m*	der Dolmetscherberuf
l'interprétation *f*	das Dolmetschen
l'interprétation simultanée	das Simultandolmetschen
l'interprétation consécutive	das Konsekutivdolmetschen
servir d'interprète à qn	für jdn dolmetschen
interpréter qc, traduire qc	etw dolmetschen
l'interprète de conférence	der Konferenzdolmetscher, -
prendre des notes	sich Notizen *fpl* machen
la prise de notes	die Notizentechnik
le service linguistique	der Sprachendienst, e
○ **la langue de travail**	die Arbeitssprache, n
la langue officielle	die Amtssprache, n
la langue maternelle	die Muttersprache, n
le francophone	der Französischsprachige *(adj)*
le germanophone	der Deutschsprachige *(adj)*
le bilinguisme	die Zweisprachigkeit
bilingue	zweisprachig
trilingue	dreisprachig
polyglotte	mehrsprachig
le polyglotte	der Sprachkundige *(adj)*
être polyglotte	sprachkundig sein
parler couramment l'anglais	fließend Englisch sprechen, a, o, i
l'accent *m* **; sans accent**	der Akzent, e ; akzentfrei
la communauté linguistique	die Sprachgemeinschaft, en
la barrière linguistique	die Sprachschranke, n
le conflit linguistique	der Sprachenkampf
maîtriser une langue	eine Sprache beherrschen
le sens de la langue	das Sprachgefühl
avoir le don des langues	ein Sprachgenie sein
le don des langues	die Sprachbegabung
être doué pour les langues	sprachbegabt sein
l'interférence *f*	die Interferenz, en
le puriste	der Purist, en, en

les langues classiques

• **les langues** *f* **classiques**	die klassischen Sprachen *fpl*
la philologie classique	die klassische Philologie
le philologue classique	der Altphilologe, n, n
○ **le latin**	Latein *n*
le latiniste	der Latinist, en, en

César	Cäsar
Caton l'Ancien	Cato der Ältere
Cicéron	Cicero
Horace	Horaz
Catulle	Katull
Tite-Live	Livius
Lucien	Lucian
Lucrèce	Lukrez
Marc Aurèle	Mark Aurel
Ovide	Ovid
Pétrone	Petronius
Pindar	Pindar
Pline l'Ancien	Plinius der Ältere
Pline le Jeune	Plinius der Jüngere
Properce	Properz
Salluste *(la Conjuration de Catilina)*	Sallust *(Über die Verschwörung des Catilina)*
Sénèque	Seneca
Suétone	Sueton
Tacite	Tacitus
Térence	Terenz
Tibulle	Tibull
Virgile *(l'Enéide ; Enée)*	**Vergil** *(Die Äneis ; Aeneas)*

○ **le grec**	Griechisch *n*
l'helléniste *m*	der Hellenist, en, en

Anacréon	Anakreon
Aristophane	Aristophanes
Aristote	Aristoteles
Eschyle *(les Perses ; l'Orestie ; Promethée enchaîné)*	Äschylus/Aischylos *(Die Perser ; Die Orestie ; Der gefesselte Prometheus)*
Esope	Äsop
Démocrite	Demokrit
Démosthène	Demosthenes
Empédocle	Empedokles

Epicure	Epikur
Euclide	Euklid
Euripide *(les Troyennes ; Iphigénie à Aulis ; I. en Tauride)*	Euripides *(Die Troerinnen ; Iphigenie in Aulis ; I. bei den Tauriern)*
Héraclite	Heraklit
Hérodote	Herodot
Hésiode	Hesiod
Hippocrate	Hippokrates
Homère *(l'Iliade ; la guerre de Troie ; l'Odyssée ; Ulysse)*	Homer *(Die Ilias ; der Trojanische Krieg ; Die Odyssee ; Odysseus)*
Platon *(le Banquet ; Phédon)*	Plato *(Das Gastmahl ; Phaidon)*
Plaute	Plautus
Plutarque	Plutarch
Sapho	Sappho
Socrate	Sokrates
Sophocle *(Oedipe roi)*	Sophokles *(König Ödipus)*
Théocrite	Theokrit
Théophraste	Theophrastus
Thucydide	Thukydides

4. LES FAUX-AMIS

différence de sens

le mot d'emprunt	das Fremdwort, ¨er
• **les faux-amis** *m*	die Scheinentsprechungen *fpl*
↓ **à part** apart	getrennt, separatder **qui a du chic, original**
l'académicien *m (Académie française)* der Akademiker, - die akademische Bildung	das Mitglied der Académie française **l'universitaire** *m (enseignant)* **la formation universitaire**
l'acquisiteur *m* der Akquisiteur, e	der Erwerber, - **le démarcheur**
l'acte *m (théâtre)* ; **le nu** *(peinture)* die Akte, n	der Akt, e **le dossier**
l'adjudant *m* Adjutant, en, en	der Feldwebel, - **l'officier** *m* **d'ordonnance ; l'aide** *m* **de camp**
adroit adrett	geschickt **propre, pimpant**
annoncer annoncieren	an~kündigen **insérer une annonce**
l'appartement *m* das Appartement, s	die Wohnung, en **le studio de luxe**
avancer avancieren*	vor~rücken, voran~kommen **être promu**
le baiser das Baiser, s	der Kuss, ¨e **la méringue**
la balade die Ballade, n	der Bummel, - **la ballade**
le ballotage die Ballotage	die unentschiedene Wahl **le scrutin par boules noires et blanches**
blâmer die Blamage, n blamieren	tadeln **la honte, le ridicule** **couvrir de honte, ridiculiser**
la blouse die Bluse, n	der Arbeitskittel, - **le chemisier, la blouse**
être bredouille in der Bredouille sein	leer aus~gehen **être dans l'embarras** *m*
le cadavre der Kadaver, -	die Leiche, n **la charogne** *(cadavre d'animal)*
la caméra die Kamera, s	die Filmkamera **l'appareil** *m* **de photo**
être cavalier Kavalier sein	rücksichtslos sein **être galant**
la chaise longue die Chaiselongue, n	der Liegestuhl, ¨e **le divan**
le champignon der Champignon, s *(der Egerling)*	der Pilz, e **l'agaric** *m*, **le champignon de Paris**
la chanson ; le lied das Chanson, s	das Lied, er **la chanson satirique**
la chicorée der/die Chicoree/Schikoree	der Zichorienkaffee ; die Endivie, n **l'endive** *f*
le chiffon der Chiffon, s	der Lappen, - **le voile** *(tissu)*
le Christ der Christ, en	Christus **le chrétien**
le clavier das Klavier, e	die Klaviatur, en, die Tastatur, en **le piano**
le collège das Kolleg, s	die Sekundarstufe I *(Schule)* **le cours** *(université)*
le compagnon der Kompagnon, s	der Gefährte, n, n **l'associé** *m*
le compas der Kompass, e	der Zirkel, - **la boussole**
le conférencier der Conférencier, s	der Vortragende *(adj)* **le présentateur, l'animateur** *m*
le couvert das Kuvert, s	das Gedeck, e **l'enveloppe** *f*
le décorateur der Schaufensterdekorateur, e	der Bühnenbildner, - **l'étalagiste** *m*
la délicatesse das Delikatessengeschäft, e	die Zartheit, die Feinheit **l'épicerie** *f* **fine**
le dirigeant der Dirigent, en, en	der Leiter, -, der Führer, - **le chef d'orchestre**
la dissertation die Dissertation, en	der Aufsatz, ¨e **la thèse de doctorat**
le dôme der Dom, e	die Kuppel, n **la cathédrale**
l'État *m* **l'état** *m* der Etat, s	der Staat, en der Zustand, ¨e **le budget**
évangélique **l'Eglise luthérienne évangélique**	aus dem/nach dem Evangelium die evangelisch-lutherische Kirche
evangelisch *(Konfession)*	**protestant** *(religion)*
l'expéditeur *m* der Spediteur, e	der Absender, - **le transporteur**
le fagot (de bois) das Fagott, e	das Reisigbündel, - **le basson**

le feuilleton télévisé	die Fernsehserie, n,
le roman-feuilleton	der Fortsetzungsroman, e
das Feuilleton, s	**la page littéraire d'un journal**
fantasmer	phantasieren/fantasieren
die Phantasie/Fantasie	**l'imagination** *f*
der Phantast/Fantast, en, en	**le (doux) rêveur**
fidèle	treu
fidel	**gai, joyeux**
la figure	das Gesicht, er
die Figur, en	**la silhouette ; le personnage**
le flair	der Spürsinn
das Flair	**l'atmosphère** *f*, **le cachet**
la fraction	der Bruch, ¨e
die Fraktion, en	**le groupe parlementaire**
le gage	das Pfand, ¨er
die Gage, n	**le cachet** *(rétribution)*
imprégner	durch~tränken, durch~feuchten
imprägnieren	**imperméabiliser**
l'intendant *m*	der Verwalter, - *(Gymnasium)*
der Intendant, en, en	**le directeur** *(théâtre, radio)*
irriter	wütend machen, ärgern
irritieren	**induire en erreur ; énerver**
le Jura *(montagnes)*	der Jura
Jura studieren	**étudier le droit**
léger	leicht
leger	**nonchalant, dégagé**
le lieutenant	der Oberleutnant
der Leutnant, s/e	**le sous-lieutenant**
le local	der Raum, ¨e
das Lokal, e	**le restaurant, le café**
luxurieux *(pensées)*	wollüstig *(Gedanken)*
luxuriös	**luxueux**
la magnéto	die Magnetzündanlage, n
der Magnet, s/en, e	**l'aimant** *m*
la maisonnette	das Häuschen, -
die Maison(n)ette(wohnung)	**le duplex**
le major *(grande école)*	der Jahrgangsbeste *(adj) (Eliteschule)*
der Major, e	**le commandant**
le malheur	das Unglück
das Malheur, e/s	**la tuile** *(fam)*
marquer qn	Spuren hinterlassen (bei + D)
marquer un joueur *(football)*	einen Fußballspieler ab~decken
marquer la mesure	den Takt schlagen
marquer un point	einen Punkt bekommen
marquer des points	die Oberhand bekommen
markieren *tr*	**faire semblant d'être**
la matinée *(théâtre)*	die Nachmittagsvorstellung, en
la matinée	der Vormittag, e
die Matinee, n	**spectacle ayant lieu le matin**
modique *(prix)*	niedrig *(Preis)*
modisch	**à la mode**
les nippes *f*	die Klamotten *fpl (fam)*
die Nippes/Nippsachen *fpl*	**les bibelots** *m*
les notes *f* **; prendre des notes**	die Notizen *fpl* : sich Notizen machen
Noten lesen, a, e, ie	**lire la musique**
ohne Noten spielen	**jouer sans partition**
la nouvelle *(récit)*	die Novelle, n
la nouvelle	die Nachricht, en
die Gesetzesnovelle, n	**la loi dérogative, la loi complémentaire**
octroyer	gewähren, bewilligen
auf~oktroyieren	**imposer**
ordinaire	gewöhnlich
ordinär	**vulgaire**
l'ordonnance *f (mil)*	der Offiziersbursche, n, n
die Ordonnanz, en *(mil)*	**le planton**
la parole	das Wort, e, die Rede
die Parole, n *(mil)*	**le mot de passe ; le mot d'ordre/ la consigne**
le parterre (de fleurs)	das (Blumen)beet, e
das Parterre, s	**le rez-de-chaussée**
partout	überall
partout *(fam)*	**absolument, à tout prix**
patent	offensichtlich
das Patent, e	**le brevet**
patentiert	**breveté**
patent	**habile, valable**
la patronne	die Chefin, nen
die Patrone, n	**la cartouche**
pédant	schulmeisterlich
pedantisch	**méticuleux, vétilleux**
pénible	mühsam, anstrengend
penibel	**méticuleux, minutieux**
le pensionnaire	der Internatsschüler, -
der Pensionär, e	**le retraité, le pensionné**
être piqué *(insecte)*	gestochen werden
pikiert sein	**être vexé, être piqué**
ranger	ordnen, auf~räumen
Je fais du rangement.	Ich räume auf.
der Rangierbahnhof	**la gare de triage**
Er rangiert an erster Stelle.	**Il est classé premier**
la raquette	der Tennisschläger, -
die Rakete, n	**la fusée**
rechercher	suchen, fahnden nach + D
recherchieren	**faire des recherches, enquêter**
réel	wirklich
reell	**honnête, loyal**
le régisseur	der Regieassistent, en, en
der Regisseur, e	**le metteur en scène/ le directeur artistique**
relevant de ...	von ... abhängig
relevant	**important, pertinent**
le rendez-vous (d'affaires)	der Termin, e, die Verabredung, en
das Rendezvous, - *(das Stelldichein)*	**le rendez-vous** *(amoureux)*
le revirement	der Umschwung, ¨e
das Revirement, s	**le mouvement** *(fonctionnaire)*
le rouleau	die Rolle, n
das Rollo, s	**le store**
la route	die Landstraße, n
die Route, n	**l'itinéraire** *m*

la salope *(fam)*	die Schlampe, n
salopp	**décontracté**
la signature	die Unterschrift, en
die Signatur, en	**la cote** *(bibliothèque)*
solide	stabil
solide *(Nahrung)*	**consistant** *(nourriture)*
solide *(Firma)*	**de confiance** *(entreprise)*
solide *(Mensch)*	**sérieux, rangé** *(homme)*
sortir	hinaus~gehen, aus~gehen
sortieren	**trier**
le souterrain	der unterirdische Gang, ¨e
das Souterrain, s *(das Kellergeschoss)*	**le sous-sol**
le spectacle	das Schauspiel, e
das Spektakel	**le tintamarre**
le tact	der Takt, das Taktgefühl
der Takt, e *(Musik)*	**la mesure**
taillé *(crayon)*	angespitzt *(Bleistift)*
tailliert *(Hemd)*	**cintré** *(chemise)*
le terminus	die Endstation, en
der Terminus, ni (technicus, ci)	**le terme (technique)**
le toupet *(fam)*	die Frechheit, en
das Toupet, s	**la coiffure postiche, la moumoute** *(fam)*
le tract	das Flugblatt, ¨er
der Trakt, e	**l'aile** *f* **d'un bâtiment**
tracter	schleppen
traktieren	**maltraiter**
trancher	(durch~/entzwei~)schneiden, i, i
tran(s)chieren *(Fleisch)*	**découper** *(viande)*
le trésor	der Schatz, ¨e
der Tresor, e	**le coffre-fort**
la tresse	der Zopf, ¨e
die Tresse, n	**le galon**
la troupe, l'unité	die Truppe, n
der Trupp, s	**le groupe**
la veste	die Jacke, n
die Weste, n	**le gilet**
le visage	das Gesicht, er
die Visage, n *(fam, péj)*	**la poire** *(pop)*, **la bouille** *(fam)*
le volontaire	der Freiwillige *(adj)*
der Volontär, e	**le stagiaire**

différence dans la forme ou le genre

↓ addieren	**additionner**
der Admiral, e	**l'amiral** *m*
der Advokat, e	**l'avocat** *m*
die Agentur, en	**l'agence** *f*
das Aggregat, e	**l'agrégat** *m*
aggressiv	**agressif**
der Akquisiteur, e	**le démarcheur**
akklimatisieren	**acclimater**
der Alkohol, e	**l'alcool** *m*
alkoholisch	**alcoolique**
der Anglist, en, en	**l'angliciste**
annektieren	**annexer**
annullieren	**annuler**
die Arie, n	**l'air** *m* **(d'opéra)**
der Apparat, e	**l'appareil** *m*
der Artillerist, en, en	**l'artilleur** *m*
der Asiat, en, en	**l'Asiatique**
der Assistent, en, en	**l'assistant** *m*
das Asyl, e	**l'asile** *m*
das Attest, e	**l'attestation** *f*
bagatellisieren	**minimiser**
das Bajonett, e	**la baïonnette**
der Balkan	**les Balkans**
auf dem Balkan	**dans les Balkans**
der Ball, ¨e	**la balle ; le bal**
die Balletteuse, n	**la ballerine**
die Baronesse, n	**la fille d'un baron**
die Beletage, n (vx)	**le premier étage**
der Belletrist, en, en	**l'homme** *m* **de lettres**
die Belletristik	**les belles-lettres**
die Bilanz, en	**le bilan, la balance**
die Blockade, en	**le blocus**
der Botaniker, -	**le botaniste**
die Bronze, n	**le bronze**
die Büste, n	**le buste**
die Chemie	**la chimie**
der Chor, ¨e	**le choeur ; la chorale**
der Chronist, en, en	**le chroniqueur**
corriger la fortune	**aider le hasard, tricher**
der Damast, e	**le damas**
dämonisch	**démoniaque**
das Datum, ten	**la date**
die Debatte, n	**le débat**
der Denunziant, en, en	**le dénonciateur**
destillieren	**distiller**
die Diagnose, n	**le diagnostic**
der Diakon, e	**le diacre**
die Diakonisse, n	**la diaconesse**
der Dissens, e	**la dissension**
die Domäne, n	**le domaine**
die Dressur, en	**le dressage**
die Drogerie, n	**la droguerie**
das Duplikat, e	**le duplicata**
elegisch	**élégiaque**
emotional	**émotif**
die Episode, n	**l'épisode** *m*
der Eremit, en, en	**l'ermite** *m*
die Etappe, n	**l'étape** *f*
das Etikett, en	**l'étiquette**
der Etymologe, n, n	**l'étymologiste** *m*
europäisieren	**européaniser**
explodieren	**exploser**
der Exponent, en, en	**l'exposant** *m*
exquisit	**exquis**
finanziell	**financier ; financièrement**
der Flanell, e	**la flanelle**
fotogen/photogen	**photogénique**
frankieren	**affranchir** *(lettre)*
das Fresko, ken	**la fresque**
der Friseur/Frisör, e	**le coiffeur**
die Front, en	**le front (militaire)**
das/der Frottee/Frotté, s	**le tissu éponge**
die Garderobiere, n	**l'habilleuse** *f* *(théâtre)*
die Garderobenfrau, en	**la dame du vestiaire**

eine generelle Frage	**une question générale**
die Glasur, en	**la glaçure** *(poterie)*
der Globus, ben/busse	**le globe terrestre**
die Glosse, n	**la glose**
gravierend	**aggravant**
die Gruppe, n	**le groupe**
ein Hasardeur, e	**un risque-tout, une tête brûlée**
die Hautevolee	**le gratin, le dessus du panier**
der Hautgout	**le goût de faisandé**
die Hostess, en	**l'hôtesse** *f* **d'accueil**
das Hotel garni, s, s	**l'hôtel sans restaurant**
die Hyazinthe, n	**la jacinthe**
die Hymne, n	**l'hymne** *m*
immun	**immunisé**
imponieren + D	**en imposer à qn**
der Importeur, e	**l'importateur** *m*
der Infanterist, en, en	**le fantassin**
irrelevant	**qui n'est pas important, qui n'est pas pertinent**
justieren	**ajuster** *(mécanique)*
der Kabarettist, en, en	**le chansonnier**
kariert	**quadrillé, à carreaux**
karikieren	**caricaturer**
der Kamerad, en, en	**le camarade**
der Karneval, e	**le carnaval**
die Karosse, n	**le carrosse**
katalogisieren	**cataloguer**
der Katalysator, en	**le catalyseur**
katastrophal	**catastrophique**
die Kavallerie, n	**la cavalerie**
kollidieren*	**entrer en collision**
kollidieren (*/haben)	**coïncider** *(dans le temps)*, **(se) chevaucher**
der Konsens, e	**le consensus, l'accord** *m*
koordinieren	**coordonner**
die Lafette, n	**l'affût** *m* **(du canon)**
das Los, e, das große Los	**le lot, le gros lot**
die Lotterie, n	**la loterie**
das Lotto	**le loto**
das Magazin, e	**le magazine**
die Maniküre, n	**la manucure**
die Maschine, n	**la machine**
das Material, e	**le matériel**
die Mathematik	**les mathématiques** *f*
mechanisch	**mécanique**
die Medizin	**la médecine**
die Metapher, n	**la métaphore**
möbliert	**meublé**
das Modell, e	**le modèle**
der Musiker, -	**le musicien**
muskulös	**musclé**
mystifizieren	**mystifier**
die Neuralgie, n	**la névralgie**
neuralgisch	**névralgique**
die Neurose, n	**la névrose**
der Neurotiker, -	**le névrosé**
nummerieren	**numéroter**
die Nummerierung, en	**le numérotage**
die Offerte, n	**l'offre** *f*
der Opponent, en, en	**l'opposant** *m*
opponieren	**s'opposer à qc**
originell	**original**
ostentativ	**ostensiblement**
die Pädagogik	**la pédagogie**
das Paket, e	**le paquet**
das Palaver, -	**les palabres** *f*
die Parabel, n	**la parabole**
paradox	**paradoxal**
das Parlament, e	**le parlement**
der Parlamentarier, -	**le parlementaire**
die Partei, en	**le parti (politique)**
die Gegenpartei *(Prozess)*	**la partie adverse**
parteiisch	**partial**
die Partitur, en	**la partition**
der Pass, ¨e	**le passeport ; le col**
der Passagier, e	**le passager**
passieren *(Grenze)*	**passer** *(frontière)*
Es ist etwas passiert *(geschehen).*	**Il est arrivé quelque chose.**
Er ist vorbeigegangen.	**Il est passé.**
die Pastete, n	**le pâté**
der Pastor, oren/ore	**le curé ; le pasteur**
das Pedal, e	**la pédale**
pensionieren	**mettre à la retraite**
der Phonetiker, -	**le phonéticien**
physikalisch	**physique**
der Physiker, -	**le physicien**
physisch *(körperlich)*	**physique ; physiquement**
die Physiognomie, n	**la physionomie**
der Porree, der Lauch	**le poireau**
provozierend, provokatorisch	**provocateur**
real	**réel, effectif, concret**
requirieren	**réquisitionner**
die Repressalien *fpl*	**les représailles** *f*
der Requisiteur, e	**l'accessoiriste** *m (théâtre)*
die Retorte, n	**la cornue, l'alambic** *m*
das Rezept, e	**la recette**
der Rheumatismus, men	**le rhumatisme**
der Rhythmus, men	**le rythme**
das Ritornell, e	**la ritournelle**
die Rolle, n	**le rôle**
die Rosine, n	**le raisin sec**
das Sakrament, e	**le sacrement**
das Schafott, e	**l'échafaud** *m*
die Schokolade, n, die Schoko, s *(fam)*	**le chocolat**
der Slawe, n, n	**le slave**
das Sonett, e	**le sonnet**
das Sortiment, e	**l'assortiment** *m*
der Spekulant, en, en	**le spéculateur**
die Symmetrie	**la symétrie**
symmetrisch	**symétrique**
der Theologe, n	**le théologien**
die Torte, n	**la tarte**
toupieren	**créper (cheveux)**
va banque/vabanque spielen	**jouer son va-tout**
ein Vabanquespiel *n*	**une entreprise hasardeuse**

homonymes en allemand

das Homonym, e	• **l'homonyme** *m*
↓ das Band, ¨er	**le ruban**
das Band, e	**le lien**
der Band, ¨e	**le volume**
die Bank, en	**la banque**

die Bank, ¨e	**le banc**
der Bau, e	**le terrier**
der Bau, ten	**la construction**
der Block, ¨e	**le bloc**
der Block, s	**le groupe d'immeubles**
der Erbe, n, n	**l'héritier** *m*
das Erbe *(sg)*	**l'héritage** *m*
der Flur, e	**le couloir**
die Flur, en	**les champs**
der Gefallen *(sg)*	**la complaisance, le service**
das Gefallen *(sg)*	**le plaisir**
der Gehalt, e (an+D)	**la teneur (en)**
das Gehalt, ¨er	**le traitement** *(salaire)*
der Hahn, ¨e	**le coq**
der Hahn, ¨e	**le robinet**
die Heide *(sg)*	**la bruyère**
die Heide, n	**la lande**
der Heide, n, n	**le païen**
der Junge, n, n	**le jeune garçon**
das Junge *(adj)*	**le petit** *(animaux)*
der Kiefer, -	**la mâchoire**
die Kiefer, n	**le pin**
kosten	**coûter**
kosten	**goûter**
die Lehre, n	**l'enseignement** *m*
die Lehre, n	**l'apprentissage** *m*
die Lehre, n	**la jauge, le gabarit**
der Leiter, -	**le directeur**
der Leiter, -	**le conducteur** *(chaleur)*
die Leiter, n	**l'échelle** *f*
die Mark	**le mark**
das Mark *(sg)*	**la moëlle**
der Moment, e	**le moment**
das Moment, e	**le facteur, l'élément** *m*
die Mutter, ¨	**la mère**
die (Schrauben)mutter, n	**l'écrou** *m*
der Rost, e	**le gril**
der Rost *(sg)*	**la rouille**
der Schild, e	**le bouclier**
das Schild, er	**l'écriteau** *m*, **le panneau**
das Schloss, ¨er	**le château**
das Schloss, ¨er	**la serrure**
der See, n	**le lac**
die See *(sg)*	**la mer, l'océan** *m*
das Steuer, -	**la barre**
das Steuer, -	**le volant**
die Steuer, n	**l'impôt** *m*
der Stift, e	**le crayon**
das Stift, e	**la fondation**
der Stock, ¨e	**le bâton**
der Stock, werke	**l'étage** *m*
der Strauß, ¨e	**le bouquet**
der Strauß, e	**l'autruche** *f*
der Tau *(sg)*	**la rosée**
das Tau, e	**le filin**
die Taube, n	**le pigeon**
der Taube *(adj)*	**le sourd**
der Teil, e	**la part ; la partie**
das Teil, e	**la pièce ; l'élément**
das Tor, e	**le portail ; le but** *(football)*
der Tor, en, en	**le fou**
der Verdienst, e	**le gain, le salaire**
das Verdienst, e	**le mérite**

Was für eine Ausdrucksweise!
Quel langage!
mit jdm deutsch reden
mettre les points sur les i à qn
französisch radebrechen
parler français comme une vache espagnole
Das kommt mir spanisch vor. *(fam)*
C'est de l'hébreu pour moi. (fam)
mit seinem Latein am Ende sein
y perdre son latin

II. Les Arts

1. LES ARTS PLASTIQUES

l'œuvre d'art

l'École nationale supérieure des beaux-arts	die staatliche Hochschule, n für bildende Künste
l'école des beaux-arts	die Kunstakademie, n
l'éducation *f* **artistique**	die Kunsterziehung
l'histoire *f* **de l'art**	die Kunstgeschichte
l'historien *m* **de l'art**	der Kunsthistoriker, -
• **l'art** *m*	die Kunst, ¨e
l'art sacré/religieux	die sakrale Kunst
l'art figuratif	die figurative Kunst
l'art non figuratif/abstrait	die abstrakte Kunst
les arts plastiques	die bildende Kunst
l'artiste *m* **; l'artiste** *f*	der Künstler, - ; die Künstlerin, nen
artistique	künstlerisch
un artiste indépendant	ein freischaffender Künstler
reconnu ; consacré	anerkannt ; arriviert
• **l'œuvre** *f* **d'art**	das (Kunst)werk, e
le chef-d'œuvre	das Meisterwerk
l'objet *m* **d'art**	der Kunstgegenstand, ¨e
la collection (d'œuvres d'art)	die (Kunst)sammlung, en
la pièce de collection	das Sammlungsstück, e, das Liebhaberstück
le collectionneur	der Sammler, -
l'expert *m*	der Sachverständige *(adj)*
l'expertise *f*	das Gutachten, -
authentifier ; l'authenticité *f*	authentisieren ; die Authentizität
authentique	authentisch
ancien	antik, alt
l'original *m*	das Original, e
la signature ; signé	die Signatur, en ; signiert
copier ; la copie	kopieren ; die Kopie, n
la reproduction	die Reproduktion, en
imiter ; l'imitation *f*	nach~ahmen ; die Nachahmung, en
contrefaire, falsifier	fälschen
le faux ; le faussaire	die Fälschung, en ; der Fälscher, -
○ **le commerce d'objets d'art**	der Kunsthandel
estimer ; l'estimation *f*	schätzen ; die Schätzung, en
vendre aux enchères	versteigern
la vente publique/aux enchères	die Auktion, en/Versteigerung, en
le commissaire-priseur	der Auktionator, en/Versteigerer, -
le droit de préemption	das Vorkaufsrecht
la galerie d'art	die Kunstgalerie, n
le marchand de tableaux	der Gemäldehändler, -
l'antiquaire *m*	der Antiquitätenhändler, -
le brocanteur	der Trödler, -
le marché aux puces	der Flohmarkt, ¨e
○ **l'exposition** *f* **d'art**	die Kunstausstellung, en
le salon	der Salon, s
l'exposition temporaire	die Wechselausstellung, en
l'exposition itinérante	die Wanderausstellung, en
la rétrospective	die Retrospektive, n
exposer	aus~stellen
le vernissage	die Eröffnung der Ausstellung
voir une exposition	sich eine A. an~sehen, a, e, ie
l'exposant *m*	der Aussteller, -
l'œuvre exposée	das Exponat, e/Ausstellungsstück, e
le prêt	die Leihgabe, n
le mécène ; le mécénat	der Mäzen, e ; das Mäzenatentum
le critique d'art	der Kunstkritiker, -
la critique d'art	die Kunstkritik
le beau	das Schöne *(adj)*
la beauté	die Schönheit
l'esthétique *f* **; esthétique**	die Ästhetik ; ästhetisch
l'esthète *m*	der Ästhet, en, en
le connaisseur	der Kunstkenner, -
avoir le sens artistique	kunstverständig sein
l'amateur *m* **d'art**	der Kunstliebhaber, -
le profane	der Laie, n, n
○ **le musée**	das Museum, een
la pinacothèque	die Pinakothek, en
le conservateur en chef	der Museumsleiter, -
le conservateur	der Konservator, en
le guide	der Museumsführer, -
la visite guidée	die Führung, en
la visite ; visiter	die Besichtigung, en ; besichtigen
le restaurateur ; restaurer	der Restaurator, en ; restaurieren
la restauration	die Restaurierung, en
la donation ; léguer	die Schenkung, en ; vermachen
le donateur	der Stifter, -
la dation	die Hingabe an Zahlungs statt

le dessin

• **le dessin** *(art)*	die Zeichenkunst
le dessin	die Zeichnung, en
dessiner (sur)	zeichnen (auf+A)
dessiner d'après nature	nach der Natur zeichnen
dessiner d'après la bosse	nach Gipsfiguren zeichnen
dessiner à main levée	aus freier Hand zeichnen
dessiner de mémoire	aus dem Gedächtnis zeichnen
copier	ab~zeichnen
l'art *m* **graphique**	die Graphik/Grafik, en
le dessinateur	der Zeichner, -
le dessinateur industriel	der technische Zeichner
le dessinateur publicitaire	der Werbegraphiker/Werbegrafiker, -
le dessin publicitaire	die Werbegraphik
le dessinateur-concepteur	der Gestalter, -
le design ; le designer	das Design, s ; der Designer, -
○ **l'affiche** *f*	das Plakat, e
l'affichiste *m*	der Plakatmaler, -
le dessinateur de mode	der Modezeichner
la bande dessinée/BD	der Comicstrip, s/Comic, s
le caricaturiste, le dessinateur humoristique	der Karikaturist, en, en
la caricature ; caricaturer	die Karikatur, en ; karikieren
l'illustration *f* **; illustrer**	die Illustration, en ; illustrieren
• **le matériel à dessin**	das Zeichenmaterial, ien
la planche à dessin	das Zeichenbrett, er
le té ; le tire-ligne	die Reißschiene, n ; die Reißfeder, n
le carton à dessin	die Zeichenmappe, n
le papier à dessin	das Zeichenpapier, e
le papier-calque	das Pauspapier, e
le calque ; calquer	die Pause, n ; pausen
le crayon (noir)	der Bleistift, e

le dessin au crayon	die Bleistiftzeichnung, en
le crayon de couleur	der Farbstift, e
la craie	der Kreidestift
l'estompe *f*	der Wischer, -
le fusain	die Zeichenkohle, n
le (dessin au) fusain	die Kohlezeichnung
la sanguine	der Rötel, -/der Rötelstift, e
(le dessin à) la sanguine	die Rötelzeichnung
le pastel	die Pastellfarbe, n
le (dessin au) pastel	das Pastell, e
le fixatif	das Fixativ, e
l'encre *f* **de Chine ; le lavis**	die Tusche, n ; die Tuschzeichnung
dessiner à l'encre de Chine	tuschen
colorier au lavis	lavieren
la sépia	die Sepia
(le dessin à) la sépia	die Sepiazeichnung
le bistre	der/das Bister
le dessin à la plume	die Federzeichnung
le pochoir	die Schablone, n
le dessin au pochoir	die Schablonenzeichnung
○ **la gravure ; l'estampe** *f*	der Stich, e
la gravure sur bois	der Holzschnitt, e
le graveur	der Stecher, -/der Graveur, e
graver ; graver sur cuivre	stechen, a, o, i ; in Kupfer stechen
la gravure sur cuivre	der Kupferstich, e
le burin	der (Grab)stichel, -
la pointe sèche	die kalte Nadel, n
graver à l'eau-forte	radieren
l'eau-forte *f*	die Radierung, en
le graveur à l'eau-forte	der Radierer, -
la gravure à la pointe sèche	die Kaltnadelradierung, en
l'aquatinte *f*	die Aquatinta, ten
le mezzo-tinto	das Mezzotinto, die Schabkunst
la pyrogravure	die Brandmalerei, en
○ **la lithographie**	der Steindruck, e/die Lithographie, n
la chromolithographie	die Farblithographie, n
tirer sur papier	auf Papier ab~drucken
l'épreuve *f* **; le tirage**	der Abzug, ¨e ; der Abdruck, e
l'épreuve d'artiste	der Künstlerdruck, e
signé et numéroté	signiert und nummeriert
• **dessiner**	zeichnen
la ligne ; le tracé	die Linie, n ; die Linienführung, en
le trait ; l'épaisseur *f* **du trait**	der Strich, e ; die Strichstärke
hachurer ; la hachure	schraffieren ; die Schraffierung, en
ombrer ; nuancer	schattieren
estomper	wischen
○ **l'ornement** *m*	das Ornament, e
le motif ; le motif floral	das Muster, - ; das Blumenmuster
l'arabesque *f*	die Arabeske, n
l'entrelacs *m*	das Flechtwerk
la bordure	die Umrandung, en
la frise	der Fries, e
○ **le sujet, le motif**	das Motiv, e
l'étude *f*	die Studie, n
le modèle	das Modell, e
l'esquisse *f*, **le croquis**	die Skizze, n
l'esquisse d'un tableau	die Skizze zu einem Gemälde
esquisser, croquer	skizzieren
l'ébauche *f*	der Entwurf, ¨e
faire l'ébauche de	entwerfen, a, o, i *tr*
la pochade	die Farbskizze, n
le schéma	das Schema, ta/s/men

○ **la construction**	der Aufbau
la composition	die Komposition, en
le contour	der Umriss, e
les proportions *f*	die Proportionen *fpl*
la vue de face ; la vue de profil	die Vorder- ; die Seitenansicht, en
de profil ; de trois-quarts	im Profil ; im Halbprofil
○ **la perspective**	die Perspektive, n
le point de fuite	der Fluchtpunkt, e
la diagonale	die Diagonale, n
le premier plan	der Vordergrund
l'arrière-plan	der Hintergrund
se détacher (sur)	sich ab~heben, o, o (von+D)
la silhouette *(dessinée)*	der Schattenriss, e
la silhouette *(découpée)*	der Scherenschnitt, e

la peinture

• **la peinture, l'art pictural**	die Malerei
l'artiste *m* **peintre**	der Kunstmaler, -
le peintre amateur, le peintre du dimanche *(fam)*	der Sonntagsmaler, -
peindre	malen
l'atelier *m* **; peindre en atelier**	das Atelier, s ; im Atelier malen
p. à l'extérieur, en plein air	im Freien malen
le peintre d'extérieur	der Freilichtmaler, -
○ **le tableau**	das Bild, er, das Gemälde, -
la toile	das Gemälde auf Leinwand
la peinture à l'huile *(tableau)*	das Ölgemälde
peindre à l'huile	in Öl malen
une croûte *(fam)*	ein schlechtes Bild
une grande machine	ein Schinken, - *(fam)*
Ce tableau fait très pompier.	Dieses Bild ist (großer) Kitsch.
de mauvais goût, kitsch	geschmacklos, kitschig
surchargé	überladen
artificiel, factice	künstlich
maniéré	gekünstelt
barbouiller ; le barbouillage	klecksen ; die Kleckserei, en
le barbouilleur	der (Farben)kleckser, -, der Pinsler, -
○ **la peinture** *(matériau)*	die Farbe, n
la peinture à l'huile	die Ölfarbe
l'aquarelle *f*	die Aquarell-/Wasserfarbe
(la peinture à) l'aquarelle	das Aquarell, e
l'aquarelliste *m*	der Aquarellist, en, en
la gouache	die Guaschfarbe
(la peinture à) la gouache	die Guaschmalerei
la détrempe	die Tempera(farbe)
le matériel de peinture	die Malutensilien *npl*
la boîte de peinture	der Malkasten, ¨
le pinceau	der Pinsel, -
le couteau (à peindre)	das Palettenmesser, -
la spatule	der/die Malspachtel, -/n
la palette	die Handpalette, n
le godet	das Näpfchen, -
le tube (de peinture)	die (Farb)tube, n
délayer les couleurs	die Farben auf~lösen
mélanger ; diluer	mischen ; verdünnen
le vernis ; vernir	der Firnis, se ; firnissen
le/la laque ; laquer	der Lack, e ; lackieren
le laque	die Lackarbeit, en
○ **le support**	der Malgrund
la toile *(à peindre)*	die Leinwand, ¨e
encoller la toile	die Leinwand leimen
la marouflе	der Malerleim, e

faire un fond de toile	die Leinwand grundieren
le carton	die Malpappe, n
la peinture sur panneau	das Tafelbild, er
l'apprêt *m*	die Grundiermasse, der Malgrund
le chevalet	die Staffelei, en
le cadre ; encadrer un tableau	der Rahmen, - ; ein Bild ein~rahmen
le chassis à clefs	der Keilrahmen

les couleurs

• **la couleur**	die Farbe, n
la c. fondamentale, primaire	die Grundfarbe
la couleur complémentaire	die Komplementärfarbe
le spectre solaire	das Sonnenspektrum
s'accorder, se marier	zueinander passen
se fondre	ineinander fließen*, o, o
se heurter, jurer *(fam)*	sich beißen, i, i *(fam)*
trancher (sur)	ab~stechen, a, o, i (von+D)
le contraste	der Kontrast, e
le clair-obscur	das Helldunkel
l'ombre *f* **; ombrer**	der Schatten, - ; schattieren
le coloris	die Farbgebung, en, das Kolorit, e
le coloriste	der Kolorist, en, en
colorer ; colorer qc en rouge	färben ; etw rot färben
colorier	kolorieren
○ **le ton, la teinte**	der Farbton, ¨e
la nuance	die Schattierung, en, die Farbnuance, n
nuancer	ab~schattieren, nuancieren
le dégradé	die Farbabstufung, en
dégrader les couleurs	die Farben ab~stufen
atténuer les couleurs	die Farben dämpfen
éclaircir une couleur	eine Farbe auf~hellen
s'éclaircir	heller werden
foncer *tr*	dunkler machen
foncer *itr*, **s'assombrir**	nach~dunkeln*
la coloration	die Färbung, en
en demi-teinte	im Halbton
la demi-teinte	der Halbton
dans les tons du bleu	in Blautönen
le camaïeu	die Camaieu
ton sur ton	Ton in Ton
incolore	farblos
en couleur, de couleur, coloré	farbig
d'une couleur, monochrome	einfarbig
bicolore ; tricolore	zweifarbig ; dreifarbig
multicolore, bigarré	vielfarbig, bunt
bariolé, de toutes les couleurs	bunt, vielfarbig
riche en couleurs, très coloré	farbenreich
la plénitude des couleurs	die Farbenfülle
l'éclat *m* **des couleurs**	der Farbenglanz
la luminosité	die Leuchtkraft
sombre, foncé	dunkel
pâle ; pâli	blass ; verblasst
clair ; lumineux	hell ; licht
franc ; pur	ungebrochen ; rein
rompu, cassé	gebrochen
laiteux	milchig
doux, tendre	sanft, zart
vif	kräftig, knallig
criard	grell, schreiend
éclatant ; brillant	leuchtend ; glänzend
chatoyant ; irisé	schillernd ; irisierend
sourd ; mat	stumpf ; matt
saturé	satt
terne	glanzlos
○ **la gamme des couleurs**	die Farb(en)skala, len
le rouge ; rouge	das Rot ; rot
(rouge) écarlate/cramoisi	scharlachrot
pourpre	purpurrot/purpurn
incarnat ; (couleur) chair	fleischrot ; fleischfarben
rougeâtre ; tirer sur le rouge	rötlich ; ins Rote hinüber~spielen
avec une pointe de rouge	mit einem Stich ins Rote
vermillon	zinnober(rot)
orange, orangé	orange, orange(n)farben
rouge orangé	orangerot
le rose ; rose	das Rosa ; rosa(farben)/rosig
rose vif/bonbon	knallrosa
(rose) fuchsia	pink(rosa)
le brun, le marron	das Braun
brun	braun
marron, châtain	kastanienbraun
mordoré ; (brun) roux	goldbraun ; rotbraun
le beige ; beige	das Beige ; beige(farben)
(couleur) crème	cremfarben
le jaune ; jaune	das Gelb ; gelb
ocre	ocker
le vert ; vert	das Grün ; grün
vert-de-gris	feldgrau
le bleu ; bleu	das Blau ; blau
bleu ciel ; bleu pâle	himmelblau ; blassblau
(bleu) marine ; bleu outremer	marineblau ; ultramarin
violet ; (rouge) violacé	violett ; bläulich rot
lilas	lilafarben/lilafarbig
mauve	malvenfarben/malvenfarbig
le gris ; gris	das Grau ; grau
gris bleu ; gris bleuté	blaugrau ; bläulich grau
le blanc ; blanc	das Weiß ; weiß
d'un blanc pur, immaculé	blütenweiß
(blanc) ivoire	elfenbeinweiß
le noir ; noir	das Schwarz ; schwarz
rougir *tr (rendre rouge)*	rot färben, röten
rougir *itr (devenir rouge)*	rot werden
brunir *tr*	braun färben, bräunen
brunir *itr*	braun werden
jaunir *tr* **; jaunir** *itr*	gelb färben ; gelb werden
de vieilles images jaunies	alte vergilbte Bilder
verdir *tr* **; verdir** *itr*	grün färben ; grün werden
bleuir *tr* **; bleuir** *itr*	blau färben, bläuen ; blau werden
blanchir *tr (murs, plafond)*	weißen *(Wände, Decke)*
blanchir *itr*	weiß werden
noircir *tr*	schwarz färben, schwärzen
noircir *itr*	schwarz werden
○ **le style ; la facture**	die Manier ; die Pinselführung
le coup de pinceau, la touche	der Pinselstrich, e
la touche de couleur	der Farbtupfen, -
la retouche ; retoucher	die Retusche, n ; retuschieren
apporter la dernière touche à	die letzte Hand an~legen an + A
appliquer une couleur	eine Farbe auf~tragen, u, a, ä
peindre au couteau	die F. mit dem Spachtel auf~tragen

genres - procédés - écoles

○ **la peinture murale**	die Wandmalerei
la peinture rupestre	die Höhlenmalerei
la fresque	die Freskomalerei

la peinture de plafond	das Deckengemälde, -
le trompe-l'oeil	das / der Trompe-l'oeil, - / s
la peinture en trompe-l'oeil	die illusionistische Malerei
la frise	der Wandfries, e
l'encaustique *f*	die Enkaustik, die Wachsmalerei
la peinture de chevalet	die Tafelmalerei
○ **le genre**	die Darstellungsgattung, en
la peinture d'histoire	die Geschichtsmalerei
le tableau historique	das Historienbild, er
○ **la peinture religieuse**	die religiöse Malerei
le tableau religieux	das Andachtsbild, er
l'icône *f*	die Ikone, n
l'ex-voto *m*	das Votivbild, er
le tableau d'autel	das Altarbild, er
le retable	das Retabel, -
la prédelle	die Altarstaffel, n / die Predella, s / len
le retable à volets	der Flügelaltar, ¨e
le diptyque	das Diptychon, chen / cha
le triptyque	das Triptychon, chen / cha
l'enluminure *f*	die Illuminierkunst, die Buchmalerei
illuminer	illuminieren
• **le portrait**	das Porträt, s / das Bildnis, se
le portraitiste	der Porträtist, en, en / der Porträtmaler, -
faire faire son portrait	sich malen lassen
faire le portrait de qn	jdn porträtieren
bien rendu	gut getroffen
le portrait en buste	das Brustbild, er
en pied	in ganzer Figur
peindre grandeur nature	in Lebensgröße malen
la miniature	die Miniatur, en
le portrait collectif	das Gruppenbild, er
l'autoportrait de Goya	Goyas Selbstbildnis
le tableau d'ancêtre	das Ahnenbild, er
le nu	der Akt, e
poser (pour un peintre)	(einem Maler) Modell stehen, a, a
le drapé	der Faltenwurf
la feuille de vigne	das Feigenblatt, ¨er
○ **le paysage**	die Landschaftsmalerei
le paysagiste	der Landschaftsmaler, -
la marine	das Seestück, e
le sous-bois	das Waldstück, e
pittoresque	malerisch
○ **la peinture de genre**	die Genremalerei
le peintre animalier	der Tiermaler
la nature morte	das Stillleben, -
○ **les procédés** *m*	die Verfahren *npl*
la grisaille	die Grisaillemalerei
le collage	die Collage, n
le frottage	die Frottage, n
le photomontage	die Photomontage, n
○ **écoles** *f*	Schulen *fpl*
le caravagisme	der Caravaggismus
l'académisme *m*	der Akademismus
le peintre académique	der akademische Maler
le romantisme	die Romantik
l'historisme *m*	der Historismus
les Nazaréens *m*	die Nazarener *mpl*
le réalisme	der Realismus
le préraphaélisme	die präraphaelitische Malerei
le préraphaélite	der Präraffaelit, en, en
l'impressionnisme *m*	der Impressionismus
l'impressionniste *m*	der Impressionist, en, en
le néo-impressionnisme	der Neoimpressionismus
le pointillisme	der Pointillismus
le symbolisme	der Symbolismus
la peinture naïve	die naive Malerei
le fauvisme	der Fauvismus
le fauve	der Fauvist, en, en
l'expressionnisme *m*	der Expressionismus
l'expressionniste *m*	der Expressionist, en, en
le cubisme	der Kubismus
le dadaïsme	der Dadaismus
le surréalisme	der Surrealismus
la Nouvelle Objectivité	die Neue Sachlichkeit
le réalisme socialiste	der Sozialistische Realismus
la peinture abstraite	die abstrakte Malerei
le tachisme	der Tachismus
l'art informel	die informelle Kunst
le réalisme critique	der Kritische Realismus

Jérôme Bosch	Hieronymus Bosch
Léonard de Vinci	Leonardo da Vinci
Raphaël	Raffael
le Tintoret	Tintoretto
Titien	Tizian
le Corrège	Correggio
le Greco	El Greco
Bruegel l'Ancien	Bruegel der Ältere / Bauernbruegel
Bruegel le Jeune / d'Enfer	Bruegel der Jüngere / Höllenbruegel
Bruegel de Velours	Samtbruegel / Blumenbruegel
le Caravage	Caravaggio
la Joconde	*Mona Lisa* (da Vinci)
la Descente de croix	*die Kreuzabnahme* (Rubens)
la Dentellière	*die Spitzenklöpplerin* (Vermeer)
la Ronde de nuit	*die Nachtwache* (Rembrandt)
l'Enseigne de Gersaint	*Gersaints Ladenschild* (Watteau)
l'Embarquement pour Cythère	*Einschiffung nach Kythera* (Watteau)

Ce n'est pas sorcier.	Das ist keine Kunst.
Comment va? *(fam)*	Was macht die Kunst? *(fam)*
un art qui ne nourrit pas son homme	eine brotlose Kunst
se fâcher tout rouge	sich schwarz ärgern
rougir de plaisir	vor Freude erröten
s'empourprer *(visage)*	rot an~laufen*, ie, au, äu
devenir rouge comme une écrevisse, comme un coq	krebsrot, puterrot werden
voir la vie en rose	alles im rosigen Licht sehen, a, e, i
devenir blanc comme un linge	kreidebleich werden
C'est bonnet blanc ˇt blanc bonnet.	Das ist dasselbe in Grün. *(fam)*
Je ne peux pas le voir en peinture.	Ich kann ihn nicht ausstehen.
avoir du goût pour la peinture *(iron)*	einen schlechten Geschmack haben
On ne discute pas des goûts et des couleurs.	Über den Geschmack lässt sich nicht streiten.

la sculpture

• **la sculpture** *(art)*	die Bildhauerei / die Bildhauerkunst
la sculpture *(œuvre)*	die Plastik, en / die Skulptur, en
sculptural	Bildhauer-, skulptural

plastique	plastisch
le sculpteur	der Bildhauer, -
sculpter	meißeln, hauen, haute, gehauen
l'atelier *m*	die Werkstatt, ¨en
la masse	der Eisenhammer, ¨
le ciseau plat	das Schlageisen, -
le maillet	der Schlegel, -
la maquette ; le modèle	das Modell, e
l'art du modelage, la plastique	die Modellierkunst
la selle	der Modellierbock, ¨e
le moule	die Form, en
le moulage (en plâtre)	der (Gips)abguss, ¨e
l'argile *m*, **la terre glaise**	der Ton
la cire à modeler	das Modellier-/Bossierwachs,e
façonner, créer	gestalten
former ; modeler	formen ; modellieren
pétrir, modeler	kneten
○ **la pierre (brute)**	der (Roh)stein, e
le bloc de pierre	der Steinblock, ¨e
le tailleur de pierre	der Steinmetz, en, en
le plâtre	der Gips
le stuc	der Stuck
l'ouvrage *m* **en stuc**	die Stuckatur, en
○ **le bronze** *(métal)*	die Bronze
la fonte (de bronze)	der (Bronze)guss, ¨e
la fonte à cire perdue	der Guss mit verlorener Form
fondre, couler	gießen, o, o
le fondeur ; le mouleur	der Gießer, - ; der Former, -
le ciseleur	der Ziseleur, e
○ **la sculpture sur bois**	die Holzschnitzerei, en
le sculpteur sur bois	der Holzschnitzer, -
sculpter le bois	schnitzen
l'ivoire *m (matière)*	das Elfenbein
la sculpture sur ivoire	die Elfenbeinschnitzerei, en
• **la statue**	das Standbild, er/die Statue, n
le bronze	die Bronzefigur, en/die Bronze, n
la statue de bronze	die Bronzestatue
la statuette, la figurine	die Statuette, n
l'angelot *m*	die Putte, n/der Putto, tti/tten
la statue équestre	das Reiterstandbild, er
le buste	die Büste, n
le torse	der Torso, s
la sculpture monumentale	die Bau-, Architekturplastik
la sculpture indépendante	die freistehende Plastik
le bas-relief	das Flach-/Basrelief, s/e
le demi-relief, la demi-bosse	das Halbrelief
le haut-relief	das Hochrelief
en relief	erhaben
en ronde bosse	vollplastisch
la frise	der Fries, e
la médaille	die Denkmünze, n
le médaillon	das Medaillon, s
le masque (mortuaire)	die (Toten)maske, n
la stèle	die Stele, n
le vase	das Gefäß, e
le piédestal	das Postament, e
le socle	der Sockel, -
• **le monument**	das Denkmal, ¨er
monumental	monumental, großartig/gewaltig
colossal	kolossal, riesig
ériger un monument	ein Denkmal errichten
l'inauguration *f*	die Enthüllung
le monument funéraire, le tombeau	das Grabmal, ¨er/e
le gisant	die Liegefigur, en *(liegende Grabmalfigur)*
le mausolée	das Mausoleum, een

l'architecture

• **l'architecture** *f*	die Baukunst, die Architektur, en
architectonique, architectural	architektonisch
l'architecte *m*	der Architekt, en, en
• **bâtir, construire, édifier**	bauen
l'édifice *m*, **l'ouvrage** *m*, **la construction**	das Bauwerk, e, der Bau, ten
le projet de construction	das Bauprojekt, e/das Bauvorhaben, -
le plan	der Plan, ¨e, der Grundriss, e
l'élévation *f*	der Aufriss
la coupe	der Durchschnitt, e
○ **les matériaux de construction** *(v. Bâtiment, p. 329)*	die Baustoffe *mpl*
la construction en pierre	der Steinbau
la construction en briques	der Backsteinbau
la construction en bois	der Holzbau
la construction en béton armé	der Stahlbetonbau
la c. en charpente métallique	der Stahlskelettbau
• **l'architecture religieuse**	der Sakralbau
la pyramide	die Pyramide, n
l'obélisque *m*	der Obelisk, en, en
le sphinx	der Sphinx, e/Sphingen
○ **le temple**	der Tempel, -
la colonne	die Säule, n
l'ordre *m* **dorique**	die dorische Ordnung
la colonne dorique, attique, ionienne, corinthienne	die dorische, attische, ionische, korinthische Säule
la base	die Basis, sen
le fût	der Schaft, ¨e
le chapiteau	das Kapitell, e
l'entablement *m*	das Gebälk, e
l'architrave *f*	der Architrav, e
le fronton	der Giebel, -
la corniche	das Kranzgesims, e
la colonnade	die Säulenreihe, n/die Kolonnade, n
le pilastre	der Pilaster, -/der Wandpfeiler, -
l'arcade *f*	die Arkade, n
le portique	der/die Portikus, -/ken
la rotonde	der Rundbau, ten
• **l'église** *f*	die Kirche, n
l'abbaye *f*	die Abtei, en
le couvent, le monastère	das Kloster, ¨
↓ **l'abside** *f* ; **l'absidiole** *f*	die Apsis, iden ; die Nebenapsis
l'arc *m*	der Bogen, -
l'arc-boutant *m*	der Strebebogen, -
l'arc brisé	der Spitzbogen, -
l'arc en plein cintre	der Rundbogen, -
l'arcade *f*	der Bogengang, ¨e, die Arkaden *fpl*
l'autel *m* ; **le maître-autel**	der Altar, ¨e ; der Hauptaltar
le baptistère	die Taufkapelle, n
le bas-côté	das Seitenschiff, e
la cathédrale	der Dom, e/das Münster, -
la chaire	die Kanzel, n
la chapelle	die Kapelle, n
le chœur	der Chor, ¨e
la clef de voûte	der Schlussstein, e

le clocher	der Glockenturm, ¨e
le clocheton	die Fiale, n
le cloître	der Kreuzgang, ¨e ; das Kloster, ¨
le contrefort	der Strebepfeiler, -
le dôme ; la coupole *(intérieur)*	die Kuppel, n
la crypte	die Krypta, ten
l'église-halle *f*	die Hallenkirche, n
l'encorbellement *m*	der Erker, -
la flèche	die Turmspitze, n
le fleuron	die Kreuzblume, n
les fonts baptismaux	das Taufbecken, -
la gargouille	der Wasserspeier, -
le jubé	der Lettner, -
le narthex	die Vorhalle, n
la nef principale	das Hauptschiff, e
l'ogive *f (nervure saillante)*	die (Gewölbe)rippe, n
le parvis	der (Kirchen)vorplatz, ¨e
le pignon	der Giebel, -
le pilier	der Pfeiler, -
le pilier fasciculé	der Bündelpfeiler, -
le porche	die Vorhalle, n
le portail	das Portal, e
la rosace	die Rosette, n
la rose *(vitrail)*	die Fensterrose, n
les stalles *f*	das Chorgestühl, e
le tabernacle	das/der Tabernakel, -
la tour	der Turm, ¨e
le transept	das Querschiff, e
la croisée du transept	die Vierung, en
la travée	das (Gewölbe)joch, e
le vitrail	das Kirchenfenster, -
la voussure	die Wölbung, en
la voûte	das Gewölbe, -
la voûte d'arête(s)	das Kreuzgratgewölbe
la voûte en berceau	das Tonnengewölbe
la voûte en croisée d'ogives	das Kreuzrippengewölbe
○ **l'architecture civile**	der Profanbau
le château	das Schloss, ¨er
l'hôtel particulier	das herrschaftliche Wohnhaus, ¨er
le palais	der Palast, ¨e
les bâtiments publics	die öffentlichen Bauten *mpl*
les ouvrages *m* **d'art**	die verkehrsdienlichen Bauwerke *mpl*
l'inauguration *f* **; inaugurer**	die Einweihung, en ; ein~weihen
le pont	die Brücke, n
l'aqueduc *m*	der/das Aquädukt, e
les thermes *m*	die Thermen *fpl*
l'arc *m* **de triomphe**	der Triumphbogen, -
• **le monument historique**	das Baudenkmal, ¨er
la protection des monuments	der Denkmalschutz
être classé monument historique	unter Denkmalschutz stehen, a, a
○ **l'architecture militaire**	die Militärarchitektur
le château fort	die Burg, en
la citadelle	die Zitadelle, n
le créneau	die Zinne, n
le donjon	der Bergfried, e *(Wohnturm)*
la forteresse	die Festung, en
les fortifications *f*	die Befestigungen *fpl*
fortifier	befestigen
la meurtrière	die Schießscharte, n
le mâchicoulis	die Pechnase, n
le rempart	der Wall, ¨e
le chemin de ronde	der Wehrgang, ¨e
les oubliettes *f*	das Burgverlies, e
le pont-levis	die Zugbrücke, n

les arts déco

• **les arts décoratifs**	das Kunstgewerbe
l'artisanat *m* **d'art**	das Kunsthandwerk
le décorateur, l'ensemblier *m*	der Innenarchitekt, en, en
○ **la verrerie d'art**	das Kunstglas
le verre	das Glas, ¨er
le verre de cristal	das Kristallglas
la taille ; taillé	der Schliff ; geschliffen
gravé	graviert
le souffleur de verre	der Glasbläser, -
souffler le verre	Glas blasen, ie, a, ä
la peinture sur verre, l'art du vitrail	die Glasmalerei
le vitrail *(moderne)*	das Buntglasfenster, -
la peinture sous verre	die Hinterglasmalerei
l'artiste verrier	der Glasmaler, -
○ **la céramique**	die Keramik, en
le céramiste	der Keramiker, -
la poterie	die Töpferei ; die Töpferware, n
le potier	der Töpfer, -
la terre à potier	die Töpfererde
le grès (cérame)	das Steinzeug
la faïence	das Steingut, e/die Fayence, n
stannifère	zinnhaltig
l'enduit *m*	der Überzug, ¨e
la glaçure	die Glasur, en
la couleur de petit feu	die Muffelfarbe, n
la couleur de grand feu	die Scharffeuerfarbe, n
la majolique	die Majolika, ken/s
la terre cuite	die Terrakotta, tten
la porcelaine	das Porzellan, e
le biscuit	das Biskuitporzellan
la fêlure ; fêlé	der Sprung, ¨e ; gesprungen
ébréché	angeschlagen
la mosaïque	das Mosaik, en
le mosaïste	der Mosaizist, en, en
○ **l'orfèvrerie** *f*	die Goldschmiedekunst
l'orfèvre *m*	der Goldschmied, e
la dorure	die Vergoldung, en
les étains *m*	das Zinn
le poinçonnage	die Punzierung, en
le poinçon	die Punze, n
le filigrane	das Filigran, e, die Filigranarbeit, en
la joaillerie	die Juwelierkunst
le joaillier	der Juwelier, e
la glyptique	die Steinschneidekunst
le lapidaire	der Steinschneider, -
le camée	die Kamee, n
le diamantaire	der Diamantschleifer, -
la pierre précieuse *(v. Minéraux, p. 112)*	der Edelstein, e
les ivoires *m*	die Elfenbeinschnitzerei, en
○ **l'émaillerie** *f*	die Emaillierkunst
les émaux *m*	die Schmelz-/Emailmalerei
l'émail cloisonné	der Zellenschmelz
l'émail champlevé	der Grubenschmelz
les émaux peints	das Maleremail
émaillé	emailliert

○ **la ferronnerie d'art**	die Kunstschmiedearbeiten *fpl*
le ferronnier d'art	der Kunstschmied, e
le fer forgé	das Schmiedeeisen
la damasquinerie	die Tauschierung, en
damasquiné	tauschiert
• **l'ébénisterie** *f*	die Kunsttischlerei
l'ébéniste *m*	der Kunsttischler
les meubles *m* **de style**	die Stilmöbel *npl*
le meuble	das Möbelstück, e
l'incrustation *f*	die Einlegearbeit, en
incrusté (de)	eingelegt (mit+D)
la marqueterie	die Intarsien *fpl*
les bronzes *m* **d'ameublement**	die Bronzebeschläge *mpl*
la boiserie	die Holztäfelung, en
○ **la tapisserie** *(art)*	die Bildwirkerei
la tapisserie *(œuvre)*	der Wandteppich, e
le tapis d'Orient	der Orientteppich, e
le tapis à points noués	der Knüpfteppich, e
le tapis tissé	der Webteppich, e
le tapis de prière	der Gebetsteppich, e

époques - styles

l'art paléochrétien	die frühchristliche Kunst
l'art byzantin	die byzantinische Kunst
l'iconoclasme *m*	der Ikonoklasmus
l'art roman	die romanische Kunst, die Romanik
la Renaissance carolingienne	die karolingische Renaissance
l'art ottonien	die ottonische Kunst
l'art gothique, le gothique	die gotische Kunst, die Gotik
le gothique primitif	die Frühgotik
le gothique classique, le gothique rayonnant	die Hochgotik
le gothique tardif	die Spätgotik
le style flamboyant	der Flamboyantstil
○ **l'art moderne**	die moderne Kunst
le quattrocento	das Quattrocento
la Renaissance	die Renaissance
le maniérisme	der Manierismus
le baroque	das/der Barock
le baroque précoce	der Frühbarock
le baroque tardif	der Spätbarock
le style Louis-XIV	der Louis-quatorze-Stil/ das Louis-quatorze
le rococo	das Rokoko
le style Régence	der Régencestil/die Régence
le style Louis-XV	der Louis-quinze-stil
le style Louis-XVI	der Louis-seize-Stil/das Louis-seize
le néo-classicisme	der Klassizismus
le style Empire	der Empirestil
l'éclectisme *m*	der Eklektizismus
le Biedermeier	das Biedermeier
le style Louis-Philippe	der Louis-Philippe-Stil
○ **l'art contemporain**	die zeitgenössische Kunst
l'Art nouveau *(F)*, **le style nouille** *(péj)*	der Jugendstil *(D)*
le Bauhaus	das Bauhaus
le style Arts déco	der Art Deco
l'art actuel	die aktuelle Kunst
le pop' art	die Pop Art
le happening	das Happening
l'art conceptuel	die Konzeptkunst

2. LA MUSIQUE

la musique

• **la musique**	die Musik, die Tonkunst
le conservatoire de musique	die Musikhochschule, n
l'éducation musicale	die Musikerziehung
la musicologie	die Musikwissenschaft
la critique musicale	die Musikkritik
le musicien	der Musiker, -
le musicien ambulant	der Straßenmusikant, en, en
la musicalité	die Musikalität
avoir le sens de la musique	musikalisch sein
ne pas avoir l'oreille musicale	kein (musikalisches) Gehör haben
le mélomane	der Musikliebhaber, -
l'éditeur *m* **de musique**	der Musikverleger, -
la librairie musicale	die Musikalienhandlung, en
l'opus *m*	das Opus, Opera
le morceau de musique	das Musikstück, e
l'exercice *m*	das Übungsstück, e
• **le compositeur**	der Komponist, en, en
l'auteur-compositeur *m*	der Liedermacher, -
la composition	die Komposition, en
composer	komponieren
mettre en musique	vertonen
l'arrangement *m* **(pour piano)**	die (Klavier)bearbeitung, en
adapter, arranger	arrangieren, bearbeiten
la transcription	die Übertragung, en
la transposition	die Transponierung, en
transposer	um~setzen
○ **la musique profane**	die weltliche Musik
la m. d'accompagnement	die Begleitmusik
la musique de chambre	die Kammermusik
la musique classique	die klassische Musik, die ernste Musik/E-Musik
la musique concrète	die konkrete Musik
la musique dodécaphonique	die Zwölftonmusik
la musique instrumentale	die Instrumentalmusik
la musique de jazz	die Jazzmusik / der Jazz
la musique légère	die Unterhaltungsmusik/U-Musik
la musique militaire	die Militärmusik
la musique monodique	die monodische Musik
la musique orchestrale	die Orchestermusik
la musique polyphonique	die polyphonische Musik
la musique populaire	die Volksmusik
la musique pop	die Popmusik
le rock ; le rap	der Rock ; der Rap, s
la musique de scène	die Bühnenmusik
la musique sérielle	die serielle Musik
la musique vocale	die Vokalmusik
○ **l'aria** *f*	die Arie, n
le canon	der Kanon, s
le concerto	das Konzert, e
le contrepoint	der Kontrapunkt
le divertissement	das Divertimento, ti
l'étude *f*	die Etüde, n
la fantaisie	die Fantasie, n
la fugue	die Fuge, n
l'intermède *m*	das Intermezzo, zzi/s
l'interlude *m*	das Zwischenspiel, e
la marche nuptiale	der Hochzeitsmarsch, ¨e
la marche funèbre	der Trauermarsch, ¨e

	le nocturne	das/die Nocturne, s
	l'ouverture *f*	die Ouvertüre, n
	le prélude	das Präludium, ien
	le récitatif	das Rezitativ, e
	la rhapsodie	die Rhapsodie, n
	la romance	die Romanze, n
	la sonate	die Sonate, n
	la symphonie	die Sinfonie, n
	le poème symphonique	die sinfonische Dichtung, en
	le mouvement	der Satz, ¨e
	la suite	die Suite, n
	la toccata	die Tokkata, ten
○	**la musique sacrée**	die geistliche Musik
	la musique religieuse	die Kirchenmusik
	la cantate	die Kantate, n
	le chant grégorien, le plain-chant	der gregorianische Gesang, ¨e
	le chant religieux, le cantique	das Kirchenlied, er
	le choral	der Choral, ¨e/Chorgesang, ¨e
	le choral luthérien	das lutherische Kirchenlied
	la messe	die Messe, n
	le motet	die Motette, n
	l'oratorio *m*	das Oratorium, ien
	la Passion	die Passion, en
	le psaume	der Psalm, en
	la psalmodie ; psalmodier	die Psalmodie, n ; psalmodieren
	le requiem	das Requiem, s

instruments de musique

•	**l'instrument** *m* **(de musique)**	das (Musik)instrument, e
	l'instrument à vent	das Blasinstrument, e
	jouer de la flûte	Flöte blasen, ie, a, ä/spielen
	emboucher	an~setzen
○	**les bois** *m*	die Holzblasinstrumente *npl*
	la flûte	die Flöte, n
	le flûtiste	der Flötist, en, en/der Flötenspieler, -
	la flûte à bec	die Blockflöte, n
	le pipeau	die Hirtenflöte, n
	la flûte traversière	die Querflöte, n
	le piccolo	die Pikkoloflöte, n
	la flûte alto	die Altflöte, n
	la flûte basse	die Bassflöte, n
	le fifre *(instrument)*	die Querpfeife, n
	le fifre *(joueur)*	der Querpfeifer, -
○	**l'instrument à anche**	das Rohrblattinstrument, e
	le chalumeau	die Schalmei, en
	la clarinette	die Klarinette, n
	le clarinettiste	der Klarinettist, en, en
	le cor de basset	das Bassethorn, ¨er
	le saxophone, le saxo	das Saxophon/Saxofon, e
	le saxophoniste	der Saxophonist, en, en
	le hautbois	die Oboe, n
	le cor anglais	das Englischhorn, ¨er
	le (contre)basson	das (Kontra)fagott, e
○	**les cuivres** *m*	die Blechblasinstrumente *npl*
	la sourdine	der Dämpfer, -
	le cor	das Horn, ¨er
	le corniste	der Hornist, en, en
	sonner du cor	ins Horn blasen, ie, a, ä
	le bugle	das Bügelhorn, ¨er
	le clairon *(mil)*	das Signalhorn
	le tuba	die Tuba, ben
	la trompette	die Trompete, n
	boucher une trompette	eine Trompete stopfen
	la sourdine	der Dämpfer, -
	le trompettiste	der Trompeter, -
	le trombone (à coulisse)	die (Zug)posaune, n
	le trombone *(joueur)*	der Posaunist, en, en
	le cornet à pistons	das Kornett, e
○	**l'accordéon** *m*	das Akkordeon, s, die Ziehharmonika, s
	l'accordéoniste *m*	der Akkordeonist, en, en
	la cornemuse ; le biniou	der Dudelsack, ¨e
	l'harmonica *f*	die Mundharmonika, s
	l'harmonium *m*	das Harmonium, ien/s
	l'orgue *m* **de Barbarie**	die Drehorgel, n, der Leierkasten, ¨
	le joueur d'orgue de Barbarie	der Leier(kasten)mann, ¨er
	la guimbarde	die Maultrommel, n
	la boîte à musique	die Spieldose, n
○	**les cordes**	die Streichinstrumente *npl*
	l'instrument *m* **à cordes**	das Saiteninstrument, e
	le violon	die Geige, n/die Violine, n
	l'âme *f*	die Seele, n, der Stimmstock, ¨e
	la caisse de résonance	der Resonanzkasten, ¨
	le chevalet	der Steg, e
	la cheville	der Wirbel, -
	la corde	die Saite, n
	la chanterelle	die Melodiesaite
	l'éclisse *f*	die Zarge, n
	le manche	der Hals, ¨e
	les ouïes *f*	die Schalllöcher *npl*
	la table d'harmonie	die Decke, n
	la touche	das Griffbrett, er
	l'archet *m*	der (Streich)bogen, -
	le crin de cheval	das Rosshaar
	la colophane	das Geigenharz
	la boîte à violon	der Geigenkasten, ¨
	le violoniste	der Geiger, -
	le premier violon	der erste Geiger
	jouer du violon	Geige spielen
	jouer qc au violon	etw auf der Geige spielen
	la lutherie ; le luthier	der Geigenbau ; der Geigenbauer, -
	l'alto *m*	die Bratsche, n
	l'altiste *m*	der Bratschist, en, en
	la contrebasse	die Bassgeige/der Kontrabass, ¨e
	le contrebassiste	der Kontrabassist, en, en
	la viole	die Viola, len
	la viole de gambe	die Gambe, n
	le violoncelle	das (Violon)cello, lli
	le violoncelliste	der Cellist, en, en
	la vielle	die Drehleier, n
○	**l'instrument à cordes pincées**	das Zupfinstrument, e
	pincer les cordes	die Saiten zupfen
	la cithare	die Zither, n
	la guitare	die Gitarre, n
	le guitariste	der Gitarrist, en, en
	la harpe	die Harfe, n
	le harpiste	der Harfenist, en, en
	le luth	die Laute, n
	la lyre	die Leier, n
	la mandoline	die Mandoline, n
○	**l'instrument à clavier**	das Tasteninstrument
	le clavier	die Klaviatur, en
	la touche	die Taste, n

la pédale	das Pedal, e
l'étouffoir *m*	der Dämpfer, -
frapper une touche	eine Taste an~schlagen, u, a, ä
○ **l'orgue** *m*, **les orgues** *f*	die Orgel, n
l'organiste *m*	der Orgelspieler, -/ der Organist, en, en
la soufflerie	das Windwerk
le tuyau	die Pfeife, n
le clavier	das Manual, e
le pédalier	die Pedalklaviatur, en
le jeu (d'orgues)	das (Orgel)register, -
le buffet	das Gehäuse, -, der Prospekt, e
○ **l'instrument à clavier et à cordes**	das Tasten- und Saiteninstrument, e
le clavecin	das Cembalo, s/li
le claveciniste	der Cembalist, en, en
l'épinette *f*	das Spinett, e
○ **les cordes frappées**	die geschlagenen Saiten *fpl*
le piano	das Klavier, e
le piano à queue	der Flügel, -
le piano crapaud	der Stutzflügel
le piano numérique	das Digitalpiano, s
le piano mécanique	das Pianola, s
le pianiste	der Klavierspieler, -/ der Pianist, en, en
pianoter	auf dem Klavier klimpern
le facteur de pianos	der Klavierbauer, -
le synthétiseur	der Synthesizer, -
○ **l'instrument à percussion**	das Schlaginstrument, e
la batterie *(jazz)*	das Schlagzeug, e
le batteur, le percussionniste	der Schlagzeuger, -
la grosse caisse	die große Trommel, n
la mailloche *(grosse caisse)*	der Schlägel, -
le carillon	das Glockenspiel, e
la castagnette	die Kastagnette, n
les cloches *f*	die Glocken *fpl*
les cymbales *f*	das Becken, -
le cymbalier/cymbaliste	der Beckenschläger, -
○ **le tambour**	die Trommel, n
le tambour *(musicien)*	der Trommler, -
la baguette	der Schlägel, -
la peau	das Fell, e
battre le tambour	die Trommel schlagen, u, a, ä/rühren
jouer du tambour	trommeln
tambouriner une marche	einen Marsch trommeln
le roulement (de tambour)	der (Trommel)wirbel, -
le tambourin	das Tamburin, e
la timbale	die Pauke, n
le coup de timbale	der Paukenschlag, ¨e
le timbalier	der Paukist, en, en/ der Paukenschläger, -
le triangle	der Triangel, -
le vibraphone	das Vibraphon/Vibrafon, e
le xylophone	das Xylophon/Xylofon, e
• **la notation musicale**	die Notenschrift
la note	die Note, n
lire la musique	Noten lesen, a, e, ie
le solfège	das Solfeggio, ien
solfier *tr*	ein S. singen, a, u, solfeggieren *itr*
le papier à musique	das Notenpapier
la portée	die Notenlinien *fpl*
l'armature *f*	die Vorzeichnung
la clef de sol	der Violinschlüssel, -
la clef de fa	der Bassschlüssel
la ronde ; la blanche	die ganze Note ; die halbe Note, n
la noire	die Viertelnote, n
la note pointée	die punktierte Note, n
la croche	die Achtelnote, n
la double croche	die Sechzehntelnote, n
l'appoggiature *f*	der Vorschlag, ¨e
le silence	das Pausezeichen, -
la pause	die ganze Pause, n
la demi-pause	die halbe Pause, n
le soupir	die Viertelpause, n
le demi-soupir	die Achtelpause, n
le quart de soupir	die Sechzehntelpause, n
le signe	das Vorzeichen, -
l'altération *f*	das Versetzungszeichen, -
la mesure	der Takt, e
la barre de mesure	der Taktstrich, e
le temps	der Taktteil, e
fort ; faible	betont ; unbetont
la mesure à trois-quatre	der Dreivierteltakt
○ **le son**	der Ton, ¨e
le ton, le mode	die Tonart, en
la tonalité	die Tonalität
le mode majeur	die Durtonart
le mode mineur	die Molltonart
l'intervalle *m*	das Intervall, e
le degré	die Stufe, n
la dominante	die Dominante, n
la sus-dominante	die Oberdominante
la sous-dominante	die Subdominante
la médiante	die Mediante, n
la septième, la septime	die Septime, n
la tonique	die Tonika, ken
l'octave *f*	die Oktave, n
○ **la gamme**	die Tonleiter, n/die Skala, len
(le) do/(l')ut	(das) c, C
ré	d, D
mi	e, E
fa	f, F
sol	g, G
la	a, A
si ; si bémol	h, H ; b, B
ré majeur	D-Dur
ré mineur	d-Moll
ré dièse	dis
ré bémol	des
ré bémol majeur	Des-Dur
ré dièse mineur	dis-Moll
si majeur	H-Dur
si mineur	h-Moll
le bémol ; le double bémol	das b ; das Doppel-b
mettre un bémol	mit b bezeichnen
le dièse ; le double dièse	das Kreuz, e ; das Doppelkreuz
le bécarre	das Auflösungszeichen, -
○ **l'accord** *m*	der Akkord, e
plaquer un accord	einen Akkord an~schlagen, u, a, ä
le triple accord ; l'accord parfait	der Dreiklang, ¨e
l'unisson *m*	der Einklang, ¨e
l'harmonie *f*	die Harmonie, n/der Wohlklang, ¨e
harmonieux	harmonisch/wohlklingend
mélodieux	melodisch

la consonance	die Konsonanz, en
la dissonance ; dissonant	die Dissonanz, en ; disharmonisch
la discordance ; discordant	der Missklang, ¨e ; missklingend
la fausse note, le couac *(chanteur, trompette)*	der Misston, ¨e
détonner	detonieren
l'ornement *m*	die Verzierung, en
la trille	der Triller, -
l'arpège *m*	das Arpeggio, s
le triolet	die Triole, n
la syncope	die Synkope, n
la liaison *(le signe)*	der Bindebogen, -
le point d'orgue	die Fermate, n
la (note de) pédale	der Orgelpunkt, e
le signe de reprise	das Wiederholungszeichen, -
l'indication *f* des nuances	die dynamische Bezeichnung, en
l'intensité *f*	die Tonstärke, n
le phrasé	die Phrasierung, en
la cadence	die Kadenz, en
○ le rythme	der Rhythmus, men
le métronome	das Metronom, e
jouer en mesure	im Takt spielen
battre la mesure	den Takt schlagen, u, a, ä
respecter la mesure	den Takt halten, ie, a, ä
perdre la mesure	aus dem Takt kommen*, a, o

l'orchestre - le concert

• l'orchestre *m*	das Orchester, -, die Kapelle, n
l'ensemble instrumental	das Ensemble, s
la fanfare	die Blaskapelle, n
l'harmonie *f*	die Harmoniemusik
l'orchestre de danse	die Tanzkapelle
l'orchestre de jazz	das Jazzorchester, die Jazzband, s
l'orchestre de chambre	das Kammerorchester
l'orchestre à cordes	das Streichorchester
l'orchestre symphonique	das Sinfonieorchester
l'orchestre philharmonique	das philharmonische Orchester
○ la musique militaire	die Militärkapelle, das Musikkorps, -
la clique	der Spielmannszug, ¨e
le tambour-major	der Tambourmajor, e
musique en tête	mit klingendem Spiel
○ le chef d'orchestre	der Dirigent, en, en, der Kapellmeister, -
diriger	dirigieren, leiten
la direction	die Leitung
être placé sous la direction de ...	unter der Leitung von ... stehen, a, a
la baguette	der Taktstock, ¨e
l'orchestration *f*	die Orchestrierung, en
l'instrumentation *f*	die Instrumentierung, en
l'instrumentiste *m*	der Instrumentalist, en, en
• le concert	das Konzert, e
le soliste	der Solist, en, en
le duo	das Duo, s
le trio	das Trio, s
le quatuor, le quartette *(formation de jazz)*	das Quartett, e
le quatuor à cordes	das Streichquartett
le quintette	das Quintett, e
le sextuor	das Sextett, e
le septuor	das Septett, e
○ le concert symphonique	das Sinfoniekonzert, e
le récital de piano, de violon	das Klavier-, Violinkonzert
le concert de musique sacrée	das Kirchenkonzert
le récital de chant	der Liederabend
donner qc en bis	etw als Zugabe spielen/singen, a, u
○ l'accompagnateur *m*	der Begleiter
accompagner qn au piano	jdn auf dem/am Flügel begleiten
l'accompagnement *m*	die Musikbegleitung
la partie du violon	der Geigenpart, s/e
la tournée de concerts	die Konzerttournee, s/n
l'impresario *m*	der Impresario, s/ri
le festival	das Musikfest, e
la salle de concert	der Konzertsaal, säle
l'acoustique *f*	die Akustik
○ l'interprétation *f*	die Interpretation, en
l'interprète *m*, l'exécutant *m*	der Interpret, en, en
interpréter, exécuter	interpretieren
fidèle	werkgetreu
l'exécution *f*	die Wiedergabe
le jeu	das Spiel
le virtuose	der Virtuose, n, n
le violoniste virtuose	der Geigenvirtuose
la virtuosité	die Virtuosität
○ faire de la musique	musizieren *itr*
jouer (du, de la)	spielen *tr*
exécuter	vor~tragen, u, a, ä
le pupitre	der Notenständer, -, das Notenpult, e
la partition	die Partitur, en
jouer avec la partition	nach Noten spielen
jouer sans partition	ohne Noten spielen
jouer de mémoire	aus dem Gedächtnis spielen
avoir un trou de mémoire	stecken~bleiben*, ie, ie
déchiffrer	vom Blatt spielen
improviser	aus dem Stegreif spielen, improvisieren
improviser au piano	auf dem Klavier phantasieren
en sourdine	gedämpft
○ être désaccordé ; accorder	verstimmt sein ; stimmen
l'accordeur *m* de piano	der (Klavier)stimmer, -
donner le la	den Stimmton an~geben, a, e, i
le diapason	die Stimmgabel, n
tendre *(cordes)*	spannen

le chant

• le chant	der Gesang, ¨e
le bel canto	der Belkanto
le chanteur ; la chanteuse	der Sänger, - ; die Sängerin
le chanteur d'opéra	der Opernsänger
la cantatrice	die Opernsängerin, nen
○ la voix	die Stimme, n
une voix pure, limpide	eine glockenreine Stimme
une voix cristalline	eine kristallreine Stimme
le professeur de chant	der Gesanglehrer, -
travailler sa voix	seine Stimme aus~bilden
l'étendue *f*	der Stimmumfang
la tessiture	die Stimmlage, n
le registre	das Register, -
le timbre	die Klangfarbe, n
la justesse ; juste	die Klangreinheit ; klangrein
tenir/filer un son	einen Ton halten, ie, a, ä
le soprano, le soprane	der Sopran, e
le mezzo-soprano	der Mezzosopran

le contralto *(voix femme)* **;** **la haute-contre** *(voix homme)*	der Alt, e
le haute-contre	der Altist, en, en
le fausset *(voix)*	das Falsett, e/die Falsettstimme, n
le falsettiste	der Falsettsänger, -
le castrat	der Kastrat, en, en
la voix de tête	die Kopfstimme, die Fistelstimme
la voix de poitrine	die Bruststimme
le ténor	der Tenor, ¨e
le baryton	der Bariton, e
la basse	der Bass, ¨e
le soprano	der Sopranist, en, en
la soprano	die Sopranistin, nen
○ **la chorale**	der Chor, ¨e
le choeur d'hommes	der Männerchor
l'ensemble *m*, **le groupe vocal**	das Gesangsensemble, s
les petits chanteurs	die Sängerknaben *mpl*
le choriste	der Chorsänger, -
l'association chorale	der Gesangverein, e
○ **chanter**	singen, a, u
juste ; faux	richtig ; falsch
chanter à livre ouvert	vom Blatt singen, a, u
à pleine voix	mit voller Stimme
à gorge déployée, à tue-tête	aus voller Kehle, aus vollem Halse
en direct	live
le play-back	das Playback, s
fredonner	leise vor sich hin~singen, summen
chantonner *(joyeusement)*	trällern
siffler	pfeifen, i, i
siffloter	vor sich hin~pfeifen, i, i
chanter a cappella	a cappella singen, a, u
chanter en solo	solo singen
chanter en duo	im Duett singen
chanter en choeur	im Chor singen
chanter à l'unisson	einstimmig singen
entonner une chanson	ein Lied an~stimmen
chanter d'une voix claironnante	schmettern
brailler, beugler	grölen
chanter la tyrolienne, jodler	jodeln
le vibrato	das Vibrato, s/ti
le trémolo	das Tremolo, s/li
faire des trilles	trillern
la vocalise ; vocaliser	die Vokalise, n ; vokalisieren
la colorature	die Koloratur, en
une soprano colorature	eine Koloratursopranistin
• **la chanson, le chant**	das Lied, er
le lied *(pl les lieder)*	das (Kunst)lied
interpréter une chanson	ein Lied vor~tragen, u, a, ä
la chanson sentimentale	die Schnulze, n *(péj)*
le chanteur de charme	der Schnulzensänger, - *(péj)*
la chanson à succès, **la rengaine**	der Schlager, -
le tube	der Hit, s
○ **l'aubade** *f*	das Morgenständchen, -
la berceuse	das Wiegenlied, er
la chanson à boire	das Trinklied
la chanson enfantine	das Kinderlied
la chanson militaire	das Soldatenlied
la chanson populaire	das Volkslied
la chanson des rues	der Gassenhauer, -
le chant funèbre	der Trauergesang, ¨e
la complainte	der Bänkelgesang, die Moritat, en
l'hymne (national)	die (National)hymne, n
la ronde	das Reigenlied
la sérénade	das Abendständchen, -/ die Serenade, n
les paroles *f*	der Text, e
la mélodie, l'air *m*	die Melodie, n, die Weise, n
le couplet	die (Lied)strophe, n
le refrain	der Refrain, s, der Kehrreim, e
le recueil de chansons	das Liederbuch, ¨er
○ **l'opéra** *m*	die Oper, n
le grand opéra	die ernste Oper
l'opéra-comique, l'op. bouffe	die komische Oper
l'opérette *f*	die Operette, n
le livret	das Textbuch, ¨er/das Libretto, s/tti
la prima donna	die Primadonna, nnen/ die Diva, s/ven
chanter/tenir le rôle de ...	die Partie des/der ... singen
l'air *m* **d'opéra**	die Opernarie, n
le pot-pourri	das Potpourri, s
○ **le music-hall**	das Varieté/Varietee
la comédie musicale	das Musical, s
le cabaret (artistique)	das Kabarett, s/e
le fantaisiste	der Kabarettist, en, en
l'imitateur *m* **; imiter**	der Imitator, en ; imitieren
le chansonnier	der Chansonnier, s
la chanson à texte	das Chanson, s

la danse

• **la danse**	der Tanz, ¨e
danser	tanzen
le danseur ; la danseuse	der Tänzer, - ; die Tänzerin, nen
le ballet	das Ballett, e
le maître de ballet	der Ballettmeister, -
la danse classique	der klassische Tanz
le corps de ballet	das Ballettkorps, -
le chorégraphe	der Choreograph/Choreograf, en, en
la chorégraphie	die Choreographie/Choreografie, n
la ballerine	die Balletttänzerin, die Ballerina/ne, n
la danseuse étoile	die Primaballerina
le premier danseur	der erste Solotänzer
le petit rat *(fam)*	die Ballettratte, n
le chausson (de danse)	der Ballettschuh, e
les pointes *f*	der Spitzentanz
le tutu	das Ballettröckchen, -
la danse expressionniste	der Ausdruckstanz
○ **la danse de salon**	der Gesellschaftstanz
la valse	der Walzer, -
danser la valse, valser	Walzer tanzen
le tango	der Tango, s
le couple de danseurs	das Tanzpaar, e
une danse à la mode	ein Modetanz
la danse folklorique	der Volkstanz
la danse rythmique	der rhythmische Tanz
le danseur à claquettes	der Stepptänzer
la leçon de danse	die Tanzstunde, n
la soirée dansante	der Tanzabend, e
la discothèque	die Diskothek, n
la musique disco/le disco	die Diskomusik
une musique entraînante	eine hinreißende Musik
une musique endiablée	eine wilde Musik
une musique langoureuse	eine schmachtende Musik
le disc-jockey	der Diskjockey, s
la piste de danse	die Tanzfläche, n

le bal	der Ball, ¨e
inviter qn à danser	jdn zum Tanz auf~fordern
faire tapisserie	Mauerblümchen sein *(fam)*
le bal masqué	der Maskenball
le masque	die Maske, n
le loup *(noir)*	die Halbmaske, die Larve, n
le bal costumé/travesti	der Kostümball
le déguisement	die Verkleidung, en
le bal de bienfaisance	der Wohltätigkeitsball

J. S. Bach, *Das wohltemperierte Klavier*	***le Clavecin bien tempéré***
Matthäus Passion	***la Passion selon saint Matthieu***
Lehar, *Die lustige Witwe*	***la Veuve joyeuse***
Das Land des Lächelns	***le Pays du sourire***
Leoncavallo, *Der Bajazzo*	***Paillasse***
Mendelssohn, *Sommernachtstraum*	***le Songe d'une nuit d'été***
Lieder ohne Worte	***Romances sans paroles***
Mozart, *Die Entführung aus dem Serail*	***l'Enlèvement au sérail***
Die Zauberflöte	***la Flûte enchantée***
Mussorgski, *Eine Nacht auf dem Kahlen Berge*	***(Moussorgski) Une Nuit sur le Mont Chauve***
Bilder einer Ausstellung	***Tableaux d'une exposition***
Offenbach, *Orpheus in der Unterwelt*	***Orphée aux enfers***
Prokofjew, *Romeo und Julia*	***Roméo et Juliette***
Peter und der Wolf	***Pierre et le loup***
Rossini, *Die diebische Elster*	***la Pie voleuse***
Johann Strauß, *An der schönen blauen Donau*	***le Beau Danube bleu***
Der Zigeunerbaron	***le Baron tzigane***
Richard Strauss, *Der Rosenkavalier*	***le Chevalier à la rose***
Strawinsky, *Der Feuervogel*	**(Stravinsky) *l'Oiseau de feu***
Schubert, *Die schöne Müllerin*	***la Belle Meunière***
Der Tod und das Mädchen	***la Jeune Fille et la Mort***
Winterreise	***le Voyage d'hiver***
Schumann, *Klavierstücke für die Jugend*	***Album pour la jeunesse***
Gesänge der Frühe	***Chants de l'aube***
Tschaikowsky, *Schwanensee*	**(Tchaïkovski) *le Lac des cygnes***
Dornröschen	***la Belle au bois dormant***
Der Nussknacker	***Casse-noisette***
Verdi, *Der Troubadour*	***le Trouvère***
Wagner, *Der fliegende Holländer*	***le Vaisseau fantôme***
Der Ring des Nibelungen	***l'Anneau du Nibelung***
Rheingold	***l'Or du Rhin***
Die Walküre	***la Walkyrie***
Die Götterdämmerung	***le Crépuscule des dieux***

Ich weiß, wie der Hase läuft.
Je connais la musique.

Das ist immer die gleiche Leier!
C'est toujours la même rengaine.

haarklein geregelt
réglé comme du papier à musique

sang- und klanglos
sans tambour ni trompette

Und jetzt geht's los!
Et en avant la musique!

3. LE THÉÂTRE

le théâtre

les études *f* **théâtrales**	die Theaterwissenschaften *fpl*
le Conservatoire national supérieur d'art dramatique	die Hochschule für Schauspielkunst *(F)*
le cours privé d'art dramatique	das Schauspielstudio, s
• **le théâtre** *(institution)*	das Theater, -
○ **la salle (de spectacle)**	das Schauspielhaus, ¨er, die Spielstätte, n
le théâtre d'amateur	das Laientheater, -
le théâtre associatif	das Gesellschaftstheater, -
le théâtre de boulevard	das Boulevardtheater, -
le café-théâtre ; le cabaret	die Kleinkunstbühne, n
le théâtre de chambre	das Zimmertheater, -
le théâtre commercial	das Kassentheater, -
le théâtre itinérant	die Wanderbühne, n
le théâtre municipal	das Stadttheater, -
le music-hall	das Varieté/Varieteetheater/Varietee
le théâtre national	das Staatstheater, -
le théâtre expérimental/d'essai/d'avant-garde	das Experimentiertheater, -
l'opéra *m*	das Opernhaus, ¨er, die Oper, n
le théâtre d'opérette	das Operettentheater, -
le théâtre de poche	das intime Theater, -
le théâtre subventionné	das Subventionstheater, -
subventionner	subventionieren
le commanditaire	der Geldgeber, -
○ **le personnel du théâtre**	das Theaterpersonal
le directeur (de théâtre)	der Intendant, en, en, der Direktor *(théâtre privé)*
le directeur artistique	der Dramaturg, en, en
l'auteur *m* **dramatique**	der Bühnenautor, en
le dramaturge	der Dramatiker, -
le metteur en scène	der Regisseur, e, der Spielleiter, -
le régisseur (de scène)	der Inspizient, en, en
le décorateur	der Bühnenbildner, -
le costumier	der Kostümbildner, -
l'habilleuse *f*	die Garderobiere, n
le maquilleur	der Maskenbildner, -
l'accessoiriste *m*	der Requisiteur, e
le machiniste	der Bühnenarbeiter, -
l'électricien *m*	der Beleuchter, -
• **l'acteur** *m*, **le comédien**	der Schauspieler, -
l'actrice *f*, **la comédienne**	die Schauspielerin, nen
l'interprète *m*	der Darsteller, - ; die Darstellerin, nen
le cabotin	der (Schmieren)komödiant, en, en
le comique	der Komiker, -
le tragédien, la tragédienne	der Tragöde, n, n ; die Tragödin, nen
le (panto)mime	der Pantomime, n, n
○ **l'espace théâtral**	der Theaterraum
la scène, le plateau	die Bühne, n
les planches *f*	die Bretter *npl*
côté jardin, côté cour	auf der rechten, linken Bühnenseite
la scène à l'italienne	die Guckkastenbühne
la scène ouverte	die Raumbühne
l'arène *f*	die Arenabühne
la théâtre élisabéthain	die Shakespeare-Bühne
le théâtre en plein air	die Freilichtbühne
le théâtre de verdure	das Naturtheater
la scène polyvalente	die Mehrzweckbühne

○ **la cage de scène**	das Bühnenhaus, ¨er
la scène tournante	die Drehbühne
la scène de répétition	die Probebühne
l'estrade *f*, **le podium**	das Podium, ien
l'avant-scène *f*	die Vorbühne, das Proszenium, ien
l'arrière-scène *f*	die Hinterbühne
les dessous *m* **(de scène)**	die Unterbühne
la scène latérale	die Seitenbühne
les cintres *m*	die Oberbühne
le plateau	die Spielfläche, n
le trou du souffleur	der Souffleurkasten, ¨
la technique scénique	die Bühnentechnik
la machinerie de scène	die Bühnenmaschinerie
la machinerie des cintres	die Obermaschinerie
la machinerie des dessous	die Untermaschinerie
○ **le rideau**	der Vorhang, ¨e
le rideau à l'allemande	der deutsche Zug, ¨e
le rideau à l'italienne	der italienische Zug
le manteau d'Arlequin	die Soffittendraperie
lever le rideau	den Vorhang auf~ziehen, o, o
Le rideau se lève.	Der Vorhang geht auf.
tomber ; s'entrouvrir	fallen*, ie, a, ä ; sich teilen
baisser le rideau	den Vorhang herab~lassen, ie, a, ä
le rideau de fer	der eiserne Vorhang
○ **le(s) décor(s)**	das Bühnenbild, er
les décors	die Bühnendekoration, en
le changement de décor à vue	der Szenenwechsel auf offener Bühne
l'atelier *m* **de décors**	die Dekorationswerkstatt, ¨en
la maquette de décors	das Bühnenbildmodell, e
la coulisse/les coulisses	die Kulisse, n
la rue	die Gasse, n
les fils *m*	die Züge *mpl*
la toile de fond	der Prospekt, e, der Hintergrund, ¨e
la frise	die Soffitte, n
le décor mobile	das Versatzstück, e
○ **l'accessoire** *m*	das Bühnenrequisit, en
le magasin des accessoires	die Requisitenkammer, n
le praticable	das Praktikabel, -
une fenêtre praticable	ein praktikables Fenster
l'éperon *m*	der Vorsprung, ¨e
la rampe	die Rampe, n
○ **l'éclairage** *m*	die Beleuchtung
le jeu d'orgue	das Steuerpult, e
le projecteur	der Scheinwerfer, -
les feux *m* **de la rampe**	das Rampenlicht, er
être sous les feux de la rampe	im Rampenlicht stehen, a, a
les effets *m* **de lumière**	die Lichteffekte *mpl*
le bruitage	die Toneffekte *mpl*
○ **la salle** *(spectateurs)*	der Zuschauerraum, ¨e
la fosse d'orchestre	der Orchesterraum
l'orchestre *m (musiciens)*	das Orchester, -
l'orchestre *m (salle)*	das Parkett, e
le fauteuil d'orchestre	der Parkettsitz, e
le strapontin	der Klappsitz
le parterre	das Parterre, s *(vx)*, das zweite Parkett
le rang	die Reihe, n
au troisième rang	in der dritten Reihe
la loge	die Loge, n, die Laube, n
la loge d'avant-scène	die Orchesterloge
la baignoire	die Parkettloge, n
le balcon	der Balkon, e, der Rang, ¨e
la corbeille	die Balkon-, Rangloge
la galerie	der oberste Rang
le paradis, le poulailler *(fam)*	der Olymp *(fam)*
le foyer	das Foyer, s
le promenoir	die Wandelhalle, n, der Wandelgang, ¨e
○ **la caisse**	die Kasse, n
le bureau de location	die Vorverkaufstelle
l'abonnement *m*	das Abonnement, s
jouer à guichets fermés	vor ausverkauftem Haus spielen
une salle comble	ein vollbesetztes Haus
afficher complet	ausverkauft sein
annuler une représentation	eine Vorstellung ab~sagen
le billet	die Eintrittskarte, n
le billet de faveur	die Freikarte, n
la matinée	die Nachmittagsvorstellung, en
Relâche.	Keine Vorstellung.
le vestiaire	die Garderobe, n
déposer qc au vestiaire	etw in der Garderobe ab~geben, a, e, i
l'ouvreuse *f*	die Platzanweiserin, nen
le programme *(du spectacle)*	das Programm(heft), e
l'issue *f* **de secours**	der Notausgang, ¨e
l'entrée *f* **des artistes**	der Künstlereingang

la représentation

• **la représentation / le spectacle**	die Aufführung, en / die Vorstellung, en
frapper les trois coups *(F)*	zum Beginn der Aufführung läuten *(D)*
la retransmission télévisée	die Fernsehübertragung, en
monter une pièce	ein Stück auf die Bühne bringen, a, a
adapter une pièce pour la scène	ein Stück für die Bühne bearbeiten
la théâtralité	die Bühnenwirksamkeit
qui passe la rampe	bühnenwirksam
injouable	unspielbar
reprendre une pièce	ein Stück wiederauf~nehmen, a, o, i
la reprise	die Wiederaufnahme, n
la mise en scène	die Inszenierung, en
mettre en scène	inszenieren
la nouvelle mise en scène	die Neuinszenierung, en
la répétition ; la lecture	die Probe, n ; die Leseprobe
répéter	ein~üben, proben
la répétition en costume, la (rép. des) couturière(s)	die Kostümprobe
la (répétition) générale	die Generalprobe
○ **la création ; la première**	die Uraufführung ; die Erstaufführung
donner, représenter une pièce	ein Stück auf~führen
être créé à Paris	in Paris uraufgeführt werden
la saison (théâtrale)	die Spielzeit, en
le programme *(de la saison théâtrale)*	der Spielplan, ¨e
le répertoire, le programme	das Repertoire, s
inscrire une pièce au programme	ein Stück in den Spielplan auf~nehmen, a, o, i
figurer au programme	auf dem Spielplan stehen, a, a
annuler une représentation	eine Vorstellung ab~sagen
retirer de l'affiche	vom Spielplan ab~setzen
tenir longtemps l'affiche	lange auf dem Spielplan bleiben*, ie, ie
la tournée	die Gastspielreise, n, die Tournee, s/n
jouer en tournée	gastieren, auf Tournee sein

en représentation	als Gast
le festival	das Festspiel, e
○ **la troupe (de théâtre)**	die Truppe, n, das Ensemble, s
faire du théâtre	Theater spielen
l'impresario *m*, **l'agent** *m*	der Theateragent, en, en
l'agence *f* **artistique**	die Theateragentur, en
l'engagement *m*	das Engagement, s
engager un acteur	einen Schauspieler engagieren
l'audition *f*	das Vorsprechen
auditionner *itr*, **passer une audition**	vor~sprechen, a, o, i *itr*
auditionner qn	jdn vorsprechen lassen, ie, a, ä
les débuts *m*, **le premier rôle**	das Debüt, s/die Antrittsrolle, n
débuter, faire ses débuts au théâtre municipal	am Stadttheater debütieren
affronter le public	sich dem Publikum stellen
se retirer de la scène, faire ses adieux à la scène	von der Bühne ab~treten*, a, e, i, sich von der B. zurück~ziehen, o, o
le cachet	die Gage, n, das Honorar, e
• **le rôle, l'emploi** *m*	die Rolle, n
l'emploi *m*	das Rollenfach, ¨er
○ **la distribution**	die Besetzung, en
distribuer les rôles	die Rollen verteilen
modifier la distribution	ein Stück um~besetzen
jouer un rôle	eine Rolle spielen
créer un rôle	eine Rolle kreieren
interpréter un rôle	eine Rolle besetzen, dar~stellen
incarner Marguerite *(Faust)*	die Rolle des Gretchen verkörpern
répéter un rôle	eine Rolle proben
donner la réplique à qn	jdm das Stichwort geben, a, e, i
l'étude *f* **d'un rôle**	das Rollenstudium
apprendre un rôle	eine Rolle ein~studieren
étudier/travailler un rôle	die Rolle studieren
s'identifier à/avec son personnage	sich in die Rolle hinein~versetzen
le texte *(d'un rôle)*	das Rollenbuch, ¨er, der Rollentext, e
un rôle masculin, féminin	eine Männer-, Frauenrolle
un rôle travesti *(actrice en homme)*	eine Hosenrolle
dans le rôle de ...	in der Rolle des/der ...
le remplaçant *(prévu)*	der Vertreter, -
remplacer qn (au pied levé)	für jdn ein~springen*, a, u
le rôle principal	die Hauptrolle
le rôle-titre	die Titelrolle
le petit rôle/l'utilité *f*	die Nebenrolle
jouer les utilités	Chargen *fpl* spielen
le second rôle	der Chargenspieler, -
le rôle de composition	die Charakterrolle
le personnage	die Person, en
le jeune premier	der jugendliche Liebhaber, -
l'ingénue *f*	die Naive *(adj)*
la duègne	die Anstandsdame, n
le père noble	der Heldenvater, ¨
la soubrette	die Kammerzofe, n
le confident/la confidente	der/die Vertraute *(adj)*
○ **le jeu ; l'interprétation** *f*	das Spiel ; die Rollendarstellung
écraser son partenaire	seinen Partner an die Wand spielen
voler la vedette à son partenaire	seinen Partner überspielen
se mettre en valeur, tirer la couverture à soi *(fam)*	sich in den Vordergrund spielen
avoir le trac	Lampenfieber *n* haben
être crispé	verkrampft sein
avoir un jeu outré/chargé	chargieren

l'effet *m* **de scène**	der Bühneneffekt, e
entrer en scène ; l'entrée *f*	auf~treten*, a, e, i ; der Auftritt, e
manquer son entrée	seinen Auftritt verpassen
sortir de scène ; la sortie	ab~gehen*, i, a ; der Abgang, ¨e
○ **avoir de la présence**	Ausstrahlung(skraft) *f* haben
avoir un physique agréable	eine angenehme Erscheinung sein
le tempérament	das Temperament, e
• **la voix**	die Stimme, n
la prononciation	die Aussprache, n
prononcer	aus~sprechen, a, o, i
articuler	artikulieren
la diction	die Diktion, en
une voix travaillée	eine gut geschulte Stimme
travailler sa voix	seine Stimme üben
le volume de la voix	das Stimmvolumen
parler avec un filet de voix	mit dünnerer Stimme sprechen
à mi-voix	mit halber Stimme
débiter un texte	einen Text her~sagen
déclamer	deklamieren
parler à la cantonade	in die Kulissen sprechen, a, o, i
○ **les gestes** *m*	die Gestik
d'un geste théâtral	mit einer theatralischen Bewegung/Geste
les jeux *m* **de physionomie**	die Mimik
mimer	mimen
le maquillage	die Schminke
se maquiller, se grimer	sich schminken
maquiller qn, grimer qn	jdn schminken
○ **le souffleur ; la souffleuse**	der Souffleur, e ; die Souffleuse, n
souffler son texte à un comédien	einem Schauspieler soufflieren
avoir un trou de mémoire	eine Gedächtnislücke haben, stecken~bleiben*, ie, ie
manquer sa réplique	den Einsatz verpassen
improviser	aus dem Stegreif spielen
s'en tenir au texte	sich an den Text halten, ie, a, ä
○ **le spectateur**	der Zuschauer, -, der Theaterbesucher, -
le public	das Publikum
aller au théâtre	ins Theater gehen*, i, a
assister à une représentation	einer Vorstellung bei~wohnen
la loge (des artistes)	die (Schauspieler)garderobe, n
l'autographe *m*	das Autogramm, e
donner un autographe	ein Autogramm geben, a, e, i
l'entracte *m*	die Pause, n
○ **l'accueil** *m*	die Aufnahme
le succès auprès du public	der Publikumserfolg, e
la pièce à succès	das Erfolgsstück, e, der Kassenerfolg
le succès d'estime	der Achtungserfolg
avoir un succès monstre, faire un tabac *(fam)*	einen Riesenerfolg haben
Le public suit, est conquis.	Das Publikum geht mit.
Le dialogue passe la rampe.	Der Dialog kommt an.
les applaudissements *m*	der Beifall/der Applaus
applaudir qn	jdm Beifall klatschen
recevoir des applaudissements, être applaudi	Beifall ernten/erhalten, ie, a, ä
de maigres applaudissements	ein spärlicher Beifall
applaudir pour la forme	Höflichkeitsapplaus spenden
un tonnerre d'applaudissements	ein tosender Beifall
des applaudissements sans fin	ein nicht enden wollender Beifall
les bravos *m*	die Beifallsrufe *mpl*

la claque	die Klatscher *mpl*/ die Claque
le rappel ; rappeler *(les acteurs)*	der Hervorruf, e ; hervor~rufen, ie, u
avoir plusieurs rappels	mehrmals hervorgerufen werden
saluer le public	sich verbeugen
l'échec *m*, **le four**	der Misserfolg, der Durchfall
La pièce a été un four complet.	Das Stück ist durchgefallen.
La pièce fait un bide *(fam)*.	Das Stück ist ein Reinfall.
siffler les acteurs	die Schauspieler aus~pfeifen, i, i
les sifflets *m* **et les huées** *f*	Pfiffe und Buhrufe *mpl*
être hué, sifflé	ausgebuht, ausgepfiffen werden
le critique de théâtre	der Theaterkritiker, -
la mauvaise distribution	die Fehlbesetzung, en
une mise en scène manquée	eine Fehlinszenierung, en
• **le guignol**	das Kasper(le)theater
l'opérateur *m*	der Puppenspieler, -
le théâtre de marionnettes	das Puppen-, das Marionettentheater
le castelet	die Marionettenbühne, n
le manipulateur	der Manipulator, en
la marionnette à tige	die Stabmarionette, n
la marionnette à gaine	die Handpuppe, n
le pantin	der Hampelmann, ¨er
la manipulation	die Handhabung
les bras en l'air	die Führung von oben
les bras en bas	die Führung von unten
les ombres chinoises	das chinesische Schattenspiel, e

Beckett, *Warten auf Godot*	***En attendant Godot***
Bernanos, *Die begnadete Angst*	***Dialogue des carmélites***
Borchert, *Draußen vor der Tür*	***Dehors, devant la porte***
Brecht, *Die Dreigroschenoper*	***l'Opéra de quat' sous***
Mutter Courage und ihre Kinder	***Mère Courage***
Der gute Mensch von Sezuan	***la Bonne Âme de Se-Tchouan***
Der aufhaltsame Aufstieg des Arturo Ui	***la Résistible Ascension d'Arturo Ui***
Herr Puntila und sein Knecht Matti	***Maître Puntila et son valet Matti***
Claudel, *Der seidene Schuh*	***le Soulier de satin***
Goethe, *Iphigenie auf Tauris*	***Iphigénie en Tauride***
Handke, *Publikumsbeschimpfung*	***Outrage au public***
Hauptmann, *Die Weber*	***les Tisserands***
Der Biberpelz	***la Pelisse de castor***
Hofmannsthal, *Jedermann*	***Jedermann ou la Mort de l'homme riche***
Der Schwierige	***l'Irrésolu***
Ibsen, *Nora oder Ein Puppenheim*	***Maison de poupée***
Gespenster	***les Revenants***
Ionesco, *Die Nachhilfestunde*	***la Leçon***
Molière, *Der Bürger als Edelmann*	***le Bourgeois gentilhomme***
O'Neill, *Trauer muß Elektra tragen*	***Le deuil sied à Électre***
Pirandello, *Sechs Personen suchen einen Autor*	***Six Personnages en quête d'auteur***
Sartre, *Hinter geschlossenen Türen*	***Huis clos***
Die ehrbare Dirne	***la Putain respectueuse***
Die Eingeschlossenen	***les Séquestrés d'Altona***
Schiller, *Die Räuber*	***les Brigands***
Kabale und Liebe	***Intrigue et amour***
Die Jungfrau von Orleans	***la Pucelle d'Orléans***
Schnitzler, *Der Reigen*	***la Ronde***
Shakespeare, *Romeo und Julia*	***Roméo et Juliette***
Ein Sommernachtstraum	***le Songe d'une nuit d'été***
Der Widerspenstigen Zähmung	***la Mégère apprivoisée***
Ende gut, alles gut	***Tout est bien qui finit bien***
Die lustigen Weiber von Windsor	***les Joyeuses Commères de Windsor***
Strindberg, *Nach Damaskus*	***le Chemin de Damas***
Weiss, *Die Ermittlung*	***l'Instruction***

Das ist das reinste Theater!
Tout cela, c'est de la comédie.

So ein Theater!
Quelle comédie!

ein großes Theater machen wegen+G
faire toute une histoire pour qc

4. PHOTO ET CINÉMA

la photographie

• **la photographie**	die Fotografie, n
la photo(graphie)	das Foto, s/die Aufnahme, n/ das Lichtbild, er
la photo en noir et blanc	das Schwarzweißfoto
la photo en couleurs	das Farbfoto/die Farbaufnahme
l'instantané *m*	die Momentaufnahme/ der Schnappschuss, ¨e *(fam)*
la pose	die Zeitaufnahme
le pied/le trépied	das Stativ, e
photographier	fotografieren/auf~nehmen, a, o, i/ knipsen *(fam)*
prendre une photo	ein Bild machen
faire une photo	ein Foto schießen, o, o *(fam)*
○ **l'appareil** *m* **photo**	der Fotoapparat, e/die Kamera, s
l'appareil reflex	die Spiegelreflexkamera
l'appareil photo à développement instantané	die Sofortbildkamera
la photo instantanée	das Sofortbild, er
le boîtier	das Gehäuse, -
le viseur	der Sucher, -
l'objectif *m*	das Objektiv, e
l'objectif interchangeable	das Wechselobjektiv
le téléobjectif	das Teleobjektiv
le zoom	das Zoom, s
le grand angle	das Weitwinkelobjektiv
l'autofocus *m*	der Autofokus
○ **le diaphragme**	die Blende, n
l'ouverture *f* **du diaphragme**	die Blendenöffnung, en
le filtre	der/das Filter, -
la pose/l'exposition *f*	die Belichtung, en
le temps de pose	die Belichtungszeit, en
la vitesse d'obturation	die Verschlusszeit, en
le posemètre	der Belichtungsmesser, -
le flash	das Blitzlicht, er
la vitesse de synchronisation	die Blitzsynchronisationszeit, en
l'obturateur *m*	der Verschluss, ¨e
le déclencheur (à retardement)	der (Selbst)auslöser, -
la profondeur de champ	die Schärfentiefe, n/Tiefenschärfe, n
la mise au point, le réglage	die Scharfeinstellung, en

net ; flou	scharf ; unscharf
mettre au point, régler	ein~stellen
le gros plan	die Nahaufnahme, n
sous-exposé ; surexposé	unterbelichtet ; überbelichtet
○ **la pellicule/le film**	der Film, e
la pellicule couleur	der Farbfilm
charger l'appareil	die Kamera laden, u, a, ä
le rembobinage	das Rückspulen
la sensibilité du film	die Filmempfindlichkeit
le grain	das Korn
le film inversible	der Umkehrfilm, e
exposé ; vierge	belichtet ; unbelichtet
la diapo(sitive)	das Diapositiv, e/das Dia, s
le projecteur pour diapositives	der Diaprojektor, en
○ **le laboratoire photo**	das Fotolabor, s/e
la chambre noire	die Dunkelkammer, n
développer ; le développement	entwickeln ; die Entwicklung, en
la cuve de développement	die Entwicklerdose, n *(Film)*
la cuvette	die Schale, n
le révélateur	der Entwickler, -
le bain révélateur	das Entwicklerbad, ¨er
fixer	fixieren
le fixateur	das Fixiersalz
le bain fixateur	das Fixierbad
○ **le papier photographique**	das Fotopapier, e
brillant ; mat	hochglanz ; matt
l'album *m* **de photographies**	das Fotoalbum, ben
le négatif, le cliché	das Negativ, e
l'épreuve *f* **; le tirage**	der Abzug, ¨e ; das Abziehen
l'épreuve positive	das Positiv, e
tirer des épreuves	Abzüge machen
retoucher ; la retouche	retuschieren ; die Retusche, n
agrandir	vergrößern
l'agrandissement *m*	die Vergrößerung, en
l'agrandisseur *m*	das Vergrößerungsgerät, e
la glaceuse	die Trockenpresse, n
○ **l'atelier** *m* **de photographie**	das Fotoatelier, s
le photographe	der Fotograf, en, en
le modèle, le mannequin	das Fotomodell, e
photogénique	fotogen
faire faire son portrait	sich porträtieren lassen, ie, a, ä
le portrait	die Porträtaufnahme, n
la photo d'identité	das Passbild, er
la photo de groupe	das Gruppenbild
le photographe de presse	der Pressefotograf, en, en
le reportage-photo	die Foto-, Bildreportage, n
faire un safari-photo	eine Fotosafari machen
la photographie sous-marine	die Unterwasseraufnahme
la photographie aérienne	das Luftbild
la vue aérienne	die Luftansicht, en
l'archéologie aérienne	die Luftbildarchäologie
la photo-satellite	das Satellitenfoto, s
l'agence *f* **de photos**	die Fotoagentur, en
la galerie de photographie	die Fotogalerie, n

le cinéma - le tournage

• **le cinéma** *(art)*, **le septième art**	die Filmkunst, der Film
la cinémathèque	das Filmarchiv, e/ die Kinemathek, en
le producteur	der Produzent, en, en
la coproduction	die Gemeinschaftsproduktion/ Koproduktion, en
le scénariste	der Drehbuchautor, en
le dialoguiste	der Dialogautor
○ **la distribution, le casting** *(v. Théâtre, acteurs, p. 41)*	die Besetzung, en
l'acteur *m* **de cinéma**	der Filmschauspieler, -
l'actrice *f* **de cinéma**	die Filmschauspielerin, nen
la vedette/la star de cinéma	der Filmstar, s
la vamp (la femme fatale)	der Vamp, s
le vedettariat	das Starsystem
adulé du public	vom Publikum vergöttert
la doublure ; doubler	das Double, s ; doubeln
le cascadeur ; la cascade	der Stuntman, men ; der Stunt, s
la starlette	das Starlet(t), s
le figurant	der Statist, en, en
○ **le studio**	das Filmstudio, s
les studios	die Filmstadt, ¨e
le plateau	das Filmatelier, s
la réalisation/la mise en scène	die Regie
être le metteur en scène	Regie führen
le réalisateur/le metteur en scène	der Regisseur, e
le cinéaste	der Filmemacher, -
l'assistant-réalisateur *m*	der Regieassistent, en, en
l'assistante *f* **du réalisateur**	die Regieassistentin, nen
la scripte/script-girl	das Skriptgirl, s
le cadreur *m*	der Kameramann, männer/leute
le maquilleur	der Maskenbildner, -
maquiller	schminken
les costumes *m*	die Kostümausstattung, en
l'accessoiriste *m*	der Requisiteur, e
les accessoires *m*	die Requisiten *npl*
le décorateur	der Bühnenbildner, -
le clap	die Synchronklappe, n
• **le tournage**	die Dreharbeiten *fpl*
tourner un film	einen Film drehen
filmer	filmen
○ **la caméra**	die Kamera, s
la caméra sonore	die Tonkamera
la caméra portée	die Handkamera
la caméra-vidéo	die Videokamera
le camescope	der Kamerarekorder, -/ der Camcorder, -
l'objectif *m* **à focale variable**	das Variofokalobjektiv, e
Silence, on tourne.	Achtung! Aufnahme!
les prises *f* **de vue**	die Filmaufnahmen *fpl*
filmer en extérieur	draußen auf~nehmen, a, o, i
les extérieurs *m*	die Außenaufnahmen *fpl*
le tournage en studio	die Innenaufnahmen
le scénario	das Drehbuch, ¨er
le synopsis	der Drehbuchentwurf, ¨e
le script	das Filmskript, en/s
○ **l'adaptation** *f (d'un roman)*	die Verfilmung, en
adapter un roman pour le cinéma	einen Roman verfilmen
porter à l'écran	auf die Leinwand bringen, a, a
les droits *m* **d'adaptation**	die (Ver)film(ungs)rechte *npl*
○ **le découpage technique**	das technische Drehbuch, ¨er, der Aufnahmeplan, ¨e
la séquence	die Sequenz, en
la scène	die Szene, n
le plan	die Einstellung, en
le cadrage	die Bildfeldeinstellung

le cadrage penché	die schräge Bildeinstellung
le plan d'ensemble	die Gesamtaufnahme, n/ die Totale, n
le plan demi-ensemble	die Halbtotale
le plan moyen	die Halbnahaufnahme
le plan moyen large	die Weiteinstellung
le plan américain	die amerikanische Einstellung
le plan rapproché	die Nahaufnahme
le gros plan	die Großaufnahme
le très gros plan	die Detailaufnahme
le pl. sur l'épaule profil perdu	die Über-die-Schulter-Einstellung
le raccord	der Anschluss, ¨e
la liaison, le raccord	der Übergang, ¨e
la coupe franche	der harte Schnitt, e
l'ouverture *f* **en fondu**	das Aufblenden
le fondu au noir	das Ausblenden
le fondu enchaîné	die Überblendung, en
l'iris *m*	die Irisblende, n
○ **l'angle** *m* **de prise de vue**	der Aufnahmewinkel, -
le point de vue	die Perspektive, n
la plongée	die Draufsicht, die Kamera von oben
la contreplongée	die Kamera von unten, die Froschperspektive, n *(fam)*
le contrechamp	der Gegenschuss, ¨e
le champ-contrechamp	der Schuss-Gegenschuss
le mouvement de la caméra	die Kamerabewegung, en
le travelling	die Kamerafahrt, en
le chariot de travelling	der Kamerawagen, -
la grue	der Kamerakran, ¨e
le mouvement de grue	die Kranfahrt, en
le panoramique	der Kameraschwenk, s/e
○ **l'éclairage** *m*	die Beleuchtung, en
l'électricien *m* **de plateau**	der Beleuchter, -
le plan d'éclairage	der Lichtplan, ¨e
la lumière	das Licht
le projecteur	der Scheinwerfer, -
le projecteur d'attaque	das Hauptlicht, er
la lumière d'apport	der Aufheller, -
le diffuseur	die Streuscheibe, n
la lumière diffuse	das Streulicht
l'écran *m* **anti-halo**	die Abdeckblende, n
la lumière d'ambiance	der Weichstrahler, -
le spot	das Spotlight, s
les effets *m* **de lumière**	die Lichteffekte *mpl*
une lumière en plongée	ein steil abfallendes Licht
le contre-jour	das Gegenlicht
○ **l'enregistrement** *m* **sonore**	die Tonaufnahme, n
l'ingénieur *m* **du son**	der Tonmeister, -, der Toningenieur, e
le preneur de son	der Tonassistent, en, en
le micro(phone)	das Mikrophon, e
la perche, la girafe	der Mikrophongalgen, -
le micro-cravate	das Umhängemikrophon, e
le bruitage	die Toneffekte *mpl*
Coupez le son !	Ton aus!
○ **le décor**	der/das Dekor, s/e, die Bauten *mpl*
le décorateur	der Bühnenbildner, -
le maquettiste	der Modellbauer, -
la maquette	das Modell, e
○ **le montage**	der Schnitt
l'enchaînement *m* **des plans, l'assemblage** *m*	die Montage, n
le monteur ; la monteuse	der Cutter, - ; die Cutterin, nen
la table de montage	der Schneidetisch, e
la pellicule	das Filmband, ¨er
la bande sonore	die Tonspur, en/der Tonstreifen, -
les rushes *m (ensemble des prises de vue)*	die Filmaufnahmen *fpl (in ihrer Gesamtheit)*
les chutes *f*	die Ausschnitte *mpl*
l'insert *m*	das Insert, s
le retour en arrière	die Rückblende, n
○ **les effets spéciaux**	die Filmtricks *mpl*
le truquage/trucage	die Trickaufnahme, n
le truquiste/truqueur	der Trickmischer, -
au ralenti	mit der Zeitlupe
en accéléré	im Zeitraffer *m*
le cache-contre-cache	die Maske-Gegenmaske
la projection frontale	die Frontprojektion, en
la transparence	die Rückprojektion
la surimpression	die Doppelbelichtung, en
○ **le studio de mixage**	das Mischatelier, s
le mixage	die Mischarbeit
le studio de postsynchronisation	das Synchronisierungsatelier, s
la (post)synchronisation	die Synchronisation, en
la sonorisation ; sonoriser	die Vertonung ; vertonen
la voix off	die Off-Stimme, n
synchroniser, doubler	synchronisieren
la version doublée	die Synchronfassung, en
le laboratoire de tirage	das Kopierwerk, e
la copie ; le tirage	die Kopie, n ; das Kopieren

le film et son exploitation

• **le film** *(œuvre)*	der Film, e
le film muet	der Stummfilm
le film parlant/sonore	der Tonfilm
le film en noir et blanc	der Schwarzweißfilm
le film en couleurs	der Farbfilm
le court métrage	der Kurzfilm
le long métrage	der Spielfilm
○ **le générique**	der Vorspann, e
le générique de la fin	der Nachspann
la musique du générique	die Vorspannmusik
le titre	der Titel, -
en version originale, en v.o.	in der Originalfassung
sous-titré en français	mit französischen Untertiteln
sous-titrer	untertiteln
la musique de film	die Filmmusik
l'accompagnement musical	die Musikuntermalung, en
○ **les genres** *m* **cinématographiques**	die Filmgattungen *fpl*
↓ **le film d'action**	der Actionfilm, e
les actualités *f*	die Wochenschau, en
le film burlesque	die Filmburleske, n
le gag	der Gag, s
la comédie américaine	die amerikanische Filmkomödie, n
le film-catastrophe	der Katastrophenfilm, e
le film de divertissement, le film commercial	der Unterhaltungsfilm
le dessin animé	der Zeichentrickfilm
le documentaire	der Dokumentarfilm
le film d'épouvante	der Gruselfilm
le fim érotique	der Sexfilm
le film fantastique	der phantastische Film
le film d'horreur	der Horrorfilm/der Gruselfilm
le film à message/à thèse	der Tendenzfilm

la comédie musicale	das Musical, s
le film policier, le polar *(fam)*	der Kriminalfilm, der Krimi, s *(fam)*
le film porno(graphique)/ le film classé X	der Pornofilm/der Hardcoreporno, s
le film de science-fiction	der Science-fiction-Film
le film sentimental	der rührselige Film
le film à grand spectacle, la superproduction	der Monumentalfilm, der Kolossalfilm
le film à suspense	der Thriller, -
le western	der Wildwestfilm, der Western, -
le western à l'italienne/ le western-spaghetti *(fam)*	der Italowestern
la nouvelle version	die Neuverfilmung, en
le remake	das Remake, s
○ **la distribution**	der Filmverleih, e
le distributeur	der Filmverleiher, -
la commission de contrôle *(F)*	die freiwillige Selbstkontrolle *(D)*
la censure cinématographique	die Filmzensur
le visa d'exploitation	die Freigabe
les droits *m* **de projection**	die Vorführrechte *npl*
l'exploitation commerciale	die kommerzielle Verwertung
la bande-annonce	die Programmvorschau, en, die Voranzeige, n, der Trailer, -
sortir en salle	an~laufen*, ie, au, äu
l'affiche *f* **cinématographique**	das Filmplakat, e
● **la projection**	die Filmvorführung, en
projeter/passer/donner un film	einen Film vor~führen
passer (sur les écrans)	laufen*, ie, au, äu
la reprise	die Wiederaufnahme, n
repasser un film	einen Film wiederauf~nehmen, a, o, i
○ **le cinéma** *(salle)*	das Filmtheater, -, das Kino, s
la salle de cinéma	der Kinosaal, säle
le cinéma de quartier	das Kleinkino, das Vorstadtkino
le cinéma multisalles	das Kinocenter, -
les salles spécialisées	die einschlägigen Kinos
le cinéma permanent	die Dauervorstellung
la chaîne de cinéma	die Kinokette, n
le cinéma en plein air	das Freilichtkino
le drive-in	das Autokino/das Drive-in-Filmtheater
la séance (de cinéma), la représentation	die (Film)vorstellung, en
l'écran *m*	die Leinwand, ¨e
le grand écran, l'écran panoramique	die Breitwand
la projection sur grand écran	die Breitwandprojektion, en
○ **la cabine de projection**	der Filmvorführraum, ¨e
l'opérateur *m* **de projection**	der Filmvorführer, -
le projecteur de cinéma	der Filmprojektor, en
la copie de film	die Filmkopie, n
la bobine du film	die Filmspule, n
l'exploitant *m* **de salle**	der Kinobesitzer, -
la programmation	die Programmgestaltung
le billet de cinéma	die Kinokarte, n
l'ouvreuse *f*	die Platzanweiserin, nen
la place ; placer	der Sitzplatz, ¨e ; platzieren
le spectateur	der Zuschauer, -
la fréquentation des salles	der Kinobesuch
la recette	die Einnahmen *fpl*
faire recette	ein Kassenschlager sein
voir un film	sich einen Film an~sehen, a, e, i
aller au cinéma	ins Kino gehen*, i, a

le ciné-club	der Filmklub, s
le cinéphile	der Filmfan, s
le cinoche *(fam)*	der Kintopp, s/töppe *(fam)*
○ **le festival cinématographique**	das Filmfestival, s/ die Filmfestspiele *npl*
récompenser	prämieren, aus~zeichnen
un film primé	ein prämierter Film
le lauréat	der Preisträger, -
le palmarès	die Preisträgerliste, n
le film culte	der Kultfilm, e
le navet	der Filmschinken, - *(fam)*
le vieux navet	die Klamotte, n
la revue de cinéma	die Filmzeitschrift, en
la critique cinématographique	die Filmkritik
le critique de cinéma	der Filmkritiker, -
l'expressionnisme allemand	der deutsche Expressionismus
le film underground	der Undergroundfilm
la Nouvelle Vague	die Neue Welle
le néoréalisme italien	der italienische Neorealismus

quelques titres de films

Bergman, *le Septième Sceau* (1957)	Das siebente Siegel
***Le Silence* (1963)**	Das Schweigen
***Scènes de la vie conjugale* (1974)**	Szenen einer Ehe
Carné, *Les Enfants du paradis* (1945)	Die Kinder des Olymp
Chaplin, *la Ruée vers l'or* (1925)	Goldrausch
***Le Dictateur* (1940)**	Der große Diktator
Cocteau, *La Belle et la Bête* (1946)	Die Schöne und das Tier
Disney, *Blanche-Neige et les 7 nains* (1937)	Schneewittchen und die sieben Zwerge
***Cendrillon* (1950)**	Cinderella
***Alice au Pays des merveilles* (1951)**	Alice im Wunderland
***La Belle et le clochard* (1955)**	Susi und Strolch
***Merlin l'Enchanteur* (1963)**	Merlin der Zauberer
Donen, *Chantons sous la pluie* (1952)	Du sollst mein Glückstern sein
Eisenstein, *Le Cuirassé Potemkine* (1923)	Panzerkreuzer Potemkine
***Ivan le Terrible* (1945)**	Iwan der Schreckliche
Fassbinder, *Le Mariage de Maria Braun* (1979)	Die Ehe der Maria Braun
***Lola, Une femme allemande* (1981)**	Lola
Fellini, *La Dolce Vita* (1960)	Das süße Leben
Feyder, *La Kermesse héroïque* (1935)	Die klugen Frauen
Fleming, *Autant en emporte le vent* (1939)	Vom Winde verweht
Ford, *Les Raisins de la colère* (1940)	Früchte des Zorns
***La Chevauchée fantastique* (1939)**	Die Höllenfahrt nach Santa Fé
***L'Homme tranquille* (1952)**	Der Sieger
Forman, *Vol au-dessus d'un nid de coucou* (1975)	Einer flog über das Kuckucksnest

Godard, *À bout de souffle* (1960)	Außer Atem
Hauff, *Le Couteau dans la tête* (1978)	Messer im Kopf
Hawks, *Le Grand Sommeil* (1946)	Tote schlafen fest
Herzog, *Aguirre, la colère de Dieu* (1972)	Aguirre, der Zorn Gottes
Hitchcock, *Fenêtre sur cour* (1954)	Fenster am Hof
***Sueurs froides* (1958)**	Aus dem Reich der Toten
***La Mort aux trousses* (1959)**	Der unsichtbare Dritte
Kalatozov, *Quand passent les cigognes* (1959)	Wenn die Kraniche ziehen
Kazan, *Un tramway nommé désir* (1951)	Endstation Sehnsucht
***Sur les quais* (1954)**	Die Faust im Nacken
Käutner, *Le Général du diable* (1955)	Des Teufels General
Kubrick, *2001 : l'Odyssée de l'espace* (1968)	2001 : Odyssee im Weltraum
***Orange mécanique* (1971)**	Uhrwerk Orange
Lang, *M le maudit* (1931)	M.
Lean, *Le Pont de la rivière Kwaï* (1957)	Die Brücke am Kwai
Leone, *Il était une fois dans l'Ouest* (1968)	Spiel mir das Lied vom Tod
Losey, *Le Messager* (1970)	Der Mittler
Lumière, *L'Arroseur arrosé* (1895)	Der begossene Begießer
Malle, *Ascenseur pour l'échafaud* (1957)	Fahrstuhl zum Schafott
Mankiewicz, *La Comtesse aux pieds nus* (1954)	Die barfüßige Gräfin
Melville, *Le Samouraï* (1967)	Der eiskalte Engel
Murnau, *Nosferatu le Vampire* (1922)	Nosferatu
Pabst, *La Rue sans joie* (1925)	Die freudlose Gasse
Pollack, *On achève bien les chevaux* (1969)	Nur Pferden gibt man den Gnadenschuss

Ray, *La Fureur de vivre* (1955)	... denn sie wissen nicht was sie tun
Reed, *Le Troisième Homme* (1949)	Der dritte Mann
Renoir, *La Grande Illusion* (1937)	Die große Illusion
***La Règle du jeu* (1939)**	Die Spielregel
Rossellini, *Rome, ville ouverte* (1945)	Rom, offene Stadt
Schlöndorff, *Les Désarrois de l'élève Törless* (1966)	Der junge Törless
***Le Tambour* (1979)**	Die Blechtrommel
De Sica, *Le Voleur de bicyclette* (1948)	Fahrraddiebe
Spielberg, *Les Dents de la mer* (1974)	Der weiße Hai
***Rencontres du troisième type* (1977)**	Unheimiche Begegnung der dritten Art
Staudte, *Les Assassins sont parmi nous* (1946)	Die Mörder sind unter uns
Sternberg, *L'Ange bleu* (1930)	Der blaue Engel
***l'Impératrice rouge* (1934)**	Die scharlachrote Kaiserin
von Stroheim, *Les Rapaces* (1925)	Gier nach Geld
Tati, *Les Vacances de monsieur Hulot* (1953)	Die Ferien des Monsieur Hulot
Truffaut, *Les 400 Coups* (1959)	Sie küssten und sie schlugen ihn
***La mariée était en noir* (1967)**	Die Braut trug schwarz
Visconti, *Le Guépard* (1963)	Der Leopard
***Mort à Venise* (1971)**	Der Tod in Venedig
Wajda, *L'Homme de fer* (1981)	Der Mann aus Eisen
Welles, *La Splendeur des Amberson* (1942)	Der Glanz des Hauses Amberson
Wenders, *Au fil du temps* (1976)	Im Lauf der Zeit
***Les Ailes du désir* (1987)**	Der Himmel über Berlin
***Si loin, si proche* (1993)**	In weiter Ferne, so nah!
Zinnemann, *Le train sifflera trois fois* (1952)	Zwölf Uhr mittags

III. Les Sciences humaines

1. LA PHILOSOPHIE

la pensée

• **la raison**	die Vernunft
rationnel	rational, rationell
raisonnable	vernünftig
le raisonnement	das vernünftige Denken
raisonner	(vernünftig) denken, a, a
raisonner qn	jdm gut zu~reden
raisonner juste	folgerichtig denken
l'argumentation *f*	die Beweisführung, en
le syllogisme	der Syllogismus, men
la déduction	die Deduktion, en, die Folgerung, en
déduire	deduzieren
déduire de, conclure de	folgern aus+D
l'induction *f* **; induire**	die Induktion, en ; induzieren
le jugement	das Urteil, e
le jugement, l'appréciation *f*	die Beurteilung, en, die Wertschätzung
porter un jugement sur qc	über etw urteilen, etw beurteilen
○ **la réflexion**	die Überlegung, en, die Reflexion, en
réfléchir	überlegen
réfléchir à qc	sich etw überlegen
après avoir mûrement réfléchi	nach reiflicher Überlegung
peser le pour et le contre	das Für und Wider erwägen, o, o
examiner à fond	durch~denken, durchdenken, a, a
bien réfléchi, élaboré	durchdacht
(ir)réfléchi	(un)überlegt
réfléchir à qc, méditer sur qc	über etwas nach~denken, a, a, über etw reflektieren
se creuser la tête	grübeln
se casser la tête/se fatiguer les méninges *(fam)*	sich den Kopf zerbrechen, a, o, i
donner sa langue au chat *(fam)*	das Rätseln auf~geben, a, e, i
○ **l'esprit** *m*	der Geist
spirituel, intellectuel	geistig
l'intellectuel *m* **; intellectuel**	der Intellektuelle *(adj)* ; intellektuell
l'idée *f*	die Idee, n, die Vorstellung, en
la notion, le concept	der Begriff, e
l'idée subite	der Einfall, ¨e
une idée lumineuse	ein glänzender Einfall
venir à l'esprit	ein~fallen*, ie, a, ä *(impersonnel)*
Je pense à quelque chose.	Mir fällt etwas ein.
l'imagination *f*	die Vorstellungskraft, die Phantasie/Fantasie
se représenter qc	sich etwas vor~stellen
inimaginable	unvorstellbar
l'inspiration *f*	die Eingebung, en, die Anregung, en
imaginatif, inventif	einfallsreich
avoir des idées	einfallsreich sein
manquer d'idées	einfallslos sein
la créativité	die Kreativität
• **la pensée**	das Denken, der Gedanke, ns, n
la pensée logique	das logische Denken
la pensée intuitive ; intuitif	die Intuition ; intuitiv
(le monde de) la pensée	die Gedankenwelt
le penseur	der Denker, -
penser (à)	denken, a, a (an+A)
la conception	die Auffassung, en

la manière de voir	die Ansicht, en
le point de vue, l'avis *m*	der Standpunkt, e
la façon de penser, la mentalité	die Denkweise, n
concevable, imaginable	denkbar
inconcevable, inimaginable	undenkbar
• **la certitude ; l'incertitude** *f*	die Gewissheit ; die Ungewissheit
sûr, certain ; incertain	sicher, gewiss ; unsicher, ungewiss
J'en suis sûr et certain.	Ich bin mir ganz sicher.
à coup sûr	mit Sicherheit
Une chose est sûre …	Eines steht fest …
incontestable ; évident	unwiderlegbar ; eindeutig
C'est l'évidence même.	Das leuchtet jedem ein !
la clarté	die Klarheit
Il est évident que …	Es liegt auf der Hand, dass …
• **la démonstration**	die Beweisführung, en
la preuve (de)	der Beweis, e (für+A)
prouver, démontrer	beweisen, ie, ie
l'argument *m*	der Beweisgrund, ¨e, das Argument, e
une preuve irréfutable	ein zwingender Beweis
fournir la preuve de qc, prouver qc	etw nach~weisen, ie, ie
la conséquence	die Folge, n
par conséquent	folglich
logique, conséquent	folgerichtig
inconséquent, illogique	folgewidrig
le faux raisonnement, la conclusion erronée	der Fehlschluss, ¨e
la conclusion	der Schluss, ¨e, die Schlussfolgerung, en
tirer une conclusion de qc	aus etw einen Schluss ziehen, o, o
De tout cela, il résulte que …	Aus alledem ergibt sich, dass …
c.q.f.d. (ce qu'il fallait démontrer)	q.e.d. (quod erat demonstrandum) was hiermit bewiesen ist
le fait, la réalité	die Tatsache, n
poser en fait que …	als Tatsache hin~stellen, dass …
être conforme aux faits	den Tatsachen entsprechen, a, o, i
l'expérience (acquise)	die Erfahrung, en
• **le doute ; douteux**	der Zweifel, - ; zweifelhaft
être perplexe	ratlos, unschlüssig sein
la perplexité	die Ratlosigkeit
en cas de doute	im Zweifelsfalle
douter (de)	zweifeln (an+D)
douter de qc	etw bezweifeln
mettre qc en doute	etw an~zweifeln
demeurer sceptique	skeptisch bleiben*, ie, ie
Il n'y a pas l'ombre d'un doute.	Es besteht nicht der mindeste Zweifel.
sans aucun doute	ohne jeden Zweifel
sans doute, probablement	wahrscheinlich
apparemment	anscheinend
en apparence	scheinbar
selon toute apparence	allem Anschein nach
la probabilité	die Wahrscheinlichkeit
• **la vérité ; vrai**	die Wahrheit, en ; wahr
la contrevérité	die Unwahrheit
C'est vrai/juste.	Das stimmt !
une vérité de La Palice	eine Binsenwahrheit
avoir raison, être dans le vrai	Recht haben
exact, juste	richtig

inexact, faux	falsch
• **l'erreur** *f*	der Irrtum, ¨er
commettre une erreur	einen Irrtum begehen, i, a
être dans l'erreur	im Irrtum sein
faire erreur, se tromper	sich irren, sich täuschen
Sauf erreur de ma part, …	Wenn ich mich nicht irre, …
induire qn en erreur	jdn täuschen, jdn irre~führen
se fourvoyer	fehlgehen*, i, a
faire fausse route, se fourvoyer	auf dem Holzweg sein
Où est l'erreur ?	Wo liegt der Fehler ?
avoir tort	Unrecht haben
S'il en est ainsi.	Wenn dem so ist !
Soit !	Meinetwegen !
tenir compte de	berücksichtigen (+A)
reconnaître son erreur	einen Irrtum ein~sehen, a, e, ie
la rectification ; rectifier	die Berichtigung, en ; berichtigen
• **l'hypothèse** *f*	die Annahme, n, die Hypothese, n
admettre, supposer	an~nehmen, a, o, i
la supposition	die Vermutung, en, die Annahme, n
supposer	vermuten, an~nehmen
probable ; probablement	vermutlich
selon toute vraisemblance	aller Wahrscheinlichkeit nach
le principe	der Grundsatz, ¨e, das Prinzip, ien
en principe	grundsätzlich
l'affirmation *f*	die Behauptung, en
une affirmation gratuite	eine willkürliche Behauptung
affirmer, prétendre	behaupten
affirmer catégoriquement, soutenir mordicus *(fam)*	steif und fest behaupten
la négation	die Verneinung, en
la comparaison	der Vergleich, e
comparer (à, avec)	vergleichen, i, i (mit+D)
en comparaison de	im Vergleich zu+D
la différence	der Unterschied, e
à la différence de	im Unterschied zu+D
• **l'intelligence** *f*	die Intelligenz, der Verstand
la sagesse, l'intelligence	die Klugheit
le Q.I. (quotient intellectuel)	der Intelligenzquotient (I.Q.)
l'âge mental	das Intelligenzalter
intelligent	intelligent
intelligent, sage, avisé	gescheit
sage, sensé	klug
éveillé	aufgeweckt
le génie ; génial	das Genie ; genial
avoir l'esprit prompt	eine schnelle Auffassungsgabe besitzen, a, e
l'ouverture *f* **d'esprit**	die Aufgeschlossenheit
avoir l'esprit ouvert	aufgeschlossen sein
comprendre	verstehen, a, a
l'intelligibilité *f*, **la clarté**	die Verständlichkeit
compréhensible	verständlich, begreiflich
rendre intelligible	verständlich machen
se faire comprendre	sich verständlich machen
difficile à comprendre	schwer verständlich
incompréhensible	unverständlich, unbegreiflich
la compréhension	das Verständnis
le malentendu, la méprise	das Missverständnis, se
se montrer compréhensif, indulgent	sich verständnisvoll zeigen
incompréhensif	verständnislos
saisir, comprendre	begreifen, i, i , (er)fassen
inconcevable	unfassbar
piger *(fam)*	kapieren *(fam)*
• **l'objectivité** *f*	die Sachlichkeit, die Vorurteilslosigkeit
être objectif	sachlich/objektiv sein
le bon sens	der gesunde Menschenverstand
le bon sens héréditaire	der Mutterwitz
la subjectivité	die Subjektivität
subjectif	subjektiv, unsachlich
le préjugé	das Vorurteil
avoir un/des préjugé(s)	voreingenommen sein
le parti pris, l'opinion préconçue	die vorgefasste Meinung
la partialité	die Parteilichkeit
prendre parti (pour, contre)	Partei ergreifen, i, i (für, gegen)
• **la mémoire**	das Gedächtnis, se
Si ma mémoire est bonne, …	Wenn mich mein Gedächtnis nicht trügt, …
une mémoire d'éléphant	ein zuverlässiges Gedächtnis
de mémoire d'homme	seit Menschengedenken
la perte de la mémoire	der Gedächtnisschwund, -verlust
le souvenir (de)	die Erinnerung, en (an+A)
se souvenir de	sich erinnern (an+A)
se rappeler qc	sich an etw erinnern
rappeler qc à qn	jdn an etw erinnern
remettre qc en mémoire	etw ins Gedächtnis rufen, ie, u
retenir qc	etw behalten, ie, a, ä
prendre bonne note de qc	sich etw merken
Retenez bien ceci.	Merken Sie sich das !
oublier	vergessen, a, e, i
l'oubli *m*	das Vergessen
tomber dans l'oubli	in Vergessenheit geraten*, ie, a, ä
le trou de mémoire	die Erinnerungslücke, n
Cela m'est sorti de la tête.	Es ist mir entfallen.
• **l'absurdité** *f*	die Sinnlosigkeit
absurde	sinnlos
la bêtise, la sottise	die Dummheit, en
l'imbécile *m*, **le sot**	der Dummkopf, ¨e
bête, sot	dumm
niais	einfältig
l'étroitesse *f* **d'esprit**	die Beschränktheit
borné	beschränkt
être un peu simple d'esprit	nicht bis drei zählen können
arriéré	zurückgeblieben

la volonté - le devoir

• **la volonté**	der Wille *(G ns)*
vouloir ; volontairement	wollen ; willentlich
imposer sa volonté	seinen Willen durch~setzen
avoir de la volonté	willensstark sein
volontaire	eigenwillig
inébranlable	unerschütterlich
la velléité	die Anwandlung, en, die Willensregung, en
velléitaire	willensschwach
aboulique, sans volonté	willenlos
• **le comportement**	das Verhalten, die Verhaltensweise, n
se comporter	sich verhalten, ie, a, ä
○ **l'action** *f* **; agir**	die Handlung, en ; handeln
l'acte *m*	die Tat, en
le motif	der Beweggrund, ¨e
la motivation	die Motivation, en
de sang-froid	kaltblütig

agir sous l'empire de la passion	im Affekt handeln
l'activité *f* **; actif**	die Tätigkeit, en ; tätig, aktiv
l'énergie *f*	die Tatkraft, die Energie
énergique	tatkräftig, energisch
dynamique	dynamisch
le fonceur	der Draufgänger, -
fonceur	draufgängerisch
○ **la manière d'agir**	die Handlungsweise, n
l'habitude *f*	die Gewohnheit, en
l'expérience *f*	die Erfahrung, en
la routine, le train-train *(fam)*	der Schlendrian *(péj)*
l'objectif *m***, le but**	das Ziel, e
se fixer un but	sich ein Ziel setzen
l'objectif recherché	das angestrebte Ziel
sans but	ziellos
le but, le résultat recherché, la fin	der Zweck, e
inutile	zwecklos
Cela ne sert à rien.	Das hat keinen Zweck.
le moyen	das Mittel, -
● **l'intention** *f* **; intentionnel**	die Absicht, en ; absichtlich
avoir l'intention de faire qc	beabsichtigen etw zu tun
le projet	das Vorhaben, -, das Projekt, e
le plan	der Plan, ¨e
projeter qc	etw vor~haben, etw planen
exécuter un projet	einen Plan aus~führen
entreprendre qc	etw unternehmen, a, o, i
avoir l'esprit d'entreprise	unternehmungslustig sein
s'efforcer d'atteindre qc	etw an~streben, nach etw (D) streben
le moyen	das Mittel, -
employer les grands moyens	zu energischen Maßnahmen greifen, i, i
La fortune sourit aux audacieux.	Frisch gewagt ist halb gewonnen.
Osons !	Nur zu !
oser faire qc	wagen, etw zu tun
risqué	riskant
le succès	der Erfolg, e
l'échec *m*	der Misserfolg, e
J'ai réussi.	Das ist mir gelungen.
J'ai échoué.	Das ist mir misslungen.
○ **se décider** *(choix)*	sich entscheiden, ie, ie
prendre une décision *(choix)*	eine Entscheidung treffen, a, o, i
la décision, la résolution	der Beschluss, ¨e
décider de faire qc	beschließen, o, o, etw zu tun
décider que ...	beschließen, dass ...
C'est une chose décidée.	Das ist beschlossene Sache.
se résoudre à	sich entschließen, o, o
déterminé, résolu	entschlossen
être décidé à tout	zu allem entschlossen sein
indécis, irrésolu	unentschlossen
hésitant	unschlüssig
hésiter	zögern, schwanken
versatile	wankelmütig
inébranlable	unerschütterlich
la liberté	die Freiheit, en
libre, indépendant	frei
volontaire, spontané	freiwillig
spontanément, de sa propre initiative	aus freiem Antrieb
librement	aus freiem Willen
de son propre chef	auf eigene Faust

l'arbitraire *m* **; arbitraire**	die Willkür ; willkürlich
l'envie *f* **(de), le plaisir (de)**	die Lust (auf)
le désir ; désirer	der Wunsch, ¨e ; wünschen
sur son désir	auf seinen Wunsch
● **le bien**	das Gute *(adj)*
● **le mal**	das Böse *(adj)*, das Übel
○ **le libre arbitre**	die Willensfreiheit
le choix ; choisir	die Wahl, en ; wählen
rendre le bien pour le mal	Böses mit Gutem vergelten, a, o, i
Je ne veux que ton bien.	Ich will nur dein Bestes.
Je fais de mon mieux.	Ich tue mein Bestes.
l'idéal *m*	das Ideal, e
○ **la conscience (morale)**	das Gewissen
le caractère consciencieux	die Gewissenhaftigkeit
consciencieux	gewissenhaft
le cas de conscience	die Gewissensfrage, n
le manque de conscience	die Gewissenlosigkeit
sans scrupules, sans principes	skrupellos, gewissenlos
avoir la conscience tranquille	ein ruhiges Gewissen haben
avoir des remords *m*	Gewissensbisse *mpl* haben
regretter	bedauern
le repentir	die Reue
regretter d'avoir fait qc	bereuen, etw getan zu haben
la réprimande	die Zurechtweisung, en
l'apaisement *m*	die Beruhigung, en
la responsabilité (de)	die Verantwortung, en (für)
responsable (de)	verantwortlich (für)
● **le devoir**	die Pflicht, en
faire son devoir	seine Pflicht erfüllen
le sens du devoir	das Pflichtgefühl
devoir *(obligation morale)*	sollen
Il faut que tu viennes.	Du sollst kommen !
le commandement *(religion)*	das Gebot, e
Tu ne tueras point. *(Exode, 20)*	Du sollst nicht töten ! *(Exodus, 20)*
devoir *(nécessité absolue)*	müssen
Nous devons tous mourir.	Wir müssen alle sterben.
l'obligation *f***, l'engagement** *m*	die Verpflichtung, en
s'engager à faire qc	sich verpflichten, etw zu tun
l'ordre *m***, le commandement**	der Befehl, e
ordonner à qn de faire qc	jdm befehlen, a, o, ie, etw zu tun
exiger qc de qn	etw von jdm verlangen
l'interdiction *f***, la défense**	das Verbot, e
interdire/défendre à qn de faire qc	jdm verbieten, o, o, etw zu tun
s'efforcer de faire qc	sich bemühen, etw zu tun
l'effort *m*	die Anstrengung, en, die Bemühung, en
l'obéissance *f* **; obéir (à)**	der Gehorsam ; gehorchen (+D)
la désobéissance	der Ungehorsam
le refus d'obéissance *(armée)*	die Gehorsamsverweigerung
refuser d'exécuter un ordre	sich weigern, einen Befehl auszuführen
s'insurger contre un ordre	sich einem Befehl widersetzen
● **la proposition**	der Vorschlag, ¨e
proposer	vor~schlagen, u, a, ä
se proposer de faire qc	sich vor~nehmen, a, o, i, etw zu tun
accepter	an~nehmen, a, o, i
l'approbation *f* **; approuver**	die Zustimmung, en ; zu~stimmen
le consentement ; consentir	die Einwilligung, en ; ein~willigen
le refus ; refuser, rejeter	die Ablehnung, en ; ab~lehnen
refuser *(invitation)*	ab~schlagen, u, a, ä
refuser, ne pas accorder	verweigern

s'acquitter de qc, faire qc	etw verrichten
○ **la promesse**	das Versprechen
promettre	versprechen, a, o, i
promettre monts et merveilles	goldene Berge versprechen
faire de fausses promesses à qn	jdn mit leeren Versprechungen ab~speisen
tenir ses promesses	seine Versprechungen ein~halten, ie, a, ä

la philosophie

• **la philosophie**	die Philosophie
↓ **l'accident** *m*	das Akzidens, denzien
l'absolu *m*	das Absolute
abstrait	abstrakt
l'acquis *m*	die erworbenen Kenntnisse *fpl*
acquis	erworben
l'agnosie *f*	die Agnosie
l'agnosticisme *m*	der Agnostizismus
l'agnostique *m* **; agnostique**	der Agnostiker, - ; agnostisch
l'altération *f*	die Alteration, en, die Änderung, en
l'altérité *f*	die Andersheit, das Anderssein
l'alternative *f*	die Alternative, n
l'altruisme *m*	der Altruismus
l'ambiguïté *f*	die Zweideutigkeit
l'âme *f*	die Seele
l'amoralisme *m* **; amoral**	der Amoralismus, amoralisch
l'analogie *f*	die Analogie, n
analogue	analog
l'animisme *m*	der Animismus
l'anthropologie *f*	die Anthropologie
anthropomorphe	anthropomorph
l'anthropomorphisme *m*	der Anthropomorphismus
l'antinomie *f*	die Antinomie, n
l'aporie *f*	die Aporie, n
a posteriori	a posteriori
l'apparence *f* **; apparent**	der Schein ; scheinbar
a priori	a priori
l'arbitraire *m* **; arbitraire**	die Willkür ; willkürlich
l'archétype *m*	der Archetypus, pen
l'assertion *f*	die Behauptung, en
l'assimilation *f*	die Asssimilation, en, die Angleichung, en
l'attribut *m*	das Attribut
l'authenticité *f*	die Echtheit/die Authentizität
authentique	authentisch
l'autre *m/f*	der/die/das andere
l'axiologie *f*	die Axiologie/die Wertlehre
l'axiome *m*	das Axiom, e
le beau	das Schöne
la caducité	die Vergänglichkeit
la casuistique	die Kasuistik
la catégorie	die Kategorie, n
la causalité ; causal	die Kausalität ; kausal, ursächlich
la cause	die Ursache, n
le changement	die Änderung, en
le chaos	das Chaos
le charisme	das Charisma
la chose	das Ding, e
la chose en soi	das Ding an sich
la coexistence	das Mitdasein *(Husserl)*
la cognition	die Erkenntnis
le conceptualisme	der Konzeptualismus
la conception métaphysique du monde	die Weltanschauung, en
la condition	die Voraussetzung, en, die Bedingung, en
la connaissance	die Erkenntnis
connaître	erkennen, kennen, a, a
Connais-toi toi-même.	Erkenne dich selbst !
la consistance	der Zusammenhang, die Konsistenz
la contingence	die Kontingenz, die Zufälligkeit
la contradiction	der Widerspruch, ¨e
contradictoire	kontradiktorisch/widersprüchlich
contraire	konträr
la convention	die Konvention, en
le conventionnalisme	der Konventionalismus
la crédibilité	die Glaubhaftigkeit
le critère	das Kriterium, ien, das Merkmal, e
le criticisme	der Kritizismus
la critique ; critique	die Kritik, en ; kritisch
la qculture ; cultivé	die Kultur, die Bildung ; gebildet
le cynisme	der Zynismus
la déontologie	die Deontologie
le dépassement	die Aufhebung *(Hegel)*
la déréliction	die Geworfenheit *(Heidegger)*
déterminant	bestimmend
la détermination	die Determination, en
déterminer	bestimmen
le déterminisme	der Determinismus
le devenir	das Werden
la dialectique ; dialectique	die Dialektik ; dialektisch
la dichotomie	die Dichotomie, n
la différenciation	die Differenzierung, en
la dignité de la personne humaine	die Menschenwürde
le dilemme	das Dilemma, s/ta
la dimension	die Dimension, en
la discrimination	die Unterscheidung, en
discursif	diskursiv
la distinction	die Unterscheidung
la doctrine	die Lehre, n
le dualisme	der Dualismus
la dualité	die Dualität
la durée	die Dauer
la durée bergsonienne	die reine Dauer *(Bergson)*
la dynamique ; dynamique	die Dynamik ; dynamisch
l'éclectisme *m*	der Eklektizismus
effectif	effektiv, wirklich
l'effet *m*	die Wirkung, der Effekt
l'efficience *f*	die Wirksamkeit
l'élan vital	der Lebensdrang
l'élément *m* **; élémentaire**	das Element, e ; elementar
l'émanation *f*	die Emanation
l'empirisme *m* **; empirique**	der Empirismus ; empirisch
l'énoncé *m*	die Aussage, n
en-soi	an sich
l'entéléchie *f*	die Entelechie, n
l'entendement *m*	der Verstand
l'entité *f*	die Wesenheit, das Seiende
épicurien	epikur(e)isch
l'épicurisme *m*	der Epikureismus
l'épiphénomène *m*	die Begleiterscheinung, en
l'épistémologie *f*	die Wissenschaftslehre
l'eschatologie *f*	die Eschatologie
ésotérique	esoterisch

l'espace *m*	der Raum
l'essence *f*	das Wesen
l'essentialisme *m*	der Essentialismus
l'essentialité *f*	die Wesenheit, die Wesentlichkeit
essentiel	wesentlich
l'esthétique *f*	die Ästhetik
l'étant *m* / **l'existant** *m*	das Seiende *(adj) (Heidegger)*
l'état *m*	der Zustand
l'éthique *f*	die Ethik
être	sein
l'être *m*	das Sein, das Wesen
l'être-soi *m*	das Selbstsein *(Jaspers)*
l'événement *m*	das Ereignis, se
l'évolution *f*	die Evolution, die Entwicklung
l'évolutionnisme *m*	der Evolutionismus
l'existence *f*	die Existenz / das Dasein
l'existentialisme *m*	der Existentialismus / Existenzialismus
la philosophie existentialiste	die Existenzphilosophie
extrinsèque	äußerlich
le facteur	der Faktor, en
la faculté	die Fähigkeit, en, das Vermögen
le fait	das Faktum, ta / ten
la facticité	die Faktizität *(Heidegger)*
la fatalité	das Fatum, das Verhängnis
le fidéisme	die Glaubensphilosophie
la fin	der (End)zweck ; das Ende
la fin en soi	der Zweck an sich
le finalisme	der Finalismus
la finalité	die Finalität
le fini	das Endliche
la fonction	die Funktion, en
fonctionnel	funktionell
le fondement	der Grund, die Grundlage
fonder qc sur qc	etw mit etw begründen
la force	die Kraft, ¨e ; die Gewalt, en
le formalisme	der Formalismus
la forme	die Form ; die Gestalt
formel	förmlich
général	allgemein
la généralisation	die Verallgemeinerung, en
la genèse	die Genese
génétique	genetisch
la gnose	die Gnosis
la gnoséologie	die Gnoseologie
le gnostique	der Gnostiker, -
l'harmonie préétablie	die präetablierte Harmonie
le hasard	der Zufall, ¨e
l'hédonisme *m*	der Hedonismus
l'herméneutique *f*	die Hermeneutik
l'hermétisme *m*	der Hermetismus
l'(h)euristique *f*	die Heuristik
l'humanisme *m*	der Humanismus
l'humanité *f*	die Menschheit ; die Menschlichkeit
l'ici-bas *m*	das Diesseits
l'idéal *m* ; **idéal**	das Ideal, e ; ideal
l'idéalisme *m*	der Idealismus
l'idéologie *f* ; **idéologique**	die Ideologie ; ideologisch
l'immanence *f* ; **immanent**	die Immanenz ; immanent
immoral	unsittlich
l'immoralisme *m*	der Immoralismus
l'impératif *m* **catégorique**	der kategorische Imperativ
l'impératif hypothétique	der hypothetische Imperativ
l'imperfection *f*	die Unvollkommenheit
l'inconséquence *f* **logique**	die Folgewidrigkeit
indéfini	unbegrenzt, unendlich
l'indéterminisme *m*	der Indeterminismus
l'individu *m* ; **individuel**	das Individuum, uen ; individuell
l'individualisme *m*	der Individualismus
l'infini *m*	das Unendliche
l'infinité *f*	die Unendlichkeit
inné	angeboren
l'intellectualisme *m*	der Intellektualismus
l'intériorité *f*	die Innerlichkeit
l'intentionnalité *f*	die Intentionalität
la valeur intrinsèque	der Eigenwert
l'irrationnalisme *m*	der Irrationalismus
irrationnel	irrationell
le jugement	die Urteilskraft *(Kant)*
le jugement déterminant	die subsumierende Urteilskraft
le jugement réfléchissant	die reflektierende Urteilskraft
juste	gerecht
la justification	die Rechtfertigung, en
le logicisme	der Logizismus
la logique ; logique	die Logik ; logisch
le logos	der Logos
le macrocosme	der Makrokosmos / Makrokosmus
la maïeutique	die Maieutik
le matérialisme	der Materialismus
le mécanisme	die mechanistische Weltanschauung
la métaphysique	die Metaphysik
métaphysique	metaphysisch
la métempsyc(h)ose	die Metempsychose / die Seelenwanderung
la méthode	die Methode, n
la méthodologie	die Methodenlehre
le microcosme	der Mikrokosmos / Mikrokosmus
la monade	die Monade, n
le monadisme	der Monadismus
le monde	die Welt
la morale	die Sittenlehre
la moralité ; moral	die Sittlichkeit ; ethisch, sittlich
le moralisme	der Moralismus
le mythe	der Mythos, then
la nature	die Natur
le néant	das Nichts
la nécessité	die Notwendigkeit
le nihilisme	der Nihilismus
le noème	das Noema, ta *(Husserl)*
le noumène	das Numenon
l'objectivisme *m*	der Objektivismus
l'objectivité *f*	die Objektivität
l'obscurantisme *m*	der Obskurantismus
l'ontologie *f* ; **ontologique**	die Ontologie ; ontologisch
l'opposition *f*	der Gegensatz, ¨e / die Opposition
l'origine *f*	die Herkunft, ¨e, der Ursprung, ¨e
le paradoxe	das Paradox, e / Paradoxon, xa
la particularité	die Besonderheit, en
la perception	die Perzeption, en, die Wahrnehmung, en
le perceptionnisme	der Perzeptionismus
la perdurabilité	die Dauerhaftigkeit
la perfection	die Vollkommenheit
la perfectibilité	die Vervollkommnungsfähigkeit

la permanence	die Permanenz
permanent	bleibend
le personnalisme	der Personalismus
le phénomène	das Phänomen, e
la phénoménologie	die Phänomenologie
le philosophe	der Philosoph, en, en
le positivisme	der Positivismus
la possibilité	die Möglichkeit, en
le postulat	das Postulat, e
le pragmatisme ; pragmatique	der Pragmatismus ; pragmatisch
la pratique	die Praxis, die Ausübung
la primauté	das Primat
le principe	das Prinzip, ien, der Grundsatz, ¨e
problématique	problematisch
le problème	das Problem, e, die Aufgabe, n
le psychologisme	der Psychologismus
la quintessence	die Quintessenz
le rationalisme	der Rationalismus
la rationalité ; rationnel	die Rationalität ; rational
la rationalisation	die Rationalisierung
la réciprocité	die Wechselwirkung
réel	wirklich, real
la réflexion	die Überlegung, en
la règle	die Regel, n
la relation	die Beziehung, en
le relativisme	der Relativismus
la représentation	die Repräsentation, die Vorstellung
la ressemblance	die Ähnlichkeit, en
le retour éternel	die ewige Wiederkehr
le rien	das Nichts
le rigorisme	der Rigorismus
le sage ; la sagesse	der Weise *(adj)* ; die Weisheit
le savoir	das Wissen
le scepticisme ; sceptique	der Skeptizismus ; skeptisch
le schème	das Schema, men
la science	das Wissen, die Wissenschaft, en
le scientisme	der Szientismus
la scolastique	die Scholastik
la sémiologie	die Semiologie
le sens	der Sinn
le sens commun	der Gemeinsinn
le sensualisme	der Sensualismus
le signe	das Zeichen, -
la signification	die Bedeutung, en
soi, soi-même	sich, sich selbst
en soi	an sich
pour soi	für sich
le solipsisme	der Solipsismus
le sophisme	der Trugschluss, ¨e
la sophistique	die Sophistik
la spécificité	die Spezifizität
la spéculation	die Spekulation, en
le spiritualisme	der Spiritualismus
la spiritualité	die Geistigkeit
le stoïcisme	der Stoizismus
le structuralisme	der Strukturalismus
la structure	die Struktur, en
le sublime ; sublime	das Erhabene *(adj)* ; erhaben
la subsomption ; subsumer	die Subsumtion, en ; subsumieren
la substance	die Substanz, en
le substantialisme	der Substantialismus
le sujet	das Subjekt, e, die (Versuchs)person, en
le surhomme	der Übermensch, en, en
le symbole	das Symbol, e
la symbolique	die Symbolik
le symbolisme	der Symbolismus
la synthèse	die Synthese, n
le système	das System, e
le temporel	das Zeitliche *(adj)*
le temps	die Zeit
la tendance	die Tendenz, en
la théorie ; théorique	die Theorie, n ; theoretisch
la thèse	die These, n
la totalité	die Totalität/die Gesamtheit
le tout	das Ganze *(adj)*
la transcendance	die Transzendenz
transcendantal	transzendental
le transcendantalisme	der Transzendentalismus
la transvaluation de toutes les valeurs	die Umwertung aller Werte
l'ubiquité *f*	die Allgegenwart
l'unilatéralité *f*	die Einseitigkeit
unique	einzig
l'unité *f*	die Einheit
l'universalisme *m*	der Universalismus
l'universalité *f*	die Universalität
universel	universal, Welt-
l'universel *m*	das Allgemeine *(adj)*
l'utilitarisme *m*	der Utilitarismus
la valeur	der Wert, e
la validité	die Gültigkeit
la véracité	die Wahrhaftigkeit
les vertus cardinales *(la sagesse, le courage, la justice, la tempérance)*	die Kardinaltugenden *(die Weisheit, die Tapferkeit, die Gerechtigkeit, die Besonnenheit)*
le vide	die Leere
virtuel	potentiell
la vision des essences	die Wesensschau *(Husserl)*
la vision du monde	die Weltanschauung, en
le vitalisme	der Vitalismus
le volontarisme	der Volontarismus
la volonté de vivre, le vouloir-vivre	der Wille zum Leben
la volonté de puissance	der Wille zur Macht
le vrai ; vrai	das Wahre *(adj)* ; wahr, echt

der Stein der Weisen
la pierre philosophale

die Sachen gelassen hin~nehmen, a, o, i
être philosophe; prendre les choses comme elles viennent

Ich denke, also bin ich.
Je pense, donc je suis. Descartes, Discours de la méthode

Irren ist menschlich.
L'erreur est humaine.

Ein guter Mensch, in seinem dunklen Drange,
Ist sich des rechten Weges wohl bewusst.
Un homme bon, en son aspiration obscure,
Demeure conscient de la voie à suivre.
Goethe, *Faust. Prolog im Himmel*

> Der bestirnte Himmel über mir
> und das moralische Gesetz in mir.
> *Le ciel étoilé au-dessus de nos têtes*
> *et la loi morale au fond de nos coeurs.*
> Kant, *Kritik der praktischen Vernunft*
>
> Tue recht und scheue niemand.
> *Fais ce que dois, advienne que pourra.*

2. LA PSYCHOLOGIE

caractère et personnalité

• **le caractère**	der Charakter
l'individu *m* **; individuel**	das Individuum, duen ; individuell
l'individualité *f*	die Individualität, en
la personne	die Person, en
la personnalité	die Persönlichkeit, en
le portrait moral	das Charakterbild, er
le trait caractéristique	der Wesenszug, ¨e
le trait de caractère	die Charaktereigenschaft, en
l'original *m*	der Sonderling, e
• **la qualité**	die (gute) Eigenschaft, en
le défaut	der Fehler, -
se distinguer par	sich aus~zeichnen durch+A
l'impression *f*	der Eindruck, ¨e
faire bonne impression (sur)	einen guten Eindruck machen (auf+A)
impressionner qn	jdn beeindrucken
faire forte impression sur qn	jdm imponieren
impressionnant, imposant	imponierend
l'exemple *m*, **le modèle**	das Vorbild, er
exemplaire, modèle	vorbildlich
prendre en exemple	zum Vorbild nehmen, a, o, i
la vertu ; vertueux	die Tugend, en ; tugendhaft
le vice ; dépravé, corrompu	das Laster ; lasterhaft
moral ; immoral	sittlich ; unsittlich
la noblesse d'âme	der Edelmut
noble, généreux	edel, edelmütig
○ **la bonté ; bon**	die Güte ; gut
débonnaire	gutmütig
la bienveillance	das Wohlwollen
bienveillant	wohlwollend
le bienfait ; bienfaisant	die Wohltat, en ; wohltätig
le bienfaiteur	der Wohltäter, -
l'amour *m* **du prochain, la charité**	die Nächstenliebe
la charité ; charitable	die Barmherzigkeit ; barmherzig
la dureté de cœur	die Unbarmherzigkeit
impitoyable	unbarmherzig
la pitié, la compassion	das Mitleid
avoir pitié (de)	sich erbarmen (+G), Mitleid haben (mit+D)
compatissant	mitleidig, mitfühlend
la solidarité ; solidaire	die Solidarität ; solidarisch
la consolation ; consoler	der Trost ; trösten
○ **l'aide** *f* **; aider qn**	die Hilfe, n ; jdm helfen, a, o, i
serviable	hilfsbereit
assister qn	jdm bei~stehen, a, a
le conseil	der Ratschlag, ¨e, der Rat *(sg)*
un conseil d'ami	ein freundschaftlicher Rat
conseiller qn *(donner un conseil à qn)*	jdn beraten, ie, a, ä
conseiller à qn de (+inf)	jdm raten zu (+inf)
être mal conseillé	schlecht beraten sein
le tuyau *(fam)*	der Tipp, s *(fam)*
tuyauter qn	jdm einen Tipp geben, a, e, i
la reconnaissance	die Dankbarkeit
reconnaissant	dankbar
l'ingratitude *f* **; ingrat**	die Undankbarkeit ; undankbar
le désintéressement	die Selbstlosigkeit
désintéressé	selbstlos
le dévouement, le don de soi	die Hingabe
l'abnégation *f*	die Selbstverleugnung
le renoncement ; renoncer (à)	die Entsagung ; entsagen (+D)
la modération ; se modérer	die Mäßigung ; sich mäßigen
s'abstenir (de)	sich enthalten, ie, a, ä (+G)
le sacrifice	die Aufopferung, en
se sacrifier (pour)	sich auf~opfern (für+A)
intéressé	eigennützig
être intéressé	auf seinen Vorteil bedacht sein
égocentrique	selbstbezogen
l'égoïsme *m*	der Egoismus, die Selbstsucht
égoïste	egoistisch, selbstsüchtig
l'égoïste *m*	der Egoist, en, en
la générosité ; généreux	die Großzügigkeit ; großzügig
généreux, grand seigneur	nobel
mesquin	kleinlich, knauserig
l'indulgence *f* **; indulgent**	die Nachsicht ; nachsichtig
la tolérance	die Duldsamkeit, die Toleranz
tolérant	duldsam, tolerant
l'intolérance *f*	die Unduldsamkeit, die Intoleranz
intolérant	unduldsam, intolerant
l'indifférence *f* **; indifférent**	die Gleichgültigkeit ; gleichgültig
pardonner qc à qn	jdm etw verzeihen, ie, ie, jdm etw vergeben, a, e, i
○ **la méchanceté**	die Bosheit, die Boshaftigkeit
mauvais, méchant	böse
être méchant envers/avec qn	zu jdm böse sein
en vouloir à qn	jdm/auf jdn böse sein
la malveillance ; malveillant	die Böswilligkeit ; böswillig
malicieux, malfaisant	boshaft
la joie maligne	die Schadenfreude
se réjouir du malheur d'autrui	schadenfroh sein
○ **l'envie** *f*, **la jalousie**	der Neid
par envie	aus Neid
envier qn	jdn beneiden
envieux (de)	neidisch (auf+A)
la jalousie	die Eifersucht
jaloux (de)	eifersüchtig (auf+A)
○ **le mérite**	das Verdienst, e
méritoire	verdienstvoll, lobenswert
la sagesse ; sage	die Weisheit, en ; weise
l'amour-propre *m*	das Ehrgefühl
l'honneur *m* **; honorer**	die Ehre, n ; ehren
le déshonneur ; déshonorer	die Unehre ; entehren
la honte	die Schande
avoir honte (de), rougir (de)	sich schämen (+G/über+A)
faire honte à qn	jdn beschämen
être honteux	beschämt sein
l'humiliation *f* **; humilier qn**	die Demütigung, en ; jdn demütigen
rougir	erröten*
○ **l'honnêteté** *f*	die Ehrlichkeit
honnête, sincère	ehrlich
l'ingénuité *f*	die Unbefangenheit

ingénu, naïf	unbefangen, naiv
la naïveté ; naïf	die Arglosigkeit ; arglos
la candeur	die Blauäugigkeit *(fig)*
sans malice, candide	blauäugig *(fig)*
l'innocence *f* **; innocent**	die Unschuld ; unschuldig
la malhonnêteté	die Unehrlichkeit
malhonnête, indélicat	unehrlich
la droiture, la probité	die Redlichkeit, die Rechtschaffenheit
droit, probe, intègre	redlich, rechtschaffen, aufrichtig
corruptible ; incorruptible	bestechlich ; unbestechlich
la pureté ; pur	die Reinheit ; rein
la propreté ; propre	die Reinlichkeit ; sauber
sale	schmutzig, dreckig
un sale type *(fam)*	ein widerlicher Kerl *(fam)*
douteux	zweideutig, fraglich
comme il faut, convenable	anständig
grossier, indécent	unanständig
soigneux	sorgfältig
soigné	gepflegt
déloyal, malhonnête	unredlich, unaufrichtig
fiable, sûr	zuverlässig
peu fiable, peu sûr	unzuverlässig
○ **la dignité**	die Würde
digne, respectable	würdig
sans dignité	würdelos
la vénération ; vénérer qn	die Verehrung ; jdn verehren
le respect, la vénération	die Ehrfurcht
respecter qn, qc	jdn, etw achten/respektieren
le respect, l'estime *f*	die Achtung
respectueux	ehrfürchtig, respektvoll
irrespectueux	respektlos
plein d'égards	rücksichtsvoll
sans égards (pour)	rücksichtslos (gegen+A)
l'admiration *f* **; admirer**	die Bewunderung ; bewundern
obséquieux ; soumis	unterwürfig
l'insolence *f*, **l'impertinence** *f*	die Frechheit
insolent, effronté	frech
impertinent	vorlaut, naseweis
impertinent, éhonté	unverschämt
l'arrogance *f*	die Arroganz
arrogant	anmaßend, arrogant
la délicatesse	das Feingefühl
délicat, sensible	feinfühlig
○ **la conscience de soi-même**	das Selbstbewusstsein
conscient de sa valeur	selbstbewusst
sûr de soi	selbstsicher
l'habileté *f*, **le savoir-faire**	die Gewandtheit
habile, souple	gewandt
la confiance en soi	das gesunde Selbstvertrauen
la maîtrise de soi	die Selbstbeherrschung
être peu sûr de soi	unsicher sein
le manque d'assurance	die Unsicherheit
réservé ; effacé	zurückhaltend ; unscheinbar
l'ambition *f* **; ambitieux**	der Ehrgeiz ; ehrgeizig
la fierté ; fier (de)	der Stolz ; stolz (auf+A)
l'orgueil *m* **; orgueilleux**	der Hochmut ; hochmütig
hautain	hochnäsig
imbu de soi-même	von sich eingenommen, eingebildet
prétentieux	überheblich
l'outrecuidance *f*	die Anmaßung
outrecuidant	anmaßend
condescendant	herablassend
la suffisance	die Selbstgefälligkeit
suffisant	selbstgefällig
satisfait de sa personne	selbstzufrieden
être infatué de sa personne	eine hohe Meinung von sich haben
faire l'important	sich auf~spielen
la coquetterie	die Gefallsucht
la vanité ; vaniteux	die Eitelkeit ; eitel
la pudeur	die Scham
la retenue, la réserve	die Zurückhaltung
réservé	zurückhaltend
importun, casse-pieds *(fam)*	aufdringlich
la timidité ; timide	die Schüchternheit ; schüchtern
intimidé, embarrassé	befangen
contraint, gêné	gezwungen
inhibé	gehemmt
bloqué, coincé *(fam)*	verklemmt
craintif	scheu
renfermé	verschlossen
la modestie ; modeste	die Bescheidenheit ; bescheiden
l'humilité *f* **; humble**	die Demut ; demütig
la simplicité	die Einfachheit, die Schlichtheit
être naturel	ungezwungen sein
faire des manières	sich zieren, Umstände machen
la bonhomie	die Gemütlichkeit
○ **la sincérité ; sincère**	die Aufrichtigkeit ; aufrichtig
la franchise ; franc	die Offenheit ; offen(herzig)
la duplicité ; faux, hypocrite	die Falschheit ; falsch
perfide, fourbe	arglistig
le mensonge ; mentir	die Lüge, n ; lügen, o, o
le menteur	der Lügner, -
mentir à qn	jdn belügen, jdn an~lügen
menteur, mensonger	verlogen
déformer les faits	die Tatsachen entstellen
la tromperie ; tromper	der Betrug ; betrügen
trompeur	betrügerisch
la flatterie	die Schmeichelei, en
le flatteur ; flatter	der Schmeichler, - ; schmeicheln
la dissimulation	die Verstellung, en
l'hypocrisie *f*	die Heuchelei, en
feindre, simuler	heucheln
l'hypocrite *m* **; hypocrite**	der Heuchler, - ; heuchlerisch
sans avoir l'air d'y toucher	mit der gleichgültigsten Miene der Welt
faire semblant de	tun, als ob
faire la sourde oreille	sich taub stellen
la ruse ; rusé, malin	die Schlauheit ; schlau
○ **la prudence ; prudent**	die Vorsicht ; vorsichtig
la vigilance	die Wachsamkeit
la confiance ; confiant	das Vertrauen ; vertrauensvoll
la méfiance	das Misstrauen, der Argwohn
méfiant, soupçonneux	argwöhnisch
la circonspection	die Umsicht
circonspect	umsichtig
l'imprudence *f* **; imprudent**	die Unvorsichtigkeit ; unvorsichtig
la légèreté	der Leichtsinn
insouciant, écervelé	leichtsinnig
irréfléchi	leichtfertig
l'étourderie *f* **; étourdi**	die Unbesonnenheit ; unbesonnen
la patience ; patient	die Geduld ; geduldig
l'impatience *f* **; impatient**	die Ungeduld ; ungeduldig
l'exactitude *f* **; méticuleux**	die Genauigkeit ; genau, akkurat

pointilleux	penibel
qui fait les choses à fond	gründlich
l'ordre *m* **; ordonné**	die Ordnung ; ordnungsliebend
le désordre ; désordonné	die Unordnung ; unordentlich
le soin	die Sorgfalt
la négligence ; négligent	die Nachlässigkeit ; nachlässig
la nonchalance ; nonchalant	die Lässigkeit ; lässig
la désinvolture ; désinvolte	die Ungeniertheit ; ungeniert
sans gêne, sans façons	burschikos
○ **la persévérance**	die Beharrlichkeit
persévérant	beharrlich
le zèle, l'application *f*	der Fleiß
travailleur, appliqué	fleißig
le zèle, l'ardeur *f* **; zélé**	der Eifer ; eifrig
l'assiduité *f* **; assidu**	die Emsigkeit ; emsig
l'oisiveté *f* **; oisif**	die Müßigkeit ; müßig
l'oisif *m*	der Müßiggänger, -
la paresse ; paresseux	die Faulheit ; faul
le paresseux ; paresser	der Faulenzer, - ; faulenzen
le fainéant, le flemmard *(fam)*	der Faulpelz, e
l'entêtement *m* **; entêté**	der Eigensinn ; eigensinnig
l'original *m*	der Sonderling, e
○ **l'air** *m*, **l'aspect** *m*	das Aussehen
l'attitude *f* **physique**	die Körperhaltung, en
l'aspect *m* **physique, le look** *(fam)*	das äußere Erscheinungsbild
Elle a l'air usée par la vie.	Sie sieht verlebt aus.
Il fait énergique.	Er wirkt energisch.
Il a l'air d'être en bonne santé.	Er scheint gesund zu sein.
se tenir courbé	krumm da~stehen, a, a
maladroit, emprunté	unbeholfen
gauche, empoté *(fam)*	linkisch
lourdaud	schwerfällig, tollpatschig
guindé, raide	steif
crispé	verkrampft
tendu	gespannt
menaçant	drohend
provocateur	herausfordernd
agressif	aggressiv
sur la défensive	abwehrend
apathique	apathisch, teilnahmslos
détaché	gleichgültig, uninteressiert
maniéré, affecté	gekünstelt, affektiert
décontracté	locker, salopp
relâché, mou	schlaff

stolz wie ein Römer
fier comme Artaban

Der Schein trügt.
L'apparence est trompeuse.

Sand in die Augen streuen
jeter de la poudre aux yeux

der Pfiffikus, se *(fam)* ; sich zu helfen wissen, u, u, ei
le débrouillard (fam) ; se débrouiller, utiliser le système D

Jeder ist sich selbst der Nächste.
Charité bien ordonnée commence par soi-même.

la vie affective

• **le sentiment**	das Gefühl, e
sentir ; sensible	fühlen ; gefühlvoll
la sensation ; le sentiment	die Empfindung, en
ressentir, éprouver	empfinden, a, u
la sensibilité, la susceptibilité	die Empfindlichkeit
sensible, susceptible	empfindlich
la vie affective	das Gefühlsleben
la sentimentalité	die Empfindsamkeit
sentimental	empfindsam, sentimental
la sensiblerie	die Empfindelei, die Gefühlsduselei
le tempérament	die Gemütsart, en, das Temperament, e
l'émotion *f*	die Gemütsbewegung, en, die Rührung
émouvoir, toucher ; ému	rühren ; gerührt
faire vibrer la corde sensible	auf die Tränendrüse drücken *(fam)*
avoir l'âme sensible	zartbesaitet sein
saisir	ergreifen, i, i
bouleversé, ébranlé	erschüttert
touchant	rührend
la quiétude	die Gemütsruhe
garder son calme	seine Ruhe bewahren
déconcerté, dérouté	verwirrt
perdre contenance	aus der Fassung kommen*, a, o
décontenancé ; désemparé	fassungslos ; ratlos
l'excitation *f*, **l'émotion** *f*	die Erregung, en
s'émouvoir (de)	sich auf~regen (über+A)
s'énerver	nervös werden
l'émoi *m*, **l'agitation** *f*	die Aufregung, en
l'émotivité *f* **; émotif**	die Erregbarkeit ; (leicht) erregbar
l'acte passionnel	die Affekthandlung, en
la passion	die Leidenschaft, en
passionné	leidenschaftlich

l'attirance

• **l'attirance** *f*, **l'attrait** *m*	die Anziehungskraft
le penchant, l'affection *f* **(pour)**	die Zuneigung (für+A, zu+D)
avoir un penchant pour qn, qc	jdm, etw zugeneigt sein
le penchant (pour)	der Hang (zu+D)
tenir à qn, qc	an jdm, etw hängen
l'attachement *m*	die Anhänglichkeit
attaché, fidèle	anhänglich
être très attaché/lié à qn	jdm sehr verbunden sein
○ **apprécier, aimer**	mögen, o, o, a/gern haben
raffoler de, être entiché de	schwärmen für+A
être fou de	schwärmen von+D
plaire (à)	gefallen, ie, a, ä (+D)
déplaire (à)	missfallen, ie, a, ä (+D)
bien disposé (pour)	gewogen (+D)
affable	leutselig
aimable, amène	liebenswürdig
la sympathie	die Sympathie, n
sympathique, sympa *(fam)*	sympathisch
être gentil (avec qn)	nett sein (zu jdm)
la popularité ; l'impopularité *f*	die Beliebtheit ; die Unbeliebtheit
populaire (auprès de), apprécié (par)	beliebt (bei+D)
s'aliéner les sympathies	sich unbeliebt machen
peu apprécié ; impopulaire	unbeliebt ; unpopulär
sociable ; peu sociable	gesellig ; ungesellig
être attachant	eine gewinnende Art haben
préférer	vor~ziehen, o, o, lieber haben
la préférence, la prédilection	die Vorliebe

avoir une préférence pour	eine Vorliebe haben für+A
la cordialité ; cordial	die Herzlichkeit ; herzlich
l'amabilité *f*	die Freundlichkeit
amical, aimable	freundlich
l'intimité *f*	die Vertrautheit
intime	vertraut, innig
la familiarité ; familier	die Vertraulichkeit ; vertraulich
• **l'amour** *m* **(de)** *(v. le couple, p. 76)*	die Liebe (zu+D)
par amour pour lui	aus Liebe zu ihm
pour lui faire plaisir	ihm zuliebe
aimer	lieben
(bien) aimer qn	jdn lieb haben
avoir de l'affection pour qn	jdn gern haben
prendre en affection	lieb gewinnen, a, o
affectueux	liebevoll
avoir un coup de cœur	sich angesprochen fühlen
la tendresse ; tendre	die Zärtlichkeit ; zärtlich
la caresse	die Liebkosung, en
caresser	liebkosen, streicheln
caliner *tr*, **cajoler** *tr*	schmusen *itr* (mit+D)
se bécoter *(fam)*	mit jdm knutschen *(fam)*
peloter qn *(fam)*	jdn knutschen
embrasser ; le baiser	küssen ; der Kuss, ¨e
○ **le désir ardent, la nostalgie (de)**	die Sehnsucht (nach+D)
soupirer après, désirer ardemment	sich sehnen nach+D
le mal du pays, la nostalgie du pays	das Heimweh
l'envie *f* **de partir au loin**	das Fernweh

l'aversion

• **l'antipathie** *f*, **l'aversion** *f*, **la répulsion**	die Abneigung, en, die Aversion, en
antipathique	unsympathisch
le souci	die Sorge, n
inquiet (pour), soucieux (de)	besorgt (um+A)
la préoccupation, l'inquiétude *f*	die Besorgnis, se
inquiet (de)	beunruhigt (über+A)
le désagrément	die Unannehmlichkeit, en
le mécontentement, l'insatisfaction *f*	die Unzufriedenheit
mécontent, insatisfait (de)	unzufrieden (mit)
mettre qn de mauvaise humeur	jdn verstimmen
les embêtements *m (fam)*	der Ärger
ronger son frein	seinen Ärger verbeißen, i, i *(fam)*
fâcher, agacer *tr*	ärgern
se fâcher ; irriter, contrarier	sich ärgern ; verärgern
fâché, contrarié	verärgert
l'horreur *f* **(de), l'aversion** *f* **(pour)**	der Abscheu (vor+D)
abhorrer, détester	verabscheuen
la répugnance	der Widerwille, G ns
faire qc à contrecœur	etw widerwillig tun, a, a
le dégoût (de)	der Ekel (vor+D)
l'indignation *f*	die Empörung, die Entrüstung
s'indigner (de)	sich empören, sich entrüsten (über+A)
• **la haine ; haïr**	der Hass ; hassen
haineux, hargneux	gehässig
haïssable	verhasst
l'animosité *f*, **l'hostilité** *f*	die Feindschaft, en
l'hostilité *f*, **la hargne**	die Feindseligkeit, die Gehässigkeit
hostile (à)	feindlich gesinnt (+D)
l'ennemi *m*	der Feind, e
détester	verabscheuen
○ **l'indifférence** *f*	die Gleichgültigkeit
indifférent (à)	gleichgültig (gegen+A)
l'insensibilité *f*, **la froideur**	die Gefühllosigkeit
insensible (à)	unempfindlich, gefühllos (gegen+A)
la froideur ; froid	die Kälte, die Kühle ; kalt, kühl
la dureté, la sécheresse	die Herzlosigkeit
sans cœur	herzlos
○ **la rancune**	der Groll
en vouloir à qn de qc	jdm etw nach~tragen, u, a, ä
avoir de la rancune contre qn	jdm grollen
Sans rancune !	Nichts für ungut !
rancunier	nachtragend
bouder	schmollen
la vengeance	die Rache
l'esprit *m* **de vengeance**	die Rachsucht
se venger (de)	sich rächen (an+D)
vindicatif	rachgierig, rachsüchtig
exercer des représailles	Vergeltung üben
rendre la pareille	Gleiches mit Gleichem vergelten, a, o, i

humeur - gaieté - tristesse

• **l'humeur** *f*	die Laune, n
l'état *m* **d'esprit ; le moral**	die Stimmung, en ; die Verfassung
l'état d'âme	die Gemütsverfassung, en
lunatique, capricieux	launenhaft, launisch
de bonne humeur, bien luné, de bon poil *(fam)*	gut gelaunt
de mauvaise humeur, mal luné, de mauvais poil *(fam)*	schlecht gelaunt, missmutig
ne pas être en train	nicht in Stimmung sein
maussade	unfreundlich
déprimé ; dépressif	gedrückt ; depressiv
morose	mürrisch, moros
irrité	gereizt
○ **la colère ; en colère**	der Zorn ; zornig
mettre qn en colère	jdn erzürnen
se mettre en colère	in Zorn geraten*, ie, a, ä
la rage ; être en rage	die Wut ; wütend sein
s'emporter	auf~brausen*
coléreux, emporté, irascible	jähzornig
avoir la tête près du bonnet	hitzköpfig sein
prendre qc en mauvaise part	etw übel nehmen, a, o, i
invectiver, pester contre	schimpfen auf/über+A
rouspéter *(fam)*	meckern *(fam)*
○ **le sérieux ; sérieux**	der Ernst ; ernst, ernsthaft
paisible	friedlich
le calme ; calme	die Gelassenheit ; gelassen, ruhig
équilibré	ausgeglichen
• **la gaieté**	die Fröhlichkeit, die Munterkeit
la sérénité, la gaieté	die Heiterkeit
provoquer l'hilarité générale	allgemeine Heiterkeit hervor~rufen, ie, u
radieux, serein	heiter
égayer	erheitern
content (de), heureux (de)	froh (über+A)

joyeux, gai	fröhlich, lustig, fidel
enjoué	verspielt
euphorique	euphorisch
l'allégresse *f*	der Jubel
l'enthousiasme *m*	die Begeisterung
s'enthousiasmer (pour)	sich begeistern (für+A)
enthousiaste, enthousiasmé	begeistert
• **le plaisir**	das Vergnügen
prendre plaisir à	Vergnügen finden an+D
prendre goût à	Geschmack finden an+D
la joie	die Freude, n
joyeux	lustig
réjouir ; réjouissant	erfreuen ; erfreulich
se réjouir *(d'une chose présente ou passée)*	sich freuen (über+A)
se réjouir *(d'une chose future)*	sich freuen (auf+A)
pousser des cris de joie	jubeln *itr*
donner de l'entrain	auf~muntern
le contentement, la satisfaction	die Zufriedenheit
contenter qn, satisfaire qn	jdn zufrieden~stellen
l'insouciance *f*	die Sorglosigkeit
insouciant	unbekümmert, sorglos
• **le rire ; les rires**	das Lachen ; das Gelächter
rire (de)	lachen (über+A)
éclater de rire	auf~lachen
mourir de rire	sich krank lachen
avoir le fou rire	einen Lachanfall bekommen, a, o
rire du bout des lèvres	gezwungen lachen
se moquer de	sich lustig machen über+A, spotten (über+A)
la moquerie	der Spott
railler	verspotten
envoyer des piques	Gehässigkeiten sagen
tourner qn en ridicule	jdn lächerlich machen
l'humour *m*	der Humor
l'humour noir	der Galgenhumor
l'ironie *f* **; ironisch**	die Ironie ; ironisch
le sourire	das Lächeln
sourire (de)	lächeln (über+A)
un sourire approbateur	ein zustimmendes Lächeln
la plaisanterie	der Scherz, e, der Spaß, ¨e
C'est pour plaisanter.	Das ist nur ein Scherz.
plaisanter	scherzen
plaisant	scherzhaft, spaßhaft
• **le bonheur ; la chance, la veine** *(fam)*	das Glück
le malheur, la malchance	das Unglück
la malchance, la déveine *(fam)*, **la poisse** *(arg)*	das Pech *(fam)*
le malchanceux	der Pechvogel
porter bonheur	Glück bringen, a, a
heureux ; malheureux	glücklich ; unglücklich
le ravissement	das Entzücken, die Entzückung
ravi (de), enchanté (de)	entzückt (von+D/über+A)
ravissant	entzückend
le délice	die Wonne, n
la volupté	die Wollust, ¨e
voluptueux, sensuel	wollüstig
• **la tristesse ; triste**	die Traurigkeit ; traurig
Je me sens triste.	Mir ist traurig zumute.
la mélancolie	die Wehmut, die Schwermut
mélancolique	wehmütig
le tourment ; tourmenter	die Qual, en ; quälen
○ **la larme**	die Träne, n
les larmes, les pleurs *m*	die Tränen
pleurer	weinen
faire pleurer qn	jdn zum Weinen bringen, a, a
fondre en larmes	in Tränen zerfließen*, o, o
ému jusqu'aux larmes	zu Tränen gerührt
le soupir ; soupirer	der Seufzer, - ; seufzen
le sanglot ; sangloter	der Schluchzer, - ; schluchzen
éclater en sanglots	auf~schluchzen
gémir	stöhnen
la plainte ; se plaindre (de)	die Klage, n ; klagen (über+A)
plaindre qn	jdn beklagen
réprimer qc, retenir qc	etw unterdrücken
se contenir	sich beherrschen
○ **la souffrance ; souffrir**	das Leid, en ; leiden, i, i
la douleur ; douloureux	der Schmerz, en ; schmerzlich
le chagrin, la peine	der Kummer
Mon chagrin s'est dissipé.	Mein Kummer ist verflogen.
l'affliction *f*	die Betrübnis, se, der Gram
attrister, affliger	betrüben

optimisme et pessimisme

l'optimisme *m*	der Optimismus, die Zuversicht
l'optimiste *m*	der Optimist, en, en
confiant, optimiste	zuversichtlich, optimistisch
le pessimisme ; pessimiste	der Pessimismus ; pessimistisch
• **l'espoir** *m* **(de)**	die Hoffnung, en (auf+A)
l'espérance *f*	die Hoffnung, die Erwartung, en
le désespoir	die Verzweiflung, die Hoffnungslosigkeit
être désespéré *(qui a perdu l'espoir)*	verzweifelt sein
une situation désespérée	eine hoffmungslose Lage
une situation sans issue	eine ausweglose Lage
espérer qc	auf etw hoffen
plein d'espoir	hoffnungsvoll
Espérons que ...	Hoffentlich ...
espéré ; inespéré	erhofft ; unverhofft
l'attente *f*	die Erwartung, en
contre toute attente	gegen alle Vermutung
s'attendre à qc	auf etwas gefasst sein
Comme il fallait s'y attendre.	Wie zu erwarten war.
le pressentiment	das Vorgefühl, e, die Ahnung, en
ne se douter de rien	nichts Böses ahnen
la confiance ; la méfiance	das Vertrauen ; das Misstrauen
faire confiance à qn	jdm vertrauen
se méfier de qn	jdm misstrauen
○ **l'illusion** *f*	der Wahn, die Täuschung, en
l'illusion (sur soi-même)	die Selbsttäuschung, en
se tromper sur qn	sich in jdm täuschen
Les apparences sont trompeuses.	Der Schein trügt.
se faire des illusions	sich falsche Hoffnungen machen
la crédulité	die Leichtgläubigkeit
crédule	leichtgläubig
la déception, la désillusion	die Enttäuschung, en
décevoir qn	jdn enttäuschen
déçu (par)	enttäuscht (von+D)
• **l'étonnement** *m*	das Erstaunen, die Verwunderung
s'étonner (de)	(er)staunen (über+A), sich wundern (über+A)

étonné (de)	erstaunt (über+A)
étonnant	erstaunlich
Quoi d'étonnant, si ...	Was Wunder, wenn ...
la surprise	die Überraschung, en
surprendre qn ; surpris	jdn überraschen ; überrascht
la consternation ; consterné	die Bestürzung ; bestürzt
penaud	kleinlaut
la stupéfaction	die Verblüffung
stupéfait, médusé	verblüfft
à ma grande stupéfaction	zu meiner Verblüffung
en être baba *(fam)*	verdutzt sein *(fam)*
être épaté *(fam)*	baff sein *(fam)*
• **le courage ; courageux**	der Mut ; mutig
la témérité ; téméraire	die Verwegenheit ; verwegen
le cran, le mordant	der Schneid
l'intrépidité *f*	die Unerschrockenheit
intrépide	unerschrocken
le casse-cou ; casse-cou	der Waghals, ¨e ; waghalsig
la bravoure ; brave	die Tapferkeit ; tapfer
l'héroïsme *m* **; héroïque**	das Heldentum ; heldenhaft
l'exploit *m*, **le haut fait**	die Heldentat, en
encourager ; décourager	ermutigen ; entmutigen
le découragement	die Mutlosigkeit
découragé	mutlos
perdre courage	verzagen, mutlos werden
abattu	verzagt, niedergeschlagen
• **la lâcheté ; le lâche**	die Feigheit ; der Feigling, e
lâche, poltron, peureux	feige
la crainte (de)	die Furcht (vor+D)
craindre qn	jdn fürchten/sich vor jdm fürchten
craindre que/de ...	fürchten, daß ...
la crainte, l'appréhension *f*	die Befürchtung, en
des craintes (in)justifiées	(un)begründete Befürchtungen
• **la peur (de)**	die Angst, ¨e (vor+D)
avoir peur (de)	Angst haben (vor+D)
craindre pour	bangen um+A
N'aie, n'ayez pas peur !	Keine Angst ! Keine Bange !
craintif, peureux, timoré	furchtsam, ängstlich
pusillanime	kleinmütig, zaghaft
anxieux, angoissé	ängstlich, beklommen
l'anxiété *f*, **l'angoisse** *f*	die Ängstlichkeit
angoisser	(be)ängstigen
s'inquiéter	sich ängstigen
mourir de peur	vor Angst vergehen*, i, a
faire peur à qn	jdm Angst ein~jagen
le poltron, le froussard *(fam)*	der Angsthase, n, n *(fam)*
avoir une peur bleue *(fam)*, **avoir la frousse** *(fam)*	eine Heidenangst haben *(fam)*
avoir la trouille *(pop)*	Schiss haben *(pop)*
se dégonfler *(fam)*	kneifen, i, i *(fam)*
le dégonflé *(fam)*	der Schlappschwanz, ¨e *(fam)*
○ **la frayeur**	der Schrecken (vor+D)
effrayer qn	jdn erschrecken
s'effrayer (de)	erschrecken*, a, o, i (über+A)
s'effrayer	einen Schrecken bekommen, a, o
peureux, craintif	schreckhaft
en être quitte pour la peur	mit dem Schrecken davon~kommen*, a, o
affreux, épouvantable	schrecklich

> kühl einander mustern
> *se regarder en chiens de faïence*
>
> wie ein Schlosshund heulen *(fam)*
> *pleurer comme une madeleine (fam)*
>
> Ich muss lachen.
> *Je ne peux (pas) m'empêcher de rire.*
>
> Spaß beiseite !
> *Trêve de plaisanterie.*
>
> Das ist nicht zum Lachen.
> *Il n'y a pas de quoi rire.*
>
> Man kann es nicht jedem recht machen.
> *On ne peut satisfaire tout le monde.*

la psychologie

• **la psychologie** *(V. médecine, psychiatrie, p. 174)*	die Psychologie
↓ **l'abandon** *m*	die Verlassenheit
l'abandonnisme *m*	der Verlassenheitskomplex
l'abréaction *f*	die Abreaktion, en
l'absence *f*	die Abwesenheit
l'accident *m*	der Unfall, ¨e
l'accomplissement *m* **du désir**	die Wunscherfüllung
l'accoutumance *f*	die Gewöhnung
l'acculturation *f*	die Akkulturation
l'acte *m* **manqué**	die Fehlleistung, en
le passage à l'acte *(acting out)*	das Agieren
l'action compulsionnelle	die Zwangshandlung, en
l'adaptation *f*	die Anpassung
l'affect *m*	der Affekt, e
l'affectivité *f* **; affectif**	die Affektivität ; Gefühls-
l'affinité *f*	die Affinität, en
l'affinité élective	die Wahlverwandtschaft
l'agressivité *f*	die Aggressivität
l'aliénation *f*	die Entfremdung
l'altération *f* **du moi**	die Ichveränderung
l'amnésie *f*	die Amnesie
l'analité *f*	der Analcharakter
l'apathie *f* **; apathique**	die Apathie ; apathisch
l'aphasie *f*	die Aphasie
l'apprentissage *m*	das Lernen
l'apprentissage par essais et erreurs	Lernen durch Versuch und Irrtum
l'après-coup *m* **; après-coup**	die Nachträglichkeit ; nachträglich
l'apprivoisement *m*	die Zähmung
l'aptitude *f*	die Eignung
l'archétype *m*	der Archetypus, pen
l'arriération *f*	die Zurückgebliebenheit
l'ascendant *m*	der Einfluss, ¨e
l'assimilation *f*	die Assimilierung
l'association *f*	die Assoziation, en
le test d'association de mots	der Wortassoziationstest
l'association verbale	die Verbalassoziation
l'association libre	die freie Wortassoziation
l'associationnisme *m*	die Assoziationspsychologie
l'attente active	die Erwartung
l'attention *f*	die Aufmerksamkeit
l'attraction *f*, **l'attrait** *m*	die Anziehung
l'autisme *m*	der Autismus
l'automatisme *m*	der Automatismus
l'autopunition *f*	die Selbstbestrafung

l'autorité *f*	die Autorität
le bénéfice primaire, secondaire de la maladie	der primäre, sekundäre Krankheitsgewinn
le besoin	das Bedürfnis, se
le besoin de punition	das Strafbedürfnis
le besoin de travail	das Arbeitsbedürfnis
la bisexualité	die Bisexualität
le ça	das Es
le cannibalisme	der Kannibalismus
caractériel	verhaltensgestört
la caractérologie	die Charakterologie
la psychose carcérale	die Haftpsychose
la carence affective	das Affektentzugssyndrom
la castration	die Kastration
la catharsis	die Katharsis
la carence d'autorité	der Autoritätsmangel
le cauchemar	der Albdruck/Alpdruck
la censure	die Zensur
le clivage du moi	die Ichspaltung
le colérique	der Choleriker, -
la compensation	die Kompensation
le complexe	der Komplex, e
le complexe de castration	der Kastrationskomplex
le complexe d'Électre	der Elektrakomplex
le complexe d'infériorité	der Minderwertigkeitskomplex
le complexe d'Œdipe	der Ödipuskomplex
le complexe paternel	der Vaterkomplex
la thérapie de comportement	die Verhaltenstherapie
la compréhension	das Verständnis
la compulsion	der Zwang
la compulsion de répétition	der Wiederholungszwang
compulsif, compulsionnel	zwangs-
le réflexe conditionnel	der bedingte Reflex, e
le conditionnement	die Konditionierung
se confier à qn	sich jdm an~vertrauen
le conflit psychique	der psychische Konflikt
(non) conforme au moi	(nicht) ichgerecht
la confusion mentale	die Geistesverwirrung
la conscience (psychologique)	das Bewusstsein
l'accès *m* **à la conscience**	das Bewusstwerden
la construction	die Konstruktion, en
le contact	der Kontakt, e, die Berührung, en
la contrainte	der Zwang, ¨e
le contre-investissement	die Gegenbesetzung
le contre-transfert	die Gegenübertragung
la conversion	die Konversion
la conviction	die Überzeugung, en
le corps	der Körper, -
la créativité artistique	die künstlerische Kreativität
le sentiment de culpabilité	das Schuldgefühl, e
la cure de sommeil	die Schlaftherapie, n
la débilité mentale	die Geistesschwäche
la défense	die Abwehr
la déformation	die Entstellung
la délinquance	die Delinquenz
la dénégation	die Verleugnung
la dépersonnalisation	die Depersonalisation
le désir	der Wunsch, die Begierde
la désorganisation	die Desintegration
la détérioration mentale	der Intelligenzabbau
le détour	der Umweg, e
l'état *m* **de détresse**	die Hilflosigkeit

le groupe de diagnostic	die Trainingsgruppe
le discernement	die Zurechnungsfähigkeit
capable de discerner	zurechnungsfähig
la dispersion	die Streuung
la disposition mentale	die seelisch-geistige Einstellung, die Bewusstseinslage
la dissociation	die Dissoziation
la dynamique de groupe	die Gruppendynamik
l'égocentrisme *m*	der Egozentrismus
l'élaboration *f*	die Bearbeitung, die Verarbeitung
l'empathie *f*	die Einfühlung
l'envie *f*	der Neid
l'environnement *m*	die Umgebung
l'épistémologie *f*	die Wissenschaftslehre
l'épreuve *f* **de réalité**	die Realitätsprüfung
l'ergothérapie *f*	die Arbeitstherapie
les états dépressifs	die depressiven Zustände *mpl*
l'évaluation *f*	die Bewertung
l'exclusion *f*	die Ausschließung
exclu	ausgeschlossen
l'exhibitionnisme *m*	der Exhibitionismus
s'expliquer en face de qn	sich jdm gegenüber aus~sprechen, a, o, i
l'extériorisation *f*	die Veräußerlichung
l'extraverti *m*	der extraverte Typus
extraverti	extravertiert
la fabulation	die Erfindungsgabe
les fantasmes *m*	die Phantasien/Fantasien *fpl*
les fantasmes rétroactifs	das Zurückphantasieren/Zurückfantasieren
la féminité	die Weiblichkeit
le fétiche	der Fetisch, e
la fixation	die Fixierung
le flegmatique	der Phlegmatiker, -
la folie	der Wahn
la forclusion *(Lacan)*	die Verwerfung
la formation substitutive	die Ersatzbildung
la frustration	die Frustration
la fuite dans la maladie	die Flucht in die Krankheit
le gestaltisme	die Gestaltpsychologie
le groupe	die Gruppe, n
l'habitude *f*	die Gewohnheit, en
l'hospitalisme *m*	der Hospitalismus
l'hystérie *f*	die Hysterie, n
l'hystérie d'angoisse	die Angsthysterie
l'idéal *m* **du moi**	das Ich-Ideal
l'identification *f*	die Identifizierung
l'image *f*	das Bild, er, die Vorstellung, en
l'imaginaire *m*	das Imaginäre
l'imagination *f*	die Einbildungskraft, die Phantasie
l'impression *f*	der Eindruck, ¨e
l'impulsion *f*	der Trieb, e, der Impuls, e
l'impulsivité *f*	die Triebhaftigkeit
l'inceste *m*	der Inzest, e
l'inconscient *m*	das Unbewusste *(adj)*
l'incorporation *f*	die Einverleibung
l'individu *m* **; individuel**	das Individuum, duen ; individuell
l'individualité *f*	die Individualität, en
le complexe d'infériorité	der Minderwertigkeitskomplex, e
l'inhibition *f*	die Hemmung, en
l'intériorisation *f*	die Verinnerlichung
l'introjection *f*	die Introjektion

l'introspection *f*	die Introspektion, die Selbstbeobachtung
l'introversion *f*	die Introversion
l'introverti *m*	der introvertierte Typus
le délire de jalousie	der Eifersuchtswahn
les jeux expérimentaux	die Spielexperimente *npl*
le lapsus	der Lapsus, -
le lapsus calami	der Schreibfehler, -
le lapsus linguae	das Sichversprechen
le lapsus memoriae	der Gedächtnisfehler
la libido	die Libido
l'activité *f* **ludique**	die Spielaktivität
la ludothérapie	die Spieltherapie
le masochisme	der Masochismus
le maternage	das Bemuttern
le mécanisme de défense	der Abwehrmechanismus, men
les mécanismes de dégagement	die Abarbeitungsmechanismen
la métapsychologie	die Metapsychologie
la médiation	die Vermittlung
la mégalomanie	der Größenwahn
mental	seelisch, psychisch
la mentalité	die Mentalität, en
le mentisme	der psychische Film
le milieu	das Milieu, die Umgebung
le modèle de conduite	das Pattern, -
le moi ; le moi idéal	das Ich ; das Ideal-Ich
le moi-plaisir	das Lust-Ich
le moi-réalité	das Real-Ich
la mythomanie *(fabulation)*	die Mythomanie
le narcissisme	der Narzissmus
la négation	die Verleugnung
la neutralité	die Neutralität
l'objet *m*	das Objekt, e
l'obsession *f*	die Zwangsvorstellung, en
l'onirisme *m*	die Traumpsychose
opposé au moi	ichwidrig
la passivité	die Passivität
la persécution	die Verfolgung
la perversion	die Perversion, en
le phallus	der Phallus, lli/llen/se
la phobie ; phobique	die Phobie, n ; phobisch
la polarité	die Polarität
la poussée de la pulsion	der Drang
le préconscient	das Vorbewusste
la prédisposition	die Disposition
le principe de constance	das Konstanzprinzip
le principe de plaisir	das Lustprinzip
le principe de réalité	das Realitätsprinzip
la projection	die Projektion
la psychologie appliquée	die angewandte Psychologie
la psychologie du travail	die Arbeitspsychologie
le psychologue d'entreprise	der Betriebspsychologe, n
la psychophysiologie	die Psychophysiologie
• **la pulsion**	der Trieb, e
la pulsion d'agression	der Aggressionstrieb
la pulsion d'auto-conservation	der Selbsterhaltungstrieb
la pulsion de destruction	der Destruktionstrieb
la pulsion de mort	der Todestrieb
la pulsion de vie	der Lebenstrieb
la pulsion du moi	der Ichtrieb
la pulsion sexuelle	der Sexualtrieb
la punition	die Bestrafung, die Strafe
le questionnaire	der Fragebogen, -
le groupe de référence	die Bezugsgruppe, n
le réflexe	der Reflex, e
le refoulement	die Verdrängung
la régression	die Regression
le rejet	die Ablehnung, die Verwerfung
la réminiscence	die Reminiszenz, en
la réparation	die Wiedergutmachung
la répression	die Unterdrückung
réprimer	unterdrücken
la résistance	der Widerstand
(ir)responsable	(un)zurechnungsfähig
le retour du refoulé	die Wiederkehr des Verdrängten
le rétrécissement du moi	die Icheinschränkung/ Ich-Einschränkung
le rêve	der Traum, ¨e
le rêve diurne	der Tagtraum
le rêve éveillé	das Phantasieren
le rêve éveillé dirigé	der Wachtraum
l'interprétation des rêves	die Traumdeutung, en
la prise de risque	das Risikoverhalten
le jeu de rôle	das Rollenspiel, e
le roman familial	der Familienroman
la rumeur	das Gerücht, e
le sadisme	der Sadismus
le sadomasochisme	der Sadomasochismus
la schizophrénie	die Schizophrenie
le sentiment de culpabilité	das Schuldgefühl, e
sentir	fühlen, empfinden, a, u
la sexualité	die Sexualität
en soi ; pour soi	an sich ; für sich
la source de la pulsion	die Triebquelle
le souvenir	die Erinnerung, en
le souvenir-écran	die Deckerinnerung
le stade	das Stadium, die Stufe
le stade du miroir *(Lacan)*	die Spiegelstufe
le stade génital	die genitale Stufe
le stade libidinal	die Libidostufe
le stade oral	die orale Stufe
le stade phallique	die phallische Stufe
le stade sadique-anal	die sadistisch-anale Stufe
le stéréotype	der/das Stereotyp, e(n)
le stimulus	der Stimulus, li/der Reiz, e
le stress ; stresser	der Stress ; stressen *(fam)*
le subconscient	das Unterbewusste *(adj)*
la sublimation	die Sublimierung, die Vergeistigung
la substitution	die Substitution, en
la suggestion	die Suggestion, en
le surmoi	das Überich/Über-Ich
le symbole	das Symbol, e, das Sinnbild, er
le symbolique	das Symbolische *(adj)*
le tempérament	das Temperament, e
la tendance	die Tendenz, en
le test	der Test, e/s
le test de classement	der Sortiertest
le test d'intelligence	der Intelligenztest
la topique ; topique	die Topik ; topisch
le transfert	die Übertragung, en
l'amour *m* **de transfert**	die Übertragungsliebe
le contre-transfert	die Gegenübertragung
la transformation de pulsion	die Triebumsetzung

le traumatisme (psychique)	das Trauma, men/ta
la situation traumatisante	die traumatische Situation
le travail du deuil	die Trauerarbeit
le travail du rêve	die Traumarbeit
le type	der Typ, en
la typologie	die Typologie
l'union *f* **des pulsions**	die Triebmischung
la désunion des pulsions	die Triebentmischung

> der Freudianer, -
> *le disciple de Freud*
> die freudsche Psychoanalyse
> *la psychanalyse freudienne*

3. L'ENSEIGNEMENT - LA PÉDAGOGIE

l'enseignement

• **l'enseignement** *m*, **l'éducation** *f*	das Bildungswesen
le système éducatif	das Bildungssystem, e
l'enseignement *(organisation)*	das Schulwesen
le ministère de l'Éducation nationale	das Erziehungsministerium *(F)*
le recteur (d'académie)	der Rektor (des Akademiebezirks) *(F)*
le rectorat	das Rektorat, e *(F)*
le ministère de l'Éducation et des Affaires culturelles *(D)*	das Kultusministerium, ien
la Conférence permanente des ministres de l'éducation *(D)*	die ständige Konferenz der Kultusminister
la direction de l'enseignement *(D)*	die Schul(aufsichts)behörde
l'inspecteur *m (F)*	der (Ober)schulrat, ¨e *(D)*
l'enseignement général	das allgemeinbildende Schulwesen
l'éducation *f*, **la culture**	die Bildung
la culture générale	die Allgemeinbildung
former, cultiver ; être cultivé	bilden ; gebildet sein
l'épanouissement *m* **de la personnalité**	die Entfaltung der Persönlichkeit
la formation	die Ausbildung, en
la formation professionnelle	die Berufsausbildung
l'éducation *f*, **l'instruction** *f*	die Erziehung
l'éducateur *m* ; **l'éducatrice** *f*	der Erzieher, - ; die Erzieherin, nen
éduquer, élever	erziehen, o, o
la pédagogie	die Pädagogik
le, la pédagogue	der Pädagoge, n, n, die Pädagogin, nen
la didactique ; didactique	die Didaktik ; didaktisch
la scolarité obligatoire	die allgemeine Schulpflicht
être en âge de scolarité	schulpflichtig sein
la gratuité de l'enseignement	die Schulgeldfreiheit
l'illettré *m*	der Analphabet, en, en
la scolarisation	die Einschulung
scolariser *tr*	ein~schulen *tr*
l'élève en fin de scolarité	der Schulabgänger, -
quitter l'école	von der Schule ab~gehen*, i, a
la réussite scolaire	der schulische Erfolg
l'échec *m* **scolaire**	das Schulversagen
le niveau intellectuel	der Leistungsstand
le niveau des connaissances	der Kenntnisstand
la baisse de niveau	der Bildungsrückstand
la crise de l'enseignement	der Bildungsnotstand
• **la formation des maîtres**	die Lehrerausbildung
les sciences *f* **de l'éducation**	die Erziehungswissenschaft
l'Institut universitaire de formation des maîtres *(F)*	die Pädagogische Hochschule *(D)*
(école normale d'instituteurs) (D)	das Grundschullehrerseminar
l'élève-maître *m*	der Lehreranwärter, -
l'École normale supérieure/ Normale Sup *(fam)*	die Hochschule für Gymnasiallehrer *(F)*
l'agrégation *f*	*(Ausleseverfahren für eine Ernennung zum Gymnasiallehrer) (F)*
le professeur agrégé	*(nach diesem Verfahren ernannter Lehrer)*
le professeur certifié	*(Lehrer mit Lehrbefähigung für die Sekundarstufe) (F)*
l'aptitude *f* **à l'enseignement**	die Lehrbefähigung, en
l'examen *m* **d'aptitude au professorat**	die Lehramtsprüfung
le professeur stagiaire	der Studienreferendar, e
le stage de formation pédagogique	die Referendarzeit
le conseiller pédagogique	der Mentor, en
assister à un cours *(stagiaire)*	im Unterricht hospitieren
l'épreuve *f* **pratique** *(CAPES)*	die Lehrprobe, n
le professeur en instance de titularisation	der Studienrat in Anstellung (i.A.)
l'emploi *m* **budgétaire**	die Planstelle, n

les écoles

• **l'école** *f*	die Schule, n
l'établissement public	die öffentliche Schule
l'école laïque	die bekenntnisfreie Schule
l'école libre	das private Unterrichtswesen
l'école confessionnelle	die Bekenntnisschule
l'école interconfessionnelle	die Gemeinschaftsschule
l'école privée	die Privatschule
l'école à classe unique	die Zwergschule
○ **les établissements** *m* **préscolaires**	das Vorschulwesen
la crèche, la pouponnière	die Kinderkrippe, n
la garderie(-jardin d'enfants)	die Kindertagesstätte, n/Kita, s *(fam)*
la garderie	der (Kinder)hort, e
la (halte-)garderie	die Kinderaufbewahrung
l'assistante maternelle (agréée)	die (anerkannte) Tagesmutter, ¨er
le jardin d'enfants	der Kindergarten, ¨
la jardinière d'enfants	die Kindergärtnerin, nen
l'école maternelle	die (Ganztags)vorschule
la classe enfantine	die Kleinkinderklasse, n
la classe maternelle	die Vorschulklasse
les classes d'attente *(D)*	der Schulkindergarten
○ **l'école spécialisée**	die Sonderschule
le rééducateur	der Heilpädagoge, n, n
l'éducateur spécialisé	der Sonderschullehrer, -
le groupe d'aide psycho-pédagogique	das psycho-pädagogische Team, s
la dyslexie	die Legasthenie
le dyslexique	der Legastheniker, -
(qui a des difficultés pour apprendre à lire et à écrire)	der Lernbehinderte *(adj)*
(qui a des difficultés à parler)	der Sprachbehinderte *(adj)*
le caractériel	der Verhaltensgestörte *(adj)*
• **l'enseignement primaire**	der Grundschulunterricht
l'école primaire/du 1er degré	die Grundschule, n

la classe *(niveau d'études)*, **l'année** *f* **scolaire**	die (Schul)klasse, n, das Schuljahr, e, die Jahrgangsstufe, n
entrer en cours préparatoire	in die erste Klasse kommen, a, o
le cours élémentaire 1/CE1	die 2. Klasse, das 2. Schuljahr
le cours moyen 2/CM2	die 5. Klasse, das 5. Schuljahr
le tiers-temps pédagogique	die Dreiteilung des Stundenplans
la discipline fondamentale	das Hauptfach, ¨er
les disciplines d'éveil	die wahrnehmungsfördernden Fächer
éveiller la sensibilité	die Aufnahmefähigkeiten wecken
la passerelle	der Übergang
• **l'enseignement secondaire**	das höhere Schulwesen
l'école secondaire	die Oberschule
l'école secondaire intégrée	die Gesamtschule
o **le premier cycle** *(6e-3e)*	die Sekundarstufe I *(5.-9./10. Kllasse)*
le cycle d'observation	die Beobachtungsstufe *(F)*
le cycle d'orientation	die Orientierungsstufe
(école secondaire élémentaire)	die Hauptschule *(5.-9./10. Klasse)*
le collège	die Realschule *(5.-10. Klasse)*, das Gymnasium, ien *(5.-10. Klasse)*
la (classe de) Sixième *(6e)*	die 5. Klasse
la (classe de) Troisième *(3e)*	die 9. Klasse
le deuxième cycle *(2de-terminale)*	die Sekundarstufe II *(11.-13. Klasse)*
le lycée *(2de-terminale) (F)*	das Gymnasium *(5.-13. Klasse) (D)*
la (classe de) Seconde	die 10. Klasse
la (classe de) Terminale	die 12. Klasse
(scolarité plus longue en Allemagne)	die 13. Klasse
(second cycle réformé)	die gymnasiale Oberstufe *(Jahrgangstufen 11-13)*

années	F	D	cycles
13	—	*13. Klasse*	second cycle/ *Sekundarstufe II*
12	T^{le}	*12. Klasse*	
11	1re	*11. Klasse*	
10	2^{de}	*10. Klasse*	premier cycle/ *Sekundarstufe I*
9	3^{e}	*9. Klasse*	
8	4^{e}	*8. Klasse*	
7	5^{e}	*7. Klasse*	
6	6^{e}	*6. Klasse*	
5	CM2	*5. Klasse*	
4	CM1	*4. Klasse*	école primaire / *Grundschule*
3	CE2	*3. Klasse*	
2	CE1	*2. Klasse*	
1	CP	*1. Klasse*	

l'établissement

• **l'établissement** *m* **scolaire**	die Lehranstalt, en, die Schule, n
le bâtiment scolaire	das Schulgebäude, -
la direction de l'établissement	die Schulleitung
le concierge	der Hausmeister, -
la salle des professeurs	das Lehrerzimmer
les salles de classe	die Unterrichtsräume *mpl*
la classe d'étude, l'étude *f*	die Hausaufgabenüberwachung
la cour (de récréation)	der Schulhof, ¨e
le préau	der überdachte Teil des Schulhofs
la salle de gymnastique, le gymnase	die Turnhalle, n
la salle de fête	die Aula, len
la cantine scolaire	die Schulkantine, n
le réfectoire	der Speisesaal, säle
l'internat *m*	das Internat, e
le dortoir	der Schlafsaal
le foyer socio-éducatif	der schulische Freizeitklub
le trajet du domicile à l'école	der Schulweg
le bus de ramassage scolaire	der Schulbus, se
aller à l'école	zur/in die Schule gehen*, i, a
aller au lycée	auf das Gymnasium gehen/ das Gymnasium besuchen
rentrer de l'école	aus der Schule kommen*, a, o
o **la salle de classe**	das Klassenzimmer, -
le pupitre	das Pult, e
le tableau noir	die (Wand)tafel, n
le tableau blanc	die weiße Plantafel
faire venir qn au tableau	jdn an die Tafel rufen, ie, u
écrire au tableau	an die Tafel schreiben, ie, ie
effacer le tableau	die Tafel ab~wischen
le morceau de craie	das Stück Kreide
le feutre	der Filzschreiber, -
l'éponge *f*	der Schwamm, ¨e
le chiffon	der Wischlappen, -
la carte géographique	die Landkarte, n
la baguette	der Zeigestock, ¨e
le globe	der Globus, ben
o **l'enseignement audio-visuel**	der audiovisuelle Unterricht
l'enseignement assisté par ordinateur	der computerunterstützte Unterricht
l'écran *m* **magnétique**	die Hafttafel, n
l'écran m	der Bildschirm, e ; die Leinwand, ¨e
le rétroprojecteur	der Overheadprojektor, en
le transparent	das Transparent, e, die Folie, n
le laboratoire de langues	das Sprachlabor, s/e
la console de télécommande	die Fernsteuerung
la platine à cassettes	das Kassettendeck, s
le magnétophone à cassettes	der Kassettenrecorder, -
les écouteurs *m*	der Kopfhörer, -
le microphone	das Mikrofon, e
l'insonorisation *f*	die Schalldichtung
l'appareil *m* **de télévision**	das Fernsehgerät, e
le magnétoscope	der Videorecorder, -
la cassette vidéo	die Videokassette, n
l'enregistrement *m*	die Aufzeichnung, en
la télévision scolaire	das Schulfernsehen
o **les fournitures** *f* **scolaires**	der Schulbedarf
la gratuité des fournitures scolaires	die Lernmittelfreiheit
les affaires *f* **de classe**	die Schulsachen *fpl*
le cartable	die Schultasche, -mappe, n
le cartable à bretelles	der Schulranzen, -
le manuel scolaire	das Schulbuch, ¨er
la trousse	das (Schüler)etui, s
le stylo (à plume)	der Füllfederhalter/der Füller, -
le stylo de secours	der Zweitfüller
l'encre *f* **; l'encrier** *m*	die Tinte, n ; das Tintenfass, ¨er
la cartouche à encre	die Tintenpatrone, n
le stylo à bille	der Kugelschreiber, - ; der Kuli, s
la recharge (de stylo à bille)	die Mine, n
le (stylo-)feutre	der Filzstift, e
le marqueur, le surligneur	der Textmarker, -
le crayon	der Bleistift, e
le crayon de couleur	der Bunt-/Farbstift
le crayon rouge	der Rotstift
le porte(-)mine	der Druckbleistift
la mine de crayon	die Blei(stift)mine, n

dur ; tendre	hart ; weich
pointu ; émoussé	spitz ; stumpf
le taille-crayon ; tailler	der (Bleistift)spitzer, - ; an~spitzen
la gomme ; gommer	der Radiergummi, s ; radieren
la règle	das Lineal, e
l'équerre *f*	der Winkel, -
le rapporteur	der Winkelmesser, -
le compas	der Zirkel, -
la calculette	der Taschenrechner, -
○ **le cahier** *(v. le papier, p. 267)*	das Heft, e
avec une marge	mit Rand *m*
à carreaux ; à lignes	kariert ; lini(i)ert
la ligne	die Linie, n
le cahier de brouillon	die Kladde, n, das Schmierheft *(fam)*
le brouillon	das Konzept, e
le classeur (à anneaux)	das Ringbuch, ¨er
la feuille ; la feuille volante	das Blatt, ¨er ; das lose Blatt
le cahier à dessin	das Zeichenheft, e
le bloc à dessin	der Zeichenblock, ¨e/s
le buvard	das Löschblatt, ¨er
la colle ; le bâton de colle	der Klebstoff, e ; der Klebestift, e
coller	kleben
la boîte à peinture	der Malkasten, ¨
le pinceau	der Pinsel, -

l'élève

• **l'élève** *m, f*	der Schüler, -, die Schülerin, nen
l'écolier	das Schulkind, er
l'élève débutant	der Abc-Schüler/Abc-Schütze, n, n
l'écolier *m (classes primaires)*	der Grundschüler
le lycéen	der Gymnasiast, en, en
le potache *(fam)*	der Pennäler, -
le camarade de classe	der Mitschüler
l'effectif *m*	die Schülerzahl
une classe surchargée	eine überbelegte Klasse
dédoubler une classe	eine Klasse teilen
l'externe *m*	der externe Schüler *(F)*
l'interne *m*	der Internatsschüler *(F)*
le demi-pensionnaire	der Ganztagsschüler *(F)*
○ **l'appréciation** *f*	die Beurteilung, en
donner une appréciation	eine Beurteilung ab~geben, a, e, i
être peu doué, doué, surdoué	unbegabt, begabt, hochbegabt sein
un élève moyen	ein Durchschnittsschüler, -
un excellent élève	ein ausgezeichneter Schüler
le chouchou *(fam)*	der Lieblingsschüler
le classement	die Rangordnung *(F)*
le premier de la classe	der Klassenbeste *(adj)*, der Primus
le dernier de la classe	das Schlusslicht der Klasse
au-dessus de la moyenne	über dem Durchschnitt
l'intelligence *f*	die Auffassungsgabe
intelligent	klug, intelligent
avoir l'esprit vif	geistig rege sein
précoce	frühreif
être travailleur/appliqué	fleißig sein
bien participer au cours	im Unterricht gut mitarbeiten
s'intéresser à qc	sich interessieren für+A
sérieux	seriös, ernst
sûr de soi	selbstsicher
être motivé	motiviert sein
être ambitieux	ehrgeizig sein
le bûcheur *(fam)*	der Streber, -, der Büffler, - *(fam)*
bûcher *(fam)*	büffeln *(fam)*
combler les lacunes	die Lücken aus~füllen
faire des progrès	Fortschritte machen
stagner	keine Fortschritte machen
faire des efforts	sich bemühen
le stress	der Leistungsdruck, der Schulstress
être dépassé	überfordert sein
la peur de l'école	die Schulangst
faible	schwach
le cancre *(fam)*	der schlechte, faule Schüler, der Faulpelz, e *(fam)*
le paresseux	der Faulenzer, -
être paresseux	träge sein, faul sein
sécher *itr*	nicht wissen, u, u, ei
copier (sur qn)	ab~schreiben, ie, ie (von+D)
pomper *tr (fam)*	spicken *itr (fam)*
l'antisèche *f (fam)*	der Spickzettel *(fam)*
souffler la réponse à qn	jdm die Antwort zu~flüstern
dénoncer qn (auprès de)	jdn an~geben, a, e, i (bei+D)
cafarder *itr (fam)*	petzen *itr*, verpetzen *tr (fam)*
écouter le professeur	dem Lehrer zu~hören
participer, prendre part (à)	sich beteiligen (an+D)
ne pas suivre	nicht auf~passen *itr*
(in)attentif	(un)aufmerksam
se laisser facilement distraire	leicht abgelenkt werden
être distrait, étourdi	zertreut sein
être incapable de se concentrer	sich nicht konzentrieren können
remuant	zappelig
la passivité	die Passivität
ne pas s'en faire	sich das Leben leicht machen
bavarder ; le bavard	schwatzen ; der Schwätzer, -
le bavardage	das Geschwätz
○ **la discipline**	die Disziplin
se plaindre d'un manque de discipline	über mangelnde Disziplin klagen
l'auto discipline *f*	die Selbstdisziplin
l'éducation (anti)autoritaire	die (anti)autoritäre Erziehung
contester ; contesté	an~fechten, o, o, i ; umstritten
la contestation	der Protest, e
critiquer	kritisieren
avoir l'esprit critique	kritisch eingestellt sein
l'attitude *f* **critique**	die kritische Haltung
impertinent ; insolent	vorlaut ; frech
agressif	aggressiv
turbulent	unruhig, wild
faire des bêtises	Unfug treiben, ie, ie
le chahut	der Radau
le chahuteur *(fam)*	der Radaubruder, ¨ *(fam)*
chahuter	Radau machen *(fam)*
être chahuté	Disziplinschwierigkeiten haben
perturber le cours	den Unterricht stören
la conduite	das Betragen
incorrigible	unverbesserlich
la participation	die Mitarbeit
une classe vivante	eine lebhafte Klasse
○ **la présence**	die Anwesenheit
l'absence *f*	die Abwesenheit
être absent, manquer	abwesend sein, fehlen
arriver en retard	zu spät kommen*, a, o
manquer la classe	die Schule versäumen
sécher les cours *(fam)*	(die Schule) schwänzen *(fam)*
l'excuse *f*, **le mot d'excuse**	die Entschuldigung, en

○ **les mesures** *f* **disciplinaires**	die disziplinarischen Maßnahmen
la punition	die Strafe, n
punir	bestrafen
abolir les châtiments corporels	die Prügelstrafe ab~schaffen
la punition (écrite)	die Strafarbeit, en
être en retenue, être collé *(fam)*	nach~sitzen, a, e
lever une punition	eine Strafe erlassen, ie, a, ä
l'avertissement *m*	die Warnung, en
la réprimande	der Verweis, e
décerner un blâme à qn	einen Tadel erteilen
l'interdiction *f*	das Verbot, e
interdire qc à qn	jdm etw verbieten, o, o
l'exclusion *f*	der Ausschluss
renvoyer de l'établissement	von der Schule verweisen, ie, ie
la lettre aux parents	der blaue Brief *(fam) (D)*

le personnel

le chef d'établissement	der Schulleiter, -
le directeur *(école primaire)*	der Rektor, en *(Grund-, Realschule)*
le principal *(collège)*, **le proviseur** *(lycée)*	der Direktor, en *(Gymnasium)*, der Oberstudiendirektor *(titre)*

À la différence du proviseur français, le directeur allemand assume un service partiel d'enseignement.

le censeur (des études)	der stellvertretende Direktor *(F)*
l'intendant *m*	der Verwaltungsleiter *(F)*
le conseiller d'éducation	*(Leiter der internen Schulaufsicht) (F)*
le documentaliste	der Dokumentalist, en, en *(F)*
• **le personnel enseignant**	das Lehrpersonal
l'enseignant *m*	die Lehrkraft, ¨e
le professeur, prof *(fam)*	der Lehrer, -
le pédagogue	der Pädagoge, n, n
sévère ; indulgent	streng ; nachsichtig
(in)juste	(un)gerecht
autoritaire	autoritär
être exigeant (envers)	hohe Anforderungen stellen (an+A)
(im)patient	(un)geduldig
clair ; difficile à comprendre	verständlich ; schwerverständlich
embrouillé, confus	verworren, konfus
pédant	lehrhaft, schulmeisterlich
○ **le corps enseignant, les enseignants** *m*	der Lehrkörper, das Lehrerkollegium
le professeur des écoles/ l'instit(uteur) *m (vx)*/ **le maître**	der (Grundschul)lehrer, -
l'institutrice *f*/**la maîtresse d'école**	die (Grundschul)lehrerin, nen
le professeur de lycée, de collège	der Gymnasiallehrer, der (Ober)studienrat, ¨e *(échelon)*
le professeur principal	der Klassenlehrer
le professeur d'allemand	der Deutschlehrer
le professeur de français	der Französischlehrer
l'assistant *m* **d'anglais**	der englische Sprachassistent, en, en
le professeur d'éducation physique	der Sportlehrer
le maître auxiliaire, l'adjoint d'enseignement	der (Aus)hilfslehrer *(F)*
le maître d'internat, d'externat	der Internats-, Externatsaufseher *(F)*
le surveillant, le pion *(fam)*	der Aufseher, - *(F)*
le conseil des professeurs	die Lehrerkonferenz, en
le conseil de classe	die Klassenkonferenz
le conseil d'orientation	der Beratungsausschuss, ¨e
le représentant des élèves	der Klassensprecher, -
l'association *f* **de parents d'élèves**	der Elternbeirat, ¨e
la réunion parents-professeurs	der Elternabend, e
l'appariement *m* **scolaire**	die Schulpartnerschaft, en
l'échange *m* **de professeurs**	der Lehreraustausch
l'échange d'élèves	der Schüleraustausch
le correspondant	der Brieffreund, e
l'excursion *f*	die Klassenfahrt, en
les classes de neige	der Winteraufenthalt im Schullandheim *(F)*

le travail scolaire

le travail scolaire	die Arbeit in der Schule
• **la scolarité**	die Schulzeit, der Schulverlauf
l'année *f* **scolaire** *(durée)*	das Schuljahr, e
la rentrée des classes	der Schulanfang, -beginn
les vacances scolaires	die Schulferien *pl*
les grandes vacances	die Sommerferien/die großen Ferien
la récréation/récré *(fam)*	die Schulpause, n
la surveillance ; surveiller *tr*	die Aufsicht ; beaufsichtigen *tr*
surveiller la récréation	die Aufsicht haben/führen
le cahier d'appel	die Anwesenheitsliste, n
faire l'appel	die Namen auf~rufen, ie, u
le plan de la classe	der Klassenspiegel, -
le journal de classe	das Klassenbuch, ¨er
l'inscription dans le registre	der Eintrag ins Klassenbuch
l'emploi du temps	der Stundenplan, ¨e
avoir cours	Unterricht haben
ne pas avoir classe	schulfrei haben
Le cours n'aura pas lieu.	Der Unterricht fällt aus.
L'école est finie.	Die Schule ist aus.
○ **Qu'avons-nous à faire ?**	Was haben wir auf ?
le devoir	die schriftliche Hausaufgabe, n
la leçon	die mündliche Hausaufgabe, die Lektion, en
l'exercice *m*	die Übung, en
la composition	die Klassenarbeit, en
le devoir sur table	die Klausur(arbeit)
le questionnaire à choix multiple, le QCM	das Multiple-Choice-Verfahren/ Multiplechoiceverfahren
interroger un élève (en, sur)	einen Schüler prüfen (in+D, über+A)
lever le doigt	sich melden
se porter volontaire	sich freiwillig melden
faire réciter qc à qn	jdn ab~hören
réciter un poème	ein Gedicht auf~sagen
• **l'enseignement** *m*, **le cours**	der Unterricht
le cours, la classe, la leçon	die (Unterrichts)stunde, n
la leçon d'allemand	die Deutschstunde, n
enseigner	unterrichten
enseigner qc à qn	jdn etw lehren, jdn in (+D) unterrichten
Il m'a enseigné l'allemand.	Er hat mich Deutsch gelehrt.
enseigner, inculquer qc à qn	jdm etw bei~bringen, a, a *(fam)*
Il m'a appris à lire.	Er hat mir das Lesen beigebracht.
transmettre des connaissances	Kenntnisse vermitteln
faire comprendre qc à qn	jdm etw verständlich machen
○ **apprendre qc**	etw lernen
apprendre l'espagnol	Spanisch lernen
apprendre à écrire, à lire	schreiben, lesen lernen
Il a des difficultés en lecture.	Ihm fällt das Lesen schwer.
apprendre par cœur	auswendig lernen
réciter par cœur	aus dem Kopf her~sagen

bachoter *itr*, **faire du bachotage**	(für ein Examen) pauken
le bachotage	die Paukerei
enfoncer qc dans la tête de qn	jdm etw ein~hämmern, ein~trichtern
entraîner (à)	drillen (auf+A)
apprendre	erlernen
apprendre un métier	einen Beruf erlernen
acquérir des connaissances	Kenntnisse erwerben, a, o, i
le formateur, l'instructeur *m*	der Ausbilder, -
former	schulen, aus~bilden
former un collaborateur	einen Mitarbeiter schulen
la formation	die Schulung, en, die Ausbildung, en
le cours de formation, le stage	der Lehrgang, ¨e
donner une formation d'informaticien	zum Informatiker aus~bilden
se perfectionner (en)	sich fort~bilden (in+D)
faire des progrès	Fortschritte machen
encourager qn	jdn ermutigen
faire l'éloge de qn	jdn loben
blâmer, réprimander, critiquer	tadeln
chapitrer qn	jdm die Leviten lesen, a, e, ie *(fam)*
• **la matière (enseignée)**	das (Unterrichts)fach, ¨er
le programme	der Lehrplan, ¨e, das Curriculum, la
suivre le programme	den Lehrplan ein~halten, ie, a, ä
le tronc commun	der Kernunterricht
la discipline de base	der Grundkurs, e
la matière obligatoire	das Kernfach, ¨er
le cours	der Kursus, Kurse/der Kurs, e
la matière à option	der Wahlkurs
la matière facultative	das Wahlfach
la matière à option à enseignement renforcé *(D)*	der Leistungskurs
abandonner une matière	ein Fach ab~wählen
la matière obligatoire	der Pflichtkurs, das Pflichtfach
le regroupement des élèves par matière *(D)*	das Kurssystem
le groupe de niveau	*(nach Leistungsstand gruppiert)*
l'atelier *m*, **le groupe de travail**	die Arbeitsgemeinschaft, en/AG, s
l'enseignement de soutien	der Förderunterricht
le cours de rattrapage	der Nachhilfeunterricht
la leçon particulière	die Nachhilfestunde, n
être très en retard en anglais	in Englisch sehr zurück sein
rattraper	nach~holen
s'occuper de chaque élève en particulier	auf den einzelnen Schüler ein~gehen*, i, a
○ **la lecture**	das Lesen
Il a des difficultés en lecture.	Ihm fällt das Lesen schwer.
épeler	buchstabieren
la lettre	der Buchstabe, ns, n
l'alphabet *m*	das Alphabet, e
la syllabe	die Silbe, n
la méthode globale	die Ganzheitsmethode
la prononciation	die Aussprache, n
prononcer	aus~sprechen, a, o, i
articuler	deutlich aus~sprechen
○ **l'écriture**	(das) Schreiben *(Fach)* ; die (Hand)schrift, en
une vilaine écriture	eine hässliche Handschrift
une écriture illisible	eine unleserliche Handschrift
le griffonnage, le gribouillis	das Gekritzel
prendre des notes	mit~schreiben, ie, ie
copier	ab~schreiben
écrire, prendre note (de qc)	auf~schreiben, notieren
la ligne *(écrite)*	die Zeile, n
l'orthographe *f*	die Rechtschreibung
faire un brouillon	ein Konzept machen
mettre qc au propre	etw ins Reine schreiben
la dictée ; dicter	das Diktat, e ; diktieren
○ **le calcul**	das Rechnen
calculer	rechnen
apprendre à calculer	rechnen lernen
le livre de calcul	das Rechenbuch, ¨er
le problème (d'arithmétique)	die Rechenaufgabe, n
la solution	die Lösung, en
résoudre	lösen
soluble ; insoluble	lösbar ; unlösbar
○ **la langue vivante** *(v. Langues, p. 23)*	die Fremdsprache, n
la géographie	Erdkunde *f*, Geographie *f*
l'histoire *f*	Geschichte *f*
l'instruction *f* **civique**	Staatsbürgerkunde, Sozialkunde
les mathématiques/maths *f*	Mathematik *fsg* / Mathe *(fam)*
la physique ; la chimie	Physik *f* ; Chemie *f*
la biologie	Biologie *f*
les sciences naturelles	Naturwissenschaften *fpl*
l'éducation *f* **physique**	Sport *m*
l'éducation artistique	Kunsterziehung *f*
les arts plastiques	die bildende Kunst
la musique	Musik *f*
les travaux manuels	Werken *n*, Werkunterricht *m*
l'instruction religieuse	Religionsunterricht *m*
○ **la correction**	die Verbesserung, en
corriger des devoirs	Arbeiten korrigieren/ nach~sehen, a, e, ie
• **la faute**	der Fehler, -
faire une faute grossière	einen groben Fehler begehen, i, a
une faute légère	ein leichter Fehler
Je me suis trompé.	Mir ist ein Fehler unterlaufen.
la faute d'inattention *f*	der Flüchtigkeitsfehler
souligner les fautes	die Fehler an~streichen, i, i
rectifier, corriger une faute	einen Fehler berichtigen, verbessern
laisser échapper des fautes	Fehler übersehen, a, e, ie
une copie sans fautes	eine fehlerfreie Arbeit
bourré de fautes *(fam)*	mit Fehlern gespickt *(fam)*
un travail soigné	eine saubere Arbeit
un travail bâclé	eine hingehauene Arbeit *(fam)*
la faute de langue	der Sprachfehler, -
la faute d'orthographe	der (Recht)schreibfehler
faire une faute d'orthographe	sich verschreiben, ie, ie
faire une faute de calcul	sich verrechnen
le faux-sens	die falsche Deutung eines Wortes
le contre-sens	die Sinnwidrigkeit
le barbarisme léger	der Sprachschnitzer *(Wort)*
le barbarisme grossier	der Sprachverstoß *(Wort)*
le solécisme *(syntaxe)*	der Sprachverstoß *(Satzlehre)*
le gallicisme	der Gallizismus, men
le germanisme	der Germanismus, men
l'idiotisme *m*	die Spracheigentümlichkeit, en

examens - notes

• **l'examen** *m* *(v. Enseignement supérieur, p. 71)*	die Prüfung, en
passer un examen	eine Prüfung machen
l'examen de passage	die Versetzungsprüfung
l'examen de fin d'études	die Abschlussprüfung

l'examen de rattrapage	die Nachprüfung
faire un contrôle	einen Test schreiben, ie, ie
la composition	die Klassenarbeit, en
l'interrogation *f*, **la colle** *(fam)*	die mündliche Kontrollprüfung
préparer un examen	sich auf eine Prüfung vor~bereiten
réviser (une leçon)	(eine Lektion) wiederholen
retravailler un chapitre	ein Kapitel nach~arbeiten
rafraîchir ses connaissances	seine Kenntnisse auf~frischen
oublier	vergessen, a, e, i, verlernen
avoir un trou de mémoire	eine Gedächtnislücke haben
savoir qc sur le bout des doigts	etw wie am Schnürchen können
• **la notation**	die Benotung, en
noter qn, qc	jdn, etw benoten
noter qc	etw zensieren
la note	die Note, n, die Zensur, en
le coefficient	der Bewertungskoeffizient, en, en
la note éliminatoire	die Durchfallnote
la répartition des notes	der Notenspiegel
la moyenne des notes	der Notendurchschnitt
avoir la moyenne (10/20)	eine Vier bekommen, a, o
la mention	das Prädikat
très bien (16 et plus)	sehr gut (1)
bien (14-15,9)	gut (2)
assez bien (12-13,9)	befriedigend (3)
passable (10-11,9)	ausreichend (4)
médiocre *(n'a pas la moyenne)*	mangelhaft (5)
insuffisant/nul *(proche de 0)*	ungenügend (6)
le passage en classe supérieure	die Versetzung
passer dans la classe supérieure	versetzt werden
sauter une classe	eine Klasse überspringen, a, u
redoubler (une classe)	sitzen bleiben*, ie, ie
le redoublant	der Wiederholer, -
Il passe en seconde.	Er kommt in die 10. Klasse.
○ **le diplôme de fin d'études**	der Schulabschluss, ¨e
le brevet d'études du premier cycle	das Abschlusszeugnis der Sekundarstufe I, die Mittlere Reife *(anc.)*
le brevet d'enseignement industriel	der Fachoberschulabschluss
le brevet d'études professionnelles	der Berufsfachschulabschluss
le baccalauréat/bac(hot) *(fam)*	das Abitur/das Reifezeugnis
(bac autrichien ou suisse)	die Matura
le baccalauréat de technicien	das Fachabitur
le baccalauréat franco-allemand	das deutsch-französische Abitur
le bachelier	der Abiturient, en, en
○ **les écoles de formation professionnelle**	die berufsbildenden Schulen
l'école prof. à temps partiel	die Teilzeitberufsschule
le collège d'enseignement technique	die Berufsfachschule
le certificat d'aptitude professionnelle (CAP)	der berufliche Befähigungsnachweis, das Lehrabschlusszeugnis
le collège agricole	die landwirtschaftliche Berufsschule
le lycée technique	die Fachoberschule
le lycée agricole	das landwirtschaftliche Gymnasium
l'école de perfectionnement professionnel	die Fachschule
• **l'enseignement pour adultes**	die Erwachsenenbildung
(l'enseignement dit de la deuxième chance) (D)	der Zweite Bildungsweg
l'université *f* **populaire** *(D)*	die Volkshochschule
l'université du troisième âge	die Altenakademie, n, das Seniorenstudium
le congé-formation	der Bildungsurlaub
le lycée pour adultes *(D)*	das Kolleg, s
les cours secondaires du soir *(D)*	das Abendgymnasium
préparer le baccalauréat en suivant des cours du soir	das Abitur auf dem Abendgymnasium nach~holen
le télé-enseignement	der Fernunterricht
le cours par correspondance	der Fernkurs, e
suivre un stage de formation	ausgebildet werden
une formation complète	eine abgeschlossene Ausbildung
la formation continue	die Weiterbildung, die Fortbildung
se perfectionner (en)	sich fort~bilden (in + D)
le recyclage	die Fortbildung, die Umschulung
se reconvertir, se recycler	sich umschulen lassen, ie, a, ä
la reconversion professionnelle	die berufliche Umschulung, en
changer de profession	den Beruf wechseln, um~satteln *(fam)*

> Beim Lehren lernt man.
> *On apprend en enseignant.*

> *Il n'existe pas en RFA de ministère fédéral de l'Éducation nationale. Les Länder sont compétents en matière d'éducation. Le Kultusminister de chaque Land cumule donc les fonctions de ministre de l'éducation nationale et des affaires culturelles. Le titre et les compétences peuvent différer d'un Land à l'autre. Dans le vocabulaire relevant de l'enseignement, les équivalences sont souvent difficiles, voire impossibles à établir, car les contenus ne correspondent pas.*

4. L'ENSEIGNEMENT SUPÉRIEUR

l'établissement d'enseignement supérieur

l'enseignement supérieur	das Hochschulwesen
l'établissement *m* **d'ens. sup.**	die Hochschule, n
• **l'université** *f* **/ l'établissement d'enseignement supérieur à caractère scientifique**	die Universität, en / die wissenschaftliche Hochschule
l'univ. multidisciplinaire / l'université intégrée *(D)*	die integrierte Gesamthochschule
la pluridisciplinarité	die Pluridisziplinarität
la loi-cadre de l'ens. sup.	das Hochschulrahmengesetz, e
la loi d'orientation de l'enseignement supérieur	das Universitätsorganisationsgesetz *(F)*
la réforme des études universitaires	die Studienreform, en
la réforme de l'université *(concerne en France aussi l'enseignement secondaire)*	die Hochschulreform *(D)*, die Schulreform *(F)*
l'administration *f* **universitaire**	die Universitätsverwaltung, en
le président	der Universitätspräsident, en, en / der Rektor, en
le secrétaire général	der Kanzler, -
le conseil de l'université	der Hochschulrat
le conseil d'administration	der (akademische) Senat
le conseil des études et de la vie universitaire *(F)*	der Ausschuss für Lehre und Studium *(D)*
le conseil scientifique *(F)*	der Ausschuss für Forschung und wissenschaftlichen Nachwuchs *(D)*
la cellule universitaire d'information et d'orientation	die Studien- und Berufsberatungsstelle, n
le conseiller d'orientation	der Studienberater, -

les débouchés *m*	die Berufsmöglichkeiten *fpl*
le service de presse et d'information *(D)*	die Presse- und Informationsstelle
le service de la scolarité	das Studentensekretariat, e/ das Studentenamt, ¨er
le service des examens	das Prüfungsamt, ¨er
les étudiants *(de l'université)*	die Studentenschaft, en
les étudiants d'une UER	die Fachschaft, en
les représentants *m* **des étudiants**	das Studentenparlament, e
le comité général des étudiants *(D)*	der Allgemeine Studentenausschuss (AStA)
le CROUS (Centre régional des oeuvres universitaires et scolaires) *(F)*	das Studentenwerk *(D)*
○ **le campus**	das Universitätsgelände, -
le restaurant universitaire/ le resto U *(fam)*	die Mensa, s/sen
la cafétéria/cafèt' *(fam)*	die Cafeteria, s
le ticket-repas	die Essensmarke, n
la cité universitaire	die Studentenwohnsiedlung, en
la résidence universitaire	das Studentenwohnheim, e
la chambre	das Zimmer, -
la médecine préventive *(F)*	der Gesundheitsdienst *(des Studentenwerks) (D)*

l'inscription

• **l'inscription (administrative)**	die Immatrikulation, en
l'inscription pédagogique	die pädagogische Einschreibung *(F)*
(s')inscrire (à/dans/en)	(sich) immatrikulieren (an + D)
la pré-inscription	die vorläufige Einschreibung, en *(F)*
la réinscription	die Rückmeldung, en
la date limite de réinscription	der Rückmeldeschluss
la radiation	die Exmatrikulation, en
déposer son dossier	die Unterlagen ein~reichen
en double exemplaire	in zweifacher Ausfertigung
l'original *m (du diplôme)*	das Originalzeugnis, se
la traduction certifiée conforme	die amtlich beglaubigte Übersetzung
le certificat de fin d'études secondaires	das Reifezeugnis
le baccalauréat *(F)*	das Abitur *(D)*, die Matura *(CH, A)*
l'examen spécial d'accès aux études universitaires *(F)*	die Begabtenprüfung *(D)*
le délai d'inscription	die Einschreibefrist, en
le numéro d'inscription	die Matrikelnummer, n
l'agence *f* **comptable**	die Universitätskasse, n
les droits *m* **universitaires/ les droits d'inscription/ les droits de scolarité**	die Studiengebühren *fpl*/ die Einschreibegebühren
l'exonération *f* **des droits**	die Gebührenfreiheit
l'assurance-maladie *f*	die Krankenversicherung
la mutuelle	die Zusatzversicherung, en
l'attestation *f* **d'asssurance**	der Versicherungsnachweis, e
la carte d'étudiant	der Studentenausweis, e
le livret d'étudiant *(D)*	das Studienbuch, ¨er
le certificat de scolarité	die Studienbescheinigung, en
le télé-enseignement/ l'enseignement par correspondance	das Fernstudium
l'étudiant inscrit au télé-ens.	der Fernstudent, en, en
l'étudiant salarié	der berufstätige Student
le job *(fam)*, **le petit boulot** *(fam)*	der Job, s
le stagiaire	der Praktikant, en, en, der Trainee, s
le stage professionnel	das Berufspraktikum, ka
l'auditeur *m* **libre**	der Gasthörer, -
○ **le financement des études**	die Finanzierung des Studiums
le coût de la vie	die Lebenshaltungskosten *pl*
le cas social	der Sozialfall, ¨e
le cas social grave	der Härtefall, ¨e
le prêt (sur l'honneur)	das Darlehen, -
la loi fédérale d'aide à la formation *(= prêt) (D)*	das Bundesausbildungsförderungsgesetz (BAföG)
l'aide financière	der Zuschuss, ¨e
la bourse	das Stipendium, ien
demander une bourse	ein Stipendium beantragen
accorder une bourse	ein Stipendium gewähren
le boursier	der Stipendiat, en, en
les bourses d'excellence	die Begabtenförderung
○ **le numerus clausus/ la sélection** *(D)*	der Numerus Clausus
l'Office central chargé de la répartition des places dans les universités *(D)*	die Zentralstelle für die Vergabe von Studienplätzen
l'autorisation *f* **de s'inscrire dans une université** *(D)*	die Zulassung, en
être inscrit	einen Studienplatz haben
les restrictions *f* **d'admission**	die Zulassungsbeschränkungen *fpl*
remplir les conditions *f* **d'admission**	die Zulassungsvoraussetzungen *fpl* erfüllen
la procédure de sélection	das Auswahlverfahren, -
la demande d'admission	der Zulassungsantrag, ¨e
la date limite de dépôt de candidature	der Bewerbungsschluss
l'avis *m* **d'admission**	der Zulassungsbescheid
la réponse négative	der Ablehnungsbescheid
la période d'attente	die Wartezeit
la liste d'attente	die Rangliste, n
les désistements *m*	das Nachrückverfahren
le lieu des études	der Studienort, e
le changement d'université	der Studienortswechsel
le transfert de dossier	die Übersendung der Unterlagen
l'université d'origine	die Heimatuniversität
○ **le séjour d'études à l'étranger, les études faites à l'étranger**	das Auslandsstudium, ien
l'Office allemand des échanges universitaires	der DAAD (der Deutsche Akademische Austauschdienst)
la bourse d'études à l'étranger	das Auslandsstipendium, ien
le stage accompli à l'étranger	das Auslandspraktikum, ka
l'université d'accueil	die Gastuniversität, en
le jumelage	die Partnerschaft, en
le programme d'échange	das Austauschprogramm, e
le cursus d'études intégré	der integrierte Studiengang, ¨e
la langue d'enseignement	die Unterrichtssprache, n
le service d'accueil des étudiants étrangers	das akademische Auslandsamt, ¨er
l'examen *m* **de langue**	die Sprachprüfung, en
le test de niveau *(test de connaissance de la langue allemande) (D)*	die Feststellungsprüfung, en *(Prüfung zum Nachweis deutscher Sprachkenntnisse)*
la poursuite des études	das Weiterstudium
pouvoir justifier d'un diplôme	ein Diplom nachweisen können
○ **l'équivalence** *f* **(des titres)**	die (Studien)äquivalenz, en
l'équivalence partielle	die Teiläquivalenz, en
le titre universitaire	die Studienleistung, en
reconnaître un diplôme	ein Diplom an~erkennen, a, a
la demande d'équivalence	der Antrag auf Anrechnung
la réciprocité	die Gegenseitigkeit
accorder des équivalences à qn	jdm Semester an~rechnen

être dispensé de	befreit werden von
la dispense de scolarité	die Befreiung von Studienzeiten
l'épreuve *f* **d'aptitude**	die Eignungsprüfung, en
évaluer l'aptitude (à...)	die Fähigkeit (zu ...) fest~stellen
le stage d'adaptation	der Anpassungslehrgang, ¨e
le collège d'enseignement propédeutique *(D)*	das Studienkolleg, s

Unité de formation et de recherche (UFR)

• **l'unité** *f* **de formation et de recherche (UFR)**	der Fachbereich, e
la faculté *(anc)*	die Fakultät, en
la faculté des lettres et des sciences humaines	die philosophische Fakultät
la faculté des sciences	die mathematisch-naturwissenschaftliche Fakultät
la faculté de droit et de sciences économiques	die rechts- und wirtschafts-wissenschaftliche Fakultät
la faculté de médecine	die medizinische Fakultät
le directeur de l'UFR/le doyen	der Fachbereichvorsitzende *(adj)* / der Dekan, e/der Sprecher, -
le direct. adjoint/le vice-doyen	der Prodekan, e
le conseil de l'UFR	der Fachbereichsrat, ¨e
l'appariteur *m*	der Pedell, e
l'institut *m* **/le centre/le département**	das Institut, e/das Seminar, e
la discipline/la spécialité	das Fachgebiet, e
○ **l'enseignement** *m*	die Lehre, n
enseigner *(dans une université)*	lehren *(an einer Hochschule)*
la liberté d'enseignement	die Lehrfreiheit
le savoir	das Wissen
la science	die Wissenschaft, en
la connaissance	die Kenntnis, se
○ **la recherche**	die Forschung, en
la recherche fondamentale	die Grundlagenforschung
le chercheur	der Forscher, -
• **faire de la recherche**	forschen
le centre de recherche	das Forschungszentrum, ren
le CNRS *(Centre national de la recherche scientifique)*	das staatliche Zentrum für wissenschaftliche Forschung *(F)*
le laboratoire de recherche	das Forschungslabor, s/e
le directeur de recherche	der Forschungsleiter, -
le projet de recherche	das Forschungsvorhaben, -
le rapport de recherche	der Forschungsbericht, e
le travail scientifique	die wissenschaftliche Arbeit, en
la publication	die Veröffentlichung, en
les miscellanées *f*	die Miszellen/Miszellaneen *(pl)*
le congrès	der Kongress, e/die Tagung, en
participer au congrès	am Kongress teil~nehmen, a, o, i
le congressiste	der Kongress-/Tagungsteilnehmer, -
faire une communication	eine Mitteilung machen
les actes *m* **du congrès**	der Tagungsbericht, e
○ **le corps enseignant**	der Lehrkörper
l'universitaire *m*, **l'enseignant-chercheur**	der Hochschullehrer, -
• **le professeur d'université, le prof. des universités** *(F)*	der Universitätsprofessor, en
le professeur titulaire	der Ordinarius, ien
le mandarinat	die Ordinarienherrschaft
le mandarin	*(der Ordinarius von Gottes Gnaden)*
la chaire	der Lehrstuhl, ¨e, die Professur, en
la nomination	die Ernennung, en, die Berufung, en
la chaire déclarée vacante	die ausgeschriebene Vakanz, en
le semestre sabbatique	das Sabbatsemester, -
le professeur honoraire	der Honorarprofessor, en
émérite	emeritiert
le professeur invité	der Gastprofessor, en
le séjour d'enseignement de courte durée	die Kurzzeitdozentur, en
le prof. à titre contractuel *(D)*	der Privatdozent, en, en
le prof. à titre personnel *(D)*	der außerplanmäßige Professor
l'enseignant *m*, **le chargé de cours**	der Dozent, en, en
le chargé de cours, le vacataire	der Lehrbeauftragte *(adj)*
le cadre B	der Mittelbau
(assistant titulaire du doctorat)	der Assistenzprofessor, en *(D)* *(promovierter Assistent)*
l'allocataire *m* **de recherche**	der wissenschaftliche Mitarbeiter *(D)*
le maître de conférences *(F)*	der akademische (Ober)rat, ¨e *(D)*
l'assistant *m*	der Hochschulassistent, en, en
le lecteur de langue étrangère	der Lektor, en
le moniteur	der Unterrichtstutor, en

les études universitaires

• **les études** *f* **universitaires**	das Universitätsstudium, ien, das Hochschulstudium
l'année *f* **universitaire**	das Studienjahr, e
le semestre (d'hiver/d'été)	das (Winter/Sommer)semester, -
le programme des cours *(avec horaires détaillés pour le semestre en cours) (D)*	das Vorlesungsverzeichnis, se
commence au quart *(D)*	cum tempore/c.t.
à l'heure juste ; à 9 h précises	sine tempore/s.t. ; 9 Uhr s.t.
à fixer avec les étudiants	nach Vereinbarung (n.V.)
les vacances intersemestrielles	die Semesterferien *pl*
le tableau d'affichage	das schwarze Brett
l'affichage *m*	der Aushang, ¨e
consulter le tableau d'affichage	s./siehe Aushang
l'amphi(théâtre) *m*	der Hörsaal, säle
○ **le cours**	die Lehrveranstaltung, en
le cours magistral	die Vorlesung, en
s'inscrire à un cours	eine Vorlesung belegen
suivre un cours	eine Vorlesung besuchen
assister à un cours	eine Vorlesung hören
aller à un cours	zu einer Vorlesung gehen*, i, a
sécher un cours *(fam)*	eine Vorlesung schwänzen *(fam)*
Deux cours se chevauchent/ ont lieu à la même heure.	Zwei Vorlesungen kollidieren miteinander.
le cours *(enseignement suivi)*, **le stage**	der Kursus/Kurs, e, der Lehrgang, ¨e
le cours passerelle *(D)*	der Brückenkurs, e
faire/donner un cours	eine Vorlesung halten, ie, a, ä
enseigner ex cathedra	dozieren
le cours inaugural	die Antrittsvorlesung, en
le séminaire *(D)*/**le groupe d'études**	das Seminar, e
le séminaire pour étudiants débutants *(D)*	das einführende Seminar, das Proseminar (PS)
le séminaire pour ét. avancés	das Ober-/Hauptseminar (HS)
spécialisé	fachspezifisch
interdisciplinaire	interdisziplinär, fächerübergreifend
le cours magistral interdisciplinaire	die Ringvorlesung, en
le groupe de travail	die Arbeitsgemeinschaft, en/ die Arbeitsgruppe, n (AG)
les travaux dirigés/TD	die Übung *(in kleinen Gruppen)*

les travaux pratiques/TP	die praktischen Übungen *fpl*, das Praktikum, a *(innerhalb der Hochschule)*
l'exposé *m*	das Referat, e
faire un exposé	ein Referat halten, ie, a, ä
le mémoire	die schriftliche Hausarbeit, en
le mémoire de fin d'études *(D)*	die Diplomarbeit, en
le colloque, l'épreuve orale sous forme d'entretien	das Kolloquium, ien
les cours groupés/bloqués sur une période	die Blockveranstaltungen *fpl*
le (cours) polycop(ié)	das Skript, en
le cahier de cours	das Kollegheft, e
prendre des notes	sich Notizen machen
○ **l'étudiant** *m*	der Student, en, en
l'étudiant régulièrement inscrit	der ordentliche Studierende *(adj)*
d'étudiant(s), des étudiants	studentisch, Studenten-
faire des études supérieures	studieren
étudier le droit	Jura studieren
suivre les cours de droit du Professeur X	bei Professor X Jura hören
le camarade d'études	der Kommilitone, n, n
la camarade d'études	die Kommilitonin, nen
l'étudiant de première année	der Studienanfänger, -
être en 3e année d'études	im 5./6. Semester sein
l'association *f* **d'étudiants**	die Studentenverbindung, en
l'ancien *m*	der Ehemalige *(adj)*
la chanson d'étudiant	das Studentenlied, er
la contestation universitaire	der Studentenprotest, e
○ **le cursus, la filière**	der Studiengang, ¨e
l'organisation *f* **des études**	der Aufbau des Studiums
la réglementation des études	die Studienordnung, en
la durée minima des études	die Regelstudienzeit
la limitation de la durée des études	die Studienzeitbegrenzung, en
les études courtes	der Kurzstudiengang, ¨e, das Schmalspurstudium *(péj)*
la propédeutique/ l'introduction *f* **aux études**	das Studium generale
la spécialisation	das Fachstudium
la discipline	das Studienfach, ¨er
théorique ; axé sur la pratique	theoretisch ; praxisnah
la discipline obligatoire	das Haupt-/das Pflichtfach, ¨er
la disc. optionnelle/à option	das Wahlpflichtfach
la discipline libre	das Wahlfach
○ **le cycle d'études**	der Studienabschnitt, e
le premier cycle	das Grundstudium
l'examen *m* **intermédiaire** *(D)* *(après 4 semestres = DEUG)*	die Zwischenprüfung/die Vorprüfung/ das Vordiplom
le deuxième cycle *(licence + maîtrise)*	das Hauptstudium
le changement de filière	der Fachrichtungswechsel
interrompre ses études	ein Studium unterbrechen, a, o, i
l'abandon *m* **des études**	der Studienabbruch
○ **le 3e cycle**	das Graduiertenstudium
les études de spécialisation	das Aufbaustudium
le cursus "post-graduate"	der Aufbaustudiengang, ¨e
les études supplémentaires	das Zusatzstudium
les études complémentaires	das Ergänzungsstudium
le recyclage *(à l'université)*	das Kontaktstudium
les études approfondies	das Vertiefungsstudium
la formation permanente	die Weiterbildung
○ **le doctorat**	die Promotion, en
permettre l'inscription au doc.	zur Promotion berechtigen
les études doctorales	das Promotionsstudium
l'école doctorale	das Graduiertenkolleg/ Promotionskolleg, s
le thésard	der Doktorand, en, en
un docteur en herbe	ein Doktor in spe
le directeur de thèse, le patron de thèse	der Doktorvater
le rapporteur	der Referent, en, en
l'examinateur *m*	der Prüfer, -
le jury de soutenance	der Promotionsausschuss, ¨e
soutenir sa thèse, être reçu docteur	promovieren
la thèse de doctorat	die Doktorarbeit, en/ die Dissertation, en
la note à coefficient *(D)*	die gewichtete Note, n
les épreuves orales de l'examen du doctorat *(D)*	das Rigorosum, sa/ die Doktorprüfung, en
la soutenance	die Disputation, en
la mention	die Gesamtnote, die Bewertung
le grade de docteur (1)	der Doktorgrad, die Doktorwürde
le doctorat d'État *(anc)*, **l'habilitation** *f* **à diriger des recherches**	die Habilitation, en

l'examen

● **l'examen** *m*	die Prüfung, en, das Examen, -
l'examen d'admission	die Aufnahmeprüfung
la réglementation des examens	die Prüfungsordnung
l'épreuve *f* **anonyme**	die anonyme Prüfung
l'écrit *m*	das Schriftliche
les épreuves écrites	die schriftliche Prüfung
la copie d'examen	die Prüfungsarbeit, en
l'oral *m*	das Mündliche
les épreuves orales	die mündliche Prüfung
s'inscrire à un examen	sich zur Prüfung melden
la session d'examen *(F)*	die Examensperiode, n
la date de l'examen	der Prüfungstermin, e
ne pas se présenter à l'examen	nicht zum Prüfungstermin erscheinen*, ie, ie
le jury d'examen	der Prüfungsausschuss, ¨sse
le président du jury	der Prüfungsvorsitzende *(adj)*
le correcteur *(écrit)*	der Prüfer, - *(schriftliche Prüfung)*
l'examinateur *m (oral)*	der Prüfer *(mündliche Prüfung)*
examiner qn (en qc)	jdn (in etwas) prüfen
le contrôle des connaissances	die Leistungskontrolle, n
continu ; ponctuel	Studien begleitend ; punktuell
le contrôle continu *(F)*	die Studien begleitende Prüfung
l'attestation *f* **de participation**	der Seminarschein, e *(D)*
l'unité *f* **de valeur (UV), le module**	die Studien-, Lehreinheit, en *(F)*
capitalisable	anrechenbar
la matière à examen	das Prüfungsfach, ¨er
l'épreuve écrite (surveillée)/ le devoir sur table	die Klausur, en
le candidat (à l'examen)	der Prüfungskandidat, en, en
se présenter à un examen	sich einer Prüfung unterziehen, o, o
passer un examen	eine Prüfung ab~legen/machen
l'examen partiel/le partiel	die Teilprüfung, en
l'examen terminal *(groupé)*	die Blockprüfung
l'examen de fin d'année	die Jahresabschlussprüfung
le sujet d'examen	das Prüfungsthema, men

la question d'examen	die Prüfungsfrage, n
interroger un candidat	einen Kandidaten prüfen
la question	die Frage, n
la question subsidiaire	die Zusatzfrage
poser des questions à qn	jdm Fragen stellen
interrompre qn par une quest.	jdm eine Zwischenfrage stellen
la réponse ; répondre	die Antwort, en ; antworten
répondre à une question	eine Frage beantworten
connaître la réponse	die Antwort wissen, u, u, ei
répondre du tac au tac	schlagfertig antworten
poser une colle *(fam)*	eine Fangfrage stellen
sécher *(fam)*	keine Antwort wissen
sécher à l'examen *(fam)*	bei der Prüfung völlig versagen
remettre copie blanche	ein leeres Blatt ab~geben, a, e, i
la note	die Note, n/ die Zensur, en
(v. Enseignement - Examens, p. 67)	
○ **les résultats** *m*	die Ergebnisse *npl*
proclamer	bekannt~geben, a, e, i
être admissible	zur mündlichen Prüfung zugelassen
l'admissibilité *f*	die Zulassung zur mündl. Prüfung
la réussite aux examens	der Studienerfolg, e
être reçu à un examen	die Prüfung bestehen, a, a
passer *tr* **avec succès**	glänzend bestehen
la mention	das Prädikat, e
être ajourné, être refusé	eine Prüfung nicht bestehen
être collé à l'examen	bei der Prüfung durch~fallen*, ie, a, ä
coller un candidat	einen Prüfling durchfallen lassen
le pourcentage des échecs	die Durchfallquote, n
se représenter à un examen	eine Prüfung wiederholen
redoubler une année	ein Studienjahr wiederholen
la peur des examens	die Prüfungsangst
○ **le diplôme**	das Diplom, e
l'examen de fin d'études	die Abschlussprüfung, en
la sanction des études	der Studienabschluss, ¨e
déboucher sur un diplôme	mit einem Diplom ab~schließen, o, o
délivrer un diplôme	ein Diplom verleihen, ie, ie
la collation (de grade)	die Verleihung eines Grades
le grade universitaire	der akademische Grad, e
le titre universitaire	der akademische Titel, -
la formation universitaire	die akademische Bildung
(qui a une formation universitaire)	der Akademiker, -
le certificat	das Prüfungszeugnis, se
le diplôme d'études universitaires générales/DEUG	*(Abschlussdiplom des Grundstudiums der Geisteswissenschaften)*
la licence	*(Vordiplom + 2 Hauptseminarscheine)*
la maîtrise *(4 années d'études)*	die Diplom(haupt)prüfung
le diplôme d'études approfondies/DEA	*(Hochschulexamen vor der Promotion)*
le dipl. d'études supérieures spécialisées/DESS	*(Postgraduierten-Diplom)*
le magistère *(université)*	*(dreijähriger Sonderstudiengang mit Praktika nach dem DEUG)*
le mastère *(grandes écoles)*	*(einjähriges Aufbaustudium)*
(diplôme de fin d'études du 2e cycle Faculté des Lettres)(D)	der Magister Artium
l'examen *m* **d'État** *(D)*	das Staatsexamen
○ **l'étudiant diplômé** *(mininum 8 semestres d'études)*	der Graduierte *(adj)*
(étudiant qui a terminé ou qui termine ses études)	der Hochschulabsolvent, en, en
le diplômé d'études économiques supérieures *(D)*	der Diplom-Volkswirt, e
le diplomé d'études commerciales supérieures *(D)* **; le diplomé d'une école supérieure de commerce/ESC** *(F)*	der Diplom-Kaufmann, leute
l'interprète diplômé	der Diplom-Dolmetscher, -

le cursus à finalité professionnelle

le cursus à finalité professionnelle	der berufsbezogene Studiengang, ¨e
l'institut universitaire spécialisé *(3 ans) (D)*	die Fachhochschule, n
IUP (Institut universitaire professionnalisé) *(4 ans)*	die fachorientierte Hochschule mit Praxisbezug *(8 Semester) (F)*
IUT (Institut universitaire de technologie) *(2 ans)*	die fachorientierte Hochschule *(4 Semester) (F)*
○ **les grandes écoles (2)**	die französischen Eliteschulen *fpl*
le concours d'entrée/ le concours d'admission	die Aufnahmeselektion, en/ die Ausleseprüfung, en
le classement selon le niveau de connaissances	die Einstufung, en
la (classe) prépa(ratoire)	die Vorbereitungsklasse, n
le bizut*(h)*	der Neuling, e
le bizutage (3)	das Aufnahmeritual, e
le major (de la promotion)	der Erste (seines Schuljahrgangs)
un esprit de corps	ein kollegialer Geist
l'association *f* **des anciens élèves**	die Vereinigung ehemaliger Schüler

Notes

(1) docteur en droit	Doktor der Rechte (Dr. jur.)
docteur en gestion	Doktor der Betriebswirtschaftslehre (Dr. oec.)
docteur ès lettres	Doktor der Philosophie (Dr. phil.)
docteur en médecine	Doktor der Medizin (Dr. med.)
docteur en médecine dentaire	Doktor der Zahnheilkunde (Dr. med. dent.)
docteur en pharmacie	Doktor der Arzneimittelkunde (Dr. pharm.)
docteur ès sciences économiques	Doktor der Wirtschaftswissenschaften (Dr. rer. oec.)
docteur ès sciences naturelles	Doktor der Naturwissenschaften (Dr. rer. nat., Doktor sc. nat.)
docteur ès sciences politiques	Doktor der politischen Wissenschaften (Dr. sc. pol.)
ingénieur-docteur	Doktor der Ingenieurwissenschaft (Dr. Ing.)

(2) École polytechnique/X, École des mines, École des ponts et chaussées, École centrale des arts et manufactures, ENA, Écoles normales supérieures, Saint Cyr, HEC, ESSEC, Écoles supérieures de commerce...

(3) Brimades traditionnelles organisées par des élèves de promotions antérieures que subissent les nouveaux admis à l'École. Cette tradition est aujourd'hui de plus en plus contestée.	Von den älteren Semestern veranstaltetes Aufnahmeritual, bei dem die Neulinge „ulkige" Schikanen ertragen müssen. Diese Tradition wird heute immer mehr in Frage gestellt.

„Habe nun, ach ! Philosophie,
Juristerei und Medizin,
Und leider auch Theologie
Durchaus studiert, mit heißem Bemühn.
Da steh' ich nun, ich armer Tor !
Und bin so klug als wie zuvor..."

« Philosophie, Droit, Médecine,
Théologie aussi, hélas !
J'ai tout étudié à fond avec un ardent effort.
Et me voici, pauvre fou,
Tout juste aussi avancé que naguère... »

Goethe, *Faust*, Première partie. Traduction Henri Lichtenberger.

5. LA SOCIOLOGIE

la sociologie

• **la sociologie**	die Soziologie
le sociologue	der Soziologe, n, n
la sociométrie	die Soziometrie
○ **la démoscopie**	die Meinungsforschung
l'institut de sondage	das Meinungsforschungsinstitut, e
effectuer un sondage d'opinion	eine Meinungsumfrage durch~führen
• **la démographie**	die Demographie
démographique	demographisch
la population	die Bevölkerung, en
la population sédentaire	die sesshafte Bevölkerung
la population sédentarisée	die sesshaft gewordene Bevölkerung
la population active, les actifs *m*	die Erwerbspersonen *fpl*
la population non active	die Nichterwerbspersonen
la population urbaine, rurale	die städtische, ländliche Bevölkerung
le citadin	der Stadtbewohner, -
le banlieusard	der Vorortbewohner
le rural	der Landbewohner
l'habitant *m*	der Einwohner, -
le nombre d'habitants	die Einwohnerzahl, en
l'habitant *m*, **l'occupant** *m*	der Bewohner, -
habiter, occuper	bewohnen
○ **le bureau de déclaration de résidence** *(D)*	das Einwohnermeldeamt, ¨er
la déclaration obligatoire du domicile	die Einwohnermeldepflicht
la déclaration de nouvelle domiciliation	die polizeiliche Anmeldung, en
le changement de domicile	die Ummeldung, en
la déclaration de départ	die polizeiliche Abmeldung, en
• **la nationalité**	die Staatsangehörigkeit, en
acquérir la natalité allemande	die deutsche Staatsangehörigkeit erwerben, a, o, i
avoir la double nationalité	die doppelte Staatsangehörigkeit besitzen, a, e, i
la naturalisation	die Einbürgerung, en
la patrie, le pays d'origine	das Vaterland, ¨er, das Heimatland, ¨er
être d'origine italienne	italienischer Herkunft sein
le compatriote	der Landsmann, leute
l'étranger *m (pays)*	das Ausland
l'étranger	der Ausländer, -
l'étranger *(au lieu)*	der Fremde *(adj)*
l'apatride *m*	der Staatenlose *(adj)*
le service des étrangers	die Ausländerbehörde, n
l'autorisation *f* **de séjour**	die Aufenthaltserlaubnis, se
à durée limitée, illimitée	befristet, unbefristet
le regroupement familial	der Nachzug von Familienangehörigen
le demandeur d'asile	der Asylbewerber, -
le réfugié politique	der Asylant, en, en
l'expulsion *f* **; expulsé**	die Ausweisung, en ; ausgewiesen
expulser qn	jdn aus dem Land/des Landes verweisen, ie, ie
• **la statistique démographique**	die Bevölkerungsstatistik, en
le recensement démographique	die Volkszählung, en
la densité démographique	die Bevölkerungsdichte
à population dense	dicht bevölkert/besiedelt
à population faible	dünn bevölkert/besiedelt
l'expansion *f* **démographique**	der Bevölkerungszuwachs
la régression démographique	der Bevölkerungsrückgang
le rajeunissement démographique	die Verjüngung der Bevölkerung
le vieillissement démographique	die Vergreisung der Bevölkerung
la natalité	die Geburtenzahl
la dénatalité	der Geburtenrückgang
la surnatalité	der Geburtenüberschuss
le surpeuplement	die Überbevölkerung
l'espérance *f* **de vie**	die Lebenserwartung
la mortalité	die Zahl der Todesfälle, die Sterblichkeit
la mortalité infantile	die Kindersterblichkeit
• **l'immigration** *f*	die Einwanderung
l'immigrant *m*	der Einwanderer, -
l'immigré *m*	der Eingewanderte *(adj)*
la population immigrée	die eingewanderte Bevölkerung
le quota d'immigration	das Einwanderungskontingent, e
le pays d'immigration	das Einwanderungsland, ¨er
le pays d'accueil	das Aufnahmeland, das Gastland
l'émigration *f*	die Auswanderung, die Abwanderung
émigrer ; l'émigré *m*	aus~wandern* ; der Auswanderer, -
le travailleur immigré	der Gastarbeiter, -
le travailleur étranger	der ausländische Arbeitnehmer, -
la migration (saisonnière)	die (saisonbedingte) Wanderung
le recrutement, l'embauche *f*	die Anwerbung, en
recruter, embaucher	an~werben, a, o, i
l'arrêt *m* **de l'embauche**	der Anwerbestopp
le rapatriement, le retour	die Rückführung, en, die Heimkehr
l'indemnité *f* **de rapatriement**	die Rückkehrhilfe
○ **l'intégration (dans)**	die Integration (in+A)
l'assimilation *f*	die Assimilation, die Assimilierung
l'insertion sociale	die soziale Eingliederung
la norme	die Norm, en
la déviance	die Normabweichung, en
l'adaptation *f* **(à)**	die Anpassung (an+A)
s'adapter (à)	sich an~passen (an+A)
les difficultés *f* **d'adaptation**	die Anpassungsschwierigkeiten *fpl*
• **le racisme ; le raciste**	der Rassismus ; der Rassist, en, en
avoir des idées racistes	rassistisch eingestellt sein
l'antisémitisme *m*	der Antisemitismus
antisémite	judenfeindlich/antisemitisch
la xénophobie	die Ausländerfeindlichkeit
xénophobe	ausländerfeindlich
le chauvinisme	der Chauvinismus *(péj)*
être chauvin	chauvinistisch sein *(péj)*
le patriotisme cocardier	der Hurrapatriotismus
francophile ; germanophile	franzosen- ; deutschfreundlich
francophobe ; germanophobe	franzosen- ; deutschfeindlich
la haine raciale (contre)	der Rassenhass (gegen+A)
la discrimination raciale	die Rassendiskriminierung
la ségrégation raciale	die Rassentrennung
la purification ethnique	die ethnische Reinigung
• **la minorité**	die Minderheit, en
minorité ethnique, sexuelle	ethnische, sexuelle Minderheit
exclure (de)	aus~stoßen, ie, o, ö (aus+D)
l'exclu *m*	der Ausgestoßene *(adj)*
être rejeté	verstoßen werden
le groupe marginal	die Randgruppe, n
le marginal	der Aussteiger, -, der Außenseiter, -

jeter qn à la rue	jdn auf die Straße setzen
être sur le pavé	erwerbslos und obdachlos sein
le sans-logis, le SDF (sans domicile fixe)	der Obdachlose *(adj)*, der Nichtsesshafte *(adj)*
l'inadapté social	der Sozialauffällige *(adj)*
le clochard, le clodo *(fam)*	der Stadtstreicher, -
la clochardisation	dieVerlotterung
le foyer pour les sans-abri	das Obdachlosenheim, e

la société

• **la société**	die Gesellschaft, en
la communauté	die Gemeinschaft, en
l'ordre social, l'édifice social	die Gesellschaftsordnung, en
la structure sociale	die Gesellschaftsstruktur, en
la catégorie sociale, la couche sociale	die Gesellschaftsschicht, en
appartenir à	an~gehören +D
la classe sociale	die Gesellschaftsklasse, n
le changement social	der soziale Wandel
la société ouverte, fermée	die offene, geschlossene Gesellschaft
la société bloquée	die blockierte Gesellschaft
la mobilité sociale	die soziale Mobilität
la socialisation	die Sozialisierung
la tension sociale	die soziale Spannung, en
le conflit	der Konflikt, e
les avantages sociaux acquis	die sozialen Errungenschaften *fpl*
les privilèges acquis	die bestehenden Privilegien *npl*
être privilégié, être favorisé	privilegiert sein
supprimer les privilèges	die Privilegien beseitigen, ab~schaffen
l'égalité *f* **; l'inégalité** *f*	die Gleichheit ; die Ungleichheit
l'égalité des chances	die Chancengleichheit
la justice sociale	die soziale Gerechtigkeit
l'injustice *f*	die Ungerechtigkeit, en
juste ; injuste	gerecht ; ungerecht
l'ascension sociale	der soziale Aufstieg
la régression sociale	der soziale Abstieg
le rang social	die gesellschaftliche Stellung
tenir son rang	standesgemäß leben
la classe dirigeante	die Führungsschicht, en
la classe dominante	die herrschende Klasse
l'élite *f* **; élitiste**	die Elite, n ; elitär
le gratin *(fam)*	die Prominenz *(fam)*
la classe moyenne	der Mittelstand
la classe ouvrière	der Arbeiterstand, die Arbeiterklasse
la société de classes	die Klassengesellschaft
la lutte des classes	der Klassenkampf
l'exploitation *f*	die Ausbeutung
l'aliénation *f*	die Entfremdung
le prolétariat	das Proletariat
le sous-prolétariat	das Subproletariat
la société sans classes	die klassenlose Gesellschaft
la catégorie socio-professionnelle	die Stellung im Erwerbsleben
la société de consommation	die Konsumgesellschaft
la société d'abondance	die Überflussgesellschaft
la société de gaspillage	die Wegwerfgesellschaft
• **la richesse**	der Reichtum, ¨er
l'enrichissement *m*	die Bereicherung
s'enrichir ; riche	sich bereichern ; reich
vivre dans l'aisance	im Wohlstand leben
aisé, fortuné	wohlhabend, vermögend
le nouveau riche	der Neureiche *(adj)*
le revenu	das Einkommen
les revenus, les ressources *f*	die Einkünfte *pl*
aux gros revenus	einkommensstark
aux petits revenus	einkommensschwach
sans ressources	ohne Einkommen, mittellos
• **la pauvreté**	die Armut
l'appauvrissement *m*	die Verarmung
se restreindre, se priver	sich ein~schränken
se serrer la ceinture *(fam)*	den Riemen enger schnallen *(fam)*
pauvre, nécessiteux	arm, hilfsbedürftig
la misère	die Not, das Elend
être dans la misère	Not leiden, i, i
la mendicité	das Betteln, die Bettelei
réduire qn à la mendicité	jdn an den Bettelstab bringen, a, a
le mendiant	der Bettler, -
mendier, faire la manche *(fam)*	betteln

> im/in Geld schwimmen, a, o
> *rouler sur l'or/être tout cousu d'or*
>
> steinreich sein
> *être riche comme Crésus*
>
> in einer üblen Lage sein
> *être dans une mauvaise passe*
>
> am Hungertuch nagen
> *tirer le diable par la queue*
>
> vollkommen abgebrannt sein *(fam)*
> *être complètement fauché (fam)*

la famille

• **la famille**	die Familie, n
le chef de famille	das Familienoberhaupt, ¨ er
○ **le nom de famille, le nom patronymique**	der Familienname, ns, n
le nom de jeune fille	der Mädchenname
le prénom	der Vorname
le prénom usuel	der Rufname
le nom de baptême	der Taufname
le surnom	der Beiname
dit, surnommé	genannt
le pseudonyme	der Deckname
sous un nom d'emprunt	unter einem angenommenen Namen
avoir un sobriquet/un surnom	einen Spitznamen haben
donner son nom, se nommer	seinen Namen nennen, a, a
porter un nom	einen Namen führen
monsieur Untel/un tel	Herr Soundso
s'éteindre	erlöschen*, o, o, i
Un nom s'éteint.	Ein Name erlischt.
faire honneur à son nom	seinem Namen Ehre machen
garder l'incognito *m*	sein Inkognito wahren
taire son nom	seinen Namen verschweigen, ie, ie
voyager sous un faux nom	unter falschem Namen reisen*
inscrire son nom sur une liste	sich in eine Liste ein~tragen, u, a, ä
la liste nominative	die Namenliste, n
l'appel nominal	der Namensaufruf
faire l'appel	die Namen auf~rufen, ie, u/ verlesen, a, e, ie
Quel est votre nom ?	Wie ist Ihr Name ?
Comment t'appelles-tu ?	Wie heißt du ?
○ **fonder une famille**	eine Familie gründen
la monogamie	die Einehe/die Monogamie

monogame ; polygame	monogam ; polygam
la polygamie	die Mehrehe/die Polygamie
le polygame	der Polygamist, en, en
le patriarcat ; patriarcal	das Patriarchat, e ; patriarchalisch
le matriarcat ; matriarcal	das Matriarchat, e ; matriarchalisch
la famille nombreuse	die kinderreiche Familie
la famille nucléaire *(couple + enfants)*	die Kleinfamilie, die Kernfamilie
la famille élargie	die Großfamilie
le membre de la famille	das Familienmitglied, er
le parent	der (Familien)angehörige *(adj)*
les proches parents	die nächsten Angehörigen
les parents *m (père et mère)*	die Eltern *pl*
le père ; le papa	der Vater, ¨ ; der Vati, s, der Papa, s
paternel ; du côté paternel	väterlich ; väterlicherseits
mon père, mon paternel *(fam)*	mein alter Herr *(fam)*
la paternité	die Vaterschaft
le père putatif	der vermutliche Vater
reconnaître un enfant	ein Kind an~erkennen, a, a
élever un enfant	ein Kind groß~ziehen, o, o
la mère	die Mutter, ¨
la maman	die Mutti/Mami, s, die Mama, s
maternel ; du côté maternel	mütterlich ; mütterlicherseits
materner	bemuttern
une mère poule	eine überfürsorgliche Mutter
une mère dénaturée	eine Rabenmutter
● **l'enfant** *m, f*	das Kind, er
d'enfant, enfantin	kindlich
puéril	kindisch
l'enfant en bas âge	das Kleinkind, er
l'enfant à charge	das unterhaltsberechtigte Kind
l'enfant légitime	das eheliche Kind
l'enfant naturel, illégitime	das uneheliche Kind
légitimer un enfant	ein Kind als ehelich erklären
l'enfant unique	das Einzelkind, er
le jeune, l'adolescent *m*	der Jugendliche *(adj)*, der Halbwüchsige *(adj)*
le mineur	der Minderjährige
mineur *(adj)*	minderjährig, unmündig
l'enfant de l'Assistance publique	das von der öffentlichen Fürsorge betreute Kind
abandonner un enfant	ein Kind aus~setzen
abandonné moralement	sittlich verwahrlost
l'abandon moral (d'un enfant)	die Vernachlässigung der Erziehungspflicht
être orphelin	verwaist sein
l'orphelin *m*, **l'orpheline** *f*	die Waise, n, das Waisenkind, er
la tutelle	die Vormundschaft
être sous tutelle	unter Vormundschaft stehen, a, a
le tuteur	der Vormund, e/¨er
le, la pupille	der, das Mündel, -
mettre qn sous curatelle	jdn entmündigen
émanciper	für mündig erklären
○ **l'enfant trouvé**	das Findelkind, er
être sans enfants	kinderlos sein
adopter un enfant	ein Kind adoptieren/an~nehmen, a, o, i
l'adoption *f*	die Adoption, en
l'enfant adoptif	das Adoptivkind, er
les parents adoptifs	die Adoptiveltern ; die Pflegeeltern
la gardienne d'enfants, la nourrice	die Tagesmutter
l'enfant confié en garde	das Pflegekind

○ **le fils ; le fiston** *(fam)*	der Sohn, ¨e ; das Söhnchen, -
le fils à papa	der Herrensohn, der Sohn von Beruf
l'enfant gâté, dorloté	das Schoßkind, er
choyer, gâter un enfant	ein Kind hätscheln, verwöhnen
le fils à sa mère	das Muttersöhnchen
l'enfant du premier lit	das Kind aus erster Ehe
l'enfant du conjoint	das Stiefkind
le beau-fils, la belle-fille	der Stiefsohn, ¨e ; die Stieftochter, ¨
la fille	die Tochter, ¨
les frères et soeurs	die Geschwister *pl*
le cadet, le benjamin	der Jüngere, der Jüngste *(adj)*
l'aîné *m*	der Ältere, der Älteste *(adj)*
le jumeau, la jumelle	der Zwilling, e
les triplés *m*	die Drillinge *mpl*
les quadruplés *m*	die Vierlinge *mpl*
le frère ; fraternel	der Bruder, ¨ ; brüderlich
la sœur	die Schwester, n
les grands-parents *m*	die Großeltern *pl*
le grand-père	der Großvater, ¨
le papi/le grand-papa/le pépé	der Opa, s
le grand-père maternel	der Großvater mütterlicherseits
la grand-mère	die Großmutter, ¨
la mamie/la bonne-maman/la grand-maman/la mémé	die Oma, s
la grand-mère paternelle	die Großmutter väterlicherseits
l'arrière-grand-père/le bisaïeul	der Urgroßvater
le trisaïeul	der Ururgroßvater
l'aïeul *m*/**l'ancêtre** *m*	der Ahn, en, en/der Vorfahr, en, en
l'arbre *m* **généalogique**	der Stammbaum, ¨e, die Ahnentafel, n
le généalogiste	der Ahnenforscher, -
○ **l'origine** *f*, **la provenance**	die Herkunft
la filiation, les origines *f*	die Abstammung
être d'origine allemande	deutscher Abstammung sein
descendre de qn	von jdm ab~stammen
être originaire de *(lieu)*	stammen aus + D
le descendant	der Nachkomme, n, n
faire souche	Nachkommen haben
la descendance	die Nachkommenschaft
le rejeton *(fam)*	der Sprössling, e *(fam)*
les jeunes *m*, **la relève**	der Nachwuchs
le petit-fils ; la petite-fille	der Enkel, - ; die Enkelin, nen
les petits-enfants *m*	die Enkelkinder *npl*
l'arrière-petit-fils *m*	der Urenkel
● **la parenté, les parents**	die Verwandtschaft, en
le degré de parenté	der Verwandtschaftsgrad, e
le parent ; être parent(s)	der Verwandte *(adj)* ; verwandt sein
un parent proche	ein naher Verwandter
une parente éloignée	eine entfernte Verwandte
la ligne directe	die gerade Linie
la consanguinité	die Blutsverwandtschaft
consanguin	blutsverwandt
la ligne collatérale	die Seitenlinie, n
l'oncle *m*, **le tonton** *(voc enf)*	der Onkel, -
la tante, la tata *(voc enf)*	die Tante, n
le neveu ; la nièce	der Neffe, n, n ; die Nichte, n
un neveu par alliance	ein angeheirateter Neffe
le petit-neveu	der Großneffe
le cousin	der Vetter, -/der Cousin, s
la cousine	die Cousine, n, die Base, n
le cousin germain	der Vetter ersten Grades
la parenté par alliance	die Verschwägerung

(parent) allié	verschwägert
les beaux-parents *m*	die Schwiegereltern *pl*
le beau-père	der Schwiegervater
la belle-mère	die Schwiegermutter
le gendre	der Schwiegersohn
la belle-fille, la bru	die Schwiegertochter
le demi-frère	der Stiefbruder
la demi-sœur	die Stiefschwester
le beau-frère	der Schwager, ¨
la belle-sœur	die Schwägerin, nen
○ **le personnel de maison**	das Hauspersonal
l'employée de maison	die Hausangestellte *(adj)*
le domestique	der Dienstbote, n, n
la bonne	das Dienstmädchen, -
la gouvernante	die Haushälterin, nen, die Wirtschafterin, nen
la cuisinière	die Köchin, nen
la bonne d'enfants, la nurse	das Kindermädchen, -
le précepteur	der Hauslehrer, -
la jeune fille au pair	das Au-pair-Mädchen, -
l'aide ménagère	die Haushaltshilfe, n
la femme de ménage	die Putzfrau, en, die Raumpflegerin, nen
le gardien	der Hausmeister, -
le chauffeur	der Chauffeur, e

le couple

• **le couple**	das Paar, e
tomber amoureux de qn	sich in jdn verlieben
être amoureux / épris (de qn)	verliebt sein (in jdn)
être follement amoureux	bis über die Ohren verliebt sein
être épris de qn	von jdm angetan/eingenommen sein
se toquer de qn *(fam)*	sich in jdn verknallen *(fam)*
s'enticher de qn, s'amouracher de qn *(péj)*	sich in jdn vernarren
Elle lui a tourné la tête.	Sie hat ihm den Kopf verdreht.
• **l'amour (fou, passionné)** *(v. sentiment, p. 57)*	die (leidenschaftliche) Liebe
l'amourette *f*	die Liebschaft, en
le flirt ; flirter	der Flirt, s ; flirten
faire de l'œil à qn *(fam)*	jdn an~peilen *(fam)*
l'aventure *f*, **la passade**	das Abenteuer, -, das Strohfeuer, -
volage	flatterhaft
C'est le coup de foudre.	Das ist Liebe auf den ersten Blick.
faire une touche *(fam)*	eine Eroberung machen
draguer *(fam)*	auf Eroberungen aus~gehen*, i, a
courir après qn *(fam)*	jdm nach~laufen*, ie, au, äu
jeter son dévolu sur qn	es auf jdn abgesehen haben
traquer qn, harceler qn	jdm nach~stellen
le harcèlement sexuel	die sexuelle Belästigung
le coureur (de jupons)	der Schürzenjäger, -
la coureuse	das Flittchen, -
allumer qn *(fam)*	jdn an~machen *(fam)*
le soupirant	der Verehrer, -
faire la cour à qn	jdm den Hof machen
la déclaration d'amour	die Liebeserklärung, en
faire des avances à qn	mit jdm anzubändeln versuchen
ne pas répondre aux avances de qn	jdm die kalte Schulter zeigen
séduire ; séduisant	verführen ; verführerisch
le séducteur	der Verführer, -
plaire à qn	jdm gefallen, ie, a, ä
accorder ses faveurs à qn	sich jdm hin~geben, a, e, i *(lit)*
avoir des relations intimes	intime Beziehungen haben
les relations sexuelles	der Geschlechtsverkehr
coucher/faire l'amour avec qn	mit jdm schlafen, ie, a, ä
la liaison amoureuse	das Liebesverhältnis, se
fréquenter qn	mit jdm verkehren/gehen*, i, a
l'amoureux *m*, **l'amant** *m*	der Liebhaber, -, der Geliebte *(adj)*
l'amante *f*, **la maîtresse**	die Geliebte, n, n, die Mätresse, n
être entièrement soumis à qn	jdm hörig sein, jdm verfallen sein
entretenir qn	jdn aus~halten, ie, a, ä *(pej)*
la vie commune	die Lebensgemeinschaft
vivre à deux ; la vie à deux	zu zweit leben ; die Zweisamkeit
vivre avec qn	mit jdm zusammen~leben
le compagnon, le concubin	der Lebensgefährte, n, n
la compagne, la concubine	die Lebensgefährtin, nen
le concubinage, l'union *f* **libre**	die nichteheliche Lebensgemeinschaft, die wilde Ehe *(vx)*
vivre ensemble maritalement	in einer Ehe ohne Trauschein leben
la situation de famille	der Familienstand
○ **le célibat**	die Ehelosigkeit
célibataire	ledig/unverheiratet
le célibataire	der Junggeselle, n, n, der Ledige *(adj)*
la vie de célibataire	das Junggesellenleben
un célibataire endurci	ein eingefleischter Junggeselle
la mère-célibataire	die ledige Mutter
(qui élève seul(e) un enfant)	der Alleinerzieher, -
la personne seule	der Alleinstehende *(adj)*, der Single, s
vivre seul	alleinstehend/ein Single sein
la solitude ; être seul	die Einsamkeit ; einsam sein
être passagèrement célibataire	Strohwitwe(r) sein

le mariage

la promesse de mariage	das Eheversprechen
se fiancer (avec qn)	sich verloben (mit jdm)
les fiancailles *f* **; être fiancé**	die Verlobung, en ; verlobt sein
la bague de fiancailles	der Verlobungsring, e
rompre ses fiancailles	sich entloben
• **le mariage** *(acte)*	die Heirat, en/die Eheschließung, en
le mariage *(état)*	die Ehe, n/der Ehestand
demander qn en mariage	jdm einen Heiratsantrag machen
accepter la demande	den Antrag an~nehmen, a, o, i
repousser la demande	den Antrag ab~weisen, ie, ie
le consentement	die Einwilligung, en
être éconduit	einen Korb bekommen, a, o
○ **le bureau de l'état civil**	das Standesamt, ¨er
l'officier *m* **de l'état civil**	der Standesbeamte *(adj)*
la publication des bans	das Aufgebot, e
le registre des mariages	das Heiratsbuch, ¨er
l'acte *m* **de mariage**	die Heiratsurkunde, n/ der Trauschein, e
se marier	(sich ver)heiraten
épouser qn, se marier avec qn	jdn heiraten
être marié (à qn)	(mit jdm) verheiratet sein
la célébration du mariage	die Trauung, en
le mariage civil	die standesamtliche Trauung/ die Zivilehe
le livret de famille	das Stammbuch, ¨er
le mariage religieux	die kirchliche Trauung
l'alliance *f*	der Trauring, e
l'agence matrimoniale	das Heiratsinstitut, e
le mariage d'amour/d'affinité	die Liebesheirat

le mariage de raison	die Vernunftehe
le mariage forcé	die Mussehe *(fam)*
le mariage de convenance	die Standesehe
le mariage d'intérêt	die Geldheirat
le mariage à l'essai	die Ehe auf Probe
le mariage blanc	die weiße Ehe
le mariage fictif	die Scheinehe, n
la mésalliance	die Missheirat
le mariage mixte *(religion)*	die Mischehe, n
○ **le contrat de mariage**	der Ehevertrag, ¨e
la communauté des biens	die Gütergemeinschaft, en
la communauté de participation aux acquêts	die Zugewinngemeinschaft
la communauté réduite aux acquêts	die Errungenschaftsgemeinschaft
la séparation des biens	die Gütertrennung
la dot ; le coureur de dot	die Mitgift, en ; der Mitgiftjäger, -
le trousseau	die Aussteuer, n
la liste de mariage	die Wunschliste, n
la corbeille de mariage	die Brautgeschenke *npl*
○ **la noce**	die Hochzeit, en
le jour des noces	der Hochzeitstag, e
le faire-part (de mariage)	die Vermählungsanzeige, n
être invité à un mariage	zu einer Hochzeit eingeladen sein
aller à un mariage	auf eine Hochzeit gehen*, i, a
être témoin au mariage de qn	jds Trauzeuge sein
assister à un mariage	einer Trauung bei~wohnen
le garçon d'honneur	der Brautführer, -
la demoiselle d'honneur	die Brautführerin, nen
le fiancé ; le (jeune) marié	der Bräutigam, e
la fiancée ; la mariée	die Braut, ¨e
les jeunes mariés *m*	die Neuvermählten *pl*
le voyage de noces	die Hochzeitsreise, n
la lune de miel	die Flitterwochen *fpl*
le mari	der (Ehe)mann, ¨er
la femme	die (Ehe)frau, en
l'époux *m*, **le conjoint**	der Gatte, n, n, der Ehegatte
l'épouse *f*, **la conjointe**	die Gattin, nen, die Ehegattin
la femme mariée	die verheiratete Frau
les conjoints *m*, **les époux** *m*	die Eheleute *pl*
le couple, le ménage	das Ehepaar, e
la vie de famille	das Familienleben
la vie commune	die häusliche Gemeinschaft
le foyer, l'intérieur *m*	das Heim, e
le ménage *(foyer)*	der Haushalt, e
le chef de famille	der Haushaltungsvorstand, ¨e
le soutien de famille	der Ernährer, -
la maîtresse de maison	die Hausfrau, en
une parfaite femme d'intérieur	eine tüchtige Hausfrau
l'homme au foyer	der Hausmann, ¨er

naissance et décès

• **la naissance ; naître**	die Geburt, en ; geboren werden
le bulletin de naissance	der Geburtsschein, e
l'acte *m* **de naissance**	die Geburtsurkunde, n
la déclaration de naissance, le faire-part de naissance	die Geburtsanzeige, n
le registre des naissances	das Geburtenbuch, ¨er, das Geburtsregister, -
la date de naissance	das Geburtsdatum, ten
○ **le baptême ; baptiser**	die Taufe, n ; taufen
les fonts baptismaux	das Taufbecken, -
tenir sur les fonts baptismaux	über die Taufe halten, ie, a, ä
le certificat de baptême	der Taufschein, e
le parrain ; la marraine	der Pate, n, n ; die Patin, nen
servir de parrain à qn	bei jdm Pate stehen, a, a
le filleul	das Patenkind, er
• **la mort**	der Tod
le lit de mort	das Sterbebett, en
le linceul, le suaire *(lit)*	das Leichentuch, ¨er
le cercueil	der Sarg, ¨e
la mise en bière	die Aufbahrung, en
le registre des décès	das Sterbebuch, ¨er
l'avis *m* **de décès**	die Todesanzeige, n
la nécrologie	der Nekrolog, e/der Nachruf, e
le nécrologue	der Nachrufverfasser, -
○ **l'inhumation** *f*	die Beerdigung, en
inhumer, enterrer	bestatten, beerdigen, begraben, u, a, ä
l'enterrement *m*	das Begräbnis, se
l'enterrement religieux	die kirchliche Bestattung, en
l'enterrement civil	ohne Geistlichen beerdigt werden
les obsèques *f*	die Beisetzung, en
les funérailles *f*	die Bestattung, en
les funérailles nationales	das Staatsbegräbnis
rendre les derniers honneurs	die letzte Ehre erweisen, ie, ie
mettre le drapeau en berne	die Flagge auf Halbmast setzen
le cortège funèbre	der Leichenzug, ¨e
les pompes *f* **funèbres**	das Bestattungsunternehmen, -
• **le cimetière**	der Friedhof, ¨e
la concession funéraire	die Grabkonzession, en
le crématorium	das Krematorium, ien
la crémation, l'incinération *f*	die Einäscherung, en
l'urne *f* **cinéraire**	die Aschenurne, n
les cendres *f*	die Asche
la tombe, le tombeau	das Grab, ¨er
la fosse ; le fossoyeur	die Grube, n ; der Totengräber, -
le caveau de famille	die Familiengruft, ¨e
la pierre tombale	der Grabstein, e
les ossements *mpl*	die Gebeine pl
la fosse commune	das Massengrab, ¨er
le monument funéraire	das Grabmal, ¨er
le mausolée	das Mausoleum, een
l'épitaphe *f*	die Grab(in)schrift, en
la couronne	der Kranz, ¨e
déposer une couronne sur la tombe	einen Kranz am Grabe nieder~legen
déposer des fleurs sur la tombe	Blumen aufs Grab legen
les condoléances *f*	das Beileid
exprimer ses condoléances à qn	jdm sein Beileid aus~sprechen, a, o, i, jdm kondolieren
Toutes mes condoléances.	(Mein) herzliches Beileid !
la famille (du défunt)	die Hinterbliebenen *pl (adj)*
plonger dans un deuil profond	in tiefe Trauer versetzen
porter le deuil (de qn)	(um jdn) trauern
prendre le deuil	Trauer tragen, u, a, ä
laisser un grand vide (dans)	eine große Lücke reißen (in +A)
le mariage posthume	die Eheschließung nach dem Tode
le veuf ; la veuve	der Witwer, - ; die Witwe, n
être veuf, veuve depuis ...	seit ... verwitwet sein
le veuvage *(être veuf, veuve)*	der Witwerstand ; der Witwenstand
• **le testament**	das Testament, e
testamentaire	testamentarisch, letztwillig
faire un testament	ein Testament machen
un testament olographe	ein eigenhändig geschriebenes Testament

authentique	notariell beglaubigt
le codicille d'un testament	der Anhang eines Testaments
révoquer un testament	ein Testament widerrufen, ie, u
disposer par testament	testamentarisch bestimmen
l'ouverture *f* **du testament**	die Testamentseröffnung
attaquer un testament	ein Testament an~fechten, o, o, i
l'exécuteur *m* **testamentaire**	der Testamentsvollstrecker, -
le legs	das Vermächtnis, se
la succession	der Nachlass, e/¨e
l'héritage *m*	die Erbschaft, en, das Erbe
l'héritier *m* **; le cohéritier**	der Erbe, n, n ; der Miterbe
coucher qn sur son testament	jdn als Erben einsetzen
l'héritier réservataire	der Pflichtteilsberechtigte *(adj)*
la part réservataire	der/das Pflichtteil, e
hériter (qc de qn)	(von jdm etw) erben
recueillir un héritage	eine Erbschaft an~treten, a, e, i
déshériter qn	jdn enterben
léguer par testament	testamentarisch vermachen
le légataire	der Vermächtnisnehmer, -
le partage	die Teilung, en
les droits *m* **de succession**	die Erbschaftssteuer

la séparation

avoir des ennuis familiaux	familiären Ärger haben
Le mariage a été un échec.	Die Ehe ist gescheitert.
un couple désuni	eine zerrütete Ehe
la désunion	die Zerrüttung
la scène de ménage	der Ehestreit, der Ehekrach *(fam)*
se disputer	sich streiten, i, i, sich zanken
faire subir des sévices *m* **à qn**	jdm Misshandlungen *fpl* zu~fügen
maltraiter	misshandeln
la fidélité ; l'infidélité	die Treue ; die Untreue
fidèle ; infidèle	treu ; untreu
l'adultère *m*	der Ehebruch
l'époux adultère	der Ehebrecher, -
l'épouse adultère	die Ehebrecherin, nen
la bigamie	die Doppelehe, n
tromper qn	jdn betrügen, o, o
le mari trompé, cocu *(fam)*	der betrogene Ehemann
cocufier qn *(fam)*	jdm Hörner auf~setzen *(fam)*
abandonner	verlassen, ie, a, ä, im Stich lassen
plaquer qn *(fam)*	jdn sitzen lassen, ie, a, ä *(fam)*
l'abandon *m* **du domicile**	das Verlassen der ehelichen Wohnung
rompre avec qn	mit jdm brechen, a, o, i
se détacher de qn	sich von jdm ab~wenden
faire chambre à part	getrennt schlafen, ie, a, ä
se séparer	sich trennen, auseinander gehen*, i, a
vivre séparé	getrennt leben
la séparation de corps	die Trennung von Tisch und Bett
un couple séparé	ein getrennt lebendes Paar
refuser de reprendre la vie commune	die eheliche Gemeinschaft ab~lehnen
le conseiller conjugal	der Eheberater, -
la tentative de conciliation	der Sühneversuch, e
la réconciliation	die Versöhnung/die Aussöhnung
renouer (avec qn)	wieder an~knüpfen (mit jdm)
• **le divorce**	die Ehescheidung, en
divorcer, demander le divorce	sich scheiden lassen, ie, a, ä
les causes *f* **du divorce**	die Scheidungsgründe *mpl*
être en instance de divorce	in Scheidung liegen, a, e
les torts réciproques/partagés	das beiderseitige Verschulden
être divorcé	geschieden sein
l'acte *m* **de divorce**	die Scheidungsurkunde, n
l'obligation *f* **alimentaire**	die Unterhaltspflicht
la pension alimentaire	die Alimente *pl,* das Unterhaltsgeld
verser une pension alimentaire	Alimente zahlen
l'autorité parentale	die elterliche Gewalt *(vx)*
la garde de l'enfant	die elterliche Sorge
avoir la garde de l'enfant	das Sorgerecht haben
subvenir aux besoins de l'enfant	für den Unterhalt des Kindes sorgen
le droit de visite	das Besuchsrecht
le remariage	die Wiederverheiratung, en
se remarier	sich wieder verheiraten
le délai de viduité	die Wartezeit *(Wiederverheiratung)*
les obligations parentales	die elterlichen Pflichten *fpl*
l'éducation *f* **des enfants**	die Kindererziehung
○ **le fugueur ; faire une fugue**	der Ausreißer, - ; aus~reißen*, i, i
le centre d'accueil	das Auffangheim, e
l'éducateur *m* **de rue**	der Streetworker, -
la famille d'accueil	die Pflegefamilie, n
le placement familial	die Unterbringung in einer Pflegefamilie
le placement nourricier	das Pflegenest, er
le mineur placé	das Pflegekind, er
l'aide sociale à la jeunesse	die Jugendfürsorge

> Es gibt Zank und Streit im Hause.
> *Le torchon brûle.*
>
> Ich kenne ihn nur vom Namen her.
> *Je ne le connais que de nom.*
>
> Der Name tut nichts zur Sache.
> *Le nom ne fait rien à l'affaire.*
>
> ganz der Vater sein
> *être tout le portrait de son père*
>
> Der Apfel fällt nicht weit vom Stamm.
> *Tel père, tel fils.*
>
> Opas Kino
> *le cinéma de papa*
>
> Er fährt wie ein alter Opa.
> *Il conduit à la papa.*

l'âge

• **l'âge** *m*	das (Lebens)alter
la limite d'âge	die Altersgrenze
l'âge légal	das gesetzlich vorgeschriebene Alter
l'âge mental	das geistige Alter
l'âge nubile	das heiratsfähige Alter
être d'âge à se marier	heiratsfähig sein
l'âge requis	das erforderliche Alter
avoir l'âge voulu	das richtige Alter haben
l'âge de travailler	das erwerbsfähige Alter
l'âge de la retraite	das pensionsfähige Alter
un jeune de vingt ans	ein Zwanzigjähriger *(adj)*
un homme de trente ans	ein Dreißigjähriger
le quadragénaire	der Vierzigjährige/40-Jährige *(adj)*
le quinquagénaire	der Fünfzigjährige
le sexagénaire	der Sechzigjährige

le septuagénaire	der Siebzigjährige
l'octogénaire	der Achtzigjährige
le nonagénaire	der Neunzigjährige
le centenaire	der Hundertjährige
l'année *f* **de naissance ; la classe** *(service militaire)* **; la promo(tion)** *(école)* **; le millésime** *(vin)*	der Jahrgang, ¨e
la date de naissance	das Geburtsdatum, ten
le lieu de naissance	der Geburtsort, e
l'enfance *f*	die Kindheit
l'enfant *m*	das Kind, er
les enfantillages *m*	die Kindereien *fpl*
le bébé	das baby, s
le garçon	der Junge, n, n/der Bube, n, n *(sud)*
le petit garçon, le garçonnet	der kleine Junge
la fille	das Mädchen, -
la petite fille, la fillette	das kleine Mädchen
l'âge *m* **ingrat**	die Flegeljahre *npl*
la jeunesse	die Jugend(zeit)
jeune ; les jeunes (gens)	jung ; die jungen Leute *pl*
l'adolescence *f* **; juvénile**	das Jugendalter ; jugendlich
l'adolescent *m*	der Jugendliche *(adj)*, der Halbwüchsige *(adj)*
le jeune homme	der junge Mann
la jeune fille	das junge Mädchen
une jeune personne	eine junge Dame
la demoiselle	das Fräulein
mademoiselle *f (titre)*	Fräulein, Frau *(Anrede) (D)*
les jeunes générations *f*	der Nachwuchs
la minorité	die Minderjährigkeit
mineur	minderjährig
le mineur	der Minderjährige *(adj)*
la majorité ; être majeur	die Volljährigkeit ; volljährig sein
les adultes *m*, **les grandes personnes**	die Erwachsenen *(adj)*
adulte ; l'âge *m* **adulte**	erwachsen ; das Mannesalter
être dans la force de l'âge	im besten Mannesalter sein
mûr ; immature	reif ; unreif
dans la fleur de l'âge	in der Blüte der Jahre
un monsieur assez jeune	ein jüngerer Herr
○ **la vieillesse**	das (hohe) Alter, der Lebensabend
le troisième âge	die Senioren *mpl*
âgé, vieux	alt, bejahrt
prendre de l'âge	altern*, in die Jahre kommen*, a, o
le vieillissement	das Altern
vieillir *itr* **; rajeunir** *itr*	alt werden ; jünger werden
Il a brusquement vieilli.	Er ist plötzlich alt geworden.
vieillir *tr* **; rajeunir** *tr*	alt machen *tr* ; verjüngen *tr*
Cette coiffure vous rajeunit.	Diese Frisur macht Sie jünger.
une dame âgée	eine alte Dame
une dame d'un certain âge	eine ältere Dame
le vieillard	der Greis, e
la vieille femme	die Greisin, nen
les personnes âgées	die alten Leute *pl*
d'un âge avancé, canonique	bejahrt, betagt
le signe de vieillesse	die Alterserscheinung, en
alerte ; impotent	rüstig ; gebrechlich
mourir de vieillesse	an Alterschwäche sterben*, a, o, i
à soixante ans	mit 60 (sechzig) Jahren
dans sa soixantième année	im 60. (sechzigsten) Lebensjahr
du vivant de son père	zu Lebzeiten seines Vaters

Quel âge as-tu ?	Wie alt bist du ?
J'ai seize ans.	Ich bin sechzehn (Jahre alt).
Je vais avoir dix-sept ans.	Ich werde siebzehn.
Il va sur ses dix-sept ans.	Er wird siebzehn.
Quand êtes-vous né ?	Wann sind Sie geboren ?
Je suis né le 2 mars 1970.	Ich bin am 2. März 1970 geboren.
Où Goethe est-il né ?	Wo wurde Goethe geboren ?
Quel âge lui donnez-vous ?	Wie alt schätzen Sie ihn ?
Il a mon âge.	Er ist so alt wie ich.
Il est de mon âge.	Er ist in meinem Alter.
Il a quarante ans et plus.	Er ist über vierzig.
Il approche de la cinquantaine.	Er kommt in die fünfzig./Er geht auf die fünfzig zu.
Il ne paraît/fait pas son âge.	Man sieht ihm sein Alter nicht an.
Elle fait encore très jeune.	Sie wirkt noch immer jugendlich.
Place aux jeunes !	Nun sind die Jüngeren an der Reihe.

les fêtes

• **la fête**	das Fest, e
de fête ; un jour de fête	festlich ; ein festlicher Tag
la fête, la cérémonie	die Feier, n
solennel	feierlich
fêter, célébrer	feiern
célébrer une fête	ein Fest feiern
faire fête à qn	jdn feiern
dans la plus stricte intimité	im engsten Kreis
donner une fête	ein Fest, eine Fete *(fam)* geben, a, e, i
donner une réception	eine Gesellschaft geben, a, e, i
la surprise-partie	die Party, ties
la garden-party	das Gartenfest, e
le fêtard, le noceur *(fam)*	der Lebemann, ¨er *(péj)*
le jour férié légal	der gesetzliche Feiertag, e
le jour de fête religieuse	der kirchliche Feiertag
la fête religieuse	das Kirchenfest
l'Avent	der Advent/die Adventszeit
Noël ; à Noël	Weihnachten ; zu Weihnachten
la fête de Noël	das Weihnachtsfest
la nuit de Noël	der Heilige Abend/Heiligabend
la veille de Noël	der Weihnachtsabend
le 25 décembre	der 1./erste Weihnachtstag
le 26 décembre	der 2./zweite Weihnachtstag
la crèche de Noël	die Weihnachtskrippe, n
l'arbre *m*/**le sapin de Noël**	der Weihnachtsbaum, ¨e
décorer	schmücken
le père Noël	der Weihnachtsmann, ¨er
le chant de Noël	das Weihnachtslied, er
offrir qc à qn	jdm etw schenken
le cadeau de Noël	das Weihnachtsgeschenk, e
la distribution des cadeaux	die Bescherung, en
le réveillon de Noël	das Mitternachtsessen *(F)*
la Saint-Sylvestre	(der/das) Silvester, -
la nuit de la Saint-Sylvestre	der Silvesterabend/ die Silvesternacht
les confettis *m*	das Konfetti
les serpentins *m*	die Luftschlangen *fpl*
le pétard	der Knallfrosch, ¨e
le Nouvel An, le Jour de l'An	Neujahr, der Neujahrstag
les étrennes *f*	das Neujahrsgeschenk, e *(F)*
le jour des Rois/l'Épiphanie *f*	der Dreikönigstag
le carnaval	der Karneval, e/s *(Rhénanie)*/ der Fasching, e/s/die Fastnacht

le Lundi gras *(D)*	(der) Rosenmontag
le Mardi gras	(der) Fastnachtsdienstag
la cavalcade de carnaval	der Fastnachtsumzug, ¨e
le mercredi des Cendres	(der) Aschermittwoch
le dimanche des Rameaux	(der) Palmsonntag
la semaine sainte	die Karwoche
le jeudi saint	(der) Gründonnerstag
le vendredi saint	(der) Karfreitag
Pâques *f* **; à Pâques**	Ostern ; zu Ostern
l'œuf *m* **de Pâques**	das Osterei, er
la fête de Pâques	das Osterfest
le lundi de Pâques	(der) Ostermontag
la fête du travail (1er mai)	der Tag der Arbeit (1. Mai)
la Pentecôte ; à la Pentecôte	Pfingsten ; zu Pfingsten
la fête des Mères	der Muttertag
la fête des Pères	der Vatertag
la Fête-Dieu	Fronleichnam
l'Ascension *f*	Christi Himmelfahrt
l'Assomption *f*	Mariä Himmelfahrt
la Toussaint	Allerheiligen
le jour des morts	Allerseelen
• **la commémoration**	die Gedächtnisfeier/die Gedenkfeier
le monument	das Denkmal, ¨er
le monument aux morts	das Kriegerdenkmal
le mémorial	das Mahnmal, e
évoquer la mémoire de	gedenken, a, a +G
la plaque commémorative	die Gedenktafel, n
le discours commémoratif	die Gedenkrede, n
le timbre commémoratif	die Gedenkmarke, n
le centenaire	die Jahrhundertfeier/ die 100-Jahr-Feier
le bicentenaire	die 200-Jahr-Feier
commémorer solennellement	feierlich begehen, i, a
le millénaire	die Jahrtausendfeier/ die Tausendjahrfeier
l'escorte *f* **d'honneur**	das Ehrengeleit, e
la décoration	der Orden, -
décorer qn (de)	jdn aus~zeichnen (mit+D)
le dignitaire (de l'ordre)	der Ordensträger, -
le grade	der Ordensrang, ¨e
la fête de bienfaisance	das Wohltätigkeitsfest, e
sous le patronage de	unter der Schirmherrschaft von
la fête nationale	der Nationalfeiertag
la coutume ; la tradition	der Brauch, ¨e ; die Tradition, en
les traditions ; traditionnel	das Brauchtum ; traditionell
la fête patronale, la kermesse	die Kirchweih, en
les festivités *f*, **les réjouissances** *f*	die Festlichkeiten *fpl*
le comité des fêtes	der Festausschuss, ¨e
le festival	das Festspiel, e
pavoiser	beflaggen
le clou (de la fête)	der Höhepunkt, e
le feu d'artifice	das Feuerwerk, e
les grandes eaux	die Wasserspiele *npl*
les illuminations *f*	die Festbeleuchtung
organiser un défilé	einen Festumzug veranstalten
la retraite aux flambeaux	der Fackelzug, ¨e
la fête de la bière *(Munich)*	das Oktoberfest
l'anniversaire *m*	der Jahrestag, e
l'anniversaire *(de la naissance)*	der Geburtstag
la fête *(jour de la fête du saint)*	der Namenstag
présenter ses vœux à qn (pour)	jdm gratulieren (zu+D)
féliciter qn (de)	jdn beglückwünschen (zu+D)
rendre hommage à qn	jdn ehren
• **le prix**	der Preis, e
fonder un prix	einen Preis stiften
décerner qc à qn	jdm etw verleihen, ie, ie
la remise du prix	die Preisverleihung, en
le concours	die Preisausschreibung, en
Le prix a été attribué à X.	Der Preis wurde X zugesprochen.
la distinction	die Auszeichnung, en
le lauréat	der Preisträger, -
faire l'éloge du récipiendaire	die Laudatio halten, ie, a, ä
○ **porter un toast à l'invité**	den Gast hochleben lassen, ie, a, ä
lever son verre	sein Glas erheben, o, o
boire à la santé de qn	jdm zu~trinken, a, u, jdm zu~prosten

On m'a fait fête.	Ich wurde gefeiert.
faire la fête/la noce *(fam)*	ein tolles Leben führen
mener joyeuse vie	in Saus und Braus leben
être de la fête	mit dabei sein
Bon anniversaire.	Herzlichen Glückwunsch zum Geburtstag !
Toutes mes félicitations pour pour ton/votre succès.	Ich gratuliere dir/Ihnen zu deinem/Ihrem Erfolg !
Joyeuse fête !	Ein frohes Fest !
Joyeux Noël !	Fröhliche Weihnachten !
Bonne année !	Pros(i)t Neujahr !, Guten Rutsch (ins neue Jahr) ! *(fam)*
Tous nos vœux pour la nouvelle année !	Alles Gute zum Jahreswechsel !
Meilleurs vœux de bonheur, de santé et de succès pour la nouvelle année.	Viel Glück, Gesundheit und Erfolg im neuen Jahr !

loisirs et jeux

• **les loisirs** *m*	die Freizeit
le temps libre	die freie Zeit, die Freizeit
la société des loisirs	die Freizeitgesellschaft
la distraction, le divertissement	die Zerstreuung, en, die Unterhaltung
se distraire, se divertir	sich zerstreuen
en plein air	im Freien
l'organisation *f* **des loisirs**	die Freizeitgestaltung
le centre de vacances	das Ferienzentrum, ren
la colonie de vacances	die Ferienkolonie
l'animation *f* **; l'animateur** *m*	die Animation ; der Animateur, e
l'animateur socio-éducatif	der gruppenpädagogische Animateur
le moniteur	der Betreuer, -
le farniente ; paresser	das Nichtstun ; faulenzen
l'activité *f* **; l'inaction** *f*	die Tätigkeit, en ; die Untätigkeit
être actif ; être inactif	tätig sein ; untätig sein
être désœuvré	müßig sein
la monotonie ; monotone	die Eintönigkeit ; eintönig
l'ennui *m* **; ennuyeux**	die Langeweile ; langweilig
emmerdant, chiant *(vulg)*	kotzlangweilig *(vulg)*
s'ennuyer, s'embêter *(fam)*	sich langweilen
ennuyer qn	jdn langweilen
barber/raser qn *(fam)*	jdn an~öden *(fam)*
l'activité *f* **de loisir**	die Freizeitbeschäftigung, en
s'occuper (de)	sich beschäftigen (mit+D)
le passe-temps	der Zeitvertreib, e
l'occupation favorite	die Lieblingsbeschäftigung, en
se consacrer à son hobby	seinem Hobby nach~gehen*, i, a
le violon d'Ingres	das Steckenpferd, e

les centres *m* **d'intérêt**	die Interessengebiete *npl*
s'intéresser à	sich interessieren für+A
aimer faire qc	etw gern tun, a, a
• **le jeu**	das Spiel, e
jouer ; le joueur	spielen ; der Spieler, -
ne penser qu'à jouer	nur das Spielen im Kopf haben
le jeu individuel	das Einzelspiel, e
le jeu collectif	das Gemeinschaftsspiel, e
s'amuser	sich zerstreuen, sich amüsieren
l'amusement *m*	das Vergnügen
○ **le jeu d'enfant**	das Kinderspiel, e
l'aire *f* **de jeu**	das Spielgelände, -
le terrain de jeu	der Spielplatz, ¨e
le bac à sable	der Sandkasten, ¨, der Sandplatz, ¨e
le moule	das Sandförmchen, -
faire des pâtés *m* **de sable**	Sandkuchen *mpl* machen
construire un château de sable	eine Sandburg bauen
le parc d'attractions	der Vergnügungspark, s
• **le jouet**	das Spielzeug, e/-sachen
le jouet éducatif ; instructif	das Lehrspielzeug ; lehrreich
↓ **l'auto** *f* **à pédales**	das Tretauto, s
le baby-foot	der Tischfußball
la balançoire, l'escarpolette *f*	die Schaukel, n
la balançoire, le tape-cul	die Wippe, n
se balancer	schaukeln
la balle, le ballon	der Ball, ¨e
le ballon (rouge)	der (rote) Luftballon, s/e
le ballon de foot(ball)	der Fußball
jouer à la balle	Ball spielen
jouer au football	Fußball spielen
le terrain de foot *(fam)*	der Bolzplatz, ¨e *(fam)*
taper dans le ballon *(fam)*	bolzen *(fam)*
la bille ; l'agate *f*	die Murmel, n ; die Glasmurmel
jouer aux billes	Murmel spielen
la boîte à musique	die Spieluhr, en
jouer à cache-cache	Versteck spielen
le jeu de cache-cache	das Versteckspiel
le cerf-volant	der Drachen, -
le cerceau	der Reifen, -
le cheval à bascule	das Schaukelpferd, e
le circuit (auto)	die (Renn)bahnanlage, n
jouer à colin-maillard	Blindekuh spielen
le jeu de construction	der Baukasten, ¨
la corde à sauter	das Springseil, e
sauter à la corde	mit dem Seil springen*, a, u
le cube	der Bauklotz, ¨e
les échasses *f*	die Stelzen *fpl*
le frisbee™	das Frisbee, s
le guignol ; Guignol *m*	das Kasper(le)theater, - ; Kasper *m*
la marionnette *(à gaine)*	die Kasper(le)puppe, n
le kart	der Go-Kart, s
la maison de poupée	das Puppenhaus, ¨er
le modèle réduit	das Modell, e
radiotéléguidé	funkferngesteuert
la maquette d'avion	das Modellflugzeug, e
la construction de maquettes	der Modellbau
la marelle	das Hüpfspiel
jouer à la marelle	Himmel und Hölle spielen
la marionnette *(à fils)*	die Marionette, n
l'ours *m* **en peluche**	der Teddybär, en, en
la panoplie de cow-boy	die Cowboy-Garnitur, en
le pantin	der Hampelmann, ¨er
la pâte à modeler	die Knetmasse
les patins *m* **à roulettes**	die Rollschuhe *mpl*
la patinette	der Laufroller, -
la patinette à pédale	der Tretroller
le pistolet à amorce	die Knallpistole, n
l'amorce *f*	das Zündblättchen, -
la planche à roulettes	das Skateboard, s
le portique	das Klettergerüst, e
la poupée	die Puppe, n
jouer à la poupée	mit Puppen spielen
le jeu de saute-mouton	das Bockspringen
le soldat de plomb	der Bleisoldat, en, en
la toupie	der Kreisel, -
le train miniature	die Modelleisenbahn, en
le tricycle	das Dreirad, ¨er
le jeu vidéo	das Videospiel, e
le volant	der Federball, ¨e

• **le jeu de société**	das Gesellschaftsspiel, e
la règle du jeu	die Spielregel, n
respecter, observer	beachten
enfreindre les règles de jeu	gegen die Spielregeln verstoßen, ie, o, ö
le tricheur	der Falschspieler, -
tricher (au jeu)	falsch spielen, mogeln *(fam)*
les cartes truquées, biseautées	die gezinkten Karten *fpl*
les dés pipés	die gefälschten Würfel *mpl*
la cagnotte	die Spielkasse
le partenaire	der Partner, -
le gagnant ; gagner	der Gewinner, - ; gewinnen, a, o
le perdant ; perdre	der Verlierer, - ; verlieren, o, o
se faire battre (au jeu)	beim Spiel verlieren, o, o
jouer la belle	um die Entscheidung spielen
le tournoi	das Turnier, e
le jeu de combinaisons	das Denkspiel
○ **le jeu d'échecs**	das Schachspiel
jouer aux échecs	Schach spielen
faire une partie d'échecs	eine Partie Schach spielen
le championnat d'échecs	die Schachmeisterschaft, en
l'échiquier *m* **; la case**	das Schachbrett, er ; das Feld, er
la pièce	die Schachfigur, en ; der Stein, e
le roi ; la reine	der König, e ; die Dame, n/ Königin, nen
le fou ; le cavalier	der Läufer, - ; der Springer, -
la tour ; le pion	der Turm, ¨e ; der Bauer, n, n
le coup ; jouer un coup	der Zug, ¨e ; ziehen, o, o
À vous de jouer.	Sie sind am Zuge.
l'ouverture *f*	die Eröffnung, en
ouvrir la partie	die Schachpartie eröffnen
le roque	die Rochade, n
prendre une pièce	einen Stein schlagen, u, a, ä
la prise (en passant)	das Schlagen (en passant)
Échec au roi !	Schach dem König !
faire échec au roi	dem König Schach bieten, o, o
tenir qn en échec	jdn in Schach halten, ie, a, ä
la nullité ; le pat	das Remis, -/en ; das Patt, s
le mat	das Matt, s
échec et mat	schachmatt
○ **le jeu de dames**	das Damespiel
○ **jouer aux dames**	Dame spielen
le damier	das Damebrett, er

la dame ; le pion	die Dame, n ; der Stein, e
les dominos *m*	das Domino(spiel)
la pièce, le domino	der Dominostein, e
le trictrac	das Backgammon
les mots croisés	das Kreuzworträtsel, -
la grille	das Raster, -
faire des mots croisés	Kreuzworträtsel lösen
le cruciverbiste	der Kreuzworträtselfreund, e
le scrabble	das Scrabble, s
○ **le jeu d'adresse**	das Geschicklichkeitsspiel, e
le billard ; la table de billard	das Billard, s ; der Billardtisch, e
la bande ; le jeu de bande	die Bande, n ; das Bandenspiel
la boule, la bille	die Kugel, n
la queue	das/der Queue, s/ der Billardstock, ¨e
le billard américain	das Poolbillard
le billard électrique, le flip(per)	der Flipper, -
le jeu de quilles	das Kegelspiel
le bowling ; jouer aux quilles	die Bowlingbahn ; kegeln
la quille ; dresser les quilles	der Kegel, - ; die Kegel auf~stellen
renverser les quilles	die Kegel um~werfen, a, o, i
le jeu de boules	das Boulespiel
la boule ; le cochonnet	die Kugel, n ; die Zielkugel
la fléchette	der Wurfpfeil, e
• **le jeu de cartes**	das Kartenspiel, e
jouer aux cartes ; la partie	Karten spielen ; das Spiel, e
le joueur de cartes	der Kartenspieler, -
la carte	die (Spiel)karte, n
le pique	(das) Pik/(das) Grün
le carreau	(das) Karo/(das) Schellen
le trèfle	(das) Kreuz/(die) Eichel
le cœur	(das) Herz/(das) Cœur/(das) Rot
l'as *m* **; le carré d'as**	das Ass, Asse ; vier Asse
le roi ; la dame	der König, e ; die Dame, n
le valet ; la figure	der Bube, n ; die Figurenkarte, n
l'atout *m*	der Trumpf, ¨e
la couleur de l'atout	die Trumpffarbe
battre les cartes	die Karten mischen
couper *(les cartes)*	ab~heben, o, o *(die Karten)*
donner les cartes	die Karten geben, a, e, i, aus~teilen
la donne	das Geben
À qui la donne ?	Wer gibt ?
faire fausse donne	sich vergeben, a, e, i
le talon	der Stapel, der Talon
avoir du jeu	ein gutes Blatt haben
l'annonce *f*	die Ansage, n
abattre son jeu	die Karten auf den Tisch legen
étaler	auf~decken
avoir la main	die Vorhand haben
fournir	bedienen, bekennen, a, a
couper (avec un atout)	stechen, a, o, i (mit einem Trumpf)
la levée/le pli ; faire un pli	der Stich, e ; einen Stich machen
○ **le bridge**	das Bridge
le poker	der Poker
le jeu de tarots ; le tarot	das Tarockspiel ; das/der Tarock, s
la patience, la réussite	die Patience, n
le tour de cartes	das Kartenkunststück, e
• **le jeu de hasard**	das Glückspiel, e
tenter sa chance au jeu	sein Glück im Spiel versuchen
le casino, la maison de jeux	die Spielbank, en
le tripot	die Spielhölle, n
la passion du jeu	die Spielwut, die Spielleidenschaft
jouer pour de l'argent	um Geld spielen
l'enjeu *m*, **la mise**	der Einsatz, ¨e
jouer gros	hoch spielen
la dette de jeu	die Spielschuld, en
jouer (à) quitte ou double	alles aufs Spiel setzen
la martingale	die Gewinnstrategie, n
la roulette	das Roulett, e/s
le jeton, la plaque	die Spielmarke, n
le baccara	das Bakkara
l'appareil *m* **à sous**	der Spielautomat, en, en
le jeu de dés ; jouer aux dés	das Würfelspiel ; würfeln, knobeln
le dé ; le coup de dés	der Würfel, - ; der Wurf, ¨e
le nombre de points	die Augenzahlen *fpl*
le cornet	der Würfelbecher, -
○ **la loterie ; le tirage**	die Lotterie, n ; die Ziehung, en
le billet	das Los, e
le gain	der Gewinn, e
le numéro gagnant	die Gewinnnummer, n
le gros lot	der Haupttreffer, -
gagner le gros lot	das Große Los ziehen, o, o
le loto ; le loto sportif	das Lotto, s ; das Fußballtoto
la course de chevaux	das Pferderennen, -
l'hippodrome *m*	die Pferderennbahn, en
le pari ; parier	die Wette, n ; wetten
le PMU (Pari Mutuel Urbain)	*(die Annahmestelle für Rennwetten)*
le tiercé ; le quarté	die Dreierwette ; das Rennquartett, e

la fête populaire

• **la fête populaire**	das Volksfest, e
la foire	der Jahrmarkt, ¨e
le champ de foire	der Jahrmarktsplatz, ¨e
la fête foraine	der Rummelplatz, ¨e
la baraque, le stand	die Bude, n, der Stand, ¨e
le jeu de massacre	die Wurfbude, n
la baraque de tir	die Schießbude, n
le bonimenteur de foire	der Marktschreier, -
la diseuse de bonne aventure	die Wahrsagerin, nen
dire la bonne aventure à qn	jdm wahrsagen
lire dans les lignes de la main	aus der Hand lesen, a, e, ie
la tireuse de cartes	die Kartenlegerin, nen
tirer les cartes à qn	jdm die Karten legen
la roue de la fortune	das Glücksrad, ¨er
les montagnes *f* **russes**	die Achterbahn, en
le train fantôme	die Geisterbahn, en
la grande roue	das Riesenrad, ¨er
le manège de chevaux de bois	das Kinderkarussell, e/s
faire un tour de manège	Karussell fahren*, u, a, ä
le toboggan	die Rutschbahn, en
l'auto tamponneuse	der (Auto)skooter, s
• **le cirque (ambulant)**	der (Wander)zirkus, se
dresser/monter le chapiteau	das Zirkuszelt auf~schlagen, u, a, ä
l'artiste *m* **de cirque**	der Zirkuskünstler, -/ der Artist, en, en
les gens du voyage	die Zirkusleute *pl*
l'enfant de la balle	das Artistenkind, er
présenter un numéro	eine Nummer vor~führen
la piste *f*	die Manege, n
l'écuyère *f*	die Kunstreiterin, nen
le clown, l'auguste *m*	der Clown, s, der dumme August, e
l'équilibriste *m*, **le funambule**	der Seiltänzer, -
la danseuse de corde	die Seiltänzerin, nen
le balancier	die Balancierstange, n

l'acrobate *m*	der Akrobat, en, en
l'échelle *f* **de corde**	die Strickleiter, n
le trapéziste	der Trapezkünstler, -
le trapèze volant ; le filet	das Trapez, e ; das Schutznetz, e
l'illusionniste *m*	der Zauberkünstler, -
le prestidigitateur	der Taschenspieler, -
le tour de magie	das Zauberkunststück, e
le tour de prestidigitation/ de passe-passe	der Taschenspielertrick, s
escamoter, faire disparaître	weg~zaubern
le jongleur ; jongler	der Jongleur, e ; jonglieren
l'avaleur *m* **de sabre**	der Schwertschlucker, -
le cracheur de feu	der Feuerschlucker, -
le ventriloque	der Bauchredner, -
l'hercule *m* **de foire**	der Kraftmensch, en, en
le tour de force	der Kraftakt, e
le dompteur ; la dompteuse	der Dompteur, e ; die Dompteuse, n
le fouet	die Peitsche, n
la chambrière	die Dressurpeitsche
le numéro de dressage	die Dressurnummer, n
la ménagerie ; la cage	die Tierschau ; der Käfig, e
○ **la corrida, la course de taureaux**	der Stierkampf, ¨e
le taureau (de combat)	der (Kampf)stier, e
l'arène *f*	die Arena, nen
le torero, le matador	der Stierkämpfer, -, der Matador, e
l'écarteur *m*	der Tuchschwenker, -
la muleta	die Muleta, s
le picador ; la pique	der Lanzenreiter, - ; die Lanze, n
le banderillero	der Banderillo, s
la banderille	die Banderilla, s
porter l'estocade *f*	den Todesstoß versetzen

comme en se jouant	mit spielerischer Leichtigkeit
jouer cartes sur table	mit offenen Karten spielen
cacher son jeu	sich nicht in die Karten gucken lassen, ie, a, ä
tirer son épingle du jeu	sich aus der Affäre ziehen, o, o
se piquer au jeu	das Spiel nicht auf~geben, a, e, i
travailler sans filet *(fig)*	Risiken ein~gehen*, i, a
faire le clown, le pitre	den Hanswurst machen, spielen
disparu comme par enchantement	wie weggezaubert

la communication - parler

• **la communication**	die Kommunikation, die Verständigung
être communicatif	aufgeschlossen, gesprächig sein
le besoin de communiquer	das Mitteilungsbedürfnis
communiquer qc à qn, faire part de qc à qn	jdm etw mit~teilen
faire savoir que ...	mit~teilen, dass ...
notifier	amtlich mit~teilen
informer qn (de)	jdn benachrichtigen (über+A)
raconter qc à qn	jdm etw erzählen
comprendre	verstehen, a, a ; begreifen, i, i
piger *(fam)*	kapieren *(fam)*
l'intelligibilité *f*, **la clarté**	die Verständlichkeit
se mettre à la portée de qn	sich für jdn verständlich aus~drücken
se faire comprendre	sich verständlich machen
incompréhensible	unverständlich
le malentendu, la méprise	das Missverständnis, se
mal comprendre	missverstehen, a, a
• **parler**	sprechen, a, o, i, reden
dire	sagen
la parole	das Wort, e
prendre, avoir la parole	das Wort ergreifen, i, i, haben
donner, retirer la parole à qn	jdm das Wort erteilen, entziehen, o, o
La parole est à M. X.	Das Wort hat Herr X !
○ **l'élocution** *f*	die Sprechweise
la facilité d'élocution	die Zungenfertigkeit
avoir la parole facile	redegewandt sein
avoir la langue bien pendue	ein gutes Mundwerk haben
ne pas avoir la langue dans sa poche	nicht auf den Mund gefallen sein
articuler	deutlich aus~sprechen, a, o, i
à haute voix	mit lauter Stimme
parler distinctement	deutlich sprechen, a, o, i
à haute et intelligible voix	laut und deutlich
crier ; le cri	schreien, ie, ie ; der Schrei, e
hurler, gueuler *(fam)*	laut schreien, brüllen
parler bas, à voix basse	leise sprechen
parler moins fort, plus fort	leiser, lauter sprechen
baisser la voix	die Stimme senken
chuchoter	flüstern, tuscheln
murmurer	murmeln
grommeler, marmonner	(vor sich) brumme(l)n
murmurer entre ses dents	in den Bart brummen
○ **parler de**	sprechen/reden über+A, von+D
s'entretenir (de)	sich unterhalten, ie, a, ä (über+A)
parler à/avec qn	mit jdm sprechen, reden
Il faut que je te parle.	Ich muss mit dir reden.
avec conviction	mit (dem Brustton der) Überzeugung
parler sans conviction	nicht überzeugend sprechen
parler sans réfléchir	kopflos daher~reden
peser ses mots	seine Worte auf die Goldwaage legen
se décider à parler	mit der Sprache heraus~rücken*
parler sans notes	frei, ohne Konzept sprechen
perdre le fil de ses idées	aus dem Konzept kommen*, a, o
ne plus trouver ses mots	nach Worten ringen, a, u
J'ai le mot sur la langue.	Das Wort liegt mir auf der Zunge.
Ma langue a fourché.	Ich habe mich versprochen.
○ **le trouble du langage**	die Sprachstörung, en
le défaut d'élocution	der Sprachfehler, -
le défaut de prononciation	der Aussprachefehler, -
des propos incohérents	abgerissene Worte *npl*
une voix chevrotante	eine zitternde Stimme
d'une voix hésitante	mit stockender Stimme
saccadé	abgehackt
s'enrouer à force de parler	sich heiser reden
une voix rauque, éraillée	eine rauhe, heisere Stimme
une voix sourde	eine klanglose, tonlose Stimme
bafouiller	undeutlich reden
parler indistinctement	nuscheln
le bègue	der Stotterer, -
bégayer ; le bégaiement	stottern ; das Stottern
balbutier ; bredouiller	lallen ; stammeln
zézayer, avoir un cheveu sur la langue *(fam)*	lispeln
le zézaiement	das Lispeln
parler du nez, nasiller	durch die Nase sprechen, näseln
une voix nasillarde	eine näselnde Stimme

la conversation

• **la conversation, l'entretien** *m*	das Gespräch, e, die Unterhaltung
avoir un entretien avec qn	mit jdm ein Gespräch führen
s'entretenir (de)	sich unterhalten, ie, a, ä, (über+A)
se parler longuement	sich lange unterhalten, ie, a, ä
le dialogue	das Zwiegespräch, e
le monologue	das Selbstgespräch, e
la causerie, la conversation	die Plauderei, en
causer (avec)/bavarder (avec)	plaudern (mit+D)
converser à bâtons rompus	zwangslos plaudern
○ **la rumeur**	das Gerücht, e
les racontars *m*	das Gerede
les palabres ; palabrer	das Palaver, - ; palavern
Le bruit court que ...	Es heißt, dass ...
de bouche à oreille	von Mund zu Mund
Selon lui, ...	Er meint, dass ...
le ragot, le potin *(fam)*	der Klatsch, der Tratsch *(fam)*
cancaner	tratschen
la commère	die Klatschbase, n *(fam, péj)*
les commérages *m*	die Klatscherei
la médisance	die üble Nachrede, n
être une mauvaise langue	eine böse Zunge haben
dire du mal de qn	über jdn her~ziehen*, o, o *(fam)*
dénigrer qn, débiner qn *(fam)*	jdn schlecht~machen
dire pis que pendre de qn	kein gutes Haar an jdm lassen, ie, a, ä
la calomnie	die Verleumdung, en
calomnier qn	jdn verleumden
○ **le bavardage**	das Geschwätz, das Geplapper
bavarder	schwatzen, klatschen, plappern
le bavard ; bavard	der Schwätzer, - ; geschwätzig
papoter	klönen *(nord)*, plauschen *(fam)*
le radotage ; radoter	die Faselei, en *(fam)* ; faseln
parler à tort et à travers	ins Blaue hinein~reden
le verbiage	das Geschwafel, das Gewäsch
ébruiter, divulguer, colporter	aus~plaudern, weiter~sagen
Le mot m'a échappé.	Das Wort ist mir entschlüpft.
la confidence	die vertrauliche Mitteilung
confidentiel	vertraulich
se confier à qn	sich jdm an~vertrauen
mettre qn dans la confidence	jdn ins Vertrauen ziehen, o, o
être dans la confidence	das Geheimnis kennen, a, a
la discrétion ; discret	die Verschwiegenheit ; verschwieg
• **le silence**	das (Still)schweigen
se taire (sur)	schweigen, ie, ie (über+A)
le secret professionnel	die Schweigepflicht
rompre le silence	das Schweigen brechen, a, o, i
silencieux ; muet	schweigsam ; stumm
garder le silence (sur)	nichts sagen (über+A)
muet comme une tombe	stumm wie ein Grab
ne pas souffler mot	kein Sterbenswörtchen sagen
sans parler de	ganz zu schweigen von+D
passer qc sous silence	etw verschweigen
garder pour soi	für sich behalten, ie, a, ä
tenir sa langue *(fam)* **; avoir la bouche cousue**	den Mund halten, ie, a, ä *(fam)*
faire taire qn	jdn zum Schweigen bringen, a, a
Tais-toi !, Taisez-vous !	Sei still !, Seien Sie still !
Motus !	Still !
Chut !	Ps !, Pscht !, Pst !, Stille !
Ta gueule ! *(grossier)*	Halt's Maul ! *(derb)*
cesser de parler	verstummen
être interloqué	sprachlos sein
rester coi	sprachlos da~stehen, a, a
taciturne ; être peu loquace	schweigsam ; wortkarg sein
Il a perdu sa langue.	Er hat die Sprache verloren.
ne pas dire un mot	den Mund nicht auf~machen
réprimer une remarque	eine Bemerkung unterdrücken

la discussion

• **la discussion ; le débat** *(v. la pensée, p. 49)*	die Diskussion, en ; die Debatte, n
discuter de qc	über etw reden, etw erörtern
On peut en discuter.	Darüber lässt sich reden.
discuter, débattre	diskutieren, debattieren
la discussion porte sur	die Diskussion dreht sich um+A
discuter de/sur qc	besprechen, a, o, i *tr*
le tour d'horizon	der Gesamtüberblick
délibérer (de)	beraten, ie, a, ä (über+A)
réfléchir pour savoir si ...	beraten, ob ...
s'entendre avec qn sur qc	mit jdm etw bereden
l'échange *m* **de vues**	der Meinungsaustausch, e
• **l'opinion** *f*, **l'avis** *m*	die Meinung, en
être d'avis que ...	der Meinung sein, dass ...
exprimer une opinion	eine Meinung äußern
défendre une opinion	eine Meinung vertreten, a, e, i
à mon avis, selon moi	meiner Meinung nach
de son point de vue	von seiner/ihrer Sicht aus
une affaire d'opinion	eine Ansichtssache, n
l'opinion d'autrui	die Meinung der anderen
le qu'en-dira-t-on	das Gerede der Leute
s'exprimer (sur)	sich äußern (zu+D/über+A)
prendre position (sur)	sich aus~sprechen, a, o, i (über+A)
la prise de position	die Stellungnahme, n
éviter de prendre position	sich nicht fest~legen
la façon de penser	die Einstellung, en
la justification	die Rechtfertigung, en
se justifier	sich rechtfertigen
tenir compte de qc	etw berücksichtigen
l'argument *m* **; argumenter**	das Argument, e ; argumentieren
Il en ressort que ...	Daraus geht hervor, dass ...
avancer des arguments	Argumente vor~bringen, a, a
un argument de poids	ein schwerwiegendes Argument
valable ; ne pas tenir	stichhaltig ; nicht stichhaltig sein
un argument spécieux	ein Scheinargument
○ **la conviction**	die Überzeugung, en
convaincre qn (de ; par)	jdn überzeugen (von+D ; durch+A)
persuader	überreden
convaincant ; convaincu	überzeugend ; überzeugt
faire volte-face	seine Meinung plötzlich ändern
changer d'opinion	seine Meinung ändern
ne pas démordre de son opinion	auf seiner Meinung bestehen, a, a
se ranger à l'avis de qn	jdm zu~stimmen
○ **la question**	die Frage, n
poser une question à qn	eine Frage an jdn richten/stellen
interroger/questionner qn (sur)	jdn fragen/befragen (nach+D)
demander qc à qn	jdn nach etw fragen
presser qn de questions	jdn mit Fragen überhäufen
tirer les vers du nez à qn *(fam)*	jdn aus~horchen
faire parler qn (de force)	jdn zum Reden zwingen, a, u
○ **la réponse (à)**	die Antwort, en (auf+A)
répondre qc à qn	jdm etw antworten

Que répondriez-vous à cela ?	Was würden Sie darauf antworten ?
avoir réponse à tout	nie um eine Antwort verlegen sein
répondre à une question	eine Frage beantworten
répliquer qc à qn	jdm etw entgegnen
rétorquer que	entgegnen, dass
être prompt à la riposte	nicht auf den Mund gefallen sein
répondre du tac au tac	schlagfertig antworten
l'esprit *m* **d'à-propos**	die Schlagfertigkeit
• **l'accord** *m*	die Zustimmung, en
être d'accord (avec)	einverstanden sein (mit+D)
souscrire à qc	etw billigen
approuver qc	einer Sache zu~stimmen
être de l'avis de qn	jdm bei~stimmen
Je suis de votre avis pour dire que ...	Ich stimme mit Ihnen überein, dass ...
se rallier à une opinion	sich einer Meinung an~schließen, o, o
tomber d'accord	einig werden
tomber d'accord avec qn	mit jdm überein~kommen*, a, o
partager une opinion	eine Meinung teilen
être du même avis sur qc	gleicher Meinung über etw sein
avec votre accord/ assentiment	mit Ihrer Zustimmung
○ **la restriction**	die Einschränkung, en, der Vorbehalt, e
avoir raison en principe	im Prinzip recht haben
Il ne faut pas oublier que ...	Man darf nicht vergessen, dass ...
avoir raison en apparence	nur anscheinend recht haben
la généralisation	das Pauschalurteil, e, die Verallgemeinerung, en
distinguer	unterscheiden, ie, ie
établir des distinctions	Unterscheidungen treffen, a, o, i
l'objection *f*	der Einwand, ¨e
objecter qc (à)	etw ein~wenden, a, a/ *faible* (gegen+A)
soulever une objection	einen Einwand erheben, o, o
réfuter une objection	einen Einwand widerlegen
○ **le désaccord**	die Meinungsverschiedenheit, en
être d'un avis différent	anderer Meinung sein
être en désaccord avec qn (sur)	mit jdm (über+A) nicht einig sein
contredire qn	jdm widersprechen, a, o, i
Je ne peux pas admettre que ...	Ich kann nicht ein~sehen, dass ...
le refus, le rejet ; refuser	die Ablehnung ; ab~lehnen
la contestation	die Anfechtung, en
contester	an~fechten, o, o, i
l'interruption *f*	die Unterbrechung, en
interrompre	unterbrechen, a, o, i
couper la parole à qn	jdm ins Wort fallen*, ie, a, ä
ne pas laisser parler qn	jdn nicht zu Wort kommen lassen, ie, a, ä
clouer le bec à qn *(fam)*	jdm den Mund stopfen (*fam)*

la vie associative

• **l'association** *f*	der Verein, e
le membre	das Mitglied, er
adhérer (à)	bei~treten*, a, e, i (+D)
le bulletin d'adhésion	die Beitrittserklärung, en
l'affiliation *f*	die Mitgliedschaft, en
le club, le cercle	der Klub, s
l'union *f*, **le groupement**	die Vereinigung, en
la fédération, l'association *f*	der Verband, ¨e
la société d'utilité publique	die gemeinnützige Gesellschaft
le siège	der Sitz
le bureau	der geschäftsführende Ausschuss, ¨e
les statuts	die Satzung, en
la cotisation	der Beitrag, ¨e
le trésorier	der Schatzmeister, -
le bulletin	das Mitteilungsblatt, ¨er
la séance, la réunion	die Sitzung, en
la réunion	die Besprechung, en
le groupe de travail	die Arbeitsgruppe, n
le comité	der Ausschuss, ¨e
la commission	die Kommission, en
la conférence	die Konferenz, en
la session/la réunion	die Tagung, en
le congrès	der Kongress, e
l'assemblée (plénière)	die (Voll)versammlung, en
tenir une réunion	eine Tagung ab~halten, ie, a, ä
la convocation	die Einberufung, en
l'invitation *f*	die Einladung, en
participer à/prendre part à	teil~nehmen, a, o, i, an+D
être empêché	verhindert sein
se faire représenter	sich vertreten lassen, ie, a, ä
le président	der Präsident, en, en/ der Vorsitzende *(adj)*
le président d'âge	der Alterspräsident
la présidence	der Vorsitz, e
présider la séance	den Vorsitz führen
par roulement	turnusgemäß
le secrétaire de séance	der Protokollführer, -
le compte rendu (de séance)	das (Sitzungs)protokoll, e
la feuille de présence	die Anwesenheitsliste, n
l'allocution *f* **de bienvenue**	die Begrüßungsansprache, n
le discours d'ouverture	die Eröffnungsrede, n
l'orateur *m*	der Redner, -
l'ordre *m* **du jour**	die Tagesordnung, en
inscrire à l'ordre du jour	in die T. auf~nehmen, a, o, i
figurer à l'ordre du jour	auf der T. stehen, a, a
le rapport (d'activité)	der (Tätigkeits)bericht, e
demander la parole	sich zu Wort melden
rappeler à l'ordre	zur Ordnung rufen, ie, u
mettre qc aux voix	über etw ab~stimmen lassen, ie, a, ä
le vote	die Abstimmung, en
voter (sur)	ab~stimmen (über+A)
l'interruption *f* **de la séance**	die Unterbrechung der Sitzung
l'ajournement *m*	die Vertagung , en
clore, lever la séance	die Sitzung schließen, o, o

le stratège du Café du Commerce	der Stammtischstratege, n, n
Cessez ces messes basses !	Hört mit der Tuschelei auf !
Cela ne tient pas debout.	Das ist alles Mumpitz. *(fam)*
Vous en parlez à votre aise.	Sie haben gut reden !
ne pas mâcher ses mots	kein Blatt vor den Mund nehmen, a, o, i
Ce sont des mots en l'air.	Das ist nur leeres Gerede.
parler pour ne rien dire	leeres Stroh dreschen, i, o, o
parler de la pluie et du beau temps	von belanglosen Dingen reden
À qui croyez-vous parler ?	Mit wem sprechen Sie überhaupt ?
Vous ne parlez pas sérieusement ?	Das kann doch nicht Ihr Ernst sein ?
Mais c'est absurde.	Das ist doch (glatter) Unsinn.
Je ne comprends pas vos réserves.	Ich verstehe Ihre Vorbehalte nicht.

casser les oreilles à qn	jdm die Ohren voll blasen, ie, a, ä
Il dit vraiment n'importe quoi.	Der faselt sich was zusammen.
Il n'y a pas un mot de vrai.	Es ist kein wahres Wort daran.
J'en suis resté stupéfait.	Es hat mir die Sprache verschlagen.
On n'en croit pas ses oreilles.	Hast du da noch Worte ?

les relations sociales

• **les relations sociales**	die sozialen Beziehungen *fpl*
le milieu (social)	der Kreis, e
le contact ; ouvert	der Kontakt, e ; kontaktfreudig
entrer en relations avec qn	mit jdm in Beziehungen treten*, a, e, i
mettre en relations	in Verbindung setzen
être en relations avec qn	mit jdm in Verbindung stehen, a, a
rompre les relations	die Beziehungen ab~brechen, a, o, i
avoir de nombreuses relations	einen großen Bekanntenkreis haben
avoir des relations	Beziehungen haben
le protecteur	der Gönner, -
protéger ; le protégé	beschützen ; der Schützling, e
influent	einflussreich
avoir le bras long *(fam)*	einen langen Arm haben *(fam)*
le favoritisme	die Günstlingswirtschaft
le népotisme	die Vetternwirtschaft
avoir du piston *(fam)*	Vitamin B haben *(fam)*
On l'a pistonné. *(fam)*	Man hat ihn geschoben. *(fam)*
connaître qn	jdn kennen, a, a
connaître qn de réputation	jdn vom Hörensagen kennen, a, a
faire la connaissance de qn	jdn kennen lernen
s'adresser à qn	sich an jdn wenden, a, a
aborder qn, adresser la parole à qn	jdn an~reden
devenir très familier	sehr vertraulich werden
garder ses distances	Abstand wahren
distant	zurückhaltend
renfermé ; raide	verschlossen ; steif
être collet monté	zugeknöpft, unzugänglich sein
les présentations *f*	die Vorstellung
présenter qn à qn	jdm jdn vor~stellen
tenir compagnie à qn	jdm Gesellschaft leisten
être d'une compagnie agréable	ein angenehmer Gesellschafter sein
être accompagné	begleitet sein
○ **la rencontre**	die Begegnung, en
rencontrer qn *(par hasard)*	jdm begegnen*
croiser qn	jdm über den Weg laufen*, ie, a, ä
rencontrer qn *(intentionnel)*	sich mit jdm treffen, a, o, i
se rencontrer, se retrouver	sich treffen
aller chercher qn	jdn ab~holen
envoyer chercher qn	jdn abholen lassen
la visite ; le visiteur	der Besuch, e ; der Besucher, -
annoncer sa visite	sich an~sagen
annoncer, notifier sa visite	seinen Besuch an~kündigen
faire une visite à qn	jdm einen Besuch ab~statten
être en visite chez qn	bei jdm zu Besuch sein
aller voir qn	jdn besuchen
fréquenter une école	eine Schule besuchen
visiter une ville, un musée	eine Stadt, ein Museum besichtigen
• **l'ami** *m* **; le camarade**	der Freund, e ; der Kamerad, en
l'ami d'enfance	der Jugendfreund
le collègue	der Kollege, n, n
le copain *(fam)*, **le pote** *(pop)*	der Kumpel, - *(fam)*
l'amitié *f*	die Freundschaft, en
amical	freundschaftlich
la camaraderie	die Kameradschaft, en
se lier d'amitié avec qn	sich mit jdm befreunden
être très lié avec qn	mit jdm eng befreundet sein
être amis intimes	miteinander befreundet sein
(se) vouvoyer	(sich) siezen
le vouvoiement	das Siezen
(se) tutoyer ; le tutoiement	(sich) duzen ; das Duzen
fraterniser avec qn en trinquant	mit jdm Bruderschaft trinken, a, u
(proposer le tutoiement à qn)	jdm die Bruderschaft an~bieten, o, o
(passer au tutoiement)	Bruderschaft schließen, o, o
être à tu et à toi avec qn	miteinander auf du und du sein
la fréquentation	der Verkehr, der Umgang
fréquenter qn	mit jdm verkehren
• **la dispute, la querelle**	der Streit
se disputer, se quereller	sich zanken, sich streiten, i, i
l'humeur querelleuse	die Streitsucht
querelleur	streitsüchtig, zänkisch
se crêper le chignon *(fam)*	sich in der Wolle liegen, a, e *(fam)*
se chamailler *(fam)*	sich kabbeln *(fam)*
la bagarre	die Schlägerei, en
chercher querelle	Streit suchen
la brouille ; (se) brouiller	die Entzweiung ; (sich) entzweien
regarder qn de travers	jdn schief an~sehen, a, e, i
être pète(-)sec *(fam)*, **cassant**	kurz angebunden sein *(fam)*
revêche	kratzbürstig *(fam)*
la séparation ; se séparer	die Trennung, en ; sich trennen
perdre qn de vue	jdn aus den Augen verlieren, o, o
être en bons termes avec qn	gut miteinander stehen, a, a
être en froid avec qn	jdm aus dem Wege gehen, i, a
en vouloir à qn	auf jdn böse sein
○ **pardonner qc à qn**	jdm etw verzeihen, ie, ie, jdm etw vergeben, a, e, i
excusable, pardonnable	entschuldbar *(personne)*, verzeihlich *(acte)*
un acte impardonnable	eine unverzeihliche Handlung
la réconciliation	die Versöhnung, en
irréconciliable	unversöhnlich
se réconcilier avec qn	sich mit jdm versöhnen
la concorde	die Eintracht
s'entendre	sich verstehen, a, a/ sich vertragen, u, a, ä
• **le savoir-vivre**	das gute Benehmen, die Lebensart
le comportement	das Benehmen, das Verhalten
la décence, les convenances *f*	der Anstand
l'étiquette *f*	die Etikette
la préséance	der Vorrang
avoir le pas sur qn	den Vorrang vor jdm haben
la considération, le prestige	das Ansehen
la réputation	der Ruf
être discrédité	in Verruf kommen*, a, o
le tact	das Taktgefühl, der Takt
les bonnes manières	die Umgangsformen *fpl*
la politesse, la courtoisie	die Höflichkeit, en
échanger des politesses	Höflichkeiten aus~tauschen
poli, courtois	höflich
avoir une bonne éducation, être bien élevé	gut erzogen sein
manquer de savoir-vivre	keine Lebensart haben
se conduire mal	sich schlecht betragen, u, a, ä
le compliment	das Kompliment, e
la flatterie	die Schmeichelei, en

flatter qn	jdm schmeicheln
faire des courbettes à qn	um jdn/vor jdm scharwenzeln *(fam)*
ramper devant qn, faire de la lèche à qn *(pop)*	vor jdm kriechen*, o, o
la lèche *(pop)*	die Speichelleckerei, die Kriecherei
○ **l'impolitesse** *f* **; impoli**	die Unhöflichkeit ; unhöflich
une mauvaise habitude	eine Unart
le manque de tact	die Taktlosigkeit
manquer de tact	taktlos sein
être mal élevé	unerzogen sein
Il est inconvenant de ...	Es gehört sich nicht, zu ...
Quel mufle !	So ein Flegel !
la grossièreté ; grossier	die Grobheit, en ; grob, derb
le goujat, le grossier personnage	der Grobian, e
indécent ; ordurier	unanständig ; schmutzig
se couvrir de honte	sich blamieren
commettre un impair	einen Fehler begehen, i, a
faire une gaffe/une bourde/une boulette *(fam)*	einen Schnitzer machen, einen Bock schießen, o, o *(fam)*
le faux pas	der Fauxpas, -
le quiproquo	die Verwechs(e)lung, en
la méprise	das Versehen
le malentendu	das Missverständnis, se
faire un lapsus	sich versprechen, a, o, i
un propos déplacé	eine unangebrachte Äußerung
inconvenant, déplacé	geschmacklos, fehl am Platz
déranger qn	jdn stören, jdm ungelegen kommen
le dérangement	die Störung, en, die Belästigung, en
importuner qn, casser les pieds à qn *(fam)*	jdn belästigen
le trouble-fête, le rabat-joie	der Spielverderber, -
ne pas mâcher ses mots à qn	mit jdm Fraktur reden
l'offense *f*, **l'injure** *f*	die Beleidigung, en
offenser qn ; injurieux	jdn beleidigen ; beleidigend
vexer qn, froisser qn	jdn kränken
se formaliser de qc	etw übel~nehmen, a, o, i
s'offenser	sich beleidigt fühlen
se vexer, prendre la mouche	pikiert sein, ein~schnappen* *(fam)*
• **le salut**	die Begrüßung, en, der Gruß, ¨e
dire bonjour à qn, saluer qn *(paroles ou geste)*	jdn grüßen
souhaiter le bonjour à qn	jdm einen guten Tag wünschen
Bonjour.	Guten Tag ! Guten Morgen !
Bonsoir. Bonne nuit.	Guten Abend ! Gute Nacht !
saluer qn *(solennellement)*	jdn begrüßen
souhaiter la bienvenue à qn	jdn willkommen heißen, ie, ie
les paroles *f* **de bienvenue**	die Begrüßungsworte *npl*
demander des nouvelles de qn	sich nach jdm erkundigen
transmettre les salutations *f*	Grüße aus~richten
embrasser qn, donner l'accolade à qn	jdn umarmen
donner un baiser à qn	jdm einen Kuss geben, a, e, i
embrasser qn sur la joue	jdn auf die Wange küssen
le baisemain	der Handkuss, ¨e
donner, serrer la main à qn	jdm die Hand geben, drücken
la poignée de main	der Händedruck, ¨e
prendre congé (de qn)	sich (von jdm) verabschieden
brûler la politesse à qn	sich heimlich verdrücken *(fam)*
filer à l'anglaise	sich auf französisch empfehlen, a, o, i
Au revoir !	Auf Wiedersehen ! Tschüs ! *(fam)*
À bientôt !	Bis bald !
Adieu !	Lebe wohl !
• **l'invitation** *f*	die Einladung, en
inviter qn à une soirée	jdn zu einer Party ein~laden, u, a, ä
la tenue de soirée	die Abendkleidung
inviter qn à manger	jdn zum Essen ein~laden
inviter qn à prendre un pot *(fam)*	jdn zu einem Glas Bier, Wein ein~laden
l'hôte *m (celui qui reçoit)*	der Gastgeber, -
l'invité *m*, **l'hôte** *m*	der Gast, ¨e
des invités de choix	auserwählte/auserlesene Gäste
accepter, refuser l'invitation	die Einladung an~nehmen, a, o, i, ab~lehnen
la confirmation ; l'annulation *f*	die feste Zusage, n ; die Absage, n
décommander une invitation	eine Einladung rückgängig machen
le (lieu de) rendez-vous	der Treffpunkt, e, der Treff, s *(fam)*
la rencontre	die Zusammenkunft, ¨e
se rencontrer	sich treffen, a, o, i
fixer une date	ein Datum, einen Termin fest~setzen
• **le rendez-vous**	die Verabredung, en, der Termin, e
se donner rendez-vous	sich verabreden
convenir de qc avec qn	mit jdm etw aus~machen
comme convenu	wie verabredet
annuler un rendez-vous	eine Verabredung ab~sagen
poser un lapin à qn *(fam)*	jdn versetzen *(fam)*
manquer qn	jdn verfehlen
reporter un rendez-vous (à)	eine Verabredung verschieben, o, o (auf+A)
le prétexte ; prétexter	der Vorwand, ¨e ; vor~schützen
l'empêchement *m*	die Verhinderung, en
○ **l'excuse** *f*	die Entschuldigung, en
(s')excuser	(sich) entschuldigen
faire ses excuses à qn	sich bei jdm entschuldigen
avoir toujours de bonnes excuses	nie um eine Ausrede verlegen sein
une excuse grossière	eine faule Ausrede *(fam)*
une excuse cousue de fil blanc	eine fadenscheinige Ausrede
demander pardon à qn	jdn um Verzeihung bitten, a, e
○ **le remerciement**	der Dank
remercier qn (de qc)	sich bei jdm (für etw) bedanken, jdm (für etw) danken
la gratitude, la reconnaissance	die Dankbarkeit
reconnaissant	dankbar
témoigner de la reconnaissance	sich erkenntlich zeigen
ingrat	undankbar
l'ingratitude *f*	die Undankbarkeit
ne recueillir qu'ingratitude	nur Undank ernten

die Höflichkeitsformel, n
la formule de politesse

Ist Herr Müller zu sprechen ?
Puis-je parler à Monsieur Müller ?

Sie treffen es schlecht.
Vous tombez mal.

Mein Bruder lässt Sie grüßen.
Mon frère vous transmet ses salutations.

Grüßen Sie bitte Ihren Vater von mir.
Veuillez saluer votre père de ma part.

Darf ich Ihnen Gesellschaft leisten ?
Puis-je vous tenir compagnie ?

Darf ich mich vorstellen ?
Permettez-moi de me présenter.

Darf ich bekannt machen ?
Puis-je faire les présentations ?

Darf ich Ihnen Herrn X vorstellen ?
Permettez-moi de vous présenter Monsieur X.

Ich freue mich, Ihre Bekanntschaft zu machen.
Je suis très heureux de faire votre connaissance.

Es freut mich sehr./Angenehm.
Enchanté.

Legen Sie bitte Ihren Mantel ab !
Débarrassez-vous de votre manteau.

Darf ich Ihnen ein paar Blumen überreichen ?
Permettez-moi de vous offrir ces quelques fleurs.

Wie geht es Ihnen ? Wie geht's ?
Comment allez-vous ? Comment ça va ?

Darf ich mich verabschieden ?
Puis-je prendre congé ?

Es tut mir aufrichtig leid, aber ...
Je suis sincèrement désolé, mais ...

Seien Sie mir bitte nicht böse, aber ...
Ne m'en veuillez pas, mais ...

Entschuldigen Sie bitte, wenn ich Sie störe.
Excusez-moi de vous déranger.

Verzeihen Sie bitte ! Enschuldigung ! Verzeihung !
(Je vous demande) pardon.

Verzeihen Sie mir diese Ungeschicklichkeit.
Pardonnez-moi cette maladresse.

Nehmen Sie es mir bitte nicht übel !
Ne prenez pas cela en mauvaise part.

Ich bitte Sie !
Je vous en prie.

Entschuldigen Sie mich bitte bei Ihrem Herrn Vater. *(vx)*
Veuillez m'excuser auprès de monsieur votre père.

Empfehlen Sie mich bitte Ihrer Frau Mutter. *(vx)*
Veuillez transmettre mes hommages à madame votre mère.

Wir danken Ihnen für den angenehmen Abend.
Nous vous remercions pour cette agréable soirée.

Wir sind Ihnen sehr zu Dank verpflichtet.
Nous vous sommes très reconnaissants.

Ich werde mich revanchieren.
Je vous revaudrai cela.

IV. La Religion

la foi

• **la religion**	die Religion, en
la religion naturelle	die Naturreligion
la religion révélée	die Offenbarungsreligion
le déisme	der Deismus
le théisme	der Theismus
le monothéisme	der Monotheismus
le polythéisme	der Polytheismus
le panthéisme	der Pantheismus
le paganisme	das Heidentum
le païen ; païen	der Heide, n, n ; heidnisch
la théologie	die Theologie, n
le théologien	der Theologe, n, n
la preuve de l'existence de Dieu	der Gottesbeweis, e ; die Gotteserkenntnis
le dieu ; la déesse	der Gott, ¨er ; die Göttin, nen
la divinité ; divin	die Gottheit, en ; göttlich
diviniser	als Gott verehren ; vergotten
le culte	der Kult, e
la vénération ; vénérer	die Verehrung ; verehren
• **la foi, la croyance (en)**	der Glaube, (G ns) (an+A)
croire (en, à)	glauben (an+A)
la profession de foi / la confession de foi	das Glaubensbekenntnis
la religion, le culte	die Konfession, en
les religions chrétiennes	die christlichen Konfessionen
le dogme	das Dogma, men
la doctrine	die Lehre, n
déclarer appartenir à, professer *tr*	sich bekennen, a, a, zu+D
le croyant, le fidèle ; croyant	der Gläubige *(adj)* ; gläubig
le pratiquant ; pratiquant	der Kirchgänger, - ; praktizierend
le fondamentalisme	der Fundamentalismus
le fondamentaliste	der Fundamentalist, en, en
la spiritualité	die Geistigkeit
la religiosité	die Religiosität
la piété, la dévotion	die Frömmigkeit
pieux	fromm, gottesfürchtig
la fausse dévotion, la bigoterie	die Frömmelei
bigot, cagot	frömmelnd, bigott
la bigote *(péj)*, **la grenouille de bénitier** *(pop)*	die Betschwester, n *(péj)*
le tartuf(f)e ; la tartuf(f)erie	der Heuchler, - ; die Heuchelei, en
la secte	die Sekte, n
rejoindre une secte	einer Sekte bei~treten*, a, e, i
l'adepte *m*	der Anhänger, -
le sectarisme	das Sektierertum
le fanatisme	der Fanatismus
le fanatique ; fanatique	der Fanatiker, - ; fanatisch
le schisme	die Kirchenspaltung, en
la conversion	die Bekehrung, en
(se) convertir (à)	(sich) bekehren (zu+D)
se convertir à une religion	zu einer Religion über~treten*, a, e, i
embrasser une religion	eine Religion an~nehmen, a, o, i
le prosélytisme	der Bekehrungseifer
le prosélyte	der Neubekehrte *(adj)*
l'apostasie *f* ; **l'apostat** *m*	die Apostasie, n ; der Apostat, en, en
abjurer / renier sa foi	seinem Glauben ab~schwören, o, o
le renégat	der Renegat, en, en, der Abtrünnige *(adj)*
quitter officiellement l'Église *(D)*	aus der Kirche aus~treten*, a, e, i
l'hérésie *f*	die Häresie, n, die Ketzerei, en
l'hérétique *m*	der Häretiker, -, der Ketzer, -
hérétique	ketzerisch
le bûcher	der Scheiterhaufen, -
être brûlé vif	bei lebendigem Leib(e) verbrannt werden
la persécution ; persécuter	die Verfolgung, en ; verfolgen
le martyr *(homme)*	der Märtyrer, -
le martyre *(mort)*	das Martyrium, rien
la croisade	der Kreuzzug, ¨e
les infidèles *m*	die Ungläubigen *(adj)*
○ **l'athéisme** *m*	der Atheismus
l'athée *m* ; **athée, impie**	der Atheist, en, en ; gottlos
non croyant ; le non-croyant	nicht gläubig ; der Nichtgläubige *(adj)*
l'incrédulité *f*	die Ungläubigkeit
le septicisme	die Skepsis
l'agnosticisme *m*	der Agnostizismus
l'agnostique *m*	der Agnostiker, -
la libre pensée	das Freidenkertum
le libre(-)penseur	der Freidenker, -
la liberté de conscience	die Gewissensfreiheit
la liberté religieuse	die Religionsfreiheit
la liberté du culte	die Kultusfreiheit
la tolérance ; tolérant	die Toleranz ; tolerant
l'intolérance *f* ; **intolérant**	die Intoleranz ; intolerant
l'anticléricalisme *m*	der Antiklerikalismus
anticlérical	antiklerikal, kirchenfeindlich

croyances, superstition, mythologie

l'animisme *m*	der Animismus
le chamanisme	der Schamanismus
le chamane	der Schamane, n, n
entrer en transe	sich in Trance versetzen
le fétichisme	der Fetischismus
le fétiche	der Fetisch, e
l'amulette *f*, **le gri(s)-gri(s)**	das Amulett, e
le porte-bonheur	der Glücksbringer, -
le talisman	der Talisman, e
l'iconolâtrie *f*	die Bilderverehrung
l'iconolâtre *m*	der Bilderverehrer, -
l'iconoclaste *m*	der Bilderstürmer, -
le totémisme	der Totemismus
le totem	das Totem, s
le tabou ; être tabou	das Tabu, s ; tabu sein
l'idole *f*	der Götze, n, n, der Abgott, ¨er *(vx)*
l'idolâtrie *f*	der Götzenglaube, (G ns)
l'occultisme *m*	die Geheimwissenschaft, en
le devin	der Wahrsager, -
la devineresse	die Wahrsagerin, nen
le voyant	der Hellseher, -
la divination	das Hellsehen, die Wahrsagung
la prédiction ; la prophétie	die Weissagung, en ; die Prophezeiung, en
prédire *tr* ; **prophétiser**	weissagen ; prophezeien
le présage	das Vorzeichen, -

la vision	die Vision, en
l'astrologie *f*	die Astrologie/die Sterndeutung
l'astrologue *m*	der Astrologe, n, n/der Sterndeuter, -
l'oniromancie *f*	die Traumdeutung
la cartomancie	das Kartenlegen
la cartomancienne	die Kartenlegerin, nen
la chiromancie	die Handliniendeutung
la chiromancienne	die Handliniendeuterin, nen
• **la superstition**	der Aberglaube, (G ns)
superstitieux	abergläubisch
la crédulité ; crédule	die Leichtgläubigkeit ; leichtgläubig
le spiritisme	der Spiritismus
le spirite ; spirite	der Spiritist, en, en ; spiritistisch
le médium	das Medium, ien
l'esprit frappeur	der Klopfgeist, er
le surnaturel	das Übernatürliche *(adj)*
surnaturel ; miraculeux	übernatürlich ; wunderbar
la magie	die Zauberei, die Magie ; die schwarze Kunst
le magicien, l'enchanteur *m*	der Zauberer, -
le charme, le sort	der Zauber, -
la sorcière ; le sorcier	die Hexe, n ; der Hexenmeister, -
la sorcellerie	die Hexerei
pratiquer la magie	hexen
jeter un sort à qn, à qc	jdn, etw behexen
envoûté, ensorcelé	behext
l'envoûtement *m*	die Behexung
le maléfice ; maléfique	die Verhexung ; unheilvoll
la malédiction	die Verwünschung, en
les sortilèges *m*	die Zauberkünste *fpl*
le grimoire	das Zauberbuch, ¨er
la parole magique	das Zauberwort, e
la formule magique, l'incantation *f*	die Zauberformel, n
le breuvage magique	der Zaubertrank, ¨e
le philtre	der Liebestrank
le fantôme, le spectre	das Gespenst, er
le revenant	der Geist, er
le château hanté	das Spukschloss, ¨er
le lutin	der Kobold, e
le diable, le démon	der Teufel, -
diabolique, démoniaque	teuflisch
Satan ; Lucifer	Satan ; Luzifer
l'exorcisme *m* **; exorciser**	der Exorzismus ; exorzieren
l'exorciste *m*	der Exorzist, en, en
le démon	der Dämon, en
être possédé du démon	vom Teufel besessen sein
• **la mythologie**	die Mythologie, n
le mythe ; mythique	der Mythos/Mythus, then ; mythisch
la légende	die Sage, n
la prêtresse	die Priesterin, nen
(la) Pythie ; la pythonisse	Pythia ; die Pythia, ien
l'oracle *m*	das Orakel, -
le sacrifice ; sacrifier	das Opfer, - ; opfern
le sacrifice humain	das Menschenopfer
le sacrifice de propitiation	das Sühneopfer
propitiatoire	sühnend, Sühne-
l'Olympe *m*	der Olymp
les Enfers *m*	die Unterwelt
l'Élysée *m*	das Elysium
le demi-dieu	der Halbgott, ¨er
le Titan	der Titan, en, en/der Titane, n, n
le Cyclope	der Zyklop, en, en
la muse	die Muse, n
les Grâces *f*	die Grazien *fpl*
le sylphe ; la sylphide	der Sylphe, n, n ; die Sylphide, n
l'ondine *f*	die Undine, n
le Walhalla ; la walkyrie	die Walhall(a) ; die Walküre, n
○ **l'animal fabuleux**	das Fabeltier, e
le satyre ; le faune	der Satyr, s/n, n ; der Faun, e
la sirène	die Sirene, n
le dragon	der Drache, n, n
le centaure	der Zentaur/Kentaur, en, en
le cerbère	der Zerberus, se
le phénix	der Phönix
renaît de ses cendres	verjüngt sich im Feuer
la licorne	das Einhorn, ¨er
le Sphinx *(femelle) (Grèce)*	die Sphinx
le griffon	der Greif, e
le Minotaure	der Minotaur/Minotaurus
Pégase	der Pegasus
la Gorgone, les Gorgones	die Gorgo, die Gorgonen
la Méduse	die Medusa/Meduse
l'Hydre *f*	die Hydra, ren
le loup-garou	der Werwolf, ¨e

les Églises chrétiennes

(v. Architecture, p. 34)

• **l'Église** *(institution)* **; l'église** *(édifice)*	die Kirche, n
de l'Église	kirchlich
la cathédrale	das Münster, -, der Dom, e, die Kathedrale, n
la basilique	die Basilika, ken
l'église collégiale	die Stiftskirche, n
l'abbatiale *f*	die Abteikirche, n
le temple	die (evangelische) Kirche, n
la chapelle	die Kapelle, n
l'Église catholique romaine	die römisch-katholische Kirche
le catholicisme	der Katholizismus
le catholique	der Katholik, en, en
le vieux-catholique *(D)*	der Altkatholik
l'Église orthodoxe	die orthodoxe Kirche
le patriarche	der Patriarch, en, en
le pope	der Pope, n, n
l'Église protestante	die evangelische Kirche
le protestantisme	der Protestantismus
le protestant	der Protestant, en, en
protestant	evangelisch, protestantisch
le luthéranisme	der Lutheranismus
le luthérien	der Lutheraner, -
l'Église réformée	die reformierte Kirche
le calvinisme	der Kalvinismus
le calviniste	der Kalvinist, en, en, der Reformierte *(adj)*
le presbytérien	der Presbyterianer, -
le baptiste	der Baptist, en, en
le méthodiste	der Methodist, en, en
le piétiste	der Pietist, en, en
le puritain	der Puritaner, -
l'anglicanisme *m*	der Anglikanismus
l'Église anglicane	die anglikanische Kirche
l'anglican *m*	der Anglikaner, -
le quaker	der Quäker, -
le mormon	der Mormone, n, n

l'Armée *f* **du salut**	die Heilsarmee
les témoins *m* **de Jéhovah**	die Zeugen *mpl* Jehovas
• **le christianisme**	das Christentum
le chrétien ; chrétien	der Christ, en, en ; christlich
la chrétienté	die Christenheit
Dieu	Gott *m*
le Tout-Puissant	der Allmächtige *(adj)*
l'Éternel *m* **; le Seigneur**	der Ewige *(adj)* ; der Herr, (G en/n)
le Bon Dieu ; le Créateur	der liebe Gott ; der Schöpfer
la création *(monde)*	die Schöpfung
la création *(acte)*	die Erschaffung
Jésus-Christ	Jesus Christus
le Sauveur ; le Messie	der Heiland ; der Messias
le Rédempteur	der Erlöser
la Rédemption	die Erlösung
l'incarnation *f*	die Menschwerdung
le culte marial	der Marienkult
la Vierge (Marie)	die Jungfrau Maria
la Sainte Vierge	die Heilige Maria/Heilige Jungfrau
l'Annonciation *f*	die Verkündigung
la Visitation	die Heimsuchung Mariä
l'Assomption *f*	Mariä Himmelfahrt
la Nativité	die Geburt Christi
la crèche de Noël	die (Weihnachts)krippe
l'enfant Jésus ; le petit Jésus	das Jesuskind ; das Christkind
l'adoration *f* **des Rois Mages**	die Anbetung der Heiligen Drei Könige
adorer	an~beten
la Cène	das Abendmahl
la Transfiguration	die Verklärung
la Passion	das Leiden (Christi)
le Mont des Oliviers	der Ölberg
le Calvaire	der Kalvarienberg
le chemin de la Croix	der Leidensweg Christi
le crucifiement	die Kreuzigung, en
la Crucifixion	die Kreuzigung Christi
la croix; crucifier (sur)	das Kreuz; kreuzigen (an+D)
les deux larrons *m*	die beiden Schächer *mpl*
la descente de croix	die Kreuzabnahme
la mise au tombeau	die Grablegung
la Résurrection	die Auferstehung
l'Ascension *f*	Christi Himmelfahrt
le Saint-Sépulcre	das Heilige Grab
l'apôtre *m*	der Apostel, -
le Credo/le Symbole des Apôtres	das Kredo
le disciple	der Jünger, -
• **la Bible**	die Bibel
l'Écriture Sainte	die Heilige Schrift
l'Ancien Testament	das Alte Testament
le Nouveau Testament	das Neue Testament
le verset	der Vers, e
la parabole	das Gleichnis, se
l'Évangile *m*	das Evangelium, ien
les évangélistes *m*	die Evangelisten *mpl*
Matthieu ; Luc	Matthäus ; Lukas
Marc ; Jean	Markus ; Johannes
les Actes *m* **des Apôtres**	die Apostelgeschichte
les Épîtres *f*	die Briefe *mpl*
l'Apocalypse *f*	die Offenbarung des Johannes
les Pères *m* **de l'Église**	die Kirchenväter *mpl*
la révélation	die Offenbarung
le mystère	das Mysterium, ien

la tradition	die Überlieferung, en
l'exégèse *f* **biblique**	die Bibelauslegung, en
la Providence	die Vorsehung
la Trinité	die Trinität/die Dreieinigkeit
le Saint-Esprit	der Heilige Geist
la béatification	die Seligsprechung, en
la béatitude, la félicité	die Seligkeit
bienheureux ; le bienheureux	selig ; der Selige *(adj)*
le saint ; saint	der Heilige *(adj)* ; heilig
la canonisation	die Heiligsprechung, en
canoniser	heilig sprechen, a, o, i
sanctifier	heiligen
le (saint) patron	der Schutzheilige *(adj)*
la (sainte) patronne	die Patrona, ¨
le culte des saints	die Heiligenverehrung
l'auréole *f*	der Heiligen-, Glorienschein, e
le miracle	das Wunder, -
la guérison miraculeuse	die Wunderheilung, en
l'apparition *f*	die Erscheinung, en
l'ange *m* **; l'archange**	der Engel, - ; der Erzengel
l'ange gardien	der Schutzengel
le chérubin	der Cherub, im/inen
le séraphin	der Seraph, e/im
l'âme *f*	die Seele, n
l'immortalité *f* **; immortel**	die Unsterblichkeit ; unsterblich
l'éternité *f* **; éternel**	die Ewigkeit ; ewig
le salut (de l'âme)	das Seelenheil
salutaire	heilsam
la miséricorde	die Barmherzigkeit
la promesse	die Verheißung, en
la prédestination	die Prädestination
l'élu *m*	der Auserwählte *(adj)*
la grâce, le pardon	die Gnade
la justification par la foi	die Rechtfertigung durch den Glauben
les bonnes œuvres	die guten Werke *npl*
le ciel ; céleste	der Himmel ; himmlisch
le paradis ; paradisiaque	das Paradies, e ; paradiesisch
l'au-delà *m*	das Jenseits
le purgatoire	das Fegefeuer
les limbes *m*	der Limbus/die Vorhölle
l'enfer *m* **; infernal**	die Hölle ; höllisch
la damnation ; damner	die Verdammnis ; verdammen
le damné, le réprouvé	der Verdammte *(adj)*
le décalogue/ les dix commandements *m*	der Dekalog/ die Zehn Gebote *npl*
observer ; transgresser	befolgen ; übertreten, a, e, i
pécher (contre)	sündigen (gegen+A)
le péché	die Sünde, n
le péché originel	die Erbsünde
le péché mortel	die Todsünde, n
le péché capital	die Hauptsünde
le péché véniel	die lässliche Sünde
le pécheur ; la pécheresse	der Sünder, - ; die Sünderin, nen
le blasphème	die Gotteslästerung, en
blasphémer	lästern
le blasphémateur	der Gotteslästerer, -
l'imprécation *f*	die Verwünschung, en
jurer ; le juron	fluchen ; der Fluch, ¨e
le sacrilège	der Frevel, - *(acte)* ; der Frevler, - *(personne)*
sacrilège, impie	frevelhaft
la profanation	die Schändung, en

profaner	schänden, entweihen
• **la liturgie**	die Liturgie, n
le sacrement	das Sakrament, e
administrer un sacrement	ein Sakrament spenden
la bénédiction ; bénir	der Segen ; segnen
le baptême ; baptiser	die Taufe, n ; taufen
la confirmation	die Firmung *(cath)*, die Konfirmation *(prot)*
le confirmand	der Konfirmand, en, en
l'eucharistie *f*	das Abendmahl
le saint sacrement	das Allerheiligste *(adj)*
le corps et le sang du Christ	der Leib und das Blut Christi
la consécration	die Konsekration, en
l'élévation *f*	die Elevation, en
la communion	die Kommunion
communier *itr*	kommunizieren *itr*
le communiant	der Kommunikant, en, en
le directeur de conscience	der Seelsorger, -
la confession	die Beichte, n
se confesser (à)	beichten (bei+D)
confesser qc à qn	jdm etw beichten
aller se confesser, aller à confesse	zur Beichte gehen*, i, a
confesser qn	jdm die Beichte ab~nehmen, a, o, i
le confesseur	der Beichtvater, ¨er
le confessionnal	der Beichtstuhl, ¨e
la contrition, le repentir	die Reue
se repentir (de) ; repentant	bereuen *tr* ; reumütig
la pénitence ; faire pénitence	die Buße, n ; Buße tun
le pénitent	der Büßer, - ; das Beichtkind, er
expier une faute	eine Schuld ab~büßen
le jeûne	das Fasten
jeûner, faire maigre	fasten
le carême	die Fastenzeit
le pardon, la rémission des péchés	die Vergebung der Sünden
pardonner/remettre les péchés à qn	jdm die Sünden vergeben, a, e, i
l'absolution *f*	die Absolution, en, die Lossprechung, en
absoudre qn (de)	jdn los~sprechen, a, o, i (von+D)
le mariage	die Ehe, n
l'onction *f* **des malades**	die Krankensalbung
l'extrême-onction	die Letzte Ölung
sonner le glas	die Sterbeglocke läuten
l'oraison *f* **funèbre**	die Grabrede, n
• **l'office religieux**	der Gottesdienst, e
le rite	der Ritus, ten
le rituel ; rituel	das Ritual, e ; rituell
la cérémonie ; le cérémonial	die Zeremonie, n ; das Zeremoniell, e
la messe	die Messe, n
célébrer/dire la messe	die Messe lesen, a, e, ie
l'officiant *m*	der Offiziant, en, en
servir la messe	ministrieren *itr*, zur Messe dienen
le servant	der Ministrant, en, en/ der Messdiener, -
l'enfant *m* **de choeur**	der Chorknabe, n, n
l'autel *m*	der Altar, ¨e
le signe de croix	das Kreuzzeichen, -
se signer	sich bekreuzigen
bénir qn d'un signe de croix	jdn bekreuzen
la génuflexion	der Kniefall, ¨e
faire une génuflexion	einen Kniefall machen
s'agenouiller ; être à genoux	sich knien ; knien
se prosterner (devant)	sich nieder~werfen, a, o, i (vor+D)
la grand-messe	das Hochamt, ¨er
la messe chantée	die gesungene Messe
la messe basse	die stille Messe
la messe des morts/de requiem	die Seelenmesse
aller à la messe	zur Messe gehen*, i, a
les matines *f* **; les vêpres** *f*	die Frühmette, n ; die Vesper, n
le sermon *(cath)*, **le prêche** *(prot)*	die Predigt, en
prêcher ; le prédicateur	predigen ; der Prediger, -
la chaire	die Kanzel, n
la prière; le prie-Dieu	das Gebet, e; der Gebetstuhl, ¨e
faire ses prières	sein Gebet verrichten
prier (Dieu)	(zu Gott) beten
(les) mains jointes	mit gefalteten Händen
exaucer	erhören
l'action *f* **de grâce(s)**	das Dankgebet, e
l'ex-voto *m*	die Votivgabe, n ; die Votivtafel, n
le chandelier	der Kerzenständer, -
le cierge	die Votiv-, die Weihkerze, n
les bougies *f* **de Noël**	die Weihnachtskerzen
le recueillement ; la prière	die Andacht, en
se recueillir	in Andacht versinken*, a, u
la litanie	die Litanei, en
le Notre Père/le Pater	das Vaterunser, -
Notre Père qui êtes aux cieux	Unser Vater im Himmel *(Matth. 6,9)*
l'Ave (Maria) *m*	das Ave(-Maria), s/-
Je vous salue Marie	Gegrüßet seist du, Maria
○ **les objets** *m* **de dévotion**	die Devotionalien *pl*
le chapelet, le rosaire	der Rosenkranz, ¨e
dire, réciter son chapelet	den Rosenkranz beten
le missel, le livre de messe	das Messbuch, ¨er
le bréviaire	das Brevier, e
le livre de cantiques	das Gesangbuch, ¨er
l'hymne *m*	der Lobgesang, ¨e
la glorification	die Lobpreisung, en
le cantique ; le choral	das Kirchenlied, er ; der Choral, ¨e
la procession	die Prozession, en
○ **les vêtements** *m* **liturgiques**	die liturgischen Gewänder *npl*
l'aube *f*	die Albe, n
la chasuble	das Messgewand, ¨er, die Kasel, n
le surplis ; la chape	der Chorrock, ¨e ; der Chormantel, ¨
l'étole *f*	die Stola, len
la mitre ; la crosse	die Mitra, ren ; der Krummstab, ¨e
○ **les objets** *m* **du culte**	die Kultgeräte *npl*
le tabernacle	der/das Tabernakel, -
l'hostie *f*	die Hostie, n
le crucifix	das Kruzifix, e
le calice	der Messkelch, e
le ciboire	der Hostienkelch/das Ziborium, ien
la burette	das Messkännchen, -
l'ostensoir *m*	die Monstranz, en
l'encens *m*	der Weihrauch
l'encensoir *m*	das Weihrauchfass, ¨er
l'eau bénite	das Weihwasser
asperger d'eau bénite	mit Weihwasser besprengen
le bénitier	das Weih(wasser)becken, -
le goupillon	der Weihwedel, -
la relique	die Reliquie, n
le reliquaire, la châsse	der Reliquienschrein, e

le clergé

• **le clergé**	die Geistlichkeit/der Klerus *(cath)*
l'ecclésiastique *m*, **le prêtre**	der Geistliche *(adj)*, der Kleriker, - *(cath)*
religieux	religiös, fromm
spirituel, religieux	geistlich
clérical	klerikal
le laïc ; laïque, profane	der Laie, n, n ; weltlich
la sécularisation	die Säkularisation, en
séculariser	säkularisieren/verweltlichen
les biens temporels	die weltlichen Güter *npl*
les biens spirituels	die geistlichen Güter
le prêtre séculier	der Weltgeistliche *(adj)*
• **le pape**	der Papst, ¨e
papal, pontifical	päpstlich
l'infaillibilité *f* **; infaillible**	die Unfehlbarkeit ; unfehlbar
l'encyclique *f*	die Enzyklika, ken
la bulle	die Bulle, n
le schisme	die Kirchenspaltung, en
excommunier	exkommunizieren
la papauté	das Papsttum
le Saint-Siège	der Heilige Stuhl
le Vatican	der Vatikan
la primauté	der Primat
le primat	der Primas, se/aten
l'épiscopat *m*	der/das Epikospat, e
le cardinal	der Kardinal, ¨e
le Sacré Collège	das Kardinalskollegium
le concile œcuménique	das ökumenische Konzil, e/ien
le consistoire	das Konsistorium, ien
le prélat	der Prälat, en, en
l'archevêque *m*	der Erzbischof, ¨e
l'archevêché *m*	das Erzbistum, ¨er
l'évêque ; l'évêché	der Bischof ; das Bistum
épiscopal	bischöflich
le diocèse	die Diözese, n
le synode	die Synode, n
le doyen	der Dekan, e
le chanoine	der Domherr, en
le chapitre	das Kapitel, -
le pasteur	der Pastor, en, der (evangelische) Pfarrer, -
le prêtre, l'abbé *m (titre)*	der Priester, -
la vocation	die Berufung
l'ordination *f*	die Priesterweihe, n
entrer dans les ordres	Priester werden
être ordonné prêtre	zum Priester geweiht werden
être consacré évêque	zum Bischof geweiht werden
le ministère, le sacerdoce	das Priesteramt
la prêtrise	die Priesterwürde
le célibat	das Zölibat
la soutane	die S(o)utane, n
le curé	der katholische Pfarrer, -
le vicaire	der Vikar, e
le diacre ; le sous-diacre	der Diakon, e ; der Subdiakon
le sacristain, le bedeau	der Küster, -, der Kirchendiener, -
le sonneur	der Glöckner, -
la sacristie	die Sakristei, en
le presbytère	das Pfarrhaus, ¨er
la cure	die Pfarrei, en
la paroisse	die Pfarrgemeinde, n *(cath)*, die Kirchengemeinde *(prot)*
le paroissien	das Gemeinde(mit)glied, er
les ouailles *f*	die Pfarrkinder *npl*
le tronc	der Opferstock, ¨e
l'offrande *f*	die Opfergabe, n
la quête	die Kollekte, n
faire la quête	Opfergaben sammeln
le denier du culte/du clergé	das Kirchgeld *(F)*
l'impôt *m* **du culte** *(D)*	die Kirchensteuer
l'aumônier *m*	der Kaplan, ¨e
l'aumônerie *f* **militaire**	die Militärseelsorge
l'aumônier *m* **militaire**	der Feldgeistliche *(adj)*
le catéchiste	der Katechet, en, en
le (livre de) catéchisme	der Katechismus
l'instruction religieuse, le catéchisme	der Religionsunterricht
○ **le clergé régulier**	die Ordensgeistlichkeit
le religieux	der Ordensbruder, ¨
mon révérend (Père)	ehrwürdiger Vater
le moine; la moniale	der Mönch, e; die Nonne, n *(Kloster)*
le (père) prieur	der Prior, en
la (mère) prieure	die Priorin, nen
l'abbé *m* **; l'abbesse** *f*	der Abt, ¨e ; die Äbtissin, nen
la religieuse, la bonne soeur *(fam)*	die Nonne, n die Ordensssschwester, n
la diaconesse *(prot)*	die Diakonisse, n
la Supérieure	die Oberin, nen
la novice	die Novizin, nen
l'ermite *m*	der Einsiedler, -
l'anachorète *m*	der Anachoret, en, en
l'ordre *m* **(monastique)**	der (Mönchs)orden, -
le monastère, le cloître, le couvent	das Kloster, ¨
l'abbaye *f*	die Abtei, en
prendre l'habit, le voile	Mönch, Nonne werden
le voile	der Schleier, -
la cornette	die Flügelhaube, n
les voeux *m* **monastiques**	das Klostergelübde
faire voeu de chasteté	das Keuschheitsgelübde ab~legen
le voeu de pauvreté, d'obéissance	das Gelübde der Armut, des Gehorsams
la tonsure ; tonsurer	die Tonsur, en ; tonsurieren
la mystique ; le mysticisme	die Mystik ; der Mystizismus
le mystique ; mystique	der Mystiker, - ; mystisch
la contemplation	die Kontemplation
l'ordre contemplatif	der kontemplative Orden
le bénédictin	der Benediktiner, -
le capucin	der Kapuziner, -
le chartreux	der Kartäuser, -
le cistercien	der Zisterzienser, -
le dominicain, le frère prêcheur	der Dominikaner, -
le franciscain	der Franziskaner, -
le jésuite	der Jesuit, en, en
le moine mendiant	der Bettelmönch, e
le missionnaire	der Missionar, e
l'apostolat *m*	der/das Apostolat, e
prêcher l'Évangile	das Evangelium verkünden
évangéliser un pays	ein Land missionieren
christianiser	zum Christentum bekehren
le séminaire	das Priesterseminar, e *(cath)*, das Predigerseminar *(prot)*
le séminariste	der Seminarist, en, en
la cellule	die Zelle, n

la mortification ; se mortifier	die Kasteiung, en ; sich kasteien
l'ascèse *f* **; l'ascète** *m*	die Askese ; der Asket, en, en
la retraite	die Exerzitien *npl*
faire une retraite	an Exerzitien teil~nehmen, a, o, i
le froc	die Kutte, n
se défroquer, jeter le froc aux orties *(fam)*	die Kutte ab~legen

les autres religions

• **l'hindouisme** *m*	der Hinduismus
l'hindou *m* **; l'hindouiste** *m*	der Hindu, s
le brahmane	der Brahmane, n, n
la réincarnation	die Reinkarnation, en
la métempsycose	die Seelenwanderung
le vaudou	der Wodu
le taoïsme	der Taoismus
le confucianisme	der Konfuzianismus
le shinto(ïsme)	der Schintoismus
le bouddhisme	der Buddhismus
Bouddha	Buddha
le bouddhiste ; bouddhiste	der Buddhist, en, en ; buddhistisch
le bonze	der Bonze, n, n
le temple	der Tempel, -
la pagode	die Pagode, n
• **l'islam(isme)** *m (religion)*	der Islam(ismus)
l'Islam *(peuples, civilisation)*	die islamischen Völker *npl* ; die islamische Kultur
le mahométisme	der Mohammedanismus
Mahomet ; le Prophète	Mohammed ; der Prophet, en, en
l'hégire *f*	die Hedschra
le musulman	der Moslem, s/der Muslim, e/s
islamique, musulman	islamisch, mohammedanisch
le Coran	der Koran
la s(o)urate	die Sure, n
les cinq obligations cultuelles	die fünf Religionspflichten *fpl*
les interdits *m* **alimentaires**	die Speiseverbote *npl*
La Mecque	Mekka
la Kaba ; la Pierre noire	die Kaaba ; der Schwarze Stein
le sanctuaire, le lieu sacré	das Heiligtum, ¨er
○ **le pèlerinage (à)**	die Wallfahrt, en/Pilgerfahrt, en
le pèlerin	der Wallfahrer, -, der Pilger, -
faire un pèlerinage (à)	pilgern* (nach+D)
le lieu de pèlerinage	der Wallfahrtsort, e
la mosquée	die Moschee, n
le minaret	das Minarett, e
le muezzin	der Muezzin, e
le sunnite	der Sunnit, en, en
le chiite	der Schiit, en, en
l'ayatollah *m*	der Ajatollah, s
le calife ; le califat	der Kalif, en, en ; das Kalifat, e
l'émir ; l'émirat *m*	der Emir, e ; das Emirat, e
l'imam *m*	der Imam, s/e
le marabout	der Marabut, -/s
• **la religion juive**	die jüdische Religion
le judaïsme	der Judaismus, das Judentum
l'Hébreu *m*	der Hebräer, -
l'hébreu *m (langue hébraïque)*	das Hebräische
le peuple d'Israël	das Volk Israel
le Juif ; juif, israélite	der Jude, n, n ; jüdisch
l'israélite *m* **; israélite**	der Israelit, en, en ; israelitisch
l'Israélien *m* **; israélien**	der Israeli, s/- ; israelisch
la Thora	die Thora
le Talmud	der Talmud
la cabale/kabbale	die Kabbala
le rabbin	der Rabbiner, -
le chabbat, le sabbat	der Sabbat
le Grand Pardon	der Versöhnungstag
la Pâque	das Passah
la circoncision	die Beschneidung, en
les prescriptions *f* **alimentaires**	die Speisevorschriften *fpl*
la viande cashère	das koschere Fleisch
le pain azyme	das ungesäuerte Brot
la synagogue	die Synagoge, n
le Mur des Lamentations	die Klagemauer
le Juif errant	der Ewige Jude
les séfarades *m*	die Sephardim *pl*
les ashkénazes *m*	die Ashkenasim *pl*
le goy/goï	der Goi, ojim

la Terre promise	das Gelobte Land
le Cantique des Cantiques	das Hohelied Salomos
le bon Samaritain *(Luc 10,33)*	der barmherzige Samariter *(Lukas 10,33)*
la parabole de l'enfant prodigue *(Luc 15)*	das Gleichnis vom verlorenen Sohn (Lukas 15)
par miracle	wie durch ein Wunder
Ce n'est pas sorcier.	Das kann jeder !
Après moi (nous) le déluge !	Nach mir (uns) die Sintflut !
À Dieu ne plaise !	Gott behüte !
À Dieu vat !	Gott befohlen !
Dieu soit loué !	Gott sei Dank !
(Au nom du) ciel !	Gott im Himmel !/Um Gottes willen !
ne craindre ni Dieu ni diable	sich vor nichts fürchten
avoir le diable à ses trousses	den Teufel im Nacken haben
être sérieux comme un pape	eine strenge Amtsmiene auf~setzen
prêcher dans le désert	ein Prediger in der Wüste sein
faire des messes basses	tuscheln (mit+D)
bouffer du curé *(pop)*	es auf die Pfaffen abgesehen haben
Un ange passe.	Ein Engel geht durchs Zimmer.
L'homme propose, Dieu dispose.	Der Mensch denkt, Gott lenkt.
C'est pour moi parole d'Évangile.	Das ist für mich ein Evangelium.
jurer par tous les saints du paradis *(fam)*	hoch und heilig versprechen *(fam)*
Il n'y a que la foi qui sauve. *(iron)*	Wer's glaubt, wird selig.
On lui donnerait le Bon Dieu sans confession.	Er sieht aus, als ob er kein Wässerchen trüben könnte.
L'habit ne fait pas le moine.	Die Kutte macht noch keinen Mönch.
Tu aimeras ton prochain comme toi-même.	Du sollst deinen Nächsten lieben wie dich selbst.
Nul n'est prophète en son pays.	Der Prophet gilt nichts in seinem Vaterland.
Ce n'est pas très catholique. *(fam)*	Das ist nicht ganz astrein, koscher. *(fam)*
être plus royaliste que le roi	päpstlicher als der Papst sein

V. L'Histoire

l'histoire

• **l'histoire** *f*	die Geschichte
l'histoire universelle	die Weltgeschichte
l'histoire de la civilisation	die Kulturgeschichte
l'historien *m*	der Historiker, -/ der Geschichtsforscher, -
l'historiographe *m*	der Geschichtsschreiber, -
la chronique ; le chroniqueur	die Chronik, en ; der Chronist, en, en
l'ethnologie *f*	die Völkerkunde/die Ethnologie
l'ethnologue *m*	der Ethnologe, n, n
• **les sources** *f*	die Quellen *fpl*
la documentation	das Quellenmaterial
la valeur documentaire	der Quellenwert
justifier, prouver ; attesté	belegen ; belegt
la tradition (orale)	die (mündliche) Überlieferung
le document	das Dokument, e
le titre, le document, l'acte *m*	die Urkunde, n
le parchemin	das Pergament, e
le rouleau de parchemin	die Pergamentrolle, n
le papyrus	der Papyrus, ri
le palimpseste	der /das Palimpsest, e
le manuscrit	die Handschrift, en
la diplomatique	die Urkundenlehre
l'authenticité *f*	die Echtheit, die Authentizität
authentique	authentisch
non authentique ; apocryphe	unecht ; apokryph
déchiffrer ; le déchiffrement	entziffern ; die Entzifferung
interpréter ; l'interprétation *f*	deuten ; die Deutung
les archives *f* **; l'archiviste** *m*	das Archiv, e ; der Archivar, e
archiver	archivieren
l'archivistique *f*	die Archivwissenschaft
l'École nationale des chartes *(F)*	die Hochschule für Archivare und Bibliothekare *(D)*
○ **la paléographie**	die Paläographie
l'écriture *f*	die Schrift, en
les hiéroglyphes *m*	die Hieroglyphen *fpl*
l'écriture pictographique	die Bilderschrift
l'écriture cunéiforme	die Keilschrift
l'inscription *f* **runique**	die Runeninschrift, en
la rune	die Rune, n
conservé ; effacé	erhalten ; verwischt, abgerieben
lisible ; illisible	lesbar ; unlesbar
l'épigraphie *f*	die Inschriftenkunde
l'épigraphiste *m*	der Inschriftenkenner, -
○ **la sigillographie**	die Siegelkunde/die Sphragistik
le sceau	das Siegel, -, der Siegelabdruck, ¨e
sceller, cacheter	versiegeln
la cire à cacheter	der Siegellack, e
mettre, apposer un sceau (sur)	ein Siegel an~bringen, a, a (auf+D)
briser un sceau	ein Siegel (auf~)brechen, a, o, i
○ **l'héraldique** *f*, **le blason**	die Heraldik/die Wappenkunde
le blason, les armoiries *f*	das Wappen, -
l'emblème *m*	das Emblem, e
l'écu *m*, **l'écusson** *m*	der Wappenschild, e
○ **la numismatique**	die Münzkunde/die Numismatik
la monnaie ; la pièce	die Münze, n
la collection de monnaies	die Münzsammlung, en
• **l'archéologie** *f*	die Altertumskunde/die Archäologie
l'archéologue *m*	der Archäologe, n, n
l'archéologie aérienne	die Archäologie aus der Luft
l'archéologie sous-marine	die Unterwasserarchäologie
• **les fouilles** *f*	die Ausgrabungen *fpl*
le fouilleur	der Ausgräber, -
fouiller une nécropole	eine Totenstadt aus~graben, u, a, ä
entreprendre des fouilles	Ausgrabungen unternehmen, a, o, i
le chantier de fouilles	die Ausgrabungsstätte, n
découvrir, inventer *(droit)*	entdecken
le découvreur, l'inventeur *m*	der Entdecker, -
trouver	finden, a, u
la découverte ; la trouvaille	der Fund, e ; der Zufallsfund
tomber sur	stoßen*, ie, o, ö, auf+A
le site (archéologique)	die Fundstätte, n
mettre qc à/au jour, exhumer qc	etw frei~legen
l'identification *f* **; identifier**	die Identifizierung ; identifizieren
la description	die Beschreibung, en
décrire	beschreiben, ie, ie
la datation	die Datierung, en
la datation au carbone 14	die Radiokarbonmethode
dater par le carbone 14	nach der C-14-Methode datieren
dater qc, donner une date à qc	etw datieren
dater de, remonter à	datieren aus+D, stammen aus+D
le mégalithe	der Megalith, s/en, e(n)
la civilisation mégalithique	die Megalithkultur
le tumulus ; la tombe plate	der Grabhügel, - ; das Flachgrab, ¨er
la chambre funéraire	die Grabkammer, n
les ossements *m*	die Gebeine *npl*
le champ d'urnes	das Urnenfeld, er
l'enceinte *f*	die Schanze, n
les ruines *f*	die Ruinen *fpl*, die Trümmer *pl*
les vestiges *m*	die Überreste *mpl*
les fondations *f*	die Grundmauern *fpl*
l'état *m* **de conservation**	der Erhaltungszustand
en parfait état de conservation	in gutem Erhaltungszustand
la momie ; embaumer	die Mumie, n ; ein~balsamieren
un trésor intact, préservé	ein unversehrter Schatz
piller ; le pillage	plündern ; die Plünderung, en
le pilleur	der Plünderer, -
l'épave *f*	das Wrack, s
l'amphore *f*	die Amphora/Amphore, ren
la poterie, la céramique	die Keramik

les données historiques

• **l'événement** *m*	das Ereignis, se ; die Begebenheit, en
les événements	das Geschehen
le fait historique	das historische Faktum, ten
l'historicité *f*	die Geschichtlichkeit
les données *f* **historiques**	die geschichtlichen Gegebenheiten *fpl*
prouver, faire la preuve de	nach~weisen, ie, ie, beweisen, ie, ie
vérifiable	nachweisbar
la date	die Geschichtszahl, en
dans l'ordre chronologique	in chronologischer Folge
remonter à	zurück~gehen*, i, a, auf+A
arriver, se produire	geschehen*, a, e, i
l'incident *m*	der Vorfall, ¨e, der Zwischenfall, ¨e

se passer, arriver	sich ereignen ; passieren*
avoir lieu	statt~finden, a, u, erfolgen*
se dérouler, avoir lieu	sich ab~spielen
le contexte	der Zusammenhang, ¨e
le temps ; l'époque *f*	die Zeit, en ; die Epoche, n
• **l'appartenance** *f*	die Zugehörigkeit
la lignée	das Geschlecht, er
le clan	die Sippe, n
la tribu	der (Volks)stamm, ¨e
le peuple	das Volk, ¨er
la peuplade	die Völkerschaft, en
la caste	die Kaste, n
la race	die Rasse, n
la nation	die Nation, en
le sentiment national	das Nationalbewusstsein
l'ethnie *f*	die Ethnie, n
la communauté linguistique	die Sprachgemeinschaft, en
la communauté culturelle	die Kulturgemeinschaft, en
la généalogie	die Genealogie, n
○ **l'implantation** *f*	die Ansiedlung, en
s'établir, s'implanter	sich an~siedeln
le lieu d'implantation	der Standort, e
la sédentarité ; sédentaire	die Sesshaftigkeit ; sesshaft
le nomade	der Nomade, n, n
la migration	die Wanderung, en
le mouvement migratoire	die Wanderbewegung, en
l'exode *m*	der Exodus, -
l'évacuation *f* **; évacuer**	die Räumung ; räumen
la purification ethnique	die ethnische Reinigung
l'expulsion *f* **; expulser**	die Vertreibung, en ; vertreiben, ie, ie
le transfert de population	die Völkerverschleppung
la déportation	die Deportierung, en
• **la domination**	die Herrschaft
être le maître (de), régner (sur)	herrschen (über+A)
le souverain	der Herrscher, -
la force, la contrainte	die Gewalt
le pouvoir	die Macht, die Herrschaft
prendre le pouvoir	die Macht ergreifen, i, i
être au pouvoir	an der Macht sein
le potentat	der Machthaber
gouverner	regieren
administrer	verwalten
○ **l'invasion** *f* **; l'envahisseur** *m* *(v. La guerre, p. 226)*	der Einfall, ¨e ; der Eindringling, e
envahir *tr*	ein~fallen*, ie, a, ä (in+A)
la conquête	die Eroberung, en
le conquérant ; conquérir	der Eroberer, - ; erobern
le vainqueur ; vaincre qn	der Sieger, - ; jdn besiegen
le vaincu	der Besiegte *(adj)*
l'occupation *f* **; occuper**	die Besetzung, en ; besetzen
les troupes *f* **d'occupation**	die Besatzungstruppen *fpl*
asservir	unterjochen, unterwerfen, a, o, i
l'asservissement *m*, **la servitude**	die Knechtschaft
l'esclave *m* **; l'esclavage** *m*	der Sklave, n, n ; die Sklaverei
l'oppresseur *m* **; opprimer**	der Unterdrücker, - ; unterdrücken
le despotisme	der Despotismus, -
le despote	der Despot, en, en
la tyrannie ; le tyran	die Tyrannei, en ; der Tyrann, en, en
le joug	das Joch
le tribut	der Tribut, e
l'arbitraire *m*	die Willkür

l'exploitation *f*	die Ausbeutung
la dépendance	die Abhängigkeit
dépendre de	ab~hängen, i, a, von+D
la liberté	die Freiheit
la libération ; (se) libérer	die Befreiung ; (sich) befreien
l'indépendance ; indépendant	die Unabhängigkeit ; unabhängig
○ **la (grande) puissance**	die (Welt)macht, ¨e
l'hégémonie *f*	die Vorherrschaft
l'impérialisme *m*	der Imperialismus
l'expansion *f*	die Ausbreitung, die Expansion
l'extension *f*	die Ausdehnung
coloniser ; décoloniser	kolonisieren ; dekolonisieren
la colonisation	die Kolonisierung
la décolonisation	die Dekolonisierung/ Entkolonisierung
le colon ; le pionnier	der Siedler, - ; der Pionier, e
la colonie	die Siedlung, en ; die Kolonie, n
le protectorat	das Protektorat, e
la soumission ; soumettre	die Unterwerfung ; unterwerfen, a, o, i
l'annexion *f* **; annexer**	die Annexion, en ; annektieren
morceler ; démembrer	zerstückeln ; (auf~)teilen
l'incorporation *f* **; incorporer**	die Einverleibung ; ein~verleiben
l'unification *f* **; unifier**	die Vereinigung, en ; vereinigen
l'assimilation *f* **; assimiler**	die Assimilation ; assimilieren
la fusion	die Verschmelzung, en
la (con)fédération	der Bund, ¨e
• **la réforme**	die Reform, en
améliorer ; réformer	verbessern ; reformieren
le changement	der Wechsel
le changement, la modification	die Veränderung, en
la transformation	die Verwandlung, en
la transition	der Übergang
le renouveau	die Erneuerung
le tournant	die Wende
le bouleversement	der Umbruch, ¨e
le changement radical	die Umwälzung, en
la modernisation ; moderniser	die Modernisierung ; modernisieren
la suppression, l'abolition *f*	die Abschaffung
supprimer ; abolir	ab~schaffen, u, a ; beseitigen
le rétablissement	die Wiederherstellung
rétablir	wiederher~stellen
la restauration	die Restauration, en
la continuité	die Kontinuität
l'apogée *m*	der Höhepunkt, e ; die Blütezeit, en
la civilisation	die Kultur, en ; die Zivilisation, en
la décadence	der Verfall
la chute	der Sturz, ¨e
le déclin ; décliner, sombrer	der Untergang ; unter~gehen*, i, a
l'effondrement *m*	der Zusammenbruch
s'effondrer	zusammen~brechen*, a, o, i
la destruction ; détruire	die Zerstörung, en ; zerstören
l'anéantissement *m* **; anéantir**	die Vernichtung, en ; vernichten
l'extermination *f* **; exterminer**	die Ausrottung, en ; aus~rotten
le génocide	der Völkermord, e
• **le coup d'État**	der Staatsstreich, e
le complot	das Komplott, e
tramer/fomenter un complot	ein Komplott an~stiften
la conspiration, la conjuration	die Verschwörung, en
le conspirateur, le conjuré	der Verschwörer, -
conspirer (contre)	sich verschwören (gegen+A)
le putsch ; le putschiste	der Putsch, e ; der Putschist, en, en
la tentative de putsch	der Puschversuch, e

l'attentat *m*	das Attentat, e
l'auteur *m* **d'un attentat**	der Attentäter, -
commettre un attentat (contre)	ein Attentat verüben (auf+A)
être victime d'un attentat	einem Attentat zum Opfer fallen*, ie, a, ä
• **la révolution**	die Revolution, en
le révolutionnaire	der Revolutionär, e
la guerre civile	der Bürgerkrieg, e
la révolte, l'émeute *f*, **la sédition**	der Aufruhr, e
le mécontentement	die Unzufriedenheit
le trouble ; éclater	die Unruhe, n ; aus~brechen*, a, o, i
le soulèvement, l'insurrection *f*	die Auflehnung
se soulever, se révolter (contre)	sich erheben, o, o (gegen+A)
l'insurgé *m* **; le rebelle**	der Aufrührer, - ; der Rebell, en, en
l'agitateur *m*	der Aufwiegler, -
exciter le peuple à la révolte	das Volk zum Aufstand auf~wiegeln
le meneur	der Anführer, -, der Rädelsführer, - *(péj)*
se grouper (autour de)	sich scharen (um+A)
le renversement ; renverser	der Umsturz, ¨e ; um~stürzen
s'emparer de	sich bemächtigen +G
○ **la répression ; réprimer**	die Repression, en ; unterdrücken
l'arrestation *f* **; arrêter**	die Verhaftung, en ; verhaften
fuir *itr*	fliehen*, o, o *itr* ; flüchten*
prendre la fuite, s'enfuir	die Flucht ergreifen, i, i
le réfugié	der Flüchtling, e
se réfugier à l'étranger	sich ins Ausland flüchten
la persécution ; persécuter	die Verfolgung, en ; verfolgen
le bannissement ; bannir	die Verbannung ; verbannen
l'exil *m* **; exiler qn**	das Exil, e ; jdn verbannen
s'exiler	ins Exil gehen*, i , a
l'exilé *m*	der Verbannte *(adj)*
• **la monarchie**	die Monarchie, n, die Alleinherrschaft
le monarque	der Monarch, en, en
l'empereur *m* **; l'impératrice** *f*	der Kaiser, - ; die Kaiserin, nen
le roi ; la reine	der König, e ; die Königin, nen
l'empire *m* **; le royaume**	das Kaiserreich ; das (König)reich, e
impérial ; royal	kaiserlich ; königlich
la royauté	das Königtum
la dynastie	das Herrscherhaus, ¨er
la famille régnante	die Herrscherfamilie, n
la couronne	die Krone, n
le couronnement, le sacre	die Krönung, en
être couronné, sacré empereur	zum Kaiser gekrönt, geweiht werden
le trône	der Thron, e
le sceptre	das Zepter, -
l'avènement *m* **au trône**	die Thronbesteigung, en
monter sur le trône	den Thron besteigen, ie, ie
l'abdication *f* **; abdiquer**	die Abdankung, en ; ab~danken
renoncer à la couronne	auf den Thron verzichten
détrôner le roi	den König ab~setzen
le prédécesseur	der Vorgänger, -
le successeur ; succéder à	der Nachfolger, - ; nach~folgen* +D
la succession	die Erbfolge
l'héritier *m* **présomptif**	der Thronerbe, n, n
le dauphin *(F)*	der Thronfolger, -
le prétendant à la couronne	der Thronprätendent, en, en
le régent	der Regent, en, en
la régence	die Regentschaft, en
le gouverneur	der Statthalter, -
la légitimité ; légitime	die Legitimität ; rechtmäßig
l'usurpateur *m* **; usurper qc**	der Usurpator, en ; etw usurpieren
la principauté	das Fürstentum, ¨er
le prince (régnant) ; princier	der Fürst, en, en ; fürstlich
le prince ; le prince héritier	der Prinz, en, en ; der Kronprinz
le prince consort	der Prinzgemahl
la princesse	die Prinzessin, nen
• **l'aristocratie** *f*	die Aristokratie
l'aristocrate *m*	der Aristokrat, en, en
la noblesse ; le noble	der Adel ; der Ad(e)lige, n, n
anoblir qn	jdn in den Adelsstand erheben, o, o
le titre de noblesse	der Adelstitel, -
la cour ; le courtisan	der Hof, ¨e ; der Höfling, e
la hiérarchie	die Rangordnung, en
le duc ; la duchesse	der Herzog, ¨e ; die Herzogin, nen
le duché ; ducal	das Herzogtum ; herzoglich
le grand-duc ; l'archiduc *m*	der Großherzog ; der Erzherzog
le comte ; la comtesse	der Graf, en, en ; die Gräfin, nen
le comté	die Grafschaft, en
le baron	der Freiherr, (e)n, (e)n, der Baron, e
la baronne	die Freifrau, en, die Baronin, nen
le margrave ; la margrave	der Markgraf ; die Markgräfin
le marquis ; la marquise	der Marquis, - ; die Marquise, n
le hobereau	der Junker, -
le gentilhomme	der Edelmann, Edelleute

la préhistoire - l'histoire ancienne

• **la préhistoire**	die Ur- und Vorgeschichte
l'époque glacière	die Eiszeit
le tertiaire	das Tertiär
le quaternaire	das Quartär
○ **l'âge** *m* **de la pierre**	die Steinzeit
le paléolithique	die Altsteinzeit
la pierre taillée	der behauene Stein, e
le silex	der Feuerstein
le biface, le coup de poing	der Faustkeil, e/der Fäustel, -
la hache de pierre	das Steinbeil, e/die Steinaxt, ¨e
la massue	die Keule, n
l'homme *m* **de Néandertal**	der Neandertaler, -
l'homme des cavernes	der Höhlenmensch, en, en
le mésolithique	die Mittelsteinzeit
le néolithique	die Jungsteinzeit
la pierre polie	der geschliffene Stein
la protohistoire	die Frühgeschichte
l'âge du bronze	die Bronzezeit
l'âge du fer	die Eisenzeit
l'époque *f* **de La Tène**	die La-Tène-Zeit
• **l'histoire** *f* **ancienne**	die Alte Geschichte
les Sumériens *m*	die Sumerer *mpl*
l'Égypte *f*	Ägypten
le pharaon	der Pharao, nen
Nefertiti	Nofretete
Toutânkhamon	Tutanchamun
la Crète ; les Crétois *m*	Kreta ; die Kreter *mpl*
la civilisation minoenne	die minoische Kultur
les Hittites *m*	die Hethiter *mpl*
les Assyriens *m*	die Assyrer *mpl*
les Babyloniens *m*	die Babylonier *mpl*
Nabuchodonosor	Nebukadnezar
la Perse ; les Perses *m*	Persien ; die Perser *mpl*
perse, persan	persisch

la Palestine	Palästina
Moïse	Moses/Mose
Salomon	Salomo
les Philistins *m*	die Philister *mpl*
les Hébreux *m*	die Hebräer *mpl*
les Pharisiens *m*	die Pharisäer *mpl*
les Cimmériens *m*	die Kimmerier *mpl*
les Scythes *m*	die Skyten *mpl*
les Étrusques *m*	die Etrusker *mpl*
les Phéniciens *m*	die Phöniker *mpl*
Carthage ; les Carthaginois *m*	Karthago ; die Karthager *mpl*
la Thrace ; les Thraces *m*	Thrakien ; die Thraker *mpl*
○ **l'antiquité** *f* **gréco-romaine**	das Altertum, die Antike
la Grèce ; les Grecs *m*	Griechenland ; die Griechen *mpl*
la civilisation mycénienne	die mykenische Kultur
Athènes ; les Athéniens *m*	Athen ; die Athener *mpl*
le siècle de Périclès	das Perikleische Zeitalter
les guerres *f* **médiques**	die Perserkriege *mpl*
Sparte ; les Spartiates *m*	Sparta ; die Spartaner *mpl*
la phalange	die Phalanx, langen
l'hoplite *m*	der Hoplit, en, en
la fondation de Rome	die Gründung Roms *(-753)*
les Romains *m*	die Römer *mpl*
le patricien ; le plébéien	der Patrizier, - ; der Plebejer, -
la légion ; le légionnaire	die Legion, en ; der Legionär, e
la centurie ; le centurion	die Zenturie, n ; der Zenturio, nen
la cohorte	die Kohorte, n
la tunique ; la toge	die Tunika, ken ; die Toga, gen
le gladiateur	der Gladiator, en
la guerre de Jugurtha	der Jugurthinische Krieg
les guerres contre Mithridate	die Mithridatischen Kriege
les guerres puniques	die Punischen Kriege
les guerres macédoniennes	die Mazedonischen Kriege
la conquête des Gaules	die Eroberung Galliens
la conjuration de Catilina	die Catilinarische Verschwörung
Pompée ; Jules César	Pompeius ; Julius Caesar
les Ides de mars	die Iden des März
l'assassinat *m* **de César**	die Ermordung Caesars (-44)
Antoine ; Cléopâtre	Antonius ; Kleopatra
Auguste	Augustus
le siècle d'Auguste	das (goldene) Augusteische Zeitalter
Néron	Nero
Hadrien ; Marc-Aurèle	Hadrian ; Mark Aurel
la fin de l'Empire romain d'Occident	das Ende des weströmischen Reiches *(476)*

le Moyen Âge

• **le Moyen Âge**	das Mittelalter
l'histoire du Moyen Âge	die mittlere/mittelalterliche Geschichte
médiéval	mittelalterlich
le médiéviste	der Mediävist, en, en
le début du Moyen Âge	das frühe Mittelalter/Frühmittelalter
les Germains *m* **; germanique**	die Germanen *mpl* ; germanisch
les Alémans/Alamans *m*	die Alemannen/Alamannen *mpl*
alémanique	alemannisch
les Goths *m*	die Goten *mpl*
Ulfilas *(Bible gotique)*	Wulfila *(gotische Bibel 369)*
les Wisigoths *m*	die Westgoten *mpl*
Alaric	Alarich *(395-410)*
les Ostrogoths *m*	die Ostgoten *mpl*
Théodoric le Grand	Theoderich der Große *(471-526)*
les Burgondes *m*	die Burgunder *mpl*
les Vandales *m*	die Wandalen *mpl*
Genséric/Geiséric	Geiserich *(428-477)*
les Jutes *m*	die Jüten *mpl*
les Angles *m*	die Angeln *mpl*
les Saxons *m* **; saxon**	die Sachsen *mpl* ; sächsisch
les Francs *m*	die Franken *mpl*
le guerrier franc	der fränkische Krieger
la francisque/hache franque	die Franziska, ken
les Lombards *m*	die Langobarden *mpl*
les Slaves *m*	die Slawen *mpl*
les Huns *m*	die Hunnen *mpl*
la bataille des Champs catalauniques	die Schlacht auf den Katalaunischen Feldern *(451)*
les grandes invasions *f*	die Völkerwanderung *(375-568)*
les Gaulois *m* **; gaulois**	die Gallier *mpl* ; gallisch
les Celtes *m* **; celte, celtique**	die Kelten *mpl* ; keltisch
le druide	der Druide, n, n
les Mérovingiens *m*	die Merowinger *mpl*
Clovis	Chlodwig *(481-511)*
les Carolingiens *m*	die Karolinger *mpl (751-814)*
Charles Martel	Karl Martell *(714-741)*
le maire du palais	der Hausmeier, -
Pépin (le Bref)	Pippin *(751-768)*
Charlemagne	Karl der Große *(768-814)*
l'empire franc	das Frankenreich
les serments *m* **de Strasbourg**	die Straßburger Eide *mpl (842)*
le traité de Verdun	der Vertrag von Verdun *(843)*
Louis le Pieux	Ludwig der Fromme *(814-840)*
Charles le Chauve	Karl der Kahle *(843-877)*
Louis le Germanique	Ludwig der Deutsche *(843-876)*
Charles le Gros	Karl der Dicke *(876-887)*
les Normands *m* **; normand**	die Normannen *mpl* ; normannisch
les Vikings	die Wikinger *mpl*
• **la féodalité**	das Leh(e)nswesen
l'État féodal	der Lehnsstaat, en
le fief	das Leh(e)n, -
le suzerain/le seigneur	der Lehnsherr, n, en
le vassal	der Lehnsmann, leute/ der Vassall, en, en
la chevalerie ; chevaleresque	das Rittertum ; ritterlich
le chevalier	der Ritter, -
l'adoubement *m*	die Schwertleite, n
être armé chevalier	den Ritterschlag empfangen, i, a, ä
l'écuyer *m*	der Knappe, n, n/der Edelknecht, e
le page	der Edelknabe, n, n/der Page, n, n
le héraut (d'armes)	der Herold, e
la joute ; le tournoi	das Kampfspiel, e ; das Turnier, e
la lice	der Turnierplatz, ¨e
le destrier	das Schlachtross, e
le serf	der Leibeigene *(adj)*
le servage	die Leibeigenschaft
la corvée	der Frondienst, e
la dîme	der Zehnte, n, n
le bailli ; le bailliage	der Vogt, ¨e ; die Vogtei, en
le château fort	die Burg, en
le mouvement de Cluny	die kluniazensische Bewegung
la croisade ; le croisé	der Kreuzzug, ¨e ; der Kreuzritter, -
« Dieu le veut »	„Gott will es !"
les templiers *m*	die Tempelherren *mpl*
○ **l'hérésie** *f*	die Häresie, n/die Ketzerei, en
l'hérétique *m*	der Ketzer, -
l'Inquisition *f* **; l'Inquisiteur** *m*	die Inquisition ; der Inquisitor, en, en

soumettre qn à la question	jdn der Folter unterwerfen, a, o, i
les Cathares *m*	die Katharer *mpl*
la croisade contre les Albigeois	der Albigenser-Kreuzzug *(1209-39)*
la secte des Vaudois	die Waldenser *mpl*
○ **le haut Moyen Âge**	das hohe Mittelalter/Hochmittelalter
les Capétiens *m*	die Capetinger *mpl (987)*
Hugues Capet	Hugo Capet *(987-996)*
Louis VI le Gros	Ludwig VI., der Dicke *(1108-37)*
Philippe II Auguste	Philipp II. August *(1180-1223)*
Louis IX/Saint Louis	Ludwig IX. der Heilige *(1226-1270)*
les empereurs saxons	die sächsischen Kaiser *(919-1024)*
Henri Ier l'Oiseleur	Heinrich I., der Vogler *(919-936)*
les Ottoniens *m*	die Ottonen *mpl*
Othon/Otton Ier, le Grand	Otto I., der Große *(962-973)*
le Saint Empire (romain germanique)	das Heilige Römische Reich (Deutscher Nation) *(962-6.8.1806)*
les empereurs franconiens/saliens	die fränkischen/salischen Kaiser *(1024-1125)*
Guillaume le Conquérant	Wilhelm der Eroberer *(1066-1087) (England)*
la querelle des investitures	der Investiturstreit *(1075)*
la destitution et l'excommunication *f* **de l'empereur Henri IV**	die Absetzung und die Exkommunikation Heinrichs IV. *(des Vierten)*
Richard Cœur de Lion	Richard I. Löwenherz *(1157-1199)*
Frédéric Ier Barberousse	Friedrich I. Barbarossa *(1152-1190)*
les Hohenstaufen *m*	die Staufer *mpl (1138-1254)*
la bataille de Bouvines	die Schlacht bei Bouvines *(1214)*
l'Ordre *m* **teutonique**	der Deutsche (Ritter-)Orden
la poussée vers l'Est	der Drang nach Osten
la colonisation à l'Est	die Ostsiedlung
le Grand Interrègne	das Interregnum *(1254-1273)*
les ligues urbaines	die Städtebünde *mpl*
la ville d'Empire	die Reichsstadt, ¨e
○ **la fin du Moyen Âge**	das Spätmittelalter
Philippe le Bel	Philipp IV. der Schöne *(1285-1314)*
la Maison des Valois	das Haus Valois *(1328-1498)*
la peste noire	die Pest, der schwarze Tod *(1347-1352)*
la guerre de Cent Ans	der Hundertjährige Krieg *(1339-1453)*
la Pucelle d'Orléans	die Jungfrau von Orléans
le grand schisme d'Occident	das große abendländische Schisma *(1378-1417)*
l'Empire électif allemand	das deutsche Wahlkönigtum *(1273-1356)*
la Bulle d'or	die Goldene Bulle *(1356)*
le prince électeur	der Kurfürst, en, en
la branche des Luxembourgs	die Luxemburger *mpl (1308-1437)*
les Habsbourgs *m*	die Habsburger *mpl (1438-1806)*
la Ligue des Cantons suisses	die Schweizer Eidgenossenschaft *(1291-1513)*
la Hanse/la ligue hanséatique allemande	die Hanse/der Bund „van der düdeschen hanse"

les temps modernes

• **les temps modernes**	die Neuzeit
• **l'histoire moderne**	die Neuere Geschichte *(1453/1492-1789)*
l'invention *f* **de l'imprimerie**	die Erfindung des Buchdrucks
la chute de Constantinople	der Fall Konstantinopels *(1453)*
la découverte de l'Amérique	die Entdeckung Amerikas *(1492)*
la Réforme	die Reformation
la vente des indulgences	der Ablasshandel
l'affichage *m* **des quatre-vingt-quinze thèses**	der Anschlag der 95 Thesen *(Luther, 31.10.1517)*
la Diète de Worms	der Reichstag zu Worms *(1521)*
mettre qn au ban de l'empire	über jdn die Reichsacht verhängen
la guerre des paysans	der Bauernkrieg *(1525)*
Charles Quint	Karl V. *(1519-1556)*
la ligue protestante de Schmalkade	der Schmalkadische Bund *(1531)*
l'Édit *m* **de Villers-Cotterêts**	das Edikt von Villers-Cotterêts *(1539)*
Ignace de Loyola	Ignatius von Loyola *(*1491?-†1556)*
le concile de Trente	das Konzil von Trient *(1545-1563)*
la Confession d'Augsbourg	die Augsburgische Konfession *(1530)*
la paix religieuse d'Augsbourg	der Augsburger Religionsfriede *(1555)*
la Contre-Réforme	die Gegenreformation
les guerres *f* **de religion**	die Religionskriege *mpl*
Guillaume d'Orange	Wilhelm von Oranien *(1533-1584)*
les huguenots *m*	die Hugenotten *mpl*
le massacre de la Saint-Barthélemy	die Bartholomäusnacht/die Pariser Bluthochzeit *(1572)*
la Guerre des trois Henri	der Krieg der drei Heinriche
Henri IV (de Navarre)	Heinrich IV. (von Navarra) *(1589-1610)*
« Paris vaut bien une messe. »	„Paris ist eine Messe wert."
l'Édit *m* **de Nantes**	das Edikt von Nantes *(1598)*
la défenestration de Prague	der Prager Fenstersturz *(23.5.1618)*
la guerre de Trente Ans	der Dreißigjährige Krieg *(1618-1648)*
le mercenaire ; le lansquenet	der Söldner, - ; der Landsknecht, e
les traités de Westphalie	der Westfälische Friede *(1648)*
Louis XIV, le Roi-Soleil	Ludwig XIV., der Sonnenkönig *(1643-1715)*
Bossuet : « Un roi, une foi, une loi. »	Bossuet : „Ein König, ein Glaube, ein Gesetz."
le siècle de Louis XIV	das Zeitalter der französischen Klassik
la révocation de l'Édit de Nantes	die Aufhebung des Edikts von Nantes *(1685)*
l'absolutisme *m*	der Absolutismus
la monarchie absolue	die absolute Monarchie
la maison des Hohenzollern	das Haus Hohenzollern *(1701-1918)*
Frédéric-Guillaume, le Grand Electeur	Friedrich Wilhelm, der Große Kurfürst *(1620-1688)*
Frédéric-Guillaume Ier, le Roi-Sergent	Friedrich Wilhelm I., der Soldatenkönig *(1713-1740)*
Frédéric II le Grand	Friedrich II., der Große *(1740-1786)*
le siècle des Lumières	die Aufklärung, das Zeitalter der Vernunft
le despotisme éclairé	der aufgeklärte Despotismus
la guerre de Succession d'Autriche	der österreichische Erbfolgekrieg *(1741-1748)*
la guerre de Sept Ans	der Siebenjährige Krieg *(1756-1763)*
le partage de la Pologne	die (Auf)teilung Polens *(1772-1795)*
la guerre de l'Indépendance *(Amérique)*	der Unabhängigkeitskrieg *(1775-1783) (Amerika)*
la Déclaration d'indépendance	die Unabhängigkeitserklärung *(1776)*

l'histoire contemporaine

• **l'histoire contemporaine**	die Neueste Geschichte *(1789-1917)*, die Zeitgeschichte *(1917 à nos jours)*
○ **la Révolution française**	die Französische Revolution
la convocation des États généraux	die Einberufung der Generalstände
l'Assemblée constituante	die Verfassungsgebende Versammlung
la haute noblesse	der Hochadel

la noblesse provinciale	der Landadel
la noblesse de robe	der Amtsadel
le haut clergé ; le bas clergé	der hohe Klerus ; der niedere Klerus
la bourgeoisie	das Bürgertum/die Bourgeoisie
le tiers état	der Dritte Stand
la prise de la Bastille	die Erstürmung der Bastille *(14.7.1789)*
les sans-culottes *m*	die Sansculotten *mpl*
les privilèges *m*	die Privilegien *npl*
l'abolition *f* **des privilèges**	die Abschaffung der Feudalordnung *(4.8.1789)*
la Déclaration des droits de l'homme et du citoyen	die Erklärung der Menschen- und Bürgerrechte *(26.8.1789)*
la Constitution civile du clergé	das Staatsgesetz über die Geistlichkeit *(12.7.1790)*
le prêtre réfractaire	der Eid verweigernde Priester
les jacobins *m* **; les girondins** *m*	die Jakobiner *mpl* ; die Girondisten *mpl*
le bonnet phrygien	die Jakobinermütze, n
le drapeau tricolore	die Trikolore, n *(19.10.1790)*
le manifeste de Brunswick	das Manifest des Herzogs von Braunschweig *(25.7.1792)*
la Convention nationale	der Nationalkonvent *(21.9.1792-26.10.1795)*
la Terreur	die Schreckensherrschaft *(1793-1794)*
le Comité de salut public	der Wohlfahrtsausschuss *(1793-1795)*
le Directoire	das Direktorium *(28.10.1795-9.10.1799)*
le coup d'État du 18 brumaire	der Staatsstreich vom 18. Brumaire
le Consulat	die Konsularregierung *(1799-1804)*
❍ **le Premier Empire**	das Erste Kaiserreich *(18.5.1804-22.6.1815) (F)*
les guerres napoléoniennes/d'Empire	die napoleonischen Kriege
le recès d'Empire	der Reichsdeputationshauptschluss *(1803)*
la Confédération du Rhin	der Rheinbund *(1806)*
le blocus continental	die Kontinentalsperre *(1806-1813)*
le passage de la Bérésina	der Übergang über die Beresina *(1812)*
la guerre de libération	die Befreiungskriege/Freiheitskriege *(1813-1815)*
le soulèvement de la Prusse	die Erhebung Preußens *(1813)*
le corps franc Lützow	das Lützowsche Freikorps *(1813)*
la naissance du sentiment national allemand	die Entstehung des deutschen Nationalgefühls
la Bataille des Nations/de Leipzig	die Völkerschlacht *(16.-18.10.1813)*
le Congrès de Vienne	der Wiener Kongress *(1814/1815)*
la Restauration	die Restauration *(F)*
les Cent-Jours	die Herrschaft der Hundert Tage *(20.3.-22.6.1815)*
la bataille de Waterloo	die Schlacht bei Waterloo/Belle-Alliance *(18.6.1815)*
la Sainte Alliance	die Heilige Allianz *(1815)*
la Confédération germanique	der Deutsche Bund *(1815-1866)*
la fête de la Wartbourg	das Wartburgfest *(1817)*
l'Union douanière allemande	der Deutsche Zollverein *(1834)*
le Vormärz	der Vormärz *(1830-1848)*
la Monarchie de Juillet	das Juli-Königtum *(1830-1848)*
"Enrichissez-vous !"	"Bereichert euch !"
la Révolution de 1848	die französische Februarrevolution *(24.2.1848)*
la Révolution de mars 1848	die Märzrevolution/die deutsche Revolution *(1848/1849)*
le Parlement de Francfort	die Frankfurter Nationalversammlung *(18.5.1848-1849)*

les partisans *m* **de la Grande Allemagne**	die Großdeutschen *(adj)*
les partisans de la Petite Allemagne	die Kleindeutschen *(adj)*
le problème de l'unité allemande	das Problem der deutschen Einheit
la reculade d'Olmütz	die Olmützer Punktation *(1850)*
❍ **le Second Empire**	das Zweite Kaiserreich *(1852-1870) (F)*
la guerre des Duchés	der Deutsch-Dänische Krieg *(1864)*
la guerre de Sécession	der Sezessionskrieg *(1861-1865) (Amerika)*
l'abolitionnisme *m*	der Abolitionismus
la traite des noirs	der Sklavenhandel
la guerre austro-prussienne	der Deutsche Krieg *(1866)*
la bataille de Sadowa	die Schlacht bei Königgrätz *(1866)*
la Monarchie danubienne	die Donaumonarchie
la Monarchie austro-hongroise	die k.u.k. *(kaiserliche und königliche)* Monarchie *(1867-1918)*
la Confédération de l'Allemagne du Nord	der Norddeutsche Bund *(1866-1870)*
la dépêche d'Ems	die Emser Depesche *(13.7.1870)*
la guerre franco-allemande	der Deutsch-Französische Krieg *(1870/1871)*
la IIIe République	die Dritte Republik *(1870-1940) (F)*
le Deuxième Reich	das (zweite) Deutsche Reich *(1871-1918)*
Guillaume Ier, empereur d'Allemagne	Wilhelm I., Deutscher Kaiser *(1871-1888)*
la galerie des Glaces à Versailles	der Spiegelsaal von Versailles
les années de la grande spéculation	die Gründerjahre *(1871-1873)*
le Kulturkampf	der Kulturkampf *(1871-1887)*
la loi antisocialiste *(D)*	das Sozialistengesetz *(1878)*
la création de l'assurance-maladie *(D)*	die Einführung der Krankenversicherung *(1883)*
❍ **le système d'alliances du chancelier de fer** *(Bismarck)*	das Bündnissystem des Eisernen Kanzlers
l'alliance *f* **des trois empereurs**	das Dreikaiserabkommen *(1873)*
la Duplice	der Zweibund *(1879)*
la Triplice	der Dreibund *(1882)*
le traité de "contre-assurance"	der Rückversicherungsvertrag *(1887)*
la Ligue coloniale	der Kolonialverein *(1882)*
le renvoi de Bismarck	die Entlassung Bismarcks *(1890)*
❍ **l'Allemagne wilhelminienne**	das wilhelminische Deutschland
l'Union *f* **pangermaniste**	der Alldeutsche Verband
l'affaire Dreyfus	die Dreyfus-Affäre *(1894) (F)*
la Ligue maritime	der Flottenverein *(1898)*
la guerre des Boers/du Transvaal	der Burenkrieg *(1899-1902) (Südafrika)*
la Cour permanente d'arbitrage de la Haye	der Haager Schiedshof *(1899)*
l'Entente cordiale	die englisch-französische Verständigung *(1904)*
la séparation de l'Église et de l'État	die Trennung von Kirche und Staat *(1905) (F)*
❍ **la Première Guerre mondiale**	der Erste Weltkrieg *(28.7.1914-11.11.1918)*
l'assassinat *m* **du prince héritier d'Autriche**	die Ermordung des österreichischen Thronfolgers *(28.6.1914)*
les puissances alliées et associées	die alliierten und assoziierten Mächte *fpl*
les puissances centrales	die Mittelmächte *fpl*
la guerre des tranchées	der Stellungskrieg
l'Union spartakiste	der Spartakus-Bund

la guerre sous-marine	der U-Boot-Krieg
la Bataille du Jutland	die Skagerrak-Schlacht *(31.5/1.6.1916)*
l'entrée *f* **en guerre des États-Unis**	der Kriegseintritt der USA *(6.4.1917)*
la Révolution d'octobre à Pétrograd	die Oktoberrevolution in Petrograd *(1917)*
le bolchevique	der Bolschewist, en, en
la proclamation de la République *(D)*	die Ausrufung der Republik *(9.11.1918)*
l'armistice *m* **de Rethondes**	der Waffenstillstand von Compiègne *(11.11.1918)*
la signature du Traité de Versailles	die Unterzeichnung des Versailler Vertrages *(28.6.1919)*
la clause de responsabilité de la guerre	die Kriegsschuldklausel *(Artikel 231)*
○ **l'entre-deux-guerres** *m*	die Zeit zwischen den Weltkriegen
la République de Weimar	die Weimarer Republik *(1918-1933)*
la politique d'application du traité de Versailles	die Erfüllungspolitik *(1918-1923)*
la légende du coup de poignard dans le dos	die Dolchstoßlegende
le corps franc	das Freikorps, -
l'association *f* **des anciens combattants**	der Frontkämpferbund, ¨e
l'occupation *f* **de la Ruhr**	die Ruhrbesetzung *(11.1.1923)*
l'admission *f* **de l'Allemagne à la Société des Nations**	der Beitritt Deutschlands zum Völkerbund *(1926)*
les accords du Latran	die Lateran-Verträge *(1929)*
l'effondrement *m* **de la bourse de New York**	der Zusammenbruch der New Yorker Börse *(24.10.1929)*
la crise économique mondiale	die Weltwirtschaftskrise
• **le Troisième Reich**	das Dritte Reich *(1933-1945)*
la prise du pouvoir	die Machtergreifung *(30.1.1933)*
l'incendie *m* **du Reichstag**	der Reichstagsbrand *(27.2.1933)*
la loi de pleins pouvoirs	das Ermächtigungsgesetz *(23.3.1933)*
l'autodafé *m* **de livres**	die Bücherverbrennung *(10.5.1933)*
l'Allemagne quitte la SDN.	Deutschland tritt aus dem Völkerbund aus. *(19.10.33)*
la mise au pas	die Gleichschaltung
le principe de la soumission au chef	das Führerprinzip/ der Führergrundsatz
l'ordre *m* **venant du Führer**	der Führerbefehl, e, der Führererlass, e
la croix gammée	das Hakenkreuz
le Parti national-socialiste (ouvrier) allemand	die NSDAP *(Nationalsozialistische Deutsche Arbeiterpartei)*
le mouvement national-socialiste	die nationalsozialistische Bewegung
le membre du parti	der Parteigenosse, n, n (PG)
le national-socialiste, le nazi *(péj)*	der Nationalsozialist, en, en, der Nazi, s *(péj)*
le fascisme ; le fasciste	der Faschismus ; der Faschist, en, en
la SA *(formation paramilitaire)*	die SA (Sturmabteilung)
la Nuit des longs couteaux	die Nacht der langen Messer *(30.6.-2.7.1934)*
la jeunesse hitlérienne	die Hitlerjugend (HJ)
l'Administration centrale de la sûreté du Reich	das Reichssicherheitshauptamt (RSHA)
la SS *(police militarisée)*	die SS *(Schutzstaffel)*
le Service de sûreté	der Sicherheitsdienst (SD)
la gestapo	die Geheime Staatspolizei (Gestapo)
le tribunal du peuple	der Volksgerichtshof, ¨e
le serment de fidélité prêté au Führer	der Treueeid auf den Führer *(20.8.1934)*
l'art dégénéré	die entartete Kunst

les Chrétiens allemands	die Deutschen Christen *mpl*
l'Église confessante	die Bekennende Kirche
l'émigration intérieure	die innere Emigration *(Frank Thieß)*
la conquête d'un nouvel espace vital	die Eroberung neuen Lebensraums
le sang et la terre	Blut *n* und Boden *m*
la politique raciale	die Rassenpolitik
les lois raciales de Nuremberg	die Nürnberger Gesetze *(15.9.1935)*
le crime contre la race	die Rassenschande
l'aryen *m* **; aryen**	der Arier, - ; arisch
la Nuit de cristal	die (Reichs)kristallnacht *(9/10.11.1938)*
la persécution des juifs	die Judenverfolgung
l'application *f* **de l'euthanasie**	das Euthanasieprogramm *(Okt. 1939)*
l'élimination *f* **des vies inutiles**	die "Ausmerzung lebensunwerten Lebens"
la question sarroise	die Saarfrage
le plébiscite de la Sarre	die Saarabstimmung *(13.1.1935)*
le rétablissement du service militaire	die Wiedereinführung der Wehrpflicht *(16.3.1935)*
la dénonciation du pacte de Locarno	die Kündigung des Locarno-Vertrags
la réoccupation de la Rhénanie par la Wehrmacht	der Einmarsch der Wehrmacht ins Rheinland *(7.3.1936)*
la victoire électorale du Front populaire	der Wahlsieg der Volksfront *(26.4.1936) (F)*
les accords *m* **Matignon**	die Matignon-Verträge *(7.6.1936) (F)*
la guerre civile en Espagne	der spanische Bürgerkrieg *(1936-1939)*
le protocole de Hoßbach	die Hoßbach-Niederschrift *(5.11.1937)*
l'annexion *f* **de l'Autriche**	der Anschluss Österreichs *(13.3.1938)*
la crise des Sudètes	die Sudetenkrise
les accords de Munich	das Münchner Abkommen *(30.9.1938)*
la cession du territoire des Sudètes à l'Allemagne	die Abtretung der sudetendeutschen Gebiete an Deutschland
le protectorat de Bohême-Moravie	das Reichsprotektorat Böhmen und Mähren
le Pacte d'acier	der Stahlpakt *(22.5.1939)*
le Pacte de non-agression germano-soviétique	der deutsch-sowjetische Nichtangriffspakt *(23.8.1939)*
○ **la Deuxième Guerre mondiale**	der Zweite Weltkrieg *(1.9.1939-2.9.1945)*
la guerre éclair	der Blitzkrieg
la campagne de Pologne	der Polenfeldzug
la drôle de guerre	der Sitzkrieg, der Witzkrieg *(3.9.1939-10.5.1940)*
le camp d'internement	das Internierungslager, -
la ligne Maginot	die Maginot-Linie
la ligne Siegfried	der Westwall
le stalag	das Stammlager, -
l'oflag *m*	das Offizierslager
s'évader (de)	(ent)fliehen*, o, o (aus+D)
l'État français *(régime de Vichy)*	der Vichy-Staat *(10.7.1940-9.8.1944)*
la collaboration	die Kollaboration
le collaborateur	der Kollaborateur, e
la bataille d'Angleterre	die Luftschlacht um England
la guerre aérienne	der Luftkrieg
les attaques aériennes	die Luftangriffe *mpl*
les territoires occupés	die besetzten Gebiete *npl*
la zone libre/non occupée	die unbesetzte Zone
la ligne de démarcation	die Demarkationslinie
la charte de l'Atlantique	die Atlantik-Charta *(14.8.1941)*
l'accord *m* **prêt-bail**	das Leih- und Pachtabkommen
l'attaque japonaise sur Pearl Harbor	der japanische Überfall auf Pearl Harbor *(7.12.1941)*

la bataille de l'Atlantique	die Schlacht im Atlantik
le mur de l'Atlantique	der Atlantikwall
le S.T.O. (Service du travail obligatoire)	der zwangsrekrutierte Zivilarbeiter, -
le travailleur étranger	der Fremdarbeiter, -
la personne déplacée	die Displaced person, s (D.P.)
déporter ; le déporté	deportieren/verschleppen ; der Deportierte *(adj)*
la déportation	die Deportation, en/ die Zwangsverschickung, en
le camp de concentration	das Konzentrationslager, -/das KZ, s
le mirador	der Wach(t)turm, ¨e
la conférence de Wannsee	die Wannsee-Konferenz *(20.1.1942)*
les mots codés	die Tarnbezeichnungen *fpl*
(la liquidation des juifs)	die Sonderbehandlung/ die Durchschleusung
la solution finale	die Endlösung
le camp d'extermination	das Vernichtungslager
la chambre à gaz	die Gaskammer, n
le charnier	das Massengrab, ¨er
la résistance	die Widerstandsbewegung
le résistant	der Widerstandskämpfer, -
le partisan	der Partisan, en, en
exercer des représailles *f*	Repressalien *fpl* aus~üben
l'otage *m* **; l'exécution** *f* **d'otages**	die Geisel, n ; die Geiselerschießung, en
le décret Nuit et Brouillard	der Nacht-und-Nebel-Erlass *(7.12.1941)*
la conférence de Yalta	die Konferenz von Jalta *(4.-11.2.1945)*
le débarquement allié en Normandie	die alliierte Invasion in der Normandie *(6.6.1944)*
les armes de représailles	die Vergeltungswaffen/ die V-Waffen *fpl*
les bombes volantes	die fliegenden Bomben *fpl*
la Libération	die Befreiung Frankreichs
le gouvernement provisoire	die provisorische Regierung *(6.1944-1.1947) (F)*
l'épuration *f*	die Bestrafung der Kollaborateure *(F)*
l'attentat *m* **contre Hitler**	das Attentat auf Hitler *(20.7.1944)*
la bataille de Berlin	der Kampf um Berlin *(24.4.-2.5.1945)*
la capitulation sans condition	die bedingungslose Kapitulation *(7./8.5.1945)*
la bombe atomique larguée sur Hiroshima	der Abwurf der Atombombe auf Hiroshima *(6.8.1945)*

l'après-guerre

• **l'après-guerre** *f*	die Nachkriegszeit
la fondation de l'ONU	die Gründung der UNO *(26.6.1945)*
les accords de Potsdam	das Potsdamer Abkommen *(17.7.-2.8.1945)*
la zone d'occupation	die Besatzungszone, n
l'occupant *m*	die Besatzungsmacht, ¨e
l'occupation *f*	die Besetzung
le gouvernement militaire	die Militärregierung, en
l'administration *f* **quadripartite de Berlin**	die Viermächteverwaltung von Berlin
le Conseil de contrôle allié	der Alliierte Kontrollrat
les anciens territoires allemands de l'Est	die ehemaligen deutschen Ostgebiete
le transfert de la population allemande	die Überführung der deutschen Bevölkerung
les expulsés *m*	die Heimatvertriebenen *(adj)*
○ **le procès de Nuremberg**	der Nürnberger Prozess *(1945/1946)*
le génocide	der Völkermord
la culpabilité collective	die Kollektivschuld
le crime contre l'humanité	das Verbrechen gegen die Menschheit
le crime de guerre	das Kriegsverbrechen
(l'excuse f absolutoire de l'ordre reçu)	der Befehlsnotstand
le désarmement	die Entwaffnung
la démilitarisation	die Entmilitarisierung
les réparations *f*	die Reparationen *fpl*
les démontages *f*	die Demontagen *fpl*
la démocratisation	die Demokratisierung
la rééducation	die Umerziehung
la dénazification	die Entnazifizierung
le questionnaire	der Fragebogen, -
(le tribunal de dénazification)	die Spruchkammer, n
principaux coupables *m*	Hauptschuldige *(adj)*
coupables avec charges importantes	Belastete *(adj)*
coupables avec charges mineures	Minderbelastete *(adj)*
suivistes *m*	Mitläufer *mpl*
déchargés de toute culpabilité	Entlastete *(adj)*
(« l'assassin *m* **par la plume »)**	der Schreibtischmörder, -
surmonter/exorciser le passé sans l'oublier	die Vergangenheit bewältigen
la réparation des préjudices subis	die Wiedergutmachung *(11.5.1951)*
○ **la reconstruction**	der Wiederaufbau
la Constitution *f* **de la IVe République**	die Verfassung der Vierten Republik *(13.10.1946)*
le début de la guerre d'Indochine	der Beginn des Indochina-Krieges *(1946-1954)*
la proclamation *f* **de la doctrine Truman**	die Verkündung der Truman-Doktrin *(11.3.1947)*
le plan Marshall	der Marshall-Plan
l'Organisation européenne de coopération économique	der Europäische Wirtschaftsrat *(16.4.1948)*
le Conseil économique à Francfort	der Wirtschaftsrat in Frankfurt *(25.6.1947)*
la réforme monétaire	die Währungsreform *(19.6.1948)*
le miracle économique	das Wirtschaftswunder
○ **la guerre froide**	der Kalte Krieg
le rideau de fer	der Eiserne Vorhang
la division de l'Allemagne	die Teilung/Spaltung Deutschlands
le blocus de Berlin	die Berliner Blockade *(24.6.1948-12.5.1949)*
le pont aérien	die Luftbrücke *(28.6.1948)*
le Pacte de l'Atlantique Nord	der Nordatlantikpakt (NATO) *(4.4.1949)*
le Conseil de l'Europe	der Europarat *(5.5.1949)*
l'Autorité internationale de la Ruhr	die internationale Ruhrbehörde *(22.4.1949)*
la Loi fondamentale	das Grundgesetz *(23.5.1949)*
le statut d'occupation	das Besatzungsstatut
la République fédérale d'Allemagne	die Bundesrepublik Deutschland
la République démocratique allemande (RDA)	die Deutsche Demokratische Republik (DDR)
la revendication de la RFA à représenter toute l'Allemagne	der Alleinvertretungsanspruch
la souveraineté limitée	die beschränkte Souveränität
le plan Schuman	der Schuman-Plan
la Communauté européenne du charbon et de l'acier/la CECA	die Europäische Gemeinschaft für Kohle und Stahl/die EGKS *(18.4.1951)*
les émeutes *f* **populaires à Berlin-Est**	der Volksaufstand in Ostberlin *(17.6.1953)*

les accords de Paris	die Pariser Verträge *(5.5.1955)*
la RFA devient membre de l'OTAN.	die Bundesrepublik tritt der Nato bei.
la loi organisant le service militaire en RFA	das Wehrpflichtgesetz *(7.7.1956)*
la doctrine Hallstein	die Hallstein-Doktrin *(10.12.1955)*
le rejet du statut européen de la Sarre	die Ablehnung des Saarstatuts *(23.10.1955)*
l'interdiction *f* **du parti communiste allemand**	das Verbot der KPD *(1956)*
la démocratie combattante	die streitbare Demokratie
l'entrée *f* **des troupes soviétiques à Budapest**	der sowjetische Einmarsch in Budapest *(4.11.1956)*
le rattachement politique de la Sarre à la RFA	die politische Eingliederung der Saar in die Bundesrepublik *(1.1.1957)*
la signature du traité de Rome	die Unterzeichnung der Römischen Verträge *(25.3.1957)*
Le référendum approuve la constitution de la V e République.	der Volksentscheid für die Verfassung der V. Republik (28.9.1958) *(F)*
le programme de Bad-Godesberg du SPD	das Bad Godesberger Programm der SPD *(1959)*
le Mur de Berlin	die Berliner Mauer *(13.8.1961)*
le mur de la honte *(RFA)*	die Schandmauer
le rempart antifasciste *(RDA)*	der Antifaschistenwall
la désertion de la République *(RDA)*	die Republikflucht
l'indépendance *f* **de l'Algérie**	die Unabhängigkeit Algeriens *(3.7.1962)*
le Français d'Algérie, le pied-noir *(fam)*	der Algerienfranzose, n, n
le Traité franco-allemand	der deutsch-französische Vertrag *(22.1.1963)*
l'Office franco-allemand pour la Jeunesse (OFAJ)	das deutsch-französische Jugendwerk *(5.7.1963)*
la grande coalition	die große Koalition (CDU+SPD) *(1966-1969)*
l'opposition *f* **extraparlementaire**	die außerparlamentarische Opposition (APO)
le traité de Moscou	der Moskauer Vertrag *(12.8.1970)*
La ligne Oder-Neiße est la frontière occidentale de la Pologne.	Die Oder-Neiße-Linie ist die Westgrenze Polens.
le traité de Varsovie	der Warschauer Vertrag *(7.12.1970)*
la normalisation des relations interallemandes	die Normalisierung der gegenseitigen Beziehungen
l'accord quadripartite sur Berlin	das 4-Mächte-Berlin-Abkommen *(3.9.1972)*
le traité fondamental	der Grund(lagen)vertrag *(21.12.1972)*
l'ouverture *f* **/ la chute du Mur de Berlin**	die Öffnung der Berliner Mauer *(9.11.1989)*
la réunification ; l'unification *f*	die Wiedervereinigung ; die Vereinigung
l'adhésion *f* **de la RDA à la RFA**	der Beitritt der DDR zur Bundesrepublik Deutschland
la fête de la réunification *(fête nationale)*	der Tag der deutschen Einheit *(3.10.1990)*
la convention de Schengen	das Schengener Abkommen *(19.6.1990)*

(v. Union européenne, p. 219)

la Communauté d'États indépendants *(ex-URSS)* **(CEI)**	die Gemeinschaft unabhängiger Staaten *(8.12.1991)* (GUS)
le traité de Maastricht	der Vertrag von Maastricht *(10.12.1991)*

den gordischen Knoten durch~hauen, ie, au
trancher le nœud gordien

den Rubikon überschreiten, i, i
franchir le Rubicon

Die Würfel sind gefallen. (*Caesar : alea iacta est*)
Le sort en est jeté. (alea jacta est)

Wehe den Besiegten !
Malheur aux vaincus !

in die Schranken treten*, a, e, i
entrer en lice

das Kriegsbeil begraben, u, a, ä
enterrer la hache de guerre

einen Kanossagang an~treten, a, e, i
aller à Canossa (faire amende honorable)

in die Geschichte ein~gehen*, i, a
entrer dans l'histoire

das Rad der Geschichte zurück~drehen
refaire l'histoire

Wer weiß, was uns noch blüht !
Qui sait ce qui nous attend !

VI. Le Monde

1. L'UNIVERS

l'espace

• **l'Univers** *m*	das (Welt)all, das Universum
le monde	die Welt, en
l'espace *m*	der Weltraum
le cosmos	der Kosmos ; die Weltordnung
cosmique	kosmisch
le macrocosme	der Makrokosmos
le microcosme	der Mikrokosmos
la cosmologie	die Weltordnungslehre
la cosmogonie	die Weltentstehungslehre
l'origine *f* **de l'Univers**	die Weltentstehung
le big bang *(le grand boum)*	der Urknall
la matière	die Materie
le ciel	der Himmel
la voûte céleste	das Himmelsgewölbe
le firmament	das Firmament
l'éther *m*, **le ciel**	der Äther
la galaxie/le système stellaire	die Galaxie, n/das Sternsystem, e
la Galaxie *(notre galaxie)*	die Galaxis
la Voie lactée	die Milchstraße
extragalactique	extragalaktisch
extraterrestre	außerirdisch
interstellaire ; interplanétaire	interstellar ; interplanetar(isch)
la nébuleuse	der Nebelfleck, e/der Nebel
l'astre *m*/**le corps céleste**	das Gestirn, e/der Himmelskörper, -
le quasar	der Quasar, e
• **l'étoile** *f*	der Stern, e
sidéral, astral	Stern(en)-, siderisch
l'année sidérale	das siderische Jahr
l'amas *m* **stellaire/d'étoiles**	der Sternhaufen
la distance interstellaire	die Sternentfernung, en
le rayonnement, les radiations *f*	die Strahlung, en
le rayon lumineux	der Lichtstrahl, en
la magnitude apparente, absolue	die scheinbare, absolute Helligkeit
l'année-lumière *f*	das Lichtjahr, e
à 50 années-lumière de la Terre	50 Lichtjahre von der Erde entfernt
l'unité *f* **astronomique (UA)**	die astronomische Einheit (AE)
le parsec	das Parsec, -
la luminosité	die Leuchtkraft
le spectre	das Spektrum, ren/ra
l'analyse spectrale	die Spektralanalyse, n
une étoile de première grandeur	ein Stern erster Größe
l'étoile variable	der veränderliche Stern
la géante ; la naine	der Riesenstern ; der Zwergstern
le pulsar/l'étoile à neutrons	der Pulsar, e/der Neutronenstern
la nova ; la supernova	die Nova, vä ; die Supernova, vä
l'explosion *f* **d'une nova**	der Ausbruch einer Nova
le trou noir	das schwarze Loch, ¨er
l'étoile *f* **fixe**	der Fixstern, e
la constellation	das Sternbild, er
la Grande Ourse/le Grand Chariot	der Große Bär/der Große Wagen
l'étoile Polaire/la Polaire	der Polarstern

l'étoile du berger *(Vénus)*	der Morgen-/Abendstern *(Venus)*
la Croix du Sud	das Kreuz des Südens
un ciel étoilé/constellé	ein gestirnter Himmel
parsemé d'étoiles	mit Sternen besät
une nuit étoilée	eine sternklare Nacht
sans étoiles	sternlos
à la clarté des étoiles	bei Sternenlicht
s'éteindre	erlöschen*, o, o, i
une étoile éteinte	ein erloschener Stern
• **le Soleil** *(astre)*, **le soleil**	die Sonne, n
le disque du Soleil	die Sonnenscheibe
la photosphère	die Photosphäre
la chromosphère	die Chromosphäre
la tache solaire	der Sonnenfleck, e
la protubérance	die (Sonnen)protuberanz, en
l'éruption *f* **; éruptif**	die Eruption, en ; eruptiv
la facule	die Sonnenfackel, n
la couronne solaire	die Sonnenkorona
le noyau	der Sonnenkern
la lumière/clarté du soleil	der Sonnenschein
le rayon de soleil	der Sonnenstrahl, en
le rayonnement solaire	die Sonnenstrahlung
l'ensoleillement *m*	die Sonnenscheindauer
l'énergie *f* **solaire**	die Sonnenkraft
l'ombre *f*	der Schatten
l'éclipse *f* **du Soleil**	die Sonnenfinsternis, se
l'éclipse totale, partielle, annulaire	die totale, partielle, ringförmige Sonnenfinsternis
l'apogée *m* **; le périgée**	die Erdferne ; die Erdnähe
le solstice	die Sonnenwende, n
le solstice d'été, d'hiver	die Sommer-, Wintersonnenwende
l'écliptique *f*	die Ekliptik, en
○ **l'équinoxe** *m*	die Tagundnachtgleiche, n
l'équinoxe de printemps	die Frühlingstagundnachtgleiche
l'équinoxe d'automne	die Herbsttagundnachtgleiche
la sphère céleste	die Himmelskugel
le planisphère céleste/la carte du ciel	die Sternkarte, n
le zénith	der Zenit
le nadir	der Nadir
l'azimut *m*	das/der Azimut, e
le zodiaque	der Tierkreis, e
○ **les signes** *m* **du zodiaque**	die Tierkreiszeichen *npl*
le Bélier	der Widder
le Taureau	der Stier
les Gémeaux *m*	die Zwillinge *mpl*
le Cancer	der Krebs
le Lion	der Löwe
la Vierge	die Jungfrau
la Balance	die Waage
le Scorpion	der Skorpion
le Sagittaire	der Schütze
le Capricorne	der Steinbock
le Verseau	der Wassermann
les Poissons *m*	die Fische *mpl*
○ **le lever du soleil**	der Sonnenaufgang, ¨e
un coucher de soleil sur la mer	ein Sonnenuntergang am Meer
se lever ; se coucher	auf~gehen*, i, a ; unter~gehen*, i, a

décliner	sich neigen
Le soleil brille/luit.	Die Sonne scheint, ie, ie.
Il fait un soleil radieux/ éclatant.	Die Sonne strahlt.
une journée ensoleillée	ein sonniger Tag
Le soleil est haut.	Die Sonne steht hoch.
en plein soleil	in praller Sonne
sous un soleil ardent	in glühender Sonne
• **la lumière**	das Licht
à la lumière	bei Licht
en pleine lumière	im vollen Licht
la clarté, l'éclat *m*	die Helligkeit, die Helle
l'obscurité *f*	die Dunkelheit, das Dunkel
obscur, sombre	dunkel
la pénombre	das Halbdunkel
la lueur	der Lichtschein, das trübe Licht
violent	grell
vif/vive	hell
froid	kalt
blafard	fahl
faible, pâle	schwach
voilé, tamisé	gedämpft
diffus	diffus
aveugler, éblouir	blenden
étinceler	funkeln
briller ; rayonner	glänzen ; strahlen
vaciller/trembler	flackern
scintiller	schimmern/flimmern/glitzern
pâlir	schwächer werden
briller	leuchten
éclairer, illuminer qc	etw beleuchten
éclairer	erleuchten
miroiter, briller	spiegeln, schillern
refléter, réfléchir	(wider~)spiegeln
se refléter dans	sich (wider~)spiegeln in+D
se réfracter	sich brechen, a, o, i
la diffusion ; la réfraction	die Streuung ; die Brechung
• **la planète**	der Planet, en, en
la rotation	die Rotation, en
l'axe *m* **de rotation**	die Rotationsachse, n
le mouvement/la course	der Lauf
la révolution	der Umlauf, ¨e
la (durée de) révolution	die Umlaufzeit, en
l'ellipse *f* **; elliptique**	die Ellipse, n ; elliptisch
la révolution sidérale	das Planetenjahr, e
l'orbite *f*	die Umlaufbahn, en
la trajectoire	die Flugbahn
tourner (autour de)	sich drehen/sich bewegen (um+A)
la gravitation	die Gravitation
graviter (autour de)	kreisen* (um+A)
le satellite	der Satellit, en, en/ der Trabant, en, en
l'attraction *f*	die Anziehungskraft, ¨e
la gravité terrestre, la pesanteur	die Schwerkraft
l'apesanteur *f*	die Schwere-/Gewichtslosigkeit
être en état d'apesanteur	gewichtslos sein
l'astéroïde *m*	der Asteroid, en, en
la comète	der Komet, en, en
le noyau ; la chevelure	der Kern, e ; die Koma, s
la queue	der Schweif, e
le/la météorite	der Meteorit, en/s, en/e
le météore/le bolide	der Meteor, e

l'étoile filante	die Sternschnuppe, n
la pluie d'étoiles filantes	der Sternschnuppenschwarm, ¨e
• **la Lune** *(astre)*	der Mond, e
le halo	der Hof, ¨e/der Halo, s/nen
le relief lunaire	die Mondlandschaft/Mondoberfläche
la face visible, cachée de la Lune	die sichtbare, unsichtbare Mondfläche
le changement de lune	der Mondwechsel
les phases *f* **de la Lune**	die Mondphasen *fpl*
la nouvelle Lune	der Neumond
croître	zu~nehmen, a, o, i
décroître	ab~nehmen, a, o, i
le croissant de lune	die Mondsichel
le premier quartier	das erste Viertel
la pleine Lune	der Vollmond
le dernier quartier	das letzte Viertel
l'éclipse *f* **de Lune**	die Mondfinsternis, se
le clair de lune	der Mondschein
au clair de lune	bei Mond(en)schein
• **l'astronomie** *f*	die Astronomie/die Sternkunde
l'astronome *m*	der Astronom, en, en/ der Himmelsforscher
l'observatoire *m*	die Sternwarte, n/ das Observatorium, ien
le planétarium	das Planetarium, ien
l'astrophysique *f*	die Astrophysik
l'astrophysicien *m*	der Astrophysiker, -
observer les étoiles	die Sterne beobachten
visible à l'œil nu	mit freiem/bloßem Auge sichtbar
la lunette astronomique	das Linsenfernrohr, e
le télescope	das (Spiegel)teleskop, e
le radiotélescope	das Radioteleskop
la radioastronomie	die Radioastronomie
l'interféromètre *m*	das Radiointerferometer, -
la photométrie	die Photometrie
l'astronomie spatiale	die Weltraumastronomie
le ballon stratosphérique	der Stratosphärenballon, s/e
le télescope spatial	das Weltraumteleskop, e
la recherche spatiale	die Weltraumforschung
• **l'astronautique**	die Astronautik, die Raumfahrt
le vol spatial	der Raumflug, ¨e
le vol habité	der bemannte Flug
l'astronaute *m*	der Astronaut, en, en
le cosmonaute	der Kosmonaut, en, en
le spationaute	der Raumfahrer, -
la combinaison spatiale	der Raumanzug, ¨e
le mal de l'espace	die Raumfahrerkrankheit
l'engin spatial	der Raumflugkörper, -
le vaisseau spatial	das Raumschiff, e
la navette spatiale	die Raumfähre, n
la fusée	die Rakete, n
envoyer une fusée dans l'espace	eine Rakete in den Weltraum schießen, o, o
la fusée porteuse	die Trägerrakete
le système de propulsion	das Antriebsystem, e
l'étage *m*	die Stufe, n
à plusieurs étages	mehrstufig
le lancement	der Abschuss, ¨e, der Start, s
la base de lancement	die Raketenbasis, basen
l'ingénieur *m* **en aérospatiale**	der Raumfahrtingenieur, e
la sonde spatiale	die Weltraumsonde, n
le satellite (artificiel)	der (künstliche) Satellit, en, en
le satellite météorologique	der Wettersatellit

le satellite de communication	der Nachrichtensatellit
la télévision par satellite	das Satellitenfernsehen
la station orbitale	die Raumstation, en
mettre en orbite	in/auf eine Umlaufbahn bringen, a, a
atterrir, se poser sur	landen* auf+D
l'atterrissage *m* **sur la lune**	die Mondlandung

un enfant au caractère heureux	ein sonniges Kind
rayonnant de joie/radieux	vor Freude strahlend/ freudestrahlend
se promener au soleil	in der Sonne spazieren gehen*, i, a
être à l'apogée *m*/**au zénith de sa gloire**	auf der Höhe seines Ruhmes stehen, a, a
tomber des nues	aus allen Wolken fallen*, ie, a, ä
dormir à la belle étoile	unter freiem Himmel schlafen, ie, a, ä
s'endormir sur ses lauriers	sich in seinem Ruhm sonnen
courir dans tous les azimuts	in alle Richtungen laufen*, ie, au, äu
remuer ciel et terre	Himmel und Erde in Bewegung setzen
faire la lumière sur une affaire	eine Sache ans Licht bringen, a, a
Que la lumière soit ! et la lumière fut. *(Genèse)*	Es werde Licht ! und es ward Licht ! *(Genesis)*
Ôte-toi de mon soleil. *(Diogène)*	Geh' mir aus dem Licht ! *(Diogenes)*
Et pourtant elle tourne ! *(Galilée)*	Und sie bewegt sich doch ! *(Galilei)*
être dans la lune	nicht bei der Sache sein
promettre la lune à qn	jdm das Blaue vom Himmel versprechen, a, o, i
tirer des plans sur la comète	eine Milchmädchenrechnung machen

2. LA TERRE

la Terre

la géographie	die Geographie/Geografie, die Erdkunde
le géographe	der Geograph, en, en
• **la Terre**	die Erde
le noyau central	der Kern
le manteau	der Mantel
l'écorce *f* **/la croûte terrestre**	die Erdkruste, der Erdmantel
la surface de la Terre	die Erdoberfläche
la plate-forme continentale	die Kontinentaltafel, n
la pente continentale	der Kontinentalabhang, ¨e
la fosse océanique/les fonds abyssaux	der Tiefseegraben, ¨
la géophysique	die Geophysik
le champ magnétique terrestre	das erdmagnetische Feld, er
la tectonique des plaques	die Plattentektonik
la faille de transformation	der Verschiebungsbruch
la dérive des continents	die Kontinentaldrift, en
dériver (vers)	driften* (nach+D)
le chevauchement	die Verwerfung, en
• **le tremblement de terre/ le séisme**	das Erdbeben, -
la sismologie	die Erdbebenkunde/die Seismologie
le sismologue	der Seismologe, n, n
sismique	Erdbeben-, seismisch
la secousse sismique	die Bodenbewegung, en
l'épicentre *m*	das Epizentrum
l'onde *f* **de propagation**	der Stoßstrahl
le mouvement sismique	der Erdstoß, ¨e
l'onde sismique	die Erdbebenwelle, n
la magnitude (d'un séisme)	die Stärke
sur l'échelle *f* **de Richter**	nach der Richterskala
le sismographe	der Seismograph, en, en
la crevasse	die Erdspalte, n
la fissure	der Bodenriss, e
le glissement de terrain	der Erdrutsch, e
l'éboulement *m*	der Einsturz, ¨e
s'ébouler, s'écrouler	zusammen~stürzen*
le séisme océanique	das Seebeben
le raz(-)de(-)marée/le tsunami	die Flutwelle, n/der Tsunami, s
la catastrophe naturelle	die Naturkatastrophe, n
les zones *f* **à risques**	die gefährdeten Gebiete *npl*
submerger la côte	die Küste überfluten
• **le volcan**	der Vulkan, e
volcanique	vulkanisch, Vulkan-
en activité ; éteint	tätig ; erloschen
la volcanologie	die Vulkanologie
le volcanologue	der Vulkanologe, n, n
le volcanisme	der Vulkanismus
le cratère	der (Vulkan)krater, -
le cratère-lac *(volcan éteint)*	das Maar, e *(erloschener Vulkan)*
la cheminée	der Schlot, e
l'éruption *f* **volcanique**	der Vulkanausbruch, ¨e
la coulée de lave	der Lavastrom, ¨e
la lave	die Lava, en
les cendres *f*	die Asche
le magma	das Magma, men
la roche volcanique	das Vulkangestein, e
le geyser	der Geysir, e/der Geiser, -
• **le globe terrestre**	die Erdkugel/der Erdball
l'axe *m*	die Achse, n
l'hémisphère *m*	die Halbkugel, n
l'hémisphère austral	die Südhalbkugel
l'hémisphère boréal	die Nordhalbkugel
le planisphère, la mappemonde	die Erdkarte, n
○ **les coordonnées** *f* **géographiques**	die geographischen Koordinaten *fpl*
le pôle	der Pol, e
le pôle Nord ; le pôle Sud	der Nordpol ; der Südpol
polaire	Polar-, Pol-, polar
la latitude	die (geographische) Breite, n
le degré de latitude	der Breitengrad, e
à 48 degrés de latitude Nord	auf 48 Grad nördlicher Breite
le parallèle	der Breitenkreis, e
le cercle polaire	der Polarkreis, e
l'Arctique *m* **; l'Antarctique** *m*	die Arktis ; die Antarktis
le cercle polaire arctique	der Nordpolarkreis
le cercle polaire antarctique	der Südpolarkreis
les calottes *f* **polaires**	die polaren Eiskappen *fpl*
le tropique du Cancer	der Wendekreis des Krebses
le tropique du Capricorne	der Wendekreis des Steinbocks
les tropiques *m*	die Tropen *pl*
tropical	tropisch, Tropen-
l'équateur *m*	der Äquator
équatorial	Äquator-, äquatorial
la longitude	die (geographische) Länge, n
le degré de longitude	der Längengrad, e
le méridien	der Längenkreis, e/der Meridian, e

le méridien d'origine/de Greenwich	der Nullmeridian
• **le point cardinal**	die Himmelsrichtung, en
la direction	die Richtung, en
l'horizon *m*	der Horizont, e
le nord ; le Nord *(région)*	der Norden
septentrional, du nord	nördlich, Nord-
nordique	nordisch
vers le nord, en direction du nord	gegen Norden, nordwärts *(adv)*
au nord de Munich	nördlich Münchens/von München
dans le Grand Nord	im hohen Norden
le sud ; le Sud *(région)*	der Süden
méridional, du sud	südlich, Süd-
vers le sud	südwärts *(adv)*
au sud du Main	südlich des Mains
du nord au sud	von Norden nach Süden
l'est *m* **; l'Est** *(région)*	der Osten
oriental, de l'est	östlich, Ost-
vers l'est	ostwärts *(adv)*
l'ouest *m* **; l'Ouest** *(région)*	der Westen
occidental, de l'ouest	westlich, West-
vers l'ouest	westwärts *(adv)*
de l'ouest à l'est/d'ouest en est	von Westen nach Osten
le nord-est ; le nord-ouest	der Nordosten ; der Nordwesten
le sud-est ; le sud-ouest	der Südosten ; der Südwesten
la boussole	der Kompass, e
la rose des vents	die Windrose
en direction de l'est	in östlicher Richtung/in R. Osten
en direction de Berlin	in Richtung Berlin
en direction de la mer	in Richtung auf das Meer

le continent

• **le continent**	der Erdteil, e/der Kontinent, e
la terre *(opposée à la mer)*	das Land
la terre ferme	das Festland
le sol	der (Erd)boden
la surface	die Oberfläche, die Fläche, n
le sous-sol	der Untergrund, ¨e
la nature du sol	die Bodenbeschaffenheit
la zone	die Zone, n
la zone tropicale, tempérée	die heiße/tropische, gemäßigte Zone
la zone polaire	die Polarzone
le paysage, le site naturel	die Landschaft, en
le désert	die Wüste, n
l'oasis *f/m*	die Oase, n
le mirage	die Luftspiegelung, en/ die Fata Morgana, nen
la pampa	die Pampa, s
la savane	die Savanne, n
la steppe	die Steppe, n
la taïga	die Taiga
la toundra	die Tundra, ren
• **le territoire ; la région**	das Gebiet, e
le territoire national	das Staatsgebiet
la région, la contrée	die Region, en, die Gegend, en
la contrée *(petite région)*	der Landstrich, e
le lieu, le coin *(fam)*	der Ort, e
l'endroit *m*	die Stelle, n
l'emplacement *m* **; la position**	der Standort
la situation, le site, l'emplacement *m*	die Lage, n
être situé sur le Rhin	am Rhein liegen, a, e
s'étendre jusqu'à la Baltique	sich bis zur Ostsee erstrecken
la limite, la frontière	die Grenze, n
la région frontalière	das Grenzgebiet, e
le frontalier	der Grenzbewohner, -
limitrophe *(à la limite de)*	angrenzend, benachbart
le pays limitrophe	das Grenzland, ¨er
limiter	begrenzen
délimiter	ab~grenzen
délimiter un jardin avec des haies	einen Garten mit Hecken abgrenzen
être attenant à/être contigu à	grenzen an+A
le côté	die Seite, n
des deux côtés, de ce côté, de l'autre côté du Rhin	beiderseits, diesseits, jenseits des Rheins
○ **l'île** *f*	die Insel, n
L'île est située au large de La Rochelle.	Die Insel liegt gegenüber von La Rochelle.
dans une île déserte du Pacifique	auf einer einsamen Insel im Pazifik
l'insulaire *m*	der Inselbewohner, -/der Insulaner, -
un climat insulaire	ein insulares Klima
entouré d'eau	von Wasser umgeben
l'îlot *m*	die kleine Insel
l'archipel *m*	die Inselgruppe, n
l'atoll *m*	das Atoll, e
• **la côte, le littoral**	die Küste, n
sablonneux ; plat	sandig ; flach
découpé ; escarpé	eingeschnitten ; steil
le rivage	das (Meeres)ufer, -, der Küstenstrich, e
la falaise	das Kliff, e, der Steilhang, ¨e
l'écueil *m*, **les brisants** *m*	die Klippe, n
le récif	das Riff, e
le banc de sable	die Sandbank, ¨e
le sable	der Sand
la presqu'île	die Halbinsel, n
le cap	das Kap, s
le cordon littoral	die Nehrung, en
la lagune	die Lagune, n, das Haff, e *(Ostsee)*
○ **le relief**	das Relief, s/e
le plissement	die Faltenbildung, en
l'anticlinal *m*	der (Höhen)sattel, ¨, die Bodenwelle, n
le synclinal	die Mulde, n
la faille	die Spalte, n
la dépression	die Senkung, en/die Senke, n
l'érosion *f*	die Erosion, en
l'érosion glaciaire	die Gletschererosion
le pays plat	das Flachland
plat	Flach-, flach, eben
les basses terres	das Tiefland
les hautes terres	das Hochland
la plaine	die Ebene, n
le (haut) plateau	die Hochebene
la hauteur, le tertre	die Anhöhe, n
la colline, le coteau	der Hügel, -
la butte	der (Erd)hügel
le monticule	das Hügelchen, -
l'éminence *f*	die Erhebung, en
• **la montagne, le mont**	der Berg, e
la montagne, les monts	das Gebirge
montagneux	Gebirgs-, bergig

le montagnard	der Bergbewohner, -
la chaîne de montagnes	die Gebirgskette, n
le massif montagneux	das Gebirgsmassiv, e
la haute montagne	das Hochgebirge
le contrefort	das Vorgebirge, der Ausläufer, -
le rocher, le roc	der Felsen, der Fels, en, en
rocheux	Felsen-, felsig
le sommet, la cime, le faîte	der Gipfel, -
l'aiguille *f*, **le piton**	die Spitze, n
le versant, la pente	der (Ab)hang, ¨e
la pente douce, raide/abrupte	der sanfte, steile Abhang
le talus	die Böschung, en
un chemin escarpé	ein steiler Weg
monter en pente raide	steil bergauf führen/gehen*, i, a
en pente douce	sanft bergauf
descendre à pic/en pente raide	steil bergab führen/gehen*, i, a
la paroi	die Wand, ¨e
la paroi abrupte	die Steilwand
la paroi rocheuse	die Felsenwand
la croupe	der Rücken, -
le pied	der Fuß, ¨e
l'arête *f*	der Grat, e
la crête	der Kamm, ¨e
le fond	der Grund, ¨e
le précipice, le gouffre	der Abgrund
le col	der Pass, ¨e
le défilé	der Engpass
la gorge	die Schlucht, en
la gorge *(avec cours d'eau)*	die Klamm, en
la cluse	die Klus, en
le canyon/cañon	der Cañon, s
le chemin creux	der Hohlweg, e
le sentier ; le sentier muletier	der Pfad, e ; der Saumpfad
la caverne ; la grotte	die Höhle, n ; die Grotte, n
la concrétion calcaire	der Tropfstein
la stalactite	der Stalaktit, en, en
la stalagmite	der Stalagmit, en, en
la cuvette, le bassin	die Mulde, n
le cirque	der Kessel
la vallée ; le vallon	das Tal, ¨er ; das Tälchen, -
une vallée encaissée	ein tief eingeschnittenes Tal
situé au fond de la vallée	tief im Tal gelegen
les neiges éternelles	der ewige Schnee
le névé	der Firn, e/ en, der Firnschnee
l'avalanche *f*	die Lawine, n
ensevelir	unter sich begraben, u, a, ä
être enseveli	verschüttet werden
le glacier	der Gletscher, -
la crevasse	die (Gletscher)spalte, n
la moraine	die (Gletscher)moräne, n
l'iceberg *m*	der Eisberg, e
la glace	das Eis
la banquise	die Eisbank, ¨e/das Packeis
les glaces flottantes	das Treibeis/Drifteis
le glaçon	die Eisscholle, n
charrier des glaçons	Eisschollen treiben, ie, ie
la débâcle	der Eisgang/das Eistreiben

zu Boden fallen*, ie, a, ä
tomber à terre/par terre

sich auf den Boden legen
se coucher par terre

mit beiden Beinen auf der Erde stehen, a, a
avoir les pieds sur terre

über Berg und Tal
par monts et par vaux

goldene Berge versprechen, a, o, i
promettre monts et merveilles

nicht mehr wissen, wo oben und unten ist *(fam)*
perdre le nord (fam)

océans - eaux continentales

l'océanographie *f*	die Ozeanographie/ die Meereskunde
les courants *m* **océaniques**	die Meeresströmungen *fpl*
le niveau de la mer	der Meeresspiegel
• **l'océan** *m*	der Ozean, e/das Weltmeer, e
la mer	das Meer, e/die See
la mer intérieure	das Binnenmeer
l'eau *f*	das Wasser
l'eau salée	das Salzwasser
la salinité/la teneur en sel	der Salzgehalt
salin	salzhaltig
le marais salant	der Salzgarten, ¨
la haute mer/le large	die hohe See/die offene See
en pleine mer	auf hoher See
le littoral	das Küstengebiet, e
la région côtière *(mer du Nord)*	die Wasserkante/Waterkant *(nord)*
le détroit	die Meerenge, n
l'isthme *m*	die Landenge
la baie	die Bucht, en
la crique/la calanque *(Sud)*	die kleine Bucht
l'anse *f*	die Einbuchtung, en
le golfe	der Meerbusen, -, der Golf, e
le fiord	der Fjord, e
○ **les marées** *f*	die Gezeiten *fpl*/die Tiden *fpl*
la marée descendante/ le reflux/le jusant	die Ebbe, n
la marée montante/le flux/ le flot	die Flut, en
le flux et le reflux	Ebbe und Flut
à marée montante	bei steigender Flut
à marée descendante	bei Ebbe
l'étale *m*	das Still-/Stauwasser
La mer est étale.	Das Meer ist im Stau.
la marée haute/la pleine mer	das Hochwasser
la marée basse	das Niedrigwasser
les grandes marées/marées de vive-eau	die Springflut, en
les petites marées/marées de morte-eau	die Nippflut, en/Nipptide, n
○ **la vague**	die Welle, n
le déferlement des vagues	die Brandung, en
se briser/déferler (sur, contre)	branden (an+A/gegen+A)
écumer, moutonner	schäumen, Schaumkronen bilden
la grosse vague, la lame	die Woge, n
la lame de fond	die Grundsee
la lame brisante, le paquet de mer	der Brecher, -
les embruns *m*	der/die Gischt

le mascaret	die Sprungwelle, n
la crête de la vague	der Wellenkamm, ¨e
le creux de la vague	das Wellental, ¨er
le ressac	der Wellenschlag, ¨e
la houle	die Dünung, en
le courant ; à contre-courant	die Strömung, en ; gegen die Str.
La mer est agitée/houleuse, démontée, grosse.	Die See ist bewegt/stürmisch, geht hoch.
être déchaînée/ en furie	toben/wüten
La mer est calme.	Die See ist still.
une mer d'huile	eine (spiegel)glatte See
○ **la plage**	der Strand, ¨e
la grève	der sandige Uferstreifen
les galets *m*	das (Brandungs)geröll/das Gerölle
la dune ; la dune mouvante	die Düne, n ; die Wanderdüne
• **le cours d'eau**	der Wasserlauf, ¨e
l'eau douce	das Süßwasser
les eaux continentales	das Binnengewässer
les eaux dormantes	das stehende Gewässer
les eaux courantes	das fließende Gewässer
la ligne de partage des eaux	die Wasserscheide, n
le bassin-versant/bassin d'alimentation	das Einzugsgebiet, e
les eaux d'infiltration	das Sickerwasser
s'infiltrer dans, à travers	sickern* in+A, durch+A
suinter de	sickert* aus+D
les eaux souterraines	das Grundwasser
la nappe phréatique	der Grundwasserspiegel
la source	die Quelle, n
le puits, la fontaine	der Brunnen
la source minérale	die Heilquelle
jaillir (de), sourdre (de)	quellen*, o, o, i (aus+D)
prendre sa source dans, sur	entspringen*, a, u, in+D, auf+D
ruisseler	rieseln
le ruisseau	der Bach, ¨e
murmurer *(légèrement)*	murmeln
bruire, murmurer	rauschen
clapoter ; le clapotis	plätschern ; das Plätschern
le torrent	der Bergbach/der Sturzbach
le remous	der Strudel
le rapide	die Stromschnelle, n
la cataracte	der Katarakt, e
la chute d'eau, la cascade	der Wasserfall, ¨e
les chutes du Niagara	die Niagarafälle
gronder, mugir	brausen, tosen
• **le fleuve**	der (große) Fluss
le (grand) fleuve	der Strom, ¨e
la rivière	der Fluss, ¨e
le long de la rivière	am Fluss entlang/den Fluss entlang
Cologne est situé sur le Rhin.	Köln liegt am Rhein.
couler	fließen*, o, o
couler *(à grands flots)*	strömen*
L'Ems se jette dans le Rhin.	Die Ems fließt in den Rhein.
traverser, arroser	durchfließen, o, o *tr*
l'affluent *m*	der Nebenfluss, ¨e
un affluent de la rive droite	ein rechter Nebenfluss
confluer (avec)	zusammen~fließen*, o, o (mit+D)
le confluent	der Zusammenfluss
la rive/le bord	das Ufer, -
la berge	das steile Ufer, die Uferböschung, en
sur les bords du Danube	an den Ufern der Donau
au bord du fleuve	am Ufer des Stroms
au bord de l'eau	am Wasser

le lit	das (Fluss)bett, en
le cours	der Lauf, ¨e
le cours supérieur, inférieur	der Ober-, Unterlauf
le courant	die Strömung, en
le débit	die Abflussmenge, n, die Wasserführung
la pente	das Gefälle
la boucle	die Schleife, n
le méandre	die Windung, en, der Mäander, -
un cours sinueux	ein gewundener Lauf
serpenter à travers	sich schlängeln durch+A
l'embouchure *f*	die Mündung, en
l'estuaire *m*	die Trichtermündung, der Trichter, -
se jeter dans	(ein)münden*, sich ergießen, o, o, in+A
le delta	das Delta, s/ten
le bassin (d'un fleuve)	das Stromgebiet, e
arroser/irriguer	bewässern
l'irrigation *f*	die Bewässerung
les alluvions *f*	die Alluvionen *fpl*, die Ablagerungen *fpl*
le gué	die Furt, en
le marais	das Moor, e
le marécage	der Sumpf, ¨e
la vase, la boue	der Schlick, e, der Schlamm, e/¨e
s'envaser ; envaser *tr*	verschlammen* *itr* ; verschlämmen *tr*
s'enliser, s'ensabler	versanden* *itr*
○ **la hauteur d'eau**	der Wasserstand
le niveau d'un cours d'eau	die Pegelhöhe/der Pegelstand
l'étiage *m*	der niedrigste Wasserstand
les hautes eaux, la crue	das Hochwasser
les basses eaux	das Niedrigwasser
la décrue	das Sinken, das Fallen des Wassers
monter ; baisser, décroître	an~steigen*, ie, ie ; ab~sinken*, a, u
Les eaux montent.	Das Gewässer steigt an.
Les eaux baissent.	Das Gewässer sinkt ab.
déborder, sortir de son lit	über die Ufer treten*, a, e, i
l'inondation *f*	die Überschwemmung, en
inonder une région	eine Gegend überschwemmen
C'est la décrue.	Die Überschwemmung geht zurück.
l'assèchement *m*	die Trockenlegung
assécher un marais	ein Moor trocken~legen
la rigole	der Abzugsgraben,¨, die Rinne, n
le fossé	der Graben, ¨
l'oued *m*	das Wadi, s
se tarir ; être tari/à sec	versiegen* ; versiegt sein
○ **le canal**	der Kanal, ¨e
l'écluse *f*	die Schleuse, n
l'éclusier *m*	der Schleusenwärter, -
la vanne	das Schleusentor, e
le sas	die Schleusenkammer, n
le bief	das Schleusenbecken, -
en amont	strom-, flussaufwärts *(adv)*
en aval	strom-, fluss-, talabwärts *(adv)*
en amont de/au-dessus de	oberhalb+G
en aval de/au-dessous de	unterhalb+G
le barrage	das Stauwerk, e, die Talsperre, n
la digue de retenue	der Staudamm, ¨e
la rupture de (la) digue	der Dammbruch, ¨e
le lac (intérieur)	der (Binnen)see, n
le lac de retenue	der Stausee
un lac artificiel	ein künstlich angelegter See
l'étang *m*	der Teich, e

le vivier	der Weiher, -
la mare	die Lache, n
la flaque	die Pfütze, n

zu Wasser und zu Lande
sur terre et sur mer

von Luft und Liebe leben
vivre d'amour et d'eau fraîche

Eulen nach Athen tragen, u, a, ä
porter de l'eau à la rivière

Das Wasser läuft nicht den Berg hinauf.
L'eau ne remonte pas à sa source.

Stille Wasser sind tief.
Il n'est pire eau que l'eau qui dort.

Die Sache hat Wellen geschlagen.
L'affaire a fait des vagues.

Bis dahin fließt noch viel Wasser den Berg hinunter.
D'ici là, il coulera encore beaucoup d'eau sous les ponts.

le climat

• **le climat**	das Klima, s/te
la climatologie	die Klimakunde
le climat continental	das Landklima/Kontinentalklima
le climat de montagne	das Gebirgsklima/Höhenklima
le climat maritime	das Seeklima
le climat océanique	das ozeanische Klima
le climat tropical	das Tropenklima/das tropische Klima
sous les tropiques *m*	in den Tropen *fpl*
un climat rude, rigoureux	ein rauhes Klima
salubre, sain	gesund
insalubre	ungesund
• **le temps** *(qu'il fait)*	das Wetter,/die Witterung
la météo(rologie)	die Wetterkunde, der Wetterdienst
les prévisions *f* **météorologiques**	die Wettervorhersage, n
le bulletin météorologique	der Wetterbericht, e
la situation du temps	die Wetterlage, n
la carte météorologique	die Wetterkarte, n
○ **l'atmosphère** *f* **terrestre**	die Erdatmosphäre
l'air *m*	die Luft, ¨e
les couches *f* **d'air**	die Luftschichten *fpl*
les masses *f* **d'air**	die Luftmassen *fpl*
la troposphère	die Troposphäre
la stratosphère	die Stratosphäre
la température	die Temperatur, en
être en hausse	steigen*, ie, ie
être en baisse	fallen*, ie, a, ä
la température moyenne	die Durchschnittstemperatur
le thermomètre	das Thermometer
indiquer 10 degrés au-dessus, au-dessous de zéro	10 Grad über, unter null zeigen
○ **la pression atmosphérique**	der Luftdruck
le baromètre	das Barometer, -
la colonne de mercure	die Quecksilbersäule
être à la pluie, au beau, au beau fixe	auf Regen, auf schön, beständig schön stehen, a, a
l'isobare *f*	die Isobare, n
la dépression, le cyclone	das Tief, s
l'anticyclone *m*	das Hoch, s
la zone de basse pression	das Tiefdruckgebiet, e
la zone de haute pression	das Hochdruckgebiet, e
l'humidité *f* **; humide**	die Feuchtigkeit ; feucht
l'évaporation *f* **; s'évaporer**	die Verdunstung ; verdunsten*
le front froid, chaud	die Kaltfront, Warmfront
l'amélioration *f (du temps)*	die Wetterbesserung
s'améliorer	besser werden
l'éclaircie *f*/**l'embellie** *f*	die Aufheiterung, en
Le temps s'éclaircit.	Es klärt sich auf.
la perturbation	die Störung, en
le changement de temps	der Witterungsumschlag
se dégrader	sich verschlechtern
variable	wechselhaft/veränderlich
instable	unbeständig
• **la chaleur ; la grande chaleur**	die Wärme ; die Hitze
la vague de chaleur	die Hitzewelle, n
la chaleur lourde	die Schwüle
Il n'y a pas un souffle d'air.	Es weht kein Lüftchen.
Il fait chaud, très chaud, lourd.	Es ist warm, heiß, schwül.
Il fait une chaleur accablante.	Es ist drückend heiß.
J'ai chaud, très chaud.	Mir ist warm, heiß.
mourir de chaleur	vor Hitze vergehen*, i, a
aller/se mettre à l'ombre	in den Schatten gehen*, i, a
marcher à l'ombre	im Schatten gehen*, i, a
la canicule, la chaleur caniculaire	die Hundstagshitze
la sécheresse ; sec	die Trockenheit ; trocken
la grande sécheresse	die Dürre, n
la douceur, la tiédeur	die Milde
doux, tiède	mild
la fraîcheur ; frais	die Frische, die Kühle ; frisch, kühl
Le temps s'est rafraîchi.	Es ist frischer/kühler geworden.
• **le froid**	die Kälte
la gelée, le gel	der Frost, ¨e
J'ai froid.	Es ist mir kalt.
être frileux	kälteempfindlich sein
trembler de froid	vor Kälte zittern
Il fait froid, un froid glacial.	Es ist kalt, eisig kalt.
Il fait un froid humide.	Es ist nasskalt.
Il fait un froid de canard. *(fam)*	Es herrscht eine Hundekälte. *(fam)*
geler : il gèle	frieren, o, o : es friert
Je gèle/je suis gelé.	Ich friere.
être transi, frigorifié *(fam)*	ganz durchgefroren sein
mourir de froid dans la neige	im Schnee erfrieren*, o, o
Il a eu les doigts gelés.	Die Finger sind ihm erfroren.
la glace ; le verglas	das Eis ; das Glatteis
se couvrir de glace	vereisen*
une route verglacée	eine vereiste/eisglatte Straße
geler *(se solidifier)*	zu~frieren*, o, o
Le bateau a été pris dans les glaces du lac.	Das Schiff ist auf dem See eingefroren.
• **la neige**	der Schnee
neiger : il neige	schneien : es schneit
le flocon de neige	die Schneeflocke, n
la couche de neige	die Schneedecke
la neige gelée	der Harsch
la neige poudreuse	der Pulverschnee
la tourmente de neige	das Schneetreiben/Schneegestöber
la congère	die Schneewehe, n
le dégel ; dégeler	das Tauwetter ; auf~tauen*
C'est le dégel./Le temps est au dégel.	Es taut./Wir haben Tauwetter.
la fonte des neiges	die Schneeschmelze
fondre	schmelzen*, o, o, i

La neige a fondu.	Der Schnee ist geschmolzen.
la neige fondue	der Schneematsch
la débâcle	der Eisgang
• **le nuage**	die Wolke, n
les nuages *m*, **la nébulosité**	die Bewölkung
le cumulus	die Haufenwolke/der Kumulus, li
le cirrus	die Federwolke/der Cirrus, ri
le cirro-cumulus/le nuage moutonné	der Cirrokumulus/ die Schäfchenwolke
le nimbus *(vx)*	die Regenwolke/der Nimbus *(vx)*
le stratus	die Schichtwolke/der Stratus, ti
un ciel nuageux, un ciel bas	ein bewölkter Himmel
un ciel dégagé, sans nuages	ein wolkenloser Himmel
se couvrir (de nuages)	sich (mit Wolken) bedecken
• **la pluie; sous la pluie**	der Regen; im Regen
les pluies, les chutes de pluie	die Regenfälle *mpl*
les précipitations *f*	die Niederschläge *mpl*
la pluviosité	die Niederschlagsmenge
le pluviomètre	der Niederschlagsmesser, -
la saison des pluies	die Regenzeit
une journée pluvieuse	ein regnerischer Tag
un temps maussade	ein trübes Wetter
pleuvoir : il pleut	regnen : es regnet
la goutte de pluie	der Regentropfen, -
pleuvasser : il pleuvasse	tröpfeln : es tröpfelt
l'averse *f*	der Regenschauer, -, der Platzregen, -
l'ondée *f*	der Regenguss, ¨e
la giboulée de mars	der Aprilschauer, -
pleuvoir fort	gießen, o, ossen
Il pleut à verse/à torrents.	Es gießt (in Strömen).
la pluie torrentielle, diluvienne	der Wolkenbruch,¨e
le déluge	die Sintflut
Quel mauvais temps !	Was für ein Unwetter !
○ **l'orage** *m*	das Gewitter
orageux : il fait orageux	gewittrig : es sieht gewittrig aus
un violent orage	ein heftiges Gewitter
menacer ; approcher	drohen ; nahen*
s'éloigner	weiter~ziehen*, o, o
éclater	los~brechen*, a, o, i
s'abattre (sur)	nieder~gehen*, i, a (über+D)
l'éclair *m* **; la foudre** *(décharge)*	der Blitz, e
Il y a des éclairs.	Es blitzt.
La foudre est tombée.	Der Blitz hat eingeschlagen.
être foudroyé	vom Blitz getroffen/erschlagen werden
le paratonnerre	der Blitzableiter, -
le tonnerre ; tonner	der Donner ; donnern
Il tonne./Le tonnerre gronde.	Es donnert.
le coup de tonnerre	der Donnerschlag, ¨e
les éclairs de chaleur	das Wetterleuchten
l'arc-en-ciel *m*	der Regenbogen, -
la grêle ; le grêlon	der Hagel ; das Hagelkorn, ¨er
grêler : il grêle	hageln : es hagelt
le grésil : il tombe du grésil	die Graupeln *fpl* : es graupelt
la bruine/le crachin	der Nieselregen/der Sprühregen
bruiner : il bruine	nieseln : es nieselt
le brouillard	der Nebel, -
le brouillard matinal	der Frühnebel
le brouillard givrant	der Frostnebel
une purée de poix *(fam)*	eine Waschküche *(fam)*
la brume	der leichte Nebel, der Dunst
le givre	der Rauhreif
la rosée	der Tau
la gelée blanche	der Reif
• **le vent**	der Wind, e
une journée venteuse	ein windiger Tag
l'anémomètre *m*	das Windmessgerät, e/ der Windmesser, -
la force du vent	die Windstärke, n
la girouette	die Wetterfahne, n
souffler	wehen, blasen, ie, a, ä
se calmer	nach~lassen, ie, a, ä, ab~nehmen, a, o, i
tomber, s'apaiser	sich legen, ab~flauen*
le calme plat	die Windstille, die Flaute, n
l'accalmie *f*	die vorübergehende Windstille
les courants *m* **atmosphériques**	die Luftströmungen *fpl*
le souffle d'air	der Lufthauch
le vent du nord	der Nordwind
la bise	der Nord(ost)wind
le blizzard	der Blizzard, s
le noroît	der Nordwester/der Nordwestwind
le suroît	der Südwestwind
se lever	sich erheben, o, o
tourner	um~schlagen*, u, a, ä
le vent du large	der Seewind
la brise	die Brise, n
le coup de vent, la bourrasque	der Windstoß, ¨e
la rafale, le grain	die Bö, en
la tempête	der Sturm, ¨e
Il y a de la tempête.	Es stürmt.
faire rage	toben, wüten
se calmer	sich legen
être pris dans une tempête	in einen Sturm geraten*, ie, a, ä
la trombe	die Windhose, n
le cyclone	der Wirbelsturm, ¨e, der Zyklon, e
la tornade	der Tornardo, s
l'ouragan *m*	der Orkan, e
le typhon	der Taifun, e
l'alizé *m*	der Passat, e
le fœhn	der Föhn, e
le mistral *(Rhône)*	der Mistral, e
la mousson	der Monsun, e
le simoun	der Samum, s/e
le sirocco	der Schirokko, s
la tramontane	die Tramontana, nen/Tramontane, n

parler de la pluie et du beau temps	über das Wetter reden
Quel temps fait-il aujourd'hui ?	Wie ist das Wetter heute ?
Le temps s'est radouci.	Es ist milder geworden.
Il fait beau. Le temps est au beau.	Es ist schönes Wetter.
Il fait mauvais.	Es ist schlechtes Wetter.
Espérons que le temps se maintiendra.	Hoffentlich hält (sich) das Wetter !
Le temps est à la pluie.	Es sieht nach Regen aus.
Il gèle à pierre fendre.	Es friert Stein und Bein.
mouillé/trempé jusqu'aux os	nass bis auf die Haut
un été pourri	ein verregneter Sommer
par tous les temps	bei Wind und Wetter
contre vents et marées	gegen Wind und Wetter
tomber de Charybde en Scylla	vom Regen in die Traufe kommen*, a, o
Après la pluie, le beau temps.	Auf Regen folgt Sonnenschein.

roches et minéraux

• **la géologie**	die Geologie
le géologue	der Geologe, n, n
l'ère *f*, **la période**	das Erdzeitalter
le précambrien	das Präkambrium
le paléozoïque/l'ère primaire	das Paläozoikum
le mésozoïque/ l'ère secondaire	das Mesozoikum/das Erdmittelalter
le cénozoïque/l'ère tertiaire	das Tertiär
l'ère quaternaire	das Quartär
la paléontologie	die Paläontologie
le fossile ; fossile	das Fossil, ien ; fossil
le fossile végétal	das pflanzliche Fossil
le fossile animal	das tierische Fossil
fossiliser	fossilisieren
la pétrification	die Versteinerung
pétrifié ; fossilisé	versteinert
la pédologie	die Bodenforschung
○ **la minéralogie**	die Mineralogie
le règne minéral	das Mineralreich
la cristallographie	die Kristallographie
la pétrographie	die Gesteinskunde/Petrographie
• **la roche**	das Gestein, e
l'agglomérat *m*	das Agglomerat, e
le conglomérat	das Konglomerat, e
la brèche	die Breccie/Brekzie, n
le grain	das Korn, ¨er
à grains fins	feinkörnig
friable	bröck(e)lig
feuilleté	blättrig
les roches sédimentaires	das Sediment-, das Schichtgestein
le sédiment	das Sediment, e
la couche, la strate	die Schicht, en
stratifié	stratifiziert
les roches détritiques	das Trümmergestein
les roches éruptives	das Eruptivgestein
les roches plutoniques	das Tiefengestein
les roches volcaniques	das Ergussgestein
les roches métamorphiques	das metamorphe Gestein
• **le minéral**	das Mineral, ien
amorphe	amorph
cristallin	kristallin, kristallisch
vitreux	glasig
cassant	spröde
cliver ; clivable	spalten ; spaltbar
le clivage	die Spaltbarkeit
poreux	porös
perméable	wasserdurchlässig
imperméable	wasserundurchlässig
↓ **l'albâtre** *m*	der Alabaster
l'alun *m*	der Alaun, e
l'amiante *m*	der Asbest, e
l'apatite *f*	der Apatit, e
l'aragonite *f*	der Aragonit
l'argile *f* **; argileux**	der Ton ; tonig, lehmig
l'aventurine *f*	der Aventurin, e
l'azurite *f*	der Azurit/die Kupferlasur, en
le basalte	der Basalt, e
la biotite	der Biotit, e
la blende	die Zinkblende, n
le calcaire ; calcaire	der Kalkstein, e ; kalkhaltig
la calcédoine	der Chalzedon, e
la calcite	der Kalkspat, e/¨e
la cornaline	der Karneol, e
le cinabre, le vermillon	der Zinnober, -
la craie ; crayeux	die Kreide, n ; kreidig
le cristal (de roche)	der (Berg)kristall, e
la diorite	der Diorit, e
la dolomite	der Dolomit, e
l'écume *f* **de mer**	der Meerschaum
l'émeri *m*	der Schmirgel
le feldspath	der Feldspat, e/¨e
la fluorine	der Flussspat, e/¨e, der Fluorit, e
la galène	der Bleiglanz
le gneiss	der Gneis, e
le granit(e)	der Granit, e
graniteux ; granitique	granithaltig ; Granit-
le graphite	der Graphit, e
le gravier	der Kies, e
le grès	der Sandstein, e
le gypse ; le plâtre	der Gips, e ; der gebrannte G.
le kaolin	das Kaolin, e
la leucite	der Leuzit, e
le lœss	der Löss/Löß, e
la magnétite	das Magneteisenerz
le marbre	der Marmor, e
marbré, jaspé	marmoriert
marmoréen, de marbre	marmorn
la marcassite	der Markasit, e
la marne	der Mergel, -
la (pierre) meulière	der Mühlstein, e
le mica	der Glimmer, -
l'olivine *f*	der Olivin, e/der Peridot, e
la pierre ponce	der Bimsstein, e
le porphyre	der Porphyr, e
le quartz	der Quarz, e
le rutile	der Rutil, e
le sable ; sableux	der Sand, e ; sandig
le schiste	der Schiefer, -
le schiste argileux	der Tonschiefer
le silex	der Feuerstein, e
le silicate	das Silikat/Silicat, e
la silice	die Kieselerde/Kieselgur
siliceux	kieselhaltig
la stibine	der Antimonglanz/der Antimonit, e
le sel gemme	das Steinsalz, e
la serpentine	der Serpentin, e
le talc	der Talk
la terre glaise	der Lehm, e
la terre réfractaire ; réfractaire	die Schamotte ; feuerfest

• **la pierre précieuse, la gemme**	der Edelstein, e
la pierre fine, semi-précieuse	der Halbedelstein, e
la pierre de joaillerie	der Schmuckstein, e
sertir	ein~fassen
tailler	schleifen, i, i
la taille	der Schliff, e
la facette	die Facette/Fassette, n
le carat	das Karat, e
limpide, pur	klar
de la plus belle eau	vom reinsten Wasser
le crapaud	der Fehler, -
l'imitation	die Nachahmung, en
le strass	der Strass
vrai ; faux	echt ; unecht, falsch

artificiel	künstlich
l'agate *f*	der Achat, e
l'aigue-marine *f*	der Aquamarin, e
l'ambre *m* **jaune**	der Bernstein, e
l'améthyste *f*	der Amethyst, e
le béryl	der Beryll, e
le corail	die Koralle, n
le corindon	der Korund, e
le diamant	der Diamant, en, en
le brillant	der Brillant, en, en
l'émeraude *f*	der Smaragd, e
le grenat	der Granat, e
le jade	der/die Jade
le jaspe	der Jaspis, se
le lapis(-lazuli)	der Lapislazuli, -
la malachite	der Malachit, e
l'œil-de-chat *m*	das Katzenauge, n
l'onyx *m*	der Onyx, e
l'opale *f*	der Opal, e
la pierre de lune	der Mondstein, e
le rubis	der Rubin, e
le saphir	der Saphir, e
la topaze	der Topas, e
la tourmaline	der Turmalin, e
la turquoise	der Türkis, e

mines et carrières

les ressources *f* **du sous-sol**	die Bodenschätze *mpl*
l'industrie minière	der Bergbau
prospecter ; exploiter	schürfen
• **la mine**	das Bergwerk, e, die Grube, n
le mineur	der Bergmann, leute
l'extraction *f*	die Förderung
extraire qc *(minerai)*	etw fördern/ab~bauen *(Erz)*
l'exploitation *f*	der Abbau
l'exploitation à ciel ouvert	der Tagebau
l'exploitation souterraine	der Untertagebau
la fermeture d'une mine	die Stilllegung einer Grube
le gisement	das Vorkommen, -, die Lagerstätte, n
le gîte	das Lager, -, das Flöz, e
le filon, la veine	die Ader, n
affleurer	aus~streichen, i, i
la gangue	das Ganggestein, e
la géode	die Geode, n
le bloc	der Block, ¨e
l'inclusion *f*	der Einschluss, ¨e
la carrière	der Steinbruch, ¨e
le carrier	der Steinbrecher, -
le tailleur de pierre(s)	der Steinmetz, en, en
la pierre	der Stein, e
de/en pierre	steinern
pierreux, rocailleux	steinig
la perforatrice	der Gesteinsbohrer, -
la masse	der Schlägel, -
le marteau de géologue	der Gesteinshammer, -
extraire *(pierres)*	brechen, a, o, i *(Steine)*
casser	zerschlagen, u, a, ä, klopfen
tailler	behauen, aute, auen
la marbrière	der Marmorbruch, ¨e
l'ardoisière *f*	der Schieferbruch, ¨e
la sablière	die Sandgrube, n
la gravière	die Kiesgrube, n

la mine d'or	die Goldgrube, n
aurifère	goldhaltig
la production aurifère	die Goldgewinnung
le chercheur d'or	der Goldsucher, -, der Goldgräber, -
la poudre d'or	der Goldstaub
la pépite d'or	der Goldklumpen, -
la mine de fer	das Eisenbergwerk, e
la soufrière	die Schwefelgrube, n
la mine de potasse	die Kaligrube, n
la tourbière ; la tourbe	die Torfgrube, n ; der Torf
la mine de charbon	das Kohlenbergwerk, e
• **le charbon**	die Kohle, n
la houille	die Steinkohle
le lignite	die Braunkohle
l'anthracite *f*	der Anthrazit
la houillère	das Steinkohlenbergwerk, e
le bassin houiller	das Kohlenrevier, e
la fosse	die Grube, n, die Zeche, n
le carreau de la mine	der Grubeneingang, ¨e
le puits de mine	der Schacht, ¨e
la galerie	der Stollen, - ; die Strecke, n
le grisou	das Grubengas
le coup de grisou	die Schlagwetterexplosion, en
le terril	die Kohlenhalde, n
le coke	der Koks
la cokéfaction ; cokéfier	die Verkokung ; verkoken
• **le pétrole**	das Erdöl
le champ pétrolifère	das Ölfeld, er
la compagnie pétrolière	die Erdölgesellschaft, en
le forage	die Bohrung, en
forer, prospecter	bohren
un forage positif	eine fündige Bohrung
le forage en mer	die Off-shore-Bohrung
la plate-forme de forage	die Bohrplattform, en, die Bohrinsel, n
la production pétrolière	die Erdölgewinnung, die Erdölförderung
le derrick	der Bohrturm, ¨e
le trépan	der Bohrmeißel, -
la carotte	der Bohrkern, e
la nappe de pétrole	die Ölschicht, en
la tour d'extraction	der Förderturm, ¨e
la pompe	die Pumpe, n
le baril	das Barrel, s
l'oléoduc *m*	die Erdölleitung, en
le pétrolier	der Tanker, -
la pétrochimie	die Petrochemie
la raffinerie de pétrole	die Erdölraffinerie, n
la distillation fractionnée	die fraktionierte Destillation
le craquage	das Kracken
les produits dérivés du pétrole	die Erdölerzeugnisse *npl*
le pétrole lampant	das Petroleum
le fuel, le mazout	das Heizöl
l'essence *f*	das Benzin
le gazole/gas-oil	das Dieselöl
le kérosène	das Kerosin
le gaz naturel	das Erdgas
le gisement de gaz naturel	das Erdgasvorkommen
le gazoduc	die Ferngasleitung, en
le méthanier	der Methantanker, -

métaux

• **le métal**	das Metall, e
le métal lourd	das Schwermetall
le minerai	das Erz, e
la teneur du minerai	der Erzgehalt
le minerai de fer	das Eisenerz
l'hématite *f*	der Hämatit, e
la pechblende	die Pechblende
l'aluminium *m*	das Aluminium
la bauxite	der Bauxit, e
l'antimoine *m*	das Antimon
le cadmium	das Kadmium
le calcium	das Kalzium
le chrome ; chromer	das Chrom ; verchromen
le cobalt	das Kobalt
le cuivre	das Kupfer
le vert-de-gris	das Kupfergrün/der Grünspan
l'étain *m* **; étamer**	das Zinn ; verzinnen
stannifère	zinnhaltig
le germanium	das Germanium
le magnésium	das Magnesium
le manganèse	das Mangan
le mercure	das Quecksilber
le nickel ; nickeler	das Nickel ; vernickeln
le potassium	das Kalium
le plomb	das Blei
le radium	das Radium
le tungstène	das Wolfram
l'uranium *m*	das Uran
le zinc ; galvaniser	das Zink ; verzinken
○ **le fer**	das Eisen
le fer doux	das Weicheisen
la fonte	das Gusseisen, das Roheisen
la fonte blanche, grise	der Weiß-, Grauguss
la fonte malléable	der Temperguss
l'acier *m*	der Stahl, ¨e
l'acier doux	der weiche Stahl
l'acier dur	der Hartstahl
l'acier fondu	der Flussstahl
l'acier moulé	der Stahlguss, ¨e
l'acier forgé ; l'acier laminé	der Schmiedestahl ; der Walzstahl
l'amalgame *m*	das Amalgam, e
l'alliage *m*	die Legierung, en
le laiton	das Messing
le bronze, l'airain *m (lit)*	die Bronze, n
le maillechort	das Neusilber
la tôle	das Blech, e
le fer-blanc	das Weißblech
la tôle ondulée	das Wellblech
en/de fer	eisern
ferreux, de fer	Eisen-
non ferreux	Nichteisen-/NE-
ferrugineux	eisenhaltig
métallifère	metallhaltig
métallique	metallisch
○ **le métal précieux**	das Edelmetall, e
poinçonné	gestempelt
l'or *m*	das Gold
natif	gediegen
en or, d'or ; doré	golden ; vergoldet
monté sur or	in Gold gefasst
l'argent *m*	das Silber
en argent, d'argent ; argenté	silbern ; versilbert
le platine	das Platin
○ **la métallurgie**	die Metallindustrie, die Metall verarbeitende Industrie
la sidérurgie	die Eisen- und Stahlindustrie
la production sidérurgique	die Hüttenproduktion
l'ouvrier *m* **métallurgiste**	der Hüttenarbeiter, -
le haut fourneau	der Hochofen, ¨
l'aciérie *f*	das Stahlwerk, e
la fonderie	die Gießerei, en
fondre *tr*, **faire fondre**	schmelzen, o, o, i/*faible*
fondre *itr*	schmelzen*, o, o, i
entrer en fusion	flüssig werden
en fusion	in geschmolzenem Zustand
couler, mouler	gießen, o, o
la coulée	der Abstich, e
le laminoir ; laminer	das Walzwerk, e ; walzen
le laminé	das Walzeisen, -
la barre plate, ronde, carrée	das Flach-, Rund-, Vierkanteisen, -
le profilé	das Profileisen
la plaque	die Platte, n
la tige	die Stange, n
le tube	das Rohr, e
le feuillard	das Bandeisen, -
le fil de fer	der (Eisen)draht, ¨e
l'usinage *m* **des métaux**	die Metallbearbeitung
usiner qc	etw bearbeiten
écrouir	kalt~schmieden
emboutir	kümpeln
estamper à froid, découper	stanzen
étirer	strecken
la forge	die Schmiede, n
forger ; malléable	schmieden ; schmiedbar
le marteau-pilon	der Fallhammer, ¨
marteler	hämmern
la presse	die Presse, n
recuire	aus~glühen
tréfiler	zu Draht ziehen, o, o
tremper	härten
○ **la rouille**	der Rost
inoxydable	rostfrei, nicht rostend
(se) rouiller, s'oxyder	rosten, verrosten
rouillé	rostig, verrostet
mettre à la ferraille	verschrotten
le ferrailleur	der Schrotthändler, -
○ **la construction mécanique**	der Maschinenbau
le robot	der Roboter, -
la chaîne de montage	das Fließband, ¨er
le pont roulant	der Laufkran, ¨e
la machine-outil	die Werkzeugmaschine, n
l'ajusteur-monteur *m*	der Monteur, e
le fraiseur ; la fraiseuse	der Fräser, - ; die Fräsmaschine
le perceur ; la perceuse	der Bohrer, - ; die Bohrmaschine
percer ; aléser	bohren ; aus~bohren
le rectifieur ; la rectifieuse	der Schleifer, - ; die Schleifmaschine
le soudeur	der Schweißer, -
souder à l'autogène	schweißen
le chalumeau	der Schweißbrenner
souder à l'étain	löten
le fer à souder	der Lötkolben
le tourneur ; le tour	der Dreher, - ; die Drehbank, ¨e

l'environnement

• **l'environnement** *m* **; le cadre de vie**	die Umwelt
la qualité de la vie	die Lebensqualität
la société de consommation	die Konsumgesellschaft
la société de gaspillage	die Wegwerfgesellschaft
les problèmes *m* **de l'environnement**	die Umweltfragen *fpl*
• **l'écologie** *f*	die Ökologie
la protection de l'environnement	der Umweltschutz
l'écologiste *m*, **l'écolo** *(fam)*	der Umweltschützer, -
l'écosystème *m*	das Ökosystem, e
l'équilibre *m* **biologique**	das biologische Gleichgewicht
l'équilibre naturel	der Naturhaushalt
la chaîne alimentaire	die Nahrungskette
la protection de la nature	der Naturschutz
la réserve naturelle	das Naturschutzgebiet, e
être classé site naturel protégé	unter Naturschutz stehen, a, a
la protection des sites	die Landschaftspflege
la protection des espèces	der Artenschutz
la lutte anti-pollution	die Bekämpfung der Umweltverschmutzung
le principe « pollueur-payeur »	das Verursacherprinzip
Qui pollue, doit payer.	Wer verunreinigt, muß zahlen.
• **la pollution de l'environnement**	die Umweltverschmutzung
la pollution (par)	die Verseuchung, en/ Verpestung, en/Vergiftung, en/ Verunreinigung, en (durch+A)
le pollueur	der Umweltsünder, -, Umweltverschmutzer, -
polluer	verschmutzen/verseuchen/ verpesten/vergiften
les nuisances *f*	die Umweltschäden *mpl*
le délit contre l'environnement	das Umweltdelikt, e
les polluants *m*, **les produits** *m* **toxiques**	die Schadstoffe *mpl*
polluant	umweltverschmutzend
gênant	belästigend
nuisible	schädlich
dangereux	gefährlich
nuisible à la santé	gesundheitsgefährdend
écologique, non polluant	umweltfreundlich, schmutzarm
biodégradable	biologisch abbaubar/zersetzbar
non dégradable	nicht abbaubar/nicht zersetzbar
○ **la pollution du sol**	die Bodenbelastung
l'emploi *m* **abusif d'engrais**	die Überdüngung der Böden
les nitrates *m*	die Nitrate *npl*
les phosphates *m*	die Phosphate *npl*
le pesticide	das Pestizid, e
l'emploi abusif (de)	die übermäßige Verwendung (von+D)
l'insecticide *m*	das Schädlingsbekämpfungsmittel, -
l'herbicide *m*/**le désherbant**	das Unkrautvernichtungsmittel, -
le fongicide	das Fungizid, e
les pluies *f* **acides**	der saure Regen
la défoliation	die Entlaubung
le dépérissement de la forêt	das Waldsterben
le déboisement	die Abholzung, en
la déforestation	die Entwaldung
la désertification	die Desertifikation/die Verwüstung
l'érosion du sol	die Bodenerosion, en
le lavage du sol	das Auslaugen des Bodens
○ **la pollution des eaux**	die Wasserverseuchung
les eaux usées	das Abwasser, ¨
l'évacuation *f* **des eaux usées**	die Abwasserbeseitigung
les lessives *f*	die Waschmittel *npl*
les détergents *m*	die Detergentien *npl*
les huiles usées	das Altöl
l'alimentation *f* **en eau potable**	die Trinkwasserversorgung
la teneur en plomb	der Bleigehalt
préserver la propreté des eaux	die Gewässer rein halten, ie, a, ä
l'épuration *f* **des eaux usées**	die Abwasserreinigung
la station d'épuration	die Kläranlage, n
les boues *f* **d'épuration**	der Klärschlamm
la pollution marine	die Meeresverschmutzung
la pollution du littoral	die Küstenverschmutzung
le dégazage	die Tankreinigung, en
la marée noire	die Ölpest/die Ölflut, en
le navire dépollueur	das Ölauffangschiff, e
rejeter des déchets par immersion	Abfallstoffe verklappen
le rejet de déchets par immersion	die Verklappung von Abfallstoffen
○ **la pollution de l'air**	die Luftverseuchung/ Luftverunreinigung
la nuisance *(gaz, odeur, bruit)*	der Immissionsschaden, ¨
la protection contre les nuisances	der Immissionsschutz
les émissions gazeuses	die Abgase *npl*
les gaz d'échappement	die Autoabgase
les fumées industrielles	die Industrieabgase
l'aérosol *m*	das Aerosol, e
l'ozone *m*	das Ozon
la couche d'ozone	die Ozonschicht
le trou d'ozone	das Ozonloch
la cloche de pollution	die Dunstglocke
l'effet *m* **de serre**	der Treibhauseffekt
○ **la pollution thermique**	die Wärmebelastung
la prolifération des algues	die Massenentfaltung der Algen
l'eutrophisation *f*	die Eutrophierung
○ **la pollution sonore**	die Lärmbelästigung, en
les nuisances *f* **sonores**	die Lärmbelastung, en
le bruit	der Lärm
faire du bruit	laut sein, Lärm machen/verursachen
le niveau sonore	der Schall(druck)pegel, der Lärmpegel
un niveau de bruit trop élevé	ein überhöhter Stand des Schallpegels
le sonomètre	der Schalldruckmesser, -
assourdissant ; insupportable	ohrenbetäubend ; unerträglich
la source de bruit	die Lärmquelle, n
le bruit d'avions	der Fluglärm
les bruits de la circulation	der Verkehrslärm
le niveau de bruit toléré	die zulässige Phongrenze
la protection contre le bruit	der Lärmschutz
l'isolation *f* **phonique**	die Schallisolierung, en
la nuisance par les odeurs	die Geruchsbelästigung, en
• **les déchets** *m*, **les détritus** *m*	der Abfall, ¨e
les ordures ménagères	der Hausmüll
les déchets encombrants	der Sperrmüll
les résidus/déchets industriels	die Industrieabfälle
le stockage des ordures	die Lagerung des Mülls

stocker, être stocké	lagern
déposer	ab~lagern
la décharge	die Deponie, n/ die Müllkippe, n, die Müllhalde, n
la décharge sauvage	die wilde Müllkippe, n
décharger les ordures	den Müll ab~laden, u, a, ä
le ramassage/la collecte des ordures	die Müllabfuhr
l'éboueur *m*	der Müllarbeiter, -/Müllmänner *(fam)*
le tri(age) (des déchets) ; trier	die Vorsortierung ; vor~sortieren
la récupération des ordures	die Entsorgung des Mülls
le recyclage	das Recycling/ die Wiederverwertung
les déchets recyclables	die wieder verwertbaren Abfallstoffe
recycler	wieder verwerten
le papier à recycler	das Altpapier
le papier recyclé	das Recyclingpapier
le verre à recycler	das Altglas
la bouteille non consignée	die Einwegflasche, n
les déchets de matières plastiques	die Kunststoffabfälle
○ **jeter à la poubelle**	in den Mülleimer werfen, a, o, i
jeter qc, se débarrasser de qc	etw weg~werfen, a, o, i
le broyeur d'ordures	der Müllzerkleinerer, -
le broyage	die Zerkleinerung
le vide-ordures	der Müllschlucker, -
la boîte à ordures/la poubelle	der Mülleimer/der Abfalleimer, -
la poubelle	die Mülltonne, n
le sac poubelle	der Müllsack
le sac en plastique	der Plastiksack, ¨e
le bac à ordures	der Müllbehälter, -/ die Großraumtonne, n
l'usine *f* **d'incinération**	die Müllverbrennungsanlage, n
incinérer	verbrennen, a, a
○ **les déchets toxiques**	der Giftmüll/der Sonderabfall, ¨e
toxique	giftig
le produit toxique	der Giftstoff, e
le fût de dioxine	das Dioxinfass, ¨er
l'exportation *f* **des déchets toxiques**	der Giftmüllexport
• **la radioactivité**	die Radioaktivität
les déchets radioactifs	die radioaktiven Abfälle
faiblement, moyennement, hautement radioactif	schwach-, mittel-, hochradioaktiv
l'évacuation *f* **des substances radioactives**	die atomare Entsorgung
le stockage	die Einlagerung
le stockage intermédiaire	die Zwischenlagerung
l'usine *f* **de retraitement**	die Wiederaufbereitungsanlage (WAA)
le retraitement des combustibles irradiés	die Wiederaufbearbeitung bestrahlter Brennelemente
l'enrobage *m* **; enrober**	die Beschichtung ; beschichten
le stockage définitif (des déchets radioactifs)	die Endlagerung
l'incident *m*/**l'accident** *m* **nucléaire**	der nukleare Störfall, ¨e
l'accident survenu sur un réacteur	der Reaktorunfall, ¨e
la fusion du cœur	der Kernschmelzunfall
l'accident *m* **nucléaire majeur**	der GAU, s *(größter anzunehmender Unfall)*
la catastrophe *f* **nucléaire**	der SuperGAU, s
l'essai *m* **nucléaire**	der Atomtest, s
la pollution radioactive	die Strahlenbelastung
les radiations radioactives	die radioaktiven Strahlungen *fpl*
les retombées radioactives	der radioaktive Niederschlag, ¨e
la contamination radioactive	die radioaktive Verseuchung
contaminer ; décontaminer	verseuchen ; entseuchen
la décontamination	die Entseuchung

Es ist nicht alles Gold, was glänzt.
Tout ce qui brille n'est pas or.

Das ist schrottreif.
C'est bon à mettre à la ferraille.

zum alten Eisen werfen, a, o, i *(fam)*
mettre au rancart (fam)

Man muss das Eisen schmieden, solange es heiß ist.
Il faut battre le fer pendant qu'il est chaud.

mehrere Eisen im Feuer haben
avoir plusieurs cordes à son arc

eisern bleiben*, ie, ie
rester inflexible

(Es ist) dicke Luft ! *(fam)*
Il y a de l'orage dans l'air.

Die Luft ist rein !
(Il n'y a pas de danger) : On peut y aller !

Das ist sonnenklar.
C'est clair comme de l'eau de roche.

VII. Les Sciences exactes

1. LES MATHÉMATIQUES

mathématiques

• **les mathématiques** *f*	die Mathematik
le mathématicien	der Mathematiker, -
la proposition	der Satz, ¨e
l'assertion *f*	die Aussage, n
l'axiome *m*	das Axiom, e
le principe	der Grundsatz, ¨e
la définition	die Definition, en
le postulat	das Postulat, e
le paradoxe	das Pardoxon, xa
la démonstration, la preuve	der Beweis, e
le raisonnement, la démonstration	die Beweisführung, en
le théorème	das Theorem, e/der Lehrsatz, ¨e
la déduction ; déduire	die Deduktion, en ; deduzieren
la conjonction	die Konjunktion, en
la disjonction	die Disjunktion, en
l'implication *f*	die Implikation, en
la formule	die Formel, n
le quantificateur universel	das Existenzsymbol
la théorie des ensembles	die Mengenlehre
l'ensemble *m*	die Menge, n
le sous-ensemble	die Teilmenge
l'intersection *f*	der Durchschnitt, e
la réunion	die Vereinigung, en
l'inclusion *f*	die Inklusion, en
le produit cartésien	das kartesische Produkt
le couple	das geordnete Paar, e
la relation binaire	die zweistellige/binäre Relation, en
le diagramme (sagittaire)	das (Pfeil)diagramm, e
la fonction, la relation fonctionnelle	die Funktion, en
l'application *f* **surjective**	die surjektive Abbildung, en
l'application injective	die injektive Abbildung
l'application bijective	die bijektive Abbildung
la relation symétrique	die symmetrische Relation
la relation réflexive	die reflexive Relation
la relation transitive	die transitive Relation
la relation commutative	die kommutative Relation
la relation d'équivalence	die Äquivalenzrelation
la classe d'équivalence	die Äquivalenzklasse, n
la relation d'ordre	die Ordnungsrelation
la loi de composition interne	die innere Verknüpfung
la loi commutative	das kommutative Gesetz
la loi associative	das assoziative Gesetz
la structure	die Struktur, en
le groupe abélien	die Abelsche Gruppe
l'anneau *m*	der Ring, e
le corps	der Körper, -
les structures isomorphes	die isomorphen Strukturen *fpl*
la loi de composition externe	die äußere Verknüpfung
l'espace *m* **vectoriel**	der Vektorraum, ¨e
le vecteur	der Vektor, en
les coordonnées cartésiennes	die kartesischen Koordinaten *fpl*
la base (de l'espace vectoriel)	die Basis (eines Vektorraumes)
le sous-espace vectoriel	der Untervektorraum
• **le symbole mathématique**	das mathematische Symbol, e
égal à (=)	gleich (=)
identique à ($\equiv$)	identisch gleich ($\equiv$)
approximativement égal à ($\approx$)	annähernd gleich ($\approx$)
proportionnel à ($\sim$)	proportional ($\sim$)
strictement inférieur à ($<$)	kleiner als ($<$)
strictement supérieur à ($>$)	größer als ($>$)
inférieur ou égal à ($\leq$)	kleiner oder gleich ($\leq$)
supérieur ou égal à ($\geq$)	größer oder gleich ($\geq$)
tend vers ($\rightarrow$)	nähert sich ($\rightarrow$)

algèbre et analyse

• **l'algèbre** *f*	die Algebra
l'égalité *f*	die Gleichheit
l'identité *f*	die identische Gleichung ; die Identität
l'équation *f*	die Gleichung, en
l'inéquation *f*	die Ungleichung
le degré	der Grad, e
le carré	das Quadrat, e
la puissance 2 (deux)	die 2. (zweite) Potenz
le cube	der Kubus, -/ben
l'exposant *m*	der Exponent, en, en, die Hochzahl
la puissance	die Potenz, en
élever un nombre à la puissance quatre	eine Zahl in die vierte Potenz erheben, o, o
deux puissance quatre	zwei hoch vier
l'inconnue *f*	die Unbekannte *(adj)*
la racine	die Wurzel, n
l'extraction *f* **de la racine**	das Wurzelziehen/das Radizieren
extraire la racine	die Wurzel ziehen, o, o
la racine carrée	die Quadratwurzel
la racine cubique	die Kubikwurzel
le (signe) radical	das Wurzelzeichen
le radical	das Radikal, e
la (ré)solution	die (Auf)lösung, en
le coefficient	der Koeffizient, en, en
la matrice	die Matrix, rizes/rizen
le déterminant	die Determinante, n
le discriminant	die Diskriminante, n
le monôme	das Monom, e
le polynôme	das Polynom, e
le paramètre	der Parameter, -
la proportion	die Proportion, en
• **l'analyse** *f*	die Analysis
le rapport	das Verhältnis, se
la représentation graphique	die graphische Darstellung, en
les coordonnées *f* **polaires**	die Polarkoordinaten *fpl*
les coordonnées cylindriques	die Zylinderkoordinaten
les coordonnées sphériques	die Kugelkoordinaten
l'axe *m*	die Achse, n
la fonction	die Funktion, en
la dérivée	die Ableitung, en
la différentielle	das Differential, e
la variable	die Veränderliche, n, n
le sens	die Richtung, en
l'abscisse *f*	die Abszisse, n
l'ordonnée *f*	die Ordinate, n
la courbe	die Kurve, n

le point d'inflexion	der Wendepunkt, e
la parabole	die Parabel, n
l'ellipse *f*	die Ellipse, n
l'hyperbole *f*	die Hyperbel, n
le sommet	der Scheitelpunkt
le foyer	der Brennpunkt
l'asymptote *f*	die Asymptote, n
le logarithme	der Logarithmus, men
la mantisse	die Mantisse, n
la série	die Reihe, n
le terme	das Glied, er
la suite	die Folge, n
l'intégrale *f*	das Integral, e
le calcul intégral	die Integralrechnung
la sommation	die Summation
le calcul infinitésimal	die Infinitesimalrechnung

géométrie

• **la géométrie**	die Geometrie
la géométrie élémentaire	die elementare Geometrie
la géométrie plane	die ebene Geometrie
le plan	die Ebene, n
la figure	die Figur, en
le point, le point fixe	der Punkt, e, der Fixpunkt
la distance	der Abstand, ¨e
la droite	die Gerade, n, n
la demi-droite	die Halbgerade
l'intersection *f*	der Schnittpunkt, e
le segment	die Strecke, n
l'extrémité *f*	der Endpunkt
la perpendiculaire	die Senkrechte, n
• **l'angle** *m*	der Winkel, -
le côté (d'un angle)	der Schenkel, -
le sommet	der Scheitel, -
l'angle plat, l'angle droit	der gestreckte Winkel, der rechte W.
l'angle obtus ; l'angle aigu	der stumpfe W. ; der spitze W.
l'angle complémentaire	der Komplementwinkel
l'angle supplémentaire, adjacent	der Supplement-, Nebenwinkel
l'angle opposé par le sommet	der Scheitelwinkel
la bissectrice	die Winkelhalbierende, n, n
• **le cercle ; circulaire**	der Kreis, e ; kreisförmig
le centre	das Zentrum, ren/der Mittelpunkt, e
la circonférence	die Kreislinie, n/die Peripherie, n
le diamètre	der Durchmesser, -
le rayon	der Halbmesser/der Radius, ien
la tangente	die Tangente, n
le point de contact	der Berührungspunkt
la sécante	die Sekante, n
la corde	die Sehne, n
l'arc *m*	der Kreisbogen, -
le segment de cercle	das Kreissegment, e
le segment sphérique	das Kugelsegment
l'angle *m* **au centre**	der Zentriwinkel
l'angle inscrit	der Peripheriewinkel
le secteur	der Sektor, en
la couronne circulaire	der Kreisring, e
l'axe *m* **de symétrie**	die Symmetrieachse, n
la parallèle ; parallèle	die Parallele, n ; parallel
le polygone	das Polygon, e/das Vieleck, e
le sommet (d'un polygone)	der Eckpunkt
la diagonale	die Diagonale, n
le périmètre	der Umfang, ¨e
• **le triangle ; triangulaire**	das Dreieck, e ; dreieckig
le côté	die Seite, n
la base	die Basis, Basen
l'angle intérieur	der Innenwinkel, -
l' angle extérieur	der Außenwinkel
la médiane	die Mittellinie, n
le centre de gravité	der Schwerpunkt
la hauteur	die Höhe, n
l'orthocentre *m*	der Höhenschnittpunkt
la médiatrice	das Mittellot/die Mittelsenkrechte
le cercle inscrit	der Inkreis, e
le cercle circonscrit	der Umkreis
le triangle équilatéral	das gleichseitige Dreieck
le triangle isocèle	das gleichschenklige Dreieck
le triangle rectangle	das rechtwinklige Dreieck
l'hypoténuse *f*	die Hypotenuse, n
le côté de l'angle droit	die Kathete, n
le quadrilatère	das Viereck, e
le trapèze	das Trapez, e
le parallélogramme	das Parallelogramm, e
le losange	der Rhombus, ben/die Raute, n
le rectangle ; rectangulaire	das Rechteck ; rechteckig
le carré	das Quadrat, e
le lieu géométrique	der geometrische Ort, ¨er
la construction	die Konstruktion, en
la surface	die Fläche, n
la superficie	der Flächeninhalt, e
la formule	die Formel, n
• **la géométrie dans l'espace**	die körperliche Geometrie
le solide, la figure à trois dimensions	der geometrische Körper, -
le polyèdre	der Polyeder, -
la sphère ; sphérique	die Kugel, n ; kugelförmig
le cube	der Würfel, -
l'arête *f*	die Kante, n
le parallélépipède	der Quader, -
le prisme	das Prisma, men
la base	die Grundfläche
la base latérale	die Seitenfläche
le cylindre	der Zylinder, -
le cône ; conique	der Kegel, - ; konisch, kegelförmig
l'ellipse *f*	die Ellipse, n
la parabole	die Parabel, n
l'hyperbole *f*	die Hyperbel, n/der Kegelschnitt, e
le tronc de cône	der Kegelstumpf, ¨e
la pyramide	die Pyramide, n
la géométrie analytique	die analytische Geometrie
la trigonométrie	die Trigonometrie
le (co)sinus	der (Ko)sinus, -
la (co)tangente	die (Ko)tangente, n

calcul des probabilités - statistique

• **le calcul des probabilités**	die Wahrscheinlichkeitsrechnung
l'analyse *f* **combinatoire**	die Kombinatorik
l'arrangement *m*	die Anordnung, en
la combinaison	die Kombination, en
la variation	die Variation, en
l'espérance *f* **mathématique**	der Erwartungswert, e
l'écart-type *m*	die Standardabweichung, en
• **la statistique**	die Statistik, en
le statisticien	der Statistiker, -

l'échelle *f*	die Maßskala, len
le sondage	die Stichprobe, n
l'enquête *f*, **le recensement**	die Erhebung, en
le questionnaire	der Fragebogen, -
la codification	die Verschlüsselung, en
le déchiffrement	die Entschlüsselung, en
le dénombrement	die Zählung, en
la moyenne	der Durchschnitt, e
l'interprétation *f*	die Auswertung, en

2. LES NOMBRES ET L'ARITHMÉTIQUE - LE CALCUL

nombres

• **l'arithmétique** *f*	die Arithmetik
l'arithméticien *m*	der Arithmetiker, -
• **le nombre ; le chiffre**	die Zahl, en
pair ; impair	gerade ; ungerade
le chiffre rond	die runde Zahl
le nombre naturel	die natürliche Zahl
le nombre réel	die reelle Zahl
le nombre algébrique	die algebraische Zahl
le nombre transcendant	die transzendente Zahl
le nombre imaginaire	die imaginäre Zahl
le nombre rationnel	die rationale Zahl
le nombre irrationnel	die irrationale Zahl
le nombre relatif	die relative Zahl
le nombre entier	die ganze Zahl
le nombre premier	die Primzahl
le nombre positif	die positive Zahl
le nombre négatif	die negative Zahl
le nombre complexe	die komplexe Zahl
le nombre fractionnaire	die gebrochene Zahl
la numération	das Zahlensystem, e
○ **le système décimal**	das Dezimalsystem
le nombre décimal	die Dezimalzahl
la virgule	das Komma, s / ta
la décimale	die Dezimalstelle, n / die Dezimale, n
le chiffre des dixièmes	die Zehntel *npl*
le chiffre des centièmes	die Hundertstel *npl*
le chiffre des millièmes	die Tausendstel *npl*
un nombre de trois chiffres	eine dreistellige Zahl
l'unité *f*	der Einer, -
le chiffre des unités	die Einerstelle, n
la dizaine	der Zehner, -
le chiffre des dizaines	die Zehnerstelle, n
la centaine	der Hunderter, -
le chiffre des centaines	die Hunderterstelle, n
○ **le chiffre, le nombre**	die Ziffer, n / das Zahlzeichen, -
en chiffres arabes	in arabischen Ziffern
en chiffres romains	in römischen Ziffern
numéroter les pages	die Seiten beziffern / nummerieren
le numéro	die Nummer, n
le numéro d'ordre	die Ordnungsnummer
le nombre *(la quantité)*	die Anzahl
un grand nombre de	eine große Anzahl von+D
• **le nombre cardinal**	die Kardinalzahl / die Grundzahl , en
zéro ; un ; deux ; trois ; quatre	null ; eins ; zwei ; drei ; vier
cinq ; six ; sept ; huit ; neuf	fünf ; sechs ; sieben ; acht ; neun
dix ; onze ; douze ; treize	zehn ; elf ; zwölf ; dreizehn
quatorze ; quinze ; seize	vierzehn ; fünfzehn ; sechzehn
dix-sept ; dix-huit ; dix-neuf	siebzehn ; achtzehn ; neunzehn
vingt ; vingt et un	zwanzig ; einundzwanzig
vingt-deux ; vingt-trois	zweiundzwanzig ; dreiundzwanzig
trente ; trente et un ; quarante	dreißig ; einunddreißig ; vierzig
cinquante ; soixante	fünfzig ; sechzig
soixante-dix	siebzig
soixante et onze	einundsiebzig
soixante-douze	zweiundsiebzig
quatre-vingts	achtzig
quatre-vingt-un	einundachtzig
quatre-vingt-dix	neunzig
quatre-vingt-onze	einundneunzig
cent ; cent un	(ein)hundert ; (ein)hundert(und)eins
cent deux ; deux cents	hundert(und)zwei ; zweihundert
deux cent un ; mille	zweihundert(und)eins ; (ein)tausend
deux mille ; cinq cent mille	zweitausend ; fünfhunderttausend
le million	die Million, en (Mio)
deux millions cinq cents	zwei Millionen fünfhundert
le milliard	die Milliarde, n
• **le nombre ordinal**	die Ordinalzahl / Ordnungszahl, en
le premier	der erste, die erste, das erste
le deuxième ; le troisième	der zweite ; der dritte
le quatrième ; le cinquième	der vierte ; der fünfte
le sixième ; le septième	der sechste ; der sieb(en)te
le huitième ; le neuvième	der achte ; der neunte
le dixième ; le onzième	der zehnte ; der elfte
le douzième ; le dix-neuvième	der zwölfte ; der neunzehnte
le vingtième	der zwanzigste
le vingt et unième	der einundzwanzigste
le vingt-deuxième	der zweiundzwanzigste
le centième	der hundertste
le millième	der tausendste
le millionième	der millionste
○ **premièrement**	erstens
deuxièmement	zweitens
troisièmement	drittens
quatrièmement	viertens
dix-neuvièmement	neunzehntens
vingtièmement	zwanzigstens
• **la fraction**	der Bruch, ¨e
la fraction ordinaire	der gemeine Bruch
la fraction décimale	der Dezimalbruch
le facteur premier	der Primfaktor, en
la décomposition en facteurs	die Faktorzerlegung, en
simplifier une fraction	einen Bruch kürzen
la fr. irréductible, réduite à sa plus simple expression	der echte Bruch, der nicht mehr zu kürzen ist
l'expression *f* **fractionnaire**	der unechte Bruch
le numérateur	der Zähler, -
le trait de fraction	der Bruchstrich, e
le dénominateur	der Nenner, -
à dénominateur différent	ungleichnamig
le dénominateur commun	der gemeinsame Nenner
réduire au même dénominateur	auf einen gemeinsamen Nenner bringen, a, a
la fraction de fraction	der Doppelbruch, ¨e
○ **un demi (1/2)**	ein halb (1/2)
un tiers (1/3)	ein Drittel (1/3)
deux tiers (2/3)	zwei Drittel (2/3)
un quart (1/4)	ein Viertel (1/4)
trois quarts (3/4)	drei Viertel (3/4)
quatre cinquièmes (4/5)	vier Fünftel (4/5)

un dix-neuvième (1/19)	ein Neunzehntel (1/19)
un vingtième (1/20)	ein Zwanzigstel (1/20)
un centième (1/100)	ein Hundertstel (1/100)
deux centièmes (2/100)	zwei Hundertstel (2/100)
un deux-centième (1/200)	ein Zweihundertstel (1/200)
un millième (1/1000)	ein Tausendstel (1/1000)
○ **une demi-livre**	ein halbes Pfund
un et demi (1 1/2)	eineinhalb/anderthalb (1 1/2)
une heure et demie	eineinhalb/anderthalb Stunden
deux et demi (2 1/2)	zweieinhalb (2 1/2)
deux mois et demi	zweieinhalb Monate
deux trois quarts (2 3/4)	zwei dreiviertel (2 3/4)
la moitié	die Hälfte, n
les trois quarts de la population	drei Viertel der Bevölkerung
un centième de seconde	eine Hundertstelsekunde/eine hundertstel Sekunde/eine 100stel(-)Sekunde
deux centièmes de seconde	zwei Hundertstelsekunden/hundertstel Sekunden

calcul

• **le calcul**	das Rechnen, die Rechnung
calculer ; faire des calculs	rechnen
calculer qc ; faire le calcul de qc	etw berechnen ; etw aus~rechnen
établir qc par le calcul	etw errechnen
le calcul mental	das Kopfrechnen
calculer mentalement	im Kopf rechnen
le problème	die Rechenaufgabe, n
la solution	die Lösung, en
résoudre ; résolu	lösen ; gelöst
le résultat	das Ergebnis, se
donner *(pour résultat)*	ergeben, a, e, i
la preuve	die Probe, n
C'est exact./C'est juste.	Das stimmt./Das ist richtig.
C'est faux.	Das ist falsch.
faire une erreur de calcul	falsch rechnen/sich verrechnen
l'erreur *f* **de calcul**	der Rechenfehler, -
○ **les quatre opérations** *f*	die vier Grundrechenarten *fpl*
l'addition *f*	die Addition, en
additionner	addieren/zusammen~zählen
le signe plus/d'addition	das Pluszeichen
le signe d'égalité	das Gleichheitszeichen
Je pose six et je retiens deux.	Schreibe sechs, behalte zwei.
la somme, le total	die Summe, n
la soustraction	die Subtraktion, en/das Abziehen
soustraire, retrancher (de)	subtrahieren, ab~ziehen, o, o (von)
le signe moins/de soustraction	das Minuszeichen
le reste	der Rest, e
la différence	der Unterschied
la multiplication	die Multiplikation, en
multiplier (par)	multiplizieren/vervielfachen (mit)
le signe de multiplication	das Malzeichen
le multiplicande	der Multiplikand, en, en
le multiplicateur	der Multiplikator, en
le produit	das Produkt, e
le facteur	der Faktor, en
le multiple	das Vielfache *(adj)*
le double	das Zweifache/Doppelte *(adj)*
doubler	verdoppeln
double ; en double, deux fois	zweifach, doppelt
le triple ; tripler	das Dreifache *(adj)* ; verdreifachen
triple ; quadruple	dreifach ; vierfach
le quadruple	das Vierfache *(adj)*
le quintuple	das Fünffache *(adj)*
le centuple	das Hundertfache *(adj)*
une fois, deux fois, trois fois	einmal, zweimal, dreimal *(adv)*
la table de multiplication	das Einmaleins
la division	die Division, en/die Teilung, en
diviser (par)	dividieren/teilen (durch+A)
divisible	teilbar
le signe de division	das Divisionszeichen
le diviseur	der Teiler, -
plus grand commun diviseur	größter gemeinsamer Teiler
plus petit commun multiple	kleinstes gemeinsames Vielfaches
le quotient	der Quotient, en, en
la moyenne (est de)	der Durchschnitt (liegt bei)
moyen ; en moyenne	durchschnittlich ; im Durchschnitt
C'est divisible sans reste.	Es geht auf.
Le compte est bon.	Die Rechnung geht auf.
Combien font ... ?	Wieviel ist ... ?
1 et 3 font 4.	1 und/plus 3 macht/ist 4.
16 moins 11 font 5.	16 weniger/minus 11 macht/ist 5.
3 fois 4 font 12.	3 mal 4 ist 12.
100 divisé par 10 font 10.	100 (geteilt) durch 10 ist 10.
la règle de trois	die Dreisatzrechnung
le pourcentage	der Prozentsatz, ¨e
cinq pour cent	fünf vom/pro Hundert, 5 Prozent
cinq pour mille	fünf vom/pro Tausend, 5 Promille
le calcul des intérêts	die Prozentrechnung
le boulier	der Kugelschieber, -
la règle à calculer	der Rechenschieber
la calculatrice, la calculette	der Taschenrechner, -
• **compter**	zählen
compter son argent	sein Geld zählen
énumérer	auf~zählen
compter/dénombrer	ab~zählen
se tromper en comptant	sich verzählen
recompter *(vérifier)*	nach~zählen
dénombrable	zählbar
○ **l'évaluation** *f*, **l'estimation** *f*	die Schätzung, en
évaluer/estimer (à)	schätzen (auf+A)
évaluer approximativement	überschlagen, u, a, ä, ab~schätzen
approximativement	schätzungsweise
estimé à vue de nez *(fam)*	über den Daumen gepeilt *(fam)*
un nombre approximatif	eine geschätzte Zahl
une trentaine de personnes	etwa/ungefähr/an die dreißig Personen
en grand nombre	in großer Zahl
des centaines, des milliers de	Hunderte, Tausende von+D
un nombre précis	eine genaue Zahl
une douzaine d'oeufs	ein Dutzend Eier
au nombre de cent	hundert an der Zahl
surévaluer ; sous-évaluer	überschätzen ; unterschätzen
arrondir un nombre	eine Zahl ab~runden
corriger une évaluation	eine Schätzung berichtigen

arriver un par un	einzeln an~kommen*, a, o
l'un après l'autre	einer nach dem anderen
ni l'un ni l'autre	weder der eine noch der andere
arriver le premier	als Erster an~kommen*, a, o
l'avant-dernier *m* **; le dernier**	der Vorletzte ; der Letzte
passer le premier	zuerst an die Reihe kommen*, a, o

le premier de *(le meilleur)*	der Erste von+D
les deux premiers *(d'un groupe)*	die beiden ersten
les deux premiers *(de deux groupes)*	die beiden Ersten
les trois premiers	die ersten drei
les trois derniers	die letzten drei
le premier venu	der erste Beste/der Erstbeste
le tout premier, le tout dernier	der Allererste, der Allerletzte
le seul ; un seul homme	als Einziger ; ein einziger Mann
pas un (seul)	kein Einziger
être seul	allein sein
dans un ou deux jours	in ein oder zwei Tagen
le (chiffre) un, le deux	die Eins, die Zwei
François Ier *(Premier)*	Franz der Erste/Franz I.
Guillaume II *(Deux)*	Wilhelm der Zweite/Wilhelm II.
le Second Empire	das Zweite Kaiserreich
les deux mains	die beiden Hände
nous deux ; tous les deux	wir beide ; alle beide
l'un des deux	einer von beiden
aucun de nous deux	keiner von uns beiden
des personnes des deux sexes	Menschen beiderlei Geschlechts
une paire de chaussures	ein Paar Schuhe
un beau couple	ein schönes Paar
quelques cerises	ein paar/einige Kirschen
Nous sommes le onze. *(date)*	Wir haben den Elften. *(Datum)*
Nous étions deux.	Wir waren zu zweit.
à deux, trois, quatre, cinq, six	zu zweit, dritt, viert, fünft, sechst
à sept, huit, neuf, dix	zu siebt, acht, neunt, zehnt
deux par deux ; trois par trois	zu zweien/zweit ; zu dreien/dritt
Mettez-vous en rang par quatre.	Stellt euch zu viert/zu vieren auf !
tous les deux jours	jeden zweiten Tag
un sur trois	jeder Dritte
un, deux, trois à la fois	je einer, je zwei, je drei
une famille nombreuse	eine kinderreiche Familie
venir en nombre/nombreux	zahlreich erscheinen*, ie, ie
zu den Gästen zählen	être du nombre des invités
une foule innombrable	eine unzählige Menge
classer par ordre de grandeur	der Größe nach ordnen
le second enfant par rang d'âge	das zweitälteste Kind
le troisième élève par rang de taille	der drittgrößte Schüler
en tête à tête/ entre quatre-z-yeux *(fam)*	unter vier Augen
marcher à quatre pattes	auf allen vieren gehen*, i, a
Combien de fois ?	Wie oft ?
une fois ; deux fois	einmal, 1-mal ; zweimal, 2-mal
Une fois n'est pas coutume.	Einmal ist keinmal.
il était une fois	es war einmal
pour la première fois	zum ersten Mal
pour la énième fois	zum x-tenmal *(fam)*
à plusieurs reprises	mehrmals
chaque fois	jedes Mal
pour la dernière fois	zum letzten Mal
ne faire ni une ni deux	nicht lange fackeln *(fam)*
deux fois plus cher que	doppelt so teuer wie
moitié moins cher que	halb so teuer wie
à moitié prix	zum halben Preis
à mi-chemin	auf halbem Wege
la moitié de la ville	die halbe Stadt
la ville entière/toute la ville	die ganze Stadt
plus de la moitié	mehr als die Hälfte
moitié ..., moitié .../ mi- ..., mi- ...	halb ..., halb ...
à moitié mort de peur	halb tot vor Angst
Jamais deux sans trois.	Aller guten Dinge sind drei.
tout compte fait	alles in allem
avec des forces décuplées	mit verstärkten Kräften
rendre au centuple	tausendfach zurück~geben, a, e, i
se perdre dans les détails ; discourir à perte de vue	vom Hundertsten ins Tausendste kommen*, a, o

eine Telefonnummer geben, a, e, i : (30 25 43 16)
drei null zwo fünf vier drei eins sechs
donner un numéro de téléphone : (30 25 43 16)
trente vingt-cinq quarante-trois seize

einen Betrag aus~schreiben, ie, ie : (1 021 538,43)
eine Million einundzwanzigtausendfünfhundertachtunddreißig Komma dreiundvierzig/vier drei
écrire un montant en toutes lettres : (1 021 538, 43)
un million vingt et un mille cinq cent trente-huit virgule quarante-trois

3. LA PHYSIQUE

physique

• **la physique**	die Physik
le physicien	der Physiker, -
l'invention *f* **; inventer**	die Erfindung, en ; erfinden, a, u
l'inventeur *m*	der Erfinder, -
le scientifique	der Wissenschaftler, -
le savant	der (namhafte) Wissenschaftler
la découverte ; découvrir	die Entdeckung, en ; entdecken
un phénomène physique	ein physikalischer Vorgang, ¨e
la physique classique	die klassische Physik
la physique moderne	die moderne Physik
la physique quantique	die Quantenphysik
la théorie de la relativité générale	die allgemeine Relativitätstheorie
la mécanique quantique	die Quantenmechanik
❍ **l'état** *m* **d'agrégation**	der Aggregatzustand
l'état solide	der feste Zustand
le (corps) solide ; solide	der Festkörper, - ; Fest-, fest
le cristal	der Kristall, e
cristallin	kristallin
le réseau cristallin	das Kristallgitter, -
les cristaux liquides	die flüssigen Kristalle *mpl*
anisotrope	anisotrop
amorphe, vitreux	amorph
l'état liquide	der flüssige Zustand
le liquide	die Flüssigkeit, en
volatil	flüchtig
l'état gazeux	der gasförmige Zustand
le gaz	das Gas, e
le gaz parfait, idéal	das ideale Gas
le gaz réel	das reale Gas
le plasma	das Plasma, men
le colloïde ; colloïdal	das Kolloid, e ; kolloidal
la coagulation	die Koagulation, en
la floculation	die Ausflockung, en
le sol	das Sol, e

le gel	das Gel, e
le changement d'état	die Zustandsänderung, en
la fusion ; fondre *itr*	das Schmelzen ; schmelzen*, o, o, i
le point de fusion	der Schmelzpunkt, e
la vaporisation ; se vaporiser	die Verdampfung ; verdampfen*
la vapeur	der Dampf, ¨e
l'évaporation *f* **; s'évaporer**	die Verdunstung ; verdunsten*
le point d'ébullition ; bouillir	der Siedepunkt, e ; sieden
le point de congélation ; geler	der Gefrierpunkt ; gefrieren*, o, o
la solidification ; se solidifier	die Erstarrung ; erstarren*
la condensation	die Kondensierung
se condenser	kondensieren*
la liquéfaction	die Verflüssigung, en
se liquéfier	verflüssigt werden
la sublimation	die Sublimation, en
se sublimer (en)	sublimieren* (zu+D)
le sublimé	das Sublimat, e
• **la mécanique**	die Mechanik
la statique	die Statik
la dynamique	die Dynamik
la force	die Kraft, ¨e
le moment	das Moment, e
le couple	das Kräftepaar, e
la résultante	die Resultante, n
le travail	die Arbeit
la puissance	die Leistung
la cinétique	die Bewegungslehre/die Kinetik
l'énergie *f* **cinétique**	die kinetische Energie
l'énergie potentielle	die Lageenergie, die potentielle Energie
le principe de la conservation de l'énergie	der Energieerhaltungssatz
le champ	das Feld, er
le vecteur	der Vektor, en
l'effet *m*	der Effekt, e
l'action *f*	die Wirkung, en
l'équilibre *m*	das Gleichgewicht
le poids	das Gewicht, e, die schwere Masse
le centre de gravité	der Schwerpunkt, e
la masse	die (träge) Masse
la pesanteur	die Schwere, die Schwerkraft
la force d'attraction	die Anziehungskraft, ¨e
attirer	an~ziehen, o, o
la gravitation	die Gravitation, die Massenanziehung
la loi de la gravitation universelle	das allgemeine Gravitationsgesetz
l'inertie *f*	die Trägheit
le frottement	die Reibung, en
le levier	der Hebel, -
○ **la contrainte**	die Spannung, en
la (contrainte de) compression	die Kompression, en
la compressibilité	die Kompressibilität
un corps compressible	ein kompressibler Körper
incompressible	inkompressibel
la (contrainte de) traction	die Zugspannung, en
le cisaillement	die Scherung, en
l'allongement *m*	die Dehnung, en
la torsion	die Drillung, en, die Torsion, en
la flexion	die Biegung, en
la déformation	die Deformation, en, die Verformung, en
l'élasticité *f*	die Elastizität

le module d'élasticité	der Elastizitätsmodul
la limite d'élasticité	die Elastizitätsgrenze
la limite de résistance	die Festigkeitsgrenze
le point de rupture	der Bruchpunkt
• **la mécanique des fluides**	die Strömungslehre
l'hydrostatique *f*	die Hydrostatik
l'hydrodynamique *f*	die Hydrodynamik
le fluide	das Fluid, s
l'écoulement *m*	die Strömung, en
l'écoulement laminaire	die laminare Strömung
l'écoulement turbulent	die turbulente Strömung
le flux	der Fluss, ¨e
la surface de séparation	die Trennungsfläche, n
la tension superficielle	die Oberflächenspannung
la capillarité	die Kapillarität
la viscosité ; visqueux	die Viskosität ; viskos
la densité	die Dichte
la pression	der Druck, ¨e
la poussée	der Auftrieb, e
le principe d'Archimède	das Prinzip des Archimedes
les vases communicants	die kommunizierenden Röhren *fpl*
le vide	das Vakuum, kua/kuen
dans le vide	im luftleeren Raum
• **la cinématique**	die Kinematik
le mouvement	die Bewegung, en
la quantité de mouvement	die Bewegungsgröße, n, der Impuls, e
le mouvement cinétique en un point	der Drehimpuls
le mouvement rectiligne	die g(e)radlinige Bewegung, en
le mouvement uniforme	die gleichförmige Bewegung
le mouvement uniformément accéléré	die gleichförmig beschleunigte Bewegung
le mouvement circulaire	die Kreisbewegung
en chute libre	beim freien Fall
la vitesse	die Geschwindigkeit, en
la vitesse initiale	die Anfangsgeschwindigkeit
la vitesse moyenne	die mittlere Geschwindigkeit
la vitesse instantanée	die Momentangeschwindigkeit
la vitesse angulaire	die Winkelgeschwindigkeit
l'accélération *f*	die Beschleunigung, en
la résistance de l'air	der Luftwiderstand
la direction, le sens	die Richtung, en
la trajectoire circulaire	die Kreisbahn, en
la force centripète	die Zentripetalkraft, ¨e
la force centrifuge	die Zentrifugalkraft, ¨e
• **la chaleur**	die Wärme
la thermodynamique	die Thermodynamik
l'énergie *f* **calorifique**	die Wärmeenergie
la capacité calorifique	die Wärmekapazität
l'entropie *f*	die Entropie
la calorimétrie	die Wärmemessung
la température	die Temperatur, en
la chaleur massique	die spezifische Wärme
le rayonnement thermique	die Wärmestrahlung
le corps noir	der schwarze Körper, -
la convection	die Konvektion, en
la dilatation	die Ausdehnung, en
dilater ; se dilater	aus~dehnen ; sich aus~dehnen
la conduction	die Wärmeleitung
la conductibilité	die Wärmeleitfähigkeit
• **l'acoustique** *f*	die Akustik/die Schalllehre
le son	der Schall

l'onde *f* **sonore**	die Schallwelle, n
le mouvement ondulatoire	die Wellenbewegung, en
la vitesse du son	die Schallgeschwindigkeit
l'onde *f* **de choc**	die Stoßwelle, n
l'intensité *f* **sonore**	die Lautstärke
la perception (d'un son)	die Hörempfindung, en
l'infrason *m*	der Infraschall
l'ultrason *m*	der Ultraschall
la propagation du son	die Schallausbreitung
franchir le mur du son	die Schallmauer durch~brechen, a, o, i
le bang supersonique	der Überschallknall, e
la vibration	die Schwingung, en
l'oscillation *f*	die Oszillation, en
la vibration amortie	die gedämpfte Schwingung
vibrer ; osciller	schwingen, a, u ; oszillieren
l'amplitude *f*	die Schwingungsweite, n
la période	die Schwingungsdauer, die Periode, n
la fréquence	die Frequenz, en
la phase	die Phase, n
l'onde *f*	die Welle, n
la longueur d'onde	die Wellenlänge, n
l'isolation *f* **acoustique**	die Schallabdichtung
l'insonorisation *f*	die Schalldämmung
l'écho *m*	das Echo
• **l'optique** *f*	die Optik
l'optique géométrique	die geometrische Optik
l'optique ondulatoire	die Wellenoptik
l'optique physique	die physikalische Optik
l'optique électronique	die Elektronenoptik
la lumière	das Licht
le rayon lumineux	der Lichtstrahl, en
le faisceau lumineux	das Stahlenbündel, -
le photon	das Photon, en
la réflexion	die Reflexion
la diffraction	die Beugung, die Diffraktion
la réfraction	die Lichtbrechung, die Refraktion
l'indice *m* **de réfraction**	die Brechzahl, en
le milieu	das Medium, dien
le rayon incident	der einfallende Strahl
le rayon réfléchi	der reflektierte Strahl
le rayon réfracté	der gebrochene Strahl
la dispersion	die Dispersion, en
la diffusion	die Streuung, en
le prisme	das Prisma, men
le miroir plan	der ebene Spiegel/der Planspiegel, -
le miroir convexe	der Konvexspiegel, -
le miroir concave	der Hohlspiegel, -
le miroir parabolique	der Parabolspiegel, -
l'image *f* **optique**	das optische Bild, er
la lentille	die Linse, n
biconcave ; biconvexe	bikonkav ; bikonvex
planconvexe	plankonvex
la lentille convergente	die Sammellinse
la lentille divergente	die Zerstreuungslinse
l'objectif *m*	das Objektiv, e
la distance focale	die Brennweite, n
le foyer	der Brennpunkt, e
la ligne focale	die Brennlinie, n
la focalisation	die Fokussierung
l'aberration *f* **optique**	die optische Aberration, en
l'aberration de sphéricité	die sphärische Aberration

l'aberration chromatique	die chromatische Aberration
l'astigmatisme *m*	der Astigmatismus
la distorsion	die Verzeichnung, en/ die Distorsion, en
l'interférence *f*	die Interferenz, en
la polarisation	die Polarisation, en
le spectre	das Spektrum, ren/ra
l'analyse spectrale	die Spektralanalyse, n
la décomposition de la lumière	die Zerlegung des Lichtes
l'infrarouge *m*	das Ultrarot, das Infrarot *(vx)*
l'ultraviolet *m*	das Ultraviolett
le spectroscope	das Spektroskop, e
l'hologramme *m*	das Hologramm, e
l'holographie *f*	die Holographie
○ **l'instrument** *m* **d'optique**	das optische Gerät, e
le verre grossissant	das Vergrößerungsglas, ¨er
la loupe	die Lupe, n
le microscope	das Mikroskop, e
l'oculaire *m*	das Okular, e
la jumelle/les jumelles	das Fernglas, ¨er, der Fernstecher, - *(fam)*
la lunette d'approche/ la longue-vue	das Fernrohr, e
la lunette astronomique/ le réfracteur	das Linsenfernrohr/der Refraktor, en
le télescope/le réflecteur	das (Spiegel)teleskop, e/ der Reflektor, en
• **l'électricité** *f*	die Elektrizität
la charge électrique	die elektrische Ladung, en
l'électron *m*	das Elektron, en
chargé négativement, positivement	negativ, positiv geladen
la conductivité	die Leitfähigkeit
la conductance	der Leitwert, e
le semi-conducteur	der Halbleiter, -
non conducteur	nichtleitend
le non-conducteur	der Nichtleiter, -
l'isolant *m*	der Isolator, en
le courant	der Strom
le courant alternatif	der Wechselstrom
le courant continu	der Gleichstrom
le courant triphasé	der Drehstrom/Dreiphasenstrom
le potentiel électrique	das elektrische Potential
la différence de potentiel	der Spannungsunterschied, e
la tension	die Spannung, en
la résistance	der Widerstand
l'intensité *f*	die Stromstärke
le condensateur	der Kondensator, en
l'induction *f*	die Induktion
le magnétisme	der Magnetismus
le champ magnétique	das Magnetfeld/ das magnetische Feld, er
le pôle	der Pol, e
l'aimant *m*	der Magnet, s/en, e/en
l'onde *f* **électromagnétique**	die elektromagnetische Welle, n
le radar	der/das Radar, e
le laser	der Laser, -
• **la physique atomique**	die Atomphysik
la physique nucléaire	die Kernphysik
nucléaire	Kern-, nuklear
atomique	Atom-, atomar
la recherche nucléaire	die Kernforschung
la matière	die Materie

l'antimatière *f*	die Antimaterie
le noyau atomique	der Atomkern, e/der Nukleus, ei
la molécule	das Molekül, e
• **l'atome** *m*	das Atom, e
la particule élémentaire	das Elementarteilchen, -
l'antiparticule *f*	das Antiteilchen
l'électron *m*	das Elektron, en
le proton	das Proton, en
le neutron	das Neutron, en
la radiation	die Strahlung, en
• **la radioactivité**	die Radioaktivität
l'isotope *m*	das Isotop, e
les rayons X	die Röntgenstrahlen/ die X-Strahlen *mpl*
les rayons gamma	die Gammastrahlen
le rayonnement ionisant	die ionisierende Strahlung
l'émission *f* **; émettre**	die Emission, en ; emittieren
l'absorption *f* **; absorber**	die Absorption, en ; absorbieren
○ **la fusion nucléaire**	die Kernfusion
la fission nucléaire	die Kernspaltung
la désintégration nucléaire	der Kernzerfall/ die Kernzertrümmerung, en
la désintégration en chaîne	die Kettenumwandlung, en
la réaction en chaîne	die Kettenreaktion, en
l'accélérateur *m* **de particules**	der Teilchenbeschleuniger, -
le cyclotron	das Zyklotron, e
la chambre à bulles	die Blasenkammer, n
○ **l'énergie** *f* **atomique**	die Kernenergie/Atomenergie
la centrale nucléaire	das Kernkraftwerk, e
le réacteur nucléaire	der Kernreaktor
le surrégénérateur/ surgénérateur	der schnelle Brüter, -
le cœur du réacteur	der Reaktorkern
la barre de combustible	der Brennstoffstab, ¨e
l'enceinte *f* **de confinement**	die Abschirmung

4. LA CHIMIE

chimie

• **la chimie**	die Chemie
le chimiste	der Chemiker, -
l'alchimie *f* **; l'alchimiste** *m*	die Alchimie ; der Alchimist, en, en
la chimie appliquée	die angewandte Chemie
la biochimie	die Biochemie
la substance	die Substanz, en
l'ion *m*	das Ion, en
la valence	die Wertigkeit, en/die Valenz, en
monovalent ; bivalent	einwertig ; zweiwertig
l'électrovalence *f*	die elektrochemische Valenz
le symbole	das Zeichen, -
la formule	die Formel, n
la nomenclature chimique	die chemische Nomenklatur
le nom trivial	der Trivialname, ns, n
la classification périodique	das periodische System
le nombre atomique	die Ordnungszahl, en
la mole	das Mol, e
le nombre d'Avogadro	die avogadrosche Zahl
la masse molaire	die Molmasse, n
l'élément *m*	das Element, e
le corps simple	der Grundstoff, e
le corps pur	der Reinstoff
le mélange	das (Stoff)gemisch, e
homogène ; hétérogène	homogen ; heterogen
le composant/le constituant	der Bestandteil, e
la liaison ionique	die Ionenbindung, en
la liaison atomique	die Atombindung
la double liaison	die Doppelbindung
la liaison métallique	die Metallbindung
lier	binden, a, u
la combinaison	die Verbindung, en
combiner	verbinden, a, u
l'analyse *f*	die Zerlegung, en/die Analyse, n
analyser	zerlegen, analysieren
qualitatif ; quantitatif	qualitativ ; quantitativ
la synthèse	die Synthese, n
la propriété physique	die physikalische Eigenschaft, en
la propriété chimique	die chemische Eigenschaft
le phénomène chimique	der chemische Vorgang, ¨e
la réaction chimique	die chemische Reaktion, en
l'équation *f* **de réaction**	die Reaktionsgleichung, en
la masse atomique	die Atommasse
la masse moléculaire	die Molekularmasse
○ **la stœchiométrie**	die Stöchiometrie
la solution	die Lösung, en
soluble (dans l'eau)	(wasser)löslich
la solubilité	die Löslichkeit
une solution non aqueuse	eine nicht wässrige Lösung
la solution saturée	die gesättigte Lösung
dissoudre	(auf~)lösen
décanter	ab~gießen, o, o
le soluté	das Solvat, e
le solvant	das Lösungsmittel, -/ das Solvens, zien
la dilution ; diluer	die Verdünnung, en ; verdünnen
enrichir	an~reichern
la concentration	die Konzentration, en
la réaction thermochimique	die thermochemische Reaktion
exothermique	exotherm
endothermique	endotherm
le catalyseur	der Katalysator, en
l'électrolyse *f*	die Elektrolyse, n
électrolytique	elektrolytisch
l'électrolyte *m*	der Elektrolyt, s/en, e/en
dissocier	dissoziieren
• **l'acide** *m*	die Säure, n
non acide	säurefrei
résistant aux acides	säurefest
corrosif	ätzend
avoir un goût acide	sauer schmecken
l'acidité *f*	der Säuregrad
la solution acide	die saure Lösung
l'acide acétique	die Essigsäure
l'acide carbonique	die Kohlensäure
l'acide chlorhydrique	die Salzsäure
l'acide chlorique	die Chlorsäure
l'acide nitreux	die salpetrige Säure
l'acide nitrique	die Salpetersäure
l'acide phénique, le phénol	die Karbolsäure, das Phenol
l'acide phosphorique	die Phosphorsäure
l'acide prussique	die Blausäure
l'acide sulfurique	die Schwefel(wasserstoff)säure
l'acide sulfureux	die schweflige Säure
l'acide tartrique	die Weinsäure

• **la base**	die Base, n/die Lauge, n
basique	basisch
alcalin ; alcaliniser	alkalisch ; alkalisieren
l'alcalinité *f*	die Alkalität
la potasse	das Kali
la soude caustique/ l'hydroxyde *m* **de sodium**	das Ätznatron/das Natriumhydroxid
○ **l'indicateur** *m* **de pH**	der Indikator, en
le réactif	das Reagenz, ien
le tournesol	das/der Lackmus
le bleu de bromothymol	das Bromthymolblau
le méthylorange	das Methylrot
les papiers-pH	die Indikatorpapiere/ die Reagenzpapiere *npl*
colorer en bleu, en rouge	blau, rot färben
le pH	der pH-Wert, e
la neutralisation ; neutraliser	die Neutralisation, en ; neutralisieren
titrer	titrieren
l'acidimétrie *f* ; **l'alcalimétrie** *f*	die Acidimetrie ; die Alkalimetrie
la précipitation	die Präzipitation, en/ die Ausfällung, en
précipiter	aus~fällen, präzipitieren
le précipité	das Präzipitat, e
○ **le sel**	das Salz, e
former des sels en se combinant	sich zu Salzen verbinden, a, u
l'alun *m*	der Alaun, e
le carbonate	das Karbonat, e
le nitrate	das Nitrat, e
le nitrite	das Nitrit, e
le sulfate	das Chlorid, e
○ **l'oxydation** *f*	die Oxidation/Oxydation, en
l'oxydant *m* **; oxyder**	das Oxidationsmittel, - ; oxidieren
la réduction	die Reduktion, en
le réducteur	das Reduktionsmittel
la réaction d'oxydoréduction *f*/ **la réaction rédox**	die Redoxreaktion/ der Redoxvorgang
la corrosion	die Korrosion, en
• **la chimie minérale**	die anorganische Chemie
le gaz rare	das Edelgas, e
○ **le métal ; le métal noble**	das Metall, e ; das Edelmetall
(v. Le Monde, métaux, p. 114)	
les métaux alcalins	die Alkalimetalle *npl*
le lithium	das Lithium
le potassium	das Kalium
le sodium	das Natrium
les métaux alcalino-terreux	die Erdalkalimetalle *npl*
le calcium	das Calcium
le magnésium	das Magnesium
le radium	das Radium
○ **les non-métaux** *m*	die Nichtmetalle *npl*
l'arsenic *m*	das Arsen
l'azote *m*	der Stickstoff
le brome	das Brom
le carbone	der Kohlenstoff
le chlore	das Chlor
le fluor	das Fluor
l'hydrogène *m*	der Wasserstoff
l'iode *m*	das Jod
l'oxygène *m*	der Sauerstoff
le phosphore	der Phosphor
le soufre	der Schwefel

la chimie organique

• **la chimie organique**	die organische Chemie
les composés *m* **du carbone**	die Kohlenstoffverbindungen *fpl*
l'isomérie *f* **; les isomères** *m*	die Isomerie ; die Isomeren *npl*
la chaîne carbonée	die Kohlenwasserstoffkette, n
le combustible	der Brennstoff, e
la combustion	die Verbrennung
brûler ; combustible	brennen, a, a ; brennbar
la suie	der Ruß, e
l'hydrate *m* **de carbone**	das Kohlenhydrat, e
le dérivé	das Derivat, e
○ **l'hydrocarbure** *m*	der Kohlenwasserstoff, e
saturé ; non saturé	gesättigt ; ungesättigt
l'acide gras	die Fettsäure, n
l'alcane *m*	das Alkan, e
le méthane	das Methan
le propane	das Propan
le butane	das Butan
les alcènes *m*	die Alkene *npl*
l'éthylène *m*	das Äthylen
les alcynes *m*	die Alkine *pl*
l'alcool *m*	der Alkohol, e
l'ester *m*	der Ester
l'aldéhyde *m*	das Aldehyd, e
les cétones *f*	die Ketone *npl*
l'acide aminé	die Aminosäure, n
la protéine	das Protein, e
les hydrocarbures *m* **aromatiques**	die Aromaten *npl*
le benzène	das Benzol
la nitration	die Nitrierung
le nitrobenzène	das Nitrobenzol
l'alcaloïde *m*	das Alkaloid, e
le colorant	der Farbstoff, e
• **le laboratoire, le labo** *(fam)*	das Laboratorium, ien
le laboratoire de recherche	die Forschungsanstalt, en
les produits *m* **chimiques**	die Chemikalien *fpl*
l'alambic *m*	der Destillierkolben, -
le ballon	der Kolben, -
le bec Bunsen	der Bunsenbrenner, -
la burette	die Bürette, n
la cornue	die Retorte, n
le creuset	der Tiegel, -
le dessicateur	der Exsikkator, en
la distillation	die Destillation, en
la distillation fractionnée	die fraktionierte Destillation
distiller	destillieren
l'éprouvette *f* **à pied**	der Standzylinder, -
l'éprouvette graduée	der Messzylinder
l'expérience *f*	der Versuch, e
la hotte	der Abzug, ¨e
le mortier	der Mörser, -
le pilon	das Pistill, e/der Stößel, -
la paillasse	der Labortisch, e
la pipette graduée	die Messpipette, n
le procédé	das Verfahren, -
le trépied	der Dreifuß, ¨e
le tube à essai	das Reagenzglas, ¨er

5. POIDS ET MESURES

poids et mesures

• **poids et mesures**	Maße und Gewichte
• **la mesure, la dimension**	das Maß, e
l'unité *f* **de mesure**	die Maßeinheit, en
l'unité métrique	die metrische Einheit
le système international d'unités	das Internationale Einheitensystem
les unités fondamentales	die Basiseinheiten
les unités dérivées	die abgeleiteten Einheiten
la précision ; l'imprécision	die Genauigkeit ; die Ungenauigkeit
précis, exact	genau
imprécis, inexact	ungenau
horizontal	waag(e)recht
vertical	senkrecht
mesurable ; immensurable	messbar ; unmessbar
incommensurable, sans limites	inkommensurabel
l'erreur *f* **de mesure**	der Messfehler, -
l'erreur absolue	der absolute Fehler
l'échelle *f*	der Maßstab, ¨e
au 1/100 000ᵉ *(cent millième)*	im Maßstab 1:100 000 *(eins zu hunderttausend)*
• **la longueur ; long**	die Länge, n ; lang
les mesures *f* **de longueur**	die Längenmaße
mesurer qc	etw messen, a, e, i
métrer	nach Metern messen
le mètre	der/das *(fam)* Meter, -
le millimètre	der/das Millimeter, -
le centimètre	der/das Zentimeter, -
le décimètre	der/das Dezimeter, -
le décamètre	der/das Dekameter, -
l'hectomètre *m*	der/das Hektometer, -
le kilomètre	der Kilometer, -
la mesure marine	die nautische Einheit, en
le mille marin *(international)*	die Seemeile, n (1 852 m)
la brasse	der Faden, -
l'encablure *f*	die Kabellänge, n
Quelle était la longueur du mur de Berlin ?	Wie lang war die Berliner Mauer ?
Il avait/faisait *(fam)* **166 km de longueur/de long.**	Sie war 166 km lang.
• **la distance**	die Entfernung, en
Quelle distance y a-t-il d'ici à Berlin ?	Wie weit ist es von hier bis Berlin ?
la distance *(à parcourir)*, **le trajet**	die Strecke, n
s'élever à	sich belaufen, ie, au, äu, auf+A
être de	betragen, u, a, ä
distant, éloigné	entfernt
loin (de)	weit (von)
regarder au loin	in die Ferne schauen
être situé au loin	in der Ferne liegen, a, e
la proximité ; proche	die Nähe ; nah(e)
tout près	ganz nah
J'habite tout près d'ici.	Ich wohne hier in der Nähe.
• **la hauteur ; haut**	die Höhe, n ; hoch
Quelle est la hauteur de la tour Eiffel ?	Wie hoch ist der Eiffelturm ?
Elle a/fait *(fam)* **317 mètres de haut/hauteur.**	Er ist 317 Meter hoch.
la taille, la grandeur ; grand	die Größe, n ; groß
Combien mesurez-vous ?	Wie groß sind Sie ?

Je mesure/fais 1 m 80 *(un mètre quatre-vingts)*.	Ich bin 1,80 *(ein Meter achtzig)*.
petit ; minuscule	klein ; winzig
• **la largeur ; large**	die Breite, n ; breit
Quelle est la largeur de la rivière ?	Wie breit ist der Fluss ?
Elle a/fait *(fam)* **8 mètres de large/largeur.**	Er ist 8 Meter breit.
étroit	eng, schmal
○ **la profondeur ; profond**	die Tiefe, n ; tief
Quelle profondeur a-t-elle ?	Wie tief ist er ?
Elle a/fait *(fam)* **4 m de profondeur.**	Er ist 4 Meter tief.
l'épaisseur *f* **; épais**	die Stärke/Dicke ; stark/dick
une planche de 20 mm d'épaisseur	ein Brett von 20 mm Dicke/Stärke
la circonférence, le périmètre	der Umfang, ¨e
le diamètre	der Durchmesser, -
• **la surface**	die (Ober)fläche
la superficie, l'aire *f*	die Fläche, der Flächeninhalt
les mesures *f* **de surface**	die Flächenmaße *npl*
le mètre carré	der/das Quadratmeter, -
l'are *m*	das Ar, e
l'hectare *m*	das Hektar
l'angle plan	der ebene Winkel
le radian	der Radiant, en, en
l'angle solide	der räumliche Winkel
le stéradian	der Steradiant
○ **le volume** *(d'un corps)*	das Volumen, der Rauminhalt
cuber	den Rauminhalt berechnen
le cubage	der Rauminhalt, e
jauger	die Tonnage bestimmen
le mètre cube	der/das Kubikmeter
le stère *(bois)*	der/das Raummeter, der Ster, e/s
○ **les mesures de capacité**	die Hohlmaße
le litre	das/der Liter, -
l'hectolitre	das/der Hektoliter, -
le récipient	das Gefäß, e ; der Behälter, -
la contenance	das Fassungsvermögen
avoir une contenance de	fassen *tr*
contenir	enthalten, ie, a, ä, fassen
plein ; vide	voll ; leer
à moitié plein	halb voll
remplir ; vider	füllen ; leeren
déborder	über~laufen*, ie, au, äu
○ **l'unité de masse**	die Maßeinheit der Masse
le gramme	das Gramm, e
le kilogramme, le kilo	das Kilogramm, e/das Kilo, s
le milligramme	das Milligramm
la livre	das Pfund, e (Pfd)
le demi-quintal	der Zentner, - (Ztr)
le quintal	der Doppelzentner (dz)
la tonne	die Tonne, n
peser qc ; peser lourd	wiegen, o, o ; schwer wiegen, o, o *itr*
lourd ; léger	schwer ; leicht
le poids net ; le poids brut	das Nettogewicht ; das Rohgewicht
la balance, la bascule	die Waage, n
la balance romaine	die Laufgewichtswaage
le curseur	das Laufgewicht, e
la balance à fléau	die Balkenwaage, n
le plateau (de la balance)	die Waagschale, n
le fléau	der Balken, -
l'aiguille *f*	das Zünglein, -

la tare	die Tara, ren
le poids	das Gewicht, e
l'assortiment *m* **de poids**	der Gewichtssatz, ¨e
la balance de précision	die Präzisionswaage
le pèse-personne	die Personenwaage
○ **la densité**	die Dichte
le densimètre *(liquides)*	die Senkwaage, n
le titre *(métaux précieux)*	der Feingehalt
le titre alcoométrique	der Alkoholgehalt
la masse atomique	die Atommasse
la quantité de matière	die Stoffmenge
la mole	das Mol, e
le volume molaire	das molare Volumen
○ **la quantité**	die Menge, n, die Quantität, en
suffire	aus~reichen, genügen
avoir assez de, s'en sortir avec *(fam)*	aus~kommen*, a, o, mit+D
suffisant	genug
avoir suffisamment d'argent	genug Geld haben
copieux, abondant	reichlich
beaucoup	viel
peu ; juste, à peine suffisant	wenig ; knapp
○ **l'unité mécanique**	die mechanische Einheit
la quantité de chaleur joule	die Wärmemenge
la mesure des pressions, la manométrie	die Druckmessung
○ **l'unité électrique**	die elektrische Einheit
la capacité électrique	die elektrische Kapazität
la force électromotrice, la tension	die elektrische Spannung
la conductance électrique	der elektrische Leitwert
l'intensité de courant électrique	die elektrische Stromstärke
l'ampère *m*	das Ampere, -
la charge électrique	die elektrische Ladung
l'inductance *f*	die Induktivität
l'unité magnétique	die magnetische Einheit
le champ magnétique	der Magnetfeld, er
l'induction *f* **magnétique**	die magnetische Feldstärke
le flux d'induction magnétique	die magnetische Flussdichte
○ **l'unité thermique**	die thermische Einheit
la température thermodynamique	die thermodynamische Temperatur
le kelvin	das Kelvin
la température Celsius	die Celsius-Temperatur
3°C/trois degrés *m* **Celsius**	3°C/drei Grad *m* Celsius
○ **l'unité optique**	die optische Einheit
la lumière	das Licht
l'éclairement lumineux ; le lux	die Beleuchtungsstärke ; das Lux, -
le flux lumineux	der Lichtstrom
le lumen	das Lumen, -/mina
l'intensité lumineuse	die Lichtstärke
le candela	die Candela
la luminance (lumineuse)	die Leuchtdichte
la radiation de lumière	die Lichtausstrahlung
l'intensité *f* **énergétique**	die Strahlstärke
le flux énergétique	der Strahlungsfluss
l'éclairement énergétique	die Bestrahlungsstärke
la vergence	die Brechkraft
la convergence	die positive Brechkraft
la divergence	die negative Brechkraft
la dioptrie	die Dioptrie, n
○ **l'unité de la radioactivité**	die Einheit der Radioaktivität
le becquerel	das Becquerel, -
la dose absorbée ; le gray	die Strahlendosis, sen ; das Gray, -
l'irradiation *f (exposition)*	die Strahlenbelastung
l'équivalence *f* **de dose absorbée**	die Äquivalentdosis, sen
○ **le flux d'énergie acoustique**	die Schallleistung
le décibel	das Dezibel, -

mesures anciennes et instruments de mesure

• **mesures anciennes**	ältere Maße
l'arpent *m*	der Morgen, -
l'aune *f*	die Elle, n
le boisseau	der Scheffel, -
la corde de bois	der/das Klafter, n *(Holz)*
le grain	das Gran/Grän, e
le mille, la lieue *(terrestre)*	die Meile, n
l'once *f*	die Unze, n
le pied	der Fuß, -
la pinte	der Schoppen, -
le pouce	der Zoll, -
la rame de papier	das Ries, e (Papier)
la toise	der/das Klafter, -
la verge	die Rute, n
• **l'instrument** *m* **de mesure**	das Messinstrument, e
le compteur à eau	die Wasseruhr, en
le compteur à gaz	die Gasuhr
le compteur d'électricité	der Elektrizitätszähler, -
le compteur de Geiger	der Geigerzähler, -
le cordeau	die Richtschnur, ¨e
le fil à plomb, la sonde	das Bleilot, e
le goniomètre	der Winkelpeiler, -
le loch	das Log, e
le manomètre	das Manometer, -
le mètre	das Metermaß, e
le mètre pliant	der Zollstock, ¨e
le mètre à ruban	das Bandmaß, e
le micromètre	das Mikrometer, -
le microradiomètre	das Mikroradiometer, -
le niveau d'eau	die Wasserwaage, n
le pied à coulisse	die Schublehre, n
le radio-compas	der Funkkompass, e
le radiogoniomètre	das Peilgerät, e
le vernier	der Nonius, ien
la vis micrométrique	die Mikrometerschraube, n
○ **la métrologie légale**	die Eichung
le bureau de vérification des poids et des mesures	das Eichamt, ¨er
graduer, étalonner	eichen
la jauge, l'étalon *m*	das Eichmaß, e
la norme	die Norm, en
la norme DIN	Deutsche Industrie-Norm(en)
la normalisation	die Normung, en
normaliser, standardiser	normen
le format	das Format, e
le cadastre	der/das Kataster, -
l'office *m* **topographique**	das Vermessungsamt, ¨er
le relevé topographique	die Vermessung, en
le géomètre, l'arpenteur *m*	der Vermesser, -
arpenter	den Flächeninhalt messen, a, e, i

mit zweierlei Maß messen, a, e, i
avoir deux poids et deux mesures

über das Maß trinken, a, u
boire outre mesure

außer Rand und Band sein, geraten*, ie, a, ä *(fam)*
perdre toute mesure

(die Ware) reichlich ab~wiegen, o, o, ä
faire bon poids

haargenau ein~schätzen
avoir le compas dans l'œil

gegen einen Gegner nicht an~kommen*, a, o
ne pas faire le poids face à qn

Er treibt es zu weit.
Il dépasse les bornes.

Das Maß ist voll !
La coupe est pleine.

Alles hat seine Grenzen.
Il y a une limite à tout.

6. LE TEMPS

le temps

• **le temps** *(durée)*	die Zeit, en
le temps solaire (vrai)	die (wahre) Sonnenzeit
le temps sidéral	die Sternzeit
la division du temps	die Zeiteinteilung
le calendrier	der Kalender, -
l'almanach *m*	der Almanach, e
• **l'année** *f*	das Jahr, e
l'année civile/commune	das Gemeinjahr
l'année bissextile	das Schaltjahr
annuel	jährlich, Jahres-
le congé annuel	der Jahresurlaub
le retour annuel des oiseaux	die jährliche Wiederkehr der Vögel
un congé d'un an	ein einjähriger Urlaub
la décade	die Dekade, n
le lustre *(lit)*	das Jahrfünft, e
la décennie	das Jahrzehnt, e, das Dezennium, ien *(lit)*
le siècle	das Jahrhundert, e
le millénaire *(durée)*	das Jahrtausend, e
séculaire ; millénaire	hundertjährig, tausendjährig
le centenaire *(fête)*	die Hundertjahrfeier, n
le millénaire *(fête)*	die Tausendjahrfeier
○ **le jour (civil)**	der Tag, e
d'une demi-journée	halbtägig, Halbtags-
d'une journée entière	ganztägig, Ganztags-
un voyage de trois jours	eine dreitägige Reise
pendant la journée ; de jour	tagsüber
la lumière du jour	das Tageslicht
le lever du jour	der Tagesanbruch
au lever du jour	bei Tagesanbruch
se lever, poindre *(jour)*	an~brechen*, a, o, i
le demi-jour, le crépuscule	die Dämmerung
Il commence à faire jour, nuit.	Es dämmert.
l'aube *f*	das Morgengrauen
l'aurore *f*	die Morgenröte, -
Il fait (grand) jour.	Es ist (lichter) Tag.
en plein jour	am hell(icht)en Tag
le matin	der Morgen, -
le matin/tous les matins	morgens/am Morgen
tôt, de bonne heure	früh, frühzeitig
de bon matin	früh morgens/in aller Frühe
de grand matin	in aller Herrgottsfrühe *(fam)*
(par) un beau matin	eines schönen Morgens
matinal	Morgen-, morgendlich
être matinal	früh auf~stehen*, a, a
la matinée	der Vormittag
dans la matinée/tous les matins	vormittags
midi *m*	(der) Mittag, e
à midi, tous les midi(s)	mittags
l'après-midi *m*	der Nachmittag
l'après-midi/tous les après-midi(s)	nachmittags
le soir	der Abend, e
le soir/tous les soirs	abends
du soir, vespéral *(lit)*	Abend-/abendlich
la nuit	die Nacht,¨e
la nuit, de nuit	nachts, bei Nacht
nocturne ; de nuit	nächtlich ; Nacht-
à la tombée de la nuit/entre chien et loup	bei Abenddämmerung
La nuit tombe.	Die Nacht bricht an.
à une heure avancée de la nuit	zu später Stunde
à minuit	um Mitternacht
○ **la semaine**	die Woche, n
hebdomadaire	wöchentlich
le lundi ; le mardi	der Montag, e ; der Dienstag
le mercredi ; le jeudi	der Mittwoch, e ; der Donnerstag
le vendredi	der Freitag
le samedi	der Samstag/Sonnabend
le dimanche	der Sonntag
dimanche soir *(jour précis)*	(am) Sonntagabend
le dimanche soir	sonntagabends, sonntags abends
le week-end, la fin de semaine	das Wochenende, n
le jour ouvrable ; le jour férié	der Werktag ; der Feiertag
cesser le travail *(le soir)*	Feierabend machen
fêter la Saint-Lundi	blauen Montag machen
faire le pont	ein langes Wochenende machen
○ **le mois**	der Monat, e
mensuel	monatlich
janvier ; en janvier	der (Monat) Januar ; im Januar
février ; mars ; avril	der Februar ; der März ; der April
mai ; juin ; juillet	der Mai ; der Juni ; der Juli
août ; septembre	der August ; der September
octobre ; novembre	der Oktober ; der November
décembre	der Dezember
début mai	Anfang Mai
à la mi-mai ; fin mai	Mitte Mai ; Ende Mai
○ **la saison**	die Jahreszeit, en
le printemps	der Frühling, e/das Frühjahr, e
au printemps	im Frühling
printanier	Frühlings-/frühlingshaft
un temps printanier	ein Frühlingswetter
l'été *m* **; en été**	der Sommer, - ; im Sommer
d'été, estival	Sommer-, sommerlich
l'automne *m* **; en automne**	der Herbst, e ; im Herbst
d'automne, automnal	Herbst-, herbstlich
l'hiver *m* **; en hiver**	der Winter, - ; im Winter
d'hiver, hivernal	Winter-, winterlich

l'heure

• **l'heure** *f* **(qu'il est)**	die Uhr(zeit)
l'indication *f* **de l'heure**	die Zeitangabe, n
le temps universel (T. U.)	die Weltzeit
l'heure locale	die Ortszeit
le fuseau horaire	die Zeitzone , n
le décalage horaire	die Zeitverschiebung
la mesure du temps	die Zeitmessung
l'heure *(division du temps)*	die Stunde, n
le quart d'heure	die Viertelstunde
trois quarts d'heure	drei Viertelstunden
la demi-heure	die halbe Stunde
la minute	die Minute, n
la seconde	die Sekunde, n
le dixième de seconde	die Zehntelsekunde
○ **demander l'heure**	nach der Uhr fragen
Quelle heure est-il ?	Wie spät ist es ?/Wieviel Uhr ist es ?
regarder l'heure	nach der Uhr sehen, a, e, i
Ma montre est à l'heure.	Meine Uhr geht richtig.
Elle avance de deux minutes.	Sie geht zwei Minuten vor.
Elle retarde.	Sie geht nach.
Elle s'est arrêtée.	Sie ist stehen geblieben.
mettre sa montre à l'heure	seine Uhr stellen
ne plus marcher/être détraqué	nicht mehr gehen*, i, a
Il est six heures/six heures du matin.	Es ist sechs (Uhr)/sechs Uhr morgens.
six heures précises	Punkt sechs (Uhr)
Il est six heures passées/plus de six heures.	Es ist sechs vorbei.
six heures quinze (minutes)/ six heures et quart/6 h 15	sechs Uhr fünfzehn (Minuten)/ein Viertel nach sechs/viertel sieben *(Sud)*/ 6.15 Uhr
six heures vingt-cinq	sechs Uhr fünfundzwanzig/ fünfundzwanzig nach sechs/fünf vor halb sieben
six heures trente/six heures et demi	sechs Uhr dreißig/halb sieben
six heures trente-cinq	sechs Uhr fünfunddreißig/ fünf nach halb sieben
Il est six heures quarante/ sept heures moins vingt.	Es ist sechs Uhr vierzig/ zwanzig vor sieben.
six heures quarante-cinq/sept heures moins le quart	sechs Uhr fünfundvierzig/ (ein) viertel vor sieben/ drei viertel sieben *(Sud)*
À quelle heure dois-je venir ?	Um wieviel Uhr soll ich kommen ?
à midi	um zwölf (Uhr)
à minuit	um Mitternacht/um zwölf Uhr nachts
à une heure/à treize heures	um eins/um dreizehn Uhr
vers dix heures (du soir)/ vers 22 heures	gegen zehn (Uhr abends)/ gegen 22 Uhr
un peu avant, après dix heures	kurz vor, nach zehn
• **la mesure du temps**	die Zeitmessung
le cadran solaire	die Sonnenuhr, en
le chrono(mètre)	das Chronometer, -, die Stoppuhr
chronométrer	mit der Stoppuhr messen, a, e, i
le coucou	die Kuckucksuhr
la (grosse) horloge	die Turmuhr
le carillon	das Glockenspiel, e ; das Geläute
sonner	schlagen, u, a, ä, läuten
l'horloge à césium	die Caesiumuhr
l'horloge parlante	die (telefonische) Zeitansage
l'horloge de parquet/à poids	die Standuhr, en
la montre-bracelet	die Armbanduhr
la montre à quartz	die Quarzuhr
la montre de poche	die Taschenuhr
la montre de plongée ; étanche	die Taucheruhr ; wasserdicht
la pendule	die Pendeluhr
la pendule murale	die Wanduhr
le pendule/le balancier	der Pendel, -
le réveil (de voyage)	der (Reise)wecker, -
le sablier	die Sanduhr
○ **le mécanisme d'horlogerie**	das Uhrwerk, e
le boîtier	das Gehäuse, -
le cadran	das Zifferblatt, ¨er
l'affichage digital	die Digitalanzeige, n
l'aiguille *f*	der Zeiger, -
la grande aiguille	der Minutenzeiger
la petite aiguille	der Stundenzeiger
la trotteuse	der Sekundenzeiger
marquer les secondes	die Sekunden an~zeigen
dans le sens des aiguilles d'une montre	im Uhrzeigersinn
les rouages *m*	das Räderwerk, e
la roue dentée	das Zahnrad, ¨er
l'échappement *m*	die Hemmung, en/das Hemmwerk, e
le balancier	das Pendel, -
l'oscillation *f*	die Schwingung, en
le tic-tac ; faire tic-tac	das Ticken ; ticken
le bip	der Piepton, ¨e
remonter ; le remontoir	auf~ziehen, o, o ; der Aufziehknopf
la pile	die Batterie, n
l'horloger *m*	der Uhrmacher, -

la chronologie

• **la chronologie**	die Chronologie, die Zeitfolge
l'ère *f*	das Zeitalter, die Zeitrechnung
avant l'ère chrétienne	vor, nach unserer Zeitrechnung
avant Jésus-Christ/ av. J.-C.	vor Christi Geburt/vor Christus/ v. Chr.
• **la date**	das Datum, ten
de fraîche date	neu
de longue date	alt
la datation	die Datierung, en
dater ; daté du 25-10-94	datieren ; vom 25.10.95
antidater	zuruck~datieren
postdater	vor~datieren
à dater de ce jour	von heute an/ab
dater *itr* **du XVIIIe siècle**	aus dem 18. Jahrhundert stammen
au dix-huitième siècle	im achtzehnten Jahrhundert
à l'époque de Napoléon	in der Zeit/zur Zeit Napoleons
en 1900 ; vers 1900	(im Jahre) 1900 ; um (das Jahr) 1900
les années 1950/cinquante	die fünfziger Jahre
actuellement, en ce moment	zur Zeit
vers cette époque	um diese Zeit
le jour J, l'heure H *(mil)*	der Tag X, die Stunde X
Quel jour sommes-nous aujourd'hui ?	Den Wievielten haben wir heute ?
Nous sommes le 2 avril 1970 *(mil neuf cent soixante-dix)*.	Wir haben den 2. April 1970 *(neunzehnhundertsiebzig)*.
Je viendrai le 1er mai (le premier mai).	Ich komme am 1. Mai (am ersten Mai).
vers le 2 mai (deux mai)	um den 2. Mai (zweiten Mai)
dans la nuit de lundi à mardi	in der Nacht von Montag auf Dienstag
dans la semaine du 10 au 17	in der Woche vom 10. auf den 17.
le matin, le soir où ...	am Morgen, am Abend, an dem ...

la nuit où ...	in der Nacht, in der ...
ce matin ; hier matin	heute Morgen ; gestern Morgen
ce matin ; demain matin *(tôt)*	heute früh ; morgen früh
ce matin *(dans la matinée)*	heute Vormittag
à midi ; hier (à) midi	heute Mittag ; gestern Mittag
cet après-midi	heute Nachmittag
ce soir ; hier (au) soir	heute Abend ; gestern Abend
cette nuit ; la nuit dernière	heute Nacht ; gestern Nacht
à 10 heures ; vers 10 heures	um 10 (Uhr) ; gegen 10 (Uhr)
vers midi ; dans la soirée	gegen Mittag ; gegen Abend
à la mi-septembre	Mitte September
• **le commencement, le début, le point de départ**	der Anfang, ¨e/der Beginn
au début	am, im Anfang, zu Anfang
au début d'octobre	Anfang Oktober
au commencement, tout d'abord	anfangs
dès le début	von Anfang an, von Beginn an
commencer (par)	an~fangen, i, a, ä/beginnen, a, o, (mit+D)
à partir d'aujourd'hui	von heute an/ab, ab heute
à partir de huit heures	von acht Uhr an
• **la fin**	das Ende
à la fin de juillet	Ende Juli
à la fin de la guerre	am E. des Krieges, bei Kriegsende
toucher à sa fin	zu Ende gehen*, i, a
enfin	endlich
la fin, la conclusion	der (Ab)schluss
finalement	schließlich
Il a fini par venir.	Er ist schließlich gekommen.
finir ; se terminer par	enden *itr* ; enden mit+D
terminer/mettre fin à/achever	beend(ig)en
prendre fin	zu Ende gehen*, i, a
en avoir fini avec	fertig sein mit+D
cesser, s'arrêter	auf~hören *itr*
finir bien, mal	gut, schlecht aus~gehen*, i, a
• **le présent**	die Gegenwart
à présent	jetzt
aujourd'hui	heute
de nos jours	heutzutage
d'aujourd'hui, actuel	heutig
d'abord	zuerst
en premier lieu, tout d'abord	zunächst
présent, actuel	gegenwärtig, jetzig
moderne, actuel	zeitgemäß
moderne	modern, neuzeitlich
être de son temps	mit der Zeit gehen*, i, a
ne plus être dans le coup *(fam)*	hinter dem Mond leben *(fam)*
être à la page ; être à jour	auf dem Laufenden sein
la mise à jour	die Aktualisierung
être en avance sur son temps	seiner Zeit weit voraus sein
marquer son temps	seine Zeit prägen
faire époque	Epoche machen
○ **la simultanéité**	die Simultaneität, die Gleichzeitigkeit
simultané ; simultanément	gleichzeitig
au même moment	in demselben Augenblick
entre(-)temps	inzwischen, mittlerweile
pendant ce temps	unterdessen
dans l'intervalle	in der Zwischenzeit
arriver au moment opportun	zu gelegener Zeit kommen*, a, o
arriver à un mauvais moment	zu ungelegener Zeit kommen
à une heure indue	zu ungehöriger Stunde
• **le passé ; passé**	die Vergangenheit ; vergangen

à cette époque	um diese Zeit
à cette époque-là	damals
inactuel ; démodé	unzeitgemäß
un froid hors de saison	eine unzeitgemäße Kälte
être dépassé, dater *itr*	überholt sein
retarder *itr*	rückständig sein
(au temps) jadis, autrefois	Anno dazumal
autrefois, jadis	einst(mals), ehemals, vormals
ancien, d'autrefois	ehemalig, einstig
ancien, antérieur, premier	früher
mes anciens collègues	meine früheren Kollegen
précédent, antérieur	vorhergehend, vorherig
hier ; avant-hier	gestern ; vorgestern
d'hier ; les événements d'hier	gestrig ; die gestrigen Ereignisse
Cela s'est passé il y a combien de temps ?	Wie lange ist das her ?
Il vient juste de sortir.	Er ist eben aus dem Haus gegangen.
il y a peu, récemment	vor kurzem, kürzlich
récent	neu
dernièrement, l'autre jour	neulich
ces derniers temps	in der letzten Zeit, letztens
le mois dernier	vorigen Monat/letzten Monat
il y a longtemps que	es ist lange her, dass
depuis longtemps	(schon) längst
de tout temps	von jeher, seit jeher, schon immer
dans la nuit des temps	in grauer Vorzeit
en son temps ; à l'époque	seinerzeit
avant l'hiver	vor dem Winter
il y a un an	vor einem Jahr
la veille de la fête	am Vorabend des Festes
une heure avant	eine Stunde zuvor
la veille, le jour précédent	am Tag zuvor
l'avant-veille de Pâques/ de la fête	zwei Tage vor Ostern/vor dem Fest
un mois auparavant	einen Monat zuvor
l'année précédente	das Jahr zuvor
l'antériorité ; antérieur (à)	die Vorzeitigkeit ; älter (als)
prématuré	verfrüht
prématurément, avant l'heure	vor der Zeit, vorzeitig
• **l'avenir** *m*, **le futur**	die Zukunft
futur, à venir	(zu)künftig
à l'avenir, dorénavant	in Zukunft, fortan
demain	morgen
après-demain	übermorgen
dans quinze jours	in vierzehn Tagen
dans une huitaine/quinzaine	in etwa acht/vierzehn Tagen
dans un an	in einem Jahr
l'année prochaine	nächstes Jahr
à une date ultérieure	zu einem späteren Datum
le lendemain de la fête	am Tage nach dem Fest
le jour suivant, le lendemain	am folgenden Tage/am Tag danach
le soir suivant	am Abend darauf
après l'été	nach dem Sommer
au bout d'un mois	nach einem Monat
au bout d'un moment	nach einer Weile
le dimanche suivant	am folgenden Sonntag
la semaine suivante	in der folgenden Woche
trois mois plus tard/après	drei Monate danach/später
d'ici là	bis dahin
peu (de temps) avant midi	kurz vor Mittag
d'ici peu	binnen kurzem
à partir de maintenant	von jetzt an
d'aujourd'hui en huit	heute in acht Tagen

lundi en quinze	Montag in vierzehn Tagen
○ **l'urgence** *f*	die Dringlichkeit
urgent	dringend, eilig
C'est urgent.	Es eilt.
de toute urgence	dringendst ; dringlichst
Je reviens tout de suite.	Ich komme gleich wieder.
être pris par le temps	in Zeitnot geraten*, ie, a, ä
bien employer son temps	die Zeit gut nutzen
bientôt, sous peu, d'ici peu	bald
dès que possible	möglichst bald, so bald wie möglich
le laps de temps	die Zeitspanne, n
court, bref	kurz
la brièveté ; être bref	die Kürze ; sich kurz fassen
dans très peu de temps	in Kürze
dans les plus brefs délais	in kürzester Zeit, baldigst
sans tarder, immédiatement	unverzüglich
dans quelques minutes	in ein paar Minuten
le plus tôt possible	so früh wie möglich/möglichst früh
le plus tôt sera le mieux	je eher, desto besser
au plus tôt à midi	frühestens um 12 Uhr
au plus tard dans une heure	in spätestens/längstens einer Stunde
peu de temps après	kurz darauf
bientôt après	bald darauf
prochainement	demnächst, nächstens
dans un proche avenir	in absehbarer Zeit
à temps, en temps utile	rechtzeitig
en temps voulu	beizeiten
trop tôt ; trop tard	zu früh ; zu spät
avoir tout son temps	reichlich Zeit haben
imminent	bevorstehend
remettre à plus tard	auf später verschieben, o, o
du jour au lendemain	von heute auf morgen, über Nacht
à l'occasion	bei Gelegenheit
tôt ou tard	früher oder später
un jour ou l'autre	über kurz oder lang
temporaire, passager	vorübergehend
provisoire	provisorisch
le caractère éphémère	die Vergänglichkeit
éphémère ; périssable	vergänglich
fugitif, fugace	flüchtig
l'éternité *f*	die Ewigkeit
éternel, perpétuel	ewig
à (tout) jamais, pour toujours	für immer
la permanence, la durabilité	die Dauerhaftigkeit, die Beständigkeit
durable	dauerhaft, beständig
la persistance ; persister	die Fortdauer ; fort~dauern
continuer d'exister, subsister	weiter~bestehen, a, a
se maintenir	sich halten, ie, a, ä, fort~bestehen
• **le délai, le terme**	die Frist,-, en
à court terme ; à long terme	kurzfristig ; langfristig
dans les délais convenus	fristgerecht
dans les meilleurs délais	in kürzester Frist
la date (retenue), le terme	der Termin, e
fixer une date, un délai	einen Termin fest~setzen
convenir d'une date ultérieure	einen späteren T. vereinbaren
respecter un délai	einen Termin ein~halten, ie, a, ä
la date de l'échéance	der Fälligkeitstag
la date fixée	der Stichtag
passé ce délai	nach Ablauf dieser Frist
la prolongation du délai	die Fristverlängerung, en
le report de délai	der Aufschub
différer, reporter, repousser (à)	verschieben, o, o (auf+A)
ajourner sine die	auf unbestimmte Zeit vertagen
prolonger un délai	die Frist verlängern
accorder un délai de grâce	eine Galgenfrist gewähren
l'expiration (du délai)	der Ablauf
traîner en longueur	sich in die Länge ziehen, o, o
l'atermoiement *m*	die Verschleppung
Je n'arriverai que demain.	Ich komme erst morgen.
• **le retard** *(horaire)*	die Verspätung
se mettre en retard, s'attarder	sich verspäten
arriver en retard	zu spät kommen*, a, o
le retardataire	der Nachzügler, -
rattraper le retard	die Verspätung auf~holen
le retard *(action)*	die Verzögerung, en
subir un retard	eine Verzögerung erfahren, u, a, ä
retarder	verzögern
la ponctualité, l'exactitude *f*	die Pünktlichkeit
être toujours ponctuel *(pers)*	immer pünktlich sein
être toujours à l'heure *(train)*	immer rechtzeitig an~kommen*, a, o
arriver à l'heure	pünktlich kommen*
arriver avec 10 minutes d'avance	10 Minuten zu früh kommen*, a, o
• **l'attente** *f*	das Warten
attendre qn, qc *(incertitude)*	warten auf jdn, etw
se faire attendre	auf sich warten lassen, ie, a, ä
attendre qn, qc *(certitude)*	jdn, etw erwarten
attendre un enfant *(grossesse)*	ein Kind erwarten
On pouvait s'y attendre.	Das war zu erwarten.
laisser venir	ab~warten
Attendons !	Warten wir ab !
une attitude d'expectative	eine abwartende Haltung
• **la durée**	die Dauer
à la longue	auf die Dauer
durer	dauern
Cela dure un mois.	Es dauert einen Monat.
continuel, persistant	andauernd
l'instant *m*, **le moment**	der Augenblick, e, der Moment, e
pour le moment/l'instant	bis auf weiteres, vorläufig
momentanément	fürs Nächste, momentan
à ce moment-là	in diesem Augenblick
sur le moment	einen A. lang, im ersten A.
à partir du moment où	von dem Augenblick an, wo
Un instant, s'il vous plaît.	Einen Moment/Augenblick, bitte !
d'un instant à l'autre	jeden Augenblick
en un instant	im Nu
en moins de deux *(fam)*/ **en cinq sec** *(fam)*	in null Komma nichts *(fam)*
il y a un instant	vor einem Augenblick
à tout instant, à tout bout de champ	alle Augenblicke
par instants, par moments	zeitweise, ab und zu
C'est le moment.	Jetzt ist es an der Zeit.
au bon moment	im richtigen Moment
l'instant décisif	der entscheidende Augenblick
Pendant combien de temps ?	Wie lange ?
tout au plus	längstens, höchstens
pendant quatre mois	vier Monate lang
pendant des heures, des mois	stundenlang, monatelang
pendant un certain temps	eine Zeitlang
toute la journée	den ganzen Tag
du matin (jusqu')au soir	den ganzen Tag über
pendant/durant des jours	tagelang

24 heures sur 24	rund um die Uhr
• **la fuite du temps**	das Entschwinden der Zeit
fuir, s'écouler	entschwinden*, a, u
○ **s'écouler, passer**	vergehen*, i, a
se dérouler, se passer	verlaufen*, ie, au, äu
passer une soirée agréable	einen angenehmen Abend verbringen, a, a
passer son temps à lire	sich die Zeit mit Lesen vertreiben, ie, ie
Cela demande du temps.	Das braucht viel Zeit.
Il était temps.	Es war höchste Zeit.
C'était moins cinq. *(fam)*	Es wäre fast passiert.
prendre son temps	sich Zeit nehmen, a, o, i
Je trouve le temps long.	Mir wird die Zeit lang.
tuer le temps	die Zeit tot~schlagen, u, a, ä
jusqu'au mois prochain	bis zum nächsten Monat
jusqu'à présent	bis heute/bis jetzt
jusqu'à nouvel ordre	bis auf weiteres
jusque tard dans la nuit	bis in die späte Nacht hinein
à partir de demain	von morgen ab/ab morgen
ouvert sans interruption de 9 h à 18 h	von 9 bis 18 Uhr durchgehend geöffnet
fermé entre 12 h et 13 h	zwischen 12 und 13 Uhr geschlossen
du jour au lendemain	von heute auf morgen
du 10 mars au 10 mai	vom 10. März bis zum 10. Mai
depuis un mois	seit einem Monat
depuis longtemps	schon lange, seit geraumer Zeit
il y a bien longtemps, il y a belle lurette *(fam)*	es ist (schon) lange her
oublié depuis longtemps	längst vergessen
jusqu'à une date récente	bis vor kurzem
jusqu'à ce jour	bis zum heutigen Tag
Je fais le trajet en trois jours.	Ich schaffe die Strecke in drei Tagen.
Je reviendrai dans trois jours.	Ich komme in drei Tagen zurück.
en l'espace de, dans un délai de	innerhalb (+G), innerhalb von (+D)
pendant tout ce temps	während der ganzen Zeit
avec le temps	im Laufe der Zeit, mit der Zeit
au cours de la conversation	im Laufe des Gesprächs
dans le courant du mois	im Laufe des Monats
progressivement	allmählich
peu à peu	nach und nach, allmählich
durant tout ce temps	die ganze Zeit über
• **la répétition**	die Wiederholung
la fréquence	die Häufigkeit
fréquent, fréquemment	häufig
souvent, fréquemment	oft
la plupart du temps/les trois quarts du temps	meist/meistens/die meiste Zeit
Combien de fois ?	Wie oft ?
une fois ; deux fois ; trois fois	einmal ; zweimal ; dreimal
pour la première fois	zum ersten Mal
la dernière fois *(précédente)*	das vorige Mal
pour la dernière fois	zum letzten Mal
plusieurs fois	ein paarmal
à nouveau	aufs Neue, erneut
de nouveau	abermals, nochmals
de temps en temps/de temps à autre/par moments	von Zeit zu Zeit/ab und zu/dann und wann/hin und wieder
toutes les demi-heures	alle halbe Stunde(n)
toutes les heures	stündlich
quotidien	täglich, Tages-
chaque jour, tous les jours	jeden Tag
jour après jour	tagaus, tagein/tagtäglich/immerzu
de jour en jour	von Tag zu Tag
une fois par jour	einmal täglich/einmal pro Tag
deux fois par semaine	zweimal pro Woche
tous les trois jours	jeden dritten Tag
tous les quinze jours	alle vierzehn Tage
par intervalles	zeitweise
parfois, quelquefois	mitunter, manchmal
tantôt ... tantôt	bald ... bald
rare, rarement	selten

toute la sainte journée	den lieben langen Tag
vivre au jour le jour	in den Tag hinein leben
Chaque chose en son temps.	Alles zu seiner Zeit.
chercher midi à quatorze heures	Schwierigkeiten suchen, wo keine sind
Le temps arrange tout.	Kommt Zeit, kommt Rat.
Cela demande du temps.	Das braucht viel Zeit.
Prière d'être exact	Um pünktliches Erscheinen wird gebeten.
Cela fait une heure que j'attends.	Ich warte seit einer Stunde.
Je t'ai attendu jusqu'au soir.	Ich habe bis zum Abend auf dich gewartet.
Cela ne date pas d'aujourd'hui.	Das ist schon lange her.
Je n'ai pas vu le temps passer.	Die Zeit ist wie im Fluge vergangen.
Le temps, c'est de l'argent.	Zeit ist Geld.
C'est le jour et la nuit.	Es ist ein Unterschied wie Tag und Nacht.
Les jours se suivent et ne se ressemblent pas.	Kein Tag gleicht dem andern.
Une hirondelle ne fait pas le printemps.	Eine Schwalbe macht noch keinen Sommer.
Je ne vous demande pas l'heure qu'il est ! *(fam)*	Kümmern Sie sich um Ihre eigenen Angelegenheiten !
renvoyer aux calendes grecques/à la saint-glinglin	auf die lange Bank schieben, o, o
Tu peux toujours attendre ! *(fam)*	Da kannst du warten, bis du schwarz bist ! *(fam)*
Rien ne presse. Cela peut attendre.	Es eilt nicht.
À chaque jour suffit sa peine.	Morgen ist auch ein Tag.
Il ne faut pas remettre à demain ce que l'on peut faire le jour même.	Was du heute kannst besorgen, das verschiebe nicht auf morgen.
Considérations intempestives.	Unzeitgemäße Betrachtungen. (Nietzsche)
Tu tombes bien. *(fam)*	Du kommst wie gerufen. *(fam)*
Il ne reviendra pas de si tôt./Il n'est pas prêt de revenir.	Er kommt noch lange nicht.
Alors, ça vient ? *(fam)*	Wird's bald ?
À bientôt !	Bis bald !
À tout à l'heure !	Bis nachher !
À plus tard !	Auf später !/Bis später !
À la prochaine (fois) !	Bis dann !
Avec mes remerciements anticipés.	Mit Dank im Voraus !

VIII. La Zoologie - La Botanique

1. LA ZOOLOGIE

le règne animal

• **la zoologie**	die Zoologie, die Tierkunde
le zoologiste	der Zoologe, n, n
le monde animal	die Tierwelt
l'animal *m*	das Tier, e
la faune	die Fauna
• **la classification**	die Systematik
la taxinomie	die Taxonomie
le règne animal	das Tierreich
le sous-règne	das Unterreich, e
l'embranchement *m*, **le clade**	der Stamm, ¨e
le sous-embranchement	der Unterstamm
la classe ; la sous-classe	die Klasse, n ; die Unterklasse
l'ordre *m* **; le sous-ordre**	die Ordnung, en ; die Unterordnung
la famille	die Familie, n
le genre	die Gattung, en
l'espèce *f*	die Art, en
○ **les protozoaires** *m*	die Protozoen *npl*
le protozoaire	der Einzeller, -/das Protozoon
les rhizopodes *m*	die Wurzelfüßer *mpl*
les flagellés *m*	die Geißeltierchen *npl*
les ciliés *m*	die Wimpertierchen
les paramécies *f*	die Pantoffeltierchen
les radiolaires *m*	die Strahlentierchen
l'amibe *f*	die Amöbe, n
les sporozoaires *m*	die Sporentierchen
○ **les métazoaires** *m*	die Metazoen *npl*
le métazoaire	der Vielzeller, -/das Metazoon
les invertébrés *m*	die Wirbellosen *(adj)*
les spongiaires *m*	die Schwämme *mpl*
les cœlentérés *m*	die Hohltiere *npl*
les cnidaires *m*	die Nesseltiere
les cténaires *m*	die Rippenquallen *fpl*
les vers plats	die Plattwürmer *mpl*
les vers ronds	die Schlauch-/Hohlwürmer
les mollusques	die Schal(en)-/Weichtiere/Mollusken *fpl*
les vers annelés	die Ringelwürmer
les arthropodes *m*	die Gliederfüßer *mpl*/Arthropoden *fpl*
les échinodermes *m*	die Stachelhäuter *mpl*
○ **les cordés** *m*	die Chordatiere
les céphalocordés *m*	die Schädellosen *(adj)*/Akranier *mpl*
les tuniciers *m*/**les urocordés**	die Manteltiere
les vertébrés *m*	die Wirbeltiere
○ **la zoogéographie**	die Zoogeographie/Zoogeografie
l'habitat *m*	das Habitat, e
le milieu	die Umwelt
le biotope	der/das Biotop, e
l'écosystème *m*	das Ökosystem
l'écotype *m*	der Ökotyp, en
la biocénose	die Biozönose, n
le prédateur	das Raubtier, e
la proie	das Beutetier
l'origine *f*	die Abstammung
descendre de	ab~stammen von+D
l'adaptation *f* **(à)**	die Anpassung (an+A)
• **l'éthologie** *f*	die Verhaltensforschung

le comportement animal	das tierische Verhalten
le sexe	das Geschlecht, er
le mâle ; mâle	das Männchen, - ; männlich
la femelle ; femelle	das Weibchen, - ; weiblich
le petit	das Junge *(adj)*
se reproduire	sich fort~pflanzen
se multiplier ; proliférer	sich vermehren ; sich schnell v.
féconder	befruchten
la fécondité	die Fruchtbarkeit
fécond ; stérile	fruchtbar ; unfruchtbar
le rut ; le rut du gros gibier	die Brunst, ¨e ; die Brunft, ¨e
la période du rut	die Brunstzeit
un animal en rut	ein brunstiges (brunftiges) Tier
une femelle en chaleur	ein brunstiges Weibchen
l'accouplement *m*	die Paarung, en
la saison des amours	die Zeit der Paarung
la pariade *(oiseaux)*	die Paarungszeit *(Vögel)*
s'accoupler	sich paaren/sich begatten
la copulation	die Kopulation, en
le rite nuptial, la parade nuptiale	das Paarungsverhalten
la livrée nuptiale	das Hochzeitskleid
la gestation	die Trächtigkeit
vivipare	lebend gebärend/vivipar
ovipare	Eier legend/ovipar
ovovivipare	ovovivipar
le territoire	das Revier, e
le marquage olfactif	das Duftmarkieren
l'empreinte olfactive	die Geruchsprägung, en
le chant territorial	der Reviergesang
l'orientation *f*	die Orientierung
le comportement de menace	das Drohverhalten
le combat rituel	der Kommentkampf
le combat sanglant	der Beschädigungskampf
la posture de soumission	die Demutgebärde, n
le comportement d'apaisement	die Beschwichtigungsgebärde
la fuite	die Flucht
le mimétisme	die Mimese, n
le camouflage	die Mimikry
se camoufler	sich tarnen
le sommeil hivernal/ l'hibernation *f*	der Winterschlaf
hiberner *itr*	Winterschlaf halten, ie, a, ä
dépérir	verenden*/verkümmern*
crever	verrecken*/krepieren* *(fam)*
mourir	sterben*, a, o, i
la charogne	das Aas, e
• **la protection des animaux**	der Tierschutz
le parc national	der Nationalpark, s
la réserve naturelle	das Naturschutzgebiet, e
vivre en liberté	in Freiheit leben
vivre à l'état sauvage	im Naturzustand leben
animaux vivant à l'état s.	wild lebende Tiere
les espèces protégées	die geschützten Arten *fpl*
les espèces menacées	die gefährdeten Arten
en voie de disparition	vom Aussterben bedroht
les espèces disparues	die ausgestorbenen Arten
les espèces exterminées	die ausgerotteten Arten

naturaliser, empailler un animal	ein Tier präparieren, aus~stopfen
la taxidermie	die Taxidermie/die Dermoplastik
le taxidermiste, le naturaliste	der Taxidermist, en, en
le zoo	der Zoo, s
le jardin zoologique	der zoologische Garten, ¨
le jardin d'acclimatation	der Tierpark, s
le vivarium	das Vivarium, ien
l'aquarium *m*	das Aquarium, ien
le terrarium	das Terrarium, ien
la cage	der Käfig, e
la fosse aux lions	der Löwenzwinger, -
la Société protectrice des animaux/la SPA *(F)*	der Deutsche Tierschutzbund *(D)*
maltraiter un animal	ein Tier misshandeln
abandonner un animal	ein Tier aus~setzen
recueillir un animal	ein Tier auf~nehmen, a, o, i
la fourrière	das Tierheim, e/das Tierasyl, e
procéder à des expérimentations sur des animaux	Tierversuche durch~führen
l'animal cobaye/de laboratoire	das Versuchstier, e
la vivisection	die Vivisektion
pratiquer la vivisection (sur)	eine V. vor~nehmen, a, o, i (an+D), vivisezieren *tr*

les poissons

l'ichtyologie *f*	die Ichtyologie/die Fischkunde
l'ichtyologiste	der Ichtyologe, n, n
• **le poisson**	der Fisch, e
p. osseux ; p. cartilagineux	Knochenfisch ; Knorpelfisch
le poisson volant	der fliegende Fisch
la nageoire	die Flosse, n
n. caudale ; n. dorsale	Schwanz- ; Rückenflosse
n. pectorale ; n. anale	Brust- ; Afterflosse
n. pelvienne	Bauchflosse
nager	schwimmen, a, o
la queue	der Schwanz, ¨e
les branchies *f*	die Kiemen *fpl*
les ouïes *f*	die Kiemenspalten *fpl*
la vessie natatoire	die Schwimmblase, n
l'arête *f*	die Gräte, n
l'écaille *f* **; écailleux**	die Schuppe, n ; schuppig
la chair	das Fleisch
la laitance ; les œufs *m*	die Fischmilch ; der Fischrogen, -
frayer ; le frai	laichen ; der Laich, e
la frayère	der Laichplatz, ¨e
l'alevin *m*	die Fischbrut, en
le banc de poissons	die Fischbank, ¨e
les eaux poissonneuses	die fischreichen Gewässer *npl*
• **le poisson d'eau douce**	der Süßwasserfisch, e
↓ **l'ablette** *f*	die Laube, n/der Ukelei, e/s
l'ablette grise/le spirlin	der Schneider, -
l'anguille *f*	der Aal, e
le barbeau	die (Fluss)barbe, n
le black-bass	der amerikanische Forellenbarsch, e
la bouvière	der Bitterling, e
la brème	die Brasche, n/der Brassen, -/der Blei, e
la brème bordelière	der Güster, -/die Blicke, n
le brochet	der Hecht, e
le carassin	die Karausche, n
le carassin doré/le poisson rouge	der Goldfisch
la carpe	der Karpfen, -
carpe cuir ; carpe miroir	Lederkarpfen ; Spiegelkarpfen
le chabot de rivière	die Koppe, n/die Groppe, n
le chevesne/chevaine	der Döbel, -
la civelle	der Glasaal, e
l'épinoche *f* **à trois pointes**	der Große Stichling, e
l'épinochette	der Neunstachlige Stichling
l'esturgeon *m* **; le sterlet**	der Stör, e ; der Sterlet(t), e
la féra *(un corégone)*	der Sandfelchen, - *(eine Renke)*
le gardon blanc	das Rotauge, n/die Plötze, n
le goujon	der Gründling, e
le hotu/le nase	die Nase, n
la lamproie fluviale	das Flussneunauge, n
le lavaret	der Blaufelchen
la loche d'étang	der Schlammbeißer, -
la loche franche	die Bartgrundel, n
la loche de rivière	der Steinbeißer, -
la lot(t)e	die Rutte, n/die Quappe, n
la marène	die Maräne, n
l'omble *m*	der Wandersaibling, e
l'omble-chevalier *m*	der Seesaibling, e
l'ombre *m* **de rivière**	die Äsche, n
la palée	der Weißfelchen, -
la perche	der (Fluss)barsch, e
la perche arc-en-ciel	der Sonnenbarsch
la p. goujonnière/la grémille	der Kaulbarsch
le piranha	der Piranha, s
le poisson-chat	der Zwergwels/der Katzenwels, e
le rotengle/le gardon rouge	die Rotfeder, n
le/la sandre	der Zander, -
le saumon	der Lachs, e/der Salm, e
le silure	der Wels, e
la truite	die Forelle, n
la truite arc-en-ciel	die Regenbogenforelle
la truite fario	die Bachforelle
la tr. de lac ; la tr. saumonée	die Seeforelle ; die Lachsforelle
le vairon	die Elritze, n/die Pfrille, n
la vandoise	der Hasel, -
• **le poisson de mer**	der Seefisch, e
↓ **l'aiguillat** *m*	der Dornhai, e
l'alose (commune)	der Maifisch/die Alse, n
l'alose finte	die Finte, n
l'anarrhique loup *m*	der Katfisch/der Seewolf, ¨e
l'anchois *m*	die Sardelle, n
le balaou	der Makrelenhecht, e
le baliste	der Drückerfisch
le bar/le loup	der Seebarsch/der Wolfsbarsch, e
le bar-rascasse	der Rotbarsch
la barbue	der Glattbutt, e
le barracuda	der Barrakuda, s
la baudroie/la lotte de mer	der Seeteufel, -
la blennie pholis	die Schleimlerche, n
la bonite	der Bonito, s
le brosme	der Lumb, e
le cabillaud/la morue fraîche	der Kabeljau, s/ e/der Dorsch, e
le capelan	der Zwergdorsch, e
la cardine *(la fausse limande)*	der Flügelbutt, e
le carrelet/la plie	die Scholle, n/der Goldbutt
le cernier/le mérou des Basques	der Amerikanische Wrackbarsch, e

le chabot cuirassé	der Steinpicker, -
le grand chabot de mer	der Seeskorpion, e
la chimère	die Seeratte, n/die Spöke, n
le colin/le lieu noir	der Seelachs, e/der Köhler, -
le congre	der Meeraal, e
le corb	der Schwarze Umber, -
le cténolabre des roches	der Klippenbarsch, e
le cycloptère/le lompe	der Seehase, n
la (vraie) dorade/daurade	der Goldbrassen, -
la dorade commune/le pagel	der Nordische Meerbrassen
le dragonnet	der Leierfisch, e
l'églefin *m*	der Schellfisch
l'émissole *f*/**le chien de mer**	der Glatthai, e
l'éperlan *m*	der Stint, e
l'épinoche *f* **de mer**	der Seestichling, e
l'équille *f*	der Kleine Sandaal, e
l'espadon *m*	der Schwertfisch, e
l'exocet *m*	der Fleder-/Schwalbenfisch
le flet	die Flunder, n/der Butt, e
le flétan	der Heilbutt, e
le gobie noir	der Schwarzküling, e
la gonelle	der Butterfisch, e
le grondin	der Knurrhahn, ¨e
le hareng	der Hering, e
l'hippocampe *m*	das Seepferdchen, -
la lamproie marine	das Meerneunauge, n
le lançon	der Große Sandaal, e
le lieu jaune	der Pollack, s
le lieu noir, le colin	der Seelachs, e/der Köhler, -
la limande	die Kliesche, n/die Scharbe, n
la limande-sole	die Echte Rotzunge, n
la lingue/la julienne	der Leng, e/der Lengfisch, e
le maquereau	die Makrele, n
le merlan	der Wittling, e
le merlan bleu/le poutassou	der Blaue Wittling
le merlu(s) *(appelé colin à Paris)*	der Seehecht, e/der Hechtdorsch, e
le milandre	der Hundshai, e
le muge, le mulet	die Meeräsche, n
la murène	die Muräne, n
l'orphie *f*	der Hornhecht, e
le pageau commun	die Rotbrasse, n
la plie/le carrelet	die Scholle, n/der Goldbutt, e
le poisson loup	der Katfisch/der gestreifte Seewolf, ¨e
le poisson-lune/la môle	der Mondfisch, e
le poisson pilote	der Lotsenfisch
le prêtre	der Streifenfisch
la raie	der Rochen, -
raie cendrée ; raie bouclée	Glattrochen ; Nagelrochen
la (raie) pastenague	der Stechrochen
raie torpille ; raie manta	Zitterrochen ; Mantarochen
la rascasse rouge	die Meersau, ¨e
le requin, le squale *(t gén)*	der Hai, e
le requin-baleine	der Walhai
le grand requin blanc	der Menschenhai
le requin marteau	der Hammerhai
le requin pèlerin	der Riesenhai
la petite roussette	der Kleingefleckte Katzenhai
le rouget barbet/le surmulet	die Streifenbarbe, n
le saint-pierre/la dorée	der Heringskönig, e
la sardine	die Sardine, n
le sargue	der Geißbrassen, -
le saurel, le chinchard	die Bastardmakrele, n
le grand sébaste	der Rot-/Goldbarsch, e
le petit sébaste	der Kleine Rot-/Goldbarsch
le serran écriture	der Schriftbarsch
la sole	die Seezunge, n
le sprat	die Sprotte, n
le tacaud	der Französische Dorsch, e
la taupe de mer/le nez	der Heringshai, e
le thon	der Thunfisch/Tunfisch, e
le thon blanc/le germon	der Weiße Thunfisch
la truite de mer	die Meerforelle, n
le turbot	der Steinbutt, e
la vieille commune	der Gefleckte Lippfisch, e
la grande vive	der Petermann
la petite vive	der Kleine Petermann

crustacés, mollusques

• **le crustacé**	das Krebstier, e/Krustentier/ der Krebs, e
l'antenne *f*	der Fühler, -
la pince	die Schere, n
l'anatife *m*	die Entenmuschel, n
la balane	die Seepocke, n
le bernard-l'ermite/le pagure	der Einsiedlerkrebs, e
le cloporte	die Assel, n
le crabe	die Krabbe, n/ der (Kurzschwanz)krebs
le crabe chinois	die Wollhandkrabbe
le (crabe) tourteau	der Taschenkrebs
l'étrille *f* **; l'araignée** *f* **de mer**	die Samtkrabbe ; die Meerspinne, n
le crabe vert/menaçant	die Strandkrabbe, n
la galat(h)ée	der Furchenkrebs, e
la crevette	die Garnele, n, die Krabbe
l'écrevisse *f*	der Flusskrebs, e
le homard	der Hummer, -
la langouste	die Languste, n
la langoustine	der Kaisergranat, e
la puce de mer/le talitre	der Sandhüpfer, -
la puce d'eau douce/ la daphnie	der Wasserfloh, ¨e
• **le mollusque**	das Weichtier, e
le bivalve ; le coquillage	die Muschel, n
la coquille	die Schale, n
la valve	die Klappe, n
le clam	der Clam, s
la clanque/la mye	die Sandklappmuschel, n
la coque/la bucarde comestible	die (Essbare) Herzmuschel
la coquille Saint-Jacques	die Jakobs-/Pilgermuschel
le couteau	die Messerscheide, n
l'huître *f*	die Auster, n
l'huître perlière	die Perlenauster/die Perlmuschel
la perle fine/naturelle	die Feinperle, n
la nacre	die/das Perlmutter/das Perlmutt
la moule	die Miesmuschel, n
la palourde/la clovisse	die Teppichmuschel
le vanneau	die Kammmuschel/Kamm-Muschel
le pétoncle	die Bunte Kammmuschel
la praire/la vénus	die Warzige Venusmuschel
la pholade	die Bohrmuschel
le taret	die Schiffsbohrmuschel
○ **le gastéropode**	der Gastropode, n, n/ die Schnecke, n

• **l'escargot** *m* / **le (co)limaçon**	die Schnecke, n
l'escargot de Bourgogne	die Weinbergschnecke
le petit gris	die Gesprenkelte Weinbergschnecke
la coquille d'escargot	das Schneckengehäuse, -
la limace *(t gén)*	die Nacktschnecke, n
la limace grise, la loche	die Egelschnecke / der Schnegel, -
l'arion *m*	die Wegschnecke
le bigorneau / le vigneau	die (Gemeine) Strandschnecke
le buccin (ondé) / le bulot	die Wellhornschnecke / das Kinkhorn, ¨er
l'ormeau *m* / **l'oreille** *f* **de mer**	das Seeohr, en
la patelle / la bernicle	die Napfschnecke
la porcelaine / la cyprée	die Porzellan- / Kaurischnecke
le pourpre petite pierre	das Steinchen, -
le triton, la conque	das Tritonshorn, ¨er
la turritelle	die Turmschnecke, n
○ **le céphalopode**	der Kopffüßer, -
l'argonaute *m*	das Papierboot, e
le cal(a)mar / l'encornet *m*	der Kalmar, e
la plume de calmar	der Schulp, e
le nautile	der Nautilus, - / se
la pieuvre / le poulpe	der Krake, n, n
le tentacule	der Fangarm, e
la ventouse	der Saugnapf, ¨e
la seiche ; l'os *m* **de seiche**	der Tintenfisch ; der Schulp, e
l'anémone *f* **de mer / l'actinie** *f*	die Seerose, n
le corail ; le corail rouge	die Koralle, n ; die Edelkoralle
le récif corallien	das Korallenriff, e
l'atoll *m*	das Atoll, e
l'étoile *f* **de mer / l'astérie** *f*	der Seestern, e
l'ophiure *f*	der Schlangenstern
l'éponge *f*	der Schwamm, ¨e
l'éponge de toilette	der Badeschwamm
spongieux	schwammig
la méduse	die Qualle, n
la pélagie ; l'aurélie *f*	die Leuchtqualle ; die Ohrenqualle
le bateau de Saint-Pierre	die Segelqualle
la frégate portugaise	die Spanische Galeere, n
l'oursin *m*	der Seeigel, -
l'ascidie *f*	die Seescheide, n
la faune pélagique	die Hochseefauna, nen
la faune abyssale	die Tiefseefauna
le plancton animal / le zooplancton	das Zooplankton
le krill	der Krill, die Planktonkrebse *mpl*
la noctiluque	das Meerleuchttierchen, -
le plancton végétal / le phytoplancton	das Phytoplankton
la diatomée	die Kieselalge, n / die Diatomee, n

Das ist weder Fisch noch Fleisch.
Ce n'est ni chair ni poisson.

Da steckt etwas dahinter.
Il y a anguille sous roche.

stumm wie ein Fisch sein
être muet comme une carpe

Fischblut haben
ne pas avoir de sang dans les veines

Das sind kleine Fische. *(fam)*
Ce sont des bagatelles / des broutilles. (fam)

dicht gedrängt wie Heringe
serrés comme des sardines

Sie fressen sich gegenseitig auf.
C'est un panier de crabes.

insectes

• **l'insecte** *m*	das Insekt, en / das Kerbtier, e
l'aile *f*	der Flügel, -
ailé ; aptère	geflügelt ; flügellos
membraneux	häutig
l'écaille *f*	die Schuppe, n
recouvert d'écailles	beschuppt
l'ocelle *f*	der Augenfleck, e, das Auge, n
l'élytre *m*	der Deckflügel, -
la nervure ; nervuré	die Ader, n ; geädert
les pièces buccales	die Mundwerkzeuge *npl*
les mandibules *f*	die Kiefer *mpl*
le dard / l'aiguillon *m*	der Stachel, -
piquer ; la piqûre	stechen, a, o, i ; der Stich, e
la trompe ; sucer	der Rüssel, - ; saugen, o, o
la métamorphose	die Verwandlung, en
se métamorphoser (en)	sich verwandeln (in+A)
la larve	die Larve, n
la chenille	die Raupe, n
la mue ; muer *itr*	die Häutung, en ; sich häuten
la chrysalide / la nymphe	die Puppe, n
la nymphose	die Verpuppung, en
le cocon	der Kokon, s
s'enfermer dans le cocon	sich ein~spinnen
sortir de son cocon	sich entpuppen
l'imago *f* / **l'insecte parfait**	die Imago, gines
• **scarabées** *m* / **coléoptères** *m*	Käfer *mpl* / Deckflügler *mpl*
phytophage ; nécrophage	Pflanzen fressend ; Aas fressend
coprophage ; xylophage	Kot fressend ; Holz fressend
percer des trous dans le bois	das Holz an~bohren
percer des galeries dans le bois	Gänge im Holz bohren
la cantharide	der Fliegenkäfer, -
le charançon du blé	der Kornkäfer / der Kornrüßler, -
du blé charançonné	vom K. angefressenes Getreidekorn
le grand capricorne	der Große Eichen- / Heldbock, ¨e
le lamie tisserand	der Weberbock
le carabe doré	der Goldlaufkäfer / der Goldschmied, e
la cétoine dorée	der Rosenkäfer, -
la coccinelle, la bête à bon Dieu *(fam)*	der Marienkäfer
la coccinelle à sept points	der Siebenpunkt, e
le dermeste du lard	der Speckkäfer
le doryphore	der Kartoffelkäfer
le géotrupe, le bousier *(cour)*	der Rosskäfer, der Mistkäfer
le hanneton	der Maikäfer
le hanneton de la Saint-Jean	der Junikäfer
le hanneton foulon	der Walker, -
le ver blanc *(larve du hanneton)*	der Engerling, e
le minotaure	der Dreihornkäfer
le lucane / le cerf-volant	der Hirschkäfer
le nécrophore	der Totengräber, -
le scarabée nasicorne	der Nashornkäfer
le scarabée sacré	der Heilige Pillendreher, -
le silphe obscur	der Schwarze Aaskäfer
le ténébrion, le ver de farine	der Mehlkäfer

le ver luisant/le lampyre	das Glühwürmchen, -/ der Leuchtkäfer
la vrillette	die Totenuhr, en/der Klopfkäfer
• **papillons** *m*/**lépidoptères** *m*	Schmetterlinge *mpl*
le papillon	der Schmetterling, e/der Falter, -
le p. diurne ; le p. nocturne	der Tagfalter ; der Nachtfalter
le papillon crépusculaire	der Abend-/Dämmerungsfalter
↓ **l'apollon** *m*	der Apollofalter
l'aurore *f*	der Aurorafalter
l'argus *m*/**la lycène**	der Gemeine Bläuling, e
la belle dame	der Distelfalter
le bombyx du mûrier	der Maulbeerseidenspinner, -
le ver à soie	die Seidenraupe, n
le citron	der Zitronenfalter
le cossus gâte-bois	der Weidenbohrer, -
l'écaille martre *f*	der Braune Bär, en, en
l'échancré *m*	der Celtisfalter
la feuille morte du chêne	die Kupferglucke, n
la fiancée	die Hausmutter, ¨
le flambé	der Segel-/Schwarzdornfalter
la géomètre papillonnaire	der Buchenspanner, -
la chenille géomètre/ arpenteuse	die Spannraupe, n
la lichénée rouge/la Mariée	das Rote Ordensband, ¨er
le machaon	der Schwalbenschwanz, ¨er
le grand mars changeant	der Große Schillerfalter
la mite des tapisseries	die Tapetenmotte, n
le morio	der Trauermantel, ¨
le grand nacré	der Große Perlmutterfalter
la noctuelle du pin	die Kiefern-/Forleule, n
le paon de jour	das Tagpfauenauge, n
le demi-paon	das Abendpfauenauge, n
la phalène du bouleau	der Birkenspanner, -
la phalère bucéphale	der Mondvogel, ¨
la piéride du chou	der Kleine Kohlweißling, e
la piéride de l'aubépine/ le gazé	der Baumweißling
la processionnaire du chêne	der Eichenprozessionsspinner, -
la pyrale des pommes	der Apfelwickler, -
le robert-le-Diable/le gamma	das Weiße C
le satyre hermione	der Große Waldpförtner, -
la sésie du peuplier	der Bienenschwärmer, -
le souci	der Postillon, e
le soufré	die Goldene Acht, en
le sphinx du pin	der Kiefernschwärmer, -
le sphinx tête-de-mort	der Totenkopfschwärmer, -
le grand sylvain	der Große Eisvogel, ¨
le tabac d'Espagne	der Kaisermantel, ¨
la teigne des vêtements	die Kleidermotte, n
la tordeuse verte du chêne	der Eichenwickler, -
la petite tortue	der Kleine Fuchs, ¨e
le vulcain/la Vanesse atalante	der Admiral, e
la zygène de la spirée	der Steinbrechschwärmer, -
• **insectes sociaux**	Staaten bildende Insekten
○ **l'abeille** *f* **; l'abeille à miel**	die Biene, n ; die Honigbiene
l'essaim *m* **; essaimer**	der Schwarm, ¨e ; aus~schwärmen*
la reine	die Königin, nen/der Weisel, -
le faux-bourdon	die Drohne, n
l'ouvrière *f*	die Arbeiterin, nen
butiner *itr*	Nektar *m* und Pollen *m* sammeln
le miellat	der Honigtau
la ruche	der Bienenstock, ¨e
l'alvéole *f*	die Zelle, n
le rayon/le gâteau de cire	die Wabe, n
la cire	das Wachs, e
le miel	der Honig, e
le bourdon	die Hummel, n
bourdonner	summen
le bourdonnement	das Summen
la guêpe	die Wespe, n
le guêpier/le nid de guêpes	das Wespennest, er
le frelon	die Hornisse, n
la fourmi	die Ameise, n
la fourmi rousse des bois	die Rote Waldameise
la fourmilière	der Ameisenhaufen, -
fourmiller (de)/grouiller (de)	wimmeln (von+D)
le termite	die Termite, n
la termitière	der Termitenhügel, -
○ **orthoptères** *m*	Gradflügler *mpl*
le grillon, le cri-cri *(fam)*	die Grille, n
le grillon champêtre	die Feldgrille
le grillon domestique	die Hausgrille/das Heimchen, -
la courtilière/la taupe grillon	die Maulwurfgrille
la sauterelle *(t gén)*	die (Laub)heuschrecke, n
la grande s. verte/la locuste	das Grüne Heupferd, e
le criquet	die Feldheuschrecke, der Grashüpfer, - *(fam)*
le criquet migrateur	die Wanderheuschrecke, n
une nuée de sauterelles	ein Heuschreckenschwarm, ¨e
la mante religieuse	die Gottesanbeterin, nen
le perce-oreille/le forficule	der Ohrwurm, ¨er
le phasme	die Stabheuschrecke, n
la cigale *(un homoptère)*	die Zikade, n *(ein Gleichflügler)*
striduler ; les stridulations *f*	zirpen ; das Zirpen
le fourmilion *(un névroptère)*	die Ameisenjungfer, n *(ein Netzflügler)*
la larve du fourmilion	der Ameisenlöwe, n
• **insectes** *m* **nuisibles**	schädliche Insekten *npl*
le parasite	der Schmarotzer, -/ der Parasit, en, en
la vermine	das Ungeziefer
s'attaquer aux arbres fruitiers	Obstbäume schädigen *tr*
nuisible (à) ; utile (à)	schädlich (+D) ; nützlich (+D)
détruire/exterminer	vertilgen
l'insecticide *m*	das (Insekten)vertilgungsmittel, -
la blatte/le cafard/ le cancrelat	die Schabe, n/ der Kakerlak, s/en, en
le cynips du chêne	die Eichengallwespe
la noix de galle	die Eichengalle, n
le cynips du rosier	die Rosengallwespe, n
la galle du rosier/le bédégar	die Rosengalle, n
la mouche *(un diptère)*	die Fliege, n *(ein Zweiflügler)*
la m. domestique	die Stubenfliege
la m. piqueuse	die Stechfliege/der Wadenstecher, -
la m. grise/la sarcophage	die Fleischfliege
la m. bleue/la calliphore	die blaue Schmeißfliege
la m. verte/dorée ; l'asticot *m*	die Goldfliege ; die Fleischmade, n
la drosophile	die Essigfliege, n
le taon	die Bremse, n/die Bremsfliege
un moucheron	eine kleine Fliege, eine kl. Mücke
le moustique/le cousin	die Stechmücke, n/die Schnake, n
être envahi de moustiques	von Stechmücken befallen sein
l'anophèle *m*	die Malariamücke
la tipule du chou	die Kohlschnake
le pou	die Laus, ¨e
le pou de tête	die Kopflaus

le pou du pubis/le morpion	die Filz-/Schamlaus
la lente	die Nisse, n
la puce	der Floh, ¨e
la punaise	die Wanze, n
la punaise des lits	die Bettwanze
la punaise des bois	die Baumwanze
la punaise rouge, le gendarme	die Feuerwanze
le puceron	die Blattlaus, ¨e
le lépisme	das Silberfischchen, -
la cochenille	die Koschenilleschildlaus, ¨e
le kermès vert	die Kermesschildlaus
le phylloxéra	die Reblaus
• **insectes aquatiques**	Wasserinsekten *npl*
le dyptique bordé	der Gelbrandkäfer, -
l'éphémère *m*	die Eintagsfliege, n
le gerris/l'araignée *f* **d'eau**	der Wasserschneider, -
le gyrin nageur, le tourniquet	der Taumelkäfer, -
l'hydromètre *f*	der Teichläufer, -
l'hydrophile brun	der Große Kolbenwasserkäfer
la libellule, la demoiselle	die Libelle, n, die Wasserjungfer, n
la nèpe rousse	der Wasserskorpion, e
la phrygane	die Wassermotte, n

arachnides, mille-pattes, vers

arachnides *m*	Spinnentiere *npl*
• **l'araignée** *f*	die Spinne, n
l'a. domestique/la tégénaire	die Hausspinne/Winkelspinne
l'argyronète *f*	die Wasserspinne
l'épeire *f*	die Kreuzspinne
le faucheur/le faucheux	der Weberknecht, e, der Kanker, -
la mygale	die Vogelspinne
la tarentule	die Tarantel, n
la toile d'araignée	das Spinnengewebe, -/ das Spinnennetz, e
tisser une toile	ein Netz spinnen, a, o
les fils *m* **de la Vierge**	die Marienfäden *mpl*
le scorpion	der Skorpion, e
le s. noir ; le s. jaune	der Hausskorpion ; der Feldskorpion
l'acarien *m*	die Milbe, n
le sarcopte de la gale	die Krätzmilbe
la tique	die Zecke, n/der Holzbock, ¨e
○ **mille-pattes** *m*/**myriapodes** *m*	Tausendfüßer *mpl*
la lithobie, le mille-pattes	der Steinkriecher, -
la scolopendre	der Skolopender, -
• **le ver**	der Wurm, ¨er
un ver parasitaire/parasite	ein schmarotzender Wurm
l'ascaris *m*	der Spulwurm/die Askaris, iden
l'oxyure *m*	der Madenwurm
le ver solitaire/le ténia	der Bandwurm
la douve du foie	der Leberegel, -
la sangsue officinale	der Medizinische Blutegel
la trichine	die Trichine, n
le ver de terre/le lombric	der Regenwurm
l'arénicole *f* **des pêcheurs**	der Köderwurm/der Sandpier, e
l'aphrodite épineuse	die Seemaus, ¨e/die Seeraupe, n
apode	fußlos
se tordre, se tortiller	sich krümmen/sich winden, a, u
véreux *(fruit)*	madig, wurmig, wurmstichig
piqué des vers	wurmstichig
vermoulu *(bois)*	von Würmern zerfressen

reptiles, amphibiens

• **le reptile**	das Kriechtier, e/das Reptil, ien
○ **le crocodile**	das Krokodil, e
l'alligator *m*	der Alligator, en
le caïman	der Kaiman, e
le gavial	der Gavial, e
le lézard	die Eidechse, n
le lézard commun/vert	die Zauneidechse/Smaragdeidechse
le lézard gris/des murailles	die Mauereidechse
l'orvet *m*/**le serpent de verre**	die Blindschleiche, n
le caméléon	der Chamäleon, s
le gecko	der Gecko, s/onen
l'iguane *m*	der Leguan, e
le varan	der Waran, e
• **le serpent**	die Schlange, n
le serpent venimeux	die Giftschlange
venimeux ; non venimeux	giftig ; ungiftig
dangereux ; inoffensif	gefährlich ; harmlos
le venin	das Gift, e
le crochet à venin	der Giftzahn, ¨e
la glande à venin	die Giftdrüse, n
ramper (sur)	kriechen*, o, o (über+A)
s'enrouler autour de	sich winden, a, u, um+A
se faufiler, ramper à travers	sich schlängeln durch+A
enlacer, enserrer *(la proie)*	umschlingen, a, u *(die Beute)*
darder sa langue	züngeln
siffler	zischen
l'anaconda *m*/**l'eunecte** *m*	die Anakonda, s
le boa	die Boa, s/Boaschlange, n
le boa constrictor	die Königs-/Abgottschlange
le cobra/le naja/le serpent à lunettes	die Kobra, s/die Brillenschlange
la couleuvre	die Natter, n
la couleuvre à collier	die Ringelnatter
la couleuvre lisse	die Schling-/Glattnatter
la couleuvre vipérine	die Vipernatter
le crotale/le serpent à sonnettes	die Klapperschlange, n
le python	der Python, s/en
le serpent corail	die Korallenotter, n
la vipère	die Viper, n/die Otter, n
la vipère aspic/l'aspic *m*	die Aspisviper
la (vipère) péliade	die Kreuzotter
○ **la tortue**	die Schildkröte, n
la carapace	der Panzer, -
l'écaille *f* **de tortue**	das Schildpatt
la cistude	die Sumpfschildkröte
la tortue hermann	die griechische Landschildkröte
la tortue caret	die Karettschildkröte
la tortue-luth	die Lederschildkröte
• **l'amphibien** *m*/**le batracien**	der Lurch, e
un animal amphibie	ein amphibisches Tier
le crapaud	die Kröte, n
le crapaud accoucheur	die Geburtshelferkröte
le crapaud calamite	die Kreuzkröte
le cr. commun ; le cr. vert	die Erdkröte ; die Wechselkröte
le cr. sonneur/bombinateur	die Unke, n/die Feuerkröte
la grenouille	der Frosch, ¨e
la gr. verte ; la gr. rousse	der Wasserfrosch ; der Grasfrosch
la gr. agile ; la rainette	der Springfrosch ; der Laubfrosch
le têtard	die Kaulquappe, n
coasser ; les coassements *m*	quaken ; das Quaken

le sac vocal	die Schallblase, n
le protée	der Olm, e
la salamandre	der Salamander, -
la salamandre noire	der Alpensalamander
la salamandre tachetée	der Feuersalamander
le triton	der Molch, e
le tr. commun ; le tr. à crête	der Teichmolch ; der Kammmolch

un insecte aquatique	ein am/im/auf dem Wasser lebendes Insekt
avoir le cafard	Trübsal blasen, ie, a/in gedrückter Stimmung sein
tomber comme des mouches	wie die Fliegen sterben*, a, o, i
prendre facilement la mouche	sich über jede Kleinigkeit ärgern
Quelle mouche te pique ? *(fam)*	Was ist in dich gefahren ?
Il ne ferait pas de mal à une mouche.	Er könnte keiner Fliege etw zuleide/zu Leide tun.
se fourrer dans un guêpier *(fam)*	sich in die Nesseln setzen *(fam)*
faire d'une pierre deux coups	zwei Fliegen mit einer Klappe schlagen, u, a, ä
secouer les puces à qn *(fam)*	jdm gehörig Bescheid sagen
Araignée du matin, chagrin ; araignée du soir, espoir.	Spinne am Morgen bringt Kummer und Sorgen, Spinne am Abend, erquickend und labend.
le rat de bibliothèque	der Bücherwurm
tirer les vers du nez à qn *(fam)*	jemandem die Würmer aus der Nase ziehen, o, o *(fam)*
un homme d'affaires véreux *(fam)*	ein unehrlicher Geschäftsmann
Cela me tracasse/me turlupine. *(fam)*	Es wurmt mich. *(fam)*
lézarder au soleil *(fam)*	sich in der Sonne aalen *(fam)*
faire la queue	Schlange stehen, a, a *(fam)*
avoir une langue de vipère	eine giftige Zunge haben
prédire des malheurs/être un oiseau de mauvais augure	unken *itr (fam)*/eine alte Unke sein *(fam)*
à pas de tortue	im Schneckengang/im Schneckentempo

l'oiseau

• **l'oiseau** *m*	der Vogel, ¨
l'ornithologie *f*	die Ornithologie/die Vogelkunde
l'ornithologue *m*	der Ornithologe, n, n
le bipède ; bipède	der Zweifüßer, - ; zweifüßig
la patte	das Bein, e
à pattes hautes/haut sur pattes	hochbeinig
à pattes courtes	kurzbeinig
sautiller	hüpfen*
le palmipède	der Schwimmvogel
la patte palmée	der Schwimmfuß, ¨e
la griffe/la serre	die Kralle, n/die Klaue, n
la patte préhensible	der Greiffuß
l'ergot *m*	der Sporn, Sporen/Spore
la crête	der Kamm, ¨e
le bec	der Schnabel, ¨
le bec crochu	der Hakenschnabel
becqueter, picoter	picken
gratter le sol	im Boden scharren
picorer	Futter suchen
le jabot	der Kropf, ¨e
le gésier	der Fleischmagen, ¨
le croupion	der Bürzel, -
○ **le plumage**	das Gefieder, -
l'aile *f*	der Flügel, -
ailé ; aptère	geflügelt ; flügellos
(in)apte au vol	flug(un)fähig
la plume	die Feder, n
couvert de plumes ; sans pl.	gefiedert ; ungefiedert
la penne	die Konturfeder
la rémige	die Schwungfeder
la rectrice	die Schwanzfeder
la huppe *(plumes)*	die Haube, n
l'aigrette *f (plumes)*	der Federbusch, ¨e
le duvet	die Flaumfeder/die Daune, n
couvert de duvet/duveteux	flaumig
duveté	flaumweich
perdre ses plumes/se déplumer	sich federn
la mue ; muer	die Mauser ; sich mausern
○ **le vol**	der Flug, ¨e
un vol de canards sauvages	ein Flug von Wildenten
une volée de moineaux	ein Schwarm Spatzen
au vol/en plein vol	im Flug
à vol d'oiseau	aus der Vogelperspektive
l'envergure *f*	die Spannweite, n
déployer les ailes	die Flügel spreizen
être prêt à quitter le nid	flügge werden*
voler	fliegen*, o, o
s'envoler du nid, quitter le nid	aus~fliegen*
s'envoler, prendre son (en)vol	davon~fliegen*, weg~fliegen*
à tire-d'aile(s)	mit kräftigem Flügelschlag
voltiger ; tournoyer	flattern* ; kreisen*
planer ; voler en planant	schweben ; segeln*
le vol plané	der Gleitflug, ¨e
survoler ; traverser	überfliegen ; durchfliegen
se poser sur	sich setzen auf+A
être perché/juché sur	sitzen, a, e auf+D
hiverner	überwintern
s' en aller vers/migrer vers	ziehen*, o, o nach+D/in+A
• **l'oiseau migrateur**	der Zugvogel, ¨
l'oiseau de passage	der Durchzügler, -
l'oiseau sédentaire	der Standvogel, ¨
le migrateur partiel	der Teilzieher, -
• **l'oiseau chanteur**	der Singvogel, ¨
la voix	die Stimme, n
le chant, le ramage *(lit)*	der Gesang, ¨e
chanter	singen, a, u
gazouiller	zwitschern
le gazouillement/le gazouillis	das Zwitschern/das Gezwitscher
lancer des trilles	trillern
• **cris** *m* **des oiseaux**	Vogelstimmen *fpl*
grisoller *(alouette)*	tirilieren *(Lerche)*
cancaner *(canard)*	schnattern *(Ente)*
(h)ululer *(chouette)*	schreien, ie, ie *(Eule)*
craqueter *(cigogne)*	klappern *(Storch)*
chanter *(coq)*	krähen *(Hahn)*
le cocorico	das Kikeriki, s
croasser *(corbeau)*	krächzen *(Rabe)*
glouglouter *(dindon)*	kollern *(Truthahn)*
siffler *(merle)*	flöten *(Amsel)*
cacarder *(oie)*	schnattern *(Gans)*
roucouler *(pigeon)*	gurren *(Taube)*
glousser ; caqueter *(poule)*	glucken ; gackern *(Henne)*

pépier/piauler *(poussin)*	piepen *(Küken)*
chanter *(rossignol)*	schlagen, u, a, ä *(Nachtigall)*
○ **le nid**	das Nest, er
la parade nuptiale	die Balz
faire sa parade nuptiale	balzen
faire son nid/nicher	nisten
l'aire *f (nid des rapaces)*	der Horst, e
nicher *(rapaces)*	horsten
pondre	Eier legen
la ponte ; la pondaison	das Eierlegen ; die Legezeit, en
l'œuf *m*	das Ei, er
la coquille d'œuf	die Eierschale, n
le germe	der Keim, e
couver	brüten
couver les œufs *(jusqu'à éclosion)*	die Eier aus~brüten
la couvée *(œufs)*	das Gelege, -
la couvée *(petits)*	die Brut, en
l'incubation *f*	die Brutzeit, en
sortir de l'œuf	aus~kriechen*, o, o
l'éclosion *f*	das Auskriechen
l'oisillon *m*	das Vögelchen, -
l'oiseau *m* **nidicole**	der Nesthocker, -
l'oiseau nidifuge	der Nestflüchter, -
donner la becquée à/nourrir *tr*	füttern *tr*
omnivore ; granivore	alles fressend ; Körner fressend
piscivore ; insectivore	Fisch fressend ; Insekten fressend
charognard	aasfressend
la cage	der Käfig, e
la volière	das Vogelhaus, ¨er/die Voliere, n
le perchoir	die Vogelstange, n

les oiseaux

• **passereaux** *m*	Sperlingsvögel *mpl*
↓ **l'accentueur** *m* **mouchet**	die Heckenbraunelle, n
l'alouette *f*	die Lerche, n
al. des champs ; al. lulu	Feldlerche ; Heidelerche
le cochevis huppé	die Haubenlerche
le bec-croisé	der Kreuzschnabel, ¨
la bergeronnette/ le hochequeue	die Bachstelze, n
la b. grise ; la b. printanière	die Weiße B. ; die Schafstelze
le bouvreuil	der Gimpel, -/der Dompfaff, en, en
le bruant	die Ammer, n
le br. jaune ; le br. des roseaux	die Goldammer ; die Rohrammer
l'ortolan *m*	die Gartenammer/der Ortolan, e
le chardonneret (élégant)	der Stieglitz, e/der Distelfink, en, en
le choucas (des tours)	die Dohle, n
le cincle plongeur	die Wasseramsel, n
le colibri/l'oiseau-mouche *m*	der Kolibri, s
le corbeau	der Rabe, n, n
le grand corbeau ; le (c.) freux	der Kolkrabe ; die Saatkrähe, n
la corneille	die Krähe, n
la c. noire ; la c. mantelée	die Rabenkrähe ; die Nebelkrähe
l'engoulevent *m*	der Ziegenmelker, -
l'étourneau (sansonnet) *m*	der Star, e
la fauvette	die Grasmücke, n
la fauvette à tête noire	die Mönchsgrasmücke
la fauvette babillarde	die Zaungrasmücke
le geai	der Häher, -
le geai des chênes	der Eichelhäher
le casse-noix	der Tannenhäher
le gobe-mouche(s)	der Fliegenschnäpper, -
le gorge-bleu	das Blaukehlchen, -
le grimpereau des jardins	der Gartenbaumläufer, -
la grive	die Drossel, n
la grive musicienne	die Singdrossel
la grive draine	die Misteldrossel
la grive litorne	die Wacholderdrossel
le gros-bec (casse-noyaux)	der Kernbeißer, -
le guêpier (d'Europe)	der Bienenfresser, -
l'hirondelle *f*	die Schwalbe, n
l'hirondelle de fenêtre	die Mehlschwalbe
l'hirondelle de cheminée	die Rauchschwalbe
la huppe fasciée	der Wiedehopf, e
le jaseur boréal/de Bohème	der Seidenschwanz, ¨e
la linotte	der Hänfling, e
le loriot	der Pirol, e
le mainate	der Beo, s
le martin-pêcheur	der Eisvogel, ¨
le martinet	der Segler, -
le martinet noir	der Mauersegler
le martinet alpin	der Alpensegler
le merle (commun)	die Amsel, n/die Schwarzdrossel, n
la mésange	die Meise, n
la mésange charbonnière	die Kohlmeise
la mésange huppée	die Haubenmeise
la mésange à longue queue	die Schwanzmeise
la mésange noire	die Tannenmeise
le moineau, le piaf *(arg)*	der Sperling, e/der Spatz, en, en
le m. domestique, le m. friquet	der Haussperling ; der Feldsperling
l'oiseau-lyre/le ménure	der Leierschwanz, ¨e
la pie (bavarde)	die Elster, n
la pie-grièche	der Würger, -
la pie-grièche grise	der Raubwürger
la pie-grièche écorcheur	der Neuntöter, -
le pinson	der Fink, en, en
le p. des arbres ; le p. du Nord	der Buchfink ; der Bergfink
le pipit des arbres	der Baumpieper, -
le pouillot siffleur	der Waldlaubsänger, -
le roitelet	das Goldhähnchen, -
le rollier	die Blauracke, n
le rossignol	die Nachtigall, en
le rouge-gorge	das Rotkehlchen, -
le rouge-queue à front blanc	der Gartenrotschwanz, ¨e
la rousserolle	der Rohrsänger, -
le serin (cini)	der Girlitz, e
le (serin) canari	der Kanarienvogel
la sitelle torchepot	der Kleiber, -
le tarin des aulnes	der Erlenzeisig, e
le traquet motteux	der Steinschmätzer, -
le venturon alpin	der Zitronenzeisig
le sizerin flammé	der Birkenzeisig
le troglodyte mignon	der Zaunkönig, e
le verdier	der Grünling, e/der Grünfink
○ **oiseaux grimpeurs**	Klettervögel *mpl*
l'ara *m*	der Ara, s
le cacatoès	der Kakadu, s
le coucou (gris)	der Kuckuck, e
le perroquet	der Papagei, en, en/s, en
la perruche	der Sittich, e
la perruche ondulée	der Wellensittich
le pic	der Specht, e
le pivert/le pic vert	der Grünspecht

le pic épeiche	der Buntspecht
le torcol (fourmilier)	der Wendehals, ¨e
le toucan	der Tukan, e/der Pfefferfresser, -
• **gallinacés/galliformes** *m*	Hühnervögel *mpl*
la caille (des blés)	die Wachtel, n
la dinde	die Pute, n/die Truthenne, n
le dindon	der Puter, -/der Truthahn, ¨e
le dindonneau	der junge Puter
le faisan ; la poule faisane	der Fasan, e ; die Fasanhenne, n
la gélinotte des bois	das Haselhuhn, ¨er
le lagopède	das Schneehuhn, Moor(schnee)huhn
le l. d'Ecosse/la grouse	das Schottische Moorhuhn
le paon	der Pfau, en
faire la roue	ein Rad schlagen, u, a, ä
la perdrix (grise) ; le perdreau	das Rebhuhn ; das junge R.
une compagnie de perdreaux	eine Kette Rebhühner
la perdrix rouge ; la bartavelle	das Rothuhn ; das Steinhuhn
la pintade	das Perlhuhn
la poule (domestique)	das (Haus)huhn, ¨er
le poulet	das Hähnchen, -
le coq	der Hahn, ¨e
la mère poule ; le poussin	die Henne, n ; das Küken, -
le grand tétras	das Auerhuhn, ¨er
le tétras-lyre/le petit coq de bruyère	das Birkhuhn
○ **le pigeon**	die Taube, n
la pigeonne ; le pigeonneau	die weibliche T. ; die junge T.
le pigeon ramier/la palombe	die Ringel-/Wildtaube
le p. colombin ; le p. biset	die Hohltaube ; die Feldtaube
un couple de pigeons	ein Taubenpaar, e
la tourterelle	die Turteltaube
la colombe *(poét)*	die weiße Taube
le pigeon voyageur	die Brieftaube
le colombophile	der Brieftaubenzüchter, -
baguer un oiseau	einen Vogel beringen
○ **oies et canards**	Gänse- und Entenvögel *mpl*
• **le canard**	die Ente, n
le canard mâle	der Enterich, e/der Erpel, -
la cane ; le caneton	die weibliche Ente ; die junge Ente
le canard sauvage	die Wildente, n
le canard de surface	die Schwimm-/Gründelente
le c. colvert ; le c. souchet	die Stockente ; die Löffelente
le canard siffleur	die Pfeifente
la sarcelle d'été ; s. d'hiver	die Knäkente ; Krickente
le canard plongeur	die Tauchente
le c. garrot ; le c. milouin	die Schellente ; die Tafelente
l'eider *m* **; la macreuse noire**	die Eiderente ; die Trauerente
la macreuse brune	die Samtente
le tadorne	die Brandente
le harle	der Säger, -
le harle bièvre ; le h. huppé	der Gänsesäger ; der Mittelsäger
le grèbe	der Lappentaucher, -
le gr. huppé	der Haubentaucher
le gr. castagneux	der Zwergtaucher
• **l'oie** *f*	die Gans, ¨e
le jars	der Gänserich, e/der Ganter, -
l'oison *m*	das Gänseküken,/das Gössel, -/ n
l'oie sauvage	die Wildgans, ¨e
l'oie cendrée	die Graugans
l'oie des moissons	die Saatgans
l'oie rieuse	die Blässgans/Blessgans
la bernacle nonnette	die Weißwangengans

la bernacle cravant	die Ringelgans
le cygne	der Schwan, ¨e
le cygne chanteur	der Singschwan
le cygne muet/tuberculé	der Höckerschwan
le cygne noir	der Trauerschwann
• **échassiers** *m*	Stelzvögel *mpl*
les oiseaux limicoles	die Watvögel
l'avocette *f*	der Säbelschnäbler, -
la barge rousse	die Pfuhlschnepfe, n
la bécasse des bois	die Waldschnepfe
le bécasseau maubèche	der Knutt
le bécasseau variable	der Alpenstrandläufer, -
la bécassine (des marais)	die Bekassine, n/die Sumpfschnepfe
le butor étoilé	die Große Rohrdommel, n
le chevalier	der Wasserläufer, -
le chevalier gambette	der Rotschenkel, -
le chevalier combattant	der Kampfläufer
la cigogne blanche	der Weißstorch, ¨e
le flamant rose	der Flamingo, s
le courlis cendré	der Große Brachvogel
l'échasse blanche	der Stelzenläufer, -
la foulque macroule	das Blässhuhn/Blesshuhn, ër
la grue cendrée	der Kranich, e
le héron	der Reiher, -
le h. cendré ; le pique-bœuf	der Fisch-/Graureiher ; der Kuhreiher
la grande aigrette ; la petite a.	der Silberreiher ; der Seidenreiher
l'huîtrier-pie *m*	der Austernfischer, -
l'ibis *m*	der Ibis, se
le marabout	der Marabu, s
l'outarde *f*	die Trappe, n
le pluvier	der Regenpfeifer, -
la poule d'eau ; la p. sultane	das Teichhuhn ; das Purpurhuhn
le râle	die Ralle, n/das Sumpfhuhn
le râle d'eau	die Wasserralle
le râle des genêts	der Wachtelkönig, e
la spatule	der Löffler, -
le tourne-pierre	der Steinwälzer, -
le vanneau (huppé)	der Kiebitz, e
○ **rapaces** *m* **diurnes**	Greifvögel/Tagraubvögel *mpl*
• **l'oiseau de proie/le rapace**	der Raubvogel
rapace	raubgierig
la proie	die Beute, n
l'aigle *m* **; l'aiglon** *m*	der Adler, - ; der junge Adler
l'aigle royal ; le pygargue	der Steinadler ; der Seeadler
l'aigle botté ; le circaète	der Zwergadler ; der Schlangenadler
le balbuzard/l'aigle pêcheur	der Fischadler
l'autour *m* **(des palombes)**	der Habicht, e
le busard	der Weih, e/die Weihe, n
la buse (variable)	der (Mäuse)bussard, e
l'épervier *m*	der Sperber, -
le faucon	der Falke, n, n
le f. pèlerin ; le f. crécerelle	der Wanderfalke ; der Turmfalke
le f. hobereau ; le gerfaut	der Baumfalke ; der Jagd-/Gerfalke
le milan	der Milan, e
le milan royal	der Rote Milan/die Gabelweihe
le vautour	der Geier, -
le v. moine/cendré ; le v. fauve	der Mönchgeier ; der Gänsegeier
le gypaète barbu ; le condor	Bart-/Lämmergeier ; der Kondor, e
○ **rapaces** *m* **nocturnes**	Eulen *fpl*
le chat-huant/la hulotte	der Waldkauz, ¨e
la (chouette) chevêche	der Steinkauz
la chevêchette	der Sperlingskauz

l'effraie *f*	die Schleiereule, n
le harfang des neiges	die Schnee-Eule
le (hibou) grand duc	der Uhu, s
le moyen duc ; le petit duc	die Waldohreule ; die Zwergohreule
le hibou des marais	die Sumpfohreule
• **oiseaux** *m* **de mer**	Seevögel *mpl*
le (grand) voilier	der Segler, -
la mouette	die Möwe, n
la m. rieuse ; la m. pygmée	die Lachmöwe ; die Zwergmöwe
la m. tridactyle	die Dreizehenmöwe
le goéland argenté	die Silbermöwe
le g. brun ; le g. cendré	die Heringsmöwe ; die Sturmmöwe
le g. marin, le g. bourgmestre	die Mantelmöwe ; die Eismöwe
le labbe/le stercoraire	die Raubmöwe
le grand skua	die Große Raubmöwe
le pétrel fulmar	der Eissturmvogel, ¨
le pétrel tempête	die Sturmschwalbe, n
le puffin	der Sturmtaucher, -
la sterne	die Seeschwalbe, n
l'albatros *m*	der Albatros, se
le cormoran	der Kormoran, e/die Scharbe, n
le fou de Bassan	der Baßtölpel, -
le pélican	der Pelikan, e
le plongeon	der Seetaucher, -
le pl. lumme ; le pl. imbrin	der Prachttaucher ; der Eistaucher
le petit pingouin	der Tordalk, s/en, e/en
le manchot	der Pinguin, e
le guillemot de Troïl	die Trottellumme, n
le macareux moine	der Papageitaucher, -
○ **oiseaux coureurs**	Laufvögel *mpl*
l'autruche *f*	der Strauß, e
le cagou	der Kagu, s
le casoar	der Kasuar, e
l'émeu *m*	der Emu, s
le kiwi	der Kiwi, s
le nandou	der Nandu, s

einen Vogel haben *(fam)*
avoir un grain (fam)

flügge werden*
voler de ses propres ailes (fig)

Süßholz raspeln
roucouler (faire le joli cœur auprès des femmes)

ein Liebespärchen
des tourtereaux m (fam) (un couple d'amoureux)

Nachtigall, ich hör dir trapsen ! *(fam)*
Je vous/te vois venir avec vos/tes gros sabots.

wie ein Rohrspatz schimpfen
jurer comme un charretier

Eulen nach Athen tragen, u, a, ä
porter de l'eau à la rivière

eine Gänsehaut bekommen, a, o
avoir la chair de poule

im Gänsemarsch gehen*, i, a
marcher à la queue leu leu/en file indienne

klatschen/tratschen *(fam)*
cancaner/faire des cancans (colporter des ragots)

Krähenfüße an den Augen haben *(fam)*
avoir des pattes(-)d'oie

sich mit jdm zanken
avoir une prise de bec avec qn (fam)

sich mit fremden Federn schmücken
se parer des plumes du paon

Er ist kein großes Licht. *(fam)*
Ce n'est pas un aigle.

eine Vogel-Strauß-Politik betreiben, ie, ie
pratiquer la politique de l'autruche

les mammifères

• **le mammifère**	das Säugetier, e
l'animal *m*, **la bête**	das Tier, e
la mamelle	die Zitze, n
allaiter	säugen
téter	saugen, o, o
le quadrupède ; le bipède	der Vierfüßer ; der Zweifüßer, -
quadrupède ; bipède	vierfüßig ; zweifüßig
la robe, le pelage	das Fell, e
le carnivore	der Fleischfresser, -
carnivore ; herbivore	Fleisch fressend ; Gras fressend
insectivore ; omnivore	Insekten fressend ; alles fressend
• **les animaux** *m* **domestiques**	die Haustiere
le (médecin) vétérinaire	der Tierarzt, ¨e
la clinique vétérinaire	die Tierklinik, en
apprivoiser	zähmen
la domestication	die Domestikation
• **le chien**	der Hund, e
la chienne ; le chiot	die Hündin, nen ; der Welpe, n, n
le toutou *(voc enf)*	der Wauwau, s *(voc enf)*
la race canine	die Hunderasse, n
le museau	die Schnauze, n
la truffe	die Hundenase, n
flairer ; le flair	wittern ; der Spürsinn
la gueule	das Maul, ¨er
les babines *f*	die Lefzen *fpl*
la canine ; le croc	der Eckzahn ; der Fangzahn, ¨e
les (dents) carnassières *f*	die Reißzähne *mpl*
montrer les crocs	die Zähne fletschen
mordre ; la morsure	beißen, i, i ; der Biss, e
Attention, chien méchant !	Vorsicht, bissiger Hund !
furieux ; agressif	wütend ; angriffslustig
aboyer ; les aboiements *m*	bellen ; das Gebell
japper ; les jappements *m*	kläffen ; das Gekläff
grogner ; gémir	knurren ; winseln
le poitrail	die Brust
le garrot	der Widerrist
la patte	die Pfote, n
le membre antérieur	der Vorderlauf, ¨e
le membre postérieur	der Hinterlauf
à poils courts, longs, drus	kurz-, lang-, drahthaarig
la queue	der Schwanz, ¨e
frétiller de la queue/remuer la queue	mit dem Schwanz wedeln
couper/raccourcir la queue	den Schwanz stutzen/kupieren
oreilles pendantes	Schlappohren
oreilles plantées droites	stehende Ohren
○ **le chien de race**	der Rassehund
le pedigree d'un chien	der Stammbaum eines Hundes
le basset	der Basset, s
le (chien de) berger	der Schäferhund
le berger allemand	der deutsche Schäferhund

le bouledogue	die Bulldogge, n
le (chien de) bouvier	der Hirtenhund
le braque	der Bracke, n, n/die Bracke, n
le caniche	der Pudel, -
le carlin	der Mops, ¨e
le chien-loup	der Wolfshund
le cocker	der Cockerspaniel, -
le dogue	die Dogge, n
l'épagneul *m*	der Spaniel
le petit épagneul allemand	der Wachtel-/Hühnerhund
la levrette	die Windhündin, nen
le lévrier	der Windhund/das Windspiel, e
le lévrier afghan/l'afghan *m*	das Afghanerwindspiel/ der Afghane, n
le pékinois	der Pekinese, n, n
le saint-bernard	der Bernhardiner, -
le spitz/le loulou	der Spitz, e
le teckel	der Dackel, -/Dachshund/Teckel, -
le terre-neuve	der Neufundländer, -
le bâtard/le corniaud/le chien croisé/mâtiné	der Bastardhund
le cabot/clebs/clébard *(pop)*	der Köter, - *(péj)*
le roquet	der Kläffer, - *(péj)*
l'élevage *m* **de chiens**	die Hundezucht
le chenil	der Hundezwinger, -
la niche	die Hundehütte, n
○ **dresser un chien**	einen Hund ab~richten/dressieren
dressé à rapporter le gibier	auf das Apportieren abgerichtet
le dresseur	der Abrichter/der Dresseur, e
le dressage	die Dressur
obéir à son maître	seinem Herrn gehorchen
obéir à la voix	auf die Stimme hören
Au pied ! ; Assis !	(Bei) Fuß ! ; Sitz !
Couché !/Terre !/À ta place !	Platz !
Cherche ! ; Apporte !	Such (verloren) ! ; Apport !/Bring her !
(Donne) la patte !	(Gib) die Pfote !
Attaque !	Fass !
faire le beau	Männchen machen
le chien d'aveugle	der Blindenhund
le chien de chasse	der Jagdhund
le chien de compagnie	der Begleithund
le chien-guide	der Führerhund
le ch. policier ; le limier	der Polizeihund ; der Spürhund
le ch. de garde	der Wachhund
le ch. de défense	der Schutzhund
un molosse	ein sehr großer Wachhund
le petit chien d'agrément	der Schoßhund
le collier	das Halsband, ¨er
la muselière	der Maulkorb, ¨e
museler un chien	einem Hund einen Maulkorb an~legen
la laisse	die Hundeleine, n
tenir un chien en laisse	einen Hund an der Leine führen
sortir le chien	den Hund aus~führen, mit dem Hund Gassi gehen *(fam)*
promener le chien	den Hund spazieren führen
les crottes *f* **de chien**	der Hundekot
s'échapper	entlaufen*, ie, au, äu
sans maître ; perdu	herrenlos ; verirrt
un chien errant	ein streunender Hund
le tatouage	die Tätowierung, en
tatouer	tatauieren/tätowieren
le propriétaire d'un chien	der Hundehalter, -
le toilettage	die Hundepflege
la rage ; enragé	die Tollwut ; tollwütig
la maladie de Carré	die Staupe
• **le chat, la chatte**	die Katze, n
le chat *(mâle)*/**le matou**	der Kater, -
le chat castré	der kastrierte Kater
le chaton	die junge Katze
le minet *(voc enf)*	die Miezekatze *(voc enf)*
miauler ; ronronner ; feuler	miauen ; schnurren ; fauchen
les moustaches *f*	die Schnurrhaare *npl*
la griffe ; rétractile	die Kralle, n ; zurückziehbar
griffer	kratzen
laper du lait	Milch schlecken
faire le gros dos	einen Buckel machen
le chat domestique (européen)	die (europäische) Hauskatze
le chat angora ; le chartreux	die Angorakatze ; die Kartäuserkatze
le chat persan ; le chat siamois	die Perserkatze ; die Siamkatze
le haret	die verwilderte Katze
un chat de gouttière	eine K. unbestimmter Rasse
le chat à poil court	die Kurzhaarkatze
le chat à poil long	die Langhaarkatze
• **les animaux d'élevage**	die Zuchttiere *npl*
• **le cheval**	das Pferd, e
l'étalon *m*	der Hengst, e
la jument ; la (j.) poulinière	die Stute, n ; die Zuchtstute
le poulain ; la pouliche	das Fohlen, -/das Füllen, - ; das Stutenfohlen
le cheval hongre *(castré)*	der Wallach, e *(kastriert)*
le pur-sang ; le demi-sang	das Vollblut ; das Halbblut
le cheval de trait	das Zugpferd
le poney	das Pony, s
le coursier *(poét)*	das Ross, e *(poét)*
le canasson *(pop)*	der Gaul, ¨e
le naseau	die Nüster, n
l'encolure *f*	der Pferdekamm
la crinière	die Mähne, n
le garrot	der Widerrist
la croupe	die Kruppe, n
le flanc	die Weiche, n/die Flanke
le membre antérieur, postérieur	das Vorder-, Hinterbein, e
la jambe	der Unterschenkel, -, die Hosen *(pl)*
le jarret	das Sprunggelenk
le sabot	der Huf, e
le poil ; le crin	das Haar, e ; das Rosshaar
la queue	der Schweif, e
la robe	das Fell, e
l'alezan *m*	der Fuchs, ¨e
le cheval bai ; le ch. blanc	der Braune *(adj)* ; der Schimmel, -
le ch. gris pommelé	der Apfelschimmel
le cheval noir	der Rappe, n, n
racé	rassig
(in)dompté ; indomptable	(un)gezähmt ; unzähmbar
docile	fromm
rétif	bockig/störrisch
fougueux/fringant ; poussif	feurig ; dämpfig
ombrageux ; récalcitrant	scheu ; widerspenstig
se cabrer	sich bäumen
s'emballer	durch~gehen*, i, a
s'ébrouer, renâcler	schnauben
hennir ; le hennissement	wiehern ; das Wiehern
piaffer	mit den Hufen stampfen

ruer	aus~schlagen, u, a, ä
○ **l'âne** *m* / **le baudet** *(fam)*	der Esel, -
braire ; pousser des hi-hans	schreien, ie, ie ; iahen
l'âne étalon / le baudet	der Zuchtesel
l'ânesse *f* **; l'ânon** *m*	die Eselin, nen ; der junge Esel
le mulet *(le grand mulet)*	das Maultier, e
le bardot / bardeau *(le petit m.)*	der Maulesel
la mule	das weibliche Maultier
la bête de somme	das Lasttier, e
• **les bovins** *m*, **les bovidés**	die Rinder *npl*
le ruminant ; ruminer	der Wiederkäuer, - ; wieder~käuen
le bœuf *(t gén)*	das Rind, er
le bœuf *(mâle castré)*	der Ochse, n, n
le taureau	der Stier, e / der Bulle, n, n
le taurillon	der junge Stier
donner des coups de corne	mit den Hörnern stoßen, ie, o, ö
le veau ; la génisse	das Kalb, ¨er ; die Färse, n
la vache ; la vache laitière	die Kuh, ¨e ; die Milchkuh
le pis / la mamelle ; le trayon	das Euter, - ; die Zitze, n
beugler, mugir	muhen, brüllen
le troupeau	die Herde, n
la bouse de vache	der Kuhfladen, -
○ **le porc, le cochon**	das Schwein, e
le verrat ; la truie	der Eber, - ; die Sau, ¨e / en
le porcelet / le goret	das Ferkel, -
le groin ; grogner	der Schweinerüssel, - ; grunzen
la soie *(le poil)*	die Borste, n
la queue en tire-bouchon	der Ringelschwanz, ¨e
○ **le mouton** *(t gén)* ; **la brebis**	das Schaf, e ; das Mutterschaf
le bélier	der Schafbock, ¨e / der Widder, -
le mouton *(castré)*	der Hammel, - / ¨
l'agneau *m* **; l'agneau de lait**	das Lamm, ¨er ; das Mutterlamm
bêler ; le bêlement	blöken ; das Blöken
la toison	das Vlies, e
tondre ; la tonte	scheren, o, o ; die Schafschur, en
le mouton à laine ; m. mérinos	das Wollschaf ; Merinoschaf
la laine vierge	die Schurwolle
○ **la chèvre / la bique(tte)** *(fam)*	die Ziege, n
le bouc	der Ziegenbock, ¨e
le chevreau / le cabri	das Zicklein, - / das Kitz, e
la chevrette	die Kitze, n
bêler	meckern *(Ziege)*

sich ab~rackern *(fam)*
se donner un mal de chien

wie Hund und Katze miteinander sein
s'entendre comme chien et chat

Schlafende Hunde soll man nicht wecken.
Il ne faut pas réveiller un chat qui dort.

wie die Katze um den heißen Brei (herum~)gehen*, i, a
tourner autour du pot

Die Straße ist menschenleer.
Il n'y a pas un chat dans la rue.

das Kind beim rechten Namen nennen, a, a
appeler un chat un chat

das Rätseln auf~geben, a, e, i
donner sa langue au chat (fam)

einen Frosch im Hals haben
avoir un chat dans la gorge

Es ist nur ein Katzensprung.
C'est à deux pas.

Wichtigeres zu tun haben
avoir d'autres chats à fouetter

einen Kater haben *(fam)*
avoir mal aux cheveux (fam)

"Das also war des Pudels Kern" *(Goethe : Faust)*
"C'était donc cela le fin mot de l'affaire !"

Einem geschenkten Gaul schaut man nicht ins Maul.
À cheval donné, ne regarde pas les dents.

den Stier bei den Hörnern fassen
saisir le taureau par les cornes

Hungerjahre
des années de vaches maigres

Was für ein Biest ! *(fam)*
Quelle (peau de) vache ! Quelle rosse ! (fam)

eine (hin)gepfuschte Arbeit
un travail cochonné (fam)

der Sündenbock
le bouc émissaire

ein räudiges Schaf
une brebis galeuse

(Kommen wir wieder) zur Sache !
Revenons à nos moutons.

So ein Schaf ! *(fam)*
Quel idiot ! (fam)

mammifères sauvages

• **le mammifère sauvage**	das wild lebende Säugetier, e
○ **les ongulés** *m*	die Huftiere *npl*
le cerf *(t gén)*	der Hirsch, e
le cerf (commun)	der Rot- / Edelhirsch
les bois *m* / **la ramure**	das Geweih, e
la dague ; le daguet	der Spieß, e ; der Spießbock, ¨e
la corne	das Horn, ¨er
à corne(s) / cornu ; corné	gehörnt ; horn(art)ig
bramer ; le brame(ment)	röhren / schreien ; das Röhren
paître *itr* / **pâturer** *(cerf, biche)*	äsen *tr*
la biche	die Hirschkuh, ¨e
le faon	das Hirschkalb, ¨er
le sanglier	das Wildschwein, e
le sanglier mâle	der Keiler, - / der Eber, -
un solitaire *(vieux sanglier)*	ein alter Keiler
la laie	die Wildsau, ¨e / en / die Bache, n
le marcassin	der Frischling, e
la hure	der (Wild)schweinskopf, ¨e
la défense (du sanglier)	der Hauer, -
la compagnie / la harde	das Rudel, -
la bauge	die Suhle, n
se vautrer dans la bauge	sich suhlen
○ **l'antilope** *f*	die Antilope, n
le bison ; le bison d'Amérique	der Wisent, e ; der Bison, s
le bœuf musqué	der Moschusochse, n, n
le musc *(substance odorante)*	der Moschus
le bouquetin	der Steinbock, ¨e
le buffle	der Büffel, -
le chameau ; la chamelle	das Kamel, e ; die Kamelstute, n
le dromadaire	das Dromedar, e

la bosse ; à une bosse	der Höcker, - ; einhöckerig
le chamelier ; la caravane	der Kameltreiber, - ; die Karawane, n
le chamois, l'isard/izard *m*	die Gämse, n
le chevreuil	das Reh, e
le daim	der Damhirsch, e
l'élan *m*	der Elch, e
la gazelle	die Gazelle, n
la girafe	die Giraffe, n
le lama	das Lama, s
le mouflon	der Mufflon, s/das Wildschaf, e
l'okapi *m*	das Okapi, s
le renne/le caribou	das Rentier, e/Ren, e/s
le tapir	der Tapir, e
le zébu	der/das Zebu, s/ der Buckelochse, n, n
le zèbre	das Zebra, s
○ **le pachyderme**	der Dickhäuter, -
l'éléphant *m*	der Elefant, en, en
l'éléphante *f*	die Elefantenkuh, ¨e
l'éléphanteau *m*	der junge Elefant
la trompe	der Rüssel, -
la défense ; l'ivoire *m*	der Stoßzahn, ¨e ; das Elfenbein
barrir ; les barrissements *m*	trompeten ; das Trompeten
le cornac	der Elefantenführer, -
l'hippopotame *m*	das Nil-/Flusspferd, e
le rhinocéros	das Nashorn, ¨er
• **carnassiers** *m*, **carnivores** *m*	Raubtiere *npl*
le chacal	der Schakal, e
le coyote	der Kojote, n, n/der Präriewolf, ¨e
le fennec	der Fennek, s/ e/ der Wüstenfuchs, ¨e
le glouton	der Vielfraß, e
le loup	der Wolf, ¨e
la louve ; le louveteau	die Wölfin, nen ; das Wölfchen, -
hurler ; les hurlements *m*	heulen ; das Heulen
le renard (commun)	der (Rot)fuchs, ¨e
le renard polaire/l'isatis *m*	der Eisfuchs
la tanière du renard	der Fuchsbau, e
l'ours (brun)	der (Braun)bär, en, en
l'ourse *f* **; l'ourson** *m*	die Bärin, nen ; der junge Bär
l'ours blanc	der Eisbär
le grizzli	der Grislibär/Grizzlybär
grogner	brummen
le panda	der Panda, s
le raton laveur	der Waschbär
○ **grands félins, fauves** *m*	Großkatzen *fpl*
la gueule	der Rachen, -
la patte ; les griffes *f*	die Tatze, n ; die Pranke, n
le coup de griffe	der Prankenhieb, e
feuler ; rugir	fauchen ; brüllen
épier, guetter *tr*	lauern (auf+A)
bondir sur	springen*, a, u, auf+A
se jeter sur	sich stürzen auf+A
dépecer, déchirer	zerreißen, i, i
le repaire, la tanière	die Höhle, n
○ **le chat forestier/sauvage**	die Wildkatze, n
le guépard	der Gepard, e
l'hyène *f*	die Hyäne, n
le jaguar	der Jaguar, e
le lion	der Löwe, n, n
la crinière	die Mähne, n
la lionne ; le lionceau	die Löwin, nen ; der junge Löwe
le lynx, le loup-cervier	der Luchs, e

l'ocelot *m*	die Pardelkatze
la panthère/le léopard	der Panther/Panter, -/ der Leopard, en, en
le puma	der Puma, s
le tigre	der Tiger, -
• **animaux** *m* **à fourrure**	Pelztiere *npl*
la fourrure	der Pelz, e
le pelage/la peau	das Fell, e
rayé, zébré ; tigré	gestreift ; getigert
tacheté	gefleckt/gesprenkelt
épais, fourni	dichtbehaart
doux comme la soie ; soyeux	seidenweich ; seidig
la belette	das Mauswiesel, -/das Kleine Wiesel
le blaireau	der Dachs, e
la fouine	der Stein-/Hausmarder
le furet	das Frettchen, -
l'hermine *f*	das Große Wiesel, -/das Hermelin, e
la loutre	der (Fisch)otter, -
la loutre de mer	der See-/Meerotter
la mart(r)e	der Edel-/Baummarder, -
la mouf(f)ette	das Stinktier, e/der Skunk, e/s
le sconse/le skuns *(fourrure)*	der Skunk(s) *mpl*
le putois	der Iltis, se/der Ratz, e
le raton laveur	der Waschbär, en, en
le vison ; le vison d'Amérique	der Nerz, e ; der Mink, e
la zibeline	der Zobel, -
○ **mammifères** *m* **insectivores**	Insektenfresser *mpl*
la chauve-souris	die Fledermaus, ¨e
la pipistrelle	die Zwergfledermaus
l'oreillard *m*	das braune Langohr, en
le grand murin	das Großmausohr
la noctule ; le vampire	der Abendsegler, - ; der Vampir, e
le hérisson	der Igel, -
la musaraigne	die Spitzmaus, ¨e
le pangolin	das Schuppentier, e
le tamanoir/le grand fourmilier	der Ameisenbär, en, en
le tatou	das Gürteltier, e
la taupe	der Maulwurf, ¨e
la taupinière	der Maulwurfhügel, -
creuser, fouiller la terre	in der Erde wühlen
l'animal fouisseur	das Wühltier, e
le paresseux *(un phytophage)*	das Faultier *(ein Blattfresser)*
• **rongeurs** *m*	Nagetiere *npl*
ronger *tr*, **grignoter** *tr*	nagen an+D
le campagnol des champs	die Feldmaus, ¨e
le castor	der Biber, -
la civette	die Zibetkatze, n
le cochon d'Inde/le cobaye	das Meerschweinchen, -
l'écureuil *m*	das Eichhörnchen, -
l'éc. volant/le polatouche	das Flughörnchen
le petit-gris ; le vair *(fourrure)*	das Feh, e
la genette	die Ginsterkatze, n
la gerboise	die Springmaus, ¨e
le hamster doré	der Goldhamster, -
le lapin de garenne	das Wildkaninchen, -
le lapin *(fourrure)*	das Kanin(chenfell), e
le lapin mâle ; le lièvre mâle	der Rammler, -
la lapine	die Häsin, nen
le lapereau	das junge Kaninchen, -
le terrier	der Bau, e
la galerie	die Röhre, n
la chambre	der Kessel, -/die Kammer, n

le lemming	der Lemming, e
le lièvre	der (Feld)hase, n, n
la hase ; le levraut	die Häsin, nen ; der junge Hase
l'oreille *f*	der Löffel, -
la patte	der Lauf, ¨e
la queue	die Blume, n
le lièvre variable	der Schneehase, n, n
le gîte ; gîter	das Lager, -/die Grube, n ; lagern
le loir gris	der Siebenschläfer, -
le lérot	der Gartenschläfer
la mangouste	die Manguste, n
la marmotte	das Murmeltier, e
le mulot gris ; le m. rayé	die Waldmaus ; die Brandmaus, ¨e
le muscardin	die Haselmaus
le porc-épic	das Stachelschwein, e
le ragondin/le myocastor	die Biberratte, n/die Nutria, s
le rat (noir)	die (Haus)ratte, n
le rat d'égout/le surmulot	die Wanderratte
le rat d'eau	die Wasserratte/die Schermaus, ¨e
le rat musqué/l'ondatra *m*	die Bisamratte, n
la souris (grise)	die (Haus)maus
la souris des moissons	die Zwergmaus
❍ **marsupiaux** *m*	Beuteltiere *npl*
le kangourou	das Känguru
le koala	der Koala, s/der Beutelbär, en, en
l'opossum *m*	das Opossum, s
la sarigue	die Beutelratte, n
❍ **primates** *m*	Herrentiere *mpl*
• **le singe**	der Affe, n, n
le s. femelle, la guenon	die Äffin, nen
l'aoulate *m*/**le singe hurleur**	der Brüll-/Heulaffe
l'atèle *m*/**le singe araignée**	der Spinnen-/Klammeraffe
le babouin	der Pavian, e
le capucin	der Kapuzineraffe
le chimpanzé	der Schimpanse, n, n
le gibbon	der Gibbon, s
le gorille	der Gorilla, s
le macaque	der Makak, en
l'orang-outan *m*	der Orang-Utan, s
le ouistiti	das Pinseläffchen, -
les animaux *m* **arboricoles**	die Baum bewohnenden Tiere *npl*
• **les mammifères marins**	die Meeressäugetiere
le cétacé, la baleine *(t gén)*	der Wal, e, der Walfisch, e *(abus)*
le bélouga/la baleine blanche	der Weißwal
le cachalot	der Pottwal
le dauphin (commun)	der (Gemeine) Delphin/Delfin, e
le grand dauphin/le dauphin à bec court	der Große Tümmler, -
le marsouin	der Braunfisch, e/der Schweinswal/der Kleine Tümmler
le narval	der Narwal, e
l'orque *m/f*/**l'épaulard** *m*	der Schwertwal/der Mordwal
le fanon ; l'aileron dorsal	die Barte, n ; die Finne, n
la baleine boréale *(bal. franche)*	der Grönlandwal *(Glattwal)*
la jubarte/la baleine à bosse/le/la mégaptère	der Buckelwal
le rorqual bleu/la bal. bleue	der Blauwal
le rorqual commun	der Finnwal
le phoque *(un pinnipède)*	die Robbe, n *(ein Flossenfüßler)*
le ph. commun/le veau marin	der Seehund, e/das Seekalb, ¨er
le ph. moine ; le ph. gris	die Mönchrobbe ; die Kegelrobbe
le ph. annelé	die Ringelrobbe
l'éléphant *m* **de mer**	der Seeelefant, en, en
le morse	das Walross, e
l'otarie *f*/**le phoque à oreilles**	die Ohrenrobbe
le lion marin	der Seelöwe, n, n
l'ours *m* **de mer**	der Seebär, en, en/die Bärenrobbe

So ein Kamel ! *(fam)*
Quel imbécile !/quel idiot ! (fam)

als Versuchskaninchen missbraucht werden
servir de cobaye

ein Angsthase sein
être peureux comme un lièvre/être une poule mouillée

bekannt wie ein bunter Hund
connu comme le loup blanc

sich in die Höhle des Löwen begeben, a, e, i
se jeter dans la gueule du loup

Wenn man vom Wolf spricht, ist er nicht weit.
Quand on parle du loup, on en voit la queue.

sich den Löwenanteil sichern
s'adjuger la part du lion

wie ein Ratz/Dachs schlafen, ie, a, ä
dormir comme un loir

ein ungeselliger Mensch ; ein ungehobelter Mensch
un ours ; un ours mal léché

jdn (nach~)äffen
singer qn

Faxen machen
faire le singe/faire des singeries

2. LA BOTANIQUE

le règne végétal

• **la botanique**	die Botanik/die Pflanzenlehre
le botaniste	der Botaniker, -
le jardin des plantes	der botanische Garten, ¨
le règne végétal	das Pflanzenreich
la classification végétale	die Pflanzensystematik
l'embranchement *m*	die Abteilung, en
l'ordre *m*	die Ordnung, en
la famille ; le genre	die Familie, n ; die Gattung, en
l'espèce *f*, **l'essence** *f (arbres)*	die Art, en
la variété	die Abart, en/die Varietät, en
une espèce naturalisée	eine eingebürgerte Art
les cryptogames *m*	die Sporenpflanzen *fpl*
les thallophytes *f*	die Lagerpflanzen
les bryophytes	die Bryophyten *fpl*
les ptéridophytes/les cryptogames vasculaires	die Pteridophyten/die Gefäßsporenpflanzen
les phanérogames	die Samenpflanzen
les gymnospermes *f*	die Nacktsamer *mpl*
les angiospermes	die Bedecktsamer
les dicotylédones *f*	die zweikeimblättrigen Pflanzen
les monocotylédones	die einkeimblättrigen Pflanzen
la flore	die Pflanzenwelt
la végétation	die Vegetation, en/der Pflanzenwuchs
luxuriant ; pauvre, maigre	üppig ; arm

la plante

• **la plante, le végétal**	die Pflanze, n, das Gewächs, e
monoïque ; dioïque	einhäusig ; zweihäusig
annuel ; bisannuel	einjährig ; zweijährig
vivace, pluriannuel	mehrjährig
la plante herbacée vivace	die Staude, n
la plante aquatique	die Wasserpflanze
la plante carnivore	die Fleisch fressende Pflanze
la pl. épiphyte/l'épiphyte *m*	der Epiphyt, en, en
○ **la racine ; la r. principale ; la r. adventive**	die Wurzel, n ; die Hauptwurzel ; die Adventivwurzel
la racine pivotante/le pivot	die Pfahlwurzel
la radicelle	das Würzelchen, -
le poil absorbant	das Wurzelhaar, e
la coiffe	die Wurzelhaube, n
la racine tubéreuse	die Wurzelknolle, n
prendre racine	Wurzeln schlagen, u, a, ä
avoir ses racines (dans)	wurzeln (in+D)
solidement enraciné	fest verwurzelt
• **la tige** *(avec feuilles et fleurs)*	die Sprossachse, n
sortir de terre	sprießen*, o, o
la pousse	der Spross, e, der Trieb, e
le drageon	der Wurzelspross/der Wurzelschössling, e
la tige *(plante herbacée)*	der Stängel, -, der Stiel, e
une plante acaule	eine stängellose Pflanze
le rhizome	der Wurzelstock, ¨e
le bulbe, l'oignon *m*	die Zwiebel, n
le tubercule	die Sprossknolle, n
la plante grimpante	die Kletterpflanze
la plante sarmenteuse	die Rankenpflanze
la vrille	die Ranke, n
la liane	die Liane, n
le crampon	die Haftwurzel, n
la racine aérienne	die Luftwurzel
la plante volubile	die Windepflanze
la plante rampante	die Kriechpflanze
le stolon, le coulant	der Ausläufer, -
l'épine *f*, **le piquant**	der Dorn, en/¨er
l'aiguillon *m*, **le piquant**	der Stachel, n
épineux, piquant	dornig, stachelig
○ **le bourgeon (foliaire)**	die (Blatt)knospe, n
b. terminal ; b. axillaire	Endknospe ; Achselknospe
le bouton, le bourgeon floral	die (Blüten)knospe
l'œil, le bourgeon naissant	das Auge, n, der Knospenansatz, ¨e
bourgeonner *itr*	Knospen treiben, ie, ie
le nœud ; l'entre-nœud *m*	der Knoten, - ; das Internodium, ien
• **la feuille**	das Blatt, ¨er
opposé ; alterne	gegenständig ; wechselständig
composé ; simple	zusammengesetzt ; einfach
denté ; crénelé	gesägt ; gekerbt
lobé ; trilobé	gelappt ; dreilappig
palmé ; trifolié	gefingert ; dreiblättrig
sagitté, lancéolé	pfeilförmig
le pétiole, la queue	der Blattstiel, e, der Blattstängel, -
pédonculé ; sessile	gestielt ; ungestielt
la stipule	das Nebenblatt
le limbe	die Spreite, n
la nervure	die (Blatt)rippe, n, die (Blatt)ader, n
• **la fleur**	die Blume, n/die Blüte, n
une tige à fleur solitaire	ein einblütiger Stängel
le pédoncule	die Blütenachse, n

l'inflorescence *f*	der Blütenstand, ¨e
la grappe	die Traube, n
l'ombelle *f*	die Dolde, n
la cyme bipare	die Trugdolde
le corymbe	die Doldentraube, n
le capitule	das Körbchen, -, das Köpfchen, -
l'épi *m* **; l'épillet** *m*	die Ähre, n ; das Ährchen, -
le chaton	das Kätzchen, -
le calice ; le sépale	der Kelch, e ; das Kelchblatt, ¨er
la spathe	die Scheide, n
le spadice	der Blütenkolben, -
la panicule ; paniculé	die Rispe, n ; rispenförmig
la corolle	die Blumenkrone, n
le pétale	das Blütenblatt, ¨er
le carpelle	das Fruchtblatt
la bractée	die Braktee, n
l'étamine *f*	das Staubblatt, ¨er
le filet	der Staubfaden, ¨
l'anthère *f*	der Staubbeutel, -
le pollen	der Blütenstaub/der Pollen, -
le pistil	der Stempel, -
l'ovaire *m*	der Fruchtknoten, -
le style	der Griffel, -
le stigmate	die Narbe, n
la floraison	die Blütezeit, das Blühen
fleurir	blühen
l'éclosion *f*	das Aufblühen
éclater, éclore	auf~springen*, a, u
s'épanouir	auf~blühen*
L'arbre va fleurir.	Der Baum steht vor der Blüte.
être (tout) en fleur(s)	in (voller) Blüte stehen, a, a
un arbre couvert de fleurs	ein Baum voller Blüten
un rameau en fleur	ein Blütenzweig
une prairie fleurie	eine blumige Wiese
à fleurs, fleuri *(papier, tissu)*	geblümt
à grandes fleurs ; à fl. rouges	großblütig ; rotblütig
florifère ; multiflore	blütentragend ; vielblütig
le parfum	der Duft, ¨e
dégager/exhaler un parfum	einen Duft aus~strömen
parfumé ; odor(ifér)ant	duftend ; wohlriechend
Cette rose embaume.	Diese Rose duftet.
Le jardin embaume le lilas.	Der Garten duftet nach Flieder.
○ **la graine**	der Samen, -
le cotylédon	das Keimblatt, ¨er
le germe	der Keim, e
la germination; germer	die Keimung, en; keimen
la plantule	der Keimling, e
• **le fruit** *(t gén)*	die Frucht, ¨e
le péricarpe	die Fruchtwand, ¨e
la peau	die Schale, n
l'endocarpe *m*	das Endokarp, e
le pédoncule, la queue	der Stiel, e
le fruit charnu	die fleischige Frucht
la chair, la pulpe	das Fruchtfleisch
la baie	die Beere, n
le pépin	der Kern, e
sans pépins	kernlos
la drupe, le fruit à noyau	die Steinfrucht
le noyau	der Stein, e, der Kern
l'amande *f*	die Nuss, ¨e
le fruit sec	die Trockenfrucht
le fruit déhiscent	die Öffnungsfrucht, die Springfrucht

le follicule	die Balgfrucht
la gousse	die Hülse, n
la silique	die Schote, n
la capsule	die Kapsel, n
le fruit indéhiscent	die Schließfrucht
l'akène *m*	der Samenkern, e
la samare *(akène ailé)*	die Flügelfrucht
le fruit composé	die Sammelfrucht
le faux fruit	die Scheinfrucht
○ **la maturation**	das Reifen
la maturité	die Reife
mûrir	reif werden, (aus~)reifen*
mûr ; pas mûr, vert	reif ; unreif
trop mûr, blet	überreif
tavelé	fleckig
fruité	fruchtig
fondant ; juteux	schmelzend ; saftig
aqueux	wässerig
farineux	mehlig
à peau épaisse ; à peau mince	dickschalig ; dünnschalig
○ **la sève**	der Saft, ¨e
la sève brute	der Rohsaft
la sève élaborée	der aufbereitete Saft
la photosynthèse	die Photosynthese
la chlorophylle	das Blattgrün/das Chlorophyll
○ **la croissance**	das Wachstum
pousser	wachsen*, u, a, ä
pousser vite ; monter en graine	(auf~)schießen*, o, o
pousser bien, venir bien	gut gedeihen*, ie, ie
proliférer	wuchern*
défleurir ; la défloraison	verblühen* ; das Verblühen
se faner	verwelken*
se dessécher	vertrocknen*, verdorren*
dépérir	verkümmern*
s'étioler	etiolieren*, vergeilen*
crever	ein~gehen, i, a*
○ **la reproduction (végétale)**	die Fortpflanzung (der Pflanzen)
se multiplier	sich vermehren
la gemmation	die Knospung
la pollinisation directe	die Selbstbestäubung, en
la p. indirecte/croisée	die Fremdbestäubung
la fécondation	die Befruchtung, en
fécond ; stérile	fruchtbar ; unfruchtbar
la fructification	die Fruchtentwicklung
fructifier *itr,* **porter des fruits**	Früchte tragen, u, a, ä
• **la plante parasite**	die Schmarotzerpflanze, n
le mildiou	der Falsche Mehltau
l'oïdium *m*, **le blanc**	der Echte Mehltau
la rouille	der Brand/die Brandkrankheit
le claviceps	der Mutterkornpilz, e
l'ergot *m* **du seigle**	das Mutterkorn, ¨er
la cuscute du lin	die Flachsseide
le mélampyre des champs	der Ackerwachtelweizen
l'orobanche *f*	die Sommerwurz, en/der Würger, -
la lathrée écailleuse	die Schuppenwurz, en

l'arbre

la plante ligneuse	das Holzgewächs, e, die Holzpflanze, n
• **l'arbre** *m*	der Baum, ¨e
l'arbrisseau *m*	der Strauch, ¨er
l'arbuste *m*	der kleine Strauch, das Bäumchen, -
le sous-arbrisseau	der Halbstrauch
la couronne	die (Baum)krone, n
la cime	der Wipfel, -
○ **la branche (maîtresse)**	der Ast, ¨e
le branchage, la ramure	das Geäst/das Astwerk
la branche	der Zweig, e
le rameau	der kleine Zweig
la ramification	die Verästelung, en, die Verzweigung, en
se ramifier	sich verzweigen
la jeune branche, la ramille	das Reis, er
le port	der Wuchs
○ **le tronc, le fût**	der Stamm, ¨e
l'écorce *f*	die Rinde, n, die Borke, n
le liège	der Kork, e
les lenticelles *f*	die Lentizellen *fpl*
le liber	der Bast, e
• **le bois**	das Holz, ¨er
le cambium	das Kambium, ien
l'aubier *m*	der Splint, e/das Splintholz
le bois de cœur	das Kernholz
la moelle	das Mark
le rayon médullaire	der Markstrahl, en
le vaisseau médullaire	die Markröhre, n
le cerne annuel	der Jahresring, e
ligneux	holzig, Holz-
la lignification	die Verholzung
se lignifier	sich verholzen
○ **les feuillus** *m*	die Laubbäume *mpl*
le feuillage	das Laub(werk)
sempervirent/à feuillage persistant	immergrün
caducifolié/à feuillage caduc	sommergrün/mit jährlichem Laubfall
à la chute des feuilles	mit dem Laubfall
les feuilles mortes	die dürren Blätter *npl*
l'arbre dépouillé, dénudé	der kahle Baum
○ **les conifères** *m*	die Nadelbäume, die Nadelhölzer *npl*
l'aiguille *f*	die Nadel, n
le cône; la pomme de pin	der Zapfen; der Kiefernzapfen, -
à cônes pendants	mit hängenden Zapfen
à cônes dressés	mit aufrechtstehenden Zapfen
l'écaille *f*	die Schuppe, n
la résine ; résineux	das Harz, e ; harzig
• **la forêt, le bois**	der Wald, ¨er
la forêt à essences mixtes	der Mischwald
la forêt vierge ; la jungle	der Urwald ; der Dschungel, -
l'arbre forestier	der Waldbaum, ¨e
le petit bois, le bosquet	das Gehölz, e
la futaie ; le taillis	der Hochwald ; der Niederwald
le taillis sous futaie	der Mittelwald
le sous-bois	das Unterholz
le fourré, le hallier	das Dickicht, e
les broussailles *f*	das Gestrüpp, e
la clairière, la trouée	die Lichtung, en
la lisière/l'orée *f* **du bois**	der Waldrand, ¨er
le bouquet d'arbres, le bosquet	die Baumgruppe, n
le buisson ; les buissons	der Busch, ¨e ; das Gebüsch, e
la brousse	der Buschwald
le maquis	die Macchia/Macchie, ien
la haie	die Hecke, n
• **arbres** *m*	Bäume *mpl*

↓ **l'acacia** *m*, **le mimosa**	die Akazie, n
l'ailante *m* / **le vernis du Japon**	der Götterbaum, ¨e
l'arbre de Judée	der Judasbaum
l'au(l)ne *m* ; **l'aulne blanc**	die Erle, n ; die Grau-/Weißerle
l'aulne glutineux/le vergne	die Schwarzerle
le baobab	der Affenbrotbaum/der Baobab, s
le bouleau	die Birke, n
le bouleau blanc/verruqueux	die Warzen-/Hängebirke
le bouleau pubescent	die Moor-/Haarbirke
le bouleau nain	die Zwergbirke
le catalpa	der Gelbe Trompetenbaum, ¨e
le cèdre	die Zeder, n
le c. du Liban	die Libanonzeder
le c. de l'Himalaya	die Himalajazeder
le cerisier acide/le griottier	die Sauerkirsche, n
le c. mahaleb/de Sainte-Lucie	die Weichselkirsche
le charme (commun)	die Weiß-/Hainbuche, n
le châtaignier, le marronnier	die (Edel)kastanie, n
la châtaigne, le marron	die (Ess)kastanie, die Marone, n
la bogue	der Fruchtbecher, -
le chêne	die Eiche, n
le chêne pédonculé	die Stiel-/Sommereiche
le chêne rouvre/chêne sessile	die Stein-/Wintereiche
le chêne-liège	die Korkeiche
le chêne pubescent	die Flaumeiche
le chêne vert/l'yeuse *f*	die Steineiche
le gland	die Eichel, n
le tan ; le tan(n)in	die Gerberlohe, n ; der Gerbstoff, e
la chênaie	der Eichenwald, ¨er
le cocotier	die Kokospalme, n
le cyprès	die Zypresse, n
l'épicéa *m*, **le sapin** *(abus)*	die Fichte, n/die Rottanne, n
l'érable *m*	der Ahorn, e
l'ér. sycomore ; l'ér. plane	der Bergahorn ; der Spitzahorn
l'ér. champêtre/l'acéraille *m*	der Feldahorn
l'eucalyptus *m*	der Eukalyptus, ten/-
le frêne	die Esche, n
l'orne *m* / **le frêne à fleurs**	die Blumen-/Mannaesche
la manne	das/die Manna
le hêtre	die (Rot)buche, n
la hêtraie	der Buchenwald
la faîne/faine	die Buchecker, n
le ginkgo/l'arbre aux 40 écus	der Ginkgo, s
l'if *m*	die Eibe, n
le magnolia	die Magnolie, n
le marronnier (d'Inde) ; le marron d'Inde *(fruit)*	die Rosskastanie, n
le mélèze	die Lärche, n
le merisier ; la merise *(fruit)*	die Vogelkirsche, n
le mûrier blanc	der Weiße Maulbeerbaum, ¨e
le noyer	der (Wal)nussbaum
la noix	die Walnuss, ¨e
le brou	die grüne Nussschale
le brou de noix	die Nussbeize
l'orme *m*	die Ulme, n/die Rüster, n
l'ormeau *m*	die junge Ulme
l'orme champêtre/rouge	die Feldulme
l'orme de montagne/blanc	die Bergulme
le palétuvier	der Mangrove(n)baum, ¨e
le palmier	die Palme, n
le palmier-dattier	die Dattelpalme
le peuplier	die Pappel, n
le (peuplier) tremble	die Zitterpappel/die Espe, n
le peuplier noir	die Schwarzpappel
le peuplier blanc/argenté	die Weiß-/Silberpappel
le peuplier d'Italie	die Pyramidenpappel
le pin sylvestre	die (Wald)kiefer, n/die Föhre, n
le pin mugo	die Bergkiefer/die Legföhre
le pin noir ; le pin maritime	die Schwarzkiefer ; die Strandkiefer
le pin parasol/le pin pignon	die Pinie, n
le pin cembro	die Zirbel(kiefer), n/die Arve, n
la pigne de pin	der Pinienzapfen, -
le pignon, la pigne	die Piniole, n/der Pinienkern, e
la pinède	der Kiefernwald, ¨er
le platane	die Platane, n
le robinier, le faux acacia	die (Gemeine) Robinie, n
le santal	der Sandelbaum, ¨e
le sapin	die Tanne, n
le sapin blanc/pectiné	die Weiß-/Edeltanne
le sapin bleu	die Blaufichte/die Stechfichte, n
le sapin de Douglas	die Douglastanne/die Douglasie, n
la sapinette d'Orient	die Morgenländische Fichte
l'épinette blanche	die Schimmel-/Weißfichte
la sapinière	der Tannenwald, ¨er
le saule	die Weide, n
le saule pleureur	die Trauer-/Hängeweide
le saule marsault	die Salweide
le s. des vanniers/l'osier *m*	die Korbweide
l'osier *(le rameau)*	die Weidenrute, n
un saule têtard	eine Kopfweide
l'oseraie *f*	der Weidenheger, -
le séquoia	der Mammuthbaum, ¨e
le sorbier des oiseleurs	die Eberesche, n/ der Vogelbeerbaum
le s. domestique/le cormier	der Spierling/Speierling, e
la sorbe/la corme *(fruit)*	die Vogelbeere, n
le sycomore *(Afrique)*	die Eselsfeige, n/die Sykomore, n
le thuya/l'arbre *m* **de vie**	die Thuja, jen/der Lebensbaum
le tilleul	die Linde, n
le tilleul à grandes feuilles	die Sommerlinde
le tilleul à petites feuilles	die Winterlinde
le tulipier de Virginie	der Tulpenbaum

• **arbrisseaux** *m*	Sträucher *mpl*
↓ **l'airelle** *f* **rouge**	die Preiselbeere/die Kronsbeere, n
l' a. des marais/la canneberge	die Moosbeere
l'ajonc *m*	der Stechginster, -
l'alisier blanc/l'alouchier *m*	die Mehlbeere, n
l'alisier noir/torminal	die Elsbeere, n
l'ampélopsis *m* / **la vigne vierge**	der Wilde Wein/die Jungfernrebe, n
l'arbousier *m*	der Erdbeerbaum, ¨e
l'argousier *m*	der Sanddorn, e
l'aubépine *f* / **l'épine blanche**	der Weißdorn/der Hagedorn
le baguenaudier	der Blasenstrauch, ¨er
le bois joli	der Gemeine Seidelbast, e
la bruyère *(t gén)*	die Heide/die Erika, s/ken
la callune	die Besenheide/das Heidekraut
la bruyère cendrée	die Grauheide
le buddleia	der Schmetterlingsstrauch, ¨er
le buis	der Buchsbaum, ¨e
le buisson ardent	der Feuerdorn, e
le caroubier	der Johannisbrotbaum, ¨e
la caroube	das Johannisbrot, e/die Karube, n
le chèvrefeuille	das Geißblatt/die Heckenkirsche, n

le ciste	die Zistrose, n
la clématite	die Waldrebe, n/die Klematis, -
la cl. des haies/la vigne blanche	die Gemeine Waldrebe, n
le cognassier du Japon	die Japanische Quitte, n
le cornouiller mâle	die Kornelkirsche, n
le cornouiller sanguin	der Rote Hartriegel, -
le cotonéaster	die Steinmispel, n
le cytise	der Goldregen, -
l'églantier *m* **; l'églantine** *f (fleur)*	die Hecken-/Hundsrose, n
le cynorrhodon, le gratte-cul *(fam)*	die Hagebutte, n
l'épine-vinette *f*	die Berberitze, n/der Sanddorn, e
le forsythia	die Forsythie, n
le fusain (d'Europe), le bonnet de prêtre	der Spindelbaum, das Pfaffenhütchen, -
le fuchsia	die Fuchsie, n
le genêt	der Ginster, -
le g.d'Espagne ; le g. à balais	der Binsenginster ; der Besenginster
le genévrier	der Wacholder, -
le genièvre	die Wacholderbeere
la glycine	die Glyzin(i)e, n
le gui	die Mistel, n
le houx	die Stechpalme, n
le jasmin	der (Echte) Jasmin, e
le laurier	der Lorbeer, en
le laurier-cerise	der Kirschlorbeer/die Lorbeerkirsche
le laurier noble/laurier-sauce	der Edle Lorbeer
le laurier(-)rose	der Echte Oleander, -
le lierre	der Efeu
le lilas	der Flieder, -
le myrte	die Myrte, n
la myrtille/l'airelle bleue	die Heidelbeere, n/die Blaubeere
le néflier ; la nèfle *(fruit)*	die Mispel, n
le noisetier/le coudrier	der Haselstrauch, ¨er
la noisette	die Haselnuss, ¨e
le (pistachier) lentisque	der Mastixstrauch, ¨er
le (pistachier) térébinthe	die Terebinthe, n
le prunellier/l'épine noire	der Schwarzdorn, e
la prunelle *(fruit)*	die Schlehe, n
le rhododendron	der/das Rhododendron, ren
le rho. des Alpes/le rosage	die Alpenrose, n
la ronce	der Brombeerstrauch, ¨er
la mûre	die Brombeere, n
le seringa(t)	der Pfeifenstrauch/der Falsche Jasmin, e
la spirée (arbustive)	der Spierstrauch
le sureau rouge	der Traubenholunder, -
le sureau noir	der Schwarze Holunder
la symphorine	die Schneebeere, n
le tamaris	die Tamariske, n
le troène	der Liguster, -/die Rainweide, n
la viorne/l'obier *m*	der (Gemeine) Schneeball, en
la (viorne) boule-de-neige	der Gartenschneeball
la viorne-tin/le laurier-tin	der Lorbeerschneeball

champignons

la mycologie	die Pilzkunde
• **le champignon**	der Pilz, e
le chapeau	der Hut, ¨e
la lamelle	die Lamelle, n
l'écaille *f*	die Schuppe, n
la spore	die Spore, n
le tube	das Rohr, e
le pied	der Stiel, e
l'anneau *m*	der Stielring, e
la volve	die (Stiel)manschette, n
le mycélium	das Myzelium/Myzel, ien
les ascomycètes *m*	die Schlauchpilze
les basidiomycètes *m*	die Ständerpilze
le champignon comestible	der Speisepilz/essbare Pilz
le ch. non comestible	der ungenießbare Pilz
le ch. vénéneux/toxique	der Giftpilz/giftige Pilz
ramasser, cueillir des ch.	Pilze sammeln
○ **champignons** *m*	Pilze *mpl*
↓ **l'agaric** *m***/la psalliote**	der Egerling, e/der Champignon, s
l' a. champêtre/le rosé des prés	der Weiße Wiesenegerling
l'agaric des bois	der Dünne Anisegerling
l'agaric des jachères/la boule-de-neige	der Schafchampignon
l'agaric des forêts	der Kleine Blutegerling/der Waldchampignon
l'agaric jaunissant	der Giftegerling/der Blasse Tintenegerling
l'amanite *f*	der Knollenblätterpilz/der Wulstling, e
l'amanite des Césars/l'oronge vraie	der Kaiserling, e/der Kaiserschwamm, ¨e
l'amanite citrine	der Gelbe Knollenblätterpilz
l'amanite engainée	der Scheidenstreifling, e
l'amanite panthère	der Pant(h)erpilz, e
l'amanite phalloïde	der Grüne Knollenblätterpilz
l'amanite printanière	der Frühlingsknollenblätterpilz
l'amanite tue-mouches	der Fliegenpilz
l'amanite vineuse	der Perlpilz
l'amanite vireuse	der Kegelhütige Knollenblätterpilz
l'armillaire *m* **de miel**	der Hallimasch, e
le bolet bai brun/le cèpe des châtaigniers	der Maronenpilz/der Maronenröhrling, e
le bolet élégant	der Goldröhrling
le bolet granulé	der Schmerling, e
le b. jaune/la nonnette voilée	der Butterpilz
le bolet à pied rouge	der Rotfußröhrling/das Rotfüßchen
le bolet rude	der Birkenpilz
le bolet satan	der Satanspilz
le cèpe de Bordeaux	der Steinpilz
le cèpe bronzé/tête-de-nègre	der Bronzesteinpilz
le cèpe roux/le bolet orangé	die Rotkappe, n/das Rothäubchen, -
la chanterelle/la girolle	der Pfifferling, e/der Eierschwamm,¨e
la clavaire élégante	der Dreifarbige Ziegenbart, ¨e
le clitocybe blanchi	der Weiße Gifttrichterling, e
le clitocybe nébuleux	die Graukappe, n
le clitocybe de l'olivier/le pleurote de l'olivier	der Ölbaumtrichterling
le clitopile petite prune/le meunier	der Pflaumenrötling, e/der Mehlpilz
le coprin chevelu	der Schopftintling, e
le coprin noir d'encre	der Knotentintling
l'entolome *m* **livide**	der Riesenrötling
l'helvelle crêpue	die Herbstlorchel, n
l'hydne commun/le pied-de-mouton	der Stoppelpilz/der Semmelpilz
l'hypholome *m* **en touffes**	der Grünblättrige Schwefelkopf, ¨e

l'inocybe *m* **de patouillard**	der Ziegelrote Risspilz
le lactaire délicieux	der Echte Reizker, -
le lactaire toisonné	der Birkenreizker/der Zottige Reizker
la lépiote élevée/ la coulemelle	der Riesenschirmpilz/der Parasolpilz
la lépiote brune	der Fleischrötliche Schirmling, e
la morille commune	die Speisemorchel, n
la pezize orangée	der Orangenbecherling, e
le phallus impudique/ le satyre puant	die Stinkmorchel
le pleurote huître	der Austernseitling, e
la russule charbonnière	der Frauentäubling, e
la russule comestible	der Speisetäubling
la russule émétique	der Speitäubling
la russule verdoyante	der Grünfelderige Täubling
le tricholome équestre	der Grünling, e/der Edelritterling, e
le trich. nu/le pied-bleu	der Violette Ritterling
le trich. prétentieux	der Rußiggestreifte Ritterling
le trich. de la Saint-Georges/ le (vrai) mousseron	der Mairitterling
le tricholome tigré	der Tigerritterling
la truffe	die Trüffel, n
la trompette des morts/ la corne d'abondance	die Herbsttrompete, n
la vesse-de-loup perlée/ le lycoperdon perlé	der Flaschenstäubling, e/ der Flaschenbovist, e

fougères, mousses, lichens, algues

• **la fougère**	der Farn, e/das Farnkraut, ¨er
la fronde	der Wedel, -
la fougère mâle	der Gemeine Farn
la fougère femelle	der Waldfrauenfarn
la scolopendre	die Hirschzunge, n
le polypode commun	der Tüpfelfarn
le capillaire noir	der Schwarze Streifenfarn
le cheveu-de-Vénus/ l'adiante *m*	der Haarfarn
la fougère arborescente	der Baumfarn
la sélaginelle	der Moosfarn
○ **la mousse**	das Moos, e
la sphaigne	das Torfmoos
le polytric commun	das Frauenhaar/das Widertonmoos
le leucobryum glauque	das Weißmoos
les hépatiques *f*	die Lebermoose *npl*
les lycopodes *m*	die Bärlappe *mpl*/ die Schlangenmoose
○ **le lichen**	die Flechte, n
l'usnée *f*	die Gemeine Bartflechte
la cétraire islandaise	die Isländische Flechte
la cladonie des rennes	die Rentierflechte
• **l'algue** *f*	die Alge, n, der Tang, e
algue verte, brune, rouge	grüne, braune, rote Alge
le varech	der Seetang, das Seegras
l'ulve *f*/**la laitue de mer**	der Meersalat
le chondrus/le goémon frisé	der Knorpeltang
le fucus vésiculeux	der Blasentang
la laminaire digitée	der Fingertang
la sargasse	der Beerentang

plantes sauvages

• **les plantes sauvages**	die wild wachsenden Pflanzen
↓ **l'adonis** *f* **du printemps**	das Frühlingsteufelsauge, n
l'alysson *m*	das Steinkraut
l'ancolie *f*	die Akelei, en
l'(anémone) hépatique *f*	das Leberblümchen, -
l'anémone pulsatille	die Gemeine Küchenschelle, n
l'anémone sauvage	das Große Windröschen
l'anémone sylvie	das Buschwindröschen, -/ die Anemone, n
l'aristoloche *f*	die Osterluzei, en
l'arroche *f*, **la bonne-dame**	die Melde, n
l'arum tacheté, le gouet	der Gefleckte Aron(s)stab
l'aspérule *f*	der Waldmeister, -
l'asphodèle *m*	der Affodill, e/der Asphodill, e
le bambou	der Bambus, se
la benoîte	die Nelkenwurz
le bleuet	die Kornblume, n
le bouton-d'or *(t gén)*	die Butterblume, n
la brunelle	die Braunelle, n
la calla des marais	die Kalla, s/die Schlangenwurz, en
la campanule	die Glockenblume, n
la cardamine des prés	das Wiesenschaumkraut, ¨er
la cardère/le chardon foulon	die Wilde Karde, n
la carline acaule/ le chardon baromètre	die Große Eberwurz/ die Silber-/Wetterdistel, n
la (centaurée) jacée	die Gemeine Flockenblume, n
la chicorée sauvage	die Wegwarte, n
le chiendent commun	die Gemeine Quecke, n
le chrysanthème des moissons	die Saatwucherblume, n
le chrysanthème des prés/ la grande marguerite	die Weiße Wucherblume/ die Margerite, n
la grande ciguë	der Gefleckte Schierling, e
la petite ciguë	die Hundspetersilie, n
la ciguë vireuse	der Giftige Wasserschierling
la circée	das Gemeine Hexenkraut
la cirse des champs/ le chardon des champs	die Ackerkratzdistel, n
le colchique	die Herbstzeitlose, n
le coquelicot	der Klatschmohn, e/ die Klatschrose, n
le cyclamen	das Alpenveilchen, -
la drosera	der Sonnentau
l'edelweiss *m*	das Edelweiß, e
l'épervière commune/ la piloselle	das Kleine Habichtskraut
l'épiaire *m* **des bois**	der Waldziest, e
l'épilobe *m*	das Weidenröschen, -
l'euphorbe *f*	die Wolfsmilch
la folle-avoine	der Flug-/Wildhafer
le gaillet jaune	das Echte Labkraut
la garance	die Färberröte
la gentiane	der Enzian, e
le géranium des bois	der Waldstorchschnabel, ¨
le (géranium) bec-de-grue	der Reiherschnabel, ¨
le glaïeul des moissons	die Feldsiegwurz, en
la grassette	das Fettkraut
l'(h)ellébore *m*	die Nieswurz, en
le houblon	der Hopfen, -
l'impatiente *f* **(noli tangere)**	das Springkraut/ das Rührmichnichtan, -
l'iris *m* **jaune/des marais**	die Sumpfschwertlilie, n
l'ivraie *f*	der Taumellolch, e
le jonc	die Binse, n
la laîche/le carex	die Segge, n
le laiteron	die Gänsedistel, n

le lamier blanc	die Weiße Taubnessel, n
la lavande	der Lavendel
la lentille d'eau	die Wasserlinse, n
le liseron des champs	die Ackerwinde, n
la lunaire/la monnaie-du-pape	die Mondviole, n/das Silberblatt, ¨er
la luzule	die Hainsimse, n
le lychnis fleur de coucou	die Kuckuckslichtnelke, n
la macre/la cornuelle	die Wassernuss, ¨e
la massette/le typha	der Rohrkolben, -
le mélilot *(plante mellifère)*	der Stein-/Honigklee *(Bienenpflanze)*
le mouron des champs	der Ackergauchheil, e
le mouron des oiseaux	die Vogel(stern)miere, n
la moutarde des champs	der Ackersenf, e
le muguet	das Maiglöckchen, -
le myosotis	das Vergissmeinnicht, -/e
le nénuphar	die See-/Wasserrose, n
le nénuphar jaune	die Gelbe Teichrose/die Mummel, n
la nielle des blés	die Kornrade, n
la nigelle de Damas	die Jungfer im Grünen
la nigelle des champs	der Ackerschwarzkümmel, -
la nivéole du printemps	die Frühlingsknotenblume, n
l'orchis *m*	das Knabenkraut
la petite ortie/l' o. brûlante	die Kleine Brennnessel, n
la grande ortie/l' o. dioïque	die Große Brennnessel
le panicaut des Alpes/ le chardon bleu des Alpes	der Alpen-Mannstreu, -
le panicaut maritime	die Stranddistel, n
la pâquerette	das Gänseblümchen, -/ das Maßliebchen, -
la parisette	die Einbeere, n
la passiflore	die Passionsblume, n
le /la perce-neige	das Schneeglöckchen, -
la pervenche	das Immergrün
le pissenlit	der Löwenzahn
le populage, le souci d'eau	die (Sumpf)dotterblume, n
la primevère	die Schlüsselblume, n/die Primel, n
la primevère auricule	die Aurikel, n
la pr. officinale, le coucou	die Duftende Schlüsselblume
la raiponce	die Teufelskralle, n
la renoncule	der Hahnenfuß/die Ranunkel, n
la renoncule âcre/ le bouton-d'or	der Scharfe Hahnenfuß
la renoncule scélérate	die Giftranunkel, n
le roseau commun	das Schilfrohr, e
le sabot de Vénus	der Frauenschuh
la sagittaire/la flèche d'eau	das Pfeilkraut
la salicorne	das Glasschmalz, e/der Queller, -
le salsifis sauvage	der Große Bocksbart, ¨e
la saxifrage	der Steinbrech, e
la scabieuse	die Skabiose, n/das Grindkraut
le sceau-de-Salomon	das Salomonssiegel, -
la scille	der Blaustern, e
le séneçon	das Kreuzkraut
le silène	das Leimkraut
le sisymbre	die Wegrauke, n
la soldanelle	die Soldanelle, n/ die Troddelblume, n
la stellaire	die Stellarie, n/Sternmiere, n
le trèfle	der Klee
le trèfle d'eau/le ményanthe	der Bitter-/Fieberklee
la trolle (d'Europe)	die Trollblume, n
la verge d'or/la solidage	die Goldrute, n
la véronique	der/das Ehrenpreis, e
la vesce	die Wicke, n
la violette	das Veilchen, -
le vulpin des prés	der Wiesenfuchsschwanz, ¨e

plantes médicinales

• **les plantes médicinales/ officinales/les simples** *m*	die Heilpflanzen *fpl*/ die Heilkräuter *npl*
utilisé en pharmacopée	offizinell gebraucht
l'herboristerie *f*	die (Heil)kräuterhandlung, en
l'herboriste *m*	der (Heil)kräuterhändler, -
↓ **l'absinthe** *f*	der Wermut
l'achillée *f* **millefeuille**	die Schafgarbe, n
l'aconit *m* **napel**	der Blaue Eisenhut, ¨e
l'acore *m* **odorant**	der Kalmus, se
l'aigremoine *f* **eupatoire**	der Kleine Odermennig, e
l'alkékenge *m*/**le physalis**	die Blasen-/Judenkirsche, n, die Lampionpflanze, n
l'alchémille *f*	der Frauenmantel, ¨
l'angélique *f*	die Angelika, ken/s
l'anis vert	der Anis, e
l'anis étoilé/la badiane	der Sternanis
l'arnica *f*	die Arnika, s/der Wohlverleih, -/e
l'armoise commune	der Gemeine Beifuß
l'asaret *m*	die Haselwurz, en
l'aunée *f*	der Echte Alant, en, en
la ballote	der Stinkandorn, e
la bardane	die Große Klette, n
la belladone	die Tollkirsche, n/ die Belladonna, nen
la berce sphondyle	die/der Wiesenbärenklau
le bouillon-blanc/la molène officinale	die Kleinblütige Königskerze, n/ die Wollblume, n
la bourdaine	der Faulbaum, ¨e/das Pulverholz
la bourse-à-pasteur, la capselle	das Hirtentäschelkraut
la busserolle/le raisin d'ours	die Bärentraube, n
la camomille (matricaire)	die Echte Kamille, n
la camomille romaine	die Römische Hundskamille
la petite centaurée	das (Echte) Tausendgüldenkraut
la chélidoine	das Schöllkraut
la grande consoude	der Beinwell/Beinwurz
la digitale pourprée	der Rote Fingerhut, ¨e
la douce-amère	das Bittersüß
le fenouil	der Fenchel
la ficaire	das Scharbockskraut
la fumeterre officinale	der Gemeine Erdrauch
la gentiane jaune/la grande gentiane	der Gelbe Enzian, e
la guimauve	der Echte Eibisch, e/die Althee, n
l'hamamélis *m*	die Zaubernuss/die Hamamelis
l'hysope officinale	der Ysop, e
la joubarbe	die Hauswurz, en
la jusquiame	das Bilsenkraut
le lierre terrestre/ le gléc(h)ome	der Gundermann/die Gundelrebe, n
la mandragore	die Mandragora, ren/ die Alraunwurzel, n
le marrube blanc	der Gemeine Andorn, e
la mauve sauvage/ la grande mauve	die Wilde Malve, n
la mélisse, la citronnelle	die (Zitronen)melisse, n
la menthe poivrée	die Pfefferminze

la menthe pouliot	der Polei, e
le millepertuis	das Johanniskraut/das Hartheu
le nerprun purgatif	der Purgierkreuzdorn, e
la pariétaire	das Glaskraut
le pavot somnifère	der Schlafmohn, e
le peucédan officinal	der Echte Haarstrang
le grand plantain	der Große Wegerich, e
la podagraire	der Giersch, der Geißfuß
la (potentille) tormentille	die Blutwurz, en
la potentille ansérine/ l'argentine *f*	das Gänsefingerkraut
la prêle des champs	der Ackerschachtelhalm, e/ das Zinnkraut
la pulmonaire	das Lungenkraut
la reine-des-prés/la spirée ulmaire	das Echte Mädesüß, -
la (renouée) bistorte	der Schlangen-/Wiesenknöterich, e
la salicaire	der Blutweiderich, e
la sanguisorbe officinale	der Große Wiesenknopf
la saponaire	das Seifenkraut
la sauge officinale	der Echte Salbei
le sédum âcre/l'orpin brûlant	die Scharfe Fetthenne, n
la (datura) stramoine	der Stechapfel, ¨
la tanaisie	der Rainfarn, e
le tussilage/le pas-d'âne	der Huflattich, e
la valériane	der Baldrian, e
la verveine officinale	das Eisenkraut

plantes cultivées

• **la plante cultivée**	die Kulturpflanze, n
la floriculture	die Blumenzucht
la plante ornementale, décorative	die Zierpflanze
le jardin d'agrément	der Ziergarten, ¨
la fleur coupée	die Schnittblume, n
la plante en pot	die Topfpflanze
remonter ; remontant	remontieren ; remontant
un rosier remontant	eine Remontantrose
une variété à fleurs simples	eine Sorte mit einfachen Blüten
à fleurs doubles	mit gefüllten Blüten
résistant au gel	frosthart
rustique, résistant	unempfindlich
vivace, résistant	ausdauernd
précoce ; tardif	frühreif ; spätreif
l'exposition florale/ les floralies *f*	die Blumenschau, en
le fleuriste	der Blumenhändler, -
le bouquet, la gerbe *(longues tiges)*	der Strauß, ¨e
l'herbier *m*	das Herbarium, ien
la fleur séchée, pressée	die getrocknete, gepresste Blume
herboriser	botanisieren
• **la fleur de jardin**	die Gartenblume, n
↓ **l'amarante** *f* **queue-de-renard**	der Gartenfuchsschwanz, ¨e
l'anémone *f* **des fleuristes**	die Riviera-Anemone, n
l'aster *m*	die Aster, n
l'aster de Chine/la reine-marguerite	die Sommer-/Chinaaster
l'aubrietia *f*	das Blaukissen, -
la balsamine	die Gartenbalsamine, n
le bégonia	die Begonie, n
la belle-de-jour	die Dreifarbige Linse, n
la belle-de-nuit/le mirabilis	die Wunderblume
la boule azurée/l'échinops *m*	die Blaue Kugeldistel, n
la campanule	die Glockenblume
le canna/le balisier	die Kanna, s/das Blumenrohr, e
la capucine	die Kapuzinerkresse, n
le chardon Notre-Dame	die Mariendistel, n
le chrysanthème (d'automne)	die Winterchrysantheme, n
le cœur de Jeannette/ de Marie	die Herzblume, n/ Tränendes Herz
la couronne impériale	die Kaiserkrone, n
le crocus/le safran	der Krokus, -/se/der Safran, e
le dahlia	die Dahlie, n/die Georgine, n
l'(h)ellébore rose-de-Noël *m*	die Christ-/Schneerose, n
l'éranthe *f* **d'hiver**	der Winterling, e
l'érémure *f*	die Steppenlilie, n
la fritillaire damier/fr. pintade	die Schach(brett)blume
la gaillarde	die Kokardenblume
le géranium (pélargonium)	die Geranie, n/die Pelargonie, n
la giroflée jaune	der Goldlack
la (giroflée) matthiole	die Levkoje, n
le glaïeul	die Gladiole, n/die Siegwurz, en
la gypsophile	das Schleier-/Gipskraut
l'héliotrope *m*	das Heliotrop, e/ die Sonnenwende, n
l'hortensia *m*	die Hortensie, n
l'iberis blanc	die Schleifenblume/ das Schneekissen
l'immortelle *f*	die Strohblume/die Immortelle, n
l'impatiens *f* **(sultani)**	das Fleißige Lieschen
l'iris *m*	die Schwertlilie, n
la jacinthe	die Hyacinthe, n
la julienne	die Nachtviole, n
le lis/lys	die Lilie, n
lis martagon ; lis jaune	Türkenbundlilie ; Feuerlilie
le lotus	die Lotosblume/der Lotos, -
le lupin	die Lupine, n
la malope	die Trichtermalve, n
le muflier/la gueule-de-loup	das Löwenmaul
le muscari	die Traubenhyazinthe, n
le narcisse des poètes	die Weiße Narzisse, n
le narcisse trompette, la jonquille *(cour)*	die Gelbe Narzisse/ die Osterglocke, n
l'œillet *m*	die Nelke, n
l'o. mignardise ; l'o. de poète	die Federnelke ; die Bartnelke
l'œillet d'Inde, la rose d'Inde	die Sam(me)tblume/die Tagetes, -
la passiflore/la fleur de la Passion	die Passionsblume
le pavot de Californie	der Goldmohn, e
la pensée	das Stiefmütterchen, -
le pétunia	die Petunie, n
le phlox	der Phlox, e/die Flammenblume, n
le pied-d'alouette/ le delphinium	der Rittersporn, e
la pivoine	die Pfingstrose, n/die Päonie, n
le pois de senteur/la gesse odorante	die Duftwicke, n/die Wohlriechende Platterbse
le pourpier	das Portulakröschen, -
le réséda	die Reseda, den/der Wau, e
le richardia, l'arum *m*	die Zimmerkalla, s
la rose ; le rosier	die Rose, n
le rosier	der Rosenstock, ¨e
une rose de culture	eine Zucht-/Edelrose
le rosiériste	der Rosenzüchter, -
la roseraie	der Rosengarten, ¨
la rose trémière	die Stockrose, n/der Rote Eibisch, e

la sauge	der/die Salbei
le soleil/le tournesol	die Sonnenblume
le souci	die Ringelblume
la tubéreuse	die Tuberose, n
la tulipe	die Tulpe, n
la verveine des jardins	die Gartenverbene, n
le volubilis/l'ipomée *f*	die Prunkwinde, n
le zinnia	die Zinnie, n
• **la plante d'appartement**	die Zimmerpflanze, n
la plante grasse	die Fettpflanze/die Sukkulente, n
la plante verte	die Grünpflanze
l'agave *f*	die Agave, n
l'aloès *m*	die Aloe, n
l'amaryllis *f*	die Amaryllis, llen
l'asparagus *m*	der Asparagus, -/das Spargelkraut
l'azalée *f*	die Azalee, n
le bonzaï	der Bonzaibaum, ¨e/das Bonsai, s
le cactus	der Kaktus, teen/se
la calcéolaire	die Pantoffelblume/die Kalzeolarie, n
le camélia	die Kamelie, n
le caoutchouc	der Gummibaum, ¨e
la cinéraire	die Zinerarie, n/das Aschkraut
la clivie/le clivia	die Klivie, n
la dieffenbachia	die Dieffenbachie, n
l'échinocactus	der Igelkaktus, teen/se
le gardénia	die Gardenie, n
la gloxinia	die Gloxinie, n
l'orchidée *f*	die Orchidee, n
le papyrus	der Papyrus, ri
le philodendron	der/das Philodendron, ren
le saintpaulia	das Usambaraveilchen, -
la sanseviera	die Sanseverie, n
la sensitive	die Schamhafte Mimose, n
le stapélia	der Ordenskaktus, teen/se
la tradescantia/ la misère *(cour)*	die Tradeskantie, n

fruits

• **le fruit**	die Frucht, ¨e
les fruits (de table)	das Obst
fruits à coque, à noyau, à pépins	Schalen-, Steinobst, Kernobst
les baies *f*	das Beerenobst
○ **l'arbre fruitier**	der Obstbaum, ¨e
↓ **l'abricotier** *m* **; l'abricot** *m*	der Aprikosenbaum ; die Aprikose, n
l'amandier *m* **; l'amande** *f*	der Mandelbaum ; die Mandel, n
l'ananas *m*	die Ananas, -/se
l'arachide *f*, **la cacah(o)uète**	die Erdnuss, ¨e
l'avocatier *m* **; l'avocat** *m*	die Avocado, s
le bananier	die Bananenstaude, n
la banane	die Banane, n
le régime de bananes	das Bananenbüschel, -
le bigarreau	die Knorpelkirsche, n
le cassis	die schwarze Johannisbeere, n
le cerisier	der Kirschbaum
la cerise ; la cerise douce	die Kirsche, n ; die Süßkirsche
la c. acidulée, la griotte	die Sauerkirsche
le cognassier ; le coing	der Quittenbaum ; die Quitte, n
le cocotier	die Kokospalme, n
la noix de coco	die Kokosnuss, ¨e
le dattier ; la datte	die Dattelpalme ; die Dattel, n
le figuier ; la figue	der Feigenbaum ; die Feige, n
le fraisier ; la fraise	die Erdbeerstaude, n; die Erdbeere, n
le framboisier	der Himbeerstrauch, ¨er
la framboise	die Himbeere
le fruit de la Passion	die Passionsfrucht
la goyave	die Guajave, n
la grenade	der Granatapfel, ¨
le groseillier	der Johannisbeerstrauch
la groseille	die rote Johannisbeere
la groseille à maquereau	die Stachelbeere
la guigne	die Herzkirsche
le kaki	die Kakipflaume, n
le kiwi	die Kiwi, s
le kumquat	die Zwergpomeranze
le litchi	die Litchipflaume, n
le manguier	der Mangobaum
la mangue	die Mango, onen/s
la noisette	die Haselnuss
la noix	die Walnuss
le cerneau	der Walnusskern, e
la coquille de noix	die Walnussschale, n
la noix de cajou	die Cashewnuss
la noix du Brésil	die Paranuss
la mirabelle	die Mirabelle, n
la nectarine *(noyau libre)*	die Nektarine, n *(ablösbarer Stein)*
le brugnon *(n. adhérent)*	die Brügnole, n *(nicht ablösb. St.)*
le néflier ; la nèfle	die Mispel, n
la papaye	die Papaya, s
le pêcher ; la pêche	der Pfirsichbaum ; der Pfirsich, e
le pistachier ; la pistache	die Pistazie, n
le poirier ; la poire	der Birnbaum, ¨e ; die Birne, n
le pommier ; la pomme	der Apfelbaum ; der Apfel, ¨
le prunier ; la prune	der Pflaumenbaum ; die Pflaume, n
la quetsche	die Zwetsch(g)e, n
le raisin *(v. Viticulture, p. 314)*	die Traube, n
la reine-claude	die Reneklode, n
○ **les agrumes** *m*	die Zitrusfrüchte *fpl*
le cédrat	die Zitronatzitrone, n
le citronnier ; le citron	der Zitronenbaum, ¨e ; die Zitrone, n
le citron vert/la lime	die Limette, n
la clémentine	die Klementine, n
la mandarine	die Mandarine, n
l'orange *f*	die Apfelsine, n/die Orange, n
l'orange amère/la bigarade	die Pomeranze, n
l'orange sanguine	die Blutorange, n
la peau/l'écorce *f* **d'orange**	die Apfelsinenschale, n
le pamplemousse	die Pampelmuse, n
le pomélo	die Grapefruit, s
la tangérine	die Tangerine, n

légumes

• **les légumes** *m*/**les plantes potagères**	die Gemüsepflanzen *fpl*
la culture potagère/ maraîchère	der Gemüse(an)bau
les primeurs *f*	das Frühgemüse, -
le jardin potager	der Gemüsegarten, ¨
↓ **l'ail** *m*	der Knoblauch
la gousse d'ail	die Knoblauchzehe, n
la tête d'ail	die Knoblauchzwiebel, n
l'artichaut *m*	die Artischocke, n
l'asperge *f*	der Spargel, -

la botte d'asperges	das Bündel Spargel
l'aubergine *f*	die Aubergine, n/die Eierfrucht, ¨e
la batavia	der Eissalat/der Krachsalat
la b(l)ette/la poirée	der Mangold, e
la betterave rouge *(à salade)*	die rote Rübe, n, die Rote Bete
le brocoli	die Brokkoli *pl*
le cardon	die Kardone, n
la carotte	die Möhre, n/die Karotte, n
les carottes nouvelles	die jungen Karotten
le céleri à côtes	der Bleichsellerie, -/s
le céleri-rave	der Knollen-/Wurzelsellerie
le céleri à couper	der Schnittsellerie
le champignon de Paris	der Champignon, s
la champignonnière	die Pilzzucht ; das Pilzbeet, e
le chou	der Kohl, e
le chou pommé	der Kopfkohl
le chou blanc	der Weißkohl, das Kraut *(Sud)*
le chou rouge	der Rotkohl
le chou de Bruxelles	der Rosenkohl
le chou de Milan	der Wirsing(kohl)
le ch. vert *(frisé non pommé)*	der Blatt-/Grünkohl
le chou-fleur	der Blumenkohl
le trognon de chou	der (Kohl)strunk, e
le chou-rave	der Kohlrabi, -/s
le concombre	die Gurke, n
le cornichon	die Essiggurke
la courge	der (Garten)kürbis, se
la courgette	die Zucchini, -
le cresson	die Kresse, n
le crosne	der Knollenziest, e
l'échalote *f*	die Schalotte, n
l'endive *f*	die/der Chicorée/Schikoree
l'épinard *m*	der Spinat, e
le fenouil	das Fenchelgemüse/der Fenchel
la fève	die Saubohne, n
le haricot	die Bohne
le haricot à rames	die Stangenbohne
le haricot vert	die grüne Bohne, die Schnittbohne
l'igname *f*	die Jamswurzel, n
la laitue (pommée)	der Kopfsalat
les légumineuses *f*	die Hülsenfrüchte *fpl*
les légumes secs	die trockenen Hülsenfrüchte
la lentille	die Linse, n
la mâche/la doucette	der Feldsalat
le melon	die Melone, n
le navet	die weiße Rübe, n
l'oignon *m*	die Zwiebel, n
l'oseille *f*, **le rumex oseille**	der Sauerampfer
la pastèque, le melon d'eau	die Wassermelone, n
le panais	die Pastinake, n
la patate douce	die Batate, n/die Süßkartoffel, n
le pâtisson	die Bischofsmütze, n
le pissenlit	der Löwenzahn
le poireau	der Lauch/der Porree
le pois	die Erbse, n
le petit pois	die grüne Erbse
la cosse	die Hülse, n
les pois cassés, les pois secs	die Trockenerbsen
le pois chiche	die Kichererbse
la pomme de terre, la patate *(fam)*	die Kartoffel, n
les fanes *f* **de p. de terre**	das Kartoffelkraut
le poivron, le piment doux	der Gemüsepaprika, s
le potiron, la citrouille	der Riesenkürbis, se
le pourpier	der Gemüseportulak, e/s
le radis (rose)	das Radieschen, -
le radis noir	der Rettich, e
le raifort	der Meerrettich
la rhubarbe	der Rhabarber
la romaine/le chicon	die Sommerendivie/der Bindesalat
le rutabaga	die Kohl-/Steckrübe, n
la salade	der Salat
la salade iceberg	der Eissalat
le salsifis	die Hafer-/Schwarzwurzel, n
la scorsonère *(salsifis noir)*	die Gartenschwarzwurzel
la (chicorée) scarole	die Endivie, n
la tétragone	der Neuseeländer Spinat
la tomate	die Tomate, n
le topinambour	der Topinambur, s/e, die Topinambur, en, en

• **les plantes** *f* **aromatiques**	die Gewürzkräuter *npl*
l'anet(h) *m*	der Dill, e
le basilic	das Basilikum
la bourrache	der Borretsch/das Gurkenkraut
le cerfeuil	der Kerbel
la ciboule/la cive	der Winterlauch
la ciboulette/la civette	der Schnittlauch
le cumin	der (Kreuz)kümmel
le cumin des prés/le carvi	der Feldkümmel
l'estragon *m*	der Estragon
la marjolaine des jardins	der Majoran, e
l'origan *m* **marjolaine**	der Dost, e/der Wilde Majoran
le persil	die Petersilie, das Peterle *(Sud)*
la pimprenelle	die Kleine Bibernelle
le romarin	der Rosmarin
la sarriette des jardins	das Bohnenkraut
le thym	der Thymian, e
le (thym) serpolet	der Feldthymian, der Quendel, -

produits des champs

les produits *m* **des champs**	die Feldfrüchte *fpl*
• **les produits** *m* **agricoles**	die Agrarprodukte *npl*
les graminées *f*	die Gräser *npl*, die Gramineen *fpl*
• **les céréales** *f*	das Getreide
le blé en herbe	die junge Saat
la tige *(des graminées)*	der Halm, e
l'épi *m*	die Ähre, n
le grain	das Korn, ¨er
le grain de blé	das Getreidekorn
l'avoine *f*	der Hafer
le blé, le froment	der Weizen
le maïs ; l'épi *m* **de maïs**	der Mais ; der Maiskolben, -
le millet	die Hirse
l'orge *f*	die Gerste
le riz	der Reis
le sarrasin	der Buchweizen
le seigle	der Roggen
le sorgho	das Sorghum/der Sorgho
○ **les plantes fourragères**	die Futterpflanzen *fpl*
le fourrage	das Viehfutter
l'herbe *f*	das Gras, ¨er
le brin d'herbe	der Grashalm, e
la touffe d'herbe	das Grasbüschel, -
la mauvaise herbe	das Unkraut

le foin	das Heu
la betterave fourragère	die Runkel-/Futterrübe, n
le dactyle pelotonné	das Knäuelgras, ¨er
la fétuque des prés	der Wiesenschwingel
la fétuque élevée	der Rohrschwingel
la fléole des prés	das Wiesenlieschgras
le lotier corniculé	der Hornklee
la lupiline/la minette	der Hopfenklee
la luzerne	die Luzerne, n
le pâturin des prés	das Wiesenrispengras
le ray-grass	das Raygras
le sainfoin/l'esparcette *f*	die Esparsette, n/der Süßklee
le trèfle blanc ; le tr. incarnat	der Weißklee ; der Inkarnatklee
le trèfle jaune	der Wundklee
le trèfle des prés/le tr. violet	der Wiesen-/Rot-/Kopfklee
la vesce fourragère	die Futterwicke, n
○ **les plantes** *f* **textiles**	die Faserpflanzen *fpl*
le chanvre	der Hanf
le chanvre de Manille	der Manilahanf
le cotonnier	die Baumwollpflanze
la fleur de cotonnier	die Baumwollblüte, n
le jute	die Jute
le lin	der Flachs/der Lein, e
le sisal	der Sisal
la plante tinctoriale	die Farbpflanze
○ **les plantes oléagineuses**	die Ölpflanzen
l'arachide *f*	die Erdnuss, ¨e
le colza	der Raps, e
le cocotier ; le copra(h)	die Kokospalme, n ; die Kopra
la navette	der Rübsamen
l'œillette *f*	der Gartenmohn
l'olivier *m* **; l'olive** *f*	der Ölbaum, ¨e ; die Olive, n
le tournesol	die Sonnenblume, n

Les arbres lui cachent la forêt.	Er sieht den Wald vor lauter Bäumen nicht.
manger les pissenlits par la racine *(fam)*	sich die Radieschen von unten an~sehen, a, e, ie *(fam)*
faire le poireau *(pop)*	lange warten
tomber dans les pommes *(fam)*	ohnmächtig werden
couper la poire en deux *(fam)*	einen Kompromiss ein~gehen*, i, a
Quelle poire, ce type ! *(fam)*	Das ist vielleicht ein Naivling !
Les carottes sont cuites. *(fam)*	Der Bart ist ab ! *(fam)*
aller planter ses choux *(fam)*	sich aufs Land zurück~ziehen, o, o
faire chou blanc *(fam)*	leer aus~gehen*, i, a
couvrir qn de fleurs	jdn mit Komplimenten überschütten
faire une fleur à qn *(fam)*	jdm eine Extrawurst braten, ie, a, ä *(fam)*
être très fleur bleue	sentimental sein
le langage des fleurs	die Blumensprache
dire qc à mots couverts	etw durch die Blume sagen
séparer le bon grain de l'ivraie	die Spreu vom Weizen sondern
une lapalissade/une vérité de La Palice	eine Binsenwahrheit/eine Binsenweisheit
C'est la fin des haricots. *(fam)*	Da hört doch alles auf !
couper l'herbe sous les pieds de qn *(fam)*	jdm den Wind aus den Segeln nehmen, a, o, i
une grosse légume *fam)*	ein hohes Tier *(fam)*
se faire du mouron *(pop)*	sich Sorgen machen
Ce ne sont pas mes oignons. *(fam)*	Das ist nicht mein Bier. *(fam)*
en avoir gros sur la patate *(pop) (être très contrarié)*	sauer sein *(pop)*
pour des prunes *(fam)*	für die Katz' *(fam)*
envoyer qn sur les roses *(fam)*	jdn nach Buxtehude schicken
Il n'y a pas de roses sans épines.	Keine Rose ohne Dornen.

IX. L'Homme - La Santé - La Médecine

1. L'HOMME - LE CORPS HUMAIN

l'homme

• **l'homme** *m* / **l'être humain**	der Mensch, en, en
le sexe *(masculin ou féminin)*	das Geschlecht, er
l'homme *m (opposé à femme)*	der Mann, ¨er
masculin, mâle, viril	männlich
la femme	die Frau, en ; das Weib, er *(péj)*
féminin	weiblich
la virilité ; la féminité	die Männlichkeit ; die Weiblichkeit
• **le corps**	der Körper ; der Leib, er
corporel, physique	körperlich
la conformation physique	der Körperbau
l'aspect *m* **physique**	das Äußere, die Erscheinung
la silhouette	die Gestalt, en, die Figur, en
bien bâti	gut gebaut
chétif, mal bâti	schmächtig, schlecht gebaut
la force physique	die Körperkraft / die Muskelkraft
fort ; faible	kräftig, stark ; schwach
○ **la taille**	die (Körper)größe, n, der Wuchs, ¨e
la croissance	das Wachstum
grandir, pousser *(fam)*	wachsen*, u, a, ä
petit / de petite taille	klein
de taille moyenne; grand	mittelgroß, groß / hoch gewachsen
trapu	stämmig, gedrungen
le nain ; nain	der Zwerg, e ; zwerg(en)haft, winzig
le géant ; géant	der Riese, n, n ; riesig
gigantesque	riesengroß / riesenhaft
○ **le poids** *(v. Diététique, p. 165)*	das Gewicht
peser 100 kilos	200 Pfund wiegen, o, o
la grosseur ; l'embonpoint *m*	die Stärke ; die Körperfülle
être gros	dick sein
la corpulence	die Beleibtheit, die Korpulenz
corpulent	beleibt, korpulent
l'obésité *f* **; obèse**	die Fettleibigkeit ; fettleibig
prendre du ventre	einen Bauch an~setzen
ventru, bedonnant	dickbäuchig
grassouillet *(fam)* **; replet**	rundlich ; feist *(péj)*
une femme bien en chair	eine vollschlanke, mollige Frau
une femme plantureuse	eine dralle Frau
la maigreur ; maigre	die Magerkeit ; mager, dünn
maigre comme un clou	spindeldürr
décharné	hager, abgezehrt
un visage osseux, émacié	ein knochiges, abgemagertes Gesicht
la minceur ; mince	die Schlankheit ; schlank

la tête

• **la tête**	der Kopf, ¨e
le crâne, la tête	der Schädel, -
l'occiput *m*	der Hinterkopf
la tempe	die Schläfe, n
• **les cheveux** *m*, **la chevelure**	das (Kopf)haar, e
le cuir chevelu	die Kopfhaut
la raie ; le sommet de la tête	der Scheitel, -
avoir les cheveux noirs	schwarzes Haar haben
brun	braun, brünett *(femme)*
châtain	hellbraun
roux	rot, rothaarig, rotblond
blond ; blond foncé	blond ; dunkelblond
grisonnant ; poivre et sel	leicht ergraut ; grau meliert
blanc	weiß
fin ; soyeux	fein ; seidig
lisse, plat	glatt
l'ondulation *f* **; ondulé**	die Welle, n ; gewellt, wellig
la boucle ; bouclé	die Locke, n ; lockig
frisé ; frisé naturellement	kraus ; naturkraus
crêpu	engkraus
ébouriffé	struppig / struppelig
emmêlé, en broussaille	verfilzt
hirsute	zott(el)ig
épais ; peu épais	dicht ; dünn
clairsemé	schütter, gelichtet
l'épi *m (de cheveux)*	der (Haar)wirbel, -
une touffe de cheveux	ein Haarbüschel, -
la chute des cheveux	der Haarausfall, ¨e
se dégarnir	kahl werden
la calvitie	die Kahlköpfigkeit
être chauve	kahl(köpfig) sein, eine Glatze haben
• **le visage, la figure, la face**	das Gesicht, er
les traits *m*	die Gesichtszüge *mpl*
le front	die Stirn, en
la pommette	der Backenknochen, -
la joue	die Backe, n / die Wange, n
joufflu	pausbäckig
le menton	das Kinn, e
la fossette	das (Kinn)grübchen, -
la bouche	der Mund, ¨er
la lèvre	die Lippe, n
la lèvre supérieure, inférieure	die Ober-, Unterlippe
la commissure des lèvres	der Mundwinkel, -
la mâchoire	der Kiefer, -
la mâchoire supérieure, inférieure	der Ober-, Unterkiefer
• **l'œil** *m*	das Auge, n
l'orbite *f*	die Augenhöhle, n
le sourcil	die Augenbraue, n
l'arcade sourcilière	der Augenbrauenbogen, -
la paupière	das Augenlid, er
le cil	die Wimper, n
battre des cils	mit den Wimpern zucken
le globe oculaire	der Augapfel, ¨
la glande lacrymale	die Tränendrüse, n
la larme ; pleurer	die Träne, n ; weinen
la cornée (transparente)	die Hornhaut
la conjonctive	die Bindehaut
l'iris *m*	die Regenbogenhaut / die Iris
avoir les yeux bleus, verts, noirs	blau-, grün-, schwarzäugig sein
les yeux bridés	die Schlitzaugen *npl*
la pupille ; la prunelle	die Pupille, n
la rétine	die Netzhaut
le nerf optique	der Sehnerv, en
le cristallin	die Linse, n
• **le nez**	die Nase, n
le nez busqué / crochu	die Hakennase

le nez aquilin, en bec d'aigle	die Adlernase
un nez épaté	eine Stumpfnase
le nez camus/camard	die Sattelnase
le nez retroussé	die Stupsnase
le nez en trompette *(fam)*	die Himmelfahrtsnase *(fam)*
l'aile *f* **du nez**	der Nasenflügel, -
la narine	das Nasenloch, ¨er
• **l'oreille** *f*	das Ohr, en
l'oreille externe	das äußere Ohr
le pavillon	die Ohrmuschel, n
le lobe	das Ohrläppchen, -
le conduit auditif	der Gehörgang, ¨e
le cérumen	das Ohrenschmalz
le tympan	das Trommelfell, e
l'oreille moyenne	das Mittelohr
la caisse du tympan	die Paukenhöhle
la chaîne des osselets	die Gehörknöchelchen *npl*
la trompe d'Eustache	die eustachische Röhre
la mastoïde	das Mastoid, e
l'apophyse *f* **mastoïde**	der Warzenfortsatz
l'oreille interne	das innere Ohr
le limaçon	die Schnecke
le labyrinthe	das Labyrinth
le nerf auditif	der Gehörnerv
○ **le cou**	der Hals, ¨e
la pomme d'Adam	der Adamapfel
la gorge, le gosier	die Kehle, n
la nuque	der Nacken, -/das Genick, e

le tronc et les membres

• **le tronc**	der Rumpf, ¨e
le dos	der Rücken
l'épaule *f*	die Schulter, n
la région lombaire/ les lombes *f*	die Lende, n
les reins *m*	das Kreuz
le derrière	das Gesäß, e
le postérieur/popotin *(fam)*	der Hintern, -/Podex, e/ Po(po), s *(fam)*
le cul *(grossier)*	der Arsch, ¨e *(grossier)*
le fessier	das Hinterteil *(fam)*
la fesse	die Hinterbacke, n
le buste	der Oberkörper
l'aisselle *f*	die Achsel, n
le creux de l'aisselle	die Achselhöhle, n
la poitrine ; le sein *(femme)*	die Brust, ¨e
la poitrine *(femme)*	der Busen
le nichon *(fam)*	die Titte, n *(fam)*
le mamelon ; l'aréole *f*	die Brustwarze, n ; der Warzenhof, ¨e
la taille	die Taille, n
l'abdomen *m*/**le ventre ; le bide** *(fam)*	der Bauch, ¨e
le nombril	der Nabel, -
le bas-ventre	der Unterleib
le côté, le flanc	die Seite, n
la hanche	die Hüfte, n
l'aine *f*	die Leiste, n
le pubis	das Schambein
les poils pubiens	die Schamhaare *npl*
le sexe, les organes génitaux	die Geschlechtsteile *pl*
• **les membres** *m*	die Gliedmaßen *fpl*
le membre	das Glied, er
• **le bras**	der Arm, e
l'avant-bras *m*	der Unterarm
le coude	der Ell(en)bogen, -
le poignet	das Handgelenk, e
la main	die Hand, ¨e
le doigt	der Finger, -
le pouce	der Daumen, -
l'index *m*	der Zeigefinger
le majeur	der Mittelfinger
l'annulaire *m*	der Ringfinger
l'auriculaire *m*/**le petit doigt**	der kleine Finger
l'ongle *m*	der (Finger)nagel, ¨
la lunule	das Möndchen, -
du bout des doigts	mit der Fingerspitze
le dos de la main	der Handrücken, -
la paume de la main	die innere Handfläche, n/ der Handteller, -
le poing	die Faust, ¨e
• **la jambe**	das Bein, e
la cuisse	der Schenkel, -
le genou	das Knie, -
le (pli du) jarret	die Kniekehle, n
le mollet	die Wade, n
la cheville	der (Fuß)knöchel, -
le pied	der Fuß, ¨e
le cou-de-pied	der Spann, e
la pointe du pied	die Fußspitze, die Zehenspitze, n
la plante du pied/des pieds	die Fußsohle, n
le talon	die Ferse, n
l'orteil *m*, **le doigt de pied**	die Zehe, n
le gros orteil	die große Zehe, n

anatomie et physiologie

• **l'anatomie** *f*	die Anatomie
la physiologie	die Physiologie
le tissu anatomique	das anatomische Gewebe
le tissu conjonctif	das Bindegewebe
le tissu graisseux/adipeux	das Fettgewebe
la cellule	die Zelle, n
la fibre	die Faser, n
l'organe *m*	das Organ, e
la fonction biologique	die biologische Funktion
la sécrétion ; sécréter	die Absonderung, en ; ab~sondern
l'excrétion *f*	die Ausscheidung, en
excréter ; éliminer	aus~scheiden, ie, ie
l'évacuation *f*	die Entleerung, en
évacuer	entleeren, ab~führen
• **le squelette**	das Skelett, e, das Knochengerüst, e
les os *m (le système osseux)*	das Gebein
la charpente osseuse, l'ossature *f*	der Knochenbau
bien charpenté	kräftig gebaut
• **l'os** *m*	der Knochen, -
le tissu ossifié	das verknöcherte Gewebe, -
l'os compact	der kompakte Knochen
l'os spongieux	der spongiöse Knochen
l'os long, court, plat	der lange, kurze, platte Knochen
le cartilage ; cartilagineux	der Knorpel, - ; knorp(e)lig
○ **la boîte crânienne, le crâne**	der Schädel, -
le sphénoïde	das Keilbein, e
l'ethmoïde *m*	das Siebbein
le frontal	das Stirnbein

le temporal	das Schläfenbein
le sinus frontal	die Stirn(bein)höhle, n
le pariétal	das Scheitelbein, e
l'occipital *m*	das Hinterhaupt(s)bein
le maxillaire inférieur, le maxillaire supérieur	das Unter-, Oberkieferbein
le sinus maxillaire	die Kieferhöhle, n
• **la colonne vertébrale**	die Wirbelsäule, n
la vertèbre	der Wirbel, -
la vertèbre cervicale, dorsale, lombaire	der Hals-, Brust- Lendenwirbel
le canal rachidien	der Wirbelkanal, ¨e
le disque	die Bandscheibe, n
le sacrum	das Kreuzbein, e
la vertèbre sacrée	der Kreuzwirbel, -
le coccyx	das Steißbein, e
la vertèbre coccygienne	der Steißwirbel, -
le thorax/la cage thoracique	der Brustkorb, ¨e
le sternum	das Brustbein, e
la ceinture scapulaire	der Schultergürtel, -
la clavicule	das Schlüsselbein, e
l'omoplate *f*	das Schulterblatt, ¨er
la côte	die Rippe, n
○ **les os des membres supérieurs**	die Armknochen *mpl*
l'humérus *m*	das Oberarmbein, e
le radius	die Speiche, n
le cubitus	die Elle, n
le carpe	die Handwurzel, n
le métacarpe	die Mittelhandwurzel
la phalange	das Fingerglied, er, der Fingerknochen, -
○ **le bassin, la ceinture pelvienne**	das Becken, -
l'os iliaque	das Hüftbein, e
l'ilion *m*	das Darmbein
l'ischion *m*	das Ischium, ia/das Sitzbein
le pubis *(l'os)*	das Schambein
○ **les os des membres inférieurs**	die Beinknochen *mpl*
le fémur	das Oberschenkelbein
le col du fémur	der Schenkelhals, ¨e
la rotule	die Kniescheibe, n
le tibia	das Schienbein
le péroné	das Wadenbein
le tarse	die Fußwurzel, n
l'astragale *m*	das Sprungbein
le calcanéum	das Fersenbein
le métatarse	der Mittelfuß, ¨e
la phalange	das Zehenglied, er, der Zehenknochen, -
○ **l'articulation** *f*	das Gelenk, e
la synoviale	die Synovialhaut, ¨e
la capsule articulaire	die Gelenkapsel, n
le ligament	das Band, ¨er
le ménisque	der Meniskus, ken
• **le muscle ; lisse ; strié**	der Muskel, n ; glatt ; quer gestreift
le muscle fléchisseur	der Beugemuskel
le muscle extenseur	der Stuckmuskel
le muscle adducteur	der Anziehmuskel
le muscle abducteur	der Abziehmuskel
le muscle rotateur	der Rollmuskel
contracter ; décontracter	spannen ; entspannen
musculaire	Muskel-

musclé ; avoir du muscle	muskulös ; Muskeln haben
être tout en muscles *(fam)*	muskelbepackt sein *(fam)*
○ **la musculature ; les muscles** *m*	die Muskulatur, en
le deltoïde	der Schultermuskel
le grand pectoral	der große Brustmuskel
le grand dorsal	der breite Rückenmuskel
le biceps, le triceps	der zwei-, dreiköpfige Armmuskel
le diaphragme	das Zwerchfell, e
les abdominaux *m*	die Bauchmuskeln *mpl*
les muscles fessiers	die Gesäßmuskeln *mpl*
les jumeaux *m*	die Zwillingswadenmuskeln *mpl*
le quadriceps	der vierköpfige Muskel
le jambier	der Schienbeinmuskel
le tendon	die Sehne, n
le tendon d'Achille	die Achillessehne
○ **les mouvements** *m*	die Bewegungen *fpl*
se mouvoir	sich bewegen
se déplacer	sich fort~bewegen
la flexion ; l'extension *f*	die Beugung, en ; die Streckung, en
la rotation ; tourner	die Drehung, en ; (sich) drehen
la marche ; marcher	das Gehen ; gehen*, i, a
la course ; courir	das Laufen ; laufen*, ie, a, ä
le saut ; sauter	das Springen ; springen*, a, u
se lever ; être debout	auf~stehen*, a, a ; stehen, a, a
la station debout	das Stehen
s'asseoir ; être assis	sich setzen ; sitzen, a, e
la position assise	das Sitzen
s'accroupir ; être accroupi	sich nieder~kauern ; kauern
se coucher ; être couché	sich legen ; liegen, a, e
la position couchée	das Liegen
la préhension ; prendre, saisir	das Greifen ; greifen, i, i
• **la peau**	die Haut, ¨e
l'épiderme *m* **; le derme**	die Oberhaut ; die Lederhaut
l'hypoderme *m*	die Unterhaut
le pore	die Pore, n
la glande sudoripare, sébacée	die Schweiß-, Talgdrüse, n
le sébum	der Hauttalg, e
la pilosité, le système pileux	die Behaarung
les poils *m*	die (Körper)haare *npl*
être poilu, velu	behaart sein
glabre *(visage)* **; dépourvu de poils, de cheveux**	haarlos
la ride ; ridé	die Runzel, n ; runzelig
le pli ; plissé, fripé	die Falte, n ; faltig
le teint	der Teint, s
○ **la transpiration, la sudation**	das Schwitzen
transpirer ; la sueur	schwitzen ; der Schweiß
l'odeur *f* **de transpiration/de sueur**	der Schweißgeruch
être en sueur, en nage *(fam)*	verschwitzt sein
couvert, ruisselant de sueur	schweißbedeckt, schweißgebadet

le système nerveux

• **le système nerveux**	das Nervensystem, e
le tissu nerveux	das Nervengewebe
le neurone	das Neuron, e/n
la fibre nerveuse	die Nervenfaser, n
la cellule nerveuse	die Nervenzelle, n
la myéline	das Myelin
la synapse	die Synapse
l'influx nerveux	die Nervenelektrizität

le réflexe	der Reflex, e
l'acte *m* **réflexe**	die Reflexbewegung, en
○ **le système nerveux central**	das Zentralnervensystem
l'encéphale *m (cerveau sens large)* **; la cervelle** *(substance)*	das Gehirn, e
le cerveau *(sens restreint)*	das Großhirn, e
le cortex cérébral/ la substance grise	die Hirnrinde, n/die graue Substanz, en
la substance blanche	die weiße Substanz
les hémisphères cérébraux	die Gehirnhemisphären *fpl*
le corps calleux	der Balken, -
le lobe	der Lappen, -
le lobe frontal, pariétal, temporal	der Stirn-, Scheitel-, Schläfenlappen
la circonvolution	die Windung, en
le sillon, la scissure	die Furche, n
le ventricule	die Hirnkammer, n
le cervelet	das Kleinhirn
le diencéphale/le cerveau intermédiaire	das Zwischenhirn
le thalamus	der Thalamus, mi
les couches *f* **optiques**	der Sehhügel
l'hypothalamus *m*	der Hypothalamus
l'épiphyse *f*/**la glande pinéale**	die Zirbeldrüse/die Epiphyse, n
l'hypophyse *f*	die Hirnanhangdrüse, n/ die Hypophyse, n
le tronc cérébral	der Hirnstamm
le mésencéphale	das Mittelhirn
la protubérance annulaire	die Brücke, n
le bulbe rachidien	das verlängerte Rückenmark
la moelle épinière	das Rückenmark
les méninges *f*	die (Ge)hirnhäute *fpl*
la pie-mère	die weiche Hirnhaut
l'arachnoïde *f*	die Spinngewebshaut
la dure-mère	die harte Hirnhaut, ¨e
le liquide céphalo-rachidien	die zerebrospinale Flüssigkeit
○ **le système nerveux périphérique**	das periphere Nervensystem
le nerf	der Nerv, en
les racines *f* **nerveuses**	die Nervenwurzeln *fpl*
le plexus	das Nervengeflecht, e
le plexus solaire	das Sonnengeflecht
les nerfs crâniens	die Gehirnnerven
les nerfs rachidiens	die Rückenmarks-/Spinalnerven
les nerfs moteurs	die Bewegungsnerven/die motorischen Nerven
les nerfs sensitifs	die Sinnesnerven/die sensiblen Nerven
les nerfs mixtes	die gemischten Nerven
le grand nerf sciatique	der Ischiasnerv
○ **le système nerveux autonome/végétatif**	das autonome/vegetative Nervensystem
le système nerveux sympathique, parasympathique	das sympathische, parasympathische Nervensystem
le ganglion nerveux	der Nervenknoten, -/ das Ganglion, lien

les sens

les cinq sens	die fünf Sinne
• **le sens**	der Sinn, e
l'organe *m*	das Organ, e
la sensation	die Empfindung, en
l'impression *f*	der Eindruck, ¨e
ressentir, éprouver	empfinden, a, u, fühlen
percevoir	wahr~nehmen, a, o, i
la perception	die Wahrnehmung, en
perceptible ; la perceptibilité	wahrnehmbar ; die Wahrnehmbarkeit
○ **la vue**	der Gesichtssinn
• **voir**	sehen, a, e, ie
la vision, la vue	die Sehkraft, das Sehvermögen
la visibilité	die Sichtbarkeit
visible ; invisible	sichtbar ; unsichtbar
la vision binoculaire	das binokulare Sehen
la vision du relief	die Tiefenwahrnehmung
l'aspect *m*, **la vue** *(de qc)*	der Anblick, e
le regard ; le coup d'œil	der Blick, e
d'un coup d'œil	mit einem schnellen Blick
apercevoir	erblicken
lever les yeux	auf~blicken
regarder	schauen, gucken *(fam)*
regarder qn	jdn an~sehen/an~schauen/ an~blicken
regarder qc *(avec attention)*	sich etwas an~sehen, a, e, ie
jeter un coup d'œil sur	einen Blick werfen, a, o, i, auf+A
suivre qn du regard	jdm nach~blicken
dévisager qn	jdn scharf an~sehen, a, e, ie
ouvrir des yeux ronds	glotzen
regarder qn avec des yeux ronds	jdn an~glotzen
fixer qn avec insistance	jdn an~starren
regarder qn bouche bée	jdn an~gaffen
regarder qn faire qc	jdm bei etwas (D) zu~sehen, a, e, ie
loucher (sur)	schielen (auf + A)
contempler	betrachten
observer	beobachten
zyeuter/mater *(pop)*	linsen *itr (pop)*
cligner des paupières	blinzeln
faire un clin d'œil	mit den Augen zwinkern
• **l'odorat** *m*	der Geruchssinn
• **sentir** *(une odeur)*	riechen, o, o
respirer une odeur	(be)riechen, o, o
flairer	wittern
renifler	beschnüffeln, beschnuppern, beriechen
l'odeur *f*	der Geruch, ¨e
l'odeur agréable, le parfum	der Duft, ¨e
parfumé	duftend
sentir bon, mauvais	gut, schlecht/übel riechen
qui sent bon; malodorant	wohlriechend; übelriechend
sentir qc	riechen, o, o nach+D
sentir le renfermé	muffig riechen
puer	stinken, a, u (nach+D)
la puanteur	der Gestank
sans odeur, inodore	geruchlos
• **le goût** *(sens)* *(v. alimentation, le goût, p. 300)*	der Geschmackssinn
• **l'ouïe** *f*	der Gehörsinn
avoir l'ouïe fine	ein gutes Gehör haben
l'audition *f*	das Hören
• **entendre**	hören
l'audibilité *f*	die Hörbarkeit
audible ; inaudible	hörbar ; unhörbar
écouter *tr*	hin~hören *itr*, an~hören *tr*, zu~hören (+D)
écouter attentivement *tr*	lauschen (+D)
être tout ouïe	ganz Ohr sein

n'écouter que d'une oreille	nur mit halbem Ohr zu~hören
le son	der Ton, ¨e
aigu ; grave	hoch ; tief
le bruit, le son	das Geräusch, e, der Schall, ¨e/e
sourd ; strident	dumpf ; schrill
le (grand) bruit	der Lärm
le vacarme	der Krach
le calme	die Stille
le silence	das Schweigen
• **le toucher**	der Tast-/Berührungssinn, das Gefühl, der Gefühlssinn
sentir *(avec précision)*	fühlen
sentir, ressentir	spüren, verspüren
tâter, palper	befühlen, an~tasten/befingern
tangible ; palpable	fühlbar ; berührbar
toucher *(avec les doigts)*	berühren
toucher *(volontairement)*	an~rühren
prendre, (se) saisir (de)	greifen, i, i
prendre qn par la main	jdn an/bei der Hand fassen
saisir	an~fassen, an~packen, ergreifen, i, i
empoigner	packen *(fam)*
chatouiller ; gratter	kitzeln ; kratzen
gratter doucement	kraulen
être dur, doux au toucher	sich hart, weich an~fühlen
mouillé, humide ; sec	nass, feucht ; trocken
○ **la sensibilité**	die Sensibilität
sensible (à)	empfindlich (gegen + A)
hypersensible	überempfindlich
sensible à la pression	druckempfindlich
le sens thermique	der Temperatursinn
sensible à la chaleur, au froid	wärme-, kälteempfindlich
sensible aux changements de temps	wetterfühlig
sensible (à la douleur)	(schmerz)empfindlich

circulation, respiration, digestion

• **la circulation sanguine**	der Blutkreislauf
le cœur	das Herz, ens, en
l'oreillette *f*	der Vorhof, ¨e
la valvule	die Herzklappe, n
le ventricule	die Herzkammer, n
la systole ; la diastole	die Systole, n ; die Diastole, n
le rythme cardiaque, les battements de cœur	der Herzschlag, ¨e
la tension artérielle	der Blutdruck, e
la pulsation ; le pouls	der Pulsschlag, ¨e ; der Puls, e
○ **le vaisseau sanguin**	das Blutgefäß, e
l'artère *f*	die Schlagader, n
l'aorte *f*	die Aorta, ten
la carotide	die Karotis, tiden
la veine	die Ader, n ; die Vene, n
les veines jugulaires	die Drosselvenen *fpl*
• **le sang**	das Blut
les globules rouges *m* / **les hématies** *f*	die roten Blutkörperchen *npl*
l'hémoglobine *f*	der Blutfarbstoff, das Hämoglobin
la moelle osseuse	der Knochenmark
la rate	die Milz, en
les globules blancs/ les leucocytes *m*	die weißen Blutkörperchen
les plaquettes *f* **sanguines**	die Blutplättchen *npl*
la fibrine	das Fibrin
la coagulation ; coaguler	das Gerinnen ; gerinnen*, a, o *itr*
le caillot	das Blutklümpchen, -
le plasma	das (Blut)plasma, men
le sérum (sanguin)	das Blutserum
les antigènes *m*	das Antigen, e
les anticorps *m* / **les agglutinines** *f*	die Antikörper *mpl*
○ **la circulation lymphatique**	der Lymphkreislauf
la lymphe ; les lymphocytes *m*	die Lymphe, n ; die Lymphozyten *mpl*
les ganglions *m* **lymphatiques**	die Lympfknoten *mpl*
• **la respiration**	die Atmung
respirer; respirer à fond	atmen; tief atmen
l'appareil *m* **respiratoire**	das Atemsystem
la fosse nasale	die Nasenhöhle, n
la cloison nasale	die Nasen(scheide)wand
le pharynx	der Pharynx, ryngen
le larynx	der Kehlkopf, ¨e
l'épiglotte *f*	der Kehldeckel ; die Epiglottis
la glotte	die Stimmritze
la corde vocale	das Stimmband, ¨er
la trachée	die Luftröhre, n
les bronches *f*	die Bronchien *fpl*
le poumon	die Lunge, n
la plèvre	das Brustfell, das Rippenfell
le diaphragme	das Zwerchfell
la cage thoracique	der Brustkorb
la respiration thoracique	die Brustatmung
la respiration pulmonaire	die Lungenatmung
la respiration abdominale	die Bauchatmung
l'inspiration *f* **; inspirer**	die Einatmung ; ein~atmen
l'expiration *f* **; expirer**	die Ausatmung ; aus~atmen
le souffle, l'haleine *f*	der Atem
le souffle	der Atemzug, ¨e
• **la digestion ; digérer**	die Verdauung ; verdauen
l'appareil digestif	der Verdauungsapparat
le tube digestif	der Verdauungskanal
la denture, la dentition	die Zahnung, en *(das natürliche Gebiss)*
• **la dent**	der Zahn, ¨e
l'incisive *f*, **la canine**	der Schneidezahn, der Eckzahn
la molaire	der Backenzahn
la prémolaire	der vordere Backenzahn
la dent de sagesse	der Weisheitszahn
la dent de lait	der Milchzahn
Une dent perce.	Ein Zahn kommt durch.
la gencive	das Zahnfleisch
la racine	die Wurzel, n
le collet	der Zahnhals, ¨e
la couronne	die Krone, n
l'émail *m*	der Zahnschmelz, e
l'ivoire *m*	das Zahnbein
la pulpe dentaire	das Zahnmark/die Pulpa, ae
le nerf	der Nerv, en
l'alvéole *f*	die Zahnhöhle, n
○ **la cavité buccale**	die Mundhöhle, n
le palais	der Gaumen, -
le voile du palais	der weiche Gaumen
la luette	das Zäpfchen, -
la langue	die Zunge, n
le frein/le filet	das (Zungen)bändchen, -
les papilles gustatives	die Geschmackknospen *fpl*
les glandes *f* **salivaires**	die Speicheldrüse, n
la salive ; la salivation	der Speichel ; der Speichelfluss
la mastication	das Kauen

mâcher/mastiquer	kauen
la déglutition ; déglutir	das Verschlucken ; verschlucken
avaler, avaler de travers	(ver)schlucken, sich verschlucken
avoir le hoquet	den Schluckauf haben
le bol alimentaire	der Speisebrei
l'œsophage *m*	die Speiseröhre, n
○ **l'estomac** *m*	der Magen, ¨/-
le cardia ; le pylore	die Kardia, - ; der Pförtner, -
la paroi stomacale	die Magenwand, ¨e
les sucs digestifs	die Verdauungssäfte *mpl*
les enzymes *m*	die Enzyme *npl*, die Fermente *npl*
○ **le foie**	die Leber, n
les lobes *m*	die Leberlappen *mpl*
la bile	die Galle, n
le canal hépatique	der Lebergang
la vésicule biliaire	die Gallenblase, n
le canal cystique	der Gallenblasengang
le cholédoque	der gemeinsame Gallengang
le pancréas	die Bauchspeicheldrüse, n
le péritoine	das Bauchfell
○ **l'intestin** *m*	der Darm, ¨e
l'intestin *m* **grêle**	der Dünndarm
le duodénum	der Zwölffingerdarm
le jéjunum	der Leerdarm
l'iléon *m*	der Krummdarm
le gros intestin	der Dickdarm
le caecum	der Blinddarm
l'appendice caecal	der Wurmfortsatz
le côlon	der Grimmdarm
le rectum	der Mastdarm
l'anus *m* **; le sphincter**	der After ; der Schließmuskel
○ **la défécation**	die Darmentleerung
les selles *f*	der Stuhlgang
aller à la selle ; déféquer *itr*	einen Stuhlgang haben
les excréments *m*	der Kot
les matières fécales	das Exkrement, e
faire caca *(voc enf)*	Häufchen machen *(Kindersprache)*
la merde ; chier *(vulg)*	die Scheiße ; scheißen, i, i *(vulg)*
les gaz intestinaux	die Darmwinde *mpl*
le pet *(vulg)*, **le vent**	der Furz, e *(vulg)*, der Pup(s), e *(fam)*
lâcher un pet/péter *(vulg)*	furzen/einen gehen lassen *(vulg)*, pup(s)en *(fam)*
• **l'appareil** *m* **urinaire**	die Harnorgane *npl*
les voies *f* **urinaires**	die Harnwege *mpl*
le rein	die Niere, n
le bassinet	das Nierenbecken
l'uretère *m*	der Harnleiter, -, der Ureter, en
la vessie	die Harnblase, n
l'urètre *m*	die Harnröhre, n
le méat urinaire	die Harnröhrenöffnung
l'urine	der Harn, e, der Urin, e
la pisse *(vulg)*	die Pisse *(vulg)*
la miction	das Harnlassen
uriner	Urin/Wasser lassen, ie, a, ä, urinieren
pisser *(vulg)*	pissen *(vulg)*, pinkeln *(fam)*
faire pipi *(fam)*	Pipi machen *(Kindersprache)*
l'urée *f*	der Harnstoff
l'acide *m* **urique**	die Harnsäure
l'albumine *f*	der Eiweißstoff
○ **la glande endocrine**	die innere Drüse, n
l'hormone *f*	das Hormon, e
la glande thyroïde	die Schilddrüse, n
la glande parathyroïde	die Nebenschilddrüse
le thymus	die Thymusdrüse
la capsule surrénale/ la glande surrénale	die Nebenniere, n
la folliculine	das Follikelhormon
la progestérone	das Luterohormon, das Progesteron
la testostérone	das Testoteron

la reproduction

• **les organes génitaux**	die Geschlechtsorgane *mpl*/ die Genitalien *pl*
l'appareil *m* **de reproduction** *f*	die Genitale *pl*
○ **le pénis, la verge**	der Penis, se
la queue *(vulg)*	der Schwanz, ¨e *(vulg)*
le zizi *(fam)*	der Pimmel, - *(fam)*
le gland ; le prépuce	die Eichel ; die Vorhaut
les tissus *m* **érectiles**	die Schwellkörper *mpl*
le scrotum, les bourses *f*	der Hodensack
les testicules *m*	die Hoden *mpl*
les couilles/valseuses *f (vulg)*	die Eier *npl (vulg)*
la prostate	die Vorsteherdrüse, n
les vésicules séminales	die Samenbläschen *npl*
○ **la vulve**	die Scham, die Vulva, ven
les lèvres	die Schamlippe, n
les petites lèvres	die inneren Schamlippen
le clitoris	der Kitzler, -/die Klitoris, -
le vagin	die Scheide, n/die Vagina, nen
la muqueuse vaginale	die Scheidenschleimhaut
l'utérus *m*	die Uterus, ri/die Gebärmutter, ¨
le col de l'utérus	der Gebärmutterhals, ¨e
l'oviducte *m*, **la trompe**	der Eileiter, -
l'ovaire *m*	der Eierstock, ¨e
le follicule	das Follikel, -
○ **la puberté**	die Pubertät
les règles *f*	die Regel *(sg)*, die Periode *(sg)*
le cycle menstruel	die Menstruation, en
la ménopause	das Klimakterium, rien, die Wechseljahre *npl*
l'andropause *f*	die Andropause, n

abstehende Ohren haben
avoir les oreilles décollées

Ihm fallen alle Haare aus.
Il perd tous ses cheveux.

Er hat sich eine Glatze scheren lassen. *(fam)*
Il n'a plus un cheveu sur le caillou. (fam)

Sie hat ihre Tage.
Elle est indisposée/elle a ses règles.

Hitzewallungen haben
avoir des bouffées de chaleur

Gut gekaut ist halb verdaut.
Qui mastique bien, digère bien.

ein gewisses Örtchen auf-suchen
aller au petit coin (fam)

bei Tante Meyer sein *(fam)*
être au petit coin (fam)

2. LA SANTÉ ET LA MALADIE

la santé

• **la santé**	die Gesundheit
l'état *m* **de santé**	der Gesundheitszustand
jouir d'une bonne santé	sich einer guten Gesundheit erfreuen
respirer la santé	vor Gesundheit strotzen
en bonne santé ; sain	gesund
se porter comme un charme	kerngesund sein
être solide, fort	kräftig, robust sein
être encore vert	noch rüstig sein, noch gut zu Wege sein
avoir bon pied bon œil	rüstig und gesund sein
• **l'hygiène** *f* **(de vie)**	die Gesundheitspflege
l'activité *f* **physique**	die körperliche Betätigung
actif, entreprenant	aktiv, rührig, unternehmend
une vie sédentaire	eine sitzende Lebensweise
○ **le stress ; stresser**	der Stress ; stressen *(fam)*
le surmenage ; surmené	die Überbelastung ; überbelastet
se surmener	sich überanstrengen
l'épuisement *m* **; épuisé**	die Erschöpfung ; erschöpft
la fatigue	die Ermüdung, die Müdigkeit
tomber de fatigue, dormir debout *(fam)*	vor Müdigkeit um~fallen*, ie, a, ä
fatigué ; vanné *(fam)*	müde ; hundemüde *(fam)*
éreinté, crevé *(fam)*	abgespannt
avoir l'air fatigué	angegriffen aus~sehen, a, e, ie
avoir une mine de papier mâché *(fam)*	käsig aus~sehen, a, e, ie
avoir les yeux cernés	Augenränder *mpl* haben
○ **la détente, la relaxation**	die Enstpannung
se détendre, se relaxer	sich entspannen
se reposer	sich aus~ruhen
• **le sommeil**	der Schlaf
somnoler	dösen *(fam)*
bailler ; avoir sommeil	gähnen ; schläfrig sein
se coucher, s'allonger	sich hin~legen
aller au lit	schlafen gehen/zu Bett gehen*, i, a
mettre un enfant au lit	ein Kind schlafen legen
faire dodo *(voc enf)*	heia machen *(voc enf)*
le somme, le roupillon *(fam)*	das Schläfchen, -
faire un petit somme	ein Nickerchen machen *(fam)*
faire une sieste	einen Mittagsschlaf halten, ie, a, ä
s'assoupir	ein~schlummern*
endormir qn ; soporifique	jdn ein~schläfern ; einschläfernd
le sommeil léger, profond	der leichte, tiefe Schlaf
le sommeil lent	der Tiefschlaf
le sommeil paradoxal	der REM-Schlaf, der paradoxe Schlaf
dormir ; s'endormir	schlafen ; ein~schlafen*, ie, a, ä
dormir profondément/ à poings fermés	fest schlafen
dormir son content, bien dormir	sich aus~schlafen
dormir d'un trait	durch~schlafen
le rêve ; rêver (de)	der Traum, ¨e ; träumen (von+D)
sortir d'un rêve	aus einem Traum erwachen*
faire un cauchemar	einen Alb-/Alptraum haben
le somnambule	der Nachtwandler/Schlafwandler, -
ronfler ; les ronflements *m*	schnarchen ; das Schnarchen
ne pas se coucher, rester debout	auf~bleiben*, ie, ie
veiller ; être, rester éveillé	wachen ; wach sein, bleiben
l'insomnie *f*	die Schlaflosigkeit
passer une nuit blanche	eine schlaflose Nacht verbringen, a, a
réveiller qn ; se réveiller	jdn wecken ; auf~wachen* *itr*
se réveiller en sursaut	aus dem Schlaf auf~fahren*, u, a, ä
se réveiller trop tard	(sich) verschlafen, ie, a, ä
se lever	auf~stehen*, a, a
Réveille-toi !	Wach auf !
Debout !/Lève-toi !	Steh auf !
Bonne nuit, fais de beaux rêves.	Schlaf gut und träume süß !

les soins corporels

• **les soins corporels**	die Körperpflege
l'hygiène corporelle	die Körperhygiene
la propreté	die Sauberkeit
propre	sauber
sale ; se salir	schmutzig ; sich schmutzig machen
la saleté	der Schmutz/der Dreck
être sale comme un peigne *(fam)*	vor Schmutz starren
la crasse	der Schmutz/die Schmutzschicht, en
faire sa toilette	sich fertig~machen
la toilette intime	die intime Körperpflege
la serviette périodique	die (Damen)binde/Monatsbinde, n
le savon	die Seife, n
le savon de Marseille	die Kernseife
se laver	sich waschen, u, a, ä
(se) frotter	(sich) reiben, ie, ie
(se) frictionner	(sich) ab~reiben
se rincer	sich ab~spülen
s'essuyer/se sécher	sich ab~trocknen
○ **l'hygiène** *f* **de la bouche**	die Mundhygiene
(v. Médecine dentaire, p. 176)	
○ **la manucure**	die Maniküre, n
l'ongle *m*	der Fingernagel, ¨
la trousse à ongles	das Maniküretui, s
les ciseaux *m* **à ongles**	die Nagelschere, n
la lime à ongles	die Nagelfeile, n
faire ses ongles	sich die Nägel putzen
se ronger les ongles	an den Nägeln kauen
le vernis à ongles	der Nagellack, e
le dissolvant	der Nagellackentferner, -
le pédicure	der Fußpfleger, -
un ongle incarné	ein eingewachsener Nagel
le cor, l'œil-de-perdrix	das Hühnerauge, n
le coricide	das Hühneraugenmittel, -
le durillon	die Schwiele, n
la verrue plantaire	die Fußwarze, n
• **les soins** *m* **de beauté**	die Schönheitspflege/die Kosmetik
les soins de la peau	die Hautpflege
soigné ; peu soigné	gepflegt ; ungepflegt
le salon de beauté	der Kosmetiksalon
l'esthéticienne *f*	die Kosmetikerin, nen
se faire une beauté	sich schön machen
le produit de beauté	das Kosmetikum, ka
l'eau de toilette	das Toilettenwasser
l'eau *f* **de Cologne**	das Kölnischwasser
l'eau de lavande	das Lavendelwasser
le parfum; se parfumer	das Parfüm, s; sich parfümieren
le vaporisateur	der Zerstäuber, -
le spray, l'atomiseur *m*	der/das Spray, s
le déodorant corporel	der/das Körperspray

○ **(se) farder ; (se) maquiller**	(sich) schminken
(se) démaquiller	(sich) ab~schminken
le maquillage *(action)*	das Schminken
ne pas être maquillée	ungeschminkt sein
le maquillage	das Make-up, s
le fard	die Schminke, n
le rouge à lèvres	der Lippenstift, e
le lait démaquillant	die Reinigungsmilch, e
la crème pour le visage	die Gesichtscreme, s
la lotion faciale	das Gesichtswasser, -
la crème hydratante	die Feuchtigkeitscreme
le fond de teint	die Teintgrundierung, -, en
la poudre	der Puder, -
mettre de la poudre	Puder auf~legen
se poudrer	sich pudern
le poudrier	die Puderdose, n
le fard à joues	das Wangenrot
le fard à paupières	der Lidschatten
le mascara	die Wimperntusche
l'épilation *f*	die Haarentfernung
(s')épiler	(sich) enthaaren
la crème épilatoire/dépilatoire	die Enthaarungscreme
la pince à épiler	die Zupfpinzette, n
○ **le bain de soleil**	das Sonnenbad, ¨er
s'exposer au soleil	sich der Sonne aus~setzen
la lampe à rayons ultra-violets	die Höhensonne, n
les rayons *m* **ultra-violets**	die UV-Strahlen *mpl*
le bronzage	die (Sonnen)bräune
pâle ; bronzé	blass ; gebräunt, braun gebrannt
le coup de soleil	der Sonnenbrand, ¨e
le produit solaire	das Sonnenschutzmittel, -
l'indice *m* **de protection**	der Lichtschutzfaktor, en
• **les soins** *m* **capillaires**	die Haarpflege
le salon de coiffure	der Frisiersalon, s
le coiffeur ; la coiffeuse	der Friseur, e ; die Friseuse, n
aller chez le coiffeur	zum Friseur gehen*, i, a
la coiffure	die Frisur, en
la coupe de cheveux	der Haarschnitt, e
les ciseaux *m*	die Schere, n
la tondeuse	die Haarschneidemaschine
tondre	scheren, o, o
la coupe au rasoir	der Messerhaarschnitt
se faire couper les cheveux	sich die Haare schneiden lassen, ie, a, ä
la coupe en brosse	der Bürsten(haar)schnitt
tondu à ras, avoir la boule à zéro *(fam)*	kahl/kurz geschoren
rafraîchir les cheveux	die Haare stutzen
désépaissir	lichten
○ **le peigne ; (se) peigner**	der Kamm, ¨e ; (sich) kämmen
démêler les cheveux	das Haar durch~kämmen
la raie sur le côté	der Seitenscheite
la raie au milieu	der Mittelscheitel
la brosse ; brosser	die Bürste, n ; bürsten
la perruque	die Perücke, n
le postiche	das Haarteil, e
la moumoute *(fam)*	das Toupet, s *(homme)*
les pellicules *f*	die Schuppen *fpl*
le shampooing	das Schampun, s/ das Haarwaschmittel, -
(se) faire un shampooing	(sich) den Kopf waschen, u, a, ä
le rinçage ; rincer	das Haarspülen ; spülen
le casque/le séchoir	die Trockenhaube, n
le sèche-cheveux	der Haartrockner, -/der Föhn, e
sécher les cheveux	das Haar föhnen
la permanente, l'indéfrisable *m*	die Dauerwelle
la mise en plis	die Wasserwelle
faire une mise en plis	das Haar ein~legen
le brushing	die Fönwelle
crêper les cheveux	das Haar toupieren
le rouleau, le bigoudi	der Lockenwickler, -
l'épingle *f* **à cheveux**	die Haarnadel, n
la pince à cheveux	die Haarklammer, n
la barrette	die Haarspange, n
le filet à cheveux	das Haarnetz, e
le fer à friser	die Brennschere
la teinture ; teindre	die Färbung, en ; färben
la coloration	die Tönung, en
la décoloration ; décolorer	die Blondierung, en ; blondieren
les racines *f*	der Haaransatz
la mèche	die Strähne, n
les cheveux relevés	das aufgesteckte Haar
le chignon	der (Haar)knoten, -
la queue de cheval	der Pferdeschwanz, ¨e
la natte ; la tresse	der Zopf, ¨e
natter ses cheveux	das Haar in Zöpfe flechten, o, o, i
les macarons *m*	die (Haar)schnecken *fpl*
la frange	der Pony, s
la coiffure à la garçonne	der Bubikopf
être bien coiffé	schön frisiert sein
○ **la barbe**	der Bart, ¨e
barbu ; imberbe	bärtig ; bartlos
rafraîchir/tailler la barbe	den Bart stutzen
une barbe de plusieurs jours	ein Stoppelbart
le bouc	der Spitzbart, der Kinnbart
le collier de barbe	die Fräse, n
les pattes *f* **; les favoris** *m*	die Koteletten *fpl* ; der Backenbart
la moustache	der Schnurrbart
(se) raser	(sich) rasieren
se raser avec un rasoir électrique	sich trocken rasieren
se raser avec un rasoir mécanique	sich nass rasieren
le savon à barbe	die Rasierseife, n
la mousse ; le blaireau	der Schaum ; der Rasierpinsel, -
le rasoir à main	das Rasiermesser, -
le rasoir mécanique	der Rasierapparat, e
la lame de rasoir	die Rasierklinge, n
le rasoir électrique	der Elektrorasierer, -
la lotion après-rasage	das Rasierwasser, -/"
• **la beauté (physique)**	die (körperliche) Schönheit
beau, joli ; ravissant	schön, hübsch ; entzückend
être en beauté *(femme)*	besonders hübsch aus~sehen, a, e, ie
avoir du charme, du chien *(fam)*	attraktiv sein
belle à croquer	zum Anbeißen schön
la beauté du diable	die Schönheit der Jugend
un enfant mignon	ein niedliches Kind
une jolie fille	ein hübsches Mädchen
un homme de belle prestance, imposant	ein stattlicher Mann
le bellâtre	der Schönling, e *(péj)*, der Geck, en, en *(péj)*
un vieux beau	ein alter Geck/ein alter Stutzer, -
le charme	der Reiz, der Scharm

les attraits *m* **féminins**	die weiblichen Reize *mpl*
• **la laideur**	die Hässlichkeit
laid, pas beau, moche *(fam)*	hässlich
inesthétique	unästhetisch
répugnant, repoussant	widerwärtig, ekelhaft
un visage défiguré par une cicatrice	ein durch eine Narbe verunstaltetes Gesicht
mal bâti, difforme	krumm und schief gebaut
disgracieux	reizlos
affreux, hideux	scheußlich, abscheulich
un laideron *(femme)*	eine Vogelscheuche/ein Affengesicht
une virago/un dragon	ein Mannweib, er

la diététique

• **la diététique**	die Diätetik
la nutrition	die Ernährungswissenschaft
le nutritionniste	der Ernährungswissenschaftler, -
le diététicien, la diététicienne	der Diätetiker, -, die Diätetikerin
une alimentation équilibrée	eine ausgewogene Ernährung
les besoins *m* **énergétiques**	der Energiebedarf
la dépense d'énergie	der Energieverbrauch
la valeur nutritive	der Nährwert
nourrissant	nahrhaft
les calories *f*	die Kalorien *fpl*
la teneur en calories	der Kaloriengehalt
riche, pauvre en calories*f*	kalorienreich, -arm
les protéines *f*	die Proteine *npl*/die Eiweiße *npl*
les acides aminés essentiels	die essentiellen Aminosäuren *fpl*
les protéines d'origine animale	die tierischen Eiweiße
les protéines d'origine végétale	die pflanzlichen Eiweiße
les lipides *m*	die Fette *npl*
le cholestérol	das Cholesterin/das Cholesterol
le taux de cholestérol	der Cholesteringehalt/-spiegel
les acides gras	die Fettsäuren *fpl*
les acides gras insaturés	die ungesättigten Fettsäuren
les acides gras saturés	die gesättigten Festsäuren
les glucides *m*	die Kohlenhydrate *npl*
les sels *m* **minéraux**	die Mineralstoffe *mpl*
les oligo-éléments	die Spurenelemente *npl*
la vitamine	das Vitamin, e
riche, pauvre en vitamines	vitaminreich, vitaminarm
le sel *(chlorure de sodium)*	das Natrium(chlorid), das Salz
• **les troubles** *m* **nutritionnels**	die Ernährungsstörungen *fpl*
la surcharge pondérale	das Übergewicht
grossir/prendre du poids/ engraisser	zu~nehmen, a, o, i/dicker werden
la prise de poids	die Gewichtszunahme, n
la boulimie	die Bulimie, der krankhafte Heißhunger
boulimique	heißhungrig
se rendre malade en mangeant trop	sich krank essen, a, e, i
l'anorexigène *m*/**le coupe-faim**	der Appetitzügler, -
la perte de poids	die Gewichtsabnahme, n
perdre du poids	an Gewicht verlieren, o, o
maigrir de 5 kg	10 Pfund ab~nehmen, a, o, i
l'amaigrissement *m*	die Abmagerung
le régime amaigrissant	die Abmagerungskur
l'anorexie *f*, **la perte d'appétit**	die Anorexie, die Appetitlosigkeit
l'insuffisance pondérale	das Untergewicht
la carence en vitamines	der Vitaminmangel
l'avitaminose *f*	die Vitaminmangelkrankheit, en
être sous-alimenté	unterernährt sein
les stimulants *m* **de l'appétit**	die Appetitanreger *mpl*
le régime hypercalorique	die hyperkalorische Diät
• **le régime, la diète**	die Diät, die Schonkost
être au régime, à la diète	Diät halten, ie, a, ä
suivre un régime	Schonkost bekommen, a o
le régime basses calories	die kalorienarme Diät
le régime sans sel (strict)	die (streng) natriumarme Kost
le régime pauvre en lipides	die fettarme Kost
le régime pauvre en glucides	die Zuckerdiät/die Diabetesdiät
restreindre	ein~schränken
la diète hydrique	die Heilfastenkur, en
jeûner ; souffrir de la faim	fasten ; hungern
la cellulose	die Zellulose
les édulcorants *m* **de synthèse**	die künstlichen Süßstoffe *mpl*
digeste ; indigeste	verdaulich ; unverdaulich
le végétarisme ; le végétarien	der Vegetarismus ; der Vegetarier, -
les crudités *f*	die Rohkost

les drogues

• **le tabagisme**	die Nikotinsucht
la nicotine	das Nikotin
le fumeur	der Raucher, -
le grand fumeur	der Kettenraucher, der starke Raucher
s'arrêter de fumer	das Rauchen ein~stellen/mit dem Rauchen auf~hören
le non-fumeur	der Nichtraucher
le débit de tabac	der Tabakladen, ¨
• **le tabac**	der Tabak, e
la cigarette, le clope *(fam)*, **la sèche**	die Zigarette, n
la cigarette blonde	die helle Zigarette, n
la cigarette brune	die schwarze Zigarette, n
le mégot, le clope *(fam)*	der Zigarettenstummel, -/ die Kippe, n *(fam)*
allumer une cigarette	eine Zigarette an~zünden
fumer cigarette sur cigarette	eine Z. nach der anderen an~stecken
fumer comme un pompier	wie ein Schlot rauchen
éteindre sa cigarette	die Zigarette aus~drücken
rouler une cigarette	eine Zigarette drehen
le papier à cigarette	das Zigarettenpapier
la cigarette à filtre	die Filterzigarette
le cigare	die Zigarre, n
le cigare *(à bouts coupés)*	der Stumpen, -
le cigarillo	der Zigarillo, s
• **la pipe, la bouffarde** *(fam)*	die Pfeife, n
fumer la pipe	Pfeife rauchen
culotter une pipe	eine Pfeife ein~rauchen
bourrer sa pipe	die Pfeife stopfen
la blague à tabac	der Tabaksbeutel, -
tirer une bouffée	einen Zug tun, a, a
la fumée	der Rauch
les ronds *m* **de fumée**	die Rauchkringel *mpl*
une pièce enfumée	ein verräuchertes Zimmer
• **l'alcoolisme** *m*	der Alkoholismus/die Trunksucht
l'alcool *m*	der Alkohol
les boissons *f* **alcooliques**	die alkoholhaltigen Getränke *npl*
l'abus *m* **d'alcool**	der Alkoholmissbrauch
l'alcoolique *m*	der Alkoholiker, -

être alcoolique	trunksüchtig sein
l'ivrogne *m*, **le poivrot** *(fam)*	der Säufer, -, der Süffel, - *(fam)*
boire	trinken, a, u
picoler *(pop)*	saufen, o, o, süffeln *(pop)*
s'enivrer	sich betrinken, a, u
boire un coup de trop *(fam)*	eins über den Durst trinken, a, u
se soûler *(fam)*	sich besaufen *(fam)*
être un peu gris	angeheitert sein
être éméché/pompette *(fam)*	beschwipst sein *(fam)*
être dans les vignes du Seigneur	in weinseliger Laune sein
être ivre/soûl/en état d'ébriété	betrunken sein
être ivre mort	sinnlos betrunken, sternhagelvoll sein *(fam)*
être parti	blau sein *(fam)*
être rond/bourré *(pop)*	voll sein *(pop)*
tituber	torkeln
cuver son vin *(fam)*	seinen Rausch aus~schlafen, ie, a, ä
avoir la gueule de bois *(fam)*	einen Kater haben *(fam)*
le delirium tremens	das Delirium tremens
• **la drogue, le stupéfiant, la came** *(arg)*	die Droge, n, das Rauschgift, e
se droguer	Rauschgift nehmen, a, o, i, Drogensüchtig sein
la détention de drogue	der Drogenbesitz
la toxicomanie	die Drogenabhängigkeit, die Rauschgiftsucht
l'abus *m* **de drogue**	der Drogenmissbrauch
le drogué, le toxico(mane), le camé *(arg)*	der Rauschgiftsüchtige *(adj)*
l'accro(ché) *m*	der Drogenabhängige *(adj)*
l'accoutumance *f* **; la dépendance**	die Gewöhnung ; die Abhängigkeit
les drogues douces, dures	die weichen, harten Drogen
la drogue d'initiation	die Einstiegdroge, n
passer aux drogues dures	auf harte Drogen um~steigen*, ie, ie
le chanvre indien	der indische Hanf
le cannabis	der Cannabis
le haschisch/le hasch *(fam)*	das/der Hasch(isch)
la marijuana	die Marihuana
le joint, le pétard *(arg)*	der Joint, s
la drogue opiacée	das Opiat, e
l'opium *m*	das Opium
la morphine	das Morphin, das Morphium
l'héroïne *f*	das Heroin
être drogué à l'héroïne	heroinsüchtig sein
le junkie *(fam)*	der Fixer, -
se piquer, se shooter *(arg)*	fixen *(arg)*
la seringue	die Fixe *(arg)*
l'overdose *f*	die Überdosis, sen
mourir d'une overdose	an einer Überdosis sterben*, a, o, i
la victime d'une overdose	der Drogentote *(adj)*
la cocaïne	das Kokain
l'hallucinogène *m*	das Halluzinogen, e
la mescaline	das Meskalin
le trip	der Trip, s
le LSD	das LSD
le solvant ; sniffer *(fam)*	das Lösungsmittel, - ; schnüffeln
le dopant	das Aufputschmittel, -
l'amphétamine *f*	das Amphetamin, e
○ **le service d'aide aux drogués**	die Drogenberatungsstelle, n
nécessiter des soins médicaux	behandlungsbedürftig sein
la cure de désintoxication	die Entziehungskur
se soumettre à une cure de désintoxication	sich einer Entziehungskur unterziehen, o, o
être en état de manque	Entzugserscheinungen haben
la désintoxication ; sevrer qn	die Entwöhnung ; jdn entwöhnen
la postcure	die Nachbetreuung

l'accident

• **l'accident** *m*	der Unfall, ¨e
l'accident de travail	der Arbeitsunfall, ¨e
être accidenté	einen Unfall erleiden, i, i
la victime	das Opfer, -
le traumatisme	das Trauma, men/mata
le choc traumatique	der Wundschock
être choqué	unter Schock stehen, a, a
blesser	verwunden, verletzen
blessé légèrement	leicht verletzt
blessé grièvement	schwer verletzt
le blessé	der Verwundete *(adj)*, der Verletzte *(adj)*
la lésion	die Läsion, en
• **la blessure**	die Verletzung, en, die Verwundung, en
la blessure, la plaie	die Wunde, n
la blessure bénigne, grave	die harmlose, schwere Verletzung
la blessure mortelle	die tödliche Verwundung
succomber à ses blessures	seinen Verletzungen erliegen*, a, e
s'en tirer sans une égratignure	mit heiler Haut davon~kommen*, a, o
l'égratignure *f*, **l'écorchure** *f*	die Kratzwunde, die Schramme, n
la plaie par coup	die Hiebwunde
le coup	der Schlag, ¨e, der Hieb, e
la coupure	die Schnittwunde
se couper au doigt	sich in den Finger schneiden, i, i
la balafre	der Schmiss, e
la blessure par lame	die Stichwunde, n
la blessure par balle	die Schusswunde
la brûlure	die Brandwunde, die Verbrennung, en
se brûler le doigt	sich den Finger verbrennen, a, a
brûler vif, vive	bei lebendigem Leib verbrennen*
la plaie superficielle, profonde	die oberflächliche, tiefe Wunde
la plaie souillée, infectée	die verschmutzte, infizierte Wunde
la plaie ouverte, béante	die offene, klaffende Wunde
la lèvre (d'une plaie)	der Wundrand, ¨er
l'inflammation *f* **; s'enflammer**	die Entzündung, en ; sich entzünden
l'infection *f*	die Infektion, en
le pus ; purulent, suppurant	der Eiter ; eitrig
la suppuration ; suppurer	die Vereiterung ; eitern, vereitern*
la gangrène	die/das Gangrän, en/e, der Brand, ¨e
se gangrener	brandig werden
○ **la contusion**	die Quetschung, en, die Prellung, en
la bosse	die Beule, n
la déchirure	der Riss, e
l'ecchymose *f*, **le bleu**	der blutunterlaufene Fleck, e
l'entorse *f*, **la foulure**	die Verstauchung, en, die Distorsion, en
se fouler la cheville	sich den Fuß verstauchen
l'élongation *f* **des ligaments**	die Zerrung der Gelenkbänder
l'arrachement *m* **des ligaments**	die Zerreißung der Gelenkbänder
• **la fracture osseuse**	der Knochenbruch, ¨e/ die Fraktur, en

la fracture, simple, multiple	die offene, einfache, mehrfache Fraktur
la luxation, le déboîtement	die Luxation, en, die Verrenkung, en
se luxer/se déboîter le genou	sich das Knie verrenken
l'hématome *m*	das Hämatom, e, der Bluterguss
l'hémorragie *f*	die Blutung, en
l'hémorragie interne, externe	die innere, äußere Blutung
saigner	bluten
saigner du nez	aus der Nase bluten
Sa main saigne.	Er blutet an der Hand.
perdre (tout) son sang	verbluten*
exsangue	ausgeblutet
couvert, tâché de sang	blutig
en sang, ensanglanté	blutüberströmt
l'irradiation accidentelle	der Strahlenunfall, ¨e
l'exposition *f* **aux radiations**	die Strahlenbelastung
la contamination radioactive	die Strahlenverseuchung
irradié, contaminé	strahlenverseucht
• **le cas d'urgence**	der Notfall, ¨e
le service d'aide médicale d'urgence (SAMU)	der ärztliche Notdienst
appeler les services d'urgence	den Rettungsdienst rufen, ie, u
le secouriste	der Rettungssanitäter, -
évacuer un blessé	einen Verletzten ab~transportieren
(v. Hôpital, p. 177)	
les soins *m* **d'urgence**	die erste Hilfe
le bouche à bouche	die Mund-zu-Mund-Beatmung
l'intubation *f*	die Intubation, en
le lavage d'estomac	die Magenspülung, en
le traitement des lésions	die Versorgung der Verletzungen
la réduction	die Reposition, en
réduire, remettre en place	reponieren
l'attelle *f*, **la gouttière**	die Schiene, n
le plâtre	der Gipsverband
mettre une jambe dans le plâtre	ein Bein in Gips legen
avoir une jambe dans le plâtre	ein Bein in Gips haben
avoir le bras en écharpe	den Arm in der Binde tragen, u, a, ä
la minerve	die Halskrawatte, n
le garrot	der Arterienabbinder, -
poser un garrot (sur)	ab~schnüren *tr*
l'hémostase *f*	die Blutstillung
le pansement compressif	der Druckverband, ¨e
le tampon ; tamponner	der Tampon, s ; tamponieren
○ **soigner, laver une plaie**	eine Wunde behandeln, aus~waschen, u, a, ä
désinfecter, panser une plaie	eine Wunde reinigen, verbinden, a, u
• **le pansement (d'urgence)**	der (Not)verband, ¨e
faire un pansement	einen Verband an~legen
la bande	die Binde, n
la compresse	der Umschlag, ¨e/die Kompresse, n
le tulle gras	die Brandkompresse
le coton hydrophile/l'ouate *f*	die (Verband)watte, n
la gaze ; la bande de gaze	der Mull, e ; die Mullbinde, n
la bande de crêpe	die elastische Binde
la bande adhésive/le sparadrap	das Heftpflaster, -
l'épingle *f* **de sûreté**	die Sicherheitsnadel, n

la maladie

• **la maladie**	die Krankheit, en
(v. Spécialités médicales, p. 171)	
l'étiologie *f*	die Ätiologie
la pathologie	die Pathologie
la maladie aiguë, chronique	die akute, chronische Krankheit
endémique ; épidémique	endemisch ; epidemisch
le malaise	das Unwohlsein
ne pas se sentir bien	sich nicht wohl fühlen
J'ai un malaise.	Mir ist/wird übel.
○ **le malade**	der Kranke *(adj)*
tomber malade	erkranken* ; krank werden
être malade	krank sein
contracter/attraper *(fam)* **une maladie**	sich eine Krankheit holen, zu~ziehen, o, o
être maladif	kränkeln *itr*
avoir une santé précaire	kränklich sein
le grand malade	der Schwerkranke *(adj)*
garder la chambre, le lit	das Zimmer, das Bett hüten
s'aliter	sich zu Bett legen
alité, grabataire	bettlägerig
être cloué au lit	ans Bett gefesselt sein
veiller un malade	bei einem Kranken wachen
• **la fièvre ; une forte fièvre**	das Fieber ; ein hohes Fieber
avoir de la fièvre	Fieber haben/fiebern *itr*
se sentir fiévreux, fébrile	sich fieb(e)rig fühlen
La fièvre monte, tombe.	Das Fieber steigt, fällt.
délirer	phantasieren/fantasieren
la fièvre récurrente	das Rückfallfieber
les frissons *m*	der Schüttelfrost
avoir des frissons	Schüttelfrost haben
la sueur	der Schweiß
être en sueur	in Schweiß gebadet sein
avoir des difficultés pour avaler	Schluckbeschwerden haben
avoir l'haleine forte	aus dem Mund riechen, o, o
une langue chargée	eine belegte Zunge
• **la douleur**	der Schmerz, en
le mal	das Leiden, -, der Schmerz, en
se faire mal	sich weh tun, a, a
Où avez-vous mal ?	Wo tut es weh ? Wo haben Sie Schmerzen ?
Montre ton bobo. *(enfant)*	Zeig mal dein Wehweh !
Aïe !/Ouille ! Cela fait mal.	Au ! Es tut weh.
souffrir (de)	leiden, i, i (an+D)
la souffrance	das Leiden, -, der Schmerz, en
avoir mal/des douleurs *f*	Schmerzen haben
avoir mal à la tête	Kopfschmerzen, Kopfweh haben *(fam)*
avoir mal à la gorge	Halsschmerzen haben
avoir des courbatures	Gliederschmerzen haben
être courbatu/courbaturé	wie zerschlagen/gerädert sein
avoir mal au ventre	Leibschmerzen haben
douloureux ; indolore	schmerzhaft ; schmerzlos
des élancements *m*	kurze, stechende Schmerzen
les pincements *m*	das Zwicken
les brûlures *f*	das Brennen
insensible	unempfindlich, gefühllos
engourdi	eingeschlafen
le fourmillement	das Kribbeln

évolution de la maladie

l'évolution *f* **de la maladie**	der Krankheitsverlauf
○ **l'amélioration** *f*	die Besserung
Je vais mieux.	Es geht mir besser.
reprendre des forces	wieder zu Kräften kommen*, a, o

la convalescence	die Rekonvaleszenz
le convalescent	der Rekonvaleszent, en, en
être en convalescence	auf dem Weg der Genesung sein
se remettre (de) ; se rétablir (de)	sich erholen (von+D)
se ménager	sich schonen
se refaire une santé	sich wieder auf~rappeln *(fam)*
guérir *itr*, **recouvrer la santé**	(wieder) gesund werden, genesen*, a, e
• **la guérison, le rétablissement**	die Genesung, en, die Heilung, en
être guéri, être rétabli	wieder gesund sein
La blessure est guérie.	Die Wunde ist geheilt.
en réchapper, réchapper à	davon~kommen*, a, o
la rémission	die Remission, en
les séquelles *fpl*	die Spätfolgen *fpl*
○ **l'aggravation**	die Verschlechterung
s'aggraver	sich verschlechtern, sich verschlimmern
la complication	die Verschlimmerung
la rechute ; la récidive	der Rückfall, ¨e ; das Rezidiv, e
une grippe qui traîne	eine verschleppte Grippe
Sa santé décline.	Es geht mit seiner Gesundheit (stark) abwärts.
dépérir	dahin~siechen*
Son état empire.	Sein Zustand verschlimmert sich.
être gravement malade	schwer krank sein
incurable	unheilbar
être condamné	todkrank/sterbenskrank sein
○ **le coma; comateux**	das Koma, s/ta; komatös
le coma dépassé	das überschrittene Koma
être dans le coma	im Koma liegen, a, e
entrer dans le coma	ins Koma fallen*, ie, a, ä
l'acharnement *m* **thérapeutique**	die künstliche Lebensverlängerung
○ **l'agonie** *f*	der Todeskampf, ¨e/die Agonie, n
être à l'agonie	im Todeskampf liegen
agoniser	mit dem Tode ringen, a, u
un agonisant, un moribond	ein Sterbender *(adj)*
être mourant/être à l'article de la mort	im Sterben liegen, a, e, ie
Il est au plus mal.	Es steht schlimm um ihn.
être entre la vie et la mort	zwischen Leben und Tod schweben
les soins palliatifs	die Sterbebegleitung
l'euthanasie *f*	die Euthanasie, die Sterbehilfe
Il a souffert le martyre.	Er hat Höllenqualen erlitten.
• **la mort**	der Tod
le mort, le défunt, le décédé	der Tote *(adj)*, der Verstorbene *(adj)*
le décès	der Todesfall, ¨e
décéder, mourir	sterben*, a, o, i
mourir de *(maladie)*	sterben an+D *(Krankheit)*
mourir de *(faim, soif, froid, chagrin)*	sterben vor+D *(Hunger, Durst, Kälte, Kummer)*
périr	um~kommen*, a, o
clamser/clamecer *(pop)*	ab~klappen*/ab~kratzen* *(vulg)*
rendre l'âme/le dernier soupir	den Geist auf~geben, a, e, i
Il est mort.	Er ist tot.
être enlevé prématurément	vorzeitig dahingerafft werden
mourir en pleine conscience	bei vollem Bewusstsein sterben
mettre ses affaires en ordre	seine Angelegenheiten ordnen
Sa mort a été soudaine.	Er verschied plötzlich und unerwartet.
De quoi est-il mort ?	Woran ist er gestorben ?
mourir de mort naturelle/de sa belle mort	eines natürlichen Todes sterben*, a, o, i
mourir de vieillesse, s'éteindre	an Alterschwäche sterben
mourir de mort violente	eines gewaltsamen Todes sterben
trouver la mort dans un accident	tödlich verunglücken
le suicide	der Selbstmord, e/der/das Suizid, e
se suicider	Selbstmord verüben/sich das Leben nehmen, a, o, i
se donner la mort	Hand an sich legen
○ **le corps, le cadavre, le mac(c)habée** *(pop)*	die Leiche, n/der Leichnam, e
le constat de décès *(et des causes du décès)*	die Leichenschau, die Totenschau
la rigidité cadavérique	die Totenstarre/die Leichenstarre
les taches cadavériques	die Totenflecke *mpl*
le décès cérébral	der Hirntod
la décomposition ; la putréfaction	die Verwesung
se décomposer, se putréfier	verwesen*
la cause du décès	die Todesursache
délivrer le certificat de décès	die Todesbescheinigung aus~stellen
l'acte *m* **de décès**	die Sterbeurkunde, n
le permis d'inhumer	der Beerdigungsschein
l'inhumation *f*	die Beerdigung, en , die Bestattung, en
• **la médecine légale**	die forensische Medizin/ die Gerichtsmedizin
le médecin légiste	der Gerichtsarzt, ¨e
l'institut *m* **médico-légal**	das Institut für Gerichtsmedizin
l'exhumation *f*	die Exhumierung, en
la morgue	das Leichenschauhaus, ¨er
identifier le corps	die Leiche identifizieren
○ **l'expertise médico-légale**	das gerichtsmedizinische Gutachten
l'autopsie *f*	die Obduktion, die Leichenöffnung
la dissection ; disséquer	die Sektion, en ; sezieren
le rapport d'autopsie	der Obduktionsbefund, e
établir la cause du décès	die Todesursache fest~stellen
la mort par asphyxie	der Erstickungstod
l'asphyxie *f*	die Erstickung
étouffer qn, asphyxier qn	jdn ersticken
s'asphyxier	ersticken* *itr*
tué par balle ; criblé de balles	erschossen ; von Kugeln durchbohrt
égorger qn	jdm die Kehle durch~schneiden, i, i
la mort par électrocution *f*	der Tod durch elektrischen Strom
l'électrocution *f*	der Elektrounfall, ¨e
l'empoisonnement, l'intoxication *f*	die Vergiftung, en
(s')empoisonner, (s')intoxiquer	(sich) vergiften
l'intoxication *f* **alimentaire**	die Lebensmittelvergiftung, en
le poison ; l'antidote *m*	das Gift, e ; das Gegengift
le coup de chaleur	der Hitzschlag, ¨e
l'insolation *f*	der Sonnenstich, e
l'hydrocution *f*	der Kälteschock
l'hypothermie *f*	die Hypothermie, die Unterkühlung
la noyade	das Ertrinken
(se) noyer *(volontairement)*	(sich) ertränken
se noyer *(accidentellement)*	ertrinken*, a, u
la pendaison ; pendre qn	das Erhängen ; jdn hängen
se pendre	sich erhängen
la mort par strangulation	der Tod durch Erwürgen
étrangler qn	jdn erwürgen, jdn erdrosseln
poignarder qn	jdn erstechen, a, o, i

maladies infectieuses

• **la maladie infectieuse**	die Infektionskrankheit, en
la maladie contagieuse	die ansteckende Krankheit
la contagion	die Ansteckung, en
contagieux	ansteckend, infektiös
contaminer qn	jdn an~stecken/infizieren
l'épidémie *f*	die Epidemie, n
la période d'incubation *f*	die Inkubationszeit
l'infection ; l'infection virale	die Infektion, en ; die Virusinfektion
le virus	der Virus, ren
l'agent *m* **pathogène**	der Krankheitserreger, -
le botulisme	der Botulismus
le choléra ; cholérique	die Cholera ; cholerakrank
le cholérique	der Cholerakranke *(adj)*
le vibrion cholérique	der Cholerabazillus
la coqueluche	der Keuchhusten
la diphtérie	die Diphterie
la fièvre jaune	das Gelbfieber
la grippe	die Grippe, n
l'hépatite virale	die Virushepatitis, tiden
l'herpès *m*	der Herpes
la lèpre ; lépreux	der Aussatz/die Lepra ; aussätzig
le lépreux	der Aussätzige *(adj)*
la léproserie	die Leprastation, en
la méningite	die Hirnhautentzündung
la méningite cérébro-spinale	die Genickstarre
les oreillons *m*	der Mumps
la poliomyélite	die spinale Kinderlähmung, en
la peste; pestiféré	die Pest; pestkrank
la rage	die Tollwut
la rougeole	die Masern *fpl*
la rubéole	die Röteln *fpl*
la scarlatine	der Scharlach
le tétanos	der Wundstarrkrampf, der Tetanus
la tuberculose	die Tuberkulose
la (fièvre) typhoïde	der Unterleibstyphus
le typhus exanthématique	der Flecktyphus, das Fleckfieber
la varicelle	die Windpocken *fpl*
la variole	die Pocken *fpl*
le zona	die Gürtelrose
○ **maladies sexuellement transmissibles (MST)**	durch Geschlechtsverkehr übertragbare Krankheiten
les maladies vénériennes	die Geschlechtskrankheiten *fpl*
la blennorragie	die Gonorrhöe, n, der Tripper, -
le chancre mou	der weiche Schanker
l'herpès génital	der Herpes im Genitalbereich
le sida	das Aids
séropositif	HIV-positiv
le malade du sida, le sidéen	der Aidskranke *(adj)*
porteur du sida	aidsinfiziert
la syphilis	die Syphilis, die Lues
le syphilitique	der Syphilitiker, -
atteint de syphilis	syphiliskrank
○ **la prévention des maladies infectieuses**	die Vorbeugung der Infektionskrankheiten
la prophylaxie	die Prophylaxe
l'asepsie *f* **; aseptisé**	die Asepsis ; aseptisch, keimfrei
désinfecter	desinfizieren
l'antisepsie *f* **; antiseptique**	die Antisepsis ; keimtötend
• **la vaccination préventive**	die Schutzimpfung, en
le carnet de vaccination	der Impfpass, ¨e
le vaccin ; vacciner	der Impfstoff, e ; impfen
la scarification	die Hautritzung
le vaccinostyle	die Impffeder, n
la cuti(réaction à la tuberculine)	die Tuberkulinreaktion
le vaccin de rappel	die Wiederholungsimpfung
l'immunité *f* **; être immunisé**	die Immunität ; immun sein
la sérothérapie ; le sérum	die Serotherapie ; das Serum, ren/ra
○ **le dépistage**	die Früherkennung
le dépistage systématique	die Reihenuntersuchung, en
○ **l'affection parasitaire**	die parasitäre Krankheit
la parasitose	die Parasitose
les acariens *m*	die Milben *fpl*
l'amibe *f*	die Amöbe, n
l'aoûtat *m*	die Erntemilbe
l'ascaris/l'ascaride *m*	der Spulwurm, die Askaris, riden
le cysticerque	die Finne, n
la douve du foie	der Leberegel
la gale	die Krätze
les lamblias *m*	die Lamblien *pl*
l'oxyure *m*	der Oxyure, n, n
le paludisme	das Sumpffieber, die Malaria
le trichomonas	die Trichomonas, naden

handicaps

• **le handicap**	die Körperbehinderung, en
le handicapé physique	der Körperbehinderte *(adj)*
l'infirme *m* **; l'invalide** *m*	der Krüppel, - ; der Invalide, n, n
l'invalide de guerre	der Kriegsversehrte *(adj)*
le handicapé moteur	der Gehbehinderte *(adj)*
la malformation	die Missbildung, en
congénital	angeboren
le bec-de-lièvre	die Hasenscharte, n
le pied(-)bot	der Klumpfuß, ¨e
la bosse ; le bossu	der Buckel, - ; der Bucklige *(adj)*
le manchot	der Einarmige *(adj)*
la prothèse (provisoire)	die (Behelfs)prothese, n
boiter ; le boiteux	hinken, humpeln ; der Hinkende *(adj)*
la béquille	die Krücke, n/der Krückstock, ¨e
marcher avec des béquilles	an Krücken gehen*, i, a
le paralysé; le paralytique	der Gelähmte *(adj)*; der Paralytiker, -
le fauteuil roulant	der Rollstuhl, ¨e
○ **le handicapé mental**	der geistig Behinderte *(adj)*
la trisomie/le mongolisme	die Trisomie
un enfant mongolien	ein mongoloides Kind
○ **le handicap visuel**	die Sehbehinderung
le malvoyant, le handicapé visuel	der Sehbehinderte *(adj)*
la canne blanche	der Blindenstock, ¨e
la cécité	die Blindheit
l'aveugle *m*, **le non-voyant**	der Blinde *(adj)*
perdre la vue ; aveugle	erblinden* ; blind
aveugle de naissance	blindgeboren
le borgne ; borgne	der Einäugige *(adj)* ; einäugig
l'œil *m* **de verre**	das Glasauge, n
○ **le mal-entendant**	der Hörbehinderte *(adj)*
sourd-muet ; le sourd-muet	taubstumm ; der Taubstumme *(adj)*
être muet	stumm sein
le handicapé de la parole	der Sprachbehinderte *(adj)*
○ **la pédagogie thérapeutique**	die Heilpädagogik
l'éducateur spécialisé	der Sonderpädagoge, n, n
la rééducation fonctionnelle	die Rehabilitation
le rééducateur	der Krankengymnast, en, en

l'ergothérapie *f*	die Ergotherapie
l'ergothérapeute *m*	der Ergotherapeut, en, en

Sie hat eine schöne Figur.
Elle est bien faite/bien fichue (fam)/bien balancée. (fam)
Sie ist nicht übel.
Elle n'est pas mal. (fam)
hässlich wie eine Kröte
laid comme un pou (fam)
O-Beine, X-Beine haben *(fam)*
avoir les jambes arquées, cagneuses
gut zu Fuß sein
avoir de bonnes jambes
Es kribbelt mir/mich in den Füßen.
J'ai des fourmis dans les jambes
das kleinere Übel
le moindre mal
Es ist nur halb so schlimm.
Il n'y a que demi-mal.
auf das/aufs Schlimmste gefasst sein
s'attendre au pire
Er wird es nicht mehr lange machen.
Il ne fera pas de vieux os.
sich Sorgen machen
se faire de la bile, du mauvais sang
Blut schwitzen
suer sang et eau
wie ein Schwein bluten
saigner comme un bœuf
sich kein Bein aus~reißen, i, i
ne pas se fouler la rate
sich in die Finger schneiden, i, i *(fam)*
se mettre le doigt dans l'œil (fam)
Aber sonst bist du gesund ? *(fam)*
Ça ne va pas la tête ? (fam)
Ich bin (ganz) alle. *(fam)*
Je suis complètement à plat. (fam)

3. LA MÉDECINE

médecine générale

• **la médecine**	die Medizin, die Humanmedizin
l'UFR de médecine	die medizinische Fakultät/ der medizinische Fachbereich
le centre hospitalier universitaire (CHU)	das Universitätskrankenhaus, ¨er
les études de médecine	das Medizinstudium
l'étudiant *m* **en médecine, le carabin** *(fam)*	der Medizinstudent, en, en
(diplôme sanctionnant le 1er cycle)	das Physikum
le stage hospitalier	die Famulatur, en
le médecin stagiaire *(D)*	der Arzt im Praktikum
(examen d'État en médecine) (D)	die ärztliche Prüfung
le Conseil de l'Ordre des médecins	die Ärztekammer
l'autorisation *f* **d'exercer** *(médecine/pharmacie)*	die Approbation, en
• **le médecin**	der Arzt, ¨e ; die Ärztin, nen
médical	ärztlich, Arzt-
la médecine générale	die Allgemeinmedizin
le généraliste	der praktische Arzt, der Praktiker, -
le médecin traitant	der behandelnde Arzt
le médecin de famille, de campagne	der Hausarzt, der Landarzt
le médecin de garde	der Notarzt
le docteur, le toubib *(fam)*	der Doktor, en
la doctoresse	die Doktorin
○ **le cabinet médical**	die (Arzt)praxis, praxen
le cabinet de groupe	die Gruppenpraxis
la secrétaire médicale	die Sprechstundengehilfin, nen
la consultation	die Sprechstunde, n
donner ses consultations	Sprechstunde haben/halten, ie, a, ä
aller chez le médecin	zum Arzt gehen*, i, a/den Arzt auf~suchen
aller à la consultation	in die Sprechstunde kommen*, a, o
recevoir sur rendez-vous	nach Vereinbarung empfangen, i, a, ä
prendre rendez-vous	einen Termin vereinbaren
le malade, le patient, le client	der Patient, en, en
la clientèle	die Patienten *mpl*
avoir une clientèle importante	eine große Praxis haben
la table d'examen	die Untersuchungsliege, n
la visite à domicile	der Hausbesuch, e
la trousse (médicale) d'urgence	das Notfallbesteck, e
○ **l'examen médical**	die (ärztliche) Untersuchung, en
examiner	untersuchen
approfondi ; superficiel	gründlich ; oberflächlich
le symptôme	das Symptom, e
le signe	das Zeichen, -
le syndrome	das Syndrom, e, das Krankheitsbild
les antécédents *m* **cliniques**	die Vorgeschichte des Patienten
se déshabiller jusqu à la ceinture	den Oberkörper frei machen
la palpation ; palper	das Abtasten ; ab~tasten
la percussion	die Perkussion, das Abklopfen
l'auscultation *f* **; ausculter**	das Abhorchen ; ab~horchen
le stéthoscope	das Stethoskop, e
prendre la température	die Temperatur messen, a, e, i
le thermomètre	das Thermometer, -
prendre le pouls de qn	jdm den Puls fühlen
les pulsations *f*	der Pulsschlag, ¨e
le pouls est égal, instable, rapide	der Puls ist gleichmäßig, unstet, schnell
prendre la tension artérielle	den Blutdruck messen, a, e, i
le tensiomètre	der Blutdruckmesser, -
○ **le bilan de santé**	das Check-up, s
l'examen sanguin	die Blutuntersuchung
la biopsie	die Biopsie, ien
le frottis, le prélèvement	der Abstrich, e
la ponction	die Punktion, en
les examens biologiques	die biologischen Untersuchungen
le test	der Test, e/s
résultat négatif	ohne Befund (o. B.)
○ **l'avis médical**	das Gutachten, -
le rapport médical	der Befund, e
le médecin consultant	der Konsiliararzt
la consultation conjointe	das Konsilium, lien
demander l'avis d'un spécialiste	einen Facharzt zu~ziehen, o, o
envoyer qn chez un spécialiste	jdn an einen Facharzt überweisen, ie, ie
l'hospitalisation *f*	die Einweisung in ein Krankenhaus
○ **les conclusions** *f* **de l'examen médical**	der Untersuchungsbefund
le diagnostic ; diagnostiquer	die Diagnose, n ; diagnostizieren

l'erreur *f* **de diagnostic**	der Diagnosefehler, -
un pronostic réservé	eine unsichere Prognose
délivrer un certificat de maladie à qn	jdn krank~schreiben, ie, ie
le certificat de maladie	die Krankheitsbescheinigung, en
le certificat d'incapacité de travail	die Arbeitsunfähigkeits-bescheinigung
être en congé de maladie	krankgeschrieben sein
être sous surveillance médicale	unter ärztlicher Beobachtung stehen, a, a
le traitement	die Behandlung, en
suivre un traitement	in Behandlung sein
la thérapie ; thérapeutique	die Therapie, n ; therapeutisch
les soins *m* **; soigner**	die Pflege, die Versorgung ; pflegen
l'abstention *f* **thérapeutique**	die Nichtbehandlung
l'éthique médicale	die medizinische Ethik
le secret médical	die ärztliche Schweigepflicht
la déontologie	die Deontologie
le charlatan	der Quacksalber, - ; der Kurpfuscher, -

spécialités médicales

• **le médecin spécialiste**	der Facharzt, ¨e
la spécialité médicale	das medizinische Fachgebiet, e
la spécialisation	die Fachgebietsweiterbildung
• **l'allergologie** *f*	die Allergologie, die Allergieforschung
l'allergologue *m*	der Allergiespezialist, en, en
l'allergie *f*	die Allergie, n
être allergique (à)	allergisch sein (gegen+A)
l'allergène *m*	das Allergen, e
l'anaphylaxie *f*	die Anaphylaxie, n
le test cutané	der Hauttest, e
la désensibilisation	die Hyposensibilisierungsbehandlug
• **la cancérologie**	die Krebsforschung, die Karzinologie
le cancérologue	der Krebsforscher, -
le cancer	der Krebs
la substance cancérigène/cancérogène	der Krebserreger, -/ das Karzinogen, e
le dépistage précoce du cancer	die Krebsfrüherkennung
cancérigène	Krebs erregend, karzinogen
cancéreux ; le cancéreux	kanzerös ; der Krebspatient, en, en
le sarcome	das Sarkom, e/das Sarkoma, ta
le carcinome	das Karzinom, e
la carcinose/carcinomatose	die Karzinose, n
la métastase	die Metastase, n
la chimiothérapie	die Chemotherapie
la radiothérapie	die Strahlentherapie
la curiethérapie	die Radiumtherapie
la cobaltothérapie	die Kobaltbestrahlung
• **la cardiologie**	die Kardiologie
le cardiologue	der Herzspezialist, en , en
l'électrocardiogramme *m*	das Elektrokardiogramm, e (EKG)
l'électrocardiogramme d'effort	das Belastungs-EKG
la coronarographie	die Koronarographie
l'examen *m* **Doppler**	die Doppler-Sonographie
le stimulateur cardiaque	der Herzschrittmacher
les maladies cardio-vasculaires	die Kreislauferkrankungen *fpl*
le trouble circulatoire	die Kreislaufstörung, en
être cardiaque	herzkrank sein
l'anévrysme *m*	das Aneurysma, men/mata
l'angine *f* **de poitrine**	die Angina Pectoris
l'apoplexie *f*/**l'attaque cérébrale**	der (Ge)hirnschlag, der Schlaganfall, ¨e
l'arrêt *m* **du cœur**	der Herzstillstand
l'arythmie *f*	die Arrhythmie/ die Herzrhythmusstörungen *fpl*
l'artériosclérose *f* **coronaire**	die Koronarsklerose/Arteriosklerose
l'artérite *f*	die akute Arterienentzündung, en
la bradycardie	die Bradykardie
le collapsus	der Kollaps, e
la congestion	der Blutandrang ; die Stauung
la crise cardiaque	der Herzanfall, ¨e
la cyanose, la maladie bleue	die Cyanose, die Blausucht
l'embolie *f*	die Embolie, n
l'embolie *f* **coronarienne**	der Herzschlag
l'embolie cérébrale	der (Ge)hirnschlag
l'endocardite *f*	die Entzündung der inneren Herzhaut
l'évanouissement *m*	die Ohnmacht, en
s'évanouir	ohnmächtig werden/in Ohnmacht fallen*, ie a, ä
la perte de connaissance	die Bewusstlosigkeit
tourner de l'œil *(fam)*	um~fallen*, ie, a, ä *(fam)*
reprendre connaissance	wieder zur Besinnung kommen*, a, o
la fibrillation ventriculaire	das Kammerflimmern
l'hémorragie *f* **cérébrale**	die Hirnblutung
l'hypertension artérielle	der erhöhte Blutdruck
l'hypotension artérielle	der gesenkte Blutdruck
l'infarctus *m* **du myocarde**	der Herzinfarkt, e
l'insuffisance *f* **cardiaque**	die Herzinsuffizienz, die Herzschwäche
la myocardite	die Herzmuskelentzündung
les palpitations *f*	das Herzklopfen
la péricardite	die Perikarditis/ die Herzbeutelentzündung
la syncope	die Synkope, n
la tachycardie	die Tachykardie, das Herzjagen
○ **la phlébologie**	die Phlebologie
le phlébologue	der Phlebologe, n, n
la varice	die Krampfader, n, die Varize, n
la phlébite	die Venenentzündung, en
la thrombose	die Thrombose, n
• **la dermatologie**	die Dermatologie
le dermatologue	der Dermatologe/der Hautarzt
l'abcès *m*	der Abszess, e
l'acné *f*	die Akne, n
l'albinisme *m* **; l'albinos** *m*	der Albinismus ; der Albino, s
l'ampoule *f*	die Blase, n
l'angiome *m*	das Angiom, e
l'anthrax *m*	der Karbunkel, -
le bouton ; boutonneux	der Pickel, - ; pickelig
le bouton de fièvre	das Fieberbläschen, -
la cellulite	die Zellulitis
la cloque	die Brandblase, n
le comédon, le point noir *(fam)*	der Mitesser, -, die Komedonen *mpl*
la couperose	der Kupferausschlag
la crevasse	die Schrunde, n
la démangeaison	das Jucken, der Juckreiz
la derm(at)ite	die Hautentzündung, en
la dermatose	die Hautkrankheit, en
l'eczéma *m*	das Ekzem, e
l'enflure *f*	die Anschwellung, en

l'engelure *f*	die Frostbeule, n
l'éruption	der Ausschlag, ¨e
l'érysipèle *m*	das Erypsel, die Wundrose
l'érythème *m*	das Erythem, e
l'exanthème *m*	das Exanthem, e/der Ausschlag, ¨e
l'excoriation *f*	die Hautabschürfung, en
le furoncle ; la furonculose	der Furunkel, - ; die Furunkulose
la gale ; se gratter	die Krätze ; sich kratzen
scabieux	skabiös
la gerçure ; gercé	der Hautriss, e ; aufgesprungen
l'herpès *m*	der Herpes
l'impétigo *m*	die Impetigo
le kyste	die Zyste, n
le lentigo	die Lentigo, gines,
le grain de beauté	der Leber-, Linsenfleck, e
la lésion cutanée	die Hautverletzung, en
le mélanome	das Melanom, e
la mycose	die Mykose, n
le naevus *(pl naevi)*	der Naevus, vi
le nodule	das Knötchen, -
l'œdème *m*	das Ödem, e
le panaris	die Fingerentzündung, en
le phlegmon	die Phlegmone, n
la psoriasis	die Schuppenflechte, n/ die Psoriasis, -, riasen
la pustule	die Pustel, n
la séborrhée	die Seborrhö, en
la tache de naissance, l'envie *f*	das Muttermal, e/¨er
les taches *f* **de rousseur**	die Sommersprossen *fpl*
la teigne ; teigneux	der (Kopf)grind ; grindig
la tuméfaction ; se tuméfier	die Schwellung ; schwellen*, o, o, i
la tumeur	der Tumor, e/die Geschwulst, ¨e
la tumeur bénigne, maligne	der gutartige, bösartige Tumor
l'ulcère *m*	das Geschwür, e/das Ulkus, Ulzera
l'ulcération *f* **; ulcéreux**	die Geschwürbildung ; geschwürig
l'urticaire *f*	die Nesselsucht
les vergetures *f*	die Schwangerschaftsstreifen *mpl*
le zona	die Gürtelrose
• **la diabétologie**	die Diabetologie
le diabète (sucré)	der Diabetes, die Zuckerkrankheit
le diabétique	der Diabetiker, -, der Zuckerkranke *(adj)*
l'hyperglycémie *f*	die Hyperglykämie
l'hypoglycémie *f*	die Hypoglykämie
le coma diabétique	das diabetische Koma
l'insuline *f*	das Insulin
• **l'endocrinologie** *f*	die Endokrinologie
endocrinien	endokrin
l'endocrinologue *m*	der Endokrinologe, n, n
la maladie de Basedow	die Basedowkrankheit
le goitre	der Kropf, ¨e
l'hyperthyroïdie *f*	die Schilddrüsenüberfunktion
l'hypothyroïdie *f*	die Schilddrüsenunterfunktion
l'infantilisme *m*	der Infantilismus
le gigantisme	der Riesenwuchs, der Gigantismus
le nanisme	der Zwergwuchs
• **la gastro-entérologie**	die Gastroenterologie
la médecine interne	die innere Medizin
les maladies internes	die inneren Krankheiten
le spécialiste des maladies internes	der Internist, en, en
l'aérophagie *f*	die Aerophagie, das Luftschlucken
avoir des renvois	auf~stoßen, ie, o, ö
le rot *(fam)* **; roter** *(fam)*	der Rülpser, - ; rülpsen
les aigreurs *f* **d'estomac**	das Sodbrennen
l'appendicite *f*	die Blinddarmentzündung
chronique ; aiguë	chronisch ; akut
les borborygmes *m*	das Magenkollern/Magenknurren
le calcul biliaire	der Gallenstein, e
la cholécystite	die Gallenblasenentzündung
la cirrhose	die Zirrhose, n
la colique hépatique	die Gallenkolik, en
la colique intestinale	die Darmkolik
la constipation	die Obstipation, en/ die Stuhlverstopfung, en
la diarrhée	die Diarrhö, en/der Durchfall, ¨e
la dysenterie	die Dysenterie, n/die Ruhr
la dyspepsie	die Dyspepsie, n
l'embarras *m* **gastrique**	die Magenverstimmung, en
l'entérite *f*	die Dünndarmentzündung, en
l'entérocolite *f*	die Enterokolitis/die Dünndarm-Dickdarmentzündung
le mal d'estomac	das Magenleiden
la flatulence ; la flatuosité	die Flatulenz, en ; der Flatus, -
la gastrite	die Gastritis/ die Magenschleimhautentzündung
la gastroentérite	der Magen-Darm-Katarrh, e
la gastrose	das Magenleiden
les gaz intestinaux	der Darmwind, e ; die Blähungen *fpl*
provoquer des gaz ; ballonné	blähen* *itr* ; aufgebläht
la grippe	die Grippe, die Influenza
la grippe intestinale	die Darmgrippe
les hémorroïdes *f*	die Hämorrhoiden *fpl*/Hämorriden
l'hépatite *f*	die Hepatitis, tiden/ die Leberentzündung, en
la hernie	die Hernie, n/der Bruch, ¨e
la hernie étranglée	der eingeklemmte Bruch
l'ictère *m*/**la jaunisse**	die Gelbsucht
l'intoxication *f*	die Intoxikation, en, die Vergiftung, en
le météorisme	der Meteorismus
l'occlusion intestinale	der Darmverschluss, ¨e
la pancréatite	die Bauchspeicheldrüsenentzündung
la péritonite	die Bauchfellentzündung
le polype intestinal	der Darmpolyp, en
l'ulcère *m* **de l'estomac**	das Magengeschwür, e
les vomissements *m*	das Erbrechen
la vomissure, le vomi *(fam)*	das Erbrochene *(adj)*, die Kotze *(vulg)*
vomir, rendre *(fam)*	(sich) erbrechen, a, o, i/sich übergeben, a, e, i
dégueuler *(vulg)*	kotzen *(vulg)*
avoir des nausées, mal au cœur	Brechreiz haben
• **l'hématologie** *f*	die Hämatologie
l'hématologue *m*	der Hämatologe, n, n
l'anémie *f*	die Blutarmut/die Anämie
anémique	blutarm, bleichsüchtig
l'hémophilie *f*	die Hämophilie
l'hémophile *m, f*	der Bluter, -, die Bluterin, nen
la leucémie	die Leukämie
la septicémie	die Blutvergiftung, en/ die Sepsis, sen
• **la gériatrie**	die Geriatrie, die Altersheilkunde
le gériatre	der Geriater, -
la gérontologie	die Gerontologie, - ; die Alternsforschung

la sénescence	das Altern
le processus du vieillissement	der Alterungsprozess
la sénilité	die Altersschwäche/die Senilität
sénile	senil
le gâtisme	die Altersgeistesschwäche
gâteux, gaga *(fam)*	kindisch geworden(er Greis)
tomber en enfance	kindisch werden
être dépendant de qn	auf jdn angewiesen sein
la personne dépendante	der Pflegefall, ¨e
la maison de retraite médicalisée	das Altersheim mit ärztlicher Betreuung
• **la gynécologie**	die Gynäkologie
le gynécologue	der Gynäkologe, n, n ; der Frauenarzt, ¨e
l'examen *m* **gynécologique**	die gynäkologische Untersuchung
l'étrier *m*	der Beinhalter, -
le toucher vaginal	die manuelle Scheidenuntersuchung
le spéculum	das Spekulum, la
le frottis du col	der Abstrich von der Zervix
la mammographie	die Mammographie
l'examen *m* **des seins**	die Untersuchung der weiblichen Brust
le fibrome	das Fibrom, e
l'hémorragie intermenstruelle	die Zwischenblutung, en
le kyste ovarien	die Ovarialzyste, n
la leucorrhée/les pertes blanches	die Leukorrhöe, n/der weiße (Aus)fluss, ¨e
la métrite	die Gebärmutterentzündung
le prolapsus, la descente d'organe	die Senkung, en
la salpingite	die Eileiterentzündung, en
la vaginite	die Scheidenentzündung
la vulvite	die Vulvaentzündung
• **la neurologie**	die Neurologie
le neurologue	der Neurologe, n, n
la maladie nerveuse	das Nervenleiden
l'électroencéphalogramme *m*	das Elektroenzephalogramm, e
la maladie d'Alzeimer	die Alzeimerkrankheit
les convulsions *f*	die Krämpfe *mpl*
l'encéphalite *f*	die Gehirnentzündung
l'épilepsie *f*	die Epilepsie, n/Fallsucht
l'épileptique *m*	der Epileptiker, -
épileptique	epileptisch, fallsüchtig
la névrite	die Nervenentzündung
la polynévrite	die Polyneuritis
la méningite	die Hirnhautentzündung
avoir la nuque raide	einen steifen Nacken haben
la maladie de Parkinson	die Parkinsonsche Krankheit
la poliomyélite	die spinale Kinderlähmung
la sclérose en plaques	die multiple Sklerose
○ **l'amnésie** *f*	der Gedächtnisschwund, die Amnesie
être amnésique, perdre la mémoire	unter Gedächtnisschwund leiden, i, i
l'aphasie *f*	die Aphasie
la céphalée	die Kopfschmerzen *mpl*
la migraine	die Migräne, n
la névralgie	die Neuralgie, n
la paresthésie	die Parästhesie, n
les tremblements *m*	das Zittern
○ **la paralysie ; être paralysé**	die Lähmung, en ; gelähmt sein
l'hémiplégie *f*	die halbseitige Lähmung
la paraplégie	die Querschnittslähmung
• **l'ophtalmologie**	die Augenheilkunde
l'ophtalmologue *m*, **l'ophtalmo** *(fam)*	der Augenarzt, ¨e
l'orthoptiste *m*	der Orthoptist, en, en
l'examen *m* **de la vue**	die Sehprüfung, en
l'ophtamoscopie *f*	die Ophtalmoskopie
l'ophtalmoscope *m*	der Augenspiegel
l'acuité visuelle	die Sehschärfe
avoir une bonne vue	gute Augen haben
baisser *itr*	sich verschlechtern
fatiguer la vue	die Augen an~strengen
les yeux injectés de sang	die blutunterlaufenen Augen
le fond de l'œil	der Augenhintergrund
la microscopie du fond de l'œil	die Augenhintergrundmikroskopie
la tension intraoculaire	der Augeninnendruck
le champ visuel	das Sehfeld
l'accommodation *f*	die Akkommodation
○ **les anomalies** *f* **de la vision**	die Sehstörungen *fpl*
l'achromatopsie *f*	die Farbenblindheit
l'amblyopie *f*	die Amblyopie, n
l'astigmatisme *m*	der Astigmatismus
être daltonien	farbenblind sein
la diplopie	das Doppeltsehen
l'hypermétropie *f*	die Übersichtigkeit
hypermétrope	fernsichtig/weitsichtig
la myopie ; myope	die Kurzsichtigkeit ; kurzsichtig
nyctalope	nachtsichtig
la photophobie	die Lichtscheu
la presbytie; presbyte	die Alterssichtigkeit; alterssichtig
le scotome	das Skotom, e
le strabisme	das Schielen/der Strabismus
le strabisme convergent	das Einwärtsschielen
le strabisme divergent	das Auswärtsschielen
loucher, bigler *(fam)*	schielen
avoir une coquetterie dans l'œil *(fam)*	einen Silberblick haben *(fam)*
voir mal d'un œil	auf einem Auge schlecht sehen
○ **les affections** *f* **de l'œil**	die Augenkrankheiten
la blépharite	die Augenlid(rand)entzündung, en
les brûlures *f*	die Verätzungen *fpl*
la cataracte	der graue Star, e/die Katarakt, e
la cécité ; aveugle	die Erblindung, die Blindheit ; blind
la conjonctivite	die Bindehautentzündung
le corps étranger	der Fremdkörper, -
le décollement de la rétine	die Ablösung der Netzhaut
le glaucome	das Glaukom, e, der grüne Star
l'iritis *f*	die Regenbogenhautentzündung
la kératite	die Hornhautentzündung
la kératoplastie/la greffe de cornée	die Hornhautplastik
l'orgelet *m*/**le compère-loriot**	das Gerstenkorn, ¨er
la rétinite	die Netzhautentzündung
le trachome	das Trachom, e
○ **l'opticien** *m*	der Augenoptiker, -
• **les lunettes** *f*	die Brille, n
porter des lunettes	eine Brille tragen, u, a, ä
mettre des lunettes	die Brille auf~setzen
ôter ses lunettes	die Brille ab~nehmen, a, o, i
la monture	das Brillengestell, e
la branche	der Bügel, -
l'étui *m* **à lunettes**	das Brillenetui, s

le verre correcteur	das Brillenglas, ¨er
adapter ; tailler	an~passen ; schleifen, i, i
les verres correcteurs à double foyer	die Bifokalbrillengläser
les verres progressifs	die Gleitsichtbrillengläser
les lentilles *f*	die Haftschalen *fpl*
les verres de contact	die Kontaktlinsen *fpl*
les lunettes de soleil	die Sonnenbrille, n
le bandeau (sur l'œil/les yeux)	die Augenbinde, n
• **l'oto-rhino-laryngologie** *f*	die Hals-, Nasen- und Ohrenheilkunde
l'oto-rhino-(laryngologiste)/l'ORL *m*	der Hals-, Nasen-, Ohrenarzt
l'otoscope *m*	der Ohrenspiegel
le bouchon de cérumen	der Ohrenschmalzpfropf, e
le déchirement du tympan	die Trommelfellzerreißung
l'écoulement *m*	der Ohr(en)fluss
la mastoïdite	die Warzenfortsatzentzündung
l'otite *f*	die Ohrenentzündung, en
l'otite moyenne aiguë	die akute Mittelohrenentzündung
• **l'audition** *f*	das Hören
le trouble auditif	der Gehörschaden, ¨
les bourdonnements *m*, **les sifflements** *m* **d'oreille**	das Ohrensausen
la surdité	die Taubheit ; die Schwerhörigkeit
sourd	gehörlos, taub
être dur d'oreille	schwerhörig sein
sourd comme un pot *(fam)*	stocktaub *(fam)*
la prothèse auditive	der Hörapparat, e
l'audioprothésiste *m*	der Hörgeräteaskustiker, -
• **la rhinite, le coryza**	der Schnupfen, -, die Koryza
la rhinite allergique/le rhume des foins	der Heuschnupfen
le rhume (de cerveau)	die Erkältung, en
s'enrhumer; attraper un rhume *(fam)*	sich erkälten; sich einen Schnupfen holen *(fam)*
l'éternuement *m* **; éternuer**	das Niesen ; niesen
l'écoulement nasal	der Nasenschleim
la morve *(fam)* **; renifler**	der Rotz *(fam)* ; schniefen ; schniefen
se moucher	sich schneuzen ; sich die Nase putzen
le saignement de nez	das Nasenbluten
saigner du nez	aus der Nase bluten
la sinusite	die Nebenhöhlenentzündung
la toux ; tousser	der Husten ; husten
la quinte de toux	der Hustenanfall, ¨e
l'expectoration *f*, **le crachat**	der Auswurf, ¨e, die Spucke
expectorer, cracher	spucken
la pharyngite	die Pharyngitis, tiden
l'angine *f*	die Angina, nen
la laryngite	die Kehlkopfentzündung
l'enrouement *m* **; enroué**	die Heiserkeit ; heiser
s'enrouer à force de crier	sich heiser schreien, ie, ie
la voix rauque, cassée	die rauhe, brüchige Stimme
l'extinction *f* **de voix**	die Stimmlosigkeit
aphone	stimmlos
le cancer du larynx	der Kehlkopfkrebs
la laryngectomie	die Laryngektomie
la trachéotomie	die Tracheotomie, der Luftröhrenschnitt
• **la pédiatrie**	die Kinderheilkunde
le pédiatre	der Kinderarzt, ¨e
le nourrisson	der Säugling, e

donner le sein (à)/allaiter	die Brust geben, a, e, i (+D)/stillen
téter	gestillt werden
l'allaitement *m*	das Stillen
l'allaitement maternel	die Brustmilch
l'allaitement artificiel	die industrielle Säuglingsmilchnahrung
l'allaitement mixte	die Zwiemilchernährung
le biberon ; la tétine	die Saugflasche, n ; der Sauger, -
l'enfant élevé au biberon	das Flaschenkind, er
la consultation pour les nourrissons	die Mütterberatung
○ **la maladie infantile**	die Kinderkrankheit, en
(v. Maladies infectieuses, p. 169)	
la toxicose	die Toxikose
les maladies congénitales	die angeborenen Krankheiten *fpl*
le mongolisme	der Mongolismus
la myopathie	die Myopathie
les maladies *f* **de croissance**	die Wachstumsstörungen *fpl*
• **la phoniatrie**	die Phoniatrie, die Stimmheilkunde
la voix	die Stimme, n
le phoniatre	der Phoniater, -
l'aphonie *f* **; aphone**	die Stimmlosigkeit ; stimmlos
l'orthophoniste *m*	der Logopäde, n, n
la logopathie	die Sprachstörung
la logopédie	die Logopädie, die Sprecherziehung
• **la pneumologie**	die Lungen- und Bronchialheilkunde
les maladies des voies respiratoires	die Krankheiten der Atmungsorgane
le pneumologue	der Lungenarzt
la bronchoscopie	die Bronchoskopie
l'asthme *m* **; l'asthmatique** *m*	das Asthma ; der Asthmatiker, -
la crise d'asthme	der Asthmaanfall, ¨e
la bronchite	die Bronchitis, titiden
la broncho-pneumonie	die Bronchopneunomie, n
le cancer du poumon	der Lungenkrebs
la congestion pulmonaire	die Stauungslunge
l'embolie *f* **pulmonaire**	die Lungenembolie, n
l'emphysème *m*	das Emphysem, e
la pneumonie	die Lungenentzündung
la pneumonie double	die doppelseitige Lungenentzündung
le pneumothorax	der Pneumothorax, e
l'œdème *m* **pulmonaire**	das Lungenödem, e
la pleurésie	die Brustfell-, Rippenfellentzündung
la trachéite	die Luftröhrenentzündung
la tuberculose pulmonaire	die Lungentuberkulose
respirer difficilement	schwer atmen
avoir le souffle court	kurzatmig sein
être à bout de souffle	atemlos sein
être essoufflé	außer Atem sein
retenir sa respiration	den Atem/die Luft an~halten, ie, a, ä
reprendre haleine	wieder zu Atem kommen*, a, o
• **la psychiatrie**	die Psychiatrie
(v. Psychologie, p. 60)	
le psychiatre	der Psychiater, -
le psychologue	der Psychologe, n, n
le psychothérapeute	der Psychotherapeut, en, en
○ **la nervosité, l'énervement** *m*	die Nervosität, die Reizbarkeit
être à bout de nerfs	mit den Nerven herunter sein
être irritable	reizbar sein
un paquet de nerfs	ein Nervenbündel
nerveux ; s'énerver	nervös ; nervös werden
Cela m'énerve.	Es nervt mich. *(fam)*

porter/taper sur les nerfs de qn *(fam)*	jdm auf die Nerven gehen*, i, a *(fam)*
avoir les nerfs solides, fragiles	starke, schwache Nerven haben
le choc nerveux	der Nervenschock
l'effondrement nerveux	der Nervenzusammenbruch, ¨e
○ **l'angoisse** *f*	das Angstgefühl, e
être anxieux ; être angoissé	Angstzustände haben
l'anorexie *f* **mentale**	die psychogene Magersucht
un enfant autiste	ein autistisches Kind
l'état confusionnel	die Inkohärenz
le délire	das Delirium
la démence	das Irresein/die Demenz
le dément	der Wahnsinnige *(adj)*
la dépression	die Depression
l'état dépressif	der depressive Zustand
être déprimé	deprimiert sein
l'hallucination *f*	die Halluzination, en
maniaco-dépressif	manisch-depressiv
la manie	die Manie, n
le mutisme	der Mutismus
la névrose	die Neurose, n
la névrose d'abandon	die Verlassenheitsneurose
la névrose d'angoisse	die Angstneurose
la névrose obsessionnelle	die Zwangsneurose
la paranoïa	der Verfolgungswahn
le psychopathe	der Psychopath, en, en
la psychose	die Psychose, n
le raptus	der Raptus
la spasmophilie	die Spasmophilie
les idées *f* **suicidaires**	die Selbstmordgedanken *mpl*
la tentative de suicide	der Suizidversuch
○ **la psychothérapie**	die Psychotherapie
l'ergothérapie *f*	die Ergotherapie
la sociothérapie *f*	die Sozialtherapie
faire une thérapie de groupe	eine Gruppentherapie machen
être en thérapie	in Therapie sein
○ **la psychanalyse ; psychanalytique**	die Psychoanalyse ; psychoanalytisch
le psychanalyste	der Psychoanalytiker, -
le transfert	die Übertragung, en
l'analyse *f*	die Analyse, n
être en analyse	sich einer Psychoanalyse unterziehen, o, o
• **la rhumatologie**	die Rheumatologie, die Rheumaforschung
le rhumatologue	der Rheumatologe, n, n
• **le rhumatisme**	der Rheumatismus, men, das Rheuma
le rhumatisant ; rhumatismal	der Rheumatiker, - ; rheumatisch
l'arthrite *f* **; arthritique**	die Arthritis ; gelenkleidend
la polyarthrite	die Polyarthritis
l'arthrose *f*	die Arthrose, n
la coxarthrose	die Coxarthrose
la cyphose *(le dos rond)*	die Kyphose, die Rückgratverkrümmmung
la goutte; goutteux	die Gicht; gichtkrank
la hernie discale	der Bandscheibenvorfall
l'hydarthrose *f*	die Gelenkwassersucht
le lumbago	der Hexenschuss
la luxation congénitale de la hanche	die Hüftgelenkverrenkung
l'ossification *f*	die Knochenbildung
l'ostéite *f*	die Knochenentzündung, en

l'ostéomyélite *f*	die Knochenmarkentzündung
l'ostéonécrose *f*	der Knochenfraß
l'ostéoporose *f*	die Osteoporose
le rachitisme ; rachitique	die Rachitis ; rachitisch
le rhumatisme articulaire aigu	der akute Gelenkrheumatismus
le rhumatisme inflammatoire	die entzündliche rheumatische Erkrankung
la sciatique	die, der/das *(fam)* Ischias
la scoliose	die Skoliose
la tendinite	die Sehnenentzündung
le torticolis	der Schiefhals/der Torticollis
la prothèse articulaire	die Gelenkprothese, n
• **l'orthopédie** *f*	die Orthopädie
l'orthopédiste *m*	der Orthopäde, n, n
le podologue	der Fußarzt *(F)*
les pieds plats, creux	die Platt-, Hohlfüße *mpl*
la semelle *f* **orthopédique**	die Einlage, n
les chaussures *f* **orthopédiques**	die orthopädischen Schuhe *mpl*
• **la sexologie**	die Sexologie, die Sexualforschung
le sexologue	der Sexologe, n, n, der Sexualforscher, -
le sexe, la sexualité *(v. le couple, p. 76)*	der Sex
sexuel	sexuell, geschlechtlich
vierge	unberührt *(garçon, jeune fille)*, jungfräulich *(jeune fille)*
pudique	schamhaft
la vie sexuelle	das Sexualleben
la libido	die Libido
le tabou	das Tabu, s
l'inceste *m*	der Inzest, e
l'hétérosexualité *f*	die Heterosexualität
l'homosexualité *f*	die Homosexualität
l'homosexuel *m*, **l'homo** *m*	der Homosexuelle *(adj)*
homosexuel	homosexuell, schwul *(fam)*
la pédérastie	die Päderastie
le pédéraste	der Päderast, en, en
la lesbienne	die Lesbierin, nen/die Lesbe, n *(fam)*
lesbien/lesbienne	lesbisch
le travesti	der Transvestit, en, en
la nymphomanie	die Nymphomanie/die Mannstollheit
le coït	der Koitus, -/se
l'acte sexuel	der Geschlechtsakt, e
faire l'amour/coucher avec qn	mit jdm schlafen, ie, a, ä
baiser (avec) *(vulg)*	ficken/bumsen/vögeln (jdn/mit jdm) *(vulg)*
l'orgasme *m*	der Orgasmus, men
l'éjaculation *f*	der Samenerguss, ¨e
l'éjaculation précoce	der vorzeitige Samenerguss
l'érection *f*	die Erektion, en
l'impuissance *f*; **impuissant**	die Impotenz; impotent
la frigidité; frigide	die Frigidität; frigid(e)
la masturbation	die Masturbation, en/ die Selbstbefriedigung
se masturber	sich selbst befriedigen
l'échangisme *m*	der Partnertausch, e
le sexisme ; le sexiste	der Sexismus ; der Sexist, en, en
la femme-objet	die Frau als Sexualobjekt
avoir la main baladeuse *(fam)*	grapschen *(fam)*
le violeur *(v. l'agression sexuelle, p. 204)*	der Vergewaltiger, -

le mouvement de libération de la femme	die Frauenbewegung, en
le voyeur, le mateur *(arg)*	der Voyeur, e
l'érotisme *m*	die Erotik
la pornographie	die Pornographie/Pornografie
le sex-shop	der Sexshop, s
• **la stomatologie**	die Stomatologie, die Mundheilkunde
le stomatologiste/stomatologue	der Stomatologe, n, n
les maladies *f* **de la bouche et de la gorge**	die Mund- und Halserkrankungen *fpl*
l'amygdalite *f*	die Mandelentzündung
l'angine *f*	die Angina, nen, die Halsentzündung
les aphtes *m*	die Aphten *fpl*
la glossite	die Zungenentzündung
la parotidite	die Entzündung der Ohrspeicheldrüse
le phlegmon	die Phlegmone, n
la stomatite	die Entzündung der Mundschleimhaut
• **l'urologie, la néphrologie**	die Urologie, die Nierenkunde
l'urologue *m*	der Urologe, n, n
l'adénome *m* **prostatique**	das Prostataadenom, e
l'albuminurie *f*	die Albuminausscheidung, die Eiweißausscheidung
la brûlure urinaire	das Harnbrennen
le calcul rénal	der Nierenstein, e
les calculs *m* **urinaires**	die Harnsteine *mpl*
les coliques *f* **néphrétiques**	die Nieren(stein)kolik
la cystite	die Blasenentzündung
la dialyse, le rein artificiel	die Dialyse
la diurèse	die Harnausscheidung
la dysurie	die Dysurie, der Harndrang
l'énurésie *f*	das Bettnässen
l'incontinence *f* **d'urine**	die Harninkontinenz, das Harnträufeln
l'infection *f* **des voies urinaires**	die Infektion der Harnwege
l'insuffisance *f* **rénale**	die Niereninsuffizienz, en
la néphrite	die Nierenentzündung
l'orchite *f*	die Hodenentzündung
le phimosis	die Phimose, die Vorhautenge
la prostatectomie	die Prostatektomie, n
le prostatique	der Prostatiker, -
le prostatisme	das Prostataleiden
la rétention d'urine	die Harnverhaltung
le toucher rectal	die manuelle Rektumuntersuchung

la médecine dentaire

• **la médecine dentaire/l'odontologie** *f*	die Zahnmedizin
• **le (chirurgien-)dentiste**	der Zahnarzt, ¨e
l'orthopédie maxillo-faciale	die Mund-Kiefer-Gesichtsorthopädie
l'orthodontie *f*	die Orthodontie
le prothésiste dentaire, le mécanicien-dentiste	der Zahntechniker, -
l'assistante dentaire	die Zahnarzthelferin, nen
la dent	der Zahn, ¨e
(v. dentition, p. 161)	
la denture	das Gebiss, e
l'hygiène *f* **dentaire**	die Zahnhygiene
la plaque dentaire	der Zahnbelag, ¨e
le tartre	der Zahnstein
avoir une mauvaise haleine	Mundgeruch *m* haben
la brosse à dents	die Zahnbürste, n
le brossage	das Bürsten
se brosser les dents	sich die Zähne bürsten/putzen
le dentifrice	die Zahnpaste, n/Zahnpasta, ten
le bain de bouche	das Mundwasser
○ **les maux** *m* **de dents**	die Zahnschmerzen *mpl*
une rage de dents	unerträgliche Zahnschmerzen
l'abcès *m* **dentaire**	der (Zahnfleisch)abszess, e
la carie (dentaire)	die Karies/die Zahnfäule
une dent creuse/cariée	ein hohler Zahn
la dent incluse	der eingeklemmte Zahn
le déchaussement des dents	der Zahnfleischschwund
se déchausser	lose werden
Il perd ses dents.	Ihm fallen die Zähne aus.
une bouche édentée	ein zahnloser Mund
la fistule dentaire	die Zahnfistel, n
la fluxion dentaire	die Anschwellung, en
la gingivite	die Zahnfleischentzündung, en
la gingivorragie	die Zahnfleischblutung, en
la parodontose	die Parodontose
la parodontite	die Parodontitis, tiden
la pyorrhée alvéolo-dentaire	die Alveolarpyorrhöe, n
• **les soins** *m* **dentaires**	die zahnärztliche Behandlung, en
anesthésier une dent	einen Zahn betäuben
dévitaliser	devitalisieren/ab~töten
le curetage	die Curettage
le détartrage	die Zahnsteinentfernung
l'inlay *m*	die gegossene Zahnfüllung
l'obturation *f* **dentaire/le plombage**	die (Zahn)füllung, en/die Plombe, n
obturer/plomber	obturieren/plombieren
Un plombage est tombé.	Eine Plombe ist herausgefallen.
une dent cassée	ein abgebrochener Zahn
extraire une dent	einen Zahn ziehen, o, o
• **la prothèse dentaire**	die Zahnprothese, n
le chicot	der Zahnstumpf, ¨e
la couronne	die Krone, n
la couronne en or	die Goldkrone
la brèche entre les dents	die Zahnlücke, n
le bridge	die (Zahn)brücke, n
la dent sur pivot	der Stiftzahn
le dentier	das künstliche Gebiss, e
le ratelier *(fam)*	die Dritten *pl (fam)*
l'empreinte *f* **dentaire**	der Zahnabdruck, ¨e
l'appareil *m* **dentaire**	die Zahnspange, n
• **le cabinet dentaire**	die Zahnarztpraxis, xen
le patient	der Patient, en, en
le fauteuil de dentiste	der Behandlungsstuhl, ¨e
le davier	die Extraktionszange, n
l'écarteur *m* **de mâchoire**	der Mundkeil, e
l'écarteur pour extraction	das Extraktionshäkchen
l'élévateur *m*	der Wurzelheber, -
la fraise, la roulette *(fam)*	der Bohrer, -
le miroir à bouche	der Mundspiegel, -
la sonde	die Sonde, n
la pompe à salive	die Absauganlage

> ein Zahnklempner *(péj)*
> *un arracheur de dents (péj)*
> Er lügt das Blaue vom Himmel herunter.
> *Il ment comme un arracheur de dents.*

l'hôpital

• **l'hôpital** *m*	das Krankenhaus, ¨er
la clinique (privée)	die (Privat)klinik, en
l'hospitalisation *f*	die Einweisung in ein Krankenhaus
hospitaliser qn	jn in ein Krankenhaus ein~liefern/ ein~weisen, ie, ie
être hospitalisé	im Krankenhaus liegen, a, e
l'ambulance *f*	der Krankenwagen, -
l'ambulancier *m*	der Krankenwagenfahrer, -
le brancard, la civière	die Tragbahre, n
le brancardier	der Krankenträger, -
les services *m* **administratifs**	die (Krankenhaus)verwaltung
l'admission *f*	die Aufnahme
être admis	aufgenommen werden
la sortie	die Entlassung
sortir de l'hôpital	aus dem Krankenhaus entlassen werden
le service des urgences	die Unfallstation, en, die Notaufnahme
le service	die Station, en
le médecin-chef	der Chefarzt, ¨e
l'interne *m* **(des hôpitaux)**	der Assistentarzt
le (médecin) clinicien	der Kliniker, -
le médecin de service	der diensttuende Arzt
le personnel soignant	das Pflegepersonal
l'infirmière *f*	die Krankenschwester, n
l'infirmier *m*	der Krankenpfleger, -
l'aide-soignante *f*	die Hilfsschwester, n
la surveillante de nuit	die Nachtschwester
le garde-malade	der Krankenpfleger, -
la puéricultrice	die Kinderkrankenschwester
○ **l'examen** *m* **clinique**	die klinische Untersuchung
le bilan hospitalier	der Hospitalisierungsbefund
le traitement ambulatoire	die ambulante Behandlung
les soins hospitaliers	die Krankenhausbehandlung
les soins donnés au(x) malade(s)	die Krankenpflege
les soins intensifs	die Intensivpflege
le service de réanimation	die Intensivstation
la réanimation	die Wiederbelebung
l'assistance *f* **respiratoire de longue durée**	die Langzeitbeatmung
le défibrillateur	der Defibrillator, en
la perfusion	die Tropfinfusion, en
la perfusion intraveineuse continue	die intravenöse Dauertropfinfusion
être sous perfusion	am Tropf hängen
• **l'injection** *f*	die Einspritzung, en, die Injektion, en
intraveineux	intravenös
intradermique ; sous-cutané	intrakutan ; subkutan
intramusculaire	intramuskulär
la seringue	die Injektionsspritze, n
l'aiguille *f*	die Injektionsnadel, n
injecter (dans)	ein~spritzen/injizieren (in + A)
faire une piqûre à qn	jdm eine Spritze geben, a, e, i
le malade non hospitalisé	der ambulante Patient, en, en
○ **le malade hospitalisé**	ein stationär behandelter Patient
rester en observation à l'hôpital	zur Beobachtung im Krankenhaus bleiben*, ie, ie
le lit d'hôpital	das Krankenhausbett, en
un malade alité	ein bettlägeriger Patient
l'urinal *m*	die Urinflasche, n, die Ente, n
la position du corps	die Körperlage, n
être allongé	liegen, a, e
le décubitus	das flache Liegen
l'escarre *f*	der Druckbrand

la chirurgie

le service de chirurgie	die chirurgische Abteilung
• **la chirurgie**	die Chirurgie
le chirurgien	der Chirurg, en en
l'intervention chirurgicale	ein operativer Eingriff
opérer qn de l'estomac	jdn am Magen operieren
l'opéré *m*	der operierte Patient, en, en
l'opération *f*	die Operation, en
une opération à risque	eine gefährliche Operation
subir une opération	sich einer Operation unterziehen, o, o
passer sur le billard *(fam)*	unter das Messer kommen*, a, o *(fam)*
l'opération d'urgence	die Notoperation
le choc opératoire	der Operationsschock, s
se dérouler sans complications	ohne Komplikationen verlaufen*, ie, au, äu
la chirurgie du cœur	die Herzchirurgie
l'opération à cœur ouvert	die offene Herzchirurgie
le cathétérisme cardiaque	die Herzkatheterisierung
la dilatation coronaire	die Koronardilatation, en
le pontage	der Bypass, ¨e
le massage cardiaque	die Herzmassage, n
la chirurgie esthétique	die Schönheitschirurgie
la chirurgie plastique	die plastische Chirurgie/ die Wiederherstellungschirurgie
la chirurgie orthopédique	die orthopädische Chirurgie
la neurochirurgie	die Neurochirurgie
○ **l'anesthésiologie** *f*	die Anästhesiologie
l'anesthésiste *m*	der Anästhesist, en, en
l'anesthésie (générale)	die (Voll)narkose, n
l'anesthésie locale	die Lokalanästhesie, die örtliche Betäubung
la rachianesthésie	die Lumbalanästhesie
l'anesthésie péridurale	die Periduralanästhesie
subir une anesthésie	eine Narkose bekommen, a, o
être sous anesthésie	unter Narkose sein
anesthésier qn	jdn anästhesieren ; jdn betäuben
l'anesthésique *m*	das Anästhetikum, ka/ das Betäubungsmittel, -
○ **la transfusion sanguine**	die Bluttransfusion, en
le don de sang	die Blutspende, n
le donneur	der Blutspender
le donneur universel	der Universalspender
le transfusé, le receveur	der Blutempfänger, -
le groupe sanguin	die Blutgruppe, n
déterminer le groupe sanguin	die Blutgruppe fest~stellen
le facteur rhésus	der Rhesusfaktor
l'hépatite post-transfusionnelle	die Transfusionshepatitis, tiden
○ **le bloc opératoire, la salle d'op(ération)**	der Operationssaal/OP-Saal, ¨e
la table d'opération, le billard *(fam)*	der Operationstisch, e
l'appareil *m* **d'anesthésie**	der Narkose- und Dauerbeatmungsapparat
le sphygmographe	der Pulsschreiber, -
le plateau à instruments	der Instrumentenkorb, ¨e
le stérilisateur	der Sterilisator, en
sous emballage stérile	steril verpackt
le champ opératoire	das Operationsfeld, er

désinfecter	desinfizieren
l'assistante *f* **opératoire**	die Operationsschwester
l'instrumentiste *f*	die Instrumentierschwester, n
le bistouri	das Skalpell, e
le bistouri électrochirurgique	das elektrische Messer, -
l'écarteur *m*	der Wundhaken, -
la pince hémostatique	die Arterienpinzette, n
la ligature ; ligaturer	die Ligatur, en ; ab~binden, a, u
le cautère ; la cautérisation	der Kauter, - ; die Kauterisation
le drain	der Drain, s
le suintement	die Wundabsonderung
la suture ; le point de suture	die Naht, ¨e ; die Nahtstelle, n
suturer les bords d'une plaie	den Wundrand zusammen~nähen
l'agrafe *f*	die Wundklammer, n
la cicatrice ; (se) cicatricer	die Narbe, n ; vernarben *itr*
La plaie se cicatrise.	Die Wunde heilt.
○ **l'amputation** *f*	die Amputation, en
l'ablation *f*	die Ablation, en
le moignon	der Amputationsstumpf, ¨e
○ **la transplantation, la greffe d'organes**	die Organtransplantation, en
transplanter, greffer	transplantieren
le greffon	das Transplantat, e
le don d'organe	die Organspende, n
amputer un membre	ein Glied amputieren
amputer qn d'un bras	jdm einen Arm amputieren
procéder à l'ablation d'un rein	eine Niere entfernen
le donneur (d'organe)	der Organspender, -
le receveur (d'organe)	der Organempfänger, -
le rejet d'une greffe	die Abstoßung eines Transplantates
rejeter qch	etwas ab~stoßen, ie, o, ö
• **la radiologie**	die Radiologie, die Strahlenkunde
le radiologue, le radiologiste	der Röntgenarzt/ der Röntgenologe, n, n
le manipulateur de radiologie	der Radiologieassistent, en, en
l'imagerie *f* **radiographique**	das Radioimaging
l'examen *m* **radiologique**	die Röntgenuntersuchung
radiographier *tr*	röntgen *tr*
passer une radio	sich röntgen lassen, ie, a, ä
la radio(graphie)	das Röntgenbild, er die Röntgenaufnahme, n
la radioscopie	die Röntgenoskopie
le scan(neur), scanographe	der Scanner, -
la scan(n)ographie	das Scanning
la tomographie	die Computertomographie (CT)
le tomographe	der Tomograph, e
○ **l'examen isotopique**	die Isotopendiagnostik
la scintigraphie	die Szintigraphie, n
le scintigramme	das Szintigramm, e
la résonance magnétique nucléaire	die Kernspintomographie
l'échographie *f*	die Echographie

la maternité

• **la maternité**	das Entbindungsanstalt, en ; die Mutterschaft
l'obstétrique *f*	die Geburtshilfe
l'obstétricien *m*, **l(e médecin-) accoucheur**	der Geburtshelfer, -
la sage-femme	die Hebamme, n
• **la grossesse**	die Schwangerschaft, en
les tests *m* **de grossesse**	die Schwangerschaftsnachweis-methoden *fpl*
être enceinte	schwanger sein/in anderen Umständen sein
être enceinte de trois mois	im dritten Monat sein
attendre un enfant	ein Kind erwarten
la future mère	die werdende Mutter
l'embryon *m*	der Embryo, s/onen
le fœtus	der Fetus, se/ten
les contractions *f*	die (Geburts)wehen *fpl*
le travail	das Kreißen *(vx) (in Geburtswehen liegen, a, e)*
• **la naissance**	die Geburt, en
vivre ; la vie	leben ; das Leben
vivant	lebend
viable ; mort-né	lebensfähig ; tot geboren
• **l'accouchement** *m*	die Entbindung, en, die Geburt, en
la perte des eaux	der Blasensprung
l'accouchement sans douleur	die schmerzlose Geburt, en
l'anesthésie péridurale	die Rückenmarkanästhesie
la naissance à terme	die termingerechte Geburt
la naissance avant terme	die Frühgeburt
la naissance après terme	die Spätgeburt
la fausse couche	die Fehlgeburt
l'accouchement provoqué	die eingeleitete Geburt
le forceps	die Geburtszange, n
l'accouchement au forceps	die Zangengeburt
l'accouchement par le siège	die Steißgeburt
la césarienne	der Kaiserschnitt
accoucher une femme	eine Frau entbinden, a, u
accoucher (de)	entbunden werden (von+D)
le cordon ombilical	die Nabelschnur, ¨e
le placenta	der Mutterkuchen, -, die Plazenta, s/ten
le nouveau-né	das neugeborene Kind, er
le bébé	das Baby, s
mettre un enfant au monde	ein Kind gebären, a, o, ä/ie
la primipare	die Erstgebärende *(adj)*
la multipare	die Mehrgebärende *(adj)*
la montée du lait	das Einschießen der Milch
être en couches	in den Wochen liegen, a, e
• **le planning familial**	die Familienplanung
la fécondité	die Fruchtbarkeit
la fécondation	die Befruchtung, en
féconder	befruchten
fécond ; stérile	fruchtbar ; unfruchtbar
la conception	die Empfängnis, die Konzeption
la procréation ; procréer	die Zeugung, en ; zeugen
la stérilité masculine, féminine	die männliche, weibliche Sterilität
le sperme	das Sperma, men/ta, der Samen , -
le spermatozoïde	das Spermatozoon, zoen
la banque du sperme	die Samenbank, en
l'ovule *m*	das Ovulum, la
l'ovulation *f*	die Ovulation, en
l'insémination artificielle	die künstliche Befruchtung
la fécondation in vitro	die In-Vitro-Fertilisation *(das IVF-Kind)*
le bébé-éprouvette	das Retortenbaby, s
l'enfant désiré	das Wunschkind, er
la location d'utérus	die Leihmutterschaft gegen Bezahlung
la mère-porteuse/la mère de substitution	die Leihmutter, ¨
la régulation des naissances	die Geburtenregelung
le contrôle des naissances	die Geburtenkontrolle
• **la contraception**	die Empfängnisverhütung

le contraceptif	das (Empfängnis)verhütungsmittel
le préservatif, la capote anglaise *(fam)*	das Präservativ, e, der Pariser *(fam)*
la pilule (contraceptive)	die (Antibaby)pille, n
le stérilet	das Intrauterinpessar, e/ die Spirale, n
le pessaire, le diaphragme	das Scheidenpessar/ das Diaphragma, men
le spermicide	das Spermizid, e
la stérilisisation	die Sterilisation
• **l'avortement** *m*	die Abtreibung, en
avorter *itr*	ab~treiben, ie, ie *tr*
se faire avorter	(ein Kind) ab~treiben lassen, ie, a, ä
l'interruption *f* **volontaire de grossesse**	der Schwangerschaftsabbruch, ¨e
(IVG interdite au-delà de trois mois)	die Fristenlösung, en
l'avortement *m* **thérapeutique**	die Indikationslösung

la biologie générale

• **la biologie**	die Biologie
le biologiste	der Biologe, en, en
la vie	das Leben
l'être vivant	das Lebewesen, -
la cytologie	die Zytologie
• **la cellule**	die Zelle, n
cellule animale ; c. végétale	Tier- ; Pflanzenzelle
uni- ; pluricellulaire	ein- ; mehrzellig
la membrane cellulaire	die Zellmembran, en
la m. cellulaire *(végétale)*	die Zellwand, ¨e
le cytoplasme	das Zytoplasma, men
les plastes *m*	die Plastiden *fpl*
le leucoplaste	der Leukoplast, en, en
la vacuole	die Vakuole, n
la mitochondrie	das Mitochondrium, ien
les lysosomes *m*	die Lysosomen *npl*
l'enzyme *f*	das Enzym, e
le noyau	der Zellkern, e/der Nukleus, ei
la membrane nucléaire	die Kernmembran, en
le chromosome	das Chromosom, en
l'ADN *m*/**l'acide désoxyribonucléique**	DNS/die Desoxyribonucleinsäure
l'ARN *m*/**l'acide ribonucléique**	RNS/die Ribonucleinsäure
l'acide aminé	die Nucleinsäure
la molécule d'ADN	das DNS-Molekül, e
la division de la cellule	die Zellteilung, en
la scissiparité	die Zweiteilung
le bourgeonnement	die Zellknospung, en, die Zellsprossung, en
l'amitose *f*	die Amitose, n
la mitose	die Mitose, n
la caryocinèse	die Karyiokinese, n
la méiose	die Meiose, n
• **la reproduction**	die Fortpflanzung
la reproduction sexuée	die geschlechtliche/sexuelle F.
la reproduction asexuée	die ungeschlechtliche/vegetative F.
la génération alternante	der Generationswechsel, -
la gonade	die Gonade, n
le testicule	der Hoden, -
l'ovaire *m*	der Eierstock, ¨e
le gamète	der Gamet, en, en
le spermatozoïde	die Samenzelle, n
l'ovule *m*	die Eizelle, n
la réduction chromosomique	die Reduktion des Chromosomensatzes
• **la fécondation**	die Befruchtung, en
la fécondation interne	die innere Befruchtung
la fécondation externe	die äußere Befruchtung
l'embryon *m* **; embryonnaire**	der Embryo, s/nen ; embryonal
la parthénogenèse	die Jungfernzeugung/ die Parthenogenese
le gonochorisme	die Getrenntgeschlechtigkeit
à sexes séparés	getrenntgeschlechtig
l'hermaphrodisme *m*	das Zwittertum
l'hermaphrodite *m*	der Zwitter, -/ der Hermaphrodit, en, en
hermaphrodite, bis(s)exué	zwitt(e)rig
unisexué ; dicline *(bot)*	eingeschlechtig ; diklin
bis(s)exué ; monocline *(bot)*	gemischtgeschlechtig ; monoklin
○ **la symbiose**	die Symbiose, n
le symbiote	der Symbiont, en, en
le saprophyte	der Saprophyt, en, en
le parasitisme	der Parasitismus
le parasite	der Parasit, en, en
le commensalisme	der Kommensalismus
le commensal	der Kommensale, n, n
• **la génétique**	die Genetik
le généticien	der Genetiker, -
la génétique moléculaire	die Molekulargenetik
la génétique humaine	die Humangenetik
le patrimoine génétique	das genetische Erbmaterial
l'hérédité *f* **; héréditaire**	die Vererbung ; erblich
le gène	das Gen, e
l'allèle *m*	das Allel, e
le génome	das Genom, e
le génotype	der Genotyp, en/das Erbbild, er
le phénotype	das Phänotyp/das Erscheinungsbild
le zygote	die Zygote, n
homo-, hétérozygote	homozygot ; heterozygot
inné ; acquis	angeboren ; erworben
dominant ; récessif	dominant ; rezessiv
l'hybride *m*	die Hybride, n/der Hybride , n, n
l'hybridation *f*	die Hybridisation, en
le croisement	die Kreuzung, en
la mutation	die Mutation, en
le mutant	die Mutante, n
le clonage	das Klonen, das Klonieren
le clone	der Klon, e
le code génétique	der genetische Code, s
le codon	der Codon, e
le message	die Information, en
l'ARN messager	die Messenger-RNS
l'ARN de transfert	die Transfer-RNS
la théorie de l'évolution *f*	die Evolutionslehre
la sélection naturelle	die natürliche Selektion/Auslese
le génie génétique	die Gentechnik
• **la microbiologie**	die Mikrobiologie
la bactériologie	die Bakteriologie
le bactériologiste	der Bakteriologe, n, n
le microorganisme	das Mikroorganismus, men
le microbe	die Mikrobe, n
la bactérie	die Bakterie, n
la b. aérobie ; la b. anaérobie	die aerobe B. ; die anaerobe B.
pathogène	krankheitserregend
les cocci *m*	die Kokken *mpl/ fpl*

les streptocoques *m*	die Streptokokken
le vibrion	der Vibrio, nen
le spirille	die Spirille, n
le bacille	der Bazillus, llen
la virologie	die Virologie
le virus	das/der Virus, ren

(v. maladies infectieuses, p. 169)

le laboratoire

• **le laboratoire d'analyses médicales**	das medizinische Untersuchungslabor, e
le laborantin	der Laborant, en, en
la centrifugeuse	die Zentrifuge
le sédiment, le dépôt	das Sediment, e, der Bodensatz, ¨e
la lame de verre	der Objektträger, -
le microscope	das Mikroskop, e
l'examen *m* **microscopique**	die mikroskopische Untersuchung
la prise de sang	die Blutentnahme, n
faire une prise de sang	eine Blutprobe entnehmen, a, o, i
l'analyse *f* **sanguine**	die Blutanalyse, n
le frottis sanguin	der Blutausstrich, e
l'hémogramme *m*	das Blutbild, er
le groupe sanguin	die Blutgruppe, n
la formule leucocytaire	das weiße Blutbild
la formule érythrocytaire	das rote Blutbild
la vitesse de sédimentation globulaire	die Blutsenkungsgeschwindigkeit
le temps de coagulation	die Blutgerinnungszeit
le taux de glycémie	der Blutzuckerspiegel
le taux du cholestérol sanguin	der Serumcholesterinspiegel
le taux d'urée du sang	der Blutharnstoffspiegel
le taux d'acide urique	der Harnsäurespiegel
le taux de calcium	der Kalkspiegel
l'analyse *f* **d'urine**	die Harnuntersuchung
l'examen *m* **anatomo-pathologique**	die pathologische Untersuchung
l'examen bactériologique	die bakteriologische Untersuchung
l'examen cytologique	die zytologische Untersuchung
l'examen sérologique	die serologische Untersuchung

la cure - les médecines parallèles

• **la cure**	die Kur, en
la cure post-opératoire	die postoperative Kur
la cure de convalescence	die Genesungskur
prescrire une cure	eine Kur verordnen
l'établissement *m* **de cure**	die Kuranstalt, en, das Kurmittelhaus, ¨er
le sanatorium	das Sanatorium, rien
la station de cure	der Kurort, e
la station thermale, la ville d'eaux	der Badekurort
la station d'altitude	der Höhenkurort
la station climatique	der Luftkurort
le curiste	der Kurgast, ¨e
○ **le thermalisme**	das Bäderwesen
faire/suivre une cure thermale	eine Badekur machen
l'établissement thermal	die Heilbadeanstalt, en
la source thermale	die Heilquelle/die Thermalquelle, n
la cure d'eau minérale *(au griffon)*	die Trinkkur, en
la balnéothérapie	die Bäderbehandlung
la thalassothérape	die Thalassotherapie
les bains *m*	die Heilbäder *npl*
la douche	die Dusche, n
le bain de boue	das Schlammbad, ¨er
l'application *f* **de boue**	die Schlammpackung, en
le bain de vapeur	das Dampfbad
la sudation	das Schwitzen
le sauna	die Sauna, s
faire des inhalations	inhalieren
• **le (masseur-)kinésithérapeute**	der Heilgymnast, en, en/ der Krankengymnast
la kinésithérapie	die Massage und Heilgymnastik
le massage ; masser	die Massage, n ; massieren
la courbature	der Muskelkater
être courbaturé	Muskelkater haben
la crampe	der Krampf, ¨e, die Verspannung, en
la diathermie	die Diathermie
l'appareil *m* **à ondes courtes**	das Kurzwellengerät, e
traiter aux rayons	bestrahlen
la séance de rayons	die Bestrahlung, en
le physiothérapeute	der Physiotherapeut, en, en
• **les médecines parallèles**	die alternativen Therapien *fpl*
être un bon sujet (pour)	gut an~sprechen, a, o, i (auf+A)
l'acupuncture *f*	die Akupunktur
l'acupuncteur *m*	der Akupunkteur, e
l'auriculothérapie *f*	die Ohrakupunktur
l'hypnotisme *m*	der Hypnotismus
l'hypnose *f* **; hypnotiser**	die Hypnose ; hypnotisieren
l'hypnotiseur *m*	der Hypnotiseur
plonger qn en état d'hypnose	jdn in Hypnose versetzen
le magnétiseur	der Magnetopath, en,en/ der Magnetiseur, e
la méditation	die Meditation
le yoga	der/das Yoga
○ **l'homéopathie** *f*	die Homöopathie
l'homéopathe *m*	der Homöopath, en, en
la dose infinitésimale	die Potenz, en
la phytothérapie	die Phytotherapie/ die Pflanzenheilkunde
l'hydrothérapie *f*	die Hydrotherapie
la mésothérapie	die Mesotherapie
la sophrologie	die Sophrologie
○ **les professions paramédicales**	die medizinischen Dienstleistungsberufe *mpl*
le chiropracteur	der Chiropraktiker, -
la chiropractie, la vertébrothérapie	die Chiropraktik
l'ostéopathie *f*	die Osteopathie
l'ostéopraticien *m*	der Osteopath, en, en
le guérisseur ; le rebouteux	der Heilpraktiker, -
un remède de cheval	eine Rosskur
des remèdes de bonne femme	Hausmittelchen *npl*
essayer toutes sortes de remèdes (sur qn)	herum~doktern (an jdm)

la pharmacie

• **la pharmacie** *(science)*	die Pharmazie/die Arzneikunde
la pharmacie *(local)*	die Apotheke, n
le pharmacien	der Apotheker, -, der Pharmazeut, en, en
le préparateur en pharmacie	der pharmazeutisch-technische Assistent, en, en (PTA)
pharmaceutique	pharmazeutisch
la pharmacologie	die Pharmakologie
la pharmacopée, le codex	die Pharmakopöe, das Arzneibuch

l'industrie *f* **pharmaceutique**	die Pharmaindustrie
le visiteur médical	der Pharmavertreter, -
• **le médicament**	das Medikament, e/ das Arzneimittel, -
l'ordonnance *f*	das Rezept, e
la prescription médicale	die Verschreibung, en
prescrire un médicament	eine Arznei verschreiben, ie, ie/ verordnen
la médication	die Medikation, die Verordnung, en
l'automédication *f*	die Selbstmedikation
la pharmacodépendance	die Arzneimittelabhängigkeit
vente en pharmacie seulement	apothekenpflichtig
délivré seulement sur ordonnance	verschreibungspflichtig
la liste II *(ancien tableau B)*	die Betäubungsmittelkartei
en vente libre *(la médication familiale)*	nicht verschreibungspflichtig
la liste des médicaments non remboursables	die Negativliste
l'armoire *f* **à pharmacie**	die Hausapotheke
la trousse de pharmacie	die Reiseapotheke
la notice informative	die Gebrauchsinformation, en
la composition	die Zusammensetzung, en
les indications *f* **thérapeutiques**	die Anwendungsgebiete *npl*
les contre-indications *f*	die Gegenanzeigen *fpl*
les effets *m* **secondaires**	die Nebenwirkungen *fpl*
la posologie ; la dose	die Dosierung, en ; die Dosis, sen
l'application ; appliquer	die Applikation, en ; applizieren
prendre	ein~nehmen, a, o, i
à jeun	nüchtern, auf nüchternen Magen
faire de l'effet/agir	wirken
tolérer	vertragen, u, a, ä
• **le remède**	das Heilmittel, -
l'ampoule *f*	die Ampulle, n
le bain oculaire	das Augenbad
le baume	das Balsam, e
le cachet	die Tablette, n
la capsule	die Kapsel, n
le cataplasme	der Breiumschlag, ¨e
le collyre	die Augentropfen *mpl*
la décoction	die Abkochung
le comprimé sécable	die spaltbare Tablette
le comprimé dragéifié	das Dragée, s
l'émulsion *f*	die Emulsion, en
le gargarisme ; se gargariser	das Gurgelwasser ; gurgeln
la gélule	die Kapsel, n
la goutte	der Tropfen, -
les gouttes auriculaires	die Ohrentropfen
les gouttes nasales	die Nasentropfen
le compte-gouttes	der Tropfenzähler, -
les granulés *m*	die Granulate *npl*
l'infusion *f*	der Aufguss, ¨e, das Infus, e
l'inhalation *f*, **la fumigation**	die Inhalation, en
l'instillation *f* **; instiller**	die Einträufelung, en ; ein~träufeln
le lavement	der Einlauf, ¨e
le patch-test	die Pflasterprobe
la pilule	die Pille, n
la pommade	die Salbe, n
la poudre	das Pulver, -, das Puder, -
le sirop	der Sirup, e
la solution	die Lösung, en, die Mixtur, en
soluble	löslich

le spray	der/das Spray, s
le suppo(sitoire)	das Suppositorium, rien/ das Zäpfchen, -
la suspension	die Suspension, en
la tisane	der Kräutertee, s
par voie buccale	bukkal, oral
par voie parentérale	parenteral
par voie percutanée	perkutan
par voie rectale	rektal
○ **l'anabolisant** *m*	das Anabolikum, ka
l'analgésique *m* **; l'antalgique** *m*	das schmerzstillende Mittel
l'anesthésique *m*	das Anästhetikum, ka
l'anorexigène *m*/**le coupe-faim**	der Appetitzügler, -
l'anti-allergique *m*	das Antiallergetikum, ka
l'antibiotique *m*	das Antibiotikum, ka
les antidépresseurs *m*	die Antidepressiva *npl*
l'antidiabétique *m*	das Antidiabetikum, ka
l'antidote *m*	das Antidot, e, das Gegengift, e
l'antihistaminique *m*	das Antihistaminikum, ka
l'antiseptique *m*	das Antiseptikum, ka
l'antispasmodique *m*	das krampflösende Mittel
l'antitussif *m*	das Antitussivum, a
l'antivomitif/antiémétique *m*	das Antiemetikum, ka
l'anxiolytique *m*	das Anxiolytikum, ka
bactéricide	bakterientötend
le barbiturique	das Barbiturat, e
le bêta-bloquant	der Betablocker, -
le cicatrisant	das Wundheilmittel
la cortisone	das Cortison
les corticoïdes *m*	die Kortikoide *npl*
le dépuratif	das blutreinigende Mittel
le désinfectant	das Desinfektionsmittel
le diurétique	das Diuretikum, ka
l'édulcorant *m*	der Süßstoff, e
l'émétisant *m*	das Emetikum, ka
l'expectorant *m*	das Expektorantium, tia
le fortifiant	das Stärkungsmittel
l'hémostatique *m*	das blutstillende Mittel
les antihypertenseurs *m*	die Hypotensiva, die Antihypertonika *npl*
l'insuline *f*	das Insulin
le laxatif/le purgatif	das Abführmittel
le narcotique	das Narkotikum, ka
le neuroleptique	das Neuroleptikum, ka
l'œstrogène *m*	das Östrogen, e
l'oligo-élément *m*	das Spurenelement, e
la pénicilline	das Penizillin, e
le placébo	das Placebo, s
le sédatif, le calmant	das Sedativum, va, das Beruhigungsmittel
le sérum	das Serum, ra/ren
le somnifère	das Schlafmittel
la spécialité (pharmaceutique)	das Fertigarzneimittel
le stupéfiant	das Rauschgift, e
les sulfamides *m*	die Sulfonamide *pl*
le tranquillisant	der Tranquilizer, -
la trinitrine	das Glyceroltrinitrat
le vasodilatateur	der Vasodilatator, en
le vermifuge	das Wurmmittel, -
la vitamine	die Vitamine, n

le vomitif	das Brechmittel, -
○ **les accessoires médicaux**	die medizinischen Hilfsmittel *npl*
ˋ **la ceinture herniaire**	das Bruchband, ¨er
les bas *m* **de contention**	die Kompressionsstrümpfe *mpl*
le bassin	das Stechbecken, -
le bock à lavements	der Irrigator, en
la bouillotte	die Wärmflasche, n
la canne orthopédique	der Krückstock, ¨e
le cathéter	der Katheder, -
le crachoir	der Spuckbecher, -
le doigtier	der Fingerling, e
l'écharpe *f*	das Dreiecktuch, ¨er
le haricot	die Nierenschale, n
l'inhalateur *m*	der Inhalator, en
la pincette	die Pinzette, n
la pincette à échardes	die Splitterpinzette
la poire à lavement	die Klistierspritze, n
l'œillère *f*	die Augenbadewanne, n
la seringue jetable	die Einwegspritze, n
la vessie à glace	der Eisbeutel, -

l'assurance-maladie

○ **la protection sociale**	die soziale Absicherung
l'assurance *f* **maladie**	die Krankenversicherung, en
• **la caisse (d'assurance-) maladie**	die Kranken(versicherungs)kasse, n
les assurances *f* **sociales**	die gesetzliche Krankenversicherung
l'affiliation *f*	die Mitgliedschaft
être affilié à une caisse	Mitglied einer Kasse sein
• **la sécurité sociale**	die Sozialversicherung *(F)*
l'assurance *f* **obligatoire**	die Pflichtversicherung
la caisse privée	die Privatkasse, n
l'assurance complémentaire	die Zusatzversicherung, en
la mutuelle	die Zusatzkasse, n
la caisse de maladie de l'entreprise (D)	die Betriebskrankenkasse, n
le client privé	der Privatpatient, en, en
le libre choix du médecin	die freie Arztwahl
les cotisations *f* **aux assurances sociales**	der Sozialversicherungsbeitrag, ¨e
les charges sociales patronales	die Arbeitgeberbeiträge *mpl*, der Arbeitgeberanteil
verser les cotisations à la caisse de maladie	die Beiträge an die Krankenversicherung ab~führen
augmenter les montants *m* **des cotisations**	die Beitragssätze *mpl* erhöhen
le médecin conventionné	der Kassenarzt, ¨e
le médecin-conseil	der Vertrauensarzt
(médecin habilité à traiter les accidents de travail) (D)	der Durchgangsarzt
la feuille de maladie, la feuille de soins	der Krankenschein, e
les honoraires *m*	das Honorar, e
la prise en charge des frais	die Kostenübernahme, n
le ticket modérateur	die Selbstbeteiligung *(F)*
le remboursement	die Rückerstattung, en
se faire porter malade	sich krank melden
le certificat de complaisance	das Gefälligkeitsattest, e
s'accorder un congé de maladie	krank~feiern
le faux malade, le simalateur	der Simulant, en, en
faire semblant d'être malade	sich krank stellen
l'indemnité journalière	das Kranken(tage)geld
l'inaptitude *f* **au travail**	die Arbeitsunfähigkeit
l'invalidité *f*	die Invalidität
○ **la santé publique**	das öffentliche Gesundheitswesen
l'épidémiologie *f*	die Epidemiologie, die Seuchenlehre
l'espérance *f* **de vie**	die Lebenserwartung
la prévention	die Prävention, die Vorbeugung, en
le médecin d'entreprise	der Betriebsarzt, der Werkarzt
le médecin scolaire	der Schularzt
les maladies professionnelles	die Berufskrankheiten
l'examen *m* **de santé périodique**	die periodische Vorsorgeuntersuchung
les services *m* **de santé publique**	die Gesundheitsämter *npl*
le médecin de la santé publique	der Amtsarzt, ¨e
l'action sociale	die Sozialarbeit
l'assistant(e) social(e)	der Sozialarbeiter, die Sozialarbeiterin
le dispensaire	die Klinik, en *(für ambulante Behandlung)*
le centre de santé	das Gesundheitszentrum, tren
la maison de repos	das Erholungsheim, e

Vorbeugen ist besser als Heilen.
Mieux vaut prévenir que guérir.

Wie geht es Ihnen ?
Comment allez-vous ?

Woran fehlt es ?
Qu'est-ce qui ne va pas ?

Ihnen fehlt nichts.
Vous n'avez rien.

nicht auf dem Damm sein *(fam)*
être patraque/mal fichu (fam)

jdn wieder auf den Damm bringen, a, a *(fam)*
remettre qn sur pied

in Lebensgefahr schweben
être en danger de mort

jdm die bittere Pille verzuckern *(fam)*
dorer la pilule à qn (fam)

die bittere Pille schlucken
avaler la pilule

ein eingebildeter Kranker *(adj)*
un malade imaginaire

an jdm herum~operieren *(fam)*
charcuter qn (fam)

nicht totzukriegen sein
avoir la vie dure

krankheitshalber geschlossen
fermé pour cause de maladie

jdm eine baldige Besserung wünschen
souhaiter un prompt rétablissement à qn

Bleib wohlauf !
Porte-toi bien !

Hals- und Beinbruch ! *(fam)*
Bonne chance !

X. Le Sport

le sport

• **le sport**	der Sport
la discipline sportive	die Sportart, en
les sciences et techniques des activités physiques et sportives (STAPS)	die Sportwissenschaft
l'UFR *f* **d'éducation physique et sportive (UFREPS)**	das Institut für Sportwissenschaft *(F)*
l'Institut national du Sport et de l'Éducation physique *(Vincennes)*	das nationale Zentrum für Hochleistungssport *(F)*
l'Institut supérieur des Sports *(Cologne)*	die Sporthochschule *(Köln)*
faire du sport	Sport treiben, ie, ie
pratiquer un sport	ein Sportart treiben
le sport de masse	der Breitensport
le sport scolaire	der Schulsport
le sport de loisirs/de détente	der Freizeitsport
le handisport	der Behindertensport
le sport du troisième âge	der Alterssport
le sport de haut niveau	der Hochleistungssport
le sport individuel	der Einzelsport
le sport d'équipe	der Mannschaftssport
le sportif ; la sportive	der Sportler, - ; die Sportlerin, nen
le professeur d'éducation physique et sportive	der Sportlehrer, -
le sportif professionnel	der Berufssportler, -/der Profi, s *(fam)*
passer professionnel	Profi werden
le sportif amateur	der Amateursportler, -
le sportif de haut niveau	der Spitzensportler
sportif	sportlich
la sportivité	die Sportlichkeit
l'association *f* **sportive**	der Sportverein, e
le club ; le membre	der Klub, s ; das Mitglied, er
le joueur licencié	der Lizenzspieler, -
○ **l'entraînement** *m*	das Training, s
s'entraîner ; entraîner	trainieren
l'entraîneur *m*, **le coach**	der Trainer, -, der Coach, s
la condition physique	die Kondition
la mauvaise condition physique	die Konditionsschwäche
la préparation physique	das Konditionstraining
la forme *(fam)*	die Form *(fam)*
se maintenir en forme	sich (fit) trimmen *(fam)*
garder la forme	in Form bleiben*, ie, ie
être en (pleine) forme	gut in Form sein/fit sein
être au meilleur de sa forme	in Hochform sein
la parfaite condition physique	die Fitness, die Topform
le club de (re)mise en forme	das Fitnesscenter, -
l'endurance *f*	die Ausdauer
la musculation	das Muskeltraining
l'exercice *m* **physique**	die Leibesübung
la culture physique	die Leibesübungen *pl*
la gymnastique (matinale)	die (Morgen)gymnastik
faire de la gymnastique	Gymnastik treiben, ie, ie
s'échauffer (en courant)	sich warm~laufen, ie, au, äu
le jogging ; le jogger	das Jogging ; der Jogger, -
faire du jogging	joggen
au pas de gymnastique	im schnellen Schritt
le survêtement	der Trainingsanzug, ¨e
le bandeau	das Stirnband, ¨er
le parcours de santé	der Trimm-dich-Pfad, e

la compétition sportive

• **le sport de compétition**	der Leistungssport
la compétition, l'épreuve *f*	der Wettkampf, ¨e
disputer une compétition	einen Wettkampf aus~tragen, u, a, ä
la manifestation sportive	die Sportveranstaltung, en
l'épreuve *f* **éliminatoire**	der Ausscheidungskampf
se qualifier (pour)	sich qualifizieren (für+A)
la qualification	die Qualifikation, en
la sélection ; être sélectionné	die Auswahl, en ; ausgewählt werden
la participation	die Teilnahme, n
participer (à)	teil~nehmen, a, o, i (an+D)
• **les jeux** *m* **olympiques**	die olympischen Spiele *npl*
l'olympiade *f*	die Olympiade, n
le concurrent	der Wettkämpfer, -
l'équipe *f*	die Mannschaft, en
le dossard	die Rückennummer, n
le classement individuel	die Einzelwertung, en
le classement par équipe	die Mannschaftswertung
la performance	die Leistung, en
la contre-performance	der Misserfolg, e, die schlechte Leistung
le record	die Bestleistung, en/der Rekord, e
le record homologué	der anerkannte Rekord
établir, battre un record	einen Rekord auf~stellen, brechen, a, o, i
le détenteur du record, le recordman	der Rekordhalter, -
le champion ; le championnat	der Meister, - ; die Meisterschaft, en
le championnat du monde	die Weltmeisterschaft
la victoire ; le vainqueur	der Sieg, e ; der Sieger, -
le champion olympique	der Olympiasieger
la médaille olympique	die olympische Medaille, n
la médaille d'or, d'argent, de bronze	die Gold-, Silber-, Bronzemedaille
remporter une médaille	eine Medaille erhalten, ie, a, ä
la remise des médailles	die Siegerehrung, en
monter sur le podium	auf das Podium steigen*, ie, ie
la coupe	der Pokal, e
le challenge	der Wanderpreis, e
le challenger/challangeur	der Titelanwärter, -, der Herausforderer, -
le favori	der Favorit, en, en
remporter le titre	den Titel erringen, a, u
le tenant du titre	der Titelhalter, -/Titelträger, -
perdre le titre	den Titel verlieren, o, o
l'organisateur *m*	der Veranstalter, -
le parrainage ; le sponsor	das Sponsoring ; der Sponsor, en
parrainer, sponsoriser	sponsern
○ **le dopage ; se doper**	das Doping ; sich dopen
les anabolisants *m*	die Anabolika *npl*
le contrôle antidopage	die Dopingkontrolle
la disqualification	die Disqualifikation, en
être disqualifié pour dopage	wegen Doping disqualifiziert werden
• **le terrain de sport**	der Sportplatz, ¨e
le stade	das Stadion, dien
la (piste) cendrée	die Aschenbahn, en

le couloir extérieur, intérieur	die Außen-, Innenbahn
la pelouse	der Rasen, -
la tribune ; les gradins *m*	die Tribüne, n ; die Sitzreihen *fpl*
la salle des sports	die Sporthalle, n
le vestiaire	der Umkleideraum, ¨e
les douches *f*	der Duschraum, ¨e

athlétisme

• **l'athlétisme** *m*	(die) Leichtathletik
la course	der Lauf, ¨e
le coureur ; courir	der Läufer, - ; laufen*, ie, au, äu
la course d'essai	der Probelauf
la course de vitesse	der Kurzstreckenlauf
le 100 mètres	der Hundert-Meter-Lauf
la course de demi-fond	der Mittelstreckenlauf
la course de fond	der Langstreckenlauf
le marathon	der Marathonlauf
le départ ; le faux départ	der Start, e ; der Fehlstart/Frühstart
la ligne de départ	die Startlinie, n
prendre le départ	starten*
les (chaussures *f* **à) pointes**	die Spikes *pl*
le starting-block	der Startblock, ¨e
donner le signal du départ	den Startschuss geben, a, e, i
À vos marques, prêts, partez !	Auf die Plätze, fertig, los !
le sprint ; sprinter	der Sprint, s ; sprinten*
le sprint final	der Endspurt, s
rester en arrière	zurück~bleiben*, ie, ie
remonter	auf~holen
dépasser	überholen
distancer	ab~hängen
la foulée	die Schrittlänge, n, der Schritt, e
la course de relais	der Staffellauf
le relais ; le témoin	die Staffel, n ; der Staffelstab, ¨e
le passage du témoin	der Wechsel, -
la course de haies	der Hürdenlauf, ¨e
la haie	die Hürde, n
accrocher une haie	an einer Hürde hängen~ bleiben*, ie, ie
la course d'obstacles/ le steeple	der Hindernislauf
le cross(-country)	der Geländelauf
la marche ; le marcheur	das Gehen ; der Geher, -
l'arrivée *f*	das Ziel
la ligne d'arrivée	die Ziellinie, n
le chronométrage	die Zeitnahme
le chronométreur	der Zeitnehmer, -
la photo finish/à l'arrivée	das Zielfoto, s
○ **le lancer**	der Wurf, ¨e
le disque	der Diskus, ken/kusse
lancer le disque	den Diskus werfen, a, o, i
le marteau	der Hammer, ¨
le javelot	der Speer, e
le poids	die Kugel, n
lancer le poids	die Kugel stoßen, ie, o, ö
○ **le saut ; sauter**	der Sprung, ¨e ; springen*, a, u
l'essai *m*	der Versuch, e
l'élan *m*	der Anlauf, ¨e
prendre son élan	Anlauf nehmen, a, o, i
le pied d'appel	das Sprungbein, e
la planche d'appel	der Absprungbalken, -
le saut en hauteur	der Hochsprung
le Fosbury flop/le saut en hauteur dorsal	der Fosburyflop
le rouleau ventral	der Wälzer, -
franchir la barre	die Latte überspringen, a, u
toucher la barre	die Latte berühren
faire tomber la barre	die Latte (ab~)reißen, i, i
le saut en longueur	der Weitsprung, ¨e
le triple saut	der Dreisprung
le saut à la perche	der Stabhochsprung
la perche	der Sprungstab, ¨e
le perchiste	der Stabhochspringer, -
le pentathlon ; le décathlon	der Fünfkampf ; der Zehnkampf

gymnastique

• **la gymnastique**	(das) Turnen
la gymnastique artistique	das Kunstturnen
l'aérobic *m*	(das) Aerobic
le gymnaste ; la gymnaste	der Turner, - ; die Turnerin, nen
le moniteur de gymnastique	der Vorturner, -/der Turnwart, e
l'exercice *m* **d'assouplissement**	die (Auflockerungs)übung, en
○ **les exercices au sol**	(das) Bodenturnen
faire des exercices au sol	am Boden turnen
l'appui tendu renversé (ATR)	der Handstand
la chandelle ; le trépied	die Kerze, n ; der Kopfstand, ¨e
l'écart *m* **; le grand écart**	die Grätsche, n ; der Spagat, e
la flexion (du tronc)	die (Rumpf)beuge, n
le pont ; la roue	die Brücke, n ; das Rad, ¨er
la roulade avant	die Rolle vorwärts
le saut périlleux, le salto	der Salto, s
○ **les exercices aux agrès**	(das) Gerät(e)turnen
les agrès *m* **/les appareils** *m*	die Turngeräte *npl*
l'exercice *m* **de force**	die Kraftübung, en
les anneaux *m*	die Ringe *mpl*
la prise	der Griff, e
les barres parallèles	der Barren, -
la barre fixe	das Reck, e
la barre	der Barrenholm, e
faire de la barre fixe	am Reck turnen
les barres asymétriques	der Stufenbarren
la poutre (d'équilibre)	der Schwebebalken, -
le cheval d'arçons	das Seitpferd, e
le cheval de saut	das Langpferd/Sprungpferd
le tremplin	das Sprungbrett, er
le tapis de réception	die Matte, n
la réception	die Landung, en
grimper	klettern*
la perche à grimper	die Kletterstange, n
la corde lisse	das Klettertau, e
l'espalier suédois	die Sprossenwand, ¨e
le trempoline	das Trampolin, e
la gymnastique rythmique et sportive	die rhythmische Sportgymnastik
l'engin manuel	das Handgerät, e
le ballon	der Ball, ¨e
le cerceau	der Reifen, -
la corde	das Seil, e
la massue	die Keule, n
le ruban	das Band, ¨er
• **l'haltérophilie** *f*	(das) Gewichtheben
l'haltérophile *m*	der Gewichtheber, -
les haltères *m*	die Hantel, n

la barre à disques	die Scheibenhantel
l'épaulé *m* **et jeté** *m*	das Stoßen
l'épaulé	das Umsetzen
l'arraché *m*	das Reißen
le développé	das Drücken
s'accroupir	in die Hocke gehen*, i, a

sports de combat

le sport de combat	der Kampfsport
• **la boxe**	(das) Boxen
le boxeur	der Boxer, -
boxer	boxen
le jeu de jambes	die Beinarbeit
le coup	der Schlag, ¨e
le coup bas	der Tiefschlag, ¨e
le swing	der Schwinger, -
le direct	die Gerade *(adj)*
le crochet ; l'uppercut *m*	der Haken, - ; der Aufwärtshaken
l'esquive *f*	das Ausweichen
esquiver un coup	einem Schlag aus~weichen*, i, i
la flexion	das Abducken
la garde	die Deckung
encaisser un coup	einen Schlag ein~stecken
le contre ; contrer	der Konterschlag, ¨e ; kontern
le corps à corps	der Nahkampf, ¨e
l'accrochage *m*	der Clinch
le gant de boxe	der Boxhandschuh, e
le protège-dents	der Mundschutz, e
le punching-ball	der Punchingball, ¨e
le sac de sable	der Sandsack, ¨e
le sparring-partner	der Sparringspartner
○ **la catégorie**	die Gewichtsklasse, n
le poids mouche	das Fliegengewicht
le poids coq	das Bantamgewicht
le poids plume	das Federgewicht
le poids léger	das Leichtgewicht
le poids mi-moyen	das Weltergewicht
le poids moyen	das Mittelgewicht
le poids mi-lourd	das Halbschwergewicht
le poids lourd	das Schwergewicht
○ **le combat de boxe**	der Boxkampf, ¨e
disputer un combat de boxe	einen Boxkampf bestreiten, i, i
le ring ; monter sur le ring	der Ring, e ; in den Ring steigen*, ie, ie
les cordes *f*	die Seile *npl*
l'arbitre *m* **; le juge**	der Ringrichter, - ; der Punktrichter
le round/la reprise	die Runde, n
le gong	der Gong, s
l'adversaire *m*	der Gegner, -
envoyer son adversaire au tapis	den Gegner nieder~schlagen, u, a, ä
aller au tapis	zu Boden gehen*, i, a
être groggy	angeschlagen sein
être hors de combat	kampfunfähig sein
l'arrêt *m* **de l'arbitre**	der Abbruch
déclarer qn vainqueur	jdn zum Sieger erklären
la victoire aux points	der Punktsieg, e
victoire par abandon	Sieg durch Aufgabe
jeter l'éponge	das Handtuch werfen, a, o, i
le knock-down	der Niederschlag, ¨e
mettre qn knock-out	jdn knock(-)out/k.o. schlagen, u, a, ä
compter jusqu'à dix	aus~zählen
le perdant	der Verlierer, -
la défaite	die Niederlage, n
• **la lutte**	(das) Ringen
le lutteur	der Ringer, -
l'arbitre *m*	der Mattenleiter, -
la lutte gréco-romaine	der griechisch-römische Ringkampf
la lutte libre	das Freistilringen
le combat de lutte	der Ringkampf, ¨e
ceinturer	um~fassen
la prise réglementaire	der erlaubte Griff, e
parer une prise	einen Griff ab~wehren
la lutte au sol	der Bodenkampf
amener au sol	zu Boden bringen, a, a
la victoire par tombé	der Schultersieg, e
• **les arts martiaux**	die Kampfsportarten *fpl*
le judo	das Judo
le judoka	der Judoka, s
le kimono/le judogi	der Kimono, s
la ceinture	der Gürtel, -
le karaté	das Karate
l'aïkido *m*	das Aikido
l'arbitre *m*	der Kampfrichter, -
• **l'escrime** *f*	(das) (Sport)fechten
faire de l'escrime	fechten, o, o, i
l'escrimeur *m*	der Fechter, -
la salle d'armes	die Fechtakademie, n
le maître d'armes	der Fechtmeister, -
l'escrime au fleuret	das Florettfechten
le fleurettiste	der Florettfechter, -
le fleuret (électrique)	das (Elektro)florett, e
le masque	die Fechtmaske, n
le plastron	die Metallweste, n
la piste d'escrime	die Fechtbahn, en
la distance	die Mensur, en/der Fechtabstand, ¨e
la garde	die Fechtstellung, en
l'attaque *f*	der Angriff, e
le coup droit	der gerade Stoß, ¨e
l'attaque en fente	der Ausfallangriff, e
la feinte	die Finte, n
la parade	die Parade, n
la riposte	die Riposte, n
le dégagement	die Kavation, en
le désengagement	das Lösen
la touche ; Touché !	der Treffer, - ; Getroffen !
l'épée *f*	der Degen, -
le sabre	der Säbel, -
la lame	die Klinge, n
être une fine lame	eine gute Klinge führen
le coup de taille	der Hieb, e
le coup de contre-taille	der Rückschneidehieb
le coup d'estoc	der Stoß, ¨e
le président du jury	der Obmann, ¨er/leute

tir

• **le tir** *(v. instruction du tir, p. 222)*	(das) Schießen, der Schießsport
l'arme *f*	die Waffe, n
la carabine de compétition	das Sportgewehr, e
la carabine de petit calibre	die Kleinkaliberbüchse, n
le fusil à deux canons	die Doppelflinte, n
le pistolet (à tir rapide)	die (Schnellfeuer)pistole, n

le pistolet à air comprimé	die Luftpistole
la cible	die (Schieß)scheibe, n
la silhouette	die Figurenscheibe
la cible mouvante	die laufende Scheibe
la fosse olympique	das Trapschießen
le skeet	das Skeetschießen
le tir aux plateaux	das Wurftaubenschießen
le plateau	die Wurftaube, n
• **le tir à l'arc**	(das) Bogenschießen
tirer à l'arc	mit Pfeil und Bogen schießen, o, o
l'archer *m*	der Bogenschütze, n, n
le stand de tir à l'arc	die Bogenschießanlage, n
l'arc *m*	der Bogen, -
la corde	die Sehne, n
la flèche	der Pfeil, e
l'empennage *m*	die Befiederung
le carquois	der Köcher, -
décocher une flèche	einen Pfeil ab~schießen
armer l'arc	den Bogen spannen
le tir	der Schuss, ¨e

ein Schlag ins Wasser
un coup d'épée dans l'eau

sich zur Wehr stellen
se mettre en garde

auf der Hut sein
être sur ses gardes

die Blöße
le point faible, le défaut de la cuirasse

sich keine Blöße geben, a, e, i
jouer serré, ne pas se découvrir

ins Schwarze treffen, a, o, i
mettre dans le mille, faire mouche

den Bogen überspannen
en demander trop

football

• **le football/le foot** *(fam)*	(der) Fußball
jouer au football	Fußball spielen
le ballon, le ballon rond	der Ball, ¨e
le maillot	das Trikot, s
les chaussures *f* **à crampons**	die Fußballschuhe *mpl*
le crampon vissé	der Schraubstollen, -
○ **le terrain de football**	der Fußballplatz, ¨e
la pelouse	der Rasenplatz, ¨e
le but *(cage)* ; **le but** *(marqué)*	das Tor, e
le poteau	der Pfosten, -
la barre transversale	die Querlatte, n
les filets *m*	das Netz, e
la surface de but	der Torraum, ¨e
la ligne de but	die Torlinie, n
la surface de réparation	der Strafraum, ¨e
la ligne de touche	die Seitenlinie, n
l'arbitre *m*	der Schiedsrichter, -
le coup de sifflet	der Pfiff, e
siffler	pfeifen, i, i
le juge de touche	der Linienrichter, -
○ **l'équipe** *f*, **le onze**	die Mannschaft, en, die Elf, en
le onze d'Allemagne	die deutsche Elf
le capitaine	der Spielführer, -
la composition de l'équipe	die Mannschaftaufstellung
le gardien de but/le goal	der Torwart, e/der Torhüter, -
le joueur	der Spieler, -
le remplaçant	der Ersatzspieler, -
le remplacement	der Austausch
l'entraîneur *m*	der Trainer, -
l'avant *m*, **l'attaquant** *m*	der Stürmer, -
l'ailier *m*	der Außen-, der Flügelstürmer
le demi *(anc)*	der Läufer, - *(anc)*
le milieu de terrain	der Mittelfeldspieler, -
l'arrière *m*, **le défenseur**	der Verteidiger, -, der Abwehrspieler, -
l'arrière central	der Vorstopper, -
le libero	der Libero, s
l'équipe *f* **adverse**	die gegnerische Mannschaft
les visiteurs *m*	die Gäste *mpl*
l'adversaire *m*	der Gegner, -
le supporter	der Schlachtenbummler, - *(fam)*
encourager qn	jdn an~feuern
○ **le match de football**	das Fußballspiel, e
disputer un match	ein Spiel aus~tragen, u, a, ä
les consignes *f* **tactiques**	die Spielbesprechung, en
le coup de sifflet d'envoi	der Anpfiff, e
donner le coup d'envoi	den Anstoß aus~führen
la durée de la partie	die Spieldauer
la mi-temps	die Halbzeit, en
l'arrêt *m* **de jeu**	die Spielunterbrechung, en
les arrêts de jeu	die Nachspielzeit
faire jouer les arrêts de jeu	nachspielen lassen, ie, a, ä
la prolongation	die Verlängerung, en
jouer les prolongations	in die Verlängerung gehen*, i, a
le tir au but	das Elfmeterschießen
○ **le marquage**	die Deckung
marquer (adversaire)	decken
se démarquer	sich frei laufen, ie, au, äu
le dribble	das Dribbel, -
dribbler ; le dribbleur	dribbeln ; der Dribbler, -
feinter	an~täuschen
le jeu de tête	das Kopfballspiel
la tête	der Kopfball, ¨e
reprendre de la tête	köpfen
la talonnade	der Absatzkick, s
la passe	der Pass, ¨e
la réception du ballon	die (Ball)annahme
la mauvaise passe	der Fehlpass
intercepter une passe	einen Pass ab~fangen
la passe en retrait	der Rückpass
conserver le ballon	im Ballbesitz bleiben*, ie, ie
dégager	klären, auf~räumen
l'obstruction *f*	das Sperren
bétonner	mauern
le hors-jeu	das Abseits, -
être en position de hors-jeu	im Abseits stehen, a, a
le piège du hors-jeu	die Abseitsfalle, n
la faute	das Foul, s
charger un adversaire	einen Gegner rempeln
le tacle	das Grätschen
faucher	zu Fall bringen, a, a
faire un croc-en-jambe à qn	jdm das Bein stellen
l'avertissement *m*	die Verwarnung, en
le carton jaune	die gelbe Karte, n
l'exclusion *f*	der Platzverweis, e
être exclu du terrain	vom Platz verwiesen werden

le coup franc	der Freistoß, ¨e
pénaliser d'un coup franc	durch Erteilung eines Freistoßes bestrafen
tirer un coup franc	einen Freistoß treten, a, e, i
le mur	die Mauer, n
le coup de pied de réparation, le penalty	der Strafstoß, ¨e, der Elfmeter, -
le point de penalty/de réparation	die Strafstoßmarke
transformer/marquer le penalty	den Elfmeter verwandeln
○ **le shoot, le tir**	der Schuss, ¨e
shooter, tirer	schießen, o, o
le tir en force, le boulet	der Bombenschuss, ¨e
le tir sur le poteau	der Pfostenschuss
la reprise de volée	der Volleyschuss
la demi-volée	der Dropkick, s
le coup de pied retourné	der Fallrückzieher, -
sortir (du jeu)	ins Aus gehen*, i, a
Le ballon est sorti.	Der Ball ist aus.
le coup de pied de but, le dégagement en sortie de but	der Abstoß, ¨e
la remise en jeu, la touche	der Einwurf, ¨e
le corner	der Eckball, ¨e, der Eckstoß, ¨e
mettre le ballon en corner	den Ball zur Ecke spielen
tirer un corner	eine Ecke schießen, o, o
le buteur	der Torschütze, n, n
tirer au but	aufs Tor schießen, o, o
encaisser un but	ein Tor kassieren
entrer dans les buts	ins Tor gehen*, i, a
marquer un but	ein Tor erzielen/schießen, o, o
marquer un but contre son propre camp	ein Eigentor schießen
manquer/rater le but, tirer à côté	(am Tor) vorbei~schießen
manquer/rater un penalty	einen Elfmeter verschießen
arrêter un tir	einen Schuss ab~wehren
parer un but, bloquer le ballon	einen Schuss halten, ie, a, ä
le dégagement du poing	die Faustabwehr
accorder un but	ein Tor an(~)erkennen, a, a
mener 3 à 1	mit 3 zu 1 führen
faire match nul (avec)	unentschieden spielen (gegen)
gagner ; perdre	gewinnen, a, o ; verlieren, o, o
s'incliner (devant)	unterliegen*, a, e (vor+D)
être battu (par)	geschlagen werden (von+D)
○ **le match de coupe**	das Pokalspiel, e
le tenant du titre	der Titelverteidiger
le match de championnat	das Meisterschaftsspiel
le match international	das Länderspiel
le match à l'extérieur	das Auswärtsspiel
le classement	die Tabelle, n
la première division	die erste Liga, die Bundesliga *(D)*
la seconde division	die Regionalliga
monter en première division	in die erste Liga auf~steigen*, ie, ie
descendre en seconde division	in die Regionalliga ab~steigen*, ie, ie
le transfert	der Transfer, s

rugby, handball, basket, volley

• **le rugby**	(das) Rugby
le ballon ovale	der ovale Ball
l'avant *m* **; le pack**	der Stürmer, - ; die Stürmer *mpl*
le demi de mêlé	der Gedrängehalb, s
le demi d'ouverture	der Verbinder, -
le trois-quarts	der Dreiviertel, -
l'arrière *m*	der Schlussmann, ¨er/der Schlussspieler, -
le terrain	das Spielfeld, er
le camp	die Spielfeldhälfte, n
la touche *(surface)*	die Mark
la ligne de touche	die Seitenauslinie, n/die Marklinie, n
la ligne de ballon mort	die Malfeldauslinie, n
la touche de but	die Malmark
la ligne de but	die Mallinie
l'en-but *m*	das Malfeld
le but, les poteaux *m*	das Mal, e
le poteau de but	die Malstange, n
la barre transversale	die Querstange, n
la ligne des 22 m	die 22-m-Linie
l'engagement *m*	der Antritt, e
la passe	der Pass, ¨e
l'arrêt *m* **de volée**	der Freifang, ¨e
le coup de pied	der Tritt, e
le coup de pied placé	der Falltritt, e
le coup de pied de pénalité	der Straftritt, e
le drop	der Drop, s
le placage	das Fassen
l'essai *m*	der Versuch, e
la transformation	der Erhöhungstritt, e
le but	der Treffer, -
la mêlée fermée/ordonnée	das geschlossene Gedränge, -
la mêlée ouverte	das offene Gedränge
le talonneur	der Hakler, -
le pilier	der Außenstürmer, -
le maul	das Paket, e
un en-avant	ein Vorfallen *n*
le hors-jeu	das Abseits, -
la touche *(remise en jeu)*	der Einwurf, ¨e
la touche raccourcie	der kurze Einwurf
• **le hand-ball**	(das) Handballspiel
le ballon de hand-ball	der Handball
le tir ; le tir au but	der Wurf, ¨e ; der Torwurf
le jet de sept mètres, le penalty	der Siebenmeter(wurf), der Strafwurf
l'engagement *m*	der Anwurf
l'attaquant *m*	der Angriffsspieler, -
le défenseur	der Abwehrspieler, -
la passe directe	der direkte Pass, ¨e
• **le basket(-ball)**	der Basketball
le basketteur	der Basketballer, -
les baskets *m*	die Basketballschuhe *mpl*
le panier ; le panneau	der Korb, ¨e ; das Spielbrett, er
le terrain	das Spielfeld, er
la ligne médiane	die Mittellinie
la ligne de fond	die Endlinie, n
la ligne de touche	die Seitenlinie, n
la ligne de coup franc	die Freiwurflinie, n
le dribble	das Dribbling, s/Dribbel, -
l'entre-deux *m*	der Sprungball, ¨e
le lancer franc	der Freiwurf, ¨e
la raquette	der Freiwurfraum, ¨e
faire écran	sperren, blocken
le tir de loin	der Weitwurf, ¨e
le tir en suspension	der Sprungwurf, ¨e
le tir au panier	der Korbwurf, ¨e

claquer dans le panier	in den Korb tippen
marquer un panier	einen Korb erzielen
le panier marqué/réussi	der gelungene Korbwurf/ der Korberfolg, e
le panier annulé	der ungültige Korb
la remise en jeu/la touche	der Einwurf, ¨e
la charge	das Rempeln
le contact personnel	die Körperberührung, en
la double faute	das Doppelfoul, s
la faute disqualifiante	das disqualifizierende Foul
le ballon tenu	der Halteball, ¨e
garder le ballon	auf Zeit spielen
le passeur ; passer	der Zuspieler, - ; passen
le changement ; changer	der Wechsel, - ; wechseln
• **le volley-ball**	der Volleyball
le filet	das Netz, e
la ligne de fond	die Grundlinie, n
la surface de service	der Aufgaberaum, ¨e
l'avant *m*	der Netzspieler, -
l'arrière *m*	der Grundspieler, -
le service haut, bas	die Aufgabe von oben, von unten
le service flottant	die Flatteraufgabe
la perte du service	der Aufgabeverlust
le smash	der Schmetterball, ¨e
le trou	die Lücke, n
le contre, le bloc	der Konter, -, der Block, s/¨e
le bloqueur ; bloquer	der Blockspieler, - ; blocken
smasher dans le bloc	den Block an~schmettern
la passe	das Zuspiel, e
la manchette	das untere Zuspiel, der Bagger, -
relever le ballon	den Ball heben, o, o
placer le ballon	den Ball lobben
l'échange *m*	der Ballwechsel, -
le ballon mort	der tote Ball
le temps mort	die Auszeit, en
le ballon à terre	die Bodenberührung

tennis, tennis de table

• **le tennis**	(das) Tennis
jouer au tennis	Tennis spielen
le joueur de tennis	der Tennisspieler, -
○ **la raquette**	der Schläger, -
le tamis	die Schlagfläche, n
le cordage ; corder	die Bespannung, en ; bespannen
la tension de cordage	die Bespannungshärte
tendu à 20 kg	bespannt mit 20 kg
la corde	die Saite, n
le boyau (synthétique)	der (Kunst)darm, ¨e
le manche ; la prise	der Griff, e
la grosseur du manche	die Griffstärke, n
la balle de tennis	der Tennisball, ¨e
○ **le terrain de tennis/le court**	der Tennisplatz, ¨e
le court en plein air	der Frei(luft)platz
le court couvert	der Hallenplatz
la salle	die Halle, n
le revêtement/la surface	der Belag, ¨e
la surface dure	die Hartfläche, n
le court en ciment	der Zementplatz, ¨e
la surface synthétique	die Kunststofffläche, n
le gazon, le court en herbe	der Grasplatz, der Rasenplatz
la terre battue	der Sandplatz
le filet de balayage	das Schleppnetz, e
arroser	sprengen
le filet	das Netz, e
le poteau	der Pfosten, -
le carré de service	das Aufschlagsfeld, er
la ligne de service	die Aufschlaglinie, n
la ligne de fond	die Grundlinie
au fond du court	an der Grundlinie
du fond du court	von der Grundlinie aus
la ligne de côté	die Seitenlinie, n
le stage de tennis	der Tenniskursus, e
le tableau de réservation	die Belegungstafel, n
le mur d'entraînement	die Tenniswand, ¨e
le toucher de balle	das Ballgefühl
le jeu de jambes	die Beinarbeit
○ **le match ; le jeu**	das Spiel, e
le simple	das Einzelspiel/das Einzel, -
le double (messieurs)	das (Herren)Doppel(spiel)
le double mixte	das gemischte Doppel
l'échange *m*	der Ballwechsel, -
frapper la balle	den Ball schlagen, u, a, ä
se renvoyer des balles	sich Bälle zu~spielen
s'échauffer	sich warm~schlagen, u, a, ä
le service	der Aufschlag, ¨e, der/das Service, s
la balle de service	der Aufschlagball, ¨e
avoir le service	Aufschlag haben
servir	auf~schlagen, u, a, ä
le serveur	der Aufschläger, -/der Server, -
le point d'impact	der Aufschlagpunkt, e
l'ace, le service gagnant	das Ass, e
la faute de service	der Aufschlagfehler, -
la double faute	der Doppelfehler
La balle sort.	Der Ball geht ins Aus.
la balle let/le let, la balle à remettre	das Let, s
rejouer le service	den Aufschlag wiederholen
le retour de service	der (Aufschlag)return, s
renvoyer/retourner la balle	den Ball zurück~schlagen, u, a, ä
une balle lourde	ein harter Ball
le rebond	der Aufsprung, ¨e
le coup droit	die Vorhand ; der Vorhandschlag, ¨e
le revers	die Rückhand ; der Rückhandschlag, ¨e
jouer en revers	Rückhand schlagen, u, a, ä
la balle croisée	der Crossball
couper une balle	einen Ball an~schneiden, i, i
l'effet *m* **lifté**	der Vorwärtsdrall
l'effet slicé	der Rückwärtsdrall
l'effet coupé	der Schnitt, e
l'effet chopé	der Unterschnitt, e
l'amortie *f*	der Stoppball
le lob ; lober	der Lob, s ; lobben
la balle à la volée	der Flugball, ¨e
la demi-volée	der Halbflugball
le volleyeur	der Netzspieler, -
monter au filet	ans Netz gehen*, i, a
le smash ; smasher	der Schmetterball, ¨e ; schmettern
le drop-shot	der Dropshot, s
le passing(-shot)	der Passierschlag, ¨e
placer une balle le long de la ligne	einen Ball longline spielen
○ **la marque, le score**	der Spielstand
le tableau d'affichage	die Anzeigetafel, n
La balle est bonne.	Der Ball ist gut.

Faute ! *f*	Fehler ! *m*
commettre une double faute	einen Doppelfehler begehen, i, a
mener 6 jeux à rien	6 zu null führen
par 6 à 4	mit 6 zu 4
l'égalité *f*	der Einstand/das Deuce
égaliser à 30 partout	auf 30 beide aus~gleichen, i, i
avantage *m*	Vorteil *m*
le set, la manche	der Satz, ¨e
la balle de set	der Satzball, ¨e
sauver une balle de match	einen Matchball ab~wehren
un match serré	ein hartes Spiel
le jeu décisif/le tie-break	der/das Tie-Break/Tiebreak, s
le changement de côté	der Seitenwechsel, -
arrêter le match	das Spiel ab~brechen, a, o, i
le tennis elbow	der Tennisarm
abandonner	auf~geben, a, e, i
○ **le tournoi**	das Turnier, e
le juge-arbitre	der Oberschiedsrichter, -
le juge de ligne	der Linienrichter, -
le ramasseur de balles	der Balljunge, n, n
ramasser les balles	die Bälle auf~sammeln
le quart de finale	das Viertelfinale, n
la demi-finale	das Halbfinale, n
parvenir en finale	ins Finale gelangen*
être finaliste	im Finale stehen, a, a
le classement	die Rangliste, n
le joueur classé	der Ranglistenspieler, -
la tête de série	der gesetzte Spieler
l'entraîneur *m*	der Trainer, -/der Coach, s
○ **le tennis de table/le ping-pong**	(das) Tischtennis
le pongiste	der Tischtennisspieler, -
le badminton	das Badminton, der Federball *(fam)*
le volant	der Federball, ¨e
le squash	das Squash
la pelote basque	das Pelotaspiel
le pelotari	der Pelotaspieler, -

golf, cricket, base-ball, hockey

• **le golf**	(das) Golf
le terrain de golf	der Golfplatz, ¨e
le golfeur	der Golfer, -
la balle de golf	der Golfball, ¨e
le club	der Golfschläger, -
le bois	das Holz, ¨er/der Holzschläger
le fer	das Eisen/der Eisenschläger
le putter	der Putter, -
le sac	die Golftasche, n
le caddie	der Caddie, s
le green	das Grün, (s)/Green, s
le trou	das Loch, ¨er
le drapeau	der Flaggenstock, ¨e
le départ	der Abschlag(splatz), ¨e
le tee	das Tee, s
l'obstacle *m*	das Hindernis, se
le bunker	der Bunker/das Sandhindernis
le coup	der Schlag, ¨e
l'approche *f*	der Annäherungsschlag
le drive	der Drive, s/der Treibschlag
la trajectoire	die Flugbahn, en
le putting	das Einlochen
envoyer la balle dans le trou	ein~lochen
○ **le cricket**	(das) Kricket
le terrain	das Spielfeld, er
les guichets *m*	die Tore *npl*
le lanceur	der Werfer, -
la marque	die Punktzählung
les points *m* **de pénalisation**	die Strafpunkte *mpl*
○ **le base-ball**	(das) Baseball
la batte	die Schlagkeule, n
le batteur	der Schlagmann, ¨er
la mise hors jeu	das Ins-Aus-Bringen
○ **le hockey**	(das) Hockey
le hockey sur gazon	(das) Feldhockey
le hockey sur glace	(das) Eishockey
la crosse	der (Eis)hockeychläger, -/ der Stock, ¨e
le palet	der Puck, s
les jambières *f*	die Beinschienen *fpl*
le banc des joueurs	die Spielerbank, ¨e
le banc des pénalités, la prison	die Strafbank, ¨e
le changement volant	der fliegende Wechsel
le tir frappé	der Schlagschuss, ¨e
le tir balayé	der Schlenzschuss, ¨e

natation, plongeon

les sports nautiques	der Wassersport
• **la natation/la nage**	(das) Schwimmen
la natation synchronisée/ artistique	das Kunstschwimmen
nager	schwimmen*, a, o
le nageur	der Schwimmer, -
la nageuse	die Schwimmerin, nen
la piscine	das Schwimmbad, ¨er
la piscine couverte	das Hallenbad
la piscine découverte	das Freibad
la piscine à vagues artificielles	das Wellenbad
le stade nautique	das Schwimmstadion, ien
le bassin	das Schwimmbecken, -
le petit bassin *(pour les non-nageurs)*	das Nichtschwimmerbecken
barboter dans l'eau	im Wasser planschen
avoir pied	Grund haben
le maître-nageur	der Bademeister, -
la cabine de bain	die Badezelle, n
le maillot *(homme)*	die Badehose, n
le maillot de bain *(femme)*	der Badeanzug, ¨e
le bonnet de bain	die Bademütze, n
○ **les styles** *m* **de nage**	die Schwimmstile *mpl*
la brasse	das Brustschwimmen
la nage papillon	das Schmetterlings-, das Delphinschwimmen
la nage sur le dos	das Rückenschwimmen
le crawl	das Kraulschwimmen/der Kraul
le battement des jambes	der Beinschlag, ¨e
crawler/nager le crawl	kraulen
le nageur de crawl	der Kraulschwimmer, -
la nage libre	das Freistilschwimmen
faire la planche	toten Mann machen
boire la tasse *(fam)*	(beim Schwimmen) Wasser schlucken
le relais quatre nages	die Lagenstaffel, n
le nageur de relais	der Staffelschwimmer

le virage — die Wende, n
le couloir — die Einzelbahn, en
○ **le plongeon** *(sport)* — (das) Wasserpringen
le plongeoir — die Sprunganlage, n/ der Sprungturm, ¨e
le tremplin — das Sprungbrett, er
le plongeon de haut vol — das Turmspringen
le plongeon au tremplin — das Kunstspringen
le plongeon ; plonger — der Sprung, ¨e ; springen* a, u
piquer une tête *(fam)* — einen Kopfsprung machen
faire un plat *(fam)* — einen Bauchklatscher machen *(fam)*
○ **la plongée sous-marine** — der Tauchsport/Unterwassersport
la nage subaquatique/en plongée — das Tauchen/ das Unterwasserschwimmen
pratiquer la plongée sous-marine — tauchen*
le plongeur — der Taucher, -
la combinaison de plongée — der Tauchanzug, ¨e
l'appareil *m* **respiratoire** — das Tauchgerät, e
la bouteille d'air comprimé — die Pressluftflasche, n
plonger en apnée — ohne Maske tauchen*
la maladie des caissons, l'accident *m* **de décompression** — die Druckluftkrankheit/ Taucherkrankheit
le masque de plongée — die Tauch(er)maske, n
le tuba — das Schnorchelgerät, e
la palme — die Schwimmflosse, n
le scaphandre — der Helmtauchanzug, ¨e
le scaphandrier — der Helmtaucher, -

> sich zu helfen wissen, u, u
> *savoir nager (se tirer d'affaire)*
> Ich komme einfach nicht mit ! *(fam)*
> *Je nage complètement. (fam) (Je n'y comprends rien)*

voile

• **la voile** *(sport)* — (das) Segeln, (der) Segelsport
faire de la voile (sport)/ naviguer à la voile — segeln*
la course-croisière — das Segelrennen
la régate — die Regatta, en
la croisière en solitaire — das Einhandsegeln
la (course) transatlantique en solitaire — die Atlantikregatta für Einhandboote
la croisière autour du monde en solitaire — das Einhandweltumsegeln
faire voile/cingler vers Tahiti — nach Tahiti segeln*
le barreur — der Steuermann, leute
l'équipage *m* — die Crew, s
l'équipier *m* — das Besatzungsmitglied, er
○ **le voilier** — das Segelboot, e
le dériveur — das Schwertboot
la dérive (rentrante) — das (Schwenk)schwert, er
le dériveur de croisière — der Jollenkreuzer, -
le quillard — das Kielboot, e
la quille — der Kiel, e
le voilier de croisière — die Kieljacht, en
le cockpit — die Plicht, en/das Cockpit, s
le rouf/roof, l'habitacle *m* — die Kajüte, n
la cabine — die Kabine, n
la brassière/le gilet de sauvetage — die Schwimmweste, n
le multicoque — das Mehrrumpfboot, e
le catamaran ; le trimaran — der Katamaran, e ; der Trimaran, e
le canot pneumatique — das Schlauchboot, e
le moteur hors-bord — der Außenbordmotor, en
le youyou — das Beiboot, e
la coque — der Rumpf, ¨e
le gréement ; gréer — die Takelage, n ; auf~takeln
le mât — der Mast, en/e
le hauban ; le ridoir — die Want, en ; der Wantenspanner, -
la bôme — der Baum
la proue — der Bug, e
l'étrave *f* — der Steven, -
l'arrière *m* — das Heck, e/s
le gouvernail — das Ruder, -
le safran — das Ruderblatt, ¨er
la barre — die Pinne, n
le stick — der Pinnenausleger, -
le trapèze — das Trapez, e
○ **la voile** — das Segel, -
la surface de voilure — die Segelfläche
le foc — die Fock, en
la voile d'avant — das Vorsegel
la grand-voile — das Großsegel
le spinnaker/le spi — der Spinnaker, -
l'écoute *f* **;** — die Schot, en
l'écoute de voile d'avant — die Vorschot
l'écoute de grand-voile — die Großschot
la poulie — der Block, ¨e
la manille — der Schäkel,-
le palan — die Talje, n
mettre/établir une voile — ein Segel setzen
hisser une voile — ein Segel heißen/hissen
affaler une voile — ein Segel bergen, a, o, i
amener la voile — das Segel ein~ziehen, o, o
le ris — das Reff, e
prendre des ris — ein Segel reffen
ferler une voile — ein Segel ein~rollen
larguer la voile — die Schot fieren
toutes voiles dehors — mit vollen Segeln
La voile faseÿe, bat. — Das Segel killt, flattert.
orienter une voile — ein Segel trimmen
border une voile — ein Segel bei~holen
(à) bâbord ; (à) tribord — backbord ; steuerbord
• **le vent** — der Wind, e
la direction du vent — die Windrichtung, en
la rafale de vent — die Windbö, en
le calme plat — die Windflaute, n
le penon — der Verklicker, -
le côté sous le vent — (die/das) Lee/die Leeseite
le côté au vent — (die/das) Luv/die Luvseite
l'allure *f* — der Kurs (zum Wind)
naviguer près du vent — am Wind segeln
au plus près du vent — hart/hoch am Wind
le vent arrière — vor dem Wind
vent de travers/le largue — mit halbem Wind
aller grand largue — mit raumem Wind, raumschots segeln
vent portant — raumer Wind
mettre un bâteau à la cape — bei~liegen, a, e
la dérive ; dériver — die Abdrift ; ab~driften*
le louvoyage ; louvoyer — das Kreuzen ; kreuzen
la bordée — der Kreuzschlag, ¨e
empanner — halsen

virer vent debout	wenden *itr*
Paré à virer !	Klar zum Wenden !
virer une bouée	eine Boje runden
○ **le cordage**	das Tauwerk
la corde, le filin	die Leine, n
la drisse	das Fall, en
le câble en acier	das Drahtseil, e
l'amarre *f*	die Anlegeleine, das Anlegeseil
○ **le nœud**	der Knoten, -
le nœud plat	der Kreuzknoten
le nœud d'arrêt	der Achtknoten
faire une épissure	spleißen, i, i
○ **le mouillage**	der Ankerplatz, ¨e
mouiller	ankern/vor Anker liegen
le port de plaisance	der Segelhafen, ¨
accoster/s'amarrer à	an~legen (+D)
le poste	der Liegeplatz, ¨e
la bouée	die Boje, n
la gaffe	der Bootshaken, -
l'ancre *f*	der Anker, -
le droit de mouillage	das Ankergeld
l'ancre flottante	das Treibanker, -
jeter l'ancre	vor Anker gehen*, i, a
remonter/lever l'ancre	den Anker lichten
le tirant d'eau	der Tiefgang
le chenal	die Fahrrinne, n
le balisage	die Betonnung
la balise	die Bake, n/die Boje, n
sonder	loten
l'abordage *m*	der Zusammenstoß, ¨e
l'avarie *f*	die Havarie, n
la ligne de flottaison	die Wasserlinie, n
la voie d'eau	der Leck, s
faire eau, prendre l'eau	leck sein
pomper pour évacuer l'eau	lenzen
l'écope *f*	die Wasserschaufel, n
écoper (un bateau)	das Wasser aus~schöpfen
la gîte	die Schlagseite
donner de la gîte	Schlagseite haben
chavirer/dessaler	kentern*
Un homme à la mer !	Mann über Bord !
sauver (qn) ; renflouer (un bateau)	bergen, a, o, i *tr*
la manœuvre de sauvetage	das Bergungsmanöver, -
godiller	wricken/wriggen
remorquer	ab~schleppen
à contre-courant	gegen den Strom
le filin/le câble de remorquage	die Schleppleine, n, das Schleppseil, e
la brasse *(1,83 m)*	der Faden, -
le nœud *(1 mille par heure)*	der Knoten, - *(1 Seemeile pro Stunde)*

> Oberwasser haben
> *avoir l'avantage*
>
> jdm den Wind aus den Segeln nehmen, a, o, i
> *couper l'herbe sous le pied à qn*
>
> Leine ziehen, o, o *(fam)*
> *mettre les voiles (fam) (partir)*
>
> Schlagseite haben *(fam) (betrunken sein)*
> *avoir du vent dans les voiles (fam) (être ivre)*
>
> Wie hast du dich aufgetakelt ? *(fam)*
> *Comment t'es-tu attifé ? (fam)*

aviron, kayak, planche à voile, surf

• **l'aviron** *m*	das Rudern/der Rudersport
le rameur ; ramer	der Ruderer, - ; rudern
le hangar à bateaux	die Bootshalle, n
le chariot	der Bootswagen
l'embarcation *f* **de pointe**	das Riemenboot, e
le scull	das Skullboot
la rame, l'aviron *m*	der Riemen, -
souquer ferme	sich in die Riemen legen
le coup d'aviron	der Ruderschlag, ¨e
la dame de nage	die Dolle, n
le skiff	der (Renn)einer, -
le siège à coulisse	der Rollsitz, e
le deux barré	der Zweier mit Steuermann
le barreur ; la barre	der Steuermann, leute ; das Steuer, -
le quatre de couple	der Doppelvierer, -
le huit	der Achter, -
○ **le kayak**	der Kajak, s
le kayak monoplace, biplace	der Kajakeiner, -, Kajakzweier, -
l'embarcation *f* **monocoque**	die Schale, n
la pagaie simple, double	das Stech-, Doppelpaddel, -
la pale	das Blatt, ¨er
l'esquimautage *m*	die Eskimorolle, das Eskimotieren
le pagayeur ; pagayer	der Paddler, - ; paddeln
le canoë ; le canoéiste	das Kanu, s ; der Kanufahrer, -
le canoë canadien	der Kanadier, -
la porte	das Tor, e
• **la planche à voile**	(das) Windsurfing, das Surfbrett
le flotteur/la planche	das Brett, er
l'espar *m*	der Gabelbaum, ¨e
le pied de mât	der Mastfuß, ¨e
le véliplanchiste	der Windsurfer, -
faire de la planche (à voile)	surfen
le surf	das Surfing/das Wellenreiten
le surfer/surfeur ; la surfeuse	der Surfer, - ; die Surferin, nen
la vague déferlante, le rouleau	die Brandungswelle, n
le char à voile	der Strandsegler, -
○ **le ski nautique** *(sport)*	(das) Wasserski
le ski nautique	der Wasserski, -
faire du ski nautique	Wasserski fahren*, u, a, ¨
le départ en eau profonde	der Tiefwasserstart, s
le retournement	die Drehung, en

sports d'hiver

les sports d'hiver	der Wintersport
la station de sport d'hiver	der Wintersportplatz, ¨e
• **le ski** *(sport)*	das Skilaufen/Schilaufen
faire du ski	Ski/Schi laufen*, ie, au, äu
le skieur	der Skiläufer, -
le moniteur de ski	der Skilehrer, -
le ski *(planches)*	der Ski/Schi, er/die Bretter *npl*
la carre *(en acier)*	die Stahlkante, n
la fixation	die Bindung, en
les chaussures *f* **de ski**	die Skischuhe *mpl*
le bâton de ski	der Skistock, ¨e
la rondelle	der Teller, -
la dragonne	die Schlaufe, n
le fart ; le fartage	das Skiwachs ; das Wachsen
la montée	der Aufstieg, e
le télésiège	der Sessellift, e/s

le remonte-pente/le téléski/ le tire-fesses *(fam)*	der Skilift/der Schlepplift
la piste	die Piste, n
enneigé ; verglacé	verschneit ; vereist
le bulletin d'enneigement	der Schneebericht, e
(v. le climat, la neige, p. 110)	
○ **la descente**	die Abfahrt, en
l'avalement *m*	das Ausgleichen
la conversion	die Wendung, en
le stem(m)	der Stemmschwung
le stem(m) aval	der Tiefstemmschwung
la godille	das Wedeln
le chasse-neige	der Schneepflug, ¨e
le schuss	die Schussfahrt, en
le christiana	der Kristiana, s
○ **le ski de compétition**	der Wettkampfski
le ski alpin	der alpine Skisport
la (course de) descente	der Abfahrtslauf, ¨e
le combiné alpin	die alpine Kombination
le slalom (géant)	der (Riesen)slalom, s/der Torlauf
le super géant	der Superriesenslalom
le piquet de porte	die Torstange, n
rater/manquer une porte	ein Tor verfehlen
○ **le ski de fond**	der Langlauf
la piste (de ski de fond)	die Loipe, n
le pas alternatif	der Diagonalschritt, e
le stakning	der Doppelstockschub, ¨e
le combiné nordique	die nordische Kombination
○ **le concours de sauts**	der Sprunglauf
le saut à skis	das Skispringen
le tremplin	die Sprungschanze, n
la chute	der Sturz, ¨e
le ski artistique/acrobatique	das Kunstskifahren
○ **la luge/le traîneau**	der Schlitten, -
faire de la luge	rodeln*/Schlitten fahren*, u, a, ä
le bob(sleigh)	der Bobsleigh, s
le bobeur	der Bobfahrer, -
la piste de bob(sleigh)	die Bobbahn, en
le ski-bob	der Skibob, s
le yachting sur glace	das Eissegeln
le yacht à glace	die Eisjacht, en/das Eissegelboot, e
• **le patinage sur glace**	der Eislauf
le patin (à glace)	der Schlittschuh, e
patiner	Eis laufen*, ie, au, äu
le patineur	der Schlittschuhläufer, -
la patinoire	das Eisstadion, dien, die Eisbahn, en
le patinage artistique	der (Eis)kunstlauf
le patineur artistique	der Eiskunstläufer, -
les figures imposées	der Pflichtlauf, ¨e, die Pflichtfiguren *fpl*
le programme court/le libre-imposé	das Kurzprogramm, e
les figures libres *f*	die Kür, en
le lutz	der Lutz, -
le boucle ; le boucle piqué	der Rittberger, - ; der Toe loop
le salchow	der Salchow, s
l'axel *m*	der Axel, -
le flip	der Flip, s
le saut	der Sprung, ¨e
le saut de carre	der Kantensprung
la rotation	die Drehung, en
la pirouette	die Pirouette, n
le patinage par couple	das Paarlaufen
le juge-arbitre	der Kampfrichter, -
le patinage de vitesse	der Eisschnelllauf
la foulée	der Laufschritt
le pas croisé	der Kreuzschritt, e
○ **le hockey sur glace**	das Eishockey
la crosse	der Eishockeyschläger, -
le palet	die Eishockeyscheibe, n
le curling	das Curling
la pierre (de curling)	der Curlingstein, e
le curling sur glace	das Eis(stock)schießen
le palet	der Eisstock, ¨e
• **l'alpinisme** *m*	das Bergsteigen
l'alpiniste *m*	der Bergsteiger, -
l'escalade *f*, **la varappe**	das (Fels)klettern
l'escalade *f* **libre**	das Freiklettern
le guide de montagne	der Bergführer, -
l'ascension *f*	die Besteigung, en
escalader, faire l'ascension de	besteigen, ie, ie
grimper	klettern*
la paroi (rocheuse)	die (Fels)wand, ¨e
la paroi de glace, le mur de glace	die Eiswand
les crampons *m*	die Steigeisen *npl*
la corde	das (Berg)seil, e
l'assurance *f*	das Absichern
le coinceur	der Klemmkeil, e
la corde d'escalade d'assurance	das Sicherungsseil, e
la cordée	die Seilschaft, en
s'encorder	sich an~seilen
le premier de cordée	der Seilerste *(adj)*
la descente en rappel	das Abseilen
le marteau	der Hammer, ¨
le piolet	der Eispickel, -
la broche à glace	die Eisschraube, n
le piton (de rocher)	der (Fels)haken, -
le piton de rappel	der Abseilhaken
le mousqueton	der Karabinerhaken
l'étrier *m*	das Steigeisen, -
le baudrier	der Dülfersitz, e
dévisser	ab~stürzen*
le refuge	die Berghütte, n
la canne alpine	der Bergstock, ¨e
le trekking	das Trekking
○ **la spéléologie**	die Höhlenforschung
le spéléologue	der Höhlenforscher, -

sports équestres

• **l'équitation** *f*	das Reiten, der Reitsport
faire du cheval/de l'équitation	reiten*, i, i
monter un cheval	ein Pferd reiten*
se mettre en selle	aufs Pferd steigen*, i, i
descendre de cheval	ab~sitzen*, a, e, *itr*
En selle ! Pied à terre !	Aufgesessen ! Abgesessen !
le cheval de selle	das Reitpferd, e
le cheval de course	das Rennpferd
le cavalier	der Reiter, -
les bottes *f* **d'équitation**	die Reitstiefel *mpl*
l'éperon *m*, **les éperons**	der Sporn, die Sporen *pl*
la cravache	die Reitgerte, n
la culotte de cheval	die Reithose, n
la bombe	die Reitkappe, n

la selle	der Sattel, ¨
seller un cheval	ein Pferd satteln
la sangle	der Gurt, e
l'étrier *m*	der Steigbügel, -
le mors	die Kandare, n
la bride, la rêne	der Zügel, -, der Zaum, ¨e
brider	auf~zäumen
tenir son cheval en bride	am Zügel halten, ie, a, ä
mener par la bride	am Zügel führen
tourner bride/faire demi-tour	kehrt machen
s'emballer, prendre le mors aux dents	durch~gehen*, i, a
à bride abattue/à toute bride	mit verhängten Zügeln
désarçonner son cavalier	den Reiter ab~werfen, a, o, i
tomber de cheval	vom Pferd stürzen*
○ **le pansage**	die Pferdepflege
l'écurie *f*	der (Pferde)stall, ¨e
le paddock	der Sattelplatz, ¨e
le lad, le palefrenier	der Pferdepfleger, -, der Stallbursche, n, n
la brosse de pansage	die Kardätsche, n
l'étrille *f* **; étriller/panser**	der Striegel, - ; striegeln
bouchonner un cheval	ein Pferd ab~reiben, ie, ie
l'école *f* **d'équitation**	die Reitschule, n
le manège	die Reitbahn, en/die Reithalle, n
le dressage	die Dressur, en
dresser un cheval	ein Pferd zu~reiten, i, i
○ **l'allure** *f*	die Gangart, en
le pas ; marcher au pas	der Schritt ; im Schritt reiten*, i, i
le pas allongé, raccourci, rassemblé	der starke, verkürzte, versammelte Schritt
le trot ; aller au trot	der Trab ; traben ; im Trab reiten*, i, i
le galop ; aller au galop	der Galopp ; Galopp reiten*, i, i
courir au grand galop	im gestreckten Galopp laufen*, ie, au, äu
○ **le concours hippique**	das Reitturnier, e
la haute école	das Dressurreiten
le cheval de saut	das Springpferd, e
le concours de saut	das Springreiten
le jumping, le saut d'obstacles	das Springen
l'obstacle *m*	das Hindernis, se
la haie	die Hecke, n/die Hürde, n
le mur	die Mauer, n
le fossé	der Graben, ¨
aborder un obstacle	ein Hindernis an~reiten, i, i
commettre une erreur de parcours	sich verreiten, i, i
l'épreuve *f* **de fond**	der Geländeritt, e
le concours complet	die Military, s
○ **la course de chevaux**	das Pferderennen, -
le champ de courses/ l'hippodrome *m*	die (Pferde)rennbahn, en
le (cheval de) pur sang	das Vollblut(pferd), e
la course de plat	das Flachrennen
le steeple-chase, la course d'obstacles	die Steeplechase, n
le handicap	das Handicap
la course de galop	das Galopprennen
la course de trot	das Trabrennen
le trotteur	der Traber, -
le jockey	der Jockey/Jockei, s
○ **le polo**	das Polo
le maillet	der Hammer, ¨
la balle	der Holzball, ¨e

die Zügel an~ziehen, o, o
serrer la bride

die Zügel kurz halten, ie, a, ä
tenir la bride haute/serrée

die Zügel lockern
lâcher la bride

jdn aus der Fassung bringen
désarçonner qn/décontenancer qn

in allen Sätteln gerecht sein
être polyvalent

fest im Sattel sitzen *(eine gesicherte Stellung haben)*
être bien en selle (avoir une situation stable)

jdm wieder in den Sattel helfen, a, o, i
remettre qn en selle

sich aufs hohe Pferd setzen
monter sur ses grands chevaux

sport automobile, cyclisme

• **le sport automobile**	der Automobilsport
la course automobile	das Autorennen, -
la voiture de course	der Rennwagen, -
le coureur	der Rennfahrer, -
le circuit	die Rennbahn, en/der Ring, e
le parcours	die Rennstrecke, n
le rallye	das Rallye, s, die Sternfahrt, en
la course de vitesse	das Geschwindigkeitsrennen, -
la formule 1	die Formel 1
l'épreuve *f* **d'endurance**	die Dauerfahrt, en
la grille de départ	die Startfolge
à la corde	in der ersten Reihe
○ **le motocyclisme**	der Motorsport
le moto-cross	das Moto-Cross/Motocross, e
la trial	das Trial, s
le karting ; le kart	das Go-Karting ; der Go-Kart, s
• **le cyclisme**	der Radsport
le coureur	der Fahrer, -
le maillot	das Trikot, s
le cuissard	die Rennhose, n
pédaler	in die Pedale treten, a, e, i
pédaler en danseuse	im Wiegentritt fahren*, u, a, ä
○ **la bicyclette de course**	das Rennrad, ¨er
la roue	das Rad, ¨er
la jante	die Felge, n
le boyau	der Rennreifen, -
le frein	die Bremse, n
le guidon	der Lenker, -
le cadre	der Rahmen, -
la selle	der Sattel, ¨
la pédale	die Pedale, n
la manivelle	die Trittkurbel, n
le dérailleur	die Gangschaltung, en
changer de vitesse	schalten
○ **la course cycliste**	das Radrennen, -
la course sur piste	das Bahnrennen
le vélodrome	die Radrennbahn
la piste	die Bahn, en
l'épreuve *f* **de vitesse**	das Fliegerrennen

le kilomètre départ arrêté	das Zeitfahren
le départ lancé, arrêté	der fliegende, stehende Start
le sur-place	der Stehversuch, e
la (course de) poursuite	das Verfolgungsrennen, -
le demi-fond	das Steherrennen
les six jours	das Sechstagerennen
le cyclo-cross	das Geländerennen
○ **le cyclisme sur route**	das Straßenrennen
la course individuelle	das Einzelfahren
la course par équipes	das Mannschaftsfahren
la course par étapes	das Etappenrennen
l'avance *f*	der Vorsprung, ¨e
le sprint	der Sprint, s
le peloton	das Feld
un peloton groupé	ein geschlossenes Feld
l'arrivée *f* **en peloton**	die Massenankunft
s'échapper	aus~reißen* i, i
l'échappée *f*	der geglückte Ausreißversuch, e
prendre la tête	die Führung übernehmen, a, o, i
le maillot jaune	das gelbe Trikot *(F)*
la lanterne rouge	das Schlusslicht

sports aériens

• **les sports aériens**	der Flugsport
• **l'avion** *m*	das Flugzeug, e
l'instructeur *m*	der Fluglehrer, -
l'élève-pilote	der Flugschüler, -
le brevet de pilote	der Flugzeugführerschein, e
le meeting	der Flugtag, e
l'acrobatie aérienne	das Kunstfliegen
le looping	der Looping, s
le tonneau	die Rolle, n
le vol sur le dos	der Rückenflug, ¨e
le vol plané	der Gleitflug
le piqué	der Sturzflug
○ **le vol à voile**	der Segelflug
le planeur	das Segelflugzeug, e
les courants ascendants	die aufsteigenden Luftströmungen *fpl*
l'avion remorqueur	das Schleppflugzeug
le câble de remorquage	das Schleppseil, e
○ **le vol libre**	das Drachen- und Gleitschirmfliegen
le deltaplane *(sport)*	das Drachenfliegen
le deltaplane *(engin)*	der (Flug)drachen, -
le parapente *(sport)*	das Gleitschirmfliegen
le parapente *(engin)*	der Gleitschirm, e,
l'U.L.M *m (ultra léger motorisé)*	das Ultraleichtflugzeug, e
○ **le parachutisme**	das Fallschirmspringen
le parachutiste	der Fallschirmspringer, -
le parachute	der Fallschirm, e
la voltige	das Figurenspringen
le vol relatif	das Formationsspringen
la précision d'atterrissage	das Zielspringen
la chute libre	der freie Fall
le parachutisme ascensionnel	das aufsteigende Fallschirmspringen
le saut à l'élastique	das Bungeejumping

Es wird eine heitere Sache sein !
Il va y avoir du sport !/ça va chauffer.

Es geht hart auf hart !
C'est du sport ! (difficile, dangereux)

fair sein
avoir l'esprit sportif, être beau joueur

nicht fair sein
ne pas jouer franc-jeu

hart im Nehmen sein
savoir encaisser (boxe)

den Sieg erkämpfen/erringen, a, u
l'emporter de haute lutte

Das ist eine tolle Leistung ! *(fam)*
(C'est) champion ! (fam)

XI. Droit et Justice

1. LE DROIT

le droit - la législation

• **le droit, la science juridique**	die Rechtswissenschaft
le juriste ; la juriste	der Jurist, en, en ; die Juristin, nen
l'homme *m* **de loi**	der Rechtskundige *(adj)*, der Jurist
versé dans le droit	rechtskundig
la formation des juristes	die Juristenausbildung
embrasser la carrière juridique	die juristische Laufbahn ein~schlagen, u, a, ä
les études de droit	das Rechtsstudium
étudier le droit, faire son droit *(fam)*	Jura studieren
la faculté de droit	die juristische Fakultät
l'UFR *f* **de droit**	der Fachbereich Rechtswissenschaft
le premier examen d'État *(D)*	die Referendarprüfung
le stagiaire	der Referendar, e
la période de stage	der Vorbereitungsdienst
le deuxième examen d'État *(D)*	die Assessorprüfung
l'École Nationale de la Magistrature (ENM)	die staatliche Richter(hoch)schule *(F)*
le ministre de la justice, le Garde des Sceaux	der Justizminister, -
le ministère de la justice	das Justizministerium, ien
l'administration *f* **judiciaire**	die Justizbehörde
• **la législation**	die Gesetzgebung
le législateur	der Gesetzgeber, -
législatif	gesetzgebend
légiférer	Gesetze beschließen, o, o
le droit de légiférer	das Recht der Gesetzgebung
la législation exclusive *(D)*	die ausschließliche Gesetzgebung
la législation concurrente *(D)*	die konkurrierende Gesetzgebung
la disposition-cadre	die Rahmenvorschrift, en
l'état *m* **d'urgence législative**	der Gesetzgebungsnotstand
○ **le droit** *(règles)*	das Recht
l'ordre *m* **juridique**	die Rechtsordnung, en
le fondement juridique	die Rechtsgrundlage, n
la coutume, les mœurs *f*	die Sitte, n
la coutume, l'usage *m*	der Brauch, ¨e
les us et coutumes	die Sitten und Gebräuche *pl*
le droit coutumier	das Gewohnheitsrecht
le droit écrit	das geschriebene Recht
codifier	kodifizieren
• **la loi**	das Gesetz, e
conforme à la loi	gesetzmäßig
légal ; légalement	gesetzlich, legal
illégal ; illégalement	gesetzwidrig, illegal
la légalité	die Gesetzlichkeit
l'illégalité *f*	die Gesetzwidrigkeit
l'initiative *f* **des lois**	die Gesetzesinitiative, n
le projet de loi	der Gesetzentwurf, ¨e
la proposition de loi	die Gesetzesvorlage, n
la lecture	die Lesung, en
en première lecture	in erster Lesung
le vote, l'adoption *f* **d'une loi**	die Verabschiedung
voter une loi	ein Gesetz verabschieden
promulguer une loi	ein Gesetz verkündigen
mettre une loi en vigueur	ein Gesetz in Kraft setzen
l'entrée *f* **en vigueur**	das In-Kraft-Treten
en vertu de la loi	kraft des Gesetzes
une loi en vigueur	ein geltendes Gesetz
l'abrogation *f* **; abroger**	die Aufhebung ; auf~heben, o, o
l'amendement *m*	die Abänderung, die Novelle, n
amender une loi	ein Gesetz ab~ändern
déposer un amendement	einen Abänderungsantrag ein~bringen, a, a
le décret	der Erlass, e
le décret-loi	die Notverordnung, en
la loi-cadre	das Rahmengesetz
l'arrêté *m*	die Anordnung, en
le décret d'application	die Durchführungsverordnung, en
le règlement, le décret	die Verordnung
prendre effet	wirksam werden
la présente loi s'applique à	dieses Gesetz gilt für+A
○ **l'article** *m* **de loi**	der Paragraph, en, en
l'alinéa *m*/**al.**	der Absatz/Abs.
prévu à l'article 105	im § 105 (Paragraphen 105) vorgesehen
conformément à l'article 8	gemäß/nach § (Paragraph) 8
conformément aux articles 946 à 948	nach den §§ (den Paragraphen) 946 bis 948
par application de l'article 145	in Anwendung § (des Paragraphen) 145
la disposition de l'article 325	die Vorschrift des § (Paragraphen) 325
le juridisme	die Paragraphentreue
• **le code** *(le recueil de lois)*	das Gesetzbuch, ¨er
le code civil	das Bürgerliche Gesetzbuch (BGB)
le code civil suisse	das Zivilgesetzbuch
le code de commerce	das Handelsgesetzbuch (HGB)
le code de justice militaire	das Militärstrafgesetzbuch
le code pénal	das Strafgesetzbuch (StGB)
le code de procédure civile	die Zivilprozessordnung (ZPO)
le code de procédure pénale	die Strafprozessordnung (StPO)
le code de la route	die Straßenverkehrsordnung (StVO)
○ **les parties** *f* **du droit**	die Rechtsgebiete *npl*
• **le droit public**	das öffentliche Recht
le droit administratif	das Verwaltungsrecht
le droit canon	das Kirchenrecht
le droit constitutionnel	das Staats- und Verfassungsrecht
le droit international public	das Völkerrecht
le droit pénal	das Strafrecht
le droit processuel, la procédure	das Prozessrecht
le droit social	das Sozialrecht
la juridiction gracieuse	die freiwillige Gerichtsbarkeit
l'organisation *f* **judiciaire**	die Gerichtsverfassung
• **le droit privé, le droit civil**	das Privatrecht, das Zivilrecht
le civiliste	der Zivilrechtler, -
le droit bancaire	das Bankrecht
le droit commercial	das Handelsrecht
le droit économique	das Wirtschaftsrecht
le droit de (la) propriété intellectuelle	das Urheberrecht
le droit des sociétés	das Gesellschaftsrecht
la législation sur les effets de commerce et valeurs mobilières	das Wertpapierrecht
le droit du travail *(privé+public)*	das Arbeitsrecht

le code civil allemand (BGB)

(L'indication précise des articles du BGB dans la partie allemande permet de reconstituer la structure interne de ce code)

• **la personne**	die Person, en
la personne physique	die natürliche Person
• **la capacité juridique**	die Rechtsfähigkeit *(§ 1 BGB)*
la capacité d'accomplir des actes juridiques	die Geschäftsfähigkeit *(§ 104)*
la capacité d'exercer des droits	die Handlungsfähigkeit
être capable d'agir	handlungsfähig sein
la majorité	die Volljährigkeit *(§ 2)*
le mineur	der Minderjährige *(adj)*
l'interdiction civile	die Entmündigung *(§ 114)*
frapper qn d'interdiction	jdn entmündigen
la tutelle	die Vormundschaft *(§ 1773)*
le tuteur	der Vormund
la curatelle	die Pflegschaft
○ **la personne morale**	die juristische Person *(§ 21)*
la personne morale de droit public	die juristische Person des öffentlichen Rechts
l'association *f*	der Verein, e *(§ 21)*
la fondation	die Stiftung *(§ 80)*
○ **la chose**	die Sache, n *(§ 50)*
l'objet corporel	der körperliche Gegenstand, ¨e
la chose fongible	die vertretbare Sache
la chose consomptible	die verbrauchbare Sache
les parties constitutives	die Bestandteile *mpl*
la chose mobilière	die bewegliche Sache
être accessoire	Zubehör sein
les fruits *m* **d'une chose**	die Früchte *fpl* einer Sache
• **l'acte** *m* **juridique**	das Rechtsgeschäft, e, die Rechtshandlung, en
accomplir un acte juridique	ein Rechtsgeschäft vor~nehmen, a, o, i
• **le contrat**	der Vertrag, ¨e
le contrat unilatéral	der einseitig verpflichtende Vertrag
le contrat synallagmatique/bilatéral	der gegenseitig verpflichtende Vertrag
la déclaration de volonté	die Willenserklärung *(§ 116)*
l'acte apparent	das Scheingeschäft, e
la réserve	der Vorbehalt, e
la déclaration faite sans intention sérieuse	die Scherzerklärung, en *(§ 118)*
se méprendre	im Irrtum sein
la transmission inexacte	die unrichtige Übermittlung *(§ 120)*
la contestation	die Anfechtung, en *(§ 121)*
la cause de nullité	die Anfechtbarkeit
contester la validité d'un acte juridique	ein Rechtsgeschäft an~fechten, o, o, i
l'acte juridique nul	das nichtige Rechtsgeschäft
la manœuvre dolosive, le dol	die arglistige Täuschung
la menace	die Drohung, en
conclure un contrat	einen Vertrag schließen, o, o
proposer à qn de conclure un contrat	jdm die Schließung eines Vertrags an~tragen, u, a, ä
être lié par son offre	an den Antrag gebunden sein *(§ 145)*
sans engagement de notre part	freibleibend
sans obligation à notre charge	ohne Obligo
l'acceptation *f*	die Annahme
le délai de l'acceptation	die Annahmefrist
l'accord *m* **des parties**	der Konsens
les offres croisées	die Kreuzanträge *mpl*
le désaccord manifeste	der offene Dissens
le désaccord caché	der versteckte Dissens
la condition suspensive	die aufschiebende Bedingung *(§ 158)*
la condition résolutoire	die auflösende Bedingung
la représentation	die Vertretung *(§ 164)*
le pouvoir de représentation	die Vollmacht
le consentement	die Zustimmung *(§ 182)*
l'autorisation *f*	die Einwilligung *(§ 183)*
la ratification, l'approbation *f*	die Genehmigung *(§ 184)*
le délai	die Frist, en *(§ 186)*
l'échéance *f*	der Termin, e
la prescription	die Verjährung *(§ 194)*
l'exercice *m* **d'un droit**	die Ausübung eines Rechtes *(§ 226)*
la légitime défense	die Notwehr *(§ 227)*
la défense personnelle	die Selbstverteidigung
la justice personnelle	die Selbsthilfe *(§ 229)*
le droit des obligations	das Recht der Schuldverhältnisse
le rapport d'obligation, l'obligation *f*	das Schuldverhältnis *(§ 241)*
l'obligation de fournir la prestation	die Verpflichtung zur Leistung
être constitué en demeure	in Verzug kommen*, a, o
la demeure/le retard du créancier	der Annahmeverzug *(§ 293)*
l'impossibilité *f* **de fournir la prestation**	die unmögliche Leistung
la demeure/le retard du débiteur	der Schuldnerverzug *(§ 326)*
les arrhes *f*	die Draufgabe *(§ 336)*
la résiliation	der Rücktritt *(§ 346)*
la pénalité	die Vertragsstrafe *(§ 329)*
l'extinction *f* **des obligations**	das Erlöschen des Schuldverhältnisses *(§ 362)*
l'exécution *f* **du contrat**	die Erfüllung des Vertrags
l'exécution de la prestation	die Leistungserbringung
la date de la prestation	die Leistungszeit
l'échéance *f*	die Fälligkeit
arrivé à échéance	fällig sein
la consignation	die Hinterlegung *(§ 372)*
la chose consignée	die hinterlegte Sache
la compensation	die Aufrechnung *(§ 387)*
la remise de dette	der Schulderlass *(§ 397)*
la cession de créance	die Übertragung der Forderung *(§ 398)*
céder une créance	eine Forderung ab~treten, a, e, i
la reprise de dette	die Schuldübernahme *(§ 414)*
la pluralité de débiteurs et de créanciers	die Mehrheit von Schuldnern und Gläubigern *(§ 420)*
les codébiteurs *m* **solidaires**	die Gesamtschuldner *mpl*
les créanciers *m* **solidaires**	die Gesamtgläubiger *mpl*
la dette solidaire	die Gesamtschuld
• **la vente**	der Kauf, ¨e *(§ 433)*
le contrat de vente	der Kaufvertrag, ¨e
le vendeur	der Verkäufer, - *(§ 434)*
l'acheteur *m*	der Käufer, -
la garantie	die Gewährleistung, en *(§ 459)*
le vice de la chose vendue	der Mangel der verkauften Sache
la prestation non conforme au contrat	die nicht sachgemäße Leistung
le droit à une exécution conforme du contrat	der Erfüllungsanspruch
la dette portable	die Bringschuld
la dette d'expédition	die Schickschuld
la dette quérable	die Holschuld

la charge des risques	die Gefahrtragung
le transfert du risque	der Gefahrübergang *(§ 446)*
le lieu d'exécution de la prestation	der Erfüllungsort
la réserve de propriété	der Eigentumsvorbehalt *(§ 455)*
la résolution/résiliation du contrat	die Wandelung *(§ 462)*
la réduction/diminution du prix de vente	die Herabsetzung/Minderung des Verkaufspreises
le droit à l'indemnité	der Schaden(s)ersatzanspruch *(§ 463)*
les dommages-intérêts *m*, **l'indemnisation** *f*	der Schadenersatz
l'achat *m* **d'une chose de genre**	der Gattungskauf *(§ 480)*
la chose fongible	die Gattungssache
la chose non fongible	die Speziessache
la vente sur échantillon	der Kauf nach Probe *(§ 494)*
la vente à l'essai	der Kauf auf Probe *(§ 495)*
le réméré	der Wiederkauf *(§ 497)*
la préemption	der Vorkauf *(§ 504)*
le droit de préemption	das Vorkaufsrecht
l'échange *m*	der Tausch *(§ 515)*
la donation	die Schenkung, en *(§ 516)*
le donateur	der Schenker, -
le contrat de location/louage	der Mietvertrag, ¨e *(§ 535)*
le bailleur	der Vermieter, - *(§ 547)*
le preneur à bail, le locataire	der Mieter, -
le contrat de bail à ferme	der Pachtvertrag *(§ 581)*
le preneur à ferme	der Pächter, -
le bail rural	die Landpacht
le prêt à usage	die Leihe *(§ 598)*
le prêteur	der Verleiher, -
l'emprunteur *m*	der Entleiher, -
le prêt à consommation	das Darlehen *(§ 607)*
le contrat de louage de service	der Dienstvertrag *(§ 611)*
le prestateur de services	der zur Dienstleistung Verpflichtete *(adj)*
la rémunération	die Vergütung
le contrat d'ouvrage	der Werkvertrag *(§ 631)*
le contrat de voyage	der Reisevertrag *(§ 651a)*
l'organisateur *m* **de voyages**	der Reiseveranstalter, -
l'agence *f* **de voyages**	das Reisebüro, s
le contrat de courtage	der Mäklervertrag *(§ 652)*
la commission de courtage	der Maklerlohn
le contrat de dépôt	der Verwahrungsvertrag *(§ 688)*
le contrat de société	der Gesellschaftsvertrag *(§ 705)*
le contrat de cautionnement	der Bürgschaftsvertrag *(§ 765)*
le cautionnement	die Bürgschaft
• **la caution**	der Bürge, n, n
cautionner	Bürgschaft leisten
se porter caution	als Bürge auf~treten*, a, e, i
se porter caution solidaire	selbstschuldnerisch bürgen
le débiteur principal	der Hauptschuldner, -
le créancier	der Gläubiger, -
la transaction, le compromis	der Vergleich *(§ 779)*
la promesse de dette	das Schuldversprechen *(§ 780)*
la reconnaissance de dette	das Schuldanerkenntnis
l'obligation (souscrite) au porteur	die Schuldverschreibung *(§ 793)*
• **le droit des biens**	das Sachenrecht *(§ 854)*
la possession ; le possesseur	der Besitz ; der Besitzer, -
la propriété	das Eigentum *(§ 903)*
le propriétaire	der Eigentümer, -
l'acte *m* **de disposition**	die Verfügungshandlung
le transfert	die Übertragung *(§ 929)*
le transfert par tradition	die Übereignung durch Übergabe
la prescription acquisitive	die Ersitzung *(§ 937)*
l'appropriation *f*	die Aneignung *(§ 958)*
l'invention *f*	der Fund *(§ 965)*
l'inventeur *m* **; trouver**	der Finder, - ; finden, a, u
la copropriété	das Miteigentum *(§ 1008)*
l'usufruit *m*	der Nießbrauch *(§1030)*
l'usufruitier *m*	der Nießbraucher, -
le droit de gage	das Pfandrecht *(§ 1204)*
le droit de la famille *(voir la famille p. 74)*	das Familienrecht *(§ 1297)*
le droit successoral	das Erbrecht *(§ 1922)*
○ **la loi d'introduction au code civil allemand**	das Einführungsgesetz zum BGB *(18.8.1896)*
la loi sur la vente à tempérament	das Abzahlungsgesetz *(16.5.1894)*
la loi sur le mariage	das Ehegesetz *(20.2.1946)*
la loi sur l'égalité de l'homme et de la femme	das Gleichberechtigungsgesetz *(16.6.1957)*
la loi sur la condition juridique des enfants illégitimes	das Gesetz über die rechtliche Stellung der nichtehelichen Kinder *(19.8.1969)*
première loi de réforme du droit de mariage et de la famille	Erstes Gesetz zur Reform des Ehe- und Familienrechts *(14.6.1976)*
la loi portant réglementation du droit relatif aux conditions générales d'affaires	das Gesetz zur Regelung des Rechts der Allgemeinen Geschäftsbedingungen *(9.12.1976)*

2. LA JUSTICE

la justice

• **la justice**	die Rechtspflege ; die Justiz
l'équité *f*, **la justice**	die Gerechtigkeit
le pouvoir judiciaire	die richterliche Gewalt
rendre la justice	Recht sprechen, a, o, i
la doctrine	die (Rechts)lehre, n
l'interprétation *f*	die Auslegung, en
la jurisprudence	die Rechtsprechung, die Jurisprudenz
faire jurisprudence	einen Präzedenzfall dar~stellen
avoir raison	Recht haben
avoir tort	Unrecht haben
à tort, faussement	zu Unrecht
○ **l'égalité** *f* **devant la loi**	die Rechtsgleichheit
l'inégalité *f*	die Ungleichheit
l'égalité des droits	die Gleichberechtigung
avoir les mêmes droits	gleichberechtigt sein
l'ayant droit *m*	der (Anspruchs)berechtigte *(adj)*
avoir le droit de	das Recht haben zu, berechtigt sein zu
avoir droit à	Anspruch haben auf+A
alléguer, invoquer un droit	sich auf ein Recht berufen, ie, u
faire valoir un droit	ein Recht geltend machen
jouir d'un droit	ein Recht genießen, o, o
violer un droit	ein Recht verletzen
abuser de ses droits	seine Rechte missbrauchen
l'extinction *f* **d'un droit**	das Erlöschen eines Rechtes

○ **l'injustice** *f*	die Ungerechtigkeit
injuste ; juste, équitable	ungerecht ; gerecht, billig
le talion	die Vergeltung, die Talion, en
la loi du talion	die Talionslehre
la vengeance ; se venger	die Rache ; sich rächen
la vendetta	die Blutrache
se faire justice	Selbstjustiz üben
le règlement de comptes	die Abrechnung, en
régler ses comptes avec qn	mit jdm ab~rechnen
le lynchage ; lyncher	die Lynchjustiz ; lynchen
l'arbitraire *m*	die Willkür
l'interprétation partiale du droit	die Rechtsbeugung
la raison d'État	die Staatsräson
l'ordalie *f*, **le jugement de Dieu**	das Gottesurteil, e
le droit du plus fort	das Recht des Stärkeren
le fait du prince	die Verfügung von hoher Hand
l'erreur *f* **judiciaire**	der Justizirrtum, ¨er
la malhonnêteté	die Unehrlichkeit
le passe-droit	die ungerechtfertigte Bevorzugung
graisser la patte à qn *(fam)*	jdm die Hände schmieren *(fam)*
la partialité	die Parteilichkeit
être partial, impartial	parteiisch, unparteiisch sein
le parti pris	die Voreingenommenheit
le préjugé	das Vorurteil, e
le népotisme	die Vetternwirtschaft
le favoritisme	die Günstlingwirtschaft
favoriser, avantager	begünstigen, bevorzugen
le privilège	das Vorrecht, e, das Privileg, e
privilégier	privilegieren
l'abus *m* **de pouvoir**	der Amtsmissbrauch
abusif	missbräuchlich
étouffer une affaire	eine Sache tot~schweigen, ie, ie
avoir deux poids et deux mesures	mit zweierlei Maß messen, a, e, i

la juridiction

la juridiction	die Gerichtsbarkeit
les tribunaux de droit commun	die ordentlichen Gerichte *npl*
les tribunaux de juridiction spécialisée	die außerordentlichen Gerichte
• **le tribunal**	das Gericht, e
le Palais de Justice	das Gerichtsgebäude
le siège du tribunal	der Gerichtssitz
la compétence	die Zuständigkeit
la juridiction compétente	der Gerichtsstand
le greffe	die Gerichtskanzlei
le greffier	der Gerichtsschreiber, -
• **la magistrature**	die Richter- und Staatsanwaltschaft
le magistrat *(ordre judiciaire)*	der Gerichtsbeamte *(adj)*
la magistrature assise/du siège	die Richterschaft
la magistrature debout/du parquet, le ministère public	die Staatsanwaltschaft
le procureur général	der Generalstaatsanwalt, ¨e
l'avocat général	der Stellvertreter des Generalstaatsanwalts
le procureur	der Staatsanwalt
le substitut	der Vertreter des Staatsanwalts
• **le juge** *(homme ou femme)*	der Richter, -, die Richterin, nen
le juge unique	der Einzelrichter
le président du tribunal	der Gerichtspräsident, en, en
le juge assesseur/l'assesseur *m*	der Beisitzer, -
l'indépendance *f* **des juges**	die richterliche Unabhängigkeit
le pouvoir d'appréciation du juge	das freie richterliche Ermessen
récuser un juge	einen Richter ab~lehnen
pour cause de suspicion légitime	wegen Befangenheit
la toge ; la toque	der Talar, e ; das Barett, e
• **la justice civile**	die Zivilgerichte *npl*
la procédure civile	das Prozessrecht
le tribunal de première instance	das erstinstanzliche Gericht
le tribunal cantonal *(D)*, **le tribunal d'instance** *(F)*	das Amtsgericht, e *(Abteilung Zivilsachen)*
le tribunal de Land *(D)*, **le tribunal de grande instance** *(F)*	das Landgericht
la cour d'appel	das Appellationsgericht *(F)*
le tribunal régional supérieur *(chambre civile) (D)*	das Oberlandesgericht *(Zivilsenat m)*
la Cour de cassation *(chambres civiles)*	der Kassationsgerichtshof *(F)*
la Cour fédérale de justice *(chambres civiles) (D)*	der Bundesgerichtshof *(Zivilsenat m)*
le tribunal de commerce	das Handelsgericht, e *(F)*
la chambre pénale économique *(D)*	die Wirtschaftsstrafkammer *(Landgericht)*
le tribunal du travail *(D)*	das Arbeitsgericht, e
le conseil de prud'hommes	das berufsständige Arbeitsgericht *(F)*
la juridiction gracieuse	die freiwillige Gerichtsbarkeit
• **la juridiction administrative**	die Verwaltungsgerichtsbarkeit
la procédure administrative	das Verwaltungsverfahren
la voie judiciaire administrative	der Verwaltungsrechtsweg
le tribunal administratif	das Verwaltungsgericht, e
la Cour d'appel administrative	das Oberverwaltungsgericht (OVG)
la Cour suprême administrative fédérale *(D)*	das Bundesverwaltungsgericht
le Conseil d'État	der Staatsrat *(F)*
le contentieux administratif	das streitige Verwaltungsverfahren
la responsabilité administrative	die Haftung der öffentlichen Hand
s'élever contre une décision administrative	sich gegen einen Bescheid der Behörde wenden, a, a
l'action *f* **en annulation**	die Anfechtungsklage, n

le procès

le code de procédure	die Prozessordnung
• **l'action** *f* **en justice**	die Klage, n, die Beschwerde, n
l'action en exécution	die Leistungsklage
l'action en constitution de droit	die Gestaltungsklage
l'action déclaratoire	die Feststellungsklage
la recevabilité	die Zulässigkeit
l'appréciation *f* **de la recevabilité**	die Zulässigkeitsprüfung
la capacité d'ester en justice	die Parteifähigkeit
faire un procès à qn	jdn verklagen
plaider (contre)	prozessieren, eine Klage erheben, o, o (gegen jdn)
être en procès (avec qn)	einen Prozess führen (gegen jdn)
intenter une action (contre)	gerichtlich vor~gehen*, i, a (gegen+A)
avoir recours à la justice	den Rechtsweg beschreiten, i, i

poursuivre qn au civil	jdn zivilrechtlich verfolgen
poursuivre qn au pénal	jdn strafrechtlich verfolgen
• **le procès (au) civil**	der Zivilprozess, e
la procédure contradictoire	das streitige Verfahren
les parties *f*	die Parteien *fpl*
le demandeur, la demanderesse	der Kläger, -, die Klägerin, nen
le défendeur	der Beklagte *(adj)*
la partie plaidante	die streitende Partei
la partie plaignante	die klagende Partei
un procès en instance	ein anhängiger Prozess
gagner un procès	einen Prozess gewinnen, a, o
perdre un procès	in einem Prozess unterliegen*, a, e
la tentative de conciliation	der Güteversuch
le compromis judiciaire	der gerichtliche Vergleich
le règlement amiable	die gütliche Beilegung
retirer la plainte	die Klage zurück~nehmen, a, o, i
○ **l'audience** *f*, **les débats** *m*	die Gerichtsitzung, en, die (Gerichts)verhandlung
l'assignation *f* **à comparaître**	die gerichtliche Ladung, die Ladung vor Gericht
être cité à comparaître	vorgeladen werden
la comparution	das Erscheinen
le jour d'audience	der Gerichtstag, e
le jour fixé pour l'audience	der Verhandlungstermin
l'ajournement *m*	die Vertagung
l'audience *f* **de jugement**	der Haupttermin
l'audience au/sur le fond	die Verhandlung in der/über die Hauptsache
appeler une cause	die Parteien auf~rufen, ie, u
le prétoire, la salle d'audience	der Gerichtssaal, säle
la barre du tribunal	die Gerichtsschranke
la barre des témoins	der Zeugenstand
l'audition *f* **des parties**	die Parteivernehmung
les débats *m* **contradictoires**	die kontradiktorische Verhandlung
le litige	der Rechtsstreit, die Streitsache
l'objet *m* **du litige**	das Streitobjekt
les faits *m*	der Tatbestand, die Fakten *npl*
l'administration *f* **des preuves**	die Beweisaufnahme
ordonner une instruction	eine Beweisaufnahme an~ordnen
clore l'instruction	die Beweisaufnahme ab~schließen, o, o
l'audience *f* **des preuves**	der Beweistermin
les pièces *f*, **le dossier**	die Prozessakten *fpl*
la communication des pièces	die Einsichtnahme in die Prozessakten

le jugement

• **le jugement** *(tribunal)*, **l'arrêt** *(Cour)*	das Urteil, e, der Rechtsspruch, ¨e
l'arrêt civil	das Zivilurteil, e
le verdict, l'arrêt pénal	das Strafurteil
rendre, prononcer un jugement	ein Urteil fällen, verkünden
l'intime conviction *f* **du juge**	die freie Überzeugung des Richters
la sentence	der Urteilsspruch, ¨e
le dispositif	die Urteilsformel
l'exposé *m* **des faits**	der Tatbestand
les attendus *m* **du jugement**	die Entscheidungsgründe *mpl*
être condamné (à)	verurteilt werden (zu)
la condamnation aux dépens	die Verurteilung zur Tragung der Kosten
les frais et les dépens	die Gerichts- und Parteikosten *pl*
les frais de procédure	die Prozesskosten
l'aide *f* **judiciaire**	die Prozesskostenhilfe
fournir une caution	Sicherheit leisten
la partie déboutée	die abgewiesene Partei
le jugement (rendu) par défaut	das Versäumnisurteil
juger en référé	vorläufig entscheiden, ie, ie
L'affaire est close.	der Rechtsstreit ist abgeschlossen.

la procédure pénale

le code de procédure pénale	die Strafprozessordnung
• **la procédure pénale**	das Strafverfahren
la juridiction pénale	die Strafgerichtsbarkeit
le tribunal de police *(F)*	das Amtsgericht, e *(Abteilung Strafsachen)*
le tribunal des échevins *(D)*	das Schöffengericht *(juge+ 2 assesseurs-jurés)*
l'assesseur-juré *m (D)*	der Schöffe, n, n
le tribunal correctionnel *(F)*	das Landgericht *(D) (Strafsachen)*
la cour d'assises *(F)*	das Schwurgericht *(Große Strafkammer - Landgericht) (D)*
le juré	der Geschworene *(adj)*
le jury	die Geschworenen *pl*
être envoyé aux assises	vor das Schwurgericht kommen*, a, o
la cour d'appel	das Appellationsgericht *(F)*
la chambre d'accusation	die Untersuchungskammer *(F)*
à huis clos	unter Ausschluss der Öffentlichkeit
le tribunal supérieur de Land *(chambre pénale) (D)*	das Oberlandesgericht *(Strafsenat m)*
la cour de cassation *(chambre criminelle)*	der Kassationsgerichtshof *(F)*
la cour suprême de cassation *(chambre pénale) (D)*	der Bundesgerichtshof *(Strafsenat m)*
le pourvoi en cassation	die Nichtigkeitsbeschwerde
• **le procès (au) pénal**	der Strafprozess
l'action publique	die Strafverfolgung *(Staatsanwaltschaft)*
d'office	von Amts wegen
l'action civile	die Privatklage, n, die Klage auf Schaden(s)ersatz
la saisine directe	das beschleunigte Verfahren
la procédure de comparution immédiate	das Schnellverfahren
la citation directe	das vereinfachte Ladungsverfahren
la procédure de référé	das Verfahren der einstweiligen Verfügung
le référé	der Antrag auf Erlass einer einstweiligen Verfügung
l'injonction *f*, **la sommation**	der Mahnbescheid
la procédure de conciliation	das Sühneverfahren
la tentative de conciliation	der Sühneversuch, e
le compromis de conciliation	der Sühnevergleich
○ **la requête en vue de poursuites pénales**	der Strafantrag, ¨e
la dénonciation d'un fait délictueux	die Strafanzeige, n
l'obligation *f* **de dénonciation**	die Anzeigepflicht
porter plainte, déposer une plainte	eine Strafanzeige erstatten
contre inconnu/contre X	gegen unbekannt
la lettre anonyme	der anonyme Brief
la plainte en diffamation	die Verleumdungsklage
faire une déclaration de vol	einen Diebstahl an~zeigen
porter plainte contre qn pour vol	jdn wegen Diebstahls an~zeigen

avoir des soupçons	Verdacht schöpfen
le suspect ; soupçonner	der Verdächtige *(adj)* ; verdächtigen
être mis en examen	beschuldigt werden
être impliqué (dans)	verwickelt sein (in+A)
• **l'instruction judiciaire**	das Ermittlungsverfahren
le ministère public, le parquet	die Anklagebehörde, die Staatsanwaltschaft
le juge d'instruction	der Ermittlungsrichter, -
la commission rogatoire	das Rechtshilfeersuchen
ouvrir une information contre qn	Ermittlungen gegen jdn ein~leiten
ouvrir une enquête	eine Untersuchung ein~leiten
enquêter dans une affaire	in einer Sache ermitteln
le mandat de comparution	der Vorladungsbefehl, e
le mandat d'amener	der Vorführungsbefehl
le mandat de dépôt	die Inhaftierungsanordnung, en
le mandat d'arrêt	der Haftbefehl
le risque de collusion/de destruction de preuves	die Verdunkelungsgefahr
décerner/lancer un mandat d'arrêt	einen Haftbefehl erlassen, ie, a, ä
la détention provisoire	die Untersuchungshaft
le motif de l'incarcération	der Haftgrund, ¨e
être présenté au juge d'instruction	dem Untersuchungsrichter vorgeführt werden
le suspect	der Verdächtigte *(adj)*
la présomption de faute	die Schuldvermutung
soupçonner qn de meurtre	jdn eines Mordes verdächtigen
l'auteur présumé du meurtre	der mutmaßliche Täter des Mordes
l'alibi *m*	das Alibi, s
fournir un alibi solide	ein sicheres Alibi erbringen, a, a
mettre qn hors de cause	jdn außer Verdacht stellen
○ **les preuves** *f*	das Beweismaterial
réunir des preuves	Beweismaterial sammeln
l'indice *m*	das Indiz, zien
la preuve par indices	der Indizienbeweis
un commencement de preuve par écrit	ein stützender Beweis
la pièce à conviction	das Beweisstück, e
la preuve matérielle	der materielle Beweis, e
la preuve de culpabilité	der Schuldbeweis, der belastende Beweis
la preuve à décharge	der Entlastungsbeweis
le transport de justice	die Inaugenscheinnahme, n
la saisie	die Beschlagnahme
apposer des scellés (sur)	Siegel *npl* an~bringen, a, a (auf+D)
briser les scellés	die Siegel (auf~)brechen, a, o, i
○ **la clôture de l'information**	der Abschluss des Ermittlungsverfahrens
le renvoi pour complément d'information	die Rückverweisung zur weiteren Ermittlung
à classer sans suite	die Strafverfolgung auf~heben, o, o
faute de preuves suffisantes	mangels eindeutiger Beweise
l'ordonnance *f* **de non-lieu**	der Einstellungsbeschluss
l'abandon *m* **des poursuites**	die Einstellung des Verfahrens
le renvoi devant le tribunal compétent	die Verweisung an das zuständige Gericht
l'ordonnance *f* **de renvoi**	der Verweisungsbeschluss
l'arrêt *m* **de mise en accusation**	der Eröffnungsbeschluss
la chambre d'accusation	die Anklagekammer, n
la procédure préparatoire	das Zwischenverfahren
la mise en cause	die Anschuldigung
mis en cause	angeschuldigt

• **les débats** *m* **judiciaires**	die Gerichtsverhandlung
le principe de l'oralité	das Mündlichkeitsprinzip
le principe de la publicité des débats	das Öffentlichkeitsprinzip
le principe de l'accélération	das Beschleunigungsprinzip
l'arrêt *m* **de mise en accusation**	der Eröffnungsbeschluss
l'audience principale	die Hauptverhandlung, en
• **l'accusation** *f*, **l'inculpation** *f*	die Anklage
l'acte *m* **d'accusation**	die Anklageschrift, en
la mise en accusation	die Anklageerhebung, en
accuser qn, inculper qn	gegen jdn Anklage erheben, o, o
l'accusé *m*, **l'inculpé** *m*	der Angeklagte *(adj)*
le banc des accusés	die Anklagebank
le chef d'accusation	der (Haupt)anklagepunkt, e
être en état d'accusation	unter Anklage stehen, a, a
l'interrogatoire *m* **d'identité**	die Vernehmung des Angeklagten zur Person
l'interrogatoire sur le fond	die Vernehmung des Angeklagten zur Sache
l'enquête publique *(audience principale)*	die Beweisaufnahme
○ **l'audition** *f* **des témoins**	die Zeugenvernehmung
• **le témoin**	der Zeuge, n, n
être cité en qualité de témoin	als Zeuge vorgeladen werden
témoigner (en justice)	(vor Gericht) aus~sagen
le témoin de moralité	der Leumundszeuge, n, n
la déposition (de témoin)	die Zeugenaussage, n
établir un procès-verbal	ein Protokoll auf~nehmen, a, o, i
entendre un témoin	einen Zeugen vernehmen, a, o, i
le témoin oculaire	der Augenzeuge, n, n
le témoin principal/capital	der Hauptzeuge, der Kronzeuge
le témoin à charge	der Belastungszeuge
le témoin à décharge	der Entlastungszeuge
la confrontation	die Gegenüberstellung
faire sa déposition	seine Aussage machen
déclarer sous la foi du serment	an Eides statt erklären
faire un faux témoignage	eine falsche Aussage machen
revenir sur sa déposition, se rétracter	eine Aussage widerrufen, ie, u
○ **l'expert** *m*	der Sachverständige *(adj)*
faire appel à un expert	einen Sachverständigen heran~ziehen, o, o
l'expertise *f*	das (Sachverständigen)gutachten, -
faire un rapport d'expertise	ein Gutachten erstatten
établir une contre-expertise	ein Gegengutachten erstellen
le faux	die Fälschung, en
le serment judiciaire	der Eid vor Gericht
○ **le réquisitoire**	die Anklagerede, n, das Plädoyer des Staatsanwalts
la plaidoirie, le plaidoyer	die Verteidigungsrede, das Plädoyer des Verteidigers
plaider coupable, non coupable	für schuldig, unschuldig plädieren
plaider les circonstances atténuantes	mildernde Umstände *mpl* geltend machen
demander l'acquittement	auf Freispruch *m* plädieren
se constituer partie civile	als Nebenkläger auf~treten*, a, e, i
le délibéré	die Gerichtsberatung, en, die Urteilsfindung
mettre une affaire en délibéré	eine Sache zur Beratung bringen, a, a
la salle des délibérés	das Beratungszimmer

le jugement pénal

• **le jugement (au) pénal**	das strafrechtliche Urteil
le jugement ; le verdict *(assises)*	das Urteil, e
l'arrêt *(cour)*	der Entscheid, e ; der Beschluss, ¨e ; das Urteil
rendre/prononcer un jugement	ein Urteil fällen
le jugement (au) pénal	das strafrechtliche Urteil
le verdict du jury	der Geschworenenspruch
le dispositif du jugement	der Tenor des Urteils
le libellé du jugement	der Urteilswortlaut
• **la condamnation**	die Verurteilung, en
déclarer qn coupable	jdn für schuldig erklären
le verdict de culpabilité	der Schuldspruch, ¨e
condamner qn (à)	jdn verurteilen (zu)
condamner par contumace/par défaut	in Abwesenheit verurteilen
la contumace	das Nichterscheinen vor Gericht
l'extradition *f* **; extrader**	die Auslieferung ; aus~liefern
l'extradé *m*	der Ausgelieferte *(adj)*
• **l'acquittement** *m* **; la relaxe**	der Freispruch, ¨e
déclarer qn non coupable	jdn für nicht schuldig erklären
acquitter, relaxer	frei~sprechen, a, o, i
au bénéfice du doute	mangels Beweis
clamer son innocence	seine Unschuld beteuern
la disculpation ; être disculpé	die Entlastung ; entlastet sein
la mise en liberté	die Freilassung
○ **le recours en indemnité**	die Schaden(s)ersatzklage, n
l'action *f* **en indemnité**	der Schaden(s)ersatzantrag, ¨e
le droit à indemnité	der Entschädigungsanspruch, ¨e
l'indemnisation *f* **; la réparation du préjudice**	die Entschädigung, en
indemniser	entschädigen
l'indemnité *f*	das Abfindungsgeld, der Entschädigungsbetrag
le préjudice, le dommage (subi)	der (erlittene) Schaden, ¨
le préjudice matériel	der Sachschaden
le préjudice moral	der ideelle Schaden
le pretium doloris	das Schmerzensgeld
○ **les voies de recours**	die Rechtsmittel *npl*
l'indication *f* **des possibilités de recours**	die Rechtsmittelbelehrung
l'opposition *f* **; faire opposition**	der Einspruch ; Einspruch erheben, o, o
le pourvoi	die Beschwerde
se pourvoir	Beschwerde ein~legen
l'appel *m*	die Berufung
se pourvoir en appel, faire appel	Berufung ein~legen
l'appelant *m* **; l'intimé** *m*	der Berufungskläger, - ; der Berufungsbeklagte *(adj)*
l'instance *f* **d'appel**	die Berufungsinstanz
la recevabilité	die Zulässigkeit
le tribunal d'appel	das Appellationsgericht
juger sans appel	in letzter Instanz entscheiden, ie, ie
se pourvoir en cassation	Revision ein~legen
le pourvoi en cassation	das Revisionsbegehren
rejeter un recours en cassation	die Revision verwerfen, a, o, i
le pourvoi en révision	der Antrag auf Wiederaufnahme des Verfahrens
le vice de procédure	der Verfahrensmangel, ¨
l'irrégularité *f* **de procédure**	der Rechtsirrtum, ¨er
le pourvoi en nullité	die Nichtigkeitsbeschwerde
la cassation d'un jugement	die Aufhebung eines Urteils
casser un jugement	ein Urteil auf~heben, o, o
l'autorité *f* **de la chose jugée**	die Rechtskraft
avoir force de chose jugée	rechtskräftig sein
la nullité	die Nichtigkeit
frappé de nullité	nichtig, (rechts)ungültig

le droit pénal

la loi pénale	das Strafgesetz, e
le (juriste) pénaliste	der Strafrechtler, -
la criminologie	die Kriminologie
le criminologiste	der Kriminologe, n, n
l'affaire criminelle	der Kriminalfall, ¨e
• **la responsabilité légale**	die gesetzliche Haftung
la majorité pénale	die Strafmündigkeit
la responsabilité pénale	die strafrechtliche Haftung, die Schuldfähigkeit
la capacité de discernement	die Zurechnungsfähigkeit
ne pas jouir de toutes ses facultés	unzurechnungsfähig sein
la responsabilité atténuée	die verminderte Zurechnungsfähigkeit
l'irresponsabilité *f*	die Unzurechnungsfähigkeit
être irresponsable	unverantwortlich sein
• **la peine**	die Strafe, n, die Bestrafung
encourir une peine	sich strafbar machen, eine Strafe verwirken
infliger une peine à qn	jdn bestrafen, jdn zu einer Strafe verurteilen
prononcer une peine contre qn	eine Strafe über jdn verhängen
la pénalité	die Strafbarkeit
la peine correctionnelle	die Vergehensstrafe
la peine criminelle	die Verbrechensstrafe
la correctionnalisation	die Entkriminalisierung
la criminalisation	die Einstufung eines Vergehens als Verbrechen
• **la peine privative de liberté**	die Freiheitsstrafe
la peine de détention/d'emprisonnement	die Haftstrafe
condamner qn à 5 ans de prison avec sursis	jdn zu 5 Jahren Gefängnis mit Bewährung verurteilen
condamner qn à 5 ans de prison ferme	jdn zu 5 Jahren Gefängnis ohne Bewährung verurteilen
la réclusion criminelle	die Zuchthausstrafe
la réclusion criminelle à perpétuité	die lebenslängliche Einschließungsstrafe
○ **la peine complémentaire**	die Nebenstrafe
la dégradation civique	die Aberkennung der bürgerlichen und staatsbürgerlichen Rechte
l'interdiction *f* **du droit d'exercer une profession**	das Berufsverbot
l'interdiction de séjour	das Aufenthaltsverbot
• **la peine d'amende, l'amende** *f*	die Geldstrafe, n
le procès-verbal, le P.-V. *(fam)*	die gebührenpflichtige Verwarnung *(F)*
○ **la fixation de la peine**	die Strafbemessung
une peine légère	eine milde Bestrafung
une lourde peine	eine harte Bestrafung
la confusion des peines	die Anwendung der Strafe für das schwerste Delikt
le cumul des peines	die Strafenhäufung
○ **l'exemption** *f* **de peine**	die Straffreiheit

exempter qn de toute peine	jdn straflos erklären
l'impunité *f*	die Straflosigkeit, die Straffreiheit
l'immunité *f* **parlementaire**	die parlamentarische Immunität
la levée de l'immunité	die Aufhebung der Immunität
○ **les circonstances atténuantes**	die Milderungsgründe *mpl*, die mildernden Umstände *mpl*
l'appréciation *f* **du juge**	das freie richterliche Ermessen
l'excuse *f* **absolutoire**	der Strafausschließungsgrund
la légitime défense	die Notwehr
la réduction de peine	die Strafermäßigung, die Milderung der Strafe
la commutation ; commuer	die Umwandlung ; um~wandeln
le sursis simple	der Strafaufschub
la remise de peine	der Straferlass
la remise de peine conditionnelle	die Strafaussetzung zur Bewährung
la mise à l'épreuve	die Bewährungsprobe, n
○ **les circonstances aggravantes**	die Straferschwerungsgründe *mpl*
la préméditation	der Vorbedacht
la récidive ; le récidiviste	der Rückfall ; der Vorbestrafte *(adj)*
récidiver *itr*, **replonger** *itr (arg)*	rückfällig werden
l'identité *f* **judiciaire**	der Erkennungsdienst
prendre les empreintes digitales	Fingerabdrücke ab~nehmen, a, o, i
○ **le casier judiciaire, le sommier**	das Strafregister, -
l'extrait *m* **du casier judiciaire**	der Strafregisterauszug, ¨e
avoir un casier judiciaire vierge	nicht vorbestraft sein
avoir un casier judiciaire chargé	mehrmals vorbestraft sein.
avoir des antécédents *m* **judiciaires**	Dreck am Stecken haben *(arg)*
• **l'exécution** *f* **de la peine**	der Strafvollzug
incarcérer qn, écrouer qn	jdn inhaftieren, jdn in Haft nehmen, a, o, i
emprisonner qn	jdn ein~kerkern, jdn ein~sperren
mettre qn au trou/ en cabane *(pop)*	jdn ein~lochen *(pop)*
purger une peine (de prison)	eine Strafe verbüßen, ab~sitzen, a, e/ ab~brummen *(fam)*
l'incarcération *f*	die Inhaftierung, en
la détention	die Haft ; der Freiheitsentzug
• **la prison**	das Gefängnis, se
la taule/tôle *(pop)*	der Knast, das Kittchen *(pop)*
être en prison/sous les verroux, derrière les barreaux	im Gefängnis/hinter Gittern sitzen, a, e
la prison préventive	das Untersuchungsgefängnis, se
la maison d'arrêt	das Gerichtsgefängnis, die Haftanstalt, en
la maison de détention	die Strafanstalt
la maison centrale	die Strafvollzugsanstalt, das Zuchthaus
le livre d'écrou	das Haftregister, -
le transfèrement (cellulaire)	der Gefangenentransport
l'administration pénitentiaire	die Gefängnisverwaltung
le gardien, le maton *(arg)*	der Gefängniswärter/-aufseher, -
le détenu, le prisonnier, le taulard *(arg)*	der Häftling, e, der Gefangene *(adj)*
le détenu condamné	der Strafgefangene *(adj)*, der Sträfling, e
la cellule	die Zelle, n
le cachot, le mitard *(arg)*	der strenge Arrest

la punition de cellule	die Einzelhaft
la mise à l'isolement	die Isolierhaft
le quartier de haute sécurité	der Hochsicherheitstrakt, e
le message clandestin	der Kassiber, - *(arg)*
l'interdiction *f* **de visite**	das Besuchsverbot, e
le travail pénitentaire	die Gefangenenarbeit
la semi-liberté	der Freigang
le détenu en semi-liberté	der Freigänger,-
la permission de sortie	der Hafturlaub, der Strafurlaub, e
○ **l'évasion** *f*	die Flucht aus dem Gefängnis
s'évader de prison	aus~brechen*, a, o, i
la tentative d'évasion	der Fluchtversuch, e
se faire la belle *(arg)*	aus~reißen*, i, i *(fam)*
être en fuite, en cavale *(fam)*	auf der Flucht sein
la chasse à l'homme	die Menschenjagd
poursuivre qn; traquer qn	jdn verfolgen; jdn hetzen
le prisonnier évadé, l'évadé *m*	der Ausbrecher, der Ausreißer *(fam)*
rattraper le fugitif	den A. wiederein~fangen, i, a, ä
la mutinerie	die Meuterei, en
le mutin ; se mutiner	der Meuterer, - ; meutern *itr*
• **la levée d'écrou, la mise en liberté**	die Haftentlassung, en
libérer, élargir un prisonnier	einen Gefangenen frei~lassen, ie, a, ä
la libération anticipée	die vorzeitige Haftentlassung
la libération définitive	die endgültige Haftentlassung
la libération conditionnelle	die bedingte Haftentlassung
sous caution	gegen Sicherheitsleistung
○ **la mise à l'épreuve**	die Bewährung
la période probatoire	die Bewährungszeit
le contrôle judiciaire	die richterliche Aufsicht, die Polizeiaufsicht
la peine de remplacement	die Ersatzstrafe
le travail d'intérêt général	die (Ableistung einer) Sozialarbeit als Ersatzstrafe
l'agent *m* **de probation**	der Bewährungshelfer, -
l'amendement *m* **du coupable**	die Besserung des Täters
se ranger, s'acheter une conduite *(fam)*	sich bessern
la réinsertion sociale	die Resozialisierung
• **la prescription**	die Verjährung
être frappé de prescription	verjährt sein
le délai de prescription	die Verjährungsfrist
la suspension de la prescription	die Unterbrechung der Verjährung
l'imprescriptibilité *f*	die Unverjährbarkeit
imprescriptible	unverjährbar
la grâce	die Begnadigung, die Gnade
déposer un recours en grâce	ein Gnadengesuch ein~reichen
gracier	begnadigen
rejeter le recours en grâce	das Gnadengesuch ab~lehnen
l'amnistie *f* **; amnistier**	die Amnestie ; amnestieren
la réhabilitation	die Rehabilitierung
réhabiliter	rehabilitieren
• **la peine de mort/la peine capitale**	die Todesstrafe
la condamnation à mort	das Todesurteil, e
condamner qn à mort	jdn zum Tode verurteilen
l'exécution *f* **; exécuter**	die Hinrichtung, en ; hin~richten
l'exécution sommaire	die summarische Hinrichtung, en
fusiller	erschießen, o, o
décapiter, guillotiner	enthaupten *tr*
la guillotine	die Guillotine, n, das Fallbeil, e
pendre ; la potence	hängen ; der Galgen, -

exécuter par pendaison	durch den Strang hin~richten
le garrot	die Garrotte, n/die Würgschraube, n
la chaise électrique	der elektrische Stuhl
l'exécution *f* **du jugement**	die Vollstreckung des Urteils
Le jugement a été exécuté.	Das Urteil wurde vollstreckt.
l'abolition *f* **de la peine de mort; le rétablissement**	die Abschaffung der Todesstrafe; die Wiedereinführung

crimes et délits

• **l'infraction** *f* **à la loi**	die Übertretung des Gesetzes
respecter la loi	das Gesetz befolgen/beachten
enfreindre la loi/contrevenir à la loi	das Gesetz übertreten, a, e, i/ verletzen
tomber sous le coup de la loi	strafbar sein
l'acte délictueux/le délit pénal	die Straftat
le lieu du délit, du crime	der Ort der Tat, der Tatort
l'heure *f* **du délit, du crime**	die Zeit der Tat
le mobile	der Beweggrund, ¨e
• **la faute, la culpabilité**	die Schuld, das Verschulden
l'innocence *f*	die Unschuld
coupable ; innocent	schuldig ; unschuldig
le coupable ; l'innocent *m*	der Schuldige ; der Unschuldige *(adj)*
se rendre coupable (de)	sich (+G) schuldig machen
s'avouer coupable	sich schuldig bekennen, a, a
la faute grave	das grobe Verschulden
la faute intentionnelle	das vorsätzliche Verschulden
l'intention *f*	der Vorsatz
la préméditation	der Vorbedacht
prémédité	mit Vorbedacht ausgeführt
le délit par omission	das Unterlassungsdelikt
la faute non intentionnelle, la négligence	die Fahrlässigkeit
la négligence grossière	die grobe Fahrlässigkeit
l'omission *f* **par négligence**	das fahrlässige Unterlassen
• **la contravention**	die Übertretung, en *(F)*
l'infraction *f* **réglementaire** *(amende non pénale) (D)*	die Ordnungswidrigkeit
• **le délit**	das Vergehen, -, das Delikt, e
commettre un délit	ein Vergehen begehen, i, a
faire un mauvais coup *(fam)*	ein (krummes) Ding drehen *(fam)*
l'auteur *m* **du délit, le coupable**	der Täter, -
le délinquant, le malfaiteur	der Straffällige *(adj)*, der Straftäter, -
la petite délinquance	die Bagatelldelikte *npl*
le contrevenant	der Zuwiderhandelnde *(adj)*
○ **la délinquance juvénile**	die Jugendkriminalität
le jeune délinquant	der junge Straffällige *(adj)*
le tribunal pour enfants	das Jugendgericht, e
le juge pour enfants	der Jugendrichter, -
• **le crime**	das Verbrechen, -
la criminalité, la délinquance	die Kriminalität
la montée de la délinquance	das Anwachsen der Kriminalität
le grand banditisme	die organisierte Kriminalität
la bande organisée, le gang	die organisierte (Verbrecher)bande, n
le chef de bande ; le meneur	der Gangchef, s ; der Rädelsführer, -
le milieu de la drogue	die Drogenszene
le milieu, la pègre	die Unterwelt
le truand	der Ganove, n, n
appartenir à la mafia	der Mafia *f* an~gehören
le mafioso; mafieux	der Mafioso, si ; mafios
○ **le criminel**	der Verbrecher, -, der Kriminelle *(adj)*
le grand criminel	der Schwerverbrecher
le repris de justice	der Gewohnheitsverbrecher
le complice	der Mittäter, -, der Komplize, n, n
la complicité	die Mittäterschaft
la complicité par assistance	die Beihilfe
la complicité de meurtre	die Beihilfe zum Mord
être complice (de), être dans le coup *(fam)*	mitschuldig sein (an+D)
se faire le complice de qn	jdm Beihilfe leisten
faire le guet	Wache halten, ie, a, ä
l'instigation *f* **(à)**	die Anstiftung (zu+D)
l'incitation *f* **(à)**	die Verleitung/Verführung (zu)
agir en état de légitime défense	aus Notwehr handeln

crimes et délits contre les personnes

crimes et délits contre les personnes	Straftaten gegen die Person
crimes et délits contre la vie	Straftaten gegen das Leben
le crime contre l'humanité	das Verbrechen gegen die Menschlichkeit
le génocide	der Völkermord
la déportation	die Deportation, en
• **le meurtre, l'assassinat** *m*, **le crime**	der Mord, e
l'homicide *m*	die Tötung, en
l'homicide volontaire	die vorsätzliche Tötung
le meurtre avec préméditation	der Mord mit Überlegung
l'homicide involontaire	die unfreiwillige Tötung
l'homicide par imprudence	die fahrlässige Tötung
le crime crapuleux	der Raubmord
le meurtre avec viol	der Lustmord
l'attentat *m* **(sur une personne)**	der Mordanschlag, ¨e
le meurtre avec guet-apens	der hinterlistige Mord
l'assassinat *m*, **le meurtre (par traîtrise)**	der Meuchelmord
la tentative d'assassinat	der Mordversuch, e
la menace d'assassinat	die Mordandrohung, en
menacer qn de mort	jdm mit dem Tode drohen
• **le meurtrier, l'assassin** *m*	der Mörder, -
assassiner qn	jdn ermorden , jdn um~bringen, a, a
commettre, perpétrer un meurtre	einen Mord begehen, i, a
le tueur à gages, le tueur professionnel	der gedungene Mörder, der (Profi)killer, - *(fam)*
engager un tueur	einen Mörder an~heuern
faire exécuter qn	jdn ermorden lassen, ie, a, ä
éliminer qn, liquider qn *(fam)*	jdn beseitigen, jdn liquidieren *(fam)*
abattre qn	jdn erschießen, o, o
descendre qn *(fam)*, **flinguer qn** *(pop)*	jdn nieder~schießen, o, o ; jdn um~legen *(pop)*
le tueur fou	der Amokläufer, -
massacrer	nieder~machen, nieder~metzeln
le massacre, la tuerie	das Massaker, -, das Gemetzel
le bain de sang	das Blutbad, ¨er
le suicide consommé par autrui	die Tötung auf Verlangen
l'euthanasie *f*	die Euthanasie
le parricide ; l'infanticide *m*	der Vatermord ; die Kindestötung
• **la voie de fait**	die Gewalttätigkeit, en
l'acte *m* **de violence**	die Gewalttat
se livrer à des voies de fait	tätlich werden
user de violence	Gewalt an~wenden, a, a

les violences corporelles, les sévices *m*	die körperliche Misshandlung, en
infliger/faire subir des sévices corporels à qn	jdn körperlich misshandeln
la torture ; torturer	die Folter, n ; foltern
la barbarie	die Barbarei
l'acte *m* **de barbarie**	die unmenschliche Tat, en
○ **la contrainte**	die Nötigung
la menace	die Bedrohung
menacer qn (avec, de)	jdn bedrohen (mit+D)
en usant de menaces	durch Drohung
proférer des menaces (contre qn)	Drohungen aus~stoßen, ie, o, ö (gegen+A)
• **la lésion corporelle** *(v. la blessure, p. 166)*	die Körperverletzung
la lésion corporelle grave	die schwere Körperverletzung
les coups *m* **et blessures** *f* **volontaires**	die beabsichtigte schwere Körperverletzung
les coups et blessures ayant entraîné la mort	die Körperverletzung mit Todesfolge
les coups et blessures involontaires	die fahrlässige Körperverletzung
• **l'agression sexuelle**	das Sexualverbrechen, -
l'attentat *m* **à la pudeur des enfants**	die Unzucht mit Kindern
le viol	die Vergewaltigung, en
violer	vergewaltigen
la contrainte sexuelle	die sexuelle Nötigung
le harcèlement sexuel	die sexuelle Belästigung
l'incitation *f* **de mineurs à la débauche**	die Anstiftung von Minderjährigen zur Unzucht
le détournement de mineurs	die Verführung eines Minderjährigen
la pédophilie ; le pédophile	die Pädophilie ; der Pädophile, n, n
l'exhibitionnisme *m*	der Exhibitionismus
l'exhibitionniste *m*	der Exibitionist, en, en
l'outrage *m* **public à la pudeur**	die Erregung öffentlichen Ärgernisses
○ **mettre qn en danger**	jdn gefährden/in Gefahr bringen, a, a
exposer qn à un risque	jdn einer Gefahr aus~setzen
être en danger de mort	in Lebensgefahr sein
l'expérimentation *f* **sur la personne humaine**	das Menschenexperiment, e/ der Menschenversuch, e
l'interruption volontaire de la grossesse (IVG), l'avortement *m*	der Schwangerschaftsabbruch, ¨e, die Abtreibung, en
l'interruption illégale de la grossesse	die gesetzwidrige Abtreibung, en
la provocation au suicide	die Anstiftung zum Selbstmord
l'abandon *m*, **le délaissement** *(d'enfants, de personnes malades)*	die Aussetzung
abandonner un enfant	ein Kind aus~setzen
la non-assistance à personne en danger	die unterlassene Hilfeleistung
le délit de fuite	die Unfallflucht
• **le trafic de stupéfiants**	der Rauschgifthandel
le trafiquant de drogue	der Rauschgifthändler, -
le revendeur de drogue, le dealer	der Dealer, -
le délit commis sous l'effet d'une drogue/en état d'ivresse	die Rauschtat
la toxicomanie	die Drogenabhängigkeit, die Drogensucht
le drogué, le toxicomane	der Drogensüchtige *(adj)*
l'entrave à une cure de désintoxication	die Gefährdung einer Entziehungskur
• **délits portant atteinte à la liberté individuelle**	Straftaten gegen die persönliche Freiheit
l'enlèvement *m*, **le rapt, le kidnapping**	der Menschenraub, die Entführung, en
le ravisseur, le kidnappeur	der Entführer, -
enlever, kidnapper	entführen
l'enlèvement *m* **de mineurs**	die Kindesentziehung
l'enlèvement avec le consentement de la victime	die Entführung mit Willen der Entführten
la séquestration	die Freiheitsberaubung
séquestrer	widerrechtlich ein~sperren
l'arrestation illégale	die gesetzwidrige Verhaftung
l'enlèvement avec demande de rançon	der erpresserische Menschenraub
exiger une forte rançon	ein hohes Lösegeld verlangen
l'otage *m*	die Geisel, n
la prise d'otage(s)	die Geiselnahme, n
l'auteur *m* **d'une prise d'otages, le preneur d'otages**	der Geiselnehmer, -
prendre qn comme otage	jdn als Geisel nehmen, a, o, i
• **l'atteinte à la dignité de la personne**	die Verletzung der Menschenwürde
le proxénétisme	die Zuhälterei
le proxénète/le souteneur ; le maquereau, le mac *(arg)*	der Zuhälter, - ; der Kuppler, - *(fam)*, der Loddel, - *(arg)*
la maquerelle	die Kupplerin, nen
la maison close, le bordel	das Freudenhaus, ¨er, das Bordell, e
la maison de passe	das Stundenhotel, s, die Absteige, n
la traite des blanches	der Mädchenhandel
la prostitution	die Prostitution
la prostituée ; la putain/la pute *(vulg)*	die Prostituierte *(adj)* ; die Hure, n, die Nutte, n *(vulg)*
le prostitué	der Prostituierte *(adj)*
se prostituer/se livrer à la prostitution	sich prostituieren/der Prostitution nach~gehen*, i, a
faire du racolage, faire le trottoir *(fam)*	auf den Strich gehen*, i, a *(fam)*
le racolage sur la voie publique	die öffentliche Aufforderung zur Unzucht
l'exploitation *f* *(péj)*	die Ausbeutung
la discrimination	die Diskriminierung
• **l'atteinte** *f* **à la vie privée**	die Verletzung des persönlichen Lebensbereichs
la vie privée	der Intimbereich
○ **la violation du secret de la correspondance**	die Verletzung des Briefgeheimnisses
l'obligation *f* **de garder le secret**	die Schweigepflicht
la protection de la vie privée contre les abus de l'informatique	der Datenschutz
le Délégué à la protection des données *(D)*, **la Commission nationale Informatique et Libertés** *(F)*	der Datenschutzbeauftragte *(adj)*
• **l'atteinte** *f* **à l'honneur**	die Ehrverletzung
l'injure *f*, **l'offense** *f*	die Beleidigung
offenser , blesser	beleidigen , verletzen
l'injure grossière, l'insulte *f*	die grobe Beleidigung
l'offense grave	die schwere Beleidigung
la diffamation	die üble Nachrede
la calomnie, la diffamation	die Verleumdung
calomnier qn	jdn verleumden
la dénonciation calomnieuse	die falsche Anschuldigung

crimes et délits contre les biens

• **le vol**	der Diebstahl
vol simple	einfacher Diebstahl
vol qualifié	schwerer Diebstahl
la tentative de vol	der versuchte Diebstahl
le vol à main armée	der räuberische Diebstahl
le vol en bande organisée	der Bandendiebstahl
le détournement, la malversation	die Unterschlagung, en
le vol domestique	der Hausdiebstahl
le vol entre époux, entre ascendants ou descendants	der Familiendiebstahl
l'utilisation illégale d'un véhicule	der unbefugte Gebrauch eines Fahrzeuges
voler qn	jdn bestehlen, a, o, ie
voler qc à qn	jdm etwas stehlen
dérober qch à qn	jdm etwas entwenden
piquer/chiper qch à qn *(fam)*	jdm etwas klauen/stibitzen *(fam)*
estamper les clients *(fam)*	die Kunden neppen *(fam)*
le voleur	der Dieb, e
le voleur à l'étalage	der Auslagedieb
le voleur dans un magasin	der Ladendieb
le vol de nourriture	der Mundraub
le voleur à la tire, le pickpocket	der Taschendieb
le rat d'hôtel	der Hoteldieb
la fausse clé	der Nachschlüssel
utiliser une fausse clé	einen Nachschlüssel benutzen
le passe-partout, le passe	der Dietrich, e
le vol avec/par effraction	der Einbruch(diebstahl)
le cambriolage	der Einbruch, ¨e
le cambrioleur	der Einbrecher, -
cambrioler *tr*, **entrer par effraction (dans)**	ein~brechen*, a, o, i (in+A)
La banque a été cambriolée.	In der Bank wurde eingebrochen.
entrer/pénétrer par escalade (dans)	ein~steigen*, ie, ie (in+A)
fracturer/forcer une porte, une serrure	eine Tür, ein Schloss auf~brechen, a, o, i
la pince-monseigneur, le pied-de-biche	die Brechstange, n
le coffre-fort	der/das Safe, s ; der Panzerschrank, ¨e
percer/fracturer un coffre-fort	einen Panzerschrank auf~brechen, a, o, i, knacken *(fam)*
le perceur de coffres	der Geldschrankknacker, - *(fam)*
• **le vol sous la menace**	der Raub
le meurtre assorti de vol	der Raubmord, e
le vol avec agression	der räuberische Diebstahl, stähle
l'attaque *f* **à main armée, le braquage (de)**	der bewaffnete Raubüberfall, ¨e (auf+A)
revolver au poing	mit dem Revolver in der Hand
le hold-up	der Banküberfall
attaquer, braquer	überfallen, ie, a, ä
l'agresseur *m* **masqué, portant une cagoule**	der maskierte, eingemummte Räuber
avoir le visage recouvert d'un bas	eine Strumpfmaske tragen, u, a, ä
l'extorsion *f* **de fonds sous la menace**	die räuberische Erpressung
la manœuvre d'intimidation *f*	der Einschüchterungsversuch, e
le chantage	die Erpressung, en
le maître-chanteur	der Erpresser, -
faire chanter qn	jdn erpressen
extorquer qc à qn	etwas von jdm erpressen
extorquer une signature à qn	jdm eine Unterschrift ab~nötigen
le racket ; le racket(t)eur	das Racket, s ; der Racketeer, s
le détournement d'avion	die Flugzeugentführung, en
le pirate de l'air	der Flugzeugentführer, -, der Luftpirat, en, en
le pirate du rail	der Zugräuber, -
• **le recel**	die Hehlerei
le produit du vol	das Diebesgut, die Diebesbeute
le butin, le bien volé	das Raubgut
le receleur	der Hehler, -
commettre un recel	Hehlerei begehen, i, a
• **le délit économique**	das Wirtschaftsvergehen
la criminalité des cols blancs	die Wirtschaftskriminalität
les profits *m* **illicites**	strafbarer Eigennutz *m*
• **l'escroquerie** *f*, **la fraude**	der Betrug
l'escroc *m*	der Betrüger, -
le chevalier d'industrie	der Hochstapler, -
escroquer ; duper	betrügen ; prellen
l'escroc au mariage	der Heiratsschwindler, -
l'exercice illégal de la médecine	die unbefugte Ausübung des Arztberufs
la grivèlerie	die Zechprellerei
la contrefaçon	die Nachahmung/die Imitation von Markenzeichen
l'escroquerie à la subvention	der Subventionsbetrug
l'escroquerie à l'assurance	der Versicherungsbetrug
l'escroquerie au crédit	der Kreditbetrug
la fausse facture	die fingierte Rechnung, en
émettre un chèque sans provision	einen ungedeckten Scheck aus~stellen
la traite de cavalerie	der Reitwechsel, -
la traite fictive	der Kellerwechsel
l'abus *m* **de confiance**	die Untreue
détourner des fonds	Gelder *npl* veruntreuen
la faillite frauduleuse	der betrügerische Konkurs, e
la banqueroute	der Bankrott, e
faire banqueroute	Bankrott machen
l'homme *m* **de paille** *(péj)*, **le prête-nom**	der Strohmann, ¨er *(péj)*
la fraude informatique	die Computerkriminalität
le délit informatique	der Computermissbrauch, ¨e
le pirate informatique	der Hacker, -
le délit fiscal	das Steuervergehen
le trafiquant d'armes	der Waffenschmuggler, -
faire du trafic d'armes	Waffen schmuggeln
le trafic de devises	der Devisenschmuggel
le blanchiment des narco-dollars	die Geldwäsche
le délit d'initié	das Insiderdelikt, e
être impliqué dans, être mêlé à	beteiligt sein an+D
être compromis dans, avoir trempé dans *(fam)*	verwickelt sein in+A, verstrickt sein in+A
○ **l'usure** *f*	der Wucher
l'usurier ; pratiquer l'usure	der Wucherer, - ; wuchern
○ **les profits personnels illicites**	der strafbare Eigennutz
l'organisation *f* **illicite d'un jeu de hasard prohibé**	die unerlaubte Veranstaltung eines Glückspiels
le jeu de bonneteau	das Hütchenspiel
le tricheur ; tricher	der Falschspieler, - ; falsch spielen
le pigeon *(pop)*	der Angeschmierte *(adj) (fam)*
filouter qn, pigeonner qn *(pop)*, **arnaquer qn** *(pop)*	jdn an~schmieren *(fam)*, jdn übers Ohr hauen *(fam)*

destructions, dégradations et détériorations

• **la dégradation, la détérioration des biens**	die Sachbeschädigung *f*
détériorer, dégrader, endommager	beschädigen
les graffiti *m*, **le tag**	die Sprühschrift
les bombages *m*	die Schmierereien *fpl*
le tagger	der (Graffiti-)Sprayer, -
le voyou, le loubard *(arg)*	der Rowdy, s/dies
le casseur	der Chaote, n, n
le vandalisme	der Wandalismus, die Zerstörungswut
commettre des actes *m* **de vandalisme**	Zerstörungsakte *mpl* verüben
défoncer, briser des vitrines	Schaufenster ein~schlagen, u, a, ä
saccager	verwüsten
piller ; dévaliser	plündern ; aus~plündern
se livrer au pillage	Plünderungen *fpl* aus~üben
la destruction/dégradation de biens d'intérêt public	die gemeinschädliche Sachbeschädigung
la dégradation de monuments publics	die Beschädigung öffentlicher Denkmäler
la profanation de sépultures	die Grabschändung
profaner	schänden
la destruction de constructions	die Zerstörung von Bauwerken
détruire	zerstören
• **l'incendie** *m* **volontaire**	die vorsätzliche Brandstiftung
l'incendie par imprudence	die fahrlässige Brandstiftung
le repentir actif	die tätige Reue
provoquer un risque d'incendie	eine Brandgefahr herbei~führen
mettre le feu (à)	in Brand stecken *tr*
l'incendiaire *m* **; le pyromane**	der Brandstifter, -; der Pyromane, n, n

crimes et délits contre l'État

l'atteinte *f* **à la sûreté de l'État**	die Gefährdung der Staatssicherheit
la haute trahison	der Hochverrat, der Landesverrat
commettre un crime de haute trahison	Hochverrat begehen, i, a
la violation de la constitution	die Verfassungsverletzung
(v. le coup d'État, p. 96)	
les délits électoraux	Straftaten *fpl* bei Wahlen
la fraude électorale	der Wahlbetrug
• **l'atteinte** *f* **à la défense nationale**	die Straftaten gegen die Landesverteidigung
l'espionnage *m*	die Spionage
se livrer à l'espionnage (pour le compte de)	Spionage treiben, ie, ie (im Auftrag+G, zugunsten+D)
le réseau d'espionnage	das Spionagenetz, e, der Spionagering, e
l'espion *m*	der Spion, e
l'agent *m* **double**	der Doppelagent, en, en
le traître ; trahir	der Verräter, - ; verraten, ie, a, ä
la taupe	der Maulwurf, ¨e
l'agent *m* **d'infiltration**	der V-Mann, ¨er
(s')infiltrer dans	(sich) ein~schleusen in+A
l'espionnage *m* **économique**	die Wirtschaftsspionage
l'informateur *m*	der Informant, en, en, die Quelle, n
l'intoxication *f* **; intoxiquer**	die Irreführung ; irre~führen
la désinformation	die Desinformation
la campagne de déstabilisation	die Agitationskampagne, n
• **le terrorisme**	der Terrorismus
le terroriste	der Terrorist, en, en
le groupe activiste	die politisch engagierte Gruppe, n
l'organisation camouflée	die Tarnorganisation, en
l'organisation clandestine	die Untergrundbewegung, en
passer dans la clandestinité	in den Untergrund ab~tauchen* *(fam)*
le noyau dur	der harte Kern
l'action *f* **terroriste**	der Terrorakt, e/die Terroraktion, en
commettre des attentats *m* **terroristes (contre)**	Terroranschläge *mpl* verüben (auf+A)
le cocktail Molotov	der Molotow-Cocktail, s
le poseur de bombe	der Bombenleger, -
poser des bombes	Bomben legen
l'attentat à la bombe, le plasticage/plastiquage	der Sprengstoffanschlag, ¨e
l'(engin) explosif *m*	der Sprengkörper, -
la charge explosive	die Sprengladung, en
le plastic	der knetbare Sprengstoff
la bombe à retardement	die Zeitbombe, n
l'attentat à la voiture piégée	der Bombenwagenanschlag
le colis piégé	das Sprengpaket, e
la lettre piégée	die Briefbombe, n
exploser	explodieren*
faire sauter une maison	ein Haus in die Luft sprengen
l'équipe *f* **de déminage**	das Bombensprengkommando, s
désamorcer une bombe	einen Sprengkörper entschärfen
• **l'atteinte** *f* **à l'ordre public**	Straftaten gegen die öffentliche Ordnung
les troubles apportés à la paix publique	der Landfriedensbruch
la violation de domicile	der Hausfriedensbruch
la résistance à l'autorité publique	Widerstand *m* gegen die Staatsgewalt
l'outrage *m* **à agent**	die Beleidigung eines Polizeibeamten
l'outrage à fonctionnaire	die Beamtenbeleidigung
l'outrage à magistrat	die Richterbeleidigung
○ **les troubles** *m*	die Unruhen *fpl*
les désordres *m*	die Krawalle *mpl (fam)*
provoquer des troubles	Unruhe stiften
perturber l'ordre public	die öffentliche Ordnung stören
le fauteur de troubles	der Unruhestifter, -, der Krawallmacher, - *(fam)*
dresser des barricades *f*	(Straßen)barrikaden *fpl* errichten
le tapage nocturne	die nächtliche Ruhestörung
le chahut, le boucan *(fam)*	der Krach, der Radau *(fam)*, der Krawall *(sg) (fam)*
faire du chahut, du vacarme	randalieren, Radau machen
importuner qn	jdn belästigen
la bagarre, la rixe	die Rauferei, en
se disputer, se bagarrer	sich raufen
restaurer/rétablir l'ordre public	die öffentliche Ordnung wiederher~stellen
○ **crimes et délits de fonctionnaires publics**	Straftaten im Amte
• **la corruption**	die Bestechung, die Korruption
la corruption de fonctionnaire	die Beamtenbestechung
la tentative de corruption	der Bestechungsversuch
le trafic d'influence	die passive Bestechung
la corruptibilité	die Bestechlichkeit
corrompre ; (in)corruptible	bestechen, a, o, i ; (un)bestechlich
la malversation de fonds publics/deniers publics	die Veruntreuung von öffentlichen Geldern
la détournement de fonds publics	die Unterschlagung von öffentlichen Geldern
détourner, soustraire	unterschlagen, u, a, ä

l'abus *m* **de pouvoir**	der Missbrauch der Amtsgewalt
le détournement de pouvoir	der Ermessensmissbrauch
l'exaction *f* **de fonds**	die unrechtmäßige Eintreibung von Geldern
la forfaiture	die Amtspflichtverletzung
manquer aux devoirs de sa charge	seine Amtspflicht verletzen
la prévarication	der Missbrauch der Amtsgewalt
le secret professionnel	das Amtsgeheimnis
violer le devoir de réserve	die Schweigepflicht verletzen

atteintes à la confiance publique

• **faux et usage de faux**	Fälschung und Gebrauch falscher Urkunden
le faux en écriture	die Urkundenfälschung
le faussaire	der Fälscher, -
• **falsifier, contrefaire**	fälschen
la fausse certification	die Falschbeurkundung
l'usage *m* **de faux**	der Gebrauch falscher Beurkundungen
délivrer un certificat de complaisance	ein Gefälligkeitszeugnis aus~stellen
la falsification de pièces d'état civil	die Fälschung standesamtlicher Urkunden
l'usage *m* **de documents d'identité falsifiés**	der Missbrauch von Ausweispapieren
les faux papiers d'identité	der gefälschte Personalausweis
○ **la contrefaçon de monnaie**	die Geldfälschung
• **fabriquer de la fausse monnaie**	Falschgeld her~stellen
la falsification de monnaie, la fabrication de fausse monnaie	die Falschmünzerei
le faux-monnayeur	der Falschmünzer, -
le faux billet	die gefälschte Banknote
la contrefaçon de timbres	die Wertzeichenfälschung
le retrait	die Einziehung
retirer de la circulation	aus dem Verkehr/Umlauf ziehen, o, o
• **le faux témoignage**	die falsche Aussage
le faux serment	der Meineid
inciter qn à faire un faux serment	jdn zum Meineid verleiten
faire un faux serment	Meineid leisten
un faux témoin	ein falsch aussagender Zeuge
la subornation de témoins	die Zeugenbestechung, die Zeugenbeeinflussung

les auxiliaires de la justice

• **l'avocat** *m* **; l'avocate** *f*	der (Rechts)anwalt, ¨e , ¨in, innen
le cabinet juridique	das Anwaltsbüro, s
le barreau	die (Rechts)anwaltschaft
le bâtonnier	der Vorsitzende *(adj)* der Anwaltskammer
être admis au barreau	zur Anwaltschaft zugelassen werden
radier qn du barreau	jdn von der Anwaltschaft aus~schließen, o, o
prendre un avocat	sich einen Anwalt nehmen, a, o, i
consulter un avocat	sich von einem Anwalt beraten lassen, ie, a, ä
la défense ; le défenseur	die Verteidigung ; der Verteidiger, -
le client	der Klient, en, en
représenter qn	jdn vor Gericht vertreten, a, e, i
assumer la défense d'un accusé	einen Angeklagten verteidigen
plaider (pour, contre)	plädieren (für, gegen + A)
l'avocat (commis) d'office	der Pflicht-/Offizialverteidiger, -
la représentation obligatoire par avocat	der Anwaltszwang
le conseil juridique	der Rechtsberater, -, der Rechtsbeistand, ¨e
les honoraires *m* **d'avocat**	die Anwaltskosten *pl*
• **l'huissier** *m* **de justice**	der Gerichtsvollzieher, -
l'huissier audiencier	der Gerichtsdiener, -
la signification du jugement	die Zustellung des Urteils
signifier un jugement	ein Urteil zu~stellen
la sommation, l'injonction *f* **de paiement**	der Zahlungsbefehl, e
l'exécution forcée	die Zwangsvollstreckung
la sommation-exécution	der Vollstreckungsbescheid
la saisie ; saisir	die Pfändung, en ; pfänden
insaisissable	pfändungsfrei, unpfändbar
le constat d'huissier	das Protokoll, e
le procès-verbal de saisie	das Pfändungsprotokoll
la saisie-attribution	die Pfändung in dritter Hand
la saisie sur saisie	die Anschlusspfändung, en
la saisie sur salaire	die Lohnpfändung
la réalisation des biens	die Verwertung
l'adjudication judiciaire, l'adjudication forcée	die Vollstreckungsversteigerung, die Zwangsversteigerung
la mainlevée	die Freigabe
• **le notaire**	der Notar, e
l'étude *f* **de notaire**	die Notariatskanzlei, en
l'authentification notariée	die notarielle Beurkundung
instrumenter *itr*	eine Urkunde aus~stellen
l'acte *m* **sous seing privé**	der privatschriftliche Vertrag, ¨e
l'acte authentique, la minute originale	die Originalurkunde, n
la minute	die Notariatsurkunde, die notarielle Urkunde
la grosse	die vollstreckbare Ausfertigung einer notariellen Urkunde
dressé par-devant notaire	notariell beurkundet
l'ampliation *f*	die beglaubigte Abschrift, en
l'expédition *f*	die Ausfertigung, en
le minutier	das Urkundenregister
passer un contrat par-devant notaire	einen Vertrag vor einem Notar ab~schließen, o, o

la police

• **la police**	die Polizei, en
la police nationale	die staatliche Polizei
l'Inspection générale de la police nationale	die Generalinspektion der staatlichen Polizei
la police *(relevant du Land) (D)*	die Landespolizei
être en civil	in Zivilkleidung sein
le brassard	die Armbinde, n
la police judiciaire/la PJ	die Kriminalpolizei (Kripo)
l'officier *m* **de police judiciaire**	der Kriminalbeamte *(adj)*
l'inspecteur *m* **de police**	der Polizeiinspektor, en
le commissaire de police	der Polizeikommissar, e
la brigade criminelle	die Mordkommission
le groupe de travail	die Sonderkommission, en (SoKo)
l'enquête ; faire une enquête	die Ermittlung, en ; ermitteln
la brigade des stupéfiants	die Rauschgiftabteilung
la police des mœurs	die Sittenpolizei
la police industrielle	die Gewerbepolizei
○ **le policier ; la femme policier**	der Polizist, en , en ; die Polizistin

l'agent *m* **(de police)**	der Schutzmann, ¨er/leute
le flic *(fam)* **; le poulet** *(pop)*	der Polyp, en, en *(fam)* ; der Bulle, n, n *(péj)*
les flics *(fam)*	die Polente *(pop)*
le contractuel	der Hilfspolizist
la contractuelle	die Politesse, n
la gendarmerie *(force militaire)*	die Gendarmerie *(F)*
le gendarme	der Gendarm, en, en
la police de la route	die Verkehrspolizei
la police fluviale	die Wasserschutzpolizei
la police de l'air et des frontières	die Luft- und Grenzpolizei *(F)*
la police des frontières *(D)*	der Bundesgrenzschutz
les unités *f* **d'intervention**	die Einsatzbereitschaft
les compagnies républicaines de sécurité (CRS)	die Bereitschaftspolizei *(F)* *(kasernierte Polizei)*
• **la sécurité publique**	die öffentliche Sicherheit
l'ordre public	die öffentliche Ordnung
les forces *f* **de l'ordre**	die Ordnungskräfte *fpl*
la préfecture de police	das Polizeipräsidium
le préfet de police	der Polizeipräsident, en, en
le commissariat de police	das Polizeirevier, e
le poste de police	die Polizeiwache, n
l'avertisseur *m* **de police**	der Polizeimelder, -
la voiture de police	der Streifenwagen, -/ der Peterwagen *(fam)*
police-secours *f*	das Überfallkommando, s/ die Funkstreife, n
le véhicule banalisé	der Zivilstreifenwagen, -
le gyrophare	das Blaulicht, er
la voiture cellulaire/le panier à salade *(fam)*	der Gefangenenwagen/die grüne Minna *(fam)*
emmener qn au dépôt	jdn ab~transportieren
embarquer qn *(fam)*	jdn ein~lochen *(fam)*
○ **effectuer un contrôle de police**	eine Polizeikontrolle durch~führen
le contrôle de véhicule *(passagers)*	die Insassenüberprüfung
le barrage de police	die Polizeisperre
les herses *f*	das Rollgitter
la ronde de police	die Polizeistreife, n
le chien policier	der Polizeihund, e
le maître-chien	der Hundeführer, -
le chien anti-drogue	der Schnüffel-, Rauschgifthund
le chien chasseur d'explosifs	der Sprengstoff(schnüffel)hund
boucler/cerner un quartier	ein Viertel ab~sperren/umzingeln
ratisser/passer au peigne fin	durch~kämmen
filtrer	filzen, ab~filzen
la rafle, la descente de police	die Razzia, ien
le quartier chaud	das Amüsierviertel, -
la perquisition à domicile	die Haussuchung, en
perquisitionner *itr*	durchsuchen *tr (Haus)*
le mandat de perquisition	der Haussuchungsbefehl
fouiller qn, qc	jdn, etw durch~suchen/durchsuchen
la fouille corporelle	die Leibesvisitation
l'indicateur de police/l'indic *m*	der (Polizei)spitzel, - *(péj)*
recevoir des informations	Hinweise *mpl* erhalten, ie, a, ä
dénoncer qn, balancer qn *(arg)*	jdn an~zeigen, jdn denunzieren
la délation, la dénonciation	die Anzeige, n, die Denunziation, en
le délateur, le dénonciateur, le mouchard *(péj)*	der Denunziant, en, en
le corbeau	der anonyme Denunziant
le repenti	der Kronzeuge, n, n
trahir, livrer ses complices	seine Komplizen verraten, ie, a, ä
donner ses complices *(fam)*	seine Komplizen verpfeifen, i, i *(fam)*

○ **la surveillance**	die Überwachung, en
faire surveiller qn	jdn überwachen lassen, ie, a, ä
prendre qn en filature, filer qn	jdn beschatten, jdm nach~gehen*, i, a
être sur la piste de qn	jdm auf der Spur sein
perdre la trace de qn	jds Spur verlieren, o, o
semer qn	jdn ab~hängen *(fam)*
échapper à qn	jdm entschlüpfen
se cacher, se planquer *(arg)*	unter~tauchen*
la planque *(arg)*	der Unterschlupf
repérer qn	jdn ausfindig machen
l'écoute *f*	das Abhören
les écoutes	der Lauschangriff, die Abhörmaßnahme
mettre une ligne téléphonique sur (table d')écoutes	eine Telefonleitung ab~hören, an~zapfen *(fam)*
le micro, le mouchard *(fam)*	die Wanze, n *(fam)*
truffer une pièce de micros	ein Zimmer mit Wanzen spicken
• **les recherches** *f*	die Fahndung, en
rechercher qn ; enquêter sur	fahnden nach+D
déclencher les recherches	eine Fahndung aus~lösen
offrir une récompense	eine Belohnung aus~setzen
l'avis *m* **de recherche**	der Steckbrief, e, die Suchanzeige, n
le signalement	die Personenbeschreibung, en
établir un portrait robot	ein Phantombild *n* an~fertigen
vérifier l'identité *f* **de qn**	jds Personalien *pl* fest~stellen
décliner son identité	seine Personalien an~geben, a, e, i
la carte d'identité	der Personalausweis, e
présenter son passeport	den (Reise)pass vor~zeigen
démasquer qn	jdn entlarven
• **l'arrestation** *f*	die Festnahme, n, die Verhaftung, en
les arrestations massives	die Massenverhaftungen
démanteler un réseau	einen Ring zerschlagen, u, a, ä
appréhender qn, arrêter qn	jdn fest~nehmen, a, o, i, verhaften
l'interpellation *f*	die Sistierung
interpeller qn	jdn zwecks Feststellung der Personalien zur Wache bringen, a,a
sommer qn de se rendre	jdn auf~fordern, sich zu übergeben
se constituer prisonnier	sich gefangen geben, a, e, i
se rendre ; se livrer (à la police)	sich ergeben, a, e, i
maîtriser qn, neutraliser qn	jdn überwältigen
désarmer qn	jdn entwaffnen
le lieu d'arrestation	der Ergreifungsort
tendre une souricière	eine Falle stellen
tomber dans les filets de la police	der Polizei ins Netz gehen*, i, a
réaliser un beau coup de filet	einen guten Fang machen
la garde à vue	der Polizeigewahrsam
mettre en garde à vue	in Polizeigewahrsam nehmen, a, o, i
• **la détention préventive**	die Untersuchungshaft, die U-Haft
le prévenu	der Untersuchungsgefangene *(adj)*
laisser en liberté provisoire	vorläufig auf freien Fuß setzen
le motif d'arrestation	der Haftgrund, ¨e
prendre qn sur le fait	jdn auf frischer Tat ertappen
passer les menottes *f* **à qn**	jdm Handschellen *fpl* an~legen
menottes aux poignets	in Handschellen
l'arrestation illégale	die gesetzwidrige Verhaftung
se tromper de personne	sich in der Person irren
la bavure (policière)	die (Polizei)panne, n , der Schnitzer, -
• **l'interrogatoire** *m*	die Vernehmung, en/das Verhör, e
subir un interrogatoire, être entendu	verhört werden

interroger qn	jdn verhören, jdn vernehmen, a, o, i
l'interrogatoire contradictoire	das Kreuzverhör, e
cuisiner qn *(fam)*	jdn in die Mangel nehmen, a, o, i *(fam)*
passer qn à tabac *(fam)*	jdn vertobacken *(fam)*
• **les aveux** *m*	das Geständnis, se
avouer, passer aux aveux	(ein~)gestehen, a, a
se mettre à table *(arg)*	aus~packen *(arg)*
revendiquer un attentat	sich zu einem Attentat *n* bekennen, a, a
faire des aveux complets	ein umfassendes Geständnis ab~legen
revenir sur ses aveux, se rétracter	das Geständnis widerrufen, ie, u
élucider un crime	ein Verbrechen auf~klären
une affaire non élucidée	ein ungeklärter Fall
un crime parfait	ein perfektes Verbrechen
○ **l'opération** *f* **de police anti-émeute**	der Demo(nstrations)-Einsatz, ¨e
le déploiement des forces de police	das Polizeiaufgebot, e
maintenir l'ordre (public)	die öffentliche (Ruhe und) Ordnung sichern
restaurer/rétablir l'ordre public	die öffentliche Ordnung wiederher~stellen
• **la manifestation, la manif** *(fam)*	die Demonstration, en, die Demo, s *(fam)*
organiser	organisieren, veranstalten
la manifestation sur la voie publique	die Demonstration auf öffentlichen Wegen
le manifestant	der Demonstrant, en, en
manifester (contre, pour)	demonstrieren (für, gegen+A)
se réunir sans déclaration ni autorisation préalables	sich ohne Anmeldung oder Erlaubnis versammeln
la réunion publique	die öffentliche Versammlung, en, die Kundgebung, en
la manifestation pacifique	die friedliche Protestkundgebung
decendre dans la rue	auf die Straße gehen*, i, a/öffentlich demonstrieren
protester (contre), contester	protestieren (gegen+A)
le contestataire	der Protestler, -
la contestation, la protestation	der Protest, e
la revendication ; revendiquer	die Forderung, en ; fordern
participer à, prendre part à	teil~nehmen, a, o, i, an+D
le participant	der Teilnehmer, -
le cortège de manifestants	der Demonstrationszug, ¨e
le cortège, le défilé	der Umzug, ¨e
se former	sich bilden
se disperser dans le calme	sich ohne Zwischenfälle auf~lösen
la banderole	das Transparent, e
le mot d'ordre, le slogan	die Parole, n, der Slogan, s
brandir des pancartes	Schilder *npl* heben, o, o
distribuer des tracts *m*	Flugblätter *npl* verteilen
• **l'intervention** *f* **des forces de l'ordre; intervenir**	der Polizeieingriff, e; ein~greifen, i, i
le cordon de police	die Polizeikette, n
le quadrillage ; quadriller	die Einkesselung ; ein~kesseln
le bouclier	der Schutzschild, e
le casque	der Helm, e
le gilet pare-balles	die Panzerweste, n, die kugelsichere Weste
le mégaphone	das Megaphon, e
le haut-parleur	der Lautsprecher, -
le canon à eau	der Wasserwerfer, -

• **l'arme** *f*	die Waffe, n
la détention d'armes	der Waffenbesitz
le permis de port d'armes	der Waffenschein
une arme prohibée	eine verbotene Waffe
le dépôt d'armes	das Waffenlager, -
porter une arme	eine Waffe tragen, u, a, ä
être armé, ne pas être armé	bewaffnet, unbewaffnet sein
désarmer qn	jdn entwaffnen
faire usage de son arme	Gebrauch von seiner Waffe machen
les balles en caoutchouc	die Gummiladung
la bombe à gaz irritant	der/das Reizgas-Spray, s
le pistolet à gaz	die Gaspistole, n
le gaz lacrymogène	das Tränengas, e
la grenade lacrymogène	die Tränengasgranate, n
• **l'arme blanche**	die blanke Waffe, n
un objet contondant	ein stumpfer Gegenstand
le coup de poing américain	der Schlagring, e
la trique ; la matraque	der Knüppel, - ; der Gummiknüppel
la matraque à lame d'acier	die Stahlrute, n
matraquer qn	jdn nieder~knüppeln
assommer qn	jdn nieder~schlagen, u, a, ä
la massue	die Keule, n
le casse-tête	der Totschläger, -
le lance-pierres	die Steinschleuder, n
le projectile	das Wurfgeschoss, e
l'arme tranchante	die Stichwaffe/die Stosswaffe, n
le couteau	das Messer, -
le manche	der Griff, e, das Heft, e
la lame	die Klinge, n
le tranchant, le fil	die Schneide, n
le couteau à cran d'arrêt	das Springmesser
le poignard	der Dolch, e
• **l'arme** *f* **à feu**	die Schusswaffe, n
le coup de feu	der Schuss, ¨e
la détonation	der Knall, e
le flingue *(pop)*, **le feu** *(pop)*	das Schießeisen *(pop)*
le revolver	der Revolver, -
le barillet	die Revolvertrommel
le pistolet	die Pistole, n
la crosse	der Pistolengriff, e
le pistolet d'alarme	die Schreckschusspistole
le silencieux	der Schalldämpfer, -
le fusil (de chasse)	das (Jagd)gewehr, e, die Schrotflinte, Jagdflinte, n
le canon lisse	der Schrotlauf, ¨e
un canon scié	ein abgesägter Lauf
les plombs ; le plomb	der/das Schrot ; die Schrotkugel, n
le fusil à pompe	das Schnellspanngewehr, e
○ **la société de surveillance**	die Wach- und Schließgesellschaft
le vigile	der Sicherheitshüter, -
la télésurveillance	die Videoüberwachung
la protection	der Schutz
le garde du corps, le gorille *(fam)*	der Leibwächter, -
la voiture blindée	der gepanzerte Wagen, -
avoir recours à l'autodéfense *f*	zur Selbsthilfe greifen, i, i
le détective privé, le privé	der Privatdetektiv, e

Auge um Auge, Zahn um Zahn.
Œil pour œil, dent pour dent.

Was dem einen recht ist, ist dem ander(e)n billig.
Il ne doit pas y avoir deux poids et deux mesures.

ein salomonisches Urteil
un jugement de Salomon

Das ist ein Streit um des Kaisers Bart.
C'est une querelle d'Allemand. (sans motif)

Besser schlichten als richten
Un mauvais arrangement vaut mieux qu'un bon procès.

ungestraft davon~kommen*, a, o
s'en tirer en toute impunité

Es ist recht und billig.
Ce n'est que justice.

sich zum Anwalt einer schlechten Sache machen
se faire l'avocat du diable

unter einer Decke stecken
être de mèche (être complices)

Es geschieht ihm recht.
Il ne l'a pas volé / Il n'a que ce qu'il mérite.

Wo kein Kläger ist, ist auch kein Richter.
Point de juge sans plaignant.

XII. Les Sciences politiques

1. L'ÉTAT

l'État

• **l'État** *m*	der Staat, en
l'État fédéral	der Bundesstaat
la confédération d'États	der Staatenbund, ¨e
l'État centralisé	der Zentralstaat
le système politique, le régime	die Regierungsform, en, das Regime, -
le gouvernement	die Regierung, en
les gouvernants *m*	die Regierenden *(adj)*
gouverner *(v. données historiques, p. 96)*	regieren
la monarchie	die Monarchie, n
le monarque	der Monarch, en, en
l'absolutisme *m*	der Absolutismus
la dictature ; le dictateur	die Diktatur, en ; der Diktator, en
le régime totalitaire	der Totalitarismus
l'État à parti unique	der Einparteienstaat
l'État corporatif	der Ständestaat
l'oligarchie *f*	die Oligarchie, n
la monarchie constitutionnelle	die konstitutionelle Monarchie
la république	die Republik, en
la démocratie	die Demokratie, n
"le pouvoir pour une durée limitée"	„Herrschaft auf Frist" *(Theodor Heuss)*
le régime présidentiel	die Präsidialdemokratie
la démocratie parlementaire	die parlamentarische Demokratie
la république populaire	die Volksrepublik
l'État de droit	der Verfassungsstaat
l'État fondé sur le droit	der Rechtsstaat
la raison d'État	die Staatsräson/Staatsraison
l'État policier	der Polizeistaat
l'État providence, social	der Wohlfahrtsstaat, der Sozialstaat
le changement de régime	der Systemwechsel
l'effondrement *m* **de l'État**	der Zusammenbruch des Staates
la disparition de l'État	der Untergang des Staates
○ **l'État national**	der Nationalstaat, en
l'État multinational	der Nationalitätenstaat
les minorités *f*	die Minderheiten *fpl*
la langue nationale	die Landessprache, n
la fête nationale	der Nationalfeiertag, e
le drapeau national	die Nationalflagge, n
la monnaie nationale	die Landeswährung, en
la capitale	die Hauptstadt, ¨e
le ressortissant *(v. la sociologie, p. 73)*	der Staatsangehörige *(adj)*
le droit du sol	das Bodenrecht *(ius soli)*
le droit du sang	das Blutsrecht *(ius sanguinis)*
le citoyen	der Staatsbürger, -
le concitoyen	der Mitbürger
bénéficier du droit d'asile	Asylrecht *n* genießen, o, o
la nation	die Nation, en
le peuple	das Volk, ¨er
le pays natal	die Heimat
la patrie	das Vaterland, ¨er
le patriotisme ; patriotique	der Patriotismus ; patriotisch
le patriote	der Patriot, en, en
le sentiment national	das Nationalgefühl
le nationalisme	der Nationalismus
le cosmopolite, le citoyen du monde	der Weltbürger, -
le cosmopolitisme	das Weltbürgertum
• **la Constitution**	die Verfassung, en
l'Assemblée *f* **constituante**	die verfassungsgebende Versammlung
la Loi fondamentale *(D)*	das Grundgesetz (GG)
les droits fondamentaux	die Grundrechte *npl*
les droits de l'homme	die Menschenrechte
les libertés fondamentales	die Grundfreiheiten *fpl*
l'égalité *f*	die Gleichheit
l'égalité des droits	die Gleichberechtigung
la liberté	die Freiheit
l'atteinte *f* **à la liberté**	die Freiheitsbeschränkung, en
○ **les institutions** *f*	die Institutionen *fpl*
la théorie de l'État	die Staatslehre
l'ordre *m* **juridique**	die Rechtsordnung
le pouvoir	die Gewalt, en
la séparation des pouvoirs	die Gewaltenteilung
le pouvoir législatif	die gesetzgebende Gewalt / die Legislative
le pouvoir exécutif	die vollziehende Gewalt / die Exekutive
le pouvoir judiciaire	die richterliche Gewalt / die Judikative
le Conseil d'État	der Staatsrat *(F)*
la Haute Cour de justice	der Staatsgerichtshof *(F)*
le Tribunal constitutionnel fédéral *(D)*	das Bundesverfassungsgericht (BVG)
saisir le Tribunal constitutionnel	das BVG an~rufen, ie, u
le recours pour inconstitutionnalité	die Verfassungsbeschwerde
déclarer une loi anticonstitutionnelle	ein Gesetz für verfassungswidrig erklären
constater la nullité/l'invalidité d'une loi	die Nichtigkeit eines Gesetzes fest~stellen
ordonner la dissolution d'un parti	die Auflösung einer Partei an~ordnen
l'ordre fondamental libéral et démocratique *(D)*	die freiheitliche demokratische Grundordnung
l'Office fédéral de la protection de la constitution *(D)*	das Bundesamt für Verfassungsschutz *(BfV)*
le service de renseignements de la police	der Staatsschutz
les renseignements généraux (RG)	*(Staatsschutz + Verfassungsschutz)*
la réforme constitutionnelle	die Verfassungsreform
• **le chef de l'État**	das Staatsoberhaupt, ¨er, der Staatschef, s
le président de la République	der Staatspräsident, en, en
le président de la République fédérale d'Allemagne	der Bundespräsident
l'Assemblée fédérale *(D)*	die Bundesversammlung
le serment constitutionnel	der Verfassungseid
les incompatibilités *f*	die Unvereinbarkeiten *fpl*
l'homme *m* **d'État**	der Staatsmann, ¨er
le grand commis de l'État	der große Diener des Staates

le gouvernement

• **le gouvernement**	die Regierung, en
le chef du gouvernement, le Premier ministre	der Ministerpräsident, en, en
le chancelier (fédéral) *(D) (A)*	der (Bundes)kanzler, -
la chancellerie	das Kanzleramt
former un gouvernement de coalition	eine Koalitionsregierung bilden
le remaniement	die Umbildung, en
remanier le gouvernement	die Regierung um~bilden
le conseil de ministres	der Ministerrat, ¨e
le cabinet ministériel	das Kabinett, e
le ministère	das Ministerium, ien
le ministre	der Minister, -
nommer qn ministre	jdn zum Minister ernennen, a, a
le ministre sans portefeuille	der Minister ohne Geschäftsbereich
le portefeuille ministériel	das Ministeramt, ¨er/ der Ministerposten, -
le prédécesseur	der Vorgänger, -
le successeur	der Nachfolger, -
le secrétaire d'État	der Staatssekretär, e
le conseiller personnel, le directeur de cabinet	der persönliche Referent, en, en
le directeur du/de cabinet	der Kabinettsdirektor
le ministre de l'Intérieur	der Innenminister
le ministre des Affaires étrangères	der Außenminister
le ministre des Finances	der Finanzminister
le ministre de l'Économie	der Wirtschaftsminister
le ministre de la Justice, le Garde des Sceaux *(F)*	der Justizminister
le ministre de la Défense nationale	der Verteidigungsminister
le ministre de l'Éducation nationale	der Erziehungsminister *(F)*
le ministre de l'Éducation et des Affaires culturelles *(D)*	der Kultusminister
le ministre de la Culture	der Minister für kulturelle Angelegenheiten
le ministre de l'Agriculture	der Landwirtschaftsminister
le porte-parole du gouvernement	der Regierungssprecher, -
le programme du gouvernement	das Regierungsprogramm, e
la déclaration gouvernementale	die Regierungserklärung, en
le communiqué	das Kommuniqué/ Kommunikee, s
le programme d'austérité	das Sanierungsprogramm
le plan ; le plan quinquennal	der Plan, ¨e ; der Fünfjahresplan
la politique monétaire	die Währungspolitik
la politique sociale	die Sozialpolitik
la politique des logements	die Wohnungspolitik

le parlement

• **le parlement**	das Parlament, e
la Chambre des députés	das Abgeordnetenhaus
l'Assemblée nationale	die Nationalversammlung *(F)*
l'Assemblée fédérale *(D, CH)*	die Bundesversammlung
le Bundestag *(parlement fédéral) (D)*	der Bundestag
le Sénat	der Senat, e
le Bundesrat *(chambre des länder) (D)*	der Bundesrat
• **le député**	der Abgeordnete *(adj)*
le député du Bundestag	das Bundestagsmitglied, er
le parlementaire	der Parlamentarier, -
l'indemnité *f* **parlementaire**	die Diäten *pl*
le siège ; le mandat	der Sitz, e ; das Mandat, e
la chambre	die Kammer, n
le règlement intérieur	die Geschäftsordnung
le groupe parlementaire	die Fraktion, en
le président du groupe parlementaire	der Fraktionsführer, -
le secrétaire du groupe parlementaire	der Fraktionsgeschäftsführer
le bureau du groupe parlementaire	der Fraktionsvorstand, ¨e
la discipline de groupe	der Fraktionszwang
la discipline de vote	die Fraktionsdisziplin
le mandat impératif	das imperative Mandat
le député du dernier rang	der Hinterbänkler, -
la majorité gouvernementale	die (Regierungs)mehrheit
soutenir la politique gouvernementale	die Regierungspolitik unterstützen
l'opposition *f*	die Opposition
le contre-gouvernement	das Schattenkabinett
critiquer ; faire la critique de	kritisieren ; Kritik üben an+D
donner prise à la critique	Anlass zur Kritik geben, a, e, i
la commission	der Ausschuss, ¨e
la commission des finances	der Finanzausschuss
○ **la séance ; la séance plénière**	die Sitzung, en ; die Plenarsitzung
convoquer (à)	ein~berufen, ie, u (zu+D)
tenir une réunion	eine Sitzung ab~halten, ie, a, ä
se réunir	zusammen~treten*, a, e, i
ouvrir la séance	die Sitzung eröffnen
présider la séance	die Sitzung leiten
suspendre la séance	die Sitzung unterbrechen, a, o, i
lever la séance	die Sitzung schließen, o, o
la session	die Sitzungsperiode, n
l'ordre *m* **du jour**	die Tagesordnung, en
le rapporteur	der Referent, en, en
le procès-verbal	das Protokoll, e
publier	bekannt machen, verkünden
les débats *m*	die Debatte, n
la délibération	die Beratung, en
délibérer (sur)	beraten, ie, a, ä (über+A)
la discussion	die Besprechung, en
discuter/examiner	besprechen, a, o, i
décider	beschließen, o, o
l'adoption *f* **; adopter**	die Annahme, n ; an~nehmen, a, o, i
repousser	ab~lehnen, zurück~weisen, ie, ie
l'accord *m*	die Einigung, en
se mettre d'accord (sur)	sich einigen (über+A)
conclure un compromis	einen Kompromiss schließen, o, o
l'ajournement *m* **; ajourner**	die Vertagung, en ; vertagen
l'intervention *f*	die Wortmeldung, en
l'interpellation *f* **; interpeller** *tr*	die Anfrage, n ; eine A. richten an+A
la question écrite	die Anfrage, die kleine Anfrage *(D)*
la question orale	die mündliche Anfrage
l'interruption *f*	der Zwischenruf, e, die Störung, en
le rappel à l'ordre	der Ordnungsruf, e
rappeler à l'ordre	zur Ordnung rufen, ie, u
○ **la motion, la demande**	der Antrag, ¨e
la question de confiance	die Vertrauensfrage, n
poser la question de c.	die Vertrauensfrage stellen
la motion de censure	der Misstrauensantrag, ¨e
le vote de méfiance constructif *(D)*	das konstruktive Misstrauensvotum

renverser le gouvernement	die Regierung stürzen
le changement de gouvernement	der Regierungswechsel, der Machtwechsel
le candidat à la chancellerie	der Kanzlerkandidat, en, en
être élu chancelier à l'unanimité	einstimmig zum Kanzler gewählt werden
• **le vote, le scrutin**	die Abstimmung, en
mettre aux voix	zur Abstimmung bringen, a, a
à main levée	durch Handheben
par assis et levé, par bulletin, par acclamation	durch Aufstehen, durch Stimmzettel, durch Zuruf
le vote par appel nominal	die namentliche Abstimmung
vote au scrutin secret	geheime Abstimmung
vote au scrutin public	offene Abstimmung
être mis en minorité	überstimmt werden
la dissolution ; dissoudre	die Auflösung, en ; auf~lösen

budget et fiscalité

• **le budget**	der Staatshaushalt, e
le contrôle de l'économie	die Konjunktursteuerung
la politique de croissance	die Wachstumspolitik
la relance de la conjoncture	die Konjunkturankurbelung
la surchauffe économique	die Konjunkturüberhitzung
la haute conjoncture, la prospérité économique	die Hochkonjunktur
le fonds d'action conjoncturelle	die Konjunkturausgleichsrücklage
le resserrement du crédit	die Kreditbegrenzung, die Krediteinschränkung
l'expansion *f* **du crédit**	die Kreditausweitung
le ralentissement de la vie économique	die Konjunkturverlangsamung
la récession	der Konjunkturrückgang
la dépression économique	das Konjunkturtief
la politique monétaire	die Währungspolitik
le produit national brut (PNB)	das Bruttosozialprodukt (PSP)
le produit intérieur brut (PIB)	das Bruttoinlandsprodukt
la programmation financière	die Finanzplanung
l'état prévisionnel du budget	der Haushaltsplan, ¨e
la loi de finances	das Haushaltsgesetz
l'année *f* **budgétaire**	das Haushaltsjahr
l'exercice *m* **comptable**	das Rechnungsjahr
les recettes *f*, **les rentrées** *f*	die Einnahmen *fpl*
les dépenses *f*	die Ausgaben *fpl*
équilibrer le budget	den Haushalt aus~gleichen, i, i
l'endettement *m*	die Verschuldung
l'impasse *f* **budgétaire, le déficit budgétaire**	der Haushaltsdefizit, e
la dette publique	die Staatsschuld
le débat budgétaire	die Haushaltsdebatte, n
voter le budget	den Haushalt verabschieden
le budget supplémentaire	der Nachtragshaushalt
la répartition des crédits	die Verteilung der Haushaltsmittel
la compression budgétaire	die Haushaltskürzung, en
le contrôle du budget	die Haushaltskontrolle, n
la Cour des comptes	der Rechnungshof, ¨e
• **la fiscalité**	das Steuerwesen
le code général des impôts (CGI)	die Abgabenordnung (AO)
la fiscalité	die Besteuerung
la parafiscalité	die steuerähnlichen Abgaben *fpl*
le centre des impôts ; le fisc	das Finanzamt, ¨er ; der Fiskus
le bureau des contributions, la perception	das Steueramt, ¨er
le percepteur	der Steuereinnehmer, -
la recette (des contributions)	die Finanzkasse, n
les produits *m* **des impôts**	das Steueraufkommen
prélever des impôts	Steuern ein~ziehen, o, o / Steuern erheben, o, o
la réforme fiscale	die Steuerreform, en
• **l'impôt** *m*	die Steuer, n
la taxe ; frapper d'une taxe, soumettre à une taxe	die Abgabe, n ; mit einer Abgabe belegen
le contribuable	der Steuerzahler, -
la (feuille de) déclaration d'impôts	die Steuererklärung, en
faire sa déclaration d'impôts	die Steuererklärung ab~geben, a, e, i
la résidence fiscale	der steuerliche Wohnsitz
être imposable	steuerpflichtig sein
être exonéré d'impôt	steuerfrei sein
l'exonération *f*, **l'exemption fiscale**	die Steuerbefreiung, en
l'imposition *f*, **la taxation**	die Veranlagung
l'abattement *m* **à la base**	die Freibetrag, ¨e
les abattements *m* **pour charges familliales**	die Kinderfreibeträge
l'allégement fiscal	die Steuerermäßigung, en, die Steuererleichterung, en
le dégrèvement fiscal	die Steuerbegünstigung, en
l'assiette *f* **de l'impôt**	die Steuerbemessungsgrundlage
le barème de l'impôt	die Steuertabelle
la progressivité de l'impôt	die Steuerprogression
l'avis *m* **d'imposition**	der Steuerbescheid, e
le conseiller fiscal	der Steuerberater, -
le contrôle fiscal *(service)*	der Steuerfahndungsdienst
le contrôle fiscal	die Steuerprüfung, en
les revenus dissimulés	die nicht angegebenen Einkünfte *pl*
les avantages en nature	die Sachbezüge *mpl*
la fraude fiscale	der Steuerbetrug, die Steuerhinterziehung
frauder le fisc, commettre une fraude fiscale	die Steuern hinterziehen, o, o
le redressement fiscal	die Steuerberichtigung, die zusätzliche Steuererhöhung
la majoration d'impôt	der Steuerzuschlag, ¨e
l'évasion fiscale	die Steuerflucht
le paradis fiscal	die Steueroase, n
la convention en matière de double imposition	das Doppelbesteuerungsabkommen
○ **les impôts sur le capital et le revenu**	die Besitzsteuern *fpl*
l'impôt sur les traitements et salaires	die Lohnsteuer
la retenue d'impôt sur le salaire *(D)*	der Lohnsteuerabzug
la fiche salariale d'imposition *(D)*	die Lohnsteuerkarte
l'impôt sur les revenus	die Einkommen(s)steuer
les déductions *f* **; déduire (de)**	die Abzüge *mpl* ; ab~ziehen, o, o (von+D)
les frais professionnels	die Werbungskosten *pl*
les dépenses particulières	die Sonderausgaben *fpl*
la taxe d'habitation	die Wohnraumsteuer
la taxe d'enlèvement des ordures ménagères	die Müllabfuhrgebühr
l'impôt destiné à l'Église *(D)*	die Kirchensteuer
l'impôt sur la fortune	die Vermögensteuer
les droits *m* **de succession**	die Erbschaftsteuer
l'impôt sur les donations entre vifs	die Schenkungssteuer

l'impôt sur les revenus des capitaux mobiliers	die Kapitalertragssteuer
l'impôt sur les bénéfices	die Ertragsteuer
l'impôt sur les titres	die Kuponsteuer
l'impôt sur les sociétés	die Körperschaftsteuer
la taxe foncière	die Grundsteuer
la taxe professionnelle	die Gewerbesteuer
les impôts réels	die Realsteuern *fpl*
la taxe sur le chiffre d'affaires	die Umsatzsteuer
la taxe à la valeur ajoutée (TVA)	die Mehrwertsteuer (MwSt)
la vignette automobile *(F)*	die Kraftfahrzeugsteuer *(D)*
le timbre fiscal	die Stempelmarke, n die Steuermarke
la taxe sur les spectacles	die Vergnügungsteuer
la redevance télévision	die Fernsehgebühr, en
la taxe sur les chiens	die Hundesteuer
la taxe sur les débits de boissons	die Schankerlaubnissteuer
les taxes à la consommation	die Verbrauchsteuern *fpl*
la taxe sur les produits pétroliers	die Mineralölsteuer
○ **le paiement des impôts**	die Steuerzahlung, die Steuerentrichtung
payer, acquitter, verser ses impôts (à)	die Steuern bezahlen, entrichten (an+A)
l'impôt retenu à la source	die Quellensteuer
la retenue d'impôt	der Steuerabzug, ¨e
l'exigibilité *f* **; exigible**	die Fälligkeit ; fällig
l'acompte *m* **d'impôt**	die Steuervorauszahlung, en
la mensualisation	die monatliche Steuerabzahlung
le tiers provisionnel	die Steuerabschlagzahlung, en
le sursis de paiement de l'impôt	die Stundung der Steuern
la demande de sursis	das Stundungsgesuch, e
accorder un sursis à qn	jdm eine Stundung gewähren
la majoration pour retard de paiement	der Säumniszuschlag, ¨e
le réajustement annuel des impôts sur le revenu *(D)*	der Lohnsteuerjahresausgleich
le remboursement du trop-perçu	die (Lohn)steuerrückvergütung
rembourser le trop-perçu	die zuviel entrichteten Steuern erstatten

la fonction publique

• **l'administration** *f*	die Verwaltung, en, die Behörde
les pouvoirs publics	die öffentlichen Behörden, die öffentliche Hand
la fonction publique	der öffentliche Dienst
le service administratif	die Verwaltungsbehörde, n
la direction	die Abteilung, en
la sous-direction	die Unterabteilung
le bureau	das Referat, e
le chef de bureau	der Referatsleiter, -
le supérieur hiérarchique	der (Dienst)vorgesetzte *(adj)*
la voie hiérarchique	der Dienstweg
les attributions *f*, **les compétences** *f*	die Zuständigkeit, en
le pouvoir de décision	die Entscheidungsbefugnis, se
le règlement intérieur	die Geschäftsordnung, en
le bureau	das Dienstzimmer, -
le fonctionnaire	der Beamte *(adj)*
à titre temporaire	auf Zeit
à vie	auf Lebenszeit
la titularisation	die Verbeamtung
titulariser qn	jdn verbeamten
• **la carrière**	die Laufbahn, en
fonctionnaire de la catégorie D	der einfache Dienst
catégorie C	der mittlere Dienst
catégorie B	der gehobene Dienst
catégorie A	der höhere Dienst
le haut fonctionnaire	der hohe Beamte
l'agent contractuel	der Angestellte *(adj)*
le statut de la fonction publique	das Beamtengesetz
l'avis *m* **de recrutement**	die Stellenausschreibung, en
le recrutement par (voie de) concours	die Einstellung über das Auswahlverfahren
la nomination	die Ernennung, en
la notation	die dienstliche Beurteilung
la promotion	die Beförderung, en
la mutation	die Versetzung, en
la mise à la disposition	die Bereitstellung
le traitement, la solde	das Gehalt, ¨er
l'ancienneté *f*	das Dienstalter
les années *f* **de service**	die Dienstjahre *npl*
la validation des services	die Anrechnung von Dienstzeiten
la mise en congé, le congé	die Beurlaubung
la mise en disponibilité	die Versetzung in den Wartestand
être atteint par la limite d'âge	die Altersgrenze erreichen
l'admission *f* **à la retraite**	die Versetzung in den Ruhestand
○ **la faute disciplinaire**	das Dienstvergehen
l'obligation *f* **de réserve**	die Schweigepflicht
les sanctions *f* **disciplinaires**	die Disziplinarmaßnahmen *fpl*
le blâme	der Verweis, e
le déplacement d'office	die Strafversetzung, en
la suspension temporaire	die vorläufige Amtsenthebung
la suspension immédiate	das sofortige Verbot der Führung der Dienstgeschäfte
la mise à la retraite d'offices	die zwangsweise Versetzung in den Ruhestand
la révocation	die Entfernung aus dem Dienst

la vie politique

• **la politique**	die Politik
les sciences *f* **politiques (sciences po)**	die politischen Wissenschaften *fpl*
le politologue	der Politologe, n, n
parler politique, discuter politique	über Politik sprechen, a, o, i
l'homme *m* **politique,** **le politicien** *(péj)*	der Politiker, -
intègre **un homme politique intègre**	integer ; ein integrer Politiker
incorruptible	unbestechlich
crédible	glaubwürdig
populaire	beliebt/populär
avoir une bonne image de marque	ein gutes Image haben
corruptible/vénal	bestechlich
corrompu	korrupt
la corruption	die Bestechung, en/ die Korruption, en
recevoir des pots-de-vins, des dessous-de-table	Bestechungsgeschenke, Schmiergelder erhalten, i, a, ä

être compromis dans un scandale financier	in einen Finanzskandal verwickelt sein
l'arriviste *m*	der Karrieremacher, -
un politicard *(fam)*	ein durchtriebener, skrupelloser Politiker
le groupe de pression	die Interessengruppe, n, die Lobby, s/bies
l'affairisme *m*	die Geschäftemacherei
l'affairiste *m*	der Geschäftemacher, -
le magouilleur *(fam)*	der Filzokrat, en, en *(fam)*
la maf(f)ia (des politicards)	die Filzokratie
le magouillage *(fam)*	die Verfilzung
avoir des liens avec	verfilzt sein mit+D
les magouilles *f (fam)*	die Machenschaften *fpl*
la politique politicienne	*(Politik, der Politik wegen)*
• **le parti**	die Partei, en
la fondation (du parti)	die (Partei)gründung
fonder un parti	eine Partei gründen
le président	der (Partei)vorsitzende *(adj)*
le président administratif	der geschäftsführende Vorsitzende
le comité directeur	der Vorstand, ¨e
la direction du parti	die Parteiführung
le bureau	das Parteigremium, ien
le financement des partis	die Finanzierung der Parteien
le don ; faire don de qc	die Spende, n ; spenden *tr*
l'appareil *m* **du parti**	der Parteiapparat, e
le permanent	der Parteifunktionär, e
le membre	das Parteimitglied, er
le militant	das aktive Mitglied
militer *itr*	politisch engagiert sein
l'appartenance *f* **à un parti**	die Parteizugehörigkeit
la carte du parti	das Parteibuch, ¨er
adhérer au parti	der Partei bei~treten*, a, e, i
entrer au parti	in die Partei ein~treten*
quitter le parti	aus der Partei aus~treten*
changer de parti	die Partei wechseln
passer à l'opposition	zur Opposition über~treten*
la discipline du parti	die Parteidisziplin
exclure qn du parti	jdn aus der Partei aus~schließen, o, o
le courant, la tendance	der Trend, s
la tendance politique	die politische Gesinnung/Einstellung, en
changer d'opinion politique	die Gesinnung wechseln
retourner sa veste *(fam)*	um~kippen* *itr (fam)*
être sans appartenance/étiquette politique	parteilos sein
être de droite, être de gauche	rechts, links eingestellt sein
le congrès du parti	der Parteitag, e
le meeting	die Versammlung, en
le programme	das Parteiprogramm, e
l'idéologie *f*	die Ideologie, n
changer de cap	einen neuen Kurs ein~schlagen, u, a, ä
le gauchissement de la ligne du parti	der Linksruck des Parteikurses
donner un coup de barre à gauche	einen Ruck nach Links geben, a, e, i
le glissement vers la droite	der Rechtsdrall
le parti de cadres	die Honoratiorenpartei
le parti de masses	die Massenpartei
le parti populaire	die Volkspartei
le parti majoritaire	die Mehrheitspartei
le parti minoritaire	die Minderheitspartei

le groupuscule	die Splitterpartei
la coalition ; l'alliance *f*	die Koalition, en ; das Bündnis, se
○ **l'éventail** *m* **des partis**	die Parteienlandschaft
le parti gouvernemental	die Regierungspartei
le parti d'opposition	die Oppositionspartei
la droite	die Rechte *(adj)*
l'extrême droite	die äußerste Rechte
le parti de droite	die Rechtspartei
le conservateur	der Konservative *(adj)*
conservateur	konservativ
le centre	die Mitte
la gauche	die Linke *(adj)*
le parti de gauche	die Linkspartei
l'aile *f*	der Flügel, -
le parti unique	die Einheitspartei
l'extrémiste *m* **de droite**	der Rechtsradikale *(adj)*
le gauchiste	der Linksradikale *(adj)*
le fasciste	der Faschist, en, en
le fascisme ; fasciste	der Faschismus ; faschistisch
le néo-nazi ; néo-nazi	der Neonazi, s ; neonazistisch
le libéral	der Liberale, n, n
le libéralisme ; libéral	der Liberalismus ; liberal
le républicain ; républicain	der Republikaner, - ; republikanisch
le démocrate ; démocrate	der Demokrat, en, en ; demokratisch
les Verts *m*	die Grünen *(adj)*
le socialiste	der Sozialist, en, en
le socialisme ; socialiste	der Sozialismus ; sozialistisch
le communiste	der Kommunist, en, en
le communisme ; communiste	der Kommunismus ; kommunistisch
le marxiste	der Marxist, en, en
le marxisme ; marxiste	der Marxismus ; marxistisch
le marxisme-léninisme	der Marxismus-Leninismus
l'anarchie *f* **; anarchique**	die Anarchie, n ; anarchisch
l'anarchiste *m*, **l'anar** *(fam)*	der Anarchist, en, en, der Anarcho, -/s *(fam)*
l'anarchisme *m* **; anarchiste**	der Anarchismus ; anarchistisch
le prolétaire, le prolo *(péj)*	der Proletarier, -
le prolétariat	das Proletariat, e
la lutte des classes	der Klassenkampf
la classe ouvrière	die Arbeiterklasse
la classe moyenne	der Mittelstand/die Mittelschicht
la (grande) bourgeoisie	das (Groß)bürgertum
le capitaliste ; capitaliste	der Kapitalist, en, en ; kapitalistisch
le capitalisme	der Kapitalismus
la réforme sociale	die Sozialreform, en
la société sans classes	die klassenlose Gesellschaft

les élections

• **l'élection** *f*	die Wahl, en
la réélection	die Wiederwahl
les élections législatives	die Parlamentswahlen
les élections sénatoriales	die Senatswahlen
la législature	die Legislaturperiode, n
la dissolution; dissoudre	die Auflösung; auf~lösen
les élections anticipées	die vorgezogenen Wahlen
l'élection présidentielle	die Präsidentenwahl
le système électoral	das Wahlsystem, e
le suffrage universel	die allgemeinen Wahlen
le mode de scrutin	der Wahlmodus, di
le scrutin secret	die geheime Wahl
le scrutin direct, indirect	die unmittelbare, indirekte Wahl
le vote obligatoire	der Wahlzwang

le scrutin majoritaire	die Mehrheitswahl
la représentation proportionnelle	das Verhältniswahlrecht
la répartition proportionnelle	die proportionale Verteilung
le scrutin de liste	die Listenwahl
le panachage ; panacher	das Panaschieren ; panaschieren
l'apparentement *m* **de listes**	die Listenverbindung, en
l'alliance électorale	das Wahlbündnis, se
le scrutin uninominal	die Einzelwahl
la clause des 5 pour 100 *(D)*	die 5%-Klausel
la circonscription	der Wahlkreis, e
le candidat	der Kandidat, en, en
la candidate	die Kandidatin, nen
se porter candidat(e)	sich zur Wahl stellen
retirer sa candidature	seine Kandidatur zurück~ziehen, o, o
présenter un candidat	jdn als Kandidaten auf~stellen
se présenter contre qn	gegen jdn an~treten*, a, e, i
le parachutage d'un candidat	ein von oben aufgedrückter Kandidat
conclure une alliance électorale (avec)	ein Wahlbündnis schließen, o, o (mit+D)
la campagne électorale	der Wahlkampf, ¨e
la cuisine électorale *(péj)*	die Wahlabmachungen *fpl*
le programme électoral	das Wahlprogramm, e
les arguments électoraux	die Wahlmunition *(fam)*
les promesses électorales	die Wahlversprechungen *fpl*, der Wahlspeck *(fam)*
aller à la pêche aux suffrages	auf Stimmenfang gehen*, i, a
la langue de bois	die Apparatschiksprache, die Phrasendrescherei
la réunion électorale	die Wahlversammlung, en
le colleur d'affiche	der Plakatkleber, -
• **le vote**	die Stimmabgabe/die Wahl
la voix, le suffrage	die Stimme, n
voter (pour, contre)	wählen (für, gegen+A)
élire	wählen
l'éligibilité *f* **; être éligible**	die Wählbarkeit ; wählbar sein
l'électeur *m* **; l'électrice** *f*	der Wähler, - ; die Wählerin, nen
le droit de vote	das Wahlrecht
avoir le droit de vote, être inscrit	wahlberechtigt, stimmberechtigt sein
la liste électorale	die Wahlliste, n
le bureau de vote	das Wahllokal, e
le bulletin de vote	der Stimmzettel, -/Wahlzettel
la carte d'électeur	die Wählerkarte, n
l'urne *f* **l'isoloir** *m*	die (Wahl)urne, n ; die Wahlkabine, n
le vote par correspondance	die Briefwahl
le scrutateur	der Stimmenzähler, -
le dépouillement du scrutin	die Stimmenzählung
dépouiller le scrutin	die Stimmen zählen
bulletin valable, bulletin nul	gültiger, ungültiger Stimmzettel
les oui *m*, **les non** *m*	die Jastimmen, die Neinstimmen *fpl*
la participation électorale	die Wahlbeteiligung
l'abstention *f*	die Stimmenthaltung, en
l'abstentionnisme *m*	die Wahlmüdigkeit
l'abstentionniste *m*	der Nichtwähler, -
s'abstenir de voter	nicht wählen/sich der Stimme enthalten, ie, a, ä
○ **le résultat de l'élection**	das Wahlergebnis, se
le résultat provisoire, définitif	das vorläufige, endgültige Ergebnis
• **le sondage d'opinion, la démoscopie**	die Meinungsforschung, die Demoskopie
l'institut *m* **de sondage**	das Meinungsforschungsinstitut, e
effectuer un sondage d'opinion	eine Meinungsumfrage durch~führen
l'échantillon *m*	die Stichprobe, n
l'estimation	die Hochrechnung, en
faire une estimation	hoch~rechnen
selon la dernière estimation	nach der letzten Hochrechnung
établir des pronostics	Prognosen stellen
Les pronostics se sont révélés justes.	Die Prognosen waren zutreffend.
obtenir la majorité des voix	die Stimmenmehrheit erhalten, ie, a, ä
la majorité absolue, simple/relative	die absolute, einfache/relative Mehrheit
une faible, une forte majorité	eine knappe, große Mehrheit
être élu à la majorité absolue	mit absoluter Mehrheit gewählt werden
avec une faible majorité	mit knapper Mehrheit
disposer de la majorité des deux tiers	über eine Zweidrittelmehrheit verfügen
remporter une victoire électorale	einen Wahlsieg erzielen
obtenir 56 % des suffrages	56 % der Stimmen erhalten, ie, a, ä
les suffrages exprimés	die abgegebenen Stimmen
obtenir six sièges	sechs Sitze erhalten, ie, a, ä
être élu député	zum Abgeordneten gewählt werden
être élu au parlement	in das Parlament gewählt werden
le mandat présidentiel, parlementaire	die Mandatszeit des Präsidenten, des Abgeordneten
pour une période de quatre ans	auf vier Jahre
subir une défaite électorale	eine Wahlniederlage erleiden, i, i/hin~nehmen, a, o, i
ramasser une veste *(fam)*	eine Wahlschlappe ein~stecken *(fam)*
perdre les élections	die Wahlen verlieren, o, o
perdre des voix	Stimmen verlieren, o, o, Stimmen ein~büßen
obtenir un mauvais score électoral	ein schlechtes Wahlergebnis erzielen
le tour de scrutin	der Wahlgang, ¨e
au deuxième tour de scrutin	im zweiten Wahlgang
le scrutin de ballotage	die Stichwahl
être en ballotage	in die Stichwahl kommen*, a, o
l'égalité *f* **des voix**	die Stimmengleichheit
le report des voix	die Stimmenübertragung, en
la fraude électorale	die Wahlfälschung, en, der Wahlbetrug
contester une élection	eine Wahl an~fechten, o, o, i
invalider l'élection	die Wahl für nichtig erklären
la validité de l'élection	die Rechtmäßigkeit der Wahl
le référendum	der Volksentscheid, e, das Referendum, den/da
la consultation populaire	die Volksbefragung, en

2. LES RELATIONS INTERNATIONALES

les relations internationales

• **le droit international public, le droit des gens**	das Völkerrecht
la souveraineté	die Staatshoheit/die Souveränität
un État souverain	ein souveräner Staat
l'indépendance *f*	die Unabhängigkeit
accéder à l'indépendance	die Unabhängigkeit erlangen
la déclaration d'indépendance *f*	die Unabhängigkeitserklärung

le droit des peuples à disposer d'eux-mêmes	das Selbstbestimmungsrecht der Völker
l'autodétermination *f*	die Selbstbestimmung
le droit à l'autodétermination	das Selbstbestimmungsrecht
l'autonomie *f*	die Selbständigkeit/die Autonomie
la reconnaissance	die Anerkennung
la frontière nationale	die Staatsgrenze, n
le territoire national	das Staatsgebiet
la souveraineté territoriale	die Gebietshoheit
la souveraineté aérienne	die Lufthoheit
l'espace aérien	der Luftraum
les eaux territoriales	die Hoheitsgewässer *npl*
• **les relations internationales**	die internationalen Beziehungen *fpl*
le Ministère des Affaires étrangères	das Außenministerium
le Ministère des Relations extérieures *(F)*	das Auswärtige Amt *(D)*
le conseiller diplomatique du gouvernement	der Botschafter zur besonderen Verwendung
le jurisconsulte	der Völkerrechtsberater, -
le conseiller juridique	der Rechtsberater
le chef du protocole	der Protokollchef, s
le chiffreur	der Chiffrierbeamte *(adj)*
le service diplomatique	der diplomatische Dienst
• **la diplomatie**	die Diplomatie
le diplomate	der Diplomat, en, en
le corps diplomatique (CD)	das diplomatische Korps (CD)
le Nonce apostolique	der Apostolische Nuntius, ien
les lettres de créance	das Beglaubigungsschreiben, -
l'exequatur *m*	das Exequatur, en
le passeport diplomatique	der Diplomatenpass, pässe
la valise diplomatique	das Diplomatengepäck
l'exterritorialité *f*	die Exterritorialität
l'immunité *f*	die Immunität
jouir de l'immunité diplomatique	die diplomatische Immunität genießen, o, o
l'inviolabilité *f* **; inviolable**	die Unverletzlichkeit ; unverletzlich
l'ambassade *f*	die Botschaft, en
l'ambassadeur *m*	der Botschafter, -
l'ambassadeur extraordinaire et plénipotentiaire	der außerordentliche und bevollmächtigte Botschafter
le ministre plénipotentiaire	der Gesandte *(adj)*
le conseiller d'ambassade	der Botschaftsrat, ¨e
le secrétaire d'ambassade	der Legationsrat
la mission commerciale	die Handelsmission, en
le conseiller commercial, c. d'expansion économique	der Handelsrat
l'attaché *m* **agricole**	der Landwirtschaftsattaché, s
l'attaché militaire	der Militärattaché
l'attaché de presse	der Presseattaché
le conseiller culturel	der Kulturrat
l'attaché culturel	der Kulturattaché
le conseiller scientifique	der Wissenschaftsrat
○ **le consulat**	das Konsulat, e
consulaire	konsularisch/Konsular-
le corps consulaire (CC)	das konsularische Korps (CC)
le consul général	der Generalkonsul, n
le consul	der Konsul
le consul adjoint	der stellvertretende Konsul
le vice-consul, l'attaché *m* **de consulat**	der Kanzler, -
le consul honoraire	der Honorarkonsul/Wahlkonsul
le secrétaire de chancellerie	der Konsulatssekretär, e
le passeport	der (Reise)pass/pässe
délivrer un passeport	einen Pass aus~stellen
demander un visa	ein Visum beantragen
viser un passeport	einen Pass mit einem Visum versehen, a, e, ie
le visa d'entrée	das Einreisevisum, sa/sen
le visa de sortie	das Ausreisevisum
le visa de transit	das Durchreisevisum
représenter les intérêts d'un pays	die Belange eines Landes vertreten, a, e, i
la procédure des bons offices	das Verfahren der guten Dienste
établir des relations diplomatiques	diplomatische Beziehungen auf~nehmen, a, o, i
la rupture des relations diplomatiques	der Abbruch der diplomatischen Beziehungen
le rétablissement des relations diplomatiques	die Wiederaufnahme der diplomatischen Beziehungen
expédier les affaires courantes	die laufenden Geschäfte *npl* erledigen
• **les services de renseignements**	das Nachrichtenwesen
le Service de renseignement fédéral *(D)*	der Bundesnachrichtendienst (BND)
la Direction de la surveillance du territoire (DST)	die Abwehrabteilung *(F)*
la sécurité militaire	der Militärabschirmdienst (MAD)
les services secrets	der Geheimdienst, e

les organisations internationales

• **les organisations internationales**	die internationalen Organisationen *fpl*
les Nations Unies, l'ONU *f*	die Vereinten Nationen, die UNO
le Conseil de sécurité	der Sicherheitsrat
les casques bleus	die Blauhelme *mpl*, die UNO-Friedenstruppe
l'OTAN *f*	die NATO
la Cour internationale de justice	der Internationale Gerichtshof
la Banque mondiale	die Weltbank
le Fonds monétaire international	der Internationale Währungsfonds
l'Union européenne	die europäische Union
le Conseil de l'Europe	der Europarat
L'Organisation de coopération et de développement économiques (OCDE)	die Organisation für wirtschaftliche Zusammenarbeit und Entwicklung (OECD)
l'Organisation mondiale du commerce	die Welthandelsorganisation
l'accord général sur les tarifs douaniers et le commerce	das allgemeine Zoll- und Handelsabkommen
les pays ACP	die AKP-Staaten
les pays ASEAN	die ASEAN-Länder
les pays de l'OPEP	die OPEC-Länder
le tiers monde	die Dritte Welt
les pays les moins développés	die Vierte Welt (Least Developed Countries/LDC)
le pays en voie de développement	das Entwicklungsland, ¨er
le pays nouvellement industrialisé	das Schwellenland
le dialogue Nord-Sud	der Nord-Süd-Dialog
la baisse du prix des matières premières	der Rückgang der Rohstoffpreise
l'endettement *m*	die Verschuldung
s'endetter	sich verschulden
le paiement des intérêts	die Zinszahlungen *fpl*
l'effacement *m* **des dettes**	die Schuldenanmnestie

coopérer (avec)	zusammen~arbeiten, kooperieren (mit+D)
l'aide *f* **au développement, la coopération**	die Entwicklungshilfe
le soutien	die Unterstützung
aider	helfen, a, o, i (+D)
● **la conférence internationale**	die internationale Konferenz, en
la conférence au sommet	die Gipfelkonferenz
la rencontre au sommet	das Gipfeltreffen, -
se rencontrer	zusammen~treffen*, a, o, i
l'État *m* **membre**	der Mitglied(s)staat, en
la délégation	die Abordnung, en/ die Delegation, en
le délégué	der Delegierte *(adj)*
les négociations *f*	die Verhandlung, en
mener des négociations	Verhandlungen führen
ouvrir, engager les négociations	die Verhandlungen eröffnen, auf~nehmen, a, o, i
les manœuvres *f* **dilatoires**	die Verzögerungstaktik
rompre les négociations	die Verhandlungen ab~brechen, a, o, i/ ab~schließen, o, o
clore/terminer les négociations	die Verhandlungen
mener des négociations sur qc	verhandeln über+A
négocier	aus~handeln
● **le traité**	der Vertrag, ¨e
conclure un traité	einen Vertrag (ab~)schließen, o, o
la signature	die Unterzeichnung, en
signer un traité	einen Vertrag unterzeichnen
la ratification	die Ratifizierung, en
ratifier un traité	einen Vertrag ratifizieren
la dénonciation du traité	die Vertragskündigung, en
dénoncer un traité	einen Vertrag kündigen
la violation du traité	die Vertragsverletzung, en
violer un traité	einen Vertrag verletzen
la rupture du traité	der Vertragsbruch, ¨e
rompre un traité	einen Vertrag brechen, a, o, i
l'expiration *f* **; expirer**	das Erlöschen ; erlöschen*, o, o, i
la reconduction ; reconduire	die Verlängerung, en ; verlängern
la convention, l'accord *m*	das Abkommen, -
bilatéral	bilateral/zweiseitig
multilatéral	multilateral/mehrseitig
l'entente *f*	die Vereinbarung, en
la détente	die Entspannung
le pacte ; conclure un pacte (avec)	der Pakt, e ; einen Pakt ab~schließen, o, o (mit+D)
○ **l'incident** *m* **diplomatique**	der diplomatische Zwischenfall, ¨e
l'incident de frontière	der Grenzzwischenfall
la violation de frontière	die Grenzverletzung, en
le conflit	der Konflikt, e
arbitrer, régler un conflit	einen Konflikt schlichten
le différend	der Streitfall, ¨e
l'ultimatum *m*	das Ultimatum, s/ten
adresser un ultimatum à qn	jdm ein Ultimatum stellen
déclencher un conflit	einen Konflikt aus~lösen
entrer en conflit (avec)	in Konflikt geraten*, ie, a, ä (mit+D)
rompre les relations *f* **diplomatiques**	die diplomatischen Beziehungen ab~brechen, a, o, i
menacer qn de représailles	jdm Repressalien *fpl* an~drohen
user de représailles (contre)	Vergeltungsmaßnahmen ergreifen, i, i (gegen+A)
geler les avoirs *m* **à l'étranger**	die Auslandsguthaben *npl* ein~frieren, o, o
l'embargo *m*	das Embargo, s
imposer le blocus économique	die (Wirtschafts)blockade verhängen
lever le blocus	die Blockade auf~heben, o, o
le médiateur ; la médiation	der Vermittler, - ; die Vermittlung, en
offrir sa médiation/ses bons offices	seine Dienste als (Ver)mittler an~bieten, o, o
les pourparlers *m*	die Besprechungen *fpl*
les négociations *f*	die Verhandlungen *fpl*
le protocole final	das Schlussprotokoll
faire une déclaration	eine Erklärung ab~geben, a, e, i
le compromis	der Kompromiss, e
passer un compromis	einen Kompromiss ein~gehen*, i, a
se mettre d'accord (avec)	sich einigen (mit+D)
la réconciliation	die Versöhnung
se réconcilier (avec)	sich versöhnen (mit+D)

la paix

● **la paix**	der Frieden
le pacifisme ; le pacifiste	der Pazifismus ; der Pazifist, en, en
la paix séparée	der Sonderfrieden
faire la paix	den Frieden schließen, o, o
demander la paix à l'adversaire	den Gegner um Frieden bitten, a, e
les préliminaires *m*	die Vorverhandlungen *fpl*
le parlementaire	der Unterhändler, -
les négociations *f* **de paix**	die Friedensverhandlungen *fpl*
les conditions *f* **de paix**	die Friedensbedingungen *fpl*
○ **le traité de paix**	der Friedensvertrag, ¨e
conclure un traité de paix	einen Friedensvertrag schließen, o, o
la responsabilité de la guerre	die Kriegsschuld
le fauteur de guerre	der Kriegstreiber, -
le criminel de guerre	der Kriegsverbrecher, -
le traité imposé	das Diktat, e
la clause	die Bestimmung, en
les modalités *f*	die Durchführungsbestimmungen
la revendication territoriale	der Gebietsanspruch, ¨e
revendiquer un territoire	ein Gebiet beanspruchen
l'annexion *f* **; annexer**	die Annexion ; annektieren
céder un territoire	ein Gebiet ab~treten, a, e, i
l'incorporation *f* **d'un territoire**	die Einverleibung eines Gebietes
l'évacuation *f* **d'un territoire**	die Räumung eines Gebietes
évacuer	räumen
le partage ; la division (en)	die Teilung (in+A)
l'enclave *f*	die Enklave, n
la domination étrangère	die Fremdherrschaft
le plébiscite	die Volksabstimmung, en
soumettre qc à un plébiscite	etw einer Volksabstimmung unterbreiten
○ **les indemnités** *f* **de guerre**	die Kriegsentschädigungen *fpl*
indemniser	entschädigen
les dettes *f* **de guerre**	die Kriegsschulden *fpl*
le profiteur de guerre	der Kriegsgewinnler, -
○ **les dommages** *m* **de guerre**	die Kriegsschäden *mpl*
les horreurs de la guerre	die Kriegsgräuel *mpl*
les destructions *f* **; détruire**	die Zerstörungen *fpl* ; zerstören
les ruines *f*	die Ruinen *fpl*
le pillage ; piller	die Plünderung, en ; plündern
dévaster, ravager	verheeren, verwüsten
les pertes *f* **en vies humaines**	die Menschenverluste *mpl*
enregistrer des pertes sévères	schwere Verluste verzeichnen
les victimes *f* **de guerre**	die Kriegsopfer *npl*

les soldats morts pour la patrie	die Gefallenen *(adj)*
les soldats portés disparus	die vermissten Soldaten
l'ancien combattant	der Kriegsveteran, en, en
le mutilé/l'invalide *m* **de guerre**	der Kriegsversehrte/ Kriegsbeschädigte *(adj)*
la veuve de guerre	die Kriegerwitwe, n
le cimetière militaire	der Soldatenfriedhof, ¨e
les tombes *f* **militaires**	die Kriegsgräber npl
le monument aux morts	das Kriegerdenkmal, ¨er
○ **la conférence de la paix**	die Friedenskonferenz, en
l'armement *m*	die (Auf)rüstung
le désarmement	die Abrüstung
la course aux armements	der Rüstungswettlauf
le traité sur la non-prolifération des armes nucléaires	der Atomsperrvertrag
la zone dénucléarisée	die atomfreie Zone
le satellite d'observation	der Beobachtungssatellit, en, en
le traité de non-recours à la violence	das Gewaltverzichtsabkommen
la Conférence sur la sécurité et la coopération en Europe (CSCE)	die Konferenz für Sicherheit und Zusammenarbeit in Europa (KSZE)

l'Union européenne

• **l'Union européenne (UE)**	die Europäische Union (EU)
le Marché commun	der Gemeinsame Markt
le traité de Rome	der Römische Vertrag
l'État *m* **membre**	der Mitglied(s)staat, en
les pays *m* **tiers**	die Drittländer *npl*
la Commission	die Kommission
le Conseil de ministres	der EG-Ministerrat
le Conseil européen	der Europäische Rat
le Parlement européen	das Europäische Parlament
la Cour de justice	der Gerichtshof
le greffier	der Kanzler
le service linguistique	der Sprachendienst
la langue de procédure	die Verfahrenssprache, n
le recours en manquement	die Klage wegen eines Verstoßes
le recours en annulation	die Aufhebungsklage
le recours en carence	die Untätigkeitsklage
le recours en responsabilité	die Haftungsklage
le recours préjudiciel	der Antrag auf Vorabentscheidung
la compétence d'avis	die Zuständigkeit zur Abgabe von Gutachten
le principe de subsidiarité	Das Subsidiaritätsprinzip
○ **l'Union économique et monétaire**	die Wirtschafts- und Währungsunion
l'Union de l'Europe occidentale (UEO)	die Westeuropäische Union (WEU)
l'Acte unique européen	die Einheitliche Europäische Akte
le marché intérieur unique	der Europäische Binnenmarkt
l'élargissement *m* **de la CE**	die Erweiterung der EG
la demande d'adhésion	der Beitrittsantrag
la période transitoire	die Übergangszeit
l'accord d'association	das Assoziierungsabkommen
l'union *f* **douanière**	die Zollunion
le tarif douanier commun (TDC)	der Gemeinsame Zolltarif
le démantèlement tarifaire	der Zollabbau
l'abolition *f* **des droits de douane**	die Abschaffung der Zollabgaben
l'élimination *f* **des barrières fiscales**	die Beseitigung der fiskalischen Schranken
la suppression des contrôles aux frontières	die Abschaffung der Grenzkontrollen
la libre circulation des marchandises	der freie Warenverkehr
la libre circulation des personnes	die Freizügigkeit der Personen
la liberté d'établissement	die Niederlassungsfreiheit
la reconnaissance des diplômes	die Anerkennung der Diplome
la r. de la qualification professionnelle	die Anerkennung der beruflichen Qualifikation
la libre prestation des services	die Freizügigkeit im Dienstleistungsbereich
la politique sociale commune	die gemeinsame Sozialpolitik
la libre circulation des capitaux	der freie Kapitalverkehr
• **la politique agricole commune (PAC)**	die gemeinsame Agrarpolitik (GAP)
le Fonds européen d'orientation et de garantie agricole (FEOGA)	der Europäische Ausrichtungs-und Garantiefonds für die Landwirtschaft (EAGFL)
les excédents *m*	die Überschüsse *mpl*
les quotas laitiers	die Milchquoten *fpl*
les montants *m* **compensatoires (monétaires)**	die Grenzausgleichsbeträge *mpl*
le prélèvement	die Abschöpfung, en
la taxe	die Abgabe, n
le prix indicatif	der Richtpreis, e
le prix d'intervention	der Interventionspreis
le prix de référence	der Referenzpreis
les aides *f* **communautaires à la production**	die Produktionsbeihilfen *fpl* der Gemeinschaft
intra-communautaire	innergemeinschaftlich
extra-communautaire	außergemeinschaftlich
○ **la zone européenne de libre-échange**	die europäische Freihandelszone
les pays *m* **de l'AELE**	die EFTA-Länder *npl*
les préférences douanières	die Zollpräferenzen *fpl*
l'accord *m* **de coopération non préférentiel**	das nichtpräferenzielle Kooperationsabkommen
• **le système monétaire européen (SME)**	das Europäische Währungssystem (EWS)
la monnaie commune	die gemeinsame Währung
l'Institut monétaire européen	das Europäische Währungsinstitut
La Banque centrale européenne	die Europäische zentralbank
l'unité de compte européenne	die europäische Währungseinheit
l'Ecu *m*	der ECU/Ecu, (s)/die Ecu, -
l'Euro *m*	der Euro, (s)

3. LA DÉFENSE NATIONALE

l'armée

• **l'armée** *f*	die Armee, n/das Heer, e
les forces armées	die Streitkräfte *fpl*
les forces armées de la République fédérale	die Bundeswehr
l'armée *f* **de terre**	das Heer
la force de manœuvre	das Feldheer
l'armée territoriale	das Territorialheer
l'armée de l'air	die Luftwaffe

la Marine nationale	die Marine
la défense nationale	die Landesverteidigung
le ministre de la Défense	der Verteidigungsminister, -
le général en chef	der Oberbefehlshaber, -/ der Oberkommandierende *(adj)*
l'inspecteur général	der Generalinspekteur e
le commissaire à la défense *(D)*	der Wehrbeauftragte *(adj)*
la loi militaire	das Wehrgesetz, e
• **le service militaire**	der Wehrdienst
les obligations *f* **militaires**	die Wehrpflicht
le service militaire obligatoire	die allgemeine Wehrpflicht
la suppression du service militaire	die Abschaffung der Wehrpflicht
l'appelé *m*, **le conscrit**	der Wehrpflichtige *(adj)*
le contingent	die Wehrpflichtigen *pl*
le livret militaire	der Wehrpass/pässe
la plaque d'identité	die Erkennungsmarke, n
le recensement	die Erfassung, en
le bureau de recensement	die Erfassungsbehörde
la classe	der Jahrgang, ¨e
le service de recrutement	das Wehrersatzwesen
le bureau du service national	das Kreiswehrersatzamt
la région militaire *(F)*	der Wehrbereich, e *(D)*
le centre de sélection	die Eignungsprüfstelle, n
le test de sélection	die Eignungs- und Verwendungsprüfung, en
le conseil de révision	der Musterungsausschuss, ¨e
passer le conseil de révision	gemustert werden
être apte	tauglich sein
être inapte (au service)	untauglich sein
le report d'incorporation	die befristete Zurückstellung vom Wehrdienst
ajourné	vorläufig vom Wehrdienst zurückgestellt
le sursis	die Zurückstellung
sursitaire	zum Studium zurückgestellt
la dispense	die Wehrdienstausnahme, n
exempté	nicht zum Wehrdienst herangezogen
réformé temporairement	zeitweilig wehrdienstuntauglich
la réforme	die Ausmusterung
la préparation militaire supérieure	die höhere vormilitärische Ausbildung
faire son service militaire	seinen Wehrdienst ab~leisten
le régiment *(le service militaire)*	der Kommiss *(fam)*
être au régiment	beim Militär, beim Bund sein *(D)* *(fam)*
être dégagé des obligations militaires	nicht mehr wehrpflichtig sein
la limite d'âge	die Altersgrenze
○ **l'objecteur** *m* **de conscience**	der Kriegsdienstverweigerer, -
l'antimilitarisme *m*	der Antimilitarismus
l'antimilitariste *m*	der Antimilitarist, en, en
le pacifisme ; le pacifiste	der Pazifismus ; der Pazifist, en, en
le service civil obligatoire	der Ersatzdienst
• **le service civil**	der Zivildienst
la protection de la population civile	der Zivilschutz
la coopération	der Entwicklungsdienst
le coopérant	der Entwicklungshelfer, -
○ **l'appel** *m* **(sous les drapeaux)**	die Einberufung
être appelé sous les drapeaux	einberufen werden
l'ordre *m* **d'appel**	der Einberufungsbescheid
devancer l'appel	den Wehrdienst vorzeitig ab~leisten
l'engagement *m*	die Verpflichtung
s'enrôler dans l'armée, s'engager (dans l'armée)	Soldat werden, sich freiwillig melden
le volontaire	der Freiwillige *(adj)*
la durée d'engagement	die Verpflichtungszeit
la prime d'engagement	die Verpflichtungsprämie, n
la solde	der Wehrsold *(appelé)* ; die Besoldung *(mil. de carrière)*
le r(é)engagement militaire	die Weiterverpflichtung
se r(é)engager, rempiler *(fam)*	sich weiter~verpflichten
le militaire sous contrat	der Soldat auf Zeit
le militaire de carrière	der Berufssoldat, en, en
l'armée *f* **de métier**	das Berufsheer, e
l'école *f* **militaire**	die Militärakademie, n
le mercenaire	der Söldner, -
la légion étrangère	die Fremdenlegion
s'engager dans la légion	in die Fremdenlegion gehen*, i, a
le légionnaire	der Fremdenlegionär, e
être réformé	wegen Dienstuntauglichkeit entlassen werden
la démission ; démissionner	der Abschied ; seinen Abschied nehmen, a, o, i
la mise à la retraite	die Verabschiedung
○ **l'incorporation** *f*	die Einstellung
la recrue, le bleu *(fam)*	der Rekrut, en, en
la permission de sortie	der Ausgang, ¨e
la permission de minuit	der Ausgang bis Mitternacht
avoir quartier libre	Ausgang haben
la permission, la perme *(fam)*	der Urlaub, e
le permissionnaire	der Urlauber, -
la permission de convalescence	der Genesungsurlaub
venir en permission	auf Urlaub kommen*, a, o
le certificat de bonne conduite	das Führungszeugnis
la libération	die Entlassung
fêter la quille *(fam)*	das Ende der Wehrdienstzeit feiern
20 au jus ! *(fam)*	Parole 20 Tage ! *(fam)*
○ **le service actif**	der Grundwehrdienst
la disponibilité	die Verfügungsbereitschaft
la réserve	die Reserve
le réserviste	der Reservist, en, en
l'officier *m* **de réserve**	der Reserveoffizier, e
la période	die Wehrübung, en
faire une période d'instruction	eine Übung ab~leisten
les manœuvres *f*	das Manöver, - die Übung, en
partir en manœuvres	ins Manöver ziehen*, o, o
la mobilisation	die Mobilmachung
le fascicule de mobilisation	die Mob-Beorderung, en
l'affectation *f*	die Abkommandierung, en
être mobilisé	eingezogen werden
l'affectation spéciale	die Unabkömmlichstellung, en

la caserne

la garnison *(lieu)*	die Garnisonsstadt, ¨e, der Standort, e
la garnison *(troupe)*	die Garnison, en
être en garnison *(troupe)*	in Garnison liegen
le cantonnement	das Quartier, e
le commandant de place	der Kommandant, en, en
le bureau de la place	die Standortkommandantur, en
le commissariat à l'armée de terre, l'intendance *(anc)*	die Verwaltungsbehörde des Heeres
réquisitionner	requirieren
• **la caserne**	die Kaserne, n

la cantine	die Kantine, n
l'ordinaire *m*	die Mannschaftsverpflegung
le mess	das Kasino, s
le mess des officiers	das Offiziersheim, e
l'économat *m*	die Marketenderei, en
la chambrée	die Mannschaftsstube, n
le service de semaine	der Wochendienst
l'adjudant *m* **de semaine**	der Feldwebel vom Wochendienst
le sous-officier d'appel	der Unteroffizier vom Dienst
○ **la garde**	die Wache, n
la sentinelle, le poste de garde	die Schildwache, n, der Wachposten, -
monter la garde, être de/en faction	(auf) Wache stehen, a, a, Wache schieben, o, o *(fam)*
le chef de poste	der Wachhabende, n
le service de garde	der Wachdienst
le poste de garde *(local)*	das Wachlokal, e
la guérite	das Schilderhaus, ¨er
la relève (de la garde)	die (Wach)ablösung, en
la garde descendante	die alte Wache
la garde montante	die neue Wache
les consignes *f*	die Wachvorschrift, en
le mot de passe	die Parole, n
Qui vive ?	Wer da ?
Halte ou je tire !	Halt ! Stehenbleiben oder ich schieße !
le coup d'avertissement	der Warnschuss, schüsse
le piquet d'incendie	die Brandwache, n
l'extinction *f* **des feux**	der Zapfenstreich, e
le réveil	das Wecken
le réveil *(la sonnerie)*	das Signal zum Wecken
la sonnerie de clairon	das Hornsignal
le clairon *(soldat)*	der Hornist, en, en
sonner l'appel	zum Appell blasen, ie, a, ä
le rapport, le rassemblement	der Appell, e
se rassembler pour le rapport	zum Appell an~treten*, a, e, i
le contre-appel	der Nachappell
faire la revue	Appell ab~halten, ie, a, ä
la revue d'effectif	der Anwesenheitsappell
la revue de détail	der Sachenappell
• **l'uniforme** *m*	die Uniform, en
la tenue de sortie	der Ausgehanzug, ¨e
la tenue de parade	der große Dienstanzug
en grande tenue	in Paradeuniform
la tenue de service	der kleine Dienstanzug
la tenue de combat	der Kampfanzug
le treillis	der Drillich, e
le casque	der Stahlhelm, e
le calot, le bonnet de police	das Schiffchen, -
le béret	das Barett, e
la casquette, le képi	die Schirmmütze, n
le blouson	die Feldbluse, n
la tenue léopard	der Tarnanzug, ¨e
la pélerine	der Schutzumhang, ¨e
la tunique	der Rock, ¨e
le ceinturon	das (Leder)koppel, -
les guêtres *f*	die Gamaschen *fpl*
les rangers *m*, **les brodequins** *m*	die Marschstiefel *mpl*
la patte d'épaule	die Schulterklappe, n
l'épaulette *f*	das Schulterstück, e
l'écusson *m (tissu)*	der (Kragen)spiegel, -
l'insigne *m*	das Abzeichen, -
la décoration	der Orden, -
la fourragère	die Schnur, ¨e
le chevron	der Winkel, -
le galon *(laine)*	die Litze, n
le galon *(argent, or)*	die Tresse, n
l'étoile *f*	der Stern, e
○ **le fourniment**	die Ausrüstung, en
le paquetage	das Gepäck
le sac à dos	der Tornister, -
la toile de tente	die Zeltbahn, en
l'outil individuel	das Schanzzeug
la musette	der Brotbeutel, -
le bidon	die Feldflasche, n
la gamelle	das Kochgeschirr, e
le quart	der Trinkbecher, -
le magasin d'habillement	die Kleiderkasse, n

l'instruction militaire

• **l'instruction** *f* **militaire**	die militärische Ausbildung
la préparation militaire (P.M.)	die vormilitärische Ausbildung
l'instruction militaire de base	die Grundausbildung
faire ses classes	die Grundausbildung machen
former, instruire	aus~bilden
faire l'exercice *m*	exerzieren
le dressage	der Schliff, der Drill *(fam)*
dresser	schleifen, i, i, drillen *(fam)*
Rassemblement !	Angetreten !
se mettre en rang	an~treten*, a, e, i
Serrez les rangs !	Aufschließen !/Nachrücken !
être en rang	in Reih und Glied stehen, a, a
reformer les rangs	wieder antreten*, a, e, i
Rompez les rangs !	Weggetreten !
prendre ses distances	Abstand nehmen
couvrir	Vordermann halten, ie, a, ä
s'aligner ; aligner	sich richten ; aus~richten
(À droite) alignement !	Richt' euch !
Garde à vous !	Stillgestanden !
Tête gauche ! Tête droite !	Die Augen links ! Die Augen rechts !
Fixe !	Augen geradeaus !
Repos !	Rührt euch !
À droite - droite !	Rechts um !
Demi-tour à droite !	Ganze Abteilung kehrt !
Couchez-vous !	Hinlegen !
À genou ! - debout !	Knien ! - auf !
ramper	kriechen*,o, o, ie
le parcours du combattant	die Hindernisbahn, en
○ **la marche d'entrainement**	der Übungsmarsch, ¨e
marcher (au pas)	marschieren*
Pas cadencé - marche !	Im Gleichschritt - Marsch !
Sans cadence - marche !	Ohne Tritt - Marsch !
Au pas !	Im Tritt !
marquer le pas	auf der Stelle treten*, a, e, i
Section ! Halte !	Abteilung ! Halt !
le changement de direction	die Schwenkung, en
changer de direction	schwenken*
le groupe de marche	die Marschkolonne, n
l'objectif *m* **de marche**	das Marschziel, e
les vivres *m* **de route**	die Marschverpflegung
la ration	die (Tages)ration, en
• **la parade, le défilé**	die Truppenparade, n, die Truppenschau, en
passer les troupes en revue	die Parade ab~nehmen, a, o, i

le drapeau	die Fahne, n, die Flagge, n
hisser ; amener	hissen ; ein~holen
mettre en berne	auf halbmast setzen
l'enseigne *f*	das Feldzeichen, -
l'étendard *m*	die Standarte, n
le fanion	der Wimpel, -
défiler (devant)	vorbei~marschieren* (an+D)
en formation serrée	in geschlossener Formation
inspecter les troupes	die Truppen besichtigen
passer devant le front des troupes	die Front ab~schreiten, i, i
former la haie	Spalier bilden
○ **le salut militaire**	der militärische Gruß
saluer	grüßen
l'arme au pied	Gewehr bei Fuß
L'arme sur l'épaule droite !	Das Gewehr über !
Reposez arme !	Gewehr ab !
Présentez arme !	Präsentiert das Gewehr !
porter l'arme à la bretelle	die Waffe umgehängt tragen, u, a, ä
Formez les faisceaux !	Setzt die Gewehre zusammen !
Rompez les faisceaux !	Gewehr in die Hand !
• **le tir**	das Schießen
l'instruction *f* **du tir**	die Schießausbildung
tirer (sur)	schießen, o, o (auf+A)
tirer à blanc	mit Übungsmunition schießen
tirer à balles réelles	mit scharfer Munition schießen
l'exercice de tir	die Schießübung, en
le stand de tir	der Schießstand, ¨e
le pas de tir	die Schützenstandlinie
la cible	die Zielscheibe, n
être prêt à tirer	schussbereit sein
l'ordre *m* **de tir**	das Feuerkommando, s
indiquer la cible	das Ziel zu~weisen, ie, ie
reconnaître la cible	das Ziel an~sprechen, a, o, i
repérer	aus~machen
Feu !	Feuer !
le tir sur cibles mobiles	das Schießen auf sich bewegende Ziele
sur cibles fixes	auf stehende Ziele
la silhouette	die Figurenscheibe, n
la palette	der Ziellöffel, -
le tir au but	das Präzisionsschießen
le tir de groupement	das Trefferbildschießen
le tireur	der Schütze, n, n
le tireur d'élite	der Scharfschütze, n
épauler son fusil	das Gewehr an~legen (auf+A)
viser *tr*	zielen (auf+A)
manquer la cible	das Ziel verfehlen
tirer à côté	vorbei~schießen, o, o
la position du tireur debout	der stehende Anschlag
la position du tireur à genoux	der kniende Anschlag
la position du tireur couché	der liegende Anschlag
le tir au jugé	der Hüftanschlag
un tir (coup) bien ajusté	ein gezielter Schuss
le coup au but	der (Voll)treffer, -
l'impact *m*	der Einschlag, ¨e
le ricochet	der Abpraller, -
la trajectoire	die Schussbahn, en die Geschossbahn, en
la portée	der Schussbereich, e, die Schussweite, n
être hors de portée	außer Schussbereich sein
• **l'arme à feu**	die Schusswaffe, n
• **le fusil**	das Gewehr, e
le canon	der Lauf, ¨e
le canon rayé	der gezogene Lauf
la ligne de mire	die Visierlinie, n
la hausse	das Visier, e
le guidon	das Korn, e
le cran de mire	die Kimme, n
l'œilleton *m*	das Lochvisier, e
la lunette de visée	das Zielfernrohr, e
le fusil à lunette	das Gewehr mit Zielfernrohr
la crosse	der Kolben, -
la bretelle	der Gewehrriemen, -
la détente	der Abzug, ¨e
appuyer sur la détente, sur la gâchette *(abus)*	auf den Abzug drücken
le percuteur	der Schlagbolzen, -
le chargeur	das Magazin, e
le calibre	das Kaliber, -
○ **les munitions** *f*	die Munition, en
la cartouchière	die Patronentasche, n
la cartouche	die Patrone, n
la cartouche à blanc	die Platzpatrone
la douille	die Hülse, n
l'amorce *f*	das Zündhütchen, -
la balle	das Geschoss, e
la balle traçante	das Leuchtspurgeschoss
charger	laden, u, a, ä
décharger	entladen
une arme chargée, non chargée	eine geladene, ungeladene Waffe
l'enrayage *m*	die Ladehemmung
s'enrayer	eine Ladehemmung haben
armer *(une arme à feu)*	entsichern
désarmer *(une arme à feu)*	sichern
charger et mettre au cran de sûreté	laden und sichern
le cran de sûreté	die Sicherung, en
• **l'armement** *m*	die Bewaffnung, die Waffenausrüstung
le magasin d'armes	die Waffenkammer, n
le maître-armurier	der Waffenmeister, -
l'arme individuelle	die Handwaffe, n
la baïonnette	das Seitengewehr, e
le poignard (de commando)	der Dolch, e
le pistolet (automatique)/ le PA	die (Selbstlade)pistole, n
le pistolet mitrailleur, le PM	die Maschinenpistole
la rafale	der Feuerstoß, ¨e
le pistolet lance-fusées	die Leuchtpistole
la fusée de signalisation	die Signalrakete, n
la fusée éclairante	der Leuchtkörper, -
la carabine, le mousqueton	der Karabiner, -
le fusil à répétition	der Mehrlader, -
le fusil semi-automatique	das Selbstladegewehr, e
l'arme *f* **à tir rapide**	die Schnellfeuerwaffe, n
le fusil automatique, le FA	das Schnellfeuergewehr
le fusil d'assaut	das Sturmgewehr, e
le fusil lance-grenades	das Gewehr mit Schießbecher
la grenade à fusil	die Gewehrgranate, n
le fusil-mitrailleur, le FM	das leichte Maschinengewehr
la mitrailleuse	das schwere Maschinengewehr
la mitrailleuse sur affût	das Maschinengewehr auf Lafette
○ **la grenade**	die Handgranate, n

le lancer de grenades	das Handgranatenwerfen
le jet	der Wurf, ¨e
la grenade d'exercice	die Übungshandgranate
la grenade offensive	die Sprenghandgranate
la grenade défensive	die Splitterhandgranate
le bouchon allumeur	der Zünder, -
dégoupiller la grenade	die Handgranate entsichern

armes anciennes

• **les armes anciennes**	die historischen Waffen *fpl*
• **l'arme blanche**	die blanke Waffe
l'arme d'estoc	die Stoßwaffe, n, die Stichwaffe
l'arme de taille	die Hiebwaffe
l'épée *f*, **le glaive** *(lit)*	das Schwert, er, der Degen, -
le glaive	das Kurzschwert
le sabre	der Säbel, -
le poignard, la dague	der Dolch, e
le fourreau, la gaine	die Scheide, n
la lame ; la pointe	die Klinge, n ; die Spitze, n
le tranchant	die Schneide, n
à deux tranchants	zweischneidig
la garde	die Parierstange, n
tirer/dégainer son épée	den Degen (blank~)ziehen, o, o
croiser le fer, ferrailler *(fam)*	die Degen kreuzen
la hallebarde	die Hellebarde, n
la lance	die Lanze, n
le javelot	der Speer, e
la pique	die Pike, n
l'épieu *m*	der Spieß, e
la masse à pointes	der Morgenstern, e/der Bengel, -
le fléau (d'armes)	der (Kriegs)flegel, -
○ **l'arme de trait/de jet**	die Wurfwaffe, n
l'arc *m*	der Bogen, -/¨
l'archer *m*	der Bogenschütze, n, n
la flèche ; empenner	der Pfeil, e ; befiedern
tendre/bander l'arc	den Bogen spannen
décocher une flèche	einen Pfeil ab~schießen, o, o
le carquois	der Köcher, -
l'arbalète *f* **; le carreau**	die Armbrust, ¨e ; der Bolzen, -
la fronde	die Schleuder, n
l'engin *m* **balistique**	die Wurfmaschine, n
la baliste	die Balliste, n
la catapulte	das/der Katapult, e
le bélier	der Sturmbock, ¨e, der Mauerbrecher, -
○ **l'arme à feu**	die Feuerwaffe, n
la poudre	das (Schieß)pulver, -
la mèche	die Lunte, n
l'arquebuse *f*	die Arkebuse, n
le mousquet	die Muskete, n
le pistolet	die Pistole, n
la bombarde ; le boulet	die Bombarde, n ; die Steinkugel, n
○ **l'arme défensive**	die Schutzwaffe, n
le bouclier, l'écu *m* **(d'armes)**	der Schild, e
le pavois	der Langschild
l'armure *f*	die Rüstung, en
le harnais, l'harnachement *m*	der Harnisch, e
la cuirasse	der Panzer, -
la cotte de mailles, le haubert	das Panzerhemd, en
le casque ; le cimier	der Helm, e ; die Helmzier
le heaume	der geschlossene Helm
le casque à pointe	die Pickelhaube, n
la bannière, l'oriflamme *f*	das Banner, -
la bannière à fleur de lys	das Lilienbanner

les grades - le commandement

• **le grade**	der Dienstgrad, e
le rang ; la hiérarchie	der Rang ; die Rangordnung
la nomination	die Ernennung, en
la promotion	die Beförderung, en
la proposition pour l'avancement	der Beförderungsvorschlag, ¨e
la nomination à titre exceptionnel	die Ernennung außer der Reihe
servir dans le rang	als gemeiner Soldat dienen
le gradé	der untere Dienstgrad
être gradé	zu den unteren Dienstgraden gehören
sortir du rang	aus dem Mannschaftsstand hervor~gehen*, i, a,von der Pike auf gedient haben *(fam)*
l'école *f* **d'officiers**	die Offizierschule, n
l'élève-officier *m*	der Offizieranwärter, - (OA)
le supérieur	der Vorgesetzte *(adj)*
le subordonné	der Untergebene *(adj)*
les hommes *m* **de troupe**	die Mannschaften *fpl*
le soldat (de 2e classe)	der (einfache) Soldat, en, en
le caporal, le brigadier	der Gefreite *(adj)*
être promu caporal	zum Gefreiten befördert werden
le caporal-chef, le brigadier-chef	der Obergefreite, der Hauptgefreite
le sous-officier *(t gén)*, **le sous-off** *(fam)*, **le sergent, le maréchal des logis** *(artillerie)*	der Unteroffizier, e
le sergent-chef, le maréchal des logis-chef	der Stabsunteroffizier
l'adjudant *m*	der Feldwebel, der Hauptfeldwebel
le juteux *(fam)*	der Spieß, e *(fam)*
l'adjudant-chef *m*	der Oberfeldwebel, der Stabsfeldwebel
l'aspirant *m*, **l'aspi** *m (fam)*	der Fähnrich, e
l'officier *m*	der Offizier, e
le sous-lieutenant	der Leutnant, s
le lieutenant	der Oberleutnant
le capitaine, le pitaine *(fam)*	der Hauptmann, leute
le commandant *(le chef de bataillon, d'escadron)*	der Major, e
le lieutenant-colonel	der Oberstleutnant
le colonel, le colon *(fam)*	der Oberst, en/s, en
les généraux *m*	die Generalität
le général de brigade	der Brigadegeneral e/¨e
le général de division	der Generalmajor, e
le général de corps d'armée	der Generalleutnant, s
le général d'armée	der General, e/¨e
le maréchal	der Generalfeldmarschall, ¨e *(F)*
• **le pouvoir de commandement**	die Befehls- und Kommandogewalt
le commandement suprême	das Oberkommando
la zone de commandement	der Befehlsbereich, e
avoir le commandement	das Kommando führen/haben
prendre le commandement	die Führung, das Kommando übernehmen, a, o
À mon commandement !	Alles hört auf mein Kommando !
le commandant de division	der Divisionskommandeur, e
le commandant de régiment, le chef de corps	der Regimentskommandeur

commander le régiment	das Regiment befehligen
le commandant en second	der stellvertretende Kommandeur
le commandant de compagnie, d'escadron	der Kompaniechef, s
le chef de section, le chef de peloton	der Zugführer, -
• **l'ordre** *m*	der Befehl, e
l'ordre verbal	der mündliche Befehl
l'ordre écrit	der schriftliche Befehl
commander	befehlen, a, o, ie
ordonner qc par écrit	etw an~ordnen
donner un ordre à qn	jdm einen Befehl erteilen
diffuser un ordre	einen Befehl verteilen
sur l'ordre du colonel	auf Befehl des Obersten
À vos ordres, mon capitaine !	Zu Befehl, Herr Hauptmann !
donner l'ordre de faire qc	befehlen etw zu tun
rapporter un ordre	einen Befehl auf~heben, o, o
recevoir un ordre	einen Befehl erhalten, ie, a, ä
transmettre un ordre	einen Befehl übermitteln
obéir à un ordre	einem Befehl gehorchen
exécuter un ordre	einen Befehl aus~führen
la discipline ; discipliné	die Disziplin ; diszipliniert
• **l'obéissance** *f*	der Gehorsam
le serment de fidélité au drapeau	der Fahneneid
prêter serment au drapeau	den Fahneneid leisten
jurer fidélité	Treue geloben
la promesse solennelle	das Gelöbnis
l'obéissance aveugle	der blinde Gehorsam, der Kadavergehorsam *(péj)*
l'abus *m* **d'autorité**	die Überschreitung der Machtbefugnis
le refus d'obéir à un ordre	die Befehlsverweigerung
refuser d'obéir	den Gehorsam verweigern
l'insubordination *f*	die Gehorsamsverweigerung
pour motifs de conscience	aus Gewissensgründen
la responsabilité	die Verantwortung
contraire aux ordres	befehlswidrig
par ordre	im Auftrag
la mission	der Auftrag, ¨e
attribuer une mission à qn	jdm einen Auftrag erteilen
remplir une mission	einen Auftrag erfüllen
établir un compte rendu	eine Meldung erstellen
○ **la sanction disciplinaire**	die Disziplinarstrafe, n
la corvée	der Strafdienst
la consigne au quartier *(mesure disciplinaire)*	die Ausgangsbeschränkung
être consigné *(en cas d'alerte)*	Ausgangssperre haben
la (peine de) prison	die Gefängnisstrafe
les arrêts *m* **simples**	der gelinde Arrest
les arrêts de rigueur	der verschärfte Arrest
être mis aux arrêts pendant trois jours	drei Tage Arrest bekommen, a, o

formations - armes et services

○ **la formation**	die Formation, en
l'unité *f*	die Einheit, en, der Verband, ¨e
l'équipe *f*	der Trupp, s
l'équipage *m*	die Besatzung, en
le groupe, la patrouille	die Gruppe, n
la section, le peloton	der Zug, ¨e
la compagnie, la batterie, l'escadron *m (blindés)*	die Kompanie, n, die Batterie, n
le bataillon	das Bataillon, e
• **le régiment**	das Regiment, er
la brigade	die Brigade, en
la division	die Division, en
le corps d'armée	das Korps, -
l'armée	die Armee, n
le groupe d'armées	die Heeresgruppe, n
○ **l'armée de terre allemande**	das Bundesheer
le corps de bataille *(D)*	das Feldheer
l'armée territoriale *(D)*	das Territorialheer
l'office général de l'armée de terre *(D)*	das Heeresamt
○ **les armes** *f* **et les services** *m*	die Truppengattungen *fpl*
l'arme *f*	die Waffengattung, en
les armes de mêlée	die Kampftruppen *fpl*
• **l'infanterie mécanisée/blindée, l'infanterie motorisée**	die Panzergrenadiertruppe
le fantassin	der Grenadier, e
le fantassin porté	der Panzergrenadier
l'infanterie *f*	die Infanterie
le véhicule blindé	der Schützenpanzer, -
combattre à pied	zu Fuß kämpfen, abgesessen kämpfen
le mortier	der Mörser, -
le lance-flammes	der Flammenwerfer, -
le bazooka	die Panzerfaust, ¨e
le lance-roquette	die Panzerabwehrwaffe, n
la charge creuse	die Hohlladung, en
les chasseurs *m* **à pied**	die Jägertruppe
l'unité d'infanterie de montagne, les chasseurs alpins	die Gebirgsjägertruppe
○ **l'unité d'infanterie parachutée**	die Fallschirmjägertruppe
les troupes aéroportées	die Luftlandetruppen *fpl*
• **le parachutiste, le para**	der Fallschirmjäger, -
le parachute	der Fallschirm, e
le parachutage *(le saut)*	der Absprung, ¨e
sauter	ab~springen*, a, u
le groupe de saut	der Sprungtrupp, s
le parachute à matériel	der Lastenfallschirm, e
le parachutage *(matériel)*	der Abwurf, ¨e
le débarquement aéroporté, le parachutage	die Luftlandung, en
le largage	das Absetzen, der Abwurf, ¨e, der Absprung, ¨e
la zone de largage	der Abwurf-, der Absetzplatz, ¨e
la zone de saut	die Absprungzone, n
la zone de poser	der Landeraum, ¨e
la tête de pont aérien	der Luftlandekopf, ¨e
• **le blindé, le véhicule blindé**	das gepanzerte Fahrzeug, e
l'unité de l'arme blindée cavalerie	die Panzertruppe, n
le char (de bataille), le char de combat	der (Kampf)panzer, -
le chef de char	der Panzerkommandant, en
la tourelle	der Panzerturm, ¨e
l'écoutille *f*	die Luke, n
le blindage	die Panzerung, en
les chenilles *f*	die Ketten *fpl*
le tracteur	die Zugmaschine, n
la remorque porte-chars	der Tieflader, -
le branle-bas de combat	die Feuerbereitschaft
le véhicule de combat du génie	der Pionierpanzer, -

le char amphibie	der Schwimmpanzer
le char poseur de pont	der Brückenlegepanzer
le char dozer et de dépannage	der Bergepanzer
la cavalerie légère blindée	die Panzeraufklärungstruppe
le blindé à roues	der Radpanzer
l'engin blindé de reconnaissance	der Spähpanzer
l'unité *f* **anti-char**	die Panzerjägertruppe
le chasseur de chars	der Kanonenjagdpanzer
le chasseur de chars armé de missiles AC	der Raketenjagdpanzer
○ **les armes d'appui**	die Kampfunterstützungstruppen
• **l'artillerie** *f*	die Artillerietruppe
le commandant de batterie	der Batteriechef, s
l'artillerie classique	die herkömmliche Artillerie
la pièce (d'artillerie)	das Geschütz, e
les servants *m*	die Geschützbedienung, en
le tube	das Rohr, e
l'obus *m*	das Artilleriegeschoss, e
l'amorce *f* **; amorcer**	der Zünder, - ; scharf machen
la pièce à longue portée	das Ferngeschütz, e
le canon sans recul	das Leichtgeschütz
l'obusier *m*	die Haubitze, n
l'affût *m*	die Lafette, n
le caisson	der Munitionswagen, -
se mettre en batterie	auf~fahren*, u, a, ä
l'artillerie de campagne	die Feldartillerie
l'artillerie blindée	die Panzerartillerie
le véhicule blindé de liaison et d'observation	der Beobachtungspanzer, -
l'obusier automoteur	die Panzerhaubitze, n
le canon de campagne	die Feldkanone, n
○ **la batterie d'acquisition d'objectifs**	die Beobachtungsbatterie, n
la batterie radar	die Radarbatterie
le repérage par le son	die Schallmessung
le drone *(engin de reconnaissance)*	die Drohne, n
○ **l'artillerie sol-air**	die Flugabwehr
l'artillerie antiaérienne, la DCA	die Flakartillerie
le canon antiaérien	die Flak
la batterie de roquettes/de missiles	die Raketenartilleriebatterie, n
la rampe missile	der Raketenwerfer, -
le chassis automouvant	die Selbstfahrlafette, n
le fardier porteur de lance-missile	der Raketenträger, -
○ **l'aviation légère de l'armée de terre (ALAT)**	die Heeresfliegertruppe
l'hélicoptère anti-char	der Panzerabwehrhubschrauber, -
• **le génie**	die Pioniertruppe
le sapeur	der Pionier, e
le pontonnier	der Brückenbaupionier
la compagnie du génle blindée	die Panzerpionierkompagnie, n
la compagnie d'engins	die Gerätekompagnie
la niveleuse	das Planiergerät, e
la chargeuse	der Erdhobel, -
le tracto-chargeur	das Ladegerät, e
la compagnie de franchissement amphibie	die amphibische Pionierkompanie, n
la compagnie de pont flottant motorisée	die Schwimmbrückenpionier-kompanie
le bateau d'assaut	das Sturmboot, e
le camouflage	die Tarnung
se camoufler	sich tarnen
les fumigènes *m*	der künstliche Nebel
la destruction	die Zerstörung
détruire un pont	eine Brücke zerstören
faire sauter un pont	eine Brücke sprengen
l'explosif *m*	der Sprengstoff, e
la charge explosive	die Sprengladung, en
○ **l'obstacle** *m* **(naturel)**	das Hindernis, se
le franchissement d'obstacles	das Überwinden von Hindernissen
le fossé ; franchir un fossé	der Graben, ä ; einen Graben überschreiten, i, i
buter sur un obstacle	auf eine Sperre auf~laufen*, ie, au, äu
les obstacles artificiels	die Sperren *fpl*
le réseau de fil de fer barbelé, les barbelés *m*	der Drahtverhau
les abattis *m*	die Baumsperren
le barrage antichar(s)	die Panzersperre, n
la mine	die Mine, n
la mine antipersonnel	die Schützenabwehrmine
la mine antichar	die Panzerabwehrmine
le terrain miné	das Minenfeld, er
le déminage ; déminer	die Minenräumung ; Minen räumen
ouvrir un couloir à travers une zone minée	eine Gasse durch eine Minensperre öffnen
contourner un champ de mines	eine Minensperre umgehen, i, a
la densité d'une zone minée	die Minendichte
○ **le passage**	der Übergang, der Durchlass
le passage obligé	die Enge, n
les points de franchissement	die Gewässerübergänge *mpl*
franchir le cours d'eau	über den Fluss setzen
traverser un cours d'eau	einen Fluss überqueren
franchir un cours d'eau en force	einen Fluss forcieren
franchir un cours d'eau en gué profond	ein Gewässer tiefwatend überwinden, a, u
lancer un pont	eine Brücke schlagen, u, a, ä
○ **l'unité** *f* **de commandement**	die Führungstruppe, n
les transmissions *f*	die Fernmeldetruppe
la guerre électronique	die elektronische Kampfführung
la compagnie d'exploitation radio	die Funkkompanie, n
le centre de transmission	die Fernmeldezentrale, n
la liaison radio	die Funkverbindung
rendre compte par radio	über Funk melden
le silence radio	das Sendeverbot für Funk, die Funkstille
brouiller les liaisons radio	die Funkverbindung stören
le brouillage	das Stören
○ **l'unité de reconnaissance profonde**	die Fernspähtruppe, n
la reconnaissance	die Erkundung
l'information *f*, **le renseignement**	die Nachricht, en
l'acquisition *f* **du renseignement**	die Nachrichtengewinnung
la reconnaissance aérienne	die Luftaufklärung
exploiter un renseignement	eine Nachricht aus~werten
les unités topographiques	die Topographietruppe
○ **l'action psychologique**	die PSV-Truppe *(psychologische Verteidigung)*
la propagande	die Propaganda
la poste aux armées	die Feldpost

la lettre aux armées	der Feldpostbrief, e
le secteur postal	die Feldpostnummer, n
le service de la censure	die Feldpostprüfstelle, n
le vaguemestre	der Postverteiler, - *(Unteroffizier)*
l'aumônerie *f* **militaire**	die Militärseelsorge
l'aumônier *m* **militaire**	der Militärgeistliche *(adj)*, der Militärpfarrer, -
la musique militaire	der Militärmusikdienst
le service cinématographique de l'armée	die Abteilung für Filmbetreuung, der Filmtrupp
le correspondant de guerre	der Kriegsberichterstatter, -
• **la justice militaire**	die Militärgerichtsbarkeit
le code de justice militaire	das Militärstrafgesetzbuch
le tribunal aux armées	das Militärgericht, das Wehrstrafgericht
la rétrogradation	die Dienstgradherabsetzung
la cassation ; être dégradé	der Rangverlust ; degradiert werden
la révocation	die Entfernung aus dem Dienstverhältnis
l'insoumission *f*	die Nichtbefolgung des Einberufungsbefehls
la désertion ; déserter	die Fahnenflucht ; desertieren
le déserteur	der Fahnenflüchtige *(adj)*, der Deserteur, e
passer à l'ennemi	zum Feind über~gehen*, i, a
la démoralisation de l'armée	die Wehrkraftzersetzung
la mutilation volontaire	die Selbstverstümmelung, en
la loi martiale	das Standrecht
la cour martiale, le conseil de guerre	das Standgericht, das Kriegsgericht
passer en cour martiale	vor das Kriegsgericht gestellt werden
le peloton d'exécution	das Erschießungskommando, s
la police militaire, la prévôté	die Feldjägertruppe, die Militärpolizei
le prévôt	der Feldjäger, -, der Militärpolizist, en, en
la gendarmerie	die Gendarmerie *(F)*
○ **l'unité** *f* **logistique**	die Logistiktruppe, n
l'unité de ravitaillement	die Nachschubtruppe
le service des essences	die Nachschubtruppe *(Betriebsstoff)*
l'unité de réparation du matériel	die Instandsetzungstruppe
les évacuations *f*	der Abschub
le train *(arme)*	die Transporttruppe

la guerre

la menace de guerre	die Kriegsgefahr
les préparatifs *m* **de guerre**	die Kriegsvorbereitungen *fpl*
belliqueux	kriegerisch
la déclaration de guerre	die Kriegserklärung, en
déclarer la guerre à un pays	einem Land den Krieg erklären
• **la guerre**	der Krieg, e
La guerre éclate.	Der Krieg bricht aus.
l'ouverture *f* **des hostilités**	die Eröffnung der Feindseligkeiten
la guerre d'agression	der Angriffskrieg
l'agresseur *m* **; attaquer**	der Angreifer ; an~greifen, i, i
l'agression *f*	die Aggression, en
envahir un pays	in ein Land ein~fallen*, ie, a, ä
la guerre défensive	der Verteidigungskrieg
la guerre éclair	der Blitzkrieg
la guerre de position	der Stellungskrieg
la guerre froide	der Kalte Krieg
la guerre psychologique	der psychologische Krieg
la guerre d'usure	der Zermürbungskrieg
la guerre de conquête	der Eroberungskrieg
la guerre d'extermination	der Vernichtungskrieg
○ **les belligérants** *m*, **les puissances belligérantes**	die Krieg führenden Mächte *fpl*
le rapport des forces	das Kräfteverhältnis
être supérieur en nombre	an Zahl überlegen sein
la supériorité en matériel	die Materialüberlegenheit
l'ennemi *m* **; ennemi**	der Feind, e ; feindlich
l'adversaire *m*	der Gegner, -
les forces *f* **adverses**	die gegnerischen Kräfte *fpl*
l'allié *m*	der Verbündete *(adj)*
en cas de guerre	im Kriegsfall, im Ernstfall
○ **la neutralité ; rester neutre**	die Neutralität ; neutral bleiben*, ie, ie
les États *m* **non alignés**	die blockfreien Staaten *mpl/* die Blockfreien *(adj)*
la non-intervention, la non-ingérence	die Nichteinmischung
le pacte de non-agression	der Nichtangriffspakt
se tenir en dehors du conflit	sich aus dem Konflikt heraus~halten, ie, a, ä

le théâtre des opérations

le grand quartier général	das Hauptquartier, e
le quartier général, le QG	das Stabsquartier
le grand état-major	der Generalstab
l'état-major *m*	der Stab, ¨e
l'officier *m* **d'état-major**	der Generalstabsoffizier, e
le bureau de l'État-major	die Generalstabsabteilung, en
le deuxième bureau	der militärische Geheimdienst
la sécurité militaire	der Militärabschirmdienst (MAD)
• **le service de santé**	die Sanitätstruppe, n
la convention de Genève	das Genfer Abkommen
la Croix Rouge	das Rote Kreuz
le médecin militaire	der Militärarzt, ¨e
le médecin des armées/ médecin capitaine	der Stabsarzt
le médecin principal *(commandant)*	der Oberstabsarzt
le médecin en chef *(colonel)*	der Oberfeldarzt, der Oberstarzt
l'infirmier *m* **militaire**	der Sanitäter, -
le soutien sanitaire	die sanitätsdienstliche Versorgung
soigner des blessés	Verwundete betreuen
trier les blessés	die Verwundeten sichten
la catégorie d'urgence	der Dringlichkeitsgrad
le blessé léger	der Leichtverwundete *(adj)*
le blessé grave	der Schwerverwundete
évacuer un blessé couché	einen liegenden Verwundeten ab~transportieren
le brancard	die Feldtrage, n
le brancardier	der Krankenträger, -
l'ambulance *f*	der Sanitätswagen, der Sanka, s
le véhicule blindé sanitaire	der Sanitätspanzer, -
le poste de secours	der Truppenverbandplatz, ¨e
le centre de triage	der Hauptverbandplatz
l'hôpital *m* **de campagne**	das Sanitätslazarett, e
l'infirmerie *f* **militaire**	das (Kranken)revier, e
• **le front**	die Front, en
le théâtre des opérations	der Kriegsschauplatz, ¨e
la zone de combat terrestre	die Erdkampfzone, n
la zone d'engagement	der Einsatzraum, ¨e
la zone arrière	das rückwärtige Gebiet

l'embusqué *m*, **le planqué**	der Etappenhengst, e/ das Etappenschwein, e *(péj)*
le secteur	der Frontabschnitt, e
la situation	die Lage
l'analyse *f* **de la situation**	die Lagebesprechung, en
le briefing	die Einsatzbesprechung
le rapport de forces	das Kräfteverhältnis, se
la supériorité, l'infériorité *f* **numérique**	die zahlenmäßige Überlegenheit, Unterlegenheit
la stratégie	die Strategie, die Feldherrnkunst
le stratège	der Stratege, n, n
l'opération *f* **militaire**	die militärische Operation, en
l'opération X	das Unternehmen X
la manœuvre tactique	das taktische Manöver, -
• **l'attaque** *f*, **l'action offensive**	der Angriff, e
attaquer ; l'attaquant *m*	an~greifen, i, i ; der Angreifer, -
mener une attaque	einen Angriff führen
l'attaque préliminaire	der Vorausangriff
l'action principale	der Hauptangriff
l'objectif *m*	das Angriffsziel, e
l'objectif intermédiaire	das Zwischenziel
l'attaque frontale	der Frontalangriff
la couverture	die Sicherung, die Deckung
le revers	der Rücken
protéger ses arrières	sich den Rücken decken
le flanc	die Flanke, n
protéger un flanc découvert	eine offene Flanke schützen
la menace sur les flancs	die Flankenbedrohung
prendre à revers	im Rücken fassen
prendre de revers	von der Flanke fassen
concentrer des troupes	Truppen massieren
la mise en place	der Anmarsch
les itinéraires *m*	die Marschstraßen *fpl*
l'attaque en nombre	der Massenangriff
l'attaque de dégagement	der Entsatzangriff
appuyer une attaque	einen Angriff unterstützen
amener des réserves	Reserven *fpl* nach~führen
reconstituer des réserves	Reserven neu bilden
la zone d'action	der Gefechtsstreifen
le no man's land	das Niemandsland
la zone de déploiement de l'artillerie	der Feuerstellungsraum
l'approche *f*	die Annäherung
la percée	der Einbruch, ¨e
la tentative de percée	der Durchbruchsversuch, e
pénétrer en force (dans)	ein~brechen*, a, o, i (in+A), ein~dringen*, a, u (in+A)
Les chars effectuent une percée.	Die Panzer brechen durch.
la brèche	die Einbruchstelle, n
la poche	die Frontlücke, n
l'avant-garde *f*	die Vorhut
l'arrière-garde	die Nachhut
la tête de pont	der Brückenkopf, ¨e
exploiter une situation	eine Lage aus~nutzen
prendre contact avec l'ennemi	Fühlung mit dem Feind auf~nehmen, a, o, i
maintenir le contact	die Fühlung halten, ie, a, ä
fixer l'ennemi	den Feind binden, a, u
perdre le contact	die Fühlung verlieren, o, o
rompre le contact avec l'ennemi, décrocher	sich vom Feind lösen
contourner, déborder	umgehen, i, a
les forces *f* **de couverture**	die Sicherungskräfte *fpl*
colmater une percée	eine Frontlücke schließen, o, o
verrouiller une percée	eine Frontlücke ab~riegeln
la poursuite	die Verfolgung
la contre-attaque	der Gegenangriff
passer à la contre-attaque	zum Gegenangriff an~treten*, a, e, i
poursuivre l'attaque	den Angriff fort~setzen
L'attaque s'enlise.	Der Angriff bleibt stecken.
L'attaque s'effondre.	Der Angriff bricht zusammen.
briser l'attaque	den Angriff zerschlagen, u, a, ä
le repli	die Ausweichbewegung, en
○ **la patrouille de reconnaissance**	der Spähtrupp, s
l'unité *f* **de choc**	der Stoßtrupp
le raid	das Stoßtruppunternehmen
l'opération *f* **de commando**	das Kommandounternehmen
le coup de main	der Handstreich, e
attaquer par surprise	überrumpeln
l'effet *m* **de surprise**	das Überraschungsmoment
s'infiltrer (dans)	ein~sickern* (in+A)
la guérilla	die Guerilla, s
la guerre de harcèlement	der Kleinkrieg, e
le tireur isolé, le sniper	der Heckenschütze, n, n
le saboteur ; le sabotage	der Saboteur, e ; die Sabotage, n
commettre des actes de sabotage	Sabotage begehen, i, a

le combat

• **le combat**	der Kampf, ¨e
le combat/l'engagement *m*	das Gefecht, e
l'engagement de troupes	der Truppeneinsatz, ¨e
combattre (contre)	kämpfen (gegen+A)
engager le combat	den Kampf auf~nehmen, a, o, i
le combat rapproché	der Nahkampf
harceler l'ennemi	den Feind stören
être ébranlé	angeschlagen sein
nettoyer	säubern
neutraliser l'ennemi	den Feind aus~schalten
anéantir l'ennemi	den Feind auf~reiben, ie, ie
la bataille	die Schlacht, en
livrer bataille	eine Schlacht liefern
le champ de bataille	das Schlachtfeld, er
la bataille de chars	die Panzerschlacht
la défense antichar	die Panzerabwehr
la mobilité	die Beweglichkeit
être immobilisé	bewegungsunfähig sein
la bataille classique	das Gefecht mit herkömmlichen Waffen
• **le tir**	der Beschuss
le tir de barrage	das Sperrfeuer
le tir de harcèlement	das Störfeuer
le tir inopiné	der Feuerüberfall, ¨e
le tir tendu ; le tir plongeant	das Flachfeuer ; das Steilfeuer
le tir direct	der direkte Beschuss
• **le feu**	das Feuer
faire feu, tirer	feuern
tirer sur qn/qc	beschießen, o, o *tr*
la position de tir	die Feuerstellung
donner l'ordre d'ouvrir le feu	den Feuerbefehl geben, a, e, i
ouvrir le feu	das Feuer eröffnen
le tir restreint	die bedingte Feuererlaubnis
Feu à volonté !	Feuer frei !
Cessez le feu !	Das Feuer einstellen !

reconnaître l'objectif	das Ziel erkennen, a, a
identifier l'objectif	das Ziel identifizieren
le repérage ; localiser qc	die Ortung ; etw orten
le champ de tir	das Schussfeld
régler son tir	sich ein~schießen, o, o
le réglage des tirs	das Einschießen
allonger, raccourcir le tir	das Feuer vor~verlegen, zurück~verlegen
la demande de tir	die Feueranforderung
l'appui *m* **feu** *(artillerie)*	die Feuerunterstützung
la puissance de feu	die Feuerkraft
avec une puissance de feu concentrée	mit massierter Feuerkraft
augmenter la densité des feux	das Feuer verdichten
l'impact *m*, **le point d'impact**	der Einschlag, ¨e, die Einschlagstelle, n
l'impact d'un obus de 88 mm	der Einschlag einer 8,8 cm-Granate
la préparation artillerie	die Feuervorbereitung
le tir d'artillerie	das Geschütz-/Artilleriefeuer
le feu nucléaire	das atomare Feuer

la défense

• **la défense**	die Verteidigung
se défendre (contre)	sich verteidigen (gegen + A)
la zone de défense	der Verteidigungsraum, ¨e
la zone avant de combat	die vordere Kampfzone, n
la zone arrière de combat	die rückwärtige Kampfzone
la position	die Stellung, en
l'avant-poste *m*	die vorgeschobene Stellung
l'alerte *f*	der Alarm, e
la défense en hérisson	die Rundumverteidigung
former un hérisson	sich ein~igeln
la résistance	der Widerstand
résister (à)	widerstehen, a, a (+D)
un mole de résistance	ein Eckpfeiler der Verteidigung
l'embuscade *f*	der Hinterhalt, e
tendre une embuscade	einen Hinterhalt legen
soutenir une attaque	einem Angriff widerstehen
stopper une attaque	einen Angriff auf~fangen, i, a
repousser une attaque	einen Angriff ab~wehren
tenir une zone	einen Raum behaupten
○ **le poste de commandement (le PC)**	der Gefechtsstand, ¨e
l'abri *m* **à l'épreuve des bombes**	der bombensichere Unterstand, ¨e
fortifier	befestigen
aller occuper une position	eine Stellung beziehen, o, o
changer de position	die Stellung wechseln
la position de rechange	die Wechselstellung
la relève sur place	die Ablösung in der Stellung
s'enterrer	sich ein~graben, u, a, ä
se retrancher	sich verschanzen
la tranchée	der Schützengraben, ä
le trou individuel	das Einmannloch, ¨er
offrir protection	Deckung bieten, o, o
se mettre à couvert/à l'abri	in Deckung gehen*, i, a
à découvert	ohne Deckung
tenir (une position)	eine Stellung halten, ie, a, ä
tenir jusqu'au bout	durch~halten, ie, a, ä
encercler	umzingeln, ein~schließen, o, o
l'encerclement *m*	die Umzingelung, en, die Einschließung, en
l'enveloppement *m*	die Umfassung
envelopper	umfassen
une ville assiégée	eine belagerte Stadt
lever le siège	die Belagerung auf~heben, o, o
abandonner une position	eine Stellung auf~geben, a, e, i
abandonner du terrain	Gelände preis~geben, a, e, i
s'emparer de la position ennemie	die feindliche Stellung nehmen, a, o, i
entraver la progression de l'ennemi	das Vordringen des Feindes hemmen
un combat retardateur	ein Verzögerungsgefecht, e
user l'ennemi	den Feind zermürben
○ **battre en retraite**	den Rückzug an~treten, a, e, i
donner l'ordre de la retraite	das Kommando zum Rückzug geben, a, e, i
couper la retraite à qn	jdm den Rückzug ab~schneiden, i, i
la poursuite	die Verfolgung
poursuivre l'ennemi	den Feind verfolgen
subir de lourdes pertes	schwere Verluste erleiden, i, i
anéantir l'ennemi	den Feind vernichten
○ **la captivité**	die Kriegsgefangenschaft
le fuyard	der Flüchtende *(adj)*
le soldat qui a perdu le contact avec son unité	der Versprengte *(adj)*
se rendre	sich ergeben, a, e, i
désarmer	entwaffnen
le matériel pris à l'ennemi	das Beutematerial
les documents saisis	die Beutedokumente *npl*
• **le prisonnier de guerre**	der Kriegsgefangene *(adj)*
être fait prisonnier	in Kriegsgefangenschaft geraten*, ie, a, ä
le point de ralliement des prisonniers	die Gefangenensammelstelle, n
le camp de prisonnier	das Kriegsgefangenenlager, -
(unité chargée de l'interrogatoire des prisonniers)	der Frontnachrichtendienst
être libéré	aus der Kriegsgefangenschaft entlassen werden

l'armée de l'air

• **l'armée de l'air**	die Luftwaffe
les forces aériennes	die Luftstreitkräfte *fpl*
l'école *f* **d'aviation**	die Fliegerschule, n
la base aérienne	der Fliegerhorst, e
l'aviateur *m*	der Flieger, -
le personnel navigant	das fliegende Personal
le personnel au sol, les rampants *m (fam)*	das Bodenpersonal
la maîtrise de l'air	die Luftherrschaft
la surveillance de l'espace aérien	die Luftraumüberwachung
les stations *f* **radar militaires**	der Radarführungsdienst
le radar	der/das Radar
le radariste	der Radartechniker, -
le radar d'acquisition	der Zielerfassungsradar
le radar de poursuite	das Verfolgungsradargerät, e
le terrain d'aviation	das Flugfeld, er
la piste (de décollage et d'atterrissage)	die Start- und Landebahn, en
la piste de roulement	die Rollbahn, en
• **l'avion** *m* **militaire**	das Militärflugzeug, e
l'intercepteur *m*	der Abfangjäger, -
le chasseur-bombardier	der Jagdbomber, -
l'avion d'appui tactique	das Erdkampfflugzeug
l'hélico(ptère) *m*	der Hubschrauber, -

le commandant de bord *(hélicoptère)*	der Kommandant, en (*Hubschrauber)*
l'avion de liaison	das Verbindungsflugzeug
l'avion-cargo	das Transportflugzeug
le gros porteur	das Großraumflugzeug
l'avion ravitailleur	das Tankflugzeug
l'avion-cible	das Zieldarstellungsflugzeug
l'avion de reconnaissance	der Aufklärer, -
la reconnaissance aérienne	die Luftaufklärung
le bombardier	das Bombenflugzeug, der Bomber, -
le bombardier furtif	der Tarnkappenbomber, der Stealth-Bomber
le pilote	der Pilot, en, en
l'observateur *m*	der Beobachter, -
le radio de bord	der Bordfunker, -
le mitrailleur	der Bordschütze, n
l'aviation légère de l'armée de terre	die Heeresfliegertruppe
• **la guerre aérienne**	der Luftkrieg, e
l'escadre *f*	das Geschwader, -
l'escadrille *f*	die Staffel, n
le commandant d'escadrille	der Staffelkapitän, e
l'alerte *f* **au sol**	die Alarmbereitschaft am Boden
l'alerte en vol	die Alarmbereitschaft in der Luft
l'opération *f* **aérienne**	der Lufteinsatz, ¨e
la suprématie aérienne	die Luftüberlegenheit
le survol ; survoler	das Überfliegen ; überfliegen, o, o
voler en formation serrée	geschlossen fliegen*, o, o
l'attaque aérienne en basse altitude	der Tiefflugangriff, e
en rase-mottes	im Tiefflug
en piqué	im Sturzflug
l'attaque au sol	der Bodenangriff
le combat aérien	der Luftkampf, ¨e
abattre un avion	ein Flugzeug ab~schießen, o, o
tomber, s'abattre	ab~stürzen*
forcer à atterrir	zur Landung zwingen, a, u
❍ **le raid aérien, le bombardement aérien**	der Bombenangriff, e
la zone de bombardement	die Bombenabwurfzone
larguer des bombes (sur)	Bomben ab~werfen, a, o, i (über+A)
la défense passive	der zivile Luftschutz
l'abri antiaérien	der Luftschutzraum, ¨e
le chef d'îlot	der Luftschutzwart, e
• **la bombe**	die Bombe, n
la bombe explosive	die Sprengbombe
l'éclat *m*	der Splitter, -
l'entonnoir *m* **de bombe**	der Bombentrichter, -
la bombe à retardement	die Zeitzünderbombe, n
la bombe non-explosée	der Blindgänger, -
désamorcer	entschärfen
la bombe incendiaire	die Brandbombe, n
la bombe au napalm	die Napalmbombe
la bombe éclairante	die Leuchtbombe
l'engin *m* **air-sol**	der Luft-Boden-Flugkörper, -

la marine

• **la marine**	die Marine
la Marine nationale, la Royale *(anc)*	die französische Kriegsmarine
les gars *m* **de la marine** *(fam)*	die blauen Jungs *mpl (fam)*
les forces navales	die Seestreitkräfte *fpl*
le navire-amiral	das Flaggschiff, e
le pavillon	die Flagge, n
la revue navale	die Flottenparade, n
la base navale	der Marinestützpunkt, e
l'arsenal *m*	die Marinewerft, en
l'école navale	die Marineschule, n
le navire-école	das Schulschiff, e
l'élève de l'école navale	der Seekadett, en, en
l'aéronavale *f*	die Seeluftstreitkräfte *fpl*
l'infanterie *f* **de marine**	die Marineinfanterie
le fusilier marin, le marsoin *(fam)*	der Marineinfanterist, en, en
❍ **l'unité navale**	der schwimmende Verband, ¨e
le navire/bâtiment de guerre	das Kriegsschiff, e
l'équipage *m*	die Mannschaft, en, die Besatzung, en
le bâtiment de ligne	das Linienschiff, e
le croiseur	der Kreuzer, -
le porte-avions	der Flugzeugträger, -
le destroyer	der Zerstörer, -
la frégate	die Fregatte, n
l'escorteur *m*	das Geleitschiff, e
le bâtiment de débarquement	das Landungsschiff
la péniche de débarquement	das Landungsboot, e
l'homme grenouille *m*	der Kampfschwimmer, -
la vedette rapide	das Schnellboot, e
le dragueur de mines	das Minensuchboot
le mouilleur de mines	der Minenleger, -
le transporteur de troupes	der Truppentransporter, -
le ravitailleur	das Versorgungsschiff, e
❍ **le sous-marin**	das U-Boot, e
le kiosque	der Turm, ¨e
le périscope	das Sehrohr, e
plonger	tauchen
faire surface	auf~tauchen*
le schnorchel/schnorkel	der Schnorchel, -
la torpille	der Torpedo, s
le tube lance-torpilles	das Torpedorohr, e
torpiller un navire	ein Schiff torpedieren
couler *tr*, **envoyer par le fond**	versenken *tr*
couler *itr*, **sombrer**	sinken*, a, u
se saborder	sich selbst versenken
le chasseur de sous-marins	das U-Jagdboot, e
l'appareil *m* **de détection sous-marine**	das U-Bootortungsgerät, e
la grenade sous-marine	die Wasserbombe, n
❍ **la guerre navale**	der Seekrieg, e
le combat naval	die Seeschlacht, en
la protection côtière	die Küstensicherung
l'escadre *f*	das Geschwader, -
le convoi	der Geleitzug, ¨e
la formation	der Verband, ¨e
la flotte	die Flotte, n
la flottille	die Flottille, n
le port de guerre	der Kriegshafen, häfen
• **le matelot**	der Matrose, n, n
le second maître	der Maat, e/en
le maître	der Deckoffizier, e
le premier maître	der Bootsmann, leute
l'enseigne *m* **de vaisseau de 2e classe**	der Leutnant zur See
l'enseigne de vaisseau de 1re classe	der Oberleutnant zur See
le lieutenant de vaisseau	der Kapitänleutnant, s
le capitaine de corvette	der Korvettenkapitän, e

le capitaine de frégate	der Fregattenkapitän
le capitaine de vaisseau	der Kapitän zur See
le contre-amiral	der Konteradmiral, e
le vice-amiral	der Vizeadmiral
l'amiral *m*	der Admiral

la guerre atomique

• **la guerre atomique**	der Atomkrieg
la force nucléaire	die Atomstreitmacht, ¨e
la force de frappe	die französische Atomstreitmacht
la dissuasion nucléaire	die atomare Abschreckung
l'essai *m* **nucléaire**	der Atomtest, s
les armes atomiques	die Atomwaffen *fpl*
l'ogive *f* **nucléaire**	der Atomsprengkopf, ¨e
l'ogive à têtes multiples	der Mehrfachsprengkörper, -
l'explosion *f* **atomique**	die Atomexplosion, en
l'onde *f* **de choc**	die Druckwelle, n
la radioactivité	die Radioaktivität
les retombées *f* **radioactives**	die radioaktiven Niederschläge *mpl*
la contamination radioactive	die radioaktive Verseuchung
l'abri *m* **antiatomique**	der Atombunker, -
• **le missile**	die Rakete, n
le missile à courte portée	die Kurzstreckenrakete
le missile à portée intermédiaire	die Mittelstreckenrakete
le missile à longue portée	die Langstreckenrakete
le lanceur, le lance-missile	der Raketenwerfer, -
le silo à missiles	der/das Raketensilo, s
le missile de croisière	das Cruisemissile, s, der Marschflugkörper, -
le missile balistique intercontinental	die landgestützte Interkontinentalrakete
le bombardier stratégique	der strategische Bomber, -
le missile sur sous-marin	die U-Boot-gestützte Rakete
la défense antimissile	die Raketenabwehr
le missile antimissile	die Raketenabwehrrakete
la guerre des étoiles	der Krieg der Sterne
l'arme spatiale *(vx)*	die Weltraumwaffe (SDI)
le satellite tueur	der Killersatellit, en, en
• **les armes** *f* **NBC**	die ABC-Waffen *fpl*
les armes biologiques	die biologischen Waffen, die B(io)-Waffen
les armes chimiques	die chemischen Waffen, die C-Waffen
le gaz irritant	das Reizgas, e
le gaz vésicant	das Ätzgas
le gaz suffocant	das Erstickungsgas
○ **les unités de défense NBC**	die ABC-Abwehrtruppe, n
la défense NBC	die ABC-Abwehr
le masque à gaz	die Gasmaske, n
le vêtement de protection	die Schutzkleidung
décontaminer	dekontaminieren, entseuchen, entgiften
la zone contaminée	das verseuchte Gelände, -
le véhicule de décontamination	das Dekontaminationskraftfahr-zeug, e
le détachement blindé de détection	der gepanzerte Spürtrupp

la fin des hostilités

• **la victoire**	der Sieg, e
remporter la victoire	den Sieg erringen, a, u
une victoire à la Pyrrhus	ein Pyrrhussieg
le vainqueur ; vaincre	der Sieger, - ; siegen
victorieux	siegreich
• **la défaite** *(v. la domination, p. 96)*	die Niederlage, n
subir une défaite	eine Niederlage erleiden, i, i
être battu	geschlagen sein
être vaincu ; le vaincu	besiegt werden ; der Besiegte *(adj)*
gagner la guerre	den Krieg gewinnen, a, o
perdre la guerre	den Krieg verlieren, o, o
occuper un pays	ein Land besetzen
décréter l'état de siège	den Belagerungszustand verhängen
décréter le couvre-feu	die Sperrstunde verordnen
○ **la trêve**	die Waffenruhe
la reddition sans condition	die bedingungslose Übergabe
déposer les armes	die Waffen strecken/nieder~legen
la capitulation ; capituler	die Kapitulation ; kapitulieren
accorder les honneurs de la guerre	jdm freien Abzug gewähren
le cessez-le-feu	die Feuereinstellung
la cessation des hostilités	die Einstellung der Feindseligkeiten
l'armistice *m*	der Waffenstillstand
signer l'accord *m* **d'armistice**	das Waffenstillstandsabkommen unterzeichnen
l'offre *f* **de paix** *(v. le traité de paix, p. 218)*	das Friedensangebot, e

mit dem Säbel rasseln
brandir la menace de guerre

Gewehr bei Fuß stehen, a, a
attendre (qn) de pied ferme

Man soll aus der Not eine Tugend machen ! Man muss auch so zurecht~kommen
À la guerre comme à la guerre !

jdn aufs Korn nehmen, a, o, i
avoir qn dans le collimateur

So schnell schießen die Preußen nicht !
Il n'y a pas le feu !

weit vom Schuss sein
être loin du danger

dem Frieden nicht trauen
ne pas s'y fier

grobes/schweres Geschütz auf~fahren, u, a, ä
employer les grands moyens

in der Hitze/im Eifer des Gefechts
dans le feu de l'action

jdm die Pistole auf die Brust setzen
mettre le couteau sur/sous la gorge de qn

Befehl ist Befehl !
Un ordre est un ordre.

auf verlorenem Posten stehen, a, a
défendre une cause désespérée

die Flinte ins Korn werfen, a, o, i
jeter le manche après la cognée

die Friedenspfeife rauchen
Fumer le calumet de la paix

XIII. La Vie économique

1. L'ÉCONOMIE, L'ENTREPRISE

l'économie

● **l'économie** *f*	die Wirtschaft
économique	wirtschaflich, Wirtschafts-
les sciences *f* **économiques**	die Wirtschaftswissenschaft, en
l'économiste *m*	der Wirtschaftswissenschaftler, -
l'économie nationale, la macro-économie	die Volkswirtschaft
l'économie politique	die Volkswirtschaft(slehre) (VWL)
le diplôme d'études supérieures en sciences économiques	der Diplom-Volkswirt, e
la gestion de l'entreprise, la micro-économie	die Betriebswirtschaft
(l'enseignement de) la gestion	die Betriebswirtschaftslehre (BWL)
le diplôme d'études supérieures de gestion (d'entreprise)	der Diplombetriebswirt, e
le (la) diplômé(e) d'une école supérieure de commerce *(F)*	der Diplomkaufmann, leute, die Diplomkauffrau, en *(D)*
○ **l'ordre** *m* **économique**	die Wirtschaftsordnung, en
● **l'économie dirigée, planifiée**	die Planwirtschaft
le dirigisme économique	die Wirtschaftslenkung
la planification ; planifier	die Planung, en ; planen
le plan quinquennal	der Fünfjahresplan
le contingentement	die Kontingentierung
la mesure de contingentement	die Bewirtschaftungsmaßnahme, n
le contingentement des produits importés	die Einfuhrbeschränkung, en
le contrôle des devises	die Devisenbewirtschaftung, die Devisenkontrolle
le plan économique	der Wirtschaftsplan, ¨e
l'interventionnisme *m*	der Interventionismus
le blocage des prix	der Preisstopp, s
le blocage des salaires	der Lohnstopp
le protectionnisme	der Protektionismus
la nationalisation ; nationaliser	die Verstatlichung ; verstaatlichen
l'expropriation *f* **; exproprier**	die Enteignung, en ; enteignen
la collectivisation	die Kollektivierung, en
l'autarcie *f*	die Autarkie, die wirtschaftliche Unabhängigkeit
● **l'économie de marché**	die Marktwirtschaft
le libre-échange	der Freihandel
le libéralisme ; libéral	der Liberalismus ; liberal
libéraliser	liberalisieren
la libéralisation de l'économie	die Liberalisierung der Wirtschaft
le retour au libéralisme économique	die Rückkehr zur liberalen Wirtschaft
la déréglementation	die Deregulierung, en
la dénationalisation	die Reprivatisierung, en
la privatisation ; privatiser	die Privatisierung, en
libérer les prix	den Preisstopp auf~heben, o, o
le capitalisme	der Kapitalismus
le capital ; capitaliste	das Kapital ; kapitalistisch
○ **le circuit économique**	der Wirtschaftskreislauf, ¨e
le secteur économique	der Wirtschaftsbereich, e
le secteur primaire	der primäre Sektor, der Grundstoffsektor
le secteur secondaire	der sekundäre Sektor

le secteur tertiaire	der tertiäre Sektor, der Dienstleistungsbereich
le secteur privé	der Privatsektor
le secteur public	der öffentliche Sektor
● **le marché**	der Markt, ¨e
le marché intérieur	der Binnenmarkt
le marché extérieur/étranger	der Auslandsmarkt
les besoins *m* **du marché**	die Marktbedürfnisse *npl*
le prix du marché	der Marktpreis, e
la valeur marchande	der Marktwert
la saturation du marché	die Marktsättigung
les excédents *m*	der Überschuss, ¨e
la part de marché	der Marktanteil, e
le créneau	die Marktlücke, n
l'interdépendance *f* **des marchés**	die Marktverflechtung, en
la mondialisation	die weltweite Ausweitung, die Globalisierung
mondial / mondialiser	weltweit, Welt- / globalisieren
perdre des parts de marché	Marktanteile verlieren, o, o
● **le commerce extérieur**	der Außenhandel
les échanges commerciaux	der Handelsverkehr
biens *m* **et services** *m*	Waren *fpl* und Dienstleistungen *fpl*
l'importation *f*	die Einfuhr, en/der Import, e
l'importation (in)visible	die (un)sichtbare Einfuhr
l'importateur *m*	der Importeur, e
importer	ein~führen, importieren
l'exportation *f*	die Ausfuhr, en/der Export, e
la réexportation	die Wiederausfuhr
l'exportateur *m*	der Exporteur, e
exporter	aus~führen, exportieren
tourné vers l'exportation	exportorientiert
la chambre de commerce et d'industrie	die Industrie- und Handelskammer, n
le bureau d'achat	das Einkaufsbüro
les procédures *f* **d'exportation**	das Ausfuhrverfahren, -
l'aide *f* **à l'exportation**	die Ausfuhrhilfe, n
l'embargo *m*	das Embargo, s
● **la balance commerciale**	die Handelsbilanz, en
excédentaire, positif	überschüssig, positiv
déficitaire, négatif	defizitär, passiv
équilibrer	aus~gleichen, i, i
l'excédent *m* **d'importation**	der Einfuhrüberschuss, ¨e
le déficit à l'exportation	das Exportdefizit, e
la balance des paiements	die Zahlungsbilanz, en
la balance des services	die Dienstleistungsbilanz
la balance des transferts	die Übertragungsbilanz
la balance des opérations en capital	die Kapitalverkehrsbilanz
la balance des paiements courants	die Leistungsbilanz
○ **l'économétrie** *f*	die Ökonometrie
la comptabilité nationale	die volkswirtschaftliche Gesamtrechnung, en
le produit national brut (PNB)	das Bruttosozialprodukt (BSP)
le produit intérieur brut (PIB)	das Bruttoinlandsprodukt
le produit national net	das Nettosozialprodukt
la population active	die Erwerbspersonen *fpl*
le revenu, les revenus	das Einkommen, die Einkünfte *fpl*
le revenu par tête	das Pro-Kopf-Einkommen
le revenu national	das Volkseinkommen

le ménage privé	der private Haushalt, e
l'épargne *f (activité)*	das Sparen, die Spartätigkeit
les dépenses *f*	die Ausgaben *fpl*
en francs constants	in konstanten Francs (berechnet)
• **la conjoncture (économique)**	die Konjunktur, en
les prévisions conjoncturelles	die Konjunkturprognose, en
la stabilité	die Stabilität
l'expansion *f*	die Ausweitung, en
être en expansion	expandieren
l'essor *m*, **le boom**	der Aufschwung, ¨e
la relance de l'économie	die Wirtschaftsankurbelung, en
relancer	an~kurbeln
la mesure de relance	die Konjunkturspritze, n
la reprise (de l'activité *f* **économique)**	die Wiederbelebung der Wirtschaft
le boom conjoncturel	die Hochkonjunktur
la surchauffe économique	die Konjunkturüberhitzung, en
le goulot d'étranglement	der Engpass, ¨e
le ralentissement des affaires	die Konjunkturverlangsamung
la récession	die Rezession, en
la crise	die Krise, n
être en crise	sich in einer Krise befinden, a, u
l'économie *f* **en crise**	die kritische Wirtschaftslage
le marasme économique	die Wirtschaftsflaute, n
le creux de la vague	die Talsohle, n
la stagnation ; stagner	die Stagnation, en ; stagnieren
la politique d'austérité	die Sparpolitik
• **la consommation**	der Konsum/der Verbrauch
consommer	verbrauchen
le consommateur	der Konsument, en, en/ der Verbraucher, -
le consommateur final	der Endverbraucher
le consommateur moyen lambda	Otto Normalverbraucher *(fam)*
○ **les besoins** *m* **(en)**	der Bedarf (an+D)
les prestations *f* **de service**	die Dienstleistungen *fpl*
l'offre *f* **et la demande**	Angebot *n* und Nachfrage *f*
la création de plus-value	die Wertschöpfung
la valeur ajoutée	der Wertzuwachs, ¨e
la productivité	die Produktivität
l'accroissement *m* **de la productivité**	die Produktivitätssteigerung
• **la croissance ; croître**	das Wachstum ; wachsen*, u, a, ä
le taux d'accroissement	die Wachstums-/Zuwachsrate, n
enregistrer	verzeichnen, registrieren
la croissance zéro	das Nullwachstum
le niveau de vie	der Lebensstandard
le coût de la vie	die Lebenshaltungskosten *pl*
le pouvoir d'achat	die Kaufkraft
le minimum vital	das Existenzminimum
l'indice *m*	der Index, dizes
le panier de la ménagère	der Warenkorb

l'industrie

• **l'industrie** *f*	die Industrie, n
l'industriel *m*	der Industrielle *(adj)*
le fabricant	der Fabrikant, en, en ; der Hersteller, -
○ **le lieu d'implantation**	der Standort, e
l'industrie nationale	die einheimische Industrie
l'industrie locale	die ortsansässige Industrie
le terrain industriel	das Industriegelände
la zone industrielle	das Industriegebiet, e
la zone à forte concentration industrielle	das industrielle Ballungsgebiet
la délocalisation ; délocaliser	die Verlagerung, en ; verlagern
les coûts *m* **de production**	die Produktionskosten *pl*
la réduction des coûts	die Kostensenkung
la rentabilité	die Rentabilität
• **l'usine** *f*	das Werk, e
l'usine annexe	das Zweigwerk, e
la fabrique/la manufacture	die Fabrik, en
l'atelier *m (d'une usine)*	die Werkhalle, n
l'atelier de montage	die Montagehalle
l'atelier *(d'un artisan)*	die Werkstatt, ¨en
l'entrepôt *m*/**le stock**	das Lager, -/¨
le sous-traitant	der Zulieferer, -
l'entreprise *f* **de sous-traitance**	der Zuliefer(er)betrieb, e
• **la production ; la fabrication**	die Produktion, en, die Herstellung, en
la fabrication	die Fertigung, en
être en cours de fabrication	sich in der Fertigung befinden, a, u
le processus de fabrication	der Fertigungsablauf, ¨e
produire, fabriquer	produzieren ; her~stellen
l'automation *f*	die Automation
le robot	der Roboter, -
la fabrication en masse	die Massenherstellung
la chaîne de montage	das Fließband, ¨er
le travail à la chaîne	die Fließbandarbeit
la machine	die Maschine, n
la machine-outil	die Werkzeugmaschine
l'installation *f*	die Anlage, n
• **les biens** *m*, **les marchandises** *f*, **les produits** *m*	die Güter *npl*
le produit	das Produkt, e, das Erzeugnis, se
le producteur	der Erzeuger, - *(secteur secondaire)*
les biens matériels/réels	die Sachgüter
les biens de consommation	die Konsumgüter/Verbrauchsgüter
les biens de consommation courante	die Bedarfsgüter/die Güter des täglichen Bedarfs
les biens de consommation durable	die langlebigen Gebrauchsgüter
les produits *m* **de luxe**	die Güter des gehobenen Bedarfs
les biens de production	die Produktionsgüter
les biens d'équipement/d'investissement	die Investitionsgüter
les produits industriels	die gewerblichen Erzeugnisse *npl*
les biens fongibles	die vertretbaren Güter
les biens périssables	die verderblichen Güter
la matière première/le produit de base	der Rohstoff/der Grundstoff, e
le produit brut	das Rohprodukt, e
le produit manufacturé	das Fabrikat, e
le produit semi-fini/semi-ouvré	das Halbfabrikat
le produit fini	das Fertigfabrikat/Fertigprodukt
article fabriqué en Allemagne	deutsches Fabrikat
le produit transformé	das verarbeitete Produkt, e
le produit dérivé, le sous-produit	das Nebenprodukt, e
le produit résiduel	das Abfallprodukt
la norme ; la standardisation	die Norm, en ; die Normung
• **le brevet d'invention**	das Patent, e
l'invention *f*	die Erfindung, en
déposer un brevet	ein Patent an~melden

le détenteur d'un brevet	der Patentinhaber, -
la propriété industrielle	das gewerbliche Eigentum
exploiter un brevet	ein Patent verwerten
le copyright	das Urheberrecht, e
la marque déposée	das eingetragene Warenzeichen, -
le modèle déposé	das Gebrauchsmuster, -
la marque de fabrique	das Warenzeichen, -
la griffe *(mode)*	das Markenzeichen, -
le nom commercial	die Handelsmarke, n
le logo	das Firmenzeichen, -, das Logo, s
le contrat de licence	der Lizenzvertrag, ¨e
construire sous licence	in Lizenz bauen
○ **le droit de la propriété industrielle**	das Patentrecht
l'ingénieur-conseil en propriété industrielle	der Patentanwalt, ¨e
l'Office fédéral des brevets d'invention *(D)*	das Bundespatentamt
l'Institut national de la propriété industrielle *(F)*	das Patentamt
la contrefaçon	die Patentverletzung, en
assigner *tr* **en contrefaçon**	wegen Patentverletzung klagen (gegen + A)
• **le secteur industriel**	der Industriebereich, e
l'industrie minière	die Bergbauindustrie
l'industrie charbonnière	der Kohlenbergbau
la production de pétrole	die Erdölförderung
les pays producteurs de pétrole	die Erdölförderländer *mpl*
○ **l'industrie de transformation**	die verarbeitende Industrie
les industries de base	die Grundstoffindustrien
la métallurgie	die Hüttenindustrie, die Metallindustrie
l'industrie du charbon et de l'acier	die Montanindustrie
la sidérurgie	die Eisen- und Stahlindustrie
l'industrie des métaux non ferreux	die NE-Metallindustrie *(Nichteisen-Metallindustrie)*
↓ **la construction aéronautique**	die Flugzeugindustrie
l'industrie aérospatiale	die Raumfahrtindustrie
l'industrie agro-alimentaire	die Nahrungsmittelindustrie
l'industrie de l'armement	die Rüstungsindustrie
l'industrie automobile	die Automobilindustrie
l'industrie du bâtiment	die Bauindustrie
l'industrie des biens d'équipement	die Investitionsgüterindustrie
l'industrie de la bijouterie	die Schmuckwarenindustrie
l'industrie chimique	die chemische Industrie
l'industrie des colorants	die Farbenindustrie
l'industrie horlogère	die Uhrenindustrie
l'industrie du jouet	die Spielwarenindustrie
l'industrie des machines-outils	die Werkzeugmaschinenindustrie
l'industrie de matériel de mécanique de précision	die feinmechanische Industrie
la construction mécanique	der Maschinenbau
la construction navale	der Schiffbau
l'industrie optique	die optische Industrie
l'industrie textile	die Textilindustrie
l'industrie du verre	die Glasindustrie
l'industrie du vêtement	die Bekleidungsindustrie
• **la concurrence**	der Wettbewerb, die Konkurrenz
la compétitivité	die Konkurrenzfähigkeit
la libre concurrence	der freie Wettbewerb
entrer en concurrence avec qn	mit jdm in Wettbewerb treten*, a, e, i

soutenir la concurrence, être compétitif	konkurrenzfähig sein
le prix concurrentiel, compétitif	der konkurrenzfähige Preis
faire de la concurrence à qn	jdm Konkurrenz machen
être en concurrence avec qn	zu jdm in Konkurrenz stehen, a, a
entrer en concurrence avec qn (pour)	zu jdm in Konkurrenz treten*, a, e, i (um + A)
le concurrent	der Konkurrent, en, en
éliminer la concurrence	die Konkurrenz aus~schalten
la firme concurrente	die Konkurrenzfirma, en
la loi de l'offre et de la demande	das Gesetz von Angebot und Nachfrage
le marché de l'offre	der Verkäufermarkt
la puissance d'achat	die Nachfragemacht
○ **la concurrence déloyale**	der unlautere Wettbewerb
les pratiques anticoncurrentielles	das wettbewerbsbeschränkende Verhalten
le boycott(age) ; boycotter	der Boykott, s/e ; boykottieren
débaucher de la main-d'œuvre *(d'une autre firme)*	fremde Arbeitskräfte aus~spannen/ ab~werben, a, o, i
se livrer à l'espionnage économique	Industriespionage treiben, ie, ie
• **le cartel, l'entente** *f*	das Kartell, e
constituer un cartel	ein Kartell bilden
la convention de cartel	die Kartellabsprache, n
l'entente *f* **illicite**	die Frühstücksabsprache, n
l'entente horizontale, verticale	das horizontale, vertikale Kartell
l'entente de partage des marchés	die Markt(aufteilungs)absprache
l'entente sur les prix	die Preisabsprache
les prix imposés	die Preisbindung, en
l'entente de remises	das Rabattkartell, e
le refus de vente *(à un commerçant)*	die Verkaufsverweigerung, die Liefersperre
les accords *m* **d'achat exclusif**	die Alleinbezugsvereinbarungen *fpl*
une entreprise en position dominante	ein marktbeherrschendes Unternehmen
le monopole	das Monopol, e
le monopole d'État	das Staatsmonopol
l'oligopole *m*	das Oligopol, e
la législation antitrust	das Wettbewerbsrecht, das Kartellrecht
l'Office fédéral des ententes	das Bundeskartellamt
la déconcentration	die Entflechtung, en
démanteler un cartel	ein Kartell auf~lösen
• **la défense du consommateur**	der Verbraucherschutz
l'association *f* **de consommateurs**	die Verbraucherorganisation, en
l'information *f* **du consommateur**	die Unterrichtung der Verbraucher
le test de marchandises	der Warentest, s/e
tester la qualité de qc	etwas auf Qualität testen
le label de qualité	das Gütesiegel, -
la loi sur les poids et mesures	das Eichgesetz
l'indication *f* **de la quantité**	die Mengenbezeichnung
la date de péremption, la date limite de consommation	das Mindesthaltbarkeitsdatum
la normalisation	die Standardisierung

l'entreprise

• **l'entreprise** *f*	das Unternehmen, -/der Betrieb, e
la petite entreprise	das Kleinunternehmen
les petites et moyennes entreprises/les PME	die Klein- und Mittelbetriebe *mpl*
la grande entreprise	das Großunternehmen

le konzern/le groupe	der Konzern, e
le consortium	das Konsortium, tien
le bilan consolidé (d'un groupe)	der Konzernabschluss
la multinationale	der multinationale Konzern, der Multi, s *(fam)*
le trust	der Trust, e/s
• **la société**	die Gesellschaft, en
la filiale	die Tochtergesellschaft, die Tochterfirma, men
le holding	die Dachgesellschaft
○ **le chef d'entreprise**	der Unternehmer, -
le gérant	der Geschäftsführer, -
le fondé de pouvoir	der Prokurist, en, en
donner la procuration commerciale à qn	jdm die Prokura erteilen
La procuration est expirée.	Die Prokura ist erloschen.
avoir pouvoir de représentation	vertretungsberechtigt sein
le mandat	der Auftrag, ¨e
la représentation	die Vertretung
le pouvoir de représentation	die Vollmacht, en
le fondé de pouvoir simple	der Handlungsbevollmächtigte *(adj)*
• **le Registre du commerce (RC)**	das Handelsregister (HReg)
l'inscription *f* **au Registre du commerce**	die Eintragung in das Handelsregister
inscrit au Registre du commerce	im Handelsregister eingetragen
la publication des inscriptions	die Bekanntmachung der Eintragungen
le Registre des faillites	das Konkursregister
la liste des débiteurs	das Schuldnerverzeichnis, die schwarze Liste *(fam)*
la maison de commerce	die Handelsfirma, men
le nom de l'entreprise ; la raison sociale de l'entreprise	der Firmenname, ns, n
le siège social	der Firmensitz, e
l'établissement principal	die Hauptniederlassung, en
fonder une société	eine Gesellschaft gründen
constituer une société	eine Gesellschaft errichten
le contrat de société	der Gesellschaftsvertrag, ¨e
le capital social	das Gesellschaftskapital
se monter à	betragen, u, a, ä
l'actif social	das Gesellschaftsvermögen
le passif social	die Gesellschaftsschulden *fpl*
l'apport *m*	die Einlage, n, die Stammeinlage *(GmbH)*
le transfert du siège	die Sitzverlegung, en
transférer	verlegen
la disparition de la raison sociale	das Erlöschen der Firma
dissoudre	auf~lösen
• **la société de capitaux**	die Kapitalgesellschaft
la corporation, la collectivité, la personne morale	die Körperschaft
la collectivité de droit public	die Körperschaft des öffentlichen Rechts
la société anonyme (SA)	die Aktiengesellschaft (AG)
la loi sur les sociétés anonymes	das Aktiengesetz (AktG)
la société en commandite par actions	die Kommanditgesellschaft auf Aktien (KGaA)
la société à responsabilité limitée (SARL)	die Gesellschaft mit beschränkter Haftung (GmbH)
○ **le directoire**	der Vorstand

le jeton de présence	das Sitzungsgeld
le conseil de surveillance	der Aufsichtsrat
l'assemblée générale (AG)	die Hauptversammlung (HV)
convoquer l'assemblée générale	die Hauptversammlung ein~berufen
être à l'ordre du jour	auf der Tagesordnung stehen, a, a
l'actionnaire *m*	der Aktionär, e/der Aktieninhaber, -
• **l'action** *f*	die Aktie, n
la valeur nominale	der Nennwert
l'action d'apport	die Gründeraktie
l'action au porteur	die Inhaberaktie
l'action nominative	die Namensaktie
l'action ordinaire	die Stammaktie
l'action privilégiée	die Vorzugsaktie
l'action gratuite	die Gratisaktie
l'action nouvelle	die junge Aktie
l'actionnariat *m* **ouvrier**	die Arbeitnehmeraktien, die Belegschaftsaktien
• **les statuts** *m*	die Satzung, en
le capital statutaire	das in der Satzung vorgesehene Kapital
la modification des statuts	die Satzungsänderung
le droit de vote	das Stimmrecht
atteindre le quorum	das Quorum erreichen
délibérer valablement	beschlussfähig sein
l'admission *f* **de nouveaux associés**	die Aufnahme von neuen Gesellschaftern
l'augmentation *f* **du capital**	die Kapitalerhöhung, die Kapitalaufstockung
Le capital est porté de … à …	Das Kapital wird von … auf … erhöht.
la fusion	die Fusion, en, der Zusammenschluss, ¨e
fusionner	fusionieren, sich zusammen~schließen, o, o
le rachat d'entreprises en difficulté	der Aufkauf von maroden Firmen
émettre des actions nouvelles	neue Aktien aus~geben, a, e, i
le taux d'émission	der Ausgabekurs, e
souscrire une action	eine Aktie zeichnen
l'utilisation *f* **des bénéfices**	die Verwendung des Bilanzgewinnes
• **le compte des profits et pertes**	die Gewinn- und Verlustrechnung
fixer un dividende	die Dividende fest~setzen
le versement des dividendes	die Dividendenausschüttung
verser des dividendes	Dividenden aus~schütten
la répartition des bénéfices	die Gewinnverteilung
répartir	verteilen
l'impôt *m* **sur les sociétés**	die Körperschaftssteuer
○ **le rapport d'activité**	der Geschäftsbericht
le rapport de gestion	der Lagebericht
le rapport économique	der Wirtschaftsbericht
le rapport additionnel	der Nachtragsbericht
le bilan social	der Sozialbericht
les éléments *m* **des comptes annuels**	der Erläuterungsbericht
la décharge, le quitus	die Entlastung
donner, refuser le quitus	die Entlastung erteilen, verweigern
• **le bilan**	die Bilanz, en
l'exercice *m* **comptable**	das Rechnungsjahr, e
le bilan annuel, les comptes annuels	der Jahresabschluss
le bilan de l'exercice	die Jahresbilanz
le bilan d'ouverture	die Eröffnungsbilanz
le bilan de clôture	die Abschlussbilanz
l'inventaire *m*	die Inventur, en

(inventaire, état descriptif)	das Inventar, e
l'inventaire effectif	der Ist-Bestand, ¨e
l'inventaire théorique	der Soll-Bestand
le compte de charge	das Aufwandskonto, ten
l'amortissement *m*	die Abschreibung, en
la perte de valeur	die Wertminderung, en
l'usure *f*	der Verschleiß
le remplacement	die Erneuerung, en
la créance	die Forderung, en
la colonne créditrice	die Habenseite
la colonne débitrice	die Sollseite
le solde	der Saldo, s/den/di
l'actif *m*	die Aktiva *pl*
le capital fixe	das Anlagevermögen
l'actif circulant	das Umlaufvermögen
la régularisation	die Rechnungsabgrenzung, en
le passif	die Passiva *pl*
le capital social *(SA)*	das Grundkapital
le capital social *(SARL)*	das Stammkapital
la réserve	die Rücklage, n
la réévaluation	die Wertberichtigung, en
les provisions *f*	die Rückstellungen *fpl*
les engagements *m*	die Verbindlichkeiten *fpl*
le poste de régularisation	die Rechnungsabgrenzungsposten *mpl*
le compte de résultat	die Gewinn- und Verlustrechnung
les charges *f*	die Aufwendungen *fpl*
les produits *m*	die Erträge *mpl*
le chiffre d'affaires	der Jahresertrag, ¨e
le bénéfice net	der Reingewinn, e
la perte nette	der Reinverlust, e
le report	der Vortrag, ¨e
le rapport annuel	der Geschäftsbericht, e
l'annexe *f* **au bilan de l'exercice**	der Anhang zur Jahresbilanz
contrôler le bilan	die Bilanz prüfen
l'analyse *f* **du bilan**	die Bilanzanalyse, n
le contrôle de gestion, l'audit *m*	das Controlling
contrôler la gestion d'une entreprise	(Geschäfts)bücher revidieren
le commissaire aux comptes	der Rechnungsprüfer, -, der Wirtschaftsprüfer
la société fiduciaire	die Treuhandgesellschaft
l'obligation *f* **de publier le bilan**	die Publizitätspflicht
la vérification du bilan annuel	die Prüfung des Jahresabschlusses
le rapport de vérification	der Prüfungsbericht, e
le certificat de conformité	der Bestätigungsvermerk, e
• **la société de personnes**	die Personengesellschaft, en
la société civile	die BGB-Gesellschaf/Gesellschaft des bürgerlichen Rechtes
la société en nom collectif	die offene Handelsgesellschaft (OHG)
être responsable sur tout son patrimoine	mit seinem ganzen Vermögen haften *itr*
être responsable pour tous les engagements	für alle Verbindlichkeiten haften
indéfiniment et solidairement	unbeschränkt und solidarisch
la société en commandite	die Kommanditgesellschaft, en
le commandité	der Vollhafter, -, der Komplementär, e
le commanditaire	der Teilhafter, der Kommanditist, en, en
l'apport *m*	die Einlage, n
la société en participation	die stille Gesellschaft
le groupement d'intérêt économique (GIE)	die wirtschaftliche Interessengemeinschaft
la coopérative déclarée	die eingetragene Genossenschaft, en

l'organisation de l'entreprise

• **l'organisation** *f* **de l'entreprise**	die Betriebsorganisation
la gestion de l'entreprise	die Unternehmensführung, das Management
la direction de l'entreprise	die Betriebsleitung
la direction collégiale	die kollegiale Führung
le directeur général	der Generaldirektor, en
le président-directeur général, le PDG	der Vorstandsvorsitzende *(adj)*
le patron	der Chef, s
les cadres supérieurs	die leitenden Angestellten *(adj)*
les cadres moyens	die mittleren Führungskräfte *fpl*
le service, le département	die Abteilung, en
le responsable de service	der Abteilungsleiter, -
l'administration *f*	die Verwaltung
l'employé, l'agent	der Angestellte *(adj)*
le conseiller en gestion d'entreprise	der Unternehmensberater, -
○ **le service juridique**	die Rechtsabteilung (RA)
le juriste d'entreprise	der Syndikus, diken/dizi
les conseils *m* **juridiques**	der Rechtsbeistand
l'agent *m* **en brevets**	der Patentanwalt
le conseiller fiscal	der Steuerberater, -
○ **le service informatique** *f*	die EDV-Abteilung
l'informaticien *m*	der EDV-Fachmann, ¨er/leute
la saisie de texte	die Texterfassung
l'opérateur *m* **de saisie**	der Texterfasser, -
la (sténo)dactylo	die Stenotypistin, nen
l'audiodactylo *f*	die Audiotypistin
• **l'entreprise industrielle**	der Industriebetrieb, e
le directeur technique	der technische Leiter
l'agent *m* **technico-commercial**	der Industriekaufmann, -leute
l'ingénierie *f*	die technische und finanzielle Planung
l'ingénieur *m*	der Ingenieur, e
le technicien	der Techniker, -
le projet	das Projekt, e
la planification de la production	die Fertigungsplanung
le service de calcul des coûts et des prix	die Kalkulationsabteilung
le bureau d'études	das technische Büro, s
le dessinateur industriel	der technische Zeichner, -
la fabrication	die Fertigung
• **le directeur commercial**	der kaufmännische Betriebsleiter
○ **la gestion du personnel**	das Personalwesen
le service social	die Sozialabteilung
la comptabilité *(service)*	die Buchhaltung
le comptable	der Buchführer, -, der Buchhalter, -
le service comptable et financier	die Rechnungs- und Finanzabteilung
la facturation *(service)*	die Rechnungsabteilung
la comptabilité des salaires	die Lohnbuchhaltung
la comptabilité générale	die Finanzbuchhaltung
• **la comptabilité** *(livres)*	die Buchführung

la comptabilité commerciale	die Geschäftsbuchführung
la comptabilité analytique d'exploitation	die Betriebsbuchführung
la comptabilité en partie double	die doppelte Buchführung
la comptabilité informatisée	die EDV-Buchführung
○ **les livres de commerce**	die Geschäftsbücher *npl*
tenir les livres	die Bücher führen
le livre journal	das Grundbuch, ¨er
le grand livre	das Hauptbuch
le livre des entrées	das Wareneingangsbuch
l'opération *f* **comptable**	die Buchung, en
comptabiliser	buchen
le plan comptable	der Kontenplan, ¨e
la pièce comptable	der Buchungsbeleg, e
le fichier informatisé	die Datei, en
la colonne	die Spalte, n
le poste	der Posten, -
l'écriture *f* **comptable**	der Buchungssatz, ¨e
le redressement d'écriture	die Stornobuchung, en
○ **l'expert-comptable**	der Buchprüfer, -
la vérification des livres	die Buchprüfung, en
○ **le service des achats**	die Einkaufsabteilung
le chef du service achat	der Einkaufsleiter
l'acheteur *m (profession)*	der Einkäufer, -
le service des commandes *f*	die Bestellungsabteilung
la réception de la marchandise	die Warenannahme
le contrôle des marchandises	die Warenkontrolle
le service des ventes	die Verkaufsabteilung
l'expédition *m*	der Versand

(v. l'entreprise de transport, p. 288)

le marketing

• **le marketing/la mercatique**	das Marketing
la commercialisation	die Vermarktung
commercialiser	vermarkten
l'étude *f* **de marché**	die Marktforschung, en
l'analyse *f* **de marché**	die Marktanalyse, n
le créneau	die Marktlücke, n
la vente (de marchandises)	der Absatz, ¨e
le débouché	der Absatzmarkt, ¨e
la zone de vente	das Absatzgebiet, e
la zone de chalandise/ d'attraction	das Einzugsgebiet
les prévisions *f* **de vente**	die Absatzprognose, n
un marché porteur	ein wachstumsträchtiger Markt
le sondage	die Erhebung, en
l'enquête *f*	die Befragung, en
le questionnaire	der Fragebogen, -/¨
la personne testée	die Testperson, en
le panel	das Panel, s
le groupe-cible	die Zielgruppe, n
le marché-cible	der Zielmarkt, ¨e
le comportement du consommateur	das Verbraucherverhalten
les habitudes *f* **du consommateur**	die Kaufgewohnheiten *fpl*
le test de marché	der Markttest, s/e
le test de produit	der Produkttest
• **le produit ; l'article** *m*	das Produkt, e ; der Artikel, -
le marketing-mix/ le marchéage	das Marketing-Mix
la gamme de produits	die Produktskala, len/s
le chef de produit	der Produktmanager, -
la qualité	die Qualität, en
le design	das Design, s
la présentation, le conditionnement	die Aufmachung, en
l'étiquette *f*	das Etikett, s/e
l'image *f* **de marque**	das Image, s
le produit de marque	der Markenartikel, -
la franchise	das Franchising
• **l'emballage** *m*, **le conditionnement**	die Verpackung, en
emballer, conditionner	verpacken
pourvu d'un emballage de protection	mit einer Schutzhülle versehen
l'emballage d'origine	die Original(ver)packung
l'emballage transparent	die Klarsichtpackung
l'étui *m*	das Etui, s
emballé sous vide	vakuumverpackt
l'emballage-cadeau	die Geschenkpackung
la boîte	die Schachtel, n, der Kasten, ¨, die Dose, n
la bombe aérosol *m*	die Sprühdose
la boîte en carton, le carton	die Pappschachtel, n, der Karton, s
le papier d'emballage	das Packpapier
le carton ondulé	die Wellpappe, n
la bouteille	die Flasche, n
le flacon	das Fläschchen, -, das/der Flakon, s
le fût, le tonneau	das Fass, ¨er
le sac	der Sack, ¨e
○ **la caisse**	die Kiste, n
le cerclage métallique	das Bandeisen
la caisse à claire-voie	die Lattenkiste
conditionné en caisses de bois	in Holzkisten verpackt
○ **le conditionnement clos**	die verschlossene Packung
le conditionnement non clos	die offene Packung
la marchandise en vrac, non logée	die lose Ware
les frais *m* **d'emballage**	die Verpackungskosten *pl*
le poids de l'emballage	das Verpackungsgewicht, das Taragewicht
l'emballage perdu	die Einwegpackung, die Wegwerfpackung
l'emballage réutilisable	die Mehrfachpackung
l'emballage consigné	das Leergut
la bouteille consignée	die Pfandflasche, n
la bouteille non consignée	die Einwegflasche, die Ex-und-hopp-Flasche *(fam)*
l'emballage recyclable	das wiederverwertbare Packungsmaterial

la distribution

• **la distribution, la vente**	der Vertrieb
distribuer, diffuser	vertreiben, ie, ie
commercialiser	vermarkten, in den Handel bringen, a, a
la vente, l'écoulement *m*	der Absatz, ¨e
vendre, écouler	ab~setzen
la société de distribution	die Vertriebsgesellschaft, en
le service commercial, le service des ventes	die Vertriebsabteilung, en
le chef des ventes	der Vertriebsleiter, -, der Verkaufsleiter

○ **la force de vente**	die Absatzorganisation
• **l'agent commercial, le représentant**	der Handelsvertreter, -
le mandant	der Auftraggeber, -
la représentation	die Vertretung, en
la concession	die Konzession, en
le réseau de représentants	das Vertreternetz
la vente exclusive	der Alleinverkauf
le concessionnaire	der Vertragshändler, -
le courtier	der Makler, -
le voyageur de commerce (VRP)	der (Handels)reisende *(adj)*
l'agent *m* **monocarte**	der Einfirmenvertreter, -
l'agent multicarte	der Mehrfirmenvertreter
l'agent unique	der Alleinvertreter
l'agent exclusif	der Exklusivvertreter
l'agent général	der Generalvertreter
le sous-agent	der Untervertreter
l'agent à l'achat	der Einkaufsvertreter
l'agent à la vente	der Verkaufsvertreter
le commissionnaire	der Kommissionär, e
○ **conclure des affaires**	Geschäfte ab~schließen, o, o
passer/conclure de nouveaux marchés	zu neuen Geschäftsabschlüssen kommen*, a, o
la comptabilisation	die Abrechnung
le relevé	der Buchauszug, ¨e
la commission	die Provision, en
le droit à la commission	der Provisionsanspruch, ¨e
la commission ducroire	die Delkredereprovision
toucher un fixe	ein Fixum erhalten, ie, a, ä
les frais *m* **du représentant**	die Vertreterspesen *pl*
les frais de déplacement	die Reisespesen
l'indemnisation *f* **kilométrique**	das Kilometergeld
la voiture de fonction	der Firmenwagen, -
○ **le démarchage**	die Kundenwerbung
le client; la clientèle	der Kunde, n, n; die Kundschaft
prospecter des clients	Kunden werben, a, o, i
le démarcheur	der Akquisiteur, e, der Kundenwerber, -
le téléshopping	das Tele-Shopping
commander par minitel	über btx bestellen
le télé-marketing	das Telemarketing
le démarchage téléphonique	das Phoning
le démarchage à domicile	die Haustürgeschäfte *npl*
faire du porte(-)à(-)porte	hausieren
le colporteur	der Hausierer, -, der Klinkenputzer, - *(fam, péj)*
le camelot	der Straßenhändler, -
• **le réseau de distribution**	das Vertriebsnetz, e, der Vertriebsweg, e
le circuit de distribution	der Absatzweg, e
la vente directe, indirecte	der direkte, indirekte Verkauf
le commerce de gros	der Großhandel
le grossiste	der Großhändler, -/ der Grossist, en, en
le commerce de demi-gros	der Zwischenhandel
l'intermédiaire *m*	der Zwischenhändler
le commerce de détail	der Einzelhandel
le détaillant	der Kleinhändler/der Einzelhändler
le revendeur	der Wiederverkäufer, -
• **le point de vente**	die Verkaufsstelle, n
le magasin	das Geschäft, e
la boutique/le magasin	der Laden, ¨
l'épicerie *f* **du coin** *(fam)*	der Tante-Emma-Laden *(fam)*

la vitrine	das Schaufenster, -
l'étalage *m*	die Auslage, n
l'étalagiste *m*	der Schaufensterdekorateur, e
l'emballage factice *m*	die Schaupackung, en
le magasin spécialisé	das Fach(handels)geschäft, e
la vente par correspondance	der Versandhandel
la société de vente par correspondance	das Versandgeschäft, e
le catalogue	der Katalog, e
vendre sur catalogue	nach Katalog verkaufen
commander sur catalogue	über Katalog bestellen
le grand magasin	das Kaufhaus, ¨er/das Warenhaus
le centre commercial	das Einkaufszentrum, tren
le supermarché	der Supermarkt, ¨e
l'hypermarché *m*	der Verbrauchermarkt
la centrale d'achat	die Einkaufszentrale, n
le groupement d'achats	die Einkaufsgenossenschaft, en
la chaîne de magasins	die Ladenkette, n
le magasin à succursales multiples	das Filialunternehmen, -
la succursale	die Filiale, n/das Zweiggeschäft, e
le magasin discount	das Discountgeschäft
○ **le libre-service**	die Selbstbedienung
le magasin libre service	der SB-Laden, ¨
le panier	der Einkaufskorb, ¨e
le chariot/le caddie™	der Einkaufswagen, -
la gondole	die Gondel, n
le présentoir	der Verkaufsständer, -
le rayon	die Abteilung, en
le chef de rayon	der Abteilungsleiter, -
le vendeur ; la vendeuse	der Verkäufer, - ; die Verkäuferin, nen
la caisse (enregistreuse)	die (Registrier)kasse, n
le caissier ; la caissière	der Kassierer, - ; die Kassiererin, nen
le code à barres	der Strichkode, s
le distributeur automatique	der Automat, en, en
le marché	der (Wochen)markt, ¨e
aller au marché	auf den Markt gehen*, i, a
faire des courses	ein~kaufen (gehen*, i, a)
• **la promotion des ventes**	die Absatzförderung
la foire ; l'exposition *f*	die Messe, n ; die Ausstellung, en
l'exposant *m*	der Aussteller, -
la participation à la foire	die Messebeteiligung
participer à la foire	auf der Austellung vertreten sein
le parc des expositions	das Messegelände
le hall d'exposition	die Ausstellungshalle, n
le stand	der Messestand, ¨e
la foire commerciale	die Handelsmesse
l'exposition de l'alimentation	die Nahrungsmittelausstellung
le salon des arts ménagers	die Haushaltsausstellung
le salon de l'automobile	die Automobilaustellung
le salon de l'industrie hôtelière	die Hotelfachausstellung
la foire du jouet	die Spielwarenmesse
la foire du livre	die Buchmesse
la foire de la pelleterie	die Rauchwarenmesse
la foire des textiles	die Textilmesse
les relations publiques	die Öffentlichkeitsarbeit
la publicité	die Werbung
(v. la publicité, p. 258)	
• **la liquidation, les soldes** *m*	der Ausverkauf, ¨e
solder, vendre en solde, brader	im Ausverkauf ab~setzen, verramschen *(fam)*
la liquidation totale	der Räumungsverkauf

démarquer un article	das Markenzeichen von einem Artikel entfernen
les soldes *m* **d'hiver, les soldes d'été**	der Winter-, Sommerschlussverkauf
l'article *m* **en promotion**	das Sonderangebot, e
attirer la clientèle	die Kundschaft an~locken
la remise de fidélité	der Treuerabatt, e
appâter la clientèle	die Kundschaft ködern *(fam)*
le prix d'appel	der Köderpreis, Lock(vogel)preis, e
entrée libre	ohne Kaufzwang
l'obligation *f* **d'achat**	der Kaufzwang, ¨e

la transaction commerciale

• **le commerçant, le négociant**	der Kaufmann, -leute
(commerçant inscrit au Registre du commerce)	der Vollkaufmann
être dans le commerce	Kaufmann sein
exercer une profession commerciale	ein Handelsgewerbe treiben, ie, ie
tenir un commerce	ein Geschäft führen, haben
avoir la bosse du commerce	ein geborener Geschäftsmann sein
• **le contrat de vente**	der Kaufvertrag, ¨e
(souvent point de vue de l'acheteur en Allemagne et du vendeur en France)	
l'acte commercial	das Handelsgeschäft, e
le contrat commercial	der Handelsvertrag
prêt à être signé	unterschriftsreif
la partie contractante	die Vertragspartei, en
conclure/passer un contrat	einen Vertrag ab~schließen, o, o
le soussigné	der Unterzeichnete *(adj)*
exécuter un contrat	einen Vertrag erfüllen
respecter un contrat	einen Vertrag ein~halten, ie, a, ä
le respect du contrat	die Vertragstreue
selon les termes du contrat	laut Vertrag
résilier un contrat	einen Vertrag kündigen
rompre un contrat	einen Vertrag brechen, a, o, i
la rupture de contrat	der Vertragsbruch
l'inexécution *f* **d'un contrat**	die Nichterfüllung eines Vertrags
le contrat verbal, écrit	der mündliche, schriftliche Vertrag
les clauses *f*/**les termes** *m* **du contrat**	die Vertragsbedingungen *fpl*
aux termes du contrat	laut Vertrag
le contrat type	der Mustervertrag
○ **la transaction commerciale**	das Handelsgeschäft, e
• **l'achat** *m*, **l'acquisition**	der Kauf, ¨e
l'acheteur *m* **; acheter**	der Käufer, - ; kaufen
• **la vente**	der Verkauf, ¨e
le vendeur ; vendre	der Verkäufer, - ; verkaufen
la vente sur appel	der Kauf/Verkauf auf Abruf
l'achat, la vente à crédit	der Kreditkauf
la vente à tempérament	das Abzahlungsgeschäft, e
payer en plusieurs versements	in Raten (ab~)zahlen
la vente à terme	der Kauf auf Ziel
l'achat au comptant	der Barkauf
le réméré	der Wiederkauf, der Rückkauf
la vente à réméré	der Verkauf unter Vorbehalt des Wiederkaufs
le droit de préemption	das Vorkaufsrecht
○ **l'achat, la vente sur échantillon**	der Kauf, Verkauf nach Muster/Probe
la vente à l'essai	der Kauf, Verkauf auf Probe/zur Probe
• **l'échantillon** *m*	die Probe, n ; das Muster, -
demander des échantillons	Muster an~fordern
l'échantillon gratuit	das Ansichtsmuster/das Gratismuster
la collection d'échantillons	die Mustersammlung, en/die Musterkollektion, en
le catalogue d'échantillons	das Musterbuch, ¨er
l'échantillon à titre indicatif	das Orientierungsmuster, -
l'échantillon type, l'échantillon de référence	die Ausfallprobe, n
l'échantillon pris au hasard	die Stichprobe
conforme à l'échantillon	mustermäßig
• **l'offre**	das Angebot, e/die Offerte, n
faire, soumettre une offre à qn	jdm ein Angebot machen/unterbreiten
solliciter une offre	ein Angebot ein~holen
l'offre spontanée	das unverlangte Angebot
une offre ferme	ein festes Angebot
une offre sans engagement	ein freibleibendes/unverbindliches Angebot
la commande minimum	die Mindestabnahmemenge, n
fixer un délai	eine Frist bestimmen
le délai d'acceptation	die Annahmefrist, en
être lié par son offre	an seine Offerte gebunden sein
retirer une offre/revenir sur une offre	ein Angebot zurück~ziehen, o, o/rückgängig machen
décliner une offre	ein Angebot ab~lehnen
accepter une offre	ein Angebot an~nehmen, a, o, i
l'acceptation *f* **tacite**	die stillschweigende Annahme
la lettre de confirmation	das Bestätigungsschreiben
• **la commande, l'ordre** *m*	die Bestellung, en, der Auftrag, ¨e
passer une commande	eine Bestellung, einen Auftrag erteilen
commander	bestellen
la commande écrite	das Bestellschreiben, -
le bon/bulletin de commande	der Bestellschein, e
la liste de commande	die Bestellliste, n
la commande ferme	der feste Auftrag
confirmer une commande	einen Auftrag bestätigen
annuler une commande	einen Auftrag rückgängig machen/widerrufen, ie, u
les commandes en cours	der Auftragsbestand, ¨e
le carnet de commandes	das Auftragsbuch, ¨er
l'entrée *f* **des commandes**	der Auftragseingang, ¨e
la grosse commande	der Großauftrag, ¨e
la confirmation de commande	die Auftragsbestätigung, en
exécuter une commande	einen Auftrag aus~führen, erledigen
• **la marchandise**	die Ware, n
la désignation de la marchandise	die Warenbezeichnung, en
la spécification	die Beschreibung, die Spezifizierung
la marchandise d'espèce et de qualité moyenne	die Ware mittlerer Art und Güte
les normes *f* **de qualité**	die Güteklassen *fpl*
la marchandise de premier choix, de second choix	die Ware erster Wahl, zweiter Wahl
l'origine *f*	die Herkunft
un produit national	ein einheimisches Produkt
la marchandise destinée à l'exportation	die Ausfuhrware, die Exportware
○ **la désignation de la quantité**	die Mengenangabe
le poids, le poids net	das Gewicht, das Netto-Gewicht
le poids brut	das Brutto-Gewicht
le poids net égoutté	das Abtropfgewicht
le poids à l'état sec	das Trockengewicht
le volume	das Volumen

une marchandise en stock	eine auf Lager befindliche/vorrätige Ware
être en rupture de stock	die Ware nicht vorrätig haben/nicht auf Lager haben
la marchandise de remplacement	die Ersatzware
en cours de fabrication	in der Herstellung befindlich
qui se vend bien	gängig
qui se vend mal	schwerverkäuflich
le rossignol *(fam)*	der Ladenhüter, - *(fam)*
la marchandise soldée	die Ausverkaufware
les invendus *m*	die Restposten *mpl*
le rebus	die Ausschussware
la camelote *(fam, péj)*	der Ramsch, die Ramschware *(fam)*

les conditions de vente

• **les conditions de vente**	die Verkaufsbedingungen
les conditions générales	die Allgemeinen Geschäftsbedingungen *fpl* (AGB)
se référer aux conditions générales	auf die AGB hin~weisen, ie, ie
les conditions de paiement	die Zahlungsbedingungen *fpl*
• **le prix**	der Preis, e
le prix d'achat	der Kaufpreis, Einkaufspreis, Bezugspreis
le prix coûtant	der Einstandspreis
le prix de revient	der Selbstkostenpreis
la marge	die Spanne, n
le prix de vente	der Verkaufspreis
le prix de détail	der Ladenpreis
convenir d'un prix	einen Preis vereinbaren, aus~machen
fixer un prix	einen Preis fest~setzen
la modification de prix	die Preisänderung, en
augmenter/relever un prix	einen Preis erhöhen
la hausse abusive des prix	die Preisüberhöhung
réviser un prix	einen Preis revidieren
diminuer un prix	einen Preis herab~setzen/ermäßigen
baisser un prix	einen Preis senken
un prix avantageux, intéressant	ein günstiger Preis
à un/d'un prix avantageux	preisgünstig
un prix équitable, raisonnable	ein angemessener Preis
le prix le plus juste	der äußerste Preis
un prix serré	ein scharf kalkulierter Preis
le prix de lancement	der Einführungspreis
le prix sacrifié	der Schleuderpreis
des prix compétitifs	konkurrenzfähige Preise
des prix défiant toute concurrence	konkurrenzlose Preise
un prix d'ami	ein Freundespreis
à moitié prix	zum halben Preis
le rabais, la remise, la réduction	der Rabatt, e
accorder une remise	einen Rabatt gewähren
facturer un supplément de prix	einen Mehrpreis berechnen
le prix courant, le tarif	die Preisliste, n
le prix catalogue	der Listenpreis, der Katalogpreis
le marquage des prix	die Preisauszeichnung
le prix unitaire	der Einheitspreis
le prix global	der Gesamtpreis
le prix conseillé	der empfohlene Preis
le prix ferme	der feste Preis, der Festpreis
le prix du marché	der Marktpreis
○ **le prix brut ; le prix net**	die Bruttopreis ; der Nettopreis
taxe sur la valeur ajoutée comprise	mit Mehrwertsteuer/einschließlich MWSt
sans TVA/prix hors taxes	ohne Mehrwertsteuer
prix net au comptant	netto Kasse
prix sans déduction possible	Preis ohne jeden Abzug
• **le paiement au comptant**	die Barzahlung, en
payer (au) comptant	bar zahlen
le paiement anticipé, le paiement d'avance	die Vorausbezahlung, en
verser/payer un acompte	eine Anzahlung leisten
comptant contre documents	Kasse gegen Dokumente
comptant contre bon de livraison	Kasse gegen Lieferschein
comptant après livraison	Kasse nach Lieferung
payer à la livraison	bei Lieferung zahlen
exigible à l'arrivée de la marchandise	fällig bei Eingang der Ware
paiement à 30 jours avec ...% d'escompte	Zahlung innerhalb von 30 Tagen mit ...% Skontoabzug

la clause - les INCOTERMS

• **la clause**	die Klausel, n
inclure une clause	eine Klausel ein~fügen
la clause de réserve	die Vorbehaltsklausel
la clause de réserve de propriété	die Eigentumsvorbehaltsklausel
la clause de compte courant	die Kontokorrentklausel
la clause de révision des prix	die Preisgleitklausel
la clause d'indexation	die Indexklausel
la clause de garantie de change	die Kurssicherungsklausel
la clause de transformation de la marchandise	die Verarbeitungsklausel
la clause de non-responsabilité	die Freizeichnungsklausel
• **les INCOTERMS** *m*	die INCOTERMS *pl*
la référence aux INCOTERMS	der Bezug auf die INCOTERMS
À l'usine, départ usine	EXW = Ab Werk
À l'entrepôt, départ entrepôt	Ab Lagerhaus
franco wagon	FOR = Frei Waggon
point de départ convenu	benannter Abgangsort
franco le long du navire	FAS = FAS Frei Längsseite Schiff
port d'embarquement convenu	benannter Verschiffungshafen
franco bord	FOB = Frei an Bord
Ex ship	EXS = Ab Schiff
port de destination convenu	benannter Bestimmungshafen
À quai (dédouané)	Ab Kai (verzollt)
À quai (droits à la charge de l'acheteur)	Ab Kai (unverzollt)
fob aéroport, aéroport de départ convenu	FOB Flughafen, benannter Abflughafen
CAF = coût, assurance, fret	CIF = Kosten, Versicherung, Fracht
port de destination convenu	benannter Bestimmungshafen
Coût et Fret	C & F = Kosten und Fracht
Fret/Port payé jusqu'à	DCP = Frachtfrei
point de destination convenu	benannter Bestimmungsort

la livraison

○ **les conditions** *f* **de livraison**	die Lieferbedingungen *fpl*
l'expédition *f*	der Versand

l'envoi *m*, **la marchandise expédiée**	die Sendung, en
envoyer, expédier	versenden, a, a
l'avis *m* **d'expédition**	die Versandanzeige, n
• **la livraison**	die Lieferung, en, die Auslieferung, en
(v. Transport de marchandises, p. 288)	
livrer	liefern, aus~liefern
l'ordre *m* **de livraison**	der Lieferauftrag, ¨e
le fournisseur	der Lieferant, en, en
la maison de livraison, le fournisseur	die Lieferfirma, men
le délai de livraison	die Lieferfrist, en
le dépôt	das Auslieferungslager, -
la date de livraison	das Lieferdatum, ten
immédiatement disponible	sofort lieferbar
sous réserve de la possibilité de livrer	Liefermöglichkeit vorbehalten
délai de livraison sans engagement	Lieferfrist unverbindlich
respecter le délai de livraison	die Lieferfrist ein~halten, ie, a, ä
dépasser le délai de livraison	die Lieferfrist überschreiten, i, i
le lieu de livraison	der Lieferort, e
livrer à domicile	ins Haus liefern, zu~stellen
la livraison à domicile	die Zustellung, en
le livreur	der Fahrer, -
l'acceptation *f* **de la livraison**	die Annahme der Lieferung
prendre livraison de qc	etw an~nehmen/in Empfang nehmen, a, o, i
sous réserve	unter Vorbehalt
le refus de prendre livraison	die Annahme einer Lieferung verweigern
le transfert du risque	der Gefahrübergang
le lieu d'exécution	der Erfüllungsort
les opérations *f* **de transport**	das Frachtgeschäft
(v. l'entreprise de transport, p. 288)	
• **le retard de livraison/dans la livraison**	der Liefer(ungs)verzug
avoir des difficultés pour livrer à la date fixée	in Terminnot geraten*, ie, a, ä *itr*
(ne pas) respecter la date convenue/fixée	den Termin (nicht) ein~halten, ie, a, ä
dépasser les délais contractuels	die vertraglichen Termine überschreiten, i, i
le planning	der Terminplan, ¨e
dans les délais	termingerecht/termingemäß
le défaut d'acceptation	der Annahmeverzug (des Gläubigers)
accorder un délai supplémentaire	eine Nachfrist gewähren, ein~räumen
la vente aux enchères d'objets impayés	der Selbsthilfeverkauf
la vente par autorité de justice	der Zwangsverkauf
la vente (aux enchères) publique(s)	die öffentliche Versteigerung, en
le commissaire-priseur	der Versteigerer, -
enchérir	mit~bieten, o, o
• **les dommages-intérêts** *m*	der Schadenersatz
rendre qn responsable de	jdn verantwortlich machen für+A
le manque à gagner	der entgangene Gewinn, der Verdienstausfall
le préjudice subi	der erlittene Schaden
la personne lésée	der Geschädigte *(adj)*
le droit de résilier le contrat	das Recht vom Vertrag zurückzutreten
l'annulation *f* **du contrat** *(pour vice de la marchandise)*	die Wand(e)lung
la réduction du prix	die Preisminderung
être tenu de réparer le dommage causé	schadenersatzpflichtig sein
réparer un dommage	einen Schaden ersetzen
exiger un dédommagement en argent	eine Geldentschädigung fordern
○ **la pénalité**	die Vertragsstrafe, die Konventionalstrafe, n
la pénalité de retard	die Verzugsstrafe
le désistement, la résiliation	der Rücktritt, e
le dédit	das Reugeld
• **la garantie**	die Gewährleistung, en, die Garantie, n
répondre des vices	für Mängel haften
la responsabilité des fabricants	die Produzentenhaftung
• **la réclamation**	die Reklamation, en, die Beanstandung, en
réclamer	reklamieren
sans retard fautif, immédiatement	ohne schuldhaftes Zögern, unverzüglich
• **le vice, le défaut de fabrication** *(marchandise)*	der Mangel, ¨, der Fehler, -
être défectueux	mit Fehlern behaftet sein
défectueux	mangelhaft
présenter des vices, des défauts	Mängel auf~weisen, ie, ie
le défaut caché	der verborgene Mangel, der geheime Mangel
la malfaçon	die mangelhafte Ausführung, en
○ **le service après-vente (SAV)**	der Kundendienst
remédier à un vice, à un défaut	einen Mangel beseitigen
l'obligation *f* **de remédier aux défauts**	die Nachbesserungspflicht
le droit d'échange	das Umtauschrecht
la dissimulation d'un défaut	einen Fehler verschweigen, ie, ie

le paiement

• **le paiement, le règlement**	die Begleichung, en, die Zahlung, en
les moyens de paiement	die Zahlungsmittel
(v. la banque, p. 241)	
la facture	die Rechnung, en
la facturation ; facturer	die Fakturierung, en ; fakturieren
facturer, porter qc en compte	etwas in Rechnung stellen
ne pas facturer qc	etwas nicht berechnen
établir une facture	eine Rechnung aus~stellen
le délai de paiement	die Zahlungsfrist, en, das Zahlungsziel, e
l'échéance *f*	das Fälligkeitsdatum
la promesse de paiement	das Zahlungsversprechen
le report de paiement	der Zahlungsaufschub, ¨e, die Stundung, en
régler une facture	eine Rechnung begleichen, i, i
honorer ses engagements	seinen Zahlungsverpflichtungen nach~kommen*, a, o
l'accusé *m* **de réception du paiement**	die Bestätigung des Zahlungseingangs
la quittance, le reçu	die Quittung, en
acquitter une facture	eine Rechnung quittieren
• **le retard de paiement**	der Zahlungsverzug
le refus de paiement	die Zahlungsverweigerung, en
la cessation des paiements	die Einstellung von Zahlungen
la dette d'argent	die Geldschuld, en

la créance comptable	die Buchforderung, en
○ **le recouvrement d'une créance**	die Einziehung einer Forderung
mettre un débiteur en demeure de payer	einen Schuldner mahnen
la procédure de mise en demeure	das Mahnverfahren, -
la lettre de rappel	der Mahnbrief, e, das Erinnerungsschreiben, -
le premier, deuxième rappel	die erste, zweite Mahnung
la mise en demeure	die Mahnung unter Androhung von Verzugsfolgen
la menace de recours aux moyens légaux	die Androhung von rechtlichen Maßnahmen
la sommation de payer, la mise en demeure de payer	die Zahlungsaufforderung, en, der Mahnbescheid, e
sommer qn de payer, mettre qn en demeure de payer	jdn zur Zahlung auf~fordern
l'injonction *f* **de payer**	der Zahlungsbefehl, e
• **la créance**	die (Schuld)forderung, en
le créancier	der Gläubiger, -
le débiteur	der Schuldner, -
le débiteur (in)solvable	der zahlungs(un)fähige Schuldner
• **la saisie**	die Pfändung, en
saisir	pfänden
une créance insaisissable	eine unpfändbare Forderung, en
le droit de gage	das Pfandrecht
la saisie-exécution mobilière	die Pfändung beweglicher Sachen zwecks Vollstreckung
la saisie-arrêt sur le salaire	die Lohnpfändung, die Gehaltspfändung
la saisie conservatoire	die Sicherungspfändung von beweglichem Vermögen
la tierce opposition	die Widerspruchsklage
• **la faillite**	der Konkurs, e
la procédure de faillite	das Konkursverfahren, -
la faillite frauduleuse	der betrügerische Konkurs
avoir des difficultés *f* **de paiement**	in Zahlungsschwierigkeiten geraten*, ie, a, ä
être au bord de la faillite	vor dem Konkurs stehen, a, a
faire faillite, tomber en faillite	in Konkurs geraten*, ie, a, ä
déposer son bilan	den Konkurs an~melden
la liquidation judiciaire	das Vergleichsverfahren
conclure une transaction, transiger *itr*	einen Vergleich schließen, o, o
l'ouverture *f* **de la faillite**	die Konkurseröffnung
le syndic de la faillite	der Konkursverwalter
le concordat après faillite	der Vergleich mit den Gläubigern im Konkursverfahren
le créancier privilégié de la faillite	der bevorrechtigte Konkursgläubiger
la déclaration de créance	die Forderungsanmeldung im Konkurs
le dividende de faillite	die Konkursquote
l'actif *m* **de la faillite**	die Konkursmasse
distraire/isoler un objet (de la masse)	einen Gegenstand aus der Konkursmasse aus~sondern
l'action *f* **en revendication de marchandise**	das Aussonderungsrecht bei Eigentumsvorbehalt

> Über dem Unternehmen kreist schon der Pleitegeier. *(fam)*
> *L'entreprise est au bord de la faillite.*
>
> schwer drauf~zahlen *(fam)*
> *boire un bouillon (fam)*

> in der Tinte sitzen, a, e, i *(fam)*
> *être dans le pétrin/la mélasse (fam)*
>
> Pleite machen *(fam)*
> *faire le plongeon (fam)*
>
> Er ist pleite *(fam)*. Er ist bankrott.
> *Il a fait faillite.*

2. LA BANQUE, LA MONNAIE, LES ASSURANCES

la banque

• **la banque**	die Bank, en
bancaire	Bank-
interbancaire	Bank-an-Bank, zwischen Banken
le droit bancaire	das Bankrecht
le banquier	der Bankier, s
l'employé de banque	der Bankangestellte *(adj)*
l'employé *m* **de banque diplômé**	der Bankkaufmann, leute
l'agence *f* **bancaire**	die Bankniederlassung, en
le guichet de la banque	der Bankschalter, -
l'établissement *m* **bancaire**	das Bankinstitut, e
la banque d'affaires	die Effektenbank
la banque de dépôt	die Depositenbank
la banque d'escompte	die Diskontbank
la banque de crédit à long et moyen terme	die Kreditbank
la banque de crédit d'exportation	die Exportfinanzierungsbank
la banque (de prêts) hypothécaire(s)	die Hypothekenbank
la banque immobilière/de crédit foncier	die Bodenkreditanstalt, en
la caisse d'épargne	die Sparkasse, n
○ **les opérations** *f* **de banque**	die Bankgeschäfte *npl*
le compte de dépôt	das Depositenkonto, ten
le dépôt d'argent	die Geldeinlage, n
déposer de l'argent à la banque	Geld bei der Bank deponieren/hinterlegen
le dépôt à vue	die Sichteinlage
les dépôts à terme	die Termineinlagen *fpl*
les avoirs *m* **à terme**	die Festgelder *npl*
les dépôts en banque à préavis	die Kündigungsgelder
la durée, l'échéance *f*	die Laufzeit
le délai, le terme	die Frist, en
à court terme, à moyen terme, à long terme	kurzfristig, mittelfristig, langfristig
○ **le compte d'épargne**	das Sparkonto, ten
l'épargnant	der Sparer, -
les petits épargnants	die Kleinsparer *pl*
épargner, économiser	sparen
• **l'épargne** *f (activité)*	das Sparen
l'épargne *(sommes déposées)*	die Spargelder *npl*
le dépôt d'épargne	die Spareinlage, n, das Sparguthaben, -
les dépôts d'épargne à préavis	die Spareinlagen mit gesetzlicher Kündigungsfrist
le livret d'épargne	das Sparbuch, ¨er
souscrire un plan d'épargne-logement	einen Bausparvertrag ab~schließen, o, o

le bon d'épargne *(D)*	der Sparbrief, e
le coffre(-fort)	das Schließfach, ¨er, der/das Safe, s
la chambre forte	der Tresor, e
la location de coffres(-forts)	die Schließfachmiete, die Stahlkammermiete
• **le compte (en banque)**	das (Bank)konto, ten/s
le numéro de compte	die Kontonummer, n
le code de la banque	die Bankleitzahl (BLZ)
le relevé d'identité bancaire/ le RIB	der Bankkontonachweis
ouvrir un compte (à)	ein Konto eröffnen (bei+D)
fermer un compte	ein Konto schließen, o, o/ein Konto löschen
le titulaire du compte	der Kontoinhaber, -
avoir un compte/être titulaire d'un compte (à)	ein Konto haben (bei+D)
la signature	die Unterschrift, en
signer	unterschreiben, ie, ie
le secret bancaire	das Bankgeheimnis, se
le compte sous numéro	das Nummernkonto, ten/s
le compte en monnaie étrangère	das (Fremd)währungskonto
• **le compte courant**	das Kontokorrent, en
le compte de virement, le compte à vue	das Girokonto, ten/s
le compte personnel	das Privatkonto
le compte-salaire	das Gehaltskonto
le compte joint	das Gemeinschaftskonto
le blocage d'un compte	die Kontosperre
bloquer un compte	ein Konto sperren
la gestion du compte par minitel	das Home-Banking
• **le versement**	die Einzahlung, en
le versement en espèces	die Bareinzahlung
verser sur/à un compte	auf ein Konto ein~zahlen
approvisionner/alimenter le compte	das Konto auf~füllen
le montant porté au crédit d'un compte	die Kontogutschrift
créditer un compte d'une somme	einem Konto einen Betrag gut~schreiben, ie, ie
créditer qn d'une somme	jdm einen Betrag gut~schreiben, ie, ie
le prélèvement, le retrait	die Abhebung, en
prélever de l'argent de son compte	Geld von seinem Konto ab~heben, o, o
retirer de l'argent au guichet	Geld am Schalter ab~heben, o, o
le distributeur de billets/ la billetterie	der Geld(ausgabe)automat, en, en
débiter un compte	ein Konto belasten
le relevé de compte	der Kontoauszug, ¨e
l'avis *m* **de crédit**	die Gutschriftanzeige, n
l'avis de débit	die Belastungsanzeige
l'état *m* **d'un compte**	der Kontostand, ¨e
le solde créditeur	der Guthabensaldo, s/den
le solde débiteur	der Debetsaldo/Sollsaldo
le découvert (bancaire)	die Kontoüberziehung, en
un compte à découvert	ein überzogenes, ungedecktes Konto
avoir un découvert de 500 DM	ein Konto mit 500 DM überziehen, o, o
un avoir inactif en banque	ein umsatzloses Bankkonto
les frais de gestion	die Kontospesen *pl*
les frais de banque	die Bankspesen
• **l'intérêt** *m*	der Zins, en
les intérêts	die Verzinsung

le taux d'intérêt	der Zinssatz, ¨e
au taux de 4 %	zu einem Zinssatz von 4 %
payer des intérêts à qn	jdm Zinsen zahlen
une dette productive d'intérêts	eine verzinsliche Schuld
prélever des intérêts	Zinsen berechnen
l'intérêt exigible	der fällige Zins
○ **les paiements** *m* **par chèques et virements**	der bargeldlose Zahlungsverkehr
le paiement en espèces	die Barzahlung, en
effectuer un paiement	eine Zahlung leisten/ vor~nehmen, a, o, i
• **le virement**	die Überweisung, en
virer sur/à un compte	auf ein Konto überweisen, ie, ie
virer de l'argent par une banque	Geld durch eine Bank überweisen, ie, ie
l'ordre *m* **de virement**	der Überweisungsauftrag, ¨e
remplir un formulaire de virement	ein Überweisungsformular aus~füllen
payer par prélèvement automatique	per Dauerauftrag zahlen
• **le paiement par chèque**	die Scheckzahlung
payer par chèque	per Scheck (be)zahlen
le chèque	der Scheck, s
le carnet de chèques	das Scheckbuch, ¨er/ das Scheckheft, e
le chèque bancaire	der Bankscheck
le chèque postal	der Postscheck
le compte courant postal	das Postgirokonto
émettre/établir/tirer un chèque	einen Scheck aus~stellen
inscrire la somme à payer	die Schecksumme an~geben, a, e, i
libellé en DM	auf DM lautend
en lettres ; en chiffres	in Buchstaben ; in Ziffern
le lieu de paiement	der Zahlungsort
le jour et le lieu de l'émission	der Tag und der Ort der Ausstellung
la signature du tireur	die Unterschrift des Ausstellers
le bénéficiaire	der Zahlungsempfänger, -
le porteur d'un chèque	der Schecküberbringer, -, der Scheckinhaber, -
le chèque en blanc	der Blankoscheck, s
endosser un chèque	einen Scheck indossieren/girieren
le chèque non négociable	der Rektascheck, s
le chèque à ordre	der Orderscheck
à ordre	an Order
encaisser/toucher un chèque	einen Scheck ein~kassieren/ ein~lösen
le délai de présentation	die Vorlegungsfrist
un chèque prescrit	ein verjährter Scheck
le chèque à présenter en compte	der Verrechnungsscheck
le chèque barré	der gekreuzte Scheck *(F)*
un chèque certifié	ein bankbestätigter Scheck
l'insuffisance *f* **de provision**	die ungenügende Deckung
l'absence *f* **de provision**	die mangelnde Deckung
le chèque sans provision, le chèque en bois *(fam)*	der ungedeckte Scheck
la déclaration de perte	die Verlusterklärung
faire opposition sur un chèque	einen Scheck sperren
le chèque de voyage	der Reisescheck, der Travellerscheck, s
• **la carte bancaire/de crédit**	die (Bank)kreditkarte, n
la carte bleue Visa	die Visakarte

la carte à mémoire (CAM)/ la carte à puce	die Chipkarte, n
la carte de crédit Eurocard	die Eurocheque-Karte, n, die Eurocard
le code secret	die Geheimnummer, n / -zahl, en
le terminal point de vente (PTV)	das POS-System *(point on sale)*
• **la lettre de change**	der (gezogene) Wechsel, -
la traite	die Tratte, n
la dette par acceptation de traite	die Wechselschuld
la traite à vue	der Sichtwechsel
la traite à un certain délai de vue	der Nachsichtwechsel
à trente jours de vue	30 Tage nach Sicht
l'effet *m* **à échéance fixe, la traite à date fixe**	der Tag(es)wechsel
la lettre de change à un certain délai de date	der Datowechsel
à 30 jours de date	30 Tage dato
l'effet *m* **à trois mois**	der Dreimonatswechsel
le timbre fiscal	die Wechselsteuermarke, n
○ **le billet à ordre**	der Eigenwechsel/ der Solawechsel, -
la procédure chèque-traite *(D)*	der Wechselscheck, der Umkehrwechsel
le créancier	der Gläubiger, -
le tireur	der Aussteller, -, der Trassant, en, en
le bénéficiaire	der Zahlungsempfänger, -, der Remittent, en, en
à l'ordre de nous-mêmes	der Wechsel an (unsere) eigene Order
à l'ordre d'un tiers	der Wechsel an fremde Order
la traite non endossable	der Rektawechsel, -
le tiré	der Bezogene *(adj)*, der Trassat, en, en
le débiteur	der Schuldner, -
l'avaliste *m*	der Wechselbürge, n, n
cautionner un effet	die Wechselbürgschaft übernehmen, a, o, i
tirer une traite de 1 000 DM sur qn	einen Wechsel über 1 000 DM auf jdn ziehen, o, o
la domiciliation	die Domizilierung
l'acceptation *f* **(d'une traite)**	das Akzept, e/die Annahme, n
présenter à l'acceptation	zum Akzept vor~legen
accepter une traite	einen Wechsel an~nehmen, a, o, i
mettre une traite en circulation	einen Wechsel in Umlauf bringen, a, a
l'endos(sement) *m*	das Indossament, e
l'endos en blanc	das Blankoindossament
l'endos pour encaissement	das Inkassoindossament
endosser une traite	einen Wechsel indossieren, girieren
endosser à nouveau	weiter indossieren
le recto ; le verso	die Vorderseite ; die Rückseite
l'endosseur *m*	der Indossant, en, en
l'endossataire *m*	der Indossatar, e
○ **l'échéance** *f*	der Verfalltag
honorer une traite	einen Wechsel ein~lösen
la prorogation d'une traite	die Wechselverlängerung
présenter une traite à l'encaissement	einen Wechsel zur Zahlung vor~legen
une traite (non) négociable	ein (un)begebbarer Wechsel
la traite en souffrance	der überfällige Wechsel
une traite irrecouvrable	ein uneinbringlicher Wechsel
le protêt	der Wechselprotest, e

faire protester une traite	Wechselprotest erheben, o, o
faute de paiement	mangels Zahlung (m.Z.)
faute d'acceptation	mangels Annahme (m.A.)
la non-acceptation	die Nichtannahme
la traite de complaisance	der Gefälligkeitswechsel
la traite fictive/la traite en l'air	der Kellerwechsel
la traite de cavalerie	der Reitwechsel
le recours de l'endossataire	der Wechselregress, e/ der Rückgriff, e
○ **l'escompte** *m* **d'effets**	das Wechseldiskontgeschäft
l'escompte (bancaire)	der Diskont, e
escompter une traite	einen Wechsel diskontieren
l'encaissement *m* **d'effets**	das Wechsel-Inkassogeschäft
encaisser une traite	einen Wechsel ein~ziehen, o, o
la remise	die Rimesse, n
○ **les opérations** *f* **d'encaissement**	die Inkassogeschäfte *npl*
l'ordre *m* **de recouvrement**	der Inkassoauftrag *(Bank)*
les créances *f* **à recouvrer**	die Außenstände *pl*
recouvrer des créances	Schulden ein~ziehen, o, o
les frais *m* **d'encaissement**	die Einzugsspesen/ die Inkassospesen *pl*
la commission bancaire	die Bankprovision
le factoring, l'affacturage *m*	das Factoring
○ **l'opération** *f* **de crédit**	das Kreditgeschäft, e
• **le crédit**	der Kredit, e
prendre/contracter un crédit	einen Kredit auf~nehmen, a, o, i
la demande de crédit	der Kreditantrag, ¨e
la promesse de crédit	die Kreditzusage
accorder, octroyer un crédit à qn	jdm einen Kredit bewilligen
le contrat de crédit	der Kreditvertrag
un crédit en blanc	ein Blankokredit
un crédit non garanti	ein ungedeckter Kredit
le crédit confirmé	der bestätigte Kredit
l'ouverture *f* **de crédit**	die Krediteröffnung
le remboursement d'un crédit	die Tilgung eines Kredits
le plafond, la limite (du crédit accordé)	die Kreditlinie, das Limit
épuiser un crédit	einen Kredit voll beanspruchen
le découvert, le dépassement de crédit	die Kreditüberschreitung
dénoncer un crédit	einen Kredit kündigen
le prêteur	der Kreditgeber, -
le crédit personnel	der persönliche Kleinkredit
le crédit d'installation	das persönliche Anschaffungsdarlehen
l'avance *f* **de fonds sur salaire**	das Lohndarlehen, -
le crédit en compte-courant	der Kontokorrentkredit
l'avance en compte-courant	der Überziehungskredit
• **le prêt**	das Darleh(e)n, -
emprunter de l'argent (à)	Geld auf~nehmen, a, o, i (von)
contracter un prêt	ein Darlehen auf~nehmen, a, o, i
l'emprunteur *m*	der Darlehensnehmer, -
accorder un prêt	ein Darlehen bewilligen
le prêteur, le bailleur de fonds	der Darlehensgeber, -
demander le remboursement d'un prêt	ein Darlehen kündigen
le remboursement	die Tilgung
le plan de remboursement	der Tilgungsplan
le montant d'amortissement	der Tilgungsbetrag
le taux d'amortissement	die Tilgungsrate
l'annuité *f* **d'amortissement**	die jährliche Tilgungsrate

l'opération *f* **de crédit documentaire**	das Remboursgeschäft
• **le crédit documentaire**	der Dokumentarkredit
la lettre de crédit, l'accréditif *m*	das Akkreditiv, e
ouvrir un accréditif auprès d'une banque	ein Akkreditiv bei einer Bank eröffnen
révocable ; irrévocable	widerrruflich ; unwiderruflich
confirmé ; non confirmé	bestätigt ; unbestätigt
de durée limitée	befristet
de durée illimitée	unbefristet
○ **le renseignement de notoriété**	die Kreditauskunft, ¨e
la communication de renseignements	die Auskunftserteilung
demander des renseignements à qn (sur)	jdn um Auskunft bitten, a, e (über+A)
la cote d'un client	die Kreditwürdigkeit eines Kunden
être digne de crédit	kreditwürdig sein
jouir d'une bonne réputation	einen guten Ruf genießen, o, o
une information donnée sans engagement	eine unverbindliche Auskunft
• **la caution, le cautionnement**	die Bürgschaft, en
cautionner qn	für jdn bürgen
se porter caution pour qn	für jdn Bürgschaft leisten
la caution solidaire	die gesamtschuldnerische Bürgschaft, die Solidarbürgschaft
être débiteur solidaire	gesamtschuldnerisch mit~haften
exercer les recours contre les débiteurs solidaires	die Gesamtschuldner in Anspruch nehmen
la caution pour le déficit	die Ausfallbürgschaft
la caution secondaire	die Nebenbürgschaft
la certification de caution	die Rückbürgschaft
la cession de créances	die Abtretung von Forderungen
la mise en gage de biens mobiliers	die Verpfändung beweglicher Sachen
la remise d'un bien en propriété à titre de garantie	die Sicherungsübereignung
la cession de garantie	die Sicherungsabtretung
• **le crédit foncier**	der Grundkredit
le plan de financement	der Finanzierungsplan
le capital propre	das Eigenkapital
le capital emprunté	das Fremdkapital
le gage immobilier	das Grundpfand
la dette foncière	die Grundschuld
un emprunt hypothécaire	eine Hypothekenanleihe, n
le prêt sur hypothèque	das Hypothekendarlehen
l'hypothèque constatée par un titre	die Briefhypothek, en
l'hypothèque enregistrée au cadastre	die Buchhypothek
hypothéquer *tr*	mit einer Hypothek belasten
l'hypothèque de premier rang, de second rang	die erste Hypothek, zweite Hypothek
amortir une hypothèque	eine Hypothek tilgen
purger une hypothèque	eine Hypothek löschen
exempt d'hypothèque	hypothekenfrei
le crédit lombard	der Lombardkredit
le crédit-bail, le leasing	das Leasing
le crédit d'escompte	der Wechseldiskontkredit
le crédit de cautionnement	der Avalkredit
le crédit par traites remises à l'escompte	der Akzeptkredit
l'acceptation *f* **bancaire**	das Bankakzept, e
○ **l'opération** *f* **de change**	das Sortengeschäft, e, das Wechselgeschäft
le cours des devises étrangères	der Devisenkurs
la négociation de change	der Devisenhandel
les opérations de change au comptant	die Devisenkassageschäfte *npl*
les opérations de change à terme	die Devisentermingeschäfte
le non-résident	der Devisenausländer, -
l'opération *f* **(de) swap**	das Swapgeschäft, e
le taux (de) swap	der Schwapsatz
le report ; le déport	der Report, e ; der Deport, e
○ **la négociation de titres**	die Effektengeschäfte *fpl*
• **le titre**	das Wertpapier, e
les valeurs mobilières	die Effekten *pl*
le titre à revenu variable	das Dividendenpapier, e
l'action *f*	die Aktie, n
les effets *m* **de créances**	die Gläubigereffekten *pl*
l'emprunt *m*	die Anleihe, n
l'emprunt amortissable	die Tilgungsanleihe
l'emprunt convertible	die Wandelanleihe
l'emprunt d'État	die Staatsanleihe
lancer un emprunt	eine Anleihe auf~legen
souscrire à un emprunt	eine Anleihe zeichnen
rembourser un emprunt	eine Anleihe zurück~zahlen
l'obligation *f*	die Obligation, en, die Schuldverschreibung, en
l'obligation *f* **hypothécaire**	der Pfandbrief, e
le bon d'épargne	der Sparkassenbrief, e
le certificat de fonds de placement	das Investment-Zertifikat, e
l'émission *f* **de titres**	die Effektenemission
la garde des titres	das Depotgeschäft, e
le dépôt de titres	das Wertpapierdepot
donner des titres en garde	Wertpapiere in Depot geben, a, e, i

la bourse

• **la bourse**	die Börse, n
la bourse de marchandises, la bourse de commerce	die Warenbörse, die Handelsbörse
le courtier en marchandises	der Warenmakler, -
la bourse de valeurs	die Effektenbörse, Wertpapierbörse
l'agent *m* **de change**	der Börsenmakler, -, der Börsenagent, en, en
la corbeille	die Corbeille, der Börsenring
les valeurs mobilières	die Wertpapiere *npl*
le titre au porteur	das Inhaberpapier, e
le titre nominatif	das Namenpapier, das Rektapapier
la cote d'une action	der Kurswert
la valeur nominale	der Nennwert
les titres négociables	die marktgängigen Effekten *pl*
la cote officielle	die Notierung, en, der Kurs, e, die Kotierung, en
être admis à la cote	zur Börsennotierung zugelassen werden
○ **la bourse des changes/des devises**	die Devisenbörse
le marché des changes	der Devisenmarkt
la cote des changes	die Devisennotierung
le cambiste	der Devisenhändler
○ **l'opération boursière**	das Börsengeschäft, e
les opérations boursières	die Börsenabschlüsse *mpl*
l'opération au comptant	das Kassageschäft
l'opération à terme	der Terminkauf

le marché à terme ferme	das Fixgeschäft
le report en bourse	das Reportgeschäft
le marché à terme conditionnel	das bedingte Termingechäft
le marché à prime	das Prämiengeschäft
le marché à option	das Optionsgeschäft
le stellage	die Stellage, n
le cours	der Kurs, e, der Kurswert, e
le cours acheteur	der Geldkurs, der Ankaufskurs
le cours offert	der Briefkurs, der Verkaufskurs
le marché hors cote	der ungeregelte Freiverkehr
l'opérateur *m*	der Börsenkunde, n
le donneur d'ordre	der Auftraggeber, -
l'ordre *m* **de bourse**	der Börsenauftrag, ¨e
l'ordre d'achat	der Kaufauftrag
l'ordre de vente	der Verkaufsauftrag
réaliser un titre	ein Papier verkaufen
la hausse ; le haussier	die Hausse, n ; der Haussier, s
Les cours sont en (nette) hausse.	Die Kurse ziehen (spürbar) an.
la fermeté des cours	die Festigkeit der Kurse
la consolidation des cours	die Festigung der Kurse
la baisse ; le baissier	die Baisse, n ; der Baissier, s
un léger tassement	ein leichtes Nachgeben
l'effritement *m* **des cours**	das Abbröckeln der Kurse
la chute des cours	der Kurssturz, ¨e
Les valeurs se traitent à ...	Die Werte werden zu ... gehandelt.
rester inchangé	unverändert bleiben*, ie, ie
céder du terrain	nach~geben, a, e, i
être délaissé	wenig beachtet werden
être bien orienté	gut stehen, a, a
être en progrès	steigen*, ie, ie
le gain en bourse	der Börsengewinn, e
la prise de bénéfice	die Gewinnmitnahme, en
○ **le marché des agents de change**	die amtliche Börse
le marché par application	das Kompensationsgeschäft
le courtage	die Maklergebühr, en
le boursier	der Börsianer, -
boursicoter *itr*	kleine Börsengeschäfte machen
le spéculateur en bourse	der Börsenspekulant, en, en
le raider	der Raider, -
le délit d'initié	das Insiderdelikt, e
l'offre *f* **publique d'achat (OPA)**	das öffentliche (Aktien)kaufangebot, e
l'offre publique d'échange (OPE)	das öffentliche (Aktien)tauschangebot, e
• **le placement, l'investissement** *m*	die (Kapital)anlage, n, die Investition, en
investir	an~legen, investieren
le conseil financier	der Finanzberater/ der Anlageberater, -
la société d'investissement	die Investmentgesellschaft, en
les investisseurs institutionnels	die institutionellen Anleger *mpl*
le mauvais placement	die Fehlanlage, n
le krach boursier	der Börsenzusammenbruch, ¨e

la monnaie

la banque d'émission, la banque centrale	die (Zentral)notenbank, n
la Banque centrale d'Allemagne	die Deutsche Bundesbank (die Buba)
le Conseil de la Banque fédérale *(D)*	der Zentralbankrat
la politique monétaire	die Währungspolitik
le contrôle de l'économie	die Konjunktursteuerung
les réserves *f* **obligatoires**	die Mindestreserven *fpl*
la politique d'open-market	die Offenmarktpolitik
les taux directeurs	die Leitzinsen *mpl*
l'encadrement *m* **du crédit**	die Kreditbegrenzung
la politique de l'escompte	die Diskontpolitik
augmenter le taux d'escompte	den Diskontsatz erhöhen
baisser le taux d'escompte	den Diskontsatz senken
le taux lombard	der Lombardsatz
le plafond des réescomptes	die Rediskontkontingente *npl*
l'Hôtel de la Monnaie	das Münzamt
le Fonds monétaire international (FMI)	der Internationale Währungsfonds (IWF)
les droits *m* **de tirage spéciaux (DTS)**	die Sonderziehungsrechte *pl*
le système monétaire	das Geldwesen
le moyen de paiement	das Zahlungsmittel, -
la monnaie légale	das gesetzliche Zahlungsmittel
• **l'argent** *m (monnayé)*	das Geld
mettre en circulation	in Umlauf setzen
la planche à billets	die Notenpresse, n
les fonds *m*, **les capitaux** *m*	die Gelder *pl*
l'argent comptant/liquide, le numéraire	das Bargeld
en espèces *f*/**en liquide** *m*/ **comptant**	in bar
la monnaie scripturale	das Giralgeld, das Buchgeld
le papier-monnaie	das Papiergeld
le billet de banque	die Banknote, n, der Bankschein, e
la liasse	das Bündel, -
la monnaie métallique	das Hartgeld
la pièce de monnaie *(métal)*	die Münze, n, das Geldstück, e
une pièce de cinq marks	ein Fünfmarkstück
la petite/menue monnaie	das Kleingeld
rendre la monnaie	heraus~geben, a, e, i
la frappe	die Prägung, en
l'avers *m*, **le côté face**	die Vorderseite
le revers, le côté pile	die Rückseite
l'effigie *f*	das Kopfbild, er
le millésime	die Jahreszahl, en
l'inscription *f*	die Inschrift, en
le bord/la tranche	der Rand, ¨er
le métal précieux	das Edelmetall, e
l'or *m*	das Gold
la pièce d'or	das Goldstück, e
le lingot d'or, l'or en barre	der Goldbarren, -
l'argent *m (métal)*	das Silber
l'alliage *m*	die Legierung, en
le poids du métal fin	das Feingewicht
la médaille	die Gedenkmünze, n
le numismate	der Münz(en)sammler, -
• **la monnaie**	die Währung, en
l'accord *m* **monétaire**	das Währungsabkommen, -
la monnaie de réserve	die Leitwährung, die Reservewährung
l'étalon *m* **métallique**	die Metallwährung
le bimétallisme	die Doppelwährung
l'étalon-or *m*	der Goldstandard
les réserves *f* **en or et en devises**	die Gold- und Devisenreserven *fpl*

la couverture des billets en circulation	die Notendeckung
la monnaie fiduciaire, la monnaie de papier	die Papierwährung
la circulation fiducière, la circulation monétaire	der Papiergeldumlauf
○ **la monnaie étrangère**	die ausländische Währung
les devises *f (monnaie scripturale)*	die Devisen *fpl*
les monnaies étrangères en espèces	die Sorten *fpl*
• **le change**	der Geldumtausch, der (Geld)wechsel
le bureau de change	die Wechselstube, n
le taux de change	der Wechselkurs, e
la parité	die Parität, en
la convertibilité ; convertible	die Konvertibilität ; konvertierbar
une monnaie forte, faible	eine harte, weiche Währung
un taux de change fixe	ein fester Wechselkurs
un taux de change variable	ein flexibler Wechselkurs
la marge de fluctuation	die Bandbreite, n
le flottement ; flotter	das Floating ; floaten
changer des dollars en DM	Dollars in DM wechseln
la valeur ; valoir un dollar	der Wert ; einen Dollar wert sein
gagner au change	beim Wechseln gewinnen, a, o
perdre au change	beim Wechsel verlieren, o, o
le contrôle des changes	die Devisenkontrolle
le trafiquant de devises	der Devisenschieber, -
le transfert ; transférer	der Transfer, s ; transferieren
les eurodollars, pétrodollars *m*	die Euro-Dollars, Öldollars *mpl*
les narcodollars	die Narcodollars
le blanchiment de l'argent *(fam)*	die Geldwäsche *(fam)*
○ **la stabilité monétaire**	die Währungsstabilität
la masse monétaire	die Geldmenge, n
l'excédent *m* **monétaire**	der Geldüberfluss
le pouvoir d'achat	die Kaufkraft, -
l'érosion *f* **monétaire**	der Geldwertschwund
la dépréciation monétaire	die Geldwertminderung
• **l'inflation** *f*	die Inflation, en
l'inflation rampante	die schleichende Inflation
l'inflation déclarée	die offene Inflation
l'inflation galopante	die galoppierende Inflation
l'inflation refoulée	die zurückgestaute Inflation
inflationniste	inflationär, inflationistisch
la déflation	die Deflation, en
la réévaluation ; réévaluer	die Aufwertung, en ; auf~werten
la dévaluation ; dévaluer	die Abwertung ; ab~werten
la démonétisation ; démonétiser	die Entwertung ; entwerten
sans valeur	wertlos
n'avoir plus cours	nicht mehr im Umlauf sein
la fausse monnaie, le faux billet de banque	das Falschgeld
le faux-monnayeur	der Falschmünzer, -
• **l'unité** *f* **monétaire**	die Währungseinheit, en
le franc	der Franc, s
le franc belge	der belgische Franc
le franc luxembourgeois	der Luxemburger Franc
le franc suisse	der Franken, -
le centime suisse	der Rappen, -
le deutsche mark (DM), le mark (allemand)	die Deutsche Mark (DM)
le pfennig	der Pfennig, e
la pièce de 10 pfennigs	der Groschen, -
le schilling/le schelling	der Schilling, e
(le centième du schilling)	der Groschen, -
la couronne	die Krone, n
le dollar	der Dollar, s
le florin	der Gulden, -
la lire	die Lira, re
la livre	das Pfund, e
la peseta	die Peseta, ten
le rouble	der Rubel, -

dépenses et économies

• **dépenser**	aus~geben, a, e, i
dépensier	verschwenderisch, ausgabenfreudig
le gaspillage d'argent	die Geldverschwendung
gaspiller son argent	sein Geld verschwenden
dilapider sa fortune	sein Vermögen vergeuden
avancer (de l'argent)	(Geld) aus~legen
toucher de l'argent (de)	Geld bekommen, a, (von+D)
empocher *(fam)*	ein~stecken *(fam)*
encaisser	ein~kassieren
être économe	sparsam sein
• **économiser**	(er)sparen
économiser sur tout	an allem sparen
les économies *f*	die Ersparnisse *fpl*, der Sparstrumpf, ¨e
la tirelire	die Sparbüchse, n, das Sparschwein, e
casser sa tirelire	sein Sparschwein zerbrechen, a, o
mettre de l'argent de côté	Geld zurück~legen, Geld auf~sparen
faire fructifier son argent	sein Geld gewinnbringend an~legen
s'enrichir	sich bereichern
thésauriser *itr, tr*	horten *tr*

Geld wie Heu haben *(fam)*
remuer l'argent à la pelle, être bourré de fric (pop)

sein Auskommen haben
avoir de quoi vivre

Er verdient gut.
Il gagne bien sa vie.

Kohle machen
faire son beurre

ein Großverdiener sein
avoir un gros salaire, de gros revenus

das nötige Kleingeld haben
avoir l'argent nécessaire (iron)

ein Kleinverdiener sein
avoir des revenus modestes

mit wenig Geld aus~kommen*, a, o
s'en sortir avec peu d'argent

kein Geld bei sich haben
ne pas avoir d'argent sur soi

etwas in Verlegenheit sein ; knapp bei Kasse sein *(fam)*
être à court d'argent ; être sans le sou (fam)

abgebrannt sein *(pop)*
être fauché (comme les blés) (pop)

arm wie eine Kirchenmaus
raide comme un passe-lacet

mit vollen Händen Geld aus~geben, a, e, i
dépenser sans compter

das Geld zum Fenster hinaus~werfen, a, o, i
jeter l'argent par les fenêtres

Er kann nicht mit Geld um~gehen.
L'argent lui brûle les doigts.

Das kostet mich ein Vermögen.
Cela me coûte les yeux de la tête.

sich einen Notgroschen zurück~legen
garder une poire pour la soif

sparsam mit seinem Geld um~gehen*, i, a
être économe de ses deniers

etw auf die hohe Kante legen
mettre de l'argent à gauche

das Geld im Volksmund
l'argent dans le langage populaire

das Blech - der Kies - die Knete - die Knöpfe *pl* - die Kohlen *pl* - die Kröten *pl* - die Mäuse *pl* - die Moneten *pl* - das Moos - die Möpse *pl* - die Munition - die Piepen - die Pinke, die Pinkepinke - das Pulver - der Zaster - der Zunder
le blé - le flouze - le fric - la galette - l'oseille f - le pèze - les picaillons m - le pognon - les radis m - les ronds m - les sous m

les assurances

- • **les assurances** *f* — das Versicherungswesen
- **l'assurance** *f* — die Versicherung, en
- **contracter une assurance (auprès de)** — eine Versicherung ab~schließen, o, o (bei+D)
- **proroger une assurance** — eine Versicherung verlängern
- **résilier une assurance** — eine Versicherung (auf~)kündigen
- **s'assurer (contre qc)** — sich versichern (gegen+A)
- **être assuré** — versichert sein
- **l'assuré** *m* — der Versicherte *(adj)*
- **l'ayant droit** *m* — der Anspruchsberechtigte *(adj)*
- **la compagnie d'assurances** — die Versicherungsgesellschaft, en
- **l'assureur** *m* — der Versicherer, -/ der Versicherungsträger, -
- **le courtier d'assurances** — der Versicherungsmakler, -
- **l'assureur-conseil** *m* — der Versicherungsberater, -
- **l'agent** *m* **d'assurances** — der Versicherungsagent, en, en
- **l'actuaire** *m* — der Versicherungsmathematiker, -
- **l'assurance privée** — die Privatversicherung
- **l'assurance contractuelle** — die Vertragsversicherung
- **le contrat d'assurance** — der Versicherungsvertrag, ¨e
- **la durée** — die Laufzeit
- **la police d'assurance** — die Versicherungspolice, n
- **l'avenant** *m* — der Zusatz, ¨e
- **la prime (annuelle)** — die (Jahres)prämie, n
- **la clause de réajustement des primes** — die Prämienangleichsklausel
- **la couverture de l'assurance** — der Versicherungsschutz
- **la garantie** — die Deckung, en
- ○ **le risque** — das Risiko, ken
- **la couverture d'un risque** — die Risikodeckung
- **couvrir** — decken
- **couvrir des dommages matériels** — für Sachschäden auf~kommen*, a, o
- **répondre des dommages et intérêts** — für die Schadensersatzpflichten ein~stehen, a, a
- **l'assurance complémentaire** — die Zusatzversicherung
- **la pluralité d'assurances** — die Doppelversicherung
- **la revalorisation d'une assurance** — die Versicherungsaufwertung
- **l'insuffisance** *f* **d'assurance** — die Unterversicherung
- **être mal assuré** — unterversichert sein
- **être assuré trop haut** — überversichert sein
- **le montant de l'assurance** — die Versicherungssumme
- ↓ **l'assurance-accidents** — die Unfallversicherung
- **l'assurance des biens matériels** — die Sachversicherung
- **l'assurance à capital différé** — die Erlebensfallversicherung
- **l'assurance-chef de famille** — die Familienhaftpflicht
- **l'assurance contre la grêle** — die Hagelversicherung
- **l'assurance contre le vol** — die Diebstahlversicherung
- **l'assurance contre les bris de glace** — die Glasschadenversicherung
- **l'assurance contre les dégâts des eaux** — die Wasserschadenversicherung
- **l'assurance-défense et recours** — die Rechtsschutzversicherung
- **l'assurance mobilière** — die Hausratversicherung
- **l'assurance immobilière** — die Gebäudeversicherung
- **l'assurance-incendie** — die Feuerversicherung
- **l'assurance-personnes** — die Personenversicherung
- **l'assurance au profit d'un tiers** — die Versicherung zugunsten eines Dritten
- **l'assurance de rente au conjoint survivant** — die Hinterbliebenenversicherung
- **l'assurance responsabilité civile** — die Haftpflichtversicherung
- **l'assurance scolaire** — die Schülerversicherung
- **l'assurance-vie** — die Lebensversicherung
- **l'assurance-vie mixte (sur une tête)** — die gemischte Lebensversicherung
- **l'assurance-vie sur deux têtes** — die verbundene Lebensversicherung
- • **l'assurance-automobile** — die Kraftfahrzeugversicherung
- **la carte internationale d'assurance** — die internationale Versicherungskarte
- **l'assurance de responsabilité civile** — die Haftpflichtversicherung *f*
- **l'assurance-automobile tous risques** — die Vollkaskoversicherung
- **l'assurance avec franchise** — die Teilkaskoversicherung
- **la franchise d'assurance** — der Selbstbeitrag/ die Selbstbeteiligung
- **l'assurance personnes transportées** — die Insassenversicherung
- **l'abattement** *m* **pour conduite sans accidents/le bonus** — der Schadenfreiheitsrabatt, e
- **le malus** — der Prämienzuschlag, ¨e
- ○ **l'assurance-crédit** — die Kreditversicherung
- **l'assurance-crédit d'exportation** — die Ausfuhrkreditversicherung
- *(organisme d'assurances crédit pour l'Allemagne)* — Hermes Kreditversicherungs-AG, *Hamburg*
- *la garantie financière (Hermes) à l'exportation (D)* — die Hermes-Bürgschaft
- **la COFACE** — *(französische Ausfuhrkreditversicherung)*
- **le risque de crédit** *(exportation)* — das Kreditrisiko, ken
- **le risque politique** — das Länderrisiko
- **le risque de change sur transferts** — das Transferrisiko
- **le risque de fluctuations de change** — das Kursrisiko
- **le risque de fabrication** — das Fabrikationsrisiko
- **la caution d'exportation** — die Ausfuhrbürgschaft
- **la couverture de risque** — die Risikodeckung, en
- ○ **l'assurance transports** — die Transportversicherung
- • **l'assurance maritime** — die See(transport)versicherung

avoir/subir une avarie	eine Havarie erleiden, i, i
l'avarie commune	die große Havarie, n
l'avarie particulière	die besondere Havarie, die Teilhavarie
l'avarie *f* simple	die kleine Havarie
la dispache	die Dispache, n
le règlement d'avarie commune	die Havariegrossedispache
les pertes admises en avarie commune	die in Havariegrosse vergüteten Verluste *mpl*
le compromis d'avarie	der Havarievergleich
le répartiteur d'avarie	der Dispacheur, e/ der Seeschadenberechner, -
• **le sinistre**	der Versicherungsfall, ¨e, der Schadensfall, ¨e
la déclaration du sinistre	die Schadensmeldung, en
déclarer un sinistre (à)	einen Schaden melden (+D)
l'assureur-expert *m*	der Versicherungssachverständige *(adj)*
l'estimation *f* du sinistre	die Schadensschätzung/ die Schadensbewertung
estimer un sinistre	einen Schaden schätzen
le devis du sinistre	die Schadensaufstellung, en
l'escroquerie *f* à l'assurance	der Versicherungsbetrug
• **les assurances sociales** *(v. assurance maladie, p. 182)*	die Sozialversicherung
l'assurance-accident du travail	die Unfallversicherung
l'assurance-invalidité	die Invalidenversicherung
l'assurance-chômage	die Arbeitslosenversicherung
l'assurance-retraite	die Rentenversicherung
l'assurance-décès	die Versicherung auf den Todesfall

3. LE TRAVAIL

le travail - l'emploi

le marché du travail	der Arbeitsmarkt
les personnes actives	die Erwerbstätigen *(adj)*
• **le travail**	die Arbeit
travailler	arbeiten
la profession, le métier	der Beruf, e
exercer une profession	einen Beruf aus~üben
l'activité professionnelle	die Berufstätigkeit
avoir une activité professionnelle	berufstätig sein
la profession libérale	der freie Beruf, e
(qui exerce une profession libérale)	der Freiberufler, -
travailler à son compte	auf eigene Rechnung arbeiten
le métier manuel, l'artisanat *m*	das Handwerk
l'artisan *m*	der Handwerker, -
le travail manuel	die Handarbeit, die manuelle Arbeit
l'employeur *m*, le patron	der Arbeitgeber, -
le patronat	die Arbeitgeberschaft
le salarié, le travailleur salarié	der Arbeitnehmer, -
l'employé	der Angestellte *(adj)*
l'ouvrier *m*, le travailleur	der Arbeiter, -
l'ouvrier spécialisé (OS)	der angelernte Arbeiter
l'ouvrier non qualifié	der ungelernte Arbeiter, der Hilfsarbeiter
l'ouvrier professionnel, l'ouvrier qualifié (OQ)	der gelernte Arbeiter, der Facharbeiter
l'ouvrier professionnel hautement qualifié	der hochqualifizierte Facharbeiter
le travailleur immigré, étranger	der Gastarbeiter, der ausländische Arbeitnehmer, -
• **la formation professionnelle**	die Berufsausbildung, en
la qualification professionnelle	die Berufsbefähigung
le profil de la profession	das Berufsbild
les débouchés *m*, les perspectives *f* de carrière	die Berufsaussichten *fpl*
la formation en alternance	die Ausbildung im dualen System
l'allocation *f* d'études	die Ausbildungsbeihilfe, n
○ **l'apprentissage *m***	die Lehrlingsausbildung, en, die Lehre, n
l'apprenti *m*	der Auszubildende *(adj)*, der Azubi, s
le contrat d'apprentissage	der Lehrvertrag, ¨e
le métier, la profession exigeant une formation professionnelle	der Ausbildungsberuf, der Lehrberuf, e
la profession à formation accélérée	der Anlernberuf, e
le certificat d'aptitude professionnelle (CAP)	der Facharbeiterbrief, der Gesellenbrief *(artisan)*
○ **la formation du personnel**	die Schulung des Personals
la formation professionnelle permanente	die berufliche Fortbildung, Weiterbildung
le stage (de formation), le cours	der Lehrgang, ¨e, der Kursus/ der Kurs, e
participer à un stage	an einem Lehrgang teil~nehmen, a, o, i
le stagiaire	der Praktikant, en, en, der Kursteilnehmer, -
le formateur	der Ausbilder, -
le cours de perfectionnement	der Fortbildungslehrgang
se recycler	sich um~schulen
le recyclage, la réadaptation professionnelle	die berufliche Umschulung
apprendre qc tout seul	sich etw an~lernen
l'autodidacte *m*	der Autodidakt, en, en
• **le placement de la main-d'œuvre**	die Arbeitsvermittlung
procurer un emploi à qn	jdm eine Stelle vermitteln
l'Office fédéral du travail *(D)*	die Bundesanstalt für Arbeit
l'Agence nationale pour l'emploi (ANPE) *(F)*	das Arbeitsamt, ¨er *(D)*
l'orientation *f* professionnelle	die Berufsberatung
le service de placement des apprentis	die Lehrstellenvermittlung
les mesures *f* de création d'emploi	die Arbeitsbeschaffungsmaßnahmen *fpl* (ABM)
○ **l'entreprise *f* de travail intérimaire**	das Zeitarbeitunternehmen, -
le travail intérimaire	die Zeitarbeit, die Leiharbeit
l'intérimaire *m*	der Zeitarbeiter, -
le personnel intérimaire	das Zeitpersonal, die Aushilfskräfte *fpl*
• **l'emploi *m*, le poste, la situation, la place**	der Arbeitsplatz, ¨e, die Stelle, n, die Stellung, en
l'activité *f*, l'emploi	die Beschäftigung, en
l'activité principale	die Hauptbeschäftigung
le travail d'appoint	die Nebenarbeit
le job *(fam)*, **l'emploi provisoire**	der Job, s *(fam)*
avoir un bon boulot *(fam)*	einen guten Job haben
le petit boulot	der Gelegenheitsjob, s
vivre de petits boulots	herum~jobben
trimer *(fam)*, **bosser dur** *(fam)*	schuften *(fam)*
travailler dur/d'arrache-pied	schwer arbeiten

• **l'offre** *f* **d'emploi**	das Stellenangebot, e
le service du personnel	die Personalabteilung
le chef du personnel	der Personalleiter, -, der Personalchef, s
le responsable du personnel	der Personalsachbearbeiter
le conseil en recrutement	der Personalberater, -
les besoins *m* **en personnel**	der Personalbedarf
le sous-emploi	die Unterbeschäftigung
le plein-emploi	die Vollbeschäftigung
le suremploi	die Überbeschäftigung
le poste vacant	die offene Stelle, n
déclarer un poste vacant	eine Stelle aus~schreiben, ie, ie
la description du poste à pourvoir	die Stellenbeschreibung
l'avancement *m*, **la promotion**	der Aufstieg, die Beförderung
les possibilités *f* **de promotion**	die Aufstiegschancen *fpl*
le spécialiste, le professionnel expérimenté	der versierte Fachmann, ¨er/leute
avoir de l'expérience *(dans le domaine concerné)*	einschlägige Erfahrungen besitzen, a, e
un collaborateur compétent	ein fähiger Mitarbeiter, -
qualifié	qualifiziert
dynamique	dynamisch
disponible	einsatzbereit, einsatzfreudig
mobile	mobil
motivé	motiviert
le travail d'équipe	die Teamarbeit
mettre un collaborateur au courant	einen Mitarbeiter ein~arbeiten
la mise au courant	die Einarbeitung
• **la demande d'emploi**	das Stellengesuch, e
être à la recherche d'un emploi	auf (der) Arbeitssuche/Stellensuche sein
chercher un nouvel emploi	eine neue Anstellung suchen
le demandeur d'emploi	der Arbeitssuchende *(adj)*
la candidature	die Bewerbung, en
le candidat	der Bewerber, -
poser sa candidature (à), se porter candidat (à)	sich bewerben, a, o, i (um/für+A)
déposer son dossier de candidature	seine Bewerbungsunterlagen ein~reichen
le curriculum vitae manuscrit	der handgeschriebene Lebenslauf
le curriculum vitae synoptique	der tabellarische Lebenslauf
• **le CV détaillé**	der ausführliche Lebenslauf
postuler un emploi	sich um eine Stelle bewerben
la lettre de candidature	das Bewerbungsschreiben, -
la lettre de relance	der Nachfassbrief, e
l'entretien *m* **(de recrutement/ d'embauche)**	das Vorstellungsgespräch, e
se présenter à qn	sich bei jdm vorstellen
être présélectionné	in die nähere Auswahl kommen*, a, o
le test	der Test, s
passer un test	sich einem Test unterziehen, o, o
le test d'intelligence	der Intelligenztest
le test de personnalité	der Persönlichkeitstest

le contrat de travail

• **le contrat de travail**	der Arbeitsvertrag
le contrat d'engagement	der Anstellungsvertrag
le recrutement, l'embauche *f*	die Einstellung, die Anstellung (von Personal)
recruter, engager, embaucher	ein~stellen, an~stellen
employer qn	jdn beschäftigen
la période d'essai	die Probezeit
engager qn à l'essai	jdn auf Probe ein~stellen
avoir un emploi fixe	fest angestellt sein
la période d'initiation	die Einarbeitungszeit
mettre qn au courant, initier qn	jdn ein~arbeiten
le lieu de travail	die Arbeitsstätte, n
la date d'entrée en fonction	das Antrittsdatum
la durée du contrat	die Vertragsdauer
la fin du contrat	die Beendigung des Arbeitsvertrags
la cessation de l'emploi	die Beendigung des Arbeitsverhältnisses
un travail durable	eine auf Dauer angelegte Tätigkeit, eine Dauerarbeit
le contrat à durée indéterminée (CDI)	ein unbefristetes Arbeitsverhältnis
la précarité de l'emploi	die Unsicherheit des Arbeitsplatzes
le contrat à durée déterminée	das befristete Arbeitsverhältnis
le changement d'emploi	der Wechsel des Arbeitsplatzes
changer de place, changer d'emploi	die Stellung wechseln
quitter la firme	aus der Firma aus~scheiden*, ie, ie
pour des raisons personnelles	aus persönlichen Gründen
• **la durée du travail, l'horaire** *m* **de travail**	die Arbeitszeit
le travail à plein temps	die Vollzeitarbeit, der Fulltimejob, s
le travail à temps partiel	die Teilzeitarbeit
travailler à temps partiel	teilzeitbeschäftigt sein
le travail continu	die durchgehende Arbeitszeit
le travail à mi-temps	die Halbtagsarbeit
le travail posté	die Schichtarbeit
faire les trois-huits	Schichtarbeit leisten
le travail de nuit	die Nachtarbeit
être de jour, de nuit	Tagschicht, Nachtschicht haben
le travail à la carte	die gleitende Arbeitszeit
l'aménagement *m* **du temps de travail**	die Arbeitszeitflexibilisierung
le travail saisonnier	die Saisonarbeit
un travail intermittent	eine nicht kontinuierliche Arbeit
le travail à domicile	die Heimarbeit
le travail à domicile sur ordinateur	die Telearbeit
○ **la réduction du temps de travail**	die Arbeitszeitverkürzung
○ **le partage du travail**	das Jobsharing
la durée maximale du travail	die Höchstdauer der Arbeitszeit
cesser le travail à 17 heures	die Arbeit um 17 Uhr ein~stellen
la pause pendant les heures de travail	die Ruhepause, n
la loi sur les heures de fermeture des magasins	das Ladenschlussgesetz
le chômage partiel, le chômage technique	die Kurzarbeit
procéder à des réductions d'horaires	zur Kurzarbeit über~gehen*, i, a *itr*
l'indemnité *f* **de mauvais temps**	das Schlechtwettergeld
la perte de salaire	der Lohnausfall
le travail supplémentaire	die Überarbeit
faire des heures *f* **supplémentaires**	Überstunden *fpl* leisten
○ **le travail non déclaré, le travail au noir**	die Schwarzarbeit
le travailleur au noir	der Schwarzarbeiter, -

un travailleur clandestin	ein illegal eingereister Arbeiter
l'introduction illégale d'ouvriers immigrés	die Einschleusung von Gastarbeitern
en situation irrégulière	illegal eingereist
être sous-payé	unterbezahlt werden
être exploité	ausgenutzt werden
• **le rendement**	die Leistung
la prime au rendement	die Akkordzulage
le travail aux pièces, à la tâche	die Akkordarbeit
le travail à l'heure	die Zeitlohnarbeit
le travail à la chaîne	die Fließbandarbeit
le travail d'équipe	die Teamarbeit
un travail pénible	eine Schwer(st)arbeit
un travail dangereux	eine gefährliche Arbeit
○ **le travail exécuté, fourni**	die geleistete Arbeit
l'œuvre *f*, **l'ouvrage** *m*	das Werk, die Arbeit
un travail soigné	eine akkurate Arbeit
un travail bâclé	eine Pfuscharbeit, eine schlampige Arbeit
un travail de longue haleine	eine langwierige Arbeit
• **le congé**	der Urlaub, e
le jour ouvrable	der Werktag, e
le jour férié	der gesetzliche Feiertag, e
le droit à un congé payé annuel (de détente)	der Anspruch auf einen bezahlten Erholungsurlaub
la durée des congés	die Urlaubsdauer
le délai d'attente	die Wartezeit
le congé partiel	der Teilurlaub
la période de congé	der Zeitpunkt des Urlaubs
l'étalement *m* **des vacances**	die Urlaubsstaffelung
le report du congé	die Übertragung des Urlaubs
la fermeture annuelle de l'entreprise	die Betriebsferien *pl*
le congé de formation	der Bildungsurlaub
le congé parental d'éducation	der Erziehungsurlaub
le congé de maternité	der Mutterschaftsurlaub
le congé supplémentaire	der Zusatzurlaub
le congé spécial	der Sonderurlaub
• **la rémunération, la rétribution**	das Arbeitsentgelt, e, die Vergütung, en
payer/rémunérer qn pour	jdn bezahlen für + A
payer/rémunérer un travail	eine Arbeit bezahlen
rétribuer les heures supplémentaires	die Überstunden *fpl* vergüten
• **le salaire**	der Lohn, ¨e
le salaire brut ; le salaire net	der Bruttolohn ; der Nettolohn
le salaire horaire (tarifaire)	der (tarifliche) Stundenlohn
le salaire mensuel	der Monatslohn
le salarié	der Lohn-, der Gehaltsempfänger, -
le traitement	das Gehalt, ¨er
le salaire de référence	der Ecklohn, ¨e
la garantie du salaire	die Lohnsicherung
la dissimulation de salaire	die Lohnverschleierung
bien gagner sa vie	gut verdienen
(la personne qui cumule deux salaires)	der Doppelverdiener, -
le ménage à double salaire	die Doppelverdiener *pl (Ehepaar)*
les prestations *f* **accessoires**	die Nebenleistungen *fpl*
l'augmentation *f* **de salaire**	die Lohnerhöhung, en
les primes *f*	die Prämien *fpl*
la prime sur le chiffre d'affaires	die Umsatzvergütung, en, die Umsatzprämie, n
la participation aux bénéfices	die Gewinnbeteiligung
un treizième mois	ein dreizehntes Monatsgehalt

la gratification de Noël	die Weihnachtsgratifikation
les indemnités pour frais	die Aufwandsentschädigungen *fpl*
l'indemnité *f* **de risques**	die Gefahrenzulage
l'indemnité de séparation	die Trennungszulage
l'indemnité de déplacement	die Auslösung
le taux d'indemnité	der Auslösungssatz, ¨e
la note de frais	die Spesenabrechnung
la pièce justificative de frais	der Spesenbeleg, e
le remboursement des frais	die Spesenvergütung
les frais professionnels	die Werbungskosten *pl*
les frais de déplacement	die Reisekosten
le voyage d'affaires	die Dienstreise, n
les frais de transport	die Fahrtkosten
les frais de représentation	die Repräsentationsspesen *pl*
les frais d'hôtel	die Hotelspesen
le maintien du salaire en cas de maladie	die Lohnfortzahlung im Krankheitsfall
l'incapacité *f* **de travail**	die Arbeitsunfähigkeit
• **le licenciement**	die Entlassung, en
licencier qn, congédier qn, renvoyer qn *(fam)*	jdm kündigen, jdn entlassen, ie, a, ä
réduire le personnel	Personal ab~bauen
le licenciement collectif	die Massenentlassung
la restructuration des entreprises	die Umstrukturierung von Betrieben
restructurer	um~strukturieren, neu~strukturieren, sanieren
résilier un contrat de travail	ein Arbeitsverhältnis kündigen
le droit de licenciement	das Kündigungsrecht (des Arbeitgebers)
le délai de préavis	die Kündigungsfrist
observer un délai de préavis	eine Kündigungsfrist ein~halten, ie, a, ä
le licenciement abusif	die ungerechtfertigte Kündigung
la rupture de contrat	der Vertragsbruch, ¨e
la protection contre le licenciement	der Kündigungsschutz
quitter son emploi	seine Stelle auf~geben, a, e, i
changer d'emploi	den Arbeitplatz wechseln
• **le chômeur ; être en/au chômage**	der Arbeitslose *(adj)* ; arbeitslos sein
le chômeur de longue durée	der Langzeitarbeitslose
le chômage	die Arbeitlosigkeit
le chômage partiel	die Kurzarbeit
le chômage technique	die technisch bedingte Arbeitslosigkeit
s'inscrire au chômage	sich arbeitslos melden
être sans emploi	erwerbslos sein
aller pointer *(fam)*	stempeln gehen*, i, a *(fam)*
○ **le départ en retraite, la mise à la retraite**	die Pensionierung
prendre sa retraite	in den Ruhestand treten*, a, e, i *itr*
mettre qn à la retraite	jdn in den Ruhestand versetzen, jdn pensionieren
l'âge *m* **de la retraite**	das pensionsfähige Alter
la retraite anticipée	die vorzeitige Pensionierung
la possibilité de préretraite	die flexible Altersgrenze
la mise en préretraite	die Frühverrentung
être à la retraite	im Ruhestand sein
la pension de retraite	das Ruhegehalt
avoir droit à une pension de retraite	versorgungsberechtigt sein
la liquidation de la retraite	die Pensionsbezüge fest~stellen
la pension de retraite ; le régime de retraite	die Altersversorgung

la retraite d'entreprise	die betriebliche Altersversorgung
la retraite complémentaire	die zusätzliche Rente
le cumul de retraites	die Rentenhäufung
toucher une retraite	eine Rente beziehen, o, o
l'assurance-retraite	die Rentenversicherung
l'indemnité *f* **en cas de décès**	das Sterbegeld
l'assistance *f* **aux ayants droits**	die Hinterbliebenenversorgung

les partenaires sociaux

• **la législation du travail**	die Arbeitsgesetzgebung
l'inspection *f* **du travail et de la main-d'œuvre**	das Gewerbeaufsichtsamt
les obligations *f* **de l'employeur**	die Pflichten des Arbeitgebers
le syndicat	die Gewerkschaft, en
le syndicaliste	der Gewerkschaftler, -
le responsable syndical	der (Gewerkschafts)funktionär, e
le travailleur syndiqué	der organisierte Arbeiter
le syndicat patronal	der Arbeitgeberverband
• **la convention collective**	das Tarifvertrag, ¨e, das Tarifabkommen
le salaire conventionnel	der Tariflohn, ¨e
les accords d'établissement, l'accord salarial	die Betriebsvereinbarungen *fpl*
la partie prenante aux accords tarifaires	die Tarifvertragspartei, en
les partenaires sociaux	die Sozialpartner/Tarifpartner *mpl*
les revendications salariales	die Lohnforderungen *fpl*
la conclusion d'une convention collective	der Abschluss eines Tarifvertrags
(ne pas) être lié par un accord tarifaire	(nicht) tarifgebunden sein
le tarif fédéral des employés et cadres *(D)*	der Bundesangestelltentarif (BAT)
la grille des salaires	die Lohntabelle
○ **la loi relative à l'organisation des entreprises**	das Betriebsverfassungsgesetz
la représentation du personnel	die Personalvertretung
le comité/le conseil d'entreprise	der Betriebsrat, ¨e
le délégué d'entreprise	der Betriebsobmann, leute
le droit de cogestion	das Mitbestimmungsrecht
l'autogestion *f*	die Selbstverwaltung
la participation	die Mitwirkung
l'assemblée générale du personnel de l'entreprise	die Betriebsversammlung
le directeur du travail *(industrie du charbon et de l'acier)*	der Arbeitsdirektor *(Montanindustrie)*
○ **le conflit social**	der Arbeitskonflikt, e
le conflit tarifaire	der Tarifkonflikt
la perte des acquis sociaux	der Sozialabbau
• **la grève**	der Streik, s
le droit de grève	das Streikrecht
la caisse de solidarité pour grévistes	die Streikkasse
le préavis de grève	die Streikankündigung
donner l'ordre *m* **de grève**	eine Streikanweisung erteilen
déclencher une grève	einen Streik aus~lösen
faire (la) grève ; être en grève	streiken *itr*
débrayer	die Arbeit nieder~legen
le gréviste	der Streikende *(adj)*
la grève-bouchon	der Schwerpunktstreik
la grève générale	der Generalstreik
la grève perlée	der Flackerstreik
la grève sauvage	der wilde Streik
la grève surprise	der Blitzstreik
la grève sur le tas	der Sitzstreik
la grève tournante	der Drehstreik
la grève du zèle	der Dienst nach Vorschrift
l'occupation *f* **(de l'usine)**	die Besetzung (der Fabrik)
le piquet de grève	der Streikposten, -
le briseur de grève, le jaune *(fam)*	der Streikbrecher, -
le lock-out	die Aussperrung, en
la manifestation	die Demonstration, en, die (Massen)kundgebung, en

(v. la manifestation, p. 209)

○ **la conciliation**	die Schlichtung, en
le conciliateur	der Schlichter, -
le médiateur	der Vermittler, -
la commission d'arbitrage	der Schiedsausschuss, ¨e
la reprise du travail	die Wiederaufnahme der Arbeit
reprendre le travail	die Arbeit wieder auf~nehmen, a, o, i
la paix sociale	der Arbeitsfrieden

Lehrgeld zahlen
apprendre à ses dépens

mit der Arbeit beginnen, a, o
être à pied d'œuvre

An die Arbeit !
Au travail ! Au boulot ! (fam)

Die Arbeit geht ihm flott von der Hand.
Il travaille vite.

alle Hände voll zu tun haben ; eine Heidenarbeit haben
avoir un travail fou, un boulot monstre (fam)

Das ist eine Pferdearbeit.
C'est un travail de Romain.

eine sorgfältige, geduldige Kleinarbeit
un travail de bénédictin

Erst die Arbeit, dann das Vergnügen.
Le travail d'abord, le plaisir après.

keinen Schlag tun, a, a
ne pas en ficher une rame (fam)

Er hat die Arbeit nicht erfunden. *(fam)*
Il a un poil dans la main. (fam)

Das ist eine saubere Arbeit !
C'est du beau travail, de la belle ouvrage. (fam)

Das Werk lobt den Meister.
C'est à l'œuvre qu'on connaît l'artisan.

XIV. Information et Communication

1. LES MEDIA : LA PRESSE - L'AUDIOVISUEL - LA PUBLICITÉ

media

• **les mass-media(s)** *m*	die Massenmedien *npl*
le paysage médiatique	die Medienlandschaft
les multi-média(s)	der Medienverbund
médiatiser	mediatisieren
la médiatisation	die Mediatisierung
médiatique	Medien-, mediengemäß
les groupes multimédias	die Medienkonzerne *mpl*
le quatrième pouvoir	die vierte Macht
la concentration des médias	die Medienkonzentration
la formation des consciences	die Bewusstseinsbildung
le conditionnement industriel des esprits	die Bewusstseinsindustrie
• **la communication** *(v. la communication - parler, p. 83)*	die Kommunikation
le schéma de la communication	der Kommunikationsprozess, e
la théorie de la communication	die Kommunikationstheorie
le locuteur	der Kommunikant, en, en
l'émetteur *m*, **l'encodeur** *m*	der Sender, -, der Kommunikator, en
le code	der Kode/Code, s
coder ; décoder	kodieren ; dekodieren
le message	die Mitteilung, en, die Aussage, n
le destinataire, le décodeur	der Empfänger, -, der Rezipient, en, en
le moyen de communication	das Kommunikationsmittel, -
l'opinion publique	die öffentliche Meinung
la formation de l'opinion	die Meinungsbildung
qui fait l'opinion	meinungsbildend
se faire sa propre opinion	sich eine eigene Meinung bilden
la divergence d'opinions	die Meinungsverschiedenheit
la pluralité des opinions	die Meinungsvielfalt
le droit à l'information	das Recht auf Information
la liberté d'expression	das Recht auf freie Meinungsäußerung
la liberté d'opinion	die Meinungsfreiheit
○ **la censure**	die Zensur
l'interdiction *f* **de la censure**	das Zensurverbot
être soumis à la censure	der Zensur unterworfen sein
censurer	zensieren
la coupure	die Streichung, en
caviarder	durch~streichen, i, i
le black-out sur l'information	die Nachrichtensperre
la transmission des informations	die Informationsvermittlung
la saisie d'une édition	die Beschlagnahme einer Auflage
baillonner la presse	die Presse mundtot machen

la presse

• **la presse** *(en général)*	das Pressewesen, die Presse
le journalisme	die Publizistik, der Journalismus
la presse écrite	die gedruckten Medien *npl*
la presse parlée	die Rundfunknachrichten *fpl*
le journal télévisé	die Tagesschau, en
la diffusion des informations	die Verbreitung von Informationen
le satellite de communication	der Nachrichtensatellit, en, en
la presse-édition	das Zeitungsverlagswesen
l'éditeur *m* **de presse**	der Zeitungsverleger, -
fonder un journal	eine Zeitung gründen
le dépôt administratif	die Pflichtexemplare *npl (F)*
la liberté de la presse	die Pressefreiheit
la concentration de la presse	die Pressekonzentration, en
la tendance à la concentration	der Konzentrationstrend, s
le magnat de la presse	der Pressemagnat, en, en
l'empire *m* **de presse**	das Presseimperium, ien
prendre le contrôle d'un journal	eine Zeitung kontrollieren
• **le journal**	die Zeitung, en
paraître	erscheinen*, ie, ie
disparaître	ein~gehen*, i, a
la publication	die Veröffentlichung, en
publier	veröffentlichen
la presse quoditienne	die Tagespresse
la presse quotidienne nationale	die überregionalen Tageszeitungen *fpl*
la presse quotidienne de province	die regionalen Tageszeitungen
le quotidien	die Tageszeitung, en
le journal à scandales	das Revolverblatt, ¨er
la petite presse	die Revolverblätter
la feuille de chou *(fam)*	das Käseblatt *(fam)*
le périodique, la revue	die Zeitschrift, en, das Magazin, e
l'édition locale	die Lokalausgabe, n
les feuilles locales	die Heimatpresse
le journal mural	die Wandzeitung, en
le journal clandestin	die Untergrundzeitung
l'édition *f*	die Ausgabe, n
l'édition du matin, du soir	die Morgen-, Abendausgabe
l'édition spéciale	die Sonderausgabe
la presse du matin	die Morgenpresse
la presse du soir	die Abendpresse
la presse quotidienne	die Tagespresse
le journal hebdomadaire, l'hebdo(madaire) *m*	das Wochenblatt, ¨er
bimensuel	zweimal im Monat erscheinend
mensuel	monatlich, Monats-
bimestriel	alle zwei Monate erscheinend
trimestriel	vierteljährlich
semestriel	halbjährlich
annuel, le	jährlich, Jahres-
○ **l'information générale**	die allgemeine Information
la presse d'information générale	die allgemeine Tagespresse
le journal d'information	das Nachrichtenblatt, ¨er
le magazine d'information, le news magazine	das Nachrichtenmagazin, e
le journal du dimanche	das Sonntagsblatt, ¨er
les journaux du 7e jour	die Sonntagszeitungen *fpl*
le magazine illustré	die Illustrierte *(adj)*
la presse d'opinion	die parteigebundene Presse
la presse gouvernementale	die regierungstreue Presse
la presse d'opposition	die Oppositionspresse
la presse satirique	die satirische Presse
○ **l'information spécialisée**	die gezielte Information, en

le magazine de radio-télévision	die Rundfunk- und Fernsehzeitschrift, en
le magazine féminin	die Frauenzeitschrift
le mensuel masculin	die Herrenzeitschrift
le magazine sportif	die Sportzeitschrift
le périodique économique	die Wirtschaftszeitschrift
le périodique littéraire	die literarische Zeitschrift
le périodique cinématographique	die Filmzeitschrift
le périodique artistique	die Kunstzeitschrift
les journaux d'annonces	die Anzeigenblätter *npl*
la presse professionnelle	die Fachpresse
la publication technique	die Fachzeitschrift, en
les publications savantes	die wissenschaftlichen Zeitschriften
la publication de vulgarisation scientifique	die populärwissenschaftliche Zeitschrift
les publications officielles	die amtlichen Veröffentlichungen *fpl*
le Journal Officiel *(F)*	das Amtsblatt, ¨er
le journal d'entreprise	die Betriebszeitung, en
la lettre confidentielle	die Insiderinformation, en
le bulletin	der Bericht, e, die Mitteilung, en
○ **la presse d'évasion**	die Unterhaltungspresse
la presse à grand tirage	die Massenpresse
le tirage	die Druckauflage, n
le journal à gros tirage	die Zeitung mit großer Auflage
la presse à sensation	die Sensationspresse
la presse à scandale	die Skandalpresse
la presse du cœur	die Regenbogenpresse
le roman-photo	der Photoroman, e
la presse érotique	die erotische Presse, die Tittenpresse *(péj)*
le périodique porno	das Pornomagazin, e
la BD pour adultes	Comics *mpl* für Erwachsene
la presse pour les jeunes	die Jugendpresse
○ **la rédaction**	die Redaktion
le bureau à l'Etranger	die Auslandsredaktion
la salle de rédaction	die Redaktion *(Saal)*
le rapport de rédaction	die Redaktionskonferenz, en
le rédacteur en chef	der Chefredakteur, e
le rédacteur	der Redakteur, der Schriftleiter, -
le journaliste	der Journalist, en, en
le reporter	der Reporter, -
le reporter	der Berichterstatter, -
l'envoyé spécial	der Sonderberichterstatter
collaborer à un journal	Mitarbeiter *m* einer Zeitung sein
le correspondant	der auswärtige Korrespondent, en, en
le correspondant de guerre	der Kriegskorrespondent
la carte de presse, le coupe-file	der Presseausweis, e
la pige	das Zeilenhonorar, e
le pigiste	der Journalist mit Zeilenhonorar
le réviseur	der Schlussredakteur, e
le réécriveur	der Rewriter, -
la réécriture	das Rewriting
le bouclage	der Redaktionsschluss
boucler (un journal)	Schluss machen
• **le journal** *(présentation)*	die Zeitung, en *(Aufmachung)*
la page de journal	die Zeitungsseite, n
la première page, la une *(fam)*	die Frontseite
le titre du journal	der Zeitungskopf
l'édition *f*	die Ausgabe, n
l'édition du matin	die Morgenausgabe

la date de publication	das Ausgabedatum
l'ours *m*	das Impressum, ssen
la manchette, le gros titre	die Schlagzeile, n
faire ses gros titres de qc	etwas in Schlagzeilen bringen, a, a
un titre accrocheur	ein Aufhänger, -
le titre	die Überschrift, en
la ligne	die Zeile, n
la colonne	die Spalte, n, die Kolumne, n
une demi-colonne	eine halbe Spalte
la colombelle	die Spaltenlinie, n
l'article *m*	der Artikel, -
l'éditorial *m*, **l'article de fond**	der Leitartikel, -
faire un éditorial	einen Leitartikel schreiben, ie, ie
l'éditorialiste *m*	der Leitartikler, -
le chroniqueur	der Kolumnist, en, en
le commentaire	der Kommentar, e, die Glosse, n
le compte rendu	der Bericht, e
la nouvelle	die Nachricht, en
la nouvelle brève	die Kurznachricht
la dépêche	die Depesche, n
le communiqué de presse	die Pressemeldung, en
un entrefilet de cinq lignes	eine Fünf-Zeilen-Notiz
la coupure de presse	der Zeitungsausschnitt, e
la photo de presse	das Pressefoto, s
la légende	die Bildunterschrift, en
le dessin humoristique	die Karikatur, en
au bas de la page	unter dem Strich
○ **la rubrique**	der Teil, e, die Sparte, n
la partie rédactionnelle	der redaktionelle Teil, e
la rubrique/page politique	der politische Teil
la rubrique/page économique	der Wirtschaftsteil
la page locale	der Lokalteil
les nouvelles locales	die Lokalnachrichten *fpl*
le feuilleton, la page littéraire	der Unterhaltungsteil, das Feuilleton
le supplément littéraire	die Unterhaltungsbeilage, n
les feuilletons *m*	die Fortsetzungsserien *fpl*
(à suivre)	(Fortsetzung folgt)
la bande dessinée, la BD	der Comicstrip, s
la rubrique sportive	der Sportteil
les faits divers	Vermischtes *n*/die vermischten Nachrichten
les chiens écrasés *(fam)*	die Gartenvereine *(fam)*
la chronique des spectacles	die Theaterbesprechung, en
la chronique cinématographique	die Filmrundschau, en
la critique des programmes de télévision	die Fernsehkritik, en
les pages *f* **de mode**	der Modeteil
le courrier des lecteurs	der Briefkasten, die Leserbriefe *mpl*
le courrier du cœur	die Seufzerecke
la rubrique gastronomique	die Feinschmeckerecke
la rubrique météorologique	der Wetterbericht
la Bourse	der Börsenbericht
la petite annonce	die Kleinanzeige, n
le carnet du jour, l'état-civil	die Familienanzeigen
le faire-part de mariage	die Heiratsanzeige
le faire-part de naissance	die Geburtsanzeige
le faire-part de décès	die Todesanzeige
la nécrologie	die Todesanzeigen
• **informer**	informieren
l'information *f*	die Information, en
la politique d'un journal en matière d'informations	die Nachrichtenpolitik einer Zeitung

instruire le lecteur	den Leser unterrichten
être informé de qc	über etwas unterrichtet sein
être bien informé	gut unterrichtet sein
de source officielle	aus amtlicher Quelle
officieux	halbamtlich
le communiqué (officiel)	das Kommuniqué/Kommunikee, s
la nouvelle	die Nachricht, en
faire état de	berichten über+A, von+D
le compte rendu	der Bericht, e
la révélation ; révéler	die Enthüllung, en ; enthüllen
apporter une nouvelle	eine Nachricht bringen, a, a
annoncer qc	etwas melden
l'information *f*, **la nouvelle**	die Meldung, en
le scoop, l'exclusivité *f*	der Scoop, s, der sensationelle Pressebericht
l'événement *m* **médiatique**	das Medienereignis, se
la relation des événements, des faits	die Berichterstattung, en
un résumé complet des événements	eine Übersicht über die Ereignisse
résumer qc	etwas zusammen~fassen
o **la source d'information**	die Informationsquelle, n
l'informateur *m*	der Informant, en, en
le réseau d'informations	das Informantennetz, e
l'agence *f* **de presse**	die Presseagentur, en
le sigle de l'agence de presse	das Agentursignum
la transmission de l'information	die Nachrichtenvermittlung, en
le service des "features" *(articles)*	die Features *pl*
le service de téléphoto	der Bildfunkdienst
le téléscripteur	der Fernschreiber, -
La nouvelle vient de tomber.	Die Nachricht ist soeben eingegangen.
la conférence de presse	die Pressekonferenz, en
tenir une conférence de presse	eine Pressekonferenz ab~halten, ie, a, ä
le porte-parole	der Pressesprecher, -
le porte-parole du gouvernement	der Regierungssprecher, -
le service de presse	der Pressedienst, e
le communiqué devant la presse	die Presseerklärung, en
o **l'interview** *f*	das Interview, s
interviewer	interviewen
l'interviewé *m*	der Interviewte *(adj)*
l'interviewe(u)r *m*	der Interviewer, -
solliciter une interview	um ein Interview bitten, a, e
l'interview par téléphone	das Telefoninterview
éluder une question	eine ausweichende Antwort geben, a, e, i
donner une réponse improvisée	aus dem Stegreif antworten
• **le reportage**	die Reportage, n, der Pressebericht, e
être en reportage	auf Reportage sein
couvrir un événement	(ausführlich) über ein Ereignis berichten
la couverture (de)	die (ausführliche) Berichterstattung, en (über+A)
avoir l'exclusivité	die Exklusivität haben
les archives *f*	das Zeitungsarchiv, e
o **de source sûre**	aus sicherer Quelle
digne de foi, crédible	glaubwürdig
la crédibilité	die Glaubwürdigkeit

peu digne de foi	unglaubwürdig
vérifier une information	eine Information überprüfen
confirmer une information	eine Information bestätigen
le doute	der Zweifel, -
être dans le doute	im Zweifel sein
douter de	bezweifeln *tr*
mettre en doute	in Zweifel ziehen, o, o
être sceptique, incrédule	skeptisch sein
crédule	leichtgläubig
le canard de presse, le bobard	die Zeitungsente, n, der faule Fisch, e
la fausse nouvelle	die falsche Nachricht, en
les ragots *m*, **les cancans** *m (fam)*	das Gewäsch *(fam)*
démentir ; le démenti	dementieren ; das Dementi, s
apporter une rectification à qc	etw berichtigen
rectifier une erreur	einen Irrtum richtig~stellen
o **l'influence** *f* **(exercée sur)**	die Beeinflussung (+G)
influencer qn, avoir une influence sur qn	jdn beeinflussen
exercer une influence sur qc/qn	einen Einfluss aus~üben auf (A)
l'élimination *f* **de préjugés**	der Abbau von Vorurteilen
dénoncer les abus	Missstände auf~zeigen
révéler les scandales	Skandale auf~decken
sensibiliser l'opinion publique	die Öffentlichkeit wach~rufen, ie, u
alerter l'opinion publique	die Öffentlichkeit alarmieren
conditionner l'opinion publique	die öffentliche Meinung programmieren
manipuler l'opinion publique	die Öffentlichkeit manipulieren
ceux qui font l'opinion publique	die Meinungsmacher *mpl*
la manipulation	die Manipulation, en
monter l'opinion publique (contre)	die Öffentlichkeit auf~hetzen (gegen+A)
répandre un sentiment de peur	die Angst schüren
attiser la haine	den Hass schüren
o **la déontologie du journaliste**	der journalistische Ehrenkodex
le libre accès aux sources	der freie Zugang zu den Quellen
respecter la vérité	der Wahrheit treu bleiben*, ie, ie
présenter les faits sans prévention	die vorurteilslose Darstellung der Tatsachen
avoir le recul nécessaire	den nötigen Abstand wahren
objectif ; subjectif	sachlich ; unsachlich
la vérité des faits, l'objectivité *f*	die strenge Sachlichkeit
parler net et franc	Klartext sprechen, Fraktur sprechen, a, o, i
respecter la vie privée des personnes	das Privatleben der Personen respektieren
garder le secret des sources d'information	Informationsquellen vertraulich behandeln
ne céder à aucune pression	keinem Druck nach~geben, a, e, i
• **le délit de presse**	das Pressevergehen
la législation sur la presse	das Presserecht
déformer la réalité	den Tatbestand verdrehen
monter qc en épingle	etwas hoch~spielen, hoch~stilisieren
donner trop d'importance à	überhöhen *tr*, hoch~stilisieren
exagérer, gonfler	übertreiben, auf~bauschen
trop insister sur	überbetonen *tr*
surestimer	überbewerten, überschätzen
ignorer	ignorieren
négliger	nicht beachten
sous-estimer	unterschätzen

minimiser l'importance de	unterbewerten
déprécier	ab~werten
passer qc sous silence	etwas verschweigen, ie, ie, verheimlichen
dissimuler qc	etwas verschleiern
l'omission *f*	die Auslassung, en
supprimer	aus~lassen, ie, a, ä
le détournement d'information	die Nachrichtenunterschlagung, en
reléguer qc à la dernière place	etwas an die letzte Stelle rücken
tronquer	verstümmeln
le sous-entendu	die Anspielung, en
l'allusion *f*	die Andeutung, en
faire allusion à	an~deuten, an~spielen auf+A
parler un langage double	mit doppelter Zunge reden, doppelzüngig reden
• **le journalisme d'investigation**	der Investigationsjournalismus
l'investigation *f*, **l'enquête** *f*	die Recherchen *fpl*
enquêter	recherchieren
faire des recherches *f*	Nachforschungen *fpl* an~stellen
user de méthodes déloyales	zweifelhafte Methoden anwenden
l'affaire *f*	die Affäre, n
les dessous *m* **d'une affaire**	die Hintergründe *mpl* einer Affäre
déterrer	aus~graben, u, a, ä
le fouineur ; fouiner	der Schnüffler, - ; schnüffeln
le fouille-merde *(arg)*	der Schmierfink, en, en
révéler	bekannt geben, a, e, i
les révélations *f* **; dévoiler**	die Enthüllungen *fpl* ; enthüllen
étouffer	vertuschen
la campagne de presse	die Pressekampagne, n
Il n'y a pas de fumée sans feu.	Kein Rauch ohne Flamme.
○ **l'atteinte à la vie privée des personnes**	die Verletzung des persönlichen Lebensbereichs
les paparazzi *mpl*	die Paparazzi *mpl*
la chronique scandaleuse	die Skandalchronik, der Klatsch
provoquer un scandale	einen Skandal verursachen
défrayer la chronique	die Zeitungsspalten füllen
la protection de la vie privée	das Recht am eigenen Bild
le droit de réponse	das Recht auf Gegendarstellung
la diffamation	die Diffamierung, en
poursuivre qn en diffamation	jdn wegen Verleumdung verklagen
○ **la distribution**	der Vertrieb
le lecteur (d'un journal)	der Zeitungsleser, -
l'audience *f*	die Leserschaft
les habitudes *f* **de lecture**	die Lesegewohnheiten *fpl*
tirer à ...	mit einer Auflage von ...
le premier quotidien par la diffusion	die auflagenstärkste Tageszeitung
la vente au numéro	der Verkauf pro Exemplar
l'abonnement *m*	das Abonnement, s
s'abonner (à un journal)	(sich auf eine Zeitung) abonnieren
être abonné à un journal	eine Zeitung beziehen, o, o
le tarif d'abonnement	der Bezugspreis
l'abonnement à tarif réduit	das Abo zum ermäßigten Preis
prendre fin	aus~laufen*, ie, au, äu
l'abonné *m*	der Abonnent, en, en
le portage à domicile	die Zustellung durch Boten frei Haus
le porteur de journaux	der Zeitungsausträger, -, der Zeitungsjunge, n, n
le marchand de journaux	der Zeitungshändler, -
le kiosque à journaux	der Zeitungskiosk, e, der Zeitungsstand, ¨e
l'éventaire *m* **mobile**	der mobile Stand, ¨e
les invendus, les bouillons *m*	die unverkauften Exemplare *npl*
le journal de la veille	die Zeitung vom Vortag
le crieur de journaux	der Zeitungsausrufer, -

Es steht in der Zeitung.
C'est dans le journal.

eine lebendige Zeitung sein
être très bavard

zu Ihrer Orientierung
pour votre information

orientiert sein
être informé

einen guten Ruf haben
avoir bonne presse

nicht beliebt sein (bei+D)
ne pas avoir bonne presse (auprès de/chez)

Keine Meinung ist auch eine Meinung.
Ne pas avoir d'opinion, c'est aussi en avoir une.
(Jacques Fauvet)

L'AUDIOVISUEL

la télévision

• **la télévision**	das Fernsehen
le directeur général	der Intendant, en, en
la station de télévision	die Fernsehanstalt, en
la tour de télévision	der Fernsehturm, ¨e
le monopole de la télécommunication	die Fernmeldehoheit
le monopole de diffusion	das Sendemonopol
la redevance audiovisuelle	die Fernsehgebühr, en
la norme, le standard	das System, e
la télévision numérique	das Digitalfernsehen
analogique	analog
la définition	die Zeilennorm
la ligne	die Zeile, n
le balayage	das Abtasten
SECAM (Système en couleur avec mémoire)	*(Farbsystem mit Speicherung) (F)*
(système adopté par la RFA)	PAL (Phase Alternating Line)
la télévision haute définition	HDTV, das hochauflösende Fernsehen
le canal	der Kanal, ¨e
la répartition des canaux	die Frequenzverteilung
l'émetteur *m* **de télévision**	der Fernsehsender, -
la chaîne d'émetteurs	die Senderkette, n
diffuser	aus~strahlen
le réémetteur	der Fernsehumsetzer, -
le relais	die Relaisstelle, n
le transcodeur, le convertisseur	der Konverter, -
le satellite	der Satellit, en, en
le satellite de télécommunications	der Fernmeldesatellit
le satellite de diffusion directe	der Satellit für Direktempfang
l'orbite *f* **géostationnaire**	die geostationäre Umlaufbahn
la répartition des canaux de satellite	die Verteilung der Satellitenkanäle
la zone de couverture	der Empfangsbereich, e
la télévision par câble	das Kabelfernsehen
le réseau câblé	das Kabelnetz, e
câbler ; être câblé	verkabeln ; Kabelanschluss haben

le câble coaxial	das Koaxialkabel, -
le boîtier de raccordement	der Verteilerkasten, ¨
être raccordé	angeschlossen sein
○ **la télévision publique**	das staatliche Fernsehen
(société de production de la première chaîne nationale allemande)	ARD *(Arbeitsgemeinschaft der öffentlich-rechtlichen Rundfunkgemeinschaften der Bundesrepublik Deutschland)*
(deuxième chaîne de télévision allemande)	ZDF (Zweites Deutsches Fernsehen)
la chaine à péage	die Pay-TV, s
le décodeur	der Decoder, -
la chaîne de télévision ; le programme	das Programm, e
sur la première chaîne	im ersten Programm
le programme national	das landesweit ausgestrahlte Programm, das Gemeinschaftsprogramm
le programme régional	das regionale Programm
la chaîne généraliste	das allgemeine Programm
la chaîne thématique	das spezielle Programm
la chaîne culturelle	das Kulturprogramm
avoir un cahier des charges à respecter	an einen Programmauftrag gebunden sein
la grille des programmes	der Sendeplan, ¨e
la téléthèque	das Fernseharchiv, e
○ **le studio de télévision**	das Fernsehstudio, s
le plateau de télévision	die Fernsehbühne, n
le plateau d'enregistrement	der Aufnahmeraum, ¨e
le téléprompteur	der Teleprompter, -
le présentateur, l'animateur *m*	der Moderator, en, en
le commentateur	der Kommentator, en, en
l'équipe *f* **de télévision**	das Fernsehteam, s
le producteur	der Produzent, en, en
le scénariste	der Drehbuchautor, en
le réalisateur	der Regisseur, e
le montage	der Schnitt
le monteur	der Cutter, -
le chef de plateau	der Aufnahmeleiter, -
l'assistant *m* **de plateau**	der zweite Aufnahmeleiter
l'éclairagiste *m*	der Beleuchter, -
l'éclairage *m*	die Beleuchtung, en
le projecteur	der Scheinwerfer, -
le décorateur	der Bühnenbildner, -
les décors *m*	das Bühnenbild, er
le machiniste	der Bühnenarbeiter, -
l'accessoiriste *m*	der Requisiteur, e
les accessoires *m*	die Requisiten *npl*
le maquilleur	der Maskenbildner, -
la maquilleuse	die Maskenbildnerin, nen
télégénique	telegen
○ **le preneur de son, l'ingénieur du son**	der Toningenieur, e
l'opérateur *m* **du son**	der Tontechniker, -
le play back	das Playback/Play-back
les effets spéciaux	die Spezialeffekte *mpl*
le bruitage	die Geräuscheffekte
l'appareil *m* **de bruitage**	die Geräuschorgel
le microphone	das Mikrofon/Mikrophon, e
le micro sur pied	das Standmikrofon
le micro cravate	das Umhängemikrofon
le microphone omnidirectionnel	das Kugelmikrofon
la girafe	der Mikrofongalgen
le niveau du son	die Lautstärke

l'effet *m* **Larsen**	der Larseneffekt
le haut-parleur	der Lautsprecher, -
○ **la régie**	der Regieraum, ¨e
la console de contrôle	der Regiepult, e
l'écran *m* **témoin**	der Monitor, en
la régie du son	der Tonregieraum
le contrôle du son	die Tonregie
la console de mixage	der Tonmischpult, e
le studio de synchronisation	das Synchronstudio, s
le studio de prémixage	der Vormischraum
la régie image-éclairage	der Bildregieraum
le pupitre de mixage de l'image	das Bildmischpult, e
la régie vidéo (finale)	der Bildendkontrollraum
la régie finale	die Senderegie
le car de reportage	der Ü-Wagen, -
• **l'émission télévisée**	die Fernsehsendung, en
émettre	senden, sendete, gesendet
l'émission *f* **en direct**	die Live-Sendung, en
la retransmission	die Übertragung, en
retransmettre, diffuser	übertragen, u, a, ä
la retransmission en direct	die Direktübertragung
le différé	die zeitverschobene Übertragung
les droits *m* **de retransmission**	die Übertragungsrechte *npl*
la diffusion	die Ausstrahlung
passer l'antenne à Cologne	nach Köln um~schalten
ne pas respecter les horaires	die Programmzeiten nicht ein~halten, ie, a, ä
le téléfilm	der Fernsehfilm, e
le court-métrage	der Kurzfilm
le générique	der Titelvorspann, e
le générique de fin	der Titelnachspann, e
l'émission documentaire	die Dokumentarsendung, en
l'émission culturelle	die kulturelle Sendung
la fiction	der fiktionale Bereich
la pièce télévisée	das Fernsehspiel, e
l'adaptation *f* **pour la télévision**	die Fernsehfassung, en
la série	die Sendefolge, die Serie
le feuilleton	die Filmserie, die Reihe, n
le journal télévisé	die Tageschau, en, die Tagesthemen *npl*
le (vidéo)clip	der Videoclip, s
le jeu télévisé	die Quizsendung, en
le meneur de jeux	der Quizmaster, s
les jeux éducatifs	die lehrreichen Spiele *npl*
la table ronde, le débat télévisé	die Talkshow, s
le président des débats	der Diskussionsleiter, -
présider les débats	die Diskussion leiten
le débat télévisé	die Podiumsdiskussion, en
le face(-)à(-)face	das Gespräch von Angesicht zu Angesicht
la première diffusion	der Erstsendung, en
la rediffusion	die Wiederholung, en
l'interlude *m*	der Pausenfüller, -
l'indicatif musical	die Erkennungsmelodie, n
la Roue de la Fortune	das Glücksrad
l'enregistrement *m*	die Aufzeichnung, en
l'enregistrement en direct	die Live-Aufzeichnung, en
enregistrer	auf~zeichnen
enregistrer une émission	mit~schneiden, i, i
l'interruption *f*	die Unterbrechung, en

○ **l'audience** *f (télévision)*	die Zuschauer *mpl*
regarder la télévision	fern~sehen, a, e, ie
regarder qc	sich etwas an~sehen, a, e, ie
le téléspectateur	der Fernsehzuschauer, -
le téléphobe	der Fernsehmuffel, - *(fam)*
le zapping ; zapper	das Zappen ; zappen
mettre la troisième chaîne	auf das dritte Programm um~schalten
l'heure *f* **d'antenne, la tranche horaire**	die Sendezeit, en
la publicité télévisée	die Fernsehwerbung
• **le poste de télévision, le téléviseur**	das Fernsehgerät, e, der Fernseher, -
la télévision, le petit écran, la télé/téloche *(fam)*	das Fernsehen, die Röhre/Glotze/ der Flimmerkasten *(fam)*
analogique	analog
numérique	digital
l'antenne *f*	die Antenne, n
l'antenne collective	die Gemeinschaftsantenne
l'antenne parabolique	die Parabolantenne, die Schüssel, n
le mât d'antenne	der Antennenmast, e
la prise d'antenne	die Antennenbuchse, n
l'écran *m*	der Bildschirm, e
le tube cathodique	die Bildröhre, n
la touche	der Schalter, -, die Taste, n
l'interrupteur *m* **de mise en marche**	die Netztaste
les connexions *f*	die Anschlüsse *mpl*
la fiche péritel	die 21polige Anschlussleiste
la présélection	das Speichern der Sendereinstellung
la touche de recherche	die Suchlauftaste
la mire	das Testbild, er
mémoriser	ab~speichern
mémoriser dans la mémoire	in den Programmspeicher ein~geben, a, e, i
la télécommande	die Fernbedienung
régler	ein~stellen
le son	der Klang
augmenter, baisser le son	lauter, leiser stellen
couper le son	den Ton ab~stellen
le volume sonore	die Lautstärke
le haut-parleur	der Lautsprecher, -
l'image *f*	das Bild, er
la luminosité	die Helligkeit
le contraste	der Bildkontrast
le piqué	die Bildschärfe
net ; flou	scharf ; unscharf
le souffle image	das Bildrauschen
le télétexte, ANTIOPE *(F)*	der Videotext
l'affichage *m*	die Auflistung
la touche affichage	die Status-Taste
le timer, la minuterie	die automatische Abschaltung

la radio

• **la radio**	der Rundfunk, der Hörfunk
la station de radio	die Rundfunkanstalt, en
la maison de la radio	das Funkhaus, ¨er
de droit public	öffentlich-rechtlich
la radio libre	der Privatsender, -
la radio privée locale	der lokale Privatsender
la radio pirate	der Piratensender
l'émetteur clandestin	der Schwarzsender
diffuser	aus~strahlen, senden
être diffusé en stéréo	in Stereo gesendet werden
diffuser de la musique	Musik bringen, a, a
l'incident *m* **technique**	die Störung
les parasites *m*	die Störungen *fpl*
être brouillé	gestört werden
l'heure *f* **de diffusion**	die Sendezeit
la fin des émissions	der Sendeschluss
la suspension des émissions	die Funkstille
• **l'émission** *f* **radiophonique**	die Rundfunksendung, en
prendre l'antenne	die Sendung übernehmen, a, o, i
donner l'antenne à	jdm die Sendung überlassen, ie, a, ä
rendre l'antenne à	jdm die Sendung wieder überlassen
passer l'antenne à Cologne	nach Köln um~schalten
l'annonce *f*	die Ansage, n
le présentateur, le speaker	der Ansager, -, der Sprecher, -
le disque-jockey/disc-jockey	der Diskjockey, s
le tube *(fam)*	der Hit, s
le hit-parade	die Hitparade, n
être 1er au hit-parade	auf Platz 1 der Hitparade sein
le programme	das Programm, e
Quel est le programme de la radio ?	Was gibt es im Radio ?
présenter une pièce radiophonique	ein Hörspiel bringen, a, a
les informations *f*, **les infos**	die Nachrichten *fpl*
la revue de la presse	die Presseschau, en, die Pressestimmen *fpl*
le reportage radiophonique	das Hörbild, er
le magazine radiodiffusé	die Magazinsendung, en
(programme musical choisi par les auditeurs)	das Wunschkonzert, e
la tribune des auditeurs	die Hörertribüne, n
l'émission de divertissement	die Unterhaltungssendung, en
la réception	der Empfang
recevoir, capter	empfangen, i, a, ä
l'auditeur *m*	der Radiohörer, -, der Zuhörer, -
écouter la radio	Radio hören
le courrier des auditeurs	die Hörerbriefe *mpl*, die Hörerpost
la redevance de l'audiovisuel	die Fernsehgebühr
être à l'antenne	(im Radio) sprechen, a, o, i
à la radio	im Radio
allumer, éteindre le poste	das Radio ein~schalten, ab~schalten
○ **le poste (de radio)**	das Rundfunkgerät, e
le récepteur	der Empfänger, -
la longueur d'onde	die Wellenlänge
les ondes courtes	die Kurzwelle
sur ondes courtes	auf Kurzwelle
les ondes moyennes	die Mittelwelle
les grandes ondes	die Langwelle
la modulation de fréquence (FM)	UKW, die Ultrakurzwelle
en FM	auf UKW
le poste portatif	das Kofferradio, s
la radiocassette	der Radiorecorder, -
le baladeur, le walkman	der Walkman, s/men
la pile	die Batterie, n
le casque d'écoute, les écouteurs *m*	der Kopfhörer, -
l'écouteur *m*	die Ohrmuschel, n

l'électronique grand public

• **l'électronique** *f* **grand public**	die Unterhaltungselektronik
les supports *m* **audio**	die Tonträger *mpl*

• **le disque**	die Schallplatte, n
le quarante-cinq tours	die Single, s
le trente-trois tours	die Langspielplatte, n
le sillon	die (Schall)rille, n
rayé, voilé	verkratzt ; verzogen
le CD, le disque compact	die CD-Platte, die CD, s, die Kompaktschallplatte
• **le magnétoscope**	der Videorecorder, -
l'enregistrement *m*	die Aufnahme, n
la lecture	die Wiedergabe
arrêt *m*	Stop *m*
le réembobinage	der schnelle Rücklauf
l'avance *f* **rapide**	der schnelle Vorlauf
arrêt sur image	Pause *f*
la recherche visuelle	der Bildsuchlauf
l'avance *f* **vue par vue ;**	die Einzelbildwiedergabe
la mire d'essai	das Testbild
le ralenti	die Zeitlupe, n
la caméra vidéo	die Videokamera, s
la cassette-vidéo vierge	die Video-Leerkassette, n
la cassette-vidéo enregistrée	die bespielte Videokassette
le disque vidéo	die Bildplatte, n
• **la chaîne stéréo**	die Stereoanlage, n
la chaîne haute fidélité (hi-fi)	die HiFi-Anlage
le tuner	der Tuner, -
mettre la prise de terre	erden
déparasiter	entstören
le réglage de volume	der Lautstärkeregler
le réglage de tonalité aigus et graves	die Höhen- und Tiefenabstimmung
l'amplificateur/l'ampli *m*	der Verstärker, -
le préampli ; amplifier	der Vorverstärker ; verstärken
○ **le tourne-disques, l'électrophone** *m*	der Plattenspieler, -
le juke-box	die Musikbox, en
le plateau	der Plattenteller, -
le bras de lecture	der Tonarm, e
la cellule de lecture	der Tonabnehmer, -
la pointe de lecture	die Abtastnadel, n
le lecteur de disque compact	der CD-Spieler, -
○ **la platine de cassette stéréo**	das Stereokassettendeck, s
la bande passante	die Bandbreite, n
enregistrer	auf~nehmen, a, o, i
la tête d'enregistrement	der Aufnahmekopf, ¨e
encrassé	verschmutzt
la tête de lecture	der Wiedergabekopf, ¨e
effacer	löschen
la tête d'effacement	der Löschkopf
la piste	die Spur, en
le pleurage	die Gleichlaufschwankungen *fpl*
la distorsion harmonique	der Klirrfaktor
le vumètre	die Aussteuerungsanzeige, n
la (mini-)cassette	die (Kompakt)kassette, n
la bande magnétique	das Kassettenband, das Tonband, ¨er
la cassette vierge	die Leerkassette, n
la bande vierge	das unbespielte Band, ¨er
la bande enregistrée	das bespielte Band
repiquer	überspielen
la cassette musicale	die Musikkassette, n
réembobiner	zurück~spulen
la boîte de rangement	die Kassettenbox, en
le magnétophone	das Tonbandgerät, e
la bobine de bande magnétique	das Bandspule, n
l'enceinte *f* **de hauts-parleurs**	die Lautsprecherbox, en

auf falscher Welle sein
ne pas être sur la bonne longueur d'ondes

auf der gleichen Wellenlänge liegen, a, e, ie
être sur la même longueur d'ondes

Leg endlich mal eine neue Platte auf !
Tu pourrais changer de disque !

la publicité

• **la publicité, la pub** *(fam)*	die Werbung, en
faire de la publicité (pour)	werben, a, o, i (für+A)
le publicitaire, le publiciste *(abus)*	der Werbefachmann, -leute
l'agence *f* **publicitaire**	die Werbeagentur, en
les créatifs *m*	die Creativ-Abteilung
le concepteur-rédacteur	der Werbetexter, -
le dessinateur publicitaire	der Werbegraphiker, -, der Werbezeichner, -
le photographe publicitaire	der Werbefotograf, en, en
les relations publiques (RP)	die Public Relations *pl* (PR)
le démarcheur en publicité	der Anzeigenwerber, der Akquisiteur, e
publiphile	werbefreundlich
publiphobe	werbefeindlich
la publicité agressive	die harte Werbung
la publicité non agressive	die weiche Werbung
la publicité clandestine	die Schleichwerbung
la publicité collective/compensée	die Gemeinschaftswerbung
la publicité comparative	die vergleichende Werbung
la publicité déloyale	die unlautere Werbung
la publicité informative	die informationsreiche Werbung
la publicité de lancement	die Einführungswerbung
la publicité de marque	die Markenwerbung
la publicité mensongère	die irreführende Werbung
la publicité par la poste	die Postwerbung
le publipostage, le mailing	das Mailing
la publicité rédactionnelle	die redaktionelle Werbung
la publicité exploitant la réputation de produits concurrents	die anlehnende Werbung
la publicité sélective	die gezielte Werbung
○ **le support publicitaire**	der Werbeträger, -
la publicité par la presse	die Zeitungswerbung
l'annonceur *m*	der Inserent, en, en
l'annonce *f*	das Inserat, e
passer une annonce dans le journal	inserieren, eine Anzeige in die Zeitung setzen
une annonce sur deux pages	eine doppelseitige Anzeige
la page publicitaire	die Werbeseite, n
○ **la publicité télévisée**	die Fernsehwerbung
le spot (publicitaire)	der (Werbe)spot, s
le spot télévisé	der Fernsehspot
le film publicitaire	der Werbefilm, e
l'écran *m* **publicitaire**	die Werbesendung, en
les coupures *f* **publicitaires**	die Unterbrecherwerbung
le temps d'antenne	die Sendezeit
l'heure *f* **de diffusion**	die Zeit der Ausstrahlung
les heures de grande écoute, le prime time	die Hauptsendezeit

la réaction des téléspectateurs	das Feed(-)back, s
le taux d'écoute	die Einschaltquote, n
l'audimètre *m*	das Audimeter, -
l'audimat, le sondage d'audience	die Ermittlung der Einschaltquote
l'achat *m* **par minitel, le téléachat**	das Teleshopping
la mesure des audiences	die Zuschauerforschung
l'enquête *f*	die Umfrage, n
l'audience visée	die Adressatengruppe, n
l'audience potentielle	das potentielle Publikum
l'audience réelle	das reale Publikum
la publicité radiophonique	die (Rund)funkwerbung
la publicité transmise par satellite de télévision	die Werbung über Fernsehsatelliten
le message publicitaire	der Werbetext, e
le message publicitaire *(radio)*	die Werbedurchsage, n
le slogan publicitaire	der Slogan, s, der Werbespruch, ¨e
l'accroche *f*	der zugkräftige Spruch
qui accroche	werbewirksam
○ **la publicité par annonces**	die Anzeigenwerbung
le journal de petites annonces	das Anzeigenblatt, ¨er
l'annonce *f* **publicitaire**	die Werbeanzeige, n
l'encart *m* **publicitaire**	die Werbebeilage, n
le publi-reportage *(presse)*	die PR-Veröffentlichung, en
○ **la publicité d'appel**	die Blickfangwerbung
l'affiche *f* **publicitaire**	das Werbeplakat, e
le panneau publicitaire	das Werbeschild, er, die Werbetafel, n
le support d'affichage	der Plakatträger, -
l'emplacement *m* **réservé à la publicité**	die Werbefläche, n
la publicité lumineuse	die Lichtreklame, n
la publicité à l'étalage	die Schaufensterwerbung
la publicité dans les stades	die Bandenwerbung
○ **le matériel publicitaire**	das Werbematerial
le prospectus publicitaire	der/das Werbeprospekt, e
la publicité par correspondance	die Briefwerbung
la carte-réponse en franchise postale	die Werbeantwort
le concours publicitaire	der Werbewettbewerb, e
le cadeau publicitaire	der Werbeartikel, -
la carte-réponse publicitaire	die Werbeantwortkarte, n
l'étalagiste *m*	der Schaufensterdekorateur, e
la vitrine, l'étalage *m*	das Schaufenster, -
exposer en devanture	im Schaufenster aus~stellen
○ **lancer une campagne publicitaire**	eine Werbekampagne starten
l'opération *f* **de publicité**	die Werbeaktion, en
la semaine de promotion	die Werbewoche, n
le groupe-cible	die Zielgruppe, n
le prospect	der potentielle Kunde, n, n
la campagne multimédia	die Multimedien-Kampagne
le médiasplanning	die Mediaplanung
le responsable du choix des médias	der Mediaplaner, -
le budget publicitaire	das Werbebudget, s, der Werbeetat, s
les charges *f* **publicitaires**	die Werbekosten *pl*
les recettes publicitaires	die Werbeeinnahmen *fpl*
le matraquage/le battage publicitaire	der Werberummel
faire de la publicité tapageuse	die Werbetrommel rühren *(fam)*
l'impact *m*	die Werbewirkung
être bien perçu (par), bien passer (auprès de)	gut an~kommen*, a, o (bei+D)
○ **le sponsoring, le parrainage**	das Sponsoring
le sponsor ; sponsoriser	der Sponsor, en ; sponsern

2. LE LIVRE ET L'ÉDITION

le livre

• **la lecture**	Lesen *n* ; die Lektüre
lire	lesen, a, e, ie
relire	noch einmal lesen
relire attentivement jusqu'au bout	noch einmal durch~lesen
lire et relire	immer wieder lesen
finir de lire	aus~lesen
parcourir	überfliegen, o, o
lire superficiellement	flüchtig lesen
feuilleter un livre	in einem Buch blättern
bouquiner *(fam)*	schmökern *(fam)*
l'envie *f* **de lire, la soif de lecture**	der Lesehunger
ouvrir, fermer un livre	ein Buch auf~schlagen, zu~schlagen, u, a, ä
dévorer un livre, lire un livre d'un trait	ein Buch verschlingen, a, u
passer sa vie dans les livres	sich in seinen Büchern vergraben, u, a, ä
être plongé dans les livres	hinter den Büchern hocken
s'endormir sur son livre	über dem Lesen ein~schlafen*, ie, a, ä
lire à haute voix	laut lesen
lire à haute voix devant qn	vor~lesen
la soirée littéraire	der Leseabend, e
la lecture d'auteur	die Autorenlesung, en
lire des passages de son œuvre	aus seinen Werken vor~lesen, a, e, ie
○ **le lecteur, la lectrice**	der Leser, -, die Leserin, nen
les lecteurs, le public	die Leserschaft
la catégorie de lecteurs	die Leserschicht, en
le rat de bibliothèque	der Bücherwurm, ¨er, die Bücherratte, n
les connaissances *f* **livresques**	das Buchwissen, die Bücherweisheit
avoir des lettres	belesen sein
• **le livre**	das Buch, ¨er
le livre de chevet	das Lieblingsbuch, ¨er
le roman *(v. littérature, p. 13)*	der Roman, e
le bouquin *(fam)*	der Schmöker, - *(fam)*
le vieux bouquin *(fam)*	die Schwarte, n *(fam)*
le gros bouquin, le pavé	der Wälzer, der Schinken
un livre fatigué, usé	ein zerlesenes Buch
la corne ; écorné	das Eselsohr, en *(fam)* ; mit umgeknickten Ecken
l'abécédaire *m* **(illustré)**	die (Bilder)fibel, n
les annales *f* **; l'almanach** *m*	das Jahrbuch
l'annuaire *m*	das Verzeichnis, se/ das Jahrbuch, ¨er
l'anthologie *f*	die Anthologie, n, der Sammelband, ¨e
l'article *m*	die Abhandlung, en, der Aufsatz, ¨e

l'atlas *m*	der Atlas, se
la bande dessinée	der Comicstrip, s
la bulle	die Sprechblase, n
le barème	die Rechentabelle, n
le glossaire	das Glossar, e
l'encyclopédie *f*	die Enzyklopädie, n
la brochure, la plaquette	die Broschüre, n
le catalogue	der Katalog, e
le code	das Gesetzbuch
le dictionnaire	das Wörterbuch
le dictionnaire illustré	das Bildwörterbuch
l'étude *f*	die Untersuchung, en, die Studie, n
le glossaire	das Glossar, e
le guide pratique	das Hobbybuch
le guide (touristique)	der (Reise)führer, -
l'indicateur *m*	das Kursbuch
le lexique	das Lexikon, ka/ken
le libelle	die Schmähschrift
le livre d'images	das Bilderbuch
le livre de lecture	das Lesebuch
le livre de poche	das Taschenbuch
le livre scolaire, le livre de classe	das Schulbuch
le livret	das Libretto, s/tti, das Textbuch
le manuel	das Lehrbuch, das Handbuch
le manuel de conversation	der Sprachführer, -
les mélanges *m*, **les miscellanées** *f*	die Miszellaneen/die Miszellen *pl*
le mémento, l'aide-mémoire *m*	das Repetitorium, rien
la méthode	der Leitfaden, ¨
la monographie	die Monographie, n, die Einzeldarstellung, en
les morceaux choisis	die ausgewählten Texte *mpl*
l'œuvre *f* **non romanesque**	das Sachbuch, ¨er
l'opuscule *m*	die kleine Schrift
l'ouvrage *m* **de référence**	das Nachschlagewerk, e
l'ouvrage de référence/qui fait autorité	das Standardwerk
l'ouvrage scientifique	das wissenschaftliche Buch
l'ouvrage spécialisé	das Fachbuch
l'ouvrage de vulgarisation	das populärwissenschaftliche Werk
vulgariser	allgemein verständlich machen
le pamphlet	die Streitschrift, en
le précis, le résumé	der Abriss, e
le rapport, le compte rendu	der Forschungsbericht, e
le registre	das Register, -
le recueil	die Sammlung, en
le thésaurus	der Thesaurus, ren/ri
la thèse de doctorat	die Doktorarbeit, en
le traité	das Lehrbuch, die Abhandlung, en
• **l'œuvre** *f* ; **l'ouvrage** *m*	das Werk, e
les œuvres complètes	die gesammelten Werke
les œuvres choisies	die ausgewählten Werke
les écrits *m*	die Schriften *fpl*
un apocryphe	eine unechte Schrift
le contenu	der Inhalt, e
le texte	der Text, e
le volume	der Band, ¨e
les œuvres complètes de Gœthe en 40 volumes	Gœthes sämtliche Werke in 40 Bänden
en trois volumes	dreibändig
le tome	der Teil, e, der Band, ¨e
la tomaison	die Bandnummer, n
tome I (premier), t. II (second)	Band 1 (eins), Bd. 2 (zwei)
○ **l'accueil** *m*, **la réception**	die Aufnahme, die Rezeption
le spécimen (gratuit)	das Freiexemplar, e
Hommage de l'auteur.	Im Auftrag des Verfassers überreicht.
le compte rendu de lecture	die Buchbesprechung, en
l'exemplaire *m* **de presse**	das Besprechungsexemplar, e
prière d'insérer	zur gefälligen Besprechung
• **la critique**	die Kritik
(v. histoire de la littérature, p. 10)	
le compte rendu critique	die Rezension, en
l'auteur d'un compte rendu critique	der Rezensent, en, en
faire la critique de	besprechen, a, o, i, rezensieren
résumer un livre	ein Buch zusammen~fassen
analyser	analysieren
une critique objective	eine sachliche Kritik
avoir des idées préconçues	voreingenommen sein
être bien, mal accueilli	gut, schlecht aufgenommen werden
la redécouverte	die Wiederentdeckung, en
la réhabilitation	die Rehabilitation, en
○ **le succès littéraire**	der literarische Erfolg, e
la consécration litttéraire	der literarische Ruhm
la notoriété	die Anerkennung
reconnaître le talent de qn	jdn an~erkennen, a, a
recevoir des louanges	gelobt werden
encenser	hoch~jubeln *(fam)*
le best-seller	der Bestseller, -
le prix littéraire	der Literaturpreis, e
le livre primé/couronné	das prämierte/preisgekrönte Buch
le lauréat, la lauréate	der Preisträger, -, die Preisträgerin, nen
recevoir le prix Gœthe	mit dem Gœthe-Preis ausgezeichnet werden
Le prix Gœthe lui a été décerné.	Der Gœthe-Preis wurde ihm verliehen.
l'échec *m*	der Misserfolg, e
être ignoré	unbeachtet bleiben
faire l'objet d'une polémique	umstritten sein
une mauvaise critique	eine abfällige Kritik
éreinter, mettre en pièces	verreißen, i, i
l'éreintement *m*	der Verriss, e
être en dessous de tout	unter aller Kritik sein *(fam)*
expurger	die anstößigen Stellen streichen, i, i
l'interdiction *f* **de publier**	das Publikationsverbot
la saisie	die Beschlagnahme
mettre à l'index	auf den Index setzen
l'autodafé *m* **de livres**	die Bücherverbrennung
mettre au pilon	ein~stampfen
être oublié	in Vergessenheit geraten, ie, a, ä
• **la librairie**	die Buchhandlung, en
l'office *m*	die Ansichtssendung, en
le droit de retour	das Rückgaberecht/das Remissionsrecht
l'exemplaire retourné	die Remittende, n
renvoyer des livres	remittieren
le stock d'invendus, le bouillon	der Restbestand, ¨e
le libraire	der Buchhändler, -
le libraire-éditeur	der Verlagsbuchhändler, -
la librairie générale	die Vollbuchhandlung
la librairie d'assortiment	die Sortimentsbuchhandlung
la librairie spécialisée	die Spezialbuchhandlung
la librairie classique	die Schulbuchhandlung

la librairie scientifique	die wissenschaftliche Buchhandlung
la librairie (d'ouvrages) d'art	die Kunstbuchhandlung
la librairie de gare	die Bahnhofsbuchhandlung
le club de livres	die Buchgemeinschaft, en/ der Buchklub, s
la vente de livres par correspondance	der Bücherversand
la location de livres	der Leihbuchhandel
○ **la librairie d'occasion**	das Antiquariat, e
le soldeur	das moderne Antiquariat, der Restauflagenhandel
les livres dépareillés	die Einzelbände *mpl*
acheter un livre d'occasion	ein Buch antiquarisch kaufen
le bouquiniste	der Antiquariatsbuchhändler
le bibliophile	der Bücherfreund, e
l'incunable *m*	die Inkunabel, n/der Wiegendruck/ Frühdruck, e
l'édition originale, l'édition princeps	die Erstauflage, die Erstausgabe
le manuscrit *(écrit de la main de l'auteur)*	die Handschrift, en
l'autographe *m*	das Autograph, e/en
les livres rares	die Rara, *npl*

la bibliothèque

• **la bibliothèque**	die Bibliothek, en, die Bücherei, en
le bibliothécaire	der Bibliothekar, e/der Bücherwart, e
le conservateur de la bibliothèque	der Bibliotheksdirektor, en
le fonds de la bibliothèque	der Buchbestand, ¨e
la réserve	das Magazin, e
la bibliothèque publique	die öffentliche Bücherei
le bibliobus	der Bücherbus, se
la bibliothèque d'entreprise	die Werkbücherei
la bibliothèque de prêt	die Leihbücherei
le prêt en libre accès	die Freihandausleihe, n
le prêt à l'extérieur	die Fernleihe
le prêt interbibliothèques	der auswärtige Leihverkehr
le service de prêt ; le prêt à domicile	die Bücherausleihe
le prêt informatisé	die computergestützte Ausleihe
la carte de prêt	die Leihkarte, n
la carte de lecteur	der Leseausweis, e
l'usager *m* **de la bibliothèque**	der Bibiotheksbenutzer
faire réserver un livre	ein Buch vor~bestellen
Le livre est sorti.	Das Buch ist ausgeliehen.
emprunter un livre	ein Buch entleihen, ie, ie
le bulletin de prêt	der Leihschein, e
la durée du prêt	die Leihfrist
respecter la durée du prêt	die Frist ein~halten, ie, a, ä
dépasser la durée du prêt	die Frist überschreiten
prolonger le délai de prêt	die Leihfrist verlängern
Le délai est expiré.	Die Leihfrist ist abgelaufen.
le rappel	die Mahnung, en
l'amende *f*	die Mahngebühr
la gratuité du prêt	die gebührenfreie Benutzung
la (bibliothèque de) consultation sur place	die Präsenzbibliothek
le rayon des usuels	der Handapparat
compulser des livres	in Büchern nach~schlagen, u, a, ä
chercher un mot dans le dictionnaire	ein Wort im Wörterbuch nach~schlagen
le rayonnage	das Büchergestell, e, das Regal, e
accessible	zugänglich
la salle de lecture	der Lesesaal, säle
les périodiques *m*	die Periodika *npl*
le périodique	die Zeitschrift, en
les acquisitions *f*	die Neuerwerbungen *fpl*
l'exposition *f*	die Ausstellung, en
la médiathèque	die Mediathek/Mediothek, en
○ **la bibliothèque universitaire**	die Universitätsbibliothek, en
la bibliothèque scientifique	die wissenschaftliche Bibliothek
les archives *f*	das Archiv, e
l'archiviste *m*	der Archivar, e
le département des manuscrits	das Handschriftenarchiv
le service des renseignements bibliogaphiques	die Auskunftstelle
les recherches par fichier informatisé	die rechnerunterstützten Literaturrecherchen
la salle des catalogues	der Katalogsaal, säle
le catalogue des auteurs	der Verfasser-/Autorenkatalog
le catalogue des matières	der Schlagwort-, Sachkatalog
consulter	ein~sehen, a, e, ie
la cote	die Signatur, en
la microfiche	das/der (Mikro)fiche, s
le lecteur de microfilm(s)	das Mikrofilm-Lesegerät, e
la photocopieuse	das Kopiergerät, e
polycopier	vervielfältigen
la photocopie	die Fotokopie, n
le document, l'original *m*	die Vorlage, n

l'auteur

• **l'auteur** *m*	der Autor, en ; der Verfasser, -
l'écrivain *m*	der Schriftsteller, -
la femme-écrivain	die Schriftstellerin, nen
le pseudonyme	das Pseudonym, e, der Deckname, ns, n
prendre un pseudonyme	ein Pseudonym an~nehmen, a, o, i
l'auteur anonyme	der ungenannte Verfasser
le coauteur	der Mitautor, en
avec la collaboration de	unter Mitarbeit von
et al. (et alii, et autres)	u.a. (und andere)
l'ouvrage collectif	das Sammelwerk, e
le groupe d'auteurs	das Autorenkollektiv
sous la direction de	herausgegeben von/unter Leitung von
le poète, l'écrivain *m*	der Dichter, -
le poète lyrique	der Poet, en, en ; der Lyriker, -
le romancier	der Romanschriftsteller/ Romanschreiber, -
l'auteur de romans policiers	der Kriminalschriftsteller
le narrateur, le conteur	der Erzähler, -
l'auteur dramatique	der Dramatiker, -
l'auteur comique	der Komödiendichter, -
l'homme *m* **de lettres**	der Belletrist, en, en
les lettres *f*	die Belletristik, -
le littérateur	der Literat, en, en
le publiciste	der Publizist, en, en
le traducteur	der Übersetzer, -
le lexicographe	der Lexikograph, en, en
le lexicologue	der Lexikologe, n, n
• **écrire**	schreiben, ie, ie
mettre par écrit	nieder~schreiben
coucher sur le papier	zu Papier bringen, a, a
prendre la plume	zur Feder greifen, i, i

écrire au courant de la plume	schreiben, was einem gerade einfällt
avoir une belle plume	einen guten Stil schreiben, ie, ie
écrire, rédiger	verfassen, ab~fassen
la rédaction	die Abfassung, en
remanier un texte	einen Text um~arbeiten
le remaniement	die Umarbeitung, en
mettre la dernière main à	letzte Hand an~legen an + A
l'écriture *f*	die (Hand)schrift, en, der Stil
l'écrivaillon *m* / **le plumitif**	der Schreiberling, e
l'auteur prolifique	der Vielschreiber, -
le nègre	der Ghostwriter, -
vivre de sa plume	von seiner Feder leben
écrire un roman	einen Roman schreiben, ie, ie/ verfassen
travailler à un dictionnaire	an einem Wörterbuch arbeiten
préparer une thèse	eine Doktorarbeit schreiben, ie, ie
○ **la maison d'édition**	der Verlag, e
• **l'éditeur** *m*	der Verleger, - ; der Herausgeber, -
chez l'auteur, à compte d'auteur	im Selbstverlag
le lecteur *(édition)*	der Verlagslektor, en
le comité de lecture	das Lektorat, e
le dépôt légal	das Pflichtexemplar, e
le copyright	das Urheberrecht, e
les droits *m*	die Rechte *npl*
les droits d'auteur	das Autorenhonorar, e
le titulaire des droits	der Rechtsinhaber, -
l'ayant droit *m*	der Rechtsnachfolger, -
reproduction interdite	Nachdruck verboten
le droit de reproduction	das Abdruckrecht, e
le plagiat	das Plagiat, e
plagier	ein Plagiat begehen, i, a
le plagiaire	der Plagiator, en
l'emprunt *m*	die Entlehnung, en
l'édition *f* **pirate**	der Raubdruck, e
la propriété intellectuelle	das geistige Eigentum
la propriété littéraire	das literarische Eigentum
le contrat d'édition	der Verlagsvertrag, ¨e
le fonds d'éditeur	die Backlist, s
la passe	der Zuschuss, ¨e
l'exemplaire *m* **de passe**	das Zuschussexemplar, e

la publication

• **la publication, la parution, la sortie**	die Veröffentlichung, en
publier un livre	ein Buch veröffentlichen, publizieren
éditer un livre	ein Buch verlegen, heraus~geben, a, e, i
inédit	noch unveröffentlicht
Le livre paraîtra à la rentrée d'automne.	Das Buch erscheint im Herbst.
annoncer	an~kündigen
une nouveauté	eine Neuerscheinung, en
l'Association des Editeurs et Libraires allemands	der Börsenverein des deutschen Buchhandels
la foire du livre	die Buchmesse, n
• **l'édition** *f*	die Auflage, n, die Herausgabe
le tirage	die Auflage, die Auflage(n)höhe
Le livre est tiré à 5 000 exemplaires.	Die Auflage beträgt 5 000 Exemplare.
l'édition brochée	die broschierte Ausgabe, n
le livre broché *(format poche)*	das Paperback, s
l'édition reliée	die gebundene Ausgabe
l'édition à tirage limité	die limitierte Ausgabe/die begrenzte Auflage
le tirage à part (numéroté)	der (nummerierte) Sonderdruck, e
un tiré à part	ein Sonderdruck, e
l'édition de luxe	die Luxusausgabe
la souscription	die Subskription, en
l'édition bon marché	die Billigausgabe
l'édition de poche	die Taschenbuchausgabe
sortir en édition de poche	in Taschenbuchausgabe heraus~kommen*, a, o
la collection de livres de poche	die Taschenbuchreihe, n
le livre-cassette, le coffret, l'emboîtage *m*	die Buchkassette, n
l'édition classique, l'édition scolaire	die Schulausgabe
l'édition critique	die (historisch-)kritische Ausgabe
épuisé	vergriffen
la reproduction	der Abdruck, e, der Nachdruck,
Reproduction interdite.	Nachdruck verboten !
le reprint *(reproduction d'un ouvrage épuisé)*	das Reprint, s
l'édition en fac-similé	die faksimilierte Ausgabe
la réimpression	der Neudruck, e
la réédition	die Neuausgabe/Neuauflage
rééditer un livre	ein Buch neu auf~legen
première, deuxième édition	erste, zweite Auflage
la dernière édition	die neueste/letzte Ausgabe
la dernière édition, approuvée par l'auteur	die Ausgabe letzter Hand
édition remaniée/refondue	neu bearbeitete/überarbeitete Auflage
édition revue et corrigée	durchgesehene und verbesserte Auflage
l'édition corrigée	die revidierte Ausgabe
l'édition expurgée	die bereinigte Ausgabe
l'édition intégrale	die ungekürzte Ausgabe
l'édition augmentée	die vermehrte/erweiterte Auflage
un ouvrage posthume	ein nachgelassenes Werk
• **la publication scientifique**	die wissenschaftliche Veröffentlichung
la méthode de travail	die Arbeitsweise
le sujet	das Thema, men
déposer le sujet	das Thema eintragen lassen
la documentation	die Materialsammlung
réunir une documentation	Material *n* zusammen~stellen
mettre à jour	auf den letzten Stand bringen, a, a
l'état présent (de la recherche)	der gegenwärtige Stand (der Forschung)
les ouvrages à consulter	die einschlägige Literatur
la fiche cartonnée	die Karteikarte, n
la fiche (papier)	der Karteizettel, -
la note	die Notiz, en
prendre des notes	sich Notizen machen
dépouiller (un livre, un article)	Auszüge machen (aus einem Buch, einem Artikel)
l'extrait *m* **de texte**	der Textauszug, ¨e
l'extrait *(résumé)*	das Exzerpt, e
faire des extraits (d'un texte)	exzerpieren
condenser, résumer	zusammen~fassen
la contraction	die Zusammenfassung, en,
le résumé	das Resümee, s
○ **la citation**	das Zitat, e
le passage (du texte)	die Stelle, n
fidèle, mot à mot	wortgetreu

tronqué	verstümmelt
déformé	entstellt
(sic)	(!)
la suppression	die Auslassung, en, die Weglassung, en
omettre	aus~lassen, ie, a, ä
supprimer	weg~lassen
citer	zitieren
de seconde main	aus zweiter Hand
cité d'après	zitiert nach
le document, la référence	der Beleg, e
donner des références à l'appui	belegen
la source	die Quelle, n
l'indication *f* **de la source**	die Quellenangabe
• **la bibliographie**	die Bibliographie/Bibliografie
les œuvres (de l'auteur traité)	die Primärliteratur
les ouvrages de critique	die Sekundärliteratur
la bibliographie commentée	die referendierende Bibliographie
les références bibliographiques	die bibliographischen/ bibliografischen Angaben
le nom de l'auteur	der Name des Verfassers
le prénom	der Vorname, n
l'indication *f* **du titre**	die Titelangabe
l'éditeur *m*	der Herausgeber
le lieu de l'édition	der Verlagsort
l'année *f* **de parution**	das Erscheinungsjahr
l'édition *f* **de référence**	die (benutzte) Auflage
l'ouvrage *m* **collectif**	das Sammelwerk, e
la collection	die Reihe
le titre de la collection	der Serientitel
la lacune	die Lücke, n
s. l. *(sine loco, sans indication du lieu d'édition)*	o.O. (ohne Ort)
s. d. *(sine dato, sans indication de la date d'édition)*	o.J. (ohne Jahr)
compléter	ergänzen
• **le manuscrit (ms.)**	das Manuskript, e (Ms.)
l(e texte) original	das Original, e/der Urtext, e
un manuscrit autographe	ein eigenhändig geschriebener Text
disparu	verschollen
la copie, la retranscription	die Abschrift, en
les variantes *f*	die Lesarten *fpl*
la version	die Fassung, en
la première, dernière version	die erste, letzte Fassung
le brouillon	das Konzeptpapier
le premier jet	die erste Niederschrift
les ratures *f*	die Streichung, en
la copie définitive	die Reinschrift, en
la retranscription, la copie	die Abschrift, en
remettre un manuscrit	ein Manuskript ab~liefern
la date de remise	der Ablieferungstermin
dactylographié, tapé à la machine	in Maschinenschrift, maschinenschriftlich
enregistré sur disquette	auf Diskette
○ **la structure, l'organisation** *f*	der Aufbau
la subdivision	die Unterteilung
subdiviser	unterteilen (in+A)
le chapitre	das Kapitel, -
la partie	der Abschnitt, e, der Teil, e
diviser les chapitres en parties principales	die Kapitel in Hauptabschnitte gliedern
la sous-partie	der Unterabschnitt, e
le plan	die Gliederung, en

le titre	der Titel, -
l'en-tête *m*, **le titre**	die Überschrift, en
intituler	betiteln
le sous-titre	der Untertitel
sous-titrer	untertiteln
l'introduction *f*	die Einleitung, en/die Einführung, en
la préface, l'avertissement *m*	die Vorrede, n
l'avant-propos	das Vorwort, e
préfacer *tr*	ein Vorwort schreiben (zu+D)
la dédicace	die Widmung, en
le développement	die Ausführungen *fpl*
la conclusion	die Schlussfolgerung, en
la postface	das Nachwort, e
la table des matières	das Inhaltsverzeichnis, se
le sommaire	die Inhaltsübersicht, en
l'index *m*	das Register, -
l'index des abréviations	das Abkürzungsverzeichnis
la page d'errata	das Druckfehlerverzeichnis
les addenda *m*	die Zusätze *mpl*
les annexes *f*, **l'appendice** *m*	der Anhang, ¨e
la question annexe; la digression	der Exkurs, e
• **le manuscrit dactylographié, le tapuscrit**	das Typoskript, e
la présentation	die äußere Form
la page de titre	die Titelseite
le titre abrégé	der gekürzte Titel
le faux-titre	der Schmutztitel
la page de garde, la garde	das Vorsatzblatt, ¨er, der Vorsatz, ¨e
la page	die Seite, n
le recto, le verso	die Vorderseite, die Rückseite
au recto	auf der Vorderseite
au verso	umseitig, rückseitig
des versos	gerade Seiten
la belle page, la bonne page	die ungerade Seite
le nombre de pages ; le numéro de la page	die Seitenzahl
paginer, folioter, numéroter	paginieren
la pagination, le foliotage	die Paginierung, en
le titre courant	der Kolumnentitel, n
la marge	der Blattrand, der Papierrand, ¨er
la marge intérieure/de gauche	der Innenrand, ¨er/der Bundsteg, e
la marge extérieure/de droite	der Außenrand/der Außensteg
la marge supérieure	der obere Rand/der Kopfsteg
la marge inférieure	der untere Rand/der Fußsteg
alignement *m* **à gauche**	linksbündig
○ **la ligne**	die Zeile, n
60 signes par ligne *(tapuscrit)*	60 Anschläge pro Zeile *(Typoskript)*
30 lignes par page	30 Zeilen pro Seite
l'écartement *m* **des lignes**	der Zeilenabstand
le paragraphe	der Abschnitt, e
la colonne	die Spalte, n
l'alinéa *m*	der Absatz, ¨e
l'alinéa, le rentré	die Einrückung, en, der Einzug, ¨e
l'espace *m*	das Spatium, tien
faire un alinéa de 5 espaces (signes)	um 5 Leeranschläge ein~rücken
l'interligne *m*	der Durchschuss, der Zeilenzwischenraum, ¨e
non interligné	einzeilig
le blanc	die leere Stelle
un blanc d'une ligne/une ligne de blanc	eine Leerzeile

la page blanche, la page vierge	die unbedruckte Seite, das Vakat
• **la note, l'annotation** *f*	die Anmerkung, en
annoter	mit Anmerkungen versehen, a, e, ie
l'appel *m* **de note**	die Fußnotenziffer, -
en exposant	hochgestellt
l'astérisque *m*	das Sternchen, -
l'annotation en bas de page	die Fußnote, n
numéroter les notes en continu	die Fußnoten durch~nummerieren
le commentaire	die Erläuterung, en ; der Kommentar, e
la remarque, la note	der Vermerk, e
la note bibliographique	der bibliographische Hinweis
le renvoi	die Verweisung, der Verweis
renvoyer à	verweisen, ie, ie, auf+A
cf. (confer, compare)	vgl. (vergleiche)
v. (voir, voyez)	s. (siehe)
(et autres semblables)	u. dgl. (und dergleichen)
loc. cit. (loco citato, à l'endroit cité)	a.a.O. (am angeführten Ort)
ibid. (ibidem)	ibid. (ibidem, ebenda)
○ **souligner** *(mettre en évidence)*	hervor~heben, o, o
souligner *(d'un trait)*	unterstreichen, i, i
souligné par l'auteur	Hervorhebung *f* vom Verfasser
interlettrer *(lettres d'un mot)*, **espacer** *(mots)*	sperren
l'interlettrage *m*	das Sperren

la composition

l'atelier *m* **de composition**	die Setzerei, en
le compositeur, le typographe	der Setzer, -
composer	setzen
la composition manuelle	der Handsatz
la casse	der Schriftkasten, ¨
la photocomposition	der Filmsatz, der Lichtsatz
le claviste	der Taster, -
l'unité *f* **à clavier de photocomposition**	das Tastergerät für den Lichtsatz
la photocomposeuse	die Lichtsatzmaschine, n
l'ordinateur *m* **de composition**	der Setzcomputer, -
○ **le codage**	die Satzanweisung, en
prêt à être composé	satzfertig
l'erreur *f* **de composition**	der Satzfehler, -
la maquette	das Layout, s
le maquettiste	der Layouter, -
la mise en pages	der Umbruch
mettre en pages	umbrechen, a, o, i
le metteur en pages	der Metteur, e
la surface imprimée	der Satzspiegel, -
la hauteur de page	die Satzhöhe, n
la justification	die Satzbreite, n
le calibrage	die Umfangsberechnung, en
• **la composition**	der Schriftsatz
le caractère typographique	die Letter, n
le corps (d'un caractère)	der Schriftgrad, e
le point typographique	der typographische Punkt, e
l'œil *m*	das Schriftbild, er
la chasse	die Dickte
la tête (du caractère)	der Kopf
le talus *m*	das Fleisch
le contre-poinçon	die Punze
le sérif, l'empattement *m*	die Serife, n
sans sérif	serifenlos
le style (de caractère)	die Schriftart, en
imprimé en (caractères) gras	fettgedruckt
le caractère trois-quarts gras	die dreiviertelfette Schrift
le caractère mi-gras, gras	die halbfette, die fette Schrift
le caractère maigre	die magere Schrift
le romain	die Antiqua
l'italique	die Kursivschrift
en italiques	in Kursivschrift
la gothique	die Fraktur
les caractères *m* **calligraphiques**	die kalligraphische Buchschrift
la bâtarde	die Bastarde
la majuscule, la capitale	der Großbuchstabe, n, n/ die Majuskel, n
les (lettres) majuscules	die Versalien *mpl*
la minuscule, la lettre bas-de-casse	der Kleinbuchstabe/die Minuskel
la ponctuation	die Zeichensetzung
la ligne	die Linie, n
le trait	der Strich, e
ondulé	geschlängelt
hachuré	schraffiert
le pointillé	punktiert
○ **l'atelier** *m* **de reproduction**	die Repro(duktions)anstalt, en
l'illustration *f*	die Abbildung, en
les illustrations	das Bildmaterial
l'image *f*	das Bild, er
le hors-texte, la planche	die Bildtafel, n
la légende	der Bildtext/die Bildunterschrift
le cul-de-lampe	die Schlussvignette, n
le graphique	die graphische Darstellung
• **la correction**	die Korrektur, en
les feuilles *f* **d'épreuves**	der Korrekturbogen, -
l'épreuve *f*	der Korrekturabzug, ¨e
le placard	die Fahne, n/der Fahnenabzug
placarder	die Fahnenabzüge machen
la tierce	die letzte Korrektur
le correcteur	der Korrektor, en
corriger	korrigieren
le corrigeur	der mit den Korrekturen beauftragte Setzer
la correction des épreuves	das Korrekturlesen
les corrections *f* **d'auteur**	die Autorenkorrektur
○ **les signes** *m* **de correction**	die Korrekturzeichen *npl*
deleatur *m*, **le signe de suppression**	das Tilgungszeichen
l'omission *f*	die Auslassung, en
le bourdon	die Leiche, n
la ligne creuse	das Hurenkind
le chevauchement	der Krummsteher, -
le blocage	der Fliegenkopf, ¨e
le pâté	der Zwiebelfisch, e
le mastic	der gequirlte Satz
la coquille	der Druckfehler, -
le doublon	die Verdoppelung, en
la corne	das Eselsohr, en
le larron	die umgeschlagene Ecke, n
le moine	die nicht ausgedruckte Stelle, n
alinéa *m* **à faire**	fehlender Einzug *m*
espace *m* **à mettre**	fehlender Zwischenraum *m*
(les coquilles qui échappent à la correction)	der Druckfehlerteufel

l'imprimerie

• **l'imprimerie** *f*	die (Buch)druckerei, en
l'imprimeur *m*	der Buchdrucker, -
le prote	der Faktor, en
le bon à tirer	die Druckbewilligung, das Imprimatur
bon à tirer	druckreif
donner un texte à l'impression	einen Text in Druck geben, a, e, i
la mise à l'impression	die Drucklegung
l'impression *f*, **le tirage**	das Drucken, der (Buch)druck
imprimer	drucken
être sous presse	im Druck sein
l'impression *f* **en couleur**	der Farbdruck
les travaux *m* **de ville**	der Akzidenzdruck
l'impression par rotative	der Rotationsdruck
la feuille à imprimer	der Rohbogen, -
la maculature	die Makulatur
la bonne feuille	der Aushängebogen, -
❍ **la machine à imprimer**	die Druckmaschine, n
le conducteur	der Maschinenmeister, -
le procédé d'impression	das Druckverfahren, -
la lino(type)	die Zeilensetzmaschine, die Bleisatzmaschine
la typographie	die Typographie/Typografie
la sérigraphie	der Siebdruck
la photogravure	die Fotoreproduktion
la trame	das Raster, -
le clichage ; le clicheur	die Stereotypie ; der Stereotypeur, e
la confection de clichés	die Klischeeherstellung
l'impression *f* **offset**	der Offsetdruck
la presse deux tours	die Zweitouren-Schnellpresse
la presse à platine	die Tiegeldruckpresse
la rotative typographique	die Hochdruck-Rotationsmaschine
la xérographie	die Xerografie
la photocopieuse	das Fotokopiergerät
l'héliogravure *f*	der Tiefdruck
la sériegraphie	die Seriegraphie
• **le papier**	das Papier
le format	das Format, e
la bobine	die Papierrolle, n
la rame de papier	das Ries, e
la norme internationale	die internationale Norm
le format du livre	das Buchformat, e
l'in-folio *m*	der Foliant, en, en/das Folioformat
l'in-quarto	das Quartformat
l'in-octavo	das Oktavformat
l'in-seize *m*	das Sedezformat
les sortes *f* **de papier**	die Papiersorten *fpl*
le grammage du papier	das Papiergewicht pro qm
le papier à recycler	das Altpapier
collecter le vieux papier	Altpapier sammeln
le papier recyclé	das Recyclingpapier
le papier cellulosique	das holzfreie Papier
le papier à pâte de bois	das holzhaltige Papier
jaunir	vergilben*
se décomposer, s'effriter	zerfallen*, ie, a, ä
❍ **le papier à imprimer**	das Druckpapier
le papier apprêté	das maschinenglatte Papier
le papier bible	das Dünndruckpapier
le papier bouffant	das Dickdruckpapier
le papier couché	das Kunstdruckpapier
le papier glacé	das (Hoch)glanzpapier
le papier hélio(graphique)	das Lichtpauspapier
le papier offset	das Offsetpapier
le papier satiné	das satinierte Papier
le papier de luxe	das Luxuspapier
le velin	das Velinpapier
le papier (pur) chiffon	das (Rein)hadernpapier
le papier vergé	das gerippte Papier
le papier du Japon	das Japanpapier
le papier à la cuve/à la main	das Büttenpapier
le papier de Hollande	das holländische Büttenpapier
le papier parchemin	das Pergament-Papier
le filigrane	das Wasserzeichen
❍ **l'atelier** *m* **de reliure**	die Buchbinderei, en
le relieur	der Buchbinder, -
relier un livre	ein Buch (ein~)binden, a, u
la feuille	der Bogen, - ; das Blatt, ¨er
le cahier	das Heft, e
le feuillet	das Blatt, ¨er
la feuille volante	das lose Blatt
encarter	ein~heften
le pliage ; plier	das Falzen ; falzen
la plieuse	die Falzmaschine, n
le pli	der Falz, e
le plioir	das Falzbein, e
massicoter, rogner	beschneiden, i, i
la presse à rogner	die Beschneidepresse, n
non massicoté	unbeschnitten
le brochage	die Heftung
la couture sur ficelles	die Fadenheftung
le grecquage	die Heftung auf Bünde
l'encollage *m* **du dos**	die Rückenleimung
encollé	geleimt
• **la reliure**	der Einband, ¨e
la reliure en carton	der Pappband, ¨e
la reliure en toile	der Leineneinband
la reliure demi-toile	der Halbgewebeband
la reliure pleine toile	der Ganzgewebeband
la reliure plastique	der Plasteinband
la reliure en cuir	der Ledereinband
la reliure pleine	der Ganzlederband
la demi-reliure	der Halblederband
la couverture	der Umschlag, ¨e
la première de couverture	der Umschlag Seite 1
le texte de rabat	der Umschlagtext
le titre de couverture	der Umschlagtitel
la jaquette	der Schutzumschlag, ¨e
le rabat de jaquette	die Umschlagklappe, n
le texte sur le rabat	der Waschzettel
le bandeau	die Bauchbinde, n
le couvre-livre	die Buchhülle, n
la tranche	der Schnitt, e
la dorure ; doré sur tranche	der Goldschnitt ; mit Goldschnitt
la gouttière	der hohle Schnitt
le plat	die Deckelseite, n
le dos	der Rücken, -
la nervure	die Rippen *fpl (auf dem Buchrücken)*
la tranchefile	das Kapitalband, ¨er
le signet	das Lesezeichen, das Buchzeichen

> Es steht schwarz auf weiß.
> *C'est bel et bien écrit.*
>
> Er lügt wie gedruckt.
> *Il ment comme il respire.*

> Ein längst vergilbtes Blatt.
> *Une page tournée depuis longtemps.*
>
> Das musste wohl so kommen.
> *C'était écrit.*
>
> Papier ist geduldig.
> *Le papier souffre tout ; qu'est-ce qu'on n'écrit pas !*

3. LA COMMUNICATION - LA BUREAUTIQUE

la bureautique

• **la bureautique**	die Bürokommunikation
la télématique	*(Verbindung von Informatik und Fernmeldetechnik)*
• **l'informatique** *f (science)*	die Informatik *(Wissenschaft)*
le traitement électronique des données	die elektronische Datenverarbeitung/ die EDV
informatiser	auf EDV um~stellen, computerisieren
l'informaticien *m*	der Informatiker, -
l'informatisation *f*	die Computerisierung
• **l'ordinateur** *m*	der Computer, -
le mini-ordinateur	der Minicomputer
le PC, le micro-ordinateur	der Personalcomputer/PC, s, der Mikrocomputer
l'ordinateur portable	der Laptop, s
le réseau	das Netzwerk, e
la programmation	die Programmierung, en
le programmeur	der Programmierer, -
programmer	programmieren
l'analyste *m*	der Analytiker, -
l'analyste-programmeur	der Systemanalytiker
le pupitreur, la pupitreuse	der Operator, en, die Operatorin, nen
l'agent *m* **de saisie**	der Datentypist, en, en
le langage de programmation	die Programmiersprache, n
l'architecture *f* **de système**	die Systemarchitektur
le langage machine	die Maschinensprache
l'assembleur *m*	der Assembler, -
le compilateur	der Compiler, -
le bit	das Bit, s/-
le baud	das Baud, -
l'octet *m*	das Byte, s/-
le kilooctet	das Kilobyte
le mégaoctet	das Megabyte
le langage de compilation	die Kompiliersprache
l'algorithme *m*	der Algorithmus, men
l'organigramme *m*	das Flussdiagramm, e
le sous-programme	das Unterprogramm, e
la boucle (de programme)	die (Programm)schleife, n
○ **le logiciel, le software**	die Software, s
le logiciel de gestion	die Betriebssoftware
le logiciel d'application	die Anwendersoftware
le système d'exploitation	das Betriebssystem, e
l'application *f*	das Anwendungsprogramm, e
le traitement de texte	die Textverarbeitung
la publication assistée par ordinateur (PAO)	das Desktoppublishing/ Desktop-Publishing (DTP)
contrôlé, commandé par ordinateur	computergesteuert
l'unité centrale	die Zentraleinheit, en
le hardware, le matériel	die Hardware, s
le micro-processeur	der Mikroprozessor, en
la puce	der Chip, s
le co-processeur	der CO-Prozessor, en
le composant électronique	das elektronische Bauteil, e
le circuit intégré	der integrierte Schaltkreis, e
le circuit imprimé	der gedruckte Schaltkreis
la carte	die Plakette, n *(mit gedruckten Schaltungen)*
la carte d'extension	die Erweiterungskarte, n
l'interface *f*	das Interface, s, die Schnittstelle, n
la compatibilité; compatible	die Kompatibilität; kompatibel
les unités *f* **d'entrée-sortie**	die Ein-/Ausgabeeinheiten *fpl*
○ **le périphérique**	das periphere Gerät, e
le moniteur	der Monitor, en/e
l'écran *m*	der Bildschirm, e
le terminal, l'écran de contrôle	das Datensichtgerät, e
le modem	das Modem, e
le clavier	die Tastatur, en
la souris	die Maus, ¨e
le pointeur	der Zeiger, -
cliquer (sur)	klicken (auf+A)
le crayon optique	der Lichtgriffel, -
le terminal	das Terminal, s
l'imprimante *f*	der Drucker, -
l'imprimante *f* **à aiguilles**	der Nadeldrucker
l'imprimante à jet d'encre	der Tintenstrahldrucker
la cartouche d'impression	die Tintenpatrone, n
l'imprimante laser	der Laserdrucker
le listage *(imprimante)*	der Printout
la police/fonte de caractères	die Schriftart, en
le scanner	der Scanner, s
scanner, scannériser	scannen; ein~scannen
○ **les données** *f*	die Daten *pl*
l'entrée *f* **des données**	die Dateneingabe
introduire des données	Daten ein~geben, a, e, i
la saisie de données	die Datenerfassung, en, die Datenaufnahme, n
saisir des données	Daten erfassen
la sortie des données	die Datenausgabe
appeler des données en mémoire	Daten vom Speicher ab~rufen, ie, u
interroger/consulter	ab~fragen
exploiter des données	Daten aus~werten
l'opérateur *m*, **l'opératrice** *f* **de saisie**	der Datentypist, en, en, die Datentypistin, nen
codifier/coder	verschlüsseln
annuler/effacer	löschen
l'exploitation *f* **en temps partagé**	das Time-sharing
(en) temps réel	(in) Echtzeit *f*
le traitement par lots	die Stapelverarbeitung, en
○ **la sauvegarde des données**	die Datensicherung
la mémoire	der Speicher, -
enregistrer/mémoriser	speichern
la mémoire centrale	der Hauptspeicher
le stockage	die Speicherung
la capacité de stockage	die Speicherkapazität, en
compresser des données	Daten komprimieren
la compression des données	die Datenkompression, en
la bande magnétique	das Magnetband, ¨er
○ **la disquette**	die Diskette, n, die Floppy Disk, s
le lecteur de disquette	das Diskettenlaufwerk, e
le système d'exploitation des disquettes/le DOS	das Disketten-Betriebssystem, e
copier sur disquette	auf Diskette sichern

faire des copies de disquettes	Disketten kopieren
éjecter	aus~werfen, a, o, i
le disque dur	die Festplatte, n
la mémoire vive (RAM)	der Direktzugriffspeicher, -
la mémoire morte (ROM)	der Fest(wert)speicher
la taille mémoire	der Speicherraum
l'adresse *f*	die Adresse
l'emplacement *m* **(de mémoire)**	die Speicherstelle, n
l'allocation *f* **mémoire**	die Speicherplatzzuteilung, en
la portabilité	die Portabilität, -
le bogue	der Programmierfehler, -, die Panne, n
le virus électronique	der Computer-Virus, ren
introduire un virus	einen Virus ein~pflanzen
le programme antivirus	das Wächter- und Desinfektionsprogramm, e
le pirate informatique	der Hacker, -
le logiciel piraté	die Raubkopie, n
la fraude informatique	die Computer-Kriminalität
la protection de la vie privée contre les abus de l'informatique	der Datenschutz
○ **le réseau informatique**	das Computernetz, e
connecter, relier	vernetzen
être connecté avec le réseau	an das Netz angeschlossen sein
la connexion	die Vernetzung
RNIS *(réseau numérique à intégration de services)*	ISDN *(Integrated Services Digital Network)*
la téléinformatique	die Datenfernübertragung
le télétraitement	die Datenfernverarbeitung
○ **la banque de données**	die Datenbank, en
l'accès *m* **à des banques de données**	der Zugriff zu Datenbanken
le fichier de données	die Datei, en
le répertoire, le catalogue	das Verzeichnis, se
la reconnaissance vocale	die Spracherkennung
le CD-ROM, le cédérom	die CD-ROM, s
le lecteur de CD-ROM	das CD-ROM-Laufwerk, e
les jeux électroniques	die Unterhaltungselektronik
le jeu vidéo	das Videospiel, das Computerspiel, e
la manette de jeu vidéo	der Joystick, s
la simulation par ordinateur	die Computersimulation, en
simuler	simulieren
les applications *f* **du multimédia**	die Multimedia-Anwendungen *fpl*
l'interactivité *f* **; interactif**	die Interaktivität; interaktiv
• **le multimédia**	der Multimedia-Bereich
la réalité virtuelle *(cyberespace)*	die virtuelle Realität *(cyberspace)*
l'image *f* **de synthèse**	die Computergraphik
l'internet *m*	das Internet
l'accès *m* **à Internet**	der Zugang zum Internet
naviguer sur Internet	auf Internet surfen
le fournisseur d'accès à Internet	der Provider, -
le serveur	der Server, -
le site web	die Website, s
l'adresse e.mail *f*	die E-Mail-Adresse, n
le gestionnaire (du site)	der Betreuer, -
la transmission de données, le téléchargement	die Datenübertragung, en
télécharger, transmettre des données	Daten übertragen, u, a, ä
le navigateur/le logiciel de navigation/le browser	der Browser, -
le programme éducatif multimédia	das multimediale Lehrprogramm, e
les services *m* **en ligne**	die Online-Dienste *mpl*
l'autoroute *f* **de l'information**	die Datenautobahn

le secrétariat

• **le secrétariat**	das Sekretariat, e
la secrétaire (de direction)	die (Direktions)sekretärin, nen
être le bras droit de qn	jds rechte Hand sein
l'auxiliaire *m, f* **de bureau**	der Bürogehilfe, n, die Bürogehilfin, nen
○ **le bureau** *(pièce)*	das Arbeitszimmer, -, das Büro, s
le secrétariat/la salle d'attente	das Vorzimmer, -
le bureau individuel	das Einzelbüro, s
le bureau groupé	das Gruppenbüro
le bureau collectif/paysager	das Großraumbüro
l'interphone *m*	die Sprechanlage, n
l'équipement *m* **de bureau**	die Büroeinrichtung, en
le mobilier de bureau	die Büromöbel *mpl*
le bureau *(meuble)*	der Schreibtisch, e
le siège pivotant	der Drehstuhl, ¨e
la table de dactylo	der Maschinentisch, e
○ **la machine de bureau**	die Büromaschine, n
• **la machine à écrire (à mémoire)**	die Büro(speicher)schreibmaschine
la machine à écrire portative	die Reiseschreibmaschine
taper à la machine	Maschine schreiben, ie, ie
l'interrupteur *m* **marche/arrêt**	der Ein-/Ausschalter, -
le cylindre	die Schreibwalze, n
le caractère	die Type, n
la marguerite	das Typenrad, ¨er
la sphère	der Kugelkopf, ¨e
le ruban d'impression	das Farbband, ¨er
l'affichage *m*	das Display
le clavier	die Tastatur, en
la barre d'espacement	die Leertaste
le margeur	der Randsteller, -
la tabulation	der Tabulator, en
la touche	die Taste, n
la touche d'effacement	die Löschtaste
la touche d'interligne	der Zeilenschalter, -
○ **la photocopieuse**	das Fotokopiergerät, e/ der Kopierer, -
la photocopie ; photocopier	die Fotokopie, n ; fotokopieren
la déchiqueteuse	der Reißwolf
○ **les fournitures de bureau** *(v. les fournitures scolaires, p. 64)*	der Bürobedarf
le transparent	das Transparent, e, die Folie, n
les écouteurs *m*, **le casque**	der Kopfhörer, -
le stylo (à plume)	der Füllfederhalter/der Füller, -
l'encre *f*; **l'encrier** *m*	die Tinte, n; das Tintenfass, ¨er
le stylo à bille	der Kugelschreiber, -; der Kuli, s
le (stylo-)feutre	der Filzstift, e
le crayon rouge	der Rotstift
le porte(-)mine	der Druckbleistift
la gomme; gommer	der Radiergummi, s; radieren
la calculette	der Taschenrechner, -
le cahier à dessin	das Zeichenheft, e
le bloc à dessin	der Zeichenblock, ¨e/s
la colle; le bâton de colle	der Klebstoff, e; der Klebestift, e
l'agenda *m*	der Terminkalender, -
l'agrafe *f*	die Heftklammer, n

l'agrafeuse *f* **; agrafer**	der Hefter, - ; (an)heften
la calculatrice	der Tischrechner, -
le calendrier	der Kalender, -
le bac à courrier	der Ablagekorb, ¨e
la corbeille à papier	der Papierkorb, ¨e
l'élastique *m*	der Gummiring, e
le parapheur	die Unterschriftenmappe, n
le perforateur	der Locher, -
la punaise	der Reißnagel, ¨
le sous-main	die Schreibunterlage, n
le tampon/le cachet	der Stempel, -
le tampon encreur	das Stempelkissen, -
l'encre *f* **à tampon**	die Stempelfarbe, n
le trombone	die Büroklammer, n
le ruban adhésif	der Kleb(e)streifen, -
le rouleau adhésif	die Kleberolle, n
○ **le papier**	das Papier, e
la feuille	das Blatt, ¨er/der Bogen, -
le papier avion	das Luftpostpapier
le papier brouillon	das Konzeptpapier, das Schmierpapier *(fam)*
le papier calque	das Pauspapier
le papier carbone	das Kohlepapier
le papier à dessin	das Zeichenpapier
le papier d'emballage	das Packpapier
le papier à lettres	das Briefpapier
le papier machine	das Schreibmaschinenpapier
le papier millimétré	das Millimeterpapier

la communication écrite

la dactylo(graphe)	die Schreibkraft, ¨e/ die Schreibdame, n
le pool des dactylos	der zentrale Schreibdienst
la sténographie	die Kurzschrift
sténographier	stenographieren
prendre en sténo	in Stenographie auf~nehmen, a, o, i
le bloc sténo	der Stenoblock, s
la sténodactylo	die Stenotypistin, nen
la sténotypie	die Maschinenstenographie
la sténotype	die Stenographiermaschine
l'audiotypiste *f*, **l'audiodactylo**	die Phonotypistin, nen
le dictaphone™	das Diktiergerät, e/Diktaphon, e
dicter ; la dictée	diktieren ; das Diktat, e
Veuillez prendre en sténo.	Bitte zum Diktat !
la dactylographie	das Maschine(n)schreiben
dactylographier	mit/auf der Schreibmaschine schreiben, ie, ie
taper (à la machine), dactylographier	tippen *(fam)*
taper une lettre *(fam)*	einen Brief (ab~)tippen
Le texte est à la frappe.	Der Text wird gerade getippt.
la faute de frappe	der Tippfehler, -
la vitesse de frappe	die Schreibgeschwindigkeit, en
• **la correspondance**	der Schriftverkehr, die Korrespondenz
la correspondance commerciale	die Handelskorrespondenz
le correspondancier	der Handelskorrespondent, en, en
le correspondant	der Briefpartner, -
le courrier, les lettres *f*	die (Brief)post
le courrier arrivée	der Posteingang
dépouiller le courrier	die Post durch~sehen, a, e, ie
faire son courrier	die Post erledigen
le courrier départ	der Postausgang
la lettre d'affaires, la lettre commerciale	der Geschäftsbrief, e
l'original *m*	die Reinschrift, en
la copie	die Abschrift, en/die Kopie, n
l'en-tête *m*	der Briefkopf, ¨e
le destinataire	der Empfänger, -
le lieu	der Ort
la date	das Datum, en
les références *f*	die Bezugszeichen *npl*
l'objet *m*	der Betreff, e
l'appellation *f*	die Anrede, n
le texte	der Text, e
la formule de politesse	die Grußformel, n
par ordre, p.o.	im Auftrag, i.A.
la signature	die Unterschrift, en
le post-scriptum (P.-S.)	das Postskript, e
la pièce jointe (P.J.)	die Anlage, n
le bas de (la) page	der Brieffuß
.../... ; (T.P.S.V.P.)	b.w. (bitte wenden)
la réponse	die Antwort, en
répondre (à)	antworten (auf+A), beantworten *tr*
répondre à qn	jdm antworten
○ **la langue administrative**	die Behördensprache
le bordereau d'envoi *(administration)*	das Begleitschreiben, - *(Verwaltung)*
à classer	zu den Akten
en communication pour avis	mit der Bitte um Stellungnahme
confidentiel	vertraulich
par délégation ; par intérim	in Vertretung, i.V.
pour décision	mit der Bitte um Entscheidung
erreur de transmission/de destinataire	Irrläufer *m*
à toutes fins utiles	mit der Bitte um Übernahme
pour information	mit der Bitte um Kenntnisnahme
pour instructions	mit der Bitte um Weisung
avec prière de retour	unter Rückerbittung
en original avec prière de retour	urschriftlich mit der Bitte um Rückgabe
original en retour	urschriftlich zurück
pour signature	zur Unterschrift
pour suite à donner	zur weiteren Veranlassung
affaire très urgente	Sofortsache *f*
faire suivre	nachsenden
• **le classement, le rangement**	die Ablage
classer, ranger	ab~legen ; weg~legen
classer dans un dossier	in eine Akte ein~ordnen
• **le dossier**	die Akte, n
le numéro de classement	das Aktenzeichen, -
ouvrir un dossier	eine Akte an~legen
le document confidentiel	die Verschlusssache, n
le classeur	der (Akten)ordner, -
la chemise	der Aktendeckel, -
la chemise-classeur	der Schnellhefter, -
le classement des dossiers	die Aktenordnung
le dossier suspendu	der Hängeordner, -
l'armoire *f* **à classement**	der Aktenschrank, ¨e
le chariot à dossiers	der Aktenwagen, -
le fichier	die Kartei, en
le fichier informatisé	die Datei, en
la fiche	die Karteikarte, n
la fiche de sortie/le témoin	die Stellkarte, n/das Fehlblatt, ¨er
le justificatif	der Beleg, e

la pièce comptable	der Buchungsbeleg, e
le numéro d'enregistrement	die Buchungsnummer, n
le registre	das Register, -
enregistrer	registrieren
classer dans les archives	archivieren
la microfiche	der/das Mikrofiche, s
le microfilm	der Mikrofilm, e

la poste

• **la poste**	die Post
le bureau de poste	das Postamt, ¨er
aller à la poste	auf die Post gehen*, i, a
poster	zur Post bringen, a, a
le receveur des postes	der (Post)vorsteher, -
l'employé *m* **de la poste**	der Postbeamte *(adj)*
le postier	der Postler, - *(fam)*
le guichet	der Schalter, -
la boîte postale	das Post(schließ)fach, ¨er
la boite aux lettres	der Briefkasten, ¨
mettre à la boîte aux lettres	ein~werfen, a, o, i, ein~stecken
la levée	die Leerung, en
le tri	das Sortieren
○ **le service postal**	der Postdienst
le facteur, le préposé	der Briefträger, -/der Postbote, n, n
le porteur spécial	der Eilbote, n, n
la distribution	die Zustellung, en
distribuer	aus~tragen, u, a
remettre en mains propres	aus~händigen
avoir du courrier	Post haben
retirer le courrier	die Post ab~holen
• **la lettre, le pli**	der Brief, e
l'enveloppe *f*	der (Brief)umschlag, ¨e
envoyer/expédier	schicken/senden, sandte, gesandt
l'expéditeur *m*	der Absender, -
adresser à	richten an (+A)
aux bons soins de ...	zu Händen von ..., z. H. von ...
l'adresse *f*	die Anschrift, en/die Adresse, n
le code postal	die Postleitzahl, en (PLZ)
cedex *(courrier d'entreprise à distribution exceptionnelle)*	*(gesondert zugestellte Firmenpost)*
le changement d'adresse	die Anschriftenänderung, en
faire suivre	nach~senden, a, a
l'ordre *m* **de réexpédition**	der Nachsendeauftrag, ¨e
poste restante	postlagernd
la lettre (par) exprès	der Eilbrief, e
la lettre recommandée	der Einschreibebrief
faire recommander	einschreiben lassen, ie, a, ä
le récépissé	der Einlieferungsschein, e
l'avis *m* **de réception**	der Rückschein
la lettre chargée	der Wertbrief, e
la valeur déclarée	die Wertangabe, n
la carte postale	die Postkarte, n
l'envoi postal	die (Post)sendung, en
contre remboursement	gegen Nachnahme
par avion	mit Luftpost
la poste aérienne	die Luftpost
l'aérogramme *m*	der Luftpostleichtbrief, e
le cécogramme	die Blindensendung, en
en souffrance	unzustellbar
l'avis *m* **de mise en souffrance**	die Unzustellbarkeitsanzeige, n
le paquet, le colis postal	das Paket, e
le petit paquet	das Päckchen, -
l'emballage *m* **carton**	die Faltschachtel, n
les dimensions maximales	die Höchstmaße *npl*
les dimensions minimales	die Mindestmaße
le poids maximum	das Höchstgewicht
encombrant	sperrig
le contenu	der Inhalt, e
la déclaration en douane	die Zoll(inhalts)erklärung, en
l'étiquette autocollante	der Aufkleber, -
l'imprimé *m*	die Drucksache, n
à taxe réduite	mit ermäßigter Gebühr
la bande	das Streifband, ¨er
le publipostage	die (Post)wurfsendung, en
○ **les tarifs postaux**	die Postgebühren *fpl*
l'affranchissement *m*	die Freimachung
affranchir	frei~machen, frankieren
le pèse-lettres	die Briefwaage, n
la balance	die Paketwaage
la taxe d'affranchissement	das Porto, s/ti
la surtaxe	die Nachgebühr, en/das Strafporto
○ **le timbre-poste**	das Postwertzeichen, -
le timbre	die Briefmarke, n
le timbre de collection	die Sondermarke
le philatéliste	der Briefmarkensammler, -
coller (sur)	kleben (auf+A)
la planche de timbres	der Briefmarkenbogen, -
la série	der Satz, ¨e
le filigrane	das Wasserzeichen, -
oblitérer	(ab~)stempeln, entwerten
le cachet (d'oblitération) de la poste	der Poststempel, -
la flamme	der Maschinenwerbestempel, -
La cachet de la poste faisant foi.	Es gilt der Poststempel.
(la date limite d'envoi)	*(der Einsendeschluss)*
le coupon-réponse international	der internationale Antwortschein, e
○ **les services financiers de la poste** *(F)*	die Postbank *(D)*
le centre de chèques postaux *(vx)*	das Postgiroamt, ¨er
le compte courant postal	das Postgirokonto, ten
• **le chèque postal**	der Postscheck, s
l'autorisation *f* **de prélèvement**	die Einzugsermächtigung
payer par prélèvement automatique	per Dauerauftrag zahlen
le versement ; verser	die Einzahlung, en ; ein~zahlen
le virement postal	die Postüberweisung, en
virer (à un compte)	überweisen, ie, ie (auf ein Konto)
le formulaire de virement postal *(D)*	die Zahlkarte, n
le mandat-carte	die Postanweisung, en ; die Postüberweisung
le mandat-lettre	die Postanweisung *(zum Einlösen) (F)*
le mandat télégraphique	die telegraphische Postanweisung

les télécommunications

• **les télécommunications** *f*	das Fernmeldewesen
le monopole de la télécommunication	die Fernmeldehoheit
le satellite de télécommunication	der Fernmeldesatellit, en, en
le service téléphonique	der Fernsprechdienst
l'abonnement *m* **au téléphone**	der Fernsprechanschluss, ¨e

brancher le téléphone	das Telefon an~schließen, o, o
couper le téléphone	die Leitung still~legen
en dérangement	gestört
l'équipe *f* **de dérangement**	der Messtrupp, s
la cabine téléphonique	die Fernsprechzelle
hors service	außer Betrieb
le taxiphone	der Münzfernsprecher, -
la télécarte	die Telefonkarte, n
le central téléphonique	das Fern(sprech)amt, ¨er
l'opératrice *f*, **la standardiste**	die Telefonistin, en
• **le téléphone**	das Telefon/Telephon
avoir le téléphone	Telefon haben
téléphoner, donner/passer un coup de fil *(fam)*	an~rufen, ie, u/telefonieren
l'abus *m* **du téléphone, la téléphonite aiguë** *(iron)*	die Telefonierererei *(fam)*
être pendu au bigophone *(fam)*	an der Strippe hängen
joindre par téléphone	telefonisch erreichen
être demandé au téléphone	am Telefon verlangt werden
décrocher le téléphone	ans Telefon gehen*, i, a *(fam)*
décrocher (le combiné)	(den Hörer) ab~heben, o, o
raccrocher	auf~legen
avoir qn au bout du fil	jdn an der Leitung haben
transmettre par téléphone	telefonisch durch~sagen
• **l'appareil** *m* **téléphonique**	der Telefonapparat, e
le téléphone sans fil	das schnurlose Telefon
le téléphone mobile/portatif	das Mobiltelefon, das Handy, s
la touche	die Taste, n
le clavier	die Drucktasten *fpl*
le combiné	der Hörer, -
la sonnerie	der Tonruf, e
la tonalité, le signal sonore	der Signalton, ¨e, das Tonzeichen, -
le bip sonore	der Piepton
○ **la ligne**	die Leitung, en
la prise murale	die Anschlusssteckdose, n
la fiche	der Telefonstecker, -
le standard	die (Telefon)zentrale, n, die Vermittlung, en
la ligne principale	die Amtsleitung, en
le poste principal	der Hauptanschluss, ¨e
le poste supplémentaire	die Nebenstelle, n
○ **le numéro (de téléphone)**	die Telefonnummer, n, die Rufnummer
les lignes groupées	die Sammelrufnummer
la ligne directe	der Direktanschluss
le numéro de la ligne directe	die Durchwahlnummer
le numéro privé	die private Telefonnummer
le numéro de service/de bureau	die dienstliche Telefonnummer
l'indicatif *m*	die Vorwahl(nummer)
• **la communication (téléphonique)**	das Telefongespräch, e/das Telefonat, e
l'appel *m*, **le coup de téléphone/de fil** *(fam)*	der Anruf, e
le demandeur	der Anrufer, -
le numéro d'appel direct	die Selbstwählverbindung
établir une communication	eine Telefonverbindung her~stellen
par l'intermédiaire d'un opérateur	handvermittelt
le préavis	die Voranmeldung
la communication en PCV *(à PerCeVoir)*	das R-Gespräch
accepter un appel de M. X en PCV	ein R-Gespräch von Herrn X an~nehmen, a, o, i
la taxe téléphonique	die Fernsprechgebühr, en
la circonscription tarifaire	die Tarifzone, n
l'unité *f* **tarifaire**	die Tarifeinheit, en
la redevance d'abonnement	die Grundgebühr
le tarif réduit	die ermäßigten Gebühren
○ **l'appel** *m* **d'urgence**	der Notruf
SAMU (Service d'Aide Médicale Urgente) (15)	Feuerwehr Rettungsdienst (Rettungswagen) (112)
Police (17)	Polizei (110)
Pompiers (18)	Feuerwehr (112)
le centre anti-poisons	die Giftinformationszentrale
○ **les services** *m* **pratiques**	die Sonderdienste *mpl*
les renseignements téléphoniques (12)	die Fernsprechauskunft
le réveil téléphonique	der Weckdienst
l'horloge parlante	die Zeitansage
SOS-Amitié	die Telefonfürsorge
le service des dérangements (13)	die Störungsannahme
le mémo-appel	der Telefonauftrag, ¨e
transférer un appel	ein Gespräch weiter~geben, a, e, i
○ **l'annuaire** *m*	das Fernsprechbuch, ¨er, das Telefonbuch
l'annuaire par professions	das Branchen-Telefonbuch
les pages *m* **jaunes**	die gelben Seiten *fpl*
l'annuaire *m* **électronique**	das elektronische Telefonbuch
être sur la liste rouge	*(willentlich nicht im Telefonbuch eingetragen) (F)*
○ **la péritéléphonie**	die Telefonzusatzgeräte *npl*
le répondeur téléphonique	der Anrufbeantworter, -
le répondeur-enregistreur	der Anrufbeantworter mit Sprachaufzeichnung
l'interrogation *f* **à distance**	die Fernabfrage, n
le message	die Nachricht, en
le signal sonore	der Pfeifton
○ **le minitel**	das Btx-System
le télétexte ; le vidéotex	der Bildschirmtext
l'annuaire télématique	das Btx-Verzeichnis
obtenir un renseignement par minitel	eine Auskunft über Btx ab~rufen, ie, u
la gestion de compte par minitel	das Home-banking
le minitel rose	der erotische Btx-Dienst
la conférence en duplex/multiplex	die Telekonferenz, en
la téléconférence, la réunion-téléphone	das Konferenzgespräch, e
la visioconférence	die Videokonferenz, en
le vidéophone, le visiophone	das Bildtelefon
○ **la radiocommunication**	der Funkverkehr
le service radiomaritime	der Seefunkdienst
la radiofréquence	die Funkfrequenz
le radio-téléphone	das Funktelefon
le téléphone mobile	der Mobilfunk
le talkie-walkie	das Walkie-Talkie, s
• **le téléphone de voiture**	das Autotelefon
l'alphapage *m (F)*	der Cityruf *(D)*, der Pager, -
le récepteur alphanumérique	der Alphanumerik-Empfänger
le récepteur numérique	der Numerik-Empfänger
le (récepteur) bip	der Nur-Ton-Empfänger
le message codé	die codierte Botschaft
la messagerie (électronique)	die elektronische Post *(E-Mail)*
○ **le service télécopie**	der Telefax-Dienst
• **la télécopie, le téléfax, le fax** *(fam)*	das (Tele)fax, e

télécopier, faxer *(fam)*	(tele)faxen
envoyer qc par fax	etw durch~faxen *(fam)*
le télécopieur	das Telefaxgerät, e, der Fernkopierer, -
○ **le service télex**	der Telexdienst
le télex	das Telex, -/e
le (message) télex	das Fernschreiben, -
passer un télex	telexen *(du telext)*
le téléscripteur (appareil)	der Fernschreiber, -
par télex	über Telex
le réseau télex	das Fernschreibnetz, e
le poste télex	der Telexanschluss, ¨e
l'indicatif *m*	die Kennung, en
le numéro télex	die Telexnummer, n
l'annuaire *m* **télex**	das Telexverzeichnis, se
○ **le service télégraphique**	der Telegraphendienst
le télégramme	das Telegramm, e
envoyer un télégramme	ein Telegramm schicken

○ **Pourriez-vous épeler ?** — Buchstabieren Sie bitte !

A	=	**Anatole**	A	=	Anton
			Ä	=	Ärger
B	=	**Berthe**	B	=	Berta
C	=	**Célestin**	C	=	Cäsar
Ch	=	**Charles**	Ch	=	Charlotte
D	=	**Désiré**	D	=	Dora
E	=	**Eugène**	E	=	Emil
F	=	**François**	F	=	Friedrich
G	=	**Gaston**	G	=	Gustav
H	=	**Henri**	H	=	Heinrich
I	=	**Irma**	I	=	Ida
J	=	**Jean**	J	=	Julius
K	=	**Kléber**	K	=	Kaufmann
L	=	**Louis**	L	=	Ludwig
M	=	**Marie**	M	=	Martha
N	=	**Nicolas**	N	=	Nordpol
O	=	**Oscar**	O	=	Otto
			Ö	=	Ökonom
P	=	**Paul**	P	=	Paula
Q	=	**Quintal**	Q	=	Quelle
R	=	**Robert**	R	=	Richard
S	=	**Suzanne**	S	=	Samuel
			Sch	=	Schule
T	=	**Thérèse**	T	=	Theodor
U	=	**Ursule**	U	=	Ulrich
			Ü	=	Übermut
V	=	**Victor**	V	=	Viktor
W	=	**Wagon**	W	=	Wilhelm
X	=	**Xavier**	X	=	Xanthippe
Y	=	**Yvonne**	Y	=	Ypsilon
Z	=	**Zoé**	Z	=	Zacharias

En allemand, les chiffres s'énumèrent séparément ;
zwei *se prononce* zwo *pour éviter la confusion avec* drei.

(Hallo,) hier X.
Allô. (Ici X).

(Hallo,) wer ist am Apparat ?
(J'écoute,) qui est à l'appareil ?/C'est de la part de qui ?

Geben Sie mir bitte Apparat 110 !
Passez-moi le poste 110, je vous prie.

Könnte ich (mit) Herrn X sprechen ?
Je voudrais parler à monsieur X.

jdn persönlich sprechen, a, o, i
parler personnellement à qn

das Privatgespräch, e
la communication privée

Bleiben Sie am Apparat !
Ne quittez pas.

Ich verbinde.
Je vous passe le poste demandé.

Bitte sprechen !
Parlez, s.v.p.

Die Nummer ist besetzt.
Le numéro est occupé.

Herr X spricht gerade.
M. X est en communication.

Ich kann ihn nicht erreichen.
Je ne parviens pas à le joindre.

Soll ich weiter versuchen ?
Vous restez en ligne ?

Ich rufe (Sie) wieder an.
Je (vous) rappellerai.

Ich rufe zurück wie vereinbart.
Je vous rappelle comme convenu.

Herr X meldet sich nicht.
M. X ne répond pas.

Ich gebe Ihnen Herrn Y.
Je vous passe Monsieur Y.

Ich verstehe Sie sehr schlecht.
Je vous entends très mal.

eine falsche Nummer wählen
faire/composer un faux numéro

Wir/Sie sind falsch verbunden.
C'est une erreur.

Kein Anschluss unter dieser Nummer.
Il n'y a pas d'abonné au numéro demandé.

Bitte nicht unterbrechen !
Ne coupez pas, s.v.p.

Ich spreche noch.
Je n'ai pas terminé.

Wir sind getrennt worden.
Nous avons été coupés.

Würden Sie bitte Herrn X ans Telephon rufen ?
Pourriez-vous appeler M. X au téléphone ?

Sie werden am Telefon verlangt.
On vous demande au téléphone.

Ich danke für den Anruf.
Merci d'avoir appelé.

Auf Wiederhören !
Au revoir.

XV. Les Transports - Le Tourisme

1. LES MOYENS DE TRANSPORT : L'AUTOMOBILE

l'automobile

le véhicule (automobile)	das Kraftfahrzeug, e (Kfz)
la voiture	der Wagen, -
• **l'automobile, l'auto** *f*	das Auto, s
la bagnole, la tire, la caisse *(fam)*	der Schlitten, -, die Kiste, n *(fam)*, die Karre, n *(fam, péj)*
le parc automobile	der Wagenpark, s
la voiture particulière/de tourisme	der Personen(kraft)wagen (Pkw, s)
la voiture personnelle	der Privatwagen
la voiture de service	der Dienstwagen
la petite cylindrée	der Kleinwagen
une voiture moyenne	ein Mittelklassewagen
la grosse cylindrée	der Straßenkreuzer, -
une routière	ein Reisewagen
la berline	die viertürige Limousine, n
le break	der Kombi, s
le coupé	das Coupé, s
le cabriolet, la décapotable	das Kabriolett, e
la voiture blindée	das gepanzerte Auto
le véhicule utilitaire	das Nutzfahrzeug, e
le poids à vide	das Leergewicht
la charge utile	die Nutzlast
le poids total autorisé	das zulässige Gesamtgewicht
les dimensions *f*	die Abmessungen *fpl*
○ **le camion, le poids lourd**	der Last(kraft)wagen, -, der Lkw, s
la camionnette	der Lieferwagen
le tracteur de semi-remorque	die Zugmaschine, n
le semi-remorque	der Sattelanhänger, -
le camion avec remorque	der Lastzug, ¨e
la remorque	der Anhänger, -
le (camion) routier	der Fernlaster, -
le (chauffeur) routier	der Fernfahrer, -
le chronotachygraphe/ le mouchard *(fam)*	der Fahrt(en)schreiber, -
l'autobus *m*, **l'autocar** *m*	der Autobus, se
le camping-car	das Wohnmobil, e/der Camper, -
la caravane	der Wohnwagen
la voiture tous(-)terrains	der Geländewagen
rampes gravies : 1re vitesse 47%	(die) Steigfähigkeit : 1. Gang 47%
○ **le concessionnaire**	der Autohändler, -
le garage *(concessionnaire)*	das Autohaus, ¨er
le service après vente	der Kundendienst
la voiture neuve	der Neuwagen
la voiture de démonstration	der Vorführwagen
faire un essai sur route	eine Probefahrt machen
la voiture de location ; louer	der Leihwagen ; mieten
la voiture d'occasion	der Gebrauchtwagen
acheter une voiture d'occasion	einen Wagen gebraucht kaufen
le tacot, la guimbarde *(fam)*	die alte Kiste, n *(fam)*
un véhicule en état de marche	ein fahrtüchtiges Fahrzeug
la carte grise/la carte d'immatriculation	die Zulassung, en, der Kfz-Schein, e
le certificat de propriété *(D)*	der Kfz-Brief, e
la vignette	die Kraftfahrzeugsteuer
l'immatriculation *f*	die Zulassung, en
le numéro d'immatriculation	die Zulassungsnummer, n
la plaque minéralogique	das Nummernschild/ das Kennzeichenschild, er
le centre de contrôle technique *(D)*, **le service des mines** *(F)*	der technische Überwachungsverein (TÜV)
présenter une voiture au contrôle technique	einen Wagen beim TÜV vor~führen
la vignette de contrôle technique *(D)*	die Prüfplakette, n
la plaque de nationalité	das Nationalitätskennzeichen, -
le permis de conduire	der Führerschein, e
l'auto-école *f*	die Fahrschule, n
la leçon de conduite	die Fahrstunde, n
le moniteur d'auto-école	der Fahrlehrer, -
passer le permis (de conduire)	den Führerschein machen
le permis probatoire	der Führerschein auf Probe
○ **la voiture de série**	der Serienwagen, -
le modèle (standard)	das (Grund)modell, e
les équipements *m* **en option**	die Extras *npl*
la consommation	der Verbrauch
consommer	verbrauchen
qui consomme peu	sparsam im Verbrauch sein
Le moteur est gourmand.	Der Motor säuft.
la puissance réelle	die Motorleistung
la puissance fiscale	die steuerliche Leistung
la cylindrée	der Hubraum, ¨e
les qualités *f* **routières**	die Fahreigenschaften *fpl*
la tenue de route	die Straßenlage
La voiture tient bien la route.	Der Wagen liegt gut auf der Straße.
sous-virer ; survirer	untersteuern, übersteuern
les performances *f*	die Fahrleistungen *fpl*
la vitesse maxima	die Höchstgeschwindigkeit, en
la vitesse de croisière	die Dauergeschwindigkeit
l'accélération *f*	die Beschleunigung, en
une voiture nerveuse	ein spritziger Wagen
un veau *(fam)*	eine lahme Ente, n *(fam)*
○ **la carrosserie**	die Karrosserie, n
le carrossier	der Karrosseriebauer, -
le cx	der cw-Wert, e
le pare-chocs	die Stoßstange, n
la zone d'absorption de chocs	die Knautschzone, n
l'aile *f*	der Kotflügel, -
le becquet avant, arrière	der Front-, der Heckspoiler, -
le capot	die Motorhaube, -, n
le pare-brise	die Windschutzscheibe, n
le verre feuilleté	das Verbundglas
l'essuie-glace *m*	der Scheibenwischer, -
le lave-glace	die Scheibenwaschanlage, n
la lunette arrière	die Heckscheibe, n
la glace	das Fenster, -
baisser, lever la glace	das Fenster nach unten, nach oben kurbeln
le lève-glace	die Fensterkurbel, n
la porte, la portière	die Tür, en
verrouiller ; déverrouiller	verriegeln ; entriegeln
le hayon arrière	die Heckschwingtür

le coffre ; spacieux	der Kofferraum, ¨e ; geräumig
le toit	das Dach, ¨er
le toit ouvrant	das Schiebedach
la capote	das Verdeck, e
relever, baisser la capote	das Verdeck auf~klappen, herunter~klappen
l'intérieur *m*, **l'habitacle** *m*	der Innenraum, ¨e
○ **l'équipement intérieur**	die Innenausstattung, en
le pare-soleil	die Sonnenblende, n
le rétroviseur	der Rückblickspiegel, -
le rétroviseur extérieur	der Außenspiegel, -
le siège	der Sitz, e
l'appui-tête *m*	die Kopfstütze, n
escamotable	versenkbar
le siège avant	der Vordersitz
le siège du conducteur	der Fahrersitz
déplacer le siège	den Sitz verstellen
enclencher le levier	den Hebel einrasten lassen
la glissière	die Gleitschiene, n
la banquette arrière	die Rücksitzbank, ¨e
le dossier	die Rückenlehne, n
rabattre le dossier	die Rückenlehne zurück~klappen
l'accoudoir *m*	die Armlehne, n
la ceinture de sécurité	der Sicherheitsgurt, e
attacher sa ceinture	sich mit dem Gurt an~schnallen
l'airbag *m*	der Airbag, s
le tableau de bord	das Armaturenbrett, er
le compteur de vitesse	der Tachometer, -
le compteur kilométrique	der Kilometerzähler, -
le compte-tours	der Drehzahlmesser, -
la jauge d'essence	die Benzinuhr
le témoin de pression d'huile	der Öldruckanzeiger, -
la boîte à gants	das Handschuhfach, ¨er
l'autoradio *f*	das Autoradio, s
les informations routières	der Verkehrsfunk
le flash d'informations routières	die Verkehrsdurchsage, n
l'aération *f*	die Lüftung, en
la climatisation	die Klimaanlage, n
le chauffage	die Heizung, en
régler ; réglable	ein~stellen ; einstellbar, verstellbar
la soufflerie, le ventilateur	das Gebläse, -
dégivrer ; le dégivreur	entfrosten ; der Entfroster, -
○ **le châssis**	das Fahrgestell, e
l'essieu *m*	die Achse, n
le pont avant, arrière	die Vorder-, Hinterachse, n
la rupture d'essieu	der Achsenbruch, ¨e
la barre stabilisatrice	der Kurvenstabilisator, en
la suspension	die Federung, -
la suspension à quatre roues indépendantes	die Einzelradaufhängung
une suspension dure, molle	eine harte, weiche Federung
le ressort	die Feder, n
l'amortisseur *m*	der Stoßdämpfer, -
la direction	die Lenkung, en
la direction à crémaillère	die Zahnstangenlenkung
la direction assistée	die Servolenkung
le volant	das Lenkrad, ¨er, das Steuer(rad)
vibrer	flattern
la colonne de direction	die Lenkradsäule, n
le verrouillage	die Lenkradsperre, n
l'antivol *m*	das Lenk(rad)schloss, ¨er
le klaxon ; klaxonner	die Hupe, n ; hupen
le rayon de braquage	der Wendekreis, e
la roue avant (gauche)	das (linke) Vorderrad, ¨er
la roue arrière (droite)	das (rechte) Hinterrad
se bloquer	blockieren
la jante	die Felge, n
l'enjoliveur *m*	die Rad(zier)kappe, n
la roue de secours	das Reserverad, ¨er
changer une roue	ein Rad wechseln
• **le frein**	die Bremse, n
le frein à main	die Handbremse
serrer, déserrer le frein	die Bremse an~ziehen, o, o, lösen
la pédale de frein	das Bremspedal, e
appuyer sur	treten, a, e, i, auf+A
le double circuit de freins	das Zweikreisbremssystem, e
le servofrein	der Bremskraftverstärker, -
le frein à tambour	die Trommelbremse
déformé	verzogen
le frein à disque	die Scheibenbremse
la garniture de frein	der Bremsbelag, ¨e
l'usure *f* **des garnitures de frein**	die Abnutzung der Bremsbeläge
changer les garnitures	die Bremsbeläge erneuern
le liquide de frein	das Bremsöl, e
purger les freins	die Bremsen entlüften
le système anti-blocage	das Antiblockiersystem (ABS)
○ **les pneus** *m (équipement)*	die Bereifung, en
• **le pneu**	der Reifen, -
usé ; lisse	abgefahren ; glatt/profillos
la pression du pneu/des pneus	der Reifendruck
gonfler ; dégonflé	auf~pumpen ; schlaff
être sous-gonflé, surgonflé	nicht genug Druck, zu viel Druck haben
le pneu à carcasse radiale	der Gürtelreifen, e
un pneu sans chambre	ein schlauchloser Reifen
la chambre à air	der Schlauch, ¨e
la valve	das Reifenventil, e
le pneu-neige	der Winterreifen, -
les pneus cloutés	die Spikes(-Reifen) *pl*
mettre les chaînes *f*	die Schneeketten *fpl* montieren
équilibrer les roues	die Räder aus~wuchten
la crevaison	die Reifenpanne, n, der Plattfuß *(fam)*
avoir un pneu crevé	eine Reifenpanne haben
réparer le pneu	den Reifen flicken
un pneu éclaté	ein geplatzter Reifen
le réchapage ; réchaper	die Runderneuerung ; runderneuern

le moteur et son entretien

• **le moteur, le moulin** *(fam)*	der Motor, en
la traction avant	der Vorderrad-/Frontantrieb, e
la traction arrière	der Hinterradantrieb
le moteur à combustion	der Verbrennungsmotor
le moteur à essence	der Benzinmotor
le moteur Diesel	der Dieselmotor
le moteur à injection	der Einspritzmotor/Einspritzer, - *(fam)*
le moteur turbo	der Turbomotor
le turbocompresseur	der Turboverdichter, -
le moteur à quatre temps	der Viertaktmotor
le moteur à cylindres opposés	der Boxermotor
le moteur arrière	der Heckmotor
l'accélérateur *m*	das Gaspedal, e
le carburateur	der Vergaser, -

le carburateur double corps	der Doppelvergaser
le ralenti	der Leerlauf
régler	ein~stellen
le gicleur	die Düse, n
être bouché, obstrué	verstopft sein
le flotteur	der Schwimmer, -
le filtre à air, à huile	der Luft-, Ölfilter, -
le graissage, la lubrification	die Schmierung, en
la soupape d'admission	das Einlassventil, e
la soupape d'échappement	das Auspuffventil
roder	ein~schleifen, i, i
le jeu des soupapes	das Ventilspiel
le cylindre	der Zylinder, -
l'alésage *m*	die Zylinderbohrung, en
la culasse	der Zylinderkopf, ¨e
le joint de culasse	die Zylinderkopfdichtung, en
le piston	der Kolben, -
la course	der Hub, ¨e
la cylindrée	der Hubraum, ¨e
le rapport de compression	die Verdichtung, en
la puissance maxima	die Höchstleistung, en
50 ch à 4000 tr/mn	50 PS bei 4000 U/mn
gonfler un moteur	einen Motor auf~frisieren
la bielle	die Pleuelstange, n
l'arbre *m* **à cames**	die Nockenwelle
le vilebrequin	die Kurbelwelle, n
le circuit de refroidissement	das Kühlsystem
la courroie	der Keilriemen, -
la pompe à eau	die Wasserpumpe, n
le radiateur	der Kühler, -
Le radiateur fuit.	Der Kühler leckt/ist undicht.
le bouchon de radiateur	der Kühlerverschluss, ¨e
l'antigel *m*	das Frostschutzmittel, -
mettre de l'antigel	Frostschutzmittel ein~füllen
le refroidissement par air	die Luftkühlung
les gaz *m* **d'échappement**	die Auspuffgase *npl*
le tuyau d'échappement	das Auspuffrohr, e
le pot d'échappement	der Auspufftopf, ¨e
le pot catalytique	der (Abgas)katalysator, en
○ **la boîte de vitesse**	das Getriebe, -
la boîte de vitesse automatique	das Automatikgetriebe
le différentiel	das Differential, e
le levier de vitesse *(au volant)*	der Schalthebel, -
le levier de vitesse *(au plancher)*	der Schaltknüppel, -
la vitesse (première, seconde)	der Gang, ¨e (erster, zweiter Gang)
la marche arrière	der Rückwärtsgang
le point mort	die Leerlaufstellung
mettre au point mort	auf Leerlauf stellen
changer de vitesse	schalten *tr*
passer/enclencher la première	den ersten Gang ein~schalten
passer la vitesse supérieure	hoch~schalten
rétrograder	herunter~schalten
l'embrayage *m*	die Kupplung, en
gripper, brouter ; patiner	rupfen ; rutschen
embrayer ; débrayer	ein~kuppeln ; aus~kuppeln
○ **l'électricité** *f* **auto**	die Autoelektrik
l'électricien *m* **(pour) autos**	der Autoelektriker, -
l'allumage *m*	die Zündung, en
l'allumage électronique	die Transistorzündung
la bobine d'allumage	die Zündspule, n
le cable d'allumage	das Zündkabel, -

avoir des ratés *m*	Fehlzündung haben
le retard à l'allumage	die Spätzündung
la batterie	die Batterie, n
être à plat ; déchargé	leer sein ; entladen
recharger la batterie	die batterie auf~laden, u, a, ä
l'eau distillée	das Destillierwasser
ajouter de l'eau	Wasser nach~füllen
la bougie	die Zündkerze, n
changer ; nettoyer	aus~wechseln ; reinigen
l'électrode *f*	die Elektrode, n
l'écartement *m* **des électrodes**	der Elektrodenabstand, ¨e
le démarreur	der Anlasser, -
le starter automatique	die Startautomatik
la clé de contact	der Zündschlüssel, -
appuyer sur le démarreur	den Anlasser betätigen
le distributeur, le delco	der Verteiler, -
le rupteur	der Unterbrecher, -
les contacts *m* **du rupteur**	die Unterbrecherkontakte *mpl*
la dynamo	die Lichtmaschine, n
la courroie crantée	der Zahnriemen, -
ne pas être assez tendu	zu wenig gespannt sein
être cassé	gerissen sein
• **le phare**	der Scheinwerfer, -
les phares à iode	die Halogen-Scheinwerfer *mpl*
les feux *m* **de croisement**	das Abblendlicht
les feux de route	das Fernlicht
l'avertisseur *m* **optique**	die Lichthupe, n
le feu de brouillard arrière	die Nebelschlussleuchte, n
l'ampoule *f*	die Birne, n
être grillé	durchgebrannt sein
le fusible	die Sicherung, en
le court-circuit	der Kurzschluss, ¨e
le clignotant ; clignoter	der Blinker, - ; blinken
les feux *m* **de détresse**	die Warnblinkanlage
les feux arrière	die Rück-, Heckleuchten *fpl*
le cataphote	der Rückstrahler, -
le feu-marche arrière	der Rückfahrtscheinwerfer, -
les feux de stationnement	das Standlicht
mettre les phares en veilleuse	das Parklicht ein~schalten
le feu "stop"	das Bremslicht/Stopplicht, er
le phare mobile	der Suchscheinwerfer, -
○ **les accessoires** *m*	das Zubehör
l'alarme *f* **antivol**	die Alarmanlage, n
la baladeuse	die Werkstattleuchte
la barre de remorquage	die Abschleppstange, n
le bidon d'huile	der Ölkanister, -
le câble de démarrage	das Starthilfekabel, -
le câble de remorquage	das Abschleppseil, e
la carte routière	die Straßenkarte, n
le chatterton	das Isolierband
la clé plate, la clé à pipe	der Gabel-, Ringschlüssel, -
la clé à molette	der verstellbare Schraubenschlüssel
la clé à bougies	der Kerzenschlüssel
le cric	der Wagenheber, -
l'extincteur *m*	der Feuerlöscher, -
la galerie	der Dachgepäckträger, -
la housse	der Schonbezug, ¨e
la lampe d'émergence	die Pannenleuchte, n
la manivelle	die Kurbel, n
le rideau pare-soleil	der Sonnenblendschutz
le tatouage des vitres	das Tätowieren der Autoscheiben
le tournevis	der Schraubenzieher, -

le tournevis cruciforme	der Schr. für Kreuzschlitzschrauben
le triangle de présignalisation	das Warndreieck, e
la trousse à outils	die Werkzeugtasche, n
la trousse de secours	der Verbandkasten, ¨
○ **le carburant**	der Kraftstoff/der Treibstoff, e
l'essence *f*	das Benzin, e
l'(essence) ordinaire	das Normalbenzin
le super(carburant)	das Superbenzin
l'essence *f* **sans plomb**	das bleifreie Benzin
le gazole/le gas-oil/le gasoil	das Diesel(öl)
le réservoir	der Benzintank, s
le bouchon (du réservoir)	der Einfüllstutzen, -
le jerricane	der Benzinkanister, -
C'est la panne sèche !	Der Tank ist leer !
la station-service, le poste d'essence	die Tankstelle, n
le pompiste	der Tankwart, e
la pompe à essence	die Zapfsäule/die Tanksäule, n
prendre de l'essence	tanken *tr*
faire le plein	voll tanken
○ **l'entretien** *m*	die Wartung
ein gut gepflegter Wagen	une voiture bien entretenue
• **le garage**	die Autoreparaturwerkstatt, ¨en
le mécanicien automobile, le garagiste	der Autoschlosser, -
le pont (élévateur)	die Hebebühne, n
la fosse	die Grube, n
la révision complète	die Generalüberholung, en
faire une révision complète	den Wagen gründlich überholen
la vidange d'huile	der Ölwechsel, -
le niveau d'huile	der Ölstand
vérifier, contrôler	prüfen, nach~sehen, a, e, i
le lavage de voiture	die Wagenwäsche
• **la panne**	die Panne, n
avoir une panne, tomber en panne	eine Panne haben
le service de dépannage	der Pannendienst
la dépanneuse	der Abschleppwagen, -
remorquer une voiture	ein Auto ab~schleppen
être en réparation	in Reparatur sein
démonter	demontieren, aus~bauen
réparer	reparieren
remplacer	ersetzen
échanger	aus~tauschen
serrer (un écrou)	(eine Mutter) (fest) an~ziehen, o, o
visser ; dévisser	fest~schrauben ; ab~schrauben
Le moteur ne démarre pas.	Der Motor springt nicht an.
s'arrêter/caler	aus~setzen
chauffer ; cogner	heiß werden ; klopfen
bafouiller	stottern
ne pas bien tirer	nicht richtig ziehen, o, o
ne pas tourner rond	humpeln/unregelmäßig laufen, ie, au, ä
Avez-vous trouvé ce qui ne marchait pas ?	Haben Sie den Schaden gefunden ?
Combien coûtera à peu près la réparation ?	Was wird die Reparatur ungefähr kosten ?
La réparation est faite.	Der Schaden ist behoben.

les deux-roues

le deux-roues	das Zweirad, ¨er
• **la moto(cyclette)**	das Motorrad, ¨er, das Kraftrad
le gros cube *(fam)*	der heiße Ofen, ¨ *(fam)*

faire de la moto, rouler en moto	Motorrad fahren *, u, a, ä
le motocycliste, le motard *(fam)*	der Motorradfahrer, -
le passager, la passagère	der Beifahrer, die Beifahrerin/die Sozia, s *(fam)*
prendre qn sur sa moto	jdn auf seinem Motorrad mit~nehmen, a, o, i
monter sur	steigen*, ie, ie auf+A
descendre (de)	ab~steigen* (von+D)
le casque	der Sturzhelm, e
le casque intégral	der Integralhelm
le port obligatoire du casque	die Helmpflicht
faire une chute (en moto)	(mit dem Motorrad) stürzen*
la motocyclette tous(-)terrains	die Geländemaschine, n
la grosse cylindrée	das schwere Motorrad
le side-car	der Beiwagen, -
le moteur à quatre temps	der Viertakter, -
la transmission à cardan	der Kardanantrieb
la moto grande routière à moteur refroidi par eau	das Schwerkraftrad mit wassergekühltem Motor
la grande routière à carénage intégral	die verkleidete schwere Maschine
le carénage intégral	das Integral-Cockpit
la motocyclette légère *(50 à 125 cm^3)*	das Mokick/das Kleinmotorrad
la béquille centrale	der Motorradständer
le carter de chaîne étanche	der geschlossene Kettenkasten, ¨
la fourche télescopique	die (Teleskop)gabel, n
le kick	der Kickstarter, -
le pot d'échappement (relevé)	der (hochgezogene) Auspuff, e
faire pétarader sa moto	das Motorrad knattern lassen, ie, a, ä
le phare	der Scheinwerfer, -
le repose-pied (du passager)	die (Sozius)fußraste, n
le réservoir d'essence	der Kraftstofftank, s
la selle (biplace)	die (Doppel)sitzbank, ¨e
le sélecteur de vitesse	der Schalthebel, -
le scooter	der Motorroller, -
la béquille	die Raststütze, n
le cyclomoteur (de randonnée)	das (Touren)moped, s
le moteur à deux temps	der Zweitakter, -
l'avertisseur *m*	das Signalhorn, ¨er
le cyclomoteur	das Mofa, s
la bicyclette à accumulateurs	das City-Bike, s
• **la bicyclette** *(v. sports, p. 193)*	das Fahrrad, ¨er
le vélo, la bécane *(fam)*	das Rad, ¨er, das Stahlross, e *(fam)*
le vélo tout terrain, le VTT	das Mountainbike, s
le vélocross	das BMX(-Rad) *(bicycle moto-cross)*
le vélo pliant	das Klapprad
le vélo d'appartement	der Hometrainer/Heimtrainer, -
le cycliste	der Radfahrer, -/der Radler, -
faire de la bicyclette	Rad fahren*, u, a, ä
le cyclotourisme	das Radwandern
le cyclotouriste	der Radwanderer, -
le cyclisme	der Radsport
traverser la ville à bicyclette/en vélo/à vélo	durch die Stadt radeln
faire une randonnée, une excursion à bicyclette	eine Radfahrt, Radtour machen
rouler plus vite, pédaler plus vite	schneller fahren*, stärker in die Pedale treten, a, e, i
rouler sur une piste cyclable	den Radfahrweg benutzen

○ **le cadre**	der Rahmen, -
le cale-pied	der Rennhaken, -
le carter	der Kettenschutz, e
le cataphote	der Rückstrahler, -
la chaîne	die Kette, n
la chaîne antivol	das Kettenschloss, ¨er
la chambre à air	der (Luft)schlauch, ¨e
le dérailleur	die Gangschaltung, en
le développement	die Übersetzung, en
la dynamo	die Lichtmaschine, n/der Dynamo, s
l'écrou *m* **papillon**	die Flügelmutter, n
l'enveloppe *f*	der Mantel, ¨
le feu arrière	das elektrische Rücklicht, er
la fourche de roue avant	die Vorderradgabel, n
le frein (sur moyeu)	die (Rücktritt)bremse, n
le frein à tirage latéral	die Felgenbremse
le garde-boue	das Schutzblech, e
le guidon	die Lenkstange, n/der Lenker, -
le guidon de course	der Rennlenker
le guidon de randonnée	der Tourenlenker
la jante	die Felge, n
la manivelle de pédalier	die Tretkurbel, n
le moyeu	die Nabe, n
la pédale	das Pedal, e
le phare (avant)	der Scheinwerfer, -
le pignon	der Zahnkranz, ¨e
le plateau de pédalier	das Kettenrad
le pneu	der Reifen, -
le pneu de course	der Schlauchreifen, -
la poignée	der Handgriff, e
la pompe à air	die Luftpumpe, n
le porte-bagages	der Gepäckhalter, -
le rayon	die Speiche, n
la roue	das Rad, ¨er
la roue libre	der Freilauf, ¨e
le roulement à billes	das Kugellager, -
la rustine™	der Gummiflicken, -
la sacoche à outils	die Satteltasche, n
la selle	der Sattel, ¨
le timbre (de vélo), la sonnette	die Fahrradglocke, n/ die (Fahrrad)klingel, n
la valve	das Ventil, e

mit Vollgas/mit Karacho *(fam)*
en (quatrième) vitesse (fam), à pleins gaz

das fünfte Rad am Wagen sein
être la cinquième roue du carrosse

sich mächtig in die Pedale legen *(fam)*
s'engager à fond, en mettre un coup (fam)

den Kopf verlieren, o, o
perdre les pédales (fam)

2. LA CIRCULATION ROUTIÈRE

le code de la route

• **la circulation routière**	der Straßenverkehr
le code de la route	die Straßenverkehrsordnung (StVO)
observer, respecter	beachten
○ **la rue, la route**	die Straße, n
la chaussée	die Fahrbahn, en
la chaussée matérialisée	die Straße mit Fahrbahnmarkierungen
chevaucher une ligne	eine Linie überfahren, u, a, ä
la ligne discontinue, continue	die unterbrochene, ununterbrochene Linie
la route à priorité	die Vorfahrtstraße
la priorité	die Vorfahrt
priorité à droite	Das von rechts kommende Fahrzeug hat Vorfahrt.
avoir la priorité	(die) Vorfahrt haben
respecter la priorité	die Vorfahrt (be)achten
le refus de priorité	die Nichtbeachtung der Vorfahrt
l'abus *m* **de priorité**	die erzwungene Vorfahrt
• **la route**	die Landstraße, n
la route à grande circulation	die Fern(verkehrs)straße
la route nationale *(F)*	die Bundesstraße *(D)*
la voie express	die Schnellstraße
la voie de dégagement	die Entlastungsstraße
la rocade	die Umgehungsstraße
la déviation	die Umleitung, en
la bifurcation	die Gabelung, en, die Abzweigung, en
bifurquer	sich gabeln
le croisement, le carrefour	die Kreuzung, en
s'engager dans une intersection	in eine Kreuzung ein~fahren*, u, a, ä
le haut d'une côte	die Kuppe, n
○ **l'état** *m* **des routes**	der Straßenzustand, ¨e
La route est bonne.	Auf dieser Straße fährt es sich gut.
chaussée glissante	Straßenglätte *f*
chaussée mouillée, verglacée	regennasse, vereiste Straßen
l'aquaplanage *m*	das Aquaplaning
• **l'autoroute** *f*	die Autobahn, en
le péage	die Autobahngebühr, en
l'autoroute à péage *(F)*	die Mautautobahn *(Autriche)*
la bretelle de raccordement	der Autobahnzubringer, -
l'échangeur *m*	das Autobahnkreuz, e
la bretelle d'accès	die Autobahnauffahrt, en
l'entrée *f* **de l'autoroute**	die Autobahnzufahrt/-einfahrt
emprunter la bretelle de sortie	die Autobahnausfahrt benutzen
la voie	die Fahrspur, en/der Fahrstreifen, -
à trois voies, à quatre voies	dreispurig, vierspurig
la voie pour véhicules lents	die Kriechspur, en
la bande d'arrêt d'urgence	die Standspur
le bas-côté, l'accotement *m*	der Seitenstreifen, -
le terre-plein central	der Mittelstreifen
la glissière de sécurité	die Leitplanke, n
○ **l'aire** *f* **de repos**	der Rastplatz, ¨e
le restoroute	die Raststätte, n
la borne téléphonique	die Notrufsäule, n
le service de la voirie	die Autobahnmeisterei
l'assistance routière	die Straßenwacht
○ **la réglementation de la circulation**	die Verkehrsregelung
régler la circulation	den Verkehr regeln
l'agent *m* **de la circulation**	der Verkehrspolizist, en, en
les feux (de signalisation)	die (Verkehrs)ampel, n
Le feu est au vert, à l'orange.	Die Ampel steht auf grün, auf gelb.
Il passe au rouge.	Sie schaltet auf rot.
dégager le croisement	die Kreuzung frei~machen
brûler un feu rouge	bei Rot durchfahren*, u, a, ä
brûler un stop	ein Stoppschild nicht beachten
• **la signalisation routière**	die Verkehrszeichen *npl*

respecter un signal	ein Verkehrszeichen beachten
les signaux de danger	die Gefahrzeichen *npl*
les signaux d'obligation	die Vorschriftzeichen *npl*
les signaux d'indication	die Richtzeichen *npl*
le panneau de signalisation	das Verkehrsschild, er
arrêt interdit	Halteverbot *n*
arrêt obligatoire	Halt ! Vorfahrt gewähren !
barrière *f* **de dégel**	Straßensperre *f* bei Tauwetter
cassis *m* **ou dos-d'âne** *m*	Querrinne *f*, unebene Fahrbahn
chaînes ou pneus-neige obligatoires	Schneeketten sind vorgeschrieben
chaussée déformée	unebene Fahrbahn
chaussée glissante	Schleudergefahr *f*
chaussée rétrécie	Engpass *m*, verengte Fahrbahn *f*
chute *f* **de pierres**	Steinschlag *m*
circulation à double sens	Gegenverkehr *m*
circulation interdite	Verbot für Fahrzeuge aller Art
croisement *m*, **intersection** *f*	Kreuzung *f*
danger *m*	Gefahrenstelle *f*
se déplacer en colonnes	Kolonne fahren*, u, a, ä
descente dangereuse	gefährliches Gefälle
endroit fréquenté par les enfants	Kinder
patrouilleur *m* **scolaire** *(D)* *(stop ! écoliers)*	Schülerlotsen *m*
fin *f* **de limitation de vitesse**	freie Fahrt *f*
fin de priorité	Ende der Vorfahrtsstraße
fin du sens unique, vous n'avez pas la priorité	dem Gegenverkehr Vorrang gewähren
fin du sens unique, vous avez la priorité	Vorrang vor dem Gegenverkehr
projection *f* **de gravillons**	Rollsplitt *m*
interdiction *f* **de faire demi-tour**	wenden verboten
interdiction de tourner à droite, à gauche	nach rechts, nach links abbiegen verboten
interdiction de dépasser	überholen verboten
nid-de-poule *m*	Schlagloch *n*
limitation *f* **de vitesse**	Geschwindigkeitsbegrenzung, Geschwindigkeitsbeschränkung *f*
pont *m* **mobile**	bewegliche Brücke
céder le passage	Vorfahrt gewähren
passage de gibier	Wildwechsel *m*
passage à niveau gardé	beschrankter Bahnübergang
passage à niveau non gardé	unbeschrankter Bahnübergang
passage pour piétons	Fußgängerüberweg *m*
passage souterrain pour piétons	Fußgängerunterführung *f*
pente *f* **raide**	Steigung *f*
piste *f* **cyclable**	Radfahrer
priorité à droite	Vorfahrt von rechts
réservé aux riverains	Anlieger *mpl* frei
sens *m* **giratoire**	Kreisverkehr *m*
stationnement limité	eingeschränktes Halteverbot
stationnement autorisé	Parken *n* erlaubt/gestattet
interdiction de stationner	Parkverbot *n*
verglas *m*	Glatteis *n*
virage *m*	Kurve *f*
voie sans issue *f*	Sackgasse *f*
• **la circulation**	der Verkehr
l'intensité *f* **de la circulation**	die Verkehrsdichte
intense ; ralenti ; fluide	stark/dicht ; stockend ; fließend
la file de voitures	die Autoschlange, n
la colonne de voitures	die Autokolonne, n
le convoi	der geschlossene Verband *m*
les heures *f* **de pointe**	die Stoßzeiten *fpl*, die Verkehrsspitze, n
les heures creuses	die verkehrsarmen Stunden *fpl*
l'accalmie *f* **dans le trafic**	die Verkehrsflaute, n
le bouchon	der (Verkehrs)stau, s/e
se former ; se résorber	sich bilden ; sich lösen
un bouchon/une retenue de 25 km	ein Stau von 25 km Länge
être pris dans un embouteillage	in einen Verkehrsstau geraten, ie, a, ä
l'embouteillage *m*	die Verkehrsstauung, en/ die Verkehrstockung, en
une circulation au ralenti	ein zäher Verkehrsfluss
une rue/route dégagée	eine übersichtliche Straße
La circulation est paralysée.	Der Verkehr ist lahm gelegt.
la visibilité	die Sicht
la visibilité réduite	die behinderte Sicht, die Sichtbehinderung *f*
la zone interdite à la circulation	die verkehrsfreie Zone
la suspension du trafic	die Verkehrssperre, n
interdit à la circulation	für den Verkehr gesperrt
ouvrir à la circulation	für den Verkehr frei~geben, a, e, i
• **conduire** *(une voiture)*	Auto fahren*, u, a, ä
Savez-vous conduire ?	Können Sie Auto fahren ?
conduire une Rolls	einen Rolls fahren
conduire qn à la gare	jdn zum Bahnhof fahren
aller en auto, rouler	fahren* *itr*
emprunter un itinéraire	eine Strecke fahren(*/haben)
l'itinéraire *m*	die Strecke, n/die Reiseroute, n
se tromper de route, faire fausse route	sich verfahren, u, a, ä
○ **le voyage en auto(mobile)**	die (Auto)fahrt, en
les usagers *m* **de la route**	die Verkehrsteilnehmer *mpl*
le conducteur, le chauffeur	der (Auto)fahrer, -
le passager	der Fahrgast, ¨e/der Mitfahrer, -
le covoiturage	die Fahrgemeinschaft
faire de l'auto-stop *m***/faire du stop** *(fam)*	per Anhalter fahren*/trampen
l'auto-stoppeur *m*	der Tramper, -
monter dans une voiture	ein~steigen*, ie, ie
descendre de voiture	aus~steigen*
prendre le volant	sich ans Steuer setzen
tenir le volant, être au volant	am Steuer sitzen, a, e, steuern
conduire (la voiture)	lenken, steuern
le comportement au volant	das Fahrverhalten
conduire prudemment, imprudemment	vorsichtig, unvorsichtig fahren*, u, a, ä
un comportement agressif	ein aggressives Verhalten
○ **démarrer**	starten*
démarrer, partir	los~fahren*, u, a, ä
démarrer doucement	langsam an~fahren*
démarrer sur les chapeaux de roues *(fam)*	ruckartig an~fahren*
un démarrage bruyant	ein Kavalierstart, s
arriver dans une grosse BMW	in einem schweren BMW angefahren kommen*, a, o
s'engager sur la chaussée	auf die Fahrbahn ein~fahren*
rouler tout droit	geradeaus fahren*
rester dans sa file	in seiner Spur bleiben*, ie, ie
tenir sa droite	rechts fahren*
rouler à droite	die rechte Fahrbahn benutzen
○ **conduire de nuit**	nachts fahren*

allumer, éteindre les phares	die Scheinwerfer ein~schalten, aus~schalten
mettre en phares	auf~blenden
faire un appel de phares	kurz auf~blenden
rouler en pleins phares	aufgeblendet fahren*
éblouir	blenden
mettre en code	ab~blenden
rouler tous feux éteints	ohne Licht fahren*
○ **bifurquer ; tourner, changer de direction**	ab~biegen*, o, o
tourner à droite, à gauche	rechts, links ab~biegen*, o, o
faire demi-tour	wenden
• **le virage**	die Kurve, n
un virage serré	eine scharfe Kurve
le virage en tête d'épingle	die Haarnadelkurve
une route en lacets	eine Straße mit scharfen Windungen
un virage sans visibilité	eine unübersichtliche Kurve
prendre, négocier un virage	eine Kurve nehmen, a, o, i
prendre un virage à la corde	eine Kurve schneiden, i, i
manquer/mal prendre son virage	die Kurve verfehlen
être déporté	aus~brechen*, a, o, i
déraper *itr*, **chasser** *itr*	schleudern*
déraper	ins Schleudern geraten*, ie, a, ä
faire une embardée	auf die Seite geschleudert werden
glisser	rutschen*
aller/entrer dans le décor *(fam)*	von der Fahrbahn ab~kommen*, a, o
faire un tête-à-queue	sich um seine eigene Achse drehen
○ **la côte**	die Steigung, en
monter une côte en seconde (vitesse)	eine Steigung im zweiten Gang nehmen, a, o, i
le sommet de la côte	die Straßenkuppe, n
descendre la côte	die Anhöhe hinab~fahren*
• **la vitesse**	die Geschwindigkeit
la limitation de la vitesse	die Geschwindigkeitsbegrenzung/ das Tempolimit, s
la vitesse maximum autorisée	die zulässige Höchstgeschwindigkeit
la zone (résidentielle) à vitesse limitée	die verkehrsberuhigte Zone
l'excès *m* **de vitesse**	die Geschwindigkeitsüberschreitung
dépasser la vitesse réglementaire autorisée	die zulässige Geschwindigkeit überschreiten, i, i
le contrôle-radar	die Radarkontrolle, n, die Radarfalle, n
l'obligation *f* **de vitesse minimum**	die vorgeschriebene Mindestgeschwindigkeit
la vitesse recommandée	die Richtgeschwindigkeit
la vitesse moyenne	die Durchschnittsgeschwindigkeit
rouler à une moyenne de 60 kilomètres à l'heure	mit einer Geschwindigkeit von 60 Kilometern in der Stunde fahren*
faire du 100 à l'heure	(mit) 100 Sachen *pl* fahren* *(fam)*
accélérer	beschleunigen, Gas geben, a, e, i
appuyer sur le champignon *(fam)*	auf die Tube drücken *(fam)*
accélérer à fond	Vollgas geben, a, e, i
appuyer à fond sur l'accélérateur	das Gaspedal durch~treten, a, e, i
aller/rouler à toute allure	mit voller Geschwindigkeit fahren*
doubler, dépasser	überholen
céder/laisser le passage à qn	jdn überholen lassen, jdn vorbeifahren lassen, ie, a, ä
doubler à gauche	links überholen
déboîter *itr*, **changer de file**	aus~scheren*
se rabattre	ein~scheren*
se ranger (dans une file)	sich ein~ordnen
ne pas respecter la distance réglementaire	mit zu geringem Fahrzeugabstand fahren*
serrer de près (la voiture qui précède)	dicht auf~fahren*, u, a, ä
La voiture serrait le camion de trop près.	Der PKW fuhr zu dicht auf den LKW auf.
ralentir	langsamer fahren*
ralentir l'allure	das Tempo verringern
lever le pied *(fam)*	den Fuß vom Gaspedal nehmen, a, o, i
réduire la vitesse ; ralentir et s'arrêter	ab~bremsen
freiner	bremsen
freiner brutalement	scharf bremsen
s'arrêter	an~halten, ie, a, ä
marquer un temps d'arrêt	kurz an~halten
stopper	stoppen
couper le moteur	den Motor ab~schalten
○ **garer** *tr*, **se garer** *(fam)*	parken
garer sa voiture sur le trottoir	den Wagen auf dem Bürgersteig parken
stationner *itr* ; **être garé**	parken *itr*
faire marche arrière	rückwärts fahren*
faire un créneau	rückwärts ein~parken
braquer	das Steuer ein~schlagen, u, a, ä
reculer *(pour se garer)*	zurück~setzen
une place libre *(pour se garer)*	eine Parklücke
• **le parking, le parc de stationnement**	der Parkplatz, ¨e
le stationnement	das Parken
stationnement gênant	Parken mit Verkehrsbehinderung
le parking surveillé	der bewachte Parkplatz
le parking souterrain	die Tiefgarage, n
le parking à étages	das Parkhaus, ¨er, die Hochgarage
le parc/parking de dissuasion	das Park-and-ride-System
l'accotement *m* **de stationnement**	der Parkstreifen, -
le parcmètre	die Parkuhr, en
la zone bleue	das Zonenhaltverbot
le disque	die Parkscheibe, n
l'horodateur *m*	der Parkscheinautomat, en
le contractuel	der Hilfspolizist, en *(F)*
la contractuelle, la pervenche	die Politesse, n
l'automobiliste garé en infraction	der Parksünder, - *(fam)*
la sortie de garage	die Garageneinfahrt, en
sortie de voitures, prière de ne pas stationner	Einfahrt freihalten !
le sabot de Denver	die Parkkralle, n
la mise en fourrière	das gebührenpflichtige Abschleppen
rentrer sa voiture au garage	den Wagen in die Garage stellen
sortir sa voiture du garage	den Wagen aus der Garage fahren
remiser la voiture	den Wagen unter~stellen
le garage collectif	die Sammelgarage, n
le box	die Einzelbox, en, der Abstellplatz, ¨e
le garage particulier	die Privatgarage

l'infraction

• **l'infraction** *f* **(au code de la route)**	die Ordnungswidrigkeit, en
enfreindre le code de la route	gegen die Verkehrsordnung verstoßen, ie, o, ö
être en contravention	eine Übertretung begangen haben

dresser un procès-verbal/ verbaliser	ein Protokoll auf~nehmen, a, o, i
la contravention, la contredanse *(fam)*	das Protokoll, e
avoir une contravention, attraper un p.-v. *(fam)*	ein Protokoll bekommen, a, o
l'avertissement taxé	die gebührenpflichtige Verwarnung
le barème des amendes	der Bussgeldkatalog
la contravention	der Bussgeldbescheid, e
l'amende *f*	das Bussgeld, er
le fichier central des contraventions de la circulation	die zentrale Verkehrssünderkartei *(Flensburg)*
le contrôle de police	die Polizeikontrolle, n
le contrevenant au code de la route	der Verkehrssünder, -
le chauffeur du dimanche	der Sonntagsfahrer, -
le retrait du permis de conduire	der Führerscheinentzug
retirer le permis à qn	jdm den Führerschein entziehen, o, o
l'alco(o)test *m*	die Alkoholprobe, n ; das Teströhrchen, -
se soumettre à l'alco(o)test	sich dem Alkoholtest unterziehen, o, o
souffler dans le ballon *(fam)*	ins Röhrchen blasen, ie, a, ä *(fam)*
la prise de sang	die Blutprobe, n
l'alcoolémie *f*, **le taux d'alcool dans le sang**	der (Blut)alkoholspiegel
conduite *f* **en état d'ivresse**	Trunkenheit *f* am Steuer
le conducteur en état d'ivresse	der Alkoholsünder, -
(conducteur circulant à contre-sens sur l'autoroute)	der Geisterfahrer, -
• **l'accident** *m* **de la circulation**	der Verkehrsunfall, ¨e
avoir un accident	einen Unfall haben
provoquer un accident	einen Unfall verursachen
être impliqué dans un accident	an einem Unfall beteiligt sein
appeler la police	die Polizei benachrichtigen
l'ambulance *f* **(de police-secours)**	der Rettungswagen/ der Unfallwagen, -
le constat d'accident	das (polizeiliche) Unfallprotokoll, e
le constat amiable	das gütliche Unfallprotokoll
le lieu de l'accident	die Unfallstelle, n
le plan de l'accident	die Unfallskizze, n
les traces *f* **de freinage**	die Bremsspuren *fpl*
l'heure *f* **de l'accident**	die Unfallzeit
le témoin (de l'accident)	der (Unfall)zeuge, n
le témoignage	die Zeugenaussage, n
l'appel *m* **à témoins**	die Suchmeldung nach Zeugen
le délit de fuite	die Fahrerflucht, en
établir la cause de l'accident	die Unfallursache fest~stellen, klären
le refus de priorité	die Vorfahrtverletzung, en
les dommages corporels	der Personenschaden, ¨
le blessé ; le mort	der Verletzte *(adj)* ; der Tote *(adj)*
les dommages matériels *(t. gén)*	der Sachschaden
les dommages matériels *(au véhicule)*	der Blechschaden *(am Wagen)*
l'éraflure *f* ; **la bosse**	der Kratzer, - ; die Beule, n
cabosser	verbeulen
emboutir un mur	gegen eine Mauer fahren*, u, a, ä
entrer dans un arbre *(fam)*	gegen einen Baum fahren*
le carambolage	der Auffahrunfall, die Karambolage
enfoncer (avec une voiture)	ein~fahren, u, a, ä, ein~drücken
contourner, éviter	umfahren
renverser qn	jdn um~fahren
se faire renverser par un véhicule	von einem Fahrzeug umgefahren werden
brûler, griller un signal	ein Signal überfahren, u, a, ä
écraser qn	jdn überfahren
être écrasé, se faire écraser	überfahren werden
heurter, accrocher, tamponner	an~fahren, u, a, ä
J'ai accroché son aile.	Ich habe seinen Kotflügel angefahren.
la collision, l'accrochage *m*	der Zusammenstoß, ¨e
entrer en collision, se tamponner	zusammen~stoßen*, ie, o, ö
le choc, le heurt	der Aufprall
heurter violemment qc/ heurter qc de plein fouet	auf~prallen* auf+A/gegen+A
capoter *itr*, **faire un tonneau**	sich überschlagen, u, a, ä
faire plusieurs tonneaux	sich mehrfach überschlagen
○ **la voiture accidentée**	der Unfallwagen, -
l'épave *f*	das Autowrack, s
le cimetière d'autos	der Autofriedhof, ¨e
le ferrailleur, le casseur	der Schrottwagenhändler, -
○ **les victimes** *f* **des accidents de la route**	die Verkehrsopfer *npl*
La route tue.	Die Straße fordert viele Todesopfer.
les points noirs	die Unfallschwerpunkte *mpl*
la prévention routière	die Verkehrsunfallverhütung
l'enseignement *m* **de la sécurité routière**	die Verkehrserziehung

Wo kann ich meinen Wagen ab~stellen/parken ?
Où puis-je garer ma voiture ?

Mein Wagen ist schlecht geparkt.
Je suis mal garé.

Ein rücksichtsloser Fahrer hat mich geschnitten.
Un chauffard (fam) m'a fait une queue de poisson.

Er ist auf den vorderen Wagen aufgefahren.
Il a tamponné/heurté la voiture qui le précédait.

wie ein Verrückter rasen*
rouler comme un fou

Die Fahrzeuge sind in voller Fahrt aufeinandergeprallt.
Les véhicules se sont heurtés en pleine vitesse.

Der Wagen hat Totalschaden.
La voiture est irrécupérable.

Der Wagen ist schrottreif.
La voiture est bonne pour la ferraille.

einen Wagen verschrotten lassen
mettre une voiture à la casse/à la ferraille

Würden Sie bitte als Zeuge auftreten ?
Pouvez-vous me servir de témoin ?

Der Alkoholgenuss schränkt die Fahrtüchtigkeit ein.
La consommation d'alcool diminue les réflexes au volant.

nicht fahrtüchtig sein
ne pas être en mesure/en état de conduire

jdn am Steuer ab~lösen
relever qn au volant

Man bietet mir eine Mitfahrgelegenheit nach Berlin an.
On me propose une place en voiture pour Berlin.

Wer sachte fährt, kommt auch an.
Qui va doucement, va sûrement.

Gute Fahrt !
Bonne route !

3. LES TRANSPORTS EN COMMUN - LE CHEMIN DE FER

les transports urbains

• **les moyens** *m* **de transport**	das Transportwesen, die Verkehrsmittel *npl*
les transports *m* **en commun**	die öffentlichen Verkehrsmittel
le réseau de voies de communication	das Verkehrsnetz, e
la desserte	die Verkehrsverbindung, en
être bien desservi	verkehrsgünstig liegen, a, e
les utilisateurs *m* **(des moyens de transport)**	die Verkehrs(be)nutzer *mpl*
l'usager *m*	der Verkehrsteilnehmer, -
le transport de passagers	der Personenverkehr
• **les transports urbains**	die städtischen Verkehrsmittel *npl*
○ **le taxi**	das Taxi, s/die Taxe, n
commander un taxi	ein Taxi bestellen
le taxi-radio	das Funktaxi
un taxi en maraude	*(ein Taxi, das Fahrgäste sucht) (F)*
le chauffeur de taxi	der Taxifahrer, -
la course	die Fahrt, en
le compteur	der Taxameter, -
le prix de la course	der Fahrpreis, e
le pourboire	das Trinkgeld, er
la station de taxis	der Taxistand, ¨e
le client	der Fahrgast, ¨e
• **les transports publics/en commun**	die öffentlichen Verkehrsmittel *npl*
la communauté de transport	der Verkehrsverbund
la gare routière	der Busbahnhof, ¨e
la gare routière centrale	der zentrale Omnibusbahnhof (ZOB)
l'autobus *m* **/le bus**	der (Auto)bus, se
le minibus	der Minibus
le car scolaire	der Schulbus
l'autocar *m* **/le car**	der Reisebus/der Überlandbus
le trolley(bus)	der O(berleitungs)bus
le conducteur	der Fahrer, -
le receveur	der Schaffner, -
l'arrêt *m* **obligatoire**	die Haltestelle, n
l'arrêt facultatif	die Bedarfshaltestelle
l'abribus *m* ™	die überdachte Bushaltestelle
la place assise, debout	der Sitz-, Stehplatz, ¨e
le tram(way)	die Straßenbahn, en/ die Elektrische *(adj)*
la voiture de tête	der Triebwagen, -
la caténaire	die Oberleitung, en
○ **le métro(politain)**	die Untergrundbahn/U-Bahn
le métro-express	die Vorortsbahn, die S-Bahn
le réseau express régional	das Nahverkehrsnetz *(Paris)*
le train de banlieue	der Nahverkehrszug
le métro aérien	die Hochbahn
la rame de métro	der U-Bahnzug, ¨e
la station de métro	die U-Bahnstation, en
la ligne	die Linie, n
le terminus, la tête de ligne	die Endstation, en
la bouche de métro	der U-Bahneingang, ¨e
l'escalier roulant	die Rolltreppe, n
le tourniquet	das Drehkreuz, e
le ticket, le billet, le titre de transport	der Fahrschein
le distributeur de billets	der Fahrkartenautomat, en, en
le composteur	der Fahrscheinentwerter, - *(F)*
composter, poinçonner	entwerten, lochen

le chemin de fer

• **le chemin de fer**	die Eisenbahn, en
le voyageur	der Bahnreisende *(adj)*
• **la gare (centrale)**	der (Haupt)bahnhof, ¨e
la gare maritime	der Hafenbahnhof
aller à la gare	zum Bahnhof fahren, u, a, ä
accompagner, conduire qn à la gare	jdn zum Bahnhof begleiten, bringen, a, a
aller chercher qn à la gare	jdn am Bahnhof/von der Bahn abholen
les renseignements (ferroviaires)	die Zugauskunft
l'horaire *m* **des trains**	der Fahrplan, ¨e
les grandes lignes	der Fernverkehr
le départ ; partir (de)	die Abfahrt, en ; ab~fahren*, u, a, ä (von+D)
l'arrivée *f* **; arriver (à)**	die Ankunft, ¨e ; an~kommen*, a, o (in+D)
le train de nuit	der Nachtzug, ¨e
circule tous les jours sauf les dimanches et fêtes	fährt werktags
la navette	der Pendelverkehr
le train navette	der Pendelzug, ¨e
la correspondance	der Anschluss(zug)
Vous avez à 6 heures 10 une correspondance pour Paris.	Sie haben um 6.10 Uhr Anschluss nach Paris.
changer de train à Francfort	in Frankfurt um~steigen*, ie, ie
une heure d'attente	eine Stunde Wartezeit
la salle d'attente	der Wartesaal, säle
attendre le train	auf den Zug warten
le buffet de la gare	die Bahnhofswirtschaft, en
la buvette	der Ausschank, ¨e
• **les bagages** *m*	das Gepäck, die Gepäckstücke *npl*
le sac de voyage	die Reisetaschen, n
le sac à dos	der Rucksack, ¨e
le sac marin	der Seesack, ¨e
la valise	der (Hand-, Reise)koffer, -
l'attaché-case *m*	der Aktenkoffer
le vanity-case	der Kosmetikkoffer
faire sa valise/ses valises	seinen Koffer packen
la malle	der große Reisekoffer
la malle-armoire	der Schrankkoffer
le chariot à bagages	der Gepäckkarren, -
le porteur	der Gepäckträger, -
la consigne	die Gepäckaufbewahrung
mettre à la consigne	in die Gepäckaufbewahrung geben, a, e, i
retirer de la consigne	von der Gepäckaufbewahrung holen
le bulletin de consigne	der Gepäckaufbewahrungsschein, e
la consigne automatique	das Schließfach, ¨er
l'enregistrement *m* **des bagages**	die Gepäckabfertigung
faire enregistrer les bagages	das Gepäck auf~geben, a, e, i
l'excédent *m* **de bagages**	das Übergepäck
le hall des guichets	die Schalterhalle, n
le guichet	der Schalter, -
le billet	die Fahrkarte, n
prendre un billet pour Bonn	eine Fahrkarte nach Bonn lösen
un (billet) aller-retour	eine Rückfahrtkarte
de première (classe), de seconde (classe)	erster Klasse, zweiter Klasse

Le train n'a que des wagons de première (classe).	Der Zug hat nur erste Klasse.
le supplément	der Zuschlag, ¨e
le billet/la fiche de réservation	die Platzkarte, n
payer plein tarif	den vollen Preis zahlen
la réduction	die Ermäßigung, en
le billet à tarif réduit	die ermäßigte Fahrkarte
la carte vermeil	der Senioren-Pass
le billet de groupe	der Sammelfahrschein
la carte d'abonnement	die Dauerkarte
le ticket de quai	die Bahnsteigkarte, n
● **le train**	der Zug, ¨e
arriver par le train	mit dem Zug kommen*, a, o
le chef de train	der Zugführer, -
le cheminot	der Eisenbahner, -
le voyageur	der Reisende *(adj)*
la locomotive	die Lokomotive, n/die Lok, s
le poste/la cabine de conduite	der Führerstand, ¨e
le conducteur de machine, le mécanicien	der Lokomotivführer, -
la locomotive à vapeur	die Dampflokomotive
le tender	der Kohlenwagen
la locomotive électrique	die Elektrolok/E-Lok, Ellok
la motrice	der Triebwagen
l'automotrice Diesel	der Dieseltriebwagen
la locomotive Diesel	die Diesellok
le fourgon	der Gepäckwagen
le fourgon postal	der Postwagen
○ **la voiture**	der Personenwagen
la voiture à allée centrale	der Großraumwagen
la voiture à compartiments	der Abteilwagen
le wagon-restaurant	der Speisewagen
premier service, deuxième service	erstes Essen, zweites Essen
le wagon-lit	der Schlafwagen
le wagon-couchettes	der Liegewagen
la couchette	der Liegeplatz, ¨e
la voiture paronamique	der Aussichtswagen
l'attelage *m*	die Kupplung, en
le boggie	das Drehgestell, e
le soufflet	der Faltenbalg, ¨e
le tampon	der Puffer, -
la portière	die Tür, en
Fermez les portières, s.v.p !	Bitte, Türen schließen !
le marche-pied	das Trittbrett, er
le couloir	der Gang, ¨e
○ **le compartiment**	das Abteil, e
le compartiment fumeurs	das Raucherabteil
le compartiment non-fumeurs	das Nichtraucherabteil
la place assise	der Sitzplatz, ¨e
la place côté fenêtre, côté couloir	der Fensterplatz, der Eckplatz Gangseite
Cette place est-elle libre ?	Ist der Platz noch frei ?
Elle est occupée, réservée.	Er ist besetzt, reserviert.
baisser, relever la glace	das Fenster herunter~lassen, ie, a, ä, hoch~ziehen, o, o
en tête de train, en queue de train	an der Spitze des Zuges, am Zugende
l'express *m*	der D-Zug
le train rapide intervilles *(D)*	der Intercityzug/IC
le train à grand vitesse/TGV *(F)*	der Hochgeschwindigkeitszug, der Intercityexpresszug/ICE *(D)*
le train à sustentation magnétique	die Magnetschwebebahn *(Transrapid)*
l(e train) omnibus *m*	der Personenzug
le tortillard *(fam)*	der Bummelzug *(fam)*
Le train s'arrête à toutes les stations.	Der Zug hält an allen Stationen *fpl.*
le train supplémentaire	der Sonderzug
la voiture directe	der Kurswagen, -
le train autos-couchettes	der Autoreisezug
le quai	der Bahnsteig, e
la voie	das Gleis, e
entrer en gare	in den Bahnhof ein~laufen*, ie, au, äu
arrivée prévue : 15 h 30	fahrplanmäßige Ankunft : 15.30 Uhr
respecter l'horaire *m*	den Fahrplan einhalten, ie, a, ä
Le train en provenance de Bonn arrive sur le quai 3.	Der Zug aus Bonn fährt auf Bahnsteig 3 ein.
a du retard, a 20 minutes de retard *m*	hat Verspätung, hat 20 Minuten Verspätung
manquer, rater le train	den Zug verfehlen, verpassen
attraper le train de justesse	den Zug gerade noch erreichen
cinq minutes d'arrêt	fünf Minuten Aufenthalt
monter dans le train	(in den Zug) ein~steigen*, ie, ie
descendre (de voiture)	aus~steigen*, ie, ie
Tout le monde descend !	Alles aussteigen !
La voiture de queue est décrochée.	Der letzte Wagen wird abgehängt.
En voiture, s.v.p. !	Einsteigen, bitte !
Fermez les portières !	Die Türen schließen !
Le train part.	Der Zug fährt ab.
prendre le train en marche	in den fahrenden Zug ein~steigen*, ie, ie
le contrôleur	der Kontrolleur, e
le contrôle des billets	die Fahrkartenkontrolle, n
présenter son billet	seinen Fahrschein vor~zeigen
voyager sans billet, resquiller *(fam)*	schwarz~fahren*, u, a, ä
le voyageur sans billet, le resquilleur	der Schwarzfahrer, -
● **la gare de marchandises**	der Güterbahnhof
le transport de marchandises par la voie ferrée	der (Eisenbahn)güterverkehr
le transport ferroviaire	der Bahntransport
l'expédition *f* **par rail**	der Bahnversand
transporter par rail	mit der Bahn befördern
le service de livraison à domicile	der Bahn-Haus-Lieferdienst
le transporteur agréé auprès des chemins de fer	der Bahnspediteur, e
l'expédition *f* **des marchandises**	die Güterabfertigung
le bureau des départs	die Frachtgutannahme, -
le chef de manutention	der Lademeister, -
la rampe d'accès	die Auffahrtsrampe, n
la lettre de voiture	der Frachtbrief, e
franco wagon	frei Waggon
franco en gare	frei Bahnhof
pris en gare	ab Bahnhof
en gare restante	bahnlagernd
le colis express	das Expressgut
un envoi par express à destination de Brême	eine Expressgutsendung nach Bremen
les marchandises *m* **en régime ordinaire**	das Frachtgut, ¨er

les marchandises en régime accéléré	das Eilgut
les marchandises de détail	das Stückgut
le chargement par wagon complet/entier	die Wagenladung, en
la bascule à wagon	die Gleiswaage, n
la bascule pour les colis de détail	die Stückgutwaage
le barème applicable par wagon complet	die Frachtsätze für Wagenladungen
les taxes *f* à payer pour les expéditions de détail	die Stückgutfracht
les délais *m* de chargement, de déchargement	die Belade-, die Abladefristen *fpl*
les taxes de stationnement	die Waggonstandgelder *npl*
la gare d'attache	der Heimatbahnhof, ¨e
la gare de départ	der Abgangsbahnhof
la gare destinataire	der Bestimmungsbahnhof
la gare de chargement/d'embarquement	der Verladebahnhof
la gare de transbordement	der Umladebahnhof
la gare (de transbordement) de conteneurs	der Containerbahnhof
• **le train de marchandises**	der Güterzug, ¨e
le wagon à marchandises	der Güterwagen, -
le wagon-citerne	der Kesselwagen, der Tankwagen
le wagon à citernes	der Behälterwagen
le wagon couvert, découvert	der gedeckte, offene Wagen
le wagon à deux étages	der Doppelstockwagen
le wagon frigorifique	der Kühlwagen
le wagon isotherme	der Wärmeschutzwagen
le wagon plat	der Flachwagen
le wagon porte-conteneurs	der Behältertragwagen
le wagon à plate-forme surbaissée	der Tieflader, -
le wagon-trémie	der Trichterwagen

le réseau ferroviaire

○ **le réseau ferroviaire**	das Eisenbahnnetz, e
le nœud ferroviaire	der Verkehrsknotenpunkt, e
le trafic ferroviaire	der Eisenbahnverkehr
l'électrification *f*	die Elektrifizierung, -
la voie ferrée, les rails *m*	das Gleis, e
• **le rail**	die Schiene, n
le rail conducteur	die Stromschiene
l'écartement *m*	die Spurweite, n
la traverse	die Schwelle, n
le ballast	die Bettung, en
le remblai	der Damm, ¨e
le talus	die Böschung, en
la courbe	die Kurve, n
la montée, la rampe	die Steigung, en
la pente	das Gefälle, -
le tunnel	der Tunnel, -
traverser un tunnel	durch einen Tunnel fahren*, u, a, ä
le viaduc	der/das Viadukt, e ; die Talbrücke, n
le pont de chemin de fer	die Eisenbahnbrücke, n
les signaux *m*	die (Eisenbahn)signale *npl*
le signal d'entrée	das Einfahrtsignal
le signal d'arrêt	das Haltsignal
le signal de départ	das Abfahrtssignal
le passage à niveau	der Bahnübergang, ¨e
la barrière	die Schranke, n
s'abaisser, être fermé, se lever	sich senken, geschlossen sein, sich heben, o, o
le passage à niveau sans barrières	der unbeschrankte Bahnübergang
le garde-barrière	der Schrankenwärter, -
le garde-voie	der Bahnwärter
l'ouvrier *m* de la voie	der Streckenarbeiter, -
○ **la gare de triage**	der Verschiebe-/Rangierbahnhof, ¨e
la locomotive de manœuvre	die Rangierlok/ die Verschiebelokomotive, n
manœuvrer *tr/itr*	rangieren *tr/itr*/verschieben, o, o *tr*
le poste de butte	das Rangierstellwerk, e
la rampe de triage	der Ablaufberg, e
l'agent *m* de manœuvre	der Rangierer, -
la voie de triage	das Verschiebegleis, e
le signal de manœuvre	das Rangiersignal, e
le poste d'aiguillage	das Stellwerk, e
l'aiguilleur *m*	der Weichensteller, -
l'aiguille *f*, le changement de voie	die Weiche, n
la bifurcation	die Abzweigung, en
la plaque tournante	die Drehscheibe, n
la voie de garage	das Abstellgleis, e
le butoir	der Prellbock, ¨e
le matériel roulant	der Wagenpark
○ **le chemin de fer de montagne**	die Bergbahn, en
le chemin de fer à crémaillère	die Zahnradbergbahn
le funiculaire	die Standseilbahn
le téléphérique	die Seilschwebebahn
le pylône de téléphérique	die Seilbahnstütze, n
la cabine	die Kabine, n
○ **la catastrophe ferroviaire**	das Eisenbahnunglück, e
le déraillement	die Entgleisung, en
dérailler	entgleisen*
la collision	der Zusammenstoß, ¨e
entrer en collision (avec)	zusammen~stoßen*, ie, o, ö (mit+D)
tirer le signal d'alarme	die Notbremse ziehen, o, o

Es ist (aller)höchste Eisenbahn !
Il n'y a pas une minute à perdre !

jdn aufs Abstellgleis schieben, o, o
mettre qn sur une voie de garage

Es geht alles im alten Geleise langsam weiter. *(fam)*
Les choses vont leur petit train-train. (fam)

4. LES TRANSPORTS MARITIMES

le bateau

• **le bateau ; le bâtiment**	das Schiff, e
l'embarcation *f*	das Wasserfahrzeug, e, das Boot, e
le navire	das (See)schiff
les types *m* de bateaux	die Schiffstypen *fpl*
l'aéroglisseur *m*, l'hovercraft *m*	das Luftkissenboot, e
l'automoteur *m*	das Motorgüterschiff, der Selbstfahrer, -
le bac	die Fähre, n
le passeur	der Fährmann, männer/leute
le bananier	der Bananendampfer, -

la barcasse, la vedette	die Barkasse, n
la barge	das Flachboot, e
la barque	der Kahn, ¨e ; die Barke, n *(Méditerranée)*
le bateau à vapeur	das Dampfschiff/der Dampfer, -
le bateau à voile, le voilier *(v. sports, p. 190)*	das Segelboot/das Segelschiff
le bateau d'excursion	das Seebäderschiff, e
le bateau de sauvetage	das Rettungsboot
le bateau pneumatique	das Schlauchboot, e
le bateau-pompe	das Feuerlöschboot
le brise-glace	der Eisbrecher, -
le caboteur	das Küstenmotorschiff/das Kümo, s
le canot automobile	das Motorboot
le canot à rames	das Ruderboot
le car-ferry, le transbordeur	die Autofähre, n
le cargo	der Frachtdampfer/der Frachter, -
le cargo mixte	der Frachtdampfer mit Passagierkabinen
la chaloupe	die Schaluppe, n
le cotre	der Kutter, -
le ferry(-boat), le transbordeur	die Eisenbahnfähre, n
la frégate	die Fregatte, n
la goélette	der Schoner, -
la gondole	die Gondel, n
le hors-bord	das Außenbordmotorboot
l'hydroglisseur *m*	das Gleitboot
le navire de commerce	das Handelsschiff
le navire-école	das Schulschiff
le navire de forage	das Bohrschiff
le navire de guerre	das Kriegsschiff
le navire-hôpital	das Lazarettschiff
le navire marchand	das Handelsschiff
le méthanier	der Flüssiggas-Tanker, -
le paquebot *(+de 100 passagers)*	der Passagierdampfer, -
le paquebot de croisière	der Ausflugdampfer
le paquebot géant	der Riesendampfer
la péniche remorquée	der Schleppkahn, ¨e
le (super)pétrolier	der (Mammut)tanker, -
le porte-conteneurs	das Containerschiff/das Behälterschiff
le pousseur	das Schubschiff
la prame	der Leichter, die Schute
le radeau	das Floß, ¨e
le roulier	das Roll-on-roll-off-Schiff, Ro-ro-Schiff
le transatlantique	der Ozean-, Überseedampfer
le trois-mâts	der Dreimaster, -
la vedette rapide	das Schnellboot
le vraquier	das Massengutfrachtschiff
le yacht	die Jacht, en
la yole	die Jolle, n ; das Beiboot
● **le navire**	das Seeschiff
le tonneau	die Registertonne, n
jauger 10 000 tonneaux	einen Raumgehalt von 10 000 Registertonnen haben
le tonneau de jauge brute, nette	die Brutto-, Nettoregistertonne, n
le tonnage	das Ladevermögen, die Tonnage
le tonnage brut, tonnage net	der Brutto-, Nettotonnengehalt
la ligne de flottaison	die Wasserlinie, n
le tirant d'eau	der Tiefgang, ¨e
le déplacement	die Wasserverdrängung

○ **les parties** *f* **d'un navire**	die Schiffsteile *npl*
la coque	der Rumpf, ¨e
la quille	der Kiel, e
la proue	der Bug, ¨e
l'étrave *f*	der Vordersteven, -
la poupe	das Heck, e/s
le gouvernail	das Ruder, -
l'hélice *f*	die Schiffsschraube, n
la turbine	die Turbine, n
le sillage	das Kielwasser
l'ancre *f*	der Anker, -
la chaîne d'ancre	die Ankerkette, n
○ **le pont**	das Deck, s
la passerelle	das Brückendeck, die Kommandobrücke, n
le poste radiotélégraphique	der Funkraum, ¨e
le service radio maritime	der Seefunkdienst
la chambre de navigation	der Navigationsraum
la timonerie	das Steuerhaus, ¨er
la roue du gouvernail, la barre	das Steuerrad, ¨er
le timonier	der Rudergänger, -, der Steuermann, -leute
la sonde	das Lot, e
l'écho-sondeur *m*	das Echolot
le gyrocompas, le compas magnétique	der Kreisel-, Magnetkompass, e
la rose des vents	die Kompassrose, n
le sextant	der Sextant, en, en
le relèvement	die Peilung, en
le mille marin	die Seemeile, n
à babord, à tribord	backbord, steuerbord
mettre le cap sur	Kurs nehmen, a, o, i auf+A
à toute vapeur	mit Volldampf
filer trente nœuds à l'heure	dreißig Knoten in der Stunde laufen*, ie, au, äu
le nœud	der Knoten, -
l'officier *m* **de quart**	der Navigationsoffizier
faire le quart	auf Wache sein
la passerelle de navigation	das Peildeck
le radar	das Radargerät, e
l'écran *m* **radar**	das Radarsichtgerät
l'antenne *f* **radar**	die Radarantenne, n
le pont des embarcations	das Bootsdeck
le canot de sauvetage	das Rettungsboot, e
le bossoir	der Davit, s
mettre les embarcations à la mer	die Boote aus~setzen
le pont-promenade	das Promenadendeck
la galerie	die Promenade
le transat	der Liegestuhl, ¨e
le pont A	das A-Deck
le pont couvert	das halboffene Deck
le pont B, le pont principal	das B-Deck, das Hauptdeck
aller sur le pont	auf(s) Deck gehen*, i, a
Tout le monde sur le pont !	Alle Mann an Deck (auf Deck) !
le pont avant	das Vordeck
le gaillard	die Back
la manche à air	der Lüfter, -
la plage arrière	das Achterdeck
le bastingage	die Reling, e/s
la rambarde	die offene Reling
l'entrepont *m*	das Zwischendeck
la coursive	der Seitengang, ¨e

le hublot	das Bullauge, n
la cambuse, la cuisine	die Kombüse, n, die Schiffsküche, n
le carré	die Offiziersmesse, n
la cabine	die Kabine, n
la cabine *(équipage)*	die Kajüte, n
la couchette	die Koje, n
le poste de l'équipage	der Mannschaftsraum, ¨e
le marin	der Seemann, leute
l'équipage *m*	die Besatzung, en/die Mannschaft, en
engager un équipage	eine Schiffsmannschaft heuern
le capitaine	der Schiffskapitän, e
le capitaine au long cours	der Kapitän auf hoher See
le commissaire	der Zahlmeister, -
l'officier *m* **mécanicien**	der Schiffsingenieur, e
le médecin de bord	der Schiffsarzt, ¨e
le timonier	der Steuermann, -leute
le cuisinier de bord, le (maître) coq	der Schiffskoch, ¨e, der Smutje, s *(fam)*
le steward, le garçon de cabine	der Steward, s
le matelot	der Matrose, n, n
le chauffeur	der Heizer, -
le mousse	der Schiffsjunge, n, n
être dans la marine	zur See fahren*, u, a, ä
être en mer	auf See sein
le passager	der Passagier, e
avoir un passager clandestin à bord	einen blinden Passagier an Bord haben
la cargaison	die Ladung, en
le mât de charge	der Lademast, -baum, -pfosten
l'écoutille *f*	die Luke, n
l'écoutille de chargement	die Ladeluke
le panneau	der Lukendeckel, -
la cale, la soute	der Laderaum, ¨e
la cloison étanche	das Schott, e/die Schotte, n
le ballast	der Ballast
la soute à bagages	der Gepäckraum, ¨e
la salle des machines	der Maschinenraum
le moteur Diesel	der Dieselmotor, en
la soute à mazout	der Treiböltank, s
l'arbre *m* **de couche**	die (Schrauben)welle, n
la cheminée	der Schornstein, e
la sirène	die Sirene, n
la sirène de brouillard	das Nebelhorn, ¨er
le pavillon	die Flagge, n
hisser le pavillon	die Flagge setzen, auf~ziehen, o, o
amener le pavillon	die Flagge ein~holen
battre pavillon français	die französische Flagge führen
naviguer sous pavillon étranger	unter fremder Flagge fahre*n, u, a, ä
le pavillon de complaisance	die billige Flagge
le pays à pavillon de complaisance	das Vorzugsfrachtland, ¨er
le port d'attache	der Heimathafen, ¨

la navigation maritime

• **la navigation maritime**	die Seeschifffahrt, die Seefahrt
la marine marchande	die Handelsmarine
la navigation au long cours	die Hochseeschifffahrt
la compagnie maritime	die Schifffahrtsgesellschaft, en, die Reederei, n
l'armateur *m*	der Reeder, -
la ligne maritime	die Schiffahrtslinie, n
la voie maritime	der Schifffahrtsweg, e
le cabotage	die Küstenfahrt
le voyage en mer	die Seereise, n
la croisière	die Kreuzfahrt, en
la croisière inaugurale	die Jungfernfahrt, en
la traversée	die Überfahrt, en
un voyage au long cours	eine Überseefahrt
être en vue	in Sicht sein
Terre !	Land in Sicht !
• **le bulletin de la météo(rologie) marine**	der Seewetterbericht, e
la force du vent	die Windstärke, n
l'état *m* **de la mer**	der Seegang
le tangage ; le roulis	das Stampfen ; das Schlingern
se balancer	schaukeln, schwanken
le mal de mer	die Seekrankheit
avoir le mal de mer	seekrank sein
la nausée	die Übelkeit, -
avoir le pied marin	seefest sein
être en état de prendre/tenir la mer *(bateau)*	seetüchtig sein
○ **être en détresse**	in Seenot sein
le signal de détresse	das Notzeichen, s/der SOS-Ruf
lancer des SOS	SOS-Rufe aus~senden
(s')échouer ; faire naufrage ; être jeté à la côte	stranden*
s'échouer (sur)	auf~laufen*, ie, au, äu, (auf+A)
un bateau échoué/naufragé	ein aufgelaufenes/gestrandetes Schiff
entrer en collision	kollidieren*
l'avarie *f*	der Seeschaden, s/die Havarie, n
avoir une voie d'eau	ein Leck haben, leck sein
donner de la bande	Schlagseite haben
chavirer	kentern*
couler, sombrer	sinken*, a, u ; unter~gehen*, i, a
périr corps et biens	mit Mann und Maus untergehen
le naufrage du Titanic	der Untergang der Titanic
le naufrage	der Schiffbruch, ¨e
faire naufrage	Schiffbruch erleiden, i, i
le naufragé	der Schiffbrüchige *(adj)*
Un homme à la mer !	Mann über Bord !
la bouée de sauvetage	der Rettungsring, e
le gilet de sauvetage	die Schwimmweste, n
le radeau de survie	die Rettungsinsel, n
lancer une fusée/un signal de détresse	eine (Seenot)rakete in die Luft schießen, o, o
la vedette de sauvetage	der Seenotkreuzer, -
l'hélicoptère *m* **de sauvetage**	der Rettungshubschrauber, -
le câble de sauvetage	das Rettungstau, e
sauver; repêcher	retten; bergen, a, o, i
être à la recherche de survivants	nach Überlebenden *(adj)* suchen
la recherche des naufragés	die Suche nach den Schiffbrüchigen
être repéré	gesichtet werden
recueillir à bord	an Bord nehmen, a, o, i
la manœuvre de sauvetage	das Bergungsmanöver, das Rettungsmanöver, -
l'épave *f*	das Wrack, s
renflouer	wieder flott~machen

le port

• **le port**	der Hafen, ¨
le port de commerce	der Handelshafen

le port de guerre	der Kriegshafen
le port de pêche	der Fischereihafen
le port pétrolier	der Ölhafen
le port de plaisance	der Jachthafen
l'activité *f* **portuaire**	der Hafenbetrieb
le bureau du port	das Hafenamt, ¨er
le capitaine du port	der Hafenmeister, -
le droit de port, de quai	das Hafengeld
le port d'embarquement	der Verladehafen
l'escale *f*, **le port de relâche**	der Zwischenhafen
faire escale à	an~legen in+D
entrer dans le port	ein~laufen*, ie, au, äu
gagner un port	einen Hafen an~laufen, ie, au, äu
être à l'ancre, mouiller	vor Anker liegen, a, e
jeter l'ancre	vor Anker gehen*, i, a
lever l'ancre, appareiller	den Anker lichten, hoch~ziehen, o, o
prendre la mer	aus~laufen*, ie, au, äu
quitter le port	in See stechen*, a, o, i
l'accostage *m*	das Anlegen
l'échelle *f* **de coupé**	das Fallreep, e, die Strickleiter, n
la passerelle	die Gangway, s, die Schiffstreppe, n
relever la passerelle	die Schiffstreppe ein~ziehen, o, o
• **le transport par mer**	der Seetransport, e, die Verschiffung
le port de chargement, d'embarquement	der Verladehafen
le port de débarquement	der Entladehafen
embarquer/charger à bord *(la cargaison)*	(ver)laden, ein~schiffen, verschiffen *(die Ladung)*
arrimer la cargaison	die Ladung verstauen
l'embarquement *m (passagers, marchandises)*	die Einschiffung
s'embarquer (sur)	sich ein~schiffen (auf+A)
embarquer	an Bord nehmen, a, o, i
monter à bord	an Bord gehen*, i, a
rester à bord	an Bord bleiben*, ie, ie
débarquer, descendre à terre	an Land gehen*, i, a
le débarquement des passagers, des marchandises	die Ausschiffung
décharger une cargaison	eine Schiffsladung löschen
décharger un navire	ein Schiff löschen
On décharge le navire.	Das Schiff löscht.
le docker	der Hafenarbeiter, -
les staries *f*, **les jours** *m* **de planche**	die Liegetage *mpl*
○ **le port franc**	der Freihafen
le port de transbordement	der Umladehafen
le transbordement *(d'un navire sur un autre)*	das Umladen, s ; die Umladung *(von Bord zu Bord)*
la gare maritime	der Hafenbahnhof, ¨e
le transbordement des marchandises	der (Güter)umschlag
les installations *f* **portuaires**	die Hafenanlagen *fpl*
la visite du port en bateau	die Hafenrundfahrt, en
l'entrée *f* **du port**	die Hafeneinfahrt, en
la rade	die Reede, n
le bassin	das Becken, -
le phare	der Leuchtturm, ¨e
le gardien de phare	der Leuchtturmwärter, -
le feu à éclats	das Blitzfeuer, -
le bateau-pilote	das Lotsenboot, e
le pilote, le lamaneur	der (Hafen)lotse, n, n
piloter un navire	ein Schiff lotsen
la taxe de pilotage, les frais *m* **de lamanage**	das Lotsengeld
la signalisation maritime	die Seezeichen *npl*
la balise de chenal	das Fahrwasserzeichen, -
le chenal	das Fahrwasser, - ; die Fahrrinne, n
baliser	die Fahrrinne kennzeichnen
le bateau-feu	das Feuerschiff
le fanal	die Laterne, n
la bouée	die Boje, n
la balise flottante	die Bakentonne, n
le radiophare	die Funkbake, n
la drague ; draguer	der Bagger, - ; aus~baggern
la marie-salope	die Baggerschute, n
la grue flottante	der Schwimmkran, ¨e
la jetée, le môle	die Mole, n
le brise-lames	der Wellenbrecher, -
la digue	der Deich, e
le quai	der Kai, s/e ; der Hafendamm, ¨e
le sémaphore	der Signalmast, e
le débarcadère	die Landungsbrücke, n
l'embarcadère *m*, **l'appontement** *m*	die Anlegestelle, n
le bassin	das Becken, -
le pont roulant	der Laufkran, ¨e
la grue de chargement	der Ladekran
la grue tournante	der Drehkran
la poulie	die Rolle, n
la rampe de chargement	die Laderampe, n
le terminal pour conteneurs	das Containerterminal, s
le chariot élévateur (à fourche)	der Gabelstapler, -
le pont déchargeur pour conteneurs	die Containerbrücke, n
• **le chantier naval**	die Werft, en
la construction navale	der Schiffsbau
l'ingénieur *m* **en contruction navale**	der Schiffbauingenieur, e
la cale de construction	die Helling, en ; der Stapel, -
mettre en cale	auf Stapel legen
le lancement	der Stapellauf, ¨e
lancer un navire	ein Schiff vom Stapel lassen, ie, a, ä
mettre à l'eau	vom Stapel laufen*, ie, au, äu
l'armement *m*	die Ausrüstung
le baptême du navire	die Schiffstaufe, n
○ **le dock**	das Dock, s
la cale sèche	das Trockendock
mettre en cale sèche	ins Trockendock bringen, a, a
le dock flottant	das Schwimmdock
la réparation, le radoub	die Ausbesserung, en
le scaphandrier	der Taucher, -
l'homme-grenouille *m*	der Froschmann, männer
• **la batellerie, la navigation fluviale**	die Flussschifffahrt
le port fluvial	der Binnenhafen
la navigation poussée	die Schubschifffahrt
le batelier, le marinier	der (Binnen)schiffer, -
le remorqueur	der Schlepper, - ; das Bugsierschiff
remorquer	schleppen, bugsieren
la péniche	der Schleppkahn, ¨e
le chaland	der Lastkahn
le coche de plaisance, la péniche d'habitation	das Hausboot, e

la pêche en haute mer

• **la pêche en haute mer/ la pêche hauturière**	die Hochseefischerei
la pêche côtière/petite pêche	die Küstenfischerei
le pêcheur (professionnel)	der Fischer, -
pêcher	fischen
la prise, la pêche *(résultat)*	der (Fisch)fang, ¨e
faire une bonne pêche	einen guten Fang machen
le chalutier	der Fischdampfer, -/ der Fischtrawler, -
le navire-usine	das Fabrikschiff, e
le portique	der Heckgalgen, -
la rampe arrière	die Heckaufschleppe, n
le filet	das Netz, e
le chalut ; le filet dérivant	das Schleppnetz ; das Treibnetz
jeter le filet	das Netz aus~werfen, a, o, i
prendre au filet	mit dem Netz fangen, i, a, ä
retirer le filet	das Netz ein~ziehen, o, o
le morutier	der Kabeljaufänger, -
la pêche à la baleine	der Walfang
le baleinier, l'usine flottante	das Walfangmutterschiff, e
la baleinière	das Fangboot, e
le harpon	die Harpune, n
la chasse/la pêche à la baleine	der Walfang
l'huile animale	der Tran
l'huile de foie de morue, de requin	der Lebertran
○ **la zone de pêche**	das Fischereigebiet, e
pêcher à l'intérieur des eaux territoriales *m*	innerhalb der Hoheitsgewässer *npl* fischen
les eaux communautaires	die Gemeinschaftsgewässer
les eaux poissonneuses	die fischreichen Gewässer
le quota des captures autorisées	die (Fisch)fangquoten *fpl*
la conservation des réserves de poissons	die Erhaltung der Fischbestände *mpl*
la taille (réglementaire) des mailles de filet	die (zulässige) Maschenweite der Netze
le repeuplement des réserves	die Regenerierung/die Auffrischung der Fischbestände

glücklich an~kommen*, a, o
arriver à bon port

jdm einen Bären auf~binden, a, u *(fam)*
monter un bateau à qn (fam)

ein alter Seebär
un vieux loup de mer

von Kneipe zu Kneipe ziehen*, o, o
tirer une bordée

im gleichen Boot sitzen, a, e
être logé à la même enseigne

Gesinnungsgenossen sein
être du même bord

jdn auf den Arm nehmen, a, o, i
mener qn en bateau

Schiff ahoi !
Ohé ! du bateau.

5. LES TRANSPORTS AÉRIENS

l'aéronautique

• **l'aéronautique** *f*	die Luftfahrt, -
l'astronautique *f*	die Raumschifffahrt
(v. l'espace - l'astronautique, p. 105)	
• **l'aviation** *f*	das Flugwesen/die Fliegerei, -
le ballon	der Ballon, s
le ballon à air chaud, la montgolfière	der Heißluftballon
la nacelle	der Korb, ¨e ; die Gondel, n
le lest	der Ballast
jeter du lest	Ballast ab~werfen, a, o, i
le dirigeable	das Luftschiff, e/der Zeppelin, e
• **l'avion** *m*, **l'appareil** *m*	das Flugzeug, e
voler	fliegen, * o, o
l'appareil *m*	die Maschine, n
le coucou, le zinc *(fam)*	die Kiste, n, die Mühle, n *(fam)*
le planeur	das Segelflugzeug
monomoteur	einmotorig
bimoteur	zweimotorig
le monoplan	der Eindecker, -
le biplan	der Zweidecker
l'avion à aile basse	der Tiefdecker
l'avion à aile haute	der Hochdecker
le monoplace	der Einsitzer, -
le biplace	der Zweisitzer
l'hydravion *m*	das Wasserflugzeug
l'hydravion à coque	das Flugboot, e
l'hélicoptère *m*	der Hubschrauber, -
le rotor	der Rotor, en
l'aile tournante	der Drehflügel, -
l'héliport *m*	der Hubschrauberlandeplatz, ¨e
l'avion à hélice	das Propellerflugzeug
l'avion à turbopropulseur	das Propellerturbinenflugzeug, Turbo-Prop-Flugzeug
l'avion à réaction	das Düsenflugzeug, der Jet, s
le jumbo-jet, le gros porteur	der Jumbojet
l'avion supersonique	das Überschallflugzeug
le mur du son	die Schallmauer
le (biréacteur) moyen courrier	das (zweistrahlige) Mittelstreckenflugzeug
le (quadriréacteur) long courrier	das (vierstrahlige) Langstreckenflugzeug
la charge utile	die Nutzlast, en
le rayon d'action	die Reichweite
○ **le fuselage**	der Rumpf, ¨e
le nez, l'avant *m* **de l'avion**	der Bug, e
la queue de l'avion	das Heck, e
l'aile *f*	der Flügel, -
les ailes *f*	die Tragflächen *fpl*
l'envergure *f*	die Spannweite, n
le moteur	der Motor, en
le turboréacteur	das Düsentriebwerk, e ; die Strahlturbine, n
la tuyère	die Düse, n
l'hélice *f*	die Luftschraube, n, der Propeller
la pale de l'hélice	das Schraubenblatt, ¨er
tourner	sich drehen
les commandes *f*	das (Flugzeug)steuerwerk
l'empennage *m*	das Leitwerk, e
la gouverne de profondeur	das Höhenruder, -

la gouverne de direction	das Seitenruder
le plan fixe	die Flosse, n
le stabilisateur	die Höhenflosse
la dérive	die Seitenflosse
l'aileron *m*	das Querruder, -
le volet d'atterrissage	die Landeklappe, n
les aérofreins *m*	die Bremsklappe, die Luftbremse, -
le train d'atterrissage	das Fahrwerk, e
le train avant, le train principal	das Bug-, Hauptfahrgestell, e
rentrer, sortir le train d'atterrissage	das Fahrwerk ein~fahren, aus~fahren, u, a, ä
la soute à bagages	der Gepäckraum, ¨e
○ **la carlingue**	die Kabine, n
la cabine de pilotage, le cockpit	das Cockpit, s
la commande, le pilotage	die Steuerung
le volant de commande	der Steuergriff, e
le manche à balai	der Steuerknüppel, -
le tableau de bord	das Instrumentenbrett, er
la vitesse ascensionnelle	die Steiggeschwindigkeit
l'altitude *f* **; l'altimètre** *m*	die Höhe, n ; der Höhenmesser
l'accélération *f*	die Beschleunigung

l'aéroport - le vol

• **l'aéroport** *m*	der Flughafen, ¨
le terminus en ville, l'aérogare *f*	die Abfahrtstelle der Zubringerlinie
la navette	der Zubringerbus, se
l'hôtesse *f* **d'accueil**	die Bodenstewardess, en
la compagnie aérienne	die Fluggesellschaft, en
l'agence *f* **(de la compagnie aérienne)**	das Stadtbüro, s (der Fluggesellschaft)
le réseau aérien	das Flugnetz, e
la ligne aérienne	die Fluglinie, n
le service aérien	der Fluglinienverkehr
l'avion commercial	das Verkehrsflugzeug
l'avion-cargo	das Frachtflugzeug, e
le tarif de fret	der Frachttarif
l'aérogare du fret	die Frachthalle, n
le voyage en avion	die Flugreise, n
le passager	der Fluggast, ¨e, der Passagier, e
le vol direct, le vol sans escale	der Direktflug, ¨e, der Non-Stop-Flug
l'escale *f*	die Zwischenlandung, en
le passager en escale	der Umsteigepassagier, e
changer d'avion	um~steigen*, ie, ie
le vol de correspondance	der Anschlussflug, der Weiterflug
l'arrêt *m* **en cours de vol, le stop-over**	die Flugunterbrechung, en
stop-over permis à ...	Flugunterbrechung gestattet in ...
le billet d'avion	die Flugkarte, n
le prix du vol	der Flugpreis, e
le tarif aller	der einfache Flugpreis
le vol aller-retour	der Hin- und Rückflug
le (billet) prepaid	die Rufpassage, n
le billet open	der offene Flugschein, das „open ticket"
le jour de départ	der Abflugtag, e
la durée de vol	die Flugzeit
l'heure *f* **de départ**	die Abflugzeit
l'heure de décollage	der Flugantritt
le vol n° ... pour ...	der Flug Nr. nach ...
la réservation	die Reservierung, en
réserver une place (dans l'avion)	einen Platz (im Flugzeug) buchen
Le vol est complet.	Der Flug ist ausgebucht.
la confirmation ; confirmer	die Flugbestätigung, en ; bestätigen
la classe économique	die Economyklasse
le vol charter, le vol affrété	der Charterflug
le stand-by	das Standby, s
le billet stand-by	das Standby-Ticket, s
le voyage individuel à forfait	die Einzelflugpauschale, n
le voyage à forfait	der IT-Flug
le comptoir, le guichet d'enregistrement	der Abfertigungsschalter, -
l'enregistrement *m* **des bagages**	die Gepäckabfertigung
l'excédent *m* **de bagage**	das Übergepäck
le tapis roulant	das Transportband, ¨er
le bagage cabine	das Kabinengepäck
la valise avion	der Luftkoffer, -
la porte d'embarquement	der Flugsteig, e
la salle d'embarquement	die Abflughalle, n
embarquer dans l'avion	in die Maschine ein~steigen*, ie, ie
le contrôle des bagages	die Gepäckkontrolle, n
le dernier délai de présentation	der Meldeschluss
la carte d'accès à bord	die Bordkarte, n
la passerelle télescopique	die Fluggastbrücke, n
la piste de décollage et d'atterrissage	die Startbahn, die Start- und Landebahn, en
la voie de circulation	die Rollbahn, en
le balisage	die Befeuerung
○ **le trafic aérien**	der Luftverkehr
la tour de contrôle	der Kontrollturm, ¨e
le contrôleur aérien, l'aiguilleur *m* **du ciel**	der Flug(sicherungs)lotse, n, n
le radar	das Radargerät, e
surveiller l'espace *m* **aérien**	den Luftraum überwachen
un objet volant non identifié (OVNI)	ein unbekanntes Flugobjekt (UFO)
• **le vol**	der Flug
l'équipage *m*	die Besatzung, en
le commandant de bord	der Flugkapitän, e
le (co)pilote	der (Ko)pilot, en, en
le mécanicien navigant	der Bordmechaniker, -
le steward	der Steward, s
l'hôtesse *f* **de l'air**	die Stewardess, en
voler, prendre l'avion	fliegen*, o, o
le départ en avion ; l'envol *m*, **le décollage**	der Abflug
partir, s'envoler	ab~fliegen* ; starten*
décoller	auf~steigen*, ie, ie
le décollage sans visibilité	der Blindstart
le radioguidage	die Funkpeilung
le pilotage sans visibilité	der Blindflug
le pilote automatique	der Autopilot, en, en
la ceinture de sécurité	der Sicherheitsgurt, e
attacher sa ceinture	sich an~schnallen
détacher sa ceinture	sich ab~schnallen/los~schnallen
le trou d'air	das Luftloch, ¨er
avoir le mal de l'air	luftkrank sein
avoir de la pression sur les oreilles	Druck auf den Ohren haben
le couloir aérien	die Luftschneise, n
l'altitude *f* **de vol**	die Flughöhe, n
gagner, prendre de l'altitude	an Höhe gewinnen, a, o

perdre de l'altitude	an Höhe verlieren, o, o
redresser l'appareil *m*	das Flugzeug ab~fangen, i, a
faire un virage	eine Kurve fliegen, o, o
survoler une ville	eine Stadt überfliegen, o, o
le circuit d'attente	die Warteschleife, n
descendre	nieder~gehen*, i, a
amorcer la descente, s'apprêter à atterrir	zur Landung an~setzen
atterrir, se poser	landen*
poser l'appareil sur la piste d'atterrissage	das Flugzeug auf die Piste auf~setzen
l'atterrissage *m*	die Landung, en
un atterrissage parfait	eine glatte Landung
l'atterrissage forcé	die Notlandung
l'atterrissage sur le ventre	die Bauchlandung
le toboggan	die Notrutsche, n
○ **la catastrophe aérienne**	die Flugkatastrophe, n
la chute	der Absturz, ¨e
tomber, s'abattre, s'écraser	abstürzen*
s'écraser au sol	am Boden zerschellen*
les débris *mpl*	die Wrackteile *npl*
l'enregistreur *m* **de vol, la boîte noire**	der Flugschreiber, -, die Blackbox/Black Box, es
rechercher la boîte noire	nach dem Flugschreiber suchen
le détournement d'avion	die Flugzeugentführung
le pirate de l'air	der Flugzeugentführer, der Luftpirat, en, en

Air-France fliegt Hamburg an.
Air-France assure la liaison avec Hambourg.

Die Lufthansa fliegt eine neue Strecke.
La Lufthansa assure une nouvelle liaison.

sich im Anflug auf Berlin befinden, a, u
approcher de Berlin

6. LE TRANSPORT DE MARCHANDISES

transport et frêt

• **le transport de marchandises** *(v. la gare de marchandises, p. 281)*	der Güterverkehr
le transport	der Transport, e
l'acheminement *m*	die Beförderung, en
transporter/acheminer	transportieren/befördern
le transporteur	der Transportunternehmer, -
• **l'entreprise** *f* **de transport**	die Speditionsfirma, men
l'expéditeur *m*	der Versender, -
le commissionnaire de transport	der Spediteur, e
le transitaire	der Transitspediteur
le commissionnaire en douane	der Zollagent, en
○ **les opérations** *f* **de transport**	das Frachtgeschäft
le contrat de transport	der Beförderungsvertrag, der Frachtvertrag, ¨e
les documents *m* **de transport**	die Versandpapiere *npl*
les documents d'expédition/d'embarquement	die Verladedokumente *npl*
le Document administratif unique (DAU)	das Einheitspapier
la lettre de voiture	der Frachtbrief, e
le duplicata de la lettre de voiture	der Duplikatfrachtbrief
l'attestation *f* **de prise en charge**	die (Spediteur)Übernahmebescheinigung (FRC)
la lettre de transport aérien	der Luftfrachtbrief
• **le connaissement**	das Konnossement, e/Bill of Lading
le connaissement (nominatif)	das (Namens)konnossement, e
le connaissement chef	das Originalkonnossement
le reçu pour embarquement	das Empfangskonnossement
le connaissement embarqué	das Bordkonnossement
le connaissement direct	das Durch(fracht)konnossement
le document de transport multimodal	das multimodale Transportdokument
le connaissement à personne dénommée	das Rekta-Konnossement
le connaissement à ordre	das Orderkonnossement
le jeu complet	der volle Satz, ¨e
le connaissement net/clean	das reine Konnossement
le connaissement comportant des réserves	das unreine Konnossement
le connaissement fluvial	der (Fluss)ladeschein
○ **les papiers** *m* **d'accompagnement**	die Begleitdokumente *npl*
la facture commerciale	die Handelsrechnung, en
la facture consulaire	die Konsulatsfaktura, ren
la facture douanière	die Zollfaktura
la police d'assurance	die Versicherungspolice, n
le certificat d'origine	das Ursprungszeugnis, se
le certificat de circulation	die Warenverkehrsbescheinigung, en
l'attestation officielle de consommabilité	die amtliche Genusstauglichkeitsbescheinigung
le certificat de salubrité	die Gesundheitsbescheinigung
• **le fret/la marchandise transportée**	das Frachtgut, ¨er
en vrac	unverpackt/lose
emballé/conditionné	verpackt
périssable	verderblich
charger	laden, u, a, ä
le déchargement ; décharger	die Entladung ; entladen
transborder	um~laden, u, a, ä
le transbordement	die Umladung, en, der Güterumschlag
le chargement, la cargaison	die Ladung, en
le poids	das Gewicht, e
la tare	die Tara, ren
le pesage	das Wiegen
la mesure	das Maß, e
le gabarit de chargement	das Lademaß
l'autorisation *f* **de dépasser le gabarit de chargement**	die Genehmigung für Lademaßüberschreitungen *fpl*
la quantité	die Menge, n
la marchandise pondéreuse	das Massengut, ¨er
la marchandise en vrac	das Schüttgut
la marchandise encombrante	das Sperrgut
les marchandises dangereuses	die gefährlichen Güter *npl*
○ **le tarif**	der Tarif, e
la tarification	die Tarifierung
le tarif échelonné	der Staffeltarif
le tarif dégressif	der degressive Tarif
• **le container/le conteneur**	der Container, -/der Behälter, -
la rotation des conteneurs	der Containerumschlag
le conteneur-citerne	der Tankcontainer, -

le conteneur frigorifique	der Kühlcontainer, -
○ **le tarif**	der Tarif, e
la tarification	die Tarifierung
le tarif échelonné	der Staffeltarif
le tarif dégressif	der degressive Tarif
• **le container/le conteneur**	der Container, -/der Behälter, -
la rotation des conteneurs	der Containerumschlag
le conteneur-citerne	der Tankcontainer, -
le conteneur frigorifique	der Kühlcontainer, -
l'empotage *m*	die Stauung, en
empiler	übereinander stapeln
l'aire *f* **de stockage**	die Abstellfläche, n
la palette	die Palette, n
la caisse pliable *(Bundesbahn)*	der Collico, s
la balle/le ballot	der Ballen, -
le colis	das Kollo, s/lli
le marquage	die Markierung, en
le pictogramme	das Piktogramm, e
○ **le stockage**	die Lagerung
stocker/entreposer	lagern
l'entrepositaire *m*	der Lagerhalter, -
le magasinier	der Lagerverwalter, -
les entrepôts *m*	die Lagerräume *mpl*
le hangar	der Lagerschuppen, -
l'entrepôt *m* **frigorifique**	das Kühlhaus, ¨er
les frais de magasinage/de stockage	die Lagerkosten *pl*
le bulletin de dépôt/le récépissé-warrant	der Lagerschein, e
le bulletin de chargement	der Ladeschein

la douane

• **la douane**	der Zoll, das Zollwesen
le bureau de douane	das Zollamt, ¨er
le douanier	der Zollbeamte *(adj)*
la frontière	die Grenze, n
le passage de la frontière	der Grenzübergang, ¨e
la barrière douanière	die Zollschranke, n
l'union douanière	die Zollunion
les documents douaniers	die Zolldokumente *npl*
la déclaration	die Zollanmeldung, en
la déclaration en douane	die Zollinhaltserklärung
la valeur déclarée	der angegebene Wert
la vérification douanière	die Zollbeschau
la visite détaillée	die eingehende Zollbeschau
dédouaner	verzollen
le dédouanement	die Verzollung
la nomenclature douanière	der Zolltarif
le numéro tarifaire	die Tarifnummer, n
la préférence douanière	die Zollpräferenz, en
○ **la taxe**	die Abgabe, n
le droit de douane	der Zollsatz, ¨e
la taxe à l'importation	die Einfuhrabgabe
soumis à la taxe	zollpflichtig
exempt de droits	zollfrei
la franchise douanière	die Zollbefreiung
la valeur en douane	der Zollwert
la taxe ad valorem	der Wertzoll
les droits *m* **au poids**	die Gewichtszölle *mpl*
la TVA	die Mehrwertsteuer (MWSt)
○ **la marchandise sous douane**	das Zollgut
la marchandise exempte de droits de douane	das Freigut
l'admission *f* **temporaire**	die zollfreie Zulassung zur vorübergehenden Einfuhr
le port franc	der Freihafen, ¨
le perfectionnement	die Veredelung
l'ouvraison *f*	die Bearbeitung
l'entrepôt *m* **de douane**	das Zolllager, -
le transit	die Durchfuhr
le régime de transit	das Versandverfahren
le transit sous douane	der Zollgutversand
le plombage/les scellés *m*	der Zollverschluss, ¨e
faire de la contrebande	schmuggeln
la saisie/la confiscation	die Beschlagnahme, n
saisir/confisquer	beschlagnahmen

7. LE TOURISME

vacances et tourisme

• **le congé, les vacances**	der Urlaub
les vacances *f*	die Ferien *pl*
avoir besoin de vacances	urlaubsreif sein
le changement d'air/de décor	der Tapetenwechsel *(fam)*
se changer les idées	ab~schalten
faire des projets de voyage	Reisepläne schmieden
les préparatifs *m* **de voyage**	die Reisevorbereitung
le budget voyage	die Reisekasse
la fièvre du départ	das Reisefieber
être en vacances	auf/in/im Urlaub sein
prendre des vacances	auf/in Urlaub gehen*, i, a, Urlaub machen
partir en vacances	auf/in Urlaub fahren*, u, a, ä
avoir droit à un congé	urlaubsberechtigt sein
J'ai encore droit à 5 jours de congé.	Mir stehen noch fünf Tage Urlaub zu.
le congé annuel	der Jahresurlaub
Il n'est pas encore de retour des vacances.	Er ist noch nicht aus dem Urlaub zurück.
le vacancier	der Feriengast, ¨e ; der Urlauber, -
• **le tourisme**	der Fremdenverkehr, der Tourismus
le tourisme individuel	der Individualtourismus
le tourisme de masse	der Massentourismus
les grands départs en vacance	die Reisewelle
le voyagiste, l'organisateur de voyage	der Reiseveranstalter, -
l'agence *f* **de voyage**	das Reisebüro, s, das Reiseunternehmen, -
prendre la voiture	mit dem Auto fahren*, u, a, ä
voyager en train, prendre le train	mit der Bahn reisen/fahren
prendre l'avion	fliegen, o, o
• **le voyage**	die Reise, n
voyager	reisen*
partir en voyage	verreisen*
aller à, se rendre à, partir pour	reisen* nach
le lieu de destination	der Bestimmungsort, e, das Reiseziel, e
passer ses vacances à la campagne	seinen Urlaub auf dem Land verbringen, a, a
à la montagne	in den Bergen
(v. sports d'hiver, p. 191)	
au bord de la mer	am Meer
passer ses vacances à la ferme	Ferien auf dem Bauernhof machen

la randonnée	die Wanderung, en, die Tour, en
aller en cure *(v. la cure, p. 180)*	auf Kur gehen*, i, a
le voyage à l'étranger	die Auslandsreise, n
le voyage individuel	die Einzelreise
le voyage d'affaires	die Geschäftsreise
le voyage à forfait	die Pauschalreise
le voyage organisé	die Gruppenreise
le groupe (d'un voyage organisé)	die Reisegruppe, n, die Reisegesellschaft, en
faire un voyage organisé	mit einer Reisegesellschaft fahren*, u, a, ä
l'assurance annulation	die Reiserücktrittsversicherung
être du voyage	die Reise mit~machen
le guide-accompagnateur, le responsable du groupe	der Reiseleiter, -, die Reiseleitung
le compagnon de voyage	der Reisebegleiter, -
la compagne de voyage	die Reisebegleiterin, nen
(la personne rencontrée au cours du voyage)	die Reisebekanntschaft, en
la croisière	die Kreuzfahrt, en
le voyage culturel	die Studienreise, n
le circuit	die Rundreise
le voyage-éclair	die Stippvisite, n
aller de Paris à Londres via Calais	von Paris über Calais nach London reisen
le club de vacances	der Ferienklub, s
le village de vacances	das Feriendorf, ¨er
l'excursion	der Ausflug, ¨e
○ **les curiosités** *f* **touristiques**	die Sehenswürdigkeiten *fpl*
remarquable, intéressant	sehenswert, sehenswürdig
visiter une ville	eine Stadt besichtigen
la visite guidée	die Stadtrundfahrt, en
le guide	der Fremdenführer, -
guider, piloter qn	jdn herum~führen
se balader *(fam)* **(dans la ville)**	(durch die Stadt) bummeln * *(fam)*
se promener	spazieren gehen, i, a
ce qui (vous) frappe, ce qui (vous) saute aux yeux	was einem auffällt
admirer	bewundern
envahi	überlaufen
à l'écart	abgelegen
○ **la durée du séjour**	die Aufenthaltsdauer
la prolongation du séjour	die Aufenthaltsverlängerung
la saison	die Saison, s
la pleine saison	die Hoch-/Hauptsaison
en pleine saison	während der Hochsaison
l'arrière-saison *f*	die Nachsaison
la basse saison	die Vor- und Nachsaison
hors saison	außer Saison
saisonnier	saisonbedingt
le lieu de vacances	der Urlaubsort, e
• **la station balnéaire**	der Badeort
la plage	der Strand, ¨e
la plage naturiste	der FKK-Strand
se baigner	baden
baignade *f* **interdite**	Baden verboten
le courant	die Strömung, en
être entraîné par le courant	durch die Strömung abgetrieben werden
la plage surveillée	der bewachte Strand
le maître-nageur	der Bademeister, -
prendre un bain de soleil	sich sonnen
s'exposer au soleil	sich in die Sonne legen
le parasol	der Sonnenschirm, e
la chaise longue, le transat	der Liegestuhl, ¨e
la guérite de plage	der Strandkorb, ¨e
être allongé sur le sable	am Strand liegen, a, e
le tapis de plage	die Strandmatte, n

l'hébergement - l'hôtel

• **l'hébergement** *m*	die Unterkunft
l'hôtellerie *f*, **l'industrie hôtelière**	das Hotelgewerbe, das Hotel- und Gaststättengewerbe
l'école hôtelière	die Hotelfachschule, n
la profession hôtelière	der Hotelberuf, e
le syndicat d'initiative	der Verkehrsverein, e
le service d'hébergement	der Hotelnachweis, Zimmernachweis
Avez-vous une chambre libre ?	Haben Sie ein Zimmer frei ?
descendre à l'hôtel	in einem Hotel ab~steigen*, ie, ie
la liste des chambres encore disponibles	die Vakanzliste
chambres à louer	Zimmer frei
l'occupation *f* **des hôtels**	die Hotelbelegung
Les hôtels affichent complets.	Die Hotels sind ausgebucht.
se contenter de	vorlieb nehmen, a, o, i (mit)
le logement chez l'habitant	die Privatunterkunft, ¨e/ das Privatquartier, e
convenable	ordentlich
simple	einfach
gut geführt	bien tenu
sérieux	solide
soigné	gepflegt
la chambre d'ami	das Gästezimmer, -, das Fremdenzimmer
un appartement de vacances	eine selbständige Ferienwohnung
la pension de famille	das Fremdenheim, e
le gîte rural	das Ferienquartier auf dem Land
le gîte et le couvert	Unterkunft *f* und Verpflegung *f*
l'auberge *f* **de jeunesse**	die Jugendherberge, n
le gérant *(auberge de jeunesse)*	der Herbergsvater, ¨
• **l'hôtel** *m* **de tourisme**	das Hotel, s
l'annexe *f*	das Gästehaus *(eines Hotels)*
le palace, l'hôtel quatre étoiles	das Luxushotel
la chaîne d'hôtels	die Hotelkette, n
l'hôtel-restaurant *m*	das Hotel mit Restaurant
l'hôtelier *m*	der Hotelier, s, der Hotelbesitzer, -
le directeur d'hôtel	der Hoteldirektor, en
le gérant	der Geschäftsführer, -
○ **descendre à (l'hôtel)**	ab~steigen*, ie, ie (in+D), ein~kehren* (in+D)
passer la nuit	übernachten
la nuitée	die Übernachtung, en
chambre *f* **et petit déjeuner** *m*	Zimmer *n* mit Frühstück *n*
servir le petit déjeuner dans la chambre	das Frühstück aufs Zimmer bringen, a, a
la pension complète	die Vollpension
la demi-pension	die Halbpension
le jour d'arrivée ; arriver	der Ankunftstag ; an~kommen*, a, o
le jour de départ ; partir	der Abreisetag ; ab~reisen*
occuper la chambre	das Zimmer beziehen, o, o
quitter la chambre avant midi	das Zimmer bis spätestens 12 Uhr räumen
réveiller qn	jdn wecken
la note (d'hôtel)	die (Hotel)rechnung, en
le service	die Bedienung
la réclamation	die Beschwerde, n

• **la chambre d'hôtel**	das Hotelzimmer, -
la chambre individuelle, la chambre à un lit	das Einzelzimmer
la chambre double, la chambre à deux lits	das Doppel(bett)zimmer, das Zweibettzimmer
les lits jumeaux	die nebeneinander stehenden Betten
le lit pour deux personnes	das französische Bett, das breite Bett für zwei Personen
le lit supplémentaire	das Extrabett, en
le lit pliant	das Klappbett
le lit d'enfant	das Kinderbett
la suite	die Zimmerflucht, en, die Suite, n
la douche	die Dusche, n
la salle de bains	das Badezimmer, -, das Bad, ¨er
la salle de bains à l'étage	das Etagenbad
les WC *m*, **les toilettes** *f*	die Toilette, n
l'armoire-penderie *f*	der Garderobenschrank, ¨e
le balcon ; la terrasse	der Balkon, e/s ; die Terrasse, n
○ **l'exposition** *f*	die Lage
une chambre calme	ein sehr ruhig gelegenes Zimmer
une chambre donnant sur la rue	ein Zimmer zur Straße
donner sur le nord, le sud	auf der Nordseite, Südseite liegen, a, e
sur le jardin	auf der Gartenseite
sur la mer	auf der Seeseite
sur le devant, l'arrière	auf der Vorderseite, Rückseite
calme	ruhig
ensoleillé	sonnig
la vue	die Aussicht
avec vue sur	mit Blick auf+A
le hall d'hôtel	die Hotelhalle, n
la réception	die Rezeption, der Empfang, die Anmeldung
le réceptionniste	der Empfangschef, s
être annoncé, avoir réservé	angemeldet sein
la réservation ; réserver	die Reservierung, en ; reservieren
la confirmation ; confirmer	die Bestätigung, en ; bestätigen
l'annulation *f*	die Annullierung, en
annuler	annullieren, rückgängig machen, stornieren
être complet	ausgebucht sein, belegt sein
la fiche d'hôtel	das Anmeldeformular, e
le registre	das Fremdenbuch, ¨er
le tableau des clés	das Schlüsselbrett
la clé (de la chambre)	der Zimmerschlüssel, -
le coffre-fort	der Safe, s
garder qc dans le coffre-fort	etw im Safe auf~bewahren
les objets *m* **de valeur**	die Wertgegenstände *mpl*
la salle de réception, le salon	der Aufenthaltsraum, ¨e, der Salon, s
l'employé *m* **d'hôtel**	der Hotelangestellte *(adj)*
le portier	der (Chef)portier, s
le veilleur de nuit	der Nachtportier
la sonnette de nuit	die Nachtglocke, n
se faire réveiller	sich wecken lassen, ie, a, ä
ne pas être dérangé	nicht gestört werden
le groom, le chasseur	der Hotelboy, s, der Hotelpage, n
le bagagiste	der Hausdiener,-
monter les bagages	das Gepäck auf das Zimmer bringen, a, a
le garçon d'ascenseur	der Liftjunge, n, n
l'ascenseur *m*	der Lift, s/e, der Aufzug, ¨e
la femme de chambre	das Zimmermädchen, -
changer les draps	das Bett frisch beziehen, o, o
changer les serviettes *f* **de toilette**	die Servietten *fpl* wechseln
le client de l'hôtel	der Hotelgast, ¨e
l'habitué *m* **de l'hôtel**	der Hotelstammgast

le camping

• **le camping**	das Camping, das Zelten
camper, faire du camping	zelten
le campeur	der Camper, -
le terrain de camping	der Campingplatz, ¨e, der Zeltplatz
un camping bien aménagé	ein gut ausgestatteter Zeltplatz
le village de toile, le camp	das Zeltlager, -
la tente	das Zelt, e
la canadienne	das Wanderzelt
la tente de patrouille	das Hauszelt
la tente carrée	das Steilwandzelt
monter une tente	ein Zelt auf~bauen
démonter une tente	ein Zelt ab~bauen
la toile de tente	die Zeltbahn, en
le tapis de sol	der Zeltboden
l'auvent	das Vordach, ¨er
le double toit	das Außenzelt
la tente intérieure	das Innenzelt
l'armature *f*	das Zeltgestänge
le piquet de fixation	der Hering, e
le tendeur	der Spanner, -
le sac à dos	der Rucksack, ¨e
le sac de couchage	der Schlafsack
le lit de camp	das Zeltbett, en
la chaise pliante	der Klappstuhl, ¨e
la table pliante	der Klapptisch, e
le réchaud à gaz	der Gaskocher, -
la bouteille de gaz	die Gasflasche, n
la popotte	der Kochsatz
la glacière	die Kühlbox, en
la vache à eau	der Wassersack, ¨e
le jerrycan	der (Wasser)kanister, -
le caravan(n)ing	das Caravaning
le camping-car	das Wohnmobil, e, der Campingbus, se
la caravane	der Wohnwagen, -, der Wohnanhänger, -
l'attelage *m*	die Anhängervorrichtung, en
la béquille	die Feststellstütze, n
le parking (pour caravanes)	der Abstellplatz, ¨e (für Wohnwagen)

la chasse et la pêche

• **la chasse**	die Jagd, en
aller à la chasse	auf die Jagd gehen, i, a
chasser	jagen
le chasseur	der Jäger, -
le chien de chasse	der Jagdhund, e
le chien d'arrêt	der Vorstehhund
le limier	der Spürhund
flairer	wittern
dépister	auf~spüren
la trace	die Spur, en
la piste/la voie	die Fährte, n
• **le gibier**	das Wild
giboyeux	wildreich
le gros gibier	das Hochwild, das Schalenwild
le menu, petit gibier	das Niederwild
le gibier à poil	das Haarwild

le gibier à plume(s)	das Federwild
la chasse au lièvre	die Hasenjagd, en
la chasse au sanglier	die Sauhetze, n/die Sauhatz, en
déboucher de	hervor~brechen*, a, o, i (aus+D)
la chasse à courre, la vénerie	die Hetzjagd
traquer	hetzen
chasser le cerf	den Hirsch hetzen
forcer le gibier	das Wild zu Tode hetzen
Le cerf est aux abois.	Der Hirsch wird verbellt.
le cor de chasse	das Jagdhorn, ¨er
sonner du cor	das Jagdhorn blasen, ie, a, ä
sonner la curée	zum Jägerrecht blasen
la meute	die Meute, n
chercher le gibier	nach Wild suchen
la battue	die Treibjagd, en
organiser une battue	eine Treibjagd veranstalten
rabattre le gibier	das Wild treiben, ie, ie
le rabatteur	der Treiber, -
l'enceinte *f*	der Kessel, -
l'affût *m*	der Anstand, ¨e
aller à l'affût	auf den Anstand gehen*, i, a
le (lieu de) rendez-vous	der Treffpunkt, e
la chasse à l'approche	der Pirschgang, ¨e
l'approche *f*	die Pirsch
chasser à l'approche	pirschen
le safari	die Safari, s
le safari-photo	die Fotosafari
○ **l'ouverture de la chasse**	die (Er)öffnung der Jagd
la fermeture de la chasse	die Schonzeit
La chasse est fermée.	Es ist Schonzeit.
selon les règles de la chasse	weidgerecht/weidmännisch
le terrain de chasse, la chasse gardée	das Jagdrevier, e
le garde-chasse	der Jagdhüter, -
le droit de chasse	das Jagdrecht
le permis de chasse	der Jagdschein, e
prendre un permis de chasse	einen Jagdschein lösen
le délit de chasse	das Jagdvergehen, -
le braconnier	der Wilddieb, e
le braconnage	die Wilddieberei
braconner	wildern
le piège	die Falle, n
tendre un piège	eine Falle stellen
le collet	die Schlinge, n
○ **l'arme** *f* **de chasse**	die Jagdwaffe, n
le fusil de chasse	das Jagdgewehr, e, die Flinte, n
le fusil à canon rayé	die Büchse, n
le fourreau	das Futteral, e
la cartouche	die Patrone, n
le plomb de chasse	der/das Schrot, e
le couteau de chasse	der Hirschfänger, -
le costume de chasse	der Jagdanzug, ¨e
la veste de chasse	die Jagdjacke, n
la guêtre	die Gamasche, n
la cartouchière	der Patronengürtel, -
la canne-siège	der Jagdstock, ¨e
le siège de battue	der Jagdstuhl, ¨e
l'appeau *m*	die Lockpfeife, n
l'appelant *m*	der Lockvogel, ¨
la chasse au faucon	die Beizjagd/die Falkenbeize, n
tirer un lièvre	einen Hasen schießen, o, o
blesser	an~schießen
abattre/tuer	erlegen

manquer	verfehlen
le tableau de chasse	die Strecke, n
tuer, abattre	zur Strecke bringen, a, a
la part du chasseur	das Jägerrecht
les bois *m*	das Geweih, e
les termes *m* **de vénerie**	die Weidmannssprache
bonjour *(à la chasse)*	Weidmannsheil !
• **la pêche à la ligne**	das Angeln, der Angelsport
le pêcheur à la ligne	der Angler, -
le permis de pêche (à la ligne)	der Angelschein, e
pêcher à la ligne	angeln
aller pêcher	angeln gehen*, i, a
la touche	das Anbeißen
la prise	der Fang, ¨e
prendre du poisson	Fische fangen, i, a, ä
le trophée de chasse	die (Jagd)trophäe, n
• **la ligne**	die Angel, n
monter la ligne	die Angel zusammen~setzen
la canne à pêche	die Angelrute, n
le scion	die Rutenspitze, n
la pêche au lancer *(cuiller)*	das Spinnangeln
• **la canne à lancer**	die Wurfrute, die Spinnrute
lancer (la ligne)	aus~werfen, a, o, i
la canne à mouche	die Fliegenrute
le lancer lourd	die schwere Spinnangelei
le moulinet	die Rolle, n
le fil	die Schnur, ¨e
le flotteur	der Schwimmer, -/die Pose, n
le bouchon	der Korkschwimmer
le buldo	die Wasserkugel, n
l'hameçon *m*	der Angelhaken, -
mordre (à l'appât)	an~beißen, i, i
ferrer	fest~haken, an~reißen
retirer (de l'eau)	heraus~ziehen, o, o
engamer *itr*	den Angelhacken tief verschlucken
frétiller	zappeln
décrocher	los~haken
○ **l'appât** *m*, **l'amorce** *f*, **l'esche** *f*	der Köder, -
le leurre	der künstliche Köder
amorcer/appâter	ködern
fixer à	befestigen (an+D)
le ver (de terre)	der (Regen)wurm, ¨er
l'asticot *m*	die Made, n
la mouche (sèche)	die (Trocken)fliege, n
la mouche noyée	die Nassfliege
la cuiller	der Blinker, -/der Spinner, -
le vif	der lebende Köderfisch, e
l'avançon *m*/**le bas de ligne**	das Vorfach, ¨er
l'émerillon *m*	der Wirbel, -
les plombs *m*	die Bleigewichte *npl*
le plomb	das Spaltschrot, e
l'olive *f*	die Olive, n
la sonde	das Grundsucherblei, e
○ **le matériel de pêche**	das Angelmaterial
la gaffe	der Gaffhaken, -
l'épuisette *f*	der Kescher, -
le panier de pêche	der Fischkorb, ¨e
la bourriche	der Setzkescher, -
la boîte à esches	die Köderdose, n
le seau à vifs	der Fischkessel, -
la nasse	die Reuse, n
le carrelet	das Senknetz, e

Petri Heil !
Bonne pêche !

die Wilde Jagd (germanische Mythologie)
la chasse infernale (mythologie germanique)

Wer weggeht, verliert seinen Platz.
Qui va à la chasse, perd sa place.

einen Jagdschein haben *(fam)*
avoir un grain (fam)

Art lässt nicht von Art.
Bon chien chasse de race.

mit leerer Tasche zurück~kommen*, a, o
revenir bredouille

im Trüben fischen
pêcher en eau trouble

an die Angel gehen*, i, a
mordre à l'hameçon

etw auf~fischen *(fam)*
pêcher qc, dégoter qc (fam)

zwei Zungenbrecher :
deux exercices de prononciation :

Früh in der Morgenfrische ging Fischers Fritze fischen frische Fische.
(Tôt dans la fraîcheur matinale, Fritz, le fils du pêcheur, alla pêcher des poissons frais.)

Un chasseur sachant chasser doit savoir chasser sans son chien.
(Ein Jäger, der zu jagen versteht, muss auch ohne Hund jagen können.)

XVI. L'Alimentation

1. LES ALIMENTS

alimentation - viandes et poissons

• **l'alimentation** *f*	die Ernährung
(v. diététique, p. 165)	
la nourriture	die Nahrung, die Kost
se nourrir, s'alimenter	sich ernähren
les aliments *m*	die Nahrungsmittel *npl*
les vivres *m*, **les victuailles** *f*	die Lebensmittel, die Esswaren *fpl*, der Proviant
• **la viande, la bidoche** *(pop)*	das Fleisch
(v. production animale, p. 310)	
la barbaque *(fam)*	das minderwertige Fleisch
la boucherie-charcuterie	die Metzgerei/Schlachterei/Fleischerei, en
le boucher, le charcutier	der Metzger, -/der Schlachter, -/der Fleischer, -
la charcuterie	*(Schweinefleisch und Wurstwaren) (F)*
la triperie	das Kaldaunengeschäft, e
le croc/crochet de boucherie	der Fleisch(er)haken, -
la découpe ; découper	das Zerlegen ; zerlegen
le découpage de détail	die Feinzerlegung
le morceau de viande ; le quartier	das Fleischstück, e
une tranche de viande	eine Scheibe Fleisch
la catégorie ; de 1re catégorie	die Güte ; erster Güte
la viande à rôtir	das Bratfleisch
la viande à griller	das Grillfleisch
la viande à bouillir	das Kochfleisch
la viande à braiser	das Schmorfleisch
faire rassir la viande	das Fleisch ab~hängen
attendrir la viande	das Fleisch mürbe machen
tendre ; coriace, dur	zart ; zäh
parer la viande	Fleischstücke sauber zu~schneiden, i, i
non paré	wie gewachsen
désosser	entbeinen, aus~beinen
sans os	ohne Knochen
maigre ; persillé	mager, schier ; durchwachsen
○ **la viande de bœuf**	das Rindfleisch/Ochsenfleisch
le collier	der Hals, ¨e
la côte de bœuf	die Rinderrippe, n, das Rinderkotelett, s
les basses côtes/côtes découvertes	die Hochrippen, die Fehlrippen *fpl*
les entrecôtes *f*	das Zwischenrippenstück
l'aloyau *m*	der Rinderrücken, -
le faux-filet/le contre-filet	das Lendenstück
le filet	das Filet, s, die Lende, n
le filet mignon	die Lendenspitze, n
le rumsteck/rumsteak	das Rumpsteak, s
la tranche	die Oberschale, n
la tranche grasse	die Kugel, n
le gîte, le jarret	die Hachse, n, die Hesse, n
le gîte avant, le gîte arrière	die Vorderhesse, die Hinterhesse
le gîte à la noix	das Schwanzstück
le plat de côtes	die Flachrippe/Querrippe, n
la poitrine	die Brust
le flanchet	die Nachbrust, der Bauch

l'os *m* **à moelle**	der Markknochen
le steak, le bifsteck	das Steak, s, das Beefsteak
le rosbif	das Roastbeef, s
le tournedos	das Rindermedaillon, s
le châteaubriand	das doppelte Lendensteak, s
○ **la viande de veau**	das Kalbfleisch
le carré de veau	das Kalbsrippenstück, e
le collet, le collier	der Hals
la côte de veau	das Kalbskotelett, s
les côtes découvertes	das Kammstück
les côtes premières/raccourcies	die ersten Rippen *fpl*
les côtes secondes	die zweiten Rippen
le filet de veau	das Kalbsfilet, s, die Kalbslende, n
le cuisseau de veau	die Kalbskeule, n/der Kalbsschlegel, -
le jarret	die Hachse, n
l'épaule *f*	das Schulterstück, e, der Bug, ¨e
la longe	das Sattelstück, das Nierenstück
la noix de veau	die Kalbsnuss
le quasi (de veau)	das Kalbskeulenstück *(aus der Unterschale)*
la poitrine de veau	die Kalbsbrust
le tendron de veau	der Kalbsbrustknorpel, -
la tête de veau	der Kalbskopf, ¨e
l'escalope *f* **de veau**	das Kalbschnitzel, -
la rognonnade	der Kalbsnierenbraten, -
le fricandeau de veau	das Kalbsfrikandeau, s
la fricassée de veau	das Kalbsfrikassee, s
la paupiette de veau	das Kalbfleischröllchen, -
le ragoût de veau, la blanquette	das Kalbsragout, s
une rouelle de veau	eine Kalbskeulenscheibe
○ **la viande de mouton**	das Hammelfleisch
la viande d'agneau	das Lammfleisch
le collier, le collet	der Hals, ¨e
la côtelette de mouton	das Hammelkotelett, s/-rippchen, -
la côtelette dans le filet	das Filetkotelett
l'épaule *f* **de mouton**	die Hammelschulter, n
le gigot de mouton	die Hammelkeule, n
la selle de mouton	der Hammelrücken, -, das Sattelstück, e
○ **la viande de porc**	das Schweinefleisch
l'échine *f*	der Schweinekamm, ¨e
la côtelette de porc	das Schweinekotelett, s
l'épaule *f*	der Bug, ¨e, die Schulter, n
le jambon	der Schinken, -
la noix de jambon	die Schinkennuss
le jambonneau	das Eisbein, e
le jarret de porc	die Schweinshachse, n
le lard	der Speck, e
le lard gras	der Rückenspeck, der fette Speck
le lard maigre	der Bauchspeck, der magere Speck
des lardons *m*	ausgelassene Speckwürfel *mpl*
la couenne	die Schwarte, n
la panne de porc	der Flomen
la tête de porc	der Schweinekopf, ¨e
le museau de porc	die Schweineschnauze, n
la joue de porc	die Schweinebacke, n
les pieds *m*	die Schweinsfüße *mpl*

la poitrine de porc	der Schweinebauch
le travers	das Brustrippenstück
● **la charcuterie, la cochonaille** *(fam)*	die Wurstwaren *fpl*
la saucisse	die Wurst, ¨e ; das Würstchen, -
la saucisse à ébouillanter	die Brühwurst
la saucisse à cuire	die Kochwurst
la saucisse à griller	die Bratwurst
la merguez	*(scharf gewürztes Bratwürstchen)*
le boyau naturel, artificiel	der Naturdarm, Kunstdarm, ¨e
la chair à saucisse	das Mett, das Schweinehack
le saucisson sec	die (schnittfeste) Dauerwurst
le salami	die Salami, -/s
le saucisson sec *(bœuf et porc)*	die Plockwurst
la saucisse à tartiner *(D)*	die Streichwurst
la charcuterie en tranches	der Wurstaufschnitt
le salé, le petit salé	das Pökelfleisch
fumé	geräuchert/Räucher-
le jambon cru	der rohe Schinken, -
le jambon cuit, blanc	der gekochte Schinken
le filet de porc fumé	der Lachsschinken
le jambon d'épaule	der gekochte Vorderschinken
le jambon à l'os	der Knochenschinken
les rillettes *f*	das Schmalzfleisch
le pâté de campagne	die Landpastete
le pâté de foie	die Leberpastete
la terrine	die Pastete, n, die Terrine, n
la galantine	die Galantine, n
le fromage de tête, la hure	der Presskopf
l'aspic *m (de viande, de poisson)*	die Sülze, n, der Aspik, e
les tripes *f*	die Kaldaunen *pl*, die Kutteln *pl (sud)*
l'andouille *f*	*(große Kaldaunenwurst)*
l'andouillette *f*	*(kleine Kaldaunenwurst)*
le boudin	die Blutwurst, ¨e
le boudin blanc	die Weißwurst
le saindoux	das Schmalz, e
○ **les abats** *m*	die Innereien *fpl*
la cervelle	das Hirn, e
le cœur	das Herz, ens, en
l'estomac *m*	der Magen, -
le foie	die Leber, n
la fraise	das Gekröse
la langue	die Zunge, n
le poumon, le mou	die Lunge, n
les ris *m* **de veau**	das Kalbsbries, e, das Kalbsbröschen, -
les rognons *m*	die Nieren *fpl*
la tête	der Kopf, ¨e
○ **la charcuterie industrielle**	die industrielle Wurstherstellung
le salage	das Einsalzen
la salaison	das Pökeln
l'étuvage *m*	das Trocknen
le fumage	das Räuchern
les additifs *mpl*	die Zusatzstoffe *mpl*
le salpêtre	der Salpeter
le nitrate de potassium	das Kaliumnitrat
les lactoprotéines *f*	die Laktoproteine *npl*
les polyphosphates *m*	die Polyphosphate *npl*
● **la volaille**	das Geflügel
(v. gallinacés, p. 141 ; aviculture, p. 311)	
le poulet rôti	das Brathähnchen, -, das Brathendl, - *(sud)*
la cuisse de poulet	die Hühnerkeule, n

le blanc de poulet	die Hühnerbrust
la dinde rôtie	die gebratene Pute, n
l'escalope de dinde	der Putenschnitzel, -
le dindonneau	der Babyputer, -, die Babypute, n
l'oie *f*	die Gans, ¨e
le gavage ; gaver *(oies)*	das Stopfen ; stopfen *(Gänse)*
le foie gras	die Stopfleber, n
le pâté de foie gras	die Gänseleberpastete, n
le canard	die Ente, n
la cuisse	die Keule, n
le filet, le magret	die Entenbrust, ¨e
les abattis *m* **(de volaille)**	das (Geflügel)klein
la carcasse	das Gerippe, -
● **la venaison, la chair de gibier**	das Wildbret, das Wildfleisch
(v. mammifères sauvages, p. 144)	
le gibier à poil	das Haarwild
le gibier à plume	das Federwild
plumer	rupfen
le cimier de cerf	der Hirschsattel
le filet mignon de chevreuil	das Rehfilet, s
la gigue de chevreuil	die Rehkeule, n
le cuissot de sanglier	die Wildschweinkeule
la selle de marcassin	der Frischlingsrücken, -
le lièvre	der Hase, n, n
dépouiller un lièvre	einem Hasen das Fell ab~ziehen, o, o
le râble	der Rücken, -
le civet de lièvre	der Hasenpfeffer
avoir un gout faisandé	Hautgout *n* haben
● **poissons et crustacés**	Fische und Schaltiere
(v. les poissons, p. 134)	
● **la pisciculture**	die Fischzucht, -
le pisciculteur	der Fischzüchter, -
l'élevage *m* **de truites**	die Forellenzucht
le vivier	der Fischteich, e, der Fischbehälter, -
l'aquarium *m*	das Aquarium, ien
le mareyeur	der Fischgroßhändler, -
la marée	frische Seefische *mpl*
le poissonnier	der Fischhändler
la poissonnerie	die Fischhandlung, en
les fruits *m* **de mer**	die Meeresfrüchte *fpl*
l'ostréiculture *f*	die Austernzucht
le parc à huîtres	der Austernpark, e/s
l'ostréiculteur *m*	der Austernzüchter, -
l'écailler *m*	der Austernhändler, -
écailler les huîtres	die Austern öffnen
la mytiliculture	die Muschelzucht
écailler un poisson	einen Fisch (ab~)schuppen
vider un poisson	einen Fisch aus~nehmen, a, o, i
ébarber	die Flossen beschneiden, i, i
l'arête *f*	die Gräte, n
enlever les arêtes	einen Fisch entgräten
lever les filets *(poisson)*	die Filets lösen
une darne	eine (dicke) Scheibe
les poissons séchés	die getrockneten Fische
les poissons fumés	die Räucherfische
les poissons salés	die gesalzenen Fische
○ **l'anchois** *m*	die Sardelle, n, die An(s)chovis, -
queues *f* **d'écrevisses à la nage**	Krebsschwänze *fpl* gekocht
au court-bouillon	im Fischsud
le haddock	der geräucherte Schellfisch, e
le hareng frais	der grüne Hering, e

le hareng frit	der Brathering
(hareng légèrement fumé et salé)	der Bückling, e
le hareng saur	*(stark geräucherter und gesalzener Hering)*
(hareng sans arêtes, mariné)	der Bismackhering
la marinade	die Marinade, n
mariner	marinieren
la morue salée	der Laberdan, e
la morue séchée	der Stockfisch, e
la sardine à l'huile	die Ölsardine, n
la truite au bleu	Forelle *f* blau
à la meunière	auf Müllerinart
en papillote	in Papierhülle

légumes, riz, pâtes

• **légumes** *m* *(v. botanique, p. 154)*	Gemüse *n*
la garniture *m* **de légumes**	die Gemüsebeilage
les petits pois	die Erbsen *fpl*
écosser des pois	Erbsen enthülsen, aus~pahlen *(nord)*
les haricots verts	die grünen Bohnen *fpl*
les haricots beurre	die Wachsbohnen
les légumes secs	die Hülsenfrüchte *fpl*
écosser des haricots	entbohnen
faire tremper	ein~weichen
les haricots blancs, les fayots *(pop)*	die weißen Bohnen
les lentilles *f*	die Linsen *fpl*
trier des légumes secs	Hülsenfrüchte lesen, a, e, ie/ verlesen
la soupe aux lentilles	die Linsensuppe
• **la pomme de terre**	die Kartoffel, n
la peau, la pelure	die Schale, n
peler ; éplucher *(peler et gratter)*	schälen, pellen *(nord)*
les épluchures *f (de pommes de terre)*	die Kartoffelschalen *fpl*
les épluchures *(légumes, fruits)*	die Gemüseschalen ; die Abfälle *mpl*
la fécule de pommes de terre	das Kartoffelmehl
les pommes de terre à l'anglaise	die Salzkartoffeln
les p. de t. en robe de chambre/des champs	die Pellkartoffeln
les p. de t. à la vapeur	die Dampfkartoffeln
les p. de t. sautées	die Bratkartoffeln/Röstkartoffeln
les frites *f*	die Pommes frites *pl*, die Pommes *(fam)*
la purée de p. de t.	der Kartoffelbrei, e/ das Kartoffelpüree, s
la boulette de p. de t.	der Kartoffelkloß, ¨e, der Kartoffelknödel, -
les p. de t. en salade	der Kartoffelsalat
○ **la salade**	der Salat, e
les crudités *f*	die Salatplatte, die Rohkost
préparer la salade	den Salat an~richten
(faire) égoutter la salade	den Salat abtropfen lassen
s'égoutter	ab~tropfen*
assaisonner	an~machen
tourner, brasser, fatiguer *(fam)*	mischen
○ **le riz**	der Reis
rund ; lang	rond ; long
le riz complet	der Vollreis
le riz brun	der braune Reis
le riz au lait	der Reisbrei, der Milchreis
le sagou	der Sago
le tapioca	die Tapioka
○ **le blé soufflé**	die Weizen-Crispies *pl*
la bouillie	der Brei, e
les flocons *m* **d'avoine**	die Haferflocken *fpl*
le porridge	das/der Porridge, der Haferflockenbrei
le müesli/musli	der Müsli
la semoule	der Grieß
la semoule de maïs	der Maisgrieß
le gruau d'orge	die Gerstengrütze
l'orge mondé	die Gerstengraupen *fpl*
○ **les pâtes** *f* **(alimentaires)**	die Teigwaren *fpl*
la semoule de blé dur	der Hartgrieß
les nouilles *f*	die Nudeln *fpl*
les vermicelles *m*	die Fadennudeln
les macaronis *m*	die Makkaroni *pl*
les spaghetti *m*	die Spaghetti/Spagetti *pl*

produits laitiers - œufs

• **le lait**	die Milch, e
les produits laitiers	die Milcherzeugnisse *npl*
le laitage	das Milchprodukt, e ; die Milchspeise, n
la crémerie	das Milchgeschäft, e
le laitier, le crémier	der Milchhändler, -
le lait frais	die Frischmilch
le lait cru, fermier	die Rohmilch
le lait thermisé	die erhitzte Milch
pasteurisé ; stérilisé	pasteurisiert ; sterilisiert
le lait UHT *(longue conservation)*	die H-Milch
le lait entier	die Vollmilch
le lait (demi-)écrémé	die (teil)entrahmte Milch
le lait condensé	die Kondensmilch/die Dosenmilch
le lait en poudre	das Milchpulver/die Trockenmilch
le lait fermenté	die Sauermilch, vergorene Milch
le (lait) caillé	die Dickmilch
cailler, tourner	gerinnen*, a, o, sauer werden
le babeurre	die Buttermilch
le petit-lait	die Molke, n
la caséine	das Kasein
la caillebotte	der Quark
les ferments *m* **lactiques**	die Milchsäurebakterien *fpl*
la présure	das Labferment
la crème	die Sahne/der Rahm
crémeux	sahnig, kremig/cremig
la crème fraîche *(épaisse)*	der (dicke) süße Rahm, die Crème fraîche
la crème fleurette *(liquide)*	die (Kaffee)sahne
la crème aigre	die saure Sahne
le beurre	die Butter
le beurre fermier	die Landbutter
battre le beurre, baratter	buttern
la baratte	die Butterungsmaschine, n, der Butterfertiger, -
○ **le fromage**	der Käse, -
l'affinage *m* **; affiner**	die Ablagerung ; ab~lagern
le fromage blanc	der Frischkäse, der Quark
le petit suisse	*(Doppelrahmfrischkäse)*
le yaourt, le yoghourt	das Joghurt/Jogurt, (s)
le fromage à pâte dure/ pressée	der Hartkäse
le fromage à pâte molle	der Weichkäse
le double-crème	der Doppelrahmkäse

le fromage au lait de vache	der Käse aus Kuhmilch
le fromage de chèvre frais	der frische Ziegenkäse
le fromage de brebis	der Käse aus Schafsmilch
la moisissure bleue	der Blauschimmel
le fromage gras, maigre	der Fett-, Magerkäse
gras ; allégé	fett ; fettarm
le fromage en tranches	der Schnittkäse
le fromage râpé	der geriebene Käse
le fromage fondu	der Schmelzkäse
l'édam *m*	der Edamer
le fromage de Hollande	der Holländer Käse
le gruyère	der Schweizer Käse
l'emmental *m*	der Emmentaler
le saint-paulin	*(ein Butterkäse)*
• **l'œuf** *m*	das Ei, er
l'œuf cru	das rohe Ei
le jaune d'œuf	das Eigelb
le blanc d'œuf	das Eiweiß
casser les œufs	die Eier auf~schlagen, u, a, ä
fouetter	mit dem Besen schlagen
monter les blancs en neige	das Eiweiß schäumig schlagen
les œufs brouillés	die Rühreier
les œufs à la coque	die weich gekochten Eier
les œufs durs	die hart gekochten Eier
les œufs frits	die gebackenen Eier
les œufs mollets	die wachsweichen Eier
les œufs sur le plat/au plat	die Spiegeleier/Setzeier
les œufs pochés	die pochierten/verlorenen Eier
l'omelette *f*	das Omelett, e/s
l'omelette aux pommes de terre	das Bauernomelett
• **les matières grasses**	die Fette *npl*
la graisse ; gras	das Fett, e ; fett
la graisse de bœuf	der Rindertalg, der Rinderfett
la graisse d'oie	das Gänsefett, das Gänseschmalz
le saindoux	das Schweineschmalz
graisser	ein~fetten
○ **l'huile** *f* **de table**	das (Speise)öl, e
l'huile végétale	das Pflanzenöl
l'huile d'arachide	das Erdnussöl
l'huile de colza	das Rapsöl
l'huile de maïs	das Maisöl
l'huile de noix	das Walnussöl
l'huile de soja	das Sojaöl
l'huile d'olive	das Olivenöl
l'huile de tournesol	das Sonnenblumenöl
huiler	ein~ölen
la margarine	die Margarine

le pain

• **le pain**	das Brot, e
le boulanger	der Bäcker, -
la boulangère	die Bäckersfrau, en, die Bäckerin, nen
le garçon boulanger, le mitron	der Bäckerjunge, n, n
cuire le pain	Brot backen, u, a, ä/faible
la boulangerie	die Bäckerei, en
le fournil	die Backstube, n
la fournée	der Schub, ¨e
le pétrin	der Backtrog, ¨e
le pétrin mécanique	die Knetmaschine, n
la pâte (à pain) ; le levain	der (Brot)teig, e ; der Sauerteig
la viennoiserie	die feinen Backwaren *fpl*
la farine	das Mehl
le grumeau	der Klumpen, -, das Klümpchen, -
la mie	die Krume, n
la miette	der Krümel, -, der Brösel, -
émietter	zerbröckeln, bröseln
la chapelure, la panure	das Paniermehl, die Semmelbrösel *mpl*
paner	panieren
la croûte	die Kruste, n
le croûton, le quignon *(fam)*	der Knust, e/¨e
la baguette, la flûte	die Baguette, n *(dünnes langes Weißbrot)*
la ficelle	*(kleine, dünne Baguette)*
la boule (de pain)	das Rundbrot
la miche	der Laib, e
le pain de mie	das Toastbrot, das Kastenbrot
le pain de campagne	das Landbrot
le pain blanc *(farine de froment)*	das Weißbrot
le pain noir	das Schwarzbrot
le pain bis	das Graubrot, das Mischbrot
le pain de seigle	das Roggenbrot/Bauernbrot
le pain complet	das Vollkornbrot
• **le petit pain**	das Brötchen, -, der Wecken, -, der Semmel, -
(aux grains de cumin)	das Kümmelbrötchen
(aux graines de pavot)	das Mohnbrötchen
la biscotte	der Zwieback, e/¨e
la tartine	die Brotscheibe, n
la tartine beurrée	das Butterbrot, e
la tranche de pain grillée/le toast	die geröstete Brotscheibe, n
le pain frais	das frisch gebackene/frische Brot
le pain rassis	das altbackene Brot
croustillant, craquant	knusprig, kross *(Nord)*

le sucre

• **le sucre**	der Zucker
sucrer	zuckern
la raffinerie de sucre	die Zuckerfabrik, en
la canne à sucre	das Zuckerrohr
la plantation de cannes à sucre	die Zuckerrohrplantage, n
le sucre de canne	der Rohrzucker
la betterave sucrière	die Zuckerrübe, n
le sucre de betterave	der Rübenzucker
le sucre raffiné	die Raffinade, n
le sucre en morceaux	der Würfelzucker
un morceau de sucre	ein Stück Zucker
le sucre en poudre, sucre semoule	der Feinzucker
le sucre cristallisé	der Kristallzucker
le sucre glace	der Puderzucker
le sucre liquide	der Flüssigzucker
le sirop de sucre de canne	der Rohrzuckersirup
le sucre brut, roux	der Rohzucker
la cassonade	der Rohzucker *(aus Zuckerrohr)*
le sucre candi	der Kandis(zucker)
le pain de sucre	der Zuckerhut, ¨e
le sucre vanillé	der Vanillezucker
l'édulcorant *m (de synthèse)*	der Süßstoff, e
la saccharine	das Saccharin

les épices

• **l'épice** *f*	das Gewürz, e
(v. plantes aromatiques, p. 155)	
épicer, relever, aromatiser, corser	würzen
pimenter	scharf würzen
l'anis *m*	der Anis
le bouquet garni	*(Lorbeer, Thymian und Petersilie als Beigabe gebunden)*
la cannelle	der Zimt, e
la cardamome	der/das Kardamom
la coriandre	der Koriander
le cumin	der Kümmel
le curcuma	die Kurkuma, Kurkumen
le curry/cari/carry	der/das Curry
la baie de genévrier	die Wacholderbeere, n
le gingembre	der Ingwer
le clou de girofle	die Gewürznelke, n
la noix de muscade	die Muskatnuss, ¨e
le paprika en poudre	das Paprikapulver
doux ; fort	edelsüß ; scharf
la graine de pavot *m*	der Mohnsamen
le piment	der/das Piment, e
le piment rouge	der Gewürzpaprika
le poivre blanc	der weiße Pfeffer
le poivre en grains	die Pfefferkörner *npl*
le poivre de Cayenne	der Cayennepfeffer
le poivre noir	der schwarze Pfeffer
poivré	gepfeffert
le safran	der Safran
la vanille	die Vanille
la gousse de vanille	die Vanille-Schote, n
○ **le condiment**	das Würzmittel, das Gewürz
le sel ; le sel de cuisine	das Salz, e ; das Kochsalz
la câpre	die Kaper, n
le cornichon au vinaigre	die Essiggurke, die Pfeffergurke, n
la saumure	die Salzlake, n
la moutarde	der Senf, e/der Mostrich
le vinaigre	der Essig
le vinaigre de vin	der Weinessig
vinaigrer *tr*	mit Essig an~machen
ailler *tr*	mit Knoblauch würzen

les produits alimentaires

• **les produits alimentaires** *m*	die Lebensmittel *npl*
le contrôle alimentaire	die Lebensmittelüberwachung
le produit naturel	das Naturprodukt, e
les produits alimentaires naturels	die Biokost
○ **le conditionnement**	die Packung, en
la marchandise préemballée	die Fertigpackung
l'emballage individuel	die Einzelpackung
le poids/le volume de remplissage	die Füllmenge, n
le poids d'égouttage	das Abtropfgewicht
○ **la conservation**	die Konservierung
conserver	konservieren
le séchage	die Trocknung
la pasteurisation	das Pasteurisieren
la stérilisation	das Sterilisieren
la réfrigération ; réfrigéré	die Kühlung ; gekühlt
la congélation	das Einfrieren/das Gefrieren
congelé	gefroren
la surgélation ; surgelé	die Tiefkühlung ; tiefgekühlt
les produits surgelés	die Tiefkühlkost
décongeler	auf~tauen*
l'ionisation *f* **des produits alimentaires**	die Lebensmittelbestrahlung
les aliments irradiés/ionisés	die strahlenbelasteten Lebensmittel *pl*
l'additif *m* **alimentaire**	der Zusatzstoff, e
l'agent conservateur	der Konservierungsstoff
les colorants alimentaires	die Lebensmittelfarbstoffe *mpl*
○ **la conserve**	die (Voll)konserve, n
la semi-conserve	die Halbkonserve
la viande en conserve	das Büchsenfleisch
mettre en conserve, confire	ein~wecken, ein~machen, ein~legen
le bocal à conserve	das Einweckglas, das Einlegeglas, ¨er
la durée de conservation	die Haltbarkeitsdauer
à consommer avant	mindestens haltbar bis
avarié	verdorben
fermenter	gären
le bombage	die Bombage
les moisissures *f* **; moisi**	der Schimmel ; schimmelig

Das hat einen Haken.
Il y a un os. (une difficulté)

mit der Wurst nach dem Schinken werfen, a, o, i
donner un œuf pour avoir un bœuf

Wurst wider Wurst
donnant, donnant

Es ist mir Wurst/Wurscht. *(fam)*
Je m'en fiche. (fam)

Es geht um die Wurst ! *(fam)*
L'enjeu est important.

sich nicht die Butter vom Brot nehmen lassen
défendre son bifteck

wie warme Semmel weg~gehen*, i, a *(fam)*
se vendre comme des petits pains

etw für ein Butterbrot/für einen Apfel und ein Ei bekommen, a, o
avoir qc pour une bouchée de pain

das Angenehme vorweg genießen, o, o
manger son pain blanc le premier

viel Arbeit in Aussicht haben
avoir du pain sur la planche

Hand an~legen
mettre la main à la pâte

gelackmeiert sein *(pop)*
être chocolat (pop)

sich die Taschen füllen, sich gesund~stoßen, ie, o, ö *(fam)*
se sucrer (fam), faire son beurre (fam)

leicht auf~brausen*
être soupe au lait

Es ist alles in Butter. *(fam)*
Ça baigne dans l'huile. (fam)

2. CUISINE ET RESTAURATION

la gastronomie

l'art *m* **culinaire, la cuisine**	die Kochkunst
• **la gastronomie**	die Gastronomie, die Kochkunst
le gourmet, le gastronome	der Feinschmecker, -, der Gourmet, s
la fine gueule *(fam)*	das Leckermaul, ¨er *(fam)*
être gourmand	ein Schlemmer sein
• **la cuisine**	die Küche
le cuisinier, le cuistot *(fam)*	der Koch, ¨e
la cuisinière	die Köchin, nen
le cordon-bleu	der Meisterkoch, die Meisterköchin
un maître queux	ein ausgezeichneter Koch
le chef de cuisine	der Küchenmeister, -
le pâtissier	der Küchenkonditor, en
le poissonnier	der Fischkoch
le rôtisseur	der Bratenkoch
le marmiton	der Küchenjunge, n, n
le plongeur	der Geschirrspüler, -
faire la plonge *(restaurant)*	die Teller waschen, u, a, ä
• **le fourneau, le piano** *(fam)*	der Kochherd
le four électrique, à gaz	der Elektrofen, der Gasofen, ¨
le four	der Backofen, Bratofen
mettre au four	in den Backofen schieben, o, o
retirer du four	aus dem Backofen nehmen, a, o, i
la plaque à pâtisserie	das Backblech, Kuchenblech, e
la grille	der Rost, e
le gril ; le barbecue	der Bratrost, der Grill, s
être invité à un barbecue	zu einem Grillfest eingeladen sein
la rôtissoire	das Grillgerät, e
(faire) griller	grillieren, grillen
la broche à rôtir	der Bratspieß, e
le tournebroche	der Bratenwender, -
à la broche	am Spieß, Spieß-
la lèchefrite	die Abtropfpfanne, n
la chaleur du four	die Backhitze
préchauffer le four	den Backofen vor~heizen
réduire la chaleur	die Hitze drosseln
le feu *(gaz)*	die Flamme *(Gas)*
mettre qc à cuire/sur le feu	etw auf~setzen
cuire à feu doux, vif	auf kleiner, starker Flamme kochen
retirer du feu	vom Herd nehmen, a, o, i
le four à micro-ondes	das Mikrowellengerät, e
• **la batterie de cuisine**	das Küchengeschirr
l'aiguille *f* **à brider**	die Bindnadel, die Bridiernadel, n
le chinois	das Spitzsieb, e
l'étamine	das Passiertuch, ¨er
le couteau de cuisine	das Küchenmesser, -
le couteau d'office	das Gemüsemesser
l'épluche-légumes *m*	der Kartoffelschäler, -
le couteau à découper	das Tran(s)chiermesser
le couteau à désosser	das Ausbeinmesser
le couteau-scie	das Sägemesser
la cuillère en bois	der Rührlöffel, -
le décapsuleur	der Flaschenöffner, -
l'écumoire *f*	der Schaumlöffel
l'entonnoir *m*	der Trichter, -
le fouet (à neige)	der (Schnee)besen, -
le fusil ; aiguiser	der Wetzstahl ; schärfen, wetzen
le hachoir	das Hackmesser
la lardoire	die Spicknadel
la louche	die (Suppen)kelle, n
l'ouvre-boîte *m*	der Dosenöffner, -
le panier à salade	der Salatkorb, ¨e
la passoire ; passer	das Sieb, e ; (durch~)sieben
le presse-citron	die Zitronenpresse, n
presser un citron	eine Zitrone pressen, aus~quetschen
la râpe ; râper	die Reibe, n ; reiben, ie, ie
le tire-bouchon	der Korkenzieher, -
○ **les ustensiles** *m* **de cuisson**	das Kochgeschirr
l'autocuiseur *m*	der Dampfkochtopf, ¨e
la bouilloire	der Wasserkessel, -
la casserole	die Stielkasserolle, n
la cocotte	der Bratentopf, der Schmortopf
la cocotte-minute	der Schnellkochtopf
le couvercle	der Topfdeckel, -
le faitout, la marmite	der (schwere) Kochtopf, ¨e
la friteuse, la bassine à friture	die Friteuse, n
le panier de la friteuse	der Drahteinsatz, ¨e
la poêle à frire	die Bratpfanne, n
la poissonnière	der Fischkessel, -
le plat à sauter, la sauteuse	die Schmorpfanne
la terrine (en terre cuite)	der Römertopf, ¨e
○ **les ustensiles** *m* **à pâtisserie**	die Backutensilien *npl*
le moule à gâteau	die Kuchenform, en
le moule à cake	die Kastenkuchenform
le moule à charnière	die Springform
le moule à savarin	die Kranzform
le moule à kouglof	die Napfkuchenform
la planche à pâtisserie	das Kuchenbrett, er
le rouleau à pâtisserie	das Nudelholz, ¨er
la roulette (à pâte)	das Teigrädchen, -
le moule à découper	die Ausstechform, en
la spatule	die Spachtel, n
le tamis à farine	das Mehlsieb, e
tamiser la farine	das Mehl sieben
la poche à douille	die Teigspritze, n
○ **les appareils** *m* **de cuisine**	die Küchengeräte *npl*
la balance de ménage	die Küchenwaage, n
le batteur	das Handrührgerät, e
la cafetière électrique	der Kaffeemaschine, n
le distributeur de café	der Kaffeeautomat, en, en
l'essoreuse *f* **à salade**	die Salatschleuder, n
le grille-pain	der Toaster, -
le hachoir *(moulin)* **à viande**	der Fleischwolf, ¨e
le hachoir	das Hackmesser, Hackbeil
la machine à trancher	die Schneidemaschine
la mandoline	der Gemüsehobel, -
le mixer	der Mixer, -
le moulin à café	die Kaffeemühle, n
le moulin à légumes	der Gemüsezerkleinerer, -
le presse-fruits	der Entsafter, -
le robot	die Küchenmaschine
la sorbetière	die Speiseeismaschine, n

la préparation des plats

la préparation	die Zubereitung
le livre de cuisine	das Kochbuch, ¨er
la recette de cuisine	das Kochrezept, e
les ingrédients *m*, **l'appareil** *m*	die Zutaten *fpl*
les proportions *f*/ **les quantités** *f*	die Mengen *fpl*

une pincée de sel	etwas Salz, eine Prise Salz
une pointe de	eine Messerspitze, ein wenig
une cuillerée à soupe	ein gefüllter/voller Esslöffel
une cuillerée à soupe bombée	ein gehäufter Esslöffel
une cuillerée à soupe rase	ein gestrichener Esslöffel
une tasse pleine à ras bord de	eine Tasse gestrichen voll mit+D
• **cuisiner, faire la cuisine**	kochen
faire la cuisine au beurre	mit Butter kochen
faire la cuisine au gaz, à l'électricité	mit Gas, elektrisch kochen
bouillir *itr (liquide)*	kochen *itr (Flüssigkeit)*
L'eau bout.	Das Wasser kocht.
C'est bouillant.	Es ist kochend heiß.
• **cuire** *(légumes, viande, pâtes) itr*	kochen *(Gemüse, Fleisch, Teigwaren) itr*
faire bouillir qc ; faire cuire qc	etw kochen
faire bouillir qc, porter qc à ébullition	etw zum Kochen bringen, a, a
faire du café	Kaffee kochen
le temps de cuisson	die Kochzeit
○ **cuire au four**	backen, u, a, ä/faible
la cuisson *(au four)*	das Backen *(im Backofen)*
rôtir ; saisir	braten, ie, a, ä ; an~braten
le rôti	der Braten, -
la cuisson à feu doux	das Garen
être cuit, à point	gar sein
braiser, étuver	braisieren, schmoren
mijoter *(dans son jus)*	schmoren *(im eigenen Saft)*
cuire à l'étuvée/à la vapeur	dünsten
le bain-marie	das Wasserbad
le court-bouillon	die Würzbrühe, der Fischsud
la cuisson *(à la poêle) (steak)*	das Braten *(Steak)*
bleu, très saignant	fast roh, nur kurz angebraten
saignant	blutig gebraten
à point	englisch gebraten, halb durch
bien cuit	durchgebraten
↓ **accommoder, préparer**	zu~bereiten
accompagner de	begleiten mit+D
arroser avec	begießen, o, o mit+D
à volonté	nach Belieben
badigeonner, enduire de	bestreichen, i, i, mit+D
barder	mit Speck um~wickeln
le beurre maître d'hôtel, le beurre manié	die Kräuterbutter
beurrer	mit Butter bestreichen, i, i
faire blanchir	blanchieren
brider *(volaille)*	bridieren
caraméliser ; le caramel	karamellisieren ; der Karamell
le chaud-froid	das Sulzgericht
chauffer	erhitzen
réchauffer	auf~wärmen
du café réchauffé	aufgewärmter Kaffee
maintenir au chaud	warm halten, ie, a, ä
○ **couper en morceaux**	in Stücke schneiden, i, i
en bâtonnets	in Stäbchen
en dés	in Würfel
(couper) en deux	halbieren
en quartiers	in Viertel schneiden, vierteln
couper en tranches	in Scheiben schneiden, tran(s)chieren
à la croque-au-sel	nur mit Salz serviert
les croûtons *m*	die Croutons *mpl*
les croûtons à l'ail	*(mit Knoblauch eingeriebene geröstete Brotwürfel)*

décanter	dekantieren, (ab~)klären
décortiquer *(noix)*	schälen *(Nüsse)*
déglacer	deglacieren
mettre à dégorger	aus~wässern
dégraisser	degraissieren, entfetten
délayer	verdünnen, verrühren
délayer avec un œuf	mit einem Ei ab~ziehen, o, o
démouler	aus der Form nehmen, a, o, i
faire dessaler	entsalzen
(faire) dissoudre	auf~lösen
ébouillanter, échauder	ab~brühen
écraser	zerdrücken
écumer	ab~schöpfen
émincer	in dünne Scheiben schneiden
enrober (de)	überziehen, o, o (mit+D)
épaissir	verdicken
étaler	streichen, i, i
évider *(fruit, légume)*	aus~höhlen *(Frucht, Gemüse)*
la farce	das Füllsel, -, die Füllung, en
farcir, fourrer	füllen, stopfen
fariner, saupoudrer de farine	mit Mehl bestreuen
filtrer, passer	seihen
flamber	flambieren, ab~sengen
le fond, le jus de cuisson	der Bratensaft, ¨e
le fond de sauce	die Grundbrühe, n
le fond blanc, brun	die weiße, braune Grundbrühe
faire fondre	zergehen lassen, ie, a, ä
la fondue	die/das Fondue, s
la fondue bourguignonne	die/das Fleischfondue
frémir	wallen, sieden
(faire) frire	braten, in schwimmendem Fett backen
le bain de friture	das Backfett
garnir (de)	garnieren (mit+D)
• **le goût**	der Geschmack
la saveur	der (angenehme) Geschmack
savoureux	schmackhaft
savourer	mit Genuss essen, a, e, i, trinken, a, u
avoir bon goût, être bon	gut schmecken
délicieux	lecker
C'est bon !	Es schmeckt !
être fade, fadasse *(fam)*	fad schmecken
fade, sans saveur	fade, schal
être insipide	nach nichts schmecken
amer	bitter
âpre	herb
doux	mild
adoucir	versüßen
sucrer ; sucré	zuckern ; süß
(très) sucré	zuckersüß
saler	salzen, salzte, gesalzen
salé	salzig, gesalzen
trop salé	versalzen
aigre, acide	sauer
aigre-doux	süß-sauer
acidulé	säuerlich
succulent ; juteux	saftig
relevé, épicé	pikant, würzig
avoir un goût de	schmecken nach+D
avoir un goût de revenez-y *(fam)*	nach mehr schmecken
fondre dans la bouche	auf der Zunge/im Mund zergehen*, i, a

avoir un goût de rance	ranzig schmecken
avoir un goût de brûlé	angebrannt schmecken
goûter (un plat)	probieren, versuchen, schmecken (eine Speise)
goûter *(pour vérifier qc)*	ab~schmecken
○ **(faire) gratiner**	gratinieren, überbacken/überkrusten
hacher	hacken
haché menu/fin	fein gehackt
haché grossièrement	grob gehackt
le hachis	das Hack
imbiber (de)	(durch)tränken (mit+D)
inciser	ein~schneiden, i, i, ein~ritzen
incorporer	bei~mengen, zu~setzen
larder	spicken
la liaison	die Bindung, en
lier	binden, a, u, legieren, sämig machen
malaxer	rühren
mélanger	vermischen, vermengen
mélanger en battant	(ver)quirlen
mélanger en remuant	verrühren
monder *(amandes, tomates)*	ab~ziehen, o, o *(Mandeln, Tomaten)*
napper (de)	nappieren, übergießen, o, o (mit+D)
piler	mörsern
faire réduire	reduzieren, ein~kochen lassen
(se) refroidir	erkalten*
mettre à refroidir	kalt stellen
réfrigérer	im Kühlschrank ab~kühlen
utiliser les restes	die Reste verwerten
retourner le rôti	den Braten wenden
faire revenir	bräunen, leicht an~rösten
faire rissoler	rösten
rouler, passer dans la farine	in Mehl wenden
le roux	die Mehlschwitze
faire un roux	Mehl an~schwitzen
○ **la sauce**	die Soße, die Sauce, n, die Tunke, n
allonger une sauce	eine Soße verdünnen, strecken
la (sauce) béchamel	die weiße Rahmsauce
au beurre noir	mit brauner Butter
(à la) chasseur	auf Jägerart
à la crème	in Rahmsauce
aux fines herbes	mit feinen Kräutern
la (sauce) mayonnaise	die Majonäse/Mayonnaise
l'ailloli/aïloli *m*	die Knoblauchmayonnaise
à la provençale	auf provenzalische Art
la rouille	*(mit Peperoni gewürzte Knoblauchsoße)*
la sauce salade	das Dressing, s
la sauce tomate	die Tomatensauce
la sauce vinaigrette	die Essig- und Öl-Sauce
saupoudrer	streuen
faire sauter	(in Fett) schwenken
le soufflé	der Auflauf, ¨e
• **la soupe, le potage**	die Suppe, n
le bouillon	die Fleischbrühe, n/die Bouillon, s
le consommé	die Kraftbrühe, n/das Consommé, s
clarifier	klären
le velouté ; velouté	die Cremesuppe ; sämig
la panade	die Brotsuppe
la bouillabaisse	*(Marseiller Fischsuppe)*
les légumes pour la soupe *(en petite quantité) (D)*	das Suppengrün
la soupe en sachet	die Beutelsuppe, n
le cube de consommé	der Brühwürfel, -
la soupe aux fruits servie froide	die Kaltschale, n
trancher, couper en deux	durch~schneiden, i, i
transvaser	um~füllen
tremper son pain (dans)	das Brot (ein~)tunken, stippen (in+A)
trousser *(volaille)*	um~binden, a, u
un zeste de citron	ein Stück Zitronenschale

la pâtisserie

• **la pâtisserie**	die Backwaren *fpl*
le pâtissier	der Konditor, der Feinbäcker
faire de la pâtisserie	Kuchen backen, u, a, ä/faible
la pâte (à gâteau)	der (Kuchen)teig, e
travailler la pâte	den Teig rühren
lever *(pâte)*	auf~gehen*, i, a *(Teig)*
laisser monter	aufgehen lassen
laisser reposer	ruhen lassen
l'abaisse *f*	der flach gerollte Teig
abaisser la pâte	den Teig aus~rollen
foncer un moule	eine Form mit Teig aus~legen
la pâte à foncer, la pâte brisée	der Auslegeteig
la pâte brisée (sucrée)	der Mürb(e)teig
la pâte à choux	der Brandteig
la pâte feuilletée	der Blätterteig
la pâte levée	der Hefeteig
la pâte sablée	der Sandteig
passer au pinceau	bepinseln
• **le gâteau**	der Kuchen, -
↓ **le baba au rhum**	*(mit Rumsirup übergossener Hefenapfkuchen)*
le beignet	der Krapfen, -
le beignet soufflé	der Brandteigkrapfen
le biscuit	das/der Biskuit, s
le biscuit à la cuiller	das Löffelbiskuit
le biscuit à l'anis	das Springerle, -
(biscuit épicé aux formes diverses)	der Spekulatius, -
la bûche de Noël	*(Biskuitrolle mit Buttercreme)*
la brioche	die Brioche, s
le calisson	*(Mandelgebäck mit Zuckerguss)*
le cake	*(Sandkuchen mit Rosinen und kandierten Früchten)*
le chausson aux pommes	die Apfeltasche, n
le chou à la crème	der Windbeutel, -
le clafoutis aux cerises	*(Pfannkuchenteig mit Kirschen)*
la crème anglaise	die englische Creme
la crème au beurre	die Buttercreme
la crème chantilly	*(Schlagsahne mit Vanillezucker)*
la crème fouettée	die Schlagsahne
la crème pâtissière	die Konditorcreme
la crêpe	der Pfannkuchen, -, der Eierkuchen
la crêpe flambée	der flambierte Pfannkuchen
le cornet à la crème	die Schillerlocke, n
le croissant	das Hörnchen, -, das Croissant, s
la crème au beurre	die Buttercreme
l'éclair *m*	das Eclair, s/der Blitzkuchen/Liebesknochen, -
l'éclair au café	das Eclair mit Mokkacremefüllung
l'entremets *m*	die Süßspeise, n
le flan	der Pudding, e
la forêt-noire	die Schwarzwälder Kirschtorte
la frangipane	die Mandelcreme
(gâteau sur plaque, aux amandes effilées)	der Bienenstich

les amandes effilées	die Mandelsplitter *mpl*
(gâteau sur plaque, à la cannelle et aux grains de pâte sablée)	der Streuselkuchen
(gâteau au fromage blanc)	der Quarkkuchen
(gâteau aux grains de pavot)	der Mohnkuchen
le gâteau marbré	der Marmorkuchen
le (gâteau) roulé	die Biskuitrolle
la gaufre	die Waffel, n
le glaçage ; glacer	die Glasur ; glasieren
le kouglof/kugelhof	der Kugelhupf
le macaron	die Makrone, n
la meringue	das Baiser
le mille-feuilles	*(Cremeschnitte aus Blätterteig)*
(gâteau de Noël, pâte levée, avec raisins secs et amandes)	der Dresdner Stollen
le pain d'épice(s)	der Honigkuchen, der Lebkuchen
(pain d'épices aux amandes et noisettes moulues)	der Nürnberger Elisenlebkuchen
(pain d'épices dur et épicé)	die Printen *fpl* (Pfefferkuchen)
les petits fours	das Teegebäck, das Feingebäck
les petits gâteaux secs, les biscuits *m*	das Kleingebäck, die Kekse *mpl*, die Plätzchen *npl*
le biscuit au beurre, le petit beurre	der Butterkeks, e
les profiteroles *f*	*(gebackene Brandteigkügelchen)*
les sablés *m*	das Sandgebäck
le savarin *(baba au rhum)*	der Savarin
la tarte	die Torte, n
la tarte méringuée	die Baisertorte
la tarte aux fruits	die Obsttorte
dénoyauter *(fruits)*	entsteinen, entkernen
épépiner	entkernen
équeuter	entstielen
casser *(noix)*	knacken *(Nüsse)*
(tarte à la gelée de framboises)	die Linzertorte
la tartelette	das Tortelett, en/Törtchen, -
la tête de nègre	der Mohrenkopf, ¨e, der Negerkuss, ¨e
le vacherin	*(Baisertorte mit Eis und Sahne)*
○ **les fruits secs**	das Trockenobst
les fruits séchés	das Dörrobst
le pruneau	die Backpflaume, n
les raisins secs	die Rosinen *fpl*
les raisins de Corinthe	die Korinthen *fpl*
les (quatre) mendiants *(figues, noisettes, amandes, raisins secs)*	das Studentenfutter
• **la glace**	das Speiseeis, Gefrorenes *n*
le glacier *(salon)*	die Eisdiele, n, der Eissalon, s
le glacier *(fabricant, commerçant)*	der Eiskonditor, en
le marchand de glaces	der Eisverkäufer, -
la sorbetière	die Speiseeismaschine, n
le sorbet	das Fruchteis
la crème glacée	das Eiskrem
la glace à l'italienne	das Softeis
la glace à la vanille	das Vanilleeis
la glace au praliné	das Haselnusseis
le cornet de glace	das Eistütchen, -
l'esquimau *m*, **le bâtonnet**	das Eis am Stiel
la coupe garnie de diverses glaces	der Eisbecher, -
le café liégeois	der Eiskaffee, s
la bombe glacée	die Eisbombe, n

la confiserie

• **la confiserie, les sucreries** *f*	die Süßwaren *fpl*
la confiserie *(magasin)*	das Süßwarengeschäft, e
la gourmandise	die Naschhaftigkeit, die Naschsucht
gourmand	naschhaft
manger qc par gourmandise	etw naschen (von+D)
adorer les friandises	eine Naschkatze sein *(fam)*
les sucreries *f*, **les chocolats** *m*	das Konfekt, e
la bonbonnière	die Konfektdose, n
• **le chocolat**	die Schokolade, n
le cacao	der Kakao, s
la poudre de cacao	das Kakaopulver
la tablette de chocolat	die Schokoladentafel, n
la barre	der Riegel, -
le chocolat amer/à croquer	die bittere Schokolade
le chocolat à cuire, de ménage	die Koch-/Blockschokolade
le chocolat au lait	die Vollmilchschokolade
le chocolat aux amandes	die Mandelschokolade
le chocolat aux noisettes	die Nussschokolade
le chocolat fourré	die gefüllte Schokolade
fourré à la liqueur	mit Likörfüllung
le bonbon au chocolat/ la crotte en chocolat	die Praline, n
une boîte de chocolats	eine Schachtel Pralinen
la chocolaterie	die Schokoladenfabrik
○ **le bonbon**	der/das Bonbon, s
les bonbons acidulés/anglais	die Drops *mpl/npl*
les caramels durs, mous	die Hart-, Weichkaramellen *fpl*
le bonbon à la gomme	der/das Gummibonbon, s
la dragée	das Dragee, s
le bonbon fondant	der/das Fondant, s
le chewing gum/la gomme à mâcher	der/das Kaugummi, s
le nougat de Montélimar	der/das Nougat aus Montélimar
la nougatine	der Krokant
la pastille de menthe	die Pfefferminzpastille, n
la pâte d'amandes, le massepain	der/das Marzipan, e
la pâte de fruits	die Geleefrüchte *fpl*
la praline	die gebrannte Mandel, n
le praliné	*(Masse aus Schokolade und gestampften Mandeln)*
le/la réglisse	die Lakritze, n
la sucette	der Lutscher, -
le (bâton de) sucre d'orge	die Lutschstange, n
la barbe à papa	die Zuckerwatte
• **le miel**	der (Bienen)honig, e
le miel (de nectar)	der Blütenhonig
le miel de bruyère	der Heidehonig
le miel en rayon	der Wabenhonig/der Scheibenhonig
○ **la confiture**	die Marmelade, n/die Konfitüre, n
la marmelade d'oranges	die Orangenkonfitüre
la gelée	das/der Gelee, s
la compote	das Kompott, e, das Mus
le coulis de fruits frais	*(passierte Früchte)*
les fruits confits	die kandierten Früchte *fpl*
l'écorce *f* **d'orange confite**	das Orangeat, e
l'écorce de citron confite	das Zitronat, e

spécialités allemandes

(soupe d'anguilles avec légumes, poires et pruneaux)	Hamburger Aalsuppe *f*
(omelette aux pommes de terre avec lard et dés de jambon)	Bauernfrühstück *n*
(soupe de betteraves)	Be(e)tensuppe *f*
(soupe à la bière brune)	Biersuppe
(boulettes de pâte sucrée au levain)	Dampfnudeln *fpl*
(purée de pois chiches au lard maigre)	Erbspüree *n*
(pain de viande)	falscher Hase *m*
(boulettes de viande hachée avec mie de pain, œufs, oignons)	Frikadellen *fpl*
(crème d'orge aux pruneaux)	Graupensuppe mit Backpflaumen
(foie de veau aux pommes et aux oignons)	gebratene Kalbsleber auf Berliner Art
(viande crue hachée)	Hackepeter *m*
(petit pain de seigle avec tranche de fromage et moutarde)	halver Hahn *m*
(pommes de terre aux pommes)	Himmel und Erde
(jarret de veau en sauce piquante)	Kalbshaxe *f* mit Gewürzgurkensoße
(poitrine de veau roulée et farcie)	Kalbsrolle *f*
(boulettes de pommes de terre fourrées à la confiture de pruneaux)	Kartoffelklöße *mpl* mit Pflaumenmus
(crêpes de pommes de terre servies avec compote de pommes)	Kartoffelpuffer *m* mit Apfelmus
(échine de porc rôtie et fumée)	Kasseler Rippenspeer *m / n*
(boulettes de viande avec sauce aux câpres)	Königsberger Klopse *mpl*
(hachis de bœuf aux harengs)	Labskaus *m*
(pâté de viande : bœuf, porc, lard)	Leberkäs *m*
(filets de hareng vierge)	Matjesfilets *npl*
(viandes braisées aux légumes)	Pichelsteiner Fleisch *n*
(cervelle ou ris de veau avec langue et viande de veau)	Ragoût fin *n*
(bœuf mariné braisé à la sauce aigre-douce)	Sauerbraten *m*
(choucroute aux épices, à la vapeur)	gedünstetes Sauerkraut *m*
(assiette anglaise)	Fleisch(- und Wurst)aufschnitt *m*
(assortiment de hors d'œuvre variés de poissons)	Schwedenplatte *f*
(tranche de pain avec dés de jambon et œuf sur le plat	strammer Max *m*
(gelée de fruits frais au vin)	Weingelee *n*
(haricots blancs aux pommes, poires et légumes)	westfälisches Blindhuhn *n*
(bœuf en sauce aux câpres)	Westfälischer Pfefferpotthast *m*

le repas

• **la faim**	der Hunger
avoir faim, avoir un creux *(fam)*	Hunger haben, hungrig sein
avoir une faim de loup	einen Heißhunger, Bärenhunger haben
Je meurs de faim.	Ich sterbe noch vor Hunger.
J'ai la fringale. *(fam)* **Je la saute.** *(pop)*	Ich schiebe Kohldampf. *(pop)*
être affamé	ausgehungert, verhungert sein
• **manger**	essen, a, e, i, speisen
le casse-croûte, l'en-cas *m*	der Imbiss, e
prendre un en-cas, manger un morceau	einen Imbiss zu sich nehmen, a, o, i
casser la croûte/la graine *(fam)*	futtern
manger sur le pouce	im Stehen essen
manger à sa faim	sich satt essen
rassasié, repu	satt
insatiable	unersättlich
festoyer, gueuletonner *(fam)*	schmausen, schlemmen
se taper la cloche *(fam)*	tüchtig schmausen
être un gros mangeur	ein tüchtiger Esser sein
le goinfre ; glouton, goinfre	der Vielfraß, e ; gefräßig, verfressen
bouffer *(pop)*	fressen, a, e, i *(pop)*, futtern *(fam)*
la nourriture ; le repas ; le manger	das Essen
la bouffe/boustifaille *(pop)*	das Fressen *(pop)*
bâfrer, s'empifrer *(pop)*	sich voll fressen *(pop)*
se gaver (de)	sich voll stopfen (mit+D)
dévorer	verschlingen, a, u, rein~hauen *(fam)*
ingurgiter	gierig verschlingen
○ **l'appétit** *m*	der Appetit
appétissant	appetitlich, appetitanregend
donner de l'appétit à qn	jdm Appetit machen
manger de bon appétit	mit gutem Appetit essen, tüchtig zu~langen
couper l'appétit à qn	jdm den Appetit verschlagen, u, a, ä, verderben, a, o, i
le manque d'appétit	die Appetitlosigkeit
manger du bout des lèvres	mit Widerwillen essen
chipoter, grignoter	lustlos essen
Vous n'avez presque rien pris.	Sie haben fast nichts gegessen.
Bon appétit !	Guten Appetit !/Lassen Sie sich's gut schmecken !
• **le repas**	die Mahlzeit, en
le petit déjeuner	das Frühstück, e
prendre le petit déjeuner	frühstücken
le déjeuner ; déjeuner	das Mittagessen ; zu Mittag essen
le dîner ; le souper	das Abendessen
dîner, souper	zu Abend essen
le goûter, la collation, le quatre-heures	das Butterbrot, das Vesperbrot, e *(sud)*
goûter, prendre le goûter	vespern
le repas du soir *(D)*	das Abendbrot, e
le repas de fête, le festin	das Festessen
l'hôte *m* **; l'hôtesse** *f*	der Gastgeber ; die Gastgeberin
une maison hospitalière	ein gastfreundliches Haus
inviter qn à diner	jdn zum Abendessen ein~laden, u, a, ä
inviter qn à prendre une tasse de café	jdn auf einen Kaffee ein~laden
s'inviter	sich selbst ein~laden
le pique-assiette *(péj)*	der Nassauer, - *(fam)*
Le repas est prêt.	Das Essen ist fertig.
Le repas est servi.	Das Essen steht bereits auf dem Tisch.
À table !	Bitte zu Tisch !
passer à table ; être à table	sich zu Tisch setzen ; bei Tisch sein
Bon appétit !	Guten Appetit !/Mahlzeit !
l'invité(e), l'hôte *(m+f)*	der Gast, ¨e *(sans féminin)*
le convive	der Tischgast
la voisine de table	die Tischdame, n
la table	der Tisch, e
mettre le couvert, dresser la table	den Tisch decken
Le couvert est mis.	Der Tisch ist gedeckt.
débarrasser (la table)	den Tisch ab~decken, ab~räumen
la nappe	das Tischtuch, ¨er, die Tischdecke, n
mettre la nappe	das Tischtuch auf~legen
la serviette (de table)	die Serviette, n
déplier sa serviette	die Serviette auseinander nehmen, a, o, i

le couvert	das Gedeck, e
ajouter un couvert	ein Gedeck hinzu~fügen
le couvert *(cuiller, fourchette)*	das (Ess)besteck, e
le couvert en argent	das Silberbesteck
la cuiller/cuillère	der Löffel, -
la cuillère à thé, à café	der Tee-, Kaffeelöffel
la fourchette	die Gabel, n
le couteau	das Messer, -
la ménagère	der Besteckkasten, ¨
la louche	die Suppenkelle, n/der Schöpflöffel
la pelle à gâteau	die Tortenschauffel, n
la pince à sucre	die Zuckerzange, n
le service de table	das Essservice, -, das Tafelgeschirr, e
• **la vaisselle (en porcelaine)**	das (Porzellan)geschirr
la porcelaine	das Porzellan
la faïence	das Steingut
la céramique	die Keramik, -
l'assiette *f* **; l'assiette plate**	der Teller, - ; der flache Teller
l'assiette creuse, à soupe	der tiefe Teller, der Suppenteller
manger dans une assiette	von/aus einem Teller essen, a, e, i
l'assiette à dessert, l'assiette à gâteau	der Dessertteller, der Kuchenteller
le plat plat	die Platte, n/die flache Schüssel, n
le plat creux, rond, ovale	die tiefe, runde, ovale Schüssel
le ravier	der Vorspeisenteller, der Salatteller
le saladier	die Salatschüssel
la soupière	die Suppenschüssel
la saucière	die Soßenschüssel
le compotier	die Kompottschüssel
le rince-doigts	die Wasserschale, n
le service à café	das Kaffeeservice
le service à thé	das Teeservice
la cafetière, la théière	die Kaffee-, die Teekanne, n
le filtre	der/das Filter, -
la passoire à thé	das Teesieb, e
la tasse	die Tasse, n
la tasse à thé	die Teetasse
une tasse de thé	eine Tasse Tee
la soucoupe	die Untertasse, n
le sucrier	die Zuckerdose, n
le beurrier	die Butterdose
la cloche à fromage	die Käseglocke, n
la coupe ; le bol	die Schale, n
le pot à lait	der Milchgießer, - ; das Milchkännchen, -
le coquetier	der Eierbecher, -
la salière	der Salzstreuer, -
la poivrière/le poivrier	der Pfefferstreuer
l'huilier *m*	die Menage, n
• **le verre**	das Glas, ¨er
le verre à eau	das Wasserglas
le verre à vin	das Weinglas, ¨er
le verre à pied	das Stielglas
la tige	der Stiel, e
le pied, la patte	der Fuß, ¨e
le disque	die Scheibe, n
la coupe, le calice	der Kelch, e
le verre demi-ballon	das Halbballonglas, ¨er
la flûte, la coupe (à champagne)	der Sektkelch, die (Sekt)schale, n
boire dans un verre en cristal	aus einem Kristallglas trinken, a, u
la bouteille	die Flasche, n
la carafe	die Karaffe, n

verser à boire	ein~schenken, aus~schenken
servir les plats	die Speisen auf~tragen, u, a, ä
le chauffe-plats	die Warmhalteplatte, n
changer les assiettes	die Teller wechseln
servir qc à qn	jdm etw servieren, vor~setzen
se servir	zu~greifen, i, i
Servez-vous !	Greifen Sie zu !/Bedienen Sie sich !
passer qc ; faire passer qc	etw reichen ; etw weiter~reichen
entamer le pain, le rôti	das Brot, den Braten an~schneiden, i, i
entamer une bouteille	eine Flasche an~brechen, a, o, i
prendre de qc	(sich) etw nehmen, a, o, i
reprendre de qc	(sich) etw nach~nehmen
se lever de table	vom Tisch auf~stehen*, a, a
faire la vaisselle	das Geschirr spülen, ab~waschen, u, a, ä
le lave-vaisselle	die Geschirrspülmaschine, n
le torchon à vaisselle	das Geschirrtuch, ¨er
essuyer les verres	die Gläser ab~trocknen

la restauration

• **la restauration**	das Gaststättengewerbe, die Gastronomie
travailler dans la restauration	in der Gastronomie arbeiten
la restauration à domicile ; le traiteur	der/das Party-Service, s
le buffet froid	das kalte Büfett, s
le restaurant d'entreprise	die Werkskantine, n
le restaurant universitaire	die Mensa, sen
les restaurants du cœur	*(Speiselokale für Bedürftige) (F)*
la restauration rapide, le fast food	die Schnellgaststätte, n, das Fast food
le plat rapide	das Schnellgericht, e
le hamburger	der Hamburger, -
le sandwich	der/das Sandwich, s/e
le sandwich au jambon	das Schinkenbrötchen, -
le croque-monsieur	das getoastete Schinken-Käse-Sandwich
la buvette	die Imbisshalle, n, der imbissstand, ¨e
le snack(-bar)	der (Schnell)imbiss, e
le libre-service *(restaurant)*	das Selbstbedienungsrestaurant, s
le plat cuisiné	das Fertiggericht, e
le plateau	das Tablett, s
la pizzeria	die Pizzeria, s
la pizza	die Pizza, s
le stand de saucisses *(D)*	der Würstchenstand, ¨e, die Würstchenbude, n
l'hôtel *m*, **le restaurant** *(campagne)*	der Gasthof, ¨e, das Gasthaus, ¨er
l'auberge *f*	*(elegantes Speiselokal im ländlichen Stil)*
le restaurant gastronomique	das Feinschmeckerlokal/Schlemmerlokal, e
se régaler de, savourer	schlemmen
le (petit) restaurant	die Gastwirtschaft, en
le restoroute	die Raststätte, n, der Rasthof, ¨e
le café-restaurant	die Gaststätte, n,
le buffet de gare	die Bahnhofsgaststätte
la salle de restaurant	die Gaststube
• **le restaurant**	das Restaurant, s, das Speiselokal, e
manger au restaurant	im Restaurant essen, a, e, i
le restaurateur	der Gastwirt, e ; der Gastronom, en, en

la salle de restaurant	der Speisesaal, säle
le passe-plat(s)	die Küchendurchreiche, n
le gérant	der Geschäftsführer, -
le maître-d'hôtel	der Oberkellner, -
le sommelier, le caviste	der Weinkellner
le client, le consommateur	der Gast, ¨e
l'habitué *m*	der Stammgast
la table des habitués	der Stammtisch, e
○ **la carte, le menu**	die Speisekarte, n
le menu du jour (à prix fixe)	das (Tages)menü (zu festem Preis)
manger à la carte	à la carte essen, a, e, i
le mets, le plat	das Gericht, e ; die Speise, n
le plat *(mets d'un menu)*	der Gang, ¨e
un repas avec trois plats	Ein Essen mit drei Gängen
l'entrée *f*	der erste Gang, das Vorgericht
le hors-d'œuvre	die Vorspeise, n
hors d'œuvre variés	gemischte Vorspeisen
les amuse-gueule	die Appetithäppchen *npl*
les canapés *m*	die Appetitschnittchen *npl*
le plat principal/de résistance	das Hauptgericht
le dessert	der Nachtisch
l'apéritif *m*, **l'apéro** *m (pop)*	der Aperitif, s/e
le digestif	der Digestif, s, der Verdauungsschnaps, ¨e *(fam)*
le pousse-café, la goutte *(fam)*	das Schnäpschen, - *(fam)*
○ **le débit de boisson**	die Schankwirtschaft
la licence d'exploitation	die Schankberechtigung
le bar	die Bar, s
le tenancier de bar	der Barbesitzer, -
le barman	der Barkellner, -
le comptoir, le zinc *(pop)*	die Theke, n
le tabouret de bar	der Barhocker, -
la boîte de nuit	das Nachtlokal, e
l'entraîneuse *f*	die Animierdame, n
le strip-tease, le strip *(fam)*	der/das Striptease, der Strip, s *(fam)*
la strip-teaseuse	die Stripteasetänzerin, nen, die Stripperin, nen *(fam)*
faire un numéro de strip-tease	Striptease vor~führen, strippen *(fam)*
la disco(thèque)	die Disko(thek)
le café ; le salon de thé	das Café, s
• **le café**	das Lokal, e ; die Kneipe, n *(fam)* ; die (Schank)wirtschaft, en/ Gastwirtschaft
le bistro(t) *(fam)*, **le troquet**	die Schänke/Schenke, n, die Kneipe, n *(fam)*
être un pilier de bistro(t)	immer in der Kneipe sitzen, a, e
le cafetier	der Schankwirt, e
le café avec terrasse	das Straßencafé
le bar à vin	das Weinlokal, e
le débit de vin, la taverne	die Weinstube, n
la brasserie	die Bierstube, n, das Bierlokal, e
le service	die Bedienung, das Service
le garçon (de café), le serveur	der Kellner, -
Garçon !	Herr Ober !
la serveuse	die Kellnerin, die Serviererin, nen
Mademoiselle !	Fräulein !
prendre/boire un pot *(fam)*	einen heben, o, o *(fam)*
le coup de l'étrier	der Abschiedstrunk, ¨e
offrir la tournée *(fam)*	eine Runde/Lage spendieren, einen aus~geben, a, e, i *(fam)*
C'est ma tournée ! *(fam)*	Diese Runde geht auf meine Rechnung ! *(fam)*
L'addition, s'il vous plaît !	Ich möchte zahlen, bitte !
Le service est-il compris ?	Ist die Bedienung inbegriffen ?
le pourboire	das Trinkgeld
Gardez la monnaie.	Stimmt so !
servir dans un café	als Kellner arbeiten

Speis und Trank
le boire et le manger

wählerisch im Essen sein
être difficile sur la nourriture

Das Wasser läuft mir im Munde zusammen.
J'en ai l'eau à la bouche.

wie ein Spatz essen, a, e, i
avoir un appétit d'oiseau

Mir hängt der Magen bis in die Kniekehlen. *(fam)*
J'ai l'estomac dans les talons. (fam)

wie ein Scheunendrescher essen
manger comme un ogre

einen Saumagen haben *(pop)*
avoir un estomac d'autruche

nach angebranntem/schlechtem Fett riechen, o, o
sentir le graillon (fam)

eine Mahlzeit aus~lassen, ie, a, ä
sauter un repas

fürstlich bewirten
mettre les petits plats dans les grands

ohne Umstände
à la bonne franquette (fam), sans façons

(sich mit dem begnügen, was gerade vorhanden ist)
manger à la fortune du pot

In der Not frisst der Teufel Fliegen.
Faute de grives, on mange des merles.

Fisch muss schwimmen.
Poisson sans boisson est poison.

Das schmeckt ausgezeichnet. Ein Genuss.
C'est un régal. Un (vrai) régal.

Es hat uns sehr gut geschmeckt.
Nous nous sommes régalés.

3. LES BOISSONS - LE VIN

boissons

• **la boisson**	das Getränk, ¨e
le breuvage	der Trank, ¨e
la soif	der Durst
avoir soif, être assoiffé	Durst haben, durstig sein
se désaltérer	den Durst löschen
• **boire**	trinken, a, u
aimer boire	gern trinken
verser à boire	ein~schenken
trinquer	an~stoßen, ie, o, ö
vider son verre	aus~trinken
boire le verre d'un trait	das Glas mit/in einem Zug aus~trinken
(faire) cul sec *(fam)*	ex trinken *(fam)*
ingurgiter, siffler *(fam)*	hinunter~stürzen, hinunter~kippen *(fam)*
○ **les boissons rafraîchissantes**	die Erfrischungsgetränke *mpl*
servir des rafraîchissements *m*	Erfrischungen *fpl* reichen
l'eau *f* **potable**	das Trinkwasser
Eau non potable.	Kein Trinkwasser !
l'eau minérale	das Mineralwasser, ¨, das Tafelwasser
l'eau plate, l'eau non gazeuse	das (Mineral)wasser ohne Kohlensäure
l'eau gazeuse	der Sprudel, -
l'eau gazeuse/de Seltz	das Sodawasser
le glaçon	der Eiswürfel, -
la limonade	die Limonade, n, die Brause, n
le diabolo menthe	*(Limonade mit Pfefferminzsirup)*
le diabolo grenadine	*(Limonade mit Granatapfelsirup)*
la citronnade	das Zitronenwasser
○ **le jus de fruits**	der Fruchtsaft, ¨e
le jus de fruit pressé	der Obstpresssaft
le jus de fruits naturel non fermenté	der Süßmost
le jus d'orange	der Orangensaft, O-Saft *(fam)*
le jus de pomme	der Apfelsaft
le jus de tomate	der Tomatensaft
le jus de fruit concentré	der konzentrierte Fruchtsaft
le sirop de fruits	der Fruchtsirup, e
○ **la boisson alcoolisée**	das alkoholische Getränk, e
(v. alcoolisme, p. 165)	
le cidre	der Apfelwein, e, der Cidre/Zider
le poiré	der Birnenwein, e
• **la bière**	das Bier, e
la brasserie	das Brauhaus, ¨er/die Brauerei, en
la brasserie *(restaurant)*	das Bierlokal, e ; die Gaststätte, n
le brasseur ; brasser	der Bierbrauer, - ; brauen
(loi allemande sur la pureté de la bière)	das Reinheitsgebot
le malt	das Malz
l'orge *f*	die Gerste
le houblon	der Hopfen
la levure	die Hefe
la fermentation ; fermenter	die Gärung ; gären
la bière blonde	das helle Bier
la bière brune	das dunkle Bier
la bière brune *(brassée en hiver)*	das Bockbier
la bière forte	das Starkbier
la bière légère	das Dünnbier, e
la mousse ; le faux col *(fam)*	der Schaum
une bière éventée	ein abgestandenes Bier
une bière sans alcool	ein alkoholfreies Bier
la bière à fermentation haute	das obergärige Bier
la bière de malt	das Malzbier
(bière brassée avec du malt grillé)	das Rauchbier
la bière blanche *(à base de froment)*	das Weißbier/Weizenbier
(bière blanche+ goutte de sirop de framboise)	die Berliner Weiße mit Schuss
la bière à fermentation basse	das untergärige Bier
la bière de Pilsen	das Pilsener Bier
le tonneau de bière	das Bierfass, ¨er
la bière à la pression	das Bier vom Fass
boire une bière au comptoir	ein Stehbier trinken, a, u
la bière en bouteille/en canette	das Flaschenbier
le verre à bière	das Bierglas, ¨er
la chope, le pot à bière	der Bierkrug, ¨e, das (Bier)Seidel, -
un litre de bière *(Bavière)*	eine Maß *(a bref)*
un demi(-litre de bière blonde)	ein Bier/ein Glas Bier/ein Helles
un bock *(0, 25 l)*	ein kleines Bier
le dessous-de-verre	der Bierfilz, e/der Bierdeckel, -
(bière servie avec un verre d'alcool)	die lüttje Lage
le panaché	das Fliegerbier
le panaché *(Bavière)*	die Radlermaß
le panaché *(Hambourg)*	das Alsterwasser
(mélange de bière blanche et de limonade)	der Ruß
la bedaine *(due à la bière)*	der Bierbauch *(fam)*
être ivre mort	eine Bierleiche sein *(fam)*
être sérieux comme un pape	bierernst sein
• **les spiritueux** *m*	die Spirituosen *pl*
la distillation	das Destillieren
l'alambic *m*	der Destillierapparat, e
le distillateur	der Branntweinbrenner, -
le bouilleur de cru	der private Eigenbrenner
l'eau-de-vie *f*	der Branntwein, e ; der Schnaps, ¨e *(fam)*
l'eau-de-vie de vin	der Weinbrand
le cognac	der Kognak, s
V.S.O.P.	Very Superior Old Pale
l'eau-de-vie blanche	der Obstbranntwein
l'eau-de-vie de marc	der Tresterbranntwein
(eau-de-vie aromatisée au cumin)	der Aquavit, e
l'eau-de-vie de grain	der Kornbrandwein, der Korn *(fam)*
(eau -de-vie de grain titrant au moins 38°)	der Doppelkorn
la vodka	die Wodka, s
le whisky	der Whisky, s
l'arac/arak *m*	der Arak, e/s
le genièvre de Westphalie	der Steinhäger
la gentiane	der Enzian
le kirsch	das Kirschwasser
le kummel *(eau-de-vie parfumée au cumin)*	der Kümmel
l'eau-de-vie de quetsche	das Zwetsch(g)enwasser
l'eau-de-vie de framboise	der Himbeergeist
le rhum	der Rum, s
un mélange de fruits au rhum	ein Rumtopf, ¨e
la boisson chaude alcoolisée	das alkoholische Heißgetränk, e
le punch	der Punsch, e
le vin chaud	der Glühwein
le grog	der Grog

(thé au rhum)	Tee *m* mit Rum
(café additionné de rhum et de crème fouettée)	der Pharisäer, -
la liqueur	der Likör, e
la crème de cassis	der schwarze Johannisbeerlikör
le bitter	der Magenbitter, -
le tord-boyaux	der Fusel, -
○ **le café ; les cafés**	der Kaffee ; die Kaffeesorten *pl*
le caféier	der Kaffeestrauch, ¨er
le café vert	der Rohkaffee
le grain de café	die Kaffeebohne, n
la torréfaction ; torréfier	das Rösten ; rösten
le torréfacteur	der (Kaffee-)Röster, -
moudre le café	den Kaffee mahlen
le café moulu	der gemahlene Kaffe
le café soluble	der Pulverkaffee
soluble	löslich
(verser de l'eau bouillante sur le café moulu)	den Kaffee auf~gießen, o, o
le marc de café	der Kaffeesatz
la cafetière automatique	die Kaffeemaschine, n
le percolateur ; le perco *(fam)*	die (große) Kaffeemaschine
l'express *m*	der Espresso, s/ssi
un express bien serré	ein starker Espresso
le filtre en papier	der Papierfilter, -
la caféine ; décaféiné	das Koffein ; koffeinfrei
un café noir/un café nature	ein schwarzer Kaffee
le café crème/au lait	der Milchkaffee
un café glacé	ein eisgekühlter Kaffee
le café de malt	der Malzkaffee
la chicorée	der Zichorienkaffee
le café, le jus *(pop)*	der Kaffee *(Getränk)*
la lavasse *(fam)*	der Blümchenkaffee, die Kaffeebrühe *(fam)*
• **le thé**	der schwarze Tee
le théier	der Teestrauch, ¨er
faire du thé	Tee kochen
prendre le thé	Tee trinken, a, u
le thé vert	der grüne Tee
la feuille de thé	das Teeblatt, ¨er
le mélange de thé	die Teemischung, en
le sachet de thé	der Teebeutel, -
la boîte à thé	die Teedose, n
la théière	die Teekanne, n
la tisane, l'infusion *f*	der Kräutertee, der Aufguss, ¨e
laisser infuser	ziehen lassen
l'infusion de menthe	der Pfefferminztee
l'infusion de tilleul	der Lindenblütentee
la décoction	die Abkochung, en, der Absud, e *(vx)*

le vin

• **le vin**	der Wein, e
(v. vinification, p. 315)	
le vin rouge	der Rotwein
le vin blanc	der Weißwein
le vin gris	der Bleichert
le (vin) rosé	der Roséwein
(rosé issu de raisins rouges et blancs)	der Schillerwein *(Württemberg)*
(rosé issu de raisins rouges)	der Weißherbst
le vin nouveau *(Autriche)*	der Heurige *(adj)*
le pinard *(pop)*	der (Soldaten)wein
la vinasse	der schlechte Wein
le picrate *(pop)*	der schlechte Rotwein
la piquette	der Krätzer, -
○ **le (vin) mousseux**	der (Trauben)schaumwein
le vin mousseux gazéifié	der Schaumwein mit zugesetzter Kohlensäure
le champagne	der Champagner, -
la méthode champenoise	das Flaschengärverfahren
le dosage	die Dosierung
le (vin) mousseux (allemand)	der Sekt, e
le vin pétillant	der Perlwein
la bulle, la perle	die Perle, das Bläschen
la mousse	der Schaum
crémant	leicht moussierend
○ **le vin de liqueur/vin liquoreux**	der Likörwein, e
le vin doux	der Dessertwein/Süßwein
le porto	der Portwein
le jerez/xérès	der Sherry
le vermouth	der Wermutwein
○ **la qualité du vin**	die Weinqualität
l'appellation *f*	die Bezeichnung
le vin de table	der Tafelwein
le cru	das Gewächs, e, die Appellation, en
les grands crus	die Spitzenweine/ die Spitzengewächse
un vin de cru	ein Wein gehobener Qualität
le vin d'appellation contrôlée (AOC)	die geprüfte Herkunftsbezeichnung
(vin de qualité produit dans des régions déterminées)	Qualitätswein bestimmter Anbaugebiete (QbA)
(AOC, vin non chaptalisé - la classification allemande se réfère à la densité du moût mesurée en degrés Oechsle)	Qualitätswein mit Prädikat :
(minimum 73° Oechsle = 9, 5% d'alcool)	Kabinett
(85° Oechsle)	Spätlese
(90° Oechsle)	Auslese
(120° Oechsle)	Beerenauslese
(150° Oechsle)	Trockenbeeren-Auslese
(issu de raisins récoltés gelés)	der Eiswein
○ **le millésime**	der Jahrgang, ¨e
un vin millésimé	ein großer Jahrgang
le vin primeur, vin de l'année, vin nouveau	der neue Wein
vendre en primeur	auf Vorbestellung verkaufen
• **la bouteille**	die Flasche, n
le goulot	der Flaschenhals, ¨e
le cul	der Flaschenboden, ¨
la bonbonne	die Korbflasche
○ **la contenance**	der Flascheninhalt, e
la demi-bouteille *(37, 5 cl)*	die 1/2-Flasche (die halbe Flasche)
la bouteille *(75 cl)*	die Flasche
le magnum *(1, 5 l)*	die Doppelflasche
l'étiquette *f*	das Etikett, en/s
la collerette	die Halsschleife, n
la contre-étiquette	das Rückenetikett, en/s
la distinction honorifique	die Auszeichnung, en ; die Prämierung, en
la médaille d'or, d'argent, de bronze	Großer Preis *m*, Silberner Preis, Bronzener Preis
la mise (en bouteille) au château	die Erzeugerabfüllung, en
mis en bouteille à la propriété	auf dem Weingut abgefüllt
mis en bouteille dans la région de production	im Weinanbaugebiet abgefüllt

la dégustation

○ **la salle de dégustation**	die Probierstube, n
la confrérie vinicole	die Weinbruderschaft, en
l'amateur *m* **de vin**	der Weinfreund, e ; der Weinkenner, -
le dégustateur	der Verkoster, -
la sonde	der Stechheber, -
la pipette, le tastevin pipette	der Probenheber
la tasse à déguster, le tastevin	die Probetasse, n
le crachoir ; cracher	das Spuckbecken, - ; aus~spucken
○ **déboucher une bouteille**	eine Flasche entkorken
le tire-bouchon	der Korkenzieher, -
le bouchon	der Korken, -
tempérer un vin	einen Wein temperieren
frappé	gekühlt
glacé	eisgekühlt
frais	frisch
chambrer un vin	einen Wein chambrieren
le décantage ; décanter	das Dekantieren ; dekantieren
les dépôts *m*	der Bodensatz, der Niederschlag
la carafe à décantation	die Weinkaraffe, n
le verre à déguster	das Probierglas, ¨er
remplir le verre au tiers	das Glas zu einem Drittel füllen
• **la dégustation**	die Verkostung, en, die Weinprobe, die Kostprobe, n
la dégustation à l'aveugle	die verdeckte Weinprobe
le dégustateur	der Verkoster, -, der Degustator, en
goûter un vin	einen Wein verkosten
identifier un vin	einen Wein identifizieren, erkennen, a, a
déterminer l'âge	das Alter bestimmen
la description du vin	die Weinbeschreibung
○ **l'examen visuel**	die optische Prüfung
mirer le vin à contre-jour	den Wein im Gegenlicht betrachten
la limpidité, la transparence	die Klarheit
la brillance, l'éclat *m*	die Brillanz
la couleur, la robe	die Farbe, das Kleid
l'intensité *f*	die Farbtiefe, die Farbintensität
la nuance	der Farbton, ¨e, die Nuance, n
la viscosité	die Konsistenz
faire tourner le vin dans le verre	den Wein im Glas schwenken
Des larmes se forment.	Tränen bilden sich.
○ **l'examen** *m* **olfactif**	die Prüfung der Geruchsstoffe
l'analyse olfactive	die Geruchsanalyse
les substances odoriférantes	die Geruchsstoffe *mpl*
○ **l'odeur** *f*	der Geruch, ¨e
odorant	geruchsintensiv
le nez	die Nase
discret	zurückhaltend
réservé	reserviert, verschlossen
subtil	hochfein
puissant	kräftig
• **l'arôme** *m* **(du vin)**	der Duft (des Weins), das Aroma, men
l'arôme primaire, l'arôme de cépage	das Sortenaroma
l'arôme secondaire/de fermentation	das Gäraroma
le bouquet, l'arôme tertiaire	das Bukett, das tertiäre Aroma
avoir du bouquet	Bukett haben
un bouquet complexe	ein mannigfaltiges Bukett
les odeurs animales	die animalischen Gerüche *mpl*

les odeurs boisées	die holzartigen Gerüche
les arômes fleuris	die Blumendüfte
les arômes de fruits	das Fruchtaroma/Obstaroma
un vin fruité	ein fruchtiger Wein
un vin fleuri	ein blumiger Wein
• **la saveur**	der Geschmack
l'arôme en bouche	das Mundaroma
la première gorgée	der Probeschluck
à l'attaque en bouche	beim ersten Eindruck
être gouleyant, coulant	glatt, süffig sein
râpeux, rugueux	rauh, kratzig, ruppig
dur, ferme	hart, fest
raide	schroff, streng
épais, grossier	plump
souple	geschmeidig
moelleux	vollmundig
pulpeux	fleischig
gras	fett
onctueux	ölig
○ **la douceur** *(vin blanc)*	die Süße *(Weißwein)*
extra-sec	trocken
sec	herb
demi-sec	halbtrocken
moelleux	mild
doux, liquoreux	lieblich
très doux	süß
○ **l'acidité** *f*	die Säure
la structure, la construction	die Struktur
être informe	formlos sein
d'une belle tenue	von guter Statur
l'équilibre *m*	die Ausgewogenheit
harmonieux	ausgewogen
déséquilibré	unausgewogen, gespalten
○ **le corps**	der Körper
Il manque de corps.	Es mangelt ihm an Körper.
fluet et léger	schwach und dünn
aqueux	wäss(e)rich
comme lavé, mouillé	wie mit Wasser gestreckt
un vin léger	ein leichter Wein
passable	mittel
être charpenté	Rückgrat haben
avoir de la jambe	gehaltvoll sein
avoir de la mâche	Biss haben
corsé, charnu, étoffé	körperreich
un vin fort	ein kräftiger Wein
puissant	kraftvoll
capiteux	schwer
le tanin	das Tannin, e/die Gerbsäure
tannique	gerbstoffhaltig
○ **l'arrière-goût** *m*, **la finale**	der Nachgeschmack
droit	sauber
franc	ehrlich
déplaisant	unangenehm
stable ; instable	stabil ; unstabil
une très belle finale	ein betontes Finale
la longueur en bouche *(persistance aromatique)*	der Abgang
Il est long, court.	Er ist lang, kurz.
○ **le goût du terroir**	der Bodengeschmack *(erdig)*
sensible ; accusé	spürbar ; betont
le goût de pierre à fusil	der Feuersteingeschmack
avoir un goût de bouchon	nach Korken schmecken

être éventé	schal schmecken
un vin maché	ein zerschlagener Wein
être oxydé	rahnig, oxidiert sein
avoir une odeur de vin piqué	stichig riechen, o, o

weinhaltige Getränke
boissons à base de vin

die Mai-Bowle, n/der Maitrank
(mélange vin blanc et mousseux+ bouquet d'aspérule odorante)

die Erdbeerbowle
(mélange vin blanc et mousseux+ fraises)

die Feuerzangenbowle
(punch avec vin rouge et rhum)

die Kalte Ente
(mélange vin blanc et mousseux+ sucre+ citron)

der Kullerpfirsich
(pêche non pelée, baignant dans du champagne)

die Schorle, n
(vin blanc ou rouge+ eau minérale ou gazeuse)

Im Wein liegt die Wahrheit.
La vérité est dans le vin.

jdm reinen/klaren Wein ein~schenken
parler clair et net à qn

Das ist ein Jahrhundertwein.
C'est un vin du siècle.

ein erlesener Wein
un vin de derrière les fagots (fam)

Lang im Mund, lang im Keller.
Long en bouche, long en cave.

in eine Straußwirtschaft gehen*, i, a *(sud)*
aller goûter le vin nouveau chez le producteur

einen Ehrentrunk servieren
servir un vin d'honneur

mildere Saiten auf~ziehen, o, o *(fam)*
mettre de l'eau dans son vin (fam)

Wer nicht liebt Wein, Weib und Gesang, der bleibt ein Narr sein Leben lang. *(Luther)*
Qui n'aime ni vin, ni femme, ni chant, restera un sot sa vie durant.

XVII. L'Agriculture

1. L'AGRICULTURE

l'exploitation agricole

• **l'agriculture** *f*	die Landwirtschaft
(v. plantes cultivées, p. 153)	
l'agronomie *f*	die Agrarwissenschaften *fpl*
l'institut *m* **de recherche agronomique**	das landwirtschaftliche Forschungsinstitut
le lycée agricole	das landwirtschaftliche Gymnasium *(F)*
l'école *f* **d'agriculture**	die Landwirtschaftsschule, n
• **la campagne**	das Land
campagnard, paysan	ländlich
rural, de campagne	Land-, landwirtschaftlich
vivre à la campagne	auf dem Land leben
la vie rurale	das Landleben
s'installer à la campagne	aufs Land ziehen*, o, o
l'exode rural	die Landflucht
l'urbanisation *f* **de la campagne**	die Verstädterung des Landes
la population rurale, les ruraux *m*	die Landbevölkerung, en
la commune rurale	die Landgemeinde, n
le village	das Dorf, ¨er
le villageois	der Dorfbewohner, -
le bourg	der Marktflecken, -
le hameau	der Weiler, -
le bled *(fam, péj)*, **le trou** *(fam)*	das Kuhdorf, ¨er *(fam, péj)*
• **l'agriculteur** *m*, **le cultivateur**	der Landwirt, e
l'ingénieur *m* **agronome**	der Diplomlandwirt, der Agraringenieur, e
l'ouvrier *m* **agricole**	der Landarbeiter, -
le journalier	der Tagelöhner, -
le paysan ; la paysanne	der Bauer, n, n ; die Bäuerin, nen
la paysannerie	der Bauernstand
le paysan-ouvrier ; le cultivateur à temps partiel	der Nebenerwerbsbauer, n, n
le fermier, le métayer	der Pächter, -
le propriétaire terrien	der Gutsherr, n, en, der Gutsbesitzer, -
le régisseur	der Verwalter, -
le campagnard *(péj)*	der Hinterwäldler, -
le bouseux *(péj)*	der Kuhbauer, n *(péj)*
le cul-terreux, le plouc/le péquenaud *(pop, péj)*	der Bauerntölpel, -, der ungehobelte Mensch, en, en
rustre, grossier, paysan/campagnard *(péj)*	bäurisch
• **l'exploitation** *f* **agricole**	der landwirtschaftliche Betrieb, e
la ferme	der Bauernhof, ¨e
la métairie	der Pachthof
le domaine	das Gut, ¨er
exploiter un domaine	ein Gut bewirtschaften
les dépendances *f*	die Nebengebäude *npl*
le silo à fourrage	der/das Futtersilo, s
le fourrage ensilé	das Silofutter
l'ensilage *m*	die Einlagerung in Silos, die Silage
ensiler	in Silos ein~lagern, silieren
la grange	die Scheune, n
l'aire *f*	die Tenne, n
le grenier à foin, le fenil	der Heuboden, ¨
le hangar, la remise	der Schuppen, -

la production animale

• **la production animale, l'élevage** *m*	die Tierzucht
(v. zoologie, p. 141, 143)	
l'éleveur *m* **de bétail**	der Viehzüchter, -
le vétérinaire	der Tierarzt, ¨e
les soins *m* **des animaux**	die Tierpflege
le traitement hormonal	die Hormonbehandlung, en
la fièvre aphteuse	die Maul- und Klauenseuche
la maladie de la vache folle (ESB)	der Rinderwahnsinn (BSE)
la peste porcine	die Schweinepest
la tremblante du mouton	die Schafseuche Scrapie
l'abattage forcé, d'urgence	die Notschlachtung, en
faire de l'élevage, pratiquer l'élevage	Viehzucht betreiben, ie, ie, Vieh züchten
○ **l'animal reproducteur**	das Zuchttier, e
utiliser un animal pour la reproduction	ein Tier zur Zucht benutzen
améliorer une race	eine Rasse veredeln
être issu d'un croisement	aus einer Kreuzung hervor~gehen*, i, a
inséminer *tr*	(künstlich) besamen
l'insémination (artificielle)	die (künstliche) Besamung, en
le sperme	der Samen, -
être en chaleur	brünstig sein
accoupler	paaren
la saillie	das Decken
monter *(une femelle)*	begatten/decken
une femelle pleine/grosse	ein trächtiges Weibchen
la gestation	die Trächtigkeit(sdauer)
mettre bas/mettre au monde	werfen, a, o, i/gebären, a, o
la parturition ; la portée	der Wurf, ¨e
• **le bétail, les bestiaux**	das Vieh
l'élevage *m*	die Viehzucht
le cheptel	der Viehbestand, ¨e
le bétail sur pied	das lebende Vieh
le gros bétail	das Großvieh
le petit/menu bétail	das Kleinvieh
le bétail d'embouche, les animaux à l'engrais	das Mastvieh
l'entreprise *f* **d'engraissement**	der Mastbetrieb, e
engraisser	mästen
l'engraissement *m*	das Mästen
l'engraissement pour la production de viande	die Fleischmast
le bétail en stabulation	das Stallvieh
l'élevage en batterie	die Massentierhaltung, die Batteriehaltung
le box d'engraissement	die Mastbox, en
l'étable *f*	der Stall, ¨e
l'étable entravée	der Anbindestall, ¨e
○ **les aliments** *m* **pour le bétail**	die Futtermittel *npl*
les besoins fourragers	der Futterbedarf
les provisions fourragères	der Futtervorrat
le fourrage	das Futter
le tourteau	der Futterkuchen

les aliments composés	das Fertigfutter
les aliments concentrés	das Kraftfutter
la farine animale	das Tierkörpermehl
le fourrage vert	das Grünfutter
la paille fourragère	das Futterstroh
• **l'élevage des bovins**	die Rinderzucht
l'étable *f*	der Rindviehstall, der Kuhstall, ¨e
le taureau étalon	der Zuchtbulle, n, n
faire couvrir la vache	die Kuh decken lassen, ie, a, ä
vêler	kalben
la vache laitière	die Milchkuh
le veau élevé sous la mère	das Milchkalb, ¨er
le veau sevré	das Absetzkalb
le veau d'embouche, le broutard	das Mastkalb
le veau de batterie	das Batteriekalb
l'alimentation automatisée	die Automatenfütterung
la mangeoire	die Futterkrippe, n
l'abreuvoir *m*	die Tränke, n
la litière	die Streu
la bouse de vache	der Kuhfladen, -
donner à manger au bétail	das Vieh füttern
boire, s'abreuver	saufen, o, o, äu
abreuver les vaches	die Kühe tränken
manger ; manger du foin	fressen, a, e, i ; Heu fressen
mettre le bétail au pâturage	das Vieh auf die Weide treiben, ie, ie
paître/pâturer dans le pré	auf der Wiese weiden
brouter l'herbe	das Gras ab~weiden
la transhumance	die Wandertierhaltung
le droit de pacage/de vaine pâture	das Weiderecht/Triftrecht
le droit de passage du bétail	das Durchgangsrecht
• **la production de lait**	die Milcherzeugung
traire	melken, o, o/faible
la salle de traite	der Melkraum, ¨e
la traite mécanique	das Maschinenmelken
la trayeuse électrique	die Melkmaschine, n
la traite à la main	das Handmelken
le bidon (à lait)	die Milchkanne, n
• **le lait**	die Milch
(v. produits laitiers, p. 296)	
la fromagerie	die Käserei, en
○ **l'élevage des chevaux**	die Pferdezucht
l'étalon *m*	der Zuchthengst, e
la monte ; couvrir/monter	das Beschälen ; beschälen
la (jument) poulinière	die Zuchtstute, n
pouliner	fohlen
le haras	das Gestüt, e
l'écurie *f*	der Pferdestall, ¨e
le ratelier	die Raufe, n
le crottin de cheval	die Pferdeäpfel *mpl*
le fer à cheval	das Hufeisen, -
ferrer un cheval	ein Pferd beschlagen, u, a, ä
le maréchal-ferrant	der Hufschmied, e
le baudet	der Zuchtesel, -
le maquignon	der Pferdehändler, -
○ **l'élevage des porcins**	die Schweinezucht
la porcherie	der Schweinestall
l'auge *f*	der (Futter)trog, ¨e
○ **l'élevage des ovins**	die Schafzucht
la bergerie	der Schafstall
le berger	der Schäfer, -
la toison	das Vlies, e

• **l'aviculture** *f*	die Geflügelzucht
la volaille	das Geflügel
la ferme à poulets	die Hühnerfarm, en
l'élevage *m* **de poulets**	die Hühnerhaltung
l'élevage sur litière	die Bodenhaltung
le poulailler	der Hühnerstall, ¨e ; der Scharraum, ¨e
l'élevage de plein air	die Freilandhaltung
la basse-cour	der Hühnerhof, ¨e
le poulet élevé en plein air	das Freilandhuhn, ¨er
le poulet de grain	das Kornmasthühnchen, -
le poulet de batterie	das Batteriekuhn
le poulet de chair	das Fleischhuhn
le coquelet	der junge Hahn, ¨e
la poularde	das Masthuhn
le chapon	der Kapaun, e
la poule pondeuse	die Legehenne, n
la poule couveuse	die Glucke, n
la couveuse	die Kükenbrutmaschine, n
la production d'œufs	die Eierproduktion
la batterie de ponte	die Batteriehaltung, en
mirer les œufs	die Eier durchleuchten
le mirage	die Durchleuchtung
le calibrage	die Klassensortierung
le pigeonnier	der Taubenschlag, ¨e
le clapier	der Kaninchenstall, ¨e
• **l'abattoir** *m*	das Schlachthaus, ¨er
l'animal *m* **de boucherie**	das Schlachttier, e
l'abattage *m*	die Schlachtung, en
abattre	schlachten
le découpage	die Zerlegung
le désossage	das Entbeinen
la carcasse	der Tierkörper, -
la carcasse dépouillée	der enthäutete Tierkörper
le quartier	das Tierkörperviertel, -
les abats *m*	die Innereien *fpl*
l'équarisseur *m*	der Abdecker, -
l'équarissage *m*	das Abdecken ; die Tierkörperbeseitigung
l'inspection *f* **sanitaire**	die Fleischbeschau
l'inspecteur *m* **sanitaire**	der Fleischbeschauer, -
le numéro de contrôle vétérinaire	die Veterinärkontrollnummer, n
l'estampille *f*	der Stempel, -
l'attestation *f* **de consommabilité**	die Genusstauglichkeits-bescheinigung
le dépistage des trichines	die Trichinenuntersuchung
l'établissement *m* **de découpage**	der Zerlegungsbetrieb, e
l'entrepôt *m* **frigorifique**	das Kühlhaus, ¨er
l'entrepôt de congélation	die Gefriereinrichtung, en
le chevillard, le grossiste en viande	der Fleischgroßhändler, -
○ **l'apiculture** *f*	die Bienenzucht
l'apiculteur *m*	der Imker, -
l'abeille *f*	die Biene, n
la ruchée	das Bienenvolk
le rucher	das Bienenhaus, ¨er
la ruche	der Bienenstock, ¨e
la ruche en bois	der Bienenkasten, ¨
le rayon de miel	die Wabe, n
l'alvéole *f*	die Zelle, n
la cire	das Wachs, e

l'extracteur *m* **centrifuge**	die Honigschleuder, n
• **le miel**	der (Bienen)honig
le miel en rayon	der Wabenhonig/Scheibenhonig
le miel d'égouttage	der Tropfhonig
le miel de centrifugation	der Schleuderhonig
le miel de pressurage	der Presshonig

la production agricole

• **la production agricole**	die landwirtschaftliche Erzeugung
la culture intensive	die intensive Bodenbewirtschaftung
la production massive de légumes	der Massenanbau von Gemüse
les surplus *m* **agricoles**	die Agrarüberschüsse *mpl*
la limitation des cultures	die Anbaubeschränkung
l'agro-bio *f*	der biologische Landbau
la ferme écologique	der Öko-Hof
le produit biologique	das Bioprodukt, e
la reconversion de l'agriculture	die Umstellung der Landwirtschaft
le morcellement des terres	die Flurzersplitterung
le remembrement des terres	die Flurbereinigung
la parcelle	die Parzelle, n
la grande exploitation	der Großbetrieb, e
la monoculture	die Monokultur
la polyculture	der Anbau verschiedener Pflanzen
• **l'irrigation** *f* **; irriguer**	die Bewässerung, en ; bewässern
le drainage	die Entwässerung, en
l'assainissement *m*	die Trockenlegung, en
l'arrosage *m*	die Berieselung, en
arroser	begießen, o, o, beregnen
le dispositif d'arrosage	die Beregnungsanlage, n
l'arroseur *m* **automatique**	der Rasensprenger, -
l'arroseur rotatif	der Kreisregner, -
l'arrosoir *m*	die Gießkanne, n
le dévidoir	die Schlauchhaspel, n
la motopompe	die Motorpumpe, n
la pompe	die Pumpe, n
la pomme d'arrosage	die (Gießkannen)brause, n
le puits	der Brunnen, -
la rampe d'arrosage	das Düsenschwenkrohr, e
le tuyau d'arrosage	der Gartenschlauch, ¨e
• **la machine agricole**	die Landmaschine, n
l'arracheuse *f* **de betteraves**	die Rübenerntemaschine
l'arracheuse de pommes de terre	die (Kartoffel)rodemaschine
la batteuse	die Dreschmaschine
la bineuse	die Hackmaschine
le chargeur	die Lademaschine
la charrue	der Pflug, ¨e
le cultivateur *(machine)*	der Grubber, -
la sillonneuse	der Furchenzieher, -
la hacheuse	der Häcksler, -
la herse	die Egge, n
la moissonneuse-batteuse	der Mähdrescher, -
la moissonneuse-lieuse	der Mähbinder, -
l'épandeur *m* **d'engrais**	der Düngerstreuer, -
l'enfouisseur *m* **d'engrais**	der Düngereinleger, -
l'épandeur de lisier	der Güllewerfer, -
la faucheuse à herbe	der Grasmäher, -
la faneuse	der Heuwender, -
le motoculteur	der Einachsschlepper, -, die Bodenfräse, n
la planteuse	die Pflanzmaschine, n
la presse à paille	die Strohpresse, n
le pulvérisateur à disques	die Scheibenegge, n
le roto-faneur	der Wirbelwender, -
le rouleau	die Walze, n
le semoir	die Sämaschine, n
le semoir en ligne	die Drillmaschine
• **le tracteur**	der Schlepper, -, der Traktor, en
remorquer	ab~schleppen
la remorque basculante	der Kippanhänger, -
la remorque-tonneau à purin	der Jauchewagen, -
○ **le tombereau** *(véhicule)*	der Kippkarren, -
le tombereau *(contenu)*	die Karrenladung, en
le véhicule à traction animale	das Gespannfuhrwerk, e
la charrette	der Karren, -
la charretée	die Fuhre, n
le chariot à ridelles	der Leiterwagen, -
le timon	die Deichsel, n
le brancard	die Schere, n
la charrette à bras	der Handwagen, -
• **l'outil** *m* **agricole**	das landwirtschaftliche Gerät, e
l'outil de jardinage	das Gartengerät, e
l'aérateur *m* **à gazon**	der Rasenlüfter, -
le balai à feuilles	der Gartenbesen, -
la bêche	der Spaten, -
la binette	der Bügeljäter, -
la binette sarcleuse	die Jäthacke, n
la brouette	der Schubkarren, -
le buttoir ; butter	die Häufelhacke, n ; (an~)häufeln
la cisaille	die Baum-, die Heckenschere, n
le cordeau	die Richtschnur, ¨e
le coupe-asperges	das Spargelmesser, -
le couteau greffoir	das Kopuliermesser, -
l'élagueur *m* **(-échenilloir)**	die Astschere, n
la faucille	die Sichel, n
la faux ; faucher	die Sense, n ; (ab~)mähen
battre/marteler la faux	die Sense dengeln
le fléau	der Dreschflegel, -
la fourche à bêcher	die Grab(e)gabel, n
la fourche à foin	die Heugabel
la fourche (à fumier)	die (Mist)gabel, n/die Forke, n
la dent (de fourche)	der Zinken, -
la griffe à trois dents	der Dreizinkgrubber, -
la herse ; herser	die Egge, n ; eggen
la houe	die Schlaghacke, n
la pelle ; travailler à la pelle	die Schaufel, n ; schaufeln
la pioche ; piocher	die Hacke, n ; hacken
le plantoir (à crosse)	das Pflanzholz
le râteau	der Rechen, -/die Harke, n
le râteau à bras	der Heurechen
le ratissage ; ratisser	das Harken ; harken
le sarcloir ; sarcler	die Jäthacke, n ; jäten
le sécateur	die Garten-, Rosenschere, n
le semoir ; semer	die Sämaschine, n ; säen
la serpe	die Hippe, n
la serpette	das Gartenmesser, -
la tondeuse à gazon mécanique	der Handrasenmäher, -
la tondeuse électrique	der elektrische Rasenmäher
la tondeuse à moteur	der Motorrasenmäher
le transplantoir	die Pflanzkelle, n
• **les travaux** *m* **des champs**	die Feldarbeit, en

la culture	der Anbau, die Bestellung
cultiver	an~bauen, bebauen, bestellen
le sol, la terre	der Boden, ¨
un sol cultivable	ein anbaufähiger Boden
une terre cultivée	ein bebauter Boden
la surface cultivée	die Anbaufläche, n
inculte	nicht anbaufähig
un sol aride	ein wasserarmer Boden
la terre arable	das Ackerland
le champ	das Feld, er
le champ de blé	das Getreidefeld, er
le champ (cultivé)	der Acker, ¨
le champ de pommes de terre	der Kartoffelacker
la borne	der Grenzstein, e
la mise en culture, le défrichement	die Urbarmachung
défricher	urbar machen
essarter	roden
les brûlis *m*	der abgebrannte Wald, ¨er
la friche	die Brache, n
être en friche	brach~liegen, a, e
laisser en friche	brachliegen lassen, ie, a, ä
la jachère	das Brachfeld, er
le champ en jachère	das Brachland
l'alternance *f* **des cultures**	die Fruchtwechselwirtschaft
l'assolement *m*	die Fruchtfolge, n
l'assolement triennal	die Dreifelderwirtschaft, -
le rendement de la terre	der Bodenertrag, ¨e
travailler le sol	den Boden bearbeiten
ameublir le sol	den Boden auf~lockern
le labour ; le laboureur	das Pflügen ; der Pflüger, -
labourer	pflügen
le sillon	die Furche, n
tracer des sillons	Furchen ziehen, o, o
la motte de terre	die Scholle, n
émotter, émietter le sol	den Boden krümmeln
la herse ; herser	die Egge, n ; eggen
le rouleau agricole	die Ackerwalze, n
ensemencer un champ	ein Feld besäen
emblaver	(mit Getreide) besäen
planter un champ	ein Feld bepflanzen
les semailles *f*	die Saat, das Säen
les semences *f*	das Saatgut
l'ensemencement *m*	die Aussaat
le semis, les semailles *f*	die Aussaat, en, die Saat, en
la trémie à semences	der Saatgutkasten, ¨
• **l'engrais** *m*	der Dünger, -, das Düngemittel, -
l'amendement *m* **; la fumure**	die Düngung
engraisser	düngen
fumer	mit Mist düngen
le compost	der Kompost, e
mettre en compost	kompostieren
le fumier	der Mist, e
le tas de fumier	der Misthaufen, -
le purin	die Jauche, n
la fosse à purin	die Jauchegrube
le lisier	der Flüssigmist, die Gülle
l'épandage *m*	das Ausstreuen
la tourbe	der Torf, e
○ **l'engrais** *m* **chimique**	der Kunstdünger, -
le pesticide	das Pestizid, e
la pollution du sol	die Bodenbelastung
sans pesticide	pestizidfrei
• **la récolte ; récolter**	die Ernte, n ; ernten
(v. les produits des champs, p. 155)	
la mauvaise récolte	die Missernte
la récolte des pommes de terre	die Kartoffelernte
l'arrachage *m*	das Roden, das Ausmachen
rentrer la récolte	die Ernte ein~fahren, u, a, ä
la moisson ; moissonner	die Kornernte ; ernten
le moissonneur	der Erntearbeiter, -
○ **les herbages**	das Grünland
l'herbage *m*/**le pâturage**	die Weide, n
l'herbe *f* **; herbeux**	das Gras, ¨er ; grasbewachsen
la prairie, le pré	die Wiese, n
• **le foin**	das Heu
la fenaison	die Heuernte
le regain	das Grum(me)t
faire les foins, faner	heuen
retourner les foins	das Heu wenden
la meule, le tas de foin	der Heuhaufen, -
la botte	der Ballen, -
botteler, mettre en balles	pressen
mettre la paille en balles	Stroh in Ballen pressen
la gerbe	die Garbe, n
le chaume	die Stoppel, n
les chaumes *m*	das Stoppelfeld, er
la fête de la moisson	das Erntefest, e
le batteur ; battre	der Drescher, - ; dreschen
la paille	das Stroh
la paille hachée ; hacher	der/das Häcksel ; häckseln
la botte	das Bündel, -
la balle	die Spreu, -
les déchets *m*	der Abfall, ¨e
○ **la minoterie**	die Getreidegroßmühle, n
le minotier	der Mühlenbesitzer, -, der Mehlhändler, -
la farine	das Mehl, die Mehlsorten *fpl*
le son	die Kleie
le sac de farine	der Mehlsack, ¨e

l'horticulture

• **l'horticulture** *f*	der Gartenbau, die Gärtnerei
(v. fleurs, p. 153, fruits, légumes, p. 154)	
l'exploitation *f* **horticole**	die Gärtnerei, en
l'horticulteur *m*	der Gärtner, -
le jardinage	die Gartenarbeit
l'exposition *f* **d'horticulture**	die Gartenschau
la culture florale, la floriculture	die Blumenzucht
le jardinier fleuriste	der Blumengärtner, -, der Blumenzüchter, -
la graineterie *(commerce)*	der Samenhandel
la graineterie *(magasin)*	die Samenhandlung, en
la serre	das Gewächshaus, das Treibhaus, ¨er
le châssis	das Frühbeetfenster, -
le forçage, la culture de serre	die Treibhauskultur
la pépinière	die Baumschule, n
le pépiniériste	der Baumzüchter, -/ der Baumgärtner, -
• **le jardin**	der Garten, ¨
le jardinet	der Kleingarten

le jardin ouvrier *(vx)*, **le jardin familial**	der Schrebergarten
l'architecte *m* **paysagiste**	der Gartenarchitekt, en, en
le jardinier paysagiste	der Landschaftsgärtner, -
le jardin d'agrément	der Lustgarten
le jardin de rocaille	der Steingarten
la pièce d'eau, le bassin	der Gartenteich, e
le gazon, la pelouse	der Rasen, -
la clôture	der Zaun, ¨e
le grillage	der Gitterzaun
la haie	die Hecke, n
la haie vive	die Gartenhecke
l'allée *f*	die Allee, n
la tonnelle	die Laube, n
le pavillon	das Gartenhäuschen, -
la plate-bande	die Rabatte, n, das Beet, e
la bordure de fleurs	die Blumenrabatte
le carré	das (Garten)beet
la planche	das längliche Beet
le parterre, le massif	das Blumenbeet, e
la bordure	das Randbeet
la couche	das Frühbeet, das Mistbeet
le paillasson	die Rollmatte, n
le tunnel plastique	der Folientunnel, -
le semis	die Sämlinge *mpl*
le plant	der Setzling, e
l'humus *m*, **le terreau**	die Humus-, Garten-, Blumenerde
la terre de bruyère	die Heideerde
• **la culture des plantes**	die Pflanzenzüchtung
la sélection	die Auslese, n
l'hybridation *f*	die Kreuzung, en
le clone	der Klon, e
le clonage	das Klonen
le drageon	der Wurzelschössling, e
le drageonnage	die Vermehrung aus Wurzelschösslingen
le greffon, la bouture	das Pfropfreis, er, der Pfröpfling, e
prélever des boutures	Pfropfreiser schneiden, i, i
le greffage	das Pfropfen
greffer	(auf~)pfropfen, veredeln
la greffe	die Veredlung
la bouture (plantée)	der Steckling, e, der Steckreis, er
le bouturage	die Vermehrung durch Stecklinge
le repiquage	das Verpflanzen
la marcotte	der Ableger, -, der Absenker, -
le marcottage	das Absenken
le porte-greffe	die Unterlage, n
le tuteur, l'échalas *m*	der Pfahl, ¨e, die Stütze, n
la rame (de haricots)	die (Bohnen)stange, n
la taille	die Beschneidung, der Schnitt, e
étêter	stutzen, kappen
l'élagage *m* **; élaguer**	die Astreinigung ; aus~ästeln
rabattre	zurück~schneiden, i, i
le rognage	das Zurückschneiden, das Lichten
ravaler	stutzen
le rajeunissement	die Verjüngung
l'effeuillage *m*	das Läubeln
• **la culture maraîchère**	der Gemüse(an)bau
le jardinier maraîcher	der Gemüsegärtner, -
le potager, le jardin maraîcher	der Gemüsegarten
la culture de plein champ	die Freilandkultur
les légumes de plein champ	das Freilandgemüse
les plantes sarclées	die Hackfrüchte *fpl*
○ **la culture fruitière**	der Obst(an)bau
le jardin fruitier, le verger	der Obstgarten, ¨
la plantation	die Plantage, n
l'espalier *m*	das Spalier, e
le fruit vert	die unreife Frucht
la cueillette (des fruits)	die Obsternte, n
cueillir	pflücken
ramasser des fruits tombés	Fallobst auf~lesen, a, e, ie
gauler les noix	Nüsse ab~schlagen, u, a, ä
le cageot ; par cageots	die Steige, n ; steigeweise
○ **la protection des végétaux**	der Pflanzenschutz
le produit phytosanitaire	das Pflanzenschutzmittel
les fongicides *m*	das Pilzvernichtungsmittel
l'herbicide *m*	das Unkrautvernichtungsmittel
les mauvaises herbes	das Unkraut, ¨er

Was der Bauer nicht kennt, das frisst er nicht.
On se méfie de ce qu'on ne connaît pas.

Die dümmsten Bauern haben die dicksten Kartoffeln.
Aux innocents les mains pleines.

jdm ins Gehege kommen*, a, o
marcher sur les plates-bandes de qn

Man muss die Spreu vom Weizen sondern.
Il faut séparer le bon grain de l'ivraie.

Wie die Saat, so die Ernte.
On récolte ce qu'on a semé.

2. LA VITICULTURE

le vignoble

• **la viticulture**	der Weinbau
le château, le domaine, le clos, le moulin	das Weingut, ¨er
l'exploitation *f* **viticole**	der Weinbaubetrieb, e
l'exploitation vinicole	die Kellerei, en
la coopérative viticole	die Winzergenossenschaft, en
le viticulteur, le vigneron	der Winzer, -
le maître de chai	der Kellermeister, -
l'œnologue *m*	der Oenologe, n, n
l'œnologie *f*	die Weinkunde
le producteur de vin	der Weinerzeuger, -
le marchand de vins	der Weinhändler, -
la zone viticole *(UE)*	die Weinbauzone, n *(EU)*
la région viticole, la région vinicole	das Weinbaugebiet, e
la délimitation des zones de production	die Abgrenzung der Produktionszonen
• **le vignoble**	der Weinberg, e, der Weingarten, ¨, der Wingert, e
le cadastre viticole	die Weinbaukartei, en
le cadastre viticole parcellaire	das Weinliegenschaftsverzeichnis, se
la superficie plantée en vigne	die Weinbaufläche, n, die Rebfläche, n
la nature du sol	die Bodenbeschaffenheit
l'exposition *f*	die Lage *(des Weinbergs)*
sur un coteau	mit/in Hanglage
l'ensoleillement *m*	die Sonneneinstrahlung
• **la vigne**	die Weinrebe
le cep, le pied de vigne	die Rebe, n/der Rebstock/der Weinstock, ¨e

le cépage	die Traubensorte, n, die Rebsorte
le raisin de cuve	die Keltertrauben *fpl*
le raisin de table	die Tafeltrauben
la vrille	die Ranke, n
le sarment	der Trieb, e ; das Reisig, e
le pampre	der Jungtrieb, e
la grappe de raisin, le raisin	die Weintraube, n
la rafle/le pédoncule de la grappe	der Traubenstiel, e/ der Traubenkamm, ¨e/der Rapp, e
le raisin, le grain de raisin	die Beere, n
la peau	die Beerenhülse, n, der Balg, ¨e
la pulpe	das Fruchtfleisch
le pépin	der Kern, e
l'ampélographie *f*	die Rebsortenkunde
la pépinière	die Rebschule
l'encépagement *m*	der Sortenbestand
le cépage noble	die Edelrebe, n
le porte-greffe	die Rebunterlage, n
la souche	die Wurzelrebe, n/der bewurzelte Stock
greffer sur souche	Edeltriebe auf Wurzelreben auf~propfen
(un seul cépage dans un même vignoble)	der reine Satz
l'arrachage *m* **volontaire**	die Ausmerzung
la prime d'arrachage	die Ausmerzungsbeihilfe
les jeunes vignes *f*	die Jungreben *fpl*
○ **le débourrement, la feuillaison**	der Austrieb
la nouaison	der Fruchtansatz
la floraison	die Rebenblüte
la véraison	die beginnende Beerenreife
la maturation des raisins	die Reifung der Trauben, der Reifeprozess
le raisin primeur, le raisin hâtif	die frühe Traube
le raisin tardif	die späte Traube
le rendement à l'hectare	der Hektarertrag
la densité de plantation	die Pflanzdichte
l'espacement *m* **des pieds**	die Pflanzweite, der Stockabstand
le rang de vigne	die Rebzeile, n
l'échalas *m*	der Rebpfahl, ¨e
le palissage de la vigne	die Erziehung der Rebe
le sécateur	die Rebschere, n
la serpette	der Reber, -/das Rebmesser, -
○ **accidents** *(météo, maladies etc)*	Vorfälle *mpl (Wetter, Krankheiten usw)*
• **la grêle ; les grappes grêlées**	der Hagel ; die verhagelten Trauben
le gel ; la gélivure	der Frost, ¨e ; die Frostrisse *mpl*
la coulure	das Durchrieseln
le parasite de la vigne	der Rebschädling, e
l'eudémis *m*	der bekreuzte Traubenwickler, -
la pyrale de la vigne	der Springwurm(wickler)
le phylloxéra	die Reblaus, ¨e
le cigarier de la vigne	der Reb(en)stecher, -
les moisissures *f*	der Pilzbefall, die Schimmelpilze *mpl*
l'oïdium *m*	der echte Mehltau
le mildiou	der falsche Mehltau
la pourriture noble	die Edelfäule
la pulvérisation/le sulfatage	das Spritzen
la bouillie bordelaise	die Bordelaiser Brühe
le soufrage	das Schwefeln
• **la vendange**	die (Wein)lese, die Traubenlese, die Weinernte
le ban de vendange	die Weinbergsöffnung
la date des vendanges	der Lesetermin
la trie	die Vorlese
la vendange principale	die Hauptlese
la vendange tardive	die Spätlese
le grapillage	die Nachlese
la déclaration des récoltes	die Erntemeldungen *fpl*
la maturité du raisin	der Reifegrad der Trauben
les raisins mûrs *(prêts à être vendangés)*	das Lesegut
la surmaturité	die Überreife
faire les vendanges	die Weinlese halten, ie, a, ä
vendanger	die Trauben lesen, a, e, ie
le vendangeur ; la vendangeuse	der Leser, - ; die Leserin, nen
le baquet à vendange	der Lesebehälter, -
le porteur	der (Bütten)träger, -
la hotte	die Bütte, n, die Kiepe, n
la benne	der Traubenbottich, e ; der Traubencontainer, -
la vendange manuelle	die Handlese
la machine à vendanger	die Weinlesemaschine, n

la vinification

• **la vinification** *(v. le vin, p. 307)*	die Weinbereitung
les raisins *m* **rouges**	die roten Trauben *fpl*
les raisins blancs	die weißen Trauben
la vinification en blanc	die Weißweinbereitung
la cuve	der Bottich, e
l'égrappage *m*	das Abbeeren/das Entrappen
égrapper	entrappen
le fouloir	die Traubenmühle
l'érafloir *m*, **l'égrappoir** *m*	die Abbeervorrichtung
le broyeur	der Einmaischapparat, e
écraser les raisins	die Trauben zerquetschen
le moût égrappé *(raisins éraflés, effeuillés et broyés avant le passage à la presse)*	die Maische *(die zerquetschen Trauben)*
la salle de pressurage	das Kelterhaus
le pressoir	die Kelter, n, die Presse, n
pressurer les raisins	die Trauben keltern/(aus~)pressen
○ **le moût** *(jus de raisin non fermenté)*	der Most *(der gepresste Saft vor der Gärung)*
la densité du moût	das Mostgewicht
la teneur minima en sucre (du moût)	das Mindestmostgewicht
(flotteur calibré indiquant la teneur en sucre du moût)	die Mostwaage, n
le degré Oechsle *(Ferdinand Öchsle, 1774-1852)*	der Öchslegrad, e
○ **le cuvier/le cellier**	der Gärkeller, -
la cuve à fermentation	der Gärbehälter, -/der Gärbottich, e
○ **la fermentation ; fermenter**	die Gärung, en ; gären
la macération, le cuvage, la cuvaison	die Maischegärung
la macération carbonique	die Kohlensäuregärung
macérer	maischen
les levures *f*	die Hefen *fpl*
la fermentation secondaire	die Nachgärung
la fermentation malolactique	die Milchsäuregärung/ die malolaktische Gärung
fermenter complètement, à fond	durch~gären
arrêter la fermentation	die Gärung stoppen
le mutage	das Stummachen

le sulfitage	die Schwefelung
le chapeau	der (Trester)hut
le soutirage	der Abzug, der Abstich
○ **le débourbage**	das Verklären, das Entschleimen
la clarification ; se clarifier	die Klärung ; sich klären
le collage	die Schönung
les lies *f*, **les bourbes** *f*	der Bodensatz, der Trub
laisser le vin sur sa lie	den Wein auf dem Trub belassen, ie, a, ä
○ **le vin de goutte**	der Vorlaufwein
le vin de presse	der Scheitermost
le marc	der Trester, der Treber
le filtrage ; filtrer	das Filtrieren ; filtern
○ **le tonneau, le fût, la barrique**	das Fass, ¨er
mettre en tonneau	in Fässer füllen
le foudre	das Fuder, -
la bonde	das Spundloch, ¨er ; der Spund, ¨e
poser une bonde	verspunden
le cercle	der Fassreifen, -/das Fassband, ¨er
la douve	die Fassdaube, n
le fond du tonneau, le couvercle	der Fassboden, ¨
le fût de chêne	das Eichenfass, ¨er
le tonnelier	der Böttcher, -/der Küfer, -
• **la cave de vinification**	die Kellerei, en
la mèche de souffre	die Schwefelkerze
ouiller les fûts	die Fässer mit neuem Wein auf~füllen
soutirer le vin	der Wein wird abgezogen
mettre un fût en perce	ein Fass an~stechen, a, o, i
poser une bonde hermétique	fest verspunden
l'élevage *m* **du vin**	der Ausbau des Weines
Le vin est élevé dans des fûts de chêne.	Der Wein reift in Eichenfässern.
l'assemblage *m*	die Vermischung, en
le coupage	der Verschnitt, e
couper du vin	Wein verschneiden, i, i
la cuvée	die Cuvée, s
la chaptalisation	die Trockenzuckerung
chaptaliser	an~reichern
le mouillage	der Wasserzusatz
un vin frelaté	ein gepanschter Wein
○ **la législation communautaire en matière de vins**	das EG-Weinrecht
la loi allemande sur les vins	das deutsche Weingesetz
(numéro officiel de contrôle)	die amtliche Prüfungsnummer (A. P.-Nummer)
le titre alcoométrique réel	der vorhandene Alkoholgehalt
la teneur en acidité	der Säuregehalt
l'acide *m* **tartrique**	die Weinsäure
l'acide malique	die Apfelsäure
le tan(n)in	die Gerbsäure
l'acide acétique	die Essigsäure
la réduction de l'acidité	der Säureabbau, die Entsäuerung
○ **embouteiller le vin**	den Wein ab~füllen
l'embouteilleur *m*	der Abfüller, -
la mise en bouteille, l'embouteillage *m*	die Flaschenfüllung, das Abfüllen
la salle d'embouteillage	der Abfüllraum, ¨e
la tireuse	die Füllmaschine, -
la bouteille	die Flasche, n
le bouchon	der Propfen, -, der Korken, -
le liège	der Naturkorken
l'étampage *m* **du bouchon**	der Korkbrand
le bouchage ; boucher	das Verkorken ; verkorken
la chambre	die Luftkammer, n
la capsule	die Kapsel, n
l'étiquetage *m* **; étiqueter**	die Etikettierung ; etikettieren
○ **le carton de six bouteilles**	der Karton zu je 6 Flaschen
conditionner en caisse de bois	in Holzkisten verpacken
le cubitainer	der Cubicontainer, -
l'outre *f* **à vin**	der Weinschlauch, ¨e *(bag-in-box)*
le vin en fût, en tonneau	der Fasswein, e, der Wein vom Fass
le vin à la tireuse	der Zapfwein
○ **les droits** *m*	die Steuer
le droit d'accise sur le vin	die Verbrauchsteuer auf Wein
la vignette fiscale d'accompagnement, la capsule-congé	das Begleitsteuerzeichen
le document d'accompagnement	das Begleitdokument
l'acquit/le congé *(pour le transport du vin)*	der Begleitschein, die Transporterlaubnis
• **la cave**	der Weinkeller, -
le chai	das Weinlager, -
le cellier à bouteilles	der Flaschenkeller, -
le livre de cave	das Kellerbuch, ¨er
l'empilage *m*	das Stapeln
empiler les bouteilles	die Flaschen auf~stapeln
le casier (porte-bouteilles)	das Flaschenregal, e
le goupillon	die Flaschenbürste, n
○ **le vieillissement en bouteille**	die Flaschenreifung
C'est un vin de garde.	Der Wein ist lagerfähig.
garder un vin	einen Wein auf~bewahren, lagern
... se gardera longtemps.	... verträgt eine lange Wartezeit.
à garder	für lange Lagerung geeignet
la conservation	die Lagerung
s'épanouir	sich entfalten
Il est fait.	Er ist trinkfertig.
Il est usé.	Er ist abgebaut.
Il est passé.	Er ist tot.
• **les maladies du vin**	die Weinkrankheiten *fpl*
l'acétification *f* **; l'acessence** *f*	das Sauerwerden ; der Essigstich
la casse	der Bruch
la casse cuivreuse	die Kupfertrübung
la maladie du verre	die Flaschenkrankheit
avoir une odeur butyrique	butterstichig sein
une odeur de ferment	ein Gärgeruch
la maladie de la fleur	das Kahmigwerden
l'odeur *f* **foxée**	der Foxgeruch
la graisse	das Öligwerden, das Lindwerden
l'odeur de moisissure accentuée	der Schimmelgeruch
l'odeur d'œufs pourris	der Schwefelwasserstoffgeruch, der Böckser
l'odeur de soufre	der Schwefelgeruch
la tourne	das Umschlagen
la maladie du vin doux	der Milchsäurestich

Ein Wein, der sich verkaufen läßt.
un vin marchand

Wer A sagt, muss auch B sagen.
Quand le vin est tiré, il faut le boire.

3. L'ÉCONOMIE FORESTIÈRE

la sylviculture - l'industrie du bois

l'économie forestière	die Forstwirtschaft
• **la sylviculture**	der Waldbau
la plantation	die Pflanzung, en
reboiser ; le reboisement	auf~forsten ; die Aufforstung
planter un arbre	einen Baum setzen
planté d'arbres	mit Bäumen bestanden/bewachsen
une région boisée	eine waldige Gegend
la réserve	die Schonung, en
tailler un arbre	einen Baum stutzen, beschneiden, i, i
élaguer, émonder un arbre	einen Baum aus~ästen, aus~putzen
étêter/écimer un arbre	einen Baum köpfen
le garde forestier	der (Revier)förster, -
l'inspecteur *m* **des eaux et forêts**	der Forstmeister, -
les Eaux et Forêts	die Forstverwaltung *(F)*
la forêt domaniale	der Staatsforst, e(n)
le sentier forestier, le layon	der Waldpfad, e
la laie	die Schneise, n
le coupe-feu	die Feuerschneise
• **l'industrie** *f* **du bois**	die Holzindustrie
l'exploitation forestière	der Forstbetrieb, e
défricher ; le défrichement	aus~roden ; die Ausrodung, en
déboiser ; le déboisement	ab~holzen ; die Abholzung, en
le dépérissement des forêts	das Waldsterben
l'ouvrier forestier	der Waldarbeiter, -
❍ **la gemme, la résine**	das Harz, e
être gemmifère	harzen
le bois résineux	das harzige Holz
le gemmeur, le résinier	der Harzarbeiter, -
le bûcheron	der Holzfäller, -
la tronçonneuse	die Motorkettensäge, n
la cognée ; la hache	die Fällaxt, ¨e ; die Axt
abattre, couper	fällen
abattre un arbre à coups de hache	einen Baum mit der Axt fällen
l'abattage *m*, **la coupe**	das Fällen
scier (un arbre) en morceaux	(einen Baum) in Stücke (zer)sägen
la coupe (l'exploitation *f* **du bois)**	der Holzeinschlag, ¨e
l'exploitation abusive	der Raubbau
rapprocher les coupes	Raubbau treiben
la coupe blanche, la coupe à blanc estoc	der Kahlschlag
le bois en long	das Langholz
le stère	das Festmeter
un mètre cube de bois	ein Raummeter Holz
cuber du bois	den Rauminhalt bestimmen
la bille, le tronçon	der Holzabschnitt, e
la souche	der Baumstumpf, ¨e ; -strunk, ¨e
la bûche	das Scheit, e/er
le rondin	der Knüppel, -
le petit bois ; les brindilles *f*	das Reisig, e
le fagot	das Reisigbündel, -
empiler les fagots	die Reisigbündel auf~schichten
ramasser du bois mort	dürres Holz auf~lesen, a, e, ie
le bois de chauffage	das Brennholz
utiliser comme bois de chauffage	als Brennholz verwenden
un ligot	ein Holzbündel

fendre du bois	Holz spalten
le billot	der Hau-/Hackklotz, ¨e
• **le bois** *(matériau)*	das Holz *(Material)*
le bois dur	das Hartholz
le bois tendre	das Weichholz
le bois veiné	das Maserholz
la veinure	die Maserung
fendillé	rissig
le bois précieux	das Edelholz, ¨er
l'acajou *m*	das Mahagoni(holz)
l'ébène *m*	das Ebenholz
le palissandre	das Palisanderholz
❍ **le bois d'œuvre**	das Nutzholz
le bois de construction, le bois de charpente	das Bauholz
le bois rond	das Rundholz
le bois en grume	das Rundholz mit Rinde
le bois écorcé	das geschälte Holz
le bois de souche	das Wurzelholz
la loupe ; noueux	der Knorren, - ; knorrig, astreich
le nœud ; sans nœuds	der Ast, ¨e ; astfrei, astrein
le bois débité	das Schnittholz
le bois équarri	das Kantholz
le bois empilé	das Schichtholz
la poutre	der Balken, -
le madrier	die Bohle, n
le poteau, le montant	der Pfosten, -
la planche	das Brett, er
débiter en planches	Bretter zu~schneiden, i, i
la perte de bois	der Holzverschnitt
la chute de bois	der Holzabfall, ¨e
le liteau	die Leiste, n
la baguette	die Zier-/Profilleiste
la latte	die Latte, n
le bois de placage	das Furnierholz
le placage	die Furnierung
le contreplaqué	das Sperrholz
le latté	die Tischlerplatte, n
le panneau de fibres de bois	die Holzfaserplatte
l'isorel dur	die Hartfaserplatte
le panneau aggloméré	die Holzspanplatte
le panneau mélaminé	die Kunststoffplatte
la fibre de bois	die Holzwolle
❍ **Le bois travaille.**	Das Holz arbeitet.
se déformer	sich werfen, a, o, i/ sich verziehen, o, o
se fendre	sich spalten
l'éclat *m* **de bois**	der Holzsplitter, -
gonfler	quellen*, o, o, i
• **la scierie**	das Sägewerk, e
scier	sägen
la scie circulaire	die Kreissäge, n
la sciure	das Sägemehl
raboter	hobeln *tr*
le copeau	der Span, ¨e
❍ **la pâte de bois**	der Holzschliff/der Holzstoff
la cellulose de bois	der Holzzellstoff
la colophane	das Kolophonium/Kolofonium
l'essence *f* **de térébentine**	das Terpentinöl
le goudron végétal	der Holzteer
l'esprit-de-bois *m*	der Holzgeist
l'acide pyroligneux	der Holzessig
le charbon de bois	die Holzkohle

• **l'incendie** *m* **de forêt**	der Waldbrand, ¨e
le feu	das Feuer
brûler	brennen, a, a
une odeur de brûlé	ein Brandgeruch, ein brenzliger Geruch
la fumée; la fumée épaisse	der Rauch; der Qualm
les nuages *m* **de fumée**	die Rauchschwaden *mpl*
fumer	rauchen, qualmen
l'alerte *f* **au feu**	der Feueralarm, e
Au feu!	Feuer! Es brennt!
l'incendie *m*	der Brand, ¨e
le grand incendie	die Feuersbrunst, ¨e
se déclarer	aus~brechen*, a, o, i
le foyer d(e l)'incendie	der Brandherd, e
la flamme	die Flamme, n
l'étincelle *f*	der Funke(n), ns, n
la flammèche; les flammèches	der Feuerfunke; der Funkenflug
prendre feu	Feuer fangen, i, a, ä
s'enflammer	in Brand geraten*, ie, a, ä
inflammable	entflammbar, feuergefährlich
combustible; incombustible	brennbar; nicht brennbar
le risque d'incendie	die Feuer(s)gefahr/Brandgefahr
être en flammes	in Flammen stehen, a, a
flamber	in Flammen auf~gehen*, i, a, lichterloh brennen, a, a
flamboyer	(auf)lodern*, auf~flammen*
crépiter, pétiller	knistern
se propager, s'étendre	sich aus~breiten, um sich greifen, i, i
le brasier	die Feuersglut; das Flammenmeer
la braise	die Glut, en
la fournaise	die Gluthitze, die glühende Hitze
○ **les pompiers** *mpl*	die Feuerwehr
intervenir; l'intervention *f*	aus~rücken*; der Einsatz, ¨e
la lutte contre le feu	die Feuerbekämpfung
arracher qn aux flammes	jdn den Flammen entreißen, i, i
le canadair, le bombardier d'eau	der Wasserbomber, -
circonscrire, maîtriser l'incendie	den Brand ein~dämmen, unter Kontrolle bringen, a, a
éteindre *tr*	löschen *tr*
s'éteindre	erlöschen*, o, o, i
la cendre	die Asche
couver sous la cendre	unter der Asche schwelen, glimmen, o, o/faible
les dégâts causés par l'incendie	der Feuerschaden/Brandschaden
réduit en cendres	zu Asche verbrannt
dévaster, ravager	verheeren, verwüstatschen *mpl (fam)*

auf dem Holzweg sein
faire fausse route

die Flinte ins Korn werfen, a, o, i
Jeter le manche après la cognée.

ein Dickkopf sein
avoir une vraie tête de bois

vom gleichen Schlag sein
être fait du même bois

Viel Glück und toi, toi, toi !
Touchons du bois !

Wo Rauch ist, ist auch Freuer.
Il n y a pas de fumée sans feu.

XVIII. Le vêtement

les textiles

l'industrie *f* **textile**	die Textilindustrie
le fabricant de textiles	der Textilfabrikant, en, en
l'industrie lainière	die Wollindustrie
la filature	die Spinnerei, en
filer	spinnen, a, o
le tissage ; l'usine *f* **de tissage**	die Weberei, en
tisser ; le tisserand	weben ; der Weber, -
tissé à la main	handgewebt
le métier à tisser	der Webstuhl, ¨e
la navette	das Weberschiffchen, -
• **les textiles** *m*	die Textilien *pl*
l'étoffe *f*, **le tissu**	der Stoff, e
l'endroit *m*	die rechte Seite, die Tuchseite
l'envers *m*	die linke Seite
le drap	das Tuch, e
le lainage	der Wollstoff, e
la laine cardée	der Streichgarnstoff
la laine peignée	der Kammgarnstoff
la cotonnade	der Baumwollstoff
la soierie	der Seidenstoff
le tissu imprimé, l'imprimé *m*	der Druckstoff, e
l'acétate *f*	das Acetat/Azetat, e
l'acrylique *m*	die Acrylfaser, n
la batiste	der Batist, e
le brocart	der Brokat, e
le cachemire	der Kaschmir, e
le calicot	der Kaliko, s
le coton	die Baumwolle, n
le coutil	der Drell, e/der Drillich, e
le crêpe ; le crépon	der Krepp, s/e ; der grobe Krepp
le croisé	der Köper, -
le damas	der Damast, e
la fibre synthétique	die Kunstfaser, n
la flanelle	der Flanell, e
la flanelle de coton	der/das Biber, s
le jersey	der Jersey, s
le jute	die Jute
la laine ; laineux	die Wolle, n ; wollig
la laine vierge	die Schurwolle
le lamé	der Lamé, s
la toile de lin	das Leinen, -
le loden	der Loden
la toile métisse/le métis	das Halbleinen
le molleton	der Molton, s
la mousseline	der Musselin, e
le nylon	das Nylon, s
le polyamide	das Polyamid, e
le polyester	der Polyester, -
la popeline	der Popelin, e
la ratine	der Ratiné, s
le satin	der Satin, s
la serge	die Serge, n
la soie ; de soie, en soie	die Seide, n ; seiden, Seiden-
soyeux	seidig
en pure soie	aus reiner Seide
la soie artificielle, la rayonne	die Kunstseide, n
le taffetas	der Taft, e
le tissu éponge	der Frottierstoff, e, der/das Frottee, s
le tulle	der Tüll, e
le tweed	der Tweed, s/e
le velours ; de velours	der Samt, e ; samten, Samt-
le velours côtelé	der Kordsamt, e/der Kord, e/s
le velours côtelé *(à larges côtes)*	der Manchestersamt
la viscose	die Zellwolle, n
le voile de soie	der Seidenchiffon, s
○ **le coloris**	die Farbe, n
de couleur	farbig
bariolé	bunt
chiné	meliert
uni	einfarbig
voyant	grell
○ **le dessin, le motif**	das Muster, -
à motifs, imprimé	gemustert
à carreaux	kariert
à petits carreaux	klein kariert
les chevrons *m*	das Fischgrätenmuster
écossais	schottisch
à fleurs	geblümt
le pied-de-poule	das Hahnentrittmuster
le pied-de-poule *(petit motif)*	der/das Pepita, s
à pois	getupft, mit Tupfen, gepunktet
le prince-de-Galles	der Glencheck, s
les ramages *m*	das Rankenmuster
la rayure ; rayé/à rayures	der Streifen, - ; gestreift
○ **la qualité de l'étoffe**	die Stoffqualität
absorbant	saugfähig
agréable	angenehm
facile à entretenir	pflegeleicht
fragile	empfindlich
gratté	gerauht
infroissable	knitterfrei
irrétrécissable	einlauffest
rétrécir au lavage	beim Waschen ein~laufen*, ie, au, äu
lavable	waschecht
lavable à l'eau bouillante	kochfest
mercerisé *(coton)*	merzerisiert *(Baumwolle)*
moelleux	flauschig
rêche	rau
salissant	leicht schmutzend
solide	haltbar
solide ; résistant à l'usure	strapazierfähig
sans repassage	bügelfrei
grand teint	farbecht
le tissu grand teint	das Indanthren, e™
dégorger, déteindre (sur)	ab~färben (auf+A)

l'industrie du vêtement

l'industrie *f* **du vêtement**	die Bekleidungsindustrie
• **la mode**	die Mode
à la mode	modisch
la tendance, la mode	der Trend, s
être à la mode, dans le vent	im Trend liegen, a, e
lancer la mode	den Ton an~geben, a, e, i
suivre la mode	sich nach der Mode kleiden
être au goût du jour	mit der Mode gehen*, i, a
la dernière mode, le dernier cri	die letzte/neueste Mode

à la dernière mode	nach der neuesten Mode
passer de mode	aus der Mode kommen*, a, o
ne plus être à la mode	nicht mehr Mode sein
démodé	altmodisch
revenir à la mode	wieder Mode werden
• **le goût** *(esthétique)*	der Geschmack
de bon goût	geschmackvoll
la faute de goût	die Geschmacklosigkeit
être d'un goût douteux	geschmacklos sein
discret, distingué	dezent, vornehm
original	apart
○ **la maison de couture**	der Modesalon, s, das Modeatelier, s
la haute couture	die Haute Couture, die großen Modehäuser *npl*
le (grand) couturier	der Modeschöpfer, -, der Modemacher, -
la première main	die erste Näherin, nen
la petite main, la cousette *(fam)*	das Nähmädchen, -
la présentation/le défilé de mode	die Modeschau, en
le mannequin	das Mannequin, s
le modèle	das Modell, e, das Modellkleid, er
la collection de modèles	die Modellkollektion, en
la collection de printemps	die Frühjahrskollektion
la collection d'hiver	die Winterkollektion
• **la confection**	die Konfektion
le prêt-à-porter	die Fertigkleidung
acheter du prêt-à-porter	von der Stange kaufen *(fam)*
dégriffé	ohne Markenzeichen
le prêt-à-porter masculin	die Herrenkonfektion
le prêt-à-porter féminin	die Damenkonfektion, die Damenoberbekleidung
le retoucheur	der Änderungsschneider, -
la retouche ; retoucher	die Änderung, en ; ändern
élargir (de 2 cm)	erweitern/weiter machen (um 2 cm)
rétrécir (de)	verengern/enger machen (um)
rallonger (de)	verlängern/länger machen (um)
raccourcir (de)	verkürzen/kürzer machen (um)
• **la taille**	die Größe, n
le tour de poitrine	die Oberweite, der Brustumfang
le tour de taille	die Taillenweite *(femme)*
le tour de ceinture	die Bundweite *(homme)*
le tour de hanches	die Hüftweite *(femme)*
le tour de bassin	die Gesäßweite
l'entre(-)jambes	der Schritt
l'encolure *f*	die Halsweite
○ **le (travail) sur mesure**	die Maßarbeit
le tailleur (pour hommes)	der (Herren)schneider, -
la couturière	die Schneiderin, e,/die Näherin, nen
le coupeur	der Zuschneider
la table de coupe	der Zuschneidetisch, e
la coupe ; couper	der Schnitt, e ; schneiden, i, i
le patron	das Schnittmuster,-
le métrage	die Stoffmenge, n
la chute d'étoffe	der Stoffrest, e
le culottier	der Hosenschneider, -
l'atelier *m*	die Werkstatt, ¨en
la mesure ; sur mesure	das Maß, e ; nach maß
prendre les mesures de qn	bei jdm die Maße nehmen, a, o, i
se faire faire un costume	sich einen Anzug machen lassen
le costume sur mesure	der Maßanzug, ¨e
la finition	die Verarbeitung
l'essayage *m*	die Anprobe, n
le mannequin *(de couturière)*	die Schneiderpuppe, n
Cela va parfaitement.	Es passt/sitzt tadellos.
Le veston tombe bien.	die Jacke fällt gut.
être étroit, serré, étriqué	eng sein
se sentir à l'aise	sich wohl fühlen
se sentir serré, boudiné *(fam)*	sich eingeengt fühlen
faire des plis	Falten schlagen, u, a, ä/ werfen, a, o, i
○ **les fournitures** *fpl*	die Zutaten *pl*
la mercerie	die Kurzwaren *pl*
l'agrafe *f*	der Haken, -
agrafer ; dégrafer	zu~haken ; auf/los~haken
le velcro™	der Klettverschluss, ¨e
la bobine de fil	die (Näh)rolle, n
le bouton	der Knopf, ¨e
boutonner ; déboutonner	zu~knöpfen ; auf~knöpfen
le bouton-pression	der Druckknopf
la boutonnière	das Knopfloch, ¨er
la doublure	das Futter, -/der Futterstoff
(non) doublé	(un)gefüttert
l'épaulette *f (rembourrage)*	das Schulterpolster, -
l'extra-fort *m*	das Nahtband, ¨er
la fermeture éclair ™, la fermeture à glissière	der Reißverschluss, ¨e
le fil	der Faden, ¨/das Garn, e
le fil à bâtir	der Heftfaden
le fil retors ; le fil câblé	der Zwirn, e
le gros-grain	das Gurtband, ¨er
l'œillet *m* **; la bride**	die Öse, n
le ruban	das Band, ¨er
le galon	die Borte, n
la soie à coudre	die Nähseide, n
la toile	das Leinen

la couture

• **la couture, les travaux de couture**	die Näharbeit
coudre	nähen
la boîte à couture	der Nähkasten, ¨
découdre	auf~trennen
coudre un bouton	einen Knopf an~nähen
la machine à coudre	die Nähmaschine, n
piquer qc à la machine	etw mit der Nähmaschine steppen
cousu (à la) main	handgenäht
le dé à coudre	der Fingerhut, ¨e
l'aiguille *f*	die (Näh)nadel, n
le chas (de l'aiguille)	das Nadelöhr, e
enfiler une aiguille	eine Nadel, den Faden ein~fädeln
l'épingle *f*	die Stecknadel
la pelote d'épingles	das Nadelkissen, -
bâtir/faufiler une robe	ein Kleid heften
○ **la couture** *(points)*	die Naht, ¨e
le point	der Stich, e
l'ourlet *m*	der Saum, ¨e, die Saumnaht, ¨e
ourler	säumen
la pince	der Einnäher, -
○ **le raccommodage**	die Flickarbeit, en
raccommoder, rapiécer	flicken
la pièce	der Flicken, -
repriser un trou	ein Loch stopfen
être déchiré	zerrissen sein
le stoppage	das Kunststopfen

le stoppeur	der Kunststopfer, -
○ **le repassage**	das Bügeln
repasser	bügeln
froissé	zerknittert
donner un coup de fer à qc	etw auf~bügeln
le fer à repasser	das Bügeleisen, -
le fer à vapeur	das Dampfbügeleisen
la table à repasser	der Bügeltisch, e
la planche à repasser	das Bügelbrett, er
la jeannette	das Ärmelbrett
la pattemouille	das Bügeltuch, ¨er
le nettoyage	die Reinigung, en
le nettoyage à sec	die Trockenreinigung
faire nettoyer qc	etw reinigen lassen
la teinturerie, le pressing	die Reinigungsanstalt, en
la tache ; taché	der Fleck, e/en ; fleckig
enlever une tache	einen Fleck entfernen
le détachant	der Fleckentferner, -
teindre	färben
imperméabiliser	imprägnieren
○ **la bonneterie**	die Wirkwaren *fpl*
le tricot *(article)*	die Strickware
le tricot ; tricoter	die Strickarbeit, en ; stricken
la maille	die Masche, n
le point *(de tricot, de crochet)*	das Muster, -
l'aiguille *f* **à tricoter**	die Stricknadel, n
la machine à tricoter	die Strickmaschine, n
l'écheveau *m*	der Strang, ¨e
la pelote	das Knäuel, -
le crochet	die Häkelnadel, n
faire du crochet	häkeln
broder, faire de la broderie	sticken
la broderie	die Stickerei, en
la dentelle	die Spitze, n
la passementerie	die Posamenten *npl*

le vêtement

l'habillement *m*	die Bekleidung
• **le vêtement**	die Kleidung ; das Kleidungsstück, ¨e
s'habiller	sich an~ziehen, o, o/sich an~kleiden
Comment dois-je m'habiller ?	Wie soll ich mich anziehen ?
Que dois-je mettre ?	Was soll ich an~ziehen ?
mettre qc	etwas an~ziehen
passer, enfiler qc	etw rasch über~ziehen, schlüpfen in+A
s'habiller légèrement, chaudement	sich leicht, sich warm an~ziehen
se déshabiller	sich aus~ziehen
enlever/ôter qc	etwas aus~ziehen
tomber la veste *(fam)*	die Jacke aus~ziehen
se changer	sich um~ziehen
l'allure, le look *(fam)*	das Aussehen
Tout lui va.	Ihm/ihr steht/sitzt alles gut.
avoir de l'allure	eine elegante Erscheinung sein
être bien habillé	gut angezogen sein
être habillé avec soin	sorgfältig gekleidet sein
endimanché	im Sonntagsstaat
ne pas avoir d'allure	nach nichts aus~sehen, a, e, ie
mal habillé, mal fringué *(pop)*	schlecht angezogen
une tenue négligée, débraillée	eine nachlässige Kleidung
(s')attifer	(sich) auf~takeln
habillé tapageusement	aufgedonnert *(fam)*

s'accoutrer	sich geschmacklos aus~staffieren
chic, élégant	flott
ajusté	eng anliegend
ample	weit
confortable	bequem
décontracté	salopp
○ **les nippes** *f (fam)*	die abgetragenen Kleider *mpl*
porter de vieux vêtements	alte Klamotten *fpl (fam)* an~haben
(se) nipper *(fam)*	(sich) aus~staffieren *(fam)*
neuf	neu
usagé	gebraucht
porté ; usé	getragen ; abgetragen
usé jusqu'à la corde, élimé, râpé	fadenscheinig
les guenilles *f*	die Lumpen *mpl*
en guenilles, en haillons *m*	zerlumpt
• **le vêtement masculin**	die Männerkleidung
○ **la chemise, la liquette** *(fam)*	das (Ober)hemd, en
cintré	tailliert
le col	der Kragen, -
le col officier	der Stehkragen
le faux col	der abnehmbare Kragen
la manche ; l'emmanchure *f*	der Ärmel, - ; der Armausschnitt, e
à manches longues, courtes	mit langen, kurzen Ärmeln
retrousser les manches	die Ärmel auf~krempeln/ hoch~krempeln
le poignet	die Manschette, n
le poignet mousquetaire	die Umschlagmanschette
le bouton de poignet	der Manschettenknopf, ¨e
la chemise de cérémonie	das Frackhemd, en
la chemise habillée	das Party-Hemd
la chemisette	das Hemd mit kurzen Ärmeln
la cravate	die Krawatte, n/der Schlips, e
mettre une cravate	einen Schlips um~binden, a, u
le nœud papillon	der Querbinder, -/die Fliege, n
le mouchoir	das Taschentuch, ¨er
la pochette	das Ziertaschentuch
○ **les sous-vêtements masculins**	die (Herren)unterwäsche
le tricot/gilet de corps	das Unterhemd, die Unterjacke, n
le gilet sans manches ; le débardeur	das ärmellose Unterhemd
le tee-shirt	das T-Shirt, s
le caleçon	die Unterhose, n
le slip	der Slip, s
la chaussette	der Strumpf, ¨e
la chaussette longue	der Kniestrumpf
la socquette, la chaussette courte	die Socke, die Fesselsocke, n
• **le pantalon, le froc** *(fam)*	die Hose, n
la jambe du pantalon	das Hosenbein, e
le revers	der Aufschlag, ¨e
le pantalon à pinces	die Bundfaltenhose
la pince	der Einnäher, -
le pli du pantalon	die Bügelfalte, n/der Bruch, ¨e
la braguette	der Hosenschlitz, e
la poche	die Tasche, n
la poche-revolver	die Gesäßtasche
la ceinture du pantalon *(le haut)*	der Hosenbund, ¨e
le passant	die Schlaufe, n
la ceinture (de cuir)	der (Leder)gürtel, -
la boucle de ceinture	die Gürtelschnalle, n
les bretelles *f*	die Hosenträger *mpl*

les pantalons tirebouchonnés *(fam)*	die Korkenzieherhose, n (*fam)*
le jean	die Jeans *pl*
délavé ; prélavé	vergewaschen ; verwaschen
le bermuda	die Bermudashorts/Bermudas *pl*
○ **le veston ; la veste** *(d'un costume)*	die Jacke, n
le costume, le complet	der Anzug, ¨e
un costume trois pièces	ein dreiteiliger Anzug
le gilet	die Weste, n
le gousset	die Westentasche, n
le veston *(seul)*	der Sakko, s
le revers	der Aufschlag, ¨e
la poche intérieure	die Innentasche, n
le veston droit	der Einreiher, -
le veston croisé	der Zweireiher
la tenue de soirée	der Abendanzug, ¨e
l'habit *m*, **le frac**	der Gesellschaftsanzug, der Frack, s/¨e
en frac	im Frack
habit de rigueur	Frackzwang *m*
le smoking	der Smoking, s
le blazer	der Blazer, -/die Klubjacke
la veste de cuir	die Lederjacke, n
le blouson	der Blouson, s
la veste d'intérieur	die Hausjoppe, n, die Hausjacke, n
• **le vêtement féminin**	die Damenkleidung
la lingerie féminine, les dessous	die Damenunterwäsche
la parure *(lingerie)*	die Wäschegarnitur, en
la culotte	der Schlüpfer, - ; das Höschen, -
le slip	der Slip, s
le soutien-gorge	der Büstenhalter, -/der BH, s
le bonnet	das Körbchen, -, der Cup, s
la bretelle	der Träger, -
la combinaison	das Unterkleid, er/der Unterrock, ¨e
le jupon	der Taillenunterrock ; der Petticoat, s
le body, le justaucorps	der Body(suit), s
le bustier	die Korsage, n, das Bustier, s
le panty, la gaine-culotte	die Miederhose, n
la gaîne	der Hüftgürtel/der Hüfthalter, -
le corset	das Korsett, s/e ; das Korselett
le porte-jarretelles	der Strapshalter,
la jarretelle	der Strumpfhalter, - der Straps, e
le bas	der Strumpf, ¨e
la jarretière	das Strumpfhand, ¨er
le collant	die Strumpfhose, n
le talon	die Ferse,
la maille qui file	die Laufmasche, n
le caleçon, les leggin(g)s *m*	die Leggings *pl*
le (pantalon) fuseau	die Steghose, n
○ **le pyjama**	der Schlafanzug, ¨e
la chemise de nuit	das Nachthemd, en
le déshabillé	das Negligee, s/das Negligé, s
la liseuse	das Bettjäckchen, -
la robe de chambre	der Morgenrock, ¨e
le peignoir	der Morgenmantel, ¨
le peignoir de bain	der Bademantel
○ **la robe**	das Kleid, er
la robe de mariée	das Hochzeitskleid
la traîne	die Schleppe, n
la robe du soir	das Abendkleid
l'échancrure, le décolleté	der Ausschnitt, e
le décolleté profond	das Dekolletee, s/Dekolleté, s
échancré, décolleté	ausgeschnitten, dekolletiert
la robe fourreau	das Etuikleid, das Futteralkleid, er
collant, moulant	hauteng
la robe paysanne *(Bavière)*	das Dirndlkleid
la robe de grossesse	das Umstandskleid
le costume, le tailleur, l'ensemble *m*	das Kostüm, e
le deux-pièces	das Jackenkleid, das zweiteilige Kleid
le costume-pantalon	der Hosenanzug, ¨e
la veste	die Jacke, n
la jupe	der Rock, ¨e
la fente	der Schlitz, e
le pli	die Falte, n
la jupe plissée	der Faltenrock, ¨e
la jupe plissée *(plis fins)*	der Plisseerock
la jupe-portefeuille	der Wickelrock
la jupe-culotte	der Hosenrock
la mini(-)jupe	der Minirock
le chemisier	die Hemdbluse, n
la blouse, le corsage	die Bluse
○ **les lainages** *m*, **les tricots** *m*	die Wollsachen *fpl*
le pull(-over)	der Pullover, -/der Pulli, s *(fam)*
un chandail	ein dicker Pullover
tricoté main	handgestrickt/selbstgestrickt
le pull sans manches	der Pullunder, -
le col roulé	der Rollkragen, -
l'encolure *f*	der Halsausschnitt, e
l'encolure ronde	der runde Ausschnitt
l'encolure en V	der V-Ausschnitt
le twin-set	das Twin-set, s
la veste de laine	die Wolljacke, n
le cardigan	die hochgeschlossene Strickjacke
○ **le manteau**	der Mantel, ¨
le pardessus	der Herrenmantel
l'imperméable *m*, **l'imper** *(fam)*	der Regenmantel, der Wettermantel
le trench-coat	der Trenchcoat, s
le (manteau en) loden	der Lodenmantel
relever le col	den Kragen hoch~schlagen, u, a, ä
(s') emmitoufler	(sich) ein~mummen
le ciré	das Ölzeug
le capuchon, la capuche	die Kapuze, n
la pèlerine, la cape	der Umhang, ¨e, das Cape, s
le (manteau) raglan	der Raglan, s
le (manteau) trois-quarts	der dreiviertellange Mantel
le manteau matelassé	der Steppmantel
le duffle-coat	der Duffelcoat, s
le brandebourg	der Schnurbesatz, ¨e
la canadienne	die lammgefütterte Jacke, n
le manteau de fourrure	der Pelzmantel
l'étole *f*	die Pelzstola, len
la pelisse	der pelzgefütterte Mantel
○ **le gant**	der Handschuh, e
les gants fourrés	die gefütterten Handschuhe
la pointure	der Handumfang
être ganté	Handschuhe an~haben
se ganter, se déganter	(die) Handschuhe an~ziehen, aus~ziehen, o, o
la moufle	der Fausthandschuh/der Fäustling, e
le manchon	der Muff, e
• **le chapeau**	der Hut, ¨e

la coiffure	die Kopfbedeckung, en
tête nue, nu-tête	ohne Kopfbedeckung, mit bloßem Kopf
mettre un chapeau, se couvrir	einen Hut auf~setzen
ôter son chapeau	den Hut ab~nehmen, a, o, i
le bord	die Krempe, n
le feutre	der Filz, e
le chapeau de paille	der Strohhut
la casquette (à visière)	die (Schirm)mütze, n
le melon	die Melone, n
le haut-de-forme	der Zylinder, -
le canotier	die Kreissäge, n *(fam)*
le béret basque	die Baskenmütze
le bonnet *(femme/enfant)*	die Mütze
le passe-montagne, la cagoule	die Kapuzenmütze, n
la coiffe (régionale)	die Trachtenhaube, n
la modiste	die Modistin, nen, die Putzmacherin, nen
le chapelier	der Hutmacher, -
• **la layette**	die Babywäsche
la couche	die Windel, n
la couche-culotte	das Windelhöschen, -
le lange	das Windeltuch, ¨er
la grenouillère	der Strampler, -/die Strampelhose, n
la chemisette	das Hemdchen, -
la brassière, la veste	das Jäckchen, -
le bavoir	das Lätzchen, -
le bonnet	die Mütze, n ; das Häubchen, -
le chausson	das Söckchen, -
la barboteuse	die Spielhose, n
la culotte en caoutchouc	das Gummihöschen, -
la culotte courte	die kurze Hose, n
se déculotter	(sich) die Hose aus~ziehen, o, o
○ **le vêtement de sport**	die Sportbekleidung
l'anorak *m*	der Anorak, s
la chemise-polo	das Polohemd
la chemise de tennis	das Tennishemd
le sweat(-)shirt	das Sweatshirt, s
la tenue de jogging	der Jogginganzug
le survêtement, le training	der Trainingsanzug
le slip de bain	die Badehose
le maillot de bain *(une pièce)*	der Badeanzug, ¨e *(einteilig)*
le maillot de bain deux pièces	der zweiteilige Badeanzug
le short	die Shorts *pl* ; die Sporthose, die Turnhose
la parka	der/die Parka, s
○ **le vêtement de travail**	die Berufsbekleidung
la blouse de travail	der Berufsmantel, der Kittel
la combinaison de mécanicien	der Overall, s, der Blaumann, ¨er
la salopette	die Latzhose
le tablier	die Schürze, n
○ **les accessoires** *m* **de mode**	das modische Beiwerk
le sac (à main)	die (Hand)tasche, n
le sac à bandoulière	die Umhängetasche
le sac à provisions	die Einkaufstasche
le filet à provisions	das Einkaufsnetz, e
le sac fourre-tout	die weite Handtasche
le portefeuille	die Brieftasche
le porte-monnaie	die Geldtasche, der Geldbeutel, -
le sac banane	die Gürteltasche
la serviette	die Aktentasche

le porte-documents	die Aktenmappe, n
le sac à dos de ville	der City-Rucksack, ¨e
le parapluie, le pépin *(fam)*	der (Regen)schirm, e
le parapluie-canne	der Stockschirm
le parapluie télescopique/ pliant	der Taschenschirm, der Knirps, e™
la monture	das Gestell, e
la dragonne	die Schlaufe, n
la gaine (de parapluie)	die Schirmhülle, n, das Schirmfutteral, e
l'ombrelle *f (de dame)*	der Sonnenschirm, e
l'éventail *m*, **s'éventer**	der Fächer, - ; sich Luft zu~fächeln
la canne	der Spazierstock, ¨e
○ **le châle**	der Schal, e/s
le fichu	das Dreiecktuch, das Kopftuch, ¨er
le foulard ; l'écharpe *f*	das Halstuch
le cache-nez, le cache-col	der Wollschal
• **les chaussures** *f*	die Schuhe *mpl*
les pompes *f* / **les godasses** *f (pop)*	die Latschen *mpl (fam)*
la chaussure, le soulier	der Schuh, e
une paire de chaussures	ein Paar Schuhe
se chausser	die Schuhe an~ziehen, o, o
se déchausser	die Schuhe aus~ziehen
être nu-pieds	barfuß sein
la pointure	die Schuhgröße, n
chausser du 42	Schuhgröße 42 haben
la chaussure en cuir	der Lederschuh
le soulier verni	der Lackschuh
la semelle	die Sohle, n
la première	die Brandsohle
la semelle en cuir	die Ledersohle
la semelle en caoutchouc	die Gummisohle
la semelle en crêpe	die Kreppsohle
le talon	der Absatz, ¨e, die Hacke, n *(nord)*
le talon haut, plat	der hohe, flache Absatz
le talon aiguille	der Pfennigabsatz
la semelle compensée	der Keilabsatz
○ **les après-ski** *m*	die Schneestiefel *mpl*
la botte	der Stiefel, -
le bottillon	der Halbstiefel
la tige	der Schaft, ¨e
le chausson, la pantoufle	der Hausschuh, e
les savates *f*	die Latschen *mpl (fam)*
la chaussure montante	der Schnürstiefel, -
la chaussure cloutée	der Nagelschuh
la chaussure de jogging	der Joggingschuh
les escarpins *m*	die Pumps *mpl*
la guêtre	die Gamasche, n
le mocassin	der Slipper, -/der Mokassin, s
les nu-pieds *m*	die Pantoletten *fpl*
la mule, la babouche	der Pantoffel, -
le sabot	der Holzschuh
la sandale, la sandalette	die Sandale, n, die Sandalette, n
le soulier à lacets	der Schnürschuh
le lacet	der Schnürsenkel, -
lacer, délacer ses chaussures	die Schuhe zu~schnüren, auf~schnüren
○ **le cordonnier**	der Schuster, -/der Schuhmacher, -
la réparation	die Reparatur, en
réparer les chaussures	die Schuhe reparieren
des chaussures éculées	schief getretene Schuhe
Mes chaussures prennent l'eau.	Meine Schuhe lassen Wasser durch.

Elles me gênent au talon.	Sie drücken an der Hacke.
ressemeler	besohlen
faire ressemeler des chaussures	Schuhe besohlen lassen
le cirage	die Schuhcreme
l'embauchoir *m*	der Schuhspanner, -
le chausse-pied	der Schuhlöffel, -
• **le cuir**	das Leder, -
de cuir, en cuir	ledern, Leder-
en cuir véritable	aus echtem Leder
le tannage ; tanner	die Gerbung ; gerben
le cuir naturel	das Naturleder
un cuir souple	ein weiches Leder
un cuir foulonné	ein gewalktes Leder
le chevreau	das Chevreauleder
le daim	das Wildleder, -
le nappa	das Nappaleder, das Nappa, s
le nubuck	das Nubukleder, das Nubuk
le chagrin	das Narbleder
le (vrai) maroquin	der Saffian, s/das Saffianleder
la pleine peau	das Vollleder
le cuir refendu	das Spaltleder
la pleine fleur	die Narbenseite
la croûte (de cuir)	die Fleischseite
le maroquinier	der Lederwarenhändler, -

les bijoux

les bijoux *m*	der Schmuck, die Schmucksachen *pl*
la bijouterie, la joaillerie	die Schmuckwaren *fpl*
la bijouterie *(magasin)*	das Juweliergeschäft, e
• **le bijou**	der Schmuck, das Schmuckstück, e
le joyau	das Juwel, en ; das Kleinod, ie
le bijoutier ; le joaillier	der Juwelier, e
l'orfèvre *m*	der Goldschmied, e
l'anneau *m*	der Ring, e
la bague	der (Schmuck)ring
mettre, retirer une bague	einen Ring an~stecken, ab~ziehen, o, o
le jonc	der Reif, e
l'alliance *f*	der Ehering
la chevalière	der Siegelring
la pierre précieuse	der Edelstein, e
le solitaire	der Solitär, e
la monture ; sertir	die Fassung, en ; ein~fassen
la boucle d'oreille	der Ohrring, e
le clip/clips d'oreille	der Ohrenklips, e
le pendant d'oreille	der Ohrhänger, -
le bracelet	das Armband, ¨er
le bracelet (rigide), le jonc	der Armreif, e
incrusté de	eingelegt mit+D
la broche	die Brosche, n
le collier	das Halsband, das Collier, s
le collier, la chaine	die Halskette, n
mettre un collier de perles	eine Perlenkette um~legen
le sautoir	die lange Halskette
porter en sautoir	an einer Halskette tragen, u, a, ä
le tour de cou	der Halsring, e
le pendentif	der Anhänger, -
le médaillon	das Medaillon, s/e
les breloques *f*	die Einhänger, -
la parure	die Schmuckgarnitur, en
le coffret à bijoux ; l'écrin *m*	das Schmuckkästchen, -

Il file un mauvais coton
Es geht bergab mit ihm.

viel Garderobe haben
avoir une garde-robe bien fournie

wie aus dem Ei geschält/gepellt sein *(fam)*
être bien sapé/fringué (pop)

Dieser Anzug sitzt/passt ihm wie angegossen.
Ce costume lui va comme un gant.

jdn mit Glacéhandschuhen an~fassen
prendre des gants avec qn

geschniegelt und gebügelt sein
être tiré à quatre épingles

sich in Schale werfen, a, o, i *(fam)*
se mettre sur son trente et un

in vollem Staat erscheinen*, ie, ie
venir dans ses plus beaux atours

in vollem Staat
en grande tenue (homme), en grande toilette (femme)

verboten aus~sehen, a, e, ie *(fam)*
avoir une drôle de touche, de dégaine (fam)

zugeknöpft sein
être collet monté

jdn wie seine Westentasche kennen, a, a
connaître qn comme sa poche

eine reine/weiße/saubere Weste haben
avoir les mains propres, la conscience tranquille

frech sein
être culotté (fam)

Sie hat die Hosen an. *(fam)*
Elle porte la culotte. (fam)

Kleider machen Leute.
L'habit fait le moine.

Der Schein trügt.
L'habit ne fait pas le moine.

Da platzt einem der Kragen !
Il y a de quoi se mettre en colère.

Da geht einem der Hut hoch !
Cela dépasse les bornes.

Das ist ein alter Hut !
C'est archiconnu. (fam)

Nicht recht bei Troste sein
travailler du chapeau (pop)

Hut ab !
chapeau (bas) ! (admiratif) (fam)

das Passende finden
trouver chaussure à son pied

völlig daneben~sein
être à côté de ses pompes (fam)

verlegen sein
être dans ses petits souliers

Das ist Jacke wie Hose. *(fam)*
C'est blanc bonnet et bonnet blanc.

Das ist Geschmacksache !
C'est une affaire de goût.

Die Geschmäcker sind verschieden.
Tous les goûts sont dans la nature.

XIX. L'Urbanisme

1. LA VILLE

la ville

• **la ville, la cité**	die Stadt, ¨e
le citadin	der Städter, -
la population urbaine	die Stadtbevölkerung
l'agglomération *f*	die geschlossene Ortschaft, en
l'agglomération urbaine	das Ballungsgebiet, e, der Ballungsraum, ¨e
la conurbation	die Städteballung
la capitale	die Hauptstadt, ¨e
la métropole	die Weltstadt
la grande ville	die Großstadt
la ville de province	die Provinzstadt
s'enterrer en province *(fam)*	sich in der Provinz vergraben, u, a, ä
la ville industrielle	die Industriestadt
la ville de foires/ d'expositions	die Messestadt
la ville portuaire	die Hafenstadt
la ville universitaire	die Universitätsstadt
la ville satellite	die Trabantenstadt
la cité-dortoir	die Schlafstadt
❍ **le quartier**	das Stadtviertel, -/der Stadtteil, e
le quartier résidentiel	das Villenviertel
le quartier d'habitation	das Wohnviertel, das Wohngebiet, e
le quartier d'affaires	das Geschäftsviertel
le quartier chaud	das Rotlichtviertel, -
la zone industrielle	der Industriepark, s/ das Industriegebiet, e
les vieux quartiers	die Altstadt
la ville neuve	die Neustadt
le centre	die Innenstadt, die Stadtmitte, das Zentrum, ren, die City
le cœur de la ville	der Stadtkern, e
la périphérie	der Stadtrand, ¨er
la banlieue	der Vorort, e, das Stadtrandgebiet, e
habiter en banlieue	in einem Vorort, am Stadtrand wohnen
le banlieusard	der Vorortbewohner, -
le faubourg	die Vorstadt
• **la rue**	die Straße, n
la voie publique	die öffentliche Straße
la plaque de rue	das Straßenschild, er
en pleine rue	auf offener Straße
rencontrer qn dans la rue	jdn auf der Straße treffen, a, o, i
la rue principale	die Hauptstraße
la rue transversale	die Seitenstraße, die Querstraße
la ruelle	die Gasse, n
l'impasse *f*, **le cul-de-sac**	die Sackgasse
l'avenue *f*	die Allee, n
le boulevard extérieur	der Außenring, e
la place	der Platz, ¨e
le croisement, le carrefour	die Kreuzung, en
le rond-point	der runde Platz, der Kreisverkehr
❍ **le trottoir**	der Bürgersteig, e
le bord du trottoir	die Bordsteinkante, n
le caniveau	die Gosse, n ; der Rinnstein, e
la bouche d'égout	der/das Gully, s
la plaque d'égout	der Kanaldeckel, -

l'égout *m*, **le tout-à-l'égout**	die Kanalisation, en, der/ das Siel, e *(nord)*
avoir le tout-à-l'égout	an die Kanalisation angeschlossen sein
l'égout collecteur	der Hauptkanal, ¨e, der Hauptsammler, -
l'égoutier *m*	der Kanalarbeiter, -
• **la chaussée**	die Fahrbahn, en/der Fahrdamm, ¨e
le chemin de terre	der Feldweg, e
la piste cyclable	der Radweg
la piste cavalière	der Reitweg
le revêtement de la chaussée	der Fahrbahnbelag, ¨e
le pavé ; pavé	das (Straßen)pflaster, - ; gepflastert
le pavé *(bloc de pierre)*	der Pflasterstein, e
le goudron ; goudronné	der Teer, e ; geteert
l'asphalte *m* **; asphalté**	der Asphalt, e ; asphaltiert
le bitume ; bitumé	das Bitumen, - ; bituminiert
le macadam	der/das Makadam, e
l'asphalte *m*, **le bitume**	der Asphalt
bitumer, asphalter	asphaltieren
le rouleau compresseur	die Straßenwalze, n
❍ **le piéton**	der Fußgänger, -
❍ **aller à pied, marcher**	zu Fuß gehen*, i, a
le passage pour piétons	der Fußgängerüberweg, e
le passage clouté	der Zebrastreifen, -
le refuge (pour piétons)	die Verkehrsinsel, n
le passage souterrain	die Unterführung, en
la passerelle	die Fußgängerbrücke, n
l'éclairage public	die (Straßen)beleuchtung
le réverbère	die Straßenlaterne, n
la lampe à arc	die Bogenlampe, n
bien, mal éclairé	gut, schlecht beleuchtet
❍ **l'espace vert**	die Grünfläche, n
les espaces verts	die Grünanlagen *fpl*
le square	der Grünplatz, ¨e
le terrain de jeux	die Spielwiese, n
le parc	der (Stadt)park, s/die Parkanlage, n
le jardin public	der Stadtgarten, ¨
le bassin	das Becken, -
la fontaine, le jet d'eau	der Springbrunnen, -
la grille du parc	das Parkgitter, -
la grille d'entrée	das Gittertor, e
• **le pont**	die Brücke, n
le pont suspendu, tournant	die Hänge-, Drehbrücke
jeter un pont (sur)	eine Brücke schlagen, u, a, ä (über+A)
Le pont franchit le fleuve.	Die Brücke führt über den Strom.
le parapet	das Brückengeländer, -
l'arche *f* **de pont**	der Brückenbogen, ¨
la pile de pont	der Brückenpfeiler, -
l'aqueduc *m*	der Aquädukt, e
❍ **édifices** *m* **et services publics**	öffentliche Gebäude *npl* und Einrichtungen *fpl*
l'abattoir *m*	der Schlachthof, ¨e
la bibliothèque municipale	die Stadtbibliothek, en
la bourse	die Börse, n
le bureau de poste	das Postamt, ¨er
la cantine scolaire	die Schulkantine, n *(F)*
la caserne	die Kaserne, n

la chambre de commerce	die Handelskammer, n
le cimetière	der Friedhof, ¨e
le cinéma	das Kino, s
le commissariat de police	das Polizeirevier, e
le palais des congrès	das Kongresszentrum, tren
la décharge publique	die Mülldeponie, n, die Müllkippe, n
l'école *f*	die Schule, n
l'église *f*	die Kirche, n
le parc des expositions	das Messegelände
la gare	der Bahnhof, ¨e
l'hôpital *m*	das Krankenhaus, ¨er
l'hôtel *m* **de ville**	das Rathaus, ¨er
le palais de justice	das Gerichtsgebäude, -
la maison de retraite	das Altersheim, e
le marché	der Markt, ¨e
le marché couvert, les halles *f*	die Markthalle, n
la morgue	das Leichenschauhaus
le musée	das Museum, een
l'opéra	die Oper, -
la patinoire	das Eisstadion, dien
la perception	das Finanzamt, ¨er
la piscine	die Badeanstalt, en
la prison	das Gefängnis, se
le stade	das (Sport)stadion, dien
l'office *m* **du tourisme**	der Verkehrsverein, e
le théâtre	das Theater, -
l'université *f*	die Universität, en
• **les magasins**	die Geschäfte *npl*
faire/courir les magasins	die Geschäfte, die Läden ab~klappern *(fam)*
la rue commerçante	die Geschäftsstraße, n
une rue très fréquentée	eine sehr belebte Straße
la zone piétonnière	die Fußgängerzone, n
le promeneur	der Spaziergänger, -
se promener	spazieren gehen*, i, a
faire un tour en ville	einen Stadtbummel machen
flâner	schlendern, bummeln *(fam)*
le badaud, le curieux	der Gaffer, - *(péj)*
○ **le magasin d'antiquités**	das Antiquitätengeschäft, e
la bijouterie	das Juweliergeschäft
la blanchisserie	die Wäscherei, en
le magasin de bricolage	der Heimwerkerladen, ¨
la boutique de brocanteur	der Trödelladen *(fam)*
le marché aux puces	der Trödelmarkt, ¨e *(fam)*
chiner	die Trödelmärkte ab~klappern *(fam)*
le magasin de confection	das Bekleidungshaus, ¨er
le magasin de chaussures	das Schuhgeschäft, e
le salon de coiffure	der Frisiersalon, s
la droguerie	die Drogerie, n
le magasin de fleurs	das Blumengeschäft
l'horlogerie *f*	das Uhrengeschäft
le magasin de jouets	das Spielwarengeschäft
la librairie	die Buchhandlung, en
la librairie d'occasion	das moderne Antiquariat, e
la mercerie	das Kurzwarengeschäft
le magasin de meubles	das Möbelgeschäft
la boutique de mode	die Modeboutique, n
la papeterie	das Schreibwarengeschäft
la pharmacie	die Apotheke, n
le magasin de photo	das Fotogeschäft
les pompes funèbres *f*	das Bestattungsinstitut, e
le pressing	die Reinigung, en
la quincaillerie	die Eisenwarenhandlung
le magasin de radio-télévision	das Radiogeschäft
le magasin de sport	das Sportgeschäft
le supermarché	der Supermarkt, ¨e
○ **le magasin d'alimentation**	das Lebensmittelgeschäft
le magasin de produits biologiques	der Bioladen, ¨
la boucherie-charcuterie	die Fleischerei/Metzgerei, die Schlachterei, en *(nord)*
la boulangerie	die Bäckerei, en
la confiserie	die Süßwarenhandlung
le magasin de produits diététiques	das Reformhaus, ¨er
l'épicerie *f*	das Feinkostgeschäft
l'épicerie fine	das Delikatessengeschäft
le magasin de fromages	das Käsegeschäft
le magasin de fruits	die Obsthandlung
le magasin de légumes	der Gemüseladen, ¨
la pâtisserie	die Konditorei, en
la poissonnerie	die Fischhandlung, -, en/ das Fischgeschäft
le bureau de tabac	der Tabakladen, ¨

la municipalité

• **la commune**	die Gemeinde, n
l'autonomie administrative	die Selbstverwaltung
la communauté urbaine	der Städteverband, ¨e
la mairie	das Bürgermeisteramt, ¨er
l'Hôtel *m* **de ville** *(grande ville)*	das Rathaus, ¨er
le maire, le bourgmestre	der Bürgermeister, -
le premier bourgmestre *(D)*	der Oberbürgermeister
le secrétaire général de (la) mairie	der Stadtdirektor, en
l'adjoint *m* **au maire**	der Beigeordnete *(adj)*
le conseil municipal	der Gemeinderat, ¨e
le conseil municipal *(ville)*	der Stadtrat, ¨e
le conseiller municipal *(ville)*	der Stadtverordnete *(adj)*
la séance du conseil municipal	die Gemeinderatssitzung
l'activité *f* **bénévole**	die ehrenamtliche Tätigkeit
exercer une fonction	ein Amt aus~üben
le logement de fonction	die Dienstwohnung, en
• **la municipalité**	die Stadtverwaltung, der Magistrat, e
le secrétaire de mairie	der Stadtinspektor, en
○ **la recette municipale**	die Stadtkasse, n
les impôts communaux	die Gemeindeabgaben *fpl*
le service de l'état civil	das Standesamt, ¨er
l'officier *m* **de l'état civil**	der Standesbeamte *(adj)*
le bureau des déclarations de résidence *(D)*	das Meldeamt, die Meldebehörde
la police des étrangers	die Ausländerpolizei
les services communaux	die Stadtwerke *npl*
le service des eaux	das Wasserversorgungsamt, das Wasserwerk, e
le château d'eau	der Wasserturm, ¨e
le service d'hygiène	das Gesundheitsamt, ¨er
le contrôle sanitaire	die Gesundheitspolizei
l'enlèvement *m* **des ordures**	die städtische Müllabfuhr
la benne à ordures	der Müllwagen, -
l'éboueur *m*, **le boueur/ boueux**	der Müllarbeiter, -, der Müllmann, ¨er *(fam)*
l'arroseuse *f*	der Sprengwagen
le balayeur	der Straßenkehrer, -/ der Straßenfeger, -

les transports publics	die Verkehrsbetriebe *mpl*
le bureau d'aide sociale	das Sozialamt
le service du logement	das Wohnungsamt
le service culturel	das Kulturamt, ¨er
le jumelage de villes	die Städtepartnerschaft, en
le comité de quartier	der Bürgerverein, e
• **les pompiers** *m*	die Feuerwehr, en
le (sapeur-)pompier	der Feuerwehrmann, leute
la voiture des pompiers	das Feuerwehrauto, s
la motopompe	die Motorpumpe, n
la pompe à incendie	die Feuerspritze, n
le tuyau	der Schlauch, ¨e
la lance	das Strahlrohr, e
la bouche d'incendie	der Hydrant, en, en
l'échelle *f* **d'incendie**	die Feuerleiter, n
la toile de sauvetage	das Feuertuch, ¨er
l'extincteur *m*	der Feuerlöscher, -
le croc à incendie	der Einreißhaken, -
le casque de pompier	der Feuerschutzhelm, e
le masque à gaz	die Gasmaske, n
le bateau-pompe	das Feuerlöschboot, e
le piquet d'incendie	die Brandwache, n
l'avertisseur *m* **d'incendie**	der Feuermelder, -

l'urbanisme

○ **le service de l'urbanisme, la direction départementale de l'Équipement** *(F)*	das Stadtbauamt, ¨er, die Bau(aufsichts)behörde, n *(D)*
le certificat d'urbanisme	die Städteplanungs-bescheinigung, en
le permis de construire	die Baugenehmigung, en
• **l'urbanisme** *m*	die Stadtplanung, der Städtebau
l'urbaniste *m*	der Städteplaner, -
le processus d'urbanisation	der Verstädterungsprozess, e
le lotissement	das Siedlungsgebiet, das Bauland, das Baugebiet, e
la viabilisation ; viabilisé	die Erschließung ; erschlossen
l'urbanisation de la campagne	die Verstädterung des Landes
le mitage	die Zersiedelung, en
le bureau de la planification	das Planungsamt, ¨er
le plan d'occupation des sols (POS)	der Flächennutzungsplan
le schéma directeur général	der Bebauungsplan, ¨e
le coefficient d'occupation des sols (COS)	der Flächennutzungskoeffizient
la servitude	die Grunddienstbarkeit, en
le plafond légal de densité	die Geschossflächenzahl
la zone d'aménagement concerté (ZAC)	*(Gebiet, das der Baulandbeschaffung vorbehalten ist)*
la zone d'aménagement différé (ZAD)	das Bauerwartungsland
le droit de préemption urbain	das Vorkaufsrecht der Gemeinde
l'expropriation *f* **; exproprier**	die Enteignung ; enteignen
pour cause d'utilité publique	im öffentlichen Interesse
○ **les Ponts et Chaussées ; la voirie**	das Straßenbauamt
les travaux publics	der öffentliche Bau und Verkehrsbau
le génie civil	der Hoch- und Tiefbau
les travaux d'infrastructure	der Tiefbau
les ouvrages *m* **d'art**	die verkehrsdienlichen Bauwerke *npl*
le plan d'alignement	der Fluchtlinienplan
le redressement (d'une voie)	die Begradigung (eines Weges)
le prolongement	die Verlängerung
l'élargissement *m*	die Verbreiterung
l'obligation *f* **de raccordement**	der Anschlusszwang
• **la passation de marchés publics**	die Vergabe öffentlicher Aufträge
l'établissement *m* **d'un projet**	die Ausarbeitung eines Entwurfs
le cahier des charges	die Vergabebedingungen *fpl*
l'appel *m* **d'offres**	die Ausschreibung, en
mettre en adjudication	öffentlich aus~schreiben, ie, ie
la soumission ; l'offre *f*	das öffentliche Angebot, e
le moins disant	der Mindestbietende *(adj)*
le marché de gré à gré	die freihändige Vergabe, n
l'adjudication *f*	der Zuschlag, ¨e
attribuer le marché à qn	jdm den Zuschlag erteilen
les pénalités *f* **de retard**	die Verzugsstrafe, n
• **le devis**	der Kosten(vor)anschlag, ¨e
établir le devis des coûts	die Kosten *pl* veranschlagen, u, a, ä
l'estimation *f*	die Kalkulation, en
le devis estimatif	das Schätzangebot, e
le montant estimatif	der Schätzbetrag, ¨e
estimer approximativement	über den Daumen rechnen *(fam)*
faire un devis trop bas, trop élevé	zu niedrig, zu hoch veranschlagen, u, a, ä
respecter le devis	sich an den Kostenvoranschlag halten, ie, a, ä
dépasser le devis	den Kostenvoranschlag überschreiten, i, i
la réception de l'ouvrage	die Abnahme des Werkes
réceptionner l'ouvrage ; accepter l'ouvrage	das Werk ab~nehmen, a, o, i
○ **le plan de modernisation**	der Sanierungsplan, ¨e
la rénovation/réhabilitation d'un quartier	die Sanierung eines Wohnviertels
la rénovation d'immeubles anciens	die Altbausanierung, en
rénover ; retaper *(fam)*	renovieren, wieder her~richten
les immeubles anciens	die Altbauten *mpl*
le ravalement des façades	die Fassadenreinigung, en
un bâtiment vétuste, délabré	ein baufälliges Gebäude
la fissure du mur	der Mauerriss, e
○ **les travaux** *m* **de démolition**	die Abbrucharbeiten *fpl*
la cloche	die Fallbirne, n
démolir	nieder~reißen, ab~reißen, i, i
s'écrouler	ein~stürzen*
les gravats *m*	der Bauschutt
les travaux de déblaiement	die Aufräumungsarbeiten
déblayer	weg~räumen
le bidonville	das Elendsviertel, -/der Slum, s
le taudis	das Elendsquartier, e
la construction inachevée et abandonnée	die Bauruine, n
à l'abandon	verwahrlost
qui a besoin de réparation	reparaturbedürftig

nach dem Weg fragen/sich nach dem Weg erkundigen
demander son chemin

Kennen Sie sich hier aus ?
Connaissez-vous le quartier ?

Wie komme ich am besten zum Bahnhof ?
Quel est le meilleur chemin pour aller à la gare ?

Führt diese Straße zum Bahnhof ?
Est-ce que cette rue mène à la gare ?

Wo ist der Eingang zum Schloss ?
Où est l'entrée du château ?

Ich habe mich in der Straße geirrt.
Je me suis trompé de rue.

vom Weg ab~kommen*, a, a
s'écarter du chemin

auf dem richtigen Weg sein
être sur le bon chemin

geradeaus gehen*, i, a
aller tout droit

am Museum vorbei~gehen
passer devant le musée

die Straße entlang~gehen
longer la rue

über die Straße gehen, die Straße überqueren
traverser la rue

rechts, links ein~biegen*, o, o
tourner à droite, à gauche

den Stadtplan ein~sehen, a, e, ie
consulter le plan de la ville

2. LA CONSTRUCTION

le bâtiment, la construction

• **le bâtiment, la construction**	das Bauwesen
bâtir, construire	bauen
reconstruire	wieder auf~bauen
en cours de construction	im Bau (befindlich)
l'industrie *f* **du bâtiment**	das Baugewerbe
○ **la construction d'une maison**	der Hausbau
le promoteur constructeur	der Bauträger, -
le contrat d'ouvrage	der Werkvertrag, ¨e
le maître de l'ouvrage	der Bauherr, n, en
l'architecte *m*	der Architekt, en, en
le maître d'œuvre, le chef de chantier	der Bauleiter, -
la direction des travaux	die Bauleitung, en
l'entreprise *f* **de bâtiment**	das Bauunternehmen, -, die Baufirma, men
l'entrepreneur *m* **de bâtiment**	der Bauunternehmer, -
le sous-traitant	der Subunternehmer
l'ouvrage *m*	das Bauwerk, e
réaliser l'ouvrage	die Bauleistung aus~führen
le projet de construction	das Bauvorhaben, -
le programme de construction	der Bebauungsplan
la construction d'HLM	der soziale Wohnungsbau
le plan de construction	der Bauplan, ¨e
le tracé	der Grundriss, e
le devis	der Kostenvoranschlag, ¨e
le devis estimatif	die überschlägige Kostenberechnung
le coût de la construction	die Baukosten *pl*
la date limite d'achèvement	der Fertigstellungstermin
l'achèvement *m* **des travaux**	die Fertigstellung
la surveillance des travaux	die Bauaufsicht
le contrôle des normes de construction	die Bauabnahme
la réception, la livraison	die Übergabe
le procès-verbal de réception	das Abnahmeprotokoll
la malfaçon	die mangelhafte Ausführung
• **le (service du) cadastre**	das Kataster- und Vermessungsamt, ¨er
le registre cadastral	der/das Kataster, -, das Liegenschaftsbuch, ¨er
la parcelle de terrain, le terrain	die Parzelle, n, das Grundstück, e
le terrain à bâtir	das Baugrundstück/das Baugelände
le terrain non construit	das unbebaute Grundstück
l'immeuble bâti	das Hausgrundstück
un terrain bâti	ein bebautes Grundstück
un terrain non grevé d'hypothèques	ein unbelastetes Grundstück
un droit grevant un immeuble	ein belastendes Recht
le livre/registre foncier	das Grundbuch, ¨er
être enregistré au registre foncier	im Grundbuch eingetragen sein
la publicité foncière	die grundbuchamtliche Bekanntmachung
• **le chantier**	die Baustelle, n
les travaux de construction	die Bauarbeiten *fpl*
l'exécution *f* **des travaux**	die Bauausführung
le calendrier des travaux	der Bauzeitplan, ¨e
la mise en chantier	der Baubeginn
le chef de chantier	der Bauführer, -
le contremaître	der Polier, e ; der Vorarbeiter, -
l'ouvrier *m* **du bâtiment**	der Bauarbeiter, -
le manœuvre	der Hilfsarbeiter
la palissade du chantier	der Bauzaun, ¨e
le gros œuvre	der Rohbau
(fête donnée à l'achèvement du gros œuvre)	das Richtfest, e
(couronne placée sur la charpente pour célébrer cette fête)	der Richtkranz, ¨e
○ **les travaux de terrassement**	die Erdarbeiten *fpl*
les travaux d'assainissement	die Entwässerungsarbeiten
le terrassier	der Erdarbeiter, -
le marteau-piqueur	der Luftdruckhammer, -
la pioche	die Spitzhacke, n
la pelle	die Schaufel, n
la brouette	die Schiebkarre, n/der Schubkarren, -
creuser	aus~schachten
la fouille, l'excavation *f*	die Baugrube, n
les travaux *m* **de fondation**	die Gründungsarbeiten *fpl*
les fondations *f*	das Fundament, e
creuser les fondations	das Fundament aus~heben, o, o
la défonceuse	der Aufreißer, -
la pelle mécanique	der Löffelbagger, -
les déblais *m*	der Erdaushub
le camion à benne basculante	der Kipper, -
le talus	die Böschung, en
la tranchée	der Graben, ¨
le nivellement ; niveler	die Planierung ; planieren, ebnen
le bouteur, le bulldozer, la niveleuse	die Planierraupe, n
la grue	der Kran, ¨e
la flèche	der Ausleger, -
le grutier	der Kranführer, -
○ **le matériel de construction**	das Baumaterial
l'échafaudage *m*	das Baugerüst, e
dresser un échafaudage	ein Gerüst auf~stellen
enlever l'échafaudage	das Gerüst entfernen
l'échelle *f*	die Leiter, n
l'échelle coulissante	die Ausziehleiter
faire coulisser	aus~ziehen, o, o
l'échelle double	die Bockleiter, die Stehleiter

le tréteau	der Bock, ¨e
le monte-charge	der Bauaufzug, ¨e
le treuil	die Winde, n
• **les matériaux de construction**	die Baustoffe *mpl*
l'acier *m*	der Stahl, ¨e
l'aggloméré *m* **en béton**	der Betonstein
l'aggloméré *m* **creux**	der Hohlblockstein
l'aluminium *m*	das Aluminium
l'ardoise *f*	der Schiefer, -
le béton	der Beton
le béton armé	der Stahlbeton
le béton coulé	der Schüttbeton
le béton coulé sur place	der Ortbeton
le béton précontraint	der Spannbeton
le béton vibré	der Rüttelbeton
le bois	das Holz, ¨er
la brique	der Backstein, e/der Ziegel, -/ der Ziegelstein
la brique creuse	der Hohlziegel
la brique recuite	der Klinker, -
la brique de verre	der Glasbaustein
le carton goudronné	die Dachpappe, n
la chaux	der Kalk, e
la chaux vive	der ungelöschte Kalk
le ciment	der Zement, e
le chlorure de vinyle	das Polyvinylchlorid (PVC)
le fer	das Eisen, -
le fibrociment	der Wellasbestzement
la laine de verre	die Glaswolle
le mastic	der Kitt, e
le moellon	der Bruchstein, e
le mortier	der Mörtel, -
le parpaing creux	der Hohlblockstein
la pierre	der Stein, e
la pierre de taille	der Werkstein
le tailleur de pierre	der Steinmetz, en, en
le placoplâtre	die Gipskartonplatte, n
le plâtre	der Gips, e
le plâtrier	der Gipser, -
gâcher le plâtre	den Gips an~machen, an~rühren
enduire de plâtre	mit Gips verputzen
appliquer	auf~tragen, u, a, ä
étendre	schmieren
le sable	der Sand, e
le staff *(plâtre armé de filasse)*	*(Baumaterial aus Gips und Werg)*
la tôle	das Blech, e
la tôle ondulée	das Wellblech
le verre	das Glas
○ **la construction en béton**	der Betonbau, ten
les travaux de bétonnage	die Betonarbeiten *fpl*
bétonner	betonieren
la bétonnière	die Betonmischmaschine, n
la cuve	die Mischtrommel, n
le coffrage	die Betonschalung, en
le ferraillage	die Bewehrung, en, die Armierung, en
le coulage	der Betonguss
décoffrer	aus~schalen
la dalle de béton armé	die Stahlbetondecke, n
la construction en briques	die Ziegelbauweise
• **le mur**	die Mauer, n
construire les murs	die Mauern bauen
le (mur de) soubassement	der Haussockel, -
le mur de fondation	die Grundmauer, n
poser la première pierre	den Grundstein legen
la pierre angulaire	der Grundstein, e
le mur porteur, le mur principal	die tragende Wand, die Hauptwand, ¨e
le mur coupe-feu	die Brandmauer
le mur de refend	die Scheidemauer
le mur mitoyen	die gemeinschaftliche Grenzmauer
le mur extérieur	die Hauswand, ¨e
la façade	die Vorderseite, n
le mur à double parois	die Hohlwand
la cloison, le mur de séparation	die Zwischenwand, die Trennwand
○ **l'isolation** *f*	die Isolierung, en
l'isolation thermique	die Wärmedämmung, en
l'isolant *m* **thermique**	der Wärmedämmstoff, e
le polystyrène expansé	der Polystyrolschaum
la mousse injectée	der eingeschäumte Schaumstoff
la laine de verre	die Glaswolle
l'isolation acoustique	die Schalldämmung
insonoriser	schalldicht machen
le double vitrage	die Doppelverglasung
le survitrage	die Vorsatzscheibe, n
l'aération *f*	die Lüftung, die Belüftung, die Entlüftung
• **le toit, la toiture**	das Dach, ¨er
le couvreur	der Dachdecker, -
les travaux *m* **de couverture**	die Dachdeckerarbeiten *fpl*
la couverture	die Bedachung, en, das Dach, ¨er
la charpente ; les combles *m*	der Dachstuhl, ¨e, das Gebälk
couvrir de	decken mit+D
la tuile	der Dachziegel, -
le carton bitumé	die Dachpappe, n
le bardeau	die Dachschindel, n
le toit de tuiles	das Ziegeldach
le toit d'ardoises	das Schieferdach
le toit de chaume	das Strohdach
le toit plat	das Flachdach
la pente d'un toit	die Dachschräge
la pente ; incliné	die Neigung ; geneigt
le pignon	der Giebel, -
le faîte	der First, e
la gouttière, le chéneau	die Dachrinne, n
la corniche	das Dachgesims, e
l'entrait *m*	der Dachbalken, -
le chevron	der Dachsparren, -
○ **la cheminée**	der Schornstein, e
le fumiste	der Ofensetzer, -
le ramoneur	der Schornsteinfeger, -, der Kaminkehrer, -
le grenier	der (Dach)boden, ¨/der Speicher, -
le colombage	das Fachwerk, e

les outils

l'outil *m*	das Werkzeug, e
la boîte à outils	der Werkzeugkasten, ¨
les accessoires *m*	das Zubehör
le bricoleur ; bricoler	der Heimwerker, - ; basteln
• **le serrurier en bâtiment**	der Bauschlosser, -
la serrurerie	die Schlosserei, en
le mécanicien de précision	der Feinmechaniker, -
la cisaille à tôle	die Blechschere, n

la clé à pipe, à douille	der Steckschlüssel, -
la clé à molette	der Schraubenschlüssel
la clé plate	der Gabelschlüssel
la clé polygonale	der Ringschlüssel
l'étau *m*	der Schraubstock, ¨e
serrer	(ein~)klemmen
la filière	das Schneideeisen, -
le filetage, le filet	das Gewinde, -
forger	schmieden
la fraiseuse ; fraiser	die Fräsmaschine, n ; (aus~)fräsen
le chalumeau	der Schweißbrenner, -
le levier	das Hebeeisen, -
la lime à métaux	die Metallfeile, n
limer	feilen
la pince coupante	der Vorschneider, -
le pied à coulisse	die Schieblehre, n
la pince plate	die Flachzange
la mortaise	die Öffnung, en
le poinçon	der Durchschläger, -
le pointeau	der Körner, -
souder	löten
le fer à souder	der Lötkolben, -
la lampe à souder	die Lötlampe, n
le taraud	der Gewindebohrer, -
tarauder	ein Innengewinde schneiden, i, i
le papier émeri	das Schmirgelpapier
polir *(au papier émeri)*	schmirgeln
○ **percer/forer**	bohren
la perceuse électrique	die elektrische Bohrmaschine
la perceuse à percussion	die Schlagbohrmaschine
le mandrin de perceuse	das Zahnkranzbohrfutter
la mèche à bois	der Holzbohrer, -
le foret	der Spiralbohrer
la cheville	der Dübel, -
le tamponnoir	der Dübel(stein)bohrer
le vilebrequin	die Bohrwinde, n
la vrille	der Vorbohrer
le ponçage ; poncer	das Schleifen ; schleifen, i, i
la ponceuse	die Schleifmaschine, n
le lustrage	das Polieren
○ **le marteau**	der Hammer, ¨
le manche	der Schaft, ¨e
le coup de marteau	der Hammerschlag, ¨e
marteler	hämmern
les tenailles *f*	die Kneifzange, n
• **le clou**	der Nagel, ¨
enfoncer/planter un clou (dans)	einen Nagel ein~schlagen, u, a, ä (in+A)
clouer	nageln
la pointe	der Drahtstift, e
la semence	die Blauzwecke, n
le crampillon	die Krampe, n
le crochet	der Haken, -
○ **le tournevis**	der Schraubendreher, -/ der Schraubenzieher, -
le tournevis cruciforme	der Kreuzschraubendreher
la visseuse	der Schrauber, -
• **la vis (à bois)**	die (Holz)schraube, n
la vis à aggloméré	die Spanplattenschraube
la vis à métaux	die Metallschraube
visser	schrauben
dévisser	los~schrauben
serrer	an~ziehen, o, o
la tête fraisée	der Senkkopf, ¨e
le boulon	die Sechskant-, die Kopfschraube
l'écrou *m*	die Mutter, n
le contre-écrou	die Gegenmutter
• **le menuisier**	der Tischler, - ; der Schreiner, - *(sud)*
la menuiserie	die Tischlerei, en ; die Schreinerei, en
le charpentier	der Zimmermann, -leute, der Zimmerer, -
le menuisier du bâtiment	der Bautischler
l'ébéniste *m*	der Möbeltischler
ajuster	an~passen
la bédane	der Lochbeitel, -
la boîte à couper	die Gehrungslade, n
le burin, le ciseau	der Meißel, -
le ciseau à bois	der Stechbeitel
la colle à bois ; coller	der Leim, e ; leimen
décaper	ab~beizen
dégauchir	ab~richten
la drille à main	die Handbohrmaschine, n
l'établi *m*	die Werkbank, ¨e
l'équerre *f*	der Winkel, -, das Winkeldreieck, e
la gouge	der Hohlbeitel
la hache	die Axt, ¨e, das Beil, e
le maillet	der Holzhammer, ¨
le mètre pliant	der Zollstock, ¨e
le tenon	der Zapfen, -
la mortaise	das Zapfenloch, ¨er ; der Schlitz, e
la moulure	die Profilleiste, die Zierleiste, n
la pâte à bois	der Holzkitt, e
le rabot ; raboter	der Hobel, - ; hobeln
dégrossir	ab~hobeln
la râpe	die Raspel, n
le serre-joints	die Schraubzwinge, n
serrer	(zusammen~)pressen
la scie ; scier	die Säge, n ; sägen
la scie égoïne	der Fuchsschwanz, ¨e
la lame	das Sägeblatt, ¨er
la teinte pour bois	die Holzbeize
teinter	beizen
le vernis à bois	der Holzlack, e
• **le maçon**	der Maurer, -
la maçonnerie	die Maurerarbeit
le ciseau biseauté	das Stemmeisen, -
le fil à plomb	das Lot, e
le marteau de maçon	der Maurerhammer, ¨
la massette	der Schlegel, -
le niveau à bulle	die Wasserwaage, n
la pince-monseigneur	das Brecheisen
la taloche	die Traufel, n
le tamis	das Wurfsieb, e
l'auge *f* **à mortier**	der Mörtelkasten, ¨
la truelle	die Maurerkelle, n
• **le peintre en bâtiment**	der Maler, -, der Anstreicher, -
peindre	malen, an~streichen, i, i
peindre au pinceau	mit dem Pinsel an~streichen
le coup de pinceau	der Pinselstrich, e
le couteau à enduire	die Malerspachtel, n
le pinceau, la brosse	der Pinsel, -
la brosse	der Quast, e
le rouleau	der Farbroller, -n/die Walze, n
la grille essoreuse	das Abstreifgitter, -
la peinture au pistolet	die Spritzlackierung

le pistolet à peinture	die Spritzpistole, n
le gicleur	die Düse, n
la peinture	die Farbe, n
la peinture brillante	die Glanzfarbe
la peinture mate	die Mattfarbe
la peinture satinée	die Seidenglanzfarbe
la peinture à l'huile	die Ölfarbe
la laque, la peinture laquée	die Lackfarbe
laquer, vernir	lackieren
la (couche de) peinture	der Anstrich, e
la première couche	die Grundierfarbe
passer la couche de fond	grundieren
reboucher avec le couteau	spachteln
l'essence *f* **de térébenthine**	das Terpentinöl, ¨e
le grattoir	der Schaber, -
s'écailler	ab~blättern
faire un raccord	aus~bessern
faire un raccord de teinte	den Farbton an~gleichen, i, i
le ponçage ; poncer	das Abschleifen ; ab~schleifen, i, i
le papier de verre	das Schleifpapier, das Sandpapier, e
la cale à poncer	der Schleifklotz, ¨e
Peinture fraîche !	Frisch gestrichen !
le crépi	der Rauputz, der (Ver)putz
crépir	verputzen, mit Putz bewerfen, a, o, i
l'enduit intérieur	der Innenputz
le badigeon	die Tünche, n
badigeonner	tünchen
blanchir à la chaux	kalken
• **le tapissier**	der Tapezierer, -
tapisser, poser le papier peint	tapezieren
le papier peint	die Tapete, n
le papier ingrain	die Raufasertapete
gaufré	graufriert
expansé	expandiert
le rouleau	die Rolle, n
le lé de papier peint	die Tapetenbahn, en
le motif	das Muster, -
coller à joints vifs	auf Stoß kleben
le raccord droit	der gerade Ansatz, ¨e
le raccord en sautoir	der versetzte Ansatz
la colle pour papier peint	der (Tapeten)kleister, -
la brosse à encoller	die Kleisterbürste, n
la table à encoller	der Tapeziertisch, e
la brosse de tapissier	die Tapezierbürste
les ciseaux *m* **de tapissier**	die Tapezierschere, n
le sabre	das Haumesser, -
la règle à araser	die Schneideschiene, n
araser	ab~schneiden, i, i
le cutter	der Cutter, -, das Teppichverlegemesser
la décolleuse	das Tapetenablösegerät
décoller le papier peint	die Tapete ab~reißen, i, i, ab~lösen
○ **la décoration murale**	die Wanddekoration
la tenture murale	die Wandbespannung, en
la tapisserie	der Wandbehang, ¨e, der Wandteppich, e
le lambris ; lambrisser	die (Holz)täfelung, en ; täfeln
l'agrafeuse *f*	der Hefter, -
l'agrafe *f*	die Klammer, n
le pistolet cloueur	der Schnellnagler, -
le pistolet à colle	die Schmelzklebepistole, n

Wo gehobelt wird, fallen auch Spänen.
On ne fait pas d'omelette sans casser des œufs.

Tapetenwechsel brauchen
avoir besoin de changer de décor

3. L'HABITATION

l'habitat

• **le domicile, la résidence, la demeure**	der Wohnsitz, e
Quel est votre lieu de résidence ?	Wo haben Sie Ihren Wohnsitz ?
les conditions *f* **d'habitation, l'habitat** *m*	die Wohnverhältnisse *npl*
habiter *itr, tr,* **demeurer/résider/être domicilié**	wohnen *itr*
habiter (à) Paris, (dans) une maison individuelle	in Paris, in einem Einzelhaus wohnen
le domicile légal, le domicile habituel	der feste, ständige Wohnsitz
être sans domicile fixe	ohne festen Wohnsitz sein
le changement de domicile	der Wohnungswechsel
changer de résidence	den Wohnsitz wechseln
habiter/être logé chez ses parents	bei den Eltern wohnen
habiter la ville, en ville	in der Stadt wohnen
à la campagne	auf dem Land
à Paris	in Paris
dans cette rue	in dieser Straße
• **la maison**	das Haus, ¨er
une maison de six étages	ein sechsstöckiges Haus
le bâtiment, l'édifice *m*, **l'immeuble** *m*	das Gebäude, -
l'immeuble (à usage) d'habitation	das Wohngebäude, -
l'immeuble de bureaux	das Bürogebäude
la construction, la bâtisse	der Bau, ten
la construction récente	der Neubau
la construction ancienne	der Altbau
la cité, le lotissement	die Siedlung, en
la cité ouvrière	die Arbeitersiedlung
la cité-jardin	die Gartenstadt, ¨e
l'habitation *f* **à loyer modéré**	die Sozialwohnung
un/une HLM	eine Sozialwohnung
le grand ensemble	der Großbaukomplex, e
la résidence, le petit ensemble	die Wohnanlage, n
la résidence luxueuse	die luxuriöse Wohnanlage, n
un jardin clôturé	ein eingefriedeter Garten
l'espace vert	die Grünanlage
l'aménagement d'espaces verts	die Anpflanzung von Grünflächen
la tour, la tourelle	das Hochhaus, ¨er, der Wohnturm, ¨e
la barre	das lang gestreckte Hochhaus, der lange Kasten *(fam)*
le gratte-ciel	der Wolkenkratzer, -
le pâté de maison, l'îlot *m*	der Wohnblock/der Häuserblock, ¨e
○ **la maison individuelle**	das Einzelhaus, ¨er
la maison individuelle *(pour une seule famille)*	das Einfamilienhaus
la maison à deux logements	das Zweifamilienhaus
l'habitation collective	das Mehrfamilienhaus

la maison préfabriquée	das Fertighaus
la baraque	die (Holz)baracke, n, die Bude, n *(fam)*
le baraquement	das Barackenlager, -
la maison jumelée	das Doppelhaus
la maison d'angle	das Winkelhaus
la maison en rangée *(murs mitoyens)*	das Reihenhaus
le mur mitoyen	die Grenzmauer, n
le pavillon	das Gartenhaus ; der Pavillon, s
la maison avec patio	das Atriumhaus
la villa	die Villa, len
le bungalow	der Bungalow
○ **la résidence secondaire**	der Zweitwohnsitz
la résidence d'été	der Sommerwohnsitz
la résidence secondaire	das Wochenendhaus
la maison de campagne	das Landhaus
le rendez-vous de chasse	das Jagdhaus
la gentilhommière	das Rittergut, ¨er
le manoir	das Gutshaus, der Landsitz, e
le château	das Schloss, ¨er
• **l'étage** *m*	die Etage, n/das Stockwerk, e, der Stock
une maison à trois étages	ein Haus mit drei Stockwerken
habiter au troisième (étage)	im dritten Stock wohnen
la cave	der Keller, -
le soupirail	das Kellerfenster, -
le sous-sol	das Kellergeschoss, das Souterrain, s
le perron	die Freitreppe
le rez-de-chaussée	das Erdgeschoss/das Parterre
le premier étage	das Obergeschoss
l'escalier *m*	die Treppe, n
l'escalier en colimaçon	die Wendeltreppe
l'escalier courbe	die Bogentreppe
la cage d'escalier	das Treppenhaus, ¨er
le palier	der Treppenabsatz, ¨e, das Podest, e
la marche (de l'escalier)	die Stufe, n
la rampe	das (Treppen)geländer, -
la main courante	der Handlauf, ¨e
l'escalier de service	der Lieferantenaufgang, der Dienstbotenaufgang, ¨e
l'escalier de secours	die Nottreppe, n
l'ascenseur *m*	der Aufzug, ¨e, der Lift, e/s, der Fahrstuhl, ¨e
utiliser l'ascenseur	den Aufzug benutzen
la cage d'ascenseur	der Aufzug(s)schacht, ¨e
la terrasse	die Terrasse, n
le balcon	der Balkon, e
la balustrade	die Brüstung, en
la loggia	die Loggia, ien
la véranda	die Veranda, en
le garage	die Garage, n
la porte basculante	das Schwingtor, e
le parking	der Pkw-Abstellplatz, ¨e
• **le sol**	der Fußboden, ¨
les travaux de revêtement de sol	die Estricharbeiten *fpl*
le plancher *(séparation entre deux étages)*	die Geschossdecke, n
le plancher en béton armé	die Stahlbetondecke
la poutre en acier	der Stahlträger, -
la résistance	die Festigkeit
la capacité portante	die Tragkraft
la couche de ciment	der Zementestrich
le plancher en bois	der Holzfußboden
le parquet	der Parkettboden
parqueter	mit Parkett aus~legen
le revêtement	der Belag, ¨e
le revêtement de sol	der Fußbodenbelag
revêtir de *(sol)*	belegen mit+D *(Boden)*
le carrelage	der Fliesen-/Plattenbelag, der Fliesenboden, ¨
le carreleur	der Fliesenleger, -
le carreau, la dalle *(grande taille)*	die Fliese, n
le carreau mural	die Wandfliese
le carreau de faïence	die Kachel, n
carreler	mit Fliesen aus~legen, kacheln
la moquette	der Teppichboden, ¨
poser la moquette	den Teppichboden legen, verlegen
le joint ; joindre	die Fuge, n ; aneinander legen
le dallage de moquette	die Teppichfliesen *fpl*
le linoléum	das Linoleum
la plinthe	die Fußleiste, die Scheuerleiste, n
• **le plafond**	die Decke, n
le plafond à caissons	die Kassettendecke
le faux plafond	die Zwischendecke
le plafond suspendu	die Hängedecke
la solive	der Deckenbalken, -
le plafond à poutres	die Balkendecke
la fausse poutre	der Scheinbalken
le stuc	der Stuck
le stucateur	der Stuckateur, e
le plafond en stuc	die Stuckdecke
le moulage	der Gipsabguss, ¨e
plâtrer le plafond	die Decke vergipsen
• **la porte**	die Tür, en
le portail	das Portal, e, das Tor, e
la porte cochère	die Toreinfahrt, en
la porte d'entrée	die Eingangstür
la porte de l'immeuble	die Haustür
la porte de l'appartement	die Wohnungstür
ouvrir la porte	die Tür öffnen
fermer la porte	die Tür zu~machen, schließen, o, o
claquer la porte	die Tür zu~schlagen, u, a, ä/
entrer par effraction	die Tür auf~brechen, a, o, i
• **la serrure**	das Schloss, ¨er
la serrure de sûreté	das Sicherheits-/das Zylinderschloss
poser une serrure	ein Schloss ein~setzen
la porte blindée	die Panzertür
le pêne	der Riegel, - ; die Falle, n
la gâche	das Schließblech, e
le verrou	der Türriegel, -
verrouiller	verriegeln, ab~riegeln, zu~riegeln
verrouiller la porte de l'intérieur	von innen verriegeln
se verrouiller	sich ein~riegeln
la targette	der Schubriegel, -
la chaîne de sûreté	die Sicherheitskette, n
entrebâiller la porte	die Tür nur einen Spalt weit öffnen
le judas	das Guckloch, ¨er, der Spion, e
le digicode ; le portier électronique	das elektronische Türschloss, ¨er
l'interphone™ *m*	die Sprechanlage, n
• **la clé**	der Schlüssel, -
fermer à clé	zu~schließen, ab~schließen, o, o

la tige ; l'anneau *m*	der Schaft, ¨e ; der Griff, e
le panneton	der Bart, ¨e
le trousseau de clés	der/das Schlüsselbund, e
le passe-partout	der Dietrich, e
la poignée, le bec-de-cane	der Türdrücker, -, die Türklinke, n
le bouton de porte	der runde Türgriff, e
la porte à deux battants	die Flügeltür
le battant	der Türflügel, -
l'huisserie *f (porte, fenêtre)*	die Tür-, Fenstereinfassung, en
le dormant, le châssis, l'encadrement *m*	der Rahmen, -, die Einfassung, die Zarge, n,
le chambranle	die Tür-, Fensterbekleidung, en
le linteau	der Sturz, e/¨e
le panneau (de porte)	die Türfüllung, en
la charnière	das Scharnier, e
le gond	die Türangel, n
la plaque	das Namensschild, er
la sonnette	die Klingel, n
appuyer sur le bouton de sonnette	auf den Klingelknopf drücken
sonner à la porte	an der Tür klingeln/läuten
le heurtoir	der Türklopfer, -
frapper à la porte	an die/der Tür klopfen
le paillasson, le tapis-brosse	die Fußmatte, n, der Türvorleger, -
le seuil, le pas de la porte	die Türschwelle, n
franchir le seuil	über die Schwelle treten*, a, e, i
• **la fenêtre**	das Fenster, -
une fenêtre voilée	ein verzogenes Fenster
une fenêtre entrebâillée	ein angelehntes Fenster
le meneau	das Fensterkreuz, e
l'espagnolette *f*	der Fensterriegel, -
le châssis de fenêtre	der Fensterrahmen, -
l'appui *m* **de fenêtre**	die Fensterbrüstung, en
le rebord de fenêtre	das Fensterbrett, er, die Fensterbank, ¨e
la baie, l'embrasure *f*	die Fensteröffnung, en
la vitre ; le carreau	die Scheibe, n
le vitrier ; la vitrerie	der Glaser, - ; die Glaserei, en
le diamant de vitrier	der Glaserdiamant, en, en
le coupe-verre	der Glasschneider, -
poser les vitres	die Scheiben ein~setzen
le mastic ; mastiquer	der Fensterkitt ; verkitten
le verre à vitre	das Fensterglas
le verre opaque	das Milchglas
le verre de sécurité	das Sicherheitsglas
le verre coulé	das Gussglas
une vitre fêlée	eine zersprungene Scheibe
la fêlure	der Sprung, ¨e
briser une vitre	eine Scheibe zerschlagen, u, a, ä
les morceaux *m*, **les débris** *m* **de verre**	die Glasscherben *fpl*
la fenêtre à deux battants	das Flügelfenster
la fenêtre à guillotine	das Schiebefenster
la fenêtre basculante	das Kippfenster
le vasistas	das Klappfenster
l'œil-de-bœuf	das Ochsenauge, n
la lucarne	das Dachfenster, die Dachluke, n
la porte-fenêtre	die Fenstertür, en
la baie vitrée	das große Glasfenster
le volet, le contrevent	der Fensterladen, der Klappladen, ¨
le store à enroulement automatique	das Springrollo, s
le volet tournant ; le store	der Rollladen, ¨
le caisson de volet tournant	der Rollladenkasten, ¨
la sangle	der Zuggurt, e

le logement - l'ameublement

• **le logement, l'habitation** *f*	die Wohnung, en
l'appartement *m*, **l'appart'** *(fam)*	die Etagenwohnung
la surface habitable	die Wohnfläche, n, der Wohnraum
prendre les dimensions d'une pièce	einen Raum aus~messen
la hauteur sous le plafond	die Zimmerhöhe, n
la pièce (d'habitation)	der (Wohn)raum, ¨e, das Zimmer, -
le studio	die Einzimmerwohnung, das Apartment, s
l'atelier *m* **(d'artiste), le studio**	das Studio, s, das Atelier, s
l'appartement de quatre pièces, le F4	die Vierzimmerwohnung
le duplex	die Zweietagenwohnung
l'appartement au rez-de-chaussée	die Parterrewohnung
l'appartement en sous-sol	die Souterrainwohnung, die Kellerwohnung
l'appartement en terrasse	die Dachterrassenwohnung, das Penthouse, s
la chambre mansardée	das Mansardenzimmer
○ **le foyer, le chez-soi, le home**	das Heim, e
une femme d'intérieur	eine perfekte Hausfrau
une pièce accueillante	ein gemütliches Zimmer
rester chez soi/à la maison	daheim/zu Hause bleiben*, ie, ie
être casanier	gern zu Hause bleiben
mener une vie casanière	ein häusliches Leben führen
le pantouflard *(péj)*	der Stubenhocker, - *(péj)*
se sentir chez soi	sich wie daheim/zu Hause fühlen
raccompagner qn	jdn nach Hause bringen, a, a
rentrer chez soi/à la maison	nach Hause gehen*, i, a
la piaule *(fam)*	die Bude, n *(fam)*
le logis	die Unterkunft, ¨e
le pied-à-terre	das Absteigequartier, e
la garçonnière	die Junggesellenwohnung
le gîte	die Bleibe, n
être sans logis, sans toit	keine Bleibe haben
• **l'ameublement** *m*, **le mobilier**	die Wohnungseinrichtung, en, das Mobiliar
le décorateur	der Innenarchitekt, en, en
le tapissier-décorateur	der Dekorateur, e
l'ensemblier *m*	der Raumgestalter, -
aménager, installer un appartement	eine Wohnung ein~richten
meubler	möblieren
les meubles *m*	die Möbel *npl*
les meubles de style	die Stilmöbel
le meuble	das Möbelstück, e
installer les meubles	die Möbel auf~stellen
○ **le vestibule, le hall d'entrée**	die Diele, n
le couloir, le corridor	der Flur, e/der Gang, ¨e
le vestialre	die Kleiderablage, n/ die Garderobe, n
le portemanteau	der Kleiderhaken, -
le cintre	der Kleiderbügel, -
le porte-parapluie	der Schirmständer, -
○ **le salon, la salle de séjour, le living**	das Wohnzimmer, -, der Wohnraum, ¨e
le siège	der Sitz, e
le dossier	die Rückenlehne, n
l'accoudoir *m*	die Armlehne, die Seitenlehne

la chaise	der Stuhl, ¨e
le tapissier matelassier	der Polsterer, -
les meubles capitonnés, rembourrés	die Polstermöbel *npl*
capitonner	polstern und ab~steppen
le rocking-chair	der Schaukelstuhl
le fauteuil	der Sessel, -
le piétement de fauteuil	das Sesselgestell, e
recouvrir de	beziehen, o, o mit+D
refaire la couverture	neu beziehen
le tissu d'ameublement	der Bezugsstoff, e
la housse	der Schonbezug, ¨e
le clou décoratif	der Ziernagel, ¨
clouter	mit Nägeln verzieren
le fauteuil en cuir	der Ledersessel
le coussin	das Kissen, -
le pouf	das Sitzkissen
le canapé	das Sofa, s
le canapé convertible	das Liegesofa, die Schlafcouch
le divan ; le divan-lit	die Couch, s/en ; die Liege, n
la banquette	die Bank, ¨e
le banc	die Holzbank
la table	der Tisch, e
la table basse	der Couchtisch
les tables gigognes	die Satztische *pl*
le guéridon	der Abstelltisch
les meubles *m* **par éléments**	die Anbaumöbel (pl)
l'élément *m*	das Element, e
la combinaison murale	die Wohnwand, ¨e
le meuble en épi	der Raumteiler, -
le panneau	die Seitenwand
la vitrine	die Glasvitrine, n
la glace coulissante	die Glasschiebetür, en
le secrétaire	der Schreibschrank, ¨e
l'abattant *m*	die Klappe, n
le tiroir	der Schubkasten, ¨, die Schieblade, n
le bureau *(pièce)*	das Arbeitszimmer
le bureau *(meuble)*	der Schreibtisch, e
la porte capitonnée	die Polstertür
la bibliothèque	der Bücherschrank
la bibliothèque murale	die Bücherwand, ¨e
l'étagère *f (meuble)*	das Bücherregal, e/ das Büchergestell, e
les bibelots *m*	die Nippes/Nippsachen *pl*
le rayon, l'étagère *(planche)*	das Bücherbord, e/ das Bücherbrett, er
○ **la salle à manger**	das Esszimmer
le coin-repas	die Essecke, -
la desserte, le dressoir	die Anrichte, n
le bahut	die Truhe, n
le buffet	der Geschirrschrank, ¨e
le vaisselier	das Tellerbüfett, s/e
la table à rallonges	der Ausziehtisch
la rallonge	die Ausziehplatte, n
la table roulante	der Servierwagen, der Teewagen, -
○ **la chambre à coucher**	das Schlafzimmer
• **le lit**	das Bett, en
le lit rabattable	das Klappbett
les lits jumeaux	das Doppelbett
les lits superposés	das Etagenbett
le lit de camp	das Feldbett
le hamac	die Hängematte, n

le matelas	die Matraze, n
le matelas à ressorts	die Feder(kern)matraze
le matelas en latex	die Schaumgummimatraze
le sommier métallique	der Sprungrahmen, der Federkernrahmen, -
le cadre de lit, le châlit	das Bettgestell, e
la literie	das Bett(zeug), die Bettwäsche
le drap de lit	das Betttuch, ¨er/ das Bettlaken, - *(nord)*
le drap-housse	das Spannbetttuch, ¨er
le drap de dessus	das Überschlaglaken
l'oreiller *m*	das Kopfkissen, -
la taie d'oreiller	der Kopfkissenbezug, ¨e
le traversin	die Kopfrolle, n
l'édredon *m*, **la couette**	das Feder(deck)bett, en
la housse de couette	der Bettbezug
le couvre-pieds	die Steppdecke, n
la couverture (de laine)	die (Woll)decke, n
le plaid	die Reisedecke
le dessus-de-lit	die Tagesdecke
la table de chevet	der Nachttisch, e
l'armoire *f*	der Schrank, ¨e
l'armoire à linge	der Wäscheschrank
le coffre à linge	die Wäschetruhe, n
le panier, le coffre à linge sale	der Wäschepuff, e/s
l'armoire à chaussures	der Schuhschrank
le placard	der Wandschrank
la penderie	die Kleiderablage, n
la housse (à vêtements)	die Schutzhülle, n (für Kleider)
la commode	die Kommode, n
la coiffeuse	die Frisierkommode
le paravent	der Wandschirm, e, die spanische Wand, ¨e
le valet de nuit	der Herrendiener, -
la chambre d'ami(s)	das Gästezimmer
la chambre de bonne	das Mädchenzimmer
• **le rideau**	die Gardine, n, der Vorhang, ¨e
poser des rideaux	Vorhänge an~bringen, a, a
le voilage	der Store, s
le store vénitien	die Jalousie, n
le rideau vénitien	der Wolkenstore
le rideau bonne femme	die seitlich geraffte Gardine
le (rideau de) vitrage	die Scheibengardine, n
la tringle à rideaux	die Gardinenstange, n
le support de fixation	der Winkelhaken, -
le rail à rideaux	die Gardinenleiste, n
le double rideau	die Übergardine, n
la cantonnière, le bandeau	die Schabracke, n
l'embrasse *f*	der Raffhalter, -
la cordelière	die Schlaufe, n
le gland	die Quaste, n
tirer les rideaux	die Gardinen auf~ziehen, zu~ziehen, o, o
• **le tapis**	der Teppich, e
la frange	die Fransen *fpl*
rouler le tapis	den Teppich zusammen~rollen
la carpette	die Brücke, n
la descente de lit	der Bettvorleger, -
○ **la chambre d'enfant**	das Kinderzimmer
le berceau	die Wiege, n
le lit d'enfant	das Kinderbett
la table à langer	der Wickeltisch, e
le parc	das Laufgitter, -

le trotteur	der Laufstuhl, ¨e
la chaise haute	der Kinderstuhl
la voiture d'enfant	der Kinderwagen, -
la poussette	der Sportwagen
le coffre à jouets	die Spielzeugtruhe, n
• **la cuisine**	die Küche, n
une cuisine toute équipée	eine komplett eingerichtete Küche
le coin-cuisine, la kitchenette	die Kochnische, n
l'évier *m*	das Spülbecken, -, der Ausguss, ¨e
l'eau *f* **de vaisselle**	das Abwaschwasser, das Spülwasser
L'évier est bouché.	Der Ausguss ist verstopft.
déboucher	frei machen
la bonde	die Abflussöffnung, en ; der Stöpsel, -
le siphon	der Siphon, s
l'égouttoir *m*	die Tropfmulde, n
le tablier de cuisine	die Küchenschürze, n
le torchon de cuisine	das Geschirrtuch, ¨er
essuyer la table	den Tisch ab~wischen
la cuisine par éléments	die Anbauküche
l'élément mural	der Hängeschrank, ¨e
l'élément bas	der Unterschrank
l'armoire *f* **à provisions**	der Vorratsschrank
l'armoire à balais	der Besenschrank
la table de cuisine	der Küchentisch, e
la table pliante	der Klapptisch, e
le tabouret	der Hocker, -
le cellier	der Vorratsraum, ¨e, die Speisekammer, n
le cellier à vins	der Weinkeller, -
la buanderie	die Waschküche, n
○ **les ordures** *f*	der Müll
les déchets *m*	der Abfall, ¨e, der Müll
la boîte à ordures	der Mülleimer, -
aller vider les ordures	den Müll/Abfall weg~bringen, a, a
la poubelle	die Mülltonne, n
le vide-ordures	der Müllschlucker, -
le broyeur d'ordures	der Müllzerkleinerer -
• **la salle de bains** *(v. les soins corporels, p. 163)*	das Badezimmer, -
la baignoire	die Badewanne, n
le bain	das Bad, ¨er
se baigner	(sich) baden
prendre un bain	ein Bad nehmen, a, o, i
remplir le bain	das Badewasser ein~laufen lassen
faire écouler l'eau, vider le bain	das Badewasser ab~laufen lassen
les sels *m* **de bain**	das Badesalz, e
la douche	die Dusche, n
se doucher	(sich) duschen
la douchette	die Handbrause, Handdusche
le pommeau de douche	der Brausenkopf, ¨e
la cabine à douche	die Duschkabine, n
le jet d'eau	der Wasserstrahl
le bidet	das Bidet, s
le lavabo ; la cuvette	das Waschbecken, -
(se) savonner	(sich) ein~seifen
le gant de toilette	der Waschhandschuh, e, der Waschlappen, - *(D)*
l'éponge *f*	der Badeschwamm, ¨e
le porte-serviette	der Handtuchhalter, -
la serviette (de toilette)	das Handtuch, ¨er
la serviette éponge	das Frottiertuch
○ **les W.C.** *m*, **les cabinets** *m*	die Toilette, n/das Klo(sett), e/s *(fam)*
aller au petit coin *(fam)*	zum Klo gehen*, i, a
la cuvette	das Sitzbecken, -
le siège	der Klosettsitz, e
la lunette	die Klosettbrille, n
l'abattant *m*	der Klosettdeckel, -
la chasse d'eau	die Wasserspülung
le réservoir	der Spülkasten, ¨
le papier hygiénique	das Toilettenpapier
la bombe désodorisante	der/das Raumspray, s

la plomberie

• **le plombier**	der Klempner, -/der Spengler, -/ der Installateur, e
la plomberie	die Wasser- und Gasleitungen *fpl*, die Sanitärtechnik
la clé serre-tubes	die Rohrzange, n
la pince universelle	die Kombinationszange
la clé à crémaillère	der Engländer, -
le coupe-tubes	der Rohrabschneider, -
la machine à fileter	die Gewindeschneidemaschine
les raccords *m*	die Fittings *npl*
le coude	der Winkel, -
le té	das T-Stück, e
le manchon	die Muffe, n
la réduction	das Reduktionsstück, e
les attaches *f* **de tubes**	die Rohrbefestigungen *fpl*
le tuyau, le tube	das Rohr, e
le tube coudé	das gebogene Rohr, der Rohrkrümmer, -
○ **l'eau** *f* **du robinet**	das Leitungswasser
installer la conduite d'eau	die Wasserleitung legen
brancher l'eau	das Wasser an~schließen, o, o
le compteur à eau	der Wasserzähler, -
la consommation d'eau	der Wasserverbrauch
la pression de l'eau	der Wasserdruck
la conduite d'eau	die Wasserleitung, en
la conduite d'eau chaude	die Warmwasserleitung
sur enduit	auf Putz
encastré sous enduit	unter Putz
le robinet (d'eau)	der (Wasser)hahn, ¨e
le robinet de puisage	das Auslaufventil, e
le robinet mélangeur	die Mischbatterie, n
le robinet à bec orientable	der Schwenkhahn, ¨e
le mitigeur	der Einhandmischer, -
ouvrir le robinet	den Wasserhahn auf~drehen
fermer le robinet	den Wasserhahn zu~drehen
le robinet d'arrêt	der Absperrhahn
couper l'eau	das Wasser ab~sperren
Le robinet goutte.	Der Wasserhahn tropft, leckt.
le joint	die Dichtung, en
la fuite d'eau, la rupture de conduite	der (Wasser)rohrbruch, ¨e
Le tuyau a une fuite.	Das Rohr ist undicht.
être entartré	verkalkt sein
l'adoucisseur *m* **d'eau**	der Wasserenthärter, -
étanche	dicht
le trop-plein	der Überlauf
déborder	über~laufen*, ie, au, äu
le tuyau de trop-plein	das Überlaufrohr
l'écoulement *m*	der Ablauf

le tuyau d'écoulement/ d'évacuation	das Abflussrohr
le tuyau d'égout	das Abwasserrohr, e
• **le gaz de ville**	das Stadtgas
le gaz naturel	das Erdgas
le gaz en bouteille	das Flaschengas
la conduite de gaz	die Gasleitung, en
la colonne montante	die Steigleitung
la dérivation, le branchement	die Abzweigleitung
avoir le gaz	Gasanschluss haben
Il y a une fuite (de gaz) quelque part.	Irgendwo strömt Gas aus.
une conduite défectueuse	eine schadhafte Leitung
fermer le gaz	den Gashahn ab~drehen
le compteur à gaz	der Gasmesser, -

l'électricité

l'électricien *m*	der Elektrotechniker, -/Elektriker, -
• **l'électricité** *f*	die Elektrizität, -
l'électricité, la lumière électrique	das (elektrische) Licht
le courant (électrique)	der (elektrische) Strom
la tension, le voltage	die Spannung, en
le courant alternatif	der Wechselstrom
le courant continu	der Gleichstrom
le courant triphasé	der Drehstrom
le compteur électrique	der Stromzähler, -
relever le compteur	den Zähler ab~lesen, a, e, ie
la consommation de courant	der Stromverbrauch,
le fusible	die Sicherung, en
Les fusibles/les plombs ont sauté.	Die Sicherung ist durchgebrannt.
le disjoncteur	der Einschraubautomat, en, en
couper le courant	den Strom ab~schalten
le raccordement, le branchement domestique	der Hausanschluss, ¨e
le réseau électrique	das Leitungsnetz, e
le câble électrique	das Kabel, -
le câble souterrain	das Erdkabel
la ligne, le fil	die Leitung, en
mis à la terre	geerdet
isolé	isoliert
le tube isolant	das Isolierrohr, e
le fil étanche	die Gummischlauchleitung
le fil à deux conducteurs	die Zwillingslitze, n
la boîte de dérivation	die Abzweigdose, n
la barrette de jonction, le domino	die Lüsterklemme, n
le ruban isolant	das Isolierband, ¨er
l'interrupteur *m*	der Schalter, -
allumer (l'électricité)	(das Licht) ein~schalten, an~drehen
éteindre	aus~schalten, aus~drehen
la prise de courant (murale)	die Steckdose, n
le cordon prolongateur, la rallonge	die Verlängerungsschnur, ¨e
la fiche (de courant)	der Stecker, -
la fiche banane	der Bananenstecker
la fiche femelle (de rallonge)	der Kupplungsstecker
le cordon de branchement	die Gerätezuleitung, en
le voltmètre	der Spannungsmesser, -
la lampe à incandescence	die Glühlampe, n
l'ampoule *f*	die Glühbirne, n
griller	durch~brennen*, a, a
la douille à pas de vis	die Schraubfassung, en
la douille baïonnette	die Bajonettfassung
le culot	der Sockel, -
la douille voleuse	die Steckerfassung
• **l'éclairage** *m*	die Beleuchtung, en
éclairer	beleuchten
éblouissant, tamisé *(lumière)*	grell, gedämpft *(Licht)*
• **la lampe ; le luminaire**	die Lampe, n ; die Leuchte, n
la suspension	die Pendelleuchte, die Hängelampe
le lustre	der Kronleuchter, -
le plafonnier	die Deckenleuchte, n
l'applique murale	die Wandleuchte
la lampe de chevet	die Nachttischlampe
la lampe de bureau	die Bürolampe, die Schreibtischlampe
orientable	drehbar
le lampadaire	die Standleuchte, die Stehlampe
l'abat-jour *m*	der Lampenschirm, e
le lampadaire à halogène	die Halogenleuchte
l'interrupteur (coupe-fil)	der Zwischenschalter
l'éclairage fluorescent	die Leuchtstofflampe
le tube au néon	die Neonröhre, n
le spot	der Richtungsstrahler, -
le rail	die Deckenschiene, n
la lampe de poche	die Taschenlampe
la pile (sèche)	die (Trocken)batterie, n
recharger	auf~laden, u, a, ä
le transformateur	der Transformator, en, der Trafo, s
la basse tension	die Niederspannung

Equipement électro-ménager, chauffage

• **l'appareil électro-ménager**	das Haushaltsgerät, e
la cuisinière électrique	der Elektroherd, e
la plaque de cuisson	die Kochplatte, n
la table de cuisson	die Kochmulde, n
la table vitrocéramique	das Glaskeramik-Kochplatte
la zone de cuisson halogène	die Halogen-Kochzone, n
la cuisinière à gaz	der Gasherd
le brûleur ; brûler	der Gasbrenner, - ; brennen, a, a
allumer	an~zünden, an~stecken
fermer, éteindre	aus~schalten
le bouton	der Schalter, -
le four	der Backofen, ¨
le réchaud	der Kocher, -
le four à micro-ondes	das Mikrowellengerät
la hotte de cuisine, la hotte aspirante	die Dunstabzugshaube, n
○ **le réfrigérateur**	der Kühlschrank, ¨e
le freezer	das Frosterfach, ¨er
le dégivrage	das Abtauen
la clayette	der Abstellrost, e
le bac	die Schale, n
le congélateur *(appareil)*	der Gefrierschrank, die Gefriertruhe, n
le congélateur *(compartiment)*	das Tiefgefrierfach
le lave-vaisselle	die Geschirrspülmaschine, n
○ **la machine à laver/ le lave-linge**	die Waschmaschine
le linge ; laver	die Wäsche ; waschen, u, a, ä
faire la lessive	die Wäsche waschen
le jour de lessive	der Waschtag, e
la cuve	der Laugenbehälter, -

le tambour	die Trommel, n
le programmateur	der Programmierer, -
la lessive (poudre)	das Waschpulver, -
l'adoucissant	das Weichspülmittel, -
l'eau *f* **de lessive**	die Lauge, n
le prélavage, le trempage	die Vorwäsche, das Einweichen
le lavage	die Hauptwäsche
le rinçage ; rincer	das Spülen ; spülen
l'essorage *m* **; essorer**	das Schleudern ; schleudern
l'essoreuse *f*	die Wäscheschleuder, n
sécher	trocknen
le sèche-linge à évacuation	der Abluftwäschetrockner
le sèche-linge à condensation	der Luftkondenswäschetrockner
le séchoir, l'étendeur *m* **de linge**	der Wäschetrockner, -
le séchoir parapluie	die Wäschespinne, n
étendre	auf~hängen
la corde à linge	die Wäscheleine, n
la pince à linge	die Wäscheklammer, n
la corbeille à linge	der Wäschekorb, ¨e
○ **le fer à repasser (à vapeur)**	das (Dampf)bügeleisen, -
humecter le linge	die Wäsche ein~sprengen
repasser	bügeln
la table à repasser	der Bügeltisch, e
la jeannette	das Ärmelbrett, er
la pattemouille	das Bügeltuch, ¨er
la machine à repasser	die Bügelmaschine, n
le rouleau	die Walze, n
○ **le chauffe-eau à accumulation**	der Warmwasserspeicher, -
le chauffe-eau	der Warmwasserbereiter/ der Boiler, -
la climatisation	die Klimaanlage, n
le ventilateur	der Ventilator, en
l'humidificateur *m*	der Lufbefeuchter, -
○ **faire le ménage**	sauber machen
la femme de ménage	die Raumpflegerin, nen, die Reinmachefrau, en
le nettoyage ; nettoyer	das Rein(e)machen ; putzen
lessiver le sol	den Boden schrubben
lessiver le mur	die Wand ab~waschen, u, a, ä
le détergent	das Reinigungsmittel, Spülmittel, -
récurer *(casserole)*	scheuern *(Topf)*
la poudre à récurer	das Scheuerpulver, -
la saleté, la crasse	der Schmutz ; der Dreck
sale, crasseux	schmutzig
la propreté ; propre	die Sauberkeit ; sauber
ranger, mettre de l'ordre	auf~räumen
aérer	lüften
bien, mal entretenu	gut, schlecht gepflegt
• **la poussière**	der Staub
les moutons *m*	die Staubflocken *fpl*
épousseter les meubles	ab~stauben, (den) Staub wischen
le chiffon à poussière	das Staubtuch, ¨er
le balai à franges	der Mopp, s
l'aspirateur *m*	der Staubsauger, -
l'aspirateur-balai	der Handstaubsauger
passer l'aspirateur	staubsaugen/Staub saugen
la cireuse	die Bohnermaschine, n
la cire à parquet, l'encaustique *f*	das Bohnerwachs, e
cirer, encaustiquer	(ein)bohnern/wichsen
le balai ; balayer	der Besen, - ; kehren, fegen
le manche à balai	der Besenstiel, e

la balayette	der Handfeger, -
la pelle à poussière	die Kehrschaufel, n
les balayures *f*	der/das Kehricht
le balai-brosse	der Scheuerbesen, -, der Schrubber, - *(nord)*
frotter avec le balai-brosse	schrubben
le seau	der Eimer, -
la serpillière, la wassingue	das Scheuertuch, ¨er
frotter, récurer	scheuern
faire les vitres	die Fenster putzen
la peau de chamois	das Fensterleder, -
le lave-vitres	der Fensterwischer, -
le laveur de vitres	der Fensterputzer, -
l'escabeau *m*	der Tritthocker
le marchepied ; l'échelle *f*	die Trittleiter, n
le barreau ; la marche	die Sprosse, n ; die Stufe, n
la brosse ; brosser	die Bürste, n ; bürsten
la brosse à habits	die Kleiderbürste
la brosse à chaussures	die Schuhbürste
la brosse à reluire	die Wichsbürste
le cirage	die Schuhcreme, s/die Wichse, n
cirer et faire reluire les chaussures	die Schuhe wichsen
• **le chauffage**	die Heizung, en
chauffer ; se chauffer	heizen, wärmen ; sich wärmen
le radiateur	der Heizkörper, -
le chauffage central	die Zentralheizung, en
le chauffage central à eau chaude	die Warmwasserheizung
le chauffage central à air chaud	die Warmluftheizung
l'appareil *m* **de chauffage**	das Heizungsgerät
le chauffage au gaz	die Gazheizung
le chauffage au mazout	die Ölheizung
le mazout, le fuel	das Heizöl, e
la chaudière à mazout	der Ölheizungskessel, -
le brûleur à mazout	der Ölbrenner, -
le thermostat	der Thermostat, s/en, en
le chauffage par l'électricité	die elektrische Heizung
le radiateur à accumulation	der Elektrowärmespeicher, -/ der Nachtspeicherofen, ¨
le chauffage par le sol	die Fußbodenheizung
le radiateur soufflant	der Heizlüfter, -
le radiateur parabolique	die Heizsonne, n
le convecteur	der Konvektor, en
le radiateur à infrarouge	der Infrarot-Quarzstrahler, -
○ **la cheminée**	der Schornstein, e; der Kamin, e
au coin du feu	am Kamin
le feu de cheminée	das Kaminfeuer; der Kaminbrand, ¨e *(embrasement de la suie)*
la suie	der Ruß
le chenet	der Feuerbock, ¨e
der Rost, e	la grille
le soufflet	der Blasebalg, ¨e
le tisonnier	der Schürhaken/Feuerhaken
les pincettes *f*	die Feuerzange, n
Le feu prend.	Das Feuer geht an.
attiser le feu	das Feuer schüren, an~fachen
s'éteindre, mourir	aus~gehen*, i, a
le poêle à feu continu	der Dauerbrenner, -

la copropriété

• **le marché immobilier**	der Immobilienmarkt, ¨e ; der Wohnungsmarkt
les biens immobiliers	die Immobilien *fpl*
la propriété foncière	der Grundbesitz
l'agent immobilier	der Immobilienmakler, -
l'agence *f* **de location**	der Wohnungsnachweis
la demande de logements	der Wohnungsbedarf
la crise du logement	die Wohnungsnot
la spéculation immobilière	die Bodenspekulation
le requin de l'immobilier	der Baulöwe, n
l'office *m* **du logement**	das Wohnungsamt
la construction de logements sociaux	der soziale Wohnungsbau
l'allocation *f* **de logement**	das Wohnungsgeld
l'indemnité *f* **de logement**	das Wohngeld
le demandeur de logement	der Wohnungssuchende *(adj)*
être à la recherche d'un logement	auf Wohnungssuche sein
le logement inoccupé	die leerstehende Wohnung
○ **le squattage**	die Hausbesetzung, en
le squat	das besetzte Haus
le squatter	der Hausbesetzer, -, der Squatter, s
squatter/squattériser	ein Haus besetzen
squatter et rénover un logement	eine Wohnung in Stand/instand besetzen
la demande d'expulsion	die Räumungsklage, n
l'ordre *m* **d'expulsion**	der Räumungsbefehl, e
reloger	anderweitig unter~bringen, a, a
• **la copropriété**	das Miteigentum
la maison individuelle (en pleine propriété)	das Eigenheim, e
l'appartement en copropriété	die Eigentumswohnung
la vente sur plans	der Verkauf nach Plan
la vente clés en mains	der Verkauf im bezugsfertigem Zustand
○ **l'appartement** *m* **témoin**	die Musterwohnung, en
l'appartement de grand standing	die Komfortwohnung, die Luxuswohnung
cossu	stattlich
le pavillon témoin	das Musterhaus, ¨er
l'exposition *f*	die Wohnlage, n
bien situé	in schöner Wohnlage
un quartier bourgeois	ein gutbürgerliches Viertel
huppé *(fam)*	nobel *(fam)*
bien desservi	verkehrsgünstig gelegen
La vue est masquée par des constructions.	Die Aussicht ist verbaut.
○ **le financement**	die Finanzierung
la caisse d'épargne-construction	die Bausparkasse, n
le contrat d'épargne-logement	der Bausparvertrag
l'épargne-construction *f*	das Bausparen
le prêt à la construction	das Baudarlehen, -
l'allocation-logement *f*	das Wohnungsgeld, er
la location-vente	der Mietkauf, ¨e/der Wohnkauf
la rente viagère	die Leibrente, n
acheter une maison en rente viagère	ein Haus auf Leibrentenbasis kaufen
la commission de l'agent immobilier	die Maklergebühren *fpl*
le contrat de vente passé devant notaire	die Beurkundung des Kaufvertrags beim Notar
les droits notariaux	die Notarkosten *pl*
○ **le syndic d'immeubles**	der Hausverwalter, -
le règlement de la copropriété	die Miteigentumsordnung
la copropriété par quote-part	das Miteigentum nach Bruchteilen
les frais *m* **de gestion**	die Verwaltungskosten *pl*
les provisions *f (fonds de roulement entretien)*	die Instandshaltungsrückstellungen
le décompte annuel	die Jahresabrechnung
la quote-part *(des charges)*	der anteilmäßige Betrag
l'assemblée *f* **des copropriétaires**	die Eigentümerversammlung, en

la location

• **la location**	die Vermietung, en
louer, donner en location	vermieten
la maison de rapport	das Mietshaus
l'appartement *m* **en location**	die Mietwohnung
le revenu locatif	der Mietertrag, ¨e
le propriétaire	der Hausbesitzer, -, der (Haus)eigentümer, -
le bailleur	der Vermieter, -
l'agence *f* **de location immobilière**	das Wohnungsvermittlungsbüro, s
la commission	die Provision
sans commission	provisionsfrei
le contrat de location, le bail	der Mietvertrag, ¨e
le dépot d'une caution	die Hinterlegung einer Kaution
le locataire	der Mieter, -
louer *(prendre en location)*	mieten
être locataire	zur Miete wohnen
habiter en meublé, habiter un meublé	möbliert wohnen
un meublé	eine möblierte Wohnung
une chambre meublée	ein möbliertes Zimmer
le sous-locataire	der Untermieter, -
la sous-location	die Untervermietung
la communauté *(le collectif de jeunes)*	die Wohngemeinschaft, en, die WG, s
la reprise justifiée	*(die gerechtfertigte entgeltliche Übernahme von Einrichtungsgegenständen des Vormieters)*
le pas-de-porte	die Abstandssumme
• **le loyer**	die Miete, n
la valeur locative	der Mietwert
le loyer sans les charges	die Kaltmiete
le loyer chauffage compris	die Warmmiete
Le loyer s'élève mensuellement à ..	Die Miete beträgt monatlich ...
la révision annuelle du loyer	die jährliche Überprüfung der Miete
l'augmentation *f* **de loyer autorisée par la loi**	die gesetzlich zugelassene Mieterhöhung
la hausse illicite du loyer	der Mietwucher
○ **les charges locatives**	die Mietnebenkosten *pl*
verser un acompte	eine Vorauszahlung leisten
le décompte, la régularisation	die Abrechnung
la somme forfaitaire	die Pauschale, n
les charges *f* **récupérables**	die auf den Mieter umlegbaren Betriebskosten
la consommation d'eau	der Wasserverbrauch
le chauffage collectif *(installation)*	die zentrale Heizanlage
la répartition des frais de chauffage	die Umlage der Heizkosten
les frais *m* **d'éclairage**	die (Haus)beleuchtungskosten

les frais de ramonage	die Kosten der Schornsteinreinigung
la taxe de balayage *(voirie)*	die Straßenreinigungsgebühren *fpl*
les charges afférentes à l'ascenseur	die Fahrstuhlbetriebskosten *pl*
les frais d'électricité	die Stromkosten
les frais d'entretien	die Wartungskosten
la taxe d'enlèvement des ordures ménagères	die Müllabfuhrgebühren *fpl*
l'entretien *m* **du jardin**	die Gartenpflege
le gardien d'immeuble	der Hausmeister, -
les frais de gardiennage	die Hausmeisterkosten
les équipements collectifs	die Gemeinschaftseinrichtungen *fpl*
l'antenne collective	die Gemeinschaftsantenne
○ **la durée du bail**	die Mietzeit
le terme	der Mietzahltag
le loyer échu	die fällige Miete
payer, verser le loyer	die Miete bezahlen, die Miete entrichten
la quittance de loyer	die Mietquittung, en
la caution, le dépôt de garantie	die Kaution, die Sicherheitshinterlegung
l'avance *f* **sur loyer**	die Mietvorauszahlung
l'arriéré *m* **de loyer**	der Mietrückstand
la perte de loyers	der Mietausfall
la jouissance des lieux	die Nutzung der Wohnung, das Wohnrecht
la remise des clés	die Übergabe der Schlüssel
la détention d'animaux	die Tierhaltung
○ **l'état** *m* **des lieux**	das Übergabeprotokoll, e
établir un état des lieux contradictoire	sich auf ein Übergabeprotokoll einigen
consigner les défauts et les dégradations	die Mängel und Schäden auf~schreiben, ie, ie
l'usure *f*, **la dégradation par l'usure**	die Abnutzung
○ **les réparations locatives**	die Schönheitsreparaturen *fpl*
l'entretien (courant)	die Instandhaltung
les travaux de réparation, de réfection	die Instandsetzungsarbeiten *fpl*
la petite réparation	der Bagatellschaden, ¨
être à la charge du locataire, du propriétaire	zu Lasten des Mieters, des Vermieters sein
les travaux d'amélioration	die Modernisierungsarbeiten
○ **la résiliation du bail**	die Kündigung des Mietverhältnisses
résilier le contrat de location	den Mietvertrag kündigen
le délai de résiliation	die Kündigungsfrist
la lettre de congé	der Kündigungsbrief
la protection du locataire en cas de congé	der Kündigungsschutz
quitter les lieux	die Wohnung räumen
la demande d'expulsion	die Räumungsklage
l'expulsion *f* **d'un locataire**	der Räumungsbefehl
être expulsé (de)	ausgewiesen werden (aus+D)
les litiges *m* **en matière de location**	die Mietstreitigkeiten *fpl*
la défense des locataires	der Mieterschutz
l'association *f* **de défense des locataires**	die Mieterinitiative
convoquer une assemblée des locataires	eine Mieterversammlung ein~berufen, ie, u
• **le déménagement**	der Umzug, ¨e
déménager, changer d'adresse	um~ziehen*, o, o
déménager ; quitter les lieux	(aus der Wohnung) aus~ziehen*
déménager *tr* **les meubles**	die Möbel transportieren
emménager *itr*	(in die Wohnung) ein~ziehen*

l'entreprise *f* **de déménagement**	die Möbelspedition, en
l'entrepreneur *m* **de déménagements**	der Möbelspediteur, e
l'emballeur *m*	der Möbelpacker, -
l'équipe *f* **de déménageurs**	die Umzugsleute *pl (fam)*
le camion de déménagement	der Möbelwagen, -
le monte-meubles	der Möbelschrägaufzug, ¨e
le garde-meubles	die Möbellagerung

Trockenwohner sein *(vx)* ; die eventuellen Unannehmlichkeiten einer neuen Lage ertragen müssen
essuyer les plâtres

offene Türen ein~rennen, a, a
enfoncer des portes ouvertes

zwischen Tür und Angel
entre deux portes

an die falsche Adresse geraten*, ie, a, ä
frapper à la mauvaise porte

jdm die Tür weisen, ie, ie
montrer la porte à qn

zornig hinaus~gehen*, i, a
prendre la porte

sich eine Hintertür offen halten, ie, a, ä
se ménager une porte de sortie

vor verschlossener Tür stehen, a, a
trouver porte close

sich mit Gewalt Zutritt verschaffen
forcer la porte de qn

in der Tinte sitzen, a, e *(fam)*
être dans de beaux draps (fam)

Wie man sich bettet, so liegt man.
Comme on fait son lit, on se couche.

Ich bin bei mir/zu Hause.
Je suis chez moi/à la maison.

Ich komme von zu Hause.
Je viens de chez moi.

auf der gleichen Etage wohnen
être voisins de palier

(in der Wohnung) über uns
au-dessus de chez nous

mit Kind und Kegel ab~ziehen*, o, o
partir avec armes et bagages

bei Nacht und Nebel/heimlich um~ziehen*
déménager à la cloche de bois/en cachette

Haus und Hof haben
avoir pignon sur rue

die Einweihung der neuen Wohnung feiern
pendre la crémaillère

Eigner Herd ist Goldes wert.
Rien ne vaut un chez soi.

Neue Besen fegen gut/kehren gut.
Tout nouveau, tout beau.

reinen Tisch machen *(für Säuberung sorgen)*
donner un grand coup de balai/de torchon (fam)

jdn vor die Tür setzen *(fam)*
flanquer qn à la porte (fam)

Jeder ist Herr in seinem Hause.
Charbonnier est maître chez lui.

XX. Pays - Abréviations - Verbes forts

les pays et leurs habitants

pays	*Länder*	*habitants*	*Einwohner*	*adjectif*	*Adjektiv*
l'Afghanistan *m*	Afghanistan	**Afghan**	Afghane, n, n	**afghan**	afghanisch
l'Afrique	Afrika	**Africain**	Afrikaner	**africain**	afrikanisch
l'Afrique du Sud	Südafrika	**Sud-Africain**	Südafrikaner	**sud-africain**	südafrikanisch
l'Albanie *f*	Albanien	**Albanais**	Albaner	**albanais**	albanisch
l'Algérie *f*	Algerien	**Algérien**	Algerier	**algérien**	algerisch
l'Allemagne *f*	Deutschland	**Allemand**	Deutsche *(adj)*	**allemand**	deutsch
l'Amérique *f*, **les États-Unis d'Amérique/US(A)**	Amerika, die Vereinigten Staaten von Amerika	**Américain**	Amerikaner	**américain**	amerikanisch
l'Andorre *f*	Andorra	**Andorran**	Andorraner	**andorran**	andorranisch
l'Angola *m*	Angola	**Angolais**	Angolaner	**angolais**	angolanisch
l'Arabie *f* **Saoudite**	Saudi-Arabien	**Saoudien/Séoudien**	Saudi-Araber	**saoudien/séoudien**	saudi-arabisch
l'Argentine *f*	Argentinien	**Argentin**	Argentinier	**argentin**	argentinisch
l'Arménie *f*	Armenien	**Arménien**	Armenier	**arménien**	armenisch
l'Asie *f*	Asien	**Asiatique**	Asiat, en, en	**asiatique**	asiatisch
l'Australie *f*	Australien	**Australien**	Australier	**australien**	australisch
l'Autriche *f*	Österreich	**Autrichien**	Österreicher	**autrichien**	österreichisch
les îles Bahreïn	Bahrain	**Bahreïni**	Bahrainer	**bahreïni**	bahrainisch
le Bangla Desh	Bangladesch	**Bangladeshi**	Bangladescher	**bangladeshi**	bangladeschisch
la Belgique	Belgien	**Belge**	Belgier	**belge**	belgisch
le Bénin (ex-Dahomey)	Benin (früher Dahome)	**Béninois**	Beniner	**béninois**	beninisch
la Biélorussie	Weißrußland	**Biélorusse**	Weißrusse, n, n	**biélorusse**	weißrussisch
la Birmanie	Birma/Burma	**Birman**	Birmane, n, n	**birman**	birmanisch
la Bolivie	Bolivien	**Bolivien**	Bolivianer	**bolivien**	bolivianisch
la Bosnie-Herzégovine	Bosnien-Herzegowina	**Bosniaque**	Bosnier	**bosniaque**	bosnisch-herzegowinisch
le Botswana	Botswana/Botsuana	**Botswanais**	Botsuaner	**botswanais**	botswanisch
le Brésil	Brasilien	**Brésilien**	Brasilianer	**brésilien**	brasilianisch
la Bulgarie	Bulgarien	**Bulgare**	Bulgare, n, n	**bulgare**	bulgarisch
le Burkina Faso (ex-Haute Volta)	Burkina Faso	**Burkinabé**	Burkinabe, n, n	**burkinabé**	burkinabe
le Burundi	Burundi	**Burundais**	Burundier	**burundais**	burundisch
Cambodge (Kampuchéa)	Kambodscha (Kamputschea)	**Cambodgien**	Kambodschaner	**cambodgien**	Kambodschanisch
le Cameroun	Kamerun	**Camerounais**	Kameruner	**camerounais**	kamerunisch
le Canada	Kanada	**Canadien**	Kanadier	**canadien**	kanadisch
la République Centrafricaine	Zentralafrikanische Republik	**Centrafricain**	Zentralafrikaner	**centrafricain**	zentralafrikanisch
(île de) Ceylan	Ceylon	**Cing(h)alais**	Ceylonese, n, n	**cing(h)alais**	ceylonesisch
le Chili	Chile	**Chilien**	Chilene, n, n	**chilien**	chilenisch
la Chine, République populaire	China, Volksrepublik	**Chinois**	Chinese, n, n	**chinois**	chinesisch
(la) Chypre	Zypern	**C(h)ypriote**	Zyprer/Zypriot, en en	**c(h)ypriote**	zypriotisch
la Colombie	Kolumbien	**Colombien**	Kolumbianer	**colombien**	kolumbianisch

pays	*Länder*	*habitants*	*Einwohner*	*adjectif*	*Adjektiv*
la Communauté des États Indépendants (CEI)	die Gemeinschaft unabhängiger Staaten (GUS)				
les Comores *f*	Komoren	**Comorien**	Komorer	**comorien**	komorisch
le Congo	Kongo	**Congolais**	Kongolese, n, n	**congolais**	kongolesisch
la Corée du Nord	Demokratische Volksrepublik Korea	**Nord-Coréen**	Nordkoreaner	**nord-coréen**	nordkoreanisch
la Corée du Sud	Republik Korea	**Sud-Coréen**	Südkoreaner	**sud-coréen**	südkoreanisch
le Costa-Rica	Costa Rica	**Costaricain**	Costa-Ricaner	**costaricain**	costa-ricanisch
la Côte d'Ivoire	die Elfenbeinküste	**Ivoirien**	Ivorer	**ivoirien**	ivorisch
la Croatie	Kroatien	**Croate**	Kroate, n, n	**croate**	kroatisch
Cuba	Kuba	**Cubain**	Kubaner	**cubain**	kubanisch
le Danemark	Dänemark	**Danois**	Däne, n, n	**danois**	dänisch
Djibouti	Dschibuti	**Djiboutien**		**djiboutien**	dschibutisch
l'Égypte *f*	Ägypten	**Égyptien**	Ägypter	**égyptien**	ägyptisch
l'Équateur *m*	Ecuador	**Equatorien**	Ecuadorianer	**équatorien**	ecuadorianisch
l'Espagne *f*	Spanien	**Espagnol**	Spanier	**espagnol**	spanisch
l'Estonie *f*	Estland	**Estonien**	Este, n, n	**estonien**	estländisch
l'Éthiopie	Äthiopien	**Ethiopien**	Äthiopier	**éthiopien**	äthiopisch
la Finlande	Finnland	**Finlandais, Finnois**	Finne, n, n	**finlandais**	finnisch
la France	Frankreich	**Français**	Franzose, n, n	**français**	französisch
le Gabon	Gabun	**Gabonais**	Gabuner	**gabonais**	gabunisch
la Gambie	Gambia	**Gambien**	Gambier	**gambien**	gambisch
la Géorgie	Georgien	**Géorgien**	Georgier	**géorgien**	georgisch
le Ghana	Ghana	**Ghanéen**	Ghanaer	**ghanéen**	ghanaisch
la Grande-Bretagne	Großbritannien	**Britannique**	Brite, n, n	**britannique**	britisch
l'Angleterre *f*	England	**Anglais**	Engländer	**anglais**	english
l'Écosse *f*	Schottland	**Écossais**	Schotte, n, n	**écossais**	schottisch
le Pays de Galles	Wales	**Gallois**	Waliser	**gallois**	walisisch
la Grèce	Griechenland	**Grec**	Grieche, n, n	**grec, grecque**	griechisch
le Guatemala	Guatemala	**Guatemaltèque**	Guatemalteke, n, n	**guatémaltèque**	guatemaltekisch
la Guinée	Guinea	**Guinéen**	Guineer	**guinéen**	guineisch
la Guyane	Guyana	**Guyanais**	Guyaner	**guyanais**	guyanisch
Haïti	Haiti	**Haïtien**	Haitianer	**haïtien**	hait(ian)isch
la Hollande	Holland	**Hollandais**	Holländer	**hollandais**	holländisch
le Honduras	Honduras	**Hondurien**	Honduraner	**hondurien**	honduranisch
la Hongrie	Ungarn	**Hongrois**	Ungar, n, n	**hongrois**	ungarisch
l'Inde *f*	Indien	**Indien**	Inder	**indien**	indisch
l'Indonésie *f*	Indonesien	**Indonésien**	Indonesier	**indonésien**	indonesisch
l'Irak *m*	(der) Irak	**Irakien**	Iraker	**irakien**	irakisch
l'Iran *m*	(der) Iran	**Iranien**	Iraner	**iranien**	iranisch
l'Irlande *f*	Irland	**Irlandais**	Irländer/Ire, n, n	**irlandais**	irisch/irländisch
l'Islande *f*	Island	**Islandais**	Isländer	**islandais**	isländisch

pays	***Länder***	***habitants***	***Einwohner***	***adjectif***	***Adjektiv***
Israël *m*	Israel	**Israélien**	Israeli, -/s	**israélien**	israelisch
l'Italie *f*	Italien	**Italien**	Italiener	**italien**	italienisch
la Jamaïque	Jamaika	**Jamaïcain**	Jamaikaner	**jamaïcain**	jamaikanisch
le Japon	Japan	**Japonais**	Japaner	**japonais**	japanisch
la Jordanie	Jordanien	**Jordanien**	Jordanier	**jordanien**	jordanisch
le Kenya	Kenia	**Kenyan**	Kenianer	**Kenyan**	kenianisch
le Koweït	Kuwait	**Koweitien**	Kuwaiter	**koweïtien**	kuwaitisch
le Laos	Laos	**Laotien**	Laote, n, n	**laotien**	laotisch
le Lesotho	Lesotho	**Lesotho**	Lesother		lesothisch
la Lettonie	Lettland	**Letton**	Lette, n, n	**lettonien**	lettisch
le Liban	Libanon	**Libanais**	Libanese, n, n	**libanais**	libanesisch
le Libéria	Liberia	**Libérien**	Liberier	**libérien**	liberisch
la Libye	Libyen	**Libyen**	Libyer	**libyen**	libysch
le Liechtenstein	Liechtenstein	**habitant du Lichtenstein**	Liechtensteiner	**du Liechtenstein**	liechtensteinisch
la Lituanie	Litauen	**Lituanien**	Litauer	**lituanien**	litauisch
le Luxembourg	Luxemburg	**Luxembourgeois**	Luxemburger	**luxembourgeois**	luxemburgisch
Madagascar	Madagaskar	**Malgache**	Madagasse, n, n	**malgache**	madagassisch
le Malawi	Malawi	**Malawite**	Malawier	**malawite**	malawisch
la Malaisie/Malaysia	Malaysia	**Malais/Malaysien**	Malaie, n, n	**malais**	malaisch
le Mali (ex-Soudan français)	Mali	**Malien**	Malier	**malien**	malisch
Malte	Malta	**Maltais**	Malteser	**maltais**	maltesisch
le Maroc	Marokko	**Marocain**	Marokkaner	**marocain**	marokkanisch
la Mauritanie	Mauretanien	**Mauritanien**	Mauretanier	**mauritanien**	mauretanisch
l'île Maurice	Mauritius	**Mauricien**	Mauritier	**mauricien**	mauritisch
la Macédoine	Mazedonien	**Macédonien**	Mazedonier	**macédonien**	mazedonisch
le Mexique	Mexiko	**Mexicain**	Mexikaner	**mexicain**	mexikanisch
la Moldavie	Moldawien	**Moldave**	Moldawier	**moldave**	moldawisch
Monaco	Monaco	**Monégasque**	Monegasse, n, n	**monégasque**	monegassisch
la Mongolie	die Mongolei	**Mongol**	Mongole, n, n	**mongol**	mongolisch
le Mozambique	Mosambik	**Mozambicain**	Mosambikaner	**mozambicain**	mosambikanisch
la Namibie	Namibia	**Namibien**	Namibier	**namibien**	namibisch
le Népal	Nepal	**Népalais**	Nepalese, n, n	**népalais**	nepalesisch
la Nouvelle-Calédonie	Neukaledonien	**Néo-Calédonien**	Neukaledonier	**néo-calédonien**	neukaledonisch
la Nouvelle-Zélande	Neuseeland	**Néo-Zélandais**	Neuseeländer	**néo-zélandais**	neuseeländisch
le Nicaragua	Nicaragua	**Nicaraguayen**	Nicaraguaner	**nicaraguayen**	nicaraguanisch
le Niger	Niger	**Nigérien**	Nigrer	**nigérien**	nigrisch
le Nigeria	Nigeria	**Nigérian**	Nigerianer	**nigérian**	nigerianisch
la Norvège	Norwegen	**Norvégien**	Norweger	**norvégien**	norwegisch
l'Oman *m*	Oman	**Omanais**	Omaner	**omanais**	omanisch
le Pakistan	Pakistan	**Pakistanais**	Pakistaner	**pakistanais**	pakistanisch
la Palestine	Palästina	**Palestinien**	Palästinenser	**palestinien**	palästinensisch
le Panama	Panama	**Panaméen**	Panamaer	**panaméen**	panamaisch

pays	*Länder*	**habitants**	*Einwohner*	**adjectif**	*Adjektiv*
la Papousie/Nouvelle Guinée	Papua-Neuguinea	**Papou/Papoua**	Papua	**papou**	papuanisch
le Paraguay	Paraguay	**Paraguayen**	Paraguayer	**paraguayen**	paraguayanisch
les Pays-Bas *m*	die Niederlande *pl*	**Néerlandais**	Niederländer	**néerlandais**	niederländisch
le Pérou	Peru	**Péruvien**	Peruaner	**péruvien**	peruanisch
les Philippines *f*	die Philippinen *pl*	**Philippin**	Philippiner	**philippin**	philippinisch
la Pologne	Polen	**Polonais**	Pole, n, n	**polonais**	polnisch
le Portugal	Portugal	**Portugais**	Portugiese, n, n	**portugais**	portuguiesisch
le Ruanda	Ruanda	**Ruandais**	Ruander	**ruandais**	ruandisch
la Roumanie	Rumänien	**Roumain**	Rumäne, n, n	**roumain**	rumänisch
la Russie	Russland	**Russe**	Russe, n, n	**russe**	russisch
(le) Salvador	El Salvador	**Salvadorien**	Salvadorianer	**salvadorien**	salvadorianisch
le Sénégal	Senegal	**Sénégalais**	Senegalese, n, n	**sénégalais**	senegalesisch
la Serbie	Serbien	**Serbe**	Serbe, n, n	**serbe**	serbisch
la Sierra Léone	Sierra Leone	**Sierra Léonais**	Sierra-Leoner	**sierra léonais**	sierra-leonisch
la Slovaquie	die Slowakei	**Slovaque**	Slowake, n, n	**slovaque**	slowakisch
la Slovanie	Slowenien	**Slovène**	Slowene, n, n	**slovène**	slowenisch
la Somalie	Somalia	**Somalien**	Somalier	**somalien**	somalisch
Sri Lanka	Sri Lanka	**Srilankais**	Sri-Lanker	**srilankais**	sri-lankisch
le Soudan	(der) Sudan	**Soudanais**	Sudanese, n, n	**soudanais**	sudanesisch
la Suède	Schweden	**Suédois**	Schwede, n, n	**suédois**	schwedisch
la Suisse	die Schweiz	**Suisse**	Schweizer	**suisse**	schweizerisch
le Surinam (ex-Guyane holl.)	Surinam	**habitant du Surinam**	Surinamer	**surinami**	surinamisch
la Syrie	Syrien	**Syrien**	Syrer/Syrier	**syrien**	syrisch
Taiwan, République de Chine	China, Taiwan	**Taiwanais**	Taiwaner	**chinois, formosan**	taiwanisch
la Tanzanie	Tansania	**Tanzanien**	Tansanier	**tanzanien**	tansanisch
la Thaïlande	Thailand	**Thaïlandais**	Thailänder	**thaïlandais**	thailändisch
le Togo	Togo	**Togolais**	Togoer	**togolais**	togo(les)isch
le Tchad	(der) Tschad	**Tchadien**	Tschader	**tchadien**	tschadisch
la République tchèque	die Tschechische Republik	**Tchèque**	Tscheche, n, n	**tchèque**	tschechisch
la Tunisie	Tunesien	**Tunisien**	Tunesier	**tunisien**	tunesisch
la Turquie	die Türkei	**Turc**	Türke, n, n	**turc, turque**	türkisch
l'Ouganda *m*	Uganda	**Ougandais**	Ugander	**ougandais**	ugandisch
l'Ukraine *f*	die Ukraine	**Ukrainien**	Ukrainer	**ukrainien**	ukrainisch
l'Uruguay *m*	Uruguay	**Uruguayen**	Uruguayer	**uruguayen**	uruguayisch
la Cité du Vatican	die Vatikanstadt			**vatican**	vatikanisch
le Venezuela	Venezuela	**Vénézuélien**	Venezueler/Venezolaner	**vénézuélien**	venezolanisch
le Viet-Nam	Vietnam	**Vietnamien**	Vietnamese, n, n	**vietnamien**	vietnamesisch
le Yémen du Nord	Nord-Jemen (Arab. Rep.)	**Yéménite**	Jemenite, n, n	**yéménite**	jemenitisch
le Yémen du Sud	Süd-Jemen (Dem. Volksrep.)				
la Yougoslavie	Jugoslawien	**Yougoslave**	Jugoslawe, n, n	**yougoslave**	jugoslawisch
le Zaïre	Zaire (ex-Congo belge)	**Zaïrois**	Zairer	**zaïrois**	zairisch
le Zimbabwé (ex-Rhodésie)	Zimbabwe	**Zimbabwéen**	Zimbabwer	**zimbabwéen, rhodésien**	zimbabweisch

Noms géographiques, villes et régions

• **la République fédérale d'Allemagne**	die Bundesrepublik Deutschland
○ **le land**	das Bundesland, ¨er
le Bade-Wurtemberg	Baden-Württemberg
la Bavière	Bayern
Berlin	Berlin
le Brandebourg	Brandenburg
Brême	Bremen
Hambourg	Hamburg
la Hesse	Hessen
le Mecklembourg-Prépoméranie	Mecklenburg-Vorpommern
la Basse-Saxe	Niedersachsen
la Rhénanie du Nord-Westphalie	Nordrhein-Westfalen
la Rhénanie-Palatinat	Rheinland-Pfalz
la Sarre	das Saarland
la Saxe	Sachsen
la Saxe-Anhalt	Sachsen-Anhalt
le Schleswig-Holstein	Schleswig-Holstein
la Thuringe	Thüringen
• **l'Autriche** *f*	Österreich
la Basse-Autriche	Niederösterreich
le Burgenland	Burgenland
la Carinthie	Kärnten
la Haute-Autriche	Oberösterreich
Salzbourg	Salzburg
la Styrie	Steiermark
le Tyrol	Tirol
le Vorarlberg	Vorarlberg
Vienne	Wien
• **la Suisse**	die Schweiz
la Confédération Helvétique	die Schweizerische Eidgenossenschaft
le canton	der Kanton, e (Kt.)
l'Argovie *f*	der Aargau
les Rohdes-Extérieures	Appenzell-Außerrhoden
les Rhodes-Intérieures	Appenzell-Innerrhoden
Bâle-Campagne	Basel-Landschaft
Bâle-Ville	Basel-Stadt
Berne	Bern
Fribourg	Freiburg
Genève	Genf
Glaris	Glarus
les Grisons *m*	Graubünden
le Jura	der Jura
Lucerne	Luzern
Neuchâtel	Neuenburg
Nidwald	Nidwalden
Obwald	Oberwalden
Saint-Gall	Sankt Gallen
Schaffhouse	Schaffhausen
Schwyz	Schwyz
Soleure	Solothurn
le Tessin	das Tessin
la Thurgovie	der Thurgau
Uri	Uri
le canton de Vaud	die Waadt
le Valais	Wallis
Zoug	Zug
Zurich	Zürich

↓ **les Açores** *f*	die Azoren *pl*
Aix-la-Chapelle	Aachen
Alger	Algier
l'Alsace *f*	das Elsass
l'Amérique centrale	Mittelamerika
l'Amérique latine	Lateinamerika
l'Amérique du Nord	Nordamerika
les îles Anglo-Normandes	die Normannischen Inseln (Channel Islands)
Anvers	Antwerpen
Athènes	Athen
les Balkans *m*	der Balkan
les pays baltes	das Baltikum
le Pays Basque	das Baskenland
Beyrouth	Beirut
Bienne	Biel
la Bohême	Böhmen
Bruges	Brügge
Brunswick	Braunschweig
Bruxelles	Brüssel
Le Caire	Kairo
la Californie	Kalifornien
les (îles) Canaries *f*	die Kanarischen Inseln *fpl*
Le Cap	Kapstadt
les Caraïbes *f*	die Karibik
la Carinthie	Kärnten
le Caucase	der Kaukasus
Coblence	Koblenz
Colmar	Kolmar
Cologne	Köln
Constance	Konstanz
Copenhague	Kopenhagen
la Corse	Korsika
Cracovie	Krakau
la Crète	Kreta
la Crimée	die Krim
Damas	Damaskus
Deux-Ponts	Zweibrücken
Douvres	Dover
Dresde	Dresden
Dunkerque	Dünkirchen
l'île d'Elbe	Elba
les Flandres *f*	Flandern
Francfort-sur-le-Main	Frankfurt am Main
Francfort-sur-l'Oder	Frankfurt an der Oder
Fribourg-en-Brisgau	Freiburg im Breisgau
la Frise	Friesland
les îles Frisonnes	die Friesischen Inseln
Gand	Gent
Gênes	Genua
le Hainaut	der Hennegau
La Haye	Den Haag
la Laponie	Lappland
Liège	Lüttich
Lisbonne	Lissabon
Londres	London
la Lorraine	Lothringen
la Lusace	die Lausitz
Majorque	Mallorca
Mayence	Mainz
La Mecque	Mekka
Milan	Mailand

Mulhouse	Mühlhausen
Naples	Neapel
Nice	Nizza
Nuremberg	Nürnberg
l'Extrême-Orient	der Ferne Osten
le Moyen-Orient	der Mittlere Osten
le Proche-Orient	der Nahe Osten
Pékin	Peking
Pérouse	Perugia
Prague	Prag
Ratisbonne	Regensburg
Rome	Rom
la Sardaigne	Sardinien
Sarrebruck	Saarbrücken
Sarreguemines	Saargemünd
Saverne	Zabern
la Scandinavie	Skandinavien
la Sibérie	Siberien
la Souabe	Schwaben
Spire	Speier
Strasbourg	Straßburg
la Suisse romande	die französische Schweiz
Terre-Neuve	Neufundland
Trente	Trient
Trèves	Trier
Varsovie	Warschau
Venise	Venedig

mers, lacs, rivières

↓ **l'Adriatique** *f*	die Adria
l'Atlantique *m*, **l'océan Atlantique**	der Atlantik, der Atlantische Ozean
la Baltique	die Ostsee
la mer des Caraïbes	das Karibische Meer
la mer Caspienne	das Kaspische Meer
la mer de Chine	das Chinesische Meer
la mer Égée	das Ägäische Meer
le golfe de Gascogne	der Golf von Biskaya
l'océan Indien	der Indische Ozean
la Manche	der Ärmelkanal
la Méditerranée	das Mittelmeer
la mer Morte	das Tote Meer
la mer du Nord	die Nordsee
le Pacifique	der Stille Ozean, der Pazifik
le Pas-de-Calais	die Straße von Dover
le golfe Persique	der Persische Golf
○ **le lac de Côme**	der Comer See
le lac de Constance	der Bodensee
le lac de Garde	der Gardasee
le lac Léman	der Genfer See
le lac de Lugano	der Luganer See
le lac Majeur	der Lago Maggiore
le lac des Quatre-Cantons	der Vierwaldstätter See
le Grand Lac Salé	der Große Salzsee
○ **l'Adige**	die Etsch
l'Amazone *f*	der Amazonas
le Danube	die Donau
l'Escaut *m*	die Schelde
le Gange	der Ganges
le Jourdain	der Jordan
la Meuse	die Maas
la Moselle	die Mosel
le Niémen	die Memel
l'Orénoque *m*	der Orinoko
le Rhin	der Rhein
la Sarre	die Saar
la Tamise	die Themse
le Tibre	der Tiber
la Volga	die Wolga

montagnes

↓ **les Alpes** *f*	die Alpen *pl*
les Alpes Bavaroises	die Bayerischen Alpen
les Préalpes	die Voralpen
les Carpates *f*	die Karpathen *pl*
le Caucase	der Kaukasus
le Cervin	der Matterhorn
la Cordillère des Andes	die Kordilleren *pl*
l'Etna	der Ätna
la Forêt-Noire	der Schwarzwald
les Monts *m* **Métalliques**	das Erzgebirge
les Montagnes Rocheuses	die Rocky Mountains *pl*
les Pyrénées *f*	die Pyrenäen *pl*
le Massif Schisteux Rhénan	das Rheinische Schiefergebirge
l'Oural *m*	der Ural
le Vésuve	der Vesuv
les Vosges *f*	die Vogesen *pl*

Abréviations et sigles français

a.c.	**de l'année courante**	des laufenden Jahres
ACF	**Automobile Club de France**	Automobil-Club von Frankreich
ACP	**Afrique, Caraïbes, Pacifique**	Afrika, Karibik und pazifischer Raum (AKP)
ADEAF	**Association pour le développement de l'enseignement de l'allemand en France**	Vereinigung zur Förderung des Deutschunterrichts in Frankreich
ADN	**acide désoxyribonucléique**	Desoxyribonukleinsäure (DNS)
AE	**Affaires étrangères**	Auswärtiges Amt
AELE	**Association européenne de libre échange**	Europäische Freihandelszone
AFNOR	**Association française de normalisation**	französischer Normenausschuss
AFP	**Agence France-Presse**	französische Presseagentur
A.G.	**assemblée générale**	Hauptversammlung
AGES	**Association des germanistes de l'enseignement supérieur**	französischer Germanistenverband *(Universität)*
Al.	**alinéa**	Absatz
ANPE	**Agence nationale pour l'emploi** *(F)*	Zentralstelle für Arbeitsvermittlung *(D)*; Arbeitsamt
AOC	**Appellation d'origine contrôlée**	geprüfte Herkunfsbezeichnung *(Wein)*
APEC	**Agence pour l'emploi des cadres**	Arbeitsvermittlung für leitende Angestellte
Art.	**article**	Artikel ; Paragraph
ASSEDIC	**Association pour l'emploi dans l'industrie et le commerce**	Vereinigung zur Förderung der Beschäftigung in Industrie und Handel
ATER	**Allocataire temporaire d'enseignement et de recherche**	wissenschaftlicher Mitarbeiter
BALO	**Bulletin des annonces légales obligatoires**	Amtsblatt für gesetzlich vorgeschriebene Veröffentlichungen
BD	**bande dessinée**	Comics
BIT	**Bureau international du travail**	Internationales Arbeitsamt (IAA)
BN	**Bibliothèque nationale**	französische Nationalbibliothek *(Paris)*
BO	**Bulletin officiel**	Gesetzblatt
BP	**Boîte postale**	Postfach
BTP	**Bâtiment et travaux publics**	Bau und öffentliche Arbeiten
BTS	**Brevet de technicien supérieur**	Technikerdiplom
C.A.	**Chiffre d'affaires**	Umsatz
CAC	**Cotation assistée en continu**	fortlaufende Computernotierung
c.-à.-d.	**c'est-à-dire**	das heißt (d.h.)
CAF	**coût, assurance, fret**	Kosten, Versicherung, Fracht (cif)
CAP	**Certificat d'aptitude professionnelle**	Lehrabschlusszeugnis
CAP	**Certificat d'aptitude pédagogique**	Lehrbefähigung für das Lehramt an Grundschulen
CAPA	**Certificat d'aptitude à la profession d'avocat**	Berufsbefähigungszeugnis für den Anwaltsstand
CAPES	**Certificat d'aptitude au professorat du second degré**	Lehrbefähigung für Sekundarschullehrer *(Ausleseverfahren)*.
C.C.C.	**copie certifiée conforme**	beglaubigte Abschrift
CCI	**Chambre de commerce et d'industrie**	Industrie- und Handelskammer (IHK)
CCI	**Chambre de commerce internationale**	Internationale Handelskammer (IHK) *(Paris)*
c. civ.	**Code civil**	bürgerliches Gesetzbuch
CCP	**compte courant postal**	Postgirokonto
CE	**Communauté européenne**	Europäische Gemeinschaft
cedex	**courrier d'entreprise à distribution exceptionnelle**	Postzustellungscode für Großkunden
CEE	**Communauté économique européenne**	Europäische Wirtschaftsgemeinschaft
CEI	**Communauté des États indépendants**	Gemeinschaft unabhängiger Staaten (GUS)
CERN	**Conseil européen pour l'énergie nucléaire**	Europäische Kernenergie-Organisation
cf.	**confer, se reporter à**	siehe (s.), vergleiche (vgl.)
cf infra	**se reporter à ce qui suit**	siehe unten (s.u.)
CFAES	**Collège franco-allemand pour l'enseignement supérieur**	Deutsch-französisches Hochschulkolleg
CFDT	**Confération française et démocratique du travail**	französische Gewerkschaft
CGC	**Confédération générale des cadres**	Bund der leitenden Angestellten
CGI	**Code général des impôts**	Abgabenordnung
CGT	**Confédération générale du travail**	französische Gewerkschaft
chap.	**chapitre**	Kapitel
CHU	**Centre hospitalier universitaire**	Universitätskrankenhaus
Cie	**compagnie**	Gesellschaft
CIM	**Convention internationale concernant le transport des marchandises par chemin de fer**	Internationales Übereinkommen über den Eisenbahn-Frachtverkehr
CNPF	**Conseil national du patronat français**	Dachorganisation der Arbeitgeberverbände
CNRS	**Centre national de la recherche scientifique**	französisches wissenschaftliches Forschungszentrum
cpt.	**comptant**	bar
c/o	**care of, aux bons soins de**	zu Händen von (z.Hdn. v.)

COB	**Commission des opérations de bourse**	Aufsichtsbehörde für Börsengeschäfte
COFACE	**Compagnie française d'assurances pour le commerce extérieur**	französische Versicherungsanstalt für den Außenhandel
c. pén.	**Code pénal**	Strafgesetzbuch (StGB)
c. pr. civ.	**Code de procédure civile**	Zivilprozessordnung (ZPO)
c. pr. pén.	**Code de procédure pénale**	Strafprozessordnung (StPO)
CQFD	**ce qu'il fallait démontrer**	quod erat demonstrandum "was zu beweisen war"
c/rembt	**contre remboursement**	gegen Nachnahme
CREDOC	**Centre de recherche et de documentation sur la consommation**	Forschungs- und Dokumentationsstelle für den Verbrauchermarkt
CRS	**Compagnies républicaines de sécurité**	Bereitschaftspolizei
CSCE	**Conférence sur la sécurité et la coopération en Europe**	Konferenz über Sicherheit und Zusammenarbeit in Europa
CSG	**contribution sociale généralisée**	Sozialsteuer
CV	**curriculum vitae**	Lebenslauf
CV	**cheval-vapeur**	Pferdestärke (PS)
DALF	**Diplôme approfondi de langue française**	Nachweis ausgezeichneter Französischkenntnisse
DATAR	**Délégation à l'aménagement du territoire et à l'action régionale**	Amtsstelle für Raumplanung und regionale Entwicklung
DEA	**diplôme d'études approfondies**	Hochschulexamen vor der Promotion
DESS	**diplôme d'études supérieures spécialisées**	Postgraduierten-Diplom
DEUG	**diplôme d'études universitaires générales**	Abschlussdiplom des Grundstudiums (Geisteswissenschaften)
DEUST	**diplôme d'études universitaires scientifiques et techniques**	Abschlussdiplom des Grundstudiums (praxisorientierte Naturwissenschaften)
doct. ; Dr	**Docteur** *(dans liste de noms)*	Doktor (Dr.)
DOM-TOM	**Départements et territoires d'Outre-Mer**	überseeische Departements und Gebiete
DST	**Direction de la surveillance du territoire**	Verfassungsschutzamt
DTS	**droits de tirage spéciaux**	Sonderziehungsrechte (SZR)
DU	**diplôme d'université**	Universitätsdiplom
EAO	**enseignement assisté par ordinateur**	computerunterstützter Unterricht
EAP	**École européenne des affaires**	Hochschule für das höhere Management
ECU	**unité monétaire européenne**	europäische Währungseinheit
EDF	**Electricité de France**	staatliche Stromversorgungsgesellschaft Frankreichs
EEE	**espace économique européen**	Europäischer Wirtschaftsraum (EWR)
ENA	**École nationale d'administration**	staatliche Verwaltungshochschule
ENM	**École nationale de la magistrature**	Richterhochschule
env.	**environ**	zirka ; etwa
EPHE	**École pratique des hautes études**	forschungsorientierte Hochschule
EPS	**Education physique et sportive**	Sportunterricht
ESCAE	**École supérieure de commerce et d'administration des entreprises**	Wirtschaftshochschule
ESCP	**École supérieure de commerce de Paris**	Pariser Wirtschaftshochschule
Esit	**École supérieure d'interprètes et de traducteurs**	Universitätsinstitut für Übersetzung und Dolmetschen *(Paris-Dauphine)*
ESSEC	**École supérieure des sciences économiques et commerciales**	Wirtschaftshochschule *(Cergy-Pontoise)*
etc.	**et caetera**	und so weiter (usw.)
Ets	**établissement**	Firma
EURATOM	**Communauté européenne de l'énergie atomique**	Europäische Atomgemeinschaft, EURATOM
EUROSTAT	**Office statistique de la CE**	Statistisches Amt der EG
E.V.	**en ville**	hier *(Post)*
exp.	**expéditeur**	Absender (Abs.)
FAO	**fabrication assistée par ordinateur**	computerunterstützte Fertigung
fco	**franco**	(porto)frei
FEN	**Fédération de l'éducation nationale**	Lehrergewerkschaft
F.P.	**franchise postale**	portofrei
FED	**Fonds européen de développement**	Europäischer Entwicklungsfonds (EEF)
FEOGA	**Fonds européen d'orientation et de garantie agricole**	Europäischer Ausrichtungs- und Garantiefonds für die Landwirtschaft
FF	**franc français**	französischer Franc
FMI	**Fonds monétaire international**	Internationaler Währungsfonds
FNSEA	**Fédération nationale des syndicats d'exploitants agricoles**	Dachorganisation der Landwirtschaftsgewerkschaften
FO	**Force ouvrière**	Gewerkschaft
GATT	**Accord général sur les tarifs douaniers et le commerce**	Allgemeines Zoll- und Handelsabkommen
GDF	**Gaz de France**	staatliche Gasversorgungsgesellschaft Frankreichs

GFA	**Groupement foncier agricole**	Gesellschaft zum Erwerb und zur Führung landwirtschaftlicher Betriebe
GIE	**Groupement d'intérêt économique**	Wirtschaftliche Interessengemeinschaft
HEC	**École des hautes études commerciales**	Wirtschaftshochschule *(in Jouy-en-Josas bei Paris)*
HLM	**habitation à loyer modéré**	Sozialwohnung
IATA	**Association internationale du transport aérien**	Internationaler Verband der Luftfahrtgesellschaften
ibid.	**ibidem**	ebenda (ebd.)
id.	**idem**	desgleichen (dgl.)
IEP	**Institut d"études politiques**	Institut für Politologie
IFOP	**Institut français d'opinion publique**	französisches Meinungsforschungsinstitut
IGF	**impôt sur les grandes fortunes**	Besteuerung der großen Vermögen
IGS	**Inspection générale des services de police**	Aufsichts- und Disziplinarstelle des französischen Polizeiwesens
INALCO	**Institut nationale des langues et civilisations orientales (Langues-O)**	Institut für Orientalistik *(Paris)*
INC	**Institut national de la consommation**	Institut für Verbraucherfragen
INSEE	**Institut national de la statistique et des études économiques**	Institut für Statistik und Wirtschaftsstudien
IRA	**Institut régional d'administration**	Aufbaustudiengang in Verwaltungswissenschaften
Isit	**Institut supérieur d'interprétation et de traduction**	Universitätsinstitut für Übersetzen und Dolmetschen
(OIPC-) INTERPOL	**Organisation internationale de police criminelle**	Internationale Organisation der Kriminalpolizei
IUFM	**Institut universitaire de formation des maîtres**	Pädagogische Hochschule für Lehrer aller Schularten
IUP	**Institut universitaire professionnalisé**	Fachhochschule mit Praxisbezug *(8 Semester)*
IUT	**Institut universitaire de technologie**	Technische Hochschule (TH) *(4 Semester)*
IVG	**interruption volontaire de la grossesse**	Schwangerschaftsabbruch
JO	**Journal officiel**	Amtsblatt
JOCE	**Journal officiel des Communautés européennes**	Amtsblatt der europäischen Gemeinschaften (ABLEG)
LEA	**langues étrangères appliquées**	berufsbezogene Fremdsprachenausbildung mit Zusatzfächern
LEP	**Lycée d'enseignement professionnel**	Fachoberschule
loc. cit.	**loco citato, à l'endroit cité**	am angeführten Ort (a.a.O.)
M.	**Monsieur**	Herr (Hr.) ; Herrn (Hrn.)
MASS	**mathématiques appliquées et sciences sociales**	Mathematischer Studiengang für Sozialwissenschaftler
MATIF	**Marché à terme international de France**	Terminbörse
MCM	**montants compensatoires monétaires**	Währungsausgleichsbeträge
MGEN	**Mutuelle générale de l'éducation nationale**	Zusatzversicherung für das Unterrichtswesen
MIAGE	**maîtrise d'informatique appliquée à la gestion**	Informatik-Diplom für Programmierer in der Wirtschaft
Mlle	**Mademoiselle**	Fräulein (Frl.)
MM.	**Messieurs**	Herren
Mme	**Madame**	Frau (Fr.)
MNEF	**Mutuelle nationale des étudiants de France**	Nationale studentische Krankenversicherung
MOCI	**Moniteur du commerce international**	Außenhandelsblatt
N.B.	**nota bene**	notabene, übrigens (NB)
N°	**numéro**	Nummer (Nr.)
NDLR	**note de la rédaction**	Anmerkung der Redaktion
NDT	**note du traducteur**	Anmerkung des Übersetzers
OEB	**Office européen des brevets**	Europäisches Patentamt
OFAJ	**Office franco-allemand pour la jeunesse**	Deutsch-französisches Jugendwerk (DFJW)
OMC	**Organisation mondiale du commerce**	Welthandelsorganisation (WTO)
OMS	**Organisation mondiale de la santé**	Weltgesundheitsorganisation
ONISEP	**Office national d'information sur les enseignements et les professions**	Nationales Informationsamt für Unterrichtswesen und Beruf
ONU	**Organisation des Nations-Unies**	Organisation der Vereinigten Nationen (UNO)
OPA	**offre publique d'achat**	öffentliches Kaufangebot
op. cit.	**opere citato, dans l'œuvre citée**	im angeführten Werk
OPE	**offre publique d'échange**	öffentliches (Aus)tauschangebot
OPEP	**Organisation des pays exportateurs de pétrole**	Organisation der Erdöl exportierenden Länder (OPEC)
ORL	**oto-rhino-laryngologie/laryngologiste**	Hals-Nase-Ohrenheilkunde/Ohrenarzt
o.s.	**ouvrier spécialisé**	angelernter Arbeiter
OTAN	**Organisation du traité de l'Atlantique Nord**	Nordatlantikpaktorganisation
OVNI	**objet volant non identifié**	unbekanntes Flugobjekt (UFO)
p.	**page**	Seite (S.)
PAC	**politique agricole commune**	gemeinsame Agrarpolitik
PAO	**publication assistée par ordinateur**	Desktop publishing (DTP)

PDG	**Président-directeur général**	Generaldirektor
p.ex.	**par exemple**	zum Beispiel (z.B.)
PIB	**produit intérieur brut**	Bruttoinlandsprodukt
p.j.	**pièce jointe**	Anlage (Anl.)
PJ	**Police judiciaire**	Kriminalpolizei (Kripo)
PME	**petites et moyennes entreprises**	kleine und mittlere Unternehmen
PMI	**petites et moyennes industries**	kleine und mittlere Industriebetriebe
PNB	**produit national brut**	Bruttosozialprodukt
p.o.	**par ordre**	im Auftrag
POS	**plan d'occupation des sols**	Flächennutzungsplan
p.p.	**par procuration**	per procura
pp.	**pages**	Seiten
P.S.	**post-scriptum**	Nachschrift (NS)
P & T	**Postes et Télécommunications**	französisches Post- und Fernmeldewesen
PTT	**Postes, Téléphone et Télécommunications**	französisches Post- und Fernmeldewesen
PV	**procès-verbal**	Strafzettel, Protokoll
PVD	**pays en voie de développement**	Entwicklungsländer
PVDI	**pays en voie de développement industriel**	Industrie-Entwicklungsländer
RAS	**rien à signaler**	keine besonderen Vorkommnisse
RATP	**Régie autonome des transports parisiens**	Pariser Verkehrsbetriebe
QCM	**questionnaire à choix multiple**	Multiple-choice-Fragebogen
QI	**quotient intellectuel**	Intelligenzquotient
QG	**quartier général**	Stabsquartier
RC	**registre du commerce**	Handelsregister (HReg)
Réf.	**référence** *(correspondance)*	Zeichen
RG	**Renseignements généraux**	Verfassungsschutz
RIB	**relevé d'identité bancaire**	Bankkontonachweis
RIP	**relevé d'identité postal**	Postgirokontonachweis
RMI	**revenu minimum d'insertion**	vom Staat gewährleistetes Mindesteinkommen
R.S.V.P.	**répondez, s'il vous plaît**	um Antwort wird gebeten (u.A.w.g.)
s.	**et suivants**	folgende (Seiten) (ff.)
SA	**société anonyme**	Aktiengesellschaft (AG)
SACEM	**Société des auteurs, compositeurs et éditeurs de musique**	Gesellschaft für musikalische Aufführungs- und mechanische Vervielfältigungsrechte (GEMA)
SAMU	**Service d'aide médicale d'urgence**	ärztlicher Notdienst
SARL	**Société à responsabilité limitée**	Gesellschaft mit beschränkter Haftung (GmbH)
sdf	**sans domicile fixe**	ohne festen Wohnsitz, obdachlos
SDAU	**schéma directeur d'aménagement et d'urbanisme**	Bauleitplan
SEITA	**Service d'exploitation industrielle des tabacs et allumettes**	Staatliche Gesellschaft für Zündhölzer und Tabakwaren
SEM	**Société d'économie mixte**	gemischtwirtschaftliche Gesellschaft
s.l.	**sans (indication de) lieu**	ohne Ort(sangabe) (o.O.)
SICAV	**Société d'investissement à capital variable**	Investmentgesellschaft mit veränderlichem Kapital
SME	**système monétaire européen**	europäisches Währungssystem
SMIC	**salaire minimum interprofessionnel de croissance**	wachstumsbezogener Mindestlohn
SNCF	**Société nationale des chemins de fer français**	staatliche französische Eisenbahngesellschaft
SOFRES	**Société française d'enquêtes par sondage**	französisches Meinungsforschungsinstitut
SPA	**Société protectrice des animaux**	Tierschutzverein
Sté	**société**	Gesellschaft
s.v.p.	**s'il vous plaît**	bitte
succr	**successeur**	Nachfolger
TDC	**Tarif douanier commun**	gemeinsamer Zolltarif
TGV	**train à grande vitesse**	Hochgeschwindigkeitszug
TIR	**Transport international routier**	internationaler Straßengüterverkehr
TSVP	**tournez, s'il vous plaît**	bitte wenden (b.w.)
TTC	**toutes taxes comprises**	einschließlich aller Steuern und Abgaben
TUC	**travaux d'utilité collective**	Arbeitsbeschaffungsmaßnahme
TV	**télévision**	Fernsehen (TV)
TVA	**taxe à la valeur ajoutée**	Mehrwertsteuer (MwSt/MWSt))
TUP	**titre universel de paiement**	Einziehungsanweisung
UE	**Union européenne**	Europäische Union (EU)
UEO	**Union de l'Europe occidentale**	Westeuropäische Union (WEU)
ULM	**ultra-léger motorisé**	Ultraleichtflugzeug

UNEF	**Union nationale des étudiants de France**	Studentenverband
URSSAF	**Union de recouvrement des cotisations de sécurité sociale et d'allocations familiales**	Union der Beitragszahlungen für Sozialversicherungen und Familienbeihilfen
UV	**unité de valeur**	Schein *(Universität)*
v.	**voir**	siehe
VPC	**Vente par correspondance**	Versandkauf
VRP	**voyageur, représentant, placier**	Handlungsreisender
X	**École polytechnique**	Ingenieurhochschule *(Palaiseau)*
ZAC	**Zone d'aménagement concerté**	Gebiet für konzertierte Raumplanung
ZAD	**Zone à aménagement différé**	Gebiet mit aufgeschobenem Bebauungsplan
Z.I.	**Zone industrielle**	Industriegebiet

Abréviations et sigles allemands

AA	Auswärtiges Amt	**Ministère des Affaires Etrangères (AE)**
a.a.O.	am angeführten/angegebenen Ort	**à l'endroit cité (loc. cit.)**
a.B.	außergewöhnliche Belastungen	**charges fiscales exceptionnelles**
Abb.	Abbildung	**illustration**
ABGB	Allgemeines Bürgerliches Gesetzbuch	**Code civil autrichien**
Abk.	Abkürzung	**abréviation**
ABIEG	Amtsblatt der Europäischen Gemeinschaften	**Journal officiel des Communautés européennes (JOCE)**
ABM	Arbeitsbeschaffungsmaßnahmen	**mesures de création d'emploi**
Abs.	Absatz	**alinéa**
Abt.	Abteilung	**direction, division**
abz.	abzüglich	**sous déduction de**
AbzG	Abzahlungsgesetz	**loi concernant les ventes à tempérament**
a.D.	außer Dienst	**en retraite**
ADAC	Allgemeiner Deutscher Automobil-Club	**Automobile-Club général d'Allemagne**
ADS	Allgemeine Deutsche Seeversicherungsbedingungen	**conditions générales des assurances maritimes allemandes**
ADSp	Allgemeine Deutsche Spediteurbedingungen	**conditions générales des transporteurs allemands**
AE	Ausfuhrerklärung	**déclaration d'exportation**
AEST	Allgemeiner Europäischer Stückguttarif	**tarif général européen pour le transport des marchandises**
a.F.	alte Fassung	**ancienne version**
AfA	Absetzung für Abnutzung	**déduction pour dépréciation**
AFG	Arbeitsförderungsgesetz	**loi concernant la promotion du travail**
AG	Aktiengesellschaft	**société par actions**
AGB	Allgemeine Geschäftsbedingungen	**conditions générales de vente**
Aids	acquired immune deficiency syndrome	**sida**
AKA	Ausfuhrkreditanstalt	**Institut de crédit à l'exportation**
AKP	Afrika, Karibik und pazifischer Raum	**Afrique, Caraïbes, Pacifique**
AktG	Aktiengesetz	**loi sur les sociétés par actions**
AKW	Atomkraftwerk	**centrale nucléaire**
Anh.	Anhang	**annexe**
Anl.	Anlage	**en annexe, pièce jointe (p.j.)**
Anm.	Anmerkung	**annotation, remarque**
AO	Abgabenordnung	**Code général des impôts**
AOK	Allgemeine Ortskrankenkasse	**caisse générale régionale de maladie**
ArbGG	Arbeitsgerichtsgesetz	**loi relative aux conseils de prud'hommes**
ARD	Arbeitsgemeinschaft der öffentlich-rechtlichen Rundfunkanstalten der Bundesrepublik Deutschland	**Société de production de la 1re chaîne de télévision allemande**
ASEAN	Vereinigung südostasiatischer Staaten zur Förderung von Frieden und Wohlstand	**Association des nations du Sud-Est asiatique**
AStA	Allgemeiner Studentenausschuss	**comité général des étudiants**
AStG	Außensteuergesetz	**loi relative à l'imposition des revenus encaissés à l'étranger**
AU	Abgasuntersuchung	**contrôle des gaz d'échappement**
AuslG	Ausländergesetz	**loi relative aux étrangers**
AVAVG	Gesetz über Arbeitsvermittlung und Arbeitslosenversicherung	**loi concernant l'emploi et l'assurance-chômage**
AVB	Allgemeine Versicherungsbedingungen	**conditions générales d'assurances**
AWG	Außenwirtschaftsgesetz	**loi concernant l'économie extérieure**
AZO	Arbeitszeitordnung	**code des heures de travail**
Azubi	Auszubildender	**apprenti, stagiaire**
BA	Bundesanstalt für Arbeit	**Office fédéral du travail**
BAB	Bankaufsichtsbehörde	**Commission de contrôle des banques**
BAföG	Bundesausbildungsförderungsgesetz	**loi fédérale visant à promouvoir la formation**
BAG	Bundesarbeitsgericht	**juridiction prud'homale fédérale**
BAK	Bundesaufsichtsamt für das Kreditwesen	**Office fédéral de contrôle du crédit**
BAnz	Bundesanzeiger	**bulletin fédéral**
BArbBl	Bundesarbeitsblatt	**bulletin du ministère du travail**
BAT	Bundesangestelltentarif	**échelle des salaires de la fonction publique en RFA**
BBauG	Bundesbaugesetz	**loi fédérale relative à la construction**
BbG	Bundesbankgesetz	**loi relative à la Banque fédérale allemande**
BBG	Bundesbeamtengesetz	**loi relative aux droits et devoirs des fonctionnaires fédéraux**
BBiG	Berufsbildungsgesetz	**loi concernant la formation professionnelle**
BBk	Bundesbank	**Banque d'Allemagne fédérale**
BDA	Bund Deutscher Architekten	**Fédération des architectes allemands**

BDI	Bundesverband der Deutschen Industrie	**Union fédérale de l'industrie allemande**
BDÜ	Bundesverband der Dolmetscher und Übersetzer	**Union fédérale des interprètes et traducteurs**
bes.	besonders	**particulièrement**
BetrVG	Betriebsverfassungsgesetz	**loi relative à l'organisation des entreprises**
bez.	bezahlt	**payé**
Bf.	Bahnhof	**gare**
BFH	Bundesfinanzhof	**Cour fédérale suprême en matière fiscale**
bfn	brutto für netto	**brut pour net**
BGB	Bürgerliches Gesetzbuch	**Code civil allemand**
BGBl.	Bundesgesetzblatt	**Journal officiel de la RFA**
BGH	Bundesgerichtshof	**Cour fédérale suprême**
BGHSt	Entscheidungen des BGH in Strafsachen	**Recueil des arrêts du BGH en matière pénale**
BGHZ	Entscheidungen des BGH in Zivilsachen	**Recueil des arrêts du BGH en matière civile**
BHO	Bundeshaushaltsordnung	**règlement budgétaire fédéral**
BKA	Bundeskartellamt	**Office fédéral du contrôle des ententes**
Bl.	Blatt	**feuille**
BLZ	Bankleitzahl	**numéro d'identité bancaire**
BörsG	Börsengesetz	**loi concernant la Bourse**
BPersVG	Bundespersonalvertretungsgesetz	**loi fédérale relative à la représentation du personnel**
BVerfG	Bundesverfassungsgericht	**Tribunal constitutionnel fédéral**
b.w.	bitte wenden	**tournez (la page), s'il vous plaît**
bzw.	beziehungsweise	**respectivement ; ou bien**
ca.	zirka ; etwa	**environ**
CAD	computerunterstütztes Entwerfen und Konstruieren	**conception assistée par ordinateur (CAO)**
CAM	computerunterstützte Fertigung	**fabrication assistée par ordinateur (FAO)**
DAAD	Deutscher akademischer Austauschdienst	**Office allemand d'échanges universitaires**
DAB	Deutsches Arzneibuch	**codex allemand**
DAG	Deutsche Angestellten-Gewerkschaft	**syndicat allemand des employés**
DAX	Deutscher Aktien-Index	**indice boursier allemand**
DB	Deutsche Bundesbahn	**Société nationale des chemins de fer allemands**
DBA	Doppelbesteuerungsabkommen	**convention en matière de double imposition**
DBB	Deutscher Beamtenbund	**fédération des fonctionnaires allemands**
DBP	Deutsche Bundespost	**poste fédérale allemande**
DED	Deutscher Entwicklungsdienst	**Service allemand pour le Développement**
DepG	Depotgesetz	**loi relative au dépôt et à l'acquisition de titres**
DGB	Deutscher Gewerkschaftsbund	**confédération des syndicats allemands**
desgl.	desgleichen	**de même ; idem (id.)**
DFJW	Deutsch-französisches Jugendwerk	**Office franco-allemand pour la jeunesse (OFAJ)**
dgl.	dergleichen	**pareil ; semblable**
d.h.	das heißt	**c'est-à-dire (c.-à-d.)**
d.i.	das ist	**c.-à.-d.**
DIHT	Deutscher Industrie- und Handelstag	**Conférence des chambres allemandes du commerce et d'industrie**
DIN	Deutsche Industrie-Norm	**norme industrielle allemande**
Dipl.-Ing.	Diplomingenieur	**ingénieur diplômé**
Diss.	Dissertation	**thése de doctorat**
DIW	Deutsches Institut für Wirtschaftsforschung	**institut allemand d'études économiques**
d.J.	dieses Jahres	**de cette année**
d.M.	des Monats	**courant ; de ce mois**
DNA	Deutscher Normenausschuss	**comité allemand de normalisation**
dpa	deutsche Presse-Agentur	**agence allemande de presse**
Dr.	Doktor	**docteur**
dt.	deutsch	**allemand**
DTP	Desktop publishing	**publication assistée par ordinateur (PAO)**
Dtzd	Dutzend	**douzaine**
DVO	Durchführungs-Verordnung	**règlement d'application**
dz	Doppelzentner	**quintal**
EAGFL	Europäischer Ausrichtungs- und Garantiefonds für die Landwirtschaft	**Fonds européen d'orientation et de garantie agricole (FEOGA)**
EDV	elektronische Datenverarbeitung	**traitement informatique des données**
ebd.	ebenda	**au même endroit**
EFTA	Europäische Freihandelszone	**Association européenne de libre-échange (AELE)**

e.G.	eingetragene Genossenschaft	**coopérative enregistrée**
EG	Europäische Gemeinschaft	**Communauté européenne**
EGBGB	Einführungsgesetz zum BGB	**loi introductive au code civil allemand**
EGStGB	Einführungsgesetz zum StGB	**loi introductive au code pénal allemand**
einschl.	einschließlich	**y compris ; inclus**
erl.	erläutert	**commenté**
ersch.	erschienen	**paru**
EU	Europäische Union	**Union européenne**
e.V.	eingetragener Verein	**association déclarée**
EVO	Eisenbahn-Verkehrsordnung	**règlement du trafic ferroviaire**
evtl.	eventuell	**éventuellement**
EWR	Europäischer Wirtschaftsraum	**Espace économique européen (EEE)**
EWS	Europäisches Währungssystem	**Système monétaire européen (SME)**
exkl.	exklusive	**non compris**
Fa	Firma	**firme (commerciale)**
fas	frei Längsseite Schiff	**franco long du navire**
FED	Europäischer Entwicklungsfonds	**Fonds européen de développement**
ff.	folgende Seiten	**pages suivantes**
FH	Fachhochschule	**école supérieure technique/commerciale**
FKK	Freikörperkultur	**naturisme**
fob	frei an Bord	**franco à bord**
frz.	französisch	**français**
GAU	größter anzunehmender Unfall	**risque technologique majeur**
GATT	Allgemeines Zoll- und Handelsabkommen	**Accord général sur les tarifs douaniers et le commerce extérieur**
GAZ	Gemeinsamer Außenzolltarif	**tarif douanier commun (TDC)**
GBl	Gesetzblatt	**Journal Officiel**
gegr.	gegründet	**fondé**
GenG	Genossenschaftsgesetz	**loi concernant les sociétés coopératives**
Ges.	Gesellschaft	**société**
Ges. gesch.	gesetzlich geschützt	**marque déposée**
GewO	Gewerbeordnung	**Code des professions industrielles et commerciales**
GewSt	Gewerbesteuer	**taxe professionnelle**
gez.	gezeichnet	**signé**
GG	Grundgesetz	**Loi fondamentale**
ggf.	gegebenenfalls	**le cas échéant**
GmbH	Gesellschaft mit beschränkter Haftung	**société à responsabilité limitée (SARL)**
GrStG	Grundsteuergesetz	**loi relative à l'impôt foncier**
GUS	Gemeinschaft Unabhängiger Staaten	**Communauté des États indépendants (CEI)**
GVG	Gerichtsverfassungsgesetz	**loi concernant l'organisation judiciaire**
GWB	Gesetz gegen Wettbewerbsbeschränkungen	**loi portant répression des restrictions à la concurrence**
Habil.-Schr.	Habilitationsschrift	**thèse de doctorat (habilitation)**
Hbf	Hauptbahnhof	**gare centrale**
Hdl.	Handlung	**maison de commerce**
hg./hrsg.	herausgegeben	**édité, sous la direction de**
HGB	Handelsgesetzbuch	**Code de commerce**
HIV	humane immunodeficiency virus	**virus du sida**
	HIV-negatif ; HIV-positiv	**séronégatif ; séropositif**
HNO	Hals-, Nasen-, Ohrenheilkunde	**oto-rhino-laryngologie (ORL)**
Hr.	Herr	**monsieur**
Hrn	Herrn	**(à) monsieur**
HReg	Handelsregister	**registre du commerce (RC)**
hs	handschriftlich	**manuscrit, écrit à la main**
HV	Hauptversammlung	**assemblée générale (AG)**
i.A.	im Auftrag	**par ordre (p. o.)**
IAA	Internationales Arbeitsamt	**Bureau international du travail**
IAA	Internationale Automobilausstellung	**Salon international de l'automobile**
i.Allg.	im Allgemeinen	**en général**
ICE	Intercity Express	**train à grande vitesse**
IFO	Institut für Wirtschaftsforschung	**Institut de recherches économiques**
IG	Industriegewerkschaft	**syndicat industriel**
i.J.	im Jahre	**dans l'année**
IHK	Industrie und Handelskammer	**Chambre de commerce et d'industrie**

IHK	Internationale Handelskammer	**Chambre de commerce internationale**
inbegr.	inbegriffen	**compris ; inclus**
Inh.	Inhaber	**propriétaire**
i.R.	im Ruhestand	**en retraite**
ISDN	Dienste integrierendes digitales Fernmeldenetz	**réseau numérique à intégration de services (RNIS)**
i.V.	in Vertretung	**par délégation**
IVF	In-Vitro-Fertilisation	**fécondation in vitro**
IWF	Internationaler Währungsfonds	**Fonds monétaire international (FMI)**
JArbSchG	Jugendarbeitschutzgesetz	**loi sur la protection des jeunes travailleurs**
Jb.	Jahrbuch	**annuaire**
Jg.	Jahrgang	**année ; millésime**
Jh(dt).	Jahrhundert	**siècle (s.)**
KapSt	Kapitalertragsteuer	**impôt sur le revenu du capital**
KSZE	Konferenz über Sicherheit und Zusammenarbeit in Europa	**Conférence sur la sécurité et la coopération en Europe**
Kfz	Kraftfahrzeug	**véhicule automobile**
KG	Kommanditgesellschaft	**société en commandite**
k.J.	kommenden Jahres	**de l'année prochaine**
KO	Konkursordnung	**Code de la faillite**
Kripo	Kriminalpolizei	**police judiciaire (PJ)**
KSchG	Kündigungsschutzgesetz	**loi sur la protection contre le licenciement**
Kto	Konto	**compte**
KVO	Kraftverkehrsordnung	**règlement des transports routiers**
lfd	laufend	**courant**
l.J.	laufenden Jahres	**de l'année courante**
LG	Landgericht	**tribunal de grande instance**
Lkw	Lastkraftwagen	**poids lourd**
LMG	Lebensmittelgesetz	**loi concernant les produits alimentaires**
LohnFG	Lohnfortzahlungsgesetz	**loi relative au paiement continu du salaire en cas de maladie**
LSchlG	Ladenschlussgesetz	**loi relative aux horaires d'ouverture et de fermeture des magasins**
lt.	laut	**selon ; suivant**
Ltn.	Leutnant	**sous-lieutenant (ss-lieut.)**
masch.	maschinenschriftlich	**dactylographie (dactylogr.)**
Mgl.	Mitglied	**membre**
MdB	Mitglied des Bundestags	**membre du Bundestag**
m.E.	meines Erachtens	**à mon avis**
Mio	Million(en)	**million(s)**
Mrd.	Milliarde(n)	**milliard (s)**
MS	multiple Sklerose	**sclérose en plaques**
mtl.	monatlich	**mensuel**
MuSchG	Mutterschutzgesetz	**loi sur la protection des mères**
m.W.	meines Wissens	**à ma connaissance, pour autant que je sache**
MWSt	Mehrwertsteuer	**taxe sur la valeur ajoutée (TVA)**
m.Z.	mangels Zahlung	**faute de paiement**
Nachf.	Nachfolger	**successeur**
NB	notabene, merke wohl	**nota bene (N.B.)**
Nr.	Nummer	**numéro (n°)**
NS	Nachschrift	**post-scriptum (PS/P.-S.**
n.V.	nach Vereinbarung	**sur rendez-vous (sur R.-V.)**
O.	Order	**ordre**
o.a.	oben angeführt/oben angegeben	**ci-dessus, supra**
o.B.	ohne Befund	**résultat négatif** *(examen médical)*
o.g.	oben genannt	**susnommé**
OB	Oberbürgermeister	**premier maire**
OHG	offene Handelsgesellschaft	**société en nom collectif**
o.J.	ohne Jahr(esangabe)	**sans date (s.d.)**
o.O.	ohne Ort(sangabe)	**sans lieu (s.l.)**
OLG	Oberlandesgericht	**cour d'appel**
OP	Operationssaal	**salle d'opération**
OPEC	Organisation der Erdöl exportierenden Länder	**Organisation des pays exportateurs de pétrole (OPEP)**
PatG	Patentgesetz	**loi relative aux brevets**
PIN	persönliche Identifikationsnummer	**code secret** *(carte bancaire)*
Pkw	Personenkraftwagen	**voiture de tourisme**

ppa.	per procura	**par procuration**
PS	Pferdestärke	**cheval-vapeur (CV)**
PSchA	Postscheckamt	**centre de chèques postaux**
QbA	Qualitätswein bestimmter Anbaugebiete	**vin délimité de qualité supérieure (VDQS)**
RA	Rechtsanwalt	**avocat**
RabG	Rabattgesetz	**loi concernant l'octroi de remises**
rd.	rund	**environ**
rev.	revidiert	**revu**
S.	Seite	**page**
s.	siehe	**voyez ; voir**
Sa.	Samstag	**samedi**
ScheckG	Scheckgesetz	**loi sur les chèques**
so	sonntags	**tous les dimanches**
So	Sonntag	**dimanche**
s.o.	siehe oben	**voir plus haut (v. supra)**
s.u.	siehe unten	**voir plus bas (v. infra)**
StGB	Strafgesetzbuch	**Code pénal**
StPO	Strafprozessordnung	**Code de procédure pénale**
StVO	Straßenverkehrsordnung	**Code de la route**
SZR	Sonderziehungsrechte	**droits de tirage spéciaux (DTS)**
tgl	täglich	**tous les jours**
tlw.	teilweise	**partiellement**
TH	Technische Hochschule	**école technique supérieure**
TÜV	Technischer Überwachungsverein	**contrôle technique**
TVG	Tarifvertragsgesetz	**loi concernant les conventions collectives**
u. a.	und andere ; unter anderem	**et autres, et alii (et al.) ; entre autres**
u.A.w.g.	um Antwort wird gebeten	**répondre s'il vous plaît**
u. E.	unseres Erachtens	**à notre avis**
UFO	unbekanntes Flugobjekt	**objet volant non identifié (OVNI)**
usw.	und so weiter	**et ainsi de suite ; etc.**
U-Haft	Untersuchungshaft	**détention préventive**
UmwG	Umwandlungsgesetz	**loi relative à la modification de la forme juridique des entreprises**
UNO	Organisation der Vereinten Nationen	**Organisation des Nations unies (ONU)**
UStG	Umsatzsteuergesetz	**loi relative à l'impôt sur le chiffre d'affaires**
u. U.	unter Umständen	**éventuellement**
u. ü. V.	unter üblichem Vorbehalt	**sous les réserves d'usage**
u.W.	unseres Wissens	**à notre connaissance**
UWG	Gesetz gegen den unlauteren Wettbewerb	**loi contre la concurrence déloyale**
u.zw.	und zwar	**à savoir**
VAE	Vereinigte arabische Emirate	**Emirats arabes unis**
verb.	verbessert	**corrigé**
VerStG	Versicherungssteuergesetz	**loi relative à l'impôt sur l'asssurance**
vgl.	vergleiche	**comparez à (cf.)**
v., g., u.	vorgelesen, genehmigt, unterschrieben	**lu et approuvé**
v.H.	vom Hundert	**pour cent**
v.J.	vorigen Jahres	**de l'année dernière**
v.M.	vorigen Monats	**du mois dernier**
VO	Verordnung	**règlement**
v.T.	von Tausend	**pour mille**
VWL	Volkswirtschaftslehre	**Économie politique**
WEU	Westeuropäische Union	**Union de l'Europe occidentale (UEO)**
WG	Wechselgesetz	**loi sur les lettres de change**
WPO	Wirtschaftsprüferordnung	**Code des experts-comptables**
z.B.	zum Beispiel	**par exemple**
z.d.A.	zu den Akten	**à classer**
z.Hd.	zu Händen	**aux bons soins de**
ZPO	Zivilprozessordnung	**Code de procédure civile**
z.T.	zum Teil	**en partie**
ZVG	Zwangsversteigerungsgesetz	**loi concernant la vente aux enchères publiques**
z.Zt.	zur Zeit	**à l'époque de**
zz./zzt.	zurzeit	**actuellement**

Principaux verbes forts (avec* **sein***, + avec* **haben***)*

Infinitif	Indicatif présent 3e pers. sing.	Prétérit	Participe passé	
befehlen	befiehlt	befahl	befohlen	**ordonner, commander**
beginnen		begann	begonnen	**commencer**
beißen		biss	gebissen	**mordre**
bergen	birgt	barg	geborgen	**mettre en sûreté, cacher**
bersten	birst	barst	geborsten*	**éclater**
bewegen		bewog	bewogen	**engager à, pousser à**
biegen		bog	gebogen* gebogen+	**tourner** **courber**
bieten		bot	geboten	**offrir**
binden		band	gebunden	**lier, attacher**
bitten		bat	gebeten	**prier (de faire), demander**
bleiben		blieb	geblieben*	**rester**
brechen	bricht	brach	gebrochen*+	**briser, rompre**
brennen		brannte	gebrannt	**brûler**
bringen		brachte	gebracht	**apporter**
denken		dachte	gedacht	**penser**
dringen		drang	gedrungen* gedrungen+	**pénétrer** **insister**
dürfen	darf	durfte	gedurft	**avoir l'autorisation de**
empfangen	empfängt	empfing	empfangen	**recevoir**
empfehlen	empfiehlt	empfahl	empfohlen	**recommander**
erlöschen löschen (faible)	erlischt	erlosch	erloschen	**s'éteindre** **éteindre**
erschrecken erschrecken (faible)	erschrickt	erschrak	erschrocken*	**s'effrayer** **effrayer**
erwägen		erwog	erwogen	**envisager; considérer**
essen	isst	aß	gegessen	**manger**
fahren	fährt	fuhr	gefahren* gefahren+	**aller, se déplacer en véhicule** **conduire (tr)**
fallen	fällt	fiel	gefallen*	**tomber**
fangen	fängt	fing	gefangen	**capturer, attraper**
fechten	ficht	focht	gefochten	**combattre** *(escrime)*
finden		fand	gefunden	**trouver**
fliegen		flog	geflogen*	**voler (dans les airs)**
fliehen		floh	geflohen*	**fuir**
fließen		floss	geflossen*	**couler**
fressen	frisst	fraß	gefressen	**manger** *(animaux)*
frieren		fror	gefroren	**geler; avoir froid**
gären		gor, gärte	gegoren*, gegärt+	**fermenter**
gebären		gebar	geboren	**mettre au monde**
geben	gibt	gab	gegeben	**donner**
gedeihen		gedieh	gediehen*	**prospérer**
gehen		ging	gegangen*	**aller**
gelingen	es gelingt ihm	gelang	gelungen*	**réussir**
gelten	gilt	galt	gegolten	**valoir, être valable**
genesen		genas	genesen*	**se rétablir, guérir**
genießen		genoss	genossen	**jouir de**
geschehen	geschieht	geschah	geschehen*	**arriver, se passer**
gewinnen		gewann	gewonnen	**gagner**
gießen		goss	gegossen	**verser, arroser**
gleichen		glich	geglichen	**ressembler**
gleiten		glitt	geglitten*	**glisser**
glimmen		glomm	geglommen	**brûler sans flamme**
graben	gräbt	grub	gegraben	**creuser**
greifen		griff	gegriffen	**saisir**
haben	hat	hatte	gehabt	**avoir**
halten	hält	hielt	gehalten	**tenir; s'arrêter**
hängen		hing	gehangen	**être suspendu**
hauen		hieb	gehauen	**frapper**
heben		hob	gehoben	**(sou)lever**

Infinitif	Indicatif présent 3e pers. sing.	Prétérit	Participe passé	
heißen		hieß	geheißen	**s'appeler**
helfen		half	geholfen	**aider**
kennen		kannte	gekannt	**connaître**
klingen		klang	geklungen	**(ré)sonner**
kneifen		kniff	gekniffen	**pincer**
kommen		kam	gekommen*	**venir**
können	kann	konnte	gekonnt	**pouvoir; savoir**
kriechen		kroch	gekrochen*	**ramper**
laden	lädt	lud	geladen	**charger**
lassen	lässt	ließ	gelassen	**laisser**
laufen	läuft	lief	gelaufen*	**courir**
leiden		litt	gelitten	**souffrir**
leihen		lieh	geliehen	**prêter**
lesen	liest	las	gelesen	**lire**
liegen		lag	gelegen	**être couché**
lügen		log	gelogen	**mentir**
mahlen		mahlte	gemahlen	**moudre**
meiden		mied	gemieden	**éviter**
melken		melkte	gemolken	**traire**
messen	misst	maß	gemessen	**mesurer**
misslingen		misslang	misslungen*	**échouer**
mögen	mag	mochte	gemocht	**aimer, avoir envie de**
müssen	muss	musste	gemusst	**être obligé de, devoir**
nehmen	nimmt	nahm	genommen	**prendre**
nennen		nannte	genannt	**nommer**
pfeifen		pfiff	gepfiffen	**siffler**
preisen		pries	gepriesen	**louer, vanter**
quellen	quillt	quoll	gequollen*	**(se) gonfler, jaillir**
raten	rät	riet	geraten	**conseiller; deviner**
reiben		rieb	gerieben	**frotter**
reißen		riss	gerissen* gerissen+	**se déchirer** **arracher**
reiten		ritt	geritten* geritten+	**faire du cheval** **monter (un cheval)**
rennen		rannte	gerannt*	**courir**
riechen		roch	gerochen	**sentir (une odeur)**
ringen		rang	gerungen	**lutter**
rinnen		rann	geronnen*	**couler, ruisseler**
rufen		rief	gerufen	**appeler**
saufen	säuft	soff	gesoffen	**boire** *(animaux)*
saugen		sog	gesogen	**sucer, aspirer**
schaffen schaffen (faible)		schuf	geschaffen	**créer** **travailler, accomplir**
scheiden		schied	geschieden* geschieden+	**divorcer, se séparer** **séparer**
scheinen		schien	geschienen	**sembler; briller**
schelten	schilt	schalt	gescholten	**gronder, traiter de**
scheren		schor	geschoren	**tondre**
schieben		schob	geschoben	**pousser**
schießen		schoss	geschossen	**tirer** *(arme)*
schlafen	schläft	schlief	geschlafen	**dormir**
schlagen	schlägt	schlug	geschlagen	**frapper, battre**
schleichen		schlich	geschlichen*	**se glisser**
schleifen		schliff	geschliffen	**aiguiser, tailler**
schließen		schloss	geschlossen	**fermer**
schmeißen		schmiss	geschmissen	**jeter**
schmelzen	schmilzt	schmolz	geschmolzen* geschmolzen+	**fondre** **(faire) fondre**
schneiden		schnitt	geschnitten	**couper**
schreiben		schrieb	geschrieben	**écrire**
schreien		schrie	geschrien	**crier**

Infinitif	Indicatif présent 3e pers. sing.	Prétérit	Participe passé	
schreiten		schritt	geschritten	**marcher, arpenter**
schweigen		schwieg	geschwiegen	**se taire**
schwellen	schwillt	schwoll	geschwollen	**(se) gonfler**
schwimmen		schwamm	geschwommen	**nager**
schwingen		schwang	geschwungen	**brandir**
schwören		schwor	geschworen	**jurer, prêter serment**
sehen	siehst	sah	gesehen	**voir**
sein	ist	war	gewesen*	**être**
senden senden (faible)		sandte	gesandt	**envoyer** **émettre** *(radio)*
singen		sang	gesungen	**chanter**
sinken		sank	gesunken*	**sombrer**
sinnen		sann	gesonnen	**réfléchir**
sitzen		saß	gesessen	**être assis**
sollen	soll	sollte	gesollt	**devoir (moral)**
spalten		spaltete	gespalten	**diviser, fendre**
speien		spie	gespien	**cracher**
sprechen	spricht	sprach	gesprochen	**parler**
springen		sprang	gesprungen	**sauter**
stechen	sticht	stach	gestochen	**piquer**
stehen		stand	gestanden	**être debout**
stehlen		stahl	gestohlen	**voler, dérober**
steigen		stieg	gestiegen	**monter**
sterben	stirbt	starb	gestorben	**mourir**
stinken		stank	gestunken	**puer**
stoßen	stößt	stieß	gestoßen	**pousser, heurter**
streichen		strich	gestrichen	**badigeonner, rayer**
streiten		stritt	gestritten	**être en conflit**
tragen	trägt	trug	getragen	**porter**
treffen	trifft	traf	getroffen	**atteindre, rencontrer**
treiben		trieb	getrieben	**pousser, dériver**
treten	tritt	trat	getreten* getreten+	**faire un pas, marcher** **fouler aux pieds**
trinken		trank	getrunken	**boire**
trügen		trog	getrogen	**tromper**
tun		tat	getan	**faire, agir**
verbieten		verbot	verboten	**interdire**
verbinden		verband	verbunden	**relier, panser**
verderben		verdarb	verdorben* verdorben+	**se gâcher** **pervertir**
vergessen	vergisst	vergaß	vergessen	**oublier**
verlieren		verlor	verloren	**perdre**
verschleißen		verschliss	verschlissen	**user**
verschwinden		verschwand	verschwunden*	**disparaître**
verzeihen		verzieh	verziehen	**pardonner**
wachsen	wächst	wuchs	gewachsen*	**croître, grandir**
waschen	wäscht	wusch	gewaschen	**laver**
weben		wob, webte	gewoben, gewebt	**tisser**
weichen		wich	gewichen	**se retirer, s'écarter**
weisen		wies	gewiesen	**indiquer**
wenden wenden (faible)		wandte	gewandt	**s'adresser** **faire demi-tour**
werben	wirbt	warb	geworben	**faire de la publicité**
werden	wird	wurde	geworden*	**devenir**
werfen	wirft	warf	geworfen	**lancer, jeter**
wiegen		wog	gewogen	**peser**
wissen	weiß	wusste	gewusst	**savoir**
wollen	will	wollte	gewollt	**vouloir**
ziehen		zog	gezogen	**tirer**
zwingen		zwang	gezwungen	**contraindre**

Index français

C

D

E

F

G

P

T

U

Index Allemand

T

U

V

W

Z

Inhaltsverzeichnis

XV. Der Verkehr - Der Tourismus 272

XVI. Die Ernährung 294

XVII. Die Landwirtschaft 310

XVIII. Die Kleidung 319

XIX. Die Stadt - Bauen und Wohnen 325

XX. Länder - Abkürzungen - starke Verben 340

Réforme de l'orthographe allemande

Calendrier de la réforme

1902	Publication de la réglementation de l'orthographe allemande décidée à Berlin en 1901.
1.7.1996	Les représentants des pays germanophones réunis à Vienne donnent leur accord pour réformer l'orthographe de la langue allemande.
1.8.1998	Introduction de la nouvelle orthographe dans les établissements scolaires et les administrations.
1.8.1998 au 31.7.2005	Période transitoire durant laquelle l'ancienne orthographe devra être tolérée.
1.8.2005	Application généralisée de la nouvelle réglementation.

Principales dispositions de la réforme (exemples)

- Germanisation de certains mots d'origine étrangère (*eindeutschende Schreibung*), l'ancienne orthographe subsistant à côté de la nouvelle :

  Geographie/Geografie
  Nagelnecessaire/Nagelnessessär
  Panther/Panter
  Portemonnaie/Portmonee

- Simplification de l'orthographe

  a) «*ß* » s'écrira désormais «*ss* » lorsqu'il est précédé d'une voyelle brève :

  daß → dass
  Schloß → Schloss
  Kuß → Kuss
  er muß → er muss
  Prozeß → Prozess

  b) Harmonisation

  rauh → rau (*sur le modèle de* grau)
  Känguruh → Känguru (*sur le modèle de* Gnu)

  c) Respect du radical (*Stammprinzip*) :

  Stengel → Stängel (*à cause de* Stange)
  numerieren → nummerieren (Nummer)

- Systématisation dans l'emploi des majuscules (*Großschreibung*)

  in bezug auf → in Bezug auf
  auf dem trockenen sitzen → auf dem Trockenen sitzen
  im allgemeinen → im Allgemeinen
  es ist das beste → es ist das Beste
  im großen und ganzen → im Großen und Ganzen
  heute mittag → heute Mittag
  gestern abend → gestern Abend

- Rétablissement de la troisième consonne dans les mots composés :

Ballettruppe	→ Balletttruppe
Brennessel	→ Brennnessel
Kongresstadt	→ Kongressstadt
Schiffahrt	→ Schifffahrt

Il est toutefois possible d'écrire ces mots avec un trait d'union :

Ballett-Truppe ; Brenn-Nessel ; Kongress-Stadt ; Schiff-Fahrt

- S'écrivent en deux mots (*Getrenntschreibung*) :

radfahren	→ Rad fahren (*sur le modèle de* Auto fahren)
gefangennehmen	→ gefangen nehmen
übrigbleiben	→ übrig bleiben
die eisenverarbeitende Industrie	→ die Eisen verarbeitende Industrie
laubtragende Bäume	→ Laub tragende Bäume

- Coupures de syllabes en fin de ligne (*Worttrennung am Zeilenende*) :

We-sten	→ Wes-ten
Mu-ster	→ Mus-ter
Zuk-ker	→ Zu-cker
Bak-ke	→ Ba-cke
Uhu	→ U-hu
Ofen	→ O-fen

- Allégement des règles régissant l'emploi de la virgule.

Pour le détail de la nouvelle réglementation, nous renvoyons à l'ouvrage de référence :
Duden Band 1, Die deutsche Rechtschreibung, 21e édition, Dudenverlag 1996

Imprimé en France par I.M.E. - 25110 Baume-les-Dames
Dépôt légal n° 1142-09/1998
Collection n°46-Edition n°02
14/4632/7